杨共乐　总主编

"一带一路"古文明书系

SERIES ON THE ANCIENT CIVILIZATIONS ALONG
THE BELT AND ROAD

古代中国文明

（上卷）

蒋重跃　庞　慧　石洪波　等著

The Civilization of
Ancient China
(Vol. I)

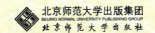
北京师范大学出版集团
BEIJING NORMAL UNIVERSITY PUBLISHING GROUP
北京师范大学出版社

陶鬶。新石器时代晚期。西安市临潼区姜寨遗址出土。陕西历史博物馆藏。（周秦汉拍摄）

蛋壳黑陶高柄杯。龙山文化。1973 年日照东海峪遗址出土。山东省文物考古研究所藏。（唐瑾拍摄）

玉琮。龙山文化。1986
年西安市长安区新旺村
出土。西安博物院藏。
（周秦汉拍摄）

管流爵。夏代晚期（公
元前18世纪—前16世
纪）。上海博物馆藏。（周
秦汉拍摄）

镶嵌十字纹方钺。夏代晚期（公元前 18 世纪—前 16 世纪）。上海博物馆藏。（周秦汉拍摄）

兽面纹爵。商代早期（公元前 16 世纪—前 15 世纪中叶，右），商代中期（公元前 15 世纪中叶—前 13 世纪，左）。上海博物馆藏。（周秦汉拍摄）

兽面纹斝。商代中期（公元前 15 世纪中叶—前 13 世纪）。上海博物馆藏。（周秦汉拍摄）

刻辞卜骨。商代晚期。河南博物院
藏。（周秦汉拍摄）

亚酗方鼎。商代晚期（公元前 13
世纪—前 11 世纪）。上海博物馆藏。
（周秦汉拍摄）

何尊。西周早期。1963 年陕西省宝鸡县（今宝鸡市陈仓区）贾村镇出土。宝鸡青铜器博物院藏。
（蒋重跃拍摄）

龙纹钺。西周。2008年山西省翼城县大河口西周墓地出土。山西省考古研究所侯马工作站藏。（周秦汉拍摄）

龙纹玉饰。西周。1983—1986年西安市长安区张家坡西周墓出土。中国社会科学院考古研究所藏。（周秦汉拍摄）

大克鼎。西周孝王时期（公元前10世纪末）。1890年（清光绪十六年）陕西扶风（今宝鸡市扶风县）法门镇任村出土。潘达于女士捐赠。上海博物馆藏。（周秦汉拍摄）

大克鼎细部。（周秦汉拍摄）

㝬簋。西周晚期。1978年陕西省扶风县法门镇齐村出土。宝鸡青铜器博物院藏。（蒋重跃拍摄）

越王勾践剑。春秋晚期。1965年湖北省江陵县望山1号墓出土。湖北省博物馆藏。（蒋重跃拍摄）

牺尊。春秋晚期（公元前6世纪上半叶—前476年）。1923年山西省浑源县李峪村出土。上海博物馆藏。（周秦汉拍摄）

三角形有銎戈。东周。2005年陕西省韩城市梁带村芮国墓地出土。陕西省韩城市梁带村遗址博物馆藏。（周秦汉拍摄）

狩猎宴乐图铜盖豆。战国早期。河北省平山县穆家庄出土。河北省文物研究所藏。(周秦汉拍摄)

曾侯乙编钟。战国早期。1978年湖北省随县(今随州市)出土。湖北省博物馆藏。(蒋重跃拍摄)

青铜马。战国。河北省邯郸市赵王陵出土。河北省邯郸市博物馆藏。（周秦汉拍摄）

镶嵌绿松石神兽。东周。1990年河南省淅川县徐家岭出土。河南省文物考古研究院藏。（周秦汉拍摄）

四叶羽纹镜。战国。1997年西安市未央区尤家庄出土。西安博物院藏。（周秦汉拍摄）

高足杯。秦。1976年西安市未央区车刘村秦阿房宫遗址出土。西安博物院藏。（周秦汉拍摄）

秦始皇陵兵马俑1号坑。1974年在陕西省西安市临潼区秦始皇陵东侧发现。秦始皇帝陵博物院藏。（周秦汉拍摄）

秦跪射俑。1976年陕西省西安市临潼区秦始皇陵兵马俑2号坑出土。秦始皇帝陵博物院藏。（周秦汉拍摄）

西汉广陵厉王刘胥金缕玉衣。1979年江苏省高邮市天山乡
神居山汉墓出土。扬州汉广陵王墓博物馆藏。(周秦汉拍摄)

西汉乐舞陶俑。徐
州驮篮山汉墓出
土。徐州博物馆藏。
(蒋重跃拍摄)

金饼。西汉海昏侯墓出土。江西省南昌市新建区大塘坪乡观西村出土。江西省博物馆藏。（蒋重跃拍摄）

玉蝉。汉。1995 年西安市征集。西安博物院藏。（周秦汉拍摄）

嫦娥奔月。东汉。南阳市小西关汉墓出土。南阳市汉画馆藏。（周秦汉拍摄）

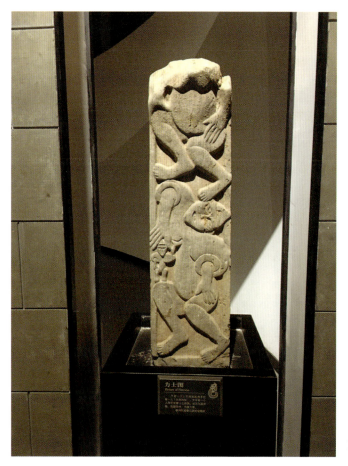

力士图。汉。徐州汉画像石艺术馆藏。（蒋重跃拍摄）

"一带一路"古文明书系
编写委员会

总主编　杨共乐

顾　问　刘家和　廖学盛

编　委（按姓氏笔画排序）

于殿利　宁　欣　刘家和

杨共乐　易　宁　周启迪

蒋重跃　廖学盛

总　序

2013 年 9 月和 10 月，中国国家主席习近平在出访中亚和东南亚国家期间，先后提出共建"丝绸之路经济带"和"21 世纪海上丝绸之路"(简称"一带一路")的重大倡议，主旨是通过"一带一路"建设，与世界其他参与国共同打造政治互信、经济融合、文化包容的利益共同体、命运共同体和责任共同体。这一倡议得到了国际社会的高度关注。目前已有 100 多个国家和国际组织积极响应支持，愿意参与的国家还在不断增加中。经过数年的努力，各种建设项目陆续上马。"一带一路"建设必将对世界文明的发展产生巨大影响。

"一带一路"倡议源于历史。历史上众多的政治家、政府使者和商人等都为东西方交往道路的构建作出了贡献。

就陆道而言，西段的建设者应该上溯至亚历山大。公元前 334 年，马其顿国王亚历山大亲率 3 万余精兵东征波斯。波斯国王大流士三世仓促应战，最终为亚历山大所败。公元前 327 年，亚历山大率军来到中亚，灭波斯的地方政权巴克特里亚，并于锡尔河上游筑亚历山大里亚城，派兵加强其对这一地区的统治。欧洲势力开始进驻亚洲腹部邻近中国的地区。此后百余年间，中亚巴克特里亚地区的政权一直掌控在马其顿人和希腊人手里。中国与西方之间在当时虽还没有建立起直接的联系，但西方已经知道了一些中国的消息。希腊人克泰夏斯在其作品中首次提到了东方远国"赛里斯"(Seres)。"赛里斯"也从此成了希腊对包括中国在内的东方远国的重要称呼。

东段的开拓者显然要数汉武帝的使者张骞。他于公元前138年至公元前126年和公元前119年至公元前115年两次出使西域，史称张骞"凿空"。张骞"凿空"不但打通了东西方交往的连接点，而且大大开阔了中国人的视野，开创了中西交流的新纪元。此后，东西方陆上交通大开。从中国西去求"奇物"者"相望于道"；"一岁中使多者十余，少者五六辈，远者八九岁，近者数岁而反"；"一辈大者数百，少者百余人"。① 中国的丝绸随使者不断输出国外。中亚、西亚与罗马都因此留下了中国丝绸的痕迹。罗马的文献中还出现了罗马元老院通过反对男子穿丝绸衣服的禁令。②

东汉时，班超为西域都护，曾经营西域31年，政绩卓著，成效明显。西域"五十余国悉纳质内属。其条支、安息诸国至于海濒四万里外，皆重译贡献"。公元97年，班超派部下甘英出使大秦（罗马），抵条支，欲渡，为安息船人所阻，只得"穷临西海而还"③。甘英走南道赴大秦，虽中途而归，但其西行的路程远比张骞要长，其实际影响也远比张骞要大。就在甘英出使大秦后不久，也就是公元100年，"西域蒙奇、兜勒二国遣使内附"④。东汉朝廷对"蒙奇、兜勒"遣使之事高度重视，还特意"赐其王金印紫绶"。"蒙奇、兜勒"正是"Macedones"（马其顿，时属罗马帝国）之音译。西域远国马其顿遣使内附打通了中西间的直接交往，在中西交往史上占有十分重要的地位。而这件事本身也印证了中国和罗马间陆上交通的存在。

就海道而言，中国至印度一线，为中国人所开拓。海船一般沿着印度半岛与中南半岛海岸航行。公元前111年，汉朝用兵南越并在当地置南海、苍梧与合浦等郡。有关合浦以南至印度路线的记载皆保存于《汉书·地理志》中。据《汉书·地理志》记载："自合浦徐闻（海康）南入海，得大州，东

---

① （西汉）司马迁：《史记》卷123《大宛列传》。
② Tacitus, *Annals*, 2, 33.
③ （南朝宋）范晔：《后汉书》卷88《西域传》。
④ （南朝宋）范晔：《后汉书》卷4《孝和孝殇帝纪》。

西南北方千里，武帝元封元年略以为儋耳、珠崖郡。……自日南障塞、徐闻、合浦船行可五月，有都元国；又船行可四月，有邑卢没国；又船行可二十余日，有谌离国；步行可十余日，有夫甘都卢国。自夫甘都卢国船行可二月余，有黄支国……平帝元始中，王莽辅政，欲耀威德，厚遗黄支王，令遣使献生犀牛。自黄支船行可八月，至皮宗；船行可二月，到日南、象林界云。"据考证，黄支就是印度东岸之 Kanchipura，即后来玄奘《大唐西域记》第 10 卷中所记的达罗毗荼国的建志补罗城。

至于印度至罗马的海路则多为罗马人所开创。船队最初皆绕着南阿拉伯海岸航行。据罗马地理学家斯特拉波的《地理学》记载，在奥古斯都时期，每年都有多达 120 艘船只从埃及的红海港口起航，远航至曼德海峡之外各地，有的甚至远达恒河。① 大约在提比略执政时期，有一位名叫希帕鲁斯的罗马商人在长期实践的基础上发现了印度洋季风的规律。罗马人利用季风不但能够直接跨越印度洋，而且还能大大缩短罗马至印度的距离。按英国学者赫德逊测算，从意大利到印度的一次旅程，只要花费 16 个星期。② 约在 2 世纪中叶稍前，有一位名叫亚历山大的罗马人越过孟加拉湾，到达日南北部的卡提加拉（Cattigara）。③ "至桓帝延熹九年（166），大秦王安敦（指罗马元首马尔库斯·奥理略）遣使自日南徼外献象牙、犀角、玳瑁"，来到中国，中西海道"始乃一通"。④ 当时世界上最强大的两个国家——中国与罗马间开始通过海道直接发生联系。印度和西方古典文献中出现的"秦尼"（Sinae，Thinae）实际上就是西方人对中国的尊称。这一消息应该来源于南部海道。

---

① Strabo, *Geography*, 2, 118; 15, 686; 17, 708.

② 参见［英］赫德逊：《欧洲与中国》，李申、王遵仲、张毅译，北京：中华书局，1995年版，第 47 页。

③ Ptolemy, *Geography*, 1, 16.

④ （南朝宋）范晔：《后汉书》卷 88《西域传》。

在中西陆、海两道开通之时，有许多中国的商品随使者输往西方。据中国的正史记载，从陆道西去的使者常"赍金币帛直数千巨万"①，从海道西航的译使也携"黄金、杂缯而往"②。由此可见，丝织品和黄金一样，都是出访人员必备的物品。

丝织品之所以成为使者出访时首选的重要物品，最根本的原因就在于中国是桑蚕的故乡，在相当长的时间内，中国又是唯一掌握养蚕（Bombyx mori）技术的国家。根据传说，我国"养蚕取丝"的发明者为黄帝元妃嫘祖。她教民育蚕，治丝蚕以制衣服。考古发掘也表明，在距今约 6000—5600 年的仰韶文化时期，我们的祖先就懂得了"养蚕取丝"的技术。著名学者夏鼐先生曾指出，至迟在殷商时代，我国已能"充分利用蚕丝的优点，并且改进了织机，发明了提花装置，能够用蚕丝织成精美的丝绸"。此后，丝织技术随着时代和社会的变化，又有新的改进和发展。

《史记·大宛列传》有言："自大宛以西至安息……其地皆无丝漆。"这显然是客观事实的真实反映。实际上，不但当时的安息无丝，就是安息以西的罗马也不产丝，所以穿戴中国的丝绸一直是罗马贵族身份的象征。为获取丝绸衣料，罗马人不惜远赴赛里斯，正是"靠着如此长距离的谋求，罗马的贵妇们才能够穿上透明的衣衫，耀眼于公众场合"③。老普林尼坦言："据最低估算，每年从我们帝国流入印度、赛里斯和阿拉伯半岛的金钱，不下 1 亿塞斯退斯。"④在罗马，不仅有销售中国丝绸的丝绸市场、丝绸商人，还有具体负责丝绸产品再加工的丝绸作坊。丝绸交易的价格曾一度与黄金相等。

随着丝绸西向输出，我国的养蚕和织绸技术也不断西传。5 世纪时，

---

① （西汉）司马迁：《史记》卷 123《大宛列传》。
② （东汉）班固：《汉书》卷 28 下《地理志》。
③ Pliny the Elder, *Natural History*, 6, 20, 54.
④ Pliny the Elder, *Natural History*, 12, 41, 84.

中原的种桑、养蚕、缫丝织绸法已传至和阗；到 6 世纪的查士丁尼时代，更传到了罗马的东部世界。从此以后，"在罗马的土地上也能生产蚕丝了"，西方对中国丝绸的依赖逐渐消失。

历史表明，在中国的汉代，也即西方的罗马共和国晚期及帝国时期，世界上确实存在着以丝绸为重要交易物的陆、海大道。19 世纪以后，这两条大道被分别冠以"陆上丝绸之路"和"海上丝绸之路"之称，总称为"丝绸之路"。丝绸之路的起点是中国，终点在罗马。中亚、南亚、西亚是陆上丝绸之路的必经之地，南海、红海、地中海是海上丝绸之路的必过之海，而印度洋则是海上丝绸之路的必跨之洋。丝绸之路的形成既拉近了亚欧各国与各地区间的距离，密切了沿途各国人民之间的关系，又加强了沿途各民族之间的交往，大大地推进了人类文明的进步。

"一带一路"建设植根于历史，面向未来，源自中国，属于世界。当今，中国正通过"一带一路"与世界建立"互联互通"的关系，并取得了令人瞩目的成就。为使"一带一路"建设更好地服务于社会，服务于世界，我们还很有必要对世界上主要的古文明进行深入研究。因为孕育这些文明的几大古国大多分布于"一带一路"沿线，其文化对后世的影响既广泛持久又深远厚重。深入了解这些文明，不仅有利于人们从源头上认清各文明间的差异与特点，整体把握人类文明的发展规则，更有利于人们正确认识中国主倡的"开放包容"、"文明互鉴"精神的重要价值，有效推进"一带一路"朝着更好更快的方向发展。

从 2013 年年末开始，我们在刘家和先生和廖学盛先生的悉心指导下，充分利用和吸纳多年苦读积累的成果，殚精竭虑，协同钻研，经过多年的努力，终于完成了多卷本"'一带一路'古文明书系"的研究和写作任务。

"'一带一路'古文明书系"以"一带一路"所经行且在历史上有重要影响的古文明为研究对象，以中西文明比较为研究特色，既注重宏观的理论思考与对历史的反思，从当下观察古代文明的整体性变迁，以宏大的视角展示古文明的兴衰；又注重具体问题的实证性研究，并反映学术研究的最新动态，用中国人特有的视角审视世界文明的源头，展示人类文明的发展历程及辉煌成就。内容包括古代美索不达米亚文明、古代埃及文明、古代中国文明、古代印度文明、古代波斯文明、古代希腊文明、古代罗马文明，范围涉及非洲、西亚、南亚、东亚和欧洲五大地区。本书系试图回答的问题有：(1)古代文明的成果主要体现在哪些方面？(2)多源产生的文明各有什么特点？(3)各文明区域所产生的成果对后世有何影响？(4)各文明古国的国家治理体系如何构建？政治治理如何运行？(5)国家的经济保障主要体现在哪些方面？居民的等级特点与国家政权之间的关系如何？(6)在古代埃及、两河流域有没有像公元前8—前3世纪的中国、印度和希腊那样出现过精神觉醒的时代？(7)各文明古国所实行的文化政策有何特点？对居民有何影响？(8)古代文明兴起的具体原因以及个别文明消亡的关键因素是什么？(9)中华文明连续不中断的原因究竟在哪里？等等。这些问题或以专题论述，或寓论于事实叙述之中。当然，也有一些问题只是在书中提出而已，要给予很好的解决还有待于新材料的不断出现。

"'一带一路'古文明书系"追求雅俗共赏的行文风格，在保证体例基本一致的情况下，充分发挥作者的学术特长，体现作者的主体思想。为使读者更好地领略古代作家的写作风采，书系中还刻意保存了原作中的部分重要内容。我们衷心希望我们的研究能为学界提供一种新的视角，为我国的"一带一路"建设贡献微薄的力量。

杨共乐

北京师范大学历史学院

北京师范大学史学理论与史学史研究中心

2017 年 3 月 15 日

目　录

1

第二编　春秋战国时期的大变革

第三编 秦汉的大一统格局

前　言

　　中国文明号称有五千年连续不断的辉煌历史，这种连续性之所以得以存在，是由于它在漫长的历史过程中形成了开放包容和凝聚统一相互成就的趋向。本书的任务，就是要把中国文明的这一特点在上古和中古阶段怎样形成和发展的过程展现出来。

　　根据中国的古史传说，黄帝炎帝和蚩尤之间的涿鹿大战，大约发生在距今 5000 年前；而根据考古资料，仰韶文化、红山文化、良渚文化存在的时间也大都指向了距今约 5000 年前。据史料记载，胜利了的周人曾在被征服的殷人面前宣称自己的所作所为就像当年商汤灭掉夏桀一样，是在替天行道。这说明，在周人和殷人心目中，在商朝之前的确存在着一个夏朝。根据司马迁《史记》记载的夏朝世系，大禹或启在距今约 4000 年前已经建立了国家政权。河南偃师二里头遗址的考古发现则表明，大约在 4000 年前，当地已经有了大型宫殿和城垣，学者推断这里就是夏的都城。清朝末年发现并为世所公认的甲骨文来自河南安阳的殷墟，由此，曾经作为传说中的商朝就成了有文字可考的历史。学者认为，甲骨文已经是相当成熟的文字，按理推断，它的产生要远远早于殷商时代。

　　大约在公元前 21 世纪，夏代的君主大禹靠着治水之功，成为各个族群拥戴的领袖。他死后，经过近百年的反复争夺和战斗，禹的子孙终于控制了局面，成为各部族的统治者。夏朝的统治延续了数百年之久。大约公元前 16 世纪，商族的领袖汤联合其他部族领袖，乘着夏朝衰落，攻灭夏的末代君王桀，取而代之，建立了商朝。又过了数百年，到了公元前 11 世纪，居住在今陕西南部关中地区的周文王、周武王父子，广施德惠，积蓄力量。文王去世后，武王联合诸侯，发起了牧野战役，打败了强大的殷纣王，推翻了商朝的统治，成为当时中国的最高统治者。夏、商、西周三朝史称"三代"。这个时期，天帝祖先成为信仰的最高神祇，王朝君主与上天被认为是一种类似儿子和父亲的关系，因此而成为天下大宗，也成为各族尊奉的政治领袖。决定谁将成为这一政治领袖的最高根据是天命，即天帝祖先的意志和认可。而天命的根据，据周人宣称，则要看是否获得"民"的拥戴。这套天命观念成为后人服膺的一个重要传统。西周初年，周公主政，在宗法制的基础上实行分封制，建立起对全国的统治。与之相适应，周公又制礼作乐，建立了一套维系宗法制和分封制的文化体制，由此形成了古代的礼乐文明。公元前841年，与民争利的周厉王被国人赶走，王位出现空缺，贵族代行王政，史称"共和行政"。《史记·十二诸侯年表》的纪年就从这一年开始，此后，中国的历史纪年就再也没有中断过。

西周末年，政治腐败，遭到犬戎攻伐，被迫把都城从丰镐迁往洛邑，历史由此进入了春秋战国时期。春秋时期，铁制工具和畜力耕作技术的普及，推动了社会生产力的发展，城市越来越发达，商业及信贷渐趋活跃，社会关系也发生了深刻变革。一方面，传统的血缘关系渐渐松动，社会流动越来越频繁，周王室的权力不断衰落，其文化执掌和官员已经无法继续保持，结果，典籍流失，官员离散；另一方面，势力较强的诸侯国则趁机扩大领地，招引王官，僭越礼制。少数最强势的诸侯则打着尊王的旗号，组织联盟，由此形成争霸局面。这期间，部分原来的王官和卿大夫衰落了，不断上升的某些陪臣势力夺取统治权力的斗争则越来越凶猛，诸侯国之间的兼并也越来越激烈。为了在复杂的斗争中赢得胜利，诸侯国纷纷改变原来的分封制和世卿世禄制，实行县制和官僚科层制度。整个社会处于越来越剧烈的变革和动荡之中。面对严重的社会动荡和思想混乱，身为周王室知识界最高领袖的老子起而揭露周代德文化的虚伪和偏颇，批判新兴势力的狰狞和凶残，创造性地提出了"道"这个概念，用以揭示社会的复杂性和矛盾性，贡献了新的世界观和方法论。没落贵族出身的知识分子孔子则用"仁"作为"礼"的精神内核，突破了周代"德"观念的宗法局限，把"爱"从传统宗法范围内的孝慈和友爱，扩展到对全人类的博爱，是古代中国历史上意义深远的一次人的发现。

战国时期，列国自行称王，不再尊奉周室，从此，统一天下取代了尊王攘夷，成为新的时代主题。朝着这个目标，各国纷纷变法，加强中央集权，展开军力竞赛。行政体制上改变了过去的分封制度，建立了郡县制和官僚科层制；经济上改革传统土地制度，奖励耕织；军事上加强武备，奖励军功；邦交上讲究谋略，合纵连横；文化上，山东六国思想活跃，文化发达，秦国则实行严厉的思想控制政策。在各国的改革运动中，商鞅变法成效最为显著。这场改革以崇尚斩首之功为核心目标。秦国迅速崛起，经过 100 多年，在秦王政时期，扫平六国，统一天下。春秋战国历时 500 年的纷乱局面宣告结束。

春秋战国时期，涌现出老子、孔子、墨子、孟子、庄子、荀子、韩非子等一大批杰出的思想家，形成了历史上罕见的百家争鸣局面。这些思想家对自然、社会和人本身进行了深入的思考，留下了中国历史上最富创造性的思想著作，成为此后中华新传统赖以形成和发展的元典，具有奠基意义。德国哲学家卡尔·雅斯贝斯把在希腊、印度和中国几乎同时出现思想解放现象的公元前 8—前 3 世纪这段时间叫作"轴心时代"。在这个时代里所创造的概念和术语，直到今天仍然被广泛地使用着。

秦朝是春秋战国社会大变革之后中国历史上第一个大统一时期。秦灭六国后，秦始皇在制度建设上做了诸多努力，为此后统一多民族国家的发展做出了重要贡献。不过，秦始皇和秦二世不知爱惜民力，他们穷奢极欲，严刑峻法，导致天下百姓流离失所，民怨滔天，秦朝统一不到 15 年，就被陈胜、吴广点燃的人民起义的烈火所吞没。

西汉建立后，汉朝统治者吸取了秦朝二世而亡的惨痛教训，一方面继承了秦朝的政治体制，另一方面对秦朝全面执行法家政策的执政方式做出了调整，最初一段时间采用黄老清静无为政策，一定程度上恢复分封制，缓解王权与功勋大臣、宗室大臣的矛盾；对待北方强大的匈奴采取妥协政策；同时，经济上与民休息，保证了社会生产的恢复和发展。经过几代人的努力，到汉武帝即位时，国力已经达到空前的强盛。这时，西汉宣布放弃黄老无为政策，转而推行公羊学的大一统思想。在策略上，实行推恩令、附益法等，打击分封势力；改变对匈奴委曲求全的态度，转而采取攻势，经过数年的征战，终于消灭了匈奴主力，彻底扭转了北方的被动局势。

不过，汉代宣称"以孝治天下"，母后权力一直较重，高祖吕太后、孝文窦太后、孝元王太后都是主宰国家命运的实权人物。太后往往借助外家势力，结果，西汉后期出现了王莽这样以外戚身份执掌国政，并最终夺取最高权力灭掉汉朝的人物。王莽建立新朝，实行改制，其初衷未必不善，但它脱离实际，扰乱了社会秩序，激化了矛盾，引起反抗，很快就灭亡了。

东汉建立初期，几代皇帝都能励精图治，政治较为清明。经统治者积极倡导，儒学发展迅速，学校遍布郡国，儒生队伍日益壮大，形成累世业儒的士族。东汉王朝沿袭西汉"以孝治天下"的传统，太后权力仍然较大。再加上时运不济，君主大多寿命短浅，结果太后临朝频频出现，外戚专权时间长久；小皇帝长大后，便联合宦官，攻灭外戚，夺回权力。东汉200年，就这样成为皇帝、外戚、宦官残酷厮杀的恶性循环的历史，再加上所谓"清流"的士人队伍依附外戚，使斗争变得愈加激烈和残酷。腐朽黑暗的王朝政治，偏偏又碰上连绵不绝的气候恶劣，天灾频繁，人民生计无着，流离失所，终于爆发了黄巾大起义。随后，镇压起义过程中，军阀集团形成了。皇权、外戚、宦官在新一轮斗争中几乎同归于尽，最后都落入军阀手中，东汉王朝也从统一走向分裂，被魏、汉（蜀）、吴三国取代。不久，曹魏攻灭蜀汉，却又为西晋所取代。最后，西晋灭掉吴国，统一局面再次出现。

3—13世纪，经过西晋再造的短暂统一，中国历史进入了朝代更迭最频繁、民族交融最显著、人口迁徙最剧烈、中外思想文化交流最广泛的历史阶段。古代中国文明在不断更新中有了更深厚的积淀。在这个积淀的基础上焕发出极其巨大的创造力，它的最大成果，就是雄浑盛大的唐代文明和典雅婉约的宋代文明的出现。

史家陈寅恪先生有言："唐代之史可分前后两期，前期结束南北朝相承之旧局面，后期开启赵宋以降之新局面，关于政治社会经济者如此，关于文化学术者亦莫不如此。"①揆诸历史可知，从魏晋南北朝到宋代，中国古代社会从相承之旧局面，逐步走向开启的新局面，中华文明的演进也出现了阶段性的新特点。

在政治文明上，这一时期最突出的特点就是唐太宗确立的"民为国本"的基本理念和宋朝形成的"皇帝与士大夫共天下"的政治格局。一个属于立国的基本原则，另一个属于治国的基本格局。经历东汉末年以来近400年的分裂，感受到隋末农民起义的暴风骤雨，唐太宗对如何立国、如何治国有着深刻总结和反省。《贞观政要》是唐太宗君臣对话的实录，流传千古，它反映的立国、治国理念，是传统社会对君民关系的最深刻、最理想的归纳和阐释，也是中国古代政治文明走向巅峰的标志。宋代以"祖宗之法"治理国家，形成"皇帝与士大夫共天下"的政治格局，建立了典型的文官政治。

制度文明的建设和走向成熟，是这一历史阶段的第二个特点。其表现有几点值得重视。

一是制约、制衡与分权机制的形成与有效运转。隋唐时期的三省六部制，宋朝的三司二府制，决策权与行政权的分离，军权的拆分，谏官、言官系统的建立与完善，对君权、相权、兵权、司法权等的制约都是在这一

———————————

① 　陈寅恪：《论韩愈》，载《历史研究》1954年第2期。

时期逐步建立和完善的。

二是监督和考核制度的建立与完善。唐朝的中枢决策、行政、监察、勾检是互相平行,又互相牵制的四大系统。以御史台为中央最高而且是唯一的监察机构,居中京师,监临中央百司百官,对地方则采取不定期派使的方式进行监察。安史之乱后,原有的出使和风闻两种途径,已不能有效地监察新兴的藩镇和日益被藩镇所控制的地方州县了,财政使下的巡院具有直属中央、常驻地方、遍及诸道、人员精干、效率较高等几个特点,因此,中央在逐步扩大巡院的财政管理权的同时,也逐步扩大了巡院的监察权和司法权,弥补了采访使地方化后御史台鞭长莫及的缺陷,将地方上财政、监察、司法三个关键大权掌握在手中。隋唐通过科举制和铨选制,确立了中央选拔人才,确定参选资格、选用标准、考试内容、录取程序等基本原则,扩大了统治基础,延揽了一批家世不显但富有才华的英才,打破了魏晋南北朝以来的相对封闭的社会结构。唐朝确立的考课制度,有对官德的考核"四善",有对具体职任的考核"二十七最",是历代考核官吏的典范,虽然最终流于形式,但其中蕴含着统治者将理想付诸实践的努力。北宋以武力兴国,但建国以后重视文教,进一步完善科举制度,建立了糊名、锁院、誊录等制度,使"一切以程文为去留"的选拔原则得到比较彻底的实现。"以文治国"成为宋朝历代尊奉的"家法"。

三是各项制度的调整与改革。如城市管理制度从具有典范意义的坊市制走向街市制,从而使得城市的发展更具活力和吸纳力。租庸调法从完善走向崩坏,促使财税制度发生了根本性的变化,改革后施行的两税法,在征收对象、征收内容和征收方式上都进行了改革,奠定了此后历朝财税征收的基本原则。

如果说先秦、秦汉属于上古时期,3—13世纪的历史就是走出上古时代,进入中世社会,大步向近世社会演进的时代。从魏晋南北朝的门阀士族的鼎盛,到隋唐时期的"止取今日当朝官爵"以为高下的官僚政治。在宋代完成了贵族政治向官僚政治的彻底转变。商业资本和高利贷资本流入生产领域，加速了生产者和经营者的分化，加速了土地的流转，即所有权的流转，也加速了财富的转移。正所谓贫富无定势，刘禹锡的"旧时王谢堂前燕，飞入寻常百姓家"著名诗句，一是感叹曾显赫一时的门阀士族的辉煌不再，二是感叹贫富无定势的时代变迁。"田制不立"在先，才有"兼并不抑"在后，并由此带动了整个社会阶层的变化。

隋唐时期，魏晋南北朝时期居于主导地位的新老门阀士族逐渐淡出历史舞台，相对封闭和凝固的社会等级结构被打破。过去门阀士族拥有政治仕途上的垄断特权，所谓"平流进取，坐至公卿"①，拥有着大量不受国家管理和控制的依附人口，通过婚姻、文化等，形成封闭型的社会等级和结构，逐渐解体。

科举制的产生和确立，最终成为占主导地位的选官制度；门阀士族的衰落及最终退出历史舞台；租佃制的发展，雇佣劳动从民间走向官府（普遍化）。这些都是建立在土地自由化程度加深的基础之上的，贵贱、贫富观念的变化亦是由此而衍生的。宋代的"贫不必不富，贱不必不贵"②，"贫富无定势，田宅无定主"③，既表明了社会阶层的变化，也表明了社会结构和财富流转在这一时期都发生了重大变化，以及价值观发生的带有颠覆性的变化。

这一历史时期，思想文化领域的发展和变化，属于精神文明的层面，内涵丰富，有三点值得注意：

一是从迷茫和探索中走向理性，儒学的"独尊"，经学的厚重，玄学的空灵，佛学的本土化和世俗化，各领风骚。尤其是佛教，作为外来的文化

---

①　（梁）萧子显：《南齐书》卷24《王俭传》。

②　曾枣庄、刘琳主编：《全宋文》第123册，上海：上海辞书出版社，合肥：安徽教育出版社，2006年版，第220页。

③　（宋）袁采：《袁氏世范》卷3《治家·富家置产当存仁心》。

在移植过程中,不断调适与中国固有思想和文化的冲突,与本土宗教在争论和交融中携手前行,最终都成为古代中国文明的重要内容。

二是知识分子将个人理想与国家命运、民族忧患结合,于是便有张载的"为天地立心,为生民立命,为往圣继绝学,为万世开太平",激励着一代又一代的知识分子奋进和献身。

三是南北文化经济交流和民族交融,使古代中国文明所覆盖的地区扩大,民族成分更加多样,不断有新的因素融入其中,文明的内涵也更加丰富。

乐府向诗歌的演进,诗歌向词曲的演进,从"建安风骨"到"正始之音",从杜甫到白居易,从传奇到话本,精神文化层面的追求虽然仰望星空,但最终脚踏大地,没有脱离社会,没有脱离现实。特别是到了北宋时代,这种变化鲜明地映照在文学艺术领域,传统文化与艺术也焕发出新的生机。

农业与科技文明的辉煌。这一时期,中国的农业生产和农业生产技术经过长期的发展和积累,达到了个体小生产农业所能达到的最高水平,处于世界领先地位。中国传统农业在利用土地、保持地力方面代表了当时世界的最高水平。采用精耕细作、集约经营的农业生产模式的中国,成为世界上土地利用率较高的国家之一。农业生产中广泛地运用了轮作、连作、间作套种和混作等耕种方式,几乎没有休耕轮作,复种指数高,粮食作物的投入与产出比始终居于世界前列。以曲辕犁为代表的农业生产工具改革在犁耕农业发展史上具有划时代意义,筒车、水排、龙骨水车等灌溉和排水工具的发明和不断改进,使得以精耕细作为主要特征的个体小生产农业达到其所能达到的顶峰。

在农业生产发展的基础上,中国古代的科学技术得到进步发展,很多科学技术对人们的生产和生活有重大影响。

被誉为"四大发明"的指南针、造纸术、印刷术和火药,有的是在这一时期发明的,有的是在这一时期得到发展、普及和传播,它们都对世界科学技术的发展做出了巨大贡献。马克思评价说:"火药把骑士阶层炸得粉碎，罗盘针打开了世界市场并建立了殖民地，而印刷术却变成了新教的工具，总的来说变成科学复兴的手段，变成对精神发展创造必要前提的最强大的杠杆。"[1]科学技术的重大进步，具有改造世界和推动社会向前发展的巨大作用，对物质文明和精神文明都会产生重大的影响。

鲁迅先生在《电的利弊》一文中指出："外国用火药制造子弹御敌，中国却用它做爆竹敬神；外国用罗盘针航海，中国却用它看风水；外国用鸦片医病，中国却拿来当饭吃。"[2]鲁迅先生的本意大概是在讽刺封建社会下国人的愚昧无知，然而，这段文字却被广泛引用，成为外国人抨击国人对祖先发明和科技利用边缘化的证据。尽管如此，火药的传播和应用，对世界历史也有重大的影响。恩格斯对火药应用于战争有很高的评价："火器一开始就是城市和以城市为依靠的新兴君主政体反对封建贵族的武器。以前一直攻不破的贵族城堡的石墙抵挡不住市民的大炮；市民的枪弹射穿了骑士的盔甲。贵族的统治跟身穿铠甲的贵族骑兵队同归于尽了。"[3]按照恩格斯的说法，火器将中世纪送进了坟墓。

四大发明在世界范围内的传播，不仅促进各国经济的发展，而且传播了中国的文化。源远流长、博大精深的中华文明对各国文化都产生了重要影响，尤其是东亚国家，至今仍留有中华文化的印记。

古代中国对外交往主要通过官方和民间两种途径，除了战争、人口迁徙、具有政治意义的和亲等方式推动和促进了古代中国与周边及域外地区的经济交往外，民间的经济交往主要是依靠"一带一路"贸易圈——陆路丝绸之路经济带和海上丝绸之路。

"丝绸之路"是指起始于古代中国，连接亚洲、非洲和欧洲的古代路上商业贸易路线。狭义的丝绸之路一般指陆上丝绸之路。广义上可包括陆上丝绸之路和海上丝绸之路。

---

①　《马克思恩格斯全集》第 47 卷，北京：人民出版社，1979 年版，第 427 页。

②　鲁迅：《伪自由书》，北京：北京联合出版公司，2014 年版，第 8 页。

③　《马克思恩格斯选集》第 3 卷，北京：人民出版社，2012 年版，第 547 页。

　　"陆上丝绸之路"是连接中国腹地与欧洲诸地的陆上商业贸易通道，形成于公元前 2 世纪与 1 世纪间，直至 16 世纪仍保留使用，是一条东方与西方之间经济、政治、文化进行交流的主要道路。汉武帝派张骞出使西域的路线是其基本干道。它以西汉时期长安为起点（东汉时为洛阳），经河西走廊到敦煌。从敦煌起分为南北两路：南路从敦煌经楼兰、于阗、莎车，穿越葱岭（今帕米尔高原）到大月氏、安息，往西到达条支、大秦；北路从敦煌到交河、龟兹、疏勒，穿越葱岭到大宛，往西经安息到达大秦。它的最初作用是运输中国古代出产的丝绸。因此，当德国地理学家 Ferdinand Freiherr von Richthofen 最早在 19 世纪 70 年代将之命名为"丝绸之路"后，即被广泛接受。

　　"海上丝绸之路"是古代中国与外国互通贸易和进行文化交往的海上通道，可分为南北两段：北段以渤海、黄海、东海（北段）沿海岸线港口为主，通往朝鲜半岛、日本列岛等；南段以东海、南海的港口为中心，通往东南亚、印度洋、波斯湾，远到非洲。唐中叶以前陆路为主，之后海路逐渐成为最主要的对外通道。丝绸之路不仅仅是一条通商路线，而且也是一条文化交流路线，并由此形成了文化辐射区。

　　宋代以后，对外经济贸易更为活跃和频繁，陆路贸易逐渐有向海路贸易转向的趋势，以东南沿海港口为依托的海上丝绸之路日益繁盛，形成了河、海、陆联运网，尤其是运河沿岸、长江沿岸和东南沿海的港口，成为对外商品交易的主要集散地。西北的陆路丝路，东南的海上丝路，西南的陆路丝路与茶马古道，北方的沿海港口，构成了一个以中原为核心向长江流域和珠江流域不断扩展的对外经贸交通网。

　　世界上延续时间最久、始终保持文明传承的大国只有中国。作为东亚核心地区的中国，经济文化长期处于世界先进水平，与其他大国和文明地区都有着交往和文化贸易往来。幅员辽阔，民族众多，历史悠久，这些有利因素使古代中国文明发展既有深厚的积淀，又有较大的回旋余地。

蒋重跃　宁　欣

2018 年 8 月 18 日

第一编

中国文明的起源与早期演进

第一章　中国文明的起源

中国文明由何时开其端？在中国历史上出现的第一部试图通贯古今的历史著作——《史记》中，位列全书开篇的是《五帝本纪》。《五帝本纪》讲述的是黄帝、颛顼、帝喾、尧、舜五位上古圣王的事功圣德，黄帝居于五帝之首，是《史记》所记时代最早的中国统治者。黄帝传说由来久远。春秋时期的人便认为，不论是那些不幸沦为仆隶的亡国遗民，还是势焰正盛的诸侯世族，一样都是"黄炎之后"。在司马迁写作《史记》的西汉前期，黄帝作为中国"人文初祖"的形象已经确立，黄帝被认为是所有中国人的共同祖先，是中国文明的最初缔造者，如车、船、笛、琴、文字、算术、历法、甲子、占星术、罗盘、阵法、宫室、养蚕织丝等发明和许多政治制度的设计创造，在后世都被归功于黄帝或黄帝身边的臣子、后妃。在传统中国人眼里，这些奠定了中国文明深厚根基的文物制度，在黄帝时代已肇其端。

黄帝传说把中国古代史大大地简化了，复杂纷纭的早期中国历史因此变成了一个明晰单一的血亲传承叙事，这当然与真实的历史相去甚远。不过，中华民族被习惯性地说成是"炎黄子孙"，特别是严肃的历史著作对黄帝故事的采录，其中最重要的无疑就是司马迁的《史记·五帝本纪》——都在暗示黄帝跟中国文明的最初兴起，有着莫大干系。历史传说一般以一段真实的历史（事件，或人物）为内核，在传述过程中大量类似的，或相关的故事被附加其上，如滚雪球般越滚越大，越传越神，但无论如何，这个内核是存在的。黄帝在传说中被塑造成中华民族的"人文初祖"、中国文明的源头,如此统一的认定,多多少少反映了黄帝在中国文明的兴起历程中曾起到过重要作用——只是今日的我们无法得知详情而已。

不过,文明的开端和人类历史的开端毕竟是两个不同的问题。司马迁的《史记》从黄帝开始讲述中国历史,这种安排或许能够解答中国文明始于何时的问题,但并未回答中国人从何而来的问题,这实在满足不了读史者寻根究底的好奇心。到了唐代,有一位研究《史记》的学者——司马贞,认为《史记》叙事以黄帝为首,对此前漫长岁月里的人的活动忽略不计,不能算是一部完整的历史。① 在司马贞看来,一部完整的历史,应该从世界生成,也就是传说中的开天辟地、人类诞生讲起,一直写到史家自己所在的时代。为此他采择皇甫谧、徐观等人整理的传说中创造并教养人类的始祖——伏羲、女娲、神农的故事,补作《三皇本纪》,置于《五帝本纪》之前。在司马贞生活的唐代,关于"三皇"有多种不同的传说,且大都充斥着神话的想象。司马贞本着孔子"不语怪力乱神"的精神,试图写出一部作为人的"三皇"的历史,但受材料限制,他没办法把神话变成历史。在《三皇本纪》中,司马贞无奈地承认,即使是学者们整理过的"三皇"故事,也实在是荒唐粗鄙的,他记下来只是为了聊以填补史书的空白。

司马迁与司马贞对于中国历史书写起点的不同选择,很适合用今天学术界关于人类历史的一个基本设定来理解:以文明的起源为界,全部人类历史由此切分为两大时期——文明起源之前,是漫长地从蒙昧到野蛮的"史前"(prehistory)时期;在文明起源之后,人类进入文明有序、有史可考的"历史"(history)时期。史前时期是人这个物种的进化形成时期,其时人类的生存状态跟其他动物并无根本区别,尚未产生关于人自身的自觉意识,故不可能留下能够真实反映其时人的活动的可靠的精神产品,因而生活在

---

① 司马贞《三皇本纪》:"太史公作《史记》,古今君臣宜应上自开辟,下讫当代,以为一家之首尾。今阙三皇……"见[日]泷川资言:《史记会注考证》,北京:新世界出版社,2009年版,第25页。

历史时期的人们也就不可能保有对史前时期的祖先们的确切记忆。而在文明起源之后——包括文明开始萌生的时期，人类一般生活在精心构建的村落或城镇之中，依靠在土地上种植农作物或畜养动物为生——多半兼而有之。人与人之间结成了家族、乡里、婚姻、主客、君臣等各种各样的社会关系网络，特别是群体内的平等被打破，社会分化，一些大人物脱颖而出，取得了凌驾于群体其他成员之上的权威，成为群体的管理者或者主人即成了统治者，利用所掌握的社会资源，发动战争，建筑宫苑城池，制造各种精美器物……大量的"历史事件"和"历史资料"被制造出来。这个时期的人不再是自然之子，而是社会生物，人因此有了对社会身份的警觉和对社会认同的追求。人们发现在人的行为与其命运间存在着因果关系，人的活动因此被认为是特别值得关注的，并往往被用各种手段慎重地记录下来，以垂诸后世。历史时期与史前时期的根本区别之一，就在于历史时期的人类会有意识地去思考、记录、整理、保存人的活动资料，即有历史传述，而史前时期的人类是没有这种意义上的历史可言的。就中国历史而言，黄帝、颛顼、帝喾、尧、舜这"五帝"的名号、事迹，在战国以前的简帛文书、彝器刻铭中常被提及；其族姓后裔的繁育、衍承情况，春秋时期的人还能辨别；成系统的"五帝"传说，在战国时期便已流传开来。至于"三皇"，他们的名号至今难以确考；他们的居地、族属一直渺茫难寻；他们的事迹过分奇幻以致无法用人的标准衡量；且迟至汉代才最早出现关于"三皇"的系统说法。凡此种种，都表明"五帝"传说应有真实的历史内核，而"三皇"故事，恐怕出自历史理念成熟的时代人们对于人类之由来及其最初生活状况的浪漫想象和合理推测。司马迁著史，务求信而有征，故以书传有载的五帝作为其历史记述的起点。司马贞补史，希望贯通古今，究极终始，故在五帝之前补上据传为生民之初的三皇故事。由于二位史家所依据的材料在真实性方面存在着根本性的差异，其作品的可信度也就相去甚远。司马迁的《五帝本纪》可以做到"雅驯"，即典雅纯正，合乎人类理性。司马贞的《三皇本纪》则摆脱不了"三皇"故事本身的荒唐粗鄙。

尽管司马贞补作"完整历史"的尝试不算成功，但他所持的"通史"应该通贯全部人类历史的观点，仍然值得尊敬，它表现了人类个体对自身所属种群的深切关怀，这也是古今中外许多学者孜孜以求的目标。总而言之，要讲述中国文明的起源，便需要面对中国人的起源问题，而关于这片土地上的人和事的传说，稍微可靠的最多只能上溯至黄帝——即使是黄帝传说也充斥着各种离奇的神话和牵强的附会。祖先并没能给我们留下一部"完整的"中国史。关于这片土地上人类早期活动的历史，还需今人去努力探索、发现。

幸运的是，今人的视野已经扩展到全球，不同文明、文化观照之下的历史思考，更容易剥去笼罩在古老传说上的神话与附会的迷雾，揭露出历史的真核。更重要的是，今人掌握了一门古人尚不了解的学科：考古学。考古发掘出来的大量遗物、遗迹让今人掌握了许多古人也不了解的远古历史信息。这些有利条件使今人可以写出比古代历史学家所著更接近历史真实的"完整的"中国史。

接下来，我们先沿着司马贞的思路，去追踪中国境内的远古人类的生存、活动情况，然后，跟上司马迁的思路，去揭开群雄逐鹿的英雄时代的幕布。

第一节　中国境内的远古人类

由于岁月邈远，史前时期中国境内的人类活动情况，并没有多少流传下来。后人传述的那些关于远古时代的传说，如上文提到的司马贞所作《三皇本纪》之类，掺杂了太多神话的歪曲与想当然的附会，不足为凭。故此处所谈关于史前时期中国境内的人的分布、活动情况，完全来自近 100 年来的考古发掘成果。

　　研究人类体质进化的古人类学家，根据考古发现的人体骸骨化石材料，将人类自出现以来的体质进化历程分为四期：最早的人属（目前仅有发现于东非的"能人"化石，距今约 300 万～200 万年）、直立人、早期智人、晚期智人。到目前为止，除最早的人属化石在中国境内尚未找到外，其余 3 个发展阶段的人体骸骨化石都已有发现。

　　直立人，其躯干四肢已与现代人无异，能直立行走，但脑容量较少，头部保留了较多的原始特征。中国国内一般根据这种远古人类的体貌特征将其称为"猿人"。20 世纪 80 年代中期发现于四川省巫山县龙骨坡的"巫山人"，距今约 200 万年，是迄今为止在中国境内发现的最早的原始人类。1965 年在云南元谋上那蚌村发现"元谋人"，距今约 170 万年。大约同时期在陕西蓝田县东的公王岭和县西北的陈家窝发现猿人化石，同称为"蓝田人"，一般认为公王岭猿人距今约 100 万年，陈家窝猿人距今约 50 万年。与蓝田猿人生活时代接近的有"郧县人"，20 世纪 70 年代中期被发现于湖北郧县（今湖北省郧阳区）梅铺龙骨洞。生活在距今约 70 万～23 万年前的"北京人"，20 世纪 20 年代被发现于北京房山周口店龙骨山的山洞中。与"北京人"大致共处于同一时间段的有 20 世纪 70 年代末在河南南召县杏花山发现的"南召人"和 20 世纪 80 年代初在安徽和县龙潭洞发现的"和县人"。生活在距今约 28 万年前的"金牛山人"被发现于 20 世纪 80 年代中期，遗址在今辽宁营口市金牛山中的洞穴里。

　　直立人生活的时代相当于考古学上的旧石器时代早期，距今约二三百万年至二三十万年前。直立人的化石、遗址在中国分布广泛，除了上面提到的远古人类化石外，还有不少地方发现过属于旧石器时代早期的打制石器或其他相关遗物遗迹，这表明远古某个时期曾有直立人在那里生活过。这些地方有山西芮城西侯度及匼河村、内蒙古呼和浩特市大窑村、湖北大冶石龙洞、贵州黔西观音洞、辽宁本溪庙后山、安徽巢县水阳江两岸、陕西洛南和汉中梁山等地。

直立人会制造工具和使用工具，会使用火，但其是否掌握人工取火技术尚存争议。他们使用的石制工具只经过简单打制，未有明确定型和分工，一器多用，这种石器在考古学上有个别称叫"万能工具"。直立人用这种简陋的石器，捕猎动物，挖掘植物根茎，采摘果实、种子为生，晚上则以天然的洞穴为栖息地。20世纪初发现于北京房山周口店龙骨山洞穴中的"北京人"遗址，是世界上出土直立人遗骨、遗物最为丰富的遗址之一，它真实地展现了几十万年前直立人在蛮荒的大自然中的生存斗争状况。"北京人"遗址是一个长约140米、宽约20米的山洞。遗址有4层面积较大并且较厚的灰烬层，有的灰烬层厚达6米。灰烬层里有因烧烤而扭曲变形的鹿角、朴树籽和各种兽骨等。遗址所发现的各种石器有1.7万多件，此外还有大量石片和石核。据研究，"北京人"采用砸击、锤击、碰砧等方法制造石器。石器可分为刮削器、尖状器、石锥、雕刻器、砍砸器、石球等，其中以刮削器、尖状器居多。经过漫长的劳动实践，"北京人"的石器制作技术在缓慢进步。据统计，处于遗址底层的早期石器多用软质砂岩为原料，采取简单的碰砧法和锤击法进行十分粗糙的加工，成品率低，器形不规整；处于上层的晚期石器多用优质石料，属于最晚时期的顶部的石器还用硬度极高的燧石为原料，器形趋于长薄并且规整，类型增多，多见制造工艺比较复杂的尖状器、石锥、圆头刮削器和雕刻器，尽管还存有一器多用的原始性，但是从总体水平上看，晚期的石器制造技术还是比早期大有提高。

直立人的寿命普遍很短，很多人活不到成年。1921—1966年，历次发掘所得"北京人"化石材料分属40多个个体，而这40多个个体中有半数是夭折的，大多死于40岁以下。

早期智人，曾被称为"古人"，生活在距今约25万年至四五万年前。按考古学划分，这一时期属旧石器时代中期。早期智人的典型是19世纪中期发现于欧洲的尼安德特人，其活动踪迹遍布整个欧洲及亚洲西部、非洲北部。尼安德特人是能干的猎人，他们擅长采用集体围猎的方式，猎取包括猛犸象、剑齿虎在内的更新世大型动物。在距今 3 万年左右，尼安德特人彻底销声匿迹，其灭亡原因至今未明。

中国境内的早期智人化石及文化遗存在南方和北方都有发现。20 世纪 70 年代末发现于陕西大荔甜水沟的"大荔人"，距今约 23 万～18 万年前，外貌与"北京人"接近，脑容量却高于"北京人"。20 世纪 50 年代初在山西襄汾丁村一带汾河两岸发现 20 多处旧石器时代中期文化遗存，及属于一个十二三岁儿童的两颗门齿和一颗臼齿化石，还有一个大约 2 岁小孩的右顶骨化石。臼齿化石的结构形态介于直立人和现代人之间，顶骨化石明显比"北京人"小孩的顶骨化石薄。"丁村人"遗址发现的石器有 2000 多件。石器类型多样，已有了较明显的分工。三棱大尖状器是"丁村人"最具特色的石器。这种石器采用有三棱的厚大石片打击而成，手握部分宽厚，尖端锐利对称。此外，20 世纪 50 年代在湖北长阳下钟家湾龙洞发现有"长阳人"，在广东曲江马坝狮头峰的岩洞中发现"马坝人"，20 世纪 70 年代初在贵州桐梓云峰岩灰洞内发现"桐梓人"。

"许家窑人"在 20 世纪 70 年代中期发现于山西阳高许家窑村及与其紧邻的河北阳原侯家窑，是目前我国旧石器时代中期古人类化石和文化遗物最丰富的遗址。这一带发现了分属于 10 多个不同个体的古人类化石，既有幼儿，也有年过半百的老人，平均寿命约 30 岁。"许家窑人"的头骨骨壁较厚，顶骨内面较复杂，颅顶较高，头骨最宽大的部分比较靠上，吻部不太突出，牙齿粗大，齿冠结构较复杂。总的来说，"许家窑人"的体质特征既具有一定的原始性，又比较接近于现代人。"许家窑人"的石器制作技术比起"北京人"来大有进步。比如，他们使用的一种龟背状刮削器，由厚石片加工而成，背部隆起，边缘为刃口，可用于剥皮、刮肉、加工兽皮等。"许家窑人"石器中最引人注目的是石球。这一带遗址中发现的石球有 1500 多个，最大的重 1284 克，最小的仅 112 克，形体规整，加工精细。石球在棍棒或绳兜的辅助下进行远距离投掷，是一件颇有威力的狩猎工具，可猎取大型动物，甚至猛兽。"许家窑人"遗址里所发现的动物骨骸数以吨计，其中不乏野马、披毛犀、羚羊等大型或奔跑迅速的动物。可见，"许家窑人"是和西方的尼安德特人一样成功的猎人。"许家窑人"的生活时代在距今10万年左右。

晚期智人，又称"新人"。人类体质进化到晚期智人阶段，已与现代人无异。晚期智人的形成，一般认为是距今4.5万年前的事情。晚期智人形成后，很快突破以欧、亚、非三洲为限的旧大陆，远徙美洲、澳洲。故晚期智人是人类历史上第一个活动范围遍布除南北两极之外的五大洲的人种。从学理上说，晚期智人与现代人实属同一物种。为便于区别，学界一般将距今约4万～1万年，即地质史上更新世末期的人类称为晚期智人，距今约1万年以来全新世的人类则称为现代人。

中国境内，从北方草原到南国水乡，从西部高原到台湾山地，已发现的晚期智人化石或文化遗存数以百计。

南方，在台湾台南左镇，江苏泗洪，浙江建德，广西柳江、都安，贵州普定、水城、桐梓，云南保山、呈贡、丽江等地，都发现有晚期智人化石。另外，在四川汉源富林、贵州兴义猫猫洞、台湾台东长滨、湖北荆州等地，人们发现了具有丰富文化遗存的晚期智人遗址。

北方地区发现的晚期智人化石有：内蒙古乌审旗萨拉乌苏发现的"河套人"、山西朔县峙峪发现的"峙峪人"、黑龙江哈尔滨西南阎家岗发现的"哈尔滨人"、辽宁东港市发现的"前阳人"、辽宁海城小孤山仙人洞发现的"小孤山人"、辽宁喀左大凌河畔发现的"鸽子洞人"等。

中国境内晚期智人的代表，首推"山顶洞人"。"山顶洞人"遗址为今北京周口店龙骨山山顶的一处洞穴，分为洞口、上室、下室、下窨4个部分。上室为居室，中部有一堆灰烬。洞口和上室发现有幼儿残头骨，一只残长82毫米、最大直径3.3毫米、针尖锐利、通体浑圆光滑的骨针，还有如钻孔石珠、穿孔兽牙之类装饰品及少数石器。下室在洞穴西半部，地势稍下，有一垂直陡崖与上室相隔。下室发现 3 具完整的人头骨和部分骨架化石，分属于一青年妇女、一中年妇女、一老年男子 3 个个体。人骨周围散布有红色的赤铁矿粉末，并有许多装饰品。下室深处为竖井式深洞的下窨，里面有许多未经扰动的兽骨架，应是"山顶洞人"放置餐余垃圾处。骨针的发现说明"山顶洞人"已懂得缝制衣服。大量的装饰品表明当时人已发展出了审美趣味。下室中的布置则说明"山顶洞人"已产生了丧葬观念，会举行丧葬仪式，而这表明"山顶洞人"已产生宗教意识。

"山顶洞人"的时代，过去一般定在距今 1.8 万年左右。近年来，有学者据当时的气候及在山顶洞发现的动物化石情况，提出"山顶洞人"活动的时间应在距今 2.7 万年前，时代最早的下窨底部距今约 3.4 万年。

到目前为止，最早的人属及更早的人科动物的化石，只发现于非洲东、南部地区，又由于在旧大陆各地发现的直立人与后来的智人之间，智人中的早期智人与晚期智人之间，都存在着若干进化链条上的空白，因而对于现代人种的来源问题就出现了争议。争议的焦点是：目前发现于旧大陆各地的晚期智人（现代人与其同一种属）是由其本地的早期智人及更早的直立人进化而来的，还是说所有晚期智人都只有一个单一的起源，由同一个祖先繁衍而成，在漫长的岁月里他们一拨又一拨地从其发源地出发向外迁徙，直到散布全球，在这过程中凭借体力、智能或别的方面的优势淘汰了其他所有曾存在过的人类种属。这个争议，应用到中国境内就是：在中国境内活动的晚期智人，是由在这里出现过的早期智人及更早的直立人进化而来的，还是从外面——从遥远的非洲东部辗转迁徙而来。举例来说，栖息在今北京西部龙骨山山顶洞穴里的晚期智人"山顶洞人"，其直系远祖是否就是曾在这座山上活动的直立人"北京猿人"。1987 年，美国的一些学者根据对现代人 DNA 的研究分析，提出人类的共同祖先是 20 万年前的一位非洲女性，她的后代在大约 13 万年前走出非洲到了亚洲和欧洲，并至少于 6 万年前进入东亚。这位非洲女性的后代在这些地方完全取代了原来生存在那里的早期智人——当然也包括先前居于此地的直立人的后代。人们用"夏娃"来称呼这位假想中的非洲老祖先，这个理论因此被称作"夏娃理论"或"完全取代论"。"夏娃理论"提出之后几乎吸引了全球的关注，一些人甚至认为人类起源之谜已经得到破解。不过，也有不少学者质疑"夏娃理论"所依据的基因谱序证明，因为基因的遗传也可以通过不同人种间的杂交来实现，并非一定就是"完全取代"。由于古人类化石的发现具有偶然性，目前为止还无法探明中国境内不同时期的远古人类间的相互关系，但仍有一些本地传承的证据，隐隐约约地显露出来。比如，在山西阳高发现的"许家窑人"，发展阶段属早期智人，距今 10 万年左右。"许家窑人"齿冠的纹饰和"北京猿人"的牙齿相近，其石器类型和"北京猿人"的石器属同一传统。或许"许家窑人"就是曾在周口店一带活动达数十万年之久的"北京猿人"后来外迁的一支后裔。

总的来说，在目前，要想解决中国人从何而来的问题，还只能寄望于未来更多的发现和更深入的研究。现阶段唯一能肯定的是，那些在距今约 4 万年以来活动在中国大地上的晚期智人，总有一些是现代中国人的祖先。

第二节　考古发现中的文明曙光

从人类出现到文明的发生，这几百万年时间是人类发展史上最为缓慢、曲折、艰难的时期。在这一时期的绝大部分时间里，人类的处境，其生存状态，并不比那些在他周边活动的野兽为优。不过，正是在这漫长岁月里的艰辛摸索，人类逐渐取得了三项关键性成就，为突破混沌、开创文明准备了最为根本的条件。这三项成就是：第一，人类的体质进化的完成，这在距今四五万年前，随着晚期智人的出现而达到圆满结果，人类成为地球上唯一有着复杂的思维能力并掌握了繁复的语言沟通技巧的物种；第二，人类社会关系网络的形成，正是这一点使动物界中身型不过中等，无坚牙利爪可用，无长角厚皮可恃的人类能够利用集体的力量成为这个星球上占据绝对优势的物种；第三，人类在漫长的采集狩猎生涯中逐渐积累了丰富的动植物知识和相应的生存技能，会制造工具和使用工具，而这些知识和技能，在合适的地点，合适的条件刺激下，有可能使人类突破相沿已久的渔猎采集生活，成为食物生产者，从而最终摆脱动物式的自发生存状态，变简单被动地适应环境为积极主动地利用、改造环境。

在地质年代表上，距今 1 万年以来的时代，属于新生代第四纪的全新世。全新世是人类在地球上居于统治地位的时代。与以往任何地质时代都不一样的是，在全新世，地球的自然状态被打破，人类的创造物极大地改变了地表景观；亘古以来的地球上各物种间的关系、相处模式，也因为人类的介入而发生了极大的改变。这一切的源头，是开始于距今 1 万年左右的农业革命。

大约 1 万年前，随着第四纪最后一次冰期的结束，冰河开始融化、冰川后撤、全球气候转暖。欧亚两洲的冰原地区被森林和草原所取代，在非洲，全球冰期时的多雨气候转为干旱气候，植被和动物群也随之发生变化。更新世的不少大型动物灭绝，适于森林草原地区的中小型动物和鸟类增多。气候的改变导致人类的生活环境发生变化。在北纬 30 度线一带，部分地区逐渐荒漠化，人们为了生存不得不向河谷地带迁徙，导致河谷地区在短时间内涌入了大量外来人口，如非洲的尼罗河河谷、近东的河谷丘陵地带。人口剧增必然会加重生存的压力。这时一些人就转而寻求更有保障的食物来源，比如，他们会将种子撒播地上，等待它们结出更多的籽食，或者喂养捕获的幼兽，待其长大后再食用，帮助母兽繁殖、哺育小兽等。最初的农业革命就这样发生了。

上文说过，人类在漫长的采集狩猎生涯中积累了丰富的动植物知识，这些知识是农业革命得以发生的前提条件。不过，仅有这些知识，或许会出现一些种植植物或驯养动物的个人行为，但要使这种早期的个人行为扩散开来,并最终导致某个区域内人类群体的生产和生活方式发生根本改变,则需要一些能够影响全人类的力量的推动。尽管学者们对于究竟有哪些力量,这些力量又是如何推动了农业革命的发生,还存在着不同的意见,但气候剧变所导致的生存压力无疑是特别值得注意的。毕竟,比起采集狩猎生活来,农耕生活要辛苦得多,也乏味得多,如无巨大的生存压力的驱迫,人不可能主动去选择承担农耕所需要的巨大劳动。

农业革命在全球不是同步发生的。从旧石器时代晚期(对应于古人类学上晚期智人生活的时代)开始,人类发展的差距就被人为地拉开、拉大,一些地区在大约 1 万年前就已发生农业革命,在 5500 多年前就发展成为地区性的文明中心,另有一些地区则一直到公元 1500 年前后的地理大发现时代,还不知农作为何事。

在那些发生农业革命的地区——最早培养出了适于种植的农作物和适于驯养的动物的地区,农业出现的时间也很不一致。从距今约 1 万年前到 5500 年前,地球上出现了 3 个主要的早期农耕中心:西亚、东亚(包括南亚)、中南美洲。西亚是麦类作物的原产地。距今约 1 万年至 9000 年,居住在今伊朗西南部波斯湾沿岸山地、土耳其中部和西部的丘陵山地、东地中海沿岸的约旦、巴勒斯坦、黎巴嫩等地区的先民已从事原始农业并驯养动物。东亚则以兴起于黄河中下游地区的旱地粟作农业和长江中下游地区的水稻种植为代表。中南美洲是玉米、土豆、南瓜等高产作物的故乡。

中国的新石器时代原始农业起源的时间在距今 1 万年左右,和西亚地区约略同时。中国的农业起源分南北两大系统,南方是稻作农业系统,北方是小米和黄米(黍粟)类农业系统。

南方发现的最早的农耕遗址分布在长江中下游地区。位于长江中游的湖南道县玉蟾岩遗址,距今约 1 万年以上,在这里发现了十分原始的陶片和水稻谷壳。同样位于长江中游的湖南澄县彭头山遗址,距今 9000~8000 年前,这里发现有目前已知的全世界最早的水稻田及配套的灌溉设施。位于长江下游滨海地区的浙江余姚河姆渡遗址，距今约 7000～4800 年，是一处典型的稻作耜耕农业遗址，这里发现了成批的骨耜木铲，用于水稻农业中开挖排灌渠道和翻土整地。在 400 多平方米范围内，发现由稻谷、稻秆、稻叶混在一起的堆积物，这些在仓库中储存的稻谷遗存如换算成新鲜稻谷，当在 10 万千克以上，可见其农业的发达。

北方地区最早的农耕遗址主要发现于土厚水深的黄河中游地区，多位于大河支流所经的缓丘地带或河边台地上。北方地区的新石器时代早期农耕文化遗址，有分布区域主要在今河南省中部偏北地区的"裴李岗文化"，形成于距今约 1 万～7000 余年；分布在今河北中部、南部一带的"磁山文化"，碳 14 测年数据为公元前 5400 年左右；分布在今山东中、南部和江苏淮北地区的"北辛文化"，距今约 7300～6100 年；位于泾渭流域的"老官台文化"，距今 7000 年左右；位于今内蒙古赤峰市敖汉旗的"兴隆洼文化"，距今 7000 多年。据考古发现，其中有些遗址已经是相当发达的农耕社区，并拥有丰富的文化生活。如位于河南舞阳县北舞渡村的贾湖遗址，属"裴李岗文化"系统，遗址面积达 5.5 万多平方米，已发现房基 30 余座、灰坑 300 余个、陶窑 10 余座、墓葬 300 多座，且出土有七声音阶的骨笛、刻有似文字符号的龟甲、大量碳化稻米。位于河北武安的磁山文化遗址，发现储粮窖穴 88 个，经计算这 88 个窖穴的粮食堆积体约为 109 立方米，折合质量约为 6.91 万千克。

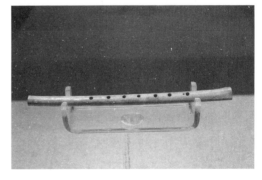

图 1.1　骨笛。裴李岗文化。河南博物院藏

依据上述考古发现，中国农业的起源不但分为南北两个系统，而且无论是南方还是北方，都可能是在不同地区分散起源的。

　　农业革命可以说是人类历史上所经历的最伟大的一次革命。农业革命改变了人与自然的关系，使人类从单纯依赖自然的食物采集者变成积极改造自然的食物生产者。农业革命促使人类定居在土地上，而这使大量人口的集中居住，永久性建筑的修建，种种大型的、不易携带、便于日用的家具的制造成为可能。农业革命使人类开始储存粮食，积聚牲畜，并因此催生出了"财富"概念，进而发展出了"私有财产"之类的观念，由此才有一系列基于财产的管理、分配的强制性社会制度的出现。一言以蔽之，农业革命使文明的产生成为可能。

　　当然，从农业的起源到文明的产生，这之间还有漫长的路途要走。有些民族用了几千年时间也未能走完这段路。一般而言，世界各地那些最早的农人们并不懂得如何让土地连年不断地产出粮食，往往在耕种数年之后，土壤的肥力被消耗殆尽，变得瘠薄不堪，农人们便不得不迁居以开辟新的可耕地。世界上的很多地区，在进入农耕时代之后的很长一段时期里，土地的出产，再加上作为副业的渔猎采集所得，只能勉强维持糊口所需。因此，这些农人们必须依靠集体的力量，尽可能平均地分配食物，也平均地分配与获取食物相关的各种资源，主要是土地，以最大限度地保证群体成员的生存。在新石器时代，人类历史上出现的第一个全方位的社会管理系统——氏族公社，进入其繁荣阶段。氏族公社是由血缘亲属组成的小集团，平等和均产是氏族公社经济活动最根本的原则。要超越新石器时代平等均产的农人公社，跨入文明社会的门槛，首先必须要在食物生产效率方面取得重大突破。这个突破，简言之，就是个体劳动所得，除了维持自己生存需要外还有剩余，一定地区内的剩余产出的累积，足以供养一个相当规模的、完全脱离生产劳动的、不劳而食的群体。只有这样，那凌驾于社会大众之上的公共权力机构——国家，才可能出现。显然，要实现食物生产效率的大突破，有赖于农业生产技术的大突破。由于各地的气候、土壤条件不一样，实现农业生产效率大突破所需的技术条件也不太一样，在大多数情况下，只有使用能够深耕的金属犁才能确保土地得到充分垦殖。但也有少数得天独厚的地区，其气候适宜，土壤腐殖层深厚，地表没有被枝节交错的植被覆盖，用简单的木、石工具就可以开垦，更难得的是其土壤具有自肥能力，能够年复一年地持续实现高产。这些少数得天独厚的地区，如埃及境内的尼罗河河谷和三角洲地带、今伊拉克的两河流域下游冲积平原、印度河河谷，是世界历史上率先跨入文明门槛的地区。幸运的是，中国黄河中下游地区的风扬黄土沉积地带，也是这得天独厚的少数地区之一。黄河中下游地区和尼罗河下游、两河流域下游、印度河中下游，是人类历史上最古老的四大文明发生地。

人类进入新石器时代，便进入了积极主动地使用各种人造器具改造、开发环境的时代。而这种开发、改造又不得不承受着环境在更高层次上的制约，必须在一定区域内的自然环境所能承受的限度之内，根据环境能够提供的资源，在可能的技术条件下，就地取材，因地制宜。因而，新石器时代的文化总是表现出浓郁的地域特色。某些类型的器物、特别的技术特点与风格、特殊的食物选择及其制作方式、一些特定的行为习惯等，便可能因被认为行之有效而成为这个区域一定时期内人们恪守不移的传统，从而发展出特色鲜明的区域文化。中国新石器时代主要的文化区域有黄河流域、长江流域、东南地区、西南地区、（黄河以北）北方地区等。这样的文化布局深刻地影响到进入文明时代后中国各区域文化的分布和表现。

以裴李岗文化、磁山文化为代表的新石器时代早期文化是中国境内农业起源后的第一个发展时期。距今7000年左右，在裴李岗文化、磁山文化、老官台文化等的基础上发展形成仰韶文化。仰韶文化是中国新石器时代

图1.2　彩陶。新石器时代。河南博物院藏

最有典型意义的文化，因 1921 年首次发现于今河南省三门峡市渑池县仰韶村而得名。从距今约 7000 年开始，仰韶文化延续了 2000 多年时间。迄今为止全国有统计的仰韶文化遗址共 5000 多处，其分布范围，东起河南东部，西至甘肃、青海，北到河套内蒙古长城一线，南抵江汉，中心地区在陕西关中、陕北一带。仰韶文化的社会经济比起原始农业初期阶段有了较大的发展，不过仍处于原始的锄耕农业阶段，采用刀耕火种的方法和土地轮休的耕作方式，生产水平仍比较低下。当时人们居住在有壕沟围绕的村落之中，过着比较稳定的定居生活。在从事农业活动之余，饲养猪、狗等家畜，兼营狩猎、采集和捕捞水中的鱼、蚌。这一时期的原始手工业也比较发达，彩陶制作、

图 1.3　白衣彩陶钵。仰韶文化。河南博物院藏

磨光石器的制造和其他手工业技术在整个文化区域内普遍得到推广和传播，一些先进技术已影响到长江流域和东北、西南地区。

　　仰韶文化向人们展示了母系氏族公社繁荣至衰落时期的社会结构和文化面貌。仰韶文化中期的遗址，如西安半坡等，展现了典型的母系氏族公社繁荣时期的聚落格局。半坡遗址整个聚落规划严整，居住区在中心，其外围绕一周大壕沟，沟外北部为墓葬区，东边设窑场。居住区内共 40 多座半地穴式房屋遗迹，中心是一座大型的近乎方形的房子，其他几十座中小型房子面向大房子，形成半圆形布局。这样统一严整的居住区布局显示当年的半坡村落是一个组织严密的社会，其中的小型房子供对偶制小家庭居住，中型房子应是未婚的青少年集体生活的处所，中间的大房子为氏族公共活动的场所。到仰韶文化后期，遗址中显露出父权萌芽的迹象。如从距今约 5500 年开始，河南郑州大河村遗址、荥阳点军台遗址等出现前所未有

的分间式房子，应当是一个父系家庭中几对过婚姻生活的成年男女所居。河南淅川下王岗遗址的长屋，应该是整个父系氏族公社成员的共同居所。

仰韶文化的人们以氏族公社为单位聚居生息。在仰韶文化中期，出现了聚落等级分化现象，这表明更大的社会组织系统已经出现，氏族之上，应已结成大大小小的部落集团。到仰韶文化后期，出现了明显的多级聚落体系，这表明更大规模的社会组织系统——或可称之为部落联盟，已经出现。中心聚落对其周边地区显然不只具有经济上的向心力，更可能是通过

图 1.4　黑陶磨光瓿形器。仰韶文化。河南博物院藏

经济和超经济的手段把周边地区的财富吸纳过来。居住在中心聚落中的，应是部落联盟中最富有、最有势力的家族，这些人发展为后世的贵族。中心聚落是其辐射区域内经济交流和宗教权力的中心，中国早期的"国"、"都"应是从这样的中心聚落发展而来的。距今 5000 年前的甘肃秦安大地湾四期遗址，是一处典型的仰韶文化后期的中心聚落。遗址中发现的编号为"F405"的大房子，是一座有三门和带檐廊的大型建筑，其房址面积 270 平方米，室内面积 150 平方米，平地起建，木骨泥墙，其复原图为四坡顶式房屋。这一单间房屋的面积在我国新石器时代考古学文化中可以说是独一无二的。同期编号为"F901"的建筑，是目前所见我国史前时期面积最大、工艺水平最高的房屋建筑。这座总面积 420 平方米的多间复合式建筑，布局规整、中轴对称、前后呼应、主次分明，开创了后世宫殿建筑的先河。面积达 130 平方米的"F901"建筑主室的地面是全部为料姜石和砂石混凝而

成的类似现代水泥的地面。而在这个发现之前,古罗马人用火山灰制成的水泥被认为是世界上最古老的混凝土,那已经是3000年之后的事了。

与仰韶文化约略同时的主要有北方的红山文化、黄河上游的马家窑文化、黄淮流域的大汶口文化、长江流域的大溪文化和屈家岭文化、东南一带的河姆渡文化以及随后的马家浜文化和崧泽文化等。其中,红山文化和大汶口文化尤其值得注意。

图1.5 卷龙。红山文化。辽宁朝阳牛河梁出土。中国国家博物馆藏

红山文化分布在辽西及其附近地区,距今五六千年,延续时间达2000年之久。辽宁省朝阳市的凌源、建平两县交界处的牛河梁遗址,发现了距今约5500年前的大型祭坛、女神庙、积石冢和"金字塔"式建筑。玉器的使用和丧葬的礼仪是红山文化的一大特点,也是了解当时社会结构的窗口。从目前考古发掘来看,红山人的墓地多为积石冢,是人为规划过的墓地,处于中心的大墓"唯玉为葬",而墓地越向边缘规格越低。大墓附近的墓葬有的也葬有玉器,但是数量和规格明显较中心大墓低,同时还葬有数量不等的猪、狗等,再低等级的墓葬只有陶器陪葬,个别的墓葬没有陪葬品。这说明红山文化的社会等级制度严格,已经出现了阶级分化,贫富差距很大。

大汶口文化在仰韶文化以东,以泰山地区为中心,东起黄海之滨,西到鲁西平原东部,北至渤海南岸,南及今安徽的淮北一带,河南省也有少部分这类遗存的发现。大汶口文化距今约6300~4600年,延续近2000年,可以分为早、中、晚 3 期。大汶口人制陶技艺高超。早期以红陶为主，晚期掌握了快轮制陶技术，灰陶、黑陶比例上升，并出现白陶、蛋壳陶。器型有鼎、鬶、盉、豆、尊、单耳杯、觚形杯、高领罐、背水壶等。大汶口文化的早期墓葬无葬具，中、晚期墓葬规模、随葬品差别很大。在大汶口遗址，1959 年人们发掘墓葬

图 1.6　镂孔陶豆。大汶口文化。河南博物院藏

133 座，时代相当于大汶口文化的中、晚期。这里的大、中、小墓差别极大。大墓不但规模大，且常有木椁葬具，随葬品丰富精美，除陶器外，还有玉器、石器、象牙器、骨器等。小墓墓坑窄小，有的仅随葬 1 件陶鼎或再加 1 件獐牙。一些大汶口文化晚期墓葬里随葬有大量的猪头和猪的下颚骨，这表明家猪是大汶口人的一种重要的私有财产。

结合一个世纪以来的史前考古成果看，距今约 5500～3500 年，即公元前 3500—前 1500 年是中国文明起源的关键时期。在这个时期的前段，如仰韶文化后期、大汶口文化中晚期、红山文化中晚期，氏族公社内的平等被打破，出现贫富分化和特权集团。这个时期的后段，黄河、长江中下游地区已是"万邦林立"，只待一个受天命而降的尊贵王者出来接受所有人的膜拜。

距今约 5500～3500 年，长江中游、长江下游、黄河中游、黄河下游文化发展的基本态势如下。

长江中游，距今约 4600～4000 年，石家河文化经历了从铜石并用时代文化到青铜时代文化的发展历程。石家河文化因湖北天门石家河遗址群而得名，主要分布在湖北及豫西南和湘北一带，其承袭屈家岭文化演变而来。该文化以石家河古城为中心，由邓家湾、土城、肖家屋脊等数十处遗址组

成。当时的经济生活以稻作农业为主。邓家湾遗址出土了铜块和炼铜原料孔雀石，标志着冶铜业的出现。琢玉工艺崛起，特色鲜明，玉器有人面雕像、兽面雕像、玉蝉、玉鸟、玦、璜形器等，都属于小型玉器。石家河文化中的玉人头基本都具有"头戴冠帽、菱形眼、宽鼻、戴耳环和表情庄重"的特征，但在造型上富于变化。这些玉制的人头形象可能代表着石家河先民尊奉的神或巫师的形象。邓家湾遗址的个别地段，集中出土了大批小型陶塑，有的一座坑中竟达数千件之多。所塑有鸟、鸡、猪、狗、羊、虎、象、猴、龟、鳖以及抱鱼跪坐的人物等。这些陶塑可能供原始巫术、祭祀活动之用，邓家湾似为专门产地，通过交换输往各地。

图 1.7 黑陶高足杯。屈家岭文化。河南博物院藏

图 1.8 涡纹彩陶壶。屈家岭文化。河南博物院藏

　　距今约 5300~4300 年，长江下游，良渚文化显露出中华文明的曙光。良渚文化遗址在 1936 年首先被发现于浙江省余杭市(今浙江省余杭区)良渚镇，分布遍及环太湖地区，以建筑在人工高台上的贵族墓葬和发达的琢玉工艺闻名于世。1986 年发现的反山墓地是土方量达 2 万余立方米的土筑"金字塔"，已清理的 11 座墓葬大多有棺椁葬具，随葬品 1200 余件套，其中玉器占 90%。1987 年发掘的瑶山遗址是祭坛和墓地的复合遗址，总面积超过 3000 平方米，已清理墓葬 10 多座，随葬品 800 多套，玉器数量尤多。良渚文化的玉器以琮、璧、玉钺等大型玉礼器为主，琮身一般通体刻有繁复的

兽面纹，钺身多饰以神人兽面刻纹，璧则基本上为素面。琮、璧、玉钺在
《周礼》中属最高等级的玉礼器，璧圆礼天，琮方礼地，玉钺则象征天子专
杀之威权。良渚文化的玉器显然被赋予了类似功能，在不同的墓葬中，玉
器的组合方式或有不同，有的有琮无钺，有的有钺无琮，有的琮、钺俱有，
这应该是根据墓主生前身份是祭司还是统帅，或者兼任祭司与统帅而定。
当然，说良渚文化的玉器被赋予了周代玉礼器的功能并不恰当，更准确地
表达应该是周代的礼玉系统及相关观念源自良渚。

图 1.9　玉璧。良渚文化。　　图 1.10　玉琮。良渚文化。浙江省博物馆藏
浙江省博物馆藏

　　2007 年，良渚古城遗址被偶然发现，最后发掘出来的结果显示，古城
略呈圆角长方形，正南北方向，东西长 1500～1700 米，南北长 1800～1900
米，总面积达到惊人的 290 多万平方米。城墙部分地段残高 4 米多，做法
考究：底部先垫石块，宽度达 40～60 米（我国现存最完整的古代城垣——
明朝洪武年间建造的西安古城墙，底宽 18 米，顶宽 15 米），上面堆筑黄
土，夯实。堆筑的黄土层中，有时会掺加一层黑色的黏土层，以增加城墙
的防水能力。据推测，良渚古城始建于约公元前 2400 年，与反山墓葬大致
同时，这是迄今为止在长江下游地区所发现的最早的也是最大的一座古城。

距今约 4600～4000 年的龙山文化由仰韶文化和大汶口文化发展而来。龙山文化因 1928 年首先被发现于山东章丘龙山镇城子崖而得名。考古发现表明，龙山文化遍布黄河中下游广大区域。1949 年以后，大量的发掘和研究表明，原先的所谓龙山文化，其文化系统和来源并不单一，因此学界将龙山文化区分为几个考古学文化，同时强调绝不能因此对它们的共同特征和相互联系有任何的忽视。现在一般的分法是：山东龙山文化，或称典型龙山文化，即最初由龙山镇命名的那种遗存，其分布以山东地区为主，上承大汶口文化，下续岳石文化，年代为公元前 2500—前 2000 年；河南龙山文化，主要分布在豫西、豫北和豫东一带，上承庙底沟二期文化或相当于这个时期的遗存，发展为中原地区中国文明初期的青铜文化，年代为公元前 2600—前 2000 年，一般还分为王湾三期、后冈二期和造律台 3 种类型；陕西龙山文化，或称客省庄二期文化，主要分布在陕西省泾河及渭河流域，年代为公元前 2300—前 2000 年；龙山文化陶寺类型以新发现的山西襄汾陶寺遗址为代表，主要分布在晋西南地区，年代为公元前 2500—前 1900 年。

山东龙山文化的制陶、琢玉技艺都堪称精湛，应该已经专业化。用快轮制作的漆黑光亮、薄如蛋壳的黑陶礼器，选料考究、纹饰精美的玉器是山东龙山文化最具代表性的器物。20 世纪 80 年代末新发现城子崖龙山古城，面积约 20 万平方米，城内遗存丰富。1986—1989 年，位于临朐的朱封遗址被发掘，发现 3 座重椁大墓，墓内随葬大量的精美陶器、玉及绿松石等制作的装饰品，以及大量的骨制、石制箭镞，显示其时兵器已和杯盘鼎盉、装饰品之类一样，是一些人日常生活中须臾难离之物。

由于河南龙山文化和以甘肃为中心的齐家文化的强势兴起，地处二者之间的陕西龙山文化稍显平淡，在文化风格上也多受这两支文化的影响。陕西龙山文化的房屋和仰韶文化的一样，仍以半地穴式为主，不过与仰韶文化普遍的单间居室不一样，这个时期的房屋一般有内室和外室。在外室，正对门道常设有供炊爨的壁龛；在内室，有储藏粮食的袋形窖穴。这种变化显示在龙山文化时期，日常生活是以个体家庭为基本单位进行的，粮食也已属家庭私有。

河南龙山文化由仰韶文化和大汶口文化发展而来。其分布范围很广，遍及河南全省，并及豫鲁、豫冀、豫皖等交界区，代表性遗址有

图 1.11　白陶鬶和灰陶盉。龙山文化。河南博物院藏

洛阳王湾（王湾类型）、临汝煤山（煤山类型）、登封王城岗、陕县三里桥、永城王油坊、淅川下王岗、安阳后岗等。登封王城岗发现有龙山文化时期的方形城堡。安阳后岗类型中的邯郸涧沟遗址发现有丛葬坑。在河南淮阳平粮台发现面积达 5 万平方米的龙山时期城堡。古城坐北朝南，有贯通南北的中央大道，有陶制的排水管道和土坯垒砌的门卫设施。

龙山文化时期，黄河中下游山东龙山文化和河南龙山文化覆盖范围内，有些地区已进入阶级社会。墓葬显示的等级差别十分惊人：大墓重椁连屋，小墓仅可容身；大墓里填满了各种精美的随葬品，小墓则仅有几只粗陶随身。狂暴的权力已经出现，一些人对另一些人有了生杀专断之威。龙山时期出现了用人作牺牲为房屋奠基的习俗。河南安阳后岗龙山文化遗址的 15 座房基发现奠基人牲 27 人，有的埋在墙基下，有的在房基或房基外侧的排水道下，还有的在泥墙中。河南登封王城岗龙山文化遗址的一座奠基坑就有人牲 7 具。贵族居住的设防堡垒在龙山时期大量出现，迄今为止已发现了 50 多座龙山时期的古城。中国古代贵族特权的一些神圣的象征物，如玉器，包括仪式用的各种玉礼器和装饰用的玉佩饰；鼎、尊等特殊型制的器物，在龙山时期被大量发现。因此，一些学者认为龙山时期已经进入了文明时代。

美国人类学家 E. R. 塞维斯在 20 世纪六七十年代提出，人类自出现以来经历了 4 种聚居形态，从低到高的发展顺序如下：

游团，地域性的狩猎采集集团；

部落，一般与农业经济相结合；

酋邦，具有初步不平等的分层社会；

国家，即阶级社会。

如果按此理论，那么，距今约 1 万年的农业革命发生以前，中国境内各处的采集狩猎者们基本结成"游团"活动。距今约 1 万年至 5500 年，处于新石器时代早、中期阶段的农耕先民们在"部落"中生活。然后，从大约 5500 年前开始，随着贫富分化，具有初步不平等的分层社会——酋邦，在中国出现。最后，从距今 4500 年左右开始，黄河中下游一些地区率先进入阶级社会，形成国家。现在已被发现的龙山时期的古城，其中应有不少属于那时候出现的古国。

在龙山文化晚期，位于黄河下游的山东龙山文化和豫北、豫东的河南龙山文化出现退化现象，城郭规模缩减，制陶技术退化，而位于黄河中游豫西、豫中的河南龙山文化以及晋中、晋南的山西龙山文化则继续其突飞猛进的发展势头，雄踞中原，俯瞰四方。这时期，北方的红山文化早已衰落，东南盛极一时的良渚文化在公元前 2300 年左右突然消亡，不知所终。在通向文明的征途中，位居东西南北之中，辐辏四方的中原地区(晋南豫中)最终胜出，成为中国文明的发源地，以后更成为中国历史上第一个君临万邦的中央王朝——夏朝的龙兴之所。

从考古发现可知，龙山时期的中国，无论是北方还是南方，大部分地区的挖土翻地的耕具主要是磨制的石铲，装上木柄即古籍中记载的"耒""耜"。单是河南登封王城岗(传说为大禹的都城阳城)遗址就出土了 40 多件这种石铲。由此可知，黄河中下游地区率先进入文明时代，靠的不是生产技术上的优势，而是得天独厚的自然环境的优势。这点在上文已经提及。

何炳棣先生几十年前曾撰文讨论过黄河中下游地区地表厚厚的黄土层与中国文明起源的关系。中国北方的黄土是一种特别的土壤，其结构均匀、细小、疏松、易碎，很利于石铲木耒之类的掘土农具翻地。而且，黄土不易风化，保持着大部分矿物成分，是非常肥沃的土壤。黄土一般具有良好的保水和供水性能，种植粟、黍等耐旱作物，即使雨水很少，也往往不需要人工灌溉就有收成。龙山文化时期，黄河中下游地区粮食生产剩余之多有一个最鲜明的例证，就是鬶、罍、盉、高足杯等酒器在这一时期的大量出现。而这种现象在同时期的其他文化里并不存在。总之，耜看似简陋，却是极适合黄土特性的一种农具，特别是两人各执一耜，并排协力耕作，即耦耕时，其耕种效果和生产效率都不亚于后世人拉犁的犁耕。纵览中国古代农技史，黄河中下游地区的耜耕农业不仅支撑起了龙山时期的小方国，后来还支撑起了强大的商周文明。龙山时期的石耜和商周时期的石耜，无论是磨制技术还是锋利程度，都处于同一水平。一直到春秋时期，黄河中下游地区主要的翻土农具都是各种材质的耜。

至于龙山晚期黄河下游的山东、豫北、豫东等地文化出现退化现象的原因，一般认为是这些地区易受洪水泛滥影响，其文明发展进程往往因此中断，不能像中游地区的河谷台地那样获得稳定持续的发展。后来流传于世的尧舜时代大洪水的传说，可能就来自龙山晚期黄河下游的先民们的亲身经历。

第三节　五帝的传说与文明的发生

也许针对中国文明起源进行的考古发掘最引人入胜之处，在于它提供了跟那些传说中的上古圣王进行现场交流的可能性。想想看，考古学家可能挖到了某位圣王的故都，找到了他当年居住、理政的宫殿，甚至发现了他的墓穴，拿到了他当年用过的物品！这样的遐想怎能不令人兴奋！无论从哪种意义上说,打着"文明探源"旗号的考古研究,就是一场文化寻根之旅。那些承载了无数中国人几千年情感记忆的上古圣王,在这样的场合注定会成为众人心念所系的焦点。因此也就无怪乎这些年研究中国文明起源的文章,有许多读起来像是上古列圣行在纪。没办法,古圣的魅力太大了,身为中国人,有谁能免得了对五帝四岳暨众多神帝神王的迷恋呢?

上古圣王的魅力来自几千年传统的塑造,更来自其所处的时代:他们是中国境内出现的第一批以无数大众为背景来演出其个人人生故事的巨星,他们高大的身影投射到远古蛮荒的一团混沌中,更显得如神一般威武雄壮。他们就是历史的起点,生于此文化中的人们在试图反身追寻自己文化生命的来历时,都会发现站在源头处的他们。历经几千年传说层层累加而形成的上古圣王故事,早已在我们的成长过程中融入了我们的精神血脉。拨开后世层累增添的部分,上古圣王传说仍然有其激荡人心的魅力。

无论如何,他们都算是历史的创造者。

上古圣王中最赫赫有名的,当然就是"五帝"。五帝这个名称,明显是后人在战国中后期五德终始说影响下对上古历史的强行组合。根据《史记·五帝本纪》写成之前五帝故事的流传和著录情况,五帝故事可以分为两大类,黄帝、颛顼、帝喾的故事可归为一类,尧、舜故事为另一类。先秦儒家言必称尧舜,《尚书》是从《尧典》开始编纂的。墨家常是虞夏商周连称,把尧舜的历史同三代连在一起而与以前的历史相区别。在其余各家的著作中也可以看到类似的倾向。因此,尧、舜的时代和之前的黄帝、颛顼、帝喾的时代,恐怕有些不同。

一、黄帝、颛顼、帝喾

按《国语》中的说法,黄帝出于少典氏,与炎帝为兄弟。《国语·晋语四》:"昔少典娶于有蟜氏,生黄帝、炎帝。黄帝以姬水成,炎帝以姜水成。成而异德,故黄帝为姬,炎帝为姜。"炎帝族所居姜水应是今陕西宝鸡市境内一条称作"清姜水"的渭水支流。黄帝族所在姬水究竟是哪一条河流，迄无定论，但应距姜水不远。若按此说，黄、炎两族最初居住在今陕西关中一带。

据《史记·五帝本纪》，黄帝组建了一支军队，四处征战，"天下有不顺者，黄帝从而征之"，"迁徙往来无常处，以师兵为营卫"。《史记·五帝本纪》说黄帝族曾经"北逐獯鬻"。《山海经·大荒北经》说："蚩尤作兵伐黄帝，黄帝乃令应龙攻之冀州之野。应龙蓄水，蚩尤请风伯雨师，纵大风雨。黄帝乃下天女曰魃，雨止，遂杀蚩尤。"黄帝打败蚩尤以后，又和炎帝战于阪泉之野。阪泉之战先后进行了3次，炎帝最后战败并归附了黄帝。

当代史学界一般认为黄帝是新石器时代晚期一位强大的部族首领，他曾率领族众跟邻近的许多部族作战，并取得了胜利，由此为他的部族争得了广阔的发展空间。那些出现在黄河中下游地区的最早的小国家，有一些可能就是由早先的黄帝部族分化发展而来的，他们把黄帝传说传播到其他地区，他们的势力、影响逐渐把传说中的黄帝变成了一个至高无上、无所不能的神话般人物。

按照《史记·五帝本纪》的记载，五帝中的另外四帝都是黄帝的后裔：

黄帝 ┬ 玄嚣—蛟极—高辛（帝喾）┬ 帝挚
     │   └ 放勋（帝尧）
     ├ 昌意—高阳（帝颛顼）—穷蝉—敬康—句望—桥牛┐
     └ 瞽叟—重华（帝舜）　　　　　　　　　　　└

《国语·晋语四》也谈到黄帝子姓众多，"凡黄帝之子，二十五宗，其得姓者十四人为十二姓，姬、酉、祁、己、滕、箴、任、荀、僖、姞、儇、衣是也。唯青阳与苍林氏同于黄帝，故皆为姬姓"。

如前所述，古人把许多器物、技艺、制度的发明权都归功于黄帝或其臣子、后宫，这种传说虽然难以考其真伪，但应该还是在一定程度上反映了事实。在世界历史上，那些最古老的文明中心在其文明刚刚开始发生的时代，都经历了一个各种发明层出不穷，技术革新日新月异的时期。如果说在黄帝之世各种发明创造源源不穷，应该不会距事实太远。

颛顼在《史记·五帝本纪》中是黄帝之孙，又称高阳氏。颛顼可能对天文历法、神鬼祀典和一些社会制度进行了改革。颛顼对天文历法的改革已无法知其详细，后世历法有名"颛顼历"者，当与此有关。据说"自颛顼以来，不能纪于远，乃纪于近"①，这意味着有了后世天文历法意义上的年代记忆。

相传颛顼"命南正重司天以属神，火正黎司地以属民"②，改变了以前"家为巫史"，人人都能与神灵打交道的局面，使宗教祭祀专业化。颛顼的这些改革后来被称为"绝地天通"，这意味着一个祭祀兼管理阶层的形成，宗教祭祀已被统治阶层所垄断，从而使得社会进一步复杂化。这是文明化进程中划时代的现象之一。

颛顼还有一些改革是当时社会结构发生变化的反映。《淮南子·齐俗训》载"帝颛顼之法，妇人不辟〔避〕男子于路者，拂之于四达之衢"，女子若在路上不小心碰撞了男人，便会带来晦气，所以要在通衢(四通八达的道路中心，十字路口)举行除凶去垢的祓禳仪式。颛顼的这项规定反映了当时社会上男尊女卑的情况。

帝喾又称高辛氏。在《史记·五帝本纪》中，颛顼、帝喾二位的传记不像黄帝或尧、舜那样记有许多具体的事迹，而是主要篇幅都在描绘二位的天生神异和高贵的德行，这大概是因为二位生前主要从事的是祭司一类的宗教职事吧。《史记·五帝本纪》称，帝喾"生而神灵，自言其名"，这或许正是超强的与神沟通能力的表现。

传说颛顼和帝喾曾经与共工族有过激烈的斗争。《淮南子·天文训》记载："昔者共工与颛顼争为帝，怒而触不周之山，天柱折，地维绝。"《淮南

---

① 霍彦儒主编：《炎帝·姜炎文化与民生》，西安：三秦出版社，2010 年版，第 24～25 页。

② 《国语·楚语下》。

子·原道训》记载："昔共工之力，触不周之山，使地东南倾，与高辛争为帝。"这场斗争延续了很久，直到舜和禹的时期才结束。

二、尧、舜

尧、舜是先秦儒家学者极为推崇的圣王。孟子"言必称尧舜"[①]，自称"吾非尧舜之言不敢陈于王前"[②]。故战国时儒家学说又有"尧舜之言"的别名。儒家所讲的尧、舜故事集中在三个主题上：尧的至贤、舜的至孝、舜的知人善任。

尧的至贤：据说尧特别能够虚心纳谏。他在位的时候，洪水泛滥成灾，"四岳"推荐鲧负责治水，尧认为鲧品德不好，无法担此重任，可是在"四岳"的坚持下鲧还是被任命前往。尧为了保证清明的统治能够一直持续下去，开始实行禅让制度。他在位 70 年时欲禅让帝位，让"四岳"推荐继承人，"四岳"一致推荐舜。尧便采取各种办法对舜进行考验和培养，证明舜确实合格以后就把权位让给他。据《史记·五帝本纪》，尧为了考察舜的治家能力，将两个女儿——后来的传说中称之为娥皇和女英——嫁给舜；为了考察舜的处世交际能力，尧又派九个儿子跟舜在一起。舜能使二女恪守妇道，使九男更加敦厚谨敬。尧又让舜担任各种职事以考验他处理政事的能力。尧让舜主持教化，社会风气很快好转；让舜担任各种官职，他办事都及时而有条理；让舜在城门迎接宾客，他的举止仪容都恭敬合礼；让舜入山林川泽，遭遇风暴雷电，他也不会迷失方向。考验合格后，尧荐舜于天，使舜摄行政事。又过了 20 多年尧才去世。舜正式继位以前，曾把权力让给尧的儿子丹朱，自己避居于南河之南。然而天下诸侯和民众却不信任丹朱，而拥戴舜。在这种情况下，舜才正式继位。

舜的至孝：这在《孟子·万章》中有过大量讨论，《史记·五帝本纪》大

---

① 《孟子》卷 5《滕文公上》。
② 《孟子》卷 4《公孙丑下》。

多引入。据说舜家中"父顽，母嚚，弟傲"，弟象为继母所生，父亲爱象，屡次欲杀害舜。在这样恶劣的家庭环境中，舜却善于相处，既能机警地保护自己不受到实质性伤害，又能避免因怨怼情绪伤害自己对亲人的感情，而能一直诚实和善地对待父母兄弟。

舜的知人善任：舜继位以后，选拔了许多有能之士，如高辛氏和高阳氏的八才子。舜还命禹为"司空"，主持治理洪水、平定水土之事；命弃为"后稷"，主持谷物种植；命契为"司徒"，主持教化；命皋陶为"士"，主持刑罚。当时有浑敦、穷奇、梼杌、饕餮 4 个凶族，尧拿他们没有办法，舜在位的时候把这 4 个凶族流放到边远地区，对其他一些不听命令的方国和部落，如共工、驩兜、三苗等，舜也都加以处理，还将治水无功的鲧放逐到羽山。

在儒家所传的尧舜故事中，尧名放勋，是陶唐氏的贵公子。舜名重华，出身微贱，曾在历山种过地，在雷泽打过鱼，在黄河之滨做过陶器，在寿丘做过家具，在负夏做过买卖。舜所在的应当是一个既善于农耕渔猎，又善于制陶手工的氏族。舜年老的时候，向尧学习，将大位禅让给禹，又过了 17 年才去世。禹在正式继位以前，仿禅让故事，把权位谦让给舜子商均，自己避居于阳城，但是诸侯们依然拥戴禹，禹这才正式继位。

按《尧典》所说，除帝尧、帝舜外，还有由四岳、十二牧（或曰群牧）组成的贵族议事会；有包括司徒、后稷、士（类似后世之司寇）、工（百工）、虞、秩宗、典乐、纳言等部门官员的行政组织；有刑法（象以典刑、流宥五刑、鞭作官刑、扑作教刑、金作赎刑、眚灾肆赦、怙终贼刑）；有军队。这些都是一个国家应该拥有的管理机关和管理手段。

有关五帝的传说资料为后人描绘了 5 位德行圆满、功绩卓著的理想统治者。但真实的历史往往不会这样完美无缺。从中国文明开端这个角度来看，五帝传说所对应的，应该就是考古文化中的龙山时期。可是考古发现所揭露的龙山文化，并不是"大同"盛世，而是一个"货力为己"、杀伐不断的群雄逐鹿的时代。

　　山西襄汾陶寺遗址被很多考古学家认为是唐尧帝都。与传说中的尧舜禅让相应，在这里确实曾经发生过政权易主，不过这里的政权易主并不是在和乐雍雍的禅让仪式中进行的，而是在战争中、在征服者对被征服者的血腥杀戮和肆意凌辱中进行的。考古材料显示，陶寺遗址应属于中期文化的城墙被拆除，宫殿被废弃，宗庙被毁坏，祖陵被扰乱，更有壮丁被杀、妇女被淫的遗存，中晚期文化之间出现过明显的断裂和暴力更替。仅在垃圾灰沟 HG8 里，就出土过 5 层人头骨，总计 30 余个，散乱人骨个体起码有 40～50 人，有的人骨被肢解，有的颅骨带劈啄痕。第 3 层出土一具约 35 岁的女性完整骨架，她被折颈残害而死，阴部又被插上一只牛角。龙山时期，像发生在陶寺遗址中这样的杀戮随处可见，乱葬坑普遍存在，与氏族墓地正常埋葬者的情况形成鲜明对比。典型的有河南渑池班村、陕西长安客省庄和河北邯郸涧沟遗址，分别属于庙底沟二期文化和龙山文化，被杀的人或肢骨被钝器打断，或被击伤，或被腰斩，或身首异处，或被完全肢解，从脊椎扭曲的情况看，被杀者生前多经过捆绑和激烈的挣扎。

　　文明的曙光就是透过这些迹象照射出来的，只不过，它不像想象的那样柔和，那样令人愉悦，倒像是一场杀戮后留下的血迹，深紫而凝固，令人心情沉重。

第二章　夏代的传说与史事

第一节　夏初的战争与共主式王权的确立

传说舜年老的时候，仿效尧当年的做法，将大位禅让给禹。禹在正式继位以前，仿效舜当年谦让尧子丹朱的成例，把大位谦让给舜子商均，自己避居于阳城，但是诸侯们依然拥戴禹，禹这才正式继位。禹年老的时候，也依禅让故事，挑选益作为自己的继承人。但禹死之后，诸侯们不拥戴益，而拥戴禹子启。于是启便继位而正式建立夏朝。

在先秦时期的人看来，启继禹而立，将权位控制在一家一姓手中，是"家天下"取代了"公天下"，是"小康"取代了"大同"，是"大道"的隐退，历史的倒退。

《礼记·礼运》说：

> 大道之行也，天下为公，选贤与能，讲信修睦。故人不独亲其亲，不独子其子。使老有所终，壮有所用，幼有所长；矜寡孤独废疾者皆有所养；男有分，女有归。货恶其弃于地也，不必藏于己；力恶其不出于身也，不必为己。是故谋闭而不兴，盗窃乱贼而不作，故外户而不闭，是谓大同。
>
> 今大道既隐，天下为家。各亲其亲，各子其子，货力为己。大人世及以为礼，城郭沟池以为固，礼义以为纪，以正君臣，以

笃父子，以睦兄弟，以和夫妇，以设制度，以立田里，以贤勇知，以功为己。故谋用是作，而兵由此起。禹、汤、文、武、成王、周公，由此其选也。此六君子者，未有不谨于礼者也。以著其义，以考其信，著有过，刑仁讲让，示民有常。如有不由此者，在势者去，众以为殃。是谓小康。

《礼记·礼运》的这番话是孔子在一次观礼后所发的议论。其中说"大同"之世是大道运行的时代，人人发自内心地互相关心爱护，整个社会不需要外力的强制而自然美好有序。而"小康"之世，大道已经隐去，人的心中被私欲充满，不得不依靠一整套礼仪制度来强制维持秩序。在这里，"小康"之世显然是被归入无"道"的时代。这样的说法是否出自孔子本意，此处不论，但"小康"之世比起"大同"之世，多出了种种复杂的强制性的管理制度，多出了人对财富、地位的狂热追逐，多出了城郭沟池之类防守设施，多出了谋诈兵戈之类掠夺器具，这确实符合现代学界对"文明"与"非文明"社会的区分。

《礼记·礼运》把禹作为"小康"之世的第一位代表人物。不过，颇有些矛盾的是，虽然禹子启是开创"家天下"传统的第一人，但在中国古代的传说中，禹却是一位将百姓放在第一位的最无私的领导人，是一心为公的典型。后来战国墨家倡导人与人应互相关爱的"兼爱"学说，便将禹塑造为学派的导师和精神领袖。

根据传说，禹所在的夏族应是五帝时代后期一支强大的地方势力。夏族应是颛顼部族的一个支裔。古代文献常把禹的世系追溯到颛顼，如《史记·夏本纪》和《大戴礼记·帝系》就说禹为颛顼的孙子，还有的文献说禹为颛顼的五世孙。禹的父亲鲧被称为"崇伯鲧"。古代唯有强大的、能号令多国的诸侯国君才可称"伯"，这种称呼或许意味着鲧是当时的一方霸主。《世本·作》称"鲧作城郭"，即鲧是中国历史上建造城郭的第一人，这也暗示了鲧的强大，及当时夏族所面临的战乱的隐忧。

鲧称"崇伯"，即崇地的诸侯。崇，即崇山，今之中岳嵩山，在豫西一带。夏族活动的区域最初应当在豫西地区的崇及其附近。传说禹曾避舜子商均于阳城，阳城在今河南登封市，嵩山南麓。1975年，在今登封市东南王城岗发现一座龙山文化中晚期的古城。2002年，在该遗址又新发现一座面积约在30万平方米的大型城址，这是迄今河南境内发现的面积最大的龙山文化城址，同时发现祭祀坑、玉石琮和白陶器等重要遗存。这个发现为禹都阳城说提供了有力证据。

当夏族发展后，势力可能扩展到整个豫西和晋南。《逸周书·度邑》说："自洛汭延于伊汭，居阳无固，其有夏之居。"该书中称平坦而无险阻的伊水、洛水流域是夏族的居地。《国语·周语上》谓"伊、洛竭而夏亡"，把夏朝灭亡和伊水、洛水的枯竭联系起来，可见夏朝的统治中心就在伊、洛流域。晋南古称"夏墟"。在古史传说中，禹的都城除阳城外，还有禹都安邑说、禹都平阳说、禹都晋阳说。安邑，在今山西运城；平阳，今山西临汾；晋阳，今山西翼城。夏族可能是从豫西逐渐扩张到晋南的。

传说在尧统治的时代，鲧最先被"四岳"推举出来治理洪水，但因为鲧所用方法不得当，历时9年而未成功，最后在舜摄政时被杀死于羽山。鲧采取的是堵塞的办法，《尚书·洪范》说"鲧堙洪水"，《国语·鲁语上》说"鲧障洪水"。不过问题可能并非如此简单。《尚书·尧典》记载，尧最初曾以鲧"方命圮族"，即以违背教命，毁败善类为由而不愿意任用鲧治理洪水，只是由于"四岳"的坚持，不得已才委派了鲧。《韩非子·外储说右上》说鲧曾毫不掩饰地反对尧禅位于舜："不详哉！孰以天下而传之于匹夫乎？"并曾"仿佯于野以患帝"。鲧更可能是因为竞争方国联盟首领的职位落败而被杀。

鲧应该是以个人身份被联盟处死，夏族并未受到连带处罚，故鲧死后，其子禹仍然被接纳进联盟的统治集团，并且得到联盟首领舜的信任，受命继承其父之职去治理洪水。

　　大禹治水可能是从古至今最受中国人推崇的故事，这些故事将禹塑造成了中国历史上最爱民无私的领导者，禹的治水成功也使他成为救万民于涂炭的英雄。后世一些思想尖刻的读书人，或许敢于置疑尧舜禅让的高风亮节，却无不叹服禹治水救民的丰功伟绩。

　　据《史记·夏本纪》，禹治水的时候，"劳身焦思，居外十三年，过家门不敢入"。他不辞劳苦，以身垂范，受到人们广泛颂扬。据说禹治水时反其父之道而行之，不用堵塞，而用疏导的办法，将泛滥的河水引入河道，最后排到海里。《孟子·滕文公上》说禹治理洪水，"疏九河，瀹济、漯而注诸海；决汝、汉，排淮、泗而注之江"，取得了很好的效果。这对于广大区域内的农业生产发展和民众生活的安定起到了重要的作用。

　　据说禹在治水时，也帮助所经地区的方国部落重新勘定疆界，同时注意考察各地土壤的肥瘠与物产所宜，"随山刊木，任土作贡"①，故随着治水活动的大功告成，联盟的内部秩序也重新建立：一套以晋南为中心，让诸侯邦伯按照路途远近和土壤等级缴纳贡赋的职贡体系。这些传说应该是比较真实可信的。当然，《禹贡》所记十三州大大超出了禹"任土作贡"的范围，《禹贡》所说的应是战国前期的"中国"范围。

　　历史上任何重大变革的发生，既需要有一个较长时期的、持续的酝酿过程，也需要有一些突然发生的契机，来充当最后的推动力，这样才能突破传统的惯性，给新事物苗壮成长的空间。在中国古代中央王权的形成史上，尧舜禹时代发生的大洪水，很可能发挥了这最后的推动作用。禹在治水过程中，他身边的扈从和他一样也离开了自己的方国，长年追随着禹在外奔波，这样的经历很容易形成并强化首领与其扈从间的个人依附关系，建立起跨越血族集团的权威。而正如某些传说所暗示的，治水活动虽然获得了无数灾民的支持，但也有一些水道所经地区的部族并不愿接受禹进入

---

　　①　（春秋）孔丘：《尚书·禹贡》。

其地盘治水。这时候便需要有联盟提供的武力作为后盾来保障治水事业的顺利推进。比如，禹以行天之罚的名义征讨三苗。从这个角度来看，治水的历程同时也是一个翦除不服从者，加强联盟内部联系的历程。而在治水的过程中"任土作贡"，则标志着经济上强制权力的建立。故禹的治水历程同时也可以说是禹宣示权力、明确统治秩序的历程，在这过程中禹的个人声望、权力都达到前人无法企及的高度。而凭着这样的资本，禹可以建立起前所未有的个人专权。据古史传说，禹在接受舜的禅让而登上帝位之后，他的统治，便不像尧舜时代那样温和了。《左传》哀公七年记载禹曾在涂山召集诸侯会盟，与会者很多，"执玉帛者万国"。后来禹又在会稽大会诸侯，防风氏的首领迟到，被禹当场处死。禹又命令各地诸侯进贡地方物产和铜，用铜铸成九鼎，鼎上刻画着各州应贡的地方物产。朝会诸侯，专杀方国之君，强征贡赋，这样跋扈的权力，显然是之前那些拥有共主名号者所不具备的。综上所言，禹应是中国历史上的第一位王者。虽然他本人也许并没有建立"家天下"统治的企图，但他空前强大的个人权力，则使在他之后启的继位成为顺理成章的事。

启继禹成为天下共主，这个事件标志着中国历史上第一个王朝的建立。

按照《史记·夏本纪》的记载，从启开始，夏朝共传 13 世、16 王。《史记·夏本纪》集解引《汲冢纪年》说夏朝"有王与无王，用岁四百七十一年"，即夏朝共历 471 年，可能近于事实。夏朝世系如下：

启可以说是沐浴着禹的光辉登上大位的，人们出于对禹的怀念而拥戴

他。据说，禹在年老时，也像之前尧舜所做那样为自己挑选继承人。禹先选择德高望重的偃姓的皋陶为继承人，可是皋陶的年龄与禹相仿，等不到实行禅让便先禹而死。禹又荐举曾辅佐他治水的嬴姓的益为继承人。禹死之后，益重演禅让故事，把权位让给禹之子启，自己避到箕山之阴，但各个方国并不追随他，而拥戴启。于是启便继位而正式建立夏朝。禅让制度下，继任的共主让避前任之子，可能是一种礼仪形式，并非真的要让位，故舜、禹的避让行为并不影响其顺利继位。但到禹去世后，礼仪形式的让避变成了真正地被取代。《史记·夏本纪》对此的解释是："及禹崩，虽授益，益之佐禹日浅，天下未洽，故诸侯皆去益而朝启。"这句话的意思是益的资历尚浅，其个人勋望尚不能深孚人心。不过，如果说曾佐禹治水的益的勋望不能服众，继位前的启又有什么德业可言呢？启之所以受到拥戴，关键在禹的超强权威。当然，正如之前的尧禅舜、舜传禹的传说都有另一个版本，战国时期的权谋家们对禹传益的故事也有别样解说。《战国策·燕策》说"禹名传天下于益，其实令启自取之"。启继禹立的事实，或许真的是禹处心积虑谋划的结果。

启在古史传说中经常被说成是一个耽于享乐的花花公子式的人物。《墨子·明鬼》谓"启乃淫溢康乐，野于饮食……湛浊于酒，渝食于野"。启被看成是一位只知荒淫享乐的昏庸君主。据说启本人能歌善舞，他曾"左手操翳，右手操环，佩玉璜"，在"天穆之

图 2.1　黑陶壶形盉。夏代。河南博物院藏

野"演出了精彩的乐舞。①

不过，综合各种传闻资料来看，启的处境，绝对没有后世王朝正统观念已经确立的时代里的守成之君那样平顺，他的权位，从即位开始就不断地受到挑战。首先出来挑战的可能正是被启取代的益。古本《竹书纪年》说"益干启位，启杀之"。然后又有居于今陕西关中地区的有扈氏可能为了维护旧传统而试图反抗启的家天下，《淮南子·齐俗训》说有扈氏"为义而亡，知义而不知宜"，即只知恪守所谓的"义"而不知变通。启亲自率军前往讨伐，在甘地(今陕西省鄠邑区南)发生激战，有扈氏被剿灭。今《尚书》中尚有《甘誓》一篇，据说是启在甘之战前的誓师辞。

启通过战争稳固了夏朝的统治。后世流传的关于启"淫乐"的传闻，可能正反映了其统治时期夏朝的繁华。不过，这种稳固只是暂时的，在夏朝初年，王朝政治作为新生事物并没得到广泛认可。启的上台，其统治的维持，说到底全靠夏国的实力在支撑着，偶然的继父而立并没有改变尧舜禹时代以来邦国林立、群雄逐鹿的基本态势。因此，当夏国的实力下降时，其所控制的天下共主之位便会变得摇摇欲坠。

启在位的时候，其子武观作乱，后来叛乱被平定，武观被诛杀。武观之乱对于夏国的实力和声望可能会有一定影响。启死后，其子太康继位。太康看来是一位真正的花花公子，《左传》、《国语》和伪古文《尚书·五子之歌》等古书说他只顾田猎游玩而不恤民事。太康的统治让夏王朝陷入了长久的危机之中，不但一度丧失了天下共主之位，连他的国家都曾被占据。这场发生在夏朝初年的动乱持续了四君三世，直到太康的孙辈少康之世，才恢复了夏朝的统治。这场动乱，史称"羿浞乱夏"。

羿，或称夷羿、后羿，东夷族的著名首领。羿以善射著称，在后来的神话传说中羿是射落九日的英雄，《吕氏春秋·勿躬》说他是弓的发明者，

---

① 《山海经·海外西经》。

大概是因为他曾改进了弓的设计，使其威力大大增强。太康统治之时，羿率领部众从东方的鉏（今河南省滑县）迁到夏朝腹地的穷石（今河南省洛阳市南），称有穷氏。史书记载他"因夏民以代夏政"①，得到夏民拥护而夺取了夏朝政权。古本《竹书纪年》说"太康居斟寻"，大概太康失国以后投奔斟寻氏。太康临终传位于弟中康。中康卒，其子相继位。相在斟寻氏和斟灌氏的支持下迁居帝丘（今河南省濮阳境），得以立足。

据《左传》等书记载，羿得夏政之后，恃其善射，不修民事，沉湎田猎。他废弃武罗、伯困、熊髡、龙圉等贤臣，却重用被伯明氏驱逐的不肖子弟寒浞。寒浞施展媚内赂外的手段，明里对羿百依百顺，怂恿羿田猎游玩，让羿放心地把朝廷之事和家族之事都交托予他，暗中则极力网罗党羽，阴谋取代羿。趁羿田猎之机，寒浞将羿及其全家杀掉，占有了羿的妻室，沿用有穷氏之号，夺取了大权。后来，寒浞命其子浇攻灭了支持夏朝的斟灌氏、斟寻氏。相当时在斟寻氏处，被绞杀掉。相妻缗正值妊娠，慌急中从墙洞逃出，投奔母家有仍氏，在那里生下少康。少康长大后，为有仍氏牧正。浇闻讯，派人到有仍氏追杀，少康逃奔到有虞氏。有虞氏君把两名姚姓的美丽少女嫁给他，并给了他一个叫作纶（或言在今河南省虞城县）的地方。这时少康"有田一成（方30里），有众一旅（500人）"②，有了田邑，还有了一旅兵众。少康以纶邑为根据地，召集流散各地的原夏国族众，开始与寒浞斗争。这时候，逃往有鬲氏的夏遗臣靡，召集斟灌氏、斟寻氏余众，和少康联合，剿灭寒浞。少康又率众剿灭寒浞之子浇，寒浞的另一个儿子豷被少康之子季杼剿灭。有穷氏至此而亡，夏朝得以复兴。

从太康失国到少康中兴，经历了三代人的时间和尖锐复杂的斗争。这期间天下共主之位几易其主，但都是凭借残酷的斗争用武力夺取的，尧舜禹时代民主推举首领的做法已经一去不复返。不过，尽管是武力相竞，一

---

① （春秋）左丘明：《左传》襄公四年。

② （春秋）左丘明：《左传》哀公元年。

度狼狈到国破家亡，四处逃窜的夏后氏却得到了斟寻氏、斟灌氏、有仍氏、有鬲氏、有虞氏等族的支持，最终恢复统治。而以善射著称的有穷氏虽然能在一个时期里取胜，最终却在夏后氏与其他族邦的联合攻击下落败，就此灭亡。这表明除了武力之外，人心的向背也是取得天下共主之位的重要因素。夏朝得以复兴，跟众方国部落的支持有着直接关系。在夏后氏君主亡命他乡，族众四散流离的艰危时刻，还能得到斟寻氏等族邦不离不弃的支持，实在只能归功于祖上余荫。或许是禹启以来天下共主之位长久地由夏后氏一姓保有的事实，导致夏后氏是当然的天下之主的观念产生和流行，以至于一些族邦不愿支持夏后氏之外的人担任统治者。

少康卒，子杼继位。杼在位的时候，夏朝的国力大大增强，形成复盛局面。大约是跟东夷来的有穷氏之间的斗争使夏的注意力转向了东方，杼迁都老丘(今河南省开封市东北)，并派人征伐东方。古本《竹书纪年》说"杼子往于东海，至于三寿"，还获取了作为祥瑞的九尾狐。大概夏朝势力在杼时已经扩展到了东海之滨。在后来夏后氏的祀典中，杼的地位仅次于禹。《国语·鲁语》说"杼能帅禹者也，夏后氏报焉"，夏人认为杼能继承禹所开创的事业，因此用隆重的"报祭"来祭祀杼，以纪念他的功绩。

杼至不降，夏后氏的统治相对稳定。这个时期，夏后氏的天下共主身份在方国联盟内外得到普遍认同。杼子槐继位以后，居住在今淮河流域和泗水流域的于夷、黄夷、风夷、白夷、赤夷、玄夷、阳夷等9个东夷部落都纳贡祝贺。泄在位时，西方的畎夷"始加爵命，由是服从"①，接受夏朝封号，表示顺服。

不降子孔甲在位时，夏朝开始衰落。史称"孔甲乱夏，四世而陨"②。所谓"乱夏"是指孔甲改变了夏朝的传统统治方式。《史记·夏本纪》说孔甲"好方鬼神，事淫乱"，大约即是"乱夏"的具体做法吧。

---

① (南朝宋)范晔：《后汉书》卷87《西羌传》。
② 《国语·周语下》。

孔甲后四世即桀。相传桀"手搏豺狼，足追四马"①，勇武非常。不过，出众的资质并没能让桀扭转颓势，重振夏朝。相反，过于倚恃个人力量使桀成了一位刚愎暴虐的君主，无论处理政事，还是在个人生活中桀都恣意妄为，丝毫不加节制。他发兵攻打有施氏，获得美女妹喜，立为后。后又攻打岷山氏，得到了两位美女琬和琰，遂抛弃妹喜，专宠新欢。据说妹喜因此私通商汤之臣伊尹，助商攻打夏朝。桀为便于寻欢作乐，修筑倾宫、瑶台，耗尽国家财力。他随意剿灭诸侯，诛杀大臣，并狂妄地宣称除非太阳熄灭，否则他是不会灭亡的。总之，桀在位期间的诸多举措使他自己成了众叛亲离的独夫民贼。于是，商汤举兵伐桀，桀败逃南巢之山（今湖北省巢县），夏亡。

第二节　考古学中的夏文化

根据文献记载，夏王朝的活动范围主要在今豫西、晋南一带。因此，学者们都注意从这一地带的新石器时代后期文化遗址中寻找夏文化的源头。到目前为止，作为夏文化探讨对象的遗址，人们在豫西和晋南地区已发现上百处，经过重点发掘的有郑州洛达庙、偃师二里头、登封王城岗、夏县东下冯、临汝煤山、洛阳矬李等遗址。

20世纪60年代初期定名的二里头文化的发现和研究是夏代考古的重大收获。这个类型的文化遗存最初于1953年被发现于河南登封玉村，后来在豫西、晋南地区陆续有所发现，其中以河南偃师二里头遗址的文化内涵最丰富、最典型，遂以之命名。二里头文化分为两个类型，一是以山西夏县东下冯遗址为代表的"东下冯类型"；二是以二里头遗址为代表的"二里头类型"。在河南郑州、洛阳、临汝等地的二里头文化遗址中发现有多种文化层重叠的关系，即商代早期文化叠压在二里头文化之上，二里头文化又叠压

---

① （西汉）司马迁：《史记》卷25《律书》。

在龙山文化之上。就时代发展顺序而言，在新石器时代晚期和商代之间即夏代，因此二里头文化确实是属于夏代的考古文化。二里头文化的碳14测年范围大约为公元前2395—前1625年，也符合学者据古文献记载推定的夏代纪年范围。

图2.2 白陶封口盉。夏代。河南博物院藏

位于河南偃师的二里头遗址，是二里头文化最典型的遗址，二里头文化因之得名。二里头遗址于1959年开始被发掘，到20世纪80年代，学者们根据对这个文化的堆积层次和出土文物的分析，把它分为四期。在第一、二期，工具和武器主要还是石器、骨器等，极少出现铜器。在第三、四期，则出现了不少青铜器和各式精美玉器。还发现了大型宫殿建筑基址。

在属于三期的墓葬中发现不少青铜器和玉器。青铜器有爵、戈、镞、戚、刀、锥、鱼钩等。青铜器的制作技术属于早期阶段，造型简单、器壁较薄、质朴无文。二里头的青铜器应是本地生产的，遗址中还发现了铸铜的坩埚、陶范、铜渣等。玉器有钺、戈、璋、刀、琮、圭等，其中有制作极精的七孔玉刀和玉璋。

2002年，在一座二里头二期的贵族墓葬中发现一件大型绿松石镶嵌龙形器，全器由2000余片各种形状的绿松石片组合而成，绿松石龙身长64.5厘米，巨头蜷尾，身体曲伏有致。以往学界普遍认为二里头遗址一期和二期属陶、石村落文化，三期和四期属青铜宫殿文化，这个发现使人们对二里头遗址的复杂性及其早期情况有了更多认识。

迄今为止，在二里头遗址发现两座宫殿遗址，都兴建于三期。1号宫殿遗址坐北朝南，建筑在高出地面约80厘米的略呈正方形的夯土台基上，南北100米，东西108米，中部偏北有一长宽二三十米的高起夯土台，分布着一圈长方形柱洞。这是一座长30.4米、宽11.4米的大型殿堂，为这座宫殿的主体。根据柱础的排列，可以复原成面阔8间、进深4间的双开间建筑。台基周围发现有柱洞，可以复原出与宫殿毗连的庑廊，它所围成的空地就是中庭。其正南是一座牌坊式的大门。整套建筑的工程量很大，仅夯土台基的用

图2.3　乳钉纹铜斝。夏代。河南博物院藏

土量就达2万立方米。2号宫殿也是坐北朝南，有作为地下水道的陶水管。2号宫殿的结构大体和1号宫殿类似，也有正殿、庑廊、中庭、门塾等，但其格局更加严谨。

考古发现在1号宫殿台基北侧面上，有属于四期的灰坑，且多达50余个。这种叠压关系表明，1号宫殿到四期的时候已经废弃。2号宫殿的情况与此类似，据研究也废弃于四期。二里头遗址宫殿被废弃的现象可能正是夏灭商兴的反映。据古本《竹书纪年》，桀曾居斟寻。斟寻可能在今偃师一带，二里头文化三期发现的宫殿基址可能正是桀居斟寻的遗迹。1983年，人们在距二里头遗址仅大约5千米之遥的地方发现了一座大型商代早期城址，一般称为偃师商城，仅残存面积就达到了200万平方米。许多学者认为偃师商城即是当年商汤灭夏后所都的西亳。这个发现是对二里头曾是夏都的看法的一个有力证明。

第三章　商代的统治与信仰

中国的上古三代之所以重要，在于它代表中国结束了史前时代，开始了文明时代。商代作为三代中的一个中间环节，在中国早期历史中具有承前启后的意义。如果说商代在以前更多是作为一个文本上以及人们传统意识中存在的历史，那么在 20 世纪以后，随着层出不穷的考古发现，它已经慢慢展现给我们不曾了解到的活生生的历史。甲骨文、青铜器等不断地出土，无一不显示了商代在历史上曾经拥有的绚丽和让人惊叹的文明。所以，现在讲述商代文明，不仅有传世文献的记载，还有许多新出土材料的印证与补充。这样，曾经离我们十分遥远的商王朝，也就不再像传说中的那样虚无缥缈，而是越发真切起来。

第一节　商的兴亡

根据《史记》的记载，商最早的祖先叫作契。关于契的出生，文献的记载很具有神话的意味。契的母亲简狄是有娀氏女，有一天和另外两个女子在河边沐浴，忽然一只玄鸟（燕子）飞过，生下鸟卵，简狄吃了鸟卵之后，不久就怀孕生下了契。所以《诗经》里记载："天命玄鸟，降而生商。"这是商人对自己始祖的称颂。但是《诗经》中只提到契的母亲而未提到父亲，从契开始，商人才有了自己的男性祖先系列，可能因为更早的历史他们后来也不是很清楚了，这多少也体现了早期社会母系氏族残留的特点，即只知其母不知其父。虽然《史记》认为简狄为帝喾次妃，帝喾为契之父，但这意味着将尧、契以及周人的祖先弃看作同父（帝喾）异母的兄弟，当出于后人的伪托修饰，恐怕并不符合历史的实际。契曾协助大禹治理洪水有功，他和族人被封在了商地，所以称为商族。但也有学者认为商本来就是族名，商人居住的地方就因此称为商地，随着时间的推移，商进而成为国名、朝代名。至于商地在什么地方，传统认为大概在河南的商丘，但也有其他不同的说法，尚有待进一步考证。而关于商人最早起源于何处，也一直多有歧见，结合考古与古文字的资料，商人可能发源于辽西和冀东北地区的说法更有说服力。总之，商族在契之后开始慢慢发展起来，不过在当时还并不怎么强大，应该只是夏的一个附庸。

商的早期有过很频繁的迁徙，据说在商汤建国之前就有 8 次之多，具体的位置尚有许多争议，但大体不出今天河南、河北、山东的范围。因为在契的时代，商族可能还处于以游牧为主的阶段，农业尚属萌芽期。游牧需要找水源充足，牧草茂盛的地方，所以，商族早期过着逐水草而居的生活。契的孙子相土作商族首领的时候，夏朝发生了后羿、寒浞之乱，由于王位的争夺，夏朝对各部族的控制力减弱，相土趁机扩展自己的势力，向东可能一直发展到了海边。所以，商的后人才唱出"相土烈烈，海外有截"的诗歌。这表达了他们对相土的崇敬之情。又过了几代，相土的曾孙冥被夏王朝封为水官，负责水利的治理，兢兢业业，做出了很多的贡献，后来在治水的工作岗位上去世。冥的儿子亥带领商族人大力发展畜牧业，驯服了大量的马牛羊，并用它们运载了大量的货物与其他氏族进行贸易。也许正是这个原因，后来人们便把善于做生意的人称作商人。有一次，亥赶着许多牛羊，到了北方有易氏部族境内与他们进行贸易。有易氏的首领棉臣杀了亥，并抢走了牛羊。亥的儿子上甲微决心为父亲报仇，就派人到商人的老朋友河伯那里请求帮助。河伯答应了上甲微，派出一部分军队同商人一起去讨伐有易氏。结果，两个部落的联军打败了有易氏，杀死了棉臣，瓜分了有易氏部落的财产和地盘。上甲微也因为此事在商族中树立了威信，并使得其他部落再不敢轻易冒犯商族。商人把上甲微看作能继承契之功业的先王,认为从他开始,商族实力逐渐壮大,走上了振兴之路。从卜辞中可以发现,商的后人对他的祭祀非常隆重。以上甲为界,一般将上甲之前的首领称为先公,上甲及上甲之后的称为先王。商自上甲之后的首领均以十天干作为庙号,世系比较清楚,将已发现的卜辞材料与传统史籍的记载相印证大体是相符的。

正当商人慢慢崛起之时,夏王朝却在不断地走向衰落。上甲之后,又过了6代,到了汤做商族首领的时候,夏桀在位。汤,后世又称商汤、成汤、武汤,甲骨文中汤写作唐,商的后人祭祀他时也称他的庙号为天乙、大乙、高祖乙。汤将商族迁到了亳(今天在什么地方也有不同的说法,一说为今河南郑州)。商从始祖契开始,到汤已经将居地迁徙了8次。夏桀残虐无道,人民怨声不已,指着太阳咒骂他:"你何时灭亡,我情愿跟你一同灭亡!"因此,商汤开始有了消灭夏朝取而代之的打算。他首先任用贤人伊尹和仲虺为相。传说伊尹出身低微,成汤娶了有莘氏女为妃,伊尹作为陪嫁的奴仆来到成汤的身边。他本是个厨子,长于烹饪,后来得到成汤的赏识,便常常向汤出谋划策。而仲虺本在夏朝为官,后来见夏桀残暴,就投奔了汤,为商所用。在伊尹和仲虺两位贤人的辅佐下,汤逐步展开了对夏朝的攻势。葛是商的邻国,可以说是夏安插在商附近的一颗钉子。汤率领商人,以葛伯不行祭祀为理由攻打他,消灭了葛,遂拉开了与夏朝战争的序幕。灭葛之后,商逐步剪除夏的羽翼韦、顾和昆吾,削弱了夏桀的势力,并得到了诸侯和四方人民的拥护。商很快来到了夏的核心地带与夏桀进行最后的决战。汤为了鼓舞军队的士气,宣读了伐夏的誓词,列举了夏桀的各种罪恶,声称要代表上天执行对夏桀的征伐,号召各方国诸侯一心辅助他。军队经过动员,士气大振,一鼓作气打败了夏朝的军队,夏桀被活捉,汤将他流放。汤回师亳邑,诸侯前来朝贺,表示臣服于汤。在众人的拥戴下,汤做了天子,建立起了商王朝,并将夏传国的九鼎迁到了亳,象征权力的转移。古书将商汤灭夏和后来的周武王灭商一起称为"汤武革命"，商取代了夏，成为中国历史上的第二个王朝。

汤是商王朝的开国之君，所以在日后受到了历代商王的隆重祭祀。关于商的王位继承，汤之后本应由长子太丁即位，但太丁却在他之前就死去了，于是便由太丁的几个弟弟相继执政。这几位商王去世后，管理朝政的伊尹便立太丁的儿子太甲为商王。太甲继位后，认为商的国势处于一个较为稳定的上升期，就不理政事，胡作非为。伊尹劝诫他但是没有效果，就把太甲流放到王都郊外的桐宫，自己暂时代理政事。太甲在桐宫 3 年，认识到自己的过错，决心悔过自新。于是伊尹又把太甲迎接回王都，还政于他。太甲重新执政之后，一改前非，继承汤的传统，以德治民，商王朝的统治得到进一步的巩固和发展。对于这件事情，战国时的《竹书纪年》有着不同的记载，说是伊尹将太甲放逐到桐宫，篡夺了政权，自立为王。太甲后来找机会从桐宫逃了出来，杀掉伊尹，才恢复了王位。但是从甲骨卜辞中可以看出，在后世商王的祭祀中，伊尹的地位很高，祭典也非常隆重，所以伊尹篡夺王位并被太甲所杀的记载恐怕并不可信。

太甲死后，他的儿子沃丁继位。沃丁之后，商历经太庚、小甲、雍己几代，商的统治一度衰弱，诸侯都不来朝贡。雍己死后，他的弟弟太戊继位。太戊在位时有两个得力的辅佐大臣，一位叫伊陟，另一位叫巫咸。这两个人齐心帮助太戊治理国家，商王朝的统治得以加强，诸侯又重新前来朝见，出现了自成汤以来最好的局面。太戊被商人尊为中宗。太戊死后，他的儿子仲丁继位。仲丁之后的几代，直到盘庚之前，由于王位继承顺序的混乱和内部权力的争夺，商王朝又进入了一个中衰的时期。这段时期还有一个很显著的特点，就是王都的迁徙十分频繁。所谓"商人屡迁，前八后五"①。"前八"指的是商汤建国之前商族的 8 次迁徙；"后五"就是指商汤建

---

① （东汉）张衡：《西京赋》。

国后的 5 次迁都。为什么商建国之后仍要频繁地迁都呢，而且这 5 次迁都全部集中于仲丁到盘庚期间呢。有学者从避开水患或者农业生产用尽地力的角度去解释这个问题，但这些原因导致的迁都在任何时期都会发生，而不必集中在这几代商王在位之时。所以，想要找到迁都的主要原因，还是应该考察这段时间的历史背景。仲丁之后，商朝王位的继承比较混乱，传弟与传子的情况交替出现，并没有固定的规律。现在已经很难知晓当时的具体情形，但可以想见王室内部的权力争夺应该是相当激烈的。这样的内部斗争，必然会削弱商王朝的统治，并且降低商王朝对诸方国的控制力，导致诸侯或离或叛。在内忧外患的冲击下，统治者必然想通过一定的手段来改善这样的处境，迁都就不失为一个可行的办法。就内部而言，一些王室贵族在旧王都具有相当的势力与财富，任其膨胀必然造成本就不稳定的王权进一步削弱甚至易手。从外部而言，寻找更加有利于增强对诸方国的控制力和扩大商王朝统治区域的新王都，也是势在必行的。无论从内部还是外部原因，都可以发现这几代商王不断迁都应该是和政治上的考虑分不开的。到了祖丁的儿子盘庚继位的时候，他同样面临这个问题，所以盘庚想带领商人从奄(今山东省曲阜市)迁到殷(今河南省安阳市)。为了达到这一目的，他在迁都之前曾对臣民做了大量的动员工作，他的训话之辞也被史官记录下来，虽经过后人的修饰，但大体保留了当日的实情。这就是流传到今天的《尚书·盘庚》。从《尚书·盘庚》中我们可以看到，对他最初的迁都计划，臣民并不十分接受，所以他只能利用商人敬畏祖先、迷信鬼神的传统。在训词中处处威吓臣民，特别是对一些贵族提出指责和警告，说如果反对迁都，将受到先王的惩罚。直到盘庚率领商人迁殷之后，他发现仍有些贵族在煽惑人心，所以特别召集他们来训话，要求贵族们忠实地传达他的政令，否则将来受到责罚，后悔也来不及。盘庚克服了重重困难，终于在殷建立了新的都城，扭转了商王朝逐渐衰弱的预势，使国家走上了复兴之路。在商代的历史上，盘庚将都城由奄迁到殷是一个转折点。他为商找到了一个十分理想的定都地点，自盘庚之后的 200 多年，商王朝再也没有迁徙过都城。

盘庚去世之后，他的弟弟小辛、小乙相继为王，直到小乙的儿子武丁继位，商王朝的政治、军事、经济等方面都发展到了鼎盛的阶段，史称"武丁中兴"。传说在武丁少年时期，父亲小乙便将他派到王都以外的地方去体验观察，让他有机会了解民间的疾苦和稼穑的艰辛。武丁在这期间认识了各种各样的人，学习到了很多有益的经验。小乙死后，武丁正式继承了王位。按照古代的传统，父亲死后儿子要守孝 3 年，所以武丁遵守古制，在 3 年丧期内保持沉默，没有过问具体的政事，而是交给大臣们去处理，自己只是暗自观察思考。待到守孝期满，武丁正式接管政事，首先便提拔了一个隐居在民间叫说的贤人。说是在傅险的工地上被发现的，所以人们就称他为傅说。武丁宣称傅说是他在梦中遇到的贤人，并委以重任，任他为相。傅说虽然出身低微，但是很有才干，他努力辅助武丁治理国家，取得了很好的政绩。有一次武丁祭祀先祖成汤，一只野鸡飞来落在鼎耳上鸣叫，武丁为此惊惧不安，以为是先祖成汤不满意而降下妖孽。祖己说："大王不必担忧，先把政事办好。只要大王勤于修德，多做为国为民的事，继续按常规祭祀，就会免除不祥的灾祸。"武丁听了祖己的劝谏，修行德政，全国上下都很高兴，殷朝的国势复兴起来。武丁在位期间，对内修政行德，臣民没有怨言，商朝的政治十分稳定。在对外方面，他花了几十年的时间，动员众多的武装力量对周边不服从的方国和氏族发动了一系列的征伐。商王朝的统治并不是后世王朝的大一统，而是处在一个方国林立的状态。商是其中最为强大的一个方国，也是名义上的天下共主，其他方国都臣服于商。各个方国特别是地处边远地区的方国时叛时服，对于那些构成威胁的势力，商王朝采取的办法就是征伐。从卜辞的记载看，武丁这段时期的战争非常之多，连他的妻子妇好都时常带领大量的军队为他去打仗，可见其激烈与频繁的程度。武丁时期基本征服或消灭了这些方国，同时也大大加强了与周边民族的关系，将他们的土地纳入了商的统治范围，扩大了商的疆域。武丁还将王室贵族分封到这些地方去戍守，开垦土地，发展农业生产，促进了社会经济的发展，也减少了王室内部争权夺利的矛盾。武丁在位时间很长，他使商王朝的统治发展到了一个新的阶段，所以被商的后人尊为高宗。

武丁在历史上以武功卓越而著称，他对四方的征伐取得了很大的胜利。武丁有3个儿子，祖己、祖庚和祖甲。武丁死后，他的两个儿子祖庚、祖甲相继为王。根据传统文献的记载，祖己死得早，并没有继承王位，但是从卜辞的祭祀谱系来看，祖己和其他先王有着同样的地位，所以他是否曾被立为商王仍存在疑问。武丁最初立祖庚为继承人，但因为宠爱祖甲又想改立祖甲。可能是由于很多人反对这样的做法，祖甲也暂时不准备同哥哥争夺王位，便离开王都，像他的父亲武丁年少时一样到民间去生活了一段时间。武丁死后，祖庚继位，没过多少年，祖庚也死了，祖甲才继承了王位。因武丁统治有方，祖甲刚继位时可以说是商王朝最为兴旺的时期，但是这鼎盛的背后也隐藏着走向衰败的因素。大规模频繁的战争虽然带来了大量的土地和战利品，但也造成了国力的大大损耗和族众的家破人亡。在祖甲统治的后期，国家内部的矛盾越来越明显，人民受到的剥削越来越严重。祖甲担心失去民心，动摇统治根基，便下令将成汤制定的刑法《汤刑》重新修改颁布施行，限制贵族过度压榨民众。但是这并没有收到很好的效果，反而使得贵族对他滋生不满，与他离心离德，进一步削弱了商王朝的统治。至此，商王朝虽然总体来说还处在一个较为稳定的时期，没有出现大的混乱，但已经不可避免地开始渐渐衰落了。

祖甲死后，他的儿子廪辛继承了王位，但不久廪辛就死了，他的弟弟康丁继位。康丁，根据卜辞的记载，一般称作康丁或康祖丁，传世文献中作"庚丁"，应为字形相近而讹。康丁是商代最后一位采取兄终弟及继承方式继位的商王，从他之后，商代所实行的均为父死子继的王位继承制度，以往实行的儿子和兄弟均可继位的继承法就此成为历史。祖甲之后的诸位商王，从小就生长在深宫里，不知稼穑之艰难与人民之劳苦，只知贪图享乐。那一时期就有着大量的田猎卜辞。田猎是商王重要的游乐活动，有时也兼有军事演习和开发土地的性质。康丁死后，他的儿子武乙继位。武乙酷爱田猎，还常常亲自或命令手下去征伐西部不服从商王朝统治的方国，取得了不错的战绩。他相信只有武力才能稳固统治，而对传统的鬼神产生了怀疑，并对史官借助占卜来干涉他的行为深为不满。于是他将大量的占卜改由自己执行，罢弃贞人不用。为了加强王权，他还制作了一个木偶人，称其作天神，跟它赌博比输赢。别人告诉他，木偶不会赌博，他就让旁人替木偶赌。别人不敢忤逆他，只能步步退让，一输再输。武乙便说，既然是天神，为什么还会输呢，可见天神无用，便将木偶的衣服剥去，痛打一顿。还有一次，武乙制作了一个皮质的囊袋，里面盛满血，挂在空中射它，说这是射天。他将口袋射破，血水流出，就说天也被我射得流血了。从此以后，旁人更不敢干预他的行为。武乙外出打猎非常频繁，有一次走到黄河和渭河交汇处，忽然雷雨交加，他还没来得及避雨，就被雷电击中身亡。虽然这只是一个意外，但恰好被其他人当作武乙触怒天神而遭到天谴的典型例子来大肆宣传。其实，武乙在迷信风气非常深厚的商朝统治者中，算是一个异类。他藐视并打破神权，以达到加强王权的目的，可以说是想要有所作为的一位商王。

此时，西方的周族已经慢慢发展了起来。周是臣服于商的一个方国，听从商王的调遣，向商王朝进贡，并且要帮助商去征伐西方不服从统治的其他方国。周人的始祖弃曾协助大禹治水，原本是夏的农官后稷，擅长农业生产。周最初封在邰地，后来到公刘做首领的时候，迁到了豳地，并逐渐进入建立国家的阶段。到了古公亶父的时候，古公亶父为了避开戎狄的侵扰，将周族迁到了岐山周原。古公亶父有 3 个儿子，长子叫太伯，次子叫仲雍，幼子叫季历。季历娶妻太任，生子姬昌，姬昌从小聪慧，深得古公亶父的喜爱，便有意传位给季历。太伯和仲雍见此情形，便离开岐山，到吴地开辟新的国家，想成全季历继承王位。古公亶父死后，季历继位。季历利用周原良好的自然条件，发展农业，同周边的方国搞好关系，不断增强自身的实力。武乙对季历授予征伐大权，季历常常为商讨伐其他不听号令的方国，商王也常常赏赐季历，商周之间此时处于一个关系融洽的时期。

武乙死后，他的儿子文丁继位。季历还是勤勤恳恳地为商王效命，积极为商行攻伐之事，时常献捷于商王。文丁十分高兴，便封季历为牧师，掌管商王朝西部地区的征伐。但随着周的势力越来越大，又有向东发展的趋势，文丁开始对季历有所猜忌提防。等到季历再次献捷的时候，文丁表面上装出很高兴的样子，给予季历丰厚的奖赏。可是当季历要回周的时候文丁却将他抓了起来，最后季历死在了商都。这为商的灭亡埋下了祸根，商周关系在此时开始发生变化。季历死后，儿子姬昌继位，为了替父报仇，暗地里做了积极的准备。不久，文丁病死，他的儿子帝乙继位。帝乙时期，不但面临着西边虎视眈眈想要报仇的周族的威胁，东边人方等国也乘商周交恶之际，举众叛商。为了避免腹背受敌，帝乙试图缓和商、周之间的紧张关系，便派人向周表示歉意，并采取和亲的方法，将自己的妹妹嫁给姬昌为妻。姬昌虽然想要报仇，但考虑到此时周的实力尚不足以打败商，便答应了帝乙的条件。帝乙很高兴，封姬昌为西伯，筹办了很多陪嫁的礼物，派卫队护送妹妹到周地成亲，《诗经·大雅·大明》便记述了此次婚事的情况。由于这次联姻，商周恶化的关系得到了暂时的缓解。姬昌虽然接受了帝乙的册封，继续掌握对西部的征伐大权，但不再像从前那样对叛商的戎狄进行大肆地战争，而是更多地进行笼络收买，以保存实力。帝乙安抚了周之后，便整顿人马，亲自率领军队去讨伐东边的人方，卜辞中对此有着大量的记载。虽然帝乙打败了人方，但是随着时间的推移，东夷的方国仍然时服时叛，成为商王朝末期一个始终去除不掉的隐患。这对商统治的稳定造成了很大的影响。

帝乙病死之后，他的儿子帝辛继位，是最后一位商王。帝辛是帝乙的幼子，但因为是王后所生，所以是嫡子。帝乙的长子叫微子启，是庶子，因为其母地位低贱，所以不能继承帝位。帝乙曾想传位于启，但遭到了反对。人们认为这是嫡庶不分，看来王位继承中的嫡庶观念在商末已经形成。帝辛名受，又被称为纣王。纣王天资聪颖，多才多艺，身材魁梧，行动敏捷，而且力大无比，能徒手与猛兽搏斗。他能言善辩，又自以为是，凭着才能在大臣面前夸耀，不听臣下们的劝谏。他嗜好饮酒，放荡作乐，嫌商都玩的地方太少，就在朝歌（今河南省淇县）修建了新的别都；又在邯郸、沙丘（今河北省平乡县）修建了离宫别馆供他玩乐。纣王喜爱美女，尤其宠爱妲己，一切都听从妲己的。为了讨妲己的欢心，他让乐师涓制作了新的乐曲取代听烦了的传统音乐，终日歌舞。他加重赋税，大肆搜刮，把鹿台钱库的钱和粮仓的粮食都装得满满的。他扩建了沙丘的园林楼台，多方搜集珍禽异兽和奇珍异玩，饲养在沙丘的苑囿里，形成天然动物园。他还用酒当作池水，把肉悬挂在树林里，让男女赤身裸体，在其间追逐嬉戏，通宵达旦地饮酒寻欢。

　　由于纣王荒淫无度，所以百姓们怨恨他，不少诸侯也背叛了他。于是他又设置了叫作炮烙的酷刑，凡是敢劝谏反对他的，就把人绑在下面点燃炭火的铜柱上，将人活活烙死。纣王在位时，西伯姬昌、九侯、鄂侯为三公。九侯有个美丽的女儿被纣王看中了，纣王把她选入宫中，但她不喜妲己的行为，也不愿同他们一起寻欢作乐，因触怒纣王而被杀。纣王还迁怒于她的父亲，对九侯施以醢刑，剁成肉酱。鄂侯实在看不过去，为此进谏，并与纣王争辩了几句，结果鄂侯遭到脯刑，被制成肉干。西伯姬昌闻知二人的死讯，暗暗叹息，不巧被纣王的心腹佞臣崇侯虎听见，向纣王告发，纣王就把西伯囚禁在羑里（今河南省汤阴县北）。西伯的大臣闳夭等人，想办法找来了美女、珍宝和名马献给纣。纣王看到那么多礼物十分高兴，说仅仅美女一样就足够放了姬昌了，更何况那么多呢，于是释放了西伯。西伯从狱里出来之后，向纣王献出洛水①以西的土地，请求废除炮烙的酷刑。纣王答应了他，并赐给他弓箭大斧，让他继续担任西伯，即西部地区的诸侯之长。纣王任用费仲管理国家政事。费仲善于阿谀，贪图财利，商朝的臣民感到寒心。纣王又任用恶来，恶来善于毁谤，喜进谗言，诸侯因此越发疏远了。

姬昌回国之后，推行善政，努力增强自身的实力，很多诸侯背叛了纣王而来归服西伯，西伯的势力更加强大，甚至达到了三分天下有其二的地步。纣王却众叛亲离，商朝的统治受到了严重的威胁。纣王的叔父比干看到这种情况十分着急，便多次劝说纣王，纣王不听。姬昌为了试探商朝的国力便出兵攻打饥国(也称耆国、黎国，在今山西省长治市)，并消灭了它。纣王的大臣祖伊认为这是周灭商计划的开始，非常害怕，于是跑到纣王那里说："上天已经断绝了我们商人的运数了。不管是能知天吉凶的人预测，还是用大龟占卜，都没有一点好征兆。我想并非先王不帮助我们后人，而是大王您荒淫暴虐，以致自绝于天，所以上天才抛弃我们，使我们不得安食，而您既不揣度天意，又不遵循常法。如今我国的民众没有不希望殷国早早灭亡的，他们说：'上天为什么还不显示你的威灵？灭商的命令为什么还不到来？'大王您如今想怎么办呢？"可是纣王却若无其事地说："我生下来做国君，不就是奉受天命吗？老天爷又能把我怎么样呢？"祖伊回去后说："纣王已经无法规劝了！"西伯姬昌死后，他的儿子周武王姬发继位。武王率军东征，长驱直入，到达孟津时，与武王会师的诸侯有800国。他们都说："是讨伐纣王的时候了！"但是周武王的这次出兵只是一次演习，他要等待更为有利的时机，为正式灭商做准备。演习结束之后周武王就班师回国了。

纣王对周的行动仍然没有引起警惕，反而更加淫乱，毫无止息。他的哥哥微子启多次劝谏，毫无作用，微子启就和太师、少师商量，为了躲避

---

① 此洛水又称漆沮水，流经陕北、关中地区，在今华阴市境注入渭河。

商将要灭亡的灾祸而逃离了商。另一贵族箕子见此情形，怕多说话招来横祸，就装疯卖傻，和奴隶们混在一起，结果还是被纣囚禁了起来。比干得知微子启逃走，箕子装疯被囚的消息，心里十分感慨。但他认为作为臣子就应该对国君错误的行为极力劝谏，甚至不惜以身殉职，于是就又到纣王那里去劝说。纣王十分恼怒，说："我听说圣人的心有七个孔，不知道你的心是怎么样的？"于是便残忍地下令剖开比干的胸膛，挖出心来看个究竟。比干惨死的消息震惊了商王朝内外，眼看着帝辛统治的暴虐无道已经无可挽回，商的太师、少师也带着宗庙的各种祭器和乐器，纷纷匆忙投奔了周。周武王觉得时机已经成熟了，就决定率领诸侯讨伐纣王。两军在商郊牧野展开战斗，纣王的军队由大量临时抽调的奴隶充任，没有斗志，而且准备不足，武王很快打败了商的军队。纣王见大势已去，就仓皇逃进内城，登上鹿台，穿好衣服，将他多年收集的珍奇宝玉堆在身边，命人焚烧鹿台，自己跳到火里，结束了生命。周武王向诸侯宣布了胜利，并举办隆重的祭祀昭告四方，周人取代了商人得到天命，治理天下，商王朝从此灭亡。

以上是史书对于商纣的记载，不过如果结合卜辞资料重新回顾历史，我们可以发现，帝辛继位之时，商王朝已经发展了几百年，特别是武丁中兴之后，虽然四处征伐不断，但商的统治基本处于一个比较稳定发展的时期。帝辛继其父帝乙之业，为了进一步巩固商王朝的统治，继续对一些不服从的方国，尤其是东方的方国进行征讨。这在卜辞中有很多的反映。由此可见，帝辛也是一个想有所作为的君主。但也正因为他把绝大部分的注意力都放在了征伐东夷的事情上，虽然他在征伐东夷上取得了重大的胜利，却也耗费了大量的人力和物力，还要驻重兵于东方以防东夷再次叛乱。这就导致商都空虚，被周人乘势抓住机会一举攻破。而纣王作为一个亡国之君，必然招致后人的骂名，从而变得脸谱化了。关于纣王与夏代亡国之君桀的罪行，史书的记载几乎完全一致，就说明了这一点。再加上周人为自己伐纣的正当性辩护，自然会制造很多舆论夸大渲染他的残暴，帝辛不可避免地承担了很多本来并不属于他的罪行。孔子的弟子子贡就曾说过:"纣王的恶行远没有后人所说的那么严重,但因为他是亡国之君,处在这样地位的人,各种罪恶就慢慢附会增加到他的身上了。"

第二节　繁盛的青铜文明

说起商代文明,首先映入人们脑海的往往就是商代那些雄浑厚重、造型优美、花纹绚丽的青铜器。青铜是铜与锡、铅按一定比例混合而成的合金,又称为吉金。青铜具有熔点低、硬度高、化学性能稳定的优点,有着很高的应用价值。青铜器的大量使用标志着人类文明发展到一个新的阶段,考古学上便将夏、商、西周三代称为青铜时代。而商代,尤其是商代晚期,可以说是中国青铜器铸造的全盛时期,其种类、数量、工艺水平都是十分惊人的。青铜器已经成为商代文明的重要象征。历年以来出土的商代青铜器不仅分布范围非常广,数量更是数不胜数,仅殷墟一地已发现的就有四五千件。商代青铜器的品种繁多,按照用途大体可分为礼器、兵器、生产用具、生活用具和车马器等。

图 3.1　兽面乳钉纹铜方鼎。商代中期。河南博物院藏

所谓礼器,是贵族在进行祭祀、朝会、燕享、丧葬等活动时所使用的器物。礼器大体又可细分为炊器、食器、酒器、水器和乐器。其中炊器有鼎、鬲、甗等;食器有簋、簠、盨、豆等;酒器尤多,有饮酒用的爵、觚、角等,又有盛酒和温酒用的斝、觯、罍、尊、壶、觥、角、卣等;水器有盘、盂等;乐器有铙、鼓、铃等。可以看出,礼器

是青铜器中最为重要的一类，也是铸造工艺最为精美的，而其中种类数量最多的就是酒器，这可反映出当时商人盛行饮酒的风气。礼器具有特殊的文化含义，可以区分等级的尊卑，是贵族身份的象征。而兵器中进攻型兵器主要有戈、矛、剑、戟、斧钺、箭镞等；防御型兵器有盾、甲、胄等。兵器均用青铜铸造，按不同器类分别安装木质、竹质的柲和柄，青铜箭头则装有箭杆。竹、木质部件出土时多已腐朽。与礼器相类似，兵器也是贵族十分重视的种类，因为礼和兵是贵族统治的两件大事。礼器和兵器占去了商代青铜器中的大部分，除去这两种，还有用作工具的。农具有锄、铲等，但数量很少；手工工具有斧、锛、斤、凿、钻、锯、锥等。生活用具有铜镜、杖首、漏、勺、箸笄、器座、角型器、管型器等，其实礼器最初也是生活用具，只是后来被赋予了特殊的意义。另外还有车马器，如衡木饰、辖、辕饰、踵饰、策等。殷墟出土的商代马车，已经使用了大量青铜构件，独辕双套双轮，结构精致复杂，体现出高超的机械、青铜铸造等技术。在所有这些出土的青铜器中，有的是实际使用的，有的只是作为明器陪葬。

图3.2　铜钺。商代。河南博物院藏

图3.3　夔凤纹曲内铜戈。商代。河南博物院藏

　　由上面的介绍可以看出，所谓"国之大事，在祀与戎"[1]，青铜器在商代主要是作为礼器和兵器出现的。青铜器并没有普遍地用于农业生产，可

―――――――――――――

① （春秋）左丘明：《左传》成公十三年。

见中国的青铜时代并不是由于生产技术的革新而形成的。但是换一个角度看，人的劳动是生产的基础，青铜兵器的使用有利于夺取更多的劳动力。这也可以变相地看成是一种生产技术的革新。而作为礼器使用的青铜器，则体现了商王的权威和贵族的身份，由商王赏赐给贵族，并可按血缘关系进行传递。青铜器的获得，意味着在仪式上对贵族身份的认可，同时也是一种财富的象征。因为这是只有控制了大规模的技术与政治力量的人才能获得的珍贵物品，青铜器只和这些身份尊贵的人相关。在诸如祭祀一类的礼仪活动中，青铜器的种类和数目也是因这些人在贵族中的地位而有所分别的。

在各式各样的商代青铜器中，许多都具有高度的工艺水平和艺术价值，不得不提的是大家都耳熟能详的司母戊大方鼎(近来有学者将"司"改释为"后"，称为后母戊大方鼎)。因其腹内壁铸有铭文"司母戊"3字，且体型呈长方形而得名。专家参考妇好(商王武丁的王后之一)墓中出土的司母辛方鼎，考证"母戊"也应是武丁的王后，而且根据鼎的重量对比，"母戊"的地位可能还要高于妇好，此鼎应是武丁之子为祭祀母亲而铸造的祭器。它是世界上罕见的青铜器贵重文物，也是迄今为止所有出土的青铜器中最大最重的一件。司母戊鼎1939年于安阳武官村被农民在农田中挖出。鼎大如马槽，移动困难，当时正值抗日战争时期，因担心鼎被日寇所夺，所以便偷偷埋到了地下。直到1946年，才重新挖出。司母戊鼎重875千克，通高133厘米，口长110厘米，宽78厘米，足高46厘米，壁厚6厘米。立耳，长方形腹，四柱足中空，除鼎身四面中央是无纹饰的长方形素面外，其他所有花纹均以云雷纹为底。鼎耳的外廓饰一对虎纹，虎张巨口相向，虎口中饰有一人面，仿佛为虎所吞噬；鼎耳的侧缘饰鱼纹，飞鱼皆头部向上，翅尾展开，极具动感，大有奋力从鼎中跃出之势。鼎腹上、下均饰以夔龙纹带构成的方框、夔龙两两相对，中间隔以短扉棱，作饕餮形。鼎腹四隅皆饰扉棱，以扉棱为中心部分，都是没有花纹的长方形空白地。足部有三道弦纹，弦纹之上各施以兽面，让四足看上去就像四只威猛的巨兽，稳稳地托着鼎身。鼎缺少一耳，后来专家仿造另一耳的样式补铸了上去。经现代科学方法分析鼎的合金成分为：铜占 84.77％，锡占 11.64％，铅占 2.79％，其他占 0.8％，这一分析结果正与《周礼·考工记》上说的"六分其金而锡居一"的"钟鼎之齐"大致相近。就一般情况而言，铸造方形器要比圆形器困难，更何况像司母戊鼎这样巨大的重器，工艺十分复杂，需要大量的人力分工合作。这充分显示出商代青铜铸造业的生产规模和技术水平，是商代青铜文明中璀璨夺目的瑰宝。除了司母戊鼎之外，其他如四羊方尊、乳钉纹方鼎、龙虎纹尊、象尊、虎食人卣等，无一不体现了商代青铜器狞厉而又精美的艺术。

图 3.4 司母戊鼎鼎耳特写。商代晚期。1939 年河南省安阳市武官村出土。中国国家博物馆藏

图 3.5 四羊方尊羊首特写。商代晚期。1938 年湖南省宁乡县（今宁乡市）黄材镇出土。中国国家博物馆藏

商代的青铜器表面多饰以绚丽复杂的花纹，主要流行有饕餮纹、云雷纹、夔龙纹、蟠龙纹、虎纹、鹿纹、牛头纹、凤纹、蝉纹、人面纹等奇异

多变的纹样。各种纹样的交互组合形成了商代青铜器的时代风格。除了表面的花纹，到了商代晚期，青铜器上还开始铸有铭文，大都是记载铸造器物的原因，很多是由于王室的赏赐，铭文中有时会提到赏赐的数量，有时还会涉及军事征伐和商王出巡的事件。铭文常见的有一两字或三五字，一般是族徽、做器者的族名、氏名或先祖的庙号；多者达三四十字，如帝辛四年商王赏赐亚獏家族的酒器"四祀邲其卣"，共有 42 字，是已发现商代青铜器铭文中字数最多的。这些铭文虽然本来并非为了记录历史而留下的，但对于我们研究了解当时商代战争、祭祀、王室与贵族的情况却无疑有着十分重要的意义。

图 3.6 羊首兽面纹尊。商代晚期。上海博物馆藏

图 3.7 共父乙觥。商代晚期(公元前 13 世纪—前 11 世纪)。上海博物馆藏

商代拥有如此发达的青铜文明，意味着当时青铜的冶炼和铸造达到了一个相当高的水准。从商代前期到后期的考古发掘中均发现了青铜器冶炼和铸造的作坊遗址。著名的有河南郑州商代遗址发现的铸铜作坊，出土了陶质的大口尊，内外涂有草拌泥，内壁粘有铜渣，应该是熔铜用的坩埚。商代后期的作坊规模更为巨大，在殷墟便发现了很多青铜冶铸作坊，如安阳苗圃北地的作坊。该作坊总面积约 1 万平方米，不仅出土了体积较大的熔铜炉，陶范也有好几千件，许多尚能拼对成套。商代青铜器的铸造主要有制范和浇铸两道工序。制范一般选用陶范，陶土耐火度高、透气、易得，

所以被广泛使用。首先要用泥土制作铸件的完整模型，经过烘烧后，再将湿软的黏土敷到泥模上翻出外范。然后在泥模上刮除一层形成范芯或另作范芯。最后把外范和范芯合到一起，范芯与外范之间的距离，就是青铜器器壁的厚度。花纹有时雕刻在泥模上，有时刻在外范的内面。浇铸是将熔化的合金铜液浇入范中成形。由于铜液冷却速度快，所以浇铸必须要求在尽量短的时间内完成。铜液冷硬之后，外范便可取下，内范可敲碎取出，铜器表面再稍经磨光修整便可完工。小型的器物可以一次浇铸完成，比较复杂的器形要分别浇铸，然后再将各部分铸接起来。像司母戊大方鼎这样的器物，鼎身和四足是整体铸造的，鼎耳是在其上单独铸造的。整个

图 3.8　戊箙卣。商代晚期。上海博物馆藏

鼎大概需要几十块大小不同的陶范，还需要几十个熔铜炉同时进行熔化，几百名工人同时工作，如果没有严密的组织管理，是无法完成的。这说明当时青铜工业的规模、分工组织、冶炼技术都达到了较高的水平。

　　从商代青铜文明的繁盛程度看，光是殷墟就出土了如此之多的青铜器，可奇怪的是今天在安阳周围并没有发现高品位铜矿以及冶炼青铜所必需的锡铅矿石。那么制作青铜器所需的矿产资源是从哪里来的呢？有学者认为，大概那些矿的藏量有限，在古代便已经开采殆尽。还有学者认为，当时的工匠们已经学会了在矿石的产地进行冶炼粗加工，然后把加工过的粗铜、粗锡、粗铅运到这里，进行配比熔炼。当时的铜矿很可能采自江西、安徽等长江流域一带，而锡、铅的矿藏则主要在江西一带。也有猜测说商代频繁的战争乃至迁都，可能也与争夺与寻找矿产资源有关。总之，青铜器在一定意义上，是统治者手中的必要工具；而青铜的稀缺性和制作青铜器需

要高超工艺与大量人力的特点，也使得青铜器成为权力的象征。

青铜文明繁盛的同时，精美的玉器同样反映了商代的文明成就。我国的玉器雕琢工艺有很悠久的历史，从新石器时代开始到今天已经延续了好几千年。近一个世纪以来，各地的商代墓葬不断出土了大量的玉石。商代出土的玉器之多，是前所未见的，这证明了商代的玉器同样丰富多彩，在社会生活中占有重要的地位。如果说在史前社会，通过巫术进行天地人神的沟通是当时神权政治的主要方式，那么玉器就是这种方式中必不可少的工具。以玉器为代表的巫术活动可以说是我国古代礼仪制度的前奏，随着礼制时代的逐渐开始，玉器就有了更多的用武之地，如商代祭祀中用玉器的次数就非常之多。由于玉器与政治活动紧密联系，玉器的使用权一直被统治集团所垄断，所以能与它亲密接触的绝不是普通大众，而只能是王公贵族。

在殷墟，自 20 世纪 20 年代以来，人们先后出土有资料可查的玉器就有 2600 多件，如果算上其他流传于世和来路未知的玉器，远不止这个数。在殷墟，出土玉器最多的是妇好墓。1976 年，妇好墓共出土玉器达 755 件，这还不算一些小件的残玉，可以称得上是商代晚期玉器的典型代表。20 世纪 30 年代在殷墟发掘的王陵，由于被盗严重，人们发掘的玉器很少，参照保存比较完好的妇好墓，估计那些墓里随葬的玉器也应该是非常多的。

殷墟的玉器，色泽绚丽多彩，表面光洁度高。玉色以深浅不同的绿色最多，计有墨绿、淡绿、茶绿、黄绿等色。其次有黄褐、棕褐、灰色、白色、黄色、黑色、蓝色、银色和橘红等色。这些玉色中多含有与主色相异的玉斑，纯色较少。殷墟玉器的质料，根据学者对妇好墓出土部分玉器的鉴定，大部分为软玉，软玉中以青玉居多，白玉较少，青白玉、黄玉更少。这几种玉料大体都是新疆玉，可以猜测当时商王朝就已经有通往新疆的玉石之路。

殷墟的玉器大体可分为 7 类，包括礼器、兵器、工具、日用器、装饰品、艺术品和杂器。

第一，礼器有琮、圭、璋、璧、环、瑗、簋、盘 8 种，主要用作礼仪、祭祀等，有些也用于佩戴。其中琮、圭、璋所见较少，璧、环、瑗的数量较多，簋只有两件，盘有一件，均出于妇好墓。这些礼器多刻有花纹，有弦纹、蝉纹、饕餮纹等。其中最为精美的是两件簋，一件呈绿色，另一件呈白色。簋本为食器，也是重大的礼器，多为青铜制造。这两件玉簋外表均雕有纹饰，从制作上看，精美绝伦，为前所未有之器，反映了商代玉器的琢制水平已达到一个很高的境界，当系王室的祭祀或宴飨用器。

图 3.9　玉凤。商代晚期。1976 年河南省安阳市殷墟妇好墓出土。中国国家博物馆藏

第二，兵器有戈、矛、戚、钺、大刀、镞 6 种，玉制兵器实际是作仪仗用的，乃国家礼仪中的一类，并不适宜用作上阵砍杀。其中以戈的数量最多，矛、钺都很少。戈的形制不尽相同，但都不具备杀伤力。在少数戈上雕有记事性文字。如妇好墓出土的一件大型玉戈，在内的一面后部雕有"卢方皆入戈五"6 字。意思是，卢方名叫皆的首领贡入了 5 件玉戈，可见这件玉器是方国的贡品。此外，妇好墓还出土一件玉援铜内戈，造型上是双鸟形态和饕餮纹的有机结合，在铜内的花纹上镶嵌有绿松石片，工艺精湛。最精美的是妇好墓中出土的 1 件雕龙玉刀，刀身细长，形如弯月，两面都雕刻有精致的龙纹。龙头向着刀柄，龙尾延向刀尖，细眉目眼，龙口大张。玉刀的纹样和造型异常协调，器用和礼仪相得益彰。

第三，工具有斧、凿、锛、锯、刀、槌、铲、镰、纺轮等。从实物考察，少数铲和某些小刀有使用痕迹，纺轮和一部分小刻刀也有实用意义，至于斧、凿、锛及某些小刀，制作精致，但多数都是象征性工具，有的玉器上有小孔，可佩戴。值得一提的是妇好墓出土的一件玉斧，深绿色玉料琢制，呈长方形，上宽下窄，上端和斧刃皆呈弧形，两面开口，内前有一穿孔。中部雕一硕大的饕餮纹样，细眉如横，目眼圆睁，立体感较强。虽然是一件玉斧，由于造型和纹样的处理均着力追求圆润饱满的感觉，故少有斧钺之器的凶态，显得温和浑厚。

第四，日用器都是平时日常生活所用之物，是艺术创造和实用相结合的成功典范。玉器作品的生活化源于商代，虽然在当时只是极少数人的奢侈品，但也为后世玉器创作大规模走向社会生活打下了基础。具体主要有梳、耳勺、匕，以及研磨朱砂的臼、杵，调色的盘等，皆为实用之器。如妇好墓出土的一件调色盘，系墨玉制作，盘分上下两部，上为一对鹦鹉，目眼钩喙、短翅曲尾、昂首挺胸、相背而立、神态倨傲。中有一钮，可穿孔悬挂。玉身多处皆以旋纹填充，这是商玉纹饰的一大特色。下为方形盘状，三面有边，一面敞口，犹如簸箕之形。盘面规整，通体抛光。出土时盘面染满朱砂，应为实用之物。还有一件玉梳与调色盘艺术构思相类，上部为一对鹦鹉，下部为梳背与梳齿。两只鹦鹉低首私语，相向而立，神态亲昵，与调色盘上的鹦鹉相映成趣，可见商代玉匠对动物的神情把握十分准确。另有一件饕餮纹玉梳，梳背上的饕餮纹样已失去往日的狰狞，同样显得平静和温和。

第五，装饰品是玉器中的大宗，总数达千件以上，品种也较齐全。一

图 3.10　玉鸽。商代晚期。1976 年河南省安阳市殷墟妇好墓出土。中国国家博物馆藏

类是人佩戴的饰物，包括头饰、冠饰、臂饰、腕饰、串珠和衣上的坠饰等；另一类是装饰在器物上的玉件以及用途不甚清楚的饰品。其中不少作品雕琢得相当精致，堪称殷墟玉器中的精华。

第六，艺术品数量不多，但却是很重要的一项。此类玉器玉质较好，无孔无眼，不能佩戴，应该是作陈列观赏用。如妇好墓出土的一件圆雕玉龙，龙头上扬，龙口大张，齿牙毕现，眉眼之间具有商代兽纹的典型特征。龙腹生两足，且各有四爪，龙身蜷曲，尾尖内环，全身雕有云纹和三角形纹样，是上等的观赏作品。

第七，杂器内涵庞杂，可识别的有玉韘、玉马嚼、玉策、玉玲等。除玉玲外，都较少见。玉韘今称扳指，形似半截壶嘴，背面有一条凹槽，可纳弓弦。正面雕兽面纹，有两个小穿孔。射箭时套于拇指上，作钩弦之用。这可能是目前所知我国最早的扳指。

从上面的介绍，我们了解了殷墟出土玉器的大体情况，也可窥见商代玉器制作水准和繁荣程度。因为玉器是珍贵品，大多用作礼器和装饰品，只有少数的贵族才能使用。它们是死者生前的财富，死者死后还要把这些玉器带入地下，以供他们在阴间继续使用。妇好是商王武丁的妻子，深受武丁宠信，她的名字在甲骨文中出现极多，还经常助夫出征。在妇好去世后，武丁将大量的玉器作为财富为妇好陪葬。这是商人把玉器作为珍贵财富的一个很好体现。据史书记载，商朝末年，纣王兵败牧野，登鹿台自焚而死。纣王死的时候是带着大量玉器一起自焚的。据《逸周书·世俘》篇记载，周武王进入朝歌后，派人去搜寻商王朝贮存的宝玉，就"得旧宝玉万四千，佩玉亿有八万（古代亿为十万）"，可见商王聚敛玉器之多，亦可见商人死后用玉器陪葬的习俗。

纵观商代数百年，玉器工艺获得了突飞猛进的发展，达到了自新石器时代以来的又一个高峰。玉雕技艺的高超精湛，玉器造型的进一步精美成熟，祭祀用玉的丰富，人身和器物用玉范围扩大，国家政治领域的仪仗用玉和社会生活领域的全新开发都是之前无法比拟的。商代的政治与社会虽然还没有从原始社会的野蛮和对鬼神的恐惧中完全走出，但对鬼神的信仰毕竟逐渐开始怀疑松动。那些曾经被认为神圣不可亵渎的美玉，也开始走入普通人的社会生活。这无异于为玉器文化打开了一扇宽阔的大门。玉器是商代文明的一个重要组成部分，也是商代制玉手工业者留给后人的无穷财富。

第三节　甲骨文字与殷商信仰

如果有人问是什么给殷商史的研究带来了划时代的突破，那么毫无疑问是 19 世纪与 20 世纪之交发现的甲骨文字。甲骨文，是商周时期人们契刻或书写在卜甲、卜骨及其他动物骨骼上的卜辞、记事刻辞和一些别的文字。卜甲即占卜用的龟甲，其中以腹甲为多，也有少量背甲。卜骨主要是占卜用的牛胛骨。除了卜甲、卜骨以外，人头骨、鹿头骨、野牛头骨、虎骨和一些骨器上也发现了商代的记事刻辞及其他文字。甲骨文以卜辞为主，卜辞是占卜的记录。除了卜辞，也有一些记事刻辞和表谱刻辞。卜甲、卜骨之外的其他动物骨骼上契刻的甲骨文也是记事文字。甲骨文基本是商代后期之物，主要出土于河南安阳小屯村殷墟遗址，在河南郑州二里冈遗址和山东济南大辛庄遗址等处也有发现，不过文字远没有殷墟发现的多。1949 年后，陕西周原还发现了西周甲骨文，与商代甲骨文在特点上略有不同。在甲骨文发现之前，人们了解殷商史只能通过传世的文献资料，但传世文献中的商代史料本来就不多，在为数不多的史料中还夹杂着传说与后人的编造，这无疑使人们难以认识殷商史的真貌。直至甲骨文的出现，才大大改变了殷商史料不足的情况。这些甲骨文字不但有力地证明了商王朝存在的历史真实性，而且给了学者们了解和研究殷商史的第一手材料，把当时历史的细节直接而又清楚地展现在人们的眼前。甲骨文与传世文献的相互印证、补充，极大地增进了我们对殷商史的认识。

早在原始社会时期，就有了用甲骨进行占卜的活动。不过商以前用于占卜的甲骨，还尚未见到文字。所以，殷商晚期的甲骨文，是目前已发现的最早的文字。商人的占卜风气非常盛行，商代的统治者，将占卜作为国家政治生活的一个重要组成部分，可谓是无事不占。上至国家大事，诸如祭祀、征伐、天时、年成、田猎；下至私人琐事，诸如做梦、生育、疾病等，都要进行占卜。占卜有一套复杂的程序。首先，要将准备好的甲骨进行削锯、刮磨等工序，使甲骨变得整齐、平滑，并使用工具在甲骨上进行钻凿。其次用火灼烧甲骨，由于甲骨钻凿处较其他部分薄，受热时甲骨因厚薄不同而受热不均匀，导致钻凿处出现裂纹，也就是兆纹。最后，占卜者根据兆纹显示的兆象来判断吉凶。如此，一次占卜才算是结束了。占卜结束之后，占卜者还要把卜问事项的内容以及占卜的结果契刻在甲骨上，这样的刻辞就被称为卜辞。一条完整的卜辞，包括叙辞、命辞、占辞和验辞4个部分。叙辞又叫前辞，记录占卜的时间和卜人的名字；命辞又叫贞辞，记录占卜所问的内容；占辞是根据兆纹所判断的吉凶；验辞是事后对于占卜判断是否应验的记录。实际上具有完整4项内容的卜辞并不多，一般都没有验辞，有的也省去占辞，但前辞和占辞一般较为常见。除了卜辞之外，还发现有一些与占卜无关的记事性刻辞，主要可分为记事文字和干支祀谱两种，刻有这些非卜辞的甲骨上一般都没有钻凿卜兆的痕迹。每片甲骨上的刻辞一般都不会很长，多的几十字，少的只有一二字，而且比较程式化，有点千篇一律，但其价值却是无可否认的。已经发现的甲骨文单字大约在5000以上，可以识别确认的只有一千几百字。甲骨文已经是一种比较进步的文字，可惜的是除了一些象形的符号，中国目前还没有发现比甲骨文更早的文字。可以想见，文字要达到甲骨文这个初步成熟的阶段一定已经发展了很长的时间，甲骨文不可能是凭空产生的，应该有它的前身和更早的形式。除此之外，相信甲骨文应该也不是殷商时期唯

一的一种文字载体,《尚书》中记载周公的文告说"惟殷先人有典有册",
"典"和"册"二字应来自竹制或木制载籍的象形,可见,商王朝已经有用
竹制、木制简册记录和保存档案及历史文献的传统,这些简册应该有着
更为丰富的内容,类似《尚书·盘庚》那样商王对臣民训话的记载,估计还
有不少,但或许是由于其他文字载体难以像甲骨这样长期保存不坏,所以
慢慢就亡佚了。不过相信在未来的日子里,考古发现会不断带给我们更多
的惊喜。

《礼记·表记》里说:"殷人尊神,率民以事神,先鬼而后礼,先罚而后
赏,尊而不亲",这反映了商人对鬼神的崇拜与迷信,具体就表现为频繁的
祭祀、占卜行为。甲骨文中的卜辞非常明显地验证了这一点。不仅自然界
中的事物可以成为有意志的神,商王死去的祖先,先公先王们也是有意志
的神,都可以对活着的人造成巨大的影响。祭祀和占卜就是统治者与这些
神灵沟通并传达他们意志的一种活动。从卜辞中可以看出,祭祀是商王朝
统治者极其重要的一项日常活动,后来几乎发展到了无日不祀。《左传》有
言:"国之大事,在祀与戎。"祭祀为什么成为国之大事呢? 祭祀并不是三代
的特产,它源于原始时代。上古先民就经常通过祭祀先祖神灵,联合集体
的力量来和恶劣的自然环境以及凶悍的外敌做斗争。不过,那时还毕竟是
原始的自然行为,当社会形态进化到国家阶段,延续了数千年的祭祀习俗
不会突然停止。同时作为国家的统治者还离不了这样的方式和手段来帮助
其维系统治,祭祀就进而发展成为统治方法中一项重要的内容。商王朝的
祭祀带有非常强烈的鬼神崇拜的特点,形成了一种特有的文化现象,并借
此成为他们维系统治的重要工具。

通过对卜辞中祭祀对象的考察,我们可以了解到商人神灵崇拜的大致
情形。商人的氏族最早应该是以鸟为图腾,这从《诗经》"天命玄鸟,降而生
商"的句子中可以窥得端倪。而从新发现的卜辞中也能发现,如商的先公王
亥,在亥字上往往加上鸟的符号。王亥是上甲微的父亲,是商人眼中有大

功德的先公，在后世受到隆重的祭祀。另外在卜辞中还有祭祀鸟的材料，同样反映出商人对鸟图腾的崇拜心理。图腾崇拜是自然崇拜和祖先崇拜相结合的一种最古老的宗教崇拜形式。远古时期的商族就是把对自然物玄鸟的崇拜与对其祖先的崇拜结合起来，构成了他们的图腾崇拜。除了图腾崇拜，在商人的观念中，统管人间和天上一切的至上神信仰应该已经形成。商代人可能已经有了天的观念，但称至上神为天的说法是后起的，最早大概出现在殷周之际，西周金文中天命、皇天、天子一类的用法可以为证。商人称至上神为"帝"，并不称之为"天"。不过虽然"帝"具有至高的地位，而且可以主宰气候天象，支配农业收成，左右城邑安危，战争胜负以及商王福祸，有时还能降临人间。但商人很多时候并不是直接去向上帝祈求，而是具体地向一些自然神和祖先神祈求。各种自然神分别管理日、月、风、云、雨、雪、山川、四方、土地，主要影响自然现象，几乎不影响人事。与自然神相比，祖先神是商人最为重要的祭祀对象。商统治者认为自己的祖先死后能"宾于帝"、"在帝左右"，先公先王们与上帝一起，共同为神。商人的祭祀中，对祖先神的祭祀占到了绝大多数。祖先神能够对人事起到相当大的影响作用，可以保佑或危害商王的健康，可以决定战争的胜利。商人认为死去的祖先可以作祟于人间，所以对于祖先非常敬畏，常常祭祀祖先以祈求其保佑并不再作祟。如盘庚迁殷时便利用了商人迷信和畏惧鬼神的心理，屡屡借用祖先神的威灵来威慑恐吓臣民，终于把他们安抚了下来。商王对祖先神的祭祀不单是为了纪念他们的功绩，也是利用人们对于祖先神的迷信与崇拜来更好地实现自己的统治。值得注意的是，从卜辞中对上甲以来的先公先王进行祭祀的情况来看，商人对自己的祖先并不是一视同仁，而是有所区别的。与旁系先王相比，他们更重视直系先王；直系先王中又更崇拜那些在历史上做出重大贡献的先王，并给予这些先王隆重的祭祀。这反映出商人或许已经有了区分亲疏的宗法意识的雏形了。随着时间的推移，商人对自然神的信仰逐渐削弱，祭祀有所减少，而对祖先神的崇拜却是贯彻始终的。

商人对鬼神的迷信程度，从他们的祭祀的复杂性上也可见一斑。商人的祭祀，种类繁多，据不完全统计共有200多种，大多不见于后世；祭品也非常丰富，除了各种动物之外，还有以人作为牺牲的，而且祭品数量之大，如有时多达上千头牛，也是让人瞠目的。而最能体现商代祭祀复杂性的例子，无疑是周祭制度。周祭是用5种不同祭祀对自上甲到康丁等先王先妣进行周而复始的轮番祭祀。所有的先王先妣都要按日的顺序用5种祭祀交替的方式逐一祭祀一遍，比如甲日祭祀名甲的先王，乙日祭祀名乙的先王，依此类推。对于同名的先王，也是按顺序祭祀，多数时候是一旬祭一个，少数时候一旬也会祭祀两三个先王或隔一旬祭一个。除了先王，对重要的先妣也要进行祭祀，祭祀规则也大体类似。整个周祭一般要用35旬的时间，结束了之后休息一旬，再进行新一轮的祭祀。可见周祭一轮的周期为36旬，即360天，大体等于一年(有时周祭加上一个例外旬，以37旬为一周期，目的可能是为了保持与太阳年日数相平衡)。商代人称年为祀，可能也是由于周祭的影响。通过卜辞中对周祭次序的整理，我们可以列出一个非常复杂的周祭次序表。而通过周祭次序表我们可以得到一个商王的世系，并由此能够和《史记·殷本纪》中的商王世系进行验证比较，发现二者之间大同小异。这也证明了《史记》记载的可信度，为商代史研究奠定了一个坚实的基础。周祭虽然条理严整，但也至为烦琐，而且这还远不是商人祭祀的全部。除了周祭，还有所谓的"选祭"，就是选择几位先王同时加以祭祀；又有"散祭"，就是对先王、先妣中的某一位进行单独祭祀。像这样的祭祀还有一些，都是不包括在周祭之中的，如果再加上对上帝、自然神、先公、旧臣、诸父、诸母、诸兄、诸妇、诸子以及其他不明身份者的祭祀，可以想见，商代的祭祀几乎每天都有，而且有时一天还要祭祀好几位，其祭祀的频繁和复杂程度，不清楚是否前无古人，但至少可以说是后无来者了。这也充分印证了所谓"殷人尊神，率民以事神，先鬼而后礼"①的说法。

　　武丁以后，商人对祖先神的祭祀越发隆重频繁，商代的统治者为了提高自己的地位，把自己的祖先名前加上"帝"字，与上帝相提并论。如卜辞中武丁有时便被称为帝丁，祖甲有时被称为帝甲，到了末期，帝乙、帝辛更是成为最为通常的称号。这是商王将上帝崇拜与祖先崇拜相结合的一种做法，体现了商王为了加强统治有意将自己神化的意识。其实换一个角度看，恰恰也反映了神权的衰落和王权的加强。这一点从占卜活动中"贞人"地位的变化同样可以看出。商王以祭祀占卜来决断一切，其中掌握占卜的"贞人"可能是世袭的，他们等于通过占卜在传达神的意志，是在神与王之间起沟通作用的人，所以说是具有相当大的权力。可到了商代后期，贞人的情况逐渐发生了变化。武丁时期，卜辞中的贞人相当之多，不同的名字有 60 多位；到了祖庚祖甲时期，就只剩下不到 30 位；再到文丁之后，卜辞中贞人的数量就只剩下个位数了。这些数字的统计虽然可能还存在分期的争议和材料的限制，但贞人数量不断减少的趋势应该是很明显的。除此之外，贞人所占卜事情的范围也变得越来越小，越来越不重要。后期代替贞人作用的，是统治者自身。商王越来越多地亲自进行占卜，他不愿看到贞人通过控制占卜来干涉他的统治的情况，所以要把权力牢牢地掌握在自己的手里。另外从史书中对武乙射天、商纣"我生不有命在天"说法的记载，也从不同侧面体现出商代晚期王权不断提升的事实。纣王将自己等同于帝，将王权神化到了极致，但也使商代的王权走到了尽头。

---

①　（汉）戴德：《礼记》卷 54《表记》。

第四章　西周的德治与礼制

西周，是我国继夏、商之后的第 3 个王朝。它在历史上的意义和后人心目中的地位是非同寻常的。春秋时期的孔子对于西周便十分地向往和赞许。他说："周监于二代，郁郁乎文哉，吾从周。"①西周王朝的文化与典章制度既继承了商王朝的传统，又在此基础上进一步发展变革，形成了自己的特点，而这样的发展变革在中国历史上有着极为重要的意义。著名学者王国维在《殷周制度论》里曾指出："中国政治与文化之变革，莫剧于殷周之际。"可以说，西周时期形成的德治思想与礼乐制度，为后世的中华文明奠定了坚实的精神基础，给中国历史的发展带来了不可磨灭的影响。

第一节　"武王伐纣"与周初的殷鉴意识

周族是中国西部一个有着悠久农业传统的古老部族。周族的始祖后稷，名叫弃。这个名字看上去有些奇怪，原来其中还有一段故事。弃的母亲叫姜嫄，是有邰氏的女子，有一次在野外游玩，看到巨人的脚印，非常好奇，不由自主地踩了上去。结果她刚踩上去便感觉自己身子动了一下，竟然就怀孕了。怀胎十月之后，姜嫄虽然把孩子生了下来，但是她担心这个来历奇怪的孩子会给自己带来不幸。于是她便把孩子先后丢弃到小巷里、深山

---

① 《论语》卷 2《八佾》。

密林中、河面的冰上，可每次都有奇异的现象发生，动物们纷纷出来保护这个孩子。孩子不但没有因被丢弃而死去，反而活得很健康。姜嫄觉得可能有神灵在保佑这个孩子，于是就改变了初衷，把孩子抱了回来并抚养成人。因为开始是想把他丢弃的，所以姜嫄给他取名叫弃。这是周族起源的最早传说，不免带有浓重的神话色彩。但可以发现这与商族始祖契出生的传说颇有类似之处，多少反映了当时还带有原始母系社会"只知其母，不知其父"的特点，而弃可能是周最早的父系氏族首领。传说弃在小的时候便喜欢种植麻和豆类等农作物，长大后更是用心钻研种庄稼的学问。弃能够因地制宜地种植各种作物，是一个擅长农耕的好手，他带动周围的人一起提高了周族农业的收成。弃的事迹传到了帝尧的耳朵里，尧于是就任命他为管理农业的官。由于管理农业有功，到帝舜时弃被封于邰。当时农官的称号叫后稷，因此人们又叫他后稷。由于周人世代都保持着优良的农业传统，大约在整个夏代，周族的首领一直都是后稷之官。以上这些传说无论到底有多少真实的成分，至少可以反映出周在很早的时候就是一个以农业为生的古代部族。

到了夏代末年，周先公不窋做首领的时候，天下大乱，不窋失去后稷的官职，被迫带领部族"自窜于戎狄之间"，与当地的少数民族杂居一处。在那里，他们和羌族的姜姓部落结成联盟，互相通婚。不窋死后，他的儿子鞠做了首领，鞠死后，又把位置传给了其子公刘。公刘是周人历史上重要的一位先公。公刘虽然居于戎狄之间，但他重修后稷之业，尽力农耕，使部族的农业和经济有了很大发展，人口日渐增多。为了使部族得到更好的发展，公刘决定带领周人迁居到泾水流域的豳地（大概在今陕西省彬州市和旬邑之间）。《诗·大雅·公刘》就专门记载了这次迁居的事迹并歌颂了公刘的功业。到了豳地之后，周人很快安定下来，丈量开垦土地，建立房屋，繁衍人口，还有了自己的武装，平时亦兵亦农。周族从此进入了一个新的发展阶段。公刘迁豳是周人历史上的一件大事，史称"周道之兴自此始"。

公刘死后，周代的先公先后经过庆节、皇仆、差弗、毁隃、公非、高圉、亚圉、公叔祖类等世。

等公叔祖类死后，他的儿子古公亶父成为部族的首领。古公亶父是先周历史上的又一位著名的先公。史载他继位以后，继续实行后稷、公刘治理部落的各种办法，重视发展农业，受到了族人们的拥戴。周人的生活逐渐富裕起来，却引起豳地附近戎狄等游牧部落的觊觎。这些部落经常攻击周人，并贪得无厌地向周人勒索粮食财物。但是他们拿走财物之后照样进攻，肆无忌惮，严重妨碍了周族的发展。对此，周族民众十分愤怒，欲与戎狄决一死战。古公亶父为避免族人流血牺牲，毅然率领族人离开豳地以避戎狄。他们渡过沮水和漆水，越过梁山，到达岐山(今陕西省岐山县)之下的周原，便在这里定居下来。周原地势平坦，土地十分肥沃，很适于农业生产。古公亶父下令让族人们开垦土地，建造好宗庙和房屋，还在外面修起了坚固的城墙。他又下令废除戎狄的生活习惯，打破氏族血缘关系的束缚，建立以地缘关系为主的社会组织。周开始设官定职，建立"五官有司"(司徒、司马、司空、司士、司寇)，管理庶务。在古公亶父的悉心经营下，周建立起自己的国家，国势逐渐强盛，为周人的崛起奠定了基础，周人也于此时跨入了文明时代的大门。后人在《诗经》里对古公亶父赞扬道："后稷之孙，实维太王，居岐之阳，实始翦商"，称颂周人翦商的事业自此开始。实际上当时周人并不一定有灭商念头，但之所以后来具有灭商的实力和此时的发展是分不开的。由于古公亶父的伟大功绩，周的后人尊他为太王。古公亶父迁居周原，使周族社会得到很大发展，国家机器也初具雏形。直到周文王迁丰(今陕西省西安市长安区西北)，周原一直是周人的都邑。

古公亶父有3个儿子，大儿子叫太伯，二儿子叫仲雍(或称虞仲)，小儿子叫季历。季历娶妻太任，非常贤良。他们的儿子出生后，有吉祥的预兆发生，太王很喜欢他，便给这个孙子起名叫"昌"，希望他能昌盛周族，并想将来把王位传给这个孙子。可是按照惯例，他应该传位给太伯，为了日后能把王位传给这个孙子，他便想先让昌的父亲季历继位，然后再由昌接着做周的君王。太伯和虞仲知道了父亲有意让季历之子昌继位，因此离开周原逃到蛮夷之地以成全父亲的心愿。这便是《史记·周本纪》中所谓"长子太伯、虞仲知古公欲立季历以传昌，乃二人亡如荆蛮，文身断发，以让季历"之事。季历继位以后，仍致力于太王的事业，并努力搞好和商王朝的关系。在得到商王朝的支持之后，季历开展对扰乱边境的戎狄部落的反击，并逐步向外扩张。据《竹书纪年》记载，周"伐西落鬼戎，俘二十翟王"，"伐余无之戎，克之"，"伐翳徒之戎，捷其三大夫"，"伐燕京之戎，周师大败"。周人的向外扩张虽付出了一定的代价，但所取得的成功仍是巨大的。这次扩张保证了边境的安全，扩大了疆域，大大增强了自身的实力。周族此时已显示出蓬勃向上的气势，正如《诗经·大雅·皇矣》歌颂的那样："维此王季……受禄无丧，奄有四方。"周人虽然势力大增，但是，周毕竟还是在商统治之下的一个方国，其迅速崛起终于引起了商王的猜忌，双方的矛盾也进一步加剧，最终导致商王文丁将季历骗到了王都，找了个莫须有的罪名将他杀害，商周之间的矛盾由此激化，这一事件也预示着商周间更大冲突的到来。

季历死后，其子昌继位，这便是历史上有名的周文王。为了报杀父之仇，文王曾仓促出兵伐商，但却被商打得大败而归。文王冷静下来，认识到周此时虽然比从前已经强大了不少，但与商王朝相比在实力上还有很大的差距。于是，他不得不改变斗争的策略，表面上继续臣服于商王朝，接受商王的封号为西伯，周原甲骨文中也有相关的记载，证明文王还是以商王朝所册封的"周方伯"的身份出现的。但文王却暗中为灭商做着积极的准备。《尚书·无逸》记载："文王受命惟中身，厥享国五十年"，周文王治理国家达 50 年之久，使得他能够持续不断地把灭商事业推向前进。为了达成目标，文王励精图治，遵循后稷、公刘的祖训，大力发展农业生产。还不忘祖父古公、父亲季历以来的做法，礼贤下士，广收天下人才。史称他"笃仁，敬老，慈少，礼下贤者"，求贤若渴。文王每天为了招待贤士甚至连饭都顾不上吃。所以像当时著名的贤人伯夷、叔齐、太颠、闳夭、散宜生、鬻子乃至商的大臣辛甲等都成了文王的座上宾，相继辅佐文王。而在翦商事业中居功至伟的姜尚（姜子牙）也是周文王所物色的贤才。姜尚虽然满腹经纶、才华出众，但在商一直怀才不遇，到老也未能实现他的抱负。后来他听说周文王礼贤下士，认为实现自己多年理想的机会来了，就到岐山西南的渭水边钓鱼，以静观事态的变化，待机出山。文王有一次出行游猎路过这里，二人不期而遇，谈得十分投机。文王大喜，当即同车带姜尚回朝，并拜他为军师，尊为太公。周文王得到姜尚之后，如虎添翼，积极地制定各种计策来打击商王朝的统治基础。

文王一方面抓紧发展经济，扩充军队；另一方面也开展了一系列的政治活动，以图扩大自己的影响，分化瓦解商朝的附庸，争取更多的诸侯。其中最著名的故事是通过周人自己领地里"耕者皆让畔，民俗皆让长"①的示范作用解决了虞、芮相邻两国之间的领土争端。这件事的影响很大，使许多诸侯国纷纷前来归附，标志着周在政治上和外交上开始取得对商王朝的优势，周的声威也非以往可比。文王在这一年开始正式称王，并成为诸侯心目中可以取代殷纣王的"受命之君"。文王称王时在位已近40年，经过几十年的艰苦努力，周的国力已大大增强，周与殷商王朝的关系也酝酿着根本的转变。文王受命称王，实际上是宣布周人政治上的独立，表明自己已脱离了商王朝的中央政权，与商王朝的关系也由附属国变为匹敌相抗的独立国家。至此周人面对政治腐败、日益衰落下去的商王朝完全抛弃了"以服事殷"的假面具，开始了翦商的军事行动。

周文王首先向西北方向用兵，先后征服了犬戎、密须两个小国。这两个国家分别位于周的北方和西方，征服它们的目的是解决周人的后顾之忧，

---

① （西汉）司马迁：《史记》卷4《周本纪》。

使己方在东进时能有一个稳固的后方。从周原卜辞上可以发现，周还曾对西南的蜀国用兵。接着，文王组织力量东进，先击败耆、邘等商王朝的属国。耆、邘两国位于周人的东方，距商纣王所在的朝歌已经不算遥远，两国的灭亡使商王朝感到了威胁。商臣祖伊便向纣王提出警告说上天快要结束我殷朝的运数。但耆、邘毕竟只是商王朝外围小国，纣王对此并没有太当一回事。紧接着，文王又进攻商的重要同盟国崇国，崇侯虎是商王的亲信，对周的崛起有着很高的警惕性。此前他曾向纣王进谏，指出西伯（周文王）积德行善收买人心的行动是别有企图，将会对商不利。纣王虽然囚禁了西伯，但不久西伯又被周人用美女宝物换了回来。同时，崇国是周人东进的一个重要障碍，消灭崇国不仅具有重要的军事意义，而且也具有重大的政治意义和经济意义。消灭崇国标志着战争已推进到商王朝的腹地，周人亦由此获得了关中平原大片丰饶的土地，使这里成为支持灭商事业又一个重要的经济基地。《诗经·大雅·文王》中记载文王"即伐于崇，作邑于丰"，文王在消灭崇侯虎之后，把国都由岐迁到丰，周的政治中心又进一步东移。由于不断的对外战争，周人获得了大量的俘虏和财物，并在实际上已经完成了对商王朝的包围，灭商计划的达成也指日可待。

文王为灭商做好了充分的准备，但他还未来得及完成翦商的夙愿，就在迁都丰邑的第二年去世了。他去世后，其子姬发继位。姬发即是赫赫有名的周武王。武王继位后，任命姜尚为军师，负责军事，并尊称他为"尚父"；弟弟周公旦为辅，负责政务；召公等人亦为辅佐。他继承父志，营建了新都镐京，继续积极准备灭商。

此时，雄踞东方数百年的商王朝在纣王的残酷统治下，已经分崩离析、岌岌可危。不仅普通民众与商朝统治者离心离德，而且统治阶层内部也已发生分裂。纣王杀害比干，囚禁箕子，一大批商朝重臣出逃奔周。在这种形势下，武王拉开了伐纣战争的序幕。

他首先"东观兵于孟津"(孟津在今河南省孟津县,是当时黄河上的一个重要渡口),有 800 多诸侯和部落首领前来会合。诸侯们纷纷向武王表示,是灭掉商朝的时候了。但武王这次出兵,更多的是一种试探。武王认为此时周的力量还不能完全胜过商,翦商的时机还不成熟,所以把这次观兵当成了一次军事演习和外交盟会。武王得到众多同盟者的支持,在政治上和战略上都取得了对商王朝的优势地位。

又过了两年,武王觉得伐商的时机到了,便率领戎车 300 乘,虎贲3000 人,甲士 4.5 万人,同前来助战的各诸侯盟军以及庸、蜀、羌、髳、微、卢、彭、濮等友军在孟津会合,浩浩荡荡向朝歌进军。军队于甲子日早晨抵达商郊牧野。武王在这里举行了誓师大会,誓词历数商纣罪恶:商纣只听信其所宠爱的妇人之言,背弃自己的祖先,对祭祀的大礼不闻不问,轻蔑地遗弃了他的家国,对同族的兄弟不加任用,对四方重罪的逃犯反而又是推崇尊敬,又是信任使用,还让他们担任大夫、卿士等要职。这些人为害百姓,违法作乱于整个商国,现在他要代表上天对商纣实行惩罚,鼓励士兵要勇往直前,如果不努力作战,那么就要受到军法的刑戮。这就是目前仍能见到的《尚书·牧誓》所记载的大致内容。

此时商纣王一方面召回征伐东夷的军队,另一方面临时武装大批奴隶前来应战,双方在牧野展开激战。据说商军达 70 万人,《诗经·大雅》中记载"殷商之旅,其会如林",可见商军规模之浩大。不论其数量是否有夸饰之嫌,此时商朝军队的战斗力和斗志与周比起来无疑是相去甚远。武王以虎贲、戎车为主力,甲士徒兵配合向商军发起攻击。由于商军离心离德,无心为纣王卖命,甚至阵前倒戈,配合周军反攻纣王,致使牧野一战商军全线崩溃。商纣王逃回朝歌,登上鹿台,穿上他的宝玉衣,投火自焚而死。武王挥师迅速占领了朝歌,商王朝至此灭亡。

武王进入城中,来到商纣自焚的地方,亲自发箭射纣王的尸体,射了 3箭然后走下战车,又用轻剑刺击他,并用黄色大斧斩下了纣王的头,悬挂在大白旗上示众。然后又到纣王的两个宠妃那里，两个宠妃都上吊自杀了。武王又向她们射了 3 箭，用剑刺击，用黑色的大斧斩下了她们的头，悬挂在小白旗上。武王做完这些才出城返回军营。第二天，大臣们拥护着武王，举行了隆重的祭祀典礼，象征着周得到天命，取代了商成为新的天下共主。

关于牧野之战，不少古籍都有记载，最为详细的是《尚书·牧誓》。从前人们对于它的成书年代和真实性还有所怀疑，但是 1976 年在陕西临潼发现了一件西周武王时期的青铜器"利簋"，从铜器上刻有的铭文来看，这是当时一个叫利的贵族随同武王参加了牧野之战，为了纪念自己在战争胜利后得到武王的赏赐，特地制作了这件青铜器。而铭文上所记的"珷（武王）征商，唯甲子朝，岁，鼎，克。昏夙又（有）商"与《尚书》的记载是一致的。利簋是一件可作为西周青铜器断代的标准器，既验证了传世文献的真实可靠性，也为西周初年的历史研究提供了宝贵的史料。

周王朝建立之后，商周之间的关系发生了根本性的转变。"小邦周"从臣服于"大邦殷"的方国，一跃成为统治四方的主宰。双方之间的冲突和统治集团内部潜在的矛盾交织在一起，形势仍然显得十分错综复杂。一方面，周人要维护自己的统治地位；另一方面，商人千方百计地想要报仇复国。"小邦周"如何来统治"大邦殷"，又如何从"大邦殷"亡国的教训中汲取经验教训，成了摆在周初统治者面前的首要问题。殷商突然之间灭亡的事实，使周人对天命的信仰开始有所动摇，他们不由发出"天不可信"、"唯命不于常"的疾呼，并进而以史为鉴，反思天命的归属究竟为什么会出现这样的转移。

根据《史记》的记载，周虽然打败了殷商，但武王不但没有被胜利冲昏头脑，反而晚上焦虑得睡不着觉。周公去看望他，问他为什么。武王说："上天不享用殷朝的祭品，从我没出生之时到现在已经 60 年了，郊外怪兽成群，害虫遍野。上天不受殷的享祭，抛弃了殷，才使我们取得今天的成功。上天建立殷朝，任用的贤士有 360 人，虽然说不上重用他们，但也没有排斥他们，才使殷朝维持至今。我还没有确定上天是否会保佑我们周朝，哪里顾得上睡觉呢!"从上面的记述可以知道，当周初统治者胜利了之后，没有骄傲，而是非常惶恐，居安思危，睡不着觉。为什么呢？殷朝曾经非常强大，是"天邑商"、"大邑商"；而周是一个小邦，是"小邦周"。商周过去是有过君臣关系的，不过是类似诸侯和天子一样，周带有一定的独立性。那么强大的殷王朝怎么一下就被"小邦周"给打倒了，周打败了纣王，可武王想到的却是他们现在已经处在原来纣王的地位上，他们不是因为胜利而感到骄傲，反而感到了恐惧，感到了自己也存在着灭亡的危险。所以才要以史为鉴，检讨殷亡周兴的原因。整个《周书》里反反复复讲的都是这个。周初的统治者在当时有很多这样的言论，如《尚书·酒诰》记载，"王曰：'封，予不惟若兹多诰。古人有言曰：人无于水监，当于民监。今惟殷坠厥命，我其可不大监抚于时'。"这是周公对他的弟弟卫康叔说的话，意思是我要告诉你这些话，古人说，"人不必要拿水照镜子，重要的是以老百姓当镜子"。周公引的古人的话在《史记·殷本纪》中的《汤征》里，即"人视水见形，视民知治否"。这句话的意思是人看到水可以看到自己的样子，看到老百姓的样子就知道自己的政治好坏。所以说"今惟殷坠厥命，我其可不大监抚于时"，这句话的意思就是我能够不以殷的灭亡为鉴吗？除此之外，《尚书·召诰》里还说："我不可不监于有夏，亦不可不监于有殷……今王嗣受厥命，我亦惟兹二国命。"这句话的意思是，我们要以夏为鉴，也要以殷为鉴，因为我们的国王受命为天子，和夏、殷的命运是一样的。这说明虽然夏商周是三个朝代，但是它们之间有相同的东西，商纣虽然不是夏桀，可他们的灭亡是一个道理。我们现在的处境和夏商一样，如果搞不好，和夏商也是一样的结果。所以到《诗经·大雅·荡》的时候说："殷鉴不远，在夏后之世。"《诗经·大雅·文王》也说："殷之未丧师，克配上帝。宜鉴于殷，骏命不易。""骏命"就是大命、天命，"不易"有两解，一是不容易，二是不改变。如果要能够以史为鉴的话，那么天命就不会再转移。周公的以史为鉴，有一部分是直接的经验，比如来自他父亲文王；还有一部分是殷人的记载，像《尚书·无逸》所讲的那些有德商王的统治。

第二节　"封邦建国"与周王朝的天下格局

周武王顺应历史潮流灭掉了强大的商王朝，建立起周王朝。商王朝虽已灭亡，但其残余势力仍很强大，商族遗民人数众多，这不能不说是一个隐患，甚至严重威胁着西周政权的生存。为了巩固西周王朝的统治，武王、周公及之后继位的成王采取了许多重要措施来巩固西周政权，为西周的稳定和进一步发展奠定了基础。

武王在西周王朝建立以后，马上采取一系列的行动以稳定形势。首先，为控制原商朝统治的中心地区，采取了一面安抚笼络，一面加强监督的方法，封商纣之子武庚于殷墟一带，让他继续管理商王朝的遗民。其次，派自己的兄弟管叔、蔡叔、霍叔在殷墟的附近，辅佐武庚并监视商

图 4.1　鄂叔簋。西周早期。上海博物馆藏

朝遗民的动向，这就是史书中所谓的"三监"。显然，这只是一种权宜之计。周灭商，是小国对大国的胜利，胜利已来之不易，但要以小国统治大国更加困难。表面上看封武庚于殷是让其奉守先祀，不绝殷后，实际上这只是一种稳定形势的临时措施，因为周人当时尚无力直接统治新征服的广大地区。最后，为了安抚民心，给那些商王朝有威望的大臣平反，武王先后释放了被纣王囚禁的箕子以及百姓；在深得民心的商朝贤臣商容的里巷表彰商容；派闳夭整修了比干的坟墓，表示尊敬；命令南宫括用鹿台的财物和钜桥的粮

食赈济贫困。他还论功行赏,分封有功的臣属。根据《史记》记载,武王为了表示对古代君王的尊敬,"封神农之后于焦,黄帝之后于祝,帝尧之后于蓟,帝舜之后于陈,大禹之后于杞",团结了这些古老的异姓贵族,也起到了收拢人心、巩固统治的作用。另外在由西向东的黄河中下游地区,武王对功臣和亲属进行分封,其中太公望(姜尚)是第一个受封的。武王把尚父封在营丘,国号为齐;把弟弟周公旦封在曲阜,国号为鲁;封召公奭于燕;封弟弟叔鲜于管;弟弟叔度于蔡;其他人各自依次受封。通过采取上述措施,周初的政治形势虽仍很严峻,但也得到了暂时的安定,这些被封的大臣和亲属,也成为加强西周王朝统治的重要支柱。

武王实行安抚分封之后返回了镐京,并制订了许多安邦治国的计划。比如他为了更好地控制东方,还看中了洛邑这个地方,并想在这个地方建立新的都城。但可能是因为过于劳累忧虑,还没等他来得及实施这些计划,便于灭商后的第二年病逝了。武王死后,其子诵继位,是为成王。成王即位时年纪尚小,还是个不懂世事的孩子,所以暂时由周武王的弟弟周公旦辅佐成王处理政事,甚至曾一度践天子位代行天子之事,史称"周公摄政"。周公权力的增大,招致王室诸兄弟的猜疑,留在殷商故土任三监的管叔、蔡叔等对此更是不满。他们散布流言说"公将不利于孺子",认为周公独揽大权,将对成王不利。周王室内部出现了动荡不和,使得以武庚为首的不甘心亡国的殷旧势力觉得有机可乘。因此武庚串通管叔、蔡叔、霍叔三监,并纠合了徐、奄、熊、盈、薄姑等方国对周发动了大规模的武装叛乱。西周政权面临着内忧外患的严重局面。对此,周公旦以一个政治家的眼光和胆略,首先稳定了周王朝的统治核心,取得召公奭和太公望的坚定支持。接着,他向王室成员和各路诸侯指明讨伐叛乱是上天旨意,是文王事业的继续,不管是什么人参与叛乱都要予以惩罚,并最终使王室成员和各友邦诸侯认识到叛乱的严重性和平叛的必要性。周公经过一番"内弭父兄,外抚诸侯"①的工作，统一了内部，组成平叛大军，亲自带兵东征，将以武庚为首的叛乱迅速镇压下去，杀掉武庚和管叔，将蔡叔流放。接着周公又挥师东进，一举消灭了参与叛乱的东方诸国。这次东征，前后一共用去3年的时间。直至此时，周王朝才算彻底地消灭了商王朝的残余势力，逐步实现了对东方广大地区的控制。在周公的努力下，完成了武王未竟的心愿，这次战争标志着周人灭商事业的最后完成，也是周初政治局面由动荡趋于稳定的一个转折点。

周公东征的胜利，使周王朝能够在更大的范围实行更有效的统治。当时，为了加强对广大地区特别是殷商故地的控制，周公在武王分封的基础上，进行了第二次大规模的分封。周公杀掉武庚以后，首先把未参加叛乱的商王之子微子启封于宋。宋是旧殷地的一部分，因为微子启对周人比较顺从且在商人中较有影响力，所以封他于宋可以安抚商王朝的遗民。周公接下来就是广泛地分封同姓诸侯，《左传·僖公二十四年》记载说："周公吊二叔之不咸，故封建亲戚，以蕃屏周。"至于分封的具体情况，根据《荀子·儒效》的说法："周公……兼制天下，立七十一国，姬姓独居五十三人焉。"看来周公分封了71国，其中姬姓子弟就有53位之多，有的文献记载还不止此数，可见周初分封规模之大。这些被封的姬姓诸侯，基本都是文王、武王和周公的后人。例如，文王的弟弟被封在东虢、西虢；文王儿子们的诸侯国有管、蔡、郕、霍、鲁、卫、毛、聃、曹、毕、邓、原、郇、郜、雍、滕等国；武王的儿子有封在晋、应、韩、邢等国；周公的儿子被封在凡、蒋、邢、茅、胙、祭等国。这些在广大新征服土地上星罗棋布的大小诸侯国，既是一个个独立的政治统治中心，又是拱卫周王朝的大小据点。

纵观周初的分封，在众多封国中，与王室关系最密切者主要有东方的齐、鲁，中原的卫，北方的燕、晋诸国，它们是当时拱卫周室的主要力量。

① （西晋）孔晁：《逸周书》卷5《作雒解》。

图 4.2　齐侯匜。西周晚期。顾榴先生、沈同樾女士等捐赠。上海博物馆藏

太公望是周王朝的三朝元老，为周一统天下立下了汗马功劳。周建国之初，他最初被封在吕（今河南省南阳市）。为平定武庚叛乱，他和周公、召公一起东征，贡献卓著。成王将新征服的薄姑氏的土地封给了他。太公望于是建都于营丘（今山东省淄博市临淄区），国号齐。太公望初到封地以后经过艰苦的斗争才站稳了脚跟，其后又经过对夷人的征服，控制了山东北部的大片地区。他在齐国实行"简其礼、从其俗"的政策，对人民"劝以女工之业，通渔盐之利"[①]，鼓励工商业的发展，使齐国成为周时经济富庶、面积辽阔的一个诸侯国。武庚叛乱平定以后，周公继续留在成王身边辅政，他的儿子伯禽便代他受封到奄国故地，建都于曲阜，以强化对这一地区的控制。伯禽就封之后，继续打击

图 4.3　鲁侯尊。西周康王时期（公元前 11 世纪上半叶）。李荫轩先生、邱辉女士捐赠。上海博物馆藏

活动在这一带的淮夷、徐戎等反周势力，努力拓展疆土，推行礼仪教化，稳定了该地区的形势。鲁国成为周王朝在东方的主要依靠力量，同齐国一道为稳定周王朝的东土做出了贡献。

---

① （东汉）班固：《汉书》卷 28 下《地理志》。

卫国是周公平定武庚之乱后，周王朝在殷商故地新封的一个诸侯国。始受封者是武王和周公最小的弟弟康叔。卫国地处中原黄河、淇水之间，又是殷商故地，地理位置十分重要，此地安定与否直接关系到周王朝整个统治的稳固。因此，周王朝对此十分重视，康叔就封之前，周公担心他年轻没有统治经验，就一再告诫，要他到卫之后，多向殷商遗民中的贤人请教王朝兴亡的道理。周公还强调在治理卫国时要尚德慎罚，敬天爱民；施用刑罚要遵循一定的准则，并规定了刑律的条目；强调用德政教化殷商遗民，以巩固周王朝的统治。为避免商末以来殷贵族腐化堕落风气的侵蚀，周公还特别作了《酒诰》一篇，指出商末亡国的一个重要原因是"荒腆于酒"。因此，周公要求周人必须节制饮酒，规定了严厉的禁酒条令。康叔遵循周公的教谕，到封地后得到了不少殷商贵族的支持，采取了许多行之有效的措施，终于消除了商人的反抗情绪，维护了中原的稳定，有力地巩固了周王朝的统治。

燕国是周王朝北方的一个大的诸侯国。史载武王封召公奭于燕，召公身居太保要职，因为要在镐京辅佐成王，于是让大儿子去燕地主持国政。燕国的封地在今北京市房山区琉璃河镇以北 2.5 千米处的董家林村附近，此地已发现一座西周城址和大批西周时期的墓葬。墓葬出土的西周铜器铭文证明了该墓地是包括燕侯在内的燕国贵族墓地。特别是 1986 年出土的太保盂和太保罍的长篇铭文记载了周初封燕的史实，至此，数千年来争论不休的燕国始封地得以最终解决。燕国地处中原与北方草原的交接地带，占据通往辽海和北方草原地区的咽喉要地，地理位置十分重要。燕国成为周王朝统治北方地区的主要依靠力量。从辽西大凌河沿岸屡次出土燕国青铜器的情况看，燕国的势力当时可能已达到辽西地区，这大大扩展了周王朝的统治区域。

唐叔虞是成王的弟弟，成王在扫平叛乱之后，把他封在黄河、汾水以东的唐地。唐地最早是夏人的故地，自商代以来戎狄各部族又杂处于此，形势相当复杂。为了尽快建立起有效的秩序，唐叔虞在封国内因其旧俗，采取"启以夏政，疆以戎索"①的灵活政策。由于这个政策照顾到了具有不同传统的各个部族的利益，因而得到人们的拥护，取得了很好的效果，在唐地形成了一个较为安定的局面。唐叔虞死后，他的儿子燮父迁居到晋水旁，改国号为晋。

图 4.4　晋侯稣钟。厉王(公元前 9 世纪中叶)。1992 年山西曲沃县北赵村 8 号墓出土。上海博物馆藏

在周公大规模分封诸侯之后，成王、康王乃至历代周王陆续又有所分封，但规模已远小于周初的分封。如宜国是周康王时期在南方的一个重要封国。1954 年在江苏丹徒烟墩山发现一组西周青铜器，其中有一件宜侯夨簋，该器有 120 余字的长篇铭文。该篇铭文记载了周王册命夨为宜侯，并赐予土地、附庸、弓矢之事。该器的形制、花纹和铭文表明它是成康时期铸造的。据此可知，宜国之封当不晚于康王。宜侯是仲雍的后人，原为虞侯，在康王时也许是为了和北方另一个虞侯相区别而被改封为宜侯。有学者猜测，这个宜国可能就是后来的吴国。而周王封宜国于长江下游地区，表明周王朝对这一地区早已建立起有效的统治。

可以看出，周人代商而起之后最初试图建立的，也许不过是效仿商代政治模式的方国联盟，以周为联盟之领袖。武王克商之后不久就从殷地领兵而归。对于殷商遗民，武王还是采取夏商以来的一贯做法，并没有消灭商国，而是封了纣王之子武庚做他们的首领，继续作为邦国联盟的成员之

---

① 　(春秋)左丘明：《左传》定公四年。

一服从于周。但不久后形势发生变化，发生了武庚勾结三监反叛的事件。虽然最终叛乱得到平息，但周公总结教训，深感商人立国已久，虽然灭亡，但余威犹存，而周作为新生力量，统治还很不牢靠，若政治上完全承袭商代的做法，恐怕多有不利。于是，周公决定实行大规模的分封，"封建亲戚，以蕃屏周"①，改变商代那种方国联盟的政治格局。周公将周王朝改造成为一个大规模的以同姓诸侯为主、异姓诸侯为辅的政治统一体，强化了周王的王权和诸侯国对中央的臣属关系。周公为了维护西周的政权和加强统治阶级的内部秩序，在吸取商朝制度经验教训的基础

图 4.5　组玉佩。西周。河南省平顶山市应国墓地出土。河南博物院藏

上，结合周人自身的传统和历史实际，制定了一系列能够区分尊卑亲疏的典章制度。这就是后世所说的周公"制礼作乐"。所谓的"制礼作乐"包含了分封制以及其他很多重要的制度。

周王朝的分封诸侯有着具体的内容。《左传·桓公二年》载师服之言曰："吾闻国家之立，本大而末小，是以能固。故天子建国，诸侯立家，卿置侧室，大夫有贰宗，士有隶子弟，庶人工商各有分亲，皆有等衰。是以民服事其上而下无觊觎。"所谓天子建国是指周天子分封自己的子弟为诸侯。分封诸侯时要举行册封仪式，周天子向受封者颁布册命，册命的主要内容是授民授疆土以及官属、奴隶、礼器、仪仗等。如《左传·定公四年》详细地列举了分封鲁、卫、唐三诸侯国的内容，其中说到"分鲁公以大路、大旂、夏后氏之璜，封父之繁弱，殷民六族，条氏、徐氏、萧氏、索氏、长勺氏、

①　（春秋）左丘明：《左传》僖公二十四年。

尾勺氏……分之土田陪敦，祝、宗、卜、史，备物典册，官司彝器，因商奄之民，命以伯禽，而封于少皞之墟"。诸侯受封后即成为相对独立的诸侯国的国君。按规定，诸侯要对王室承担戍守疆土、出兵助王征伐、纳贡、朝觐述职、随王祭祀等义务。除此之外，诸侯国内的事务均由诸侯自理。诸侯依照天子分封的形式，亦分封子弟为卿大夫。卿大夫的封地称作"采地"或"采邑"。卿大夫之下有士，士封有食地，士是最低一级的贵族，其下不再分封。这样，等次分封的结果形成了由诸侯、卿大夫和士组成的各级封君。这些大小封君有严格的尊卑等级，周天子是其共主。尽管周初这种分封制度与后世大一统国家的中央集权制还有着很大的区别，而且周天子实际控制的土地也不过邦畿千里，但周初这种自上而下的分封制，使得周王对天下的控制已远比夏、商二代强，王权较以前也更为集中，西周亦因此而成为一个幅员辽阔的国家。

图 4.6　兽面纹卣。西周早期。上海博物馆藏

图 4.7　曲折雷纹卣。西周早期。上海博物馆藏

在周代实行的其他重要制度中，与分封制密切相关的是畿服制和五等爵制。畿服制，就是周代人将王都以外的地区，按其与王朝的关系以及离王都的远近划分为几个大区域的一种制度。《国语·周语》记载："夫先王之制，邦内甸服，邦外侯服，侯卫宾服，蛮夷要服，戎狄荒服。"周代称王朝职官为内服，诸侯等为外服。服即服事于王之意。王朝直辖地区称邦畿，也称甸服。外服之地又可按照各邦国、部落同王朝关系的亲疏以及所负担

职贡的轻重，分为不同的服。总而言之，畿服制实际上是关于周王朝中央政权与地方政权关系的一种规定。其中甸服为畿内，侯服、宾服指华夏诸族，要服、荒服者则指远近不同的夷狄。显而易见，此种制度实际上是以尊卑、亲疏、内外、远近为标准的

图 4.8　父庚觯。西周早期。上海博物馆藏

等级制度在国家政治区域划分方面的反映。至于畿服制到底有没有在周代严格地实行，我们不得而知，其中很有可能含有很多理想化的成分。关于五等爵制，《周礼·大宰》郑玄注云："爵为公、侯、伯、子、男、卿、大夫、士也"，是说诸侯爵分为五等，公、侯、伯、子、男。其下尚有卿、大夫、士等 3 级。除此之外，在其他一些先秦文献中对五等爵制也屡有提及。《左传·襄公十五年》："王及公、侯、伯、子、男、甸、采、卫、大夫各居其列，所谓周行也。"《国语·周语》："昔我先王之有天下也，规方千里以为甸服……其余以均分公、侯、伯、子、男。"由这两条记载可知五等爵与畿服制密切相关。《国语·楚语上》："天子之贵也，唯其以公侯为官正也，而以伯子男为师旅"，这表明五等爵同为天子臣属，但级别高低有所不同。《左传·昭公十三年》："昔天子班贡，轻重以列，列尊贡重，周之制也"，这是说诸侯纳贡轻重与爵位高低有关，爵位高者，其纳贡重些，级别低者纳贡较轻。由此可知，五等爵制从本质上看是西周贵族内部等级关系的制度化。与畿服制一样，五等爵制是否真的为周代所实行也引起了学者们的怀疑，这些问题的解决，也只能有待于更多新史料的发现了。

西周的分封制、畿服制和五等爵制的制定和实行都基于当时的宗法制。西周时期的宗法制度是由原始社会末期氏族组织演变而来的以血缘关系为基础的族制系统，但与氏族社会时期的平等血缘关系已有本质区别，宗法

制是一种巩固统治秩序的政治制度。宗法制的具体内容大致如下：周天子由嫡长子继承世袭，每代天子都以嫡长子身份继承父位，奉祀先祖，是为周族的大宗，嫡长子的兄弟分封为诸侯，称为小宗。在诸侯国内，每世诸侯之位也由嫡长子继承，是为诸侯国内的大宗，他的诸弟被分封卿大夫，为小宗。卿大夫在其采邑内亦实行嫡长子继承制，其在自己的采邑内亦为大宗，其余诸弟封为士，为小宗。士亦由嫡长子继承，其余诸子不再分封，为平民。简而言之，诸侯于天子为小宗，但在其封国内又为大宗。卿大夫对诸侯为小宗，而在本族内则为大宗。宗法制度的核心内容实际上就是嫡长子继承父位(大宗)，庶子分封(小宗)。

在宗法制度下，大宗与小宗的关系是一种等级从属关系。小宗必须服从于大宗，受大宗的治理和约束，周天子是天下大宗，也是政治上的共主。宗法制提倡尊祖，但不是所有子孙都有祭祀祖先的权利，只有大宗才有主祭宗庙的特权，小宗是没有这个权利的，后者只有通过敬宗，即通过对大宗的尊敬才能表达对祖先的尊敬。当时，国之大事，唯祀与戎，各级大宗通过对祭祀特权的垄断，进而掌握国家政权。所以说宗法制也是政权、族权和神权相结合的一种产物。由此可见，宗法制从表面上看是以血缘关系为主，而实际上并不在于区别亲疏，那只是一种表面现象。血缘关系的纽带是用来加强周天子与诸侯之间的政治关系，以图对全国实行更有效的统治，血缘关系要服从于政治关系。宗法制的主要目的是通过亲疏不同的血缘关系来确定财产和政治权力的分配，用以强化当时的统治秩序。前面所说的分封等项制度也是以宗法制为基础的，前者可以说是宗法制度的具体体现，并且进一步强化了宗法制度。它们互为表里，相互依存，共同成为支撑西周王朝统治大厦的重要支柱。周代的礼乐制度使生活在广大地域上的人们突破之前狭小血缘组织的桎梏，从而形成一种以语言文字、道德伦理、风俗习惯等文化认同为纽带的精神凝聚力量。它具有强大的吸引力和感召力，使一个来源多样、由多个不同血缘民族组成的政治共同体逐渐有了心理上和文化上的认同感及归属感。可以说，周代的礼乐制度使中国历史自此走上了一条崭新的发展道路。

周王朝除了用分封诸侯来控制局面，还自灭商之日起便计划在洛邑营建东都成周，以强化对广大东部地区的统治。武王生前立下建都计划，但很快就去世了。周公东征胜利以后，更加深刻地意识到建立东都的必要性，便将这一计划迅速付诸实施。成王派召公奭到洛邑察看地形，周公亲往监督营建，建筑王城和成周二城。王城故址在今洛阳市王城公园一带，成周故址在今洛阳市白马寺以东的汉魏故城一带。成周建成以后，周人把镐京称为宗周。为进一步分化瓦解殷人的反抗力量，周公把参与叛乱的殷人强行迁往成周，在王城派驻八师军队，以监视殷人和整个东部地区。按召公奭的说法，东都地处天下之中，更是诸侯朝会，四方入贡的理想之地。东都的建立对于加强周王室对东部的控制，起到了十分重要的作用。

传说在周公摄政的时候，年幼的成王有一年得了重病，周公十分着急，便向上天祷告，祈求成王健康，并愿意代替成王去死，祷告完毕将祷词收藏在王室的档案库里。成王长大之后，有人在他面前说周公的坏话，引起成王对周公的猜疑。周公便离开了成王，跑到南方去避难。一个偶然的机会，成王看到周公当年的那份祷词，不由为自己无端怀疑周公而感到后悔，连忙派人将周公请了回来。从此成王对周公深信不疑，比以前更为尊重了。周公摄政七年以后，周王朝的政权渐渐稳定下来，成王也已长大成人。于是周公还政于成王，而自己仍北面就群臣之位，继续辅佐成王。成王亲自处理国政之后，对周公的教诲一直不敢忘记，小心谨慎地治理国家。成王在位 30 多年，西周王朝在各方面都取得了很大发展，天下十分安定。成王去世后，太子钊继位，是为康王。康王在召公、毕公等顾命大臣的辅佐下，生活节俭，专心处理政事。他在位 20 余年，天下一片兴旺繁荣的景象，史

图4.9　大盂鼎。西周康王时期。清道光年间陕西郿县(今宝鸡市眉县)礼村出土，1951年潘达于女士捐赠。中国国家博物馆藏

载"成康之际，天下安宁，刑错(措)四十余年而不用"①，周王朝发展到最兴盛的时期。康王死后，他的儿子瑕继位为昭王。《史记》有"昭王南巡狩不返，卒于江上"的记载，根据《竹书纪年》中的相关记载，这应该是讳饰的说法。昭王在位时曾用很长时间和力量征伐南方荆楚等方国，但并未取得完全的成功。昭王不仅丧失了军队，而且自己也落得个淹死在汉水中的下场。昭王的死，使周王朝的军事力量和声威都受到了很大的削弱。之后，他的儿子满继承了王位，这就是历史上著名的旅行家周穆王。他继承了父亲扩充疆域的壮志豪情，即位后东征西讨。东至九江，西抵昆仑，北达流沙，南伐荆楚，《穆天子传》更是以他为主人公。其中记载了许多四处巡游的传说，最有名的是他驾八骏马游历昆仑山见西王母的故事，虽属小说家言，也可见其旅行嗜好流传后世的名声之大。不论怎样，昭、穆二世在成康以来国势强盛的基础上，大肆进行南征北讨，虽然扩大了周王朝的影响，但也过多地消耗了国力，西周王朝逐渐难以支撑，所谓"王道衰微"已露端倪。

---

① （西汉）司马迁：《史记》卷4《周本纪》。

第三节　"共和行政"与西周王权的衰微

　　穆王去世后，由其子共王继位。穆王在位时虽然王道开始中落，但由于当时还有成康盛世聚拢的雄厚家底，因此尚能守成。到共王及其以后，西周社会开始出现许多变化。周王朝首先面临的问题是周边势力的日益强大，使周王室感受到了明显的威胁。昭王、穆王时期频繁地四处征伐，并不是没有原因的，而应该是对这一态势发展的主动回击。在西周中晚期，周王室的力量已经越来越难以控制这种形势。这种局面甚至一直延续到了

春秋以后。周王朝所面临的另一方面问题，是王室不可避免地日渐衰落，而一部分诸侯士大夫的势力则开始膨胀，社会矛盾也在逐步加剧，周天子的天下共主地位受到严重挑战。原来，由于分封制下的诸侯都是世袭君主，封君在国内享有几乎不受任何限制的各种权力。随着时间的推移，封国的势力逐渐膨胀，而王室则因其处于诸侯国的包围之中，难以向外发展，加之历代分封，王

图 4.10　多友鼎。西周晚期。1980 年陕西长安斗门镇出土。陕西历史博物馆藏

室直接控制的地域更加狭小，实力也进一步衰落。王权力量的削弱，使得诸侯国离心倾向加剧，中央难以控制地方。各地政治、经济发展的不平衡，导致了几个地域性政治中心的出现。到了春秋时代，这终于演化成诸侯割据、列国纷争的政治局面，这种情况的出现是周初分封制度的制定和推行者们所始料未及的。这些内忧外患使得西周的王权逐渐衰微，西周王朝也

图 4.11　墙盘。西周。1976 年出土于陕西扶风（今宝鸡市扶风县）。宝鸡青铜器博物院藏

慢慢走向了尽头。

　　共王死后，他的儿子懿王继位。懿王在位时，周王朝国力比以前更为衰弱。懿王死后，他的叔父，共王之弟辟方自立为周王，是为孝王。孝王死后，各国诸侯又拥立懿王的太子燮为天子，这就是周夷王。这一时期发生了西周历史上唯一一次王位继承上的例外。夷王时，王室更加衰落，据说夷王对那些拥立他的诸侯十分感激，以前高高在上的周天子也不得不屈尊"下堂而见诸侯"，有的诸侯便渐渐对他很不尊重。此时社会各个方面的矛盾层出不穷，西周前期许多行之有效的制度遭到破坏。王室与诸侯的矛盾加剧，"诸侯不朝"的记载不绝于书，王权进一步衰落。西周中期从共王到夷王时，由于长期处于战争中，周王朝的国力进一步衰落下去。王室内外大大小小的贵族已开始分化，其中有些贵族集中了越来越多的财富、土地和奴隶，有些贵族则逐渐失去了原有的财富而破落下去。1975 年人们在陕西岐山县董家村出土的裘卫家族铜器铭文记载了裘卫家族以小奴隶主的身份通过与大贵族买卖土地的方式聚敛大量财富，最后上升为大奴隶主的过程。在这个过程中，世袭贵族矩伯等人将周王封给自己的土地拿来换取裘卫家族的宝玉、车马等来装点门面。这种买卖交换土地的行为与周代"溥天之下，莫非王土"①的制度显然不相符合，但此时已被视为合法，周朝官员甚至帮助解决划界、交换手续等问题。上述情形表明，到西周后期原有的土地制度已经开始瓦解，土地私有现象开始出现。经

---

　　①　《诗经·小雅·谷风之什》。

济基础的变化，必然引起政治的变革。这也是诸侯地位加强，周王室地位呈西山落日之势的根本原因之一。

在各种社会矛盾错综复杂的形势下，厉王胡继位。厉王是夷王的儿子，也是中国历史上有名的贪婪残暴的君主之一。据《史记·周本纪》记载，厉王生性好利，任用好利的荣夷公为王朝卿士，委以大权，将所有的山林川泽霸占为己有，严禁民众到山林川泽中去开辟财源。这种行为不仅违背了周人历来的传统，引起许多贵族的非议，而且也断绝了广大劳动人民——国人的生路，激起了他们的不满和责难。对此厉王非但不思悔改，反而变本加厉，对人民采取高压政策。他从卫国找来一位巫师监督人们的言行，发现有敢于非议者，立即处以极刑。厉王通过这种恐怖手段暂时将人们的公开议论压制了下去，在路上碰见熟人时，国人们只好互相使眼色交流。对此厉王非常高兴，他得意地对召公说："我能止住百姓的议论吧，再没有人敢批评我了。"召公是位头脑较为清醒的大臣，他见厉王如此倒行逆施，便又一次劝说道："防民之口，甚于防川。川壅而溃，伤人必多，民亦如之。是故为川者决之使导，为民者宣之使言……若壅其口，其与能几何。"①这段话的意思是说，你并不是把议论止住了，而是你堵住了百姓的嘴。堵住百姓的嘴就像堵住奔流不息的河水一样，堵住的水流一旦冲破堤防，就会势不可挡，后果不堪设想。善于治理百姓的人，一定要让他们说出心里话。堵住他们的嘴不让说话，是维持不了多久的。但厉王根本不听劝说，继续一意孤行。国人在厉王的高压下生活了 3 年，终于忍无可忍，发动了大规模的武装暴动，袭击了厉王的宫殿并将厉王赶出了王宫，厉王逃亡到彘(今山西省霍州市东北)。太子静也跑出王宫，藏在召公家里，暴动的国人知道以后包围了召公的宅院，要求交出太子。召公让自己的儿子和太子换了衣服，然后把自己的儿子交了出去，太子才逃脱了这场灾难。厉

---

① 《国语·周语上》。

图4.12　伯百父盘。西周晚期(公元前9世纪中叶—前771年)。西安市长安区张家坡铜器窖藏出土。陕西历史博物馆藏

王末年的国人暴动是中国历史上第一次大规模群众性武装暴动，它的直接结果是动摇了周王朝的统治根基，加快了西周王朝灭亡的进程。

厉王逃亡在外，国不可一日无君，于是由周王朝的贵族与大臣共推德高望重的周公和召公(不同于周初的周公与召公)共同代掌朝政，史称"共和行政"，这一年是公元前841年，从这一年开始，中国历史开始有了准确的纪年。

关于"共和行政"，历史上有两种不同的说法。一种观点认为是周公、召公摄行天子事，实行贵族共和政治。其根据是《史记·周本纪》所说的"召公、周公二相行政，号曰'共和'"。另一种观点认为，"共和"是人名，有一个贵族名叫和，被封在共地，人称共伯，因为平时道德行为都很高尚，深得诸侯敬重，所以诸侯推举共伯和摄天子事。这根据的是《竹书纪年》所谓"共伯和干王位"的记载。由于史料有限，现在并不能知晓当时到底是怎么样的情形了，但不管哪一种说法是正确的，西周在厉王逃走之后，确实有一段时间是由贵族们代理国政的。共和行政共持续了14年，在这期间，革除了厉王时期的一些弊政，人民的生活也有所改善。

共和十四年，厉王死于彘。太子静此时已由召公养大成人。于是太子静被周公、召公请出来继承了王位，这就是周宣王。宣王继位以后，在周公与召公的辅佐下，吸取前王教训，任贤使能，励精图治，努力恢复文武成康时期的好传统，使国内的各种矛盾有所缓和，一些诸侯也开始前来朝见他，周王朝的国力和声望都得到了一定的恢复，这便是所谓"宣王中

兴"。宣王利用国势暂时复兴的
机会，又对西方和南方一些不服
从统治的少数民族发动了大规模
的战争。他先是北伐猃狁，将直
接威胁王畿安全的猃狁打败，迫
使其北遁。接着他又南征荆楚，
恢复了周王朝对南方的影响。然
而好景不长，宣王多年的征战，

图 4.13　四虎钟。西周晚期。上海博物馆藏

虽然巩固了边疆，但也耗损了国力。没过几年，周宣王在与外族的战争中
接连失败，使周王朝的军事力量
变得十分虚弱。加之他晚年在政
治上许多举措失当，如干涉鲁国
立太子事，使得鲁国发生内乱，
从而引得许多诸侯不满，结果是
"诸侯多畔王命"，埋下了王朝破
败的种子。由此可见，"宣王中
兴"并未彻底扭转西周中期以来
赫赫宗周江河日下的颓势，更像
是回光返照，只是暂时延缓了西
周王朝灭亡的速度。

图 4.14　逨盘。西周宣王时期（公元前 827
年—前 782 年）。2003 年宝鸡市眉县杨家村窖
藏出土。宝鸡青铜器博物院藏

　　宣王共在位 46 年，死后由他的儿子宫湦继承王位，这就是西周末代天
子周幽王。幽王继位后，天灾人祸交相袭来，社会动荡不安。先是宣王末
年、幽王初年发生的旱灾，使得全国的河流和池塘都干涸了，草木庄稼全
部枯死，国内哀鸿遍野，路有饿殍。幽王二年，周王朝都城所在的关中一
带又发生了强烈的地震，河水断流，山峰崩塌，给社会生产造成了严重的
损害。这使得危机日重的周王朝更是雪上加霜。面对严峻的形势，史官认

为是上天对周的亡国警告，但周幽王不以为然，不仅没有采取任何补救措施，反而沉湎声色犬马不能自拔。

据说他有一个非常宠爱的妃子叫褒姒，褒姒虽然长得极美，但有个特点就是不喜欢笑。幽王为了博得褒姒一笑，竟上演了一场烽火戏诸侯的闹剧。原来，古代交通不便，为了及时报警传递信息，每隔一段路程便修建一个高大的烽火台，上面派军驻守，并准备了火把和狼粪。一旦发现敌情，士兵就燃起狼粪，一缕白烟就会直冲云天，很远的地方都能看见。远处看到狼烟，便知道有敌情，下一个烽火台也随之燃起狼烟，每个烽火台相继传递，就可在很短时间内把敌情传送到京城。这就是烽火报警。周幽王这一天和褒姒来到烽火台上，点燃了狼烟，并把大鼓也敲得震天响。周王曾与诸侯有约，一旦看到烽烟，诸侯必须前来护卫周室。诸侯们这时一看到烽烟，以为有外敌入侵周室，连忙率兵赶来。到了之后诸侯们才发现周幽王和褒姒在饮酒作乐，什么敌人也没有，才知道受了愚弄，一个个懊恼地带兵回国。褒姒看到诸侯们受骗的狼狈相，终于忍不住笑了起来。周幽王看到褒姒笑了，心里非常高兴。周幽王为了能继续逗她笑，又如法炮制了几次，结果来勤王的诸侯一次比一次少。周幽王的作为，加剧了各侯国与周王朝的离心离德倾向。

在用人上，周幽王重用善谀好利的虢石父之类的人物，朝政在这些人的把持下十分黑暗，民众的负担更加沉重，引起百姓的强烈不满。另外，在王位继承的问题上，周幽王不顾朝臣诸侯的反对，先是立自己宠爱的褒姒为王后，又立褒姒所生之子伯服为太子，而将原来的申后和太子宜臼废掉，并欲置其于死地。在这种情况下，申后的父亲申侯联合缯国和西方的犬戎，举兵对周王朝兴师问罪。周幽王慌了手脚，急忙点燃烽火召集诸侯救援，但各路诸侯因以前屡受戏弄，以为这次又是戏弄他们，因此没有诸侯派兵前来。在得不到援兵的情况下，镐京很快就被攻破，周幽王只得带着褒姒、伯服等人向东逃亡。在骊山脚下(今陕西省西安市临潼区)，周幽王和伯服被追兵赶上杀死，褒姒则被掳掠而去。繁华的镐京经过戎人的烧杀抢掠，变得残破不堪，统治了 200 多年的西周王朝，就这样灭亡了。

此后诸侯一同立原来的太子宜臼为王，这就是周平王。周平王继位时，国力衰微，镐京破落，周王朝已无力抵御戎狄的侵逼。为了生存，周平王只得在晋、卫、秦、郑等诸侯的护卫下东渡洛水迁到洛邑成周，史称"东周"。至此，西周王朝结束，东周王朝开始。但东周再也不是一个统一的王朝了，王权衰落，诸侯纷纷坐大，礼乐征伐不再自天子出，中国历史从此进入了动荡的春秋战国时代。

第二编

春秋战国时期的大变革

第五章　春秋时期列国兴起

公元前 771 年，周幽王被杀，平王东迁，此后，周王室延续到公元前 3 世纪秦王嬴政统一天下前夕，这 500 余年的时间，史称"东周"。这个历史时期的前半段，与中国古代史书《春秋》所覆盖的时间大体相合，被称作"春秋时期"。春秋时期的最大特点是霸政兴起，即若干诸侯仗着势强力大，纠合其他若干诸侯国形成联盟，打着"尊王攘夷"即尊崇周王权威、攘除异族势力的旗号，号令天下，诸侯国之间的关系以及诸侯国内各个势力之间的关系都染上了霸政的色彩，维系列国及各个等级间关系的礼也不例外，都呈现出霸政的特点。

第一节　五霸迭兴

从西周后期起，作为周王朝主要支柱之一的分封制度日趋衰落。经过"国人暴动"、"共和行政"之后，周天子的权威日渐衰微。到了春秋时代，天子虽然在名义上仍是最高的统治者，可是在他下面各处的大小诸侯，却并不怎么受天子的管束，天子也很难向他们发号施令。由于王室衰弱，所以日益强大的诸侯便逐渐形成尾大不掉、本末倒置的局面。诸侯各自割据地盘，互相攻打、兼并；与此同时，还有一些外来的部族经常向中原地区的诸侯国进行侵扰。在这样的历史背景下，诸侯有的就联合起来，以尊崇天子的名义缔结盟约，通常以最强大的诸侯作为联盟的领袖，也就是后世所称的"霸"。随着周代王权的不断跌落衰微，春秋霸权正是为填补这一政坛空旷状态应运而生的。

春秋时期的霸主按照一般说法有 5 位，称为"春秋五霸"，但对于具体是哪 5 位，古来一直有着不同的说法。现在较为通行的说法是指"齐桓公、宋襄公、晋文公、秦穆公、楚庄王"，这个说法可能最早出现于东汉时期的《白虎通》一书中；另一种较有影响力的说法是"齐桓公、晋文公、楚庄王、吴王阖庐、越王勾践"，源自《荀子》、《墨子》二书。但长期以来，前一种说法流传更为普遍，也得到了很多人的认可，我们这里的"五霸"也暂取"齐桓公、宋襄公、晋文公、秦穆公、楚庄王"的观点。其实按照如今的观点，秦穆公仅称霸西戎一隅之地，看似迂腐的宋襄公也是昙花一现，他们都算不得影响广泛的显赫霸主，相比之下，墨子和荀子的说法好像更为恰当，但吴、越其实也是"偏霸"的性质。所以前一种组合仍然有着它独特的价值和意义。下面我们就来讲述一下春秋五霸的历史事迹。

西周伊始，太公姜尚被分封到了齐国，即现在山东省的东北部。齐国地处黄河下游，依山临海，有渔盐之利。春秋初期的时候，齐国是一个较为强大的诸侯国。齐国的第 14 个国君齐襄公荒淫暴虐，做了很多坏事，搞得民不聊生，人人自危。他有两个弟弟，一位是公子纠，由管仲辅佐；另一位是公子小白，由鲍叔牙辅佐。由于担心受到迫害，两位公子都逃到了国外去，公子纠住在鲁国，公子小白住在莒国。齐国后来发生内乱，齐襄公被杀，僭位的人不久也被杀了，齐国国君的位置出现了空缺，大臣们紧张地策划拥立新君。此时，鲁君就派军队护送公子纠回国，想扶立他。而其时鲁国国君是鲁庄公，庄公之父桓公死于齐国，齐鲁之间关系不睦，齐国内部对鲁国的用意十分怀疑，一方面实行阻碍，另一方面派人迎立公子小白回国即位。管仲考虑到了这点，于是带兵事先在半路拦截公子小白，双方相遇，管仲一箭射中小白身上铜制的衣带钩。为了迷惑对方，小白佯装中箭而死，暗中换乘一辆轻便小车，昼夜兼程向齐都驶去。公子纠及鲁军以为小白已死，稳操胜券，便放慢了回齐国的速度。待他们赶到齐国时，公子小白早已被拥立为齐君，并发兵大败鲁军。小白就是历史上赫赫有名的齐桓公。

　　齐桓公做了国君，心记一箭之仇，想杀死管仲。鲍叔牙却向齐桓公力荐管仲，他认为想要成就霸业，非用管仲不可。齐桓公不计前嫌，接受了鲍叔牙的意见，并派他亲自前往迎接管仲，厚礼相待，委以重任。管仲在齐桓公的大力支持下，在政治、经济、军事等方面进行了一系列的改革。经过几年的发展，齐国日益富强。齐桓公接着采用了管仲的意见，打出了"尊王攘夷"的旗号。公元前681年，齐桓公拿到周天子的命令，向各诸侯发出通知，约定在齐国北杏（今山东省东阿县）会盟，平定宋国的内乱。由于当时齐桓公威望不高，到了会盟日期，只有宋、陈、邾、蔡四国诸侯到会，而鲁、卫、郑、曹等国都在窥测风向。五国诸侯会见完毕，共推齐桓公为盟主，并在会上订立了盟约。盟约规定：第一，尊重天子扶助王室；第二，共同抵御蛮、戎等部落入侵中原；第三，扶弱济困，帮助有困难和弱小的诸侯。会盟后，齐桓公首先率军灭掉了没来会盟的遂国，又先后击败了鲁、郑两国，迫使他们求和。公元前679年，齐桓公又约各国在鄄地（今山东省鄄城县）会盟，这一次各诸侯国基本上承认了齐桓公的霸主地位。

　　齐桓公做了霸主后，中原各路诸侯都归服他，按时向齐国缴纳贡品。10多年后，齐桓公又率兵马，帮助邢、卫两国驱逐了入侵的山戎和北狄，为两国修缮了破败的城墙，迁徙保存了这两个国家，使"邢迁如归，卫国忘亡"①。凭借这些"义举"，他得到了中原各路诸侯的赞许和拥戴，威望进一步提高，只有南方的楚国不服齐国。公元前656年，齐桓公会同鲁、宋、卫、郑、陈、曹、许等国军队，首先讨伐依附楚的蔡国，蔡人望风溃逃。于是齐桓公便乘胜向楚国进军。楚成王见齐军来势甚猛，一边亲率大军迎战，一边派大夫屈完与齐讲和。齐桓公见楚国无隙可乘，便在召陵（今河南

---

①　（春秋）左丘明：《左传》闵公二年。

省漯河市召陵区)与楚订立盟约,使楚承认了他的霸主地位。此后,齐桓公几次大会诸侯,还有一次拥立周襄王、尊崇周天子的活动。为报答齐桓公的勋劳,周襄王特派使臣将太庙的祭肉作为厚礼送给齐桓公。齐桓公趁机在宋国葵丘(今河南省商丘市民权县)会合诸侯,招待天子使臣,并又一次订立了盟约,此即史上盛称的"葵丘之盟",齐桓公的霸业达到了顶峰。这是齐桓公第9次,也是最后一次会合诸侯,所以历史上把齐桓公称霸的过程也称作"九合诸侯"。齐桓公尊王攘夷的霸业,对于维持周王室的地位和诸夏的稳定团结都起到了一定的作用。后来孔子对齐桓公和管仲称赞有加,这样的评价是中肯的,由此可见他们的功绩。

公元前645年,管仲病死。过了两年,齐桓公也死去。齐桓公一死,齐国的霸主地位也就结束了。他的5个儿子抢夺君位,齐国发生了内乱,公子昭逃到了宋国。宋国是商纣王的哥哥微子启的封国。当年商灭亡,周公平乱之后,便封微子启于宋,以奉商朝的宗祀。宋襄公是个视仁义超过自己生命的人,同时又一心想成为霸主。此时他见齐国有乱,正好齐桓公生前又将公子昭托付给自己,虽然宋国的实力不是很强大,但他认为公子昭来投奔他,是个可利用的机会,于是便想乘机夺取盟主的地位。他联合卫、曹、邾几个国家起兵护送公子昭回国即位,击败了齐军。宋襄公为齐孝公(公子昭)的复位起了很大作用,自认为是足够树立威信称霸诸侯的时候了,便想会盟诸侯,确定自己的盟主地位。宋襄公先是扣押了滕君,以警示其他不服的诸侯,又邀曹、邾两国会盟。鄫国国君与会稍迟,宋襄公就命邾文公把他当作祭品押到东夷人的神社次睢之社去祭祀,想借此来威服东夷。宋襄公又因为曹国不服,发兵围了曹国。后来,陈穆公邀诸侯重修齐桓公之好,于是陈、蔡、楚、郑等国在齐国结盟。这样,在诸侯中大概形成了两大集团,楚、齐、鲁、郑、陈、蔡等国为一大集团,而图谋称霸的宋襄公一党只有卫、邾、曹、滑等几个小国。于是宋襄公派使者去楚国和齐国,想把会盟诸侯的事先和他们商量一下,取得他们的支持。楚成王表面上应允了他，暗地里却设下计策。到了集会时，宋襄公自矜于信义，不带兵赴会，为楚国所拘。楚军押着宋襄公起兵伐宋，幸亏宋国大臣早有防备，团结国人，坚守城池，使楚灭宋的阴谋未能得逞。后来，在齐国和鲁国的求情调解下，楚成王觉得抓了宋襄公也没什么用，才把宋襄公放回国。

虽然如此，宋襄公仍未放弃做盟主的想法，后因郑国去朝见楚国，便起兵伐郑。郑向楚国求救，楚成王接报后，直接伐宋以救郑。宋襄公急忙回国在泓水（古河流名，故道约在今河南省柘城县西北）边摆好阵势迎敌，楚国的兵马也来到了对岸。当楚军还未全数渡过泓水的时候，大司马目夷劝宋襄公趁机进攻，宋襄公不听，他认为这样做不够仁义。当楚军渡河完毕，但尚未摆好阵势的时候，目夷又劝他趁机进攻，他还是不听。等楚军完全列好阵式，两军正式开战，宋军本来实力就处于劣势，最终大败。宋襄公陷入敌阵，被箭射中大腿，不久就因为伤重死去。宋襄公的争霸事业就这样夭折了，可直到死前还念念不忘他的那套仁义理论。从现在的观点看，他似乎过于迂腐，真算得上是异类了。不过司马迁后来在《史记》中对宋襄公的评价并未以其实际的功业为依据，而是对他的仁义礼让有所褒扬，也许正是因为这点，虽然没有"霸"之实，却也为他博得一个"霸"之名吧。

当齐桓公成就"九合诸侯"霸业的时候，黄河中上游的两个国家也在悄然兴起，这就是晋国和秦国。五霸中的晋文公和秦穆公正是这两个国家历史上有为之君的代表人物。

晋国是周成王的弟弟唐叔虞的封国，西周初期始封于唐（今山西省南部）。受封以来，皆为周室股肱之国。在周王室的荫蔽之下，晋国稳稳度过了近300个春秋。然而，随着西周王纲失统，晋国的传承也出现了问题。晋穆侯有两个嫡子，长曰仇，次曰成师。晋穆侯死去，太子仇继位，是为晋文侯，文侯为贤主，成师也颇得人心。晋文侯死后不久，晋昭侯因为成师平乱有功，封成师于曲沃（今山西省闻喜县，一说今山西省曲沃县），是

图 5.1　子仲姜盘。春秋早期(公元前 770 年—前 7 世纪上半叶)。叶肇夫先生捐赠。上海博物馆藏

为曲沃桓叔。曲沃富庶,农业发达,人口众多,成师的这一支小宗很快就达到了可以与晋国大宗一决雌雄的强盛。之后半个多世纪,曲沃一族与晋国大宗开始了漫长的争夺国家统治权的斗争。至公元前 679 年,曲沃武公灭晋宗,并取而代之。曲沃一族经过前后三代的努力,终于以小宗的身份承接大宗的

祭祀权,且得到了周王的正式册封,史称"曲沃代翼"。晋武公在位两年去世,其子献公诡诸立。晋献公是一位十分有作为的国君,他挟着"曲沃代翼"的余风,率领充满新生活力的晋国大肆扩张。《史记》记载,当时的晋国国势日益强盛,"西有河西(黄河以西,岐山以东),与秦接境,北边翟(约在今山西省太原市以南),东至河内(黄河以北)"①。

秦国僻处西陲,原是居住在秦亭(今甘肃省清水县东北秦亭乡)周围的一个嬴姓部落,周初为附庸小国,春秋初年因秦襄公助周平王东迁才被封为诸侯,并承周平王赐给岐山(今陕西省岐山县)以西之地,后定都于雍(今陕西省凤翔县南部)。国小民弱,在群雄并起的春秋时代,秦国与其他强国相比,显得很不起眼。后经几代人的努力,秦国的疆土不断东移,到秦穆公继位时,已占有大半个关中(陕西省中部秦岭北麓渭河冲积平原),国势也逐渐强大起来。

秦国地处西隅,总想寻求进一步向东发展,首当其冲的便是其东邻晋国。而正当晋献公晚年时,发生了骊姬之乱。原来晋献公在攻打骊戎的时

---

① (西汉)司马迁:《史记》卷 39《晋世家》。

候得到了骊姬，对她倍加宠爱，
生了儿子奚齐，于是想立奚齐为
太子，就命太子申生居曲沃，公
子重耳居蒲（今山西省隰县西
北），公子夷吾居屈（今山西省吉
县），以此表示他的想法。而骊
姬设计让献公误以为太子申生想
害他，于是赐死太子申生。重
耳、夷吾害怕殃及自己，先后逃

图 5.2　秦公鼎。春秋早期。甘肃礼县大堡子
山秦公墓地出土。上海博物馆藏

亡。公元前 651 年，晋献公去世，骊姬子奚齐继位，可旋即被大臣里克杀
死。另一大臣荀息立奚齐弟卓子。不久，里克又杀了卓子。里克想迎立重
耳、夷吾，可是两位公子都不信他。而秦国派百里奚带兵送夷吾回国继位，
在秦穆公的帮助下夷吾成为晋国国君，是为晋惠公。晋惠公担心里克迎立
重耳，于是诛杀了里克，理由是里克弑二君杀一大夫（奚齐、卓子、荀息）。
晋惠公事先答应将河西八城割给秦作为谢礼，但继位后却违背了当初对秦
的许诺。公元前 648 年，晋国发生旱灾，秦穆公运了大量粟米给晋。两年
后，秦国遇上荒年，向晋借米，晋惠公不仅不借给秦国粮食救灾，还听信
虢射的话，以怨报德，趁机攻打秦国。双方在韩原（今山西省河津市与万荣
县之间的黄河东岸）大战，结果晋国大败，晋惠公被俘。秦穆公的夫人是晋
惠公的姐姐，见到弟弟被俘虏，哭得很伤心。秦穆公听了大臣的意见，就
把晋惠公放了。晋惠公为了表示自己的诚意，让太子圉到秦当质子。公元
前 637 年，晋惠公病重，不能理政，命亲信往秦，告知正在秦国为人质的
公子圉。公子圉怕父亲死后，君位被夺，便不带妻室，偷偷溜回晋国。晋
惠公果然一病不起，不久薨逝。公子圉顺利继承父位，是为晋怀公。晋怀
公的不辞而别惹怒了秦穆公，后者便考虑再度插手晋国朝政，以图进取中
原，而已经在外颠沛流离了十几年的公子重耳则成为秦穆公的首选。秦穆

公于是将重耳从楚国迎来,以极为隆重的礼节给予接待,将女儿文嬴及四位宗女嫁给他为妻,然后于次年送重耳回国为君。晋怀公不得人心,重耳回国后,立刻联络早已埋伏于国内的亲信力量前来接应,许多强族皆积极响应重耳的号召。在众人的拥护下,重耳大军开到曲沃,朝于武宫,被众人拥立为君。晋怀公被迫逃亡到高梁(今山西省临汾市东北),后被重耳派人杀死。就这样,在外流浪了19年的重耳终于登上君位,是为晋文公。

晋文公即位后,在狐偃与赵衰等大臣的辅佐下,勤于修政,励精图治。在进行了一系列的改革后,晋国已跃入强国之列。然而晋文公之志不仅于此,他要称霸中原。昔日齐桓称霸,尊王攘夷,虽天子已不复昔日之威,但毕竟是天下的共主。就在晋文公为尊天子绞尽脑汁之时,机遇降临了。公元前636年,周襄王的弟弟王子带发动内乱,联合戎狄军队攻周,大败周军。周襄王逃到郑国,并告难诸侯。与晋文公同样有着图霸之心的秦穆公收到了周王的告急文书,准备去救周王。晋文公也想当霸主,他试图乘这个机会显示他的威望和实力,所以不顾晋国刚刚才安定,决定在秦国人行动之前营救周王,不让秦国得到功劳。于是晋文公亲率大军,出兵勤王,打败了王子带,并护送周襄王返回王都。周襄王十分感激晋文公的帮助,作为报答,并为了让晋国更加方便地辅弼王室,他将黄河北岸几个农业发达的地区赐予晋文公。晋国南部疆域扩展至今太行山以南、黄河以北一带,逐鹿中原的大门顿时大开,为日后图霸提供了有利的条件。

当时有力量与晋国争霸的是长江流域的楚国。晋文公想成就霸业,必须向南扩展疆土,如此则非与楚国交锋不可。公元前633年,宋国都城(今河南省商丘市南)被楚军包围。当年晋文公在外流亡时,在宋国曾受过宋襄公的恩惠。晋文公感念宋襄公昔日之恩,更想将中原诸侯纳入自己的势力范围,和众臣商议后,决定率兵救宋。楚国和曹、卫两国订立盟约。齐国和晋国结盟。后晋军攻下曹国,慑于晋国声威,曹、卫两国相继背叛楚国。楚成王为避免与晋国交战,命子玉将楚军撤出宋国,但子玉反而率军北上试图与晋军决战。为报答楚成王在他流亡时对他的款待，晋文公下令军队退避三舍，驻扎在城濮（今山东省鄄城县西南），楚人以为晋军害怕了，马上追击。晋军利用楚军骄傲轻敌的弱点，集中兵力，大破楚军，取得了城濮之战的胜利。晋文公凯旋之后，在践土（今河南省原阳县西南）修了王宫，请周王莅会接受他的告捷献俘。周襄王赐晋文公酒，并策命晋文公为侯伯，意为诸侯之长，准许其保卫王室，讨伐不臣诸侯。城濮之战使晋国声威大震，而楚国多年不敢进攻中原。晋文公后又在践土与齐、鲁、宋、卫、郑等七国国君订立盟约，被正式尊为盟主。不久他又会诸侯于温（今河南省温县），周襄王也被请赴会，从此晋文公成为诸侯的霸主。

几年之后，晋文公去世，秦穆公想借机向中原进取，然而秦军接连两次与晋军的交战都没能获得胜利。公元前 624 年，秦穆公亲自率兵讨伐晋国，渡过黄河以后，将渡船全部焚毁，表示誓死克敌的决心。秦军夺得王官（今山西省闻喜县西）和郊（王官附近），晋军不敢出战，秦军从茅津（今山西省平陆县西南）渡过黄河，到南岸崤地（今河南省洛宁县），在当年的战场对战死的将士进行埋葬并树立标记，才率军回国。秦国东进的路被晋国牢牢地扼住，只得转而向西发展。公元前 623 年，秦军出征西戎，以迅雷不及掩耳之势，包围了绵诸（西戎诸部落之一），在酒樽之下活捉了绵诸王。秦穆公乘胜前进，20 多个戎狄小国先后归服了秦国。秦国辟地千里，国界南至秦岭，西达狄道（今甘肃省临洮县），北至朐衍戎（今宁夏回族自治区盐池县），东到黄河。秦穆公也因此成为西戎的霸主，周襄王也派遣召公过带了金鼓送给秦穆公，以示祝贺。

晋国自文公称霸之后，兴盛了很长时间，但是到后来，由于卿族的骄横，声势有所减弱，渐渐中衰，而楚国却愈加强大，倾轧着晋国在中原的地位。楚庄王无疑是楚国君主中杰出的代表人物。他前后统治楚国 23 年，使楚国强盛一时。楚国在城濮败给晋国不久，太子商臣害怕自己被废，便杀了他的父亲成王而自己做了国君，他便是楚穆王。楚穆王不甘心失败，抓紧操练兵马,发誓要与晋国决一雌雄。可楚穆王壮志未酬,突然得暴病死了。他的儿子旅即位,他就是赫赫有名的楚庄王。

楚庄王登位三年,不发号令,终日郊游围猎,沉湎声色,并下命:"有敢谏者,死无赦!"大夫伍举冒死进谏,请庄王猜谜语"有鸟止于阜,三年不飞不鸣,是何鸟也?"庄王答:"三年不飞,飞将冲天;三年不鸣,鸣将惊人!"①但数月之后,庄王依然故我,享乐更甚。大夫苏从又进谏。庄王抽出宝剑,要杀苏从。苏从无所畏惧,坚持劝谏。于是,庄王罢淫乐,亲理朝政,这就是"一鸣惊人"的来历。楚庄王后来让孙叔敖为令尹(楚国当时最高官衔,为百官之长),整顿内政,任用贤才,厉行法治,加强兵备,从而为楚国的争霸奠定了基础。公元前 611 年,楚国国内发生灾荒,戎人骚扰,附属的庸国、麇国勾结百濮叛楚。楚庄王集中力量伐灭威胁最大的庸国,又吞并了麇国,控制了局面,增强了国力,使楚国出现一派国富兵强的景象。公元前 606 年,楚庄王率军北上,在周王京畿耀武扬威,并遣使问象征王权的九鼎之轻重,大有取周而代之的气势。后来楚国发生叛乱,楚庄王平定了内乱,又经过多年精心的准备,决定挥军北上,与晋国争霸。公元前 598 年,楚庄王乘陈国内乱的时机,发兵陈国,但并没有占领,而是重新封了陈国。次年,楚庄王亲自率领大军攻打叛楚附晋的郑国,连攻三个月。晋国发动大军救郑,可在黄河边上就听说郑国已被攻破而且降服了楚国。晋国将领间就撤兵与否产生了争执,但还是决定渡河,后与楚军大战于邲(今河南省荥阳市东北)。因为指挥不统一,结果晋军大败。有人劝楚庄王乘胜追击,楚庄王认为已经足以雪城濮之耻了,不愿多杀人,便下令楚军收兵,不再追赶,放晋国官兵渡河回国。邲之战,三年不鸣的楚庄王终于得以一鸣惊人。战后,楚庄王饮马黄河,雄视北方。隔了两年,楚又借故围攻宋国,迫使其屈服。这时,中原诸小国,又相继依附楚国,楚庄王

---

① (战国)韩非:《韩非子》卷 6《喻老》。

一时做了中原盟主。公元前594年冬，楚、鲁、蔡、许、秦、宋、陈、卫、郑、齐、曹、邾、薛、鄫14国在蜀地（今山东省泰安市西）开会结盟，正式推举楚国主盟，楚庄王遂成为称雄中原的霸主。

图5.3 "王子午"鼎（附匕）。春秋。1978年河南淅川下寺2号墓出土。河南博物院藏

图5.4 蔡侯申簠。春秋晚期。1955年5月安徽寿县西门内春秋蔡侯墓出土。中国国家博物馆藏

纵观春秋时期的争霸历史，主要是北方齐、晋两国与南方楚国的斗争，特别是晋楚之间的争斗持续了很长的时间，也主导了整个中原的大致局势。但所谓的争霸也是相对而言的，霸主在自己的势力范围内有很大的权力，但都无力给强大的对手以致命的打击。所以，争霸的目的更多的是为了争夺中间地带和控制弱小国家。另外，"尊王攘夷"虽然很大意义上只是旗号而已，但一定程度上起到了维持衰弱不堪的王室和保护诸夏国的作用，客观上也促进了华夏文化的发展和各民族之间的交流。经过300年的大国争霸，大批小国被兼并，初期的120余国到了最后只剩下三成。这也拉开了战国群雄逐鹿的序幕，为后世的统一奠定了基础。

第二节　政出私门

就在列国兴起、周天子的权威不断下降的过程中，一些诸侯在国内的权威也受到势力膨胀的卿大夫的挑战，政出私门就是这个时期异常凸显的现象。与周天子相比，各国诸侯的命运似乎没那么幸运，一旦卿大夫们造反，他们丢失的不仅是权力与土地，甚至连身家性命也属之他人。司马迁说的"弑君三十六"①只是个概数而已，春秋时期到底有多少国君成为卿大夫的刀下鬼，恐怕是不能得出一个确切的数字了。不过，政出私门是有一个过程的，世卿家族的发展因时而异，因国而异，甚至因人而异。

一、晋国

晋国是最早出现世卿篡权的国家。公元前745年，晋昭侯封其叔父于曲沃，号为桓叔。也许是出于尊敬，抑或是没有前车之鉴，这位侄儿封给叔父的地盘要比自己的地盘大得多，由此酿成了晋国后来近60年的内乱。从晋昭侯到晋缗侯6位国君，只有晋鄂侯比较幸运，其他5位都被弑。曲沃小宗在与晋侯的斗争中不断壮大，桓叔传至其孙曲沃武公，最终灭掉晋侯，篡位为君。这期间周天子的态度颇耐人寻味。周平王、周桓王都曾派遣军队进攻曲沃，试图剿灭这一乱臣贼子，恢复宗法社会的秩序。但到了周釐王，只是收了曲沃武公的一些宝器，就来了个180度大转弯，承认其为诸侯。这大概是因为郑庄公给周桓王的一箭，彻底射掉了天子的威严吧！曲沃小宗可以说是给各国世卿的造反开了一个头，以后再也没有什么力量能够阻止这种事情的发生了。

但是宗法制度的影响还是很深远的，此后直到公元前379年田氏代齐，虽然各国弑君不断，但从未有取而代之的世卿出现，晋国可以说是一个特例。

晋武公成为合法的诸侯不到两年就死了，其子晋献公继位。此时晋侯虽然被灭，但是他们的后人还是有很大势力的。晋献公从自家的发迹史中吸取教训，开始有步骤地翦除这些公族的势力，将世卿的发展扼杀在摇篮

① （西汉）司马迁：《史记》卷130《太史公自序》。

之中。他首先派士蒍在群公子中施离间计，让他们自相残杀，除掉那些势力较强的家族。又将剩下的一群没有主心骨的公子诱骗到聚（今山西省绛县）这个地方一举歼灭。但晋献公对于世卿的防范仅限于那些有威胁的公族，并没有也不可能认识到卿权与君权矛盾的真正根源是分封制度。各国国君似乎都没有这样的认识。于是后来他又分封了赵夙（赵国的始祖）、毕万（魏国的始祖）等军功贵族，这些家族正是后来晋国的掘墓人。另外，晋献公好色且无远见。在继承人的问题上，他想立爱妾骊姬的儿子奚齐为储君，而将3个有才能的儿子太子申生和公子重耳、公子夷吾分封出去，这实际上又是走了分封世卿的老路子。偏偏骊姬又是个心胸狭隘的妇人，在她的谗言下，昏聩的晋献公竟然要杀掉这3个儿子。好在这3人都是孝子，并没有举兵反叛，但晋国政局还是经历了20年的动荡。君位的频繁更迭也限制了世卿的发展，先是晋献公幼子奚齐、卓子短暂继位后相继被弑，荀息（中行氏、知氏两家族始祖）因此而死。大臣里克掌权，立夷吾为君，结果为夷吾所杀。夷吾和他的儿子还除掉了支持重耳的卿大夫丕郑、狐突（狐氏家族始祖）。晋文公重耳回国后又除掉了支持夷吾的卿大夫吕甥、郤称（属郤氏家族）、冀芮（郤氏家族，后复立）。例如，里克、丕郑、吕甥等人本来都是很有实力的卿大夫。吕甥有1～3座大的封邑，而且据说还是晋侯的外甥，是个贵戚，就因为君臣之间这样杀来杀去，最后竟至于湮没无闻。

晋国世卿重新得到大规模分封是在晋文公在位时，狐、栾、赵、魏、荀等实力较大的世卿几乎都是在此时受封的。晋文公不仅德才兼备，而且能够很好地处理君臣关系。当年他流亡到齐国时，因为贪恋与齐国女子的夫妻恩爱生活，忘却了自己的"四方之志"。狐偃和赵衰密谋将他灌醉，带他离开齐国。重耳酒醒之后大怒，挥戈要杀狐偃，甚至撂下一句话："如果不能登上君位，就吃了你的肉！"狐偃则说："我的肉很腥臊。"后来重耳在秦穆公的帮助下得以回国，狐偃还是为这件事情担心，回国途中，重耳就在黄河边上向河神发誓："此事既往不咎！"重耳回国即位，是为晋文公。晋文公在位期间，世卿虽多，但都很安分，君臣一心，所以才能南败楚国，西却强秦，终于建立了晋国的霸业。

不过只要有世卿存在，国君的好运是不会长久的，稍不注意，就会大权旁落。晋文公的儿子晋襄公在位时间不长，去世时太子还是个孩子，不能执掌政局，世卿赵盾掌握了政权，于是出现了晋献公后的第一次世卿专权。赵盾最初要立晋襄公的弟弟雍为国君，但因为太子母亲的哀求，又改变主意立太子夷皋为君。夷皋就是晋灵公。国君废立全在于赵盾，此时不过离晋文公去世才7年而已，世卿就有了如此大的气候。

据《左传》记载，晋灵公即位之后，不理政事，还虐待臣下。厨师蒸熊掌不熟，他就杀了厨师。他又在宫内建一座高台，站在台上用弹弓射人，看被射者躲避弹丸，以此取乐。赵盾屡次进谏，晋灵公不听，还对赵盾心生怨恨。他派钮麑前去刺杀赵盾。钮麑趁天色未明潜入赵盾邸宅，见赵盾已经穿好朝服，端坐屋中，等候上朝了。大概钮麑对赵盾尽忠职守、爱民如子的名声早有所闻，当他看到赵盾如此勤勉时，更加感动，认定赵盾乃是"民之主也"，便不忍下手，最后竟撞槐树自杀了。

晋灵公一计不成，又生一计。他请赵盾来饮酒，埋伏甲士要在席间杀死赵盾。赵盾的卫士提弥明知道了晋灵公的阴谋，便冲上酒席，借口臣子陪君主饮酒不能超过3爵（杯），拉着赵盾就走。晋灵公眼见阴谋又要失败，就提前动手，唤出猛獒来咬赵盾。提弥明搏杀了猛獒，且斗且走，掩护着赵盾离开，最后战死。晋灵公身边一位叫灵辄的贴身武士也参与了这次战斗。当初他在外宦游多年回家，身无分文，躺在野外的一棵桑树下，饿得奄奄一息。恰好此时赵盾打猎经过，让随从拿出饭食酒肉给他吃。他吃了一半，留下一半，赵盾问为什么，他说："在外多年，没有见到母亲，想留一半饭食带给他。"赵盾认为他是一个孝子，便让他吃完，又给他一份食物带回家。灵辄一直记着赵盾的恩情，这次终于有报答的机会了。此时，他突然倒戈来保卫赵盾。赵盾问他为什么这么做，他说："我就是那个在桑树下躺着要饿死的人。"

赵盾随后出奔他国。他的族弟赵穿带人冲入宫中，杀死了晋灵公。正在逃亡的赵盾还未出国境，便返回都城。晋国太史董狐写道："赵盾弑其君"，并在朝堂上予以宣布。赵盾连忙辩解："不是我！"董狐说："你身为正卿，逃亡却没有越出国境，返回又不惩办凶手，不是你又是谁呢？"赵盾无话可说。

赵盾的故事，反映了春秋世卿势力发展的一个特点，那就是：在世卿势力夺取国君权力的初期，世卿之始祖个人的品德和执政能力是很重要的，而以暴力手段夺权是居于次要地位的。晋国其他世卿灭亡的原因也就是因为纯任武力而不修德行。

郤氏家族也很强大，郤克出使齐国，齐国人生怕得罪他，因为他是个驼背，所以齐国人也派了个驼背去迎接，表示不歧视。没想到齐顷公的母亲在楼上看到这种情形大笑起来。这让郤克非常愤怒。回国后郤克便要求国君攻打齐国，晋景公不许，他又要带家兵去打齐国，足见其势力之大。不过最后晋景公还是依从郤氏，打败了齐国。

此时晋国霸业可谓达到了顶峰，随之而来的就是盛极而衰。这期间，晋国虽没有大的外患，却有严重的内忧。先是赵氏被灭又复立，再是晋厉公与胥氏诛杀郤氏，栾书与中行偃又合谋杀胥氏与晋厉公。世卿的内乱又削弱了晋国霸业，此后虽有晋悼公勉强维持世卿相和的局面，但国君从此再也无力制约私门势力的发展了。世卿之间为了争夺晋国霸业的果实，对内互相兼并，对外勒索贡品。对内兼并的结果是大量世卿被灭，尤其是公族。他们与国君同姓，常常肆无忌惮，而异姓贵族则时时有危机感。因此，在每次斗争中公族世卿总是首先被灭。传统史家称"栾、郤、胥、原、狐、续、庆、伯，降在皂隶"[①]，这是说晋国的这些世卿地位下降，降到了奴隶的

---

① （春秋）左丘明：《左传》昭公三年。

图 5.5　栾书缶。战国。中国国家博物馆藏

地步。至公元前 525 年晋顷公即位时，晋国只剩韩、赵、魏、范、中行、知六卿。除韩氏与晋君有非常疏远的血缘关系外，其他皆为异姓贵族。此时距晋文公去世仅仅 103 年。晋文公当年建立霸业时，召见周天子，并且要求享受天子的"隧葬"，视周王如傀儡，不想百年后，自己的子孙也成为他人的傀儡了。此后，晋君又做了 100 多年的傀儡，最后终被韩、赵、魏三家瓜分。韩、赵、魏三家分别立国后，和晋献公一样，再次吸取了世卿专政的教训。他们废除世卿的措施更加彻底，于是便成为三个强大的君主集权国家。

二、齐国

齐国世卿有三类。一是"天子之守臣"，如国、高二氏，是西周初年周王封于齐国的，其职责大概相当于监国。因此他们的地位一直很高，连被齐桓公尊为"仲父"的管仲也不敢居于其上。这类世卿较为特殊，在已知的传世文献中，只有齐国有这样的世卿。1958 年出土的应监甗似乎证明西周时期的应国也有这样的世卿，学者们认为"应监"是周王派往应国的监国，然而其铭文只有"应监乍(作)宝彝尊"六个字。因此，这一结论尚有些许争议。二是公族，与其他诸侯一样，如崔、栾等。三是异姓世卿，如田氏。

齐与晋虽都为大国，但齐国早期尚不见有如曲沃桓叔那样势力较大的世卿。直到公元前 686 年，因为齐襄公无道于国，激起众怒，才有公孙无知纠结一帮大臣弑君作乱的事情发生，但无知也旋即被杀。直到齐桓公晚年，尽管齐国有管仲以及国、高二氏这样权高位重的卿大夫，但是政局一直都是在国君的掌握之中的。齐桓公死后，诸子争立，内乱不已。齐孝公、齐昭公、齐懿公、齐惠公相继即位。齐昭公杀齐孝公之子自立，齐懿公杀齐昭公之子自立，齐懿公和齐襄公是一类人，也是在国内胡作非为。他砍了丙戎父亲的脚，又强迫丙戎做仆人，夺了庸职的妻子，还强迫他为自己驾车，最终被这两个人杀死。同其他各国国君小心翼翼地与臣子相处的情形相比，齐襄公与齐懿公的行为，似乎可以说明齐国的国君权力是很大的。虽然这期间弑君的行为也屡屡发生，但只是宫廷政变而已，大权尚未旁落私门。这种情况也是很特殊的，如果是在其他国家，早就会有世卿通过废立君主一跃而兴了。

　　齐惠公至齐灵公，这40多年时间内齐国一直没有世卿内乱。公元前554年，齐灵公临终前，欲废太子而立爱妾戎姬的儿子牙为太子，太子母亲反对，齐灵公却说："我说了算！"此时齐国世卿日益坐大，与晋国的六卿专政已相差不远了。但齐灵公却能有如此气魄，还能决定君位的继承，这在其他诸侯中也属罕见了。可是因为他的这一决定，齐国政权忽地就落到卿大夫手中了。齐灵公死后，崔杼因为帮助太子光夺回君位立了大功，而掌了大权。太子光就是齐庄公，他与崔杼的妻子通奸，还拿这事到处炫耀，结果被怒火中烧的崔杼杀死。崔杼又立了齐景公。此时崔杼权力更大，被封为右相。但他仍不能像晋国世卿那样完全控制局势，所以便拉拢庆封（庆氏家族），让他担任左相。崔杼害怕国人不服，便与他们盟誓："不支持崔、庆者死！"贵族晏婴却说："我只与忠君和保卫社稷的人为伍。"齐太史忠于职守，在史册上如实地写下"崔杼弑其君"这样旗帜鲜明地给予批评的记载，崔杼便杀死太史；可是太史的弟弟也是这样写，同样被杀掉；太史的另一个弟弟继续坚持这样写，崔杼不敢再杀了，只得作罢。南史氏听说太史因直书而殉职，便揣着写好的竹简赶往都城，听说太史的弟弟已经记录在案，这才返回。史家称，齐景公在位期间，施行暴政，"民参其力，二入于公，而衣食其一。公聚朽蠹，而三老冻馁。国之诸市，屦贱踊贵"①。赋税既重，人民的收入大半入于公室，公室财富腐朽糜烂，可"三老"这样的贤人却挨饿受冻；刑法严酷，以致国都的市场上鞋子便宜，而踊(假肢)却昂贵，可见受刑的人有多少！恰在这个时候，田氏家族悄悄发展起来。

田氏家族的始祖是来自陈国的流亡贵族陈完。陈完是陈国的公子，因躲避陈国内乱而逃到齐国，被齐桓公任命为工正(管理工匠的官吏)一职。田氏在齐国诸卿大夫中地位不高，也没有政治实力，所以一直默默无闻。后来田氏积极发展私家势力，在长期的斗争中形成了一套收买民心的办法。最著名的就是大斗出、小斗进的策略。他们自制一种量器，比公家的量具要大。向外借粮的时候就用自家大斗，收债的时候就用公家的小斗，经过长期的努力，取得了明显的效果。史家称，齐国之民"爱之如父母，归之如流水"②。到齐景公时，田氏的势力已经不可忽视了。齐国贤臣晏婴就曾不止一次地提醒齐景公要注意田氏，但齐景公却不以为然。齐景公去世后，田乞成为田氏族长，死后谥号为釐子，又称田釐子。虽然他在齐国得到了许多民众的支持，但比田氏更高的是齐国的国、高两家，他们出身高贵，一直掌握着国家的大权。田乞是个颇有谋略的人，善于政治斗争，他假意迎合国、高两家，又挑拨诸大夫与国、高两家的矛盾，鼓动他们造反。最终国、高两家被除，田氏一跃而成为有实力的世卿。

田乞死后，子田常代立，即田成子。此时，田氏家族实力大增，因此，田常有些得意忘形，一度废除了其父所施行的惠民政策，又加重了对民众的剥削。这时田氏家族的地位仍然不稳固，田常并不能完全独揽大权，而是与监止分任左右相。换句话说，田常只是掌握了齐国一半的政权。监止有宠于齐简公，并且齐简公也还是掌握一定实权的，不似晋国后期的国君那样如同傀儡。田常因此而有了危机感。为了争取民众的支持，他又仿效

① (春秋)左丘明：《左传》昭公三年。
② (春秋)左丘明：《左传》昭公三年。

田鳌子的办法，继续惠民，因而再次赢得了下层民众的支持。民间歌谣唱道："老妇人采芑菜啊，都愿意交给田成子！"此时，监止家族与田氏家族的矛盾日益加剧。监止的族人子我想彻底消灭田氏，他有个宠臣名叫田豹，是田氏家族的支庶后裔。田豹因为在族中地位低下，便投奔子我为臣，深得子我的信任。子我与田豹商议说："我想尽灭田氏家族，以你为田氏的族长，怎样？"田豹推说自己与田氏血缘疏远，不堪承受，暗地里却报告给田常。田常觉得自己实力不及子我，何况子我还有齐简公的支持，他非常害怕，便准备逃亡。可田氏的族人却非常团结，他们坚决支持田常。最后，田氏一战而胜，杀了监止和子我，进而一并杀死齐简公，另立齐简公的弟弟骜为国君，是为齐平公。至此，田氏家族已经完全控制了齐国政权。尽管如此，田常仍不放心，担心诸侯以弑君之罪讨伐他，于是归还了侵夺鲁国、卫国的土地，与晋国的韩、赵、魏三家世卿订立友好盟约，又向南方的吴、越派遣使节表示友好，对内则给百姓以更多的优惠。因此，齐国内外，无人指责田常。从此，田常开始放手翦除齐国其他世卿，鲍氏、晏氏以及公族的残余势力都逐一被消灭。从田乞弑君至此，不过10余年而已，但是上距陈完奔齐已有近200年的时间。

图5.6　透雕蟠龙鼓座。春秋晚期。上海博物馆藏

与晋国世卿相比，齐国田氏的夺权有一个漫长的过程，他们对国君一直是诚惶诚恐。这足以说明齐国是一个尊君思想较浓厚、君权较强的国家。但是，田氏家族却能依赖民众的力量，以客卿的身份，从工正的低级地位，跃升为齐国重臣，并最终取姜齐而代之。这个戏剧性的历史变局更能凸显民众

在春秋后期所拥有的巨大影响力。正是因为田氏采用爱民的策略，才能最终剪灭其他世卿，夺权之后还保持了长久的内部安定，而不像郑、宋等国出现世卿之间反复厮杀的局面。后来田齐一跃成为战国时期的东方大国。

三、鲁、郑、卫、宋

这四国中，鲁、郑、卫都是姬姓诸侯，宋国虽然是异姓，但是它地处中原，靠近王畿，与姬姓国家政治往来、联姻也较多，所以与鲁、郑、卫等国在制度文化方面几乎差不多。这四国世卿的特点是这样的：

第一，几乎全是与国君同姓的公族。鲁国有三桓（季孙、孟孙、叔孙）、臧、展、郈、东门等家族；郑国有七穆（良、游、国、罕、驷、印、丰）；卫国有石、宁、孙、孔等家族；宋国有孔、华、乐、皇、鱼、荡、鳞等家族。

第二，这些国家的私门势力都非常强大，任何一家都能够单独与公室对抗，掌握国君的废立。鲁国的东门氏、季氏，宋国华氏、卫国宁氏都曾有弑君、立君的行为。

第三，私门势力力量比较均衡。这是因为四国的宗法制度很稳固，即使有一代人在政治斗争中失败，他的后人仍然可以继承家业，所以这四国很少有兼并的情况发生，始终没有出现如齐国田氏、晋国韩、赵、魏那样的大家族，更没有出现世卿篡位现象。鲁昭公被季平子逐出，君位虚置7年，季平子也不敢称君。大量世卿的存在以及私门之间力量的均势，使得这四国的政治关系非常复杂，各家之间常常因为各种各样的矛盾甚至是一件小事就爆发激烈的战争。公元前517年，鲁国的大臣季平子和郈昭伯两人斗鸡，季平子给自家的鸡戴上特制的小铠甲（一说是给鸡毛上洒上毒芥末）。郈昭伯针锋相对，给自家的鸡安上金爪钩，结果打败了季平子家的鸡。季平子非常恼怒，便抢了郈昭伯家的房基地，还破口大骂。不久，鲁昭公受到季氏家族内部成员的鼓动，准备讨伐季氏，郈昭伯就积极支持。

于是一场内战就打起来了，臧氏、叔孙氏、孟孙氏全都卷了进来。最后，鲁昭公战败流亡。追溯整个事件的起因，可真的算是一件"鸡毛蒜皮"的小事了。

郑庄公、宋襄公以及鲁僖公以前的鲁国国君，尚且还能摆出一些架子来。其他的国君，在臣子面前，不仅无法控制局势，而且稍不注意就可能丢掉性命。宋国的贵族南宫万曾在与鲁国的战争中被俘虏，后来宋闵公与他一起打猎，不能胜过，便拿他被俘的事羞辱他，结果南宫万愤而杀掉了宋闵公。郑釐公因为接见子驷时礼数不周，也被子驷毒死。这些事情在当时人看来，都已司空见惯了。晋国的史墨就说："高山可以变成深谷，深谷可以变成高山，舜、禹和商王的后裔，现在也都成为平民百姓了。"所以，"社稷无常奉，君臣无常位"①，都是很正常的。

当然，这几国世卿中也有一些比较有才能而且忠君爱国的。如宋国的华元、向戌，鲁国的季文子，郑国的子产等人。其中最著名的就是郑国的子产了。子产年少的时候就非常有政治眼光，执政后在外交上对晋、楚等大国不卑不亢，使郑国处在晋、楚争霸的前沿而不受其害。在对内政策上，子产限制私门势力的过度膨胀，这一行为打击了一些贵族的嚣张气焰。所以贵族们就编了一首歌："取我衣冠而褚之，取我田畴而伍之。孰杀子产，吾其与之！"②但平民却得到了切实的好处，所以他们也编了一首歌："我有子弟，子产诲之。我有田畴，子产殖之。子产而死，谁其嗣之？"③但子产也不敢过度剥夺贵族的特权，因为他们的权力实在太大了。大臣丰卷借口祭祀，向国君讨要一些田地，子产不同意，他就举家兵要攻打子产，后来失败逃往晋国，子产还保留了他的家业，等他回国后又还给他。伯石人品不好，子产很讨厌他，但是还是立他为卿，地位仅次于执政。这些无非就

---

① （春秋）左丘明：《左传》昭公三十二年。

② （春秋）左丘明：《左传》襄公三十年。

③ （春秋）左丘明：《左传》襄公三十年。

是为了安抚他们。像子产这样既忠君又爱民、处处能为国家全局考虑的世卿实在是凤毛麟角，所以他死之后和他从未谋面的孔子深感惋惜，称他为"古之遗爱"。

正因为世卿这样的肆无忌惮，所以国君无时无刻不想除掉他们。这四国国君都曾屡次采取措施遏制私门势力的发展，但多数都失败了。他们有的甚至因此而丢了性命，世卿反而在弑君立君的过程中越来越强大，国家的实力也不断地削弱。郑、宋两国在春秋初年在中原地区还颇有影响力，都曾出现过小霸的局面，而后来竟逐渐沦为他国附庸。鲁国在庄公时期还能打败齐国，后来也因为三桓分裂而如"小侯"。到战国时期，这三国先后被大国攻灭瓜分。

四、虞、陈等小国

如果说鲁、郑、卫、宋四国属二流国家的话，那么虞、陈等国只能属于三流了。国家既小，可行分封的土地也不多，因此，受封的卿大夫可能不太多。再加上灭亡的时间又早，有关私门势力的史料保存下来的也不多。不过，麻雀虽小，五脏俱全，这几国的分封制度也和大国一样，而且出现了几位有实力的世卿。

虞国灭国较早，但有个故事却保存了下来。公元前702年，虞国一位公族大夫虞叔得到了一块宝玉，虞公向他索要，虞叔害怕得罪国君，就将宝玉送给了他。后来国君又索要宝剑，虞叔忍无可忍，最终发兵将虞公赶出了国都。可见虞国的私门势力不小。

陈国也出现过大夫弑君专政的现象。陈灵公当政时，有个大夫叫夏征舒，他的母亲与陈灵公以及大夫孔宁、仪行父都有私通。一次，陈灵公和两位大夫在夏征舒家饮酒时说："征舒像你们俩。"这二位回答："他也像您啊！"夏征舒听了大怒，于是发兵杀掉陈侯，赶走了两位大夫，自立为陈侯。若不是楚国出兵，陈国从此就改了姓氏。可见陈国私门势力也不小。

与虞、陈同等的杞、虢、蔡等国因为很早就灭亡了，其情形就更加模糊不清了。太史公都认为"杞小微，其事不足称述"①。不过杞、蔡两国都发生过多次宫廷内乱，大概公族的力量也不小。另外，曹、莒、邾、许虽属末流国家，只能臣属于宋、鲁这样的二流国家，但它们也有分封。邾国的黑肱和莒国的牟夷都曾因自己的封地叛投鲁国。牟夷甚至带着牟娄及防兹两座城投奔鲁国，莒君也没有办法，只能到晋国那里去告鲁国的状。可见，国不在大小，只要有分封，在春秋时期就会有政出私门的情况发生。

五、吴、越、秦、楚

这四国的特点是这样的：首先，从国力上来看，他们都属于一等诸侯国，都曾建立过自己的霸业，有足够多的土地进行大规模的分封。但是，这四国几乎未见有什么强大的私门势力。其次，他们的地理位置都远离中原腹地，秦国与戎狄杂居，楚国自称蛮夷，越国人披发纹身。这几国都有自己独特的文化，在政治制度上与中原各国也有很大差异。秦、吴、越三国分封世卿的情况最为模糊，整个春秋时代，秦国受封的仅见有秦武公的儿子白一人而已。吴、越两国的分封情况更不清楚，不过应该是存在的。越王勾践灭吴之后，曾经答应不杀吴王夫差，而封他为百家之君。可能当时除了周代的分封制度外，人们实在想不出什么好的方法去管理国家了。因为受周文化的影响和宗法制度的羁绊较小，所以这三国就没有出现根深蒂固的世家大族。吴、越史料太少自不必说，春秋时代的秦国只有三次弑君事件，都是庶长所为。庶长是秦国特有的武官，秦国长期对外征战，庶长的实力逐渐膨胀，不过这只是暂时的，没有世袭。而且在秦国，凡是弑君者最后都被处死了，这与中原各国是一个鲜明的对比。只有楚国分封了屈、芳、若敖等家族，他们也有一定的军事力量，但这些家族的力量都不

---

① （西汉）司马迁：《史记》卷 36《陈杞世家》。

足以与楚王抗衡。楚王是可以控制卿大夫的。城濮之战时,楚成王不愿与晋国交战,大臣子玉(属若敖氏的一支)请战,最后得到楚王的允许,才带了西广、东宫和若敖氏家族的 6 支部队迎战。而与之对阵的晋国卿大夫则有相当实力的族兵。

图 5.7　秦公鎛。春秋晚期。上海博物馆藏

图 5.8　龙耳虎足方壶。春秋。河南博物院藏

　　纵观春秋时期各国的私门势力,大概呈现出这样的特点:第一,各国皆有分封,受封者皆有一定的政治实力;第二,重视血缘关系,宗法制度较完备的姬姓国和靠近畿内的中原各国卿大夫势力较大,而僻在边地的诸侯君权较强;第三,国力强大的大中型诸侯所封世卿较多,影响力较大,私门与公室的矛盾以及私门之间的矛盾较多,内乱频繁。

　　私门的发达给社会带来了频繁的动乱,导致了周代社会制度的大变革。首先就诸侯国内来说,各国都有国君采取过打击、限制私门势力的措施,尤其是从世卿通过篡位上来的新君。卿权对于君权的威胁,他们了如指掌,所以他们的改革也最有效率。到了战国时期,齐国与三晋等大国世卿专权弑君几乎闻所未闻了。其次,对于周天下来说,大国世卿之间的兼并结束了国内政出多门的分裂局面，建立了君主集权的强国。而小国因为私门力量的均势，所以内斗一直很激烈，并削弱了自身的力量，加快了灭亡的速度。春秋以后的新型国家正是在这样兼并和集权的过程中逐渐兴起的。

图 5.9　交龙垂鳞纹鼎。春秋晚期。上海博物馆藏

第三节　礼的繁荣与僭越

春秋时期王权式微，列国兴起，霸政成了时代的主题。西周时期，礼是用来调整血缘等级关系的，同时也是分封制下调整天子、诸侯、卿大夫、士等的政治关系的。进入春秋时期，礼的基本性质没有改变，但调整列国之间关系的作用更加凸显出来。从史实上看，礼不但没有消沉，反而更加活跃起来，可实质上，礼制的僭越也成了突出的历史现象。

一、调整列国关系

古代中国的礼起源于祭祀。礼原来写作"禮"。其中，"示"为神主，表示祭祀对象；"豆"乃祭器；"曲"乃两串玉的象形，即盛在祭器中的祭品。可见，礼的本义是指祭祀。参加祭祀活动的人们要按身份地位来进行，身份地位则按血缘亲疏来决定。所以，礼便与血缘关系联系起来了。

传说周朝建立之初周公便制礼作乐。礼乐文化的核心是"德"。什么是"德"呢？周人以为，"同姓则同德，同德则同心，同心则同志"①。可见，

①　《国语·晋语》。

德是从姓来的。古人因生而得姓，也就是说，作为伦理道德核心的德，是生而具备的血缘禀赋。内含着德的周礼，就是规范调整统治者宗族成员地位及关系的伦理规则。

周代实行宗法制和分封制，血亲和政治是一体的。天子、诸侯、大夫、士等的关系，其实就是父子、兄弟、祖孙、叔侄、甥舅等的关系。因此，在周代，上下级关系、天下与国、国与国、国与家、家与家、采邑与采邑等的关系，无非就是父子、兄弟、祖孙、子侄、甥舅关系。由此看来，一部宗族家法就够用了，可是事实上却并非如此简单。因为分封以后，国与家都是政治性的权力机构，都有一定的地域性质。由于各种因素的影响，它们渐渐地增加了宗族家法以外的利益和权限，单靠宗族家法即带有血缘关系的礼是无法规范得了的。周初，这种情况还能勉强应付，越是到了后来，问题就越严重。

春秋时期，天子式微，诸侯力政，天子对诸侯、诸侯对大夫、大夫对士(特别是作陪臣的)越来越失去了控制力，礼对各级贵族的规范作用也不断减弱。不过，霸政兴起，在霸主的主持和推动下，为了维护旧时的天下格局不被打破，礼的有些内容便不得不突出出来，有些内容也进行了调整和变通。这样，春秋时期的礼便具备了以下一些新的特点。

首先，礼规范国与国相互间行为和交往准则的作用凸显出来。公元前550年，晋平公的舅父杞孝公去世。当时有"为邻国阙"①之礼，意思是邻国公室有丧，诸侯不举乐。况且晋国与杞孝公还有甥舅关系，按理更应该这样做。可是晋平公却并没有撤乐，结果被斥责为"非礼"。公元前480年，陈国使臣到吴国慰问，进入吴国境内时突然去世，吴国拒绝其灵柩入城，当然也不进行殡殓。陈国副使据理力争，说："臣听说：'对待死者有如对待生者，这就是礼啊。因此才有朝聘中途而死便奉尸而完成使命的礼节；还有朝聘而遇到被访问国有丧事便返回的礼节。如果不同意我们奉尸完成

---

① (春秋)左丘明：《左传》襄公二十三年。

使命，那就违背了遭丧之礼啊。这大概不可以吧。'"①吴人理屈，不得已，只得依礼接纳了陈国使团。

其次，在规范父子、兄弟、叔侄、甥舅等血缘等级关系的基本原则下，礼调整大国与小国之间相互关系的功能凸显出来。《左传》记载："邢迁于夷仪，诸侯城之，救患也。凡侯伯，救患、分灾、讨罪，礼也。"②这说的是齐桓公称霸时，联合诸侯，迁徙邢国之事。齐桓公在夷仪这个地方建设城垣，安顿邢国，目的是救患。这个行为被认为是合乎礼的。春秋后期，郑国的游吉说："礼呀，说的就是小国事奉大国，大国孳养小国的道理。事奉大国在于随时听从大国的命令；孳养小国在于救济小国所无。"③可见，齐桓公救邢的行为就属于"大国孳养小国"的礼。当时人认为，如果盟主不这样做，就是非礼或背弃礼，就会遇到"非礼，何以主盟"④或"背弃礼，何以为诸侯主"⑤之类的质疑。

小国也有许多用礼捍卫尊严的故事。卫国的北宫文子说："郑有礼，其数世之福也，其无大国之讨乎！《诗》云：'谁能执热，逝不以濯。'礼之于政，如热之有濯也。濯以救热，何患之有？"⑥礼就是救热的凉水。郑国以礼拯救国家，免遭灭顶之灾，就像冷水救热一样。公元前597年，楚庄王围困郑国3个月后攻入郑国都城。郑襄公依战败而降的古礼，"肉袒牵羊"，迎接楚庄王，以恰当的辞令使楚国后退30里，两国媾和。公元前529年，晋国在平丘与诸侯会盟，商讨贡献等级时，郑国使臣子产据理力争，晋人最后答应，使郑国避免了负担的加重。孔子评论道："合诸侯，艺贡事，礼

---

① 译自(春秋)左丘明：《左传》哀公十五年。
② (春秋)左丘明：《左传》僖公元年。
③ 译自(春秋)左丘明：《左传》昭公三十年。
④ (春秋)左丘明：《左传》襄公九年。
⑤ (春秋)左丘明：《左传》哀公十五年。
⑥ (春秋)左丘明：《左传》襄公三十一年。

也。"孔子认为子产以礼防止霸主贪求无厌,子产的行为"足以为国基矣"①。明清之际的思想家顾炎武说过:"春秋时犹尊礼重信。"②据说,把礼仪放在重要位置是春秋时期列国政治与交往的主流。

春秋时期,礼仍是普遍重视的道德规范和精神原则,具有现实的物质力量。鲁国以保有周礼而受到齐国的尊重。庄公、闵公时期屡有内乱,齐桓公想乘隙有所企图,但齐国使臣湫仲孙考察鲁国后,认为鲁国秉持周礼,不可轻举妄动。齐桓公这才作罢,与鲁国保持良好的关系。有礼还是无礼,是当时评价列国的一个重要原则。列国间征战讨伐,最常用的借口就是对方的"无礼"。可见礼在调整列国间关系上的重要意义。

二、战争礼仪

春秋时期战争频繁,仅《左传》记载,200 多年里大小战事就有将近 500 起。与此同时,战争的礼仪也比较突出,与战国以后把战争作为诡道的观念明显不同,表现了鲜明的时代精神。

第一,当时的人们认为战争或军事行动要符合礼的精神,既要符合周代血缘等级关系,也要符合春秋时期大国蓄养小国、小国服事大国的列国交往规矩。是否发动战争,既要看有没有必须惩罚的无礼行为,还要看自己的军队是否有礼。"齐师灭谭,谭无礼也。"③"楚伐郑,及栎,为不礼故也。"④"九月甲午,晋侯、秦伯围郑,以其无礼于晋,且贰于楚也。"⑤这是以对方非礼来发动战争的例证。"治兵于庙,礼也。"⑥"晋侯登有莘之虚以

---

① (春秋)左丘明:《左传》昭公十三年。
② (清)顾炎武:《日知录》卷 13。
③ (春秋)左丘明:《左传》庄公十年。
④ (春秋)左丘明:《左传》庄公十六年。
⑤ (春秋)左丘明:《左传》僖公三十年。
⑥ (春秋)左丘明:《左传》庄公八年。

观师，曰：'少长有礼，其可用也。'"①"夫礼、乐、慈、爱，战所蓄也。"②
"平国以礼，不以乱。伐而不治，乱也。以乱平乱，何治之有？无治，何以
行礼？"③这是己方是否有礼、是否可以发动战争的例证。"八月，叔孙豹帅
师救晋，次于雍榆，礼也。"④这个例证认为为救助盟国而出兵是合乎礼的。

第二，战争中还有必须遵守的符合人道精神的规范，这也是礼。两国
交战时，一国君主逝世，无论战争处于何种情况，另一国则应主动休战，
或者撤退，以示哀悼。"三月，陈成公卒，楚人将伐陈，闻丧乃止。"⑤"晋
士匄侵齐，及谷，闻丧而还，礼也。"⑥"公会吴子、邾子、郯子伐齐南鄙，
师于鄎。齐人弑悼公，赴于师，吴子三日哭于军门之外。"⑦吴子的做法是
否合乎礼，不好说，但却充分表现了礼所具有的人道精神。

第三，还有一些关乎交战双方士卒的体现人道精神的具体规定："彭城
之役，晋、楚遇于靡角之谷。晋将遁矣，雍子发命于军中曰：'归老幼，反
孤疾，二人役，归一人。'"⑧军中年老的、幼弱的、孤儿、残疾者以及兄弟
二人中的一人，皆命回家。如此体恤，晋军士卒十分感动，全力拼杀，结
果"楚师宵溃"，晋军反败为胜。这是对己方士兵的人道规定。再如，"君子
不重伤，不禽二毛"⑨，敌方已经受伤者不再攻击，上了年纪的军士也不予
俘虏；"无及寡"⑩，不攻击零星士卒。这些关乎敌方士卒的规定都体现了
人道精神。当然，在实际的历史过程中，这样的规定已经受到时人的质疑，

---

① （春秋）左丘明：《左传》僖公二十八年。
② （春秋）左丘明：《左传》庄公二十七年。
③ （春秋）左丘明：《左传》宣公四年。
④ （春秋）左丘明：《左传》襄公二十三年。
⑤ （春秋）左丘明：《左传》襄公四年。
⑥ （春秋）左丘明：《左传》襄公十九年。
⑦ （春秋）左丘明：《左传》哀公十年。
⑧ （春秋）左丘明：《左传》襄公二十六年。
⑨ （春秋）左丘明：《左传》僖公二十二年。
⑩ （春秋）左丘明：《左传》哀公二十七年。

是否真的执行，是令人怀疑的。

第四，从授兵出征到行军作战、班师善后，都有一套烦琐的礼仪规则。出师前国君要在宗庙向先君神灵问卜，或者占筮，以祈求胜利，保佑平安。国君还举行授甲授兵仪式，以示鼓励。国君还要举行祭祀仪式，有的祭灶，有的祭祀名山大川。交战前举行誓师礼，临阵时对敌方则进行视师，即观察敌军虚实；接着是请战，然后就是致师礼，即挑战的仪式，以各种方式向对方挑战。这是春秋时期战场上最为激动人心的仪式。晋楚邲之战，楚国的许伯、乐伯和摄叔共乘一车，其中许伯居中驾车，乐伯居左主射，摄叔为车右武士，3人单车向晋师挑战。许伯说："我听说致师礼，驾车的要挥舞旌旗，靠近敌方营垒而还。"乐伯说："我听说致师礼，车左要用最好的箭——菆射击敌人，替驾车的执辔，驾车的下车，整理马匹和绳套，然后返回。"摄叔说："我听说致师礼，车右进入敌方营垒，斩获敌方首级并执俘而还。"结果，3人都按各自理解的致师礼完成使命而返回。齐晋靡笄战役中，齐国的高固进入晋师，担石以投人，擒获敌人而乘其车，将至齐军营垒，用桑树系车而驰，向齐军营垒示威，并大声喊道："想获得勇气的来买我剩余的勇气!"这些英勇的武士个个生龙活虎，好不威风!

还有一些礼仪，对交战各方在何种情况下才能进行战事做了规定，类似今日体育比赛的机会均等和公平竞争原则。"不以阻碍"是说不能凭险与敌交战。"不鼓不成列"[①]指不能趁敌军尚未列成阵势便发动进攻。这样的规定，大概是考虑到公平和均等原则。不过，这样的规定似乎已经过时，宋襄公在与楚国交战中执意这样做，就曾遭到下属的质疑。

俘获敌方人员，也有礼节，如果是敌方君长，礼节更是隆重，不会有半点含糊和差池。齐晋鞌之战，晋将韩厥追上齐顷公的战车，双方见面，韩厥手执绊马索来到齐君面前，行最隆重的再拜稽首礼，伏身下拜，头顶

---

① (春秋)左丘明：《左传》僖公二十二年。

触地，献上觥（饮酒器）和璧（玉）以示敬意，说："敝国寡君命群臣援助鲁、卫，（晋君）说：'不要让车队进入君（齐国君）的领地。'下臣我不幸，恰巧也在行列中，无法逃避。而且也怕自己的逃避给两国君主带来羞辱。下臣我与贵军戎士作战实在有辱他们，斗胆敢告，以我的不才，请求随君同行（返回晋营，委婉地说明要俘虏齐君）。"①晋军捉住了敌方君长，说辞居然如此的美妙动人，礼节竟是如此的细致周到，毕恭毕敬，没有半丝骄人的意味，后人读到这里，真的有点怀疑，这究竟是血腥杀戮的战场，还是优雅周旋的酒会？这样的礼节，目的大概只有一个，那就是维护君长的尊严和体面，表现了礼所内含的亲亲尊尊的时代精神。

战争总有胜负，战胜国进入战败国，战败国投降，都要按礼进行。战胜班师，还有一系列礼节。"反行、饮至、舍爵、策勋焉，礼也"②，这个过程中，还免不了有献俘、授馘、大赏等礼节。

春秋时期的战争礼仪，有许多内容与传说的史前时代或一些原始部落的战争礼仪相似，可见历史比较悠久。但总的来说，这些礼仪体现了当时的以尊王攘夷为核心的德治思想，表现了春秋时期贵族阶级的精神风貌。

三、礼与仪

春秋后期，公元前537年，鲁昭公到晋国朝聘，从郊劳到赠贿等的揖让周旋都很合乎礼数。晋平公对女叔齐说："鲁侯很懂礼数吧?"言语中流露出由衷的钦羡。谁知女叔齐却回答说："是仪也，不可谓礼。礼，所以守其国，行其政令，无失其民者也。今政令在家，不能取也；有子家羁，弗能用也。奸大国之盟，陵虐小国；利人之难，不知其私。公室四分，民食于他。思莫在公，不图其终。为国君。难将及身，不恤其所。礼之本末将于

---

① 译自（春秋）左丘明：《左传》成公二年。
② （春秋）左丘明：《左传》桓公二年。

此乎在，而屑屑焉习仪以亟，言善于礼，不亦远乎？"①公元前 517 年，黄父之会，晋国的赵简子曾向郑国的游吉请教揖让周旋之礼，游吉说："是仪也，非礼也。"他引用子产的话说："礼，天之经也，地之义也，民之行也。"②这两个故事都说明，当时有人把礼与仪区分开来，认为仪是揖让周旋的仪式，似乎属于个人举止的细枝末节；而礼则是关乎国家兴衰荣辱的根本大法。

把礼作为治理国家的大经大法，在当时的确是比较流行的一派观点。例如："礼，经国家，定社稷，序民人，利后嗣者也。"③突出礼的政治效果。曹刿说："夫礼所以整民也，故会以训上下之则，制财用之节，朝以正班爵之义，帅长幼之序，征伐以讨其不然。诸侯有王，王有巡守，以大习之。非是，君不举矣。"④礼是君主用来治理民的工具。此外，像"政以礼成，民是以息"⑤。"礼，政之舆也。"⑥"夫礼，国之干也。"⑦"礼以体政，政以正民。""夫礼，王之大经也。""夫礼，国之纪也。"⑧"礼以纪政，国之常也。"⑨"班朝治军，莅官行法，非礼威严不行。"⑩"治国而无礼，譬犹瞽之无相与，伥伥乎其何之。"⑪这些都是把礼作为治理国家的大经大法来看待的。

不过，把礼看得这样高，未必就要贬低仪的价值。礼的政治价值也要靠仪来实现。事实上，礼不能脱离仪式而凭空存在，仪式也不能没有礼而独立发挥作用。礼从来就表现为仪式，仪式也从来包含着礼的精神。礼和

---

① (春秋)左丘明：《左传》昭公五年。
② (春秋)左丘明：《左传》昭公二十五年。
③ (春秋)左丘明：《左传》隐公十一年。
④ (春秋)左丘明：《左传》庄公二十三年。
⑤ (春秋)左丘明：《左传》成公十二年。
⑥ (春秋)左丘明：《左传》襄公二十一年。
⑦ (春秋)左丘明：《左传》襄公三十年。
⑧ 《国语·晋语》。
⑨ 《国语·晋语》。
⑩ (汉)戴德：《礼记》卷 2《曲礼上》。
⑪ (汉)戴德：《礼记》卷 50《仲尼燕居》。

仪是统一的。春秋时期礼仪一直受到贵族们的重视，举凡宴饮、婚娶、丧葬、祭祀、馈赠、会盟、巡守、征伐等事，都有各种仪节，是必须遵守的，也是必须学习的。由于礼文烦琐，一般人不易掌握，所以社会上流行着一些礼书，后世的《仪礼》、《礼记》等就保留了这样的记载。贵族们以学习和掌握礼仪为荣耀，以不懂为耻。公元前649年，周襄王派内史过赐晋惠公命圭，晋惠公"执玉卑，拜不稽首"①，不符合礼仪。内史过断言晋惠公将绝后。公元前526年，郑定公为晋国卿韩起举行享礼，郑国大夫孔张在典礼上站立的位置不对，受到客人的耻笑，郑国大夫子产甚感羞辱，认为孔张"在位数世，世守其业，而忘其所"②，实在太不应该。到了春秋末年，儒家甚至把演习礼仪作为日常功课。鲁国大夫孟僖子认识到"礼，人之干也。无礼，无以立"③，常以不知礼仪为遗憾，临终时嘱咐自己的儿子到孔子那里学习礼仪。

不过，从另一个角度看，区别礼和仪也不是没有一定道理的。

根据以上所述，礼几乎成了衡量一切的根本原则，春秋时期因此可以认为是礼的繁荣时期了。可是，对于这样一个时期，竟然有人认为是"礼坏乐崩"，这又是为什么呢？原来，所谓礼坏乐崩，是针对礼仪下移或权力僭越而言的。孔子曾尖锐地指出："天下有道，礼乐征伐自天子出"，"天下有道，则政不在大夫。天下有道，则庶人不议"。④ 这是礼的根本的精神实质。人们区别礼和仪，所谓的礼就是指的这个基本精神。可当时的情况是"礼乐征伐自诸侯出"，"自大夫出"，甚至"陪臣执国命"，孔子把这种情况称作"天下无道"。孔子这样看不是没有根据的。鲁国的执政者季氏"八佾舞于庭"，季氏在自己的家里使用了只有周天子才有权利使用的8排64人乐

---

① 《国语·周语》。
② （春秋）左丘明：《左传》昭公十六年。
③ （春秋）左丘明：《左传》昭公七年。
④ 《论语》卷8《季氏》。

舞;季孙、叔孙和孟孙这三家大夫都"以《雍》彻"①。这些行为当然是对礼的重视,不过,这种重视显然太过了,是僭越礼制的行为。在孔子看来,春秋时期尽管礼乐繁荣,但原来的天子、诸侯、大夫、士的秩序遭到了破坏。这是"无道"的表现。诸侯比天子还重视礼,可却忘了,天子的礼是不该由诸侯来使用的。忘记了礼的这个精神实质,那还是礼吗?没有礼的精神实质,剩下的可不就只有仪了吗?春秋时期礼乐繁荣指的是礼的仪式的那一面,而崩坏的则是礼的精神实质的另一面。

这种情况与霸政的时代精神是一致的。所谓霸政就是打着尊王的旗号,行僭越的实质。不论是尊王还是僭越,都需要重视礼乐。春秋时期诸侯大夫都是重视礼的。鲁昭公政治上没有什么建树,但却"屑屑焉习仪以亟"②,对于礼仪竟是毫不含糊的。公元前538年,楚灵王会盟诸侯,询问会盟之礼的仪节,宋国的向戌"献公合诸侯之礼六",郑国子产"献伯子男会公之礼六"。会盟时,楚灵王"使椒举伺于后以规过"③,大夫陪臣积极贡献各级诸侯相见的礼节,君主则唯恐在典礼上有所闪失。公元前651年,葵丘之盟,齐桓公主盟称霸,周襄王命宰孔赐胙,因齐桓公年老,特命免去"下拜",即走到阶下行再拜稽首礼。齐桓公起初不想下拜,正准备接受天子的恩赐,但经管仲提醒,便郑重其事地宣布:"天威不违颜咫尺,小白余敢贪天子之命,无下拜?"随即"下,拜,登,受"。④ 不顾年老体衰,完成了整套礼仪。结果,赚足了诸侯的信任。城濮之战后,晋文公向周襄王行献俘礼,周襄王举行享礼策命晋文公为侯伯,"晋侯三辞,从命,曰:'重耳敢再拜稽首,奉扬天子之丕显休命。'受策以出,出入三觐"⑤。可见对于朝觐之仪,晋文

①　《论语》卷2《八佾》。
②　(春秋)左丘明:《左传》昭公五年。
③　(春秋)左丘明:《左传》昭公四年。
④　(春秋)左丘明:《左传》僖公九年。
⑤　(春秋)左丘明:《左传》僖公二十八年。

公是十分娴熟的。可是此后不久，诸侯在温会盟时，晋文公却召周天子赴会，孔子读到这段历史时评论说："以臣召君，不可以训。"①这说明，循规守礼（仪）与僭越非礼两种现象的确是并存的。诸侯对于周天子，其守礼往往是做表面文章，也就是只注意某些仪节，而实质上却感兴趣于僭越，即阉割礼的精神内涵。这就是为什么有人要区分礼和仪的原因了。刘毓璜先生曾说过，春秋时期的礼曾有"仪度化"的趋势，是有道理的。

一方面是礼的异常繁荣，另一方面又是礼的肆意僭越。这就是春秋时期礼的基本特点，也是当时霸政精神的生动表现。

———————————

① （春秋）左丘明：《左传》僖公二十八年。

第六章　老子和孔子

　　春秋时期，随着列国的崛起，周王的力量反倒逐渐衰落下去，周的文化影响也明显减弱。对于周的文化和教育事业，过去，有所谓"学在官府"之说，指学术、教育、文化事业都由王室掌管。这时，在王室供职的官员逐渐离去，保存在王室的许多文化事业和典籍也随之流落在野。老子是春秋后期周王室的史官，他凭着对周代礼教的深刻体会和认识，发现原来周人信奉的天有其严重的不足，周人以血缘原则为核心的伦理道德存在着尖锐的内在矛盾。于是，他便改用道来代替传统的天作为终极存在，认为道包含了卑下和柔弱的内容，这些内容还有尊贵和坚强所不能战胜的力量。他还提出了突破旧的宗法伦理樊篱的新的道德观，实现了人类道德观念的第一次解放。这些思想使古代的宗教观念和道德观念得到了前所未有的拓展和深化。由于宗法组织开始解体，居于传统贵族末流的士下降为平民，更由于社会经济的发展，下层阶级中有一些人的地位却逐渐上升，导致社会上涌现出了大量的自由职业者——新型的士，其中以传授、研习知识为职业的文士较为活跃。正是他们的出现，才使思想界开始活跃起来，并产生了古代中国的圣人——孔子。在天子式微、王官失守的形势下，孔子冲破了三代学在官府的传统，招收学生，传授礼仪知识，开创了历史上的私人讲学之风。他倡导"有教无类"，突破宗族樊篱，把教育从贵族推广到普通平民那里，使教育从贵族的特权转变为平民大众也可享受的平等权利。他的教育实践还为新兴的政治机构培养从业人员，为社会管理从旧有的血缘贵族制向新型的职业文官制的转变做出了意义深远的贡献。他还倡导仁礼学说，从"己立立人"、"己达达人"和"己所不欲，勿施于人"这些方面，表达了对人的尊重。所有这些都生动地表现了他在"人的发现"上的伟大贡献。

第一节 老子对传统道德观念的突破

古代的学术原为贵族所有，贵族遵守宗法，祭祀按亲疏，以此规定地位的高低。与祭祀相关的礼仪，即为当时的文化，掌管这些仪式的人，就是各级官员。宗庙里有"宰"、有"祝"、有"史"，他们兼管天文历法、占星候气、布历明时，使人民按时耕稼。这些都是他们的职责。祭祀时有颂歌、祈祷、盟誓等活动，把这些活动用文字保留下来，就成了史文。总之，这些都可纳入"礼"的范畴，而掌握这些的人都可叫作"史"。据学者研究，"史"即庙祝，其中瞽史司天，祝史司鬼神，史巫司卜筮、占梦等。

随着周王室的衰微，史官逐渐分布流散于列国。历史上叫作"王官失守"。春秋时祝佗说周成王分封时，曾赐给鲁国"祝宗卜史"。卫国的太史柳庄死，献公告尸曰："柳庄不是寡人的臣子，乃是社稷的臣子啊。"这句话的意思是说史官属于王室，表明不敢把史官当作自己的臣子看待。诸侯国都有史官，史官具有如实书写历史、判定善恶、臧否人物的职责和权柄。其书写对象包括诸侯国君本人。例如，晋国和齐国的史官，就敢直书"赵盾弑其君"和"崔杼弑其君"，他们似乎并不把齐国和晋国之君当作自己的君，而自认为是天子之臣。古人有言："《春秋》，天子之事。"今本《春秋》中就有"赵盾弑其君"和"崔杼弑其君"这两条。古代史官之所以敢于不畏强暴，奋笔直书，大概与他们是从周王室逐渐分布出去来到列国的有关。司马迁曾自称祖上"世典周史。惠、襄之间，司马氏去周适晋。分散，或在卫，或在赵，或在秦"①。公元前 527 年(鲁昭公十五年)，周景王对晋国的籍谈说："过去你的高祖孙伯黡，掌管晋国的典籍，作为重要任务，所以称籍氏。后来到了辛有之二子来晋国，晋国这才有了董史。"西晋的杜预说辛有是周人，其二子来到晋国，任太史。据文献记载，柏常骞离开周来到齐国、太史儋也从周来到秦国。晋国乱，太史屠黍以其图法归周，都说明这些史官是从周王室分散出去的。

礼源于祭祀，与宗法相连，因而渗透到贵族生活的方方面面。关于礼的学问是王官学的主要内容，是贵族们学习的重要课程。不过，随着时局的变动，礼也出现了僭越。像鲁国的郊礼，就颇有天子的威仪。鲁国掌权的大夫季孙氏敢于祭泰山，其实是僭越；甚至还八佾舞于庭，即 8 排舞者，每排 8 人，这是天子才有的礼数，大夫竟然也敢僭用；季孙、叔孙、孟孙三家贵族还敢用天子的《雍》乐。可见，春秋时期，贵族僭越礼制，越来越普遍。另外，随着霸政的出现，原来的礼在春秋时期也发生了蜕变，与西周时期已经有所不同了，除了宗法内容之外，其调节诸侯国之间关系，甚至调整人际关系的作用更加凸显。一个是王官失守，另一个是礼的僭越。从某种意义上说，这就使原来维护宗法制度和分封制度的礼处在了崩坏的境地。

周人作有大量的诗，是庙堂中演奏和演唱用的，与礼和乐相匹配。到了春秋时期，也流落到列国。当时的贵族讲究礼仪节文，朝会时以赋诗相酬答为时尚。据学者统计，《左传》记载赋诗共 67 次，始于僖公(僖公 1 次，文公 9 次，成公 2 次)，盛于襄公、昭公(襄公 29 次，昭公 25 次)，而衰歇于定公、哀公(定公 1 次，哀公无记载)。子犯是晋文公的舅父，地位较高，但遇有重大外事活动，他不得不承认："我不如赵衰之文，请使衰从。"并建议赵衰随从晋文公。霸政期间，列国会聘频繁，也涌现出一批多文知礼的博

---

① (西汉)司马迁:《史记》卷 130《太史公自序》。

学家。晋国有叔向，齐国有晏婴，郑国有子产，宋国有向戌。生活在春秋后期的孔子就曾说过："不学诗，无以言。"①孔子还说过："言而无文，行之不远。"②不过，随着贵族阶层的堕落，也出现了另一种现象，就是知礼的、懂诗的、有学问的往往居于下位，而不知礼的、不懂诗的、无学问的反倒在上位。这说明，王官失守的结果，出现了学术下移的现象，过去的王官之学，不仅流落到了诸侯国，甚至还流落到了平民阶层，为后世的百家之学提供了学术渊源。

老子的故事就生动地表现了这个时代特点。

老子是谁？《史记·老子韩非列传》里写了三个。其一，以李为氏，名耳，字聃，籍贯楚国苦县厉乡曲仁里（今河南省鹿邑县）。其二，也是楚人，叫老莱子。其三，是周太史儋。前两人都是楚国人，与孔子同时，且都著书传世；第一和第三人都任周的史官。三人都有隐而养寿的经历。

关于第一个老子，司马迁描写最详。不过，根据现有史料，先秦有老聃，却没有李耳。司马迁的时代，老子后人以李为氏，是可能的。李通"理"，理即法官，大概是因为战国以后，他们世职此官，便以李为氏。耳，或许是聃字的省形。司马迁根据汉初的习惯，称老子为李耳。苦县，早先曾属陈国，春秋时期，陈国被楚国兼并，苦县成为楚国的一个县。上古时代，"老"曾经是个官职的名称，用来指代家臣，即替君主或贵族掌管家内事务的雇佣人员。有些人几代担任这个职务，积年累月，也就用作氏了。所谓氏，即支，就是姓的分支，以世代所居之官为氏，这是春秋时代的一个传统。老子大概就是以老为氏的，至于他姓什么，已不得而知了。不过，他出生在陈国，且有深厚的学术修养，肯定出身贵族。假如是公室的同姓，那就应该姓有妫。在当时人看来，有妫是大舜的后代，属于黄帝的支裔。老子曾担任周室的守藏室之史，也叫柱下史，负责图书档案和咨询工作。

---

① 《论语》卷 8《季氏》。
② （春秋）左丘明：《左传》襄公二十五年。

这是王官之学的最高学者，也是即将逝去的那个时代在文化上的总代表。

据《史记》记载，孔子周游列国来到周室，想向老子请教周礼。老子告诉他："你所说的那些人，骨头都朽烂了，只剩下几句废话而已。真正的君子啊，得到时代欢迎便驾车远游，得不到时代欢迎就干脆蓬累而行。我听说，好的商人有宝贝，却深藏若虚；真的君子有盛德，却容貌若愚。去掉你的娇气和多欲、恣情和淫志吧，这些都无益于你的身体啊。我要告诉你的，如此而已！"

这番话，把当时的时代和老子这班人物的真实心境生动地表达了出来。时势不济，与其汲汲遑遑，徒增烦恼，不如修身养性，保持健康。孔子听罢，自知道不相同，只得离开，但却对学生说："鸟，我知道是能飞的；鱼，我知道是能游的；兽，我知道是能跑的。能跑的，就可用网罗；能游的，就可用纶罟；能飞的，就可用矰矢。至于龙嘛，我却无法知道了，它可以乘风云而上青天啊。我看老子，不就像龙一样吗！"

孔子对老子思想和人格的崇敬溢于言表。不过仔细想来，所谓乘风云上青天，这不也是飞吗？不同的大概只是比鸟飞得高一些罢了。这说明，在孔子心目中，老子这个圣人，无非是比普通人修养高一些。孔子还没能像后来的庄子那样，想象到真正的逍遥境界，也就是超越有形之物羁绊的无待境界。这是孔子的局限，也是时代的局限。

当然，孔子的这个隐喻还可以做另外的解释。我们都知道，人在烦恼和恐惧当中，一旦被逼急了，是会拼尽全力挣脱羁绊，直至"乘风云而上青天"的，梦中不是常常如此吗？这样一条龙，岂能长久蜷居是非之地？司马迁说老子在周室待久了，看到周室的衰败，毅然决定离开。经过函谷关（河南省灵宝市北，一说散关，今陕西省宝鸡市西南）时，接受关令尹喜的劝勉，写下了五千言的不朽篇章，这就是《老子》或曰《道德经》。

《老子》一书是否全部完成于春秋时期，这不好说，但其中的重要思想的确与春秋时期的社会现实相吻合。或者说，深刻反映了春秋时期的社会现实。

首先，关于周代文化根源的看法。西周盛行天命论，相信天是仁慈的，天会福善祸淫，施于善德，罚于恶行。对此，老子却公开提出：

天地不仁，以万物为刍狗；圣人不仁，以百姓为刍狗。[①]

天地根本就无所谓仁慈，在它面前，万物相同，没有哪个是特殊关照的对象；圣人效法天地，无需对百姓施以仁慈。

天地为什么会没有仁慈的道德品格呢？老子指出：

有物混成，先天地生。寂兮寥兮，独立而不改，周行而不殆，可以为天地母。吾不知其名，字之曰道，强为之名曰大，大曰逝，逝曰远，远曰反。故，道大，天大，地大，王亦大。域中有四大，而王居其一焉。人法地，地法天，天法道，道法自然。[②]

原来，天之有道德性，是由于它的宗教品格，即它的精神性。可是在老子看来，天地并非永恒的精神，在它之前或之上，还有更为永恒广大的道，而且还要以道为自己的法则，而道却不过是无边的混沌和无知的自然。老子肯定了道的本原性和普遍性，便在事实上否定了天的本原性，否定了天命论的宗教和道德内容。这无疑是对西周以来以天命为根基的文化传统做了根本的否定。

其次，关于礼的认识。过去，有人曾怀疑孔子向老子问礼一节，以为儒家和道家是势不两立的，儒家才讲礼，作为道家鼻祖，老子如何可以讲礼呢？其实，老子是周朝的史官，应该是周礼的大师。这是无可怀疑的。

在《老子》中，有多处讲到礼。例如：

①　《老子》第5章。
②　《老子》第25章。

　　故失道而后德，失德而后仁，失仁而后义，失义而后礼。夫礼
者，忠信之薄，而乱之首也。前识者，道之华，而愚之始也。是以，
大丈夫处其厚，不居其薄；处其实，不居其华。故去彼取此。①

　　《老子》从厚与薄的辩证关系上来认识社会，发现了礼的确是到了忠信
浇薄、人心不古的时候才出现的办法。礼是无法治理心之实而只能治理身
之华的产物，所以是浅薄、浮华的。礼，又叫作文，是规范社会行为的一
套仪式和观念。人之所以需要礼，正是因为靠自己本来的自然状态(本性)
已无法保持社会的和谐运转，必须用文化和礼仪来加以规范和塑造。相对
于原来的本然状态，这些显然不是根干，而是枝叶和繁华。这个认识绝不
是凭空而说的。没有对礼以及礼所表现的社会矛盾的深刻理解和体悟，是
不能有如此深刻的认识的。这个观点与时代的精神是一致的，《左传》上明
白地记载着春秋时人的观念："华而不实，怨之所聚也。"②

　　《老子》对大小国之间的关系也有着深刻的领悟，反映了当时礼的精神
实质：

　　大邦者下流也，天下之牝，天下之交也。牝恒以静胜牡，为
其静也，故宜为下。大邦以下小邦，则取小邦；小邦以下大邦，
则取于大邦。故或下以取，或下而取。故大邦者，不过欲兼畜人；
小邦者，不过欲入事人。夫皆得其欲，则大者宜为下。③

　　大国要养活小国，小国要服事大国，这样才可形成和平共处的局面，

---

① 《老子》第 38 章。
② （春秋）左丘明：《左传》文公五年。
③ 《老子》第 61 章。

这是春秋时期大国小国关系的真实反映。所谓"尊王攘夷"，所谓"兴灭国、继绝世、举逸民"，无非是这种观念的外化。① 公元前 597 年（鲁宣公十二年），楚国伐郑，楚庄王发现郑襄公能下人，于是断定他一定能信用其民，便对自己的行动能否成功发生怀疑，并下令后退 30 里，与郑国讲和。公元前 573 年（鲁成公十八年），鲁成公赴晋国朝贺新君，鲁成公从晋国返回之后，晋国又派范宣子来聘，拜谢成公到晋国的朝贺。后来的君子称赞晋国在这件事情上是有礼的，因为它符合"大邦者下流"的卑下谦让原则。鲁国的执政臧武仲说："事奉大国，不要乱了伦次，而且还要心怀敬意，这才是合乎礼的。"公元前 572 年（鲁襄公元年）冬，卫国的子叔、晋国的知武子来鲁国访问，史家认为是合乎礼的。因为凡诸侯即位，小国朝之，大国访聘，以继续友好，用信义结交，谋划政事，补足缺陷。这是礼的大端。公元前 569 年（鲁襄公四年），楚国听说陈国有丧事而停止伐陈，可陈国却并不顺势听命，对此，鲁国的臧武仲断言：陈不服于楚，必亡。大国行事合乎礼而不予服从，即便大一些的国家都难免有危险，何况小国呢！公元前 512 年（鲁昭公三十年），郑国的游吉说："诸侯所以归晋君，是因为礼啊。所谓礼，就是小事大，大字小啊。"事即侍奉，字即养育。老子所说的大国"欲兼畜人"，小国"欲入事人"。这种对大小国之间交往关系的认识，恰恰反映了春秋时期的社会现实，表达了当时各国对礼的认同。

再次，对强弱关系的认识。春秋时期社会矛盾日益尖锐化，天子与诸侯、大夫之间，诸侯列国之间、诸侯与大夫之间、大夫与大夫之间，矛盾错综复杂，胜败也常出现吊诡的现象。有时看似强大的力量，却反被看似弱小的力量击败；有时看似弱小的力量，却可以取代看似强大的力量。在社会普遍尊崇强大的形势下，老子却发现了这一社会现象，他对强弱关系进行了深入的思考，提出崇拜柔弱的思想，并用来处理和解决现实文化和

---

① 《论语》卷 10《尧曰》。

社会矛盾。例如，他说：

> 将欲歙之，必固张之；将欲弱之，必固强之；将欲去之，必
> 固举之；将欲夺之，必固予之。是谓微明：柔之胜刚，弱之胜强。
> 鱼不可脱于渊，邦之利器，不可以示人。[①]

春秋时期，风云变幻，人事诡谲，无数历史故事，均表现了这一思想，成为这一思想的深厚的社会基础。据《左传》记载，公元前 667 年（鲁庄公二十七年），晋侯将要讨伐虢国，大臣士蒍说："不可。虢公为人骄傲，假如突然战胜了我们，一定要抛弃他的人民。待他失去民众后再去讨伐，他想抵御我们，谁会支持他呢？礼乐和慈爱，是战争所需要积蓄的。国家的人民，有事你要让着他们，生活和美你要替他们感到高兴，对待他们的亲人你要亲之爱之，有了丧痛你要感到哀怜，然后才可以使用他们。虢国不去积蓄这个资源，却积极从事战争，不久将出现饥馑。"

士蒍所说的叫作"张敌"，即怂恿敌人自以为强大而肆意妄为，然后失去民心，导致失败。这个思想与民本和礼让是融为一体的。战争即道德，战争不仅是政治的继续，实际上还是道德的继续啊！

公元前 611 年（鲁文公十六年），楚人、秦人、巴人灭了庸国（统治核心在今湖北省竹山县西南），楚国的师叔说："姑且再次与敌人遭遇而使他们骄傲，敌骄我怒，然后可以攻克敌人。从前楚国的先君蚡冒之所以制服陉隰（地名，荆州以东多山之险，因名），用的就是这个办法啊！"于是又与敌人遭遇，楚国军士纷纷败逃，只有裨、儵、鱼人（裨、儵、鱼，庸三邑也）在追击。庸人说："楚人不足以与之战斗啊。"于是便不设防备，结果，楚人最后消灭了庸国。

---

① 《老子》第 37 章。

此类故事在《左传》中俯拾即是。

《老子》中还有一些话是对骄兵的批评。例如：

> 以道佐人主，不以兵强于天下……果而勿矜，果而勿伐，果而勿骄，果而不得已，果而勿强。①
>
> 用兵有言曰："吾不敢为主，而为客；吾不敢近寸，而退尺。"是谓：行无行，攘无臂，执无兵，扔无敌。祸莫大于轻敌，轻敌几丧吾宝。故抗兵相若，则哀者胜矣。②

这类思想在春秋历史上也是颇为常见的。

公元前638年（鲁僖公二十二年），鲁国军队因为骄傲而大败于邾（今山东省邹城市）。公元前632年（鲁僖公二十八年），城濮之战楚国军队也是如此。《左传》中有许多故事说楚国人不知道以退为宝。公元前597年（鲁宣公十二年），在著名的邲之战中，郑国的皇戌派使者见晋国使者，说："楚国军队骤然得胜而骄傲，所以就疲惫了，而且不设防备，您攻击他们，郑师跟随其后，楚师必败。"公元前577年（鲁成公十四年）春，卫定公前往晋国，晋侯勉强他见孙林父。夏，卫侯回国，晋侯送孙林父回。卫侯想拒绝，但夫人定姜劝他面对大国要忍耐，卫侯只得接见并恢复孙林父的职位。卫侯宴请晋国使者郤犨，郤犨有傲气，陪客的宁惠子说："夫子（指郤犨）傲，取祸之道也。"公元前574年（鲁成公十七年），郤犨果然在晋国内乱中被杀。这一年，晋国的范文子从鄢陵（今河南省许昌东黄河南岸）返回，让他的祝宗求死。范文子说："国君骄傲可却战胜了敌人，这是上天加重他的疾病呀，祸难将要发生了。爱我的，就祝愿我快点死吧，不要让我遇到这个大难，这才是范氏之福啊！"这年的六月戊辰，范文子果然死去。

---

① 《老子》第30章。
② 《老子》第69章。

最后，关于道德的理论思考。老子的上述思想，都可以归结到这个思想上来。《老子》中有这样一段话：

> 道可道，非常道；名可名，非常名。无名，天地之始，有名，万物之母。故常无欲也，以知其妙，常有欲也，以知其徼。此两者同出而异名，同谓之玄。玄之又玄，众妙之门。①

道又叫作玄，它包含着"无名"和"有名"，唯其有这样"玄之又玄"的品格，才会成为真正的非常之道！这段话很重要，标志着古代中国思想的一次深刻变革。

西周时期，主流文化和信仰以天为依托，人们相信，天是善良的，是明察的，是有力量的。天可以福善祸淫，给有善德者以福禄，给有恶德者以祸殃。可是，随着世事的变化，天子无德者有之，诸侯僭越者有之，大夫专断者有之，一切看起来都可以破坏、都可以突破。破坏了、突破了，天也未见得有什么办法。于是，以天为最高原则的一套文化系统，就开始动摇了，渐渐地也就失去了往日的威信。西周后期，对于上天，人们就提出了许多的疑问。进入春秋以后，王权衰落，霸政兴起，政出私门，世道看起来更乱了。用孔子的话说，这叫"礼乐征伐自诸侯出"、"自大夫出"、"陪臣执国命"，大大违背了"礼乐征伐自天子出"的传统规范。更有甚者，竟然出现"弑君三十六，亡国五十二，诸侯奔走而不得保其社稷者，不可胜数"②的动乱局面。人们在对上天失去信心的同时，必然转向事情的另一方面。有人一语道破了其中的玄机，晋国的史墨对掌权的世卿赵简子论物生有两，认为"社稷无常奉，君臣无常位，自古以然。故《诗》曰：'高岸为谷，深谷为陵。'三后之姓，于今为庶，主所知也。在《易》卦，雷乘乾曰《大壮》，

---

① 《老子》第1章。
② （西汉）司马迁：《史记》卷130《太史公自序》。

天之道也"①。这样的反例，哪里是天所代表的传统道德系统所能包容得下的呢？老子就是在这个背景下，提出了道的概念。他一改过去以天德解释一切的做法，转而用道德来解释一切。在这个新的道德观念里，一切似乎都变了。

昔日，人们相信天和天命，以为上天和天命可以决定一切事情、判断一切是非。现在不同了，不合上天意志、违背天命的现象随处可见，倒是世事变化无常，不论正反，似乎都有某种道理，这包含着正反两面的道理不就是道吗？世界不就是这样的吗？从世界本来的情况来看，人们所谓的正或反，都有其合理性，都有其自然的定数，都是不以人的意志为转移的。从这种道理看来，过去的一切成见似乎都要改变。

昔日，人们崇尚浮华的礼。现在老子提醒人们要关注比礼更根本、更实在、更朴素的义、仁、德、道。

昔日，人们争相求强。现在老子告诉人们要甘于守弱，因为弱有时比强还强。

昔日，人们踌躇满志，意气风发。现在老子告诫人们要谦虚谨慎，卑贱辞让。

用春秋时人们的话说，这种朴实无华、柔弱谦虚的东西，就是"忠信卑让之道也"②。这样的包含了卑弱品德在内的道，比起只知求强、求满、求华的以天为代表的西周礼文化来，毫无疑问更全面、更深刻、更具体，更能表现自然、社会和思想的实际。它是当时的有识之士不断反思的创新性成就，尽管其中总有某些愤世嫉俗甚至反抗背叛的东西，也有某些逻辑上并不严密的表述。总之，从天命之德到道德，是老子的一大发现。这个崭新的道德观念是中国对人类文明的一个重大贡献。

---

① （春秋）左丘明：《左传》昭公三十二年。
② （春秋）左丘明：《左传》文公元年。

过去，人们乐于把老子的这个思想算作楚国的文化成果。其实，在《左传》中，这些思想都可在中原各诸侯国找到它的共鸣或相近的表达。它是周代传统的礼文化在社会深刻变革过程中的自我反省、自我否定和自我发展，包括楚文化，也被裹挟在这个潮流中，一同前行。

第二节　孔子与人的发现

有一种说法认为，在周代，社会划分为 10 个等级，王、公、大夫、士、皂、舆、隶、僚、仆、台，士以上为贵族，以下为贱役。士在贵族宗法制度的系统中，"大夫臣士"，士应是大夫的子弟。士可受封得到土地，"士食田"，由庶人力耕，其还有家内奴隶，"士臣皂"。士也有宗法，"士有隶子弟"，"士有朋友"，士可把家产分给子弟，所以可以役使他们；士还讲求兄弟伦常，按贵族伦理行事。士还是武士，这与他们的身份和职责相关。周代战事以车战为主，士乘车作战，称"戎士"、"勇力之士"、"甲士"、"射御之士"等。士可以做官，"士之仕也，犹农之耕也"，"士之失位也，犹诸侯之失国家也"。[①] 士享有受教育的权利，能够进入国家举办的学校学习礼、乐、射、御、书、数及其他各类知识。

春秋时期，士的数量大增，来源也更加多元。由于分封制的发展，越来越多的贵族子弟成为士；同时，随着宗法制的松动，越来越多的下层平民甚至贱人地位上升，逐渐也被称为士。士从原来的贵族等级，变为社会上有一技之能者的称谓，因而群体迅速壮大。当时的有权势者，往往"弃其子弟而好用远人"[②]，或者叫"弃亲用羁"[③]，即任用外乡来的客人，而不用自家有身份地位的兄弟子侄。这些都表现了时代发展的新潮流。春秋后期，

---

① 《孟子》卷 6《滕文公下》。
② （春秋）左丘明：《左传》定公元年。
③ （春秋）左丘明：《左传》昭公七年。

由于战争形式开始发生变化，擅长车战的武士逐渐被越来越多的徒兵取代，平民也可以从军参战，过去作为贵族等级的士失去了职业优势，其军事职能渐渐消去。随着卿大夫之家和陪臣势力的强大和郡县制的兴起，文职管理人员的需求量大增，文化知识成为管理手段中的重要内容。为了到这些机构中谋求职位，越来越多的士人寻求学习文化知识的机会。就在这个历史时期，士人中一位伟大的圣人脱颖而出，他就是被后人称为中国文化象征的孔子。

孔子是春秋时代著名的人物，是对中国文化发展有大影响的人物。他究竟做了什么，竟使后世的人们不断地提到他的名字，有赞扬和歌颂，也有贬损和咒骂。

一、家世和早年生活

孔子出生在鲁国昌平乡邹邑（今山东省曲阜城东南）。他的祖上可以追溯到宋国公室。宋湣公生弗父何，弗父何让位给弟弟厉公，所以没有即位。弗父何之后，到第 5 代孔父嘉时脱离公室，开宗另立门户。按照古代氏族宗法发展的规则，后代便取孔父嘉的孔字为氏。又过了 4 代，孔防叔避乱来到鲁。防叔是孔子的曾祖，孔子的祖父叫伯夏，父亲叫叔梁纥。叔梁纥孔武有力，多次在诸侯间救危解困，留下英名。

传说叔梁纥曾娶鲁国施氏，生了 9 个女儿。有个妾生了个儿子，叫作孟皮，孟皮有足疾。公元前 551 年（鲁襄公二十二年），叔梁纥与颜氏女"野合"而生孔子，因为在尼丘祷告而得孔子，所以名曰丘，字曰仲尼。

孔子 3 岁时父亲便去世了，葬于防山。防山在鲁国东，大概为孔氏家族墓地所在，但孔子并不知道准确地点。小时候嬉戏时他就喜欢陈设举行祭祀仪式用的俎豆，对礼表现出浓厚的兴趣。尚未成年时，母亲又不幸去世。他因不知父亲的墓地所在，便暂时把母亲的灵柩殡于五父之衢（鲁城内衢道）。有当年挽父亲灵柩者的母亲告诉了他，这才知道父亲的墓地所在，于是便把母亲灵柩与父亲合葬。可见，尚未成年的孔子就非常的讲究礼节。

孔子家境贫寒，身份微贱，一次鲁国掌权的贵族季氏家里宴请士人，孔子也夹杂在众士人中准备前往，被管事的家臣阳虎撵了出来，还甩出了这么一句话："季氏宴请士人，不敢宴请你啊！"

传说孔子17岁时，鲁国大贵族孟釐子病重将死，对将继承家业的儿子懿子说："孔丘是圣人之后，祖上在宋国遭了难，几代人不忘恭敬。我听说，圣人之后，虽不当世，必有达者。如今孔丘年少好礼，不正是达者吗？我死后，你一定要跟他学呀！"釐子死后，他的两个儿子懿子和南宫敬叔都跟孔子学礼。

孔子成年后，身高9尺6寸，人们把他叫作"长人"，认为他非同寻常。当时，鲁国由大贵族季孙氏当政。孔子年纪稍长一些，就到季氏家充当委吏和乘田，即管理仓库和牧场饲养六畜的小吏。

二、问礼老聃·初设私学·外出求仕

据说孔子在30岁前曾前往周王室向老子问礼。鲁君给他一辆车、两匹马，还有一个仆人跟随。孔子与老子相见，临别时老子说："我听说富贵者送人以财，仁人者送人以言。我不能富贵，徒有仁人之号，只好送你以言：聪明深察却靠近死亡的，只有那些好议论人家是非短长的人啊；博辩广远却危及性命的，只有那些喜欢揭发人家恶行的人啊；做儿子的，不要有自我；做臣子的，也不要有自我。"

孔子一生行事谨慎，不得罪于巨室，对邦有道、邦无道、士人如何处世都能应付自如，与老子的这番话是吻合的。从周返回鲁国后，前来向孔子求学的弟子逐渐多了起来。

孔子生当春秋后期，晋国由六卿当政，经常东伐诸侯；楚国则仗恃兵强，时常侵凌中原；近邻更有齐这样的大国。鲁国小弱，处于3个势力之间，依附于楚国，则晋国怒；依附于晋国，则楚国来伐；稍不防备，齐国就来侵。在这种形势下，鲁国不但不思改变，反倒闹起内乱。公元前517年（鲁昭公二十五年），孔子35岁，季氏与郈氏比邻，两家的鸡相互争斗，季平子命人给鸡的翅膀装上铠甲，郈昭伯则使人给鸡脚装上铜爪，结果两家怨恨加深。郈昭伯怂恿昭公讨伐季平子，季氏败，平子请求宽恕，昭公不许。出乎意料的是，叔孙和孟孙两家主动出兵帮助季氏攻击昭公，结果昭公失败，逃亡国外，居住在乾侯（晋地，今河北省魏县，或曰在今河北省成安县东南漳河店镇附近）。

孔子这时来到齐国，给齐国大贵族高昭子当家臣，想通过这个渠道觐见齐景公。高氏虽是齐国大夫，但身份却非同一般。齐国有两家是由周天子册封的卿大夫，一个是国氏，另一个就是高氏。孔子给高氏当家臣，在身份上并不委屈。这期间，孔子与齐太师谈论音乐，听到了大虞时代的所谓"尽善之乐"——韶乐，便沉下心来学习，3个月不想肉吃，受到齐人的称赞。景公向孔子问政，孔子回答说："君君、臣臣、父父、子子。"景公非常高兴，说："太好了！假如真的君不君，臣不臣，父不父，子不子，虽有粟米，我岂能吃得到！"他日，景公又问政于孔子，孔子回答说："政在节财。"景公很高兴，要把泥谿之田封给孔子。齐国大夫晏婴却对景公说："儒者言多不实，不可照着去做；倨傲自顺，不可居人之下；推重丧礼，穷尽哀情，宁可破产也要厚葬，不可以此为俗；游说乞贷，不可用来治理国家。自从大贤消失，周室衰败，礼乐缺损有一段时间了。如今孔子过于讲求衣着装饰和行礼时的繁文缛节，几代人都无法学完，一年之内还不能弄懂，君若用他来改变齐国风俗，这可不是教导齐国民众的好办法呀。"后来景公再见到孔子，虽恭敬有加，却不再问礼。一天，景公对孔子说："以对待季氏那样的规格对待您，我做不到。"于是便以上卿季氏和下卿孟氏之间的规格对待孔子。再后来，孔子还听说齐国有大夫要加害自己，再加上景公说："我老了，不能用您啊！"于是孔子便离开齐国，回到鲁国。

三、博物学者

通过长期的刻苦学习，孔子掌握了大量的知识，成为远近闻名的博物学者。

孔子47岁那年(公元前505年，鲁定公五年)，季平子死了，季桓子即位。季桓子穿井时挖到一个陶罐，里面有个动物，人们以为是狗。季恒子便来问孔子。孔子说："据我所知，应该是羊。我听说，树木和山石中的怪物，叫作夔(山神)和魍魉(树精)；水中之怪，叫作龙和罔象；土中之怪，叫作坟羊。"

公元前494年(鲁哀公元年)，吴伐越，毁会稽(今浙江省绍兴市)，发现人的骨骼，长贯车。吴国派人来问孔子："谁的骨头最大?"孔子回答说："大禹在会稽山召集群神，防风氏迟到，禹下令杀之，陈尸羞辱。其节贯车。防风氏的骨头最大。"吴国人又问："谁是神呢?"孔子说："山川之灵，足以纲纪天下的，其守为神。守社稷的只能是公侯，都属于王者。"吴国人又问："防风氏守什么呢?"孔子说："汪罔氏之君，守封禺之山，为釐姓。在虞夏商为汪罔，在周为长翟，如今叫作大人。"吴国人又问："人有多长?"孔子说："僬侥氏3尺，是最短小的了。最长的不过10倍，数字的极致。"吴国人听到这里，不禁感叹道："太好了，真是圣人啊!"

孔子50多岁时周游列国，到陈国一年多，吴王夫差伐陈(今河南、安徽交界处)，取3邑；晋赵鞅伐朝歌(今河南省淇县)，楚围蔡，蔡迁于吴，吴在会稽打败越王勾践。有一只隼落在陈国宫廷而死，楛矢贯穿其身体，有石制的砮(箭头)，矢长1尺8寸。陈湣公派使者问孔子。孔子说："隼是从很远的地方来的。这支箭是肃慎之矢啊。当年武王克商，沟通了与各少数民族的联系，让九夷百蛮各族都贡献各自的地方特产，以免忘了各自的职责。肃慎贡献的就是楛矢石砮，长1尺8寸。先王要显示他的美德，把肃慎之矢分赐给大姬(武王长女)，大姬嫁给虞胡公，封于陈。当初王室分珍宝玉器给同姓诸侯，是为了表示重视亲族；把远方的贡品分赠给异姓诸侯，是为了让他们不要忘了服从周王朝。所以把肃慎的箭分给陈国。陈潜公听了叫人到过去收藏各方贡物的仓库中去找一找，果然找到了这种箭。

当时就有人称赞孔子，说"孔子博学而无所成名"①，意思是博学道艺，不成一名，用今天的话说：不是专家，而是大家。

四、教学与从政

季桓子有个嬖臣叫仲梁怀，仲梁怀与另一个家臣阳虎有矛盾，阳虎想驱逐他，为季氏家宰公山不狃阻止。公元前 505 年（鲁定公五年）秋，仲梁怀更加骄横，阳虎把仲梁怀抓了起来，季桓子大怒。阳虎顺势把季桓子也抓了起来，与他立了盟誓才放了他。从此，阳虎轻视季氏。季氏这时僭越公室，结果出现了陪臣执国命的现象。鲁国自大夫以下，都干起了僭越的勾当。在这种形势下，孔子不求做官，退而修诗、书、礼、乐，他的弟子也越来越多，有的来自遥远的地方，没有不受到教诲的。

公元前 502 年（鲁定公八年），公山不狃不得意于季氏，便通过阳虎发动叛乱，想废黜三桓的嫡子，立阳虎所得意的庶孽之子。第二年，阳虎不能取胜，逃往齐国。这年孔子 50 岁。公山不狃在费（今山东省费县）反叛季氏，派人来召孔子去任职。孔子学道久了，一直无所试用，便说："周文王和武王起于丰、镐之间却达成王业，如今费虽小，大概也差不多吧。"便准备前往。弟子子路不同意，阻止孔子。孔子却说："那召我的人，难道是白丁吗？如果用我，不就是在东方复兴周道了吗？"但终究没有成行。后来，鲁定公任命孔子为中都宰。一年，四方都效法中都。孔子又从中都宰升任司空，由司空升任司寇。

公元前 500 年（鲁定公十年）春，鲁国与齐国和好。夏，齐国提议两国

---

① 《论语》卷 5《子罕》。

君主在夹谷相会。孔子这年 52 岁，受命辅助鲁定公出席会议。孔子之前便对定公说："有文事必有武备，有武事必有文备。"①会上，相见礼毕，齐国官员请奏四方之乐，齐景公答可，于是莱夷乐人打着旌旗，挥舞着羽毛、彩缯，手持着矛戟剑盾，一起鼓噪而来。孔子一见，马上快步如飞，一步跨越一级台阶而往上登，离坛上还有一级台阶时，挥举长袖而说："我两君为好会，为什么使用夷狄之乐？请命官员撤去！"官员下令撤去，左右犹豫不定，注视景公和晏子，景公心虚，挥手命撤去。过了一会儿，齐国官员又请奏宫中之乐，景公答曰可。于是优倡侏儒在面前做戏。孔子一看，又马上快步如飞，历阶登台，不尽一等，说："百姓胆敢蛊惑诸侯，罪该诛杀！请命官员处罚！"事后景公震动，听从臣下之议，把侵占鲁国的郓（在今山东省郓城东）、龟阴（龟山之阴，在今山东省新汶东南境）的汶阳之田归还给鲁国，表示谢过。

公元前 498 年（定公十二年），孔子 54 岁。孔子对季孙说："臣无藏甲，大夫无百雉之城。"②使子路为季氏的管家，将拆毁三都。三都是指季氏的费（今山东省费县西北）、叔孙的郈（今山东省东平县南 6 千米郈亭以北处）和孟孙的成（今山东省宁阳东北）3 个城邑。孔子之所以提出这个建议，是因为看到了时机。侯犯据郈背叛叔孙，公山不狃以费反叛季氏，这个时候堕三都，当然季氏和叔孙要赞成了。叔孙首先堕郈。季孙将堕费，公山不狃为费宰，叔孙辄不得志于叔氏，两人联合，率领费人袭击鲁国。鲁公与三桓躲进季氏之宫，登武子之台，费人攻之，不克，但进攻到公的侧面。孔子命大夫申句须和乐欣冲下武子之台，攻击敌人，费人撤退，国人追击，在姑蔑将敌人击败。公山不狃和叔孙辄逃往齐国。费这才被堕。郈和费被堕之后，鲁国打算乘胜堕成。公敛处父担任成宰，对孟孙说："拆除了成邑的城墙，齐人必将逼到我的北大门。且成城又是你们孟氏的屏障，没有成

---

① （西汉）司马迁：《史记》卷 47《孔子世家》。
② （西汉）司马迁：《史记》卷 47《孔子世家》。

城也就等于没有孟氏，我不打算拆毁。"十二月，鲁国军队包围成，没有攻下来。可见，成不叛孟孙，是堕不掉的。

拆毁三都之后，季桓子接受齐国馈赠的女乐，三日不听政，鲁国举行郊祭后却未把祭祀用过的肉赐予大夫。这说明礼制废弛。孔子看到自己不为鲁国所容，于是离去，开始周游列国，寻求发展机遇。

五、周游列国

孔子首先来到卫国，卫灵公问孔子："在鲁国得禄多少？"孔子回答："俸粟 6 万（斗）。"卫灵公也给孔子 6 万。不久，有人在卫灵公那里说孔子的坏话。孔子害怕获罪，便离开卫国。

孔子准备到陈国去，路过匡（今河南省长垣市西南），弟子颜刻赶车，他用手中的鞭子指着说："当年我进城时由那个缺口进入。"从前阳虎曾欺负匡人，而且也是从那个缺口进入的。这时匡人听到鲁人又要从此进入，以为是阳虎来了，便阻止孔子，围了几重，一连 5 天。弟子们都很恐惧，孔子却说："文王不在了，难道文王之道就不在我这里了吗？上天若真的要断灭文王之道，那我就不会掌握这个道了；上天没有断灭这个道，匡人能把我怎么样呢！"后来终于返回卫国。

卫灵公夫人叫南子，派人来对孔子说："四面八方的君子们，想要与寡君交朋友的，一定要来见我。我愿意见先生。"言外之意希望孔子来见。孔子辞谢。后来不得已才前往拜见南子。南子在锦绣帷幄之中，孔子入门，面北稽首，夫人在帷幄中再拜还礼，环佩玉声璆然。事后孔子说，我过去不愿意见，见了就得还她以礼。子路不快。孔子发誓说："我若不是这样，天就厌弃我！天就厌弃我！"一个多月后，卫灵公与南子同车，宦官雍渠陪同坐在第 1 辆车上，安排孔子在第 2 辆车子上，招摇过市，孔子愤慨地说："我未见好德如好色者也！"于是对卫灵公的所作所为感到厌恶，便离开卫国，前往曹国。

鲁定公去世那年，孔子离开曹国，前往宋国，与弟子习礼于大树下，宋国司马桓魋要杀孔子，便拔掉大树。孔子离开时，弟子说："可以快走!"孔子说："上天既然把传道德的使命赋予我，桓魋能把我怎样!"

孔子到了郑国，与弟子相失。孔子独立在郭(外城)的东门，郑国有人对子贡说："东门有个人，额头像尧，脖子像皋陶，肩膀像子产，从腰往下比禹短三寸，不得志，像个丧家之犬。"子贡以实情告诉孔子，孔子欣然笑道："形状则未必，但似丧家之狗，的确如此，的确如此啊!"

孔子到了陈国，住了3年，其间诸侯强者不断攻略陈国，孔子叹息道："回去吧，回去吧，我家乡的小子们，志气很大，只是行事粗略些，他们都很有进取心，也没有忘记自己的初衷!"于是离开陈国，路过卫国的蒲邑(今河南省长垣市伯玉村)，正赶上公叔氏据蒲叛乱，蒲人阻止孔子。弟子中有个叫公良孺的，带着5辆私车追随孔子，个子高高的，能力很强，还有勇气，感慨地说："我从前追随夫子，在匡遇到困难，如今又在此遇到困难。命啊! 我与夫子两次罹难，宁愿战斗而死!"所以拼死战斗，蒲人惧怕，便对孔子说："只要不到卫国，我们就放了你!"孔子与他们立了盟誓，他们就放孔子出了东门。孔子随后前往卫国。子贡说："盟誓可以违背吗?"孔子答曰："这是要盟，以强力胁迫的，神不会听的。"卫灵公听说孔子来了，很高兴，亲自到郊外迎接。不过，卫灵公年老，荒怠于政，不用孔子。孔子喟然叹曰："假如有人用我，一年就可以实行德政，三年就有成效!"很快又离开了卫国。

佛肸为中牟(今河南省鹤壁市西)宰，背叛主人赵简子，帮助范氏、中行氏，赵简子攻范氏和中行氏，讨伐中牟。佛肸派使者召孔子，孔子想去。子路疑惑，问道："我听老师说过，做不善之事的人，君子不入其国呀。如今佛肸据中牟叛乱，先生却要前往，这怎么理解呢?"孔子说："有这话，可是，至坚者，磨而不薄;至白者，染而不黑。我哪像匏瓜那样，只系在那里，而不食用呢!"意思是说，真正坚硬的，怎么磨也不会变薄的;真正白的，怎么染也不会变黑的，真正的君子，即使置身恶人之中，也不会变坏的。我不能像匏瓜那样，只系在那里，而不食用。一方面，我不会同流合污，变成坏人；另一方面，我又不能不求用于世。所以才接受佛肸的邀请。

孔子击磬，有身背草器从门前路过的人听到了，说："心思广远，才如此击磬啊！声音坚定啊，可有谁知道呢，还是拉倒吧。"

孔子曾跟从鲁国太师师襄子学弹琴，10 天不换新曲。师襄子说："可以学新的了。"孔子说："我已学会弹这个曲子了，可是还未掌握节奏呢。"过了一段时间，师襄子又说："已经学会节奏了，可以学新的了。"孔子说："我还未掌握它的志向呢。"又过了一段时间，师襄子又说："已经掌握志向了，可以学新的了。"孔子说："我还未了解它的为人呢。"又过了一段时间，师襄子说："你时而静穆深思，时而怡然高望，表现出志向的远大啊。"孔子说："我体会到它的为人了，黯然而黑，颀然而长，目若望远，奄有四方，不是文王，谁能如此呢！"师襄子听罢，避席叩拜，说："我听老师说过，这正是文王所奏之乐啊！"

孔子在卫国，一度想到晋国去，投靠赵简子，走到黄河，听说晋国贤臣被杀而停止，又折回到卫国。一天，卫灵公问军阵行列之法，孔子说："俎豆之事（指礼节仪式），倒是听说过；军旅之事，则从未学过。"次日，卫灵公与孔子交谈时有大雁飞过，灵公抬眼望去，注意力不在孔子这里。孔子便决定离开卫国，再次前往陈国。这是公元前 493 年（鲁哀公二年），孔子 59 岁。

次年秋，季桓子病重，乘辇见鲁城，喟然叹道："过去这个国家就要兴盛了，可是却因我得罪了孔子，所以没有兴盛起来。"他对继承人季康子说："我死后，你必任鲁国的相，到时一定要召回仲尼！"季康子即位后，安葬了桓子，便准备召回孔子。季康子又听信下属进言，怕召回孔子若不能听用，反被诸侯笑话，所以只召孔子弟子冉求回来任职。孔子说："鲁人召冉求，将要大用。"弟子子贡知道孔子思归心切，送行时对冉求说："回国任职后，一定要召夫子回去!"

次年,孔子从陈国来到蔡国,蔡昭公被大夫所杀,楚国进攻蔡国,孔子便来到叶(今河南省叶县一带)。叶公问政,孔子说:"政在使远方的来归,使近处的亲附。"他日,叶公问子路孔子是怎样的人。子路不答。孔子知道后,对子路说:"仲由,你为什么不说:'他的为人啊,学道不知疲倦,教人不知满足,发愤忘食,乐以忘忧,不知老之将至。'"孔子很快又离开叶返回蔡国。

长沮和桀溺耦耕,孔子以为隐者,派子路前去问渡口所在。长沮说:"那执舆者是谁?"子路说:"是孔丘。""是鲁国的孔丘吗?""是。""孔丘周游各处,自然知道渡口的所在呀!"桀溺问:"你是谁?"回答:"仲由。""孔丘的徒弟吧?""是。"桀溺说:"乱乱哄哄,天下都是如此,舍此趋彼,有什么必要呢?与其跟随避人之士(指孔子),哪里比得上跟随避世之士(指自己)呢?"说着,仍然打碎土块覆盖种子,并不告诉渡口所在。子路返回来告诉孔子,孔子怃然,说道:"鸟兽不可与同群(意思是说,隐于山林,是与鸟兽同群),天下若有道,我孔丘就不必来改变它了。"

他日,子路在路上遇到一位荷蓧丈人(背着草器的老者),问:"先生见到我的老师吗?"老者说:"四体不勤,五谷不分,谁是老师?"一边拄着拐杖,一边除草。子路回来告诉孔子,孔子说:"隐者也。"再去,已经不见了。

孔子到蔡国3年(公元前489年,鲁哀公六年),吴国伐陈,楚国救陈,驻扎在城父,听说孔子在陈蔡之间,楚国便派人访问孔子。孔子要前往答礼。陈蔡的大夫在一起商量说:"孔子在陈蔡之间久了,我们的所作所为都不合孔子之意,他若在楚国得到任用,陈蔡当政的大夫都要危险了。"于是他们联合起来,聚集徒役,把孔子围在旷野。孔子一行人绝了粮,随行者饿得站不起来。孔子讲诵弦歌不衰。子路露出抑郁的神色,问道:"君子也有穷途末路的时候吗?"孔子说:"君子即使穷途末路也坚定不改,不像小人，一有穷困便滥溢为非！"

孔子知道弟子们心有抑郁，便把子路找来，问道："《诗》云：'不是犀牛不是老虎，却落在无尽的旷野。'我所遵循的道错了吗？为什么我们至于如此境地呢？"子路答道："以我臆度，是我们不仁，人家才不相信我们呢，还是我们不智，人家才不放我们走呢？"孔子说："仁就必定信，智就必定行，有这个道理吗？由啊，倘使仁者而必信，哪里会有伯夷和叔齐被饿死的事呢？倘使知者而必行，哪有王子比干被剖心的事呢？"子路出，子贡入见。孔子说："赐（子贡之字）啊，《诗》云：'不是犀牛不是老虎，却落在无尽的旷野。'我所遵循的道错了吗？为什么我们至于如此境地呢？"子贡答道："夫子之道至大，所以天下没有能容夫子的，夫子何不稍微降低些标准呢？"孔子说："赐啊，良农可以很好地耕种，却不能决定收成；良工可以施展巧技，却不能顺每人之意；君子修自己之道，以纲为纪，以统为理，却不能使人容己。如今你不修道，却求容于人，赐啊，你的志向不远大啊。"子贡出，颜回入见。孔子问："回啊，《诗》云：'不是犀牛不是老虎，却落在无尽的旷野。'我所遵循的道错了吗？为什么我们至于如此境地呢？"颜回说："夫子之道至大，所以天下莫能容。即使如此，夫子仍然坚持推行，不容那又怎么样，不容才可以看到什么是君子呢！道没有修好，那才是我们真正羞愧的哩！假如道已大大地修好，而没有人用，那是国家当政者的羞愧。不容又怎么样，不容才能看出君子呢！"孔子欣然笑道："有这个说法，颜家的小子，你若有财，我甘愿当你的管家！"于是派子贡出使楚国，楚昭王兴师迎接孔子，这才脱离了围困。

这年秋天，楚昭王死。楚狂接舆唱着歌经过孔子身边，说："凤凰啊！凤凰啊！为什么德行如此衰败啊？以往所行不可谏而止，未来者却仍可追赶得上啊。罢了罢了，如今的从政者怠了。"孔子下车，想要与他说话，接舆快速地离开了。于是孔子从楚国返回卫国。这年是公元前489年（鲁哀公六年），孔子63岁了。

孔子弟子有许多在卫国从政，卫国也想请孔子从政。子路问道："卫国君主等您当政，您将首先施行什么？"孔子说："如果一定要的话，那就是正名啊。"子路不解，孔子接着说："名不正则言不顺，言不顺则事不成，事不成则礼乐不兴，礼乐不兴则刑罚不中，刑罚不中则民手足无措。君子所作所为一定是符合名的，君子所言所说一定是可以实行的。君子对自己的言行是不能随随便便的。"

公元前 484 年（哀公十一年），鲁国与齐国战于鲁郊，季康子派冉求率军出战，获得胜利。季康子很高兴，问冉求："军旅之事，您是学的呢，还是天生的呢？"冉有说："从我老师孔子那里学到的。"季康子问："孔子是怎样的人哪？"冉有说："用他就会有名，还会传播到百姓那里去，与鬼神求证也会无憾。我冉求因此而至于此道。虽有千社，夫子都不以为利。"季康子问："我想召回孔子，如何？""您要召他，只要不以普通人标准对待他，就可以了。"

卫国执政的孔文子想攻击大叔，向孔子询问策略，孔子推辞说不知。回来后便整理行装准备离开，说："鸟能择树，树岂能择鸟呢！"恰巧此时鲁国季康子派人厚礼来迎孔子，孔子这才决定返回鲁国。

孔子从离开鲁国到返回鲁国，已经过去 15 年了。

六、整理文献，继续办学

孔子返回鲁国后，经常接受鲁公和季氏的咨询。孔子也通过这种形式，贡献他的政治智慧。鲁哀公问为政，孔子回答："政在选臣。"季康子问为政，孔子答道："把直的加到曲的上，那么曲的就会直。"有时他也批评鲁国当政者。季康子以盗贼为患，孔子说："如果你没有贪欲，就是赏赐使犯罪也没有人干！"

不过，鲁国终究没能用孔子。这时的孔子也不再求仕了。

在长期的游学和人生历练中，孔子养成了爱好学习且善于学习的优良品格，他学无常师，自称三人行必有我师。史家替他总结了一下，发现被他当作老师的竟然遍及当时的周王室和各主要诸侯国，有些是最为有名的人物。例如，周室的老聃、卫国的蘧伯玉、齐国的晏婴、楚国的老莱子、郑国的子产、鲁国的孟公绰等人。孔子之所以能成为一代文化巨人，与他的勤奋好学是分不开的。

孔子的时代，周室衰微，礼乐废弛，《诗》、《书》缺略，孔子追迹夏商西周三代的礼制，为《书》及传作序，上至唐虞之际，下至秦穆公，编次其事。孔子说："夏朝的礼，我能说出一些，夏的后代杞国的文献却不足以证实；殷朝的礼我也能说出一些，但殷朝的后代宋国的文献也不足以证实；文献不足的缘故啊。文献若足够的话，我就能证实它们了。"

孔子之所以历经磨难而不放弃志向，原因之一就是他对历史充满信心，《论语·为政》记载："殷因于夏礼，所损益，可知也；周因于殷礼，所损益，可知也；其或继周者，虽百世可知也。"晋朝的何晏解释说："物类相召，势数相生，其变有常，故可预知者也。"这句话的意思是说，历史是变化的，但变化不是杂乱无章的，而是有常规可循的。这常规就是使孔子信心坚定的根本所在。所以，《书》、《传》、《礼记》这些饱含历史精神的典籍都从孔子开始。

孔子对鲁太师说："乐是可知的。开始的时候和声，节明，接着就是和谐之声；相续不绝，以成乐之一章"，"我从卫国返回鲁国，然后乐才端正。《雅》、《颂》各得其所"。

古时候，《诗》有 3000 余篇，孔子去除重复，取适合礼义，上采契、后稷，中述殷周之盛，至幽厉之缺，选取 305 篇，孔子都把它们用于弦歌，以求合于《韶》、《武》、《雅》、《颂》之音。所谓礼乐，从此可得而述。

孔子晚年喜欢《周易》，序卦、象、系辞、象、说卦、文言，读易甚勤，以致编连竹简的熟牛皮多次断绝。孔子说："若再给我几年，我对易的研究就会文质皆备了。"

孔子使用的教材有《诗》、《书》、《礼》、《乐》，弟子大概有 3000 人，身通六艺的有 70 余人。

孔子教学没有专业划分，是综合式的。但学生成才却有所侧重，德行方面，有颜渊、闵子骞、冉伯牛、仲弓；政事方面，有冉有、季路；言语，有宰我、子贡；文学方面，有子游、子夏。

孔子教学的基本内容有 4 个：文、行、忠、信。所谓"文"，是指典籍词义；"行"，指孝悌恭睦；"忠"，指忠恕之道；"信"，指与朋友相交之道。

孔子教学杜绝 4 个弊端：毋意，不要臆度；毋必，不要武断；毋固，不要固执；毋我，不要师心自用。

孔子还发明了启发式教学，主张"不愤不启，不悱不发"；强调"举一隅而不以三隅反，则不复也"。①

当然，除了具体的教育教学方法之外，孔子创办私学产生的最深远的影响是在社会发展方面。他提出了两个划时代的伟大命题。一个叫作"有教无类"——他的教育不管出自哪个宗族、哪个阶层，都可以实施。他办学没有固定的学费，哪怕只交一束干肉，也可以来学，这使"有教无类"从一句口号，变为扎扎实实的行动。所以他的学生来自各国，除了像颜回(字渊)、冉求(字子有)、冉耕(字伯牛)、曾参(字子舆)、有若(字子有)等为鲁国人以外，言偃(字子游)是吴国人，端木赐(字子贡)、卜商(字子夏)是卫国人，公孙龙(字子石)是楚国人，秦祖(字子南)是秦国人，叔仲会(字子期)是晋国人，公冶长(字子长)、樊须(字子迟)是齐国人，司马耕(字子牛)是宋国人，颛孙师(字子张)是陈国人。这些学生也来自不同阶层，其中有贵族出身的，如孟懿子和南宫敬叔；也有平民出身的，如子贡是商人，子路乃卞(今山东省泗水县)之野人，颜回居住陋巷，为市井贫民；甚至还有出身仆役贱人家庭的，如冉雍(字仲弓)。在孔子的"学校"里，他们受到了一视同

①　《论语》卷 4《述而》。

仁的对待，贱人家庭出身的冉雍不但可以学习优秀典雅的传统文化，还因德行和才干出众而被孔子称为"有人君之度"而以治理国家相期许。总之，孔子在办学中，真正做到了不分宗族、不分阶层，在一定范围内实现了教育权平等。这就打破了贵族对教育的垄断，有着划时代的重大社会意义和深远历史意义。

另一个叫作"学而优则仕"、"仕而优则学"①——学而从容，可以做官，做官从容，可以为学。孔子不但倡导这个原则，还躬行实践。在他的人生经历中，从政和为学是交叉进行的，而且在两个领域中都有了不起的作为。他的弟子中有学习后再去做官的。例如，冉求任季氏宰；子路为孔门政事的代表，曾任卫国的蒲大夫（宰）；宰我任临淄大夫；子贡相卫，曾出使各国不辱使命，有游侠之风；言偃任武城（今山东省济宁市嘉祥县）宰；等等。而几乎所有从政的学生都是出入于官府和师门之间，边做官边学习的。孔子师徒以实际行动，打通了学习文化知识与从事公共事务管理之间的壁垒，为新型的教育和公共管理都开辟了前所未有的发展空间。

以上两条，表现了全新的时代精神，开启了人类自有史以来就梦寐以求的社会平等的伟大变革，直到今天，仍然是人们不断追求的最高的价值理想。

七、恭谨为人

孔子在做人上是当时的楷模，即使在今天也有许多可以学习和仿效之处，我们不妨略撷几片。

在言语方面，孔子极为严谨。孔子面对父兄宗族所在的乡党，温良恭敬似不能言说；在宗庙和朝廷上，言而明辨，但谨慎而不放肆。上朝时，孔子与上大夫言，容貌中正；与下大夫言，容貌和悦。

---

① 《论语》卷10《子张》。

《论语》中有许多条语录，表达了孔子在这方面的思考：

君子食无求饱，居无求安，敏于事而慎于言，就有道而正焉，可谓好学也矣。(《学而》)

邦有道，危言危行；邦无道，危行言逊。(《宪问》)

可与言而不与之言，失人；不可与言而与之言，失言。知者不失人，亦不失言。(《卫灵公》)

巧言乱德，小不忍则乱大谋。(《卫灵公》)

侍于君子有三愆：言未及之而言谓之躁，言及之而不言谓之隐，未见颜色而言谓之瞽。(《季氏》)

子曰：予欲无言。子贡曰：子如不言，则小子何述焉？子曰：天何言哉？四时行焉，百物生焉，天何言哉？(《阳货》)

子张学干禄，子曰：多闻阙疑，慎言其余，则寡尤；多见阙殆，慎行其余，则寡悔。言寡尤，行寡悔，禄在其中矣。(《为政》)

君子欲讷于言而敏于行。(《里仁》)

孔子所以言语谨慎，是因为他看到了言语带来的无尽烦恼，他认为："巧言令色鲜矣仁"[①]；"焉用佞？御人以口给，屡憎于人。不知其仁，焉用佞？""始吾于人也，听其言而信其行，今吾于人也，听其言而观其行。"(《论语·公冶长》)孔子是历史上少有的对言语的社会意义进行深入思考的大思想家之一，他的见解直到今天仍然有着重要的价值，给人以深刻的启发和教益。

在公共生活里，孔子对待上级恭敬、谨慎、勤勉。孔子入公门，必鞠躬；趋进，必恭敬；君召唤命陪宾客，则必变色以承命；有君命召，则必

---

① 《论语》卷1《学而》。

急趋而不待车驾。

在私人生活里，孔子的行为同样严谨，从不放纵。鱼馁肉败，割不正，不食用；"席不正，不坐"；"食于有丧者之侧，未尝饱；吊哭之日则不歌"；见到服齐衰者、盲人，哪怕是童子，也必变色，表示同情。

个人修养严格要求。"德之不修，学之不讲，闻义不能徙，不善不能改，是吾忧也。"

在思想上诚实而讲理性。孔子不说怪力乱神；子贡说："夫子的文章可以听得到；夫子言天道与性命，则不可听得到。"

性格人品达到了和谐境界。"子温而厉，威而不猛，恭而安。"

总之，孔子在人品上是当时的楷模。

八、哀荣

公元前481年（鲁哀公十四年）春，鲁国在大野（今山东省巨野县北）打猎。叔孙氏的臣子鉏商捕获一只怪兽，以为不祥，孔子看了，说是麒麟（据说是犀牛的一种）。后两年，公元前479年（哀公十六年），孔子逝世，享年73岁。

鲁哀公发表了诔辞，葬孔子于鲁城北泗水上，颜渊、子路已先孔子去世，其他弟子为孔子服丧，3年之后，洒泪诀别，唯独子贡在坟冢上建了庐舍，继续守丧3年才离去。弟子和鲁人居住在冢旁的有100余家，叫作孔里。鲁国世世相传，每年按时祭祀孔子冢。

孔子冢占地方圆一顷，弟子讲习乡饮大射之礼在此，堂室改为庙宇，内藏孔子衣冠琴车书，直到汉朝仍然不辍。公元前195年（汉高祖十二年），刘邦路过鲁国时，还用太牢祭祀孔子。诸侯卿相到了这里，往往先来拜谒，然后从政。孔子有子名鲤，字伯鱼，先孔子卒。伯鱼生伋，字子思，子思著《中庸》。第8代孙孔鲋，曾参加陈胜起义军，任博士，与陈胜同死于陈（今河南省周口市淮阳区）。

司马迁写《孔子世家》，在末尾的赞语中说："《诗》有之'高山高啊，须仰视；大路宽啊，须行之。'虽然不能达到孔子的境界，但我心向往之。我读孔子书，想象他的为人，到鲁国，见到孔子庙堂和车服礼器，儒生们在孔子家按时讲习礼乐，我徘徊流连，不能离去。天下君王至于贤人多了，当时则荣，死了也就完了，孔子一介布衣，传 10 余世，学者崇奉，从天子王侯，中国言六艺者，没有不以孔子为准的，可谓至圣啊！"太史公的这番话，今天读来，仍然能引起我们强烈的共鸣！

时至今日，孔府、孔庙、孔林仍然是最为著名的儒学圣地，孔子后裔仍然受到尊崇。

九、人类精神觉醒

孔子为什么能有那样的品德？能做出那样的行动？能有那样的成就？能产生那样的影响？这都与他的思想中具有人类觉醒的精神有关。

孔子提倡仁爱，从自己开始，推己及人，孝敬父母，友爱兄弟，取信朋友，直至天下万物。

要让这样的仁爱落到实处，孔子便大力倡导礼。所谓礼，就是"克己复礼"，一方面约束自己的放纵，另一方面发挥本性的良善，使行为最终符合礼的要求。

仁是从内向外一层一层推出去，礼是由外向内一层一层收回来，两者一内一外，恰恰形成一个整体。

由此出发，孔子讲求忠恕。"己欲立而立人，己欲达而达人"[1]；"己所不欲，勿施于人"[2]。认识社会，与人相处，立身行事，一切以自己的人格和真实的内在精神为准则，自己认为可以接受、愿意接受的，才施予他人；自己不愿意接受、不能接受的，决不强加给他人。他认为这是可以终身奉

---

① 《论语》卷 3《雍也》。
② 《论语》卷 8《卫灵公》。

行的原则。这叫作忠恕之道。

孔子还盛赞一种品格。他劝导人们为人做事要勿过勿不及，好的要积极进取，不好的要有所不为。这叫作中庸之道，是人生中最高的道德境界。

孔子还倡导中和的品德，他说"君子和而不同，小人同而不和"。真正的君子不强求一律相同，而是允许保留不同的前提下达到和谐相处。

总之，这些思想与今天所奉行的道德准则是一致的，它们有一个核心，那就是认识到，大家都是人。既然都是人，便应有共性。既然有共性，所以才应讲忠恕，我的喜怒哀乐，在你那里也应该是喜怒哀乐。反过来，你的喜怒哀乐，在我这里也应该是喜怒哀乐。我不喜欢被奴役，我由此就应想到你也不会喜欢被奴役，那我们就不要有奴役。我不喜欢人有三六九等，少数人可以受教育，多数人却无权受教育，我就应该想到，任何人也不会喜欢。于是，就不应只有少数人受教育，而多数人无权受教育；于是，就应该实行"有教无类"。这是把所有的个体的人当作同类来看待。这是人类精神的觉醒。孔子创办私学教育，以他的方式立身、立功、立德、立言，都是这种觉醒的真实流露。我们可以毫不夸张地说，孔子的确发现了人！

第七章 战国七雄的改革(上)

春秋战国之交,诸侯国纷纷进行法制改革,在国内编制法典,颁布成文法,加强政权建设;在中央分别设立将相,实行文武两班;在地方上推行郡县制,加强官僚科层制度建设;在国内政策上,重视农业,扩充军队,把耕战视为国家的根本政策,为在兼并战争中占有有利形势而不遗余力。由于历史条件的不同,各国变法都表现了各自的特点,也涌现了一批杰出人物,改革的故事精彩而动人。

第一节 李悝变法与《法经》

战国时期,魏国开展改革活动较早,成绩也较大。

魏国的祖先毕公高与周同姓,有人说是文王之子,武王伐纣,被封于毕(今陕西省咸阳市毕原)。晋献公时有毕万,为献公车右武士。毕万在伐灭霍、耿、魏的战役中立有战功,封于魏(今山西省芮城县),为大夫。后来魏氏有庶子犫追随公子重耳流亡国外,重耳返回晋国当上国君,是为晋文公。晋文公命犫继承魏氏的家业,为大夫,死后谥为武子。到魏献子时,晋国公室卑弱,魏氏与中行、范、知、赵、韩六家强大,被称为六卿。晋顷公时魏献子执掌国政。他与儿子魏侈两代人,都联合赵、韩,攻范、中行氏。到他的曾孙魏桓子,联合赵襄子、韩康子伐灭知氏,分其地。这样,晋国就从六卿变成了三家。这就是有名的"三家分晋"的故事。公元前403年(魏文侯四十三年),魏与赵、韩一起被周室列为诸侯,有史家把这年当作战国开始之年。

桓子的儿子名叫斯，他就是有名的魏文侯。魏国的改革就是从他开始的。

魏文侯以"家贫则思良妻，国乱则思良相"①为由，广招人才，首开战国礼贤下士之风。大臣纷纷举荐人才，一时之间朝野济济。吴起任西河(今山西、陕西之间黄河沿岸一带，治所在今山西省汾阳市)守，西门豹为邺(今河北省临漳县西)令，乐羊伐中山(今河北省保定、石家庄一带)，李克守中山故地，屈侯鲋任太子师傅。魏文侯自己又以孔子弟子卜子夏、子贡弟子田子方、子夏弟子段干木为师，学习儒家经典，每次路过老师的住处，没有不扶轼致敬的，由此，誉满诸侯。魏文侯招揽人才，目的是实行法制改革。这场改革以李悝为首。

李悝，魏人，曾担任魏文侯的相。《汉书·艺文志》法家类首著李悝所作《李子》32篇。据《晋书·刑法志》，李悝对法律素有研究，著有《法经》，其中有盗、贼、囚、捕、杂、具6篇，可惜原书已经失传了，只能根据其他文献，略知大概。所谓《盗法》，针对的是侵犯财产所有权的犯罪行为；所谓《贼法》，对象是侵犯人身权利的犯罪行为；《囚法》，指有关审判的法律；《捕法》，指追捕逃亡的法律；《杂法》内含"轻狡"(轻狂)、"越城"(偷越城墙)、"博戏"(赌博)、"假借"(欺诈)、不廉(贪污贿赂)、淫侈(荒淫奢侈)、逾制(超越等级使用器物)共7种违法行为；《具法》指根据具体情况加重或减轻刑罚。这6篇内容有一个总的目标，就是惩治危害国家和社会的违法犯罪。《法经》究竟是个人法学著作还是国家法典我们尚不清楚。不过，后来商鞅从魏国入秦，就带着这部《法经》。商鞅之所以能够主持秦国的法制改革，并取得巨大成效，实在要感谢李悝的《法经》。再后来的《秦律》、《汉律》，也都是在《法经》的基础上补充扩展而编定的。

---

① 　(西汉)司马迁：《史记》卷44《魏世家》。

历史上说李悝实行"尽地力之教",主要有以下几项内容:其一,"必杂五种,以备灾害"。意思是同时种植粟(小米)、黍、麦、菽(豆)、麻五种农作物,以免作物单一,一旦遭灾,损失惨重。其二,"力耕数耘,收获如寇盗之至"。意思是耕作时要努力而精细,收获时要快速而及时,这样才能避免各种不虞之害。其三,"环庐树桑,菜茹有畦,瓜瓠果蓏,殖于疆场"。住宅周围栽种桑树,菜园整齐,有各类蔬菜,田间土埂也要种植各种瓜果。可见,李悝的"尽地力之教"实是尽最大可能,利用资源,发展农副业,提高产量。①

李悝还进行了粮价改革,叫作平籴法。《汉书·食货志》生动地记录了其内容,粮食价格,太贵了伤害城市居民,太贱了伤害农民。城市居民受到伤害就要离散,农民受到伤害则国家就要贫穷。所以太贵和太贱,对于国家和人民同样会造成伤害。善于治理国家的人,不要伤害城市居民,还要对农民有益。如今一个农夫养活五口之家,种地一百亩。一年的收入,每亩一石半,全部粟米就是一百五十石。扣除什一之税十五石,剩余一百三十五石。食用,每人每月一石半,五人一年就是九十石,剩余四十五石,每石三十钱,总共一千三百五十钱。除掉社间、尝新、春秋之祠用掉三百钱,还余一千零五十钱。衣服,每人平均用钱三百,五人一年用一千五百钱,尚缺四百五十钱。不幸而有疾病死丧费用及上缴赋敛,还未计算在内。这就是为什么农夫经常贫困,没有耕田的积极性,导致粮价腾贵的原因啊。善于平抑粮价的,一定要密切关注收成,年成丰歉皆可分为上、中、下三等,上等丰年为平时的四倍,能余四百石;中等丰年为三倍,余三百石;下等丰年为一倍,余一百石。小饥荒只能收一百石,中等饥荒收七十石,大饥荒三十石。所以,上等丰年政府从农民那里收购三百石,留下一百石;中等丰年收购二百石,下等丰年收购一百石,使民众刚好足用而粮价平抑

---

① 杨宽:《战国史》,上海:上海人民出版社,1980年版,第172页。

而止。小饥荒时便把下等丰年收购的粮食发放赈济；中等饥荒时则把中等丰年收购的粮食发放赈济；大饥荒时则把上等丰年收购的粮食发放赈济。这样，即使遇到水旱饥荒，粮价也不会腾贵，民众也不至流散。这就叫作取有余以补不足啊。①

早在 2000 年前，古人能想到这么细密，实在是难能可贵的了。当时天灾频繁，小农经济脆弱，魏国在当时能支撑强国地位，可能与这种管理有关。不过，这个政策到底实行了多久，尚不清楚。

第二节　公仲连改革与赵武灵王胡服骑射

赵国也是三晋之一。赵与秦共祖，仲衍曾为商朝大戊驾车，后世有蜚廉，他有两个儿子，哥哥叫恶来，事殷纣王，后为周所杀，他的后代为秦；弟弟叫季胜，也就是赵的祖先。季胜的曾孙名叫造父，善于驾车，曾事周穆王，西行见西王母，乐而忘返。结果东方发生变乱，周穆王日驰千里，返回平叛，事后论功，封造父赵城（今山西省洪洞县），是为赵氏。第 7 代叔带，正值周幽王无道，离开周来到晋国，事晋文侯。5 代以后逐渐强大，有赵夙，晋献公时为将，立有战功。赵夙的孙子赵衰，追随公子重耳出亡，重耳回国即位，是为晋文公。赵衰受封居原（今河南省济源市西北），为大夫，参与国政。晋文公返回国家执掌政权及称霸，大多是赵衰的计策。其子赵盾任正卿，执掌国政。赵盾的儿子赵朔曾任下军主帅，其孙赵武复为正卿。这时赵氏与知、中行、范、魏、韩合称六卿。到赵武的孙子赵简子（名鞅）时，击溃范、中行两家势力，攻占邯郸（今河北省邯郸市），在晋国专政，拥有的城邑与诸侯相当。到赵襄子（名毋卹）继位时，赵氏与知、魏、韩合称四卿，分了范和中行两家的故地，赶走晋出公。知伯骄横，向韩、

---

① 译自（东汉）班固：《汉书》卷 24 上《食货志》。

魏索地，韩、魏不得已而答应，再向赵氏索要，遭到拒绝。知伯便率领韩、魏攻打赵氏于晋阳(今山西省太原市晋源区)，眼看要攻破城池，赵氏暗中联合韩、魏，反而攻灭知伯，分其地。到赵襄子之孙烈侯时，与韩、魏一起列为诸侯。也正是这个时期，赵国开始改革。赵国改革有两件大事值得一书。

一、公仲连改革

公元前 403 年，赵烈侯被周威烈王列为诸侯。赵烈侯喜欢音乐，便问担任相国的公仲连说："寡人有喜欢的人，可以让他成为高贵的人吗？"公仲连回答说："可以让他富裕，却不能让他高贵。"烈侯说："好的。郑国的歌者枪和石两个人，我要赏赐他们每人万亩田。"公仲连说："是。"却不予。过了一个月，烈侯从代(今河北省西北部、山西省东北部)回来，问歌者田是否已经赏赐。公仲连回答："找了，没有找到合适的。"过了一段时间，烈侯又问，公仲连就是不给，还称病不朝。这时番吾(今河北省平山县)君从代来，对公仲连说："您实在是想做好事，却未知如何来做。您担任相国，于今已 4 年，推荐士了吗？"公仲连回答："还没有。"番吾君说："牛畜、荀欣、徐越都可以推荐。"公仲连便推荐 3 人。到了上朝的时候，赵烈侯又问歌者田怎样了。公仲连说："正在派人选择良田。"这时，牛畜以仁义和王道来开导赵烈侯，赵烈侯开始颜色和缓，有容纳之意。次日，荀欣建议选拔贤能担任官职，徐越建议节俭财用，考核功劳，赏赐无不得当。赵烈侯喜。派人对公仲连说："歌者田暂时停止吧。"任命牛畜为师，荀欣为中尉，徐越为内史。师是教化之官，中尉掌军事，内史负责财政。

关于这次改革，史家的文字虽然不多，却很重要。牛畜教以"仁义"和"王道"，是要赵烈侯有远大理想，要为了远大理想而克己纳谏。这是根本前提，没有这一条，就没有改革的事业。荀欣建议选拔贤能担任官职，徐越的建议重点在于"考核功劳"、"赏赐得当"，两人的建议是一致的。任用官员要凭才能，官员任命后，怎样保证行政效率？这就要做好考核工作，考核工作做好了，赏赐得当了，官僚机构才能真正发挥应有的作用。这是当时变法的核心举措。春秋以前，官员的任用主要凭血统、看出身，出身贵族，便天然有了担任官职的条件，没有贵族血统，能力再强、才能再优，也与官职无缘。春秋战国时期行政管理体制改革的核心问题就是废除靠血统担任官职的旧制度，开创凭德才担任官职的新制度。这是推动世卿世禄制向官僚科层制转变的根本举措。公仲连不同意赵烈侯要给歌者贵族身份的想法，只答应可以使他们富裕，与时代发展的这个潮流是一致的。牛畜等人的建议，其实就是公仲连的主张。公仲连的改革使赵国的行政管理从宗法制转到了官僚科层制的新轨道。

赵烈侯儿子敬侯元年，赵国正式定都邯郸。敬侯十一年，与韩、魏分晋地，迁晋孝公于端氏(今山西沁水)，以为食邑。后来，赵国又夺取端氏，迁晋孝公到屯留(今山西屯留)，以为食邑。成侯十六年，郑国取屯留，晋孝公之子晋静公沦为编户齐民，晋国至此彻底灭亡。

二、武灵王胡服骑射

公元前325年，成侯之孙雍即位，他就是武灵王。武灵王可是一位足智多谋、雄才伟略的君主。即位之初，武灵王年少，未能听政。有博闻师3人，左右司过3人。武灵王听政后，首先给先王贵臣肥义提高待遇，国之三老年龄80岁以上的，每月致礼。大概在武灵王即位的第3年，发生了"五国相王"事件，许多国家的君主纷纷称王，唯独武灵王不这样做。他说："无其实，敢处其名吗?"令国人称自己为君。因为这时的赵国多次兵败于秦，丧人失地，国势困顿。武灵王避开直接交锋，暗中侦伺强敌情形，开展积极的外交活动，参与了拥立韩、秦等国君主的活动，争取到有利的邦交形势。公元前307年春正月，武灵王在信宫召开会议，召肥义，商议天下大事，一连开了5天才结束。随后，武灵王北略中山、代，西至黄河，召楼缓，与他商议，说："我先王根据世道的变化，以长南藩之地，凭借漳、滏之险而建立长城，又取蔺皋狼（在西河郡），在荏打败林胡，但功业仍然未就。如今中山就在我们的腹心之地，北有燕国，东面有胡，西面有林胡、楼烦、秦、韩之边，而无强兵来救，这将使社稷危亡，怎么办啊。凡有高世之名的，必有遗俗之累呀。我要胡服！"

楼缓说："好！"

不过，武灵王的这一动议却遭到了群臣的反对。一天，肥义在旁，武灵王问他："我现在想沿着襄主的足迹，在胡狄之乡开辟土地，这是没世不见的功业……（实行胡服骑射）用力少而功多，可以不尽百姓之劳，而增加简子、襄子之功啊！凡有高世之功者，负遗俗之累，有独智之虑者，任悍民之怨。现在我要教百姓胡服骑射，世上一定会批评我。怎么办呢？"

肥义说："我听说，要做事，过于怀疑则无功；要行动，过于怀疑则无名。大王既然定下违背世俗之见的策略，恐怕不要顾虑天下的议论。凡论最高德行的，不会与世俗相和；成就大功业的，不会与众人相谋划。……愚蠢的人即使事情办成了还是不知其然；智慧的人事情尚未成形就已经了解了。大王有何怀疑的呢！"

武灵王说："我不再怀疑胡服了……胡地、中山，我必有之！"

于是，武灵王下令实行胡服骑射。

武灵王知道，要实行胡服骑射，首先遇到的障碍一定来自王亲国戚。于是便派人通知公子成，讲了一番亲戚要相互帮助的道理，要求他胡服上朝。公子成却以胡服变更古道、违逆人心为由给予拒绝。武灵王亲自前往公子成家，请求他同意胡服。他说："所谓服，是用来便于行动的，所谓礼是用来做事的，圣人因地制宜，因事制礼，是用来利民而厚国啊。你看那断发文身、交臂左衽，是瓯越之民的习俗；染黑牙齿、描画额头、鱼皮做冠、以草织衣，那是吴国之俗。所以，礼和服装不同，以便利为准则是一样的。地方不同而'用'也变化；事情不同而'礼'也更改。如果可利其国，圣人不会让'用'只有一个；如果可以方便其事，圣人也不会使'礼'只有相同的……我国东有河、薄洛之水，与齐、中山同之，无舟楫之用；自常山，以至代、上党，东有燕、东胡之境，而西有秦、韩、楼烦之边，今无骑射之备。所以，寡人无舟楫之用，夹水而居之民，将何以守黄河、薄洛之水？变服骑射，以备燕、三胡（东胡、楼烦、林胡）、秦、韩之边。过去简主不塞晋阳，以及上党，而襄主并戎取代，以攘诸胡，这不论是愚蠢还是聪明，都心知肚明。早先中山靠着齐国的强兵，侵暴我地，绑架我民，引水围鄗（今河北省柏乡县），若非社稷神灵保佑，则鄗几乎不守；先王以此为羞，而怨恨未能报仇。如今骑射之备，近可以观上党之形势，远可以报中山之怨，可您却碍于中国的旧俗，违逆简主、襄主之意，恶变服之名，忘记鄗城之羞，这不是寡人所期望的啊。"

公子成听罢，深受触动，再拜稽首，说："臣愚昧不达于王之义，胆大妄言世俗之见，臣之罪也。大王要继承简主、襄主之意，以顺先王之志，臣敢不听命吗！"

于是，公子成拜受胡服，第二天，穿着胡服上朝。这样，胡服令开始颁布。

不过，仍然有人反对。赵文、赵造、赵绍、赵俊等人纷纷劝阻武灵王，不要胡服，遵循旧法方便。武灵王坚决地回应道：

"那么多先王，风俗并不相同，效法哪个古呢？那么多帝王，也不是相互沿袭的，遵循哪个礼呢？伏羲、神农，只重教训，不行诛杀；黄帝、尧、舜，虽有诛杀，并不迁怒；到了三王，都是随时而制法，因事而制礼，法度制令，各顺其宜，衣服器械，各便其用的。所以，行礼不必只有一条途径，便国也不必效法往古。圣人的兴起，并非相互沿袭而成，夏、殷的衰落，也不是变了礼才导致的。如此看来，与古相反，不必否定，遵守古礼，也不必赞扬……在圣人看来，有利于身体的才叫作服，方便于做事的才叫作礼。凡进退的节度，衣服的规制，都是用来整齐普通民众的，不是用来品评贤者的。所以民众只能混同于流俗，唯有贤者才能与时俱变。有谚语说：'用书来驾驭，不会尽马之力。'以古治今的，是不明白事情的变化。遵循法的作用，虽不足以为世俗所称颂；但效法古代的学问，却肯定不足以规制当下。尔等不明此义呀！"

于是武灵王推行胡服，并下令招聘善于骑射之人。

第二年，武灵王的势力进入中山，到达宁葭(今河北省石家庄市西北)；向西进入林胡之地，到达榆中(今陕西省榆林市东北)，林胡王献马。胡服骑射很快收到成效。此后连年进攻中山，中山城池陷落，损失惨重，逼得中山王献城请和。

公元前 299 年(武灵王二十七年)，武灵王禅位给儿子惠文王，自称主父。武灵王想要身着胡服，率领军队，专门到西北攻取胡地，企图从云中、九原(今内蒙古自治区包头市境内)直接南下袭击秦国。为了勘察秦国地形，了解秦王为人，武灵王本人伪装成使者入秦。秦昭王不知道使者是武灵王，但见面时感到此人容貌壮伟，气度非凡，与身份不符，便派人驱逐。武灵王快马奔驰，出得关后，秦人经过仔细了解，才知道那是武灵王，大吃一惊。公元前 296 年(赵惠文王三年)，赵灭中山，把中山王迁到肤施(今陕西省肤施县)。

第三节　申不害教韩昭侯用术

韩的祖先与周同姓，韩万被晋国封到韩原(今山西省河津东)，称韩武子。其后三代有韩厥，号为韩献子，列为晋国六卿之一。他就是保护赵氏孤儿的主要人物之一。到其后代韩景侯时，与赵、魏一起列为诸侯。

从现有史料来看，战国时期韩国的改革起步较晚，而且文字极少，最有名的，就是韩昭侯时期的申不害改革。

申不害，京(今河南省荥阳市东南)人，京原属郑国，所以申不害应为郑国人。公元前 375 年(韩哀侯二年),郑国被韩国灭掉以后,申不害成为韩国人。哀侯之孙昭侯即位后,申不害受命改革。据司马迁《史记》记载,申不害是主张术治的,他的学说原"本于黄老而主刑名"①,曾著有《申子》一书,现已失传。唐朝类书《群书治要》第 36 卷中引用了《大体》。据这篇和其他文献中零星引用的文字可知,申不害的所谓刑名之术,目的是加强君主集权。具体做法可以分为两部分,一部分说的是官员选用和考核方法;另一部分说的是君主个人如何侦察、惩治臣下的奸邪行径的办法。

前者属于法制建设。在这个意义上,所谓术,即指根据能力而授予官职,然后再根据所任职务,监督、考核官员的行政绩效。君主和臣下之间订立契约,君主根据契约来检查臣下的所作所为,要求臣下做到名副其实,即工作要称职、言行要一致。其所作所为达不到契约要求的,要处罚;超过契约要求的,不但不予奖励,更要处罚。只有完全一致的,才可受到赏赐。因为他要求臣下做到"治不逾官,虽知弗言"②,即所作所为不得超越职责的要求,不属于自己职责范围的事情,即使知道,也不能随便说。这是官僚科层制度内的一条基本原则。

后者属于君主驾驭臣下的方法。为了达到整治臣下的目的,君主要把术藏在内心,暗中侦伺臣下的行动。它一方面要君主不露声色,表面上似乎无所作为,装作听不见、看不见、不知道,不暴露自己的欲望和智慧,使臣下无从窥探君主的意图,因此也就不会被臣下设计和利用。申不害把这叫作"独断"。另一方面在暗中则要求君主采取主动,对臣下施展各种办法,进行侦察。

韩昭侯对申不害的刑名之术心领神会,在实际生活中频频施展,《韩非子》中保留了一些这样的事例,有一次韩昭侯醉后睡着了,负责帽子的官员看了,担心君上着凉,便给他加了一件衣服。韩昭侯醒来,发现有衣服加

---

① (西汉)司马迁:《史记》卷 63《老子韩非列传》。
② (战国)韩非:《韩非子》卷 17《定法》。

在身上，很高兴，便问左右："谁加的衣服?"左右告诉他："是负责帽子的官员。"昭侯便同时惩治了负责衣服和负责帽子的官员，他认为负责衣服的官员失职，而负责帽子的官员越职。

一次韩昭侯命人把破旧的裤子收起来，侍者说："君也太不仁慈了吧，破旧的裤子不赏给左右，还要藏起来。"昭侯说："这不是你所知道的。我听说，明主之爱，一嚬一笑都不能随便表露，嚬有为嚬，笑有为笑。现在这条裤子，岂不比嚬笑还重要啊!一定要等有功者再赏给他，所以让你收藏起来，而不给什么人。"

还有一次，韩昭侯问道："吹竽的人太多了，我无法知道哪个吹得好。"田严回答说："一个一个地听。"

韩昭侯之时，黍的种子一度非常昂贵。昭侯派人到仓廪调查，发现果然有官吏大量盗窃黍种出售。

以上几则故事，说的是君主考核臣下是否称职，是否越权;赏罚要得当，不能随便赏赐;要重视调查，调查要具体，不能笼统。这些做法大体上还是有价值的，可以纳入法制的范畴。当然，术治还有阴谋权术的另一面。一次，韩昭侯把手指握在手心，攥成拳头，谎称掉了一片指甲，到处寻找，显得很着急，情急之下左右有人剪下自己的指甲交了上来。韩昭侯通过这个办法察知左右是否诚实。

还有一次，韩昭侯派人到县里，发现南门外有黄犊吃路边的庄稼。他告诫下属保密。然后下令："当今庄稼长苗之时，有法令严禁牛马入人田中，可是官吏不以为事，致使牛马甚多入人田中，命尽快将其数目举报上来。否则将重治其罪。"于是三乡举而上之。韩昭侯看了，说："所报不全，再去调查!"这才把南门外黄犊吃路边庄稼的事举报上来。官吏都以为昭侯明察，个个惊恐，不敢为非。

这两件事，被韩非纳入"挟知而问"①的范畴，意思是：关于某事，君主先行得知，但秘而不发，然后责问臣下，以此发现臣下是否诚实。这其实是观听的小伎俩，属于术治的末流，有的做法在今天看来，已经涉嫌诱惑侦察。这些不但无法制度化，甚至在日常生活中也是说不出口的。把这种做法当作重要的话题来论述，这说明当时的世道险恶、人心浇漓，已经到了非常严重的程度。

韩国法治改革是不彻底的。对此，过去的史家一般采用《韩非子·定法》的说法，认为是只注重术治，而忽视法治。

术中本来是有法的，勘验刑名可以在法制的轨道上进行，但韩昭侯无力改变韩国法制混乱的局面，也就不可能真正发挥术中法治的这一面，而只好把希望寄托在另一面的阴谋权术上。韩非的分析虽未能如此具体，但大体上指出了问题所在。如果把改革事业建立在阴谋权术上面，危险是可想而知的，因为阴谋权术本身是不受约束的。对此，《韩非子》中也保留了一些有价值的记录，赵国曾派人通过申不害向韩国请求援兵，来进攻魏国。申不害想对韩昭侯说，又怕韩昭侯怀疑自己里通外国，不说又怕得罪赵国，便让赵绍、韩沓先查看韩昭侯的行为举止，然后再说。这样，内则可以知道韩昭侯之意，外则可以有得赵之功。

韩昭侯曾对申不害说："法度很容易实行啊。"申不害说："所谓法，就是见功而与赏，因能而授官。如今君既然设立法度却听从左右之请，这就是为什么法难以实行啊。"韩昭侯说："寡人到现在才知道如何实行法治啊，哪里还听他人之请啊。"一天，申不害请求韩昭侯给他的堂哥一个官做。韩昭侯讥讽说："这可不是我所向您学到的东西啊。听从您的请求不就坏了您的道理了吗？还是不要听您的请求吧！"申不害马上辟舍请罪。

可见术是双刃剑，一面是法制，另一面是阴谋。申不害教韩昭侯实行

① （战国）韩非：《韩非子》卷9《内储说上七术》。

带有法制色彩的术治,可他自己又在侦伺昭侯的行动,有以术行奸之嫌,由此暴露出术治的矛盾:不仅可作君主治理臣下的手段,还可用来当作臣下对付君主的手段!至于他言行不一、为自己的堂哥当官请托昭侯,更生动地表现了改革本身的不彻底性。

第四节　吴起变法

传说楚国的祖先是帝颛顼高阳氏,颛顼乃黄帝之孙,可见,楚国的祖先也是黄炎之后,芈姓,后代或在中原,或在蛮夷,世系不清。周文王时,鬻熊为首领,事文王。其后熊绎,周成王时受封于楚,都丹阳(今湖北省枝江市)。楚居南蛮诸部之间,被中原视为蛮夷。他们也自视为蛮夷。春秋时期,与中原相对峙,时常挑战周王室的权威。文王熊赀都郢(今湖北省荆州市)。楚庄王时,甚至攻伐中原,问周鼎的大小轻重。同时,楚国在文化上的中原化也在不断进步。春秋后期,楚国甚至培养出熟读《三坟》、《五典》、《八索》、《九丘》的优秀人才。楚国较早地实行县制。这说明无论在法制建设上,还是在文化建设上,楚国都取得了很大进步,到战国中后期,已不能再视其为蛮夷了。

不过到了战国时期,楚国进步的步伐似乎慢了下来。比起三晋、齐、秦来,差距越拉越大,直至衰落下去。除了县制和文化的中原化,楚国的其他改革并不明显,战国中期的吴起改革也只是昙花一现,并未起到多大作用。不过,楚的吴起变法比较突出地表现出自己的特点,有必要加以了解。

吴起,卫国人。早年曾到鲁国,跟从曾申学习,曾申是孔子弟子曾参的后人。吴起后来学习兵法,善于用兵。当齐国进攻鲁国时,鲁国想用吴起为将,但因吴起的妻子是齐国人,便怀疑吴起不能尽力为鲁国效力。为了成就个人功业,吴起残忍地杀害了妻子,以表明不支持齐国的态度。鲁国最终任命他为将,率领鲁军进攻齐国,大破齐军。后来,鲁国有人向鲁君进言，批评吴起，说："要说吴起，真是个残忍的人啊！年少的时候，家有千金，可他外出求官不成，结果家里破了产。乡里邻人笑话他，他竟然杀掉30多个嘲笑他的人，然后逃出卫国的东门。在与母亲诀别时，他咬破手臂，发誓说：'吴起若不能当上卿相，就不回卫国！'之后他跟从曾子学习。不久母亲去世，吴起竟不归家奔丧。曾子看不下去，便与他断绝了关系。于是吴起改学兵法，服务于君。后来受到君的怀疑，他竟杀掉自己的妻子，以求为将。鲁本是小国，现在却有战胜之名，恐怕诸侯就会图谋鲁国了。鲁国和卫国本是兄弟之国，君若用吴起，就等于抛弃了卫国啊！"

鲁君起了疑心，便辞退了吴起。

吴起听说魏文侯贤，便想投奔魏国。魏文侯问李克："吴起是怎样的一个人？"李克说："吴起，贪而好色，但是用兵，司马穰苴不能超过他！"魏文侯便任命吴起为将，进攻秦国，拔五城。

吴起做将军，衣服、饮食与地位最低的士卒一样，睡觉不铺设席子，走路徒步而行，随身携带自己的口粮，分担士卒的劳苦。有个士卒得了脓疮，吴起亲自用嘴替士卒吮吸脓血，士卒的母亲听到后痛哭失声，旁边有人不解，问道："您的儿子是个士卒，而将军亲自为他吮吸脓疮，您为什么还要哭呢？"母亲边哭边说道："不是这样啊！往年吴公替孩子的父亲吮吸，父亲奋力战斗，死于敌手；如今吴公又替儿子吮吸，我真不知道儿子要死在哪里啊！所以才哭的。"

魏文侯认为吴起善于用兵，廉洁、平等，能得士卒之心，便任命他为西河守，以抵御秦、韩，直至武侯之世。不过，很快吴起又遭到魏国权要的排挤而投奔楚国。

公元前390年，吴起来到楚国，被楚悼王任命为宛(今河南省南阳市)守，以防御魏、韩。第二年，升任令尹(楚国官名，相当于其他国家的相国)。后来，在他主持下，楚国开始实行改革。

吴起改革的基本原则是"损有余而继其不足"①。他发现，一方面楚国的大臣权位太重，封君人数也过多；而另一方面却是"贫国弱兵"，于是决心加以改革。他申明法令，明确法律的立法和司法原则；取消百吏的禄秩，裁减各种冗官；下令规定封君只沿袭三代，之后则收回爵禄。这就无异于废除了疏远的公族。然后，用裁撤下来的经费补给选练的武士，以提高军队的战斗力。

吴起本是军事家，著有军事著作，《汉书·艺文志》著录有《吴起》48篇；《隋书·经籍志》有《吴起兵法》1卷。他主持的这场改革，事实上也是围绕着军事建设展开的。实行这样深刻而重大的变革，难免要触犯许多人的利益，而改革的时间又过于短暂、进程过于神速，改革者与改革对象之间没有任何沟通、协调的余地，矛盾很难缓和下来，形势就像高悬的瀑布，无法遏制地朝着政治化的深渊下落。司马迁说楚国的王亲国戚都想要杀掉吴起，恰恰表现了当时的紧张形势。改革不到一年，楚悼王不幸去世。楚悼王死后，楚国的宗室大臣果然群起作乱，攻杀吴起。吴起逃到楚悼王的灵柩里，隐伏在尸体下，围攻的人或者射箭，或者用兵器刺击，结果，杀死吴起，同时也击中了楚悼王的遗体。安葬了楚悼王之后，太子即位，使令尹处罚击中楚悼王遗体的人，射杀吴起而受夷族处罚致死的，竟有 70 多家。司马迁在《史记·吴起传》赞语中说："(吴起)以刻薄少恩亡其躯，悲夫！"这样的悲剧，既可看作吴起个人的，更应看作法家群体的。

楚国的改革失败了，军政大权始终掌握在贵族昭、景、屈三家之手，韩非曾感叹"楚不用吴起而削乱"②是有道理的，楚国最终因改革不彻底而削弱。

---

① （西汉）刘向：《说苑》卷 15《指武》。
② （战国）韩非：《韩非子》卷 4《和氏》。

第五节 齐威王整饬吏治

战国时期，统治齐国的是田氏家族。田氏的始祖是春秋前期齐桓公时候逃亡来到齐国的陈国公子完。在古代，陈和田这两个字通用，所以陈氏又叫作田氏。齐桓公任命田完为工正，即负责官府手工业的官。几代过后，田氏便迅速发展起来。到了第6代田乞的时候，田乞通过大斗出贷、小斗归还的策略，争取到民心，势力迅速膨胀，竟至拥立君主，担任国相，在齐国专政。田乞的儿子田常继续担任国相，也继续实行大斗出贷、小斗归还的策略，势力飙升，甚至谋杀齐简公，拥立齐平公，铲除其他强宗大族，在齐国形成一家独大的局面。到第10代田和的时候，被封为诸侯。而姜姓的齐康公被迁到海上，仅食邑一城，作为祭祀祖先的地方。到了公元前356年(齐威王元年)，齐康公死去，无后，奉邑入于田氏，齐国也就成为完全的田氏齐国了。

齐国田氏的改革以整饬官僚队伍为重要内容。

齐威王即位之初，由卿大夫治理国家，9年之间，外敌来攻，国内混乱。针对这种情况，齐威王经过暗中准备，实行改革，从整顿吏治开始。他召即墨的行政长官来，对他说："自从你担任即墨长官以来，我每天听到对你的批评。可是，我派人考察即墨，发现那里田野开辟，人民丰足，官府没有积压的案件，东方得以安宁。这说明你没有买通我的左右来求表扬。"

于是封给即墨大夫万家。又召阿(即东阿，今山东省阳谷县)的长官。对他说："自从你担任阿的长官以来，我天天听到对你的赞扬。可是，我派人视察阿，却发现那里田野没有开辟，人民贫苦，赵国进攻甄，你未能救，卫取薛陵，你甚至都不知道。由此可见，你是用厚礼买通了我的左右以求美誉啊。"

就在这一天，下令烹掉阿大夫及左右曾称誉的人。接着，下令起兵向西攻击赵、卫，在浊泽(今山西省运城境)打败魏国，包围魏惠王，魏惠王割地请和，赵国也归还齐国长城。于是，齐国震惧，无人胆敢饰非，个个定要竭诚，齐国大治。诸侯听说后，20多年不敢加兵于齐。

大概就在公元前348年(齐威王九年)，一天，邹忌鼓琴求见，齐威王很高兴，便请他住上室，以示优礼。过了一会儿，齐威王鼓琴。

邹忌立即推门而入，大声说："王鼓琴，太好了!"

齐威王勃然不悦，放下琴，以手按剑，问道："夫子只知鼓琴，未察究竟，怎么知道好呢?"

邹忌说："大弦缓而温，像君主；小弦急而清，像国相。弦按得深沉，放得舒缓，就像政令。声音和鸣，大小相益，曲折而不相害，就像四时。由此我知道好啊。"

齐威王说："好! 说说音律吧。"

邹忌说："何独音律，凡治理国家而安定人民的道理都在其中啊。"

齐威王又勃然不悦，说："关于五音的道理，实在没有比得上先生的；可是说到治理国家安定人民，丝桐之间有何作为?"

邹忌说："除了刚才说的，还有，重复而不乱，这个道理可用来使政治昌盛；连续而顺直，这个道理可用来保存将亡之国。所以说，琴音调而天下治啊。"

邹忌用弹琴比喻治理国家安定人民的道理，给齐威王极大启发，齐威王听罢大悦。3个月后，邹忌接受相印。

早在齐威王的父亲田桓当政时，齐国就在都城临淄稷门附近设立学术机构，号称"稷下学宫"，招揽天下优秀的学者和思想家前来研习、讲学、议政，一直延续到后代。其中各家各派都有，如儒家的孟子、荀子，法家的慎子，道家的环渊、接子、田骈，墨家的宋钘，名家的尹文，五行家的邹衍，小说家的淳于髡等。他们被称为"稷下先生"或"稷下学士"，宣王时有 76 人被授予上大夫名号，或称"博士"，修建高门大屋尊崇之。后来稷下学宫的人数一度成百上千，临淄也因此成为天下学术文化中心，齐国的名声和影响无人匹敌。就在邹忌任命不久，稷下先生淳于髡来见邹忌。淳于髡是稷下学者中最善用隐语表达见解的一位，这次也不例外。

淳于髡说："行事得全，结果全好；行事不得全，结果全不好。"

邹忌随即应道："谨听先生所教。我一定遵而行之！"

淳于髡："棘木车轴用上猪油那就再润滑不过了，但穿孔若方，仍不能运转。"

邹忌："谨听先生所教。请让我谨事君之左右！"

淳于髡："做弓之法，用胶加诸弓木，强令其合可也。如有空隙则无法黏合矣。"

邹忌："谨听先生所教。请让我谨自附和于万民！"

淳于髡："狐裘纵使破了，也不要用黄狗之皮来缝补。"

邹忌："谨听先生所教。请让我谨慎地选择君子，不让小人掺杂其间！"

淳于髡："车轮不校正，大车也不能负载常规的重量；琴弦不校正，琴瑟就不能奏出五音。"

邹忌："谨听先生所教。请谨修法律而督奸吏！"

淳于髡说了 5 句话，其实都是隐喻，即用生活中的现象比喻政治道理。邹忌头脑机敏，反应神速，一一作答，如响应声，如影随形，实在非同寻常。最重要的是第 5 句，揭示了齐国改革的主题，那就是：加强法制建设，整治奸邪官吏。齐威王对即墨大夫和阿大夫的赏罚，恰恰是这个主题的体现。

公元前 333 年(齐威王二十四年)，齐威王与魏王会猎于郊，魏王想炫耀自己的财富，便问道："王有宝贝吗？"

齐威王答曰："没有。"

魏王说："寡人国小啊，可还有 10 枚 1 寸大小能够照耀前后各 12 乘车辆的珠子。万乘之国怎么能没有宝贝呢！"

189

齐威王说："寡人所认为的宝贝与王有所不同。我的臣子中有个叫檀子的，派他守南城(齐国南境之城)，楚人不敢向东为寇，泗水上的诸侯都来朝拜；还有个叫肦子的，派他守高唐(今山东省高唐县)，赵人不敢向东到黄河打鱼；我的官吏中有个叫黔夫的，派他守徐州(今河北省大城县)，则燕人祭齐北门，赵人祭齐西门以求福，迁徙的有 7000 余家；我臣子中还有个叫种首的，派他防备盗贼，则道不拾遗。这些人都可照耀千里，岂止是12 辆车呢!"

魏王听罢，深感惭愧。

的确，齐国重视人才，这在各国改革中是突出的。齐国历经齐威王、齐宣王、齐湣王三朝，国势强盛，四处扩张，取得胜利，甚至一度竟要吞并周室、自为天子，泗上诸侯、邹鲁之君皆称臣，连大国都感到恐惧。这些都与齐国改革中培养了大批人才有关。

第六节　燕昭王富国强兵

燕国的始祖是周召公，关于他与周王室的关系，说法不一。有的说他仅仅是与周同姓，有的说他是周文王的儿子，周公的哥哥，不管怎样，他与周王室关系密切是可以肯定的。武王克商后，召公受封于北燕，治地在蓟(今北京市)。到战国时期，已传了 35 位君主。燕距中原较远，春秋战国时期，中原各国史书中关于燕的记载不多。就现有材料看，战国时期燕国有两件大事与改革有关，一个是燕王哙让位给相国子之引起大乱，另一个是燕昭王富国强兵攻灭齐国。

战国时期，燕国势力不强，经常受到齐、赵、魏等国的侵扰，上层还搅进了纵横家的策略中去。燕王哙即位时，齐国杀掉了苏秦，苏秦与燕国的子之为儿女亲家。齐国仍任用苏代，而苏代也与子之关系密切。公元前318 年(燕王哙三年)，子之任相国，地位崇高，决断朝政。这时苏代代表齐国出使燕国。燕王哙问他："齐王怎样?"苏代回答说："必不霸。""为什么?""不信任臣下。"苏代这样说是为了激燕王哙尊崇子之。结果，燕王哙真的更加信任子之。子之送给苏代黄金百镒(每镒 24 两，或说 20 两)，任他驱使。之后，又不断有人向燕王哙进言，结果燕王哙真的把国政交给子之，甚至还收缴三百石以上官员的印绶，交给子之。子之南面行王事，燕王哙年老，不听政，反为臣子。这样，国事都由子之决定，国家大乱，百姓恫恐。太子与将军谋攻子之。这时，齐国诸将建议齐湣王乘隙攻伐燕国。齐湣王派人向燕太子表示支持。太子对子之发动武装行动，内战爆发，数月之间，死人数万。齐国趁机出兵进攻燕国，燕国士卒不战、城门不闭，燕王哙、太子和子之都被杀死。第二年，燕人共立昭王。

燕国的改革就是燕昭王发愤图强、复兴燕国的艰苦历程。

燕昭王即位后，面对着城破国衰的局面，不得不卑身厚礼招揽贤人，他对郭隗说："齐国趁着我国内乱而袭破都城，我深知燕国力小势弱，不足以报复，但如果真能得到贤士以共同为国，以雪先王之耻。这就是我的愿望啊！先生若看到有合适的人选，我愿意亲自侍奉他。"

郭隗说："王一定要求士的话，请先从郭隗开始。"

于是，燕昭王为郭隗重修宫室，奉为老师。很快，乐毅、邹衍、剧辛分别从魏、齐、赵来到燕国，其他士人也争相奔赴燕国。

从此，燕昭王吊死问孤，与百姓同甘苦，用了 28 年，国家殷实富裕，士卒乐逸轻战。于是，燕昭王任命乐毅为上将军，与秦楚三晋合谋伐齐。齐国兵败，齐湣王逃亡在外，燕兵乘胜追击，攻入齐国都城临淄，把宝物洗劫一空，烧其宫室宗庙，齐国城邑，除了莒和即墨，其余都被燕国攻下。

可见，燕昭王重用贤人、亲附百姓的策略取得了极大的成功。在特殊的历史条件下，燕国的改革尽管范围狭窄，程度不深，但却呈现出了独特的风貌。

第八章　战国七雄的改革(下)

第一节　商鞅变法与秦的崛起

传说颛顼之后有个叫女修的女子，她在纺织的时候，一只玄鸟(燕子)降下卵，女修吞下，便生了大业。大业就是秦的祖先。大业之子大费辅佐虞舜调驯鸟兽，舜赐姓嬴。其后有蜚廉，服侍殷纣王。蜚廉之后有造父，善于驾驭，服侍周穆王，有功，封于赵城，是战国赵氏的祖先。蜚廉的另一位后人叫非子，也因为造父的影响而姓赵氏。非子替周孝王在泾水和渭水之间养马，有功，被赐为附庸，在秦(今甘肃省陇西县)建立城邑，号称秦嬴。周平王东迁时，秦襄公护驾有功，被封为诸侯，赐岐山以西之地，平王称："戎无道，侵夺我岐、丰之地，秦能驱逐戎，即有其地。"[①]秦穆公晚年，采用由余之谋，伐戎，兼并了12国，开辟千里土地，称霸西戎，成为春秋五霸之一。

秦国地处西陲，与戎狄杂处，文化落后，直到公元前384年，才废止殉葬之俗。而且，由于强大的中原霸主晋国的阻隔，秦国一直无法越过黄河向中原发展。非但如此，河西地(今陕西省黄河以西的地区)也被晋国夺取。到了战国初年，眼看着三晋及东方各国纷纷变法革新，秦面临着继续落后的危险局面。

---

① 　(西汉)司马迁：《史记》卷5《秦本纪》。

公元前361年，年满20岁的秦孝公即位时，形势更加严峻，东方六国正蓬蓬勃勃开展变法运动，在齐国是威王当政，魏国是惠王(即梁惠王)，国势正盛。魏、楚与秦相邻，对秦造成很大压力。秦孝公虽积极有为，赈济孤寡、招收能战之士、申明有功则赏，但仍感到不足以使秦国富强。于是，秦孝公发布了《求贤令》："过去我的先人穆公在岐、雍之间，修德行武，然后东向平定晋乱，以黄河为界，西霸戎狄，广地千里，天子授予霸主称号，诸侯皆来朝贺，为后世开辟基业，甚是光彩而美好。不幸厉、躁、简公、出子，国政不宁，内忧无暇顾及，遑论向外发展！三晋夺取我祖先留下的河西地，诸侯都瞧不起秦国，没有比这更大的羞耻了！先君献公即位以来，镇抚边境，迁都栎阳(今陕西省西安市一带)，目的正是要向东发展，恢复穆公的故地，遵循穆公的政令啊！寡人想到先君的这个志向，就常常感到痛心。宾客群臣，有能出奇计使秦国强大的，我就尊崇他，给他官做，与他分享土地！"

这道《求贤令》影响甚广，远在魏国的商鞅便是在得知消息后毅然投奔秦国的。

商鞅，卫国人，当时人称卫鞅，祖上曾是公室的庶公子，故以公孙为氏，又称公孙鞅。商鞅是他受封商君之后史家对他的称呼，为了叙述的方便，本书一律称他为商鞅。我们知道，宗法制度下，诸侯公室里的嫡长子可以继承君位，余子则受封为卿大夫；卿大夫的嫡长子继承卿大夫之家，他们的余子则受封为士，有少量土田和徒属；士的嫡长子也可继承士的产业，余子则下降为庶人。随着时间的推移，几代下来，卿大夫和士的余子人数过多，没有财产权利继续分封，这些人(其中有的有士的身份却无士的产业，有的连士的身份也没有)若能学得一技之长，还可成为社会上的自由职业者，否则就沦落为普通庶人了。商鞅大概就属于成为自由职业者的那一群人。他少时喜好刑名之学。所谓"刑名"，即"形名"，也即"名实"，指官职与行政、职责与行动。刑名之学是关于如何处理好形名关系，做到名实相副、保证行政符合官职和职责要求的学问,可用于官员的铨选、监督、考核等方面,相当于今天的行政管理学或人力资源管理学。

商鞅到魏国谋事,担任相国公叔痤的中庶子(战国时代国君、太子、相国的侍从之臣),因有能力而受到赏识。不巧公叔痤病重,梁惠王亲自前来探望,问公叔痤:"公叔有病,假如不治,那让社稷怎么办啊?"公叔痤说:"痤有一个中庶子叫公孙鞅,虽然年少,但有奇才,愿大王举国而听他的。"梁惠王没有作答。梁惠王要离开的时候,公叔痤屏退左右,对梁惠王说:"大王若不能用公孙鞅,那就一定要杀掉他,不要让他出境。"梁惠王答应后便离开了。梁惠王走后,公叔痤召公孙鞅来到跟前,表示歉意说:"今天王问可以担任相国的人,我举荐了你,可是王不同意我的建议。于是我就先君后臣了,便对王说:'既然不用公孙鞅,那就应当杀了他。'王同意了。你赶快离开吧!否则就要被抓了。"商鞅说:"王既然不能用君之言任臣,又怎能用君之言杀臣呢?"于是没有离开。梁惠王离开后,对左右说,"公叔病重了,可惜啊,要让我举国听公孙鞅的,岂不太荒谬了!"公叔痤死后,商鞅听到秦孝公颁布了《求贤令》,要恢复穆公业绩,向东收复失地。于是便向西投奔秦国。

来到秦国后,商鞅是通过得宠的近臣景监的推荐才见到秦孝公的。两人见面时,谈了很久,秦孝公不断地打瞌睡,根本就没听进商鞅所言。过后秦孝公生气地对景监说:"你的客人是个虚妄之人,哪能用呢!"景监便来责怪商鞅,商鞅说:"我用帝道说公,公志不开悟啊。"过了5天,请求秦孝公再次接见。这次见秦孝公,商鞅继续前日所言,仍然没有符合秦孝公的想法。事后秦孝公再次责怪景监,景监又责怪商鞅。商鞅说:"我用王道说公,仍未听进去。请求再次接见。"第3次见面,秦孝公感觉良好,但尚未提到任用的事。商鞅离开后,秦孝公对景监说:"你的客人不错,可以和他交谈了!"商鞅说:"我用霸道说公,他的意向大概要用之。我知道,他肯定要再见我的。"商鞅再次晋见秦孝公,谈论中,秦孝公不自觉地将膝盖向前越出席子，一连谈了几天也不觉得厌倦。事后景监问商鞅："先生用什么办法打动了我君？竟使得他如此的高兴呢？"商鞅回答道："我用三代的帝王之道说公，公说：'时间太长了，我不能等待啊。贤君应在有生之年就显名天下，怎能等待数十甚至上百年来成为帝王呢！'所以，我用强国之术说君，君这才大悦。但这样的国家却难以比德于殷、周了。"

秦孝公决定任用商鞅，实行变法，但还是担心遭到非议。商鞅对他说："疑行无名，疑事无功。凡行为高出常人的，肯定要受到大家的非议；凡思虑有独到见解的，也会遭到民众的诋毁。愚蠢的人事情办成之后还未明白，有智慧的人事情还未有苗头就已经有所洞见。不可与民众谋划事情的开始，但可以与他们享受事后的成果。说到最高的德行，那与流俗是不相和的；成大功的，也不是与众人相谋而得到的。对于圣人来说，只要可以强国，就不必效法故事；只要可以利民，就不用遵循旧礼。"

秦孝公这才坚定了信心。

公元前359年(秦孝公三年)，正当秦孝公、商鞅准备变法之时，有大臣表示反对。代表人物有甘龙、杜挚。二人提出异议，结果，又引起一场争论。

甘龙说："圣人并非改变旧俗来教导人民，知者并非改变法律来治理。顺应风俗来教导人民，不劳而成功；守着旧法而治理，官吏习惯而人民安定。"

甘龙从国内经济、社会的角度看问题，如果是为了提请变革者注意以民为本和稳定社会的重要性，那么的确是有一定道理的。不过，他拒绝变法，这与秦孝公要变法图强、创造有利战争形势的战略构想是不相容的。商鞅反驳道："甘龙所言乃世俗之言。常人安于旧俗，学者拘于所学，此两者用来居官守法尚可，却不能用来谈论成法之外的事务。三代不同礼，但都可以王；五霸不同法，但都可以霸；智者创作律法，愚者只能受制；贤者变更礼节，不肖者只能拘泥成法啊。"

商鞅承认，如果不考虑称王称霸，当然可以墨守成规。但是，既然秦孝公的目的是要成就霸业，那么就必须根据历史的经验，实行改革。这段话的言外之意是嘲笑甘龙之流不懂历史变化治道也应随之变化的道理，属于那些不会创造、只知循规蹈矩的愚者和不肖者。其实，商鞅变法也有顺应民心的因素，像奖励军功、惩罚怠惰。这些都是根据人性中的某些内容而设计的，问题是他本人并没有沿着这个思路发掘其中的立论价值。

杜挚则批评说："没有百倍的利益，就不应变法，没有十倍的功效，就不应更换器具。效法古代不会有错，遵循礼制也不会出现偏差。"

杜挚换了一个方向，从成本核算的角度来看问题，当然也是有一定道理的。不过，他的目的却是维护旧制度不能变革，这是商鞅所不能同意的。商鞅仍然坚持他的主张："治理世事不能只用一个方法，有利于国家就不能只效法古代。商汤和周武都是不遵循古代之法而王的，夏桀和商纣都是不更礼而灭亡的。与古代相反的不必非议，遵循礼制的也不足赞扬。"

商鞅企图用历史来说明问题，他想树立这样的历史规律：变革者成就王业，不变革者身死国灭。他想把这当作最大的道理，可是从理论和事实上看，他对杜挚的驳论都是无力的，原因也很清楚。古代中国人习惯从经验上看问题，很少有人能从理论上做出深入具体的探讨和研究。一般认为，变法尚未展开，实际效果当然无从计算。商鞅只从朝代兴灭的大道理上做经验性的说明，而不从成本效益的角度对杜挚的观点做出富有针对性的具体反驳。这表明他的立论是不充分的。况且，他说桀纣是不变法而灭，也是不符合历史实际的。事实上，桀纣之所以被后世认为暴虐，就是因为他们较为剧烈地改变了传统的权力结构和利益关系，所以才引起反抗，最后遭到失败的。这说明，像商鞅变法这样成功的较大的改革运动，在一定程度上的确也有它的盲目性和冒险性，思想准备是不充分的。不过，幸运的是，历史事实回答了杜挚的提问，从秦国走向富强和统一的角度看，商鞅变法所取得的效果，何止是十倍百倍！

当然，不管甘龙和杜挚之流如何的反对，秦孝公一锤定音，最终决定颁布变法之令。

商鞅变法分两次进行，公元前 356 年(秦孝公六年)，商鞅被任命为左庶长，开始第一次变法，现根据传统史书将法令内容略加梳理如下：

第一，什伍连坐。法令规定，民按十家为什、五家为伍编制起来，实行互相禁察监督连坐的制度，不告奸的，腰斩；告奸的，与斩敌首的同赏，即告奸一人，得爵一级；藏匿奸人的，与投降敌人同罪，身被刑，家口没官。这是加强对民众的管理，为实施其他法律打下基础。

第二，处罚聚居。规定民众家有两个儿子而不分家单过的，加倍征收赋税，即一人出两份赋税。这是为了增加税收而采取的措施。

第三，奖励军功。颁布按军功赏赐的二十等爵制度。二十等爵是政府对有功人员的一种记录和奖励制度，按爵的等级授予一定特权。这些特权包括占有耕地、住宅、服劳役的"庶子"和担任一定的官职等，爵位高的还可以获得三百家以上的"税邑"以及减刑特权。而军功的大小，以在前方斩得敌人首级多少来计算。首级用"馘"(被斩敌人的左耳)为凭证。斩敌人甲士首级一颗的赏给爵一级，要做官的，委以五十石俸禄的官职。官职的提升与斩首军功相称。有军功的，按法律赏赐上级爵位；宗室若没有军功，不得列入宗室的属籍。同时，申明尊卑爵位秩序，各有等级差次。根据各家的爵位等级占有田地、男女奴隶和衣服用具，不得逾越。总之，有功的，显赫尊贵；无功的，虽为富家，也不能荣耀显达。至于私斗的，则根据轻重给予大小不等的处罚。

第四，重本抑末。法令规定，努力从事本业，生产粟、帛多的，免除本人的徭役；从事末利即工商业的，以及因懒惰而贫穷的，罚为官府的奴隶。《商君书》有《垦令》篇，记载了许多重农抑商的措施，鼓励垦荒就有二十多条。同时，规定商人必须向政府登记奴隶的数目和名字，以便摊派徭役；提高市场上酒肉的税额，高于成本十倍；加重关卡和市场上的商品税；

不准私自贩卖粮食，防止商人垄断市场，牟取暴利；由政府统一管理山泽之利等。

法令草拟好后，商鞅担心民众不能相信，便采取试验措施，树立典型，以坚定民众信心。于是，商鞅派人在国都市场南门立3丈高之木，下令招募民众，有能把该木移到北门的，赏10金。民众感到奇怪，没人敢动。又下令有能徙者，赏50金。有一人真的把木移到北门，结果，真的赏给他50金，以表明不是欺骗。这才颁布变法令。历史上把这件事叫作"徙木立信"。

不过，变法最初不像预期的那么顺利。一年后，秦国百姓来到国都说新法不便的竟达到上千人。恰巧在这时，太子犯法，变法运动面临着严峻考验。商鞅说："法之所以不能实行，是由于上层有人犯法。"将处罚太子。不过，太子是国君的继承人，按当时习惯不能施加刑罚，于是只好处罚太子的老师，作为太子之傅的公子虔受到刑罚，太子之师公孙贾受到黥刑。从此以后，秦民都趋而从令。

关于变法的效果，史家说，新法"行之十年，秦民大悦，道不拾遗，山无盗贼，家给人足，民勇于公战，怯于私斗，乡邑大治"①。这些话说得太笼统，再好的改革也不会做到如此的完美。可是，如果那些改革措施都起了作用，以上描述的情况至少在一定范围内、一定程度上是存在的。

这时，那些在改革之初说变法不便的秦民中，有些人又来说变法如何的好。商鞅说："这都是些乱化之民啊！"下令把他们全部迁徙到边城。后来，民众没有再敢议论法令的了。第一次变法以这个行动收尾，总使人有种不祥之感。

公元前352年(秦孝公十年)，商鞅因功升任大良造(秦爵第16级)。

公元前350年(秦孝公十二年)，秦国在咸阳(今咸阳市秦都区一带)营造巨大的宫殿，秦孝公从雍(今宝鸡市凤翔区)迁都到咸阳，下令实行第二次变

---

① （西汉)司马迁：《史记》卷68《商君列传》。

法。具体内容如下:

第一，改良风俗。禁止父子兄弟同室内生活。

第二，推广县制。把小乡邑聚集起来，合并成县，设置县令、县丞，共有31县。县令系一县的最高行政长官，代表国君对百姓实施统治和管理，由国君任免。县丞协助县令，掌管民政，县尉掌管军事。公元前349年(秦孝公十三年)，"初为县有秩史"，即在县官之下开始设置有定额俸禄的小吏。至此，县级行政机构便正式确立了。

第三，破除井田，承认私田。《史记》上叫作"为田开阡陌封疆，而赋税平"。"阡陌"指田间南北东西交叉的小径以及划分小块田地的标志，阡陌间一般为一亩;"封疆"指堆土为疆界，系区分大块土地的标志，封疆内一般为百亩。所谓"阡陌封疆"与传统的生产方式结合起来，就是古代的井田制。井田之上，有一定的所有制关系，如公田、私田之分;还有一定的耕作方式，如耦耕法;更有固定的租税形式，如贡、助、彻，大体说来，相当于收成的1/10。这个制度与传统的生产生活方式相联系。商鞅变法的所谓"开阡陌封疆"，即破除田地间的这些界限，同时也破除传统的生产生活方式，重新划定每亩的面积，改过去的小亩为大亩，允许人民自行开荒，承认新的土地所有制关系。

第四，统一度量衡。应赋税制度、俸禄制度和市场的需要，公元前344年(秦孝公十八年)，实施统一度量衡制度的法令，将作为量器的斗、桶，衡器的权、衡，以及作为度器的丈、尺各自尽行统一。

第五，征收军赋。公元前348年(秦孝公十四年)，秦国"初为赋"，即开始按户、按人口征收军赋。《秦律》称作"户赋"、"口赋"。《秦律》还规定，男子成年要向政府登记，分家另立户口，并缴纳户赋。隐匿不报的，严加惩罚。男子成年不分家登记户口的，加倍征收户赋。

这些措施是第一次改革的进一步深化，从土地制度、市场管理制度和行政管理体制上为经济社会的发展奠定了坚实基础，更主要的是为秦国政府加强统治、搜刮更多财富奠定了基础。

公元前 346 年(秦孝公十六年),太子傅公子虔再次犯法,被处以劓刑。

公元前 343 年(秦孝公十九年),周天子致胙于(按礼节把祭祀用过的肉赐予)秦孝公,公元前 342 年(秦孝公二十年),诸侯皆来朝贺。这标志着改革取得了成功,秦国的国力有了很大提高。

第二年,公元前 341 年(秦孝公二十一年)商鞅对秦孝公分析形势,说:"秦国和魏国,好比人之有腹心疾病。不是魏国吞并秦国,就是秦国吞并魏国。为什么呢?魏国居山岭险要的西面,建都在安邑,与秦以黄河为界,而独擅山东之利,有利则向西侵略秦国,不利则保守东部领土。如今因为我君贤圣,国家赖以兴盛,而魏国往年被齐国大破,诸侯背叛。可趁此时伐魏,魏国若不能抵抗秦,必然向东迁徙。魏国东迁,秦国就可据河山之固,向东掌控诸侯的形势。此乃帝王的事业啊!"

秦孝公同意商鞅的意见,公元前 340 年(秦孝公二十二年),派商鞅为将伐魏,魏国派公子卬率军迎战。

两军对峙,商鞅给魏公子卬写了一封信,说:"当初我与公子相处甚好,如今却成了两国军队的统帅,我不忍心相互厮杀,可与公子见面,订立盟约,乐而痛饮,然后罢兵,使秦魏两国相安无事。"

公子卬相信了商鞅的话,双方会盟,然后饮酒,商鞅埋伏了全身披甲的武士,袭击并俘虏了公子卬,随即乘势出击,大破魏军。魏惠王不得不割河西地给秦国以请和,而且还离开安邑(今山西省夏县),迁都到千里之外的大梁(今河南省开封市)。此后魏又称梁,魏惠王也称梁惠王。此时的梁惠王懊悔叹息:"寡人真恨当初没有听公叔痤的话啊!"

这一年,42 岁的秦孝公终于拿到了秦国几代君主梦寐以求的河西地,商鞅帮助秦孝公实现了理想,改革取得了成功。当他返回秦国时,立即受封商地 15 邑(今陕西省商洛市),号称商君。

商鞅变法 20 年,宗室贵戚中多有怨恨他的人。赵良就是其中一个。公元前 338 年(秦孝公二十四年)，一天，他来见商鞅，当面批评并诅咒道：
"君(指商鞅)见秦王(指孝公)，投靠并通过嬖人景监，这不是求取名声的正
途。执掌秦国相权，不以百姓为事，却耗费巨大，建造宫阙，这不是建功
的正途。对太子的师傅施以刑罚，伤害人民来抬高刑罚的威力，这是积怨、
蓄祸啊。躬行率先以教化民众，比法令来得深刻；民众仿效上级的所为，
也比法令来得便捷。可君之所建，皆为左道，君之所变，皆为旁门，这不
是教化民众的好办法。如今君又封于商，每日惩治秦国的贵公子。……公
子虔杜门不出，已经 8 年了；君又杀了祝欢，让公孙贾受了黥刑。《诗》曰：
'得人者兴，失人者崩。'这几件事，非所以得人啊。君外出时，随行的车辆
以十数，戴甲者跟随车辆、健壮有力者同车保护，手持兵器的士兵在车旁
奔跑，这几样缺一，君就决不出行。《书》曰：'恃德者昌，恃力者亡。'君的
危险，譬如朝露，还指望能延年益寿吗？若要延年益寿，那为什么还不归
还商的十五邑，到鄙野灌园，规劝秦王起用岩穴之士，养老存孤，尊敬父
兄，序有功，尊有德，这样才可以稍稍安全些。君难道还要贪恋商地的富
庶，以专秦国之政为宠，积蓄百姓的怨恨吗？秦王百年之后，秦国逮捕君
的理由，岂能小吗？君的灭亡可以翘足而待啊！"

商鞅不听。

5 个月以后，秦孝公逝世，太子即位，是为秦惠文君，很自然地，公
子虔等上告说商鞅有谋反之罪。秦惠文君派人捉拿商鞅。商鞅逃亡，来到
边关，想要住客舍，客舍主人不知是商鞅，对他说："据商君之法，留宿无
合法凭证的客人要判刑的。"商鞅叹息道："哎！为法之弊，竟至于此呀！"离
开客舍逃往魏国。魏国人怨恨他欺骗公子卬并且击败魏国军队，不予接受。
商鞅想逃到其他国家，魏国人说："商鞅是秦国的贼人，秦国强大，而秦国
之贼进入魏国，不送回去不行。"于是把他送回秦国。商鞅回到秦国，便赶
往自己的封邑商，与徒属发邑兵向北出发攻击郑(今陕西省华县北)，秦国
发兵围攻商鞅，在郑国黾池杀死商鞅。秦惠文君车裂商鞅以示众，说："不

许有如商鞅一样谋反的!"于是灭了商鞅全家。

太史公对商鞅的为人是厌恶的,他在《商君列传》末尾的赞语中说:"商鞅是个天资刻薄的人啊! 看他向秦孝公求官时讲求帝王之术,那是挟持浮说,并非他的本意。况且他求官时通过嬖臣,委以重任后处罚公子虔,欺骗魏将公子卬,拒绝赵良的劝谏,这些都足以说明他的少恩啊! 我曾读他的开塞耕战书,与他的行事相一致。他最终在秦国蒙受恶名,实在是有原因的啊!"

不过,太史公并没有因为个人好恶而妨碍对商鞅变法的客观记述,通过《史记》,我们能够了解商鞅变法的成就。这就是一个优秀史家的伟大之处,太史公既有个人情感和好恶为价值标准,又有历史评判的客观尺度,他的历史叙述就是在这两者间的张力中实现的。通过太史公的叙述,我们完全可以了解商鞅是怎样的人:一个天资刻薄,行事奸猾,可又的的确确是变法革新使秦国富强的人;一个德行上无耻,可又的确推动了历史发展、为秦国统一天下做出重要贡献的人物。

第二节　新制度的建立

以上讲的,都是变法运动中的重要历史人物和重大历史事件。可事实上,战国时期的改革有一个漫长的过程。改革的成果,远远超过以上几个事件中提到的改革内容,特别是制度建设的成绩,使战国不但成为一个全新的而且在中国历史上还成为古今变革最为巨大的一个时代。明清之际的大思想家王夫之曾说过,战国时代乃是"古今一大变革之会"[1]。不管具体历史事实有怎样的差异,各国在制度建设上大体都取得了以下的成绩,这里做简要的总结。

---

[1]　(清)王夫之:《读通鉴论》卷末《叙论四》。

一、法制

如果说从春秋到战国有什么东西没有改变，那就是有些国家，如秦、燕、楚，统治家族没有改变，统治这些国家的诸侯王室是春秋时期诸侯公室的延续。其他几个国家，如齐国和三晋，虽然换了统治家族，但是可政体却没有改变，战国七雄的统治者春秋时期叫公、侯，战国时期改称王，其实都是君主制。不管哪种情况，各国的统治方法却发生了根本的变化。最为突出的是在法律制度的建设上，明确了立法权的归属，加强了法律的制定、编纂、修订、废止等的制度建设，也加强了司法制度和司法队伍的建设。

关于立法权。法家学派，不论是《商君书》，还是《韩非子》、《管子》，都明确提出法律由君主制定的主张。如果说这种提法与从前没有什么根本区别的话，那么，他们强调君主有权根据形势变化随时随地制定法律，则与从前有着本质的不同了。春秋时代及以前，人们相信法律由古圣先贤制定，往往与礼制相混淆，而且不能随便改动，更少废止的可能。因此，法律就成为某些人据以抗拒君主的工具。据《左传》记载，楚国大夫申无宇就曾援引数百年前周文王和楚文王的法律向当时的楚灵王索要逃亡奴隶，楚灵王不敢触犯祖先的成法，无奈，只好归还给申无宇。战国时代，情况不同了，法家各派不但明确提出"君之立法"①的主张，而且强调君主有权因时、因地制法。商鞅提出过"智者创作法律"、"贤者变更礼制"的主张。赵武灵王也特别提出贤明的君主要"随时而制法，因事而制礼"。战国的改革当时叫作"变法"，说的正是君主因时因事制定法律，没有这一条，就不会有蓬勃的改革运动。当然，问题往往还有其另一方面。那就是，随着时间的推移，有些法律会落后于时代，不但会失去应有的效力，有时甚至会变

---

① （战国）韩非：《韩非子》卷5《饰邪》。

成时代进步的障碍。韩非敏锐地发现了这个问题，并提出了相应的对策。那就是君主一定要有废止旧法的权力，一定要保持法制的统一，否则，君主所拥有的立法权就仍然只是一句空话。由此可见，立法权的真正体现，一方面是颁布新法的权利，另一方面是废除旧法的权利。立法权是立法者意志的体现，不能颁布新法，当然就不能体现他的意志；不能废止旧法，同样不能真正体现他的意志。不过，在这一点上，各国情况不太一样，秦国做得好一些。韩国的情况较差，那里法制混乱，新旧杂陈，前后舛错，难以统一。这对国家的改革造成损害，其他国家可能多少都有类似韩国的情况。

立法权的归属明确了，剩下的就是怎样制定和实施法律的问题了。对此，《韩非子》中有明确的说明："法者，编著之图籍，设之于官府，而布之于百姓者也。""明主言法，则境内卑贱莫不闻知也。"[1]"法者，宪令著于官府，刑罚必于民心，赏存乎慎法，而罚加乎奸令者也，此臣之所师也。"[2]法要编著在图籍上，设在官府里，由官府公布给全体百姓，官吏行事要以法为准，还负有法律的教育和宣传的责任。

当下制定与编成文字公布实施结合起来，是成文法的基本内容。与由天神地祇、古圣先贤、风俗习惯流传下来的习惯法(不成文法)形成鲜明的对照。这样的成文法，早在春秋时代就开始出现。公元前513年晋国把范宣子所作刑书铸在鼎上予以公布，就是成文法的开始。李悝编著的《法经》，相当于系统化的成文法典。商鞅在秦国变法，就按照《法经》编著成文法典。战国中期以后，各国纷纷公布法典，成文法成为战国时代法制建设的主要形式。湖北云梦出土的竹简《秦律》，涉及政治和社会生活的方方面面，是战国晚期秦国的法典，为汉朝的法制建设提供了蓝本。

---

[1]　(战国)韩非：《韩非子》卷16《难三》。

[2]　(战国)韩非：《韩非子》卷17《定法》。

二、郡县

春秋战国之际，最大的变革是分封制到郡县制的转变。分封制是古代宗族发展的形式，也是一种武装殖民活动。它以宗法制为基本原则，天子的"天下"是最高最大的国家；诸侯的封国，是服从天下的政权；大夫的采邑，又是服从诸侯封国的政权。可是实际上，后两者都具有双重性质，对上具有一定的附属性，对下则具有一定的宗主性。春秋时期，诸侯国的独立性逐渐增大，"天下"成了一个具有意识形态意义的宗法概念，天子的真正属地就是他的王畿，相当于一个诸侯国。王畿与诸侯国一样，几乎就是完全独立的国家，诸侯国内的某些大夫采邑（像鲁国的三桓）也相当于独立的小国。在这种情况下，出现"礼乐征伐自诸侯出"、"自大夫出"、"陪臣执国命"[①]的局面也就很自然了。当然，对于天子而言，对于天下国家而言，这种局面是不正常的。

春秋初期，秦、晋、楚等较大的诸侯国往往在兼并的小国设立县。春秋中期，楚国的县渐渐地多了起来。县一般处在边地，具有防卫的性质。此时的县不同于大夫采邑，有一套集中的政治组织和军事组织，有征发军士和军役的制度，便于集中统治。春秋末期，晋国又出现了郡，郡最初也设在边地，地位比县要低。战国时期，边地逐渐发展起来，郡的领域较大，于是便在郡下又设若干县，产生了郡县两级行政组织。秦国商鞅变法中特别有加强县制的措施。这些都促进了郡县制的发展。到了战国后期，战国七雄普遍实行郡县制。

春秋时期，在楚国和晋国，县的长官县公或县大夫虽是国君任命的，但可世袭。战国时期，情况有了很大变化。秦国县的政权组织中有县令、丞、尉，还有县啬夫、县司空、县司马以及治狱、令史等。韩、魏在县令

---

① 《论语》卷 8《季氏》。

下设有御史,具有秘书兼监察性质;韩国还设立司寇,主管刑罚。县下有的设乡、里、聚,有的设连、闾。无论是县,还是乡、里等,普通民众都在最基层的什伍编制中。

这样,各个诸侯国,都形成了从郡县到乡里的统治体系,控制这个系统的正是国家的最高统治者——王。分封制基本上被郡县制所取代,中央集权的统治体系最终建立起来了。

不过,战国时代在实行郡县制改革的过程中,也还保留了一定的传统因素,封君制就是这样一项特殊的制度。由于各国君主仍旧实行宗法制度,因此对待他们的亲属和外戚时就要有特殊政策。同时,君主制度下难免会有宠臣,而有功的大臣也希望得到非同寻常的报酬。于是,封君制就有了存在的空间。

战国时期,各国都实行封君制,给予受封人员某某君的称号,让他享有在某封地内征收租税的特权。特权的大小以户口数计算。有的受封万户,有的受封 10 万户,当然,也有以都邑、城市或郡县作为范围的,商鞅即受封"于商 15 邑,号为商君"。战国四公子孟尝君(田文)、平原君(赵胜)、春申君(黄歇)、信陵君(无忌)也都得到了以城、县、邑为受封范围的待遇。

封君在封地内一般只享有租税利益,不过问行政事务,封地仍由国君委任的相国和守令来治理。封君必须奉行国家法律,接受国君命令(汉朝分封同姓为王,但诸侯国的相国则是由中央任命的,当是沿袭了战国制度)。封君在封地内一般没有太大权力,只留有少数自卫武装,无权调动驻扎在封地内的中央政府和郡县的武装。除了个别人,如齐国孟尝君田文在自己的封地薛有意培植私家势力,当他免相回到薛时,竟至"中立为诸侯,无所属"[①],成了独立王国。不过,那只是个例外。封君的封地一般都在边地,领域也不大,除了少数情况,一般不世袭。

---

① (西汉)司马迁:《史记》卷 75《孟尝君列传》。

由于封君不拥有封地内全部土地的所有权，所以，他们往往像一般地主一样，拼命扩大自己的私田，借助自己的身份地位逃避缴税，利用权力和声望经营商业、放高利贷，特别是在商业发达的地区，还有权征收城市工商业税。由于有这些特权，所以封君更加富有，更有势力。战国中后期养士之风盛行，战国四公子个个拥有食客数千人。秦国文信侯吕不韦食客三千、家童万人。嫪毐也有食客千余人、家童几千人。这些都与封君拥有巨大财富有着必然联系。

除了秦国因为商鞅变法按军功授予爵位，封君中王亲国戚较少，只是在太后当朝的短暂时期一度封了一些亲属、外戚和宠臣，其他国家封君中的绝大多数是国君的宗族和外戚。

因此，战国时代各国的地方政权组织是以郡县制为主，以封君制作补充的。

三、官制

春秋时代及以前，权力的获得主要靠血缘关系，这是与宗法制和分封制相一致的。这种世袭主要有两个系统，一个是天子、诸侯、大夫、士这几个等级的世袭制，即由嫡长子(正妻所生的长子)继承的制度；再有就是天子王畿和诸侯国内的行政事务由卿来掌握，而天子王畿的卿或者由诸侯担任，或者由其他王子、王孙等地位较高的贵族担任；诸侯国的卿则由公子、公孙等有地位的大夫担任。这些担任卿的贵族在各自的家族内是世袭的，而卿这个职务本身有时也被某一家族垄断出现世袭的情况，所谓"世卿"大概说的就是这种情况。其他官职，也往往由王室的王子、王孙和公室的公子、公孙担任，某一职务是否固定由某家世袭，这倒未必，但王子、王孙和公子、公孙可世代担任公职，倒是当时通行的制度。

分封制本身就有它的局限性，时间久了，可封的土地越来越少，直至告罄，这时分封制度就走到了尽头。春秋时期，这种情况已经出现。而随着分封制的停滞，贵族担任官职的制度也就难以为继了。同时，随着新型中央管理体制的确立和郡县制的发展，国君越来越希望行政管理职位由非亲非故的士人担任，这样更有利于权力的集中和强化。而另一个必要条件就是在春秋战国之际，社会上出现了大批靠一技之能谋求生存的士人，特别是随着私学的发展，德才兼备的新型文士大量涌现。这为各级统治者招揽行政管理人才提供了可能。必要性和可能性都具备了，官僚制的出现也就水到渠成了。

官僚制之所以实现，当时的社会经济条件是一个重要原因。春秋战国时期，雇佣关系在生产和生活的很多领域中存在着，"庸客"、"庸夫"、"市佣"、"庸保"等就是当时对雇佣劳动者最为普遍的称呼。在行政管理机构，只要给予一定的粮食作为报酬，就可找到有才能的士人。反过来，只要能得到一定数量的粮食作为报酬，就可出卖自己的才能为官府服务。官府有用人的需求，士人有干禄的需求，两相情愿，买卖即可成交。春秋后期，孔子在鲁国和卫国担任官职，就享受 6 万斗粟的俸禄。他的弟子中有许多在大夫之家担任家臣并享受俸禄。孔子教学的目的之一就是培养担任官职的人才，他说过，"学也，禄在其中"[1]。当时人已经清楚地看到，君主与官僚之间是"主卖官爵，臣卖智力"[2]的交换关系。战国时期，各国普遍以粮食作为官吏的俸禄，也有少数国家同时保留以田地的租税收入作为俸禄的做法，例如，齐国就曾以"田里"作为俸禄，官员离职时"收其田里"[3]。君主与臣下通过交易而形成的这种管理体制就是官僚制度。

战国时期，各国都在中央和地方实行官僚制度，行政管理体制与以往有了明显的区别。战国七雄官制名称各有不同，但大都按照"官分文武"[4]

---

① 《论语》卷 8《卫灵公》。
② (战国)韩非：《韩非子》卷 14《外储说右下》。
③ 《孟子》卷 8《离娄下》。
④ (战国)尉缭：《尉缭子》卷 1《原官》。

的原则设置文武两班。文官以相为首，称相邦（汉朝避高祖名讳而改称"相国"）、丞相、宰相。武官以将为首，与春秋时期诸侯国由卿大夫同时掌握军权和政权的制度已经不同了。这样做，既适应了行政管理专业化的需要，又可以分散大臣的权力，造成文武官员的相互监督和制衡，有利于君主集中掌握权力。只有楚国仍沿用旧制，以令尹为最高行政长官，楚国还有柱国、上柱国的官职，地位仅次于令尹，两者还没有完成文武分职的过程。此外，一些诸侯国还出现了掌管军事的国尉和担任君主秘书兼监察职责的御史。这些对后代官僚制度的发展有着深远影响。

官僚制度确立的同时，无论是对中央的文武长官，还是对郡县的主要官员，实行有效的管理就非常有必要了。因此，对官吏的选拔、任用、监督、考核等制度也发展起来。当时选拔官吏有 5 个途径：一是臣下向君主荐举；二是士人自己通过上书和游说得到任用；三是凭借功劳得到任用和升迁；四是从侍从的郎官中选拔；五是中央和地方长官选用下级官吏。

为了加强对官员的管理，确保政令的畅通，当时各国实行玺符制度。玺即官印，铜制，相邦的玺印是黄金制作，任命时授给官印，免职时就要缴回。玺更多的是用在公文传递中，起凭证的作用。官府的命令或往来公文写在竹简或木简上，卷起后用泥封住收口处，这块泥叫作封泥，然后用玺在封泥上压出印迹作为凭信，否则无效。符为伏卧的虎形，金属所造，上刻铭文，分为左右两半，底有合榫，右半边由君主保存，左半边发给将领，将领只有拿到右半边并核验无误，方才可以调动军队。国君通过玺符制度大大加强了对文官和武将的控制。

同时，为了对官员实行考核，各国还实行了"上计"制度。计即计书，指统计的簿册，记载年内仓库存粮数字、垦田和赋税数目、户口及治安情况等。每年中央和地方长官都要把自己管辖内一年中各种预算数字写在木券上，剖析为二，右半边由君主保存，左半边由官员保存，年终，官员要到国君那里述职，由君主亲自核验，根据成绩优劣，决定赏罚。这是法家刑名之术在制度上的体现，与今天所说的目标管理方法有一致之处，标志着当时的行政管理水平。

四、爵等

春秋时期，有所谓"人有十等"①之说，就是王、公、大夫、士、皂、舆、隶、僚、仆、台，士以上属于贵族，皂以下为下层劳动者，大概与职业有一定联系。这两类的划分，最主要的标准就是血缘关系，即根据出身决定地位。士以上虽然根据宗法制而划分出 4 个等级，但他们都是因为血缘关系而同属统治者，皂以下的 6 个等级是否有宗法，我们不得而知，但因为不具有所谓贵族血统而处于被压迫的地位。

战国时期，各国虽仍实行等级制，但本质已有很大改变。三晋、齐、燕等国，大体可以分为卿和大夫。卿又分为上卿、亚卿；大夫又分为长大夫、上大夫、中大夫等。楚国有执珪、通侯、五大夫等爵位。秦国商鞅变法时设立二十等爵制，按自然数由小到大爵位由低到高如下：1. 公士；2. 上造；3. 簪袅；4. 不更（相当于士）；5. 大夫；6. 官大夫；7. 公大夫；8. 公乘；9. 五大夫（相当于大夫）；10. 左庶长；11. 右庶长；12. 左更；13. 中更；14. 右更；15. 少上造；16. 大上造；17. 驷车庶长；18. 大庶长（相当于卿）；19. 关内侯；20. 彻侯，相当于诸侯。据说秦的官职与爵位是不分的，第 16 级大上造以下既是爵位，也是官名。秦国爵位原来是军队中官兵等级身份的标志，不同级别在战斗中承担的任务不同，行军作战方式也不同。只要有功，就可逐级升迁，按级别享受国家授予的特权，包括做官，获得土地、奴隶，享受食邑租税、赎身、减轻刑罚等特权。最为典型的，是斩得敌国甲士首级一颗，爵位可上升一级，得田百亩，住宅九亩，服役的"庶子"一人。若要做官，可任五十石之官。其他军功也各有相应的赏赐。

---

① 译自(春秋)左丘明：《左传》昭公七年。

此外，还有其他一些特权，如诉讼时，爵位高的才能审判爵位低的；爵位高的即使有罪失爵，也不能给其他有爵位者充当奴仆。在一定情况下，爵位还可用来赎免自己或家人的奴隶身份，犯罪时还可用来减轻刑罚等。秦的爵制原本是奖励军功的，后来也用到其他事务中去。例如，为了大规模迁移民众，便采取"赐爵"的方式加以鼓励；为了扩大兵源、举行庆典、优待少数民族等，也都用赐爵的办法。有时为了鼓励农耕、增加财政收入，甚至可以用卖爵的办法来换取粟米。秦的爵位制到了汉朝仍然沿用。总之，战国时期的等级制度大体是根据才能和军功来规定的。这与春秋时期及以前靠血统和出身决定的宗法等级制度相比，显然有着本质的不同。

五、兵制

春秋时期，各国军队的核心部分由国君的宗族成员和私属人员组成，作战时，征发国人(国人是与国君同宗族的人，居住在国都及近郊，属于国家的公民，有权参与政治，更有义务服兵役，缴纳军赋)作为车战的主力，同时，使用奴隶、普通平民作徒、卒，徒步随从作战或服劳役。也就是说，当时的军队以贵族为主体。春秋后期，由于分封制和宗法制的难以为继，贵族分化严重，无论是公子公孙，还是普通国人，地位都不断下降，财力、物力越来越少，越来越感到难以支撑军赋的要求。军赋包括军备和军役，《左传》中有"量入修赋。赋车籍马，赋车兵、徒卒、甲楯之数"[1]。春秋后期，国人无力负担军赋，结果，晋平公时，晋国竟至出现了"公乘无人，卒列无长"[2]的局面。此外，随着"礼乐征伐自大夫出"的继续恶化，诸侯国的军事权力往往由主持政务的卿大夫掌握。到了战国时期，增加军赋，保证兵源和物资资源，提高君主对军队的控制力，就成了当务之急。

春秋时期所设的县自有一套征赋制度。春秋后期，由于晋国和楚国的

---

[1]　(春秋)左丘明：《左传》襄公二十五年。

[2]　(春秋)左丘明：《左传》昭公三年。

县设置得越来越多，县的军队也成为颇为可观的军事力量了。战国时期，随着郡县制的推广，各国开始以郡县为单位征召兵员，并形成制度。不同的是，这时的兵员，已不是国人，而是政府统治下的编户齐民了，其中主要是农民。郡守有权征发一郡壮丁当兵作战。男子服兵役的年龄在 15～60 岁，各国遇有大战，往往征发全国壮丁从军，倾举国之力以应敌。但一般情况下只征发与敌国相邻郡县的壮丁，其他郡县则暂不征发。这样既有利于休养生息，保存实力，又有利于防备与该地相邻的敌国。

春秋时期，国人并非专以当兵为职业，他们战时可以冲锋陷阵，平时则可以从事其他事务。贵族一般要经过文武全才的训练。孔子办私学，以礼、乐、射、御、书、数教授学生，有文也有武。当然，春秋时期，各国也出现了专门供养力士、挑选训练勇士的现象。战国时期，除了以郡县为单位征发兵员外，各国还设立常备军。战国时期，由于战争的频繁，更由于各国国力的增强、领土意义的增强，保持一支常备军就成了必需的事情了。吴起在楚国变法，有一条很重要，即减少百官的禄秩，裁撤不重要的冗官，目的是用节省下来的资源奉养"选练之士"。士卒要选而练之，这种军队就是常备军。各国都设立标准考选士卒，合格的可以获得免除全家徭役或田宅的租税等待遇。各国军队都有一定的编制，对赏罚也做了规定。目前可知秦国在这两方面保存最为完整。秦国编定 5 人为一伍，50 人设一屯长，100 人设一百将，500 人设一五百主。举凡立功、免责都要靠斩得敌人首级若干来达成。无论是士卒还是将领，都有斩首的数额，还有完成任务的时限，按时完成的受奖，完不成或逾时的受罚。如果有人怕死退缩，就要受到严厉的处罚和羞辱。韩非说，秦国公布法令实行赏罚，有功无功分别对待。百姓自从脱离父母怀抱，从未见过敌寇，可是一听说打仗，便顿足赤膊、迎刀刃、蹈炭火，抱定必死决心，所有士兵都是如此。这说明秦兵看重奋力拼死，"一人奋力拼死可以当十，十可以当百，百可以当千，千可以当万，万则可以取天下"①。这说的正是秦国常备军制的实际状况。

战国时期的变法运动毫无疑问取得了重大成就。法制上，明确了君主的立法权，编制法典取得了巨大成绩，司法制度和队伍也得到了极大的发展；国家管理体制上，从传统的分封制，转变为中央集权的郡县制。行政管理上，以"形名比详"，讲求名实相副为核心的"上计"以及其他有关官员铨选、监督和考核的制度逐步得到完善。土地制度上，废除传统的井田制，计亩征收赋税的赋税制度得到了发展。在局部地区，度量衡也在逐步走向统一。

当然，如果按照理想的标准来要求，特别是从世界发展的潮流和现代价值观念的角度来看，战国时期各国的改革显然存在着诸多不足。许多国家的改革时间短、不够深入，对宗法制度和势力改革不彻底，法制不健全，政令不统一。这些都妨碍国力的进一步提升。不过，若从改革的历史背景和中国古代历史发展的长期过程来看，这种情况也是正常的。宗法制度虽然退出了政治舞台，却牢牢地固守着家庭，特别是在王室仍然发挥着重要作用。至于宗法观念，影响就更加深远了。这些都不是几次政治运动就能彻底消灭的。能像商鞅变法那样比较彻底地限制宗室亲贵势力对政治的影响，那是由秦国诸多特殊原因造成的，在战国七雄中应属特例。秦朝的短命，汉朝初期对秦政的反省和评判，恰恰说明代表常态中国文化的不是秦政，而是以"霸王道杂之"②即综合先秦各国制度和各派思想文化为特征的汉朝文化。这是我们阅读战国时期各国的变法改革时不得不注意的问题。为什么会是这样的呢？接下来，通过战国时期的百家争鸣，在当时人类精神觉醒的潮流中我们是不是可以找到一些答案呢？

---

① 译自(战国)韩非：《韩非子》卷1《初见》。
② (东汉)班固：《汉书》卷9《元帝纪》。

第九章　学术文化的勃兴
与人类精神的觉醒(上)

　　战国时期，中国文化达到了一个高峰。在近 2000 年的发展，特别是从西周经春秋 600 年的发展和变异的基础上，积聚的巨大能量得到了一次汹涌的迸发，闪烁着耀眼的光芒，照亮了此后历史前进的道路，直到今天。这就是"百家争鸣"的历史现象。

　　春秋中后期，作为独立的知识阶层，新型的士出现在历史舞台上，老子和孔子就是杰出代表。进入战国时期，随着自身的成长和统治者的鼓励，这个阶层得到了更快发展，形成了庞大的知识群体。由于私学教育持续蓬勃发展，私人讲学的活跃，再加上统治者中的有识者的支持和组织，学术派别也蓬勃地发展起来。在这个"古今一大变革之会"，各国统治者需要考虑如何通过改革，增强国力，在兼并战争中取得优势。许多士人则开始钻研言说之术，以便在各国争夺人才的斗争中说服国君、获得地位、施展才干、建立功业。各个阶层也都在思考着如何在这场变革中获得更多的发展空间。与此相应，从事教育和学术的士人得到了发展机遇，他们没有辜负时代的赐予，以各种方式积极办学，为各国培养各类应用型人才。同时，他们深入体察当时的社会，展开艰苦而富有成效的智力探索，把各自的创见发表出来，在某些重要问题上展开了积极的思想交锋，形成了争鸣的局面。百家争鸣，是中国文明史乃至世界文化发展史上的一个奇迹，是思想的一次伟大飞跃。在这场活动中，人类的创造力再次被极大地激发出来，中国文明的精神得到了迅速提升，并在许多重要论题上，达到了新的高度，为我们今天的生活方式和思想方法提供了基本框架，奠定了坚实基础。这些完全可以与希腊、印度等灿烂的古代文明相媲美。

第一节　战国初年的儒墨之争

历史刚刚进入战国时期，思想界就爆发了一场大争论，墨子起而批评孔子的仁礼学说。战国中期，争论又起，儒家的孟子起而力辟墨子，捍卫孔子的仁礼学说。

一、墨子和墨家对孔子和儒家的批评

墨子生于春秋战国之交，名翟，宋国人，一说鲁国人。学者考证大约生活在公元前468—前376年。他的身份属于士人，"上无君上之事，下无耕农之难"①，但他自称"贱人"，可能出身微贱。据韩非子说，墨子曾用三年的时间发明了一种木制的机械鸟（"木鸢"），木鸢能在天上飞行一天。可见他的出身大概与手工业者有关。不过，他一生保持俭朴的生活，"量腹而食，度身而衣"②。墨子就以这种精神教授学生，学生们也是艰苦朴素，吃的是野菜羹，穿的是粗布衣，脚上穿的是麻或木头做的鞋子，与普通体力劳动者没有什么区别。追随墨子的人形成了众多社团。各个社团的首领称作"钜子"，钜子职位由前任传授给贤者担任，成员皆服从钜子；墨者社团有自己的纪律，"墨者之法，杀人者死，伤人者刑"③。据说墨者有勇，"赴火蹈刀，死不旋踵"④，颇有任侠的义勇之气。

墨子反对侵略战争，而且善于防御战斗。《墨子·公输》保留了这样一

---

① （战国）墨子：《墨子》卷12《贵义》。
② （战国）墨子：《墨子》卷13《鲁问》。
③ （战国）吕不韦编：《吕氏春秋》纪卷1《去私》。
④ （西汉）刘安：《淮南子》卷20《泰族训》。

个故事：公输盘为楚国制造攻城用的云梯，做成后，准备用来进攻宋国。墨子听说后，从齐国出发，十天十夜，徒步赶到楚国都城郢，见到公输盘。两人来到楚王跟前，墨子解带为城，用牒为器械，公输盘反复设计攻城的机变，每次都被墨子有效地抗拒。公输盘的攻城器械用尽，墨子的防守仍然有余。公输盘无奈，便说："我知道怎样对付你了，但我不说。"墨子也说："我也知道你将怎样对付我了，我也不说。"楚王问为什么。墨子说："公输子的意思，不过是要杀我。以为杀了我，宋国就无法防守了。其实我的弟子禽滑厘等300人已经带着防御器械守在宋国城上等待楚军了，纵然杀了我，也无济于事。"楚王听了，只好作罢。

这个故事很有意思，墨子和公输盘在楚王前的表演类似于当今的军事演习，只不过是最小规模的，如果按照演习的情况而不是战争来安排国家事务，虽然说不上最好，倒也不失为一个退而求其次的好办法。

墨子和墨者的经历、思想接近下层劳动者，特别是与传统宗法社会游离出来的流动生产者贴近，有一股江湖气，或曰侠气，这与儒者是大不相同的。儒者的思想更接近的是宗法等级社会，他们讲仁讲礼，与带有血缘色彩的主流社会是一致的。

今本《墨子》中有《非儒》、《非乐》、《非命》诸篇，公开向儒家思想提出挑战；还有《兼爱》、《尚贤》、《尚同》、《天志》、《明鬼》、《节葬》等篇，从正面提出与儒家相反的主张。一非一尚，乃一体的两面，恰恰构成了一个完整的思想体系。

先说非的方面，即对儒家思想展开猛烈的批判。

孔子倡导乐教，对此，墨子发起猛烈攻击。他批评儒家的礼乐，什么是"仁之事者"？是"兴天下之利，除天下之害"，"利人乎即为，不利人乎即止"。[①] 墨子非乐，不是因为不知乐之美，而是因为乐之不利人，且为天下

---

① （战国）墨子：《墨子》卷8《非乐上》。

害，上不中圣王之事，下不中万民之利。所以墨子认为"为乐非也"。为什么呢？因为要行乐，就要有钟鼓琴瑟竽笙，又要有演奏之人和服装，等等。备足这些，就一定要厚敛万民，可当时的现实却是"饥者不得食，寒者不得衣，劳者不得息。三者民之巨患也"。解决这三个祸患，当务之急是什么？肯定不是乐器。万民不得衣食劳息，撞巨钟、击鸣鼓、弹琴瑟、吹竽笙、扬干戚，万民就能得到衣食安息吗？大国侵掠小国，大家攻伐小家，强劫弱，众暴寡，诈欺愚，贵傲贱，寇乱盗贼并兴，不可禁止，乐对于兴天下之利，除天下之害，是无补的。音乐非但不能解决实际问题，反而厚敛以夺人民。如今，"王公大人"让男子做这些事，这就废弃了男子从事耕稼种植的时机；让妇女做这些事，这就废弃了妇女从事纺纱织布的正事。正因为抚弄乐器如此严重地亏夺人民的衣食之财，所以墨子坚决认定从事音乐是错误的。他提出，要兴天下之利，除天下之害，就一定要禁止音乐。[①]

孔子还相信命运。对此，墨子也发起猛烈攻击。他说："相信命运的人，在民间很多。相信命运者曾说：'命富则富，命贫则贫；命众则众，命寡则寡；命治则治，命乱则乱；命寿则寿，命夭则夭。'"对此，他认为"不可不明辨"。怎样明辨呢？他主张必须立仪。仪，法也，即标准。说话必须有仪表，必须有法，必须有标准。以什么为标准呢？他提出三表，即三条标准。说话一要有所本，二要有所原，三要有所用。"本"即"上本之于古者圣王之事"[②]，"原"即"下原察百姓耳目之实"[③]，"用"即"发以为刑政，观其中国家百姓人民之利"[④]。这就叫作"言有三表"。用今天的话说，就是上考察历史，下考察感官实际，据他说，还要考察国家行政是否有利于民众。或者说，一是书本知识，二是实践知识。再概括一下，就是间接经验和直接

---

① 参见(战国)墨子：《墨子》卷8《非乐上》。
② (战国)墨子：《墨子》卷9《非命上》。
③ (战国)墨子：《墨子》卷9《非命上》。
④ (战国)墨子：《墨子》卷9《非命上》。

经验。但说到底，还是经验。

对于儒者和孔子本人，墨子也做了辛辣的嘲讽和批评。

墨子借齐国名相晏婴之口，批评孔子到楚国，参与白公之乱，"深虑同谋以奉贼；劳思尽知以行邪。劝下乱上，教臣杀君"，这"不是仁义之行"！

墨子还借晏婴之口说："夫儒浩居而自顺者也，不可以教下；好乐而淫人，不可使亲治；立命而怠事，不可使守职；宗丧循哀，不可使慈民；机服勉容，不可使导众。孔某盛容修饰以蛊世，弦歌鼓舞以聚徒……"①他甚至直接指出，孔子指使子贡出使齐、吴、越三国，结果，乱齐、破吴、强晋、霸越，是为了报复齐景公和晏婴对他的排挤。他又说"孔某为鲁司寇，舍公家而奉季孙"，批评孔子徒属仿效孔子之行，子贡、子路帮助孔悝在卫国作乱，阳货作乱于齐，佛肸在中牟叛乱等。全篇结尾点出主题，"今孔某之行如此，儒士则可以疑矣"②。

墨子后学继续沿着墨子的思路批判儒家思想。

首先，批评儒者繁文缛礼。他们分析了儒家丧礼中对父母叔伯兄弟妻子待遇的混乱，揭露"列尸不敛"礼节的虚伪，指出"取妻身迎，祇端为仆，秉辔授绥，如仰严亲"，"昏礼威仪，如承祭祀，颠覆上下，悖逆父母"，"厚所至私"，既是不孝，更是大奸。他们认为这些都是违背儒家"亲疏尊卑之异"特别是"亲亲有术"的。③

其次，对儒家的天命思想也进行了批判。儒家宣称"寿夭贫富，安危治乱，固有天命，不可损益；穷达赏罚幸否有极，人之知力，不能为焉"④。可是，官吏相信了，就会怠于治理；庶人相信了，就会懒于农事。怠于治理，就会混乱；懒于农事，就会贫困。贫困且混乱，这是违背治理的根本

① （战国）墨子：《墨子》卷9《非儒》。
② （战国）墨子：《墨子》卷9《非儒》。
③ （战国）墨子：《墨子》卷9《非儒》。
④ （战国）墨子：《墨子》卷9《非儒》。

原则的。天命既然如此的有害，儒者还要提倡，这不是有意坑害天下人吗！

此外，还列举儒者的诸多问题。例如，儒者用过于烦琐装饰的礼乐来满足人们的虚荣心；用过长时间的丧礼和伪装的悲哀来欺骗亲人；重视命运、轻视贫穷，违背农业，而安于懈怠和高傲，又贪于饮食，即使陷于饥寒，危于冻馁，也不思改变。① 富家有了丧事，有人就大喜过望，欢呼："这才是衣食之源啊！"②"儒者说：'君子必按古例去做，才合于仁义。'回应者问：'所谓古人所言所行，也都曾经是新的呀。古人言之行之，那就不是君子呀。你若做不是君子的行为，说不是君子的言论，还能算是仁吗?'"③墨者还用传说中圣人的诸多创造，批驳儒者"循(述)而不作"的虚妄。④ 墨者还批评儒者对敌仁慈、姑息暴乱之人，认为不言人过，君主无以知奸，虽有个人仁慈，但妨碍"天下之利"⑤。

墨子从正面提出的主张仍然是针对儒家的。比如，节用、节葬，就是与非乐、非命主张相一致的。

为了达到节葬节用的目的，他提出了这样的三项原则：其一，"使各从事其所能"，即要求人民各尽所能，积极劳动。其二，"凡足以奉给民用则止"，即生活资料供给到够用为止。其三，"诸加费不加于民利者弗为"，即不利于民生的其他消耗一律禁止，也就是禁止浪费。墨子认为，只有从根本上反对人们在物质上的享受，反对礼仪，反对艺术，才能使人民吃饱穿暖，才能得到安定的社会生活。

那么，怎样才能让人们做到节用、节葬呢？这就要相信兼爱和交利，相信天志和鬼神。

---

① 译自(战国)墨子：《墨子》卷 9《非儒下》。
② 译自(战国)墨子：《墨子》卷 9《非儒下》。
③ 译自(战国)墨子：《墨子》卷 9《非儒下》。
④ 译自(战国)墨子：《墨子》卷 9《非儒下》。
⑤ (战国)墨子：《墨子》卷 9《非儒下》。

墨子主张"兼相爱，交相利"①，"赏贤罚暴，勿有亲戚弟兄之所阿(私)"②。墨子"虽在农与工肆之人，有能则举之，高予之爵，重予之禄"，做到"官无常贵，而民无终贱"③。贤者不但可以选为里长、乡长、宰、卿，甚至可以选为国君、三公和天子。在贤人的层层统治下，臣民都要绝对服从上级，层层上同，直至天子。臣民有义务作为耳目，帮助上级监督社会，发现贤人、暴人，都要报告，以便上级实施赏罚。这就是尚同。最后，天子又尚同于天鬼，这样天鬼的意志——天志就可以贯彻到人间，惠及每个人。大家都相信天志，按照天志行事，兼爱就实现了。兼爱，即平等地爱，所有人，没有任何界限、等级，都应施以同等的爱。兼爱的体现，就是交相利，即相互有利于对方，也就是利他主义。显然，这种观点与西方发明的社会主义这个概念所表现的含义有其相通之处。墨者社团大概就实行了这种精神。墨者的兼爱是针对儒者的孝悌的。墨子认为："爱人若爱其身，犹有不孝者乎?"④这就叫作"兼以易别"⑤。

通过墨子批评孔子和儒家，我们不但可以了解墨子思想，还可以了解孔子和儒家思想。比如儒、墨都讲爱，但墨子讲的是兼爱，对每一个人要无差别地爱，爱路人像爱自己家人一样；而孔子的仁爱，则是以孝为本的，即从自己出发，逐层推出去，先是爱父母，然后爱兄弟、爱朋友、爱天下人，对象不同，爱也是有所不同的，墨子把这叫作"别爱"。墨子很注意儒家信天命，但忽视了儒家天命思想的另一方面的含义。儒家讲天命，天对天下人也有所不同，天子是上天的元子，即长子，其他人是普通的余子，这样的天本身就有一定的宗法血缘精神在其中。墨子的天的含义则是完全平

---

① （战国）墨子：《墨子》卷4《兼爱中》。
② （战国）墨子：《墨子》卷4《兼爱下》。
③ （战国）墨子：《墨子》卷2《尚贤上》。
④ （战国）墨子：《墨子》卷4《兼爱上》。
⑤ （战国）墨子：《墨子》卷4《兼爱下》。

等的，对天下人没有任何差别，完全一样。与以上两条相关，儒家主张不同等级间要讲究相互的权利义务，要考虑到相互间的需要。墨子则主张单方面听从上天或天鬼。儒家主张以具体的爱贯穿各级间的治理。墨子则主张上同于天，各级各类人等都要服从上天的意志。

墨家在当时影响很大，终战国之世，与儒家并称显学。《韩非子·显学》记录了墨家在墨子死后分为三派的情况，更指出墨家实行以节葬、节用为说教的情况，可见其说在当时影响之大。

可是，墨子出身微贱，行事和思想又往往倾向于下层民众，而且还有任侠倾向，这些都不会为奉行韩非思想的秦国所容。秦统一六国后，墨家思想渐渐不为知识界所看重。到司马迁写《史记·孟子荀卿列传》时，只用了 24 个字："盖墨翟，宋之大夫。善守御，为节用。或曰并孔子时，或曰在其后。"不过，字数虽少，却指出了墨子思想和行事的核心：善于防御，主张节用。看来，这两条的确是墨子思想最核心的东西。

二、孟子对墨子思想的批评

战国中期，儒家的孟子起而力辟墨子。

孟子，名轲，字子舆，邹(今山东省邹城市)人，受业于孔子之孙子思的门人，学成后，游历各国，寻求任用。此时，秦国任用商鞅，实行改革取得成效，富国强兵。魏国和楚国任用吴起，进行改革，结果"战胜弱敌"。齐国任用孙膑和田忌，西面的诸侯纷纷向东朝拜齐国。这是个合纵连横的时代，以攻伐为能事。孟子四处宣讲唐尧虞舜之德，到哪里都不能得到任用，即使与齐宣王、梁惠王这样的开明君主做过深入的恳谈，也没有得到任何结果，反而被认为迂阔而远离实际。无奈，孟子与万章等弟子退而整理儒家经典，序《诗》、《书》，述仲尼之意，并把与诸侯国君之间、与师弟之间的谈话整理成书，作《孟子》7 篇。

战国中期，墨子思想影响极大，成为当时的显学，给儒家造成了很大压力。为了提高儒家的影响力，孟子感到有必要对墨子思想进行抵制和批判。《孟子》记录了这样一则故事，如下。

一次，公都子问道："外人皆称夫子好辩，敢问何也?"孟子回答说：

> 予岂好辩哉? 予不得已也。……圣王不作，诸侯放恣，处士横议，杨朱、墨翟之言盈天下。天下之言，不归杨，则归墨。杨氏为我，是无君也；墨氏兼爱，是无父也。无父无君，是禽兽也。……杨墨之道不息，孔子之道不著，是邪说诬民，充塞仁义也。仁义充塞，则率兽食人，人将相食。吾为此惧，闲先圣之道，距杨墨，放淫辞，邪说者不得作。……岂好辩哉? 予不得已也。①

"阳生贵己。"②"全性保真，不以物累形，杨子之所立也。"③杨朱思想是以个人为重的，主张不要以物累形，不要因为物质利益而伤害生命本身。这是有价值的思想。不过，在孟子看来，"杨子取为我，拔一毛而利天下，不为也"④。这里又指出杨子"为我"是"无君也"。孟子指出杨子的"为我"将导致否定君主权威的结果。这是从政治实用主义的角度看问题的，与法家韩非批评贵生之士的理由相当。

不过，墨子并不讲"为我"，而是讲兼爱，讲利他，为什么孟子要如此激烈地加以反驳呢? 原来，墨子虽讲仁，但他的仁是兼爱，即对人平等的爱，爱是没有差别的。这种观点对于游离于宗法社会之外的人士来说，当然有其号召力，对于墨者社团以及类似的秘密结社等有侠气的社会组织来说，自有其凝聚力。但对于宗法社会及君主制下的等级社会结构，则具有

---

① 《孟子》卷 6《滕文公下》。
② (战国)吕不韦编：《吕氏春秋》卷 17《不二》。
③ (西汉)刘安：《淮南子》卷 13《氾论训》。
④ 《孟子》卷 13《尽心上》。

很大的瓦解作用。这当然是维护这种社会基本结构的儒家所不能容忍的，更是法家所不能容忍的。

墨子兼爱学说的存在是受到当时普遍承认的。《孟子·尽心下》有"墨子兼爱"，《尸子·广泽》"墨子贵兼"，《孟子·滕文公》"爱无差等"，《荀子·非十二子》"偄差等"，《荀子·天论》"有见于齐，无见于畸"。这些说的都是墨家的兼爱学说。

墨子认为"爱人若像爱自己一样，哪里还有不孝的呢？"[1]从逻辑上说当然没错，爱所有人像爱自己一样，所有人里面包括自己的父母，当然也就有孝了。墨家讲交利、举贤、尚同，都是按照这个道理进行的。

孟子讲仁义，讲有差别的爱，具体的爱，就一定要与墨子的兼爱区别开来。这首先是因为，他相信，仁爱是符合人际情感的实际情况的。在孟子看来，墨家所说的兼爱，把爱自己的父亲与爱路人等同起来，那不等于说对待自己的父亲可以像对待路人，即把自己的父亲当作路人了吗？这不是无父是什么呢？所以，孟子认为兼爱是绝对不能容忍的。孟子之所以这样看问题，是有根据的。因为在儒家看来，人类社会本来就是有差别的，路人怎么能和父亲一样呢？所以，爱也要根据人类社会的实际来进行。他说："君子之于物也，爱之而弗仁；于民也，仁之而弗亲。亲亲而仁民，仁民而爱物。"[2]就是说，对于物，只能爱，不能仁；对于民，只能仁，不能亲；只有对于亲(即父母)，才可用亲来对待。这叫作"爱有差等"，这就是仁爱的实质。

有个墨者叫夷之的求见孟子，孟子生病未愈，只好托弟子传话说："我听说夷子是墨者，墨家治丧以薄葬为道，夷子想用此道改变天下吗？那不是以此外其他方法为不贵吗？然而夷子厚葬自己的父母，这是用所贱来事亲啊。"夷之回复："我以为爱无差等，只是从自己父母开始罢了。"孟子说：

---

① 译自(战国)墨子：《墨子》卷 4《兼爱上》。
② 《孟子》卷 13《尽心上》。

"夷子真的以为人对兄弟的儿子与对邻居的儿子同样亲吗？……天之生物，只有一个道理，可是夷子所为却是两个啊。"①夷之不得不心中暗服。正是针对墨家的兼爱，孟子更加明确了儒家仁爱的思想："老吾老，以及人之老；幼吾幼，以及人之幼。"这叫作"善推其所为"②。这就是从爱有差等观念发展起来的。

推己及人当然是一种爱有差等的说法，可是它却有着现实的根基，那就是人性，人本身。孟子相信，仁爱是发自人类本性，而不是由外界什么力量赋予的。孟子认为人性善，有恻隐、羞恶、辞让、是非这四端，所以才有推己及人的爱。墨家的兼爱则不是发自人的本心，而是来自上天，是天志，人要兼爱，是为了服从天志，是外力加之于人的。这是儒墨关于爱的根本差别。

通过与墨家的反复论辩，儒家的仁爱思想得到了升华，由内而外的仁爱观念得以鲜明地提出，性善说(四端说)也得到了逐步完善，仁政说也有了坚实可靠的根基。从后来的发展情况看，墨家渐渐失去听众，其思想体系很难在学术界和意识形态领域占有一定地位。而儒家虽然在当时的政治舞台上没有得到重用，但却在学术界和社会上赢得了普遍的尊重。孟子出行，"后车数十乘，从者数百人，以传食于诸侯"③。他能与梁惠王、齐宣王等大国君主坐而论道，侃侃而谈，恰恰说明了儒者的地位和影响。

儒墨两家在许多问题上观念是不同的。比如，由天志、明鬼，墨家主张尚贤、尚同，要求建立贤人政治和层层尚同的集权政体；要求实行层层上告的监督体制。而儒家则主张民本政治。

儒墨两家除了相互争辩的一面，还有许多相通之处。比如，两家都讲爱，都主张给人民生活保障。墨家兼爱、节用，利天下。孟子仁政、治民

---

① 译自《孟子》卷5《滕文公上》。
② 《孟子》卷1《梁惠王上》。
③ 《孟子》卷6《滕文公下》。

之产、与民同乐。两家都反对战争，都主张贤人当政，限制君主的无限权力。在这些问题上，他们又共同成为法家的死对头。

总之，战国初年，墨子非攻、非乐、非儒，标举节用、节葬、尚贤、尚同、天志、明鬼诸主张，其思想的核心是兼爱原则，即提倡无差别的平等之爱，这就与孔子提倡的有差别的仁爱学说发生冲突。战国中期，孟子起而力辟墨子，明确地从推己及人的角度，重申了仁爱的本质，提出四端说，从人性上为仁爱说提供了坚实的基础，有力地批评了兼爱的无差别平等的空想性，捍卫了仁爱的合理性。在反复的辩论中，儒家不但在理论上成功地抵制了墨家的进攻，更为重要的，是从墨家的学说中汲取了丰富的思想养分，使自己的理论思考得以大大的提升，特别是在人性论、道德说、政治主张等问题上，都得到了完善和发展，把春秋后期以来关于礼和仁的讨论逐步推向深入，使中国文化的核心价值观在否定之否定中得以确立。

第二节　稷下学宫的百家汇聚

战国时期，在齐国都城临淄(今山东省淄博市临淄区)，聚集了一大批知识精英。他们不从事治理工作，专心从事学术研讨活动，对当时的学术问题进行了积极的理论思考和热烈的论辩，并取得了丰硕成果。我们今天仍能读到的伟大著作，如《管子》、《慎子》、《荀子》等，这些都是在这里写成的。稷下学宫，以它无与伦比的杰出贡献和崇高声誉而载入古代中国文明的史册。

一、百家汇聚

稷下学宫最初由齐桓公设立，时间大概是战国初年。当时已经设大夫之号，招致贤人，给予特别的尊崇。不过，这个时候没有太大的影响。战国中期，特别是齐威王改革后，齐国在诸侯国中的地位再次提升，齐国的统治者更加重视稷下学宫。特别是齐宣王,尤其喜欢文学游说之士。齐宣王给稷下学士特别的优待,下令授予邹衍、淳于髡、田骈、接予、邹奭、慎到、环渊等76人"上大夫"的官衔,让他们超脱繁杂的政务,只管议论,并在临淄最为宽阔的大街为他们建起住宅,高门大屋。这样做的目的就是尊崇他们,让天下诸侯的宾客都知道,齐国能招揽天下的贤士。结果,稷下学宫复盛,最多时竟至数千人,在古代世界形成了一道奇特的景观。

稷下学宫汇聚了百家人物,是学术争鸣的好场所。这里不限国别,也不限学派,真正做到了五湖四海,诸家并存。齐国人邹衍、邹奭属于阴阳家。齐国人田骈、接予和楚国人环渊属于道家。赵国人慎到属于法家。司马迁认为他们都学黄老道德之术,从中发展出各自的学说。战国后期的儒家大师荀子,赵国人,曾多次到稷下游学,也多次担任稷下学宫的祭酒(主持人),成为百家争鸣的学术领袖。至于齐国人淳于髡,当属于小说家或杂家,如果可能,应该归入滑稽家的行列。

据司马迁记载,他们"各著书言治乱之事"。邹衍因善谈天文地理而号称"谈天衍",司马迁说他著书,有《终始》、《大圣》等10余万言。后世目录书著录有《邹子》100多篇,已经亡佚,清朝人马国翰有辑本。慎到著有《十二论》,刘向校书时《慎子》有41篇,在法家,如今尚有《威德》、《因循》、《民杂》、《知忠》、《德立》、《君人》等篇。环渊著《道德经》上下篇,《汉书·艺文志》说他是老子的弟子,著录有《蜎子》13篇,今亡佚。接予有《接子》2篇,已亡佚。田骈善于辩论,无人能够折服,仿佛事天,故号称"天口骈",著有《田子》25篇,也已亡佚。邹奭善于修饰邹衍的学说,仿佛雕镂龙纹,所以齐人称之为"雕龙奭",著有《邹奭》12篇,今亡佚。

二、稷下学士

稷下学士有着许多有趣的故事,生动地表现出当时学术争鸣、学术与社会及政治的密切关系。淳于髡就是一个典型例子。

　　淳于髡，齐国人，博闻强记，无所不学，尤长于谏说，以善辞令和外交的齐国名相晏婴为榜样，学得"承意观色"的功夫。一次，有人推荐他勤见梁惠王，梁惠王与他相见，随后又屏退左右，独自一人再次接见他。可出乎意料的是，两番面对梁惠王，他却始终无语。梁惠王感到很蹊跷，事后责问推荐者说："你称道淳于先生，说管子、晏子都比不上他，可见了寡人，没有一句话。难道是寡人不够与他言谈的资格吗？这是为什么呢？"推荐者转告淳于髡，淳于髡说："没错，我前番见王，王志在驱逐；后次再见，王志在音声。我所以默然啊。"推荐者禀告梁惠王，梁惠王大惊，说："哎呀！淳于先生真是圣人啊！前番淳于先生来时，有人送来良马，还未及察看，恰巧淳于先生来了；后次淳于先生来，有人献来歌传，未及试听，恰巧淳于先生来。寡人虽然单独接见他，可心里一直在惦记着良马和歌者呢。的确有这事啊！"后来，淳于髡又见梁惠王，两人相谈三天三夜，没有倦容。梁惠王想以卿相之位待他，他谢绝后便离开了。通过这个故事，可见稷下先生在当时君主心目中的地位和影响，稷下先生的卓异风采由此可见一斑。

　　其实，早在齐威王改革时淳于髡就曾讽喻当政者邹忌，为齐国的改革做出过特殊的贡献。

　　齐国人称淳于髡为"炙毂过髡"。所谓"炙毂过"，是指润滑车轴的油匣，即使遇火烧而油不尽。这是说淳于髡智慧多，像润滑车轴油匣中的油一样用不完。

　　上述稷下学士中，大多数人的著作已经亡佚，邹衍有少量子遗，保留在其他文献中，至于他的思想，读者可在下章第一节中了解到。慎到有6篇文章保存下来，荀卿的著作《荀子》西汉后期刘向校书时就已成形，基本内容保留至今。

　　慎到的学说以"势"论最为著名。"势"说的是君主统治的根据，即权势地位。他认为，没有权势地位，尧舜也不能统治3个人；有了权势地位，

227

桀纣就可以乱天下,可见权势地位的重要。不过,权势地位从何而来呢?对此,慎子有深刻理解,他认为权势来自"分",即名分。所谓名分,其实是法律规定的权利和地位。他举了一个例子,街上一只兔子在跑,一定会有很多人在后面追赶,谁抓住就是谁的;可是市场上堆满了兔子,不给钱,没有人敢拿。原因何在呢?原因就在于名分是否确定。街上跑的兔子名分没有定下来,即没有归属于某人,所以人们可以追逐。市场上的兔子已经属于某人了,其他人自然无权随便拿取。可见,势是由分决定的,这就叫作"分势不二"。而决定分势不二的是什么呢?恰恰是法,是制度。因此,慎子主张法治,主张遵守法律,即使在国家管理上,也要以法制为准,有了法制,甚至可以不听君主的。这些都是极有价值的思想,给后人以很大启发。

荀子,名况,字卿,自幼有秀才,15 岁(一说 50 岁)游学稷下,到齐襄王时,田骈等人已经去世,荀子"最为老师",3 次担任稷下学宫的祭酒(主持人),受到学者的尊崇。不过,齐国有人进谗言,诋毁荀子,荀子便离开齐国来到楚国,受到当政的春申君的优待,被任命为兰陵(今山东省兰陵县)令。春申君死后,荀子被免了官,但仍住在兰陵。李斯曾跟随荀子学习,后来到秦国担任秦相。面对当时乱世的政治,亡国乱君相属,不遵循大道,却营于巫祝、迷信机祥,鄙儒小拘,如庄周等又滑稽乱俗,荀子颇有激愤之意,于是推儒墨道德之行事兴坏,序列数万言。后来去世,就安葬在兰陵。这数万言,今天只见有《荀子》32 篇。

荀子书中的许多内容,表面看来是针对社会上的流俗之见的,其实,在理论上却是针对孟子的,虽然他们都自认继承孔子。孟子也曾游学稷下,也属于稷下先生之列。他宣扬天命,相信天和人总有某种相应的关系,人有所愿,天必应之。荀子则主张天人相分,认为天的运行有自己的常规,不会因为人的需要而有所改变；人对于天只能"制天命而用之"①，遵循自然的规律而行事。也就是说人们应当顺应自然，不能随意造作，破坏自然。

孟子宣扬性善论，认为恻隐、羞恶、辞让、是非之心，人皆有之，所以，仁、义、礼、智皆源于这四端。荀子则认为，人的本性无所谓善恶，饥而欲食，劳而欲息，这是自然而然的。满足欲望是人的本性，这本无可厚非。但是，如果没有节制，任其无限膨胀和发展，就可能引起恶的后果。从这个意义上说，人性有恶的倾向。孟子主张性善论，是为了他的仁政说服务的。人有恻隐之心，统治者也有恻隐之心，政治也应体现恻隐之心，所以应该实行仁政。荀子主张性恶论，是为了他的礼的学说做铺垫的。在荀子看来，人类是群体动物，要想在自然界生存，就一定要有群体优势，否则就无法生存。可是人性有恶的倾向，如果无法控制，有些人就会占有得多，另外一些人就会占有得少，甚至一无所有。这样就无法形成群体，没有群体，就无法战胜自然，因而也就无法生存。怎样避免出现这种情况呢？这就需要礼。礼作为社会规范，首先具有养的功能，荀子认为"养人之欲，给人之求"②，即承认人的生存需要，使人的基本欲望得到满足，否则人类无法存在。由此可见，礼是人类生存的保障。那么，礼靠什么供养人呢？礼本是限制，即根据身份地位分得自己应得的东西。这就叫作"分"，又叫作"名分"。有了名分，按名分占有财富，这样的社会就是有秩序的社会，就可形成稳固的群体，就可面对自然，就能生存下去。

孟子和荀子都强调教育的重要性，但出发点不同。孟子认为，人性本善，可是由于后天外界恶劣环境的熏染，善良的本性便有可能泯没。所以人们需要不断地接受教育，以涵养扩充这微小的善的种子。荀子则不同。他认为，人性有恶的倾向，如无节制，任其发展，就会变得邪恶，危害社会。如果说社会上有善，那是因为人经过自己的不断努力，通过教育和修

① (战国)荀子：《荀子》卷11《天论》。
② (战国)荀子：《荀子》卷13《礼论》。

养得来的，是后天努力的结果。由此可见，教育是必需的。不过，由于生存环境的日趋恶劣，虽有教育，人仍然有可能突破礼教的束缚，做出恶劣的行径来。这就需要有法的制约。孟子的教育观是发扬和扩充本性中良善的本质，所以强调仁爱的教育。荀子的教育观是限制人性中恶劣的倾向，所以主张礼教和法制并用，声称"隆礼重法而王"。

孟子和荀子的思想涉及自然观、人性论、伦理和社会政治学说。孟子和荀子在人与自然、人与人的关系以及人的自我反省上取得了突出的成就，成为古代中国人类精神觉醒的优秀代表。

当然，慎到、孟子和荀子的思想，都得益于稷下学宫良好的理论氛围，都离不开当时学术争鸣的有利条件。在稷下学宫中，儒、法、道、阴阳等派别并存，除了《慎子》、《孟子》和《荀子》，还有哪些著作可以让我们了解到这些思想呢？

三、《管子》思想

有学者认为，今本《管子》保留了稷下学者的思想和言论，从中可以看到稷下学宫中学术争鸣的盛况。

《管子》是托名春秋时期齐国名相管仲的一部著作。刘向《管子叙录》称《管子》86 篇。《汉书·艺文志》道家类中著录有《筦子》86 篇。班固自注："名夷吾，相齐桓公，九合诸侯，不以兵车也。"颜师古注："筦读与管同。"这就是刘向整理的那个本子。今天我们所看到的《管子》目录恰恰是 86 篇。可是《史记》张守节《正义》却说："《七略》云：'《管子》18 篇，在法家。'"刘歆是刘向的儿子，父子两人见到两个不同的版本，这是为什么呢？有学者根据《韩非子·五蠹》和贾谊的某些说法以及《史记·管晏列传》，认为在西汉后期刘向校书编订今本《管子》以前，曾经有另一本《管子》，可称《管子》的原本。这本《管子》的原本反映了齐国法家的思想，可称为"管仲学派"，是战国时期齐国的官方意识形态。而刘向编订的后一本《管子》，也就是我们今天看到的《管子》，不但把这个学派的思想资料包容在内，还把稷下学者的著作也收录了进来。班固在编著《艺文志》时，大概觉得 18 篇法家《管子》已经包括在 86 篇《管子》内，所以也就没有必要再单独著录了。究竟是否如此？还不好说。不过，今本《管子》中的确有与《韩非子》、《史记》所说相一致的内容；也有与其他派别相近的思想内容。它们究竟应该分为两部分呢，还是一个统一体呢？学者对此存有争论。据我的考察，今本《管子》读起来，虽有看似各家的内容，但大体上却可以相互协调，统一在一起，既有稷下学者的贡献，又更像人为的编订和统一。这些内容作为治国学说，是可以统一起来的。如果理解为齐国统治者有意把稷下学士的著作整合起来，作为齐国的治国方略，也未尝不可。

不过，为了更好地理解稷下学士的思想贡献，还是让我们按照各家各派的痕迹，给予归纳。

首先，与法家相近的思想内容。

《韩非子·五蠹》记载："今境内之民皆言治，藏商管之法者家有之。"所以《管子》应该是法家著作。《史记·管晏列传》：

> 管仲既任政相齐，以区区之齐在海滨，通货积财，富国强兵，与俗同好恶，故其称曰："仓廪实而知礼节，衣食足而知荣辱。上服度则六亲固，四维不张，国乃灭亡。下令如流水之原，令顺民心。"故论卑而易行，俗之所欲，因而与之，俗之所否，因而去之。
>
> 其为政也，善因祸而为福，转败而为功。贵轻重，慎权衡。

篇中还提到《牧民》、《山高》、《乘马》、《轻重》、《九府》，"其书世多有之"。其中《牧民》、《山高》，属于治国纲领；《轻重》、《九府》，当属理财学说；《乘马》属于运筹学。均见于今本《管子》(《山高》为《形势》)；《九府》，目录所无。(司马贞《索隐》："按《九府》盖钱之府藏，其书论铸钱之轻重，故云轻重九府。"）此外，今本《管子》中有《权修》、《立政》、《七法》、《版法》、《法禁》、《重令》、《法法》、《任法》、《明法》、《治国》等篇，皆与法家思想相近。

如果《牧民》是管子法家思想的代表，那么，齐国法家就很有自己的特点。管仲治理齐国，强调通货积财，《管子》中多有关于货币的篇章，这也符合实际情况。

其次，与其他家思想相近的学说。

《幼官》、《宙合》、《水地》、《四时》、《五行》，近似阴阳家学说。《心术上》、《心术下》、《白心》、《内业》等与道家学说相合。《兵法》乃类似兵家之言。《弟子职》似为稷下学宫的学者守则。如果说《管子》中的各篇有稷下学士中各家各派的贡献，这不会有错。但是，若这样就说《管子》是一个大杂烩，是各家各派文章的汇编，似乎还早了一点。很明显，这些近似各家的篇章，几乎没有哪篇是纯粹的某家学说，都是掺杂着与其他家相似的思想的。

例如，与阴阳家相似的《幼官》、《四时》、《五行》，讲究按时行令，东南西北，春夏秋冬，春夏生长，要善于养护，秋冬肃杀，要懂得贮藏，这就有儒法并用的倾向。与道家相近的几篇如《心术上》、《心术下》、《内业》等，还明确地包含着礼法并用的内容。再以《牧民》为例，篇中大讲天时地利，重四时，务财用，这比较近似阴阳家；强调"四维"是最重要的，所谓"四维"即礼、义、廉、耻，这似乎又是靠近儒家的；接着又讲"四顺"，所顺者，民心也，这与儒家和道家都有相通之处；尤其是这篇还大讲"省刑"、"禁文巧"，反对"繁刑"，这些提法恰恰是针对法家的；与法家相近的，只有"仓廪实"、"衣食足"这一条，但也不是从耕战的角度，而是从使民保持礼节和荣辱的意义上谈的，这毋宁更像是儒家，与荀子很靠近。

总之，对于《管子》一书的思想是不是一个有机的整体这个问题，学者是有争论的。但是，对我们来说，《管子》一书凝结着古人的智慧，是稷下学者的集体贡献。特别是书中讨论了许多重要的时代课题，闪耀着智慧的光芒。例如，关于寓兵于农的治军理念，礼法并用的统治原则，官吏管理的刑名之术、政顺民心、倾听民议、藏富于民的民本思想，发展农业和鼓励工商的经济主张以及关于国家起源与人性假设的深刻思考。这些在西汉前期曾经一度成为国家制定政策的依据，在安定社会、发展生产、富国强兵上取得了明显的成效。即使到了今天，这些思想仍然焕发着勃勃的生机，给人以有益的启示。

第三节 道家和法家对儒家的批评

战国时期，诸侯力政、列国争雄，在这样一个血腥的时代，社会矛盾日趋尖锐，国与国之间战争不断，家与家之间争斗不已，人与人之间也进行着智慧与体力的较量。从传统文化中脱胎而来的儒者们，非但没有消沉沦落，反而以更大的努力顽强地从事着维护和改造传统文化的学术理论工作，以适应严酷的生存环境，在夹缝中寻找发展的机遇。从孔子到孟子再到荀子，虽然未能得到当权者的重用，但是，随着私学教育的快速发展，学术研究工作的不断深入，儒者队伍也迅速壮大起来，特别是经过与墨家、杨朱等学派的交锋，儒家学派成为当时社会上最大的学术群体。他们拥有传统文化的优势，又根据时代发展做了必要的调整与改变，特别是又从论辩对手那里吸取了有益的理论营养，理所当然地成为社会上最为流行的显学。史家称，孟子外出时，"后车数十乘，从者数百人，以传食于诸侯"①，荀子在齐国稷下"三为祭酒"、"最为老师"，这些都显示了儒者所拥有的无与伦比的文化影响力和号召力。

不过，变法改革、富国强兵、纵横兼并，这些仍然是战国时期各诸侯

---

① 《孟子》卷6《滕文公下》。

国的当务之急。在这样一个社会急剧转变的非常时期，有两类人士对儒家的学说提出了强劲的挑战和批判。一是对社会矛盾极为敏感因而追求超脱的道家之流，二是同样对社会矛盾深怀敏感但却积极投身于改革事业的法家之流。前者不满于儒家汲汲皇皇地为文化和社会发展寻找出路，认为这样的努力是南辕北辙，结果是徒劳的；后者不满于儒家对社会进步的保守态度，认为他们顽固守旧，不利于社会进步。两者在反对、限制，甚至消灭文化，使社会回复到浑朴自然的状态上达成一致，表现了文化虚无主义和文化专制主义的倾向。但是在理论上，两者却对文化的内在矛盾做了有益的思考和分析，加深了对人类社会发展矛盾性质的理解，贡献同样是巨大的。

一、道家对儒家思想的批判

《老子》一书的许多内容反映了春秋末期周朝史官老聃的思想。例如，关于道德、朴实无华、柔弱胜刚强、虚静淳朴等的思考。但今天我们见到的《老子》，明显是经过长期锤炼形成的，有些内容又与战国时期的社会和文化发展现实相一致。

(一)关于仁义

战国中期，孟子重新倡导仁政，主张仁、义、礼、智、信，强调"诚"，相信历史的前进与道德的进步有一致的一面。现在，老子却揭露了另一种相反的现实，他说：

> 大道废，有仁义。慧智出，有大伪。六亲不和，有孝慈。国
> 家昏乱，有忠臣。①

老子认为，大道废弛了，于是就有了仁义；智慧出来了，于是就有了

---

① 《老子》第18章。

大伪;六亲不和了,于是就有了孝慈;国家昏乱了,于是就有了忠臣。仁义、智慧、孝慈(礼)、忠臣(信),这恰恰是针对孟子的基本道德观念的。孟子以为这些都是源于人性善端的道德观念。老子却认为,这根本不是什么了不起的好东西,只不过是历史发展过程中德行败坏的产物,如此而已。那么,面对历史的这个矛盾,人们将何去何从呢?孟子主张努力建设仁义道德,老子却提出了相反的主张:

> 绝圣弃智,民利百倍。绝仁弃义,民复孝慈。绝巧弃利,盗贼无有。[①]

放弃圣智、仁义、巧利这些文明成果,回复淳朴、真诚、安宁的原始状态,这就是老子的回答。为此,老子描绘了一幅"小国寡民"的社会图画,更明确地表达了这个态度:国家虽然小,人民又少,虽有十倍百倍于人力的器具,却不使用;让人民重视生命,这样就不会迁徙到远方。即使有船有车,也无处乘坐;即使有兵器有甲胄,也无处排列;让人民重新使用结绳而治的老办法。吃什么都香甜,穿什么都好看,住哪儿都安适,风俗淳美快乐,相邻的国家一眼可以望到,鸡鸣狗吠的声音可以听清,人民到老到死也不相互往来。

这是古代中国人的乌托邦,是人类自我反省的收获。小国寡民如能存在,当然会有这样宁静而安稳的生活。不过,老子也知道,回到小国寡民的时代是不可能的。战国时代的士人,只能在无限的遐想和缅怀中加强修养、提升境界,在现实面前,还是要做好"佐人主"、"莅天下"的工作,要为"侯王"、"取天下"、"治大国"、"以御今之有"所用。

(二)关于礼文

儒家倡导礼治,把礼作为仁的外在规范和表现。礼讲究名分,所以,

---

① 《老子》第19章。

儒家的礼学又是一种名学。孔子就主张"正名"，坚持要用"名"（即礼）来端正淆乱的等级关系。孟子和荀子也都讲究礼，荀子更从性恶论的角度强调礼的重要性。礼和名，又都叫作"文"。它既是一种文饰，即人性的一种外在规范，所以强调等级和差别。它还是一种教育，即文化，使人向文的方向转化，变成自觉遵守礼的规范的人。文化作为人的外在表现，本应以性为根据，可是，一旦形成自己的形态，文化就具有了某种独立性，就要走向性的反面，就要从真走向伪。老子深深忧惕于这个危险，所以下大气力对儒家的礼教和文化观做了深入的分析和批判。

老子对儒家礼文的批判是通过对名的论述来体现的。在老子那里，名即语言文字，既可指人的言语，又可作为事物的名称、社会的等级名分，甚至所有权。老子认为，一旦有了名，就一定要知道有个限度，知道有个限度，就可避免危险。因为道就是这样的，它成功做成事情，但却从不占有；它给万物带来温暖，却从不以主人自居。当政者也要像道一样，实行无为的政治、不言的教导，使人民心胸恬淡，腹胃充实，目标现实，身体强健。

庄子，名周，蒙（今安徽省亳州市蒙城县）人，蒙县一说属宋国，一说属魏国。庄子出生于梁惠王、齐宣王时，与孟子大约同时。曾担任蒙县管理漆园（在今涡河北岸）的小吏，著书 10 余万言。其中有《渔父》、《盗跖》、《胠箧》、《亢桑子》（《庚桑楚》）等篇。史家称他善于写作，以攻击儒墨，哪怕是当世最有名的学者也不能逃脱他的批评，其言汪洋自恣以适己，王公大人不能得到他的辅佐。据说楚王听说庄子有才能，派人带着厚礼来聘请他，答应给他相位。庄子笑着对楚使说："千金，这是重利啊，卿相，这是尊位啊，可是您没有见过郊祭时用作牺牲的牛吗？饲养了好几年，还披上彩色的丝织品，把它送入太庙，当此时刻，它想成为一头牛，还来得及吗？先生快请回吧！不要玷污了我，我宁愿在小水沟里嬉戏，以求快乐，也不想被诸侯的国家所束缚。我的愿望是：终身不当官，只要使我的志趣得到满足和快乐！"

庄子就是这样一个人。他以个人的自足和自在为人生理想，与声称要把社会关系保持在礼的规范内的儒家观点是针锋相对的。在本节中更令我们关心的是，他对儒家思想的批评究竟怎样促进了对文化内在矛盾的反省。

今本《庄子》中有《马蹄》、《胠箧》、《骈拇》、《在宥》、《天地》、《天运》、《盗跖》、《缮性》诸篇，描绘了一个遥远的"至德之世"。在所谓"至德之世"里，人们无知无欲，淳朴天然，与外界混沌未分。后来，人类越来越讲求智慧和知识，乃至出现了圣人，他们提倡仁义礼乐，这样便毁坏了自然的纯真。三代以下，天下大乱。这就是后人所认为的文明史。在庄子看来，以文明成果的增长为代表的历史进步，正是以道德衰退为代价的历史倒退，这是多么尖锐的矛盾！造成这个矛盾的原因，不在上天，也不在其他神祇，而恰恰在于人们自己，在于人类的智慧和知识，这是人类自身难以索解的矛盾。

庄子的"至德之世"与老子的"小国寡民"是接近的，而且庄子也和老子一样，是从"至德之世"的角度批判儒家仁礼学说的。不同的是，老子的"小国寡民"还有"十倍百倍于人力的器具"，还有"舟楫车辆"和"兵器甲胄"之类文明成果。而庄子的"至德之世"却是山上没有道路，水泽没有舟梁的，人类尚"与禽兽杂居，与万物并处"，没有一丝文明的痕迹，只是后来出现了宣扬仁义礼乐的圣人，才破坏了这种原始的淳朴。比较起来，庄子的见解更富历史感，表现了更加激烈的反对文明、反对儒家仁义礼乐的态度。不过，对于圣人是怎样产生的，庄子还没有给出令人信服的回答。

《庄子·应帝王》还讲了这样一则寓言故事，肩吾去见狂接舆，狂接舆问："日中始这人和你谈了些什么呢？"肩吾答道："他和我谈了些做君主的道理，说做国君的应当自己制定法度，如仁义礼乐等；有了这法度，一般人民自然会受到感化，而纳入礼的轨道。"狂接舆听了，感到不高兴，便说："这样做对于人民反而是不好的，有伤于他们的自得之性。"

按庄子的理解，不制定法度，听任人民与禽兽居处、和万物并存，不知道君子小人的区别，这样反倒是正确的行为。这仍是从"至德之世"的角度看待礼乐文明的思想。

庄子还认为，贵贱是由社会制度支配的，不是由个人决定的。他又讲了这样一个寓言：据说伯夷是殉仁义而死，被称作君子，盗跖是殉货利而死，被称作小人。可事实上，不论是伯夷的殉仁义，还是盗跖的殉货利，都是"残生损性"的，两人在这一点上没有什么两样，那又何必分为君子小人呢？

可见，所谓君子小人，所谓仁义货利，其实是受了社会制度的支配造成的。因此，庄子反对这样的社会制度。

庄子说过："天之小人，人之君子；天之君子，人之小人也。"[①]前两句的意思是说：人世间称作君子的，是那些拘于礼法的，可从上天看来，拘于礼法却是束缚和损坏天性的；束缚天性就是对自然本性的戕害，既然是对自然天性的戕害，那就不能从人世间的观点来称之为君子，而只能说这是小人。后两句的意思是：有不为世俗之礼，又不知死生先后，却怡然自得的，这样的人本是上天希望的君子，可是从人世间的见解来说，不能对现实有所作为，又不守礼法，因而只能说是小人，怎能说是君子呢？

对此，庄子提出了这样的问题：这种"残生损性"的礼法，这种分别君子小人的社会制度，究竟是谁造作出来的呢？当然是所谓的圣人了。就是仲尼、曾参和史䲡这班儒家的圣人了。他们用心于仁义，致力于礼乐，迷惑人民，使人局促，不能像天地万物那样怡然自得地生活。于是，他终于发出了"圣人不死，大盗不止"[②]的呐喊，宣称，圣人造作的一切有损本性的物质文明，都应予以摧毁。

除此之外，庄子更主要的是从道的淳朴和混沌的品格来反对强分是非

---

① （战国）庄子：《庄子》内篇《大宗师》。
② （战国）庄子：《庄子》外篇《胠箧》。

的儒家仁礼学说的。据他看来，从物的本身来说，都是自以为高贵而把他物看作低贱的。鲲鹏展翅，可乘着高空的旋风飞行九万里，从北海迁徙到南海。鹦雀却讥笑它说："你为什么飞那么高啊？像我，向上飞数十丈，然后向下，在蓬蒿之间循环往来，你哪里有我来得爽快呢？你飞那么高那么远，有什么意思呢？"可见，两物之间，大的一方会以其大来睥睨小的一方；而小的一方，居然也以自己的小，鄙视那大的一方。但是，从道看来，不论是人，还是万物，本来就无所谓贵贱。礼法凭什么非要把人们区别为高下贵贱呢？

总之，道家反对儒家的仁义和礼乐，这与他们的基本问题相关。老子"名与身孰亲？身与货孰多？得与亡孰病？"①名利和人本身哪个更值得珍视？得与失，哪个更有害呢？从"长生久视"的观念看来，老子自然是主张身体比名利更重要，得与失哪个更有害，这要看哪个对人身更有害。庄子的基本问题是什么？当然也是道，即自然的天性或曰天然的性情，他所追求的"无待"境界，他所赞颂的"真人"、"至人"、"神人"，都是拥有这样的道德修养的个体，即保持自然天性或天然性情的人。这样的人，不论是隐居山林，还是身处俗间，都会是一个在本性上认真与执着、在俗务上淡泊与豁达的个体。

二、法家对儒家思想的批判

三晋法家倡导激进的社会变革，李悝的情况史料缺失，不好详说。商鞅变法曾遭到甘龙、杜挚等人的批评和阻挠，变法过程中，儒者赵良以《书》之所言"恃德者昌，恃力者亡"对商鞅的所作所为狂加诅咒，商鞅不为所动。《史记·商君列传》和《商君书·更法》都有记载，已见前文所述。

韩非有言："商君教孝公，燔诗书而明法令。"②可见，焚毁儒家奉为经

---

① 《老子》第 44 章。
② （战国）韩非：《韩非子》卷 3《和氏》。

典的古代文献在商鞅时代就曾经实行过。商鞅为什么对《诗》、《书》采取如此严厉而过激的禁绝措施呢？这是因为，在他看来，尊崇《诗》、《书》，鼓励人们从事知识传授活动，就会打击农民从事耕作和战士投身行伍的积极性，妨碍农战政策的落实。《商君书·农战》："农战之民千人，而有《诗》、《书》辩慧者一人焉，千人者皆怠于农战矣。"《商君书·农战》还指出，现在都城中人民都说："农战可以避免，还可以取得官爵。"因此才干杰出的人物都要改业，努力去学习《诗》、《书》，追逐国外势力，上可以取得荣誉，下而可以追求官爵。渺小的人物就经营商业，搞手工业，都是为了避免农战。有了这些情况，国家就危险了，百姓受到这样的教育，国土必定被敌人侵占。把尊崇《诗》、《书》说成是导致国家危亡的罪魁祸首，除了彻底绝灭，还能采用什么手段呢？

《商君书》对"六虱"的批判更集中地表现了他对儒家思想的态度。《商君书·靳令》："无六虱必强"、"有六虱必弱"；"法已定矣，而好用六虱者亡"。什么是"六虱"？为什么它们有如此大的魔力呢？《商君书》指出："六种虱子：是礼和乐；是《诗》和《书》；是善良和孝悌；是诚信和贞廉；是仁和义；是非兵和羞战。国中有这十二项，国君就没法使人们从事农战，国家必穷以至于削弱。从事这十二项的人成群，这叫作国君的政治战不胜群臣，官吏的政治战不胜人民。这叫作六种虱子战胜了政治。这十二项扎下了根，国家必然被削弱。兴旺的国家去除这十二项，所以国力强大，天下各国都不敢侵犯。"[1]《去强》、《农战》两篇也有类似表述。[2] 礼乐、《诗》、《书》、善良孝悌、诚信贞廉、仁义、非兵羞战，这些都是孟子倡导的东西，

---

[1] 高亨：《商君书注译·靳令》，北京：中华书局，1974 年版，第 106～107 页。六虱各包括两种，所以可分为十二。

[2] 《去强》："国有礼、有乐、有《诗》、有《书》、有善、有修、有孝、有弟、有廉、有辩，国有十者，上无以使战，必削至亡；国无十者，上有使战，必兴至王。""国用《诗》、《书》、礼、乐、孝、弟、善、修治者，敌至必削，不至必贫。国不用八者治，敌不敢至，虽至必却。兴兵而伐，必取，取必能有之；按兵而不攻，必富。"《农战》："诗、书、礼、乐、善、修、仁、廉、辩、慧，国有十者，上无使战；国以十者治，敌至必削，不至必贫。"

《商君书》把它们比喻为 6 种虱子，表现了作者对儒家思想厌恶至极，必欲去之而后快。正是由于有了这样的态度，所以才会提出"以言去言"的口号，才会主张"壹教"，直至采取"燔诗书而明法令"①的过激行动。

战国末年，韩非继承商鞅的许多见解，对儒家思想展开更有理论意义的批判。

韩非(约公元前 280—前 233)，战国后期韩国的诸(庶)公子。韩国弱小，处于秦、魏、楚等大国的包围之中。当时，秦国统一天下的形势越来越明朗，韩国首当其冲，面对秦国兵锋的直接威胁，外部压力极大。国内，君主暗弱，重人专权，政出多门，法治不彰。鉴于形势严峻，韩非多次上书韩王，建议改革，却未引起重视。韩非为人口吃，不善道说，但长于写作，他的许多文章在各国间流传。秦王政读到《孤愤》、《五蠹》，深为感动，不禁叹曰："嗟乎，寡人得见此人与之游，死不恨矣!"②公元前 234 年，秦国出兵攻韩，形势危急，韩王派韩非出使秦国，谋求一线生机。韩非企图利用秦王政的好感，施展策术，保存韩国，不料，被在秦国当政的李斯看出了破绽，再加上他贸然发表意见，批评秦的国策，触怒了秦国政要，被囚禁起来。第二年，韩非在狱中自杀身亡。

今本《韩非子》55 篇，集中表现了韩非的思想。其中，对儒家思想的批判显得非常的突出。

首先，《五蠹》篇集中批判所谓"五蠹"，即破亡国家、削灭朝廷的五种"邦之蠹虫"。他们是学者(儒者)、言谈者(纵横家)、带剑者(侠客)、患役者(私属)、商工之民。五蠹当中，学者(儒者)首当其冲，他们称颂先王之道，假借仁义之名，端正仪容、美化服装，文饰辩说，使百姓对当世之法产生疑惑，对人主也怀有二心。关于儒者对国家的危害，他还讲述了这样两则故事：

① （战国）韩非：《韩非子》卷 3《和氏》。
② （西汉）司马迁：《史记》卷 63《老子韩非列传》。

楚国有个叫直躬的，父亲偷了人家的羊，他向官吏举报。令尹下令说："杀了这个儿子！"令尹认为对君主来说他表现了正直的品德，但对于父亲来说却是邪恶的。于是，判了他的罪。由此可见，君主的直臣，却是父亲的暴子啊。

鲁国有个人随国君出战，每战必逃，孔子问他为什么，他回答说："我有老父，我若死了，就没有人养活他了。"孔子认为他孝顺，便向上级推荐他当官。由此可见，父亲的孝子，却是君主的叛臣啊。

可是结果呢？令尹处罚检举者，楚国有奸邪就再也无人举报了；仲尼赞赏孝子，鲁人就更轻易地败逃。

韩非的目的是要说明，儒家宣扬孝道，其实是对国家利益的破坏。这就叫作"儒以文乱法"。据此，他认为行仁义的不要给予赞誉，赞誉他们就会妨害君主的事功。韩非的这个观点有理论意义，他把国家（君主）利益和个人（臣民）利益的冲突揭露出来，向宣扬君民利益一致的传统政治和伦理学说提出了严正的挑战，朝着辩证地看待国家和个人的关系迈出了重要的一步，表现了鲜明的时代特点。

其次，对儒家历史观展开批判。商鞅曾在变法过程中批驳过甘龙、杜挚等人宣扬的历史不变论，坚信历史是变化的，这就为变法革新提供了可靠的理论前提。韩非同样把儒家的历史不变论作为批判的对象。韩非的老师荀子主张礼治，为了说明礼的永恒性，他宣扬"古今一度"，古与今有共同的认识标准。韩非在《五蠹》篇中明确地提出古今是变化的，而且变化是有阶段的。他从环境的挑战与人类的应战、人口与资源、生活标准和道德观念、政治形势与施政方法、人性状况与治理措施等的关系出发，论证了古今阶段不同，观念和策略也相应不同的道理，提出了"上古竞于道德，中世逐于智谋，当今争于气力"[①]的著名论断，在历史观上为变法革新奠定

---

① （战国）韩非：《韩非子》卷19《五蠹》。

了坚实的理论基础。

最后，批判儒家孟子的性善论。商鞅学派根据性恶说对儒家的德治主张提出批评。《商君书·错法》说："人君而有好恶，故民可治也。人君不可以不审好恶，好恶者，赏罚之本也。夫人情好爵禄而恶刑罚，人君设二者以御民。""故凡明君之治也，任其力，不任其德。"《五蠹》认为"今儒、墨皆称先王兼爱天下，则视民如父母"。可是事实究竟是否如此呢？

> 人在婴儿时，父母不细心养育他，他长大后便埋怨父母；儿子长大成人，供养父母不足，父母就会生气而责备他。儿子和父母，这是至亲啊，居然又是责备，又是埋怨，原因就在于他们都相信人是互利的而没有做到啊。①

> 父母对于子女，生了男孩则相互庆贺，生了女孩则杀掉。他们都是父母所生，可是生男则受贺，生女便杀掉，这是考虑将来的便利，做长远打算啊。可见，父母对于子女，犹且用计算之心来相待，何况那些无父子恩泽的呢！②

治理国家一定要根据这样的人性状况来进行。不成器的儿子，父母对他生气，他却不改；乡人责备也不为所动；老师教育也没有什么变化。父母的爱，乡人的品行，师长的智慧，这三者加在一起，都未能撼动他一根毫毛。可是州部的小官吏，拿着兵器，执行公法来搜捕奸人，这时他竟恐惧起来，改变品行。所以，父母之爱不能够教育好子女，一定要等待州部的严刑。可见，人们骄纵于关爱，却服从于淫威。所以，明主要严刑峻法。寻常的布帛，一般人也不会放手的；正在熔化的黄金，即使是盗跖也不会

---

① 译自(战国)韩非：《韩非子》卷 11《外储说左上》。
② 译自(战国)韩非：《韩非子》卷 18《六反》。

动手去拿的。可见，无害时，蝇头小利也不会放弃；有害时，百镒黄金也不会动手。所以，明主一定要严格诛罚。而且，赏赐一定要丰厚而诚信，让人民以它为利；惩罚一定要沉重而严格，让人民感到恐惧；法律一定要统一而固定，让人民知道。君主施赏不要随意变化，行诛不要轻易赦免。而且赞誉要跟着赏赐，谴责要随着惩罚。这样，不论是好的，还是不好的，都会竭尽其力了。

正是根据以上分析和考虑，韩非才提出"故明主之国，无书简之文，以法为教；无先王之语，以吏为师"①。这句话竟成为法家的著名主张。

仔细想来，韩非批评性善论，其实质是对儒家的人格独立论发起了猛攻。儒者赞扬士人的"弘毅"精神，孔子讲求"士可杀不可辱"、"无求生以害仁，有杀身以成仁"②、"朝闻道，夕死可矣"③。孟子则树立了"大丈夫"的形象，推崇"富贵不能淫，贫贱不能移，威武不能屈"的人格独立精神。孟子和荀子都有历史不变论的倾向，也有人性不变论的倾向，不同的是，荀子主张性恶论，其思想中因时、因事，即随外界条件的变化而变化的因素更多一些；而性善论认为道德之善发自本性的善良之端，它不受外在条件的左右，是稳固不变的。在韩非看来，这对君主的极权是不利的，因为君主使用臣子，心里是想把臣子当作奴仆或者当作驯养的鸟兽或鹰犬，不许他们的内心有任何不可动摇的东西。我们知道，韩非拥护官僚制度，甚至指出官僚制度下君主与臣子的关系是一种买卖关系，即商品交换关系。商品关系的基本精神是等价交换，这说明官僚制度本身体现了一定的平等精神，是时代进步的体现。可是，为了驳斥儒家对士人独立人格的赞扬，韩非却又把官僚制度理解为主人和奴隶的关系。由此可见，韩非的思想出现了矛盾。这说明，在改革的根本问题上法家思想是不彻底的。相比而言，

---

① （战国）韩非：《韩非子》卷19《五蠹》。
② 《论语》卷8《卫灵公》。
③ 《论语》卷2《里仁》。

在维护官吏的独立人格上，儒家性善论和历史不变论更能体现时代精神，同时也说明，法家对儒家的批评，并非都是符合历史进步潮流的。

从另一个方面看，在受到道家和法家猛烈批判的过程中，儒家也在不断地做着自我调整和完善的工作，并且取得了重大进展。荀子的"治气养心"之术和"隆礼重法"主张就是在吸收了道法两家思想之后形成的（这在下节关于荀子对先秦学术的总结批判中给予说明）。西汉中叶，董仲舒吸收黄老思想，重视法治和刑名之学，汉宣帝声称汉家自有制度，本以霸王道杂之，这些都是儒家对来自道家和法家的批评所做的回应和超越。

三、道法两家之异同及与儒家思想的相通之处

道家和法家虽然批判儒家，但他们与儒家在思想上仍有许多相通之处，这也是必须了解的。

(一)道家

道家推崇自然，以自然的本性为道德之源泉。传说子思做《中庸》，其中就有"天命之谓性，率性之谓道，修道之谓教"。所谓天命，即自然的必然性。孟子断言仁义礼智来自内心的四端，是人的本性，也即人性的自然。子思和孟子都重视诚，所谓诚，就是符合本性的良善。可见，在重视本性自然上，儒道两家有其相通之处。

道家讲民本，主张政策应该以符合民的利益为准。"圣人无常心，以百姓心为心。善者吾善之，不善者吾亦善之，德善。信者吾信之，不信者吾亦信之，德信。圣人之在天下，歙歙焉，为天下浑其心。圣人皆孩之。"①"民不畏死，奈何以死惧之？"②"民之饥，以其上食税之多，是以饥。民之难治，以其上之有为，是以难治。民之轻死，以其求生之厚，是以轻死。

---

① 《老子》第49章。
② 《老子》第74章。

夫唯无以生为者,是贤于贵生。"①这些都是人们耳熟能详的主张。儒家同样重视民本。孟子讲王道,以"治民之产"为首,反对君主与民争利,甚至明确提出"民为贵,社稷次之,君为轻"②的观点。可见,在重视民生上,儒道两家也有其相通之处。

儒家崇拜远古圣人,道家何尝不是如此呢?儒家盛赞尧、舜,道家更甚,他们抬出更古的圣人——黄帝。两家都羡慕远古时代的自然和自在,都反对文明时代对人性的戕害和压制。可见在历史观上两家有其相通之处。

道家服膺仁慈,反对战争,道家有"三宝",叫作"慈,故能勇;俭,故能广;不敢为天下先,故能成器长"③。道家指出,"兵者,不祥之器……不得已而用之,恬淡为上,胜而不美。而美之者,是乐杀人。夫乐杀人者,则不可以得志于天下矣","杀人众,以悲哀泣之,战胜,以丧礼处之"。④ 儒家也反对战争,孟子曾不无愤慨地声称:"善战者服上刑!"⑤"行一不义、杀一不辜而得天下,皆不为也。"⑥荀子亦有几乎雷同的说法:"行一不义、杀一无罪而得天下,不为也。"⑦"行一不义、杀一无罪而得天下,仁者不为也。"⑧可见两家的相通之处。

(二)法家

法家重视文。所谓文,含有上下等级的名分、权利之意。儒家也讲文,儒家的文同样讲上下等级的名分、权利。礼和法都是名,在名的意义上儒和法是相通的。

---

① 《老子》第75章。
② 《孟子》卷14《尽心下》。
③ 《老子》第67章。
④ 《老子》第31章。
⑤ 《孟子》卷7《离娄上》。
⑥ 《孟子》卷3《公孙丑上》。
⑦ (战国)荀子:《荀子》卷4《儒效》。
⑧ (战国)荀子:《荀子》卷7《王霸》。

儒家重视人性，把治理——不论是政治治理还是人格治理——都建立在自然本性的基础上。法家其实也重视人性，也主张根据人的自然本性来实施治理。不同的是儒家的人性强调道德倾向；法家的人性强调欲望的倾向，如此而已。

四、道法两家的异同

道家、法家都批判儒家的仁义礼乐，但两家在许多方面却有所异同。

就其所同者而言，两家都承认变化，法家变法以此为准；道家对人生的看法也以此为基本条件。两者都推崇淳朴虚无，老子有"绝圣弃智"之说，认为道是无名的，是朴实的，是混沌的，人只要实行不言之教，虚心而实腹，弱志而强骨。法家认为"民愚则易治也"①，主张"无书简之文"，"无先王之语"②。两家都相信自然，认为人不应该过于讲究情感，那样或者有损于政治，或者有损于个人。法家以天下国家为准则，道家以宇宙万物为准则，不同于儒家亲亲为本的道德观念。老子和庄子向往远古时代的淳朴纯真，反对后世的文明发展，法家对远古的朴实敦厚也表达了深深的欣羡之情，对后世的机巧伪诈表达了深深的厌恶，两家都承认历史进步同时又是道德退步，但道家主张凡事以原初的品德为目标而加强修炼，法家则主张用强力手段压制伪诈而达到治理的目的。

就其所异而言，道家主张自然，以宇宙天地为限，所以显得散漫而自在，"天网恢恢，疏而不失"③，这种放任的态度表现了一种宽阔的胸怀。法家虽也主张自然，但他们更注重营造文网(法律)，一切以君主的法律为准，即以君主的意志为准，相比而言，就显得狭隘而狰狞。

道家无名，法家有名，举凡刑名、名法、名分、名誉、名有，样样不

---

① （战国）商鞅：《商君书·定分》。
② （战国）《韩非子》卷19《五蠹》。
③ 《老子》第73章。

少;两家的根本区别在于道家不屑于占有,法家则以占有为目的。两家虽都主张不尚贤,但道家的目的是"使民不争"①,法家的目的却是不用道德之士、名誉之人,谨防奸臣凭借"贤能"之名实行篡夺最高权力之实。道家一律反对战争;法家则坚决主张耕战,对外,奖励战功,尽管它的最终目的是要消灭战争,对内,以刑杀为威。

道家和法家对儒家的批判是"百家争鸣"中异彩纷呈的重要一环。这场斗争取得了丰硕的成果,特别是在国家治理方略、历史或文明演进的异化现象、人性和人类自身的内在矛盾等问题上,思想家们进行了深刻的反省,达到了前所未有的高度。道、法、儒诸家相互诘难,相互争辩,相互吸收,相互融通,为中华文化核心精神的形成做出了特殊贡献。

---

① 《老子》第 3 章。

第十章 学术文化的勃兴
与人类精神的觉醒(下)

在"百家争鸣"中，除了儒、墨、道、法以外，还有两家非常活跃，他们踊跃投身争鸣活动，在自然观和形式逻辑等方面做出了重大贡献，显示了古代中国人的文化和智力水平，他们就是阴阳家和名家。此外，到了战国中后期，随着"百家争鸣"的发展，学术总结的趋势已经出现，各家的争鸣和渗透成了思想和学术的一大特色。

第一节 富有渗透力的阴阳观念

阴阳家是司马谈《论六家之要指》给予的名称，它的主要内容是关于时令和按时行令的，四时是阴阳的集中表现，所以叫作"阴阳家"。另外，这家的思想还有很多内容与五行有关，因此，又可称为"五行家"。

《史记》列举的最有代表性的阴阳家人物，是号称"谈天衍"的齐国稷下先生邹衍。

邹衍比孟子略晚，他看到当时的统治者骄奢淫逸，不能像儒家诗教所希望的那样崇尚德行，于是深入观察阴阳两气的消长变化，记述了怪异玄虚的变化，写了《终始》、《大圣》等篇，共十余万字。他的学说不着边际，不合常理，从空间上说，必须先在细小的事物上得到应验，然后推广到大的事物，以至无边无际。从时间上看，先从当今向上追溯到学者所共同推崇的黄帝，大抵随着世道盛衰记载凶吉制度（天人相应之类），由此再推而远之，直至天地未生、玄妙不可考察的时候，才算是源头。然后，先列举中国名山、大川、通谷，各地水土及所繁殖的禽兽，所珍稀的物产，由此推广，直到人们所不能睹的海外。论述开天辟地以来，金木水火土相生相克，王朝兴替正好与它相配合。他认为儒家所谓的中国，在天下，只是八十一分之一。中国被称为赤县神州，神州之内有九个州，大禹依次划分的九个州就是这里，但不算是州的总数。中国之外，与赤县神州相同的，还有九个，这才叫作九州。每州都有小海环绕，人类和禽兽都不能与外界相通，仿佛在一个区域内，这就是一州。这样的州共有九个，外面环绕着大瀛海，也就是天地的边际。邹衍学说的具体内容大抵如此。但概括他的宗旨，则一定归结到仁义节俭，并在君臣上下和六亲之间实施，只不过一开始太繁复了。①

邹衍的学说虽然繁复，其实，归纳起来也好理解。首先在范围上，空间广大无垠，时间从古至今，这就是古代所谓的宇宙（古语有"四方上下谓之宇，往古来今谓之宙"）。这宇宙可分为九州，叫作"大九州"。每州又分九州，中国只是其中的一州，在宇宙里只是八十一分之一。国内还有九州，有名山大川通谷，其上有人类禽兽草木。中国的治理从黄帝以来，就按照五德终始的顺序运转着。所有这些，都遵循着仁义节俭，在君臣上下、六亲之间实施的原则，如此而已。

所谓五德终始，《吕氏春秋·有始览·应同》有具体说明，大意如下：

---

① 译自（西汉）司马迁：《史记》卷74《孟子荀卿列传》。

　　但凡帝王将要兴起，上天都一定要先将应验的征候显示给人民。黄帝之时，上天先让巨大的蚯蚓、蚂蚁出现，然后黄帝说："这说明土气旺胜！"土气旺胜，所以黄帝时衣服的颜色以黄为上，做事以土德为准。到大禹的时候，上天先让草木到了秋冬也不凋零枯槁，大禹曰："木气旺胜！"木气旺胜，所以夏朝衣服的颜色以青为上，做事以木德为准。到商汤的时候，上天先显现水中出现刀剑的事，商汤说："金气旺胜！"金气旺胜，所以商朝服饰以白为上，做事以金德为准。到文王的时候，上天先显出火红色的鸟口衔丹书落到周的神庙上，文王说："火气旺胜！"火气旺胜，所以周朝服饰以赤为上，做事以火德为准。代替火的一定是水，上天将要显示出水气旺胜的景象，水气旺胜，所以新王朝的服饰以黑为上，做事以水德为准。水的气运已到来却不知气数已经具备，气数将转移到土上去。①

　　五德终始说又叫相胜说，就是五种德性依次一个战胜一个，胜又叫克，即木克土、金克木、火克金、水克火、土克水，又木克土……无限循环，构成发展的总过程。

　　邹衍为什么要发明相胜说呢？按照古代天文学的说法，齐国这个地方在夜晚的星空里有个对应的区域，叫玄枵，又叫颛顼之虚，属于水德，所以，相应的，在地上的齐国，德运也是水德。如果承认周是火德，代替火德的是水德，那岂不是说由齐国来代替周吗？事情怎么就这么凑巧，据史家说，就在邹衍同时的齐湣王恰恰是把"吞并周室而为天子"当作齐国的战略目标的。② 邹衍宣称"代替火的一定是水"，不就是为齐国的这个战略服务的吗？邹衍的五德终始说之所以是相胜说，道理大概就在这里。

---

① 译自(战国)吕不韦编：《吕氏春秋·有始览·应同》。
② 参见(西汉)司马迁：《史记》卷46《田敬仲完世家》。

邹衍凭借着这个学说而受到极大的礼遇。除了在自己的齐国受到重视之外，到梁国（即魏国）时，梁惠王亲自到郊区迎接，执宾主之礼。到了赵国，执政的平原君侧身而行，亲自为他拂去席上尘埃，以示恭敬。到了燕国，燕昭王拿着扫帚，走在前面，为他清扫道路；还建造了碣石宫（在今天津蓟州区），请求排列弟子座位，亲自前往受业。邹衍的学说虽然被史家认为是"闳大不经"，可在当时竟然受到如此隆重的礼遇，连孔子、孟子这样的大师都无法比拟，这不是很能说明问题吗？

不过，据史家说，王侯大人初见邹衍学说，都惊喜而向往，但终究不能实行。

邹衍之所以能发明上述学说，是有其特殊历史条件的。齐国靠海，像蓬莱仙山、海市蜃楼这类奇异的景观很容易孕育出超越现实的幻想，齐国有方士神仙说的悠久传统就是明证。除此之外，齐国更有重视阴阳五行学说的历史文化传统。今本《管子》中有《幼官》、《四时》、《五行》、《水地》、《宙合》、《轻重己》等篇，都是有关阴阳五行的思想。

据学者考证，《幼官》，即《玄宫》，"幼"即"玄"，形近通假；"官"即"宫"，形近而误。玄宫即明堂的另一称谓。传说古代有明堂行令之制，明堂就是多间屋子组成的大房子，按中、东、南、西、北五个方位构成，东、南、西、北四方与春、夏、秋、冬四时相互配合，各个季节，君主到相应的房间中举行祭祀和议事活动。齐国被认为是处于北方的，水德，所以把明堂叫作玄宫。此篇即按五和、春、夏、秋、冬五个时节配合中、东、南、西、北五个方位，又分别与五色、五味、五音、五气、五数、五政相配，由此构成了按时行令的格局。设计比较原始，应是早期的五行说。

《四时》则明确提出"令有时"的纲领，意思是君主行令要按时间季节来进行，把五方、四时、四气、四德和五政相互配合，形成了较为完整的按时行令的体系。不过，在顺序上《幼官》是中、东、南、西、北，《四时》则是东、南、中、西、北，"中"夹在夏政之中，已孕育着"长夏"的观念，可见朝着五时的目标有所前进。"春赢育，夏养长，秋聚收，冬闭藏"①，中间土德辅佐四时，君主要按四时行令，不能舛错，并且明确提出："阴阳是天地的最大的道理，四时是阴阳的最大的规则，对民慈爱的德政要与春夏相合，实行处罚的刑政要与秋冬相合。刑德合于时则有福，刑德违于时则有祸。"

《吕氏春秋·十二纪》的框架就是按照阴阳家"令有时"的原则编排的。春、夏、秋、冬各包含孟、仲、季3个月，一共12个月，也就是十二纪的由来，继承了齐国的四时行令的思想而又有所发展，每个月都按着天时、天象、神祇、昆虫、音律、数字、五味、祭祀、气候、生物、天子明堂按时行令、服乘、器具、节气、颁历、礼乐等展开，明显地更加细化。但总的原则仍然是按时行令，即按春生、夏长、秋收、冬藏即春夏德、秋冬刑的原则编排文字内容。

今本《礼记》中有《月令》，与《吕氏春秋·十二纪》相同，《礼记》是儒家经典之一。可见，这种天人相应、四时行令的思想已经成为后世儒家思想的一部分。

邹衍的五德终始说和阴阳家的四时行令学说显然获得了统治者的青睐，但由于这些学说中包含着许多神秘因素，在争鸣中不可避免地受到了当时一些严肃而富有理性精神的学者的批判。战国后期有一批注重逻辑思考的墨者，他们就明确地指出："五行毋常胜"②，五行相克的关系不是固定不变的，金克木、木克土、土克水、水克火、火克金并不具有必然性，有时火能熔化金属，那是因为"火多"，火旺，足以熔化金属；可是也有相反的情况，有时金属也会使炭火熄灭，那是因为金属多，而炭火少啊。③

到了汉朝，司马谈继承了这一理性精神，对阴阳家也做了一分为二的

---

① （春秋）管仲：《管子》卷14《四时》。

② （战国）墨子：《墨子》卷10《经上》。

③ 译自（战国）墨子：《墨子》卷10《经说下》。

批判，指出："阴阳家之术，太详细，忌讳也多，使人受到束缚并多有所畏惧，但是它遵守四季变化的道理，是不可以丢弃的。"又解释道："所谓阴阳，是说一年的四季、八卦的位次、天象的十二宫，气候的二十四节气，各有一套规则，顺应它就昌盛，违逆它不死则亡。其实不一定如此。所以说'使人受到束缚并多有所畏惧'。若说春生、夏长、秋收、冬藏，这可是天道的核心法则啊。如果不遵循，就没有东西可以作为天下的纲纪了。所以说'四季变化的道理，是不可以丢弃的'。"①阴阳家的学说繁杂而细密，往往还与生死顺逆扯上关系，其实，这些关系不一定就是必然的，反而让人拘谨而多畏惧，这是应该批评的。至于阴阳家的四时行令，司马谈倒是颇为赞赏的。

不过，若说到阴阳家思想的影响，那倒有一个显著的特点，就是具有非常强的渗透性，各家各派都有阴阳五行观念。儒家的孟子、荀子，法家的商君、韩非、管子，道家的老子、庄子都是如此。而兵家、医家等则干脆把阴阳观念作为分析问题的基本框架。直到今天，在中国人生活的许多领域中仍能感受到阴阳家的影响。

第二节 "辩而无用"的名辩思潮

战国中后期，围绕着逻辑思考的诸多问题，出现了一场规模宏大的学术争论，把百家争鸣推向了理论思考的最高峰。今天的人们把它称作名辩思潮。

当时一些专门从事逻辑思考的人士被称作"辩者"或"形名家"，到了汉朝又被纳入"名家"的范畴。司马谈《论六家之要指》在论述名家时，是把主张正名的儒家、强调循名责实的法家和讨论逻辑问题的派别放在一起叙述

---

① 译自(西汉)司马迁：《史记》卷130《太史公自序》。

的。这样做固然可以说明，讨论逻辑问题与厘清社会转型时期的概念纷乱有关，但却容易把逻辑问题与政治、伦理等问题混为一谈，妨碍对有关逻辑问题讨论的理解。所以，本节使用近些年来学术界通行的"名辩"一词，用来指代关于逻辑问题的专门讨论。

春秋战国时期，中国社会经历了一场最为深刻的变革，从西周确立的宗法制的社会转变为战国时期形成的编户齐民的社会。几百年间，随着社会的变革和发展，在语言上出现了许多新情况。以词汇为例，有的是新创造出来的，如"变法"、"刑名"、"齐民"、"耕战"、"胡服骑射"之类；有的则越来越少有人使用，如"人隶"、"人友"之类；有的不得不减少了它的部分含义，如"孝"、"慈"之类；更多的则是增加了许多新的内容，如"仁"、"忠"、"贤"、"民"、"百姓"、"君臣"、"道"、"德"等。这种情况的存在自然会造成语言的混乱，其极端的表现就是出现了"名实之相怨久矣，是故绝而无交"①的局面，即概念和它所指的内容不一致了，有的甚至相互分离，其结果自然会妨碍人们之间正常的交往和交流，甚至会妨碍社会和政治管理的顺利实施。对于这个问题，有识之士自然不会放过。据传说，春秋时期郑国的邓析就主张"循名责实"，根据概念来确定事实，开始了辨析名实的活动。孔子主张"正名"，用礼乐和名分端正人们的行为，要求人们做到君君、臣臣、父父、子子。进入战国以后，墨子则主张"以实定名"，甚至把谈辩作为一门学问来教授学生。孟子一生好辩，并对辩论之术做过一定的理论思考。老子、庄子虽然都是使用语言的大师，但他们信奉自然之道，反对名，反对用名教来戕害自然的人性和物性。管子也主张"正名"，讲究名与形要"当"，即名实相副，这个观点既可用于礼治，也可用于法治，齐国之学正是礼法并用的。申不害、韩非以及出土帛书《黄帝四经》都讲形名之学，属于行政管理学或人力资源管理学的范畴。邹衍一方面赞赏辩者可

---

① （春秋）管仲：《管子》卷4《宙合》。

以帮助人们"抒意通指，明其所谓"①，即疏通自己的思绪，说明自己要说的是什么；另一方面反对辩者烦文饰词，妨碍实用。荀子主张"君子必辩"，但对忽视先王之教，放弃礼义，专门讨论辩论术表示了鄙夷，认为是"辩而无用"。这些思想家对形名问题做了许多探讨，有的可纳入名形(实)关系的讨论，有的则仅仅是对这个问题的态度，还算不上是专门的学术研究，因此在理论深度上是有限的。不过，在战国中后期的另一部分人那里，情况不同了。在百家争鸣的热潮中，惠施、公孙龙以及后期墨家中的辩者们登上了理论思考的舞台，在逻辑问题的专门研究中取得了重大进展和收获。

一、惠施和公孙龙

惠施(约公元前 370—前 318)，宋国人，曾担任魏惠王的相，他反对兼并战争，主张诸侯国间和平相处。他博学多才，对自然现象甚为关注，并有深入思考。《庄子·天下》说"惠施多方，其书五车"，后世夸人学养深厚，都说"学富五车"，大概来源于此。

惠施的著作已经失传，只有 10 个结论性的命题保留在今本《庄子·天下》中，即所谓"历物十事"，很有哲理，可以看出他的辩学的特点。

第 1 条："至大无外，谓之大一；至小无内，谓之小一。"学者认为是宇宙无限的看法。"大一"代表宏观世界的无限性和整体性，"小一"代表微观世界的无限性和整体性。其实，还有一层意思，就是无论宏观世界还是微观世界，都可归结为一，也就是具有共性。这就为下面的思想提供了理论上的可能。

第 5 条："大同而与小同异，此之谓小同异；万物毕同毕异，此之谓大同异。"这一条与上一条是相通的。"小同"指同类事物的共性，"大同"指这类事物在上一级别中与构成那个级别的其他类事物共有的属性，这两种

---

① (北宋)司马光编：《资治通鉴》卷 3《周纪三》。

"同"之间有同有异，它们的同异关系叫作"小同异"。"大同"、"小同"相当于形式逻辑中概念的种(genus)与属(species)，种与属之间当然有同有异，这种同异关系就叫作"小同异"。至于万物，皆有共性，所以它们是毕同的；它们又都有个性，所以又是毕异的。毕同与毕异就构成了"大同异"。"小同异"说明惠施已知道概念的种属关系，"大同异"则说明他对世界的统一性和多样性有了一定认识。

以上两条连同"泛爱万物，天地一体"(第10条)一起，强调了事物之间的普遍联系、相互依存、和谐一致的关系，表明对事物的同一性的重视。

此外，第2条"无厚不可积也，其大千里"；第3条"天与地卑，山与泽平"；第6条"南方无穷而有穷"；第8条"连环可解也"；第9条"我知天之中央，燕之北，越之南是也"等命题，是关于空间的相对性的。第4条"日方中方睨，物方生方死"；第7条"今日适越而昔来"两命题，是关于时间的相对性的。按照通常的见解，高的就是高的，低的就是低的，今就是今，昔就是昔，怎么能变呢。可是如果知道看问题还有更多的视角，衡量事物还有其他尺度，那么就会想到，任何见解都只有相对的意义。如果变换了视角，选用了其他尺度，高的就可能变成低的，低的也可能变成高的；如今可以为往昔，往昔还可以为今后。

惠施的"历物十事"大多与人们习以为常的观点相左，使人们通常以为确定不移的事实发生动摇。这表明，他的思想已经能够突破经验事实和概念的界限，站在更高更宽阔的时空背景上看问题了。这使他对概念的理解更加深入，是朝着辩证的方向迈出的至关重要的一步。不过，变换视角和选用尺度需要遵循哪些规则，怎样使认识在视角和尺度的变换中保持客观，不致跌入相对主义的泥淖，这些问题他似乎还未及思考。

惠施的思想对他同时代的许多辩者有重要影响，这些辩者又提出了许多问题，著名的有所谓"二十一事"，它们是：1. 卵有毛；2. 鸡三足；3. 郢有天下；4. 犬可以为羊；5. 马有卵；6. 丁子有尾；7. 火不热；8. 山出口；9. 轮不辗地；10. 目不见；11. 指不至，物不绝；12. 龟长于蛇；13. 矩不方，规不可以为圆；14. 凿不容枘；15. 飞鸟之影未尝动也；16. 镞矢之疾而有不行不止之时；17. 狗非犬；18. 黄马骊牛三；19. 白狗黑；20. 孤驹未尝有母；21. 一尺之捶日取其半万世不竭。

由于文献中只保留了这些结论，没有具体的论证过程，所以解释起来比较困难，大体可分为这样几类：2、4、11、13、14、17、18、20 这 8 个命题大体是讲名实关系的，可纳入概念论的范围；7、10、19 是讲物与感觉问题的；1、5、6 是讲发生学问题的；3、12、21 是讲物质空间性质问题的；9、15、16 是讲运动问题的；"8. 山出口"，意义不详，不好归类。

这些命题，有些理论性不太强，例如，"12. 龟长于蛇"，从形状上看，龟圆蛇长，但大龟很可能比小蛇长，这从经验上即可得到印证，无须更多的理论思考和论证。有的具有深刻的理论意义，例如，"13. 矩不方，规不可以为圆"。汉语有"无规矩不可以成方圆"的成语，是说要画出圆形和方形，就必须借助规和矩这两种工具。这在经验的意义上说是可以的，但真正的圆和方用规、矩是画不出来的。或者说，即使用规、矩画出来的圆形和方形，也永远达不到绝对的完美的程度。这是因为在概念的抽象规定性上，方和圆具有绝对的纯粹的性质，是经验所无法模拟和复制的。这个命题，表明辩者已经能够把经验和理论区别开来，是一个了不起的发现，与古希腊哲学家柏拉图的范形论有某种相通之处。其他许多命题也有深刻的理论意义，到了公孙龙那里又得到了更加深入的讨论。

公孙龙(约公元前 320—前 250)，赵国人，为平原君的门客，并在赵国与邹衍有过争论。他曾劝赵惠文王和燕昭王偃兵，具有明确的反战倾向。据《庄子·天下》可知，他是辩者的徒弟，《韩非子》记载，有个叫兒说的，曾持白马非马之论，游学齐国，说服了稷下学士。这个兒说大概就是他的导师。他还与孔子六世孙孔穿就信奉儒家还是从事名辩之学做过争论。现有《公孙龙子》据说就是他的著作，其中的《白马论》、《坚白论》、《指物论》

非常有名。

公孙龙的学说以"白马非马"和"坚白石离"两大论题而名扬天下。

先看"白马非马"论。

根据常识，白马也是马，这是毫无疑问的。可是公孙龙却提出了另一番论证。

他说："马者，所以命形也；白者，所以命色也。命色者非命形也。故曰：'白马非马'。"[①]"马"这个概念是马的形象的命名。"白"这个概念是颜色的命名。颜色的命名当然不等于形象的命名。"白马"是颜色的命名和形象的命名之和，当然不能等同于"马"这个单纯的形象的命名了。

他又说："求马，黄、黑马皆可致；求白马，黄、黑马不可致。"[②]马，是一个概念，如果以颜色为标准，可以划分为白马、黄马、黑马，等等。这已经是对概念进行外延划分的逻辑活动了。我们完全可以从中得出白马和黄马、黑马一样都是(属于)马这样一个结论来。可是公孙龙却不然，他坚持要划清每个概念之间的界限，然后再判断它们是否相等。一个概念的诸外延之间具有排斥的属性，说白马，肯定就不是黄马和黑马，这是对的。作为概念外延之一，白马当然也不能等同于马这个概念本身，公孙龙坚持"白马非马"，恰恰是根据概念与其部分外延不能相等来立论的。至于两者及诸外延的含义是否有渗透和重叠等同一关系，则是他所未料到的，这不能不说是一个重大疏忽。

两种属性不等于一种属性，这是显然的；概念的外延之一不能等于这个概念本身，或曰属概念不能等同于种概念，这也是显然的。公孙龙恰恰是抓住了概念属性的这些特点来立论的，在知性逻辑上的确有一定道理。不过，他只强调不同属性之间和种属概念之间的差异，却不能看到其中的联系，这又不能不说是片面的。但即使如此，他能把概念的属性加以区别，

---

① （战国）公孙龙：《公孙龙子·白马论》。

② （战国）公孙龙：《公孙龙子·迹府》。

能把种属概念划分开来，为逻辑思考的发展开辟了一条正道，这无疑是一个重大贡献！

再看"坚白石离"的论证。

公孙龙说："视不得其所坚而得其所白者，无坚也；拊不得其所白而得其所坚者，无白也。"①一块石头，通过视觉，我们只能感到它的白色，而不能感到它的坚硬，所以它就没有坚硬。通过触觉，我们只能感到它的坚硬，而不能感到它的白色，所以它就没有白色。白和坚就这样地分离开来。公孙龙发现了感觉印象之间的差异，指出视觉所见与触觉所及是不同的，而且从经验上，又无法证明这两种感觉之间有着必然的内在联系，于是就得出了坚硬和白色相互分离的看法。

他又说："物白焉，不定其所白；物坚焉，不定其所坚。不定者兼，恶乎其石也？"②某物是白色的，但这个白色并非限于此物。某物是坚硬的，但这坚硬也并非限于此物。白色和坚硬可以为万物所兼有，怎能说仅仅限于此石呢？

他还说："坚未与石为坚而物兼，未与物为坚，而坚必坚。其不坚石、物而坚，天下未有若坚，而坚藏。"③坚硬不限于石头，而为万物所兼有；而且也不限于万物，而自为坚硬。它不必为石头和万物的坚硬而存在，只是自己的坚硬，天下不见如此的坚硬，那是因为坚硬自己潜藏了起来。可见，坚是可以离开石头、离开万物的。不仅如此，白也是这样。他说："白固不能自白，恶能白石、物乎？若白者必白，则不白物而白焉。黄、黑与之然。"④白色若不能自为白色，又怎能使石头和万物具有白色呢？如果白色本身就是白的，那就不必因为使物具有白色而为白色啊。黄和黑也是如

---

① （战国）公孙龙：《公孙龙子·坚白论》。
② （战国）公孙龙：《公孙龙子·坚白论》。
③ （战国）公孙龙：《公孙龙子·坚白论》。
④ （战国）公孙龙：《公孙龙子·坚白论》。

此。这样，"坚硬"、"白色"、"石头"这三个概念就可相互分离而独立存在了，推而广之，凡属性皆可独立自存了。

公孙龙坚持感觉经验的标准，由此确定了某类事物的属性，属性当然也是某种程度的共性。可是，到此他就停滞不前了。对于此属性与彼属性之间是否有某种意义上的同一关系，是否可以过渡和转化，他则给予断然的否定。他迷信感觉经验和知性逻辑的可靠，认为是就是纯粹的是，非就是纯粹的非，非此即彼，事物之间的差别是固定不变的，辨析概念("正名")的目的就是要明确区分彼此(《公孙龙子·名实论》："唯乎其彼此")。这样地忽视理性思考，缺点是显而易见的。不过，他的理论思考却表明，古代中国学术的确拥有自我超越的性质，逻辑理性在古代中国也有健康发展的可能，像西方学术从经验主义到分析哲学再到现象学的理论发展在中国也不是不能实现的。[①]"白马非马"和"坚白石离"的论证所蕴含的积极的思想因素，值得深入挖掘。

《公孙龙子》中还有《指物论》，表达了对于万物本质问题的见解。"指"，手指，既可作为名词理解也可作为动词理解，还可理解为被指之物的某种属性。《指物论》中的"指"就可做后一种来理解。不过，作为属性，公孙龙所说的"指"又可以理解为以下两种含义：一个是抽象属性，另一个是具体属性。白、坚即是抽象的；白马之白、坚白石之坚即具体的属性，又叫"物指"，即具体物的属性。《指物论》的基本观点是这样的："物莫非指，而指非指。"所谓"物"，没有不是"指"的，即物的概念无非都是属性的集合。这样，"物"就是"物指"的集合。可是"物指"并非"指"本身。真正的"指"是什么呢？"指也者，天下之所无也；物也者，天下之所有也。"[②]"指"是抽象的，且潜藏着，所以为"无"。"物"则是具体的，呈现于外，所以为"有"。

---

① 关于这些西方哲学流派，当代中国学者已经做了出色的研究，这说明汉语文化不但可以理解，还可以在分析和批判中做出创造性的贡献。

② (战国)公孙龙：《公孙龙子·指物论》。

这里的"无"即无形，"有"即有形。因此"物不可谓指"，"物"不可说成是普遍的超越的"指"，"指者天下之所兼"。抽象的属性可以转变为具体的物指，为万物所兼有，所以"指"也离不开"物"。指物论在事物与其属性之关系以及个别和一般的关系这两个问题上均有创见，很自然会使人想起海德格尔在《形而上学导论》中对"在者的在"和"无"之关系的发问。

公孙龙的名辩思想无疑有与惠施争鸣的用意。他的"白马非马"、"坚白石离"，都强调感觉经验决定属性之间不可随意转化。这对于惠施的相对主义倾向来说，无疑具有针砭的意义，其功不可泯。不过，在纠正惠施的偏向时，公孙龙又走向了另一个极端，即过于强调事物属性间的差异，对其间可能存在着重叠、渗透、转化等形式的同一关系重视不够，有矫枉过正之嫌。

战国时期，墨家成为与儒家一样有影响的显学。据韩非说，墨子死后，墨家分为三派，《庄子·天下》也说墨家各派相互称为"别墨"，《吕氏春秋》则说墨家之徒"充满天下"，有许多"显荣于天下"。后期墨家继承了墨子的学说，在思想上又有突破，在百家争鸣中与惠施、公孙龙等辩者展开积极的学术争鸣，特别是在逻辑思考上也做出了重大贡献。今本《墨子》中的《经上》、《经下》、《经说上》、《经说下》、《大取》、《小取》集中反映了他们的贡献。

二、对惠施和公孙龙的批评

(一)墨者对惠施的批评

惠施以为"万物毕同毕异"，虽然承认事物的一致性和差异性，但过于笼统。墨者则认为，事物有同有异，而且有异必有同，同是异中之同，"同，异而俱于之一也"①。同是相对于异而言的，是指不同事物之间相一

---

① （战国）墨子：《墨子》卷 10《经上》。

致的地方。《经上》把同分为"重同"("二名一实",即一个对象,两个名称)、
"体同"(部分之间相同)、"合同"(处所相同)、"类同"(属性相同)4 种,《大
取》又细化为 10 种。关于异,《经上》分为"二"(两物之差异)、"不体"(某物
之部分与他物之不同)、"不合"(空间不同)、"不类"(属性不同)4 种。在此
基础上,又提出"同异交得放(方)有无"的原则,同异交相联结才都有所得。
这是关于同异关系的具有辩证意义的认识。

(二)墨者对公孙龙的批评

公孙龙主张"白马非马",有见于个别与一般的差异,却不承认两者间
的统一性。墨者则提出"命之马,类也,若实也者,必以是名也"[①]。"马"
这个概念是对马这类动物的命名,凡具有马这类动物属性(实)的,都叫作
马。根据这个道理,不管什么颜色的马,只要符合马这类动物的属性,就
可叫作马。"白马,马也……骊马,马也。"[②]个别和一般是一致的,具有种
概念和属概念的关系。又说:"乘马,不待周乘马,然后为乘马;有乘于
马,因为乘马矣。"[③]不必乘过所有马才算是乘马,只要乘过一种马就算是
乘马了。"有有于秦马,有有于马也。"[④]有秦马,就是有马。马与秦马具有
包含关系,可见,墨者已经认识到种概念与属概念的包含关系。这说明他
对一般包含个别而又不同于个别,个别就是一般而又不等于一般有了初步
的理解。这个认识,比起公孙龙来的确有了进步。

公孙龙主张"坚白石离",认为属性可以脱离个别物体而独立自存。墨
者则指出"坚白不相外也",对于石头而言,坚硬和白色是相互包含的关系,
是一体而不可分离的,"于尺无所往而不得",都存在于石头上。

在批判和吸收惠施、公孙龙名辩思想的基础上,墨者在逻辑思想上取

---

① (战国)墨子:《墨子》卷 10《经下》。
② (战国)墨子:《墨子》卷 11《小取》。
③ (战国)墨子:《墨子》卷 11《小取》。
④ (战国)墨子:《墨子》卷 11《大取》。

得了丰硕成果，在形式逻辑的许多问题上提出了有价值的主张。关于"名"（概念），"以名举实"，名是实的反映。"名实耦"，概念要与客体相符合。"名，达、类、私"，概念分为 3 种。达，是普遍概念，如物；类，某类事物，如马；私，个体概念，如臧，即奴隶之名。关于"辞"（判断），"以辞抒意"，如肯定判断、否定判断、"尽，莫不然也"①（全称肯定判断）、"或也者，不尽也"②（特称肯定判断），等等。关于"说"（推理），墨者提出"以说出故"（"说，所以明也"③的主张。还提出"故"、"理"、"类"3 个基本范畴，"夫辞以故生，以理长，以类行也"④）。一个判断要有根据才能提出，要符合规则才能推论，要进行类的比较和转换才能引出新的判断。三者具备了推理过程才能实现。对演绎、归纳和类比推理提出许多有创新意义的观点。墨者提出了推理的公式，由"辞"、"故"、"理"、"类"4 个环节组成，即首先立辞，接着提出论据，然后用统一标准加以衡量，最后连类相推证明结论。有时候根据需要，还可以增加一些方法，但基本不能少于这 4 项。墨辩逻辑相当完整严谨，具有一定的辩证精神，有很大的实用价值。不过，相比惠施与公孙龙而言，墨辩逻辑还比较粗糙，论证过程还不完全，对同一律、矛盾律和排中律这几个逻辑规律未能给予明确论述。这是它的不足之处。

总之，墨者对于惠施和公孙龙的名辩思想既有分析评判，也有肯定和吸收。没有惠施和公孙龙的辩学，便没有后期墨家的逻辑学。从惠施到公孙龙再到后期墨家，是人类从一片面真理（正）到另一片面真理（反）再到较为全面真理（合）的辩证发展过程，每一个过程都是不可或缺的环节。

（三）其他诸家的批评和误解

不过，对于名辩思潮，当时和后来的主流学术界却有另一种声音。

---

① （战国）墨子：《墨子》卷 10《经上》。
② （战国）墨子：《墨子》卷 11《小取》。
③ （战国）墨子：《墨子》卷 10《经上》。
④ （战国）墨子：《墨子》卷 11《大取》。

据说邹衍曾作为齐国使节路过赵国，主政的平原君请出公孙龙及弟子綦毋子等人，让他们论白马非马之辩，然后问邹衍如何看法。邹衍也不客气，径直给予否定，认为不可行。他说："所谓辩论，目的是分别不同事物，使不相妨害；条理不同见解，使不相干扰；抒意通指，明其所谓，使人明白，而不是相互迷惑。所以胜者不失其所守，不胜者也能得其所求。如果是这样，辩论还是可为的。可是到了凭借文字繁复，依靠装饰言辞，使用机巧譬喻来相互倾轧，援用声望以妨碍对思想的理解，那就有害大道了。在这样缴绕纷乱的概念辩论中竞相争胜，这不能无害于君子。"邹衍的这番话说过后，"在场的人都称善"。在这个故事里，看不到白马非马论的具体辩论情况，邹衍强调辩论的目的是分别事物，使不相妨害，这似乎应该属于"制名以指实"的那一派。不过，他认为公孙龙之流只在概念中做无尽的论辩，妨碍君子的大道，这又多少使人觉得他是根据人伦日用的标准来看待逻辑学的，或许他就没有完全弄懂白马非马论的题旨。

《庄子·天下》记载公孙龙"饰人之心，易人之意，能胜人之口，不能服人之心"；惠施"其道舛驳，其言也不中"，"以反人为实而欲以胜人为名，是以与众不适也"，似乎肯定辩者的辩术，但对辩论的功用和社会后果又表示不屑。大体也是以实用的观点来看问题的。

荀子对名辩思潮也进行了批判。他指出："不法先王，不是礼义，而好治怪说，玩琦辞，甚察而不惠，辩而无用，多事而寡功，不可以为治纲纪；然而其持之有故，其言之成理，足以欺惑愚众，是惠施、邓析也。"[①]又说："坚白同异、有厚无厚之察，非不察也，然而君子不辩，止之也。"[②]可见，荀子承认辩者的智慧，也承认辩说的清晰，对他们在学术上的见解给予了充分的肯定。他本人也曾主张"君子必辩"。不过，他更认为，相对于政治实用的功利目标来说，这些都是不必要的。他认为君子不应满足于这样的

---

① （战国）荀子：《荀子》卷3《非十二子》。
② （战国）荀子：《荀子》卷1《修身》。

察辩,而应该另有所止,那就是"正名"!

荀子认为,名是由王者制定的,"名定而实辨",名分确定了,事情才会清楚(这个见解与邹衍的观点相近),民众才会统一于政令。可是当时的情况却恰恰相反:"今圣王没,名守慢,奇辞起,名实乱,是非之形不明,则虽守法之吏,诵数之儒,亦皆乱也。若有王者起,必将有循于旧名,有作于新名。"①名实混乱到了官吏和学者都无法遵循的地步,所以,荀子主张经过讨论,以达到"制名以指实,上以明贵贱,下以辨同异"②的目的。荀子对感觉印象与概念的形成,对抽象概念、类概念、个体概念的异同,对"约定俗成"在概念形成中的作用等问题做了有意义的探索。这对古代中国逻辑思想的发展是有贡献的,其影响直至今日。荀子的名学与政治功利目标紧密相连,他把名辩说成是"甚察而不惠,辩而无用,多事而寡功,不可以为治纲纪",所以主张要把名辩纳入为恢复政治秩序服务的轨道。他以为他所要"止"的目标是远大的,可对于思想来说,实在是太渺小了,在这样狭小的限度内,逻辑思想怎么能发展壮大起来呢!

《吕氏春秋·审分览·君守》认为:"坚白之察,无厚之辩,外矣。"外,即弃而不用。这句话是从老子"不出户,知天下,不窥牖,见天道,其出弥远,其知弥少"③的意义上说的。

《韩非子·问辩》:"坚白无厚之词章,而宪令之法息。"《韩非子·外储说左上》:"儿说,宋人,善辩者也,持'白马非马也'服齐稷下之辩者。乘白马而过关,则顾白马之赋。故籍之虚辞则能胜一国,考实按形不能谩于一人","人主之听言也,不以功用为的,则说者多'棘刺'、'白马'之说"。这和荀子一样,韩非也根据君主的政治实用标准来看问题,至于理论到底怎样已经无关宏旨。他以行李不能过关讽刺白马非马说的理论价值,实在

① (战国)荀子:《荀子》卷16《正名》。
② (战国)荀子:《荀子》卷16《正名》。
③ 《老子》第47章。

令人啼笑皆非。

西汉时，司马谈著《论六家之要指》指出："名家使人俭而善失真，然其正名实，不可不察也。""苛察缴绕，使人不得反其意，专决于名而失人情（实）。故曰'使人俭而善失真。'若夫控名责实，参伍不失，此不可不察也。"①司马谈认为名辩对于端正名分和形名之术是有意义的，但过于烦琐，钻进概念之中而脱离社会实际。

东汉时，《汉书·艺文志》转录刘向、刘歆的《七略》："名家者流，盖出于礼官。古者名位不同，礼亦异数。孔子曰：'必也正名乎！名不正则言不顺，言不顺则事不成。'此其所长也。及謷(晋灼曰：'謷，讦也。')抨击之意。)者为之，则苟钩鈲(师古曰：'鈲，破也。')析乱而已。"

逻辑思考是一个民族的文化水平和文明程度的重要标志之一。战国时期出现了惠施、公孙龙和墨者这样的人，进行潜心的逻辑思考，开展热烈的理论争辩，把中国古代的逻辑思想推向一个高峰，成为中国古代思想星空中的璀璨明星。不过，在后来的学术发展中，这些珍贵的思想资料，淹没在政治实用主义的汪洋大海之中，没有得到进一步的讨论和发展，实在是可惜、可叹！

第三节　战国后期学术总结趋势的出现

百家争鸣是思想的争论，更是思想的交流，争鸣中有对抗和排拒，还有胜负和超越，更有渗透和吸收，在复杂的关系中必然会形成学术和思想的总结趋势。这个趋势在战国中期就已初见端倪，到了战国后期，更成为学术发展的主要形式。而且，在这个趋势中，又可归纳为两种类型，一种是理论批判型的，以《荀子》和《庄子·天下》为代表；另一种是实用综合型

---

① （西汉）司马迁：《史记》卷130《太史公自序》。

的,以《吕氏春秋》为代表,两者都对后世产生了深远影响。

一、理论批判型的总结

(一)荀子

荀子是战国后期的学术大师,受到学术界的普遍尊重,他不止一次地对百家学说加以批评。在《荀子·非十二子》中,他对 12 位思想家的主张进行了批判。据该篇所言,当时,有这样一些人,用"邪说奸言"惑乱天下,使天下不知是非和治乱。他们是:

它嚣、魏牟,二人主张放纵性情,随意任便,肆行禽兽所为,不合礼法,不通治道。

陈仲、史鳅,二人主张违背情性,极端独立,以与人不同为高,无法与大众相合,不能明白大义。

墨翟、宋钘,二人不懂得统一天下、建立礼制的重要性,重视功用,推崇勤俭,轻视等差秩序,不能区分上下之别,君臣之异。

慎到、田骈,二人崇尚法治,却不以礼法为法,轻视贤能而好自作主张;不论是上级还是流俗,都可使之听从自己;整天讲述文典,等到审查研究,却脱离实际没有着落,不能用来治理国家、确定名分。

惠施、邓析,二人不以先王为法则,不以礼义为标准,而只好搞些奇谈怪论,玩些奇怪的文辞,虽很是清楚却不实惠,很是有理却无用处,做得很多,效果却少,不可以作为治国的纲纪。

子思、孟轲,二人大略以先王为法却不知其纲纪,做出很有才能、志向远大、博闻多见的样子。根据古代的说法,造出五行,邪僻而没有纲要,隐晦而不能自圆其说。他们修饰自己的言辞并抬高自己的学说，说："这是孔子的学说啊。"子思提倡，后有孟轲附和。世俗那些愚昧无知的儒生不知其中的错误，反而相互传授，以为孔子、子游的学说因为他们这些人的努力才被后世推崇，这真是子思、孟轲之罪啊。①

它嚣、魏牟，陈仲、史鳛，近乎杨朱类人物，应该属于道家之流。墨翟、宋钘即墨家。慎到、田骈则为稷下法家人物。惠施、邓析即名家。子思、孟轲则是儒家。可见，荀子对儒、墨、道、法、名五家提出了批评。荀子指出它嚣、魏牟的主张"不合礼法，不通治道"，属于"禽兽所为"；陈仲、史鳛的主张是"不明大义"；墨翟、宋钘的思想是"不容君臣上下"；慎到、田骈的思想"不能用来治理国家、确定名分"；惠施、邓析的学说是"不可以作为治国的纲纪"。可见，荀子在政治上是否定这些主张的。不过，荀子承认，这几家的学说都是持之有故，言之成理的，也就是说，他们的学术地位是必须承认的。而对同为儒家的子思、孟轲，则批评他们"不能自圆其说"，不承认他们在学术上持之有故，言之成理。对于他们招摇惑众，误导儒者，荀子表示了极大的愤慨，认为这是他们的罪过。但对于他们的思想的政治意义，荀子却没有提出实质性的批评。总之，荀子的《非十二子》是从政治和学术两个角度进行的，这比起攻其一点不及其余的简单否定来说，还是有了重大的进步。

在《解蔽》中，荀子又对当时的诸子百家进行了批判：

墨子崇尚实用，却不知礼乐典章制度的意义；宋子只看到人寡欲的一面，却不知人的贪得之心；慎子只看到法的作用，却不知贤能的重要；申子只知道运用权势，却不知智慧的意义；惠子

① 译自(战国)荀子：《荀子》卷3《非十二子》。

只知道玩弄概念，却不知实用的意义；庄子只知道顺应自然，却不知人力的意义。所以，从实用的角度则以为道都是利益啊；从欲的角度则以为道都是满足啊；从法的角度则以为道都是法律条文啊；从势的角度则以为道都是方便啊；从辞的角度则以为道都是辩论啊；从天的角度则以为道都是顺其自然啊。这些其实都只是道的一个方面。道啊，本体不变，可是穷尽一切变化，只用一个方面是不足以概括的。只知局部的人，只看到了道的一个方面，却未能认识道的全部，所以把片面的认识当作全面的认识来炫耀，对内用来欺骗自己，对外用来迷惑他人，在上的用来遮蔽下面的人，在下的用来蒙蔽上面的人，这就是闭塞的祸患啊。①

这里，荀子用遮蔽来分析墨、法、名、道四家代表人物的思想，具有辩证法的意义。在《荀子·天论》中，还有另一种说法，更能体现辩证的精神：

万物为道一偏，一物为万物一偏。愚者为一物一偏，而自以为知道，无知也。慎子有见于后，无见于先；老子有见于诎，无见于信；墨子有见于齐，无见于畸；宋子有见于少，无见于多。有后而无先，则群众无门；有诎而无信，则贵贱不分；有齐而无畸，则政令不施；有少而无多，则群众不化。②

这段涉及法、道、墨三家代表人物。"有见"就是上段中的"蔽"，正因为有所见，也就形成了蔽障，有了这个就看不见其他的了，就被遮蔽了，就可能无见于其他东西。这是人类认识世界的特点，是对认识的有限性及

① 译自(战国)荀子：《荀子》卷15《解蔽》。
② (战国)荀子：《荀子》卷11《天论》。

其内在矛盾的深刻理解。这两段反映出荀子在认识方法上深受道家思想的影响，更表现出当时学术总结中具有理论意义的一个特点。

荀子的学术总结体现了一个特点，那就是以某一个学说为基本原则，由此出发，对其他学说展开分析和批判。以上所表现出来的都是儒家思想，表现了荀子自己的思想特点。此外，他对诸子百家的批判，有助于读者从各个角度理解、发现他的思想的特点。

荀子的学生韩非对儒墨显学的批评也表现了当时学术总结的趋势。《韩非子·显学》对儒墨两家的批评也是从两个标准上进行的。一个是认识标准。韩非指出，孔墨之后，儒家分为八派，墨家分为三派，各派之间相互争辩，都说自己是孔墨的真正传人，其他则是伪派。孔墨不能复生，谁能断定谁是孔墨思想真正的传人呢？这就涉及事实判断或真理标准的问题。另一个是政治标准。韩非从政治实用主义的角度对儒墨等学术活动展开了批判，认为它们与国家的耕战政策相左，无益于君主政治，应予以坚决的取缔。

(二)庄子

战国后期，《庄子·天下》也对战国学术思想进行了批评，表现了总结的趋势。文中提到邹鲁之士、搢绅先生，有墨翟、禽滑厘、宋钘、尹文、彭蒙、田骈、慎到、关尹、老聃、庄周、惠施、桓团、公孙龙等人，涉及儒家、墨家、道家、法家、名家。与《荀子·非十二子》不同，《庄子·天下》对诸子的思想内容做了较为详细的介绍，例如，"《诗》以道志，《书》以道事，《礼》以道行，《乐》以道和，《易》以道阴阳，《春秋》以道名分"。这是对儒家六经的准确概括。关于其他各家，都有类似的介绍。这对于某些思想派别具有特别重要的意义，比如，宋钘、彭蒙、田骈、关尹、惠施及辩者，由于他们的著作没有留存下来，人们只好通过《庄子·天下》来了解他们的思想。特别是惠施和辩者，《庄子·天下》中有"历物十事"和"辩者二十一事"生动地展现了逻辑争辩的景象，体现了他们的思想，是弥足珍贵的逻辑史料。

《庄子·天下》除了介绍各家思想以外，对诸子思想也做了评论。其中的批评，没有《荀子》那么激烈，而表扬也不仅仅是学术上的，也有政治上的。例如，关于墨翟、禽滑厘，该篇介绍了他们的非乐、节用思想，但对他们过分苛刻严格地对待自己，违背人性，难以实行，也给予了无情的批评。庄子指出，这样做，扰乱天下的罪过多，而治理天下的功劳少。不过，另一方面又指出，他们才是天下最美善的人，不可多得，是真正的救世之士。

此外，在关于名辩家的批评中同样表现了较强的实用主义倾向。例如，庄子在介绍惠施和辩者的"历物十事"以及"二十一事"后，说辩者"虽能胜人之口，但不能服人之心。这是辩者的局限"。庄子又说惠施用违反人的常理作为实情，要来胜过他人求取名声，因此和众人不协调；惠施的学说乖舛驳杂，所言不当；惠施弱于德的修养，强于物的分析，走的道路是曲折的，在天地之大道看来，惠施的努力是徒劳的。庄子对惠施以善辩成名表示了深深的惋惜。

《庄子·天下》的学术评论表现了细腻、客观、多元、宽容的特点，但终究有着明确的倾向性。在介绍了关尹、老聃的思想后，庄子坦率地指出他们的思想没有达到顶点，但他们毕竟还算是"古来博大真人"。唯独对庄周的思想没有否定之词。表扬他对恍惚而无形迹、变化而无常规，齐死生、并天地的道的服膺。特别指出他"不持一端之见"、"不拘泥是非"；他对与世俗相处，顺应变化而解脱于物的束缚，表示了由衷的赞美。这些恰恰是《庄子·天下》评论其他各家各派思想家的立场和态度。由此可见，这篇的作者是庄子的后学。他们对诸子思想的评论表现了庄子一派的学术观点，从另一个独特的角度反映了当时学术总结的特点。

二、实用综合型的总结

实用综合型的总结以《吕氏春秋》为代表。

《吕氏春秋》是秦国相国吕不韦主持编纂的。吕不韦是阳翟(今河南省禹州市)的大商人,在邯郸(今河北省邯郸市)经商时遇见留质赵国的秦国公子异人,以为奇货可居,便破家出资,经过精心的策划和运作,终于帮助异人回国即位。异人是为秦庄襄王。吕不韦得以担任丞相,封文信侯,食河南洛阳 10 万户。庄襄王死后,秦王政即位,尊吕不韦为相国,而且尊称其"仲父",吕不韦一跃成为秦国最炙手可热的权势者。在他的门下,有食客三千,家童万人。公元前 239 年(秦王政八年),他下令门客记录他们的所见所闻,编纂成《八览》、《六论》、《十二纪》等 160 篇,共 20 余万言,认为此书"备天地万物古今之事",号曰《吕氏春秋》。他还下令在咸阳市场的门前摆开此书,在上面悬挂千金,把诸侯游士宾客请来,有能增损一字的,便赏给千金。志得意满之骄态,跃然纸上。

当然,吕不韦之所以如此张扬夸耀,也不是没有凭据。当时诸子著书都是单篇流行,结集成书都在秦以后。即使如此,所成之书至多也就相当于后世的论文集。唯独《吕氏春秋》是按照一定计划写成的,而且纲目井然,卷帙浩繁。可以说,《吕氏春秋》是"我国最早之有形式系统"的私人著述,在当时,的确是一个创举。① 正因为如此,吕不韦才敢于设一字千金的赏格。如果没有这个背景,他的悬赏倒真的有点突兀。

对于《吕氏春秋》的价值和地位,历来评说不一。

由于"专剟世名,又不成于一人",所以"不能名一家者"。②"形式上虽具系统,思想上不成一家。"③近世编著中国哲学史,多不选《吕氏春秋》。

---

① 许维遹:《吕氏春秋集释》冯序,北京:中国书店,1985 年版,第 1 页。
② 许维遹:《吕氏春秋集释》附考,第 9 页。
③ 许维遹:《吕氏春秋集释》冯序,第 1 页。

这是从思想理论上说的。

《汉书·艺文志》说杂家者流"兼儒墨合名法",兼合就是综合,包容。高诱认为,当时人不是不能增损一字,而是惧怕相国的威势,不敢有所增损。不过,该书"以道德为标的,以无为为纲纪,以忠义为品式,以公方为检格","大出诸子之右"。刘文典认为《吕氏春秋》"博采九流,网罗百氏","实能综合方术之长,以成道术","斟酌阴阳儒法刑名兵农百家众说,采撷其精英,捐弃其畛畦,一以道术之经纪条贯统御之"。① 许维遹认为,"夫吕览之为书,网罗精博,体制谨严,析成败升降之数,备天地名物之文,总晚周诸子之精英,荟先秦百家之眇义,虽未必一字千金,要亦九流之喉襟,杂家之管键也"②。这些评价比较高,都是从实用标准上说的。

实用综合型的总结首先表现在成书的结构上。《吕氏春秋》的《十二纪》采用阴阳家的基本框架,以四时月令的形式搭起框架,为统治者编造一个行政月历。不过,其结构上是阴阳家的,与《礼记·月令》相近,但内容却不尽然。例如,按照相生原则,从春生、夏长、秋收、冬藏,把天文、地理、物候、人情、政治一一相配,构成了一个相互关联的系统。但在月令之外的行政安排上,却偏离了阴阳家的思路。在春季 3 个月里,万物萌生,本应强调生产,以奖赏为先,可实际安排的却是《本生》、《重己》、《贵公》、《去私》、《贵生》、《情欲》、《当染》、《尽数》、《先己》、《论人》、《圜道》等篇,谈的多是养生之道,总之是对道家的采撮,与阴阳家有所偏离,与月令精神也不太协调。

夏季 3 个月,万物生长旺盛,本应不违农时,抓紧生产,促使生机畅遂。可实际上,却安排了《劝学》、《尊师》、《诬徒》、《善学》、《大乐》、《侈乐》、《适音》、《古乐》、《音律》、《音初》、《制乐》、《明理》等篇,明显是抄辍儒家的尊师重乐的资料。

---

① 许维遹:《吕氏春秋集释》刘序,第 1 页。
② 许维遹:《吕氏春秋集释》自序,第 1 页。

秋季3个月，有《荡兵》、《振乱》、《禁塞》、《论威》、《简选》、《决胜》、《爱士》、《知士》等篇，看起来与兵家有关，从形式上看，也符合肃杀的特点，多少应该体现了月令的精神。

冬季3个月，孟冬有《节丧》和《安死》，大体上合乎节令的特点。仲冬和季冬有《至忠》、《忠廉》、《士节》、《介立》、《诚廉》等，多讲个人情感的约束，多少也有那么一点月令的意思。但它们主要的目的不在这里，而在于宣扬或保留儒法忠诚廉洁的思想资料。

之所以如此，是因为文章的安排与月令是两回事，《十二纪》只是借用月令的框架，作为编排体例，目的是安排篇章，至于篇章的主题，自然不会与月令完全吻合，只要有内容能与月令靠近就好，实在无法靠近的，也只好拣其看似相关的就行了。这样的综合，有时连实用也顾不得了。

《八览》每览8篇文章，共64篇；《六论》每论6篇，共36篇。像这样只重视数字的整齐，不以思想本身的内在联系为根据，与《十二纪》一样，暴露出这种综合的庸俗和荒谬，也暴露出组织者和编纂者思想上的贫乏和苍白。

其次，所谓实用综合，更多的是诸子百家资料的简单汇聚。例如，《劝学》、《尊师》、《诬徒》、《善学》、《大乐》、《侈乐》、《适音》、《音律》、《音初》、《制乐》等篇，汇聚了儒家思想资料；《应同》及《十二纪》每季前面的月令内容，保留了阴阳家思想资料；《贵生》、《重己》、《情欲》、《尽数》、《审分》等篇保留了道家思想资料；《振乱》、《禁塞》、《怀宠》、《论威》、《简选》、《爱士》等保留了兵家思想资料；《当染》、《首时》、《高义》、《上德》、《取宥》等保留了墨家思想资料；《上农》、《任地》、《辨土》等保留了农家思想资料；如此等等。那么，统率全书的指导思想是哪一家呢？

农家、兵家内容比较具体琐屑，不能成为统领《吕氏春秋》全书的指导思想，这是没有疑问的。阴阳家呢？前面已经说明，除了《十二纪》借用《月令》模式，《应同》专门保留邹衍的五德终始说以外，全书主要篇章并非阴阳家说。如此看来，它也不能成为指导思想。墨家思想只选取利他、重义、别宥等思想片段，恰恰没有天志、明鬼、尚贤、尚同之类，无法成为统领全书的主导思想。儒家思想在书中分量较小，只有教学和音乐两部分，而且要想在秦国取得重要地位，似乎也是不可能的。那么，剩下的就只有道家了。不过，说到要成为全书一以贯之的指导思想，还有一个先决条件，那就是必须有抽象的、超越的思想内容，特别要有关于本原或本体的思想，才能起到统领全局的作用。今本《吕氏春秋》中有没有与本原或本体相关的思想内容呢？特别是有没有与道家本原或本体思想相近的内容呢？

过去有学者曾经断言，《吕氏春秋》中的"圜道"说是表明它具有道家思想特征的概念。其实不然。所谓圜道，说的是"天道圜"。圜者，圆也，环也，用《吕氏春秋》的原话即"精气一上一下，环周复杂（匝），无所稽留"，这说的是天道。此外，还有地道，"地道方"，万物类异形殊，不能相互替代。可见，所谓"圜道"只是与"地道"相对的天道，并非最高本原或本体，无法统领万物，当然也无法统领全书。

此外还有：

> 太一出两仪，两仪出阴阳。阴阳变化，一上一下，合而成章。浑浑沌沌，离则复合，合则复离，是谓天常。[1]

显然，这是《周易》的本原论。而且，这话出现在《大乐》中，是用来说明音乐生于度量，度量本于太一的。目的是论证音乐产生的根源，属于儒家乐论的形上部分，与《周易》和荀学系统相近。

该篇下面的文字中又有这样一段："道也者，至精也，不可为形，不可为名，强为之名，谓之太一。"[2]可紧接着却说："故一也者制令，两也者从

---

[1] （战国）吕不韦编：《吕氏春秋》卷5《仲夏纪》。
[2] （战国）吕不韦编：《吕氏春秋》卷5《仲夏纪》。

听"，下面就大谈"一则明，两则狂"的道理。① 这个"一"与"太一"已经无关，或许是文字夺误，否则不会如此的语无伦次，无从把握。

《吕氏春秋》中的道家，只有庄子阳生之流的"全性之道"，保存在《十二纪·孟春记》的《本生》、《重己》中。即使是这样的全性之道，也被改造得面目全非，走了样子。所以说道家思想也无法在全书中起统领作用。

不过，《吕氏春秋》似乎还讨论了诸子百家的思想特点，而且表现出一定的理论水平。例如，《审分览》有云："老耽贵柔，孔子贵仁，墨翟贵廉，关尹贵清，子列子贵虚，陈骈贵齐，阳生贵己，孙膑贵势，王廖贵先，兒良贵后。此十人者，皆天下之豪士也。"概括颇为准确，看起来也好像是在表扬这十个人，可其实却恰恰相反。该篇篇首说："听群众人议以治国，国危无日矣。"我列举十子，是为了说明他们说法不一，不利于国家治理。他们所主张的是"一则治，异则乱，一则安，异则危"的道理。"一"于谁呢？如果是一于十子中的某一家，那就变成一家独治，这似乎与秦国的政治方略相左，而且从上面的讨论中也可看到，今本《吕氏春秋》中没有哪一家能够成为统领全书的指导思想。如果是一于十子以外的某个权威，那么十家就只能成为任取所需的思想资料，被兼收并蓄起来。看起来，《吕氏春秋》所做的恰恰是后一种选择。

那么，十子之外的哪个权威有没有可以统领全书的理论观点呢？这个问题还需要继续研究。

战国后期的理论批判型的学术总结，既是百家争鸣的表现，又是百家争鸣的结果，在百家争鸣中构成了一个重要部分，占有重要的地位。而所谓实用综合型的总结，其实并不是严格意义上的总结，因为这样的总结不是争鸣本身，只是争鸣的一种外在的、不相干的回响和反串。所谓实用综合型，大概有两重含义：对于权势者来说，像《吕氏春秋》的编纂的确是挺

---

① （战国）吕不韦编：《吕氏春秋》卷5《仲夏纪》。

"实用"的，你想怎么编就怎么编，你想要什么就可以选什么，这是一重含义；对于后人来说，许多历史上遗失的文献资料赖《吕氏春秋》才得以保存，而且不限于某一家某一派，即使是片段的，对于研究这段历史甚至是思想史，也是弥足珍贵的，这是另一重含义。不过，要是从理论上说，这样的总结，真的没有什么价值可言。真正的总结应该是争鸣本身的超越和升华，它自己首先应该是理论争鸣活动，而不应是靠权力攒出来的资料汇编，不管它如何的体例严整。我们说它实用，在更准确的意义上是说它有实用主义的特点，不过，这个实用主义却无法与以经验主义（empiricism）为基础的实用主义（pragmatism）或实验主义（experimentalism）相媲美，那样的实用主义是有其深厚的理论根源的。《吕氏春秋》所表现出来的只能是以主观随意性为特征的实用主义，它的实质是唯我独尊，是以权力为大：谁有权力，谁就有真理；只要权势者高兴，再荒唐的事也可以当作真理，被抬到一字千金的价值高度。以《吕氏春秋》为代表的杂家之所以在理论上苍白贫乏，根源就在这里。可是像这种不许争鸣，而又无力争鸣的作品竟然出现在百家争鸣的时代，而且据说还开创了后世某种实用综合型的学术传统，听了不免有些凄凉！

百家争鸣是人类思想历史上的一个伟大壮举。在这场运动中，思想家们相互争鸣，又相互吸收、渗透、交融，在深层次概念上共同努力，在人本、民本和自然等许多问题上达成了共识，这样才能最终在总结中形成综合。在人与自然，人与人，以及人的自我反省的理论创新中，我们取得了意义深远的成就。这标志着中国文化的一个高峰。德国哲学家卡尔·雅斯贝斯把春秋战国时期中国的思想与古代希腊、印度思想一起称为"轴心文明"，并且把它们比喻为古今两大发展阶段之间的3架发动机，不是没有道理的。

第十一章　经济的发展
与社会结构的变化

　　战国时期是中国古代历史上经济发展和社会变革最为剧烈的时期之一。铁器在生产和生活中发挥着越来越大的作用，各项生产技术都有了前所未有的进步，城市特别是城市商业得到了突飞猛进的发展。随着生产的进步和人口的增加，传统的国野分治被打破，人们从过去的身份管理下挣脱出来，成为国家的编户齐民，身份是自由的了。过去身份高贵的人失去了国家的保护，有的丧失了生活的保障，不得不靠个人的努力来谋生。过去身份低下的人，有的也可以凭借在新时代获得的财产或一技之能参与公共事务管理，甚至步入上层社会，成为叱咤风云的历史人物。通过学习而获得一技之能的士人不断增多，他们呼吸着新时代的自由空气，凭着个人的才干和努力，越来越受到权势者的青睐，养士成了集中表现精神风貌的时尚风景。

第一节　铁器时代的到来

　　中国早期文明与青铜器的使用大体一致，夏、商、西周都是如此。春秋时期，铁器开始被使用，到了战国时代，铁器的使用越来越普遍。

　　从战国中期开始，农业和手工业生产已大量使用铁制工具。成书于齐国的《管子》一书的作者就曾认为，不论是农业还是车辆制造和女红都要有铁制工具才能进行；没有铁器而能成事的，天下没有。可见铁器在农业和

图 11.1　玉柄铁剑。西周晚期。1990 年河南省三门峡市虢国墓地(虢季墓)出土。河南博物院藏

手工业生产中使用的普遍性。孟子曾质问农家代表人物许行的弟子陈相:"许子用釜甑来做饭吗? 用铁来耕地吗?"[1]铁制农具普遍使用,否则不会把它当作不言而喻和无可怀疑的情况来发问。可见,如果有人不用铁器来耕地就成了反常现象了。

根据考古资料,吴、楚、三晋、两周地区已有铁制工具出土,现已发现的属于春秋后期到战国初年的铁制农具有铲、锛、臿、镢等,手工工具有削、凿、斧、锤等。在北起今辽宁省,南到广东省,东到山东省,西到四川省、陕西省的大范围内,考古学家都发现了战国中期以后的铁工具。铁农具已取代木、石农具占主导地位,有一字形臿、凹字形臿、空首布式锄、凹字形侈刃锄、六角梯形方銎锄、五齿耙、镬、镢、V 字形铁口犁、镰等;铁工具有銎斧、片斧、刀削、凿等;铁兵器有剑、戟、矛、镞等,此外,还有铁鼎、铁带钩等用具。

铁器之所以能如此普遍,这与铁矿的开发和铁器制造技术的进步是分不开的。

战国时期,铁矿开发越来越多,规模也越来越大。据古代文献记载,这时"出铁之山三千六百九";其中有明确地点的产铁之山共有 37 座,分布于今陕西省、山西省、河南省、湖北省,即当时的秦、魏、赵、韩、楚等国,特别是韩、楚、秦三国较多。人们的探矿知识也在进步,文献记载:"山上有赭者,其下有铁,此山之见荣也"[2],据说所谓"荣",指的是

---

[1]　译自《孟子》卷 5《滕文公上》。

[2]　(春秋)管仲:《管子》卷 23《地数》。

矿苗。

　　各诸侯国都纷纷发展铁制造业。西汉时期，宛地经营冶铁手工业的孔氏祖先就是梁国人，且是以冶铁为业的，说明战国时期的魏国是有铁制造业的。商鞅变法后，据说秦国的"盐铁之利二十倍于古"。据司马迁说，他的第 4 代祖先司马昌曾担任秦国的主铁官。可见，战国时期秦国也是重要的冶铁手工业地点。赵国都城邯郸也是重要的冶铁手工业地点，邯郸人郭纵就是以冶铁成业的，财富可以和王者相等。西汉时在临邛（今四川省邛崃市）经营冶铁手工业的卓氏，祖先就是赵国人，也是因为冶铁而致富的。齐国都城临淄也是重要的冶铁手工业地点。近些年来，在齐国临淄故城发现了 6 处冶铁作坊，其中最大的一处面积有 40 多万平方米。楚国的宛（今河南省南阳市）是著名的冶铁手工业地点。当时有所谓"宛钜、铁釶（矛）"，比较著名。韩国的新郑有官营冶铁手工业作坊，考古学家曾在新郑故城内的仓城村发现了许多镢、镈、刀等的陶质内外范，同时还发现了同样形式的铁器。可见，这里应该是官营冶铁手工业作坊的遗址。韩国的阳城（今河南省登封市东南的告成镇）发现了冶铁手工业作坊，特别是发现了战国时代的熔铁炉底、炉壁和炉衬的残块，以及陶制和泥制的鼓风管的残片、木炭屑，还有锄、镢、斧、铲、镰、削、刀、箭杆、矛、带钩等的陶范。韩国的冶铁手工业地点最多。燕国下都（今河北省易县）也发现了冶铁手工业遗址，考古学家还在今河北省兴隆县发现了战国时代铸造工具的铁范 87 件，10 多件铸有"右廪"字样，应该是官营冶铁手工业产品。

　　战国时代，冶炼技术进步，首先表现在鼓风设备的进步上。与青铜相比，铁的熔点更高，冶炼时需要更高的炉温。而炉温的提高，重要的要靠鼓风设备的改进。当时人们使用的鼓风设备是"橐籥"。"橐"即牛皮制的大口袋，两端扎紧，中间宽大；皮橐上开孔，用管子与炼炉相连，这种管子叫作"籥"。"籥"原来是一种乐器，由一排竹管组成，橐籥后代又叫"排橐"，说明连接橐籥与炼炉的管子不止一根，可以是一排。在皮囊的另一面安装有把手，这样拉动起来，就可以不断地把空气压送到炼炉中去，以增加炉内的氧气，促进木炭的燃烧，提高炼炉的温度。炼炉使用的橐籥不止一个，大的炼炉可以使用多个橐籥。传说吴王阖闾铸造"干将"、"莫邪"两把宝剑时曾使用"童男童女三百人鼓橐装炭"，用 300 人鼓橐装炭，看来使用的橐籥大概不止一个。墨子曾说过："灶用四橐"，可见炉灶使用的橐籥的确不止一个。橐籥是中空的，动起来可以吹出风，而且永不穷竭。老子用"虚而不屈，动而愈出"形容橐籥的特点，以此来表现道的功能的神奇和玄妙，在文字上留下了鲜明的时代印记。

随着鼓风设备的进步，炉温得以提高，炼炉得以造大，铁矿石被炼成液体，最终使铸铁成为可能。春秋晚期，中原地区铸铁冶炼技术已经比较成熟。公元前 513 年，晋国铸刑鼎，可见铸铁冶炼技术的发达。考古发现证明，长沙窑岭春秋战国之际楚墓出土铁鼎，就是铸铁制造的。从战国开始，直到汉魏，铁农具大多数是铸铁制造的，手工业工具中，铸铁件也占很大比重。

由于青铜铸造技术比较成熟，很自然地，这一技术便转移到铁铸造上来。当时的铸范有陶制的，也有铁制的，除了单合范，还有复合范。单合范即一面是立体的铸型，另一面是平板，两者合起来进行铸造，铸成的器具一面是平的。复合范是由多块铸范用"子口"拼合，扎紧后浇铸，这样铸造出来的器具就可以是比较大而复杂的了。1953 年，河北省兴隆燕国冶铁遗址出土了大批铁质铸范，有六角梯形锄范、双镰范、镬范、斧范、双凿范、车具范等。这些大多数是复合范，构造复杂，制作精美，铁铸造工艺达到了很高的水平。人们在兴隆一带还发现了与这些铸范相同的铁斧、铁锄等。

从战国时代开始，人们广泛使用铸铁工具，但早期的铸铁是质脆而硬的白口铁，容易折断，又不耐用。于是，铸铁柔化技术便被发明了出来。

一种方法是铸铁件的可锻化热处理，即经过氧化脱碳并析出部分石墨，成为白心可锻铸铁。到了战国晚期，又出现了黑心可锻铸铁，这是经过长时间加热退火而成的，韧性比白心可锻铸铁高。另一种方法是经过加热氧化，对铸铁进行脱碳处理。当脱碳不完全时，铸件外层已经钢化，内层还是铸铁，成为一种钢和铁的复合组织。当脱碳比较完全时，白口组织消失，铸件组织全部由铁变成了钢，但还保存有铸件的特点。

还有人利用控制退火办法创造了表面为低碳纯铁，中心为硬度高的钢质复合铸

图 11.2　踞坐人铜灯。战国。河南博物院藏

件，满足了某些工具既要求有坚硬锋利耐磨的刃口又具有韧性的要求。战国后期，从北方的燕赵，到南方的楚国，广泛使用这种铁。

考古发现，早在春秋时期，南方的楚国就有了渗碳制钢技术。1976年，长沙杨家山春秋后期墓葬中出土了一口钢制宝剑，长38.4厘米，宽2至2.6厘米，脊厚0.7厘米。经过取样分析，这是用含碳量0.5％左右的中碳钢制成的。科学家从剑身断面上用放大镜看到反复锻打的层次，中部由7至9层叠打而成。文献记载，战国时期，楚国和韩国一直以出产锋利的兵器名扬天下；直到西汉，说起宝剑，还以"墨阳"与"莫邪"连称，以"棠溪"与"墨阳"连称，还有"强楚劲韩"的称号。《荀子》中有楚国"宛钜、铁釶，惨如蜂虿"一句，古代注释家认为所谓"钜"就是"大刚"。《禹贡》记载，梁州贡物有"璆、铁、银、镂"，古代注释家认为"镂"是一种可作镂刻工具的钢铁。这就与考古发现相吻合了。考古学家对燕下都出土的部分剑、戟、矛进行检查后发现，战国后期燕国已经采用渗碳制钢技术，即把块炼铁放在炽热

的木炭中长时间加热，使其表面渗碳；经过锻打，使其成为渗碳钢片；然后把渗碳钢片对折，再多层折叠锻打，制成兵器或生产工具；最后再用淬火和正火等热处理方法，改进钢材的性能。

放眼世界，我们就会发现，铸铁冶炼技术，欧洲要到 14 世纪才掌握。白心可锻铸铁技术，欧洲要到 18 世纪才拥有。黑心可锻铸铁技术，要到 19 世纪美国才开始使用。由此可见，战国时期的冶铁技术在当时毫无疑问是领先的。

战国时代的铁器究竟有多少，在各种材质的工具中究竟占有怎样的比例，尚无法从数字上给予说明。而且，考古发现，此时，甚至到秦汉时期，不论生产工具还是武器，青铜甚至石、木制成的还有很多仍在使用。究竟是因为铁器太贵，人们负担不起，还是其他材质仍有一定使用价值，我们不得而知。但战国时代，铁器的使用已经相当普遍，特别是在农业和手工业中，成为生产的主力军，这一点是不可否认的。因此我们说，战国时代，中国已经迎来了铁器时代。

第二节　生产的进步与城市和商业的繁荣

铁器时代的到来，为生产的进步开辟了广阔的空间，农业、手工业生产技术不断改进，农产量大幅度提高，人口也随之快速增长，城市得到了扩展，商业呈现出繁荣的景象。这一切使战国时代的中国成为古代世界上少有的自由、繁荣的社会。所有这一切，为随后的国家统一提供了雄厚的物质基础。

一、农业生产

战国时代，由于耕战形势所迫，各诸侯国都十分重视农业生产，纷纷制定重农的政策和法规；儒家、墨家、法家都提出了重农的主张和策略。

还有一些学者强调农业的重要，他们对农业生产做了系统的研究，他们的作品，如《神农》和《野老》等，被汉朝的目录学家归入农家著作之林，可惜，这些著作已经失传。今本《吕氏春秋》中的《上农》、《任地》、《辩土》、《审时》等篇也保留了这派的思想。在这些著作中，有关于土壤、农时、栽培技术、耕耨技术、优良品种的知识。所有这一切，为农业生产的进步提供了有利的发展空间。在这个条件下，农业以及与农业密切相关的生产领域得到了空前的发展。

（一）水利兴修的成就

古代中国以农立国，农业发展离不开水利。防止和减轻水患，兴修水利，是历代统治者必须关注的大问题。战国时代同样如此。

第一，修筑堤防。春秋时期，黄河、济水等一些大河已经修筑了堤防，黄河经过东周统治中心区域一带叫作"堤上"的堤防（今河南省洛阳市西南）；济水旁有"防门"堤防（今山东省平阴县东北），在齐国境内。战国时代，堤防的规模更大。齐国在距黄河25里处修筑了一条长堤防，下游南岸有了堤坝，黄河泛滥时水位自然就抬高了。这样，洪水从上游开始便冲向赵国和魏国。于是，魏国和赵国也在距黄河25里处修筑长堤。此后，黄河两岸50里宽阔地带洪水时而冲积，洪水去后，百姓耕种，若日久无害，便修建房屋，形成聚落，大水来时，又被湮没，便又修堤防来自救。这样的堤防虽有以邻为壑的用意，但对于本国来说，有利于农业生产则是毋庸置疑的。

第二，开凿沟渠运河。运河有便利农业生产的意义。春秋时期，人们就开凿了一些运河。战国时期，诸侯国专门为农业灌溉开凿运河。魏文侯时，邺（今河北省磁县东南的邺镇）令西门豹就修建"引漳水灌邺"工程，开凿了12条渠，通过灌溉冲洗，使得许多盐碱地变成良田。公元前360年（魏惠王十年），魏国在黄河和圃田湖之间开凿了一条大沟，把黄河水引入圃田，又从圃田开凿运河引水灌溉农田。公元前339年（魏惠王三十一年)，魏国又从大梁北郭开凿大沟引圃田的水灌溉，这就是鸿沟最早开凿的一段。鸿沟是战国时代陆续开凿而成的，是当时中原地区最大的水利工程。其主干从今河南省荥阳市以北，和济水一起分黄河的水东流，经过魏都大梁(今河南省开封市)折而向东南流，经过陈的旧都(今河南省商丘市睢阳区)，在今沈丘附近注入颍水，颍水下流注入淮水，这样就沟通了黄河与淮水的交通。另外，丹水成为鸿沟的分支，连接泗水；濊水也是鸿沟的分支，连接淮水；构成了济水、汝水、淮水、泗水的水道交通网。此外，其他中原诸侯国也开凿了许多沟渠运河，便利了灌溉和交通。

战国时期最著名的水利工程当然要数都江堰了。都江堰修在岷江成都附近的灌县城下。岷江上游山高谷深，水流湍急，一到夏秋水量骤增，下游便泛滥成灾。秦昭王时，李冰受命担任蜀郡守，在灌县城西的岷江岸边凿开了与虎头山相连的离堆，又在离堆上游江中用竹笼装满卵石累叠的办法修筑了分水坝和湃水坝。分水坝又称都江鱼嘴，位于江心的最前端，迎着水流，把岷江一分为二，西面的叫作"检江"(即外江)，东面的叫作"郫江"(即内江)。这样就把岷江分为内外两支，外江继续走岷江原来的河道，内江则通过在离堆凿开的宝瓶口流入成都平原。湃水坝位于分水坝和离堆之间，比分水坝略低，又称飞沙堰。平时岷江水量少时，它可以隔开内外江，保证一定水量的内江水流入离堆与虎头山之间的宝瓶口，灌溉成都平原。汛期水量大时，高过飞沙堰的水流就会自动流回外江，既可保证内江水位不涨高，不给成都平原造成水害；又可把洪水中的大量泥沙冲走，起到减淤的作用。这样，不论是旱季还是雨季，成都平原都可以得到灌溉，而又避免了水患，由此成都成为天府之国。

另一个著名的水利工程则要数秦国的郑国渠了。秦王政统治时期，韩国感到来自秦国的压力越来越大，便派一个叫郑国的水工来到秦国，劝说秦国修筑水渠。名义上是为了灌溉农田，其实是为了分散秦国的人力，减轻对韩国的军事压力。秦王政识破了这个计策，便顺势命郑国主持修筑水渠。该水渠从仲山（今陕西省泾阳县西北）引泾水向西到瓠口（即焦获泽）作为渠口，凭借西北高、东南低的地形，沿北山南麓引水向东伸展，穿越许多小河，经今三原、富平等县，从今大荔县东南注入洛水（即北洛水）。水渠修成后，被命名为"郑国渠"。渠水全长 300 多里，灌溉 4 万余顷田地。从此关中成为沃野。

（二）耕作技术的进步

农业一定要有耕。春秋时代仍以耦耕为主，即两人共同使用耒耜耕地。具体操作方法是用手把持耒耜的柄，脚踏（金、石或木质）刃的背部，把刃部插入土中，以达到翻土的目的。春秋后期，用牛拉犁耕地也渐渐流行起来，孔子的弟子冉耕字伯牛，司马耕字牛，牛与耕处于同位关系中，牛耕已进入姓名，成为日常语言中受人瞩目的现象。晋国的范氏和中行氏在内乱中失败，子孙逃到齐国成为农民，被人比喻为"宗庙里作牺牲的变成了田野里耕作的了"，显然是牛耕较为普遍之后才会有的说法。1923 年，山西省浑源县李峪村晋墓出土一个牛尊，穿有鼻环。牛有鼻环，应该是被牵着从事劳作用的，很可能是耕牛。

战国时代，牛耕更加普遍。河南辉县市固围村和河北省易县燕下都遗址出土铁口犁，犁头全体呈 V 字形，前端尖锐，后部宽阔，锐端有直棱，可加大刺土力度。当然，这种犁头还只能破土划沟，不能翻土起垄，但比起人力来，效率已经有了很大的提高。

西周和春秋之际，人们已经开始种植冬小麦。春秋初期，成周（今河南省洛阳市白马寺东）地区已经进入一年两熟制。史家已经在古代史籍中发现了相关的记载。公元前 720 年农历四月，郑国抢收了东周温（今河南省温县西南）的麦，同年秋天，又抢收了成周的禾，可见，成周地区已经是两熟制。战国时期，一年两熟制就被普遍推广了。《礼记·月令》有孟夏之月（夏正四月）"升麦"，孟秋之月（夏正七月）"登谷"的记载。《孟子》也有舜麦（大麦)日至(夏至)成熟的记载,还有七八月(夏正五六月)间干旱,苗(粟苗)就会枯槁的文字。可见,大麦收割后,粟苗还在生长着,说明当时齐国已经实行两熟制。《荀子》中干脆就有"今是土之生五谷也,人善治之,则亩数盆,一岁而再获之"的话,可见一年两熟制的确是被普遍实行了。

灌溉方法的改进也是重要的条件。春秋后期,中原地区抱瓮灌溉的方法依然普遍,但已出现用"桔槔"灌溉的方法。"桔槔",又称"桥",是用两根直木做成的,一根竖立在河边或井边,另一根用绳子横挂在竖立直木的顶上。在横挂的直木上,一端系着大石块,另一端系着长绳,绳上挂着汲水瓶或长水桶,利用杠杆原理汲水。汲水时,人们向下拉动绳子,把水瓶或水桶浸入河水或井水中,待打满水后,松手放绳,靠另一端石头的重量即可把水瓶或水桶提起,这就可以达到汲水灌溉的目的了。

战国时期,农业田间管理得到了发展。

战国时"粪其田","多粪肥田"是农夫通常要做的。当时人们已认识到落叶可以肥田。到了六月,割来的野草被焚烧或用水浸泡腐烂,便可当肥料使用,以改良土壤。

除了施肥,防治病虫害也是农夫重视的。当时人们已对许多害虫有了一定认识,特别是对螟虫和蝗虫的危害认识最为深刻。例如,人们认识到"螟虫、螣、蚼蠋,春生秋死,一出而民数年不食"[1]。螟是蛀蚀稻心的害虫,螣是吃苗叶的小青虫,蚼蠋则是一种像蚕一样的害虫。这些害虫出现一次,农夫就要几年忍受饥馑。"蝗螟,农夫得而杀之,奚故?为其害稼也。"[2]遇到蝗、螟这样的害虫,农夫一定要清除掉,因为它们对庄稼危害极大。

(三)粮食产量和品种

由于铁制农具和牛耕的普及,大面积开垦荒地成为可能。可惜史料缺

---

① (战国)商鞅:《商君书》卷1《农战》。

② (战国)吕不韦编:《吕氏春秋》卷18《审应览》。

如，没有更多的直接记载，我们只能通过其他史实来间接地了解。西周和东周之交，郑国迁到今郑州附近时，要"斩之蓬蒿藜藿"才能"共处之"；姜戎被秦国所迫，来到晋国赐予的南鄙时，也要"除翦其荆棘，驱其狐狸豺狼"才可居住。宋郑两国之间原本是有"隙地"的，到了春秋后期，这块"隙地"建立了6个邑。这说明，这类原来满是荆棘蓬蒿的"隙地"，已被开垦。这应该是铁器和牛耕普及的结果。

战国时期，农业产量肯定是大大地提高了，不过，苦于史料不足，我们无法比较，所以只能做粗略估计。据魏文侯相李悝估算，当时魏国的粮食产量每亩田地，熟年最好年成可打粟六石，中等年成四石半，下等年成三石；饥荒年最好也不过每亩粟一石，中等饥荒七斗，最差则只有三斗；普通年成一石半。秦国由于郑国渠的修建，土壤得到改良，关中农产量得以提升，每亩（相当于今0.74亩）增产到一钟，即六石四斗（每斗相当于今2升），超过李悝估算的最好年成。战国中期一百亩的收获，"上农夫食九人，上次食八人，中食七人，中次食六人，下食五人"[1]。

当时的农作物主要有稷（小米）、黍（黄米）、稻、麦、菽（豆）、麻。稷（小米）、黍（黄米）、麦主要在北方种植，稻则生长在南方长江流域。这几种作物是当时的主要粮食，人们平时把这些粮食煮成饭吃，外出时则炒成干粮，调和水浆食用。把米麦磨成面粉做饼吃也是从战国时代开始流行起来的。

此外，种植桑麻，养蚕纺织，栽培漆树和果树，也是当时流行的种植活动。

二、手工业生产

战国时期，手工业生产得到了长足的发展，各类手工业的生产工艺都

---

① 《孟子》卷10《万章下》。

有所改进。手工行业不断发展壮大，形成规模，具有鲜明的时代特点。

（一）各类手工业工艺的进步

纺织是最大的手工行业，其中丝织业发展最为迅速。战国时期，黄河、长江流域普遍养蚕，丝织业发达起来，各地贡品中丝是重要的一项。兖州的叫"织文"，是染色的丝织物；青州的叫"厥丝"，是柞蚕丝；徐州的叫"玄纤缟"，是黑而细的丝织物；扬州的叫"织贝"，也是染色丝织物的一种；荆州的叫"玄纁"，是黑色和黄赤色的丝织品；豫州的叫"纤纩"，是一种细的丝绵絮。齐鲁等地的丝最为精美，齐国女红技艺精良，织出的丝行销天下，史家说是"冠带衣履天下"。练丝技术进步，当时人们已知道用加草木灰的温水练丝，既可以漂白，又可以去除蚕丝纤维表面的一层丝胶，这样，丝便可光泽柔软。各国丝织物产量很大，统治者有时一次赏赐丝织品"锦绣千纯"。1975年，长沙左家塘楚墓出土了许多丝织物。战国中期楚国已经有黄、棕、褐等颜色的平纹绢和组织结构、纹饰复杂的锦。锦有棕地红黄色、褐地红黄色、褐色等品种；纹饰有菱纹、矩纹、方格纹和燕纹、朱条暗花对龙对凤纹等。据观察可知，朱条暗花对龙对凤纹锦的朱色彩条是用矿石颜料朱砂染成的，其他颜色则是用植物颜料染成的。可见，当时是"石染"和"草染"两种方法并用的。

由于普通百姓衣料使用麻织物，所以麻织物比丝织物更普遍。

与纺织业相伴而行的是染业的发展。当时人们已知道用各种染草把纺织物染成各种颜色。最为著名的是青色，原料是蓝草。荀子有"青取之于蓝而青于蓝"的话，生动地表现了青色的来源和特点。人们还知道用矿物质做染料，最典型的是用"涅"（青矾溶液）把织物染成黑色。染色的方法也较复杂。为了染成各种颜色，织物需经过多次染色，有的达到六七次之多。

在青铜铸造技术方面，为了得到更为合适的硬度和光泽度，铜和锡配合形成更为合理的比例，掌握这个比例的工作叫作"执齐"，由专门的工匠负责。人们对铜锡合金的使用也更为了解，刃部含锡高，背部含铜高，恰可满足刃部坚硬，背部有韧性的需要。在青铜器制作方面，人们发明了"金银错"工艺，即在铜器表面镶嵌金银丝，构成文字或图案。这个工艺用于兵器、礼器、车器、符节、玺印、铜镜、带钩、铁带钩等上。此外，包金、鎏金、嵌玉、镶珠、镶嵌绿松石等工艺也有发展。这个时期，一种细如发丝的刻镂画像工艺发展起来，画像多为整幅，描写的大多是水陆攻战、车马狩猎、宴乐、射礼、采桑等活动。这类画像一般施于较薄的器皿如壶、杯、鉴、奁等上面。

图 11.3　青铜冰鉴。战国早期。1978 年湖北省随县（今随州市）出土。中国国家博物馆藏

图 11.4　镶嵌画像纹壶。战国早期（公元前 475—前 4 世纪中叶）。上海博物馆藏

　　战国时期，建筑技术迅速发展。木工、瓦工技术都有进步。木工除了斧、凿、锥、规、矩、绳、悬、水等各类工具之外，人们又发明了檃括，把木料蒸煮后放在檃括中，经过一段时间，便可把弯曲的木料压直，形成合乎需要的形状。除了草屋，已经有了瓦房，富贵人家已经用石基石础、木柱木架，上盖瓦顶。而且出现了两层楼房，王公贵族的陵墓建筑宏伟，内部结构也十分复杂。

　　漆器在战国时期已被广泛使用，许多木器都做了髹漆工艺，由于工艺比较发达，漆器越来越精美。战国中期以后，木胎更加轻巧，小到饮食器如杯、盘等微型器具，大到几、案等加长用具，还有奁、笾等日用容器，弓、剑鞘、戈柲(柄)、戟柲(柄)等武器，甚至装殓用的棺材，都有用髹漆的了。漆的颜色丰富多彩，有黑、朱、黄、紫、白、绿等，图案也丰富，有龙凤云鸟、几何图案、狩猎场景等图案。有的漆器边缘还镶有金边或铜边，叫作"金铜扣"，可见工艺之精美。

制陶业也有进步，此时的陶器有红褐色或灰色有绳纹的，有灰陶素面的，有红色彩绘的，还有黑色暗花的，原始青瓷也有了进步。皮革制造由于军事的需要而大大发展，一般皮革用牛皮、羊皮制作，甲胄则有用犀牛皮、兕皮、鲛鱼皮制成的。制作工艺有了进步。人们先把皮革椎击坚硬，刮除皮里的不洁之物，将缝线藏在皮革里，既结实又美观。

战国时期，齐、燕两国的煮盐业在原有基础上继续发展。海盐产量较大，销售范围较广。魏国继承春秋时期晋国的池盐煮造业，猗顿就是靠经营池盐而成为巨富的。李冰任蜀郡守，在广都(今四川省成都市双流区东南籍田镇一带)开发井盐。

在西周之初，由于殷纣王沉湎酒色而亡国，周公发布文告，严格禁酒。但是到了后来，禁令松弛。春秋时期，贵族饮酒之风又盛。战国时代，民间饮酒成为习惯，市上随处可以买到酒。《礼记·月令》记录了酒的酿造过程：选好秫稻，准备酒曲，还要保证水泉的甘洌香醇，陶器精良，火候恰当。

手工业的发达，也反映在学者们的文字上。今本《周礼》中有《考工记》，记述了当时齐国官营手工业各个工种的设计规范和制造工艺的情况。

(二)手工业的经营管理方式

古代中国从很早开始，手工业就与农业紧密结合在家庭中，"男耕女织"是最典型的表现。养蚕、缫丝、治葛麻、纺织布帛是几乎每个农业劳动者家庭中妇女的经常性工作。商鞅变法令中就有奖励耕织的内容。据孟子说，各诸侯国对农民的剥削大概有 3 种形式，"粟米之征"、"布缕之征"和"力役之征"。其中"布缕之征"就反映了家庭纺织业的现实。家庭手工业有一些已经市场化了，所以要按市场规范进行生产。传说吴起的妻子织的"组"比通行的"度"窄，便被吴起赶走。农民家庭手工业除了纺织布帛之外，还有编织草鞋、结网等。

农户之外，也有专门从事手工业生产经营的家庭，属于个体经营的手工业。这与某些行业专业性较强有关。这些行业有造车、皮革、陶器、冶金、木工等。他们有的称为"百工"，有的称为"工肆之人"，他们靠市场生存，所谓"百工居肆"，要把产品在"肆"上卖出去才能生存。孟子

图 11.5　羽翅纹壶。战国早期。上海博物馆藏

已经认识到，只有互通有无，百工（或工肆之人）才能生存。农民用粮食换取器具，而百工（或工肆之人）用器具换取粮食，他们不可能同时耕地。市场成为百工的身家性命所系。韩非说过，造车的就希望人家富贵，做棺的则盼着人家早死。这生动地表现了市场在百工之人的生活中的重要性，是时代精神的生动表现。不过，这些个体手工业者似乎也要为官府服役，在楚国，替王室铸造铜器的工匠就被称为"铸客"。

民间富豪也有经营手工业的，主要在冶铁和煮盐这两个行业里。据《管子·轻重乙》，官府用抽取 3/10 税额的办法允许"民"来经营冶铁业。这样的"民"，显然不会是普通的小民，应该是豪民。战国时期经营池盐的有猗顿，冶铁的有郭纵、卓氏、孔氏，他们都因此而成为巨富。这些豪民所使用的劳动力主要是流民和奴隶——"僮"。

在古代中国，官府从来就拥有众多的手工业者。三代有"工商食官"，这些人是靠官府吃饭的。春秋时期，齐国管仲改革，四民分业，仍然是"处工就官府"，还是隶属于官府。从历史记载看，隶属于官府的"百工"对于君

王负有进谏的职责,可见与统治者关系较近。战国时期,官府仍然拥有众多手工业工人。各诸侯国中央和地方官府中都有各种官营手工业作坊,管理监造制度也很严密。根据出土兵器上的铭文来看,秦和三晋都有造者、主造者、监造者。秦国的兵器一般有工师、丞、士上造、工大人等主造,中央由相邦监造,地方则由郡守监造,由工制造,工由鬼薪、城旦等刑徒担任,也有由更卒担任的。秦国漆器的制作也采用这个制度。在三晋,兵器主要由中央和地方的武库所属的作坊制造。主造者,中央有工师、冶尹、左右校等,地方有冶来制造;监造者,中央有相邦、守相、邦司寇、大攻(工)尹等,地方则有令、司寇。司寇原为掌管刑法的官员,很有可能他们

图11.6 龙形玉佩。战国。宝鸡青铜器博物院藏

所属的手工业工人有刑徒。齐国同样有三级监造制度。直接生产者,"立(莅)事"监造,工师主造。以陈纯釜为例,立事叫陈犹,左关工师叫发,敦者(造者)就是陈纯。楚国的情况略有不同,铜器一般只刻"冶师"和"差(佐)"的姓名,没有制造者的姓名。战国时期的这个制度,西汉时期仍然延续。

当时各诸侯国的府库都附有作坊,中央和地方一样。这些中府、少府,都成为主管官府手工业的机构。韩国有武、左、右等库。魏国有左、右、上等库。地方也有库,有左、右、上、下等名目。兵器都由设在都城的武库制造。这些府库下属的府库都有一定数量的工人和官员,赵国兵器上常见工师某、冶尹某"执齐(剂)",可以为证。据《礼记·月令》记载,工师还负责审核库藏原料、监督工匠操作、检查产品质量、统计上报成果等职责。秦国使用刑徒和更卒充任官府手工业者。齐国的陶工要在陶器铭文中留下

自己的籍贯、姓氏前面留下"王卒左敀"、"王卒右敀"。可见，这些工匠是以"王卒"的身份从事生产的。

三、城市扩展与商业繁荣

战国时代是中国古代城市和商业发展最显著，也最繁荣的一个时代。

(一)城市扩展

战国时代的一个显著特点是人口激增，城市扩展也由此而来。

春秋时期，人口还非常有限，某城与另一城相距遥远，之间存在宽阔的"隙地"，偶尔有少数的"夷狄"往来其间，登上城头就可望见。战国时期，人口密度加大。齐国"临邑相望"，"鸡鸣狗吠之声相闻，而达乎四境"。[①]魏国"庐田庑舍，曾无刍牧牛马之地。人民之众，车马之多，日夜行不休，已无异于三军之众"[②]。学者估计，战国七雄人口已达 2000 万左右。

更为重要的是城市人口增加较快。春秋时期，城市规模较小，诸侯国都周长不过 900 丈；大夫的都，有的是国都的 1/3，有的是 1/5，有的是 1/9。这样的城池，人口自然不会太多。作为人口聚落的邑则更小，一般百室左右；最大的邑不过千室，相当于现在的一个大自然村；最小的则只有十室，连一个小自然村都构不成。到了战国时代情况则大大改观了。"千丈之城，万家之邑相望"[③]，"三里之城，七里之郭"[④]已很普遍。"万家之县"和"万家之邑"也已很平常了。

春秋时期，除了周王，只有诸侯和卿大夫居住的地方才可筑有城墙，形成城市。战国时期，各国都实行郡县制，除了国都，还有郡县，郡有郡城，县有县城，一个诸侯国再小，也要有几十个县。战国后期，一个郡就

① 《孟子》卷 3《公孙丑上》。
② 《战国策》卷 24《魏三》。
③ 《战国策》卷 20《赵三》。
④ (战国)墨子：《墨子》卷 5《非攻上》。

有下辖十几个县的，如上党郡下辖 17 县。不论是国都还是郡、县，都筑有城墙。郡比县要大一倍，国都比郡要大一倍。有的县因为地理位置和战略地位的重要而超过郡城的规模。例如，韩国的宜阳(今河南省宜阳县西南古城镇)位于上党和南阳两郡之间，处于商贸要道，其规模是"城方八里，材士十万，粟支数年"①，秦国丞相甘茂曾说宜阳"名为县，其实郡也"②。

作为诸侯国的都城，一般都要有相连接的大城和小城。小城就是宫城，是国君和贵族的住所，一般称王城。宫殿建筑在高高的夯土台地上，居高临下，是全城的制高点。王城内外，是大量官营手工业作坊，制造各类铁、铜兵器、铜币、青铜用具和铁工具等。大城由各级官吏和平民居住，其中有集中经营手工业和商业的市区。据考古学家勘探，临淄故城大城南北约 4.5 千米，东西约 4 千米；小城在大城西南角，周长约 5 千米，宫殿建筑在小城西北部的夯土台基上面。小城南部有冶铁、冶铜、铸钱作坊，大城北部也分布一些冶铁、制骨作坊。市区在大城西部、小城北部，这与《考工记》所谓"面朝后市"的格局是一致的。这个格局一直被后世遵循。整个临淄城有完善的防御和排水系统。

各国都城中，宫城里有国君的宫廷、宗庙和国家机构的各部门官署，大城中则有王室宗族和高级官员的住宅，都是高门大屋。齐宣王重视稷下学宫，延揽淳于髡、田骈、接予、慎到、环渊等 76 人，任命为列大夫，在稷下(稷门附近)一带的宽阔大街旁为他们建造高门大屋，以示尊崇。国家在都城中建有招待宾客的馆舍，权贵们也建有招待食客的馆舍；城中还有世代居住的个体手工业者，所谓"百工居肆"。城中还有杀狗的屠夫之类的人等的处所。在市区里面，店铺鳞次栉比，各类商业活动频繁，有"鬻金者之所"、"酤酒者"、"卖履者"、"卖骏马者"、"卖兔者"、"贩茅者"、"卖卜者"，市上什么都有卖的。市场有市门，设市吏来管理，开关有定时。据当

---

① 《战国策》卷 1《东周》。
② 《战国策》卷 4《秦二》。

时文献记载，市门开放时，买客须"侧肩争门而入"，可见买卖活动的踊跃。

在战国时期各国城市中，齐国的都城临淄（今山东省淄博市临淄区）规模最大，也最为繁华。据当时的人描写，临淄城中居民有 7 万户，每户有 3 个男子，就可得 21 万战士；市民都很富裕，娱乐活动丰富，音乐方面有吹笙、鼓瑟、击筑、弹琴，游戏有斗鸡、走狗、六博、蹴鞠等。街衢上车辆密集，车轴相撞，行人如织，摩肩接踵。人们的衣襟连起来可以成帷，衣袖举起来可以成幕，一挥汗仿佛下雨。家家殷实，精神面貌也十分高扬。外城有一条贯穿南北的六轨大道叫作"庄"，这条街道靠近北门内的市区叫作"岳"，所谓"庄岳之间"是市肆和工商业者聚集之地，也是城市中人口最密集，最繁华热闹的地方。临淄 7 万户，若平均每户五口人，全城人口就是 35 万。这样大规模的城市，在当时的世界上，恐怕也是少见的。

类似临淄这样繁华的商业都市，在战国时期不下几十座。像楚国的郢都、赵国的邯郸、魏国的大梁、宋国的陶邑、卫国的濮阳等也都达到了相当繁华的程度。

对于这样繁荣的城市商业，统治者当然不会无动于衷。各国政府对城市商业征收 3 种税，一是"廛"，即屋基税；二是"市"，即营业税；三是"关"，即通关税。城市商业税的征收为诸侯国政府带来了巨大的利益，所以，城市成了诸侯们争夺的目标之一，也成为国内权势者争夺封地的目标。最典型的要数定陶大战了。

定陶原属宋国，是当时中原地区最为繁荣的商业城市之一。齐国灭宋前，齐、秦、赵三国都想得到定陶。齐国的孟尝君田文、秦国的穰侯魏冉、赵国的奉阳君李兑都想得到定陶为自己的封邑。围绕定陶，三国展开了激烈而又错综复杂的合纵连横斗争。齐国灭宋后，发生了五国攻齐事件，秦国首先攻取定陶，魏冉把定陶作为自己的封地。后来魏冉在秦失势被逐，定陶成为秦的郡。再后来，秦国围困邯郸，魏公子信陵君无忌和楚春申君黄歇救赵解围，魏安釐王乘机攻取定陶。其实，当时的许多战争都是为了争夺商业和手工业城市而发动的。这又从另一个侧面说明当时城市发展的现实。

(二)商业发达

商业活动存在的前提是互通有无。中国古代社会以自然经济为主,这对商品经济的发展具有很大的限制作用,不过,由于地区间物产差别的存在,也由于享受农业之外产品人口的大量存在,商业的发展就有了可能。

史书记载,说战国时周(今河南省洛阳市一带)人的风俗是积累产业,从事工商业,追求1/5的利润。阳翟(今河南省禹州市)大商人吕不韦的父亲就说过,做珠宝生意利润可达百倍。随着水陆交通的进步,各地间的商贸来往越来越频繁。这些都为商业发展提供了可能。

由于史料的匮乏,我们只能通过若干大商人的故事来了解当时商业发展的状况。

战国时代,出现了一些商业巨富,他们致富大概有两条途径。一个是囤积居奇,在流通中买贱卖贵,发财致富,如陶朱公、吕不韦之流;另一个是经营手工业生产,如猗顿、郭纵之流,秦国还有从事开发丹穴致富的巴寡妇清、从事畜牧业致富的乌氏倮。他们致富成功后,秦国"令倮比封君,以时与列臣朝请";为巴寡妇清修建女怀清台,以示奖励。这两种方式也可兼营。

另一个有趣的现象是,政治人物可以转变成巨富,大商人也可摇身一变成为政治人物。

陶朱公范蠡,楚国人,曾任越王勾践的谋臣,为勾践出谋划策,灭亡了吴国,建成霸业。后来,他离开越国,来到齐国;再后来,又从齐国来到天下要冲的陶邑,从事商业活动,号称陶朱公。他借用同为勾践谋臣的计然的贸易理论,"候时转物,逐什一之利"①,19年里多次获致千金。后

---

① (西汉)司马迁:《史记》卷41《越王勾践世家》。

来，他的子孙又继续经营，家产"钜万"。

吕不韦，继承他父亲的事业，从事买贱卖贵的商业活动而"家累千金"，是战国后期的大商人。在赵国都城邯郸经商时，遇见秦国质子异人（子楚），以为"奇货可居"。他凭借在商业活动中积累的经验，又与经验更为丰富的父亲盘算一番，认定：把商业活动的这一套用到政治上，投入资本，帮助子楚回到秦国当上太子，可以赢利无数。随后，他便采取行动，投入大量资本，果然使异人回到秦国当上太子，成为国王，即秦庄襄王。吕不韦被任命为相国，封文信侯，食洛阳10万户。秦庄襄王死后，秦王政即位，吕不韦辅政，号称"仲父"。

这两人的故事，从一个侧面透视出集权君主制和科层官僚制所具有的不同于传统血缘时代的新的商业精神：在当时，政治和商业之间，没有不可逾越的鸿沟。

（三）货币与契约

商品经济发展起来，信用就一定会跟着发展起来。货币和借贷就是信用的重要形式。战国时期与以前有一个绝大的不同，那就是货币和契约突然发达起来。

春秋晚期，铜铸货币出现。战国时期，随着商业活动的发展，货币也发展起来，当时铜铸的货币主要有4种形式。其一是布，系"镈"的假借字，这类货币是模仿农具锄而制作的，应该是从这种农具在实际交换中发展变化而来的，主要在韩、赵、魏，即所谓三晋地区流行。形制大体相同而有变化，除了空首的以外，还有圆肩方足圆跨、方肩方足圆跨、方肩尖足圆跨、方肩方足方跨等形制。其二是刀，应该是形状像刀而得名，实际上也是从工具刀转化而来，齐国、燕国和赵国为主要流行区，齐国的刀形制较大，尖头；燕国和赵国的则较小，有方头，有圆头。其三是圆钱，内有孔，有的圆，有的方，方孔的出现较晚，主要在东、西两周、秦和赵、魏沿黄河地区流行。其四是铜贝，形状与子安贝相像，应该是沿袭了古代用贝作货

图 11.7　包金铜贝。春秋。中国国家博物馆藏

币的习惯，主要在楚国流行。各国大的商业城市都曾铸造铜币。

战国时期铜币广为流通。李悝分析农户一年粟的产量和用度时就是使用铜钱来计算的，商品和劳动等都用铜钱来计算。此外，购买商品、支付工钱、偿还赎金、奖励赏格等都用铜钱。

铜钱之外，黄金作为货币已经出现，以"斤"、"金"、"镒"来计算，"镒"重24两，一说20两。据说楚国出产黄金较多，所以使用金作为货币也就较多。楚国金币主要有两种形制，一种是饼金，另一种是爰，是方形的小金块。在扁平的方形金版上加盖印记，使用时根据需要切成小块称量支付，钤印文字中"郢爰"较多，其次还有"陈爰"等。不过，这时的黄金主要集中在官府、贵族、官僚和少数富人手里。大商人经营的珍贵商品，如千里马、象床、宝剑、狐裘等，都是以黄金论价的；奴隶买卖也用黄金计算；地租、地价、富人家产也用黄金计算和估价。

战国时代，商业资本兴起，他们与贵族、官僚相结合，形成高利贷资本。小农遇到困难，不得不"称（举）贷而益之"。齐国孟尝君田文在自己的封地薛就大肆放贷，一次就可收取"息钱十万"。《秦律》曾明文禁止官吏私自把公家金钱借贷出去，违者"与盗同罪"。可见社会上高利贷已经相当流行。农民纷纷成为债务人，"息愈多，急即以逃亡"①。

在商品交换中，信用的凭证必然要发展起来。这就是"券"。券，又叫质、剂，前者较长，后者较短。发生纠纷时，官府按照券来判断。借贷中，券更普遍使用。券用竹木制作，上面写着买卖合同或借据，剖而为二，买

---

① （西汉）司马迁：《史记》卷75《孟尝君列传》。

主和债权人执右券，卖主或债务人执左券，买主和债权人可以执右券来要求卖主或债务人履行义务。讨债或收取利息时要"合券"。《管子·问》有"问邑之贫人债而食者几何家？……问人之贷粟米有别券者几何家？"这里的"别券"即左券。券的普遍应用，说明商业和借贷活动的发达，也说明信用制度的发展，这与官府中符玺制度的盛行一同反映了重视信用的时代风尚。《老子》中有"是以圣人执左契，而不责于人。有德司契，无德司彻"的话，是说圣人凭借据，却不逼索于人。有德者用契约，无德者用彻法。彻法是旧时代的征税制度，是以身份（血缘）为根据的。

总之，货币和契约的发达恰恰说明，从春秋到战国时代，古代中国正经历着一场从身份（血缘）到契约的转变。这是人类历史上最为深刻的一次社会变革，当然也是最为残酷的一次。

第三节　从"国野分治"到"编户齐民"

从身份到契约，这是春秋战国社会变革的深层意义。就当时具体的历史而言，就是从国人和野人的分而治之到"编户齐民"的统一管理的变化。

一、"国野分治"

春秋及以前，国家对居民的管理有所谓国野分治一说。所谓国，即统治者所居住的中心地带，一般由城及周围近郊地区组成。居住在这个中心地区的统治阶层中除了王室和诸侯以外的其他人群，称为国人。野人则指居住在统治中心地带以外广大地区的被征服人群。

国野分治起源于部落征服战争，是部落殖民的产物。学者推测，国野分治起源很早。据《诗经》记载，周人的先祖公刘曾率领部众迁徙到豳地（今陕西省旬邑县西南），当时的部众具有军事性质，公刘的行动可能得到了当时（夏朝末代）君主夏桀的许可。到了古公亶父的时候，周人又在古公亶父率领下迁徙到岐山(今陕西省宝鸡市岐山县境内)一带,并在那里修筑城池,治理田地。当地人有的被迫逃走,大概还有一些留了下来,成为周人征服的人民。商朝国王武乙给古公亶父颁发了委任手续,从此周人在岐山的统治就成为商朝西部的重镇,周人也因此成了国人,而当地人也就成了野人。公刘时的夏人,古公亶父时的商人,应该是更早的征服者,在他们那里,类似后世国人和野人的分别也应该早就有了。

武王伐纣,周人取代了商殷成为天下共主。周朝建立后,周公实行分封,把自己的同姓和同盟者分派出去镇守重要的地区,同时还分封夏后于杞,殷后于宋,对原来的殷商故地进行统治。这些受封者整族地迁徙到所封之地,建立据点,实施武装镇守。而原来的商殷势力则退居四野,沦为野人。历史记载,姜齐太公受封到东方的营丘,到达目的地时,要"夜衣而行,黎明至国,莱侯来伐,与之争营丘"①。太公就国还要趁夜行动,当地的莱人来伐,不得已太公还要与莱人争夺营丘。可见,所谓的分封其实是武装征服的继续,而且还有点偷袭的性质。到了西周后期的宣王时代,周室分封,仍然要求受封者做好武力征服的准备。金文资料也证明,分封时要求受封者到达封地,要征服当地居民,并修筑城池。分封首先要竖立标志,划定范围,一般用封土树木,所以叫"邦"。城在先秦又称作"国",所以"邦"也称作"国"。国外大片空地叫作"野"。西周王朝和诸侯国都有这种国与野的区别。王畿以距离城百里为郊,郊内为乡,郊外为遂。王朝六乡六遂,大国三乡三遂。《说苑·贵德》记载,依据周公的策略,对夏商旧族进行统治的最好办法,就是"便各居其宅,田其田;无变旧新,惟仁是亲"。于是,国与野就这样分而治之了。

西周国人,金文写作"邦人"。国人有参与政治的权利,重大问题有疑问,国王要征询国人。国人干预政治有多种方式,过问邦交和战,参议国

---

① (西汉)司马迁:《史记》卷32《齐太公世家》。

都迁徙，甚至决定国君废立。直到春秋时期仍然如此。例如，公元前642年，邢人、狄人伐卫，卫侯要把国家让给"父兄子弟"，向众国人征询意见，众人不同意，只得作罢。公元前581年，郑国贵族子如立公子繻为国君，一个月后，郑国的国人杀公子繻，立髡顽，子如逃奔许国。春秋时期晋楚争霸，夹在中间地带的小国深受其害，追随晋国，楚国来攻，服从楚国，晋国来伐，很是无奈。有一次，卫成公想投靠楚国，国人不同意，把卫成公赶出去，以取悦于晋国，卫成公无奈，只得流亡于襄牛（今河南省睢县）。公元前494年，吴国攻入楚都，派人召陈怀公，陈怀公请国人来征询意见，要同意支持楚国的人站在右边，同意支持吴国的人站在左边。公元前597年，楚国包围郑国17天，郑国人卜问和谈，不吉；卜问临于大宫，且巷出车，吉。于是国人大临，守陴者皆哭，准备迁都。由此可见，《周礼》所谓国君致万民而问：一曰询国危，二曰询国迁，三曰询立君，是有历史依据的。

野人又称庶人，所谓庶，就是旁出、卑贱、次等的意思。庶人表示不同于国人且身份卑贱的人群。武王伐纣，被迫迁往成周的殷人被称作"殷庶"或"庶殷"；其他被征服的邦国叫作"庶邦"。没有权利的叫作"庶"。当时有言："三后（王）之姓，于今为庶。"[1]所谓"三后（王）"，即虞、夏、商三朝的统治者。到了周朝，他们的子孙（姓）都成了庶人。

野人不但没有国人那样的政治权利，他们居住在六遂之中，从事农业生产，不能随意迁徙，而且没有受教育的权利，他们还要忍受不同的经济剥削。

周朝的国与后世的城市不同，对于野没有调节生产的功能，国的存在倚靠对野的剥削。《周礼·天官·冢宰》记载："惟王建国，辨方正位，体国经野，设官分职，以为民极。"周朝的统治带有浓厚的血缘色彩，周人每到一处，就设立宗庙和社稷。

---

① （春秋）左丘明：《左传》昭公三十二年。

对于国人，叫作"什一使自赋"，按彻法收取田亩的收成。国人无须耕种公田，所以"九夫为井"。国人全民皆兵，据《周礼》，国中行乡制，乡下有州、党、族、闾等行政单位。乡制既是居民组织，也是军事组织。

对于野人，实行"九一而助"，按助法提供力役，收取田亩收成，"十夫为井"，野人负担着公田劳动。野中庶人接受国中君子的管理，据《周礼》，野中实行遂制，遂下有县、鄙、里等行政单位。

国与野就这样处于对立中。但各自保留原来的社会组织、家庭结构即血缘关系。

国野分治的基本格局在春秋初期齐国管仲改革中仍然被保存下来。按照管仲的设计，国分为三部分，野分为五部分，叫"三国"、"五鄙"。所谓"三国"，即把国划分为二十一乡。其中，商工之乡六个，士农之乡十五个，国君统帅十一乡，上卿高子和国子各率领五乡，这样就把国分为三军。三乡设一帅；每乡设长官叫良人；乡之下，有十连，每连设长；连下有四里，每里设有司；里下有十轨，每轨设长；轨辖五家。所谓"五鄙"，即五家为轨，设长；六轨为邑，设有司；十邑为率，设长；十率为乡，设良人；三乡为属，设帅；五属设一大夫，武装之事听属的，文治之事听乡的。

不过，从西周后期开始，国野分而治之的制度就有了解体的迹象。周厉王专利，触犯了国人的利益，被国人流放。周宣王即位，实行改革。首要的措施是"不籍千亩"，废止公田耕作，改革贡赋制度，把彻法推广到野。此外，"料民于太原"，不再以宗族共同体的方式间接地管理居民，而是由王室直接调查户口，统计人数，计算租税。据说，这两项措施使原来的血缘宗族纽带被打破，朝着编户齐民的方向前进。当然，这只是说原有的国野界限在西周王畿的小范围内开始有所松动。真正的变化，要到春秋时期才得以展开。

公元前504年，鲁国的执政者阳虎在周社与鲁定公及三桓盟誓，在亳社与国人盟誓。鲁本为商奄之地，是商朝的发祥地之一，伯禽分封后，除了立周社以外还立亳社，以统治商奄之人。和阳虎在亳社盟誓的国人应该是商奄之民，这说明，原来的庶人现在也有成为国人的了。公元前663年，晋国战败，为了补充军力，实行"作州兵"改革。州属于遂，在野，原来不出军赋，此时也要出军赋。可见，国野界限开始消弭。据《周礼》，晋国只能拥有一军兵力，后来却发展到六军，应该与"作州兵"有关。公元前590年，鲁国"作丘甲"，郑国"作丘赋"，"丘"也是野人居住地，原本没有出军赋的义务，此时也出军赋。这说明野人与国人的界限已经消失了。大约到公元前6世纪中叶以后，野人普遍地有了当兵的资格。

随着国野界限的消弭，野人也渐渐地开始享有受教育的权利。齐国管仲改革，在野中也设立乡的组织，在乡里对当地居民实施教化。郑国子产改革，设立乡校，也涉及鄙野。春秋后期孔子实行有教无类的私人教学，是有着现实的社会基础的。

在这种形势下，国野分治不得不让位于新的社会管理体制了。

二、编户齐民

春秋前期，齐国管仲改革，实行四民分业制度，规定"处士就闲燕，处工就官府，处商就市井，处农就田野"①。根据职业划分居民，对于血缘制度是一次重大的突破，尽管国野仍然分治，尽管士农工商各自内部仍然是有血缘的。

春秋后期，随着国野分治的消除，出现了"书社"制度。所谓书社，就是把社中户口写在图版上，版就是名籍，就是户籍；图就是土地形象，田土广狭。书社也就是把社中的户口和田土数字制成清册上交国家，作为征收赋税和力役的凭据。书社其实是从血缘的组织向乡里组织过渡的一种形态。国野分治的西周时期，乡是国中的基层组织，党也是国中的血缘团体。邻、

---

① （春秋）左丘明：《国语》卷6《齐语》。

里则主要分布在野,如"五家为邻"、"五邻为里"。书社出现后,邻、里、乡、党渐渐成为各地的基层行政组织,但相互关系尚未统一。有时乡下有党,里下有邻,但乡和里是怎样的关系,还不清楚。有时四者并列,有时又相互交织,有时又称邻里、乡党。这种混乱情况,似乎表明新制度正处于产生形成初期。郡县制出现之后,乡里逐渐纳入郡县管辖系统之中。

无论如何,登记户口的制度,应该是国野分治解体后,国家管理水平提高后的产物。《国语·周语上》韦昭注:"司民,掌登万民之数,自生齿已上皆书于版。"长了牙齿的人都要登记户口,而且是万民,这么大数量,显然不是血缘制下应该有的现象,只能是地缘政治下的产物。据《国语·晋语九》记载,晋国在赵简子当政时已经有了户籍制度,那时是公元前 5 世纪。据《史记·秦始皇本纪》记载,秦献公十年,"为户籍相伍",这是公元前 375 年的事。《秦律·封诊式》中更有详细具体的户籍资料,记载某县某里某伍某人之家的户籍情况,包括户主、妻、子、臣妾、衣物、器具、畜产、房屋等的信息,一应俱全,后世所说的编户,已经找到了真实有力的物证。秦庄襄王即位后,吕不韦被任命为丞相,"食河南洛阳十万户",即享受洛阳 10 万户的租税作为收入。可见,秦国政府掌握大量农户,这些农户都需要户籍登记,政府也需要有户籍登记制度和资料才能加以管理。

先秦文献中多次出现"齐民"一词,如"齐民食于力,作本,作本者众,农以听命"[1]。这里的齐民指的是农民。"子贡对曰:孔氏者,性服忠信,身行仁义,饰礼乐,选人伦,上以忠于世主,下以化于齐民,将以利天下,此孔氏之所治也。"[2]这里的"齐民"与"世主"相对,指出了君主之外的广大人民。"大勇愿,巨盗贞,则天下公平,而齐民之情正矣。"[3]这里的"齐民"也指普通民众,有良民的意思。"诸众齐民,不待知而使,不待礼而令;若

---

① (春秋)管仲:《管子》卷 11《君臣下》。
② (战国)庄子:《庄子》杂篇《渔父》。
③ (战国)韩非:《韩非子》卷 8《守道》。

夫有道之士，必礼必知，然后其智能可尽也。"①这里的齐民指缺少礼知的普通民众。《史记·平准书》和《汉书·食货志》注引如淳曰："齐，等也。无有贵贱，谓之齐民，若今言平民矣。"文中所谓"今"，指三国时期。所谓"齐民"，指的非血亲贵族的、非官府的、无知识的普通下层民众，他们之间没有贵贱之分。正如孟子所说："在国曰市井之臣，在野曰草莽之臣，皆谓庶人。"②国和野只有居住地的不同，没有身份地位的差异，不论是在国还是在野，他们都是庶人，其实就是"齐等无有贵贱"的齐民。

第四节　士与养士之风

从春秋后期开始，新型的士阶层一出现在历史的舞台上，就不断地上演着激动人心的历史活剧。到了战国时期，士更成为最为活跃的一个阶层。各类士人自由择主，凭一技之能，便可得到任用，在各自的位置上发挥着才干，创造出无数令人惊异的事迹，给转型时期的历史增添了多少绚烂的色彩。士人之所以能够创造历史，离不开当时的社会条件，那就是养士之风。这股风气是怎样兴起的？创造了怎样多姿多彩的故事？这或许是读者最为关心的话题。司马迁在《史记》中对战国四公子养士故事的描述，最能表现历史的这个主题。

在上一章里，我们了解到，作为新型知识阶层的士人曾在鲁国的曲阜、齐国的稷下和赵国的邯郸掀起过争鸣的高潮，使儒、墨、道、法、阴阳、名等成就了各家的名气。其实，在战国中后期，在齐国的临淄和薛地，赵国的邯郸、魏国的大梁、楚国的郢都，则上演了同样精彩的历史活剧，那就是四公子养士的故事。

---

① （战国）吕不韦编：《吕氏春秋》卷 16《先识览》。
② 《孟子》卷 10《万章下》。

战国四公子，因为都是封君，所以又称战国四君，指齐国的孟尝君、赵国的平原君、魏国的信陵君、楚国的春申君。

一、孟尝君田文

孟尝君名叫田文，是齐国丞相靖郭君田婴的儿子，大约在齐宣王、齐湣王、齐襄王时期活动。田婴有 40 多个儿子，因为母亲出身微贱，田文在众多兄弟中是最不起眼的一个。可是偏偏靠着隐忍和坚韧，靠着丰富的社会阅历和经验，他替父亲出谋划策，招揽士人，扩大势力，终于得到田婴的垂青，被立为家族事业的继承人。田婴死后，田文继承了家业，号为孟尝君。

孟尝君在父亲的封地薛(今山东省滕州市东南)大肆招揽诸侯的宾客和逃亡的罪犯，不惜舍弃家业厚待这些人。史家称他因此"倾天下之士"，食客达 3000 人之多。

孟尝君笼络食客自有一套本领。这些食客不论贵贱，凡在重要场合一律与孟尝君同等待遇。有一次夜里与门客吃饭，由于有人遮蔽了火光，一个客人以为自己与其他客人的食物不一样，便愤而告辞。孟尝君赶忙起身，拿自己的饭食让客人看，客人羞愧难堪，竟自刭而死。孟尝君与客人坐谈，屏风后面总有侍奉的史官做记录。孟尝君问客人的亲属所在，史官便记录下来。客人离开后，他便派使者前往客人亲戚处赠送礼品表示慰问。孟尝君对客人无所选择，一律善待，所以客人个个以为孟尝君对自己最亲。

孟尝君如此地善待客人，客人也想方设法地给予回馈。

孟尝君在诸侯间名气越来越大，秦昭王几次要他入秦，都被门客阻止。大约在公元前 298 年(秦昭王九年)，孟尝君受秦昭王邀请入秦担任相国，不久，由于有人进谗而遭到囚禁。他派人找到秦昭王宠幸的女子，请求帮助。女子说："妾愿得到君王那样的狐白裘。"所谓狐白裘，是指集合狐狸腋下的白毛所做成的裘皮衣，是非常珍贵的物件。孟尝君曾有一件狐白裘，价值千金，天下无双，入秦时献给秦昭王，手里再无另一件了。孟尝君无法，问门客怎么办？无人能对。最下坐有一位客人说："臣能得到狐白裘。"这位门客趁着夜色，学狗潜入宫廷的库藏中，把献给秦昭王的狐白裘拿了回来，献给秦昭王宠幸的女子，女子向秦王进言，结果释放了孟尝君。孟尝君旋即飞驰而去，改变驿传文书上的姓名，夜半时分来到函谷关。秦昭王后悔放走孟尝君，派人找他，知其已经离开，随即命人乘传车追赶。孟尝君来到函谷关，关法规定，鸡鸣才开关放人通行。孟尝君害怕追兵赶上，心急如焚，他的一个门客假扮鸡鸣，引得所有的鸡都叫了起来，结果开关通行。过了一顿饭的工夫，追兵赶到，发现孟尝君已经离开，便悻悻折返回去了。当初孟尝君这两人列为宾客时，其他宾客都以与他们同列而感到羞愧。此时孟尝君有了秦难，最后由此二人脱离虎口，宾客们都佩服孟尝君有远见。

"冯谖客孟尝君"的故事在中国早已家喻户晓。贫士冯谖生活无着，托人投靠孟尝君。开始时冯谖受到同伴的歧视，食无鱼，出无车，无以为家，因而不满，弹奏自己的宝剑，唱着"长铗归来乎"！孟尝君听到后给予同等对待。冯谖十分感激，便想方设法为孟尝君出谋划策，稳固权势。孟尝君曾一度受到齐湣王的贬斥，宾客因此纷纷离去。冯谖周游秦齐之间，利用各种因素，劝说秦王延聘孟尝君，然后又游说齐国任用孟尝君。齐王害怕秦国重用孟尝君，便恢复了孟尝君的相位。

令人震动的不是冯谖劝齐王重新起用孟尝君，而是这之后发生的事情：自从齐王毁废孟尝君，宾客们都离他而去，后来孟尝君恢复相位，宾客又陆续返回。冯谖前往迎接。孟尝君感慨万千，不禁长叹一声，对冯谖说："田文曾经喜好养士，对待客人从不敢有过失，食客三千有余人，先生您是知道的。门客见田文一旦被废，都背叛我而去，没有顾及我的。如今幸赖先生得以复位，门客们有何面目再来见田文呢？如果有再来见田文的，必定唾其面而大辱之。"冯谖听罢，赶忙拴马下拜。孟尝君下车接住，问道："先生是替客人谢罪吗？"冯谖说："不是替客人谢罪，而是因为君所言的过失啊。大凡物有必至，事有固然。君知道吗?"孟尝君说："田文愚蠢，不知所谓也。"冯谖说："生的一定会有死，这就是物之必至；富贵多士，贫贱寡友，这就是事之固然。君没见过早起赶集市的吗？平明时分，侧着肩膀争门而入，日暮之后路过市场时，晃着膀子睬都不睬。这可不是喜欢早上而厌恶晚上，而是因为所希望的东西不在其中了。如今君失去相位，宾客都离开，这不能怨士人。更不能因此而断绝了宾客的回归之路。希望君对待宾客一如既往。"孟尝君听罢，便行大礼，说道："恭敬从命。听到先生之言，敢不奉教吗？"

二、平原君赵胜

平原君赵胜，是赵惠文王的弟弟，在战国四公子中地位最高。曾在惠文王和孝成王两朝担任赵国的丞相，被封于东武城。平原君喜宾客，人数达数千。

平原君对待士人也超乎寻常。

他家的楼与民宅相邻，邻家有驼背跛者，蹒跚汲水，平原君家的美人在楼上看到了，大笑之。次日，跛者来到平原君家门前，请求说："臣听说君喜欢士，士之所以不远千里而来，是因为君看重士人而轻视美妾。臣不幸而有疲癃之疾，可君的后宫却因此笑话臣，臣愿得到笑臣者的头颅。"平原君应道："好的。"跛者离开后，平原君笑着说："瞧这家伙，竟因一笑而要杀我的美人，不是太过分了吗？"一年多以后，宾客和门下官员渐渐离去，甚至超过半数，平原君感到纳闷，问："赵胜对待诸位从不敢失礼，为什么这么多人离开呢？"门下有一人上前回道："因为君不杀笑话跛者的美人，士人以为君爱色而贱士，因此才离去的。"平原君这才斩笑话跛者的美人，亲自登门见跛者，献上美人头颅谢罪。此后，门下宾客又逐渐归来。

士人对平原君也给予了丰厚的回报。

公元前257年(赵孝成王九年)，秦围邯郸。赵国让平原君到楚国求救，并与楚国合纵抗秦。平原君准备与门下 20 位文武兼备的士人同行，平原君说："假使文能取胜就好，文不能取胜，那就歃血华屋之下（暗示以武力胁迫），必定要与楚约定合纵才能返回。士人不必外求，只在门下就可。"结果得到 19 人，不够 20 人。门下有个叫毛遂的，上前自荐，说愿意前往。平原君问道："先生在胜门下几年了？"毛遂说："3 年。"平原君说："凡贤士在世上，譬如锥子在口袋里，尖端立即会露出来的。可先生在赵胜门下 3 年，我也没有听到左右称颂，这说明先生没有什么本事啊。先生不行，还是留下吧。"毛遂说："臣今天便请求处在口袋中！假使让我毛遂处在口袋中，早就脱颖而出了！岂止是尖端露出来呢？"平原君这才同意毛遂同行。其他 19 人则相视而笑，未敢发出声音。一到楚国，毛遂与 19 人商议事情，19 人都佩服毛遂。

平原君与楚王谈判合纵之事，分析利害，从早上一直到中午，没有结果。19 人对毛遂说："先生上！"毛遂按剑沿着台阶快步而上，对平原君说："合纵之事，一利一害，两句话就解决了，可今天从早上到中午，却没有结果，这究竟是为什么？"楚王问平原君："此客何人？"平原君回答道："这是赵胜的舍人。"楚王呵斥道："何不退下？我正与你家主人谈论，你想干什么？"毛遂按剑向前，说："王之所以呵斥毛遂，不过是因为楚国人数众多。可现在十步之内，王却无法凭借楚国之众。王命悬于毛遂之手。我家主人在此，为什么呵斥毛遂？"接着，毛遂又痛快淋漓地讲了一番商汤、周文王土地虽小，却能据其势而奋其威，所以成就王业的道理，讽刺楚国拥有千里国土，面对秦将白起，却三战三北，都城破、祖庙焚，面对赵国建议合纵，反倒犹豫不决，实在是不知羞耻。最后，更大声强调："合纵是为了楚国，非为赵国。我家主人在此，为什么呵斥我？"楚王理屈，又怕吃了眼前亏，所以不得不说："是，是，确实如先生所言，我敬奉社稷而听从先生的。"毛遂问："合纵的事可以定下来了吗？"楚王说："定了！"毛遂即刻命楚臣取鸡、狗、马三牲之血，当场歃血为盟，楚赵合纵就这样决定了。

回到赵国后，平原君感叹道："毛先生以三寸之舌，强过百万之师！"于是以毛遂为上客。

三、信陵君无忌

信陵君无忌，魏昭王的小儿子，魏安釐王的异母弟。史家称他仁而下士，但凡士人，不论贤还是不肖，他都谦逊地以礼相待，从不敢因富贵瞧不起士人。因此，方圆数千里，士人争着来归附他。以致食客有三千之多。

有一次信陵君与魏王下棋，而谍报北方边境举烽火，说赵国寇至，快要入境。魏王放下棋子，想招呼大臣商议对策，信陵君拦住，说："赵王只是打猎，不是入寇。"继续下棋。魏王恐慌，心不在焉。过了一会儿，又有北方来报说："赵王打猎，并非为寇。"魏王大惊："公子何以知道？"信陵君说："臣的门客中有能探得赵王私事的人，赵王所为，门客就会向我通报。所以臣才知道的。"此后魏王惧公子贤能，不委任公子国政。

魏国有个隐士叫侯嬴，年已七旬，家贫，做大梁东门监者，也就是守门者。公子听说后就前往请他，想给予丰厚的馈赠。他不肯接受，说："臣修身洁行数十年，绝不因为是个看门的、贫困，就接受公子钱财。"公子置酒，大会宾客，坐定，公子亲自驾着车子，留出左侧的位置，前往东门，去请他。他整理一下破旧的衣帽，径直上了公子的车子，也不谦让，占着上位，想看看公子如何反应。只见公子更加恭敬地手执缰绳。他对公子说："臣有客在市场卖肉的中间，希望拐个弯，我去看他一下。"公子牵着马车来到市上，侯嬴下车见他的客人朱亥，不正眼看公子，长时间与客人说话，暗中观察公子。公子颜色更加温和。此时满堂是将相、宗室、宾客，正等着公子来了举酒。市场的人都看到公子执辔，骑马随从的人都骂侯嬴不知好歹，侯嬴见公子颜色一直不改，这才辞别了客人上车到公子家。公子引他入上座，向在场的人做了介绍，满座皆惊。酒酣，公子起身到他面前，向他祝寿，他这才对公子说："今天公子为侯嬴做事也够了。侯嬴不过是东门一个看门的，而公子亲自屈驾前往，迎接侯嬴于稠人广众之中。侯嬴也想替公子成就名声，所以让公子车骑长时间地站在市场上，让路过的人看到。公子愈恭敬，市场的人就愈以为侯嬴是小人，而公子是礼贤下士的长者啊。"酒宴结束，侯嬴被尊为上客。侯嬴告诉公子，朱亥是贤者，隐于市上，公子去请，朱亥不就。

公元前 256 年（魏安釐王二十一年），秦攻破赵长平军后，又进兵围困邯郸，信陵君的姐姐是平原君的夫人，平原君几次派人来求救，魏王派将军晋鄙率10 万大军救赵，因惧怕秦国报复，又下令晋鄙驻扎在邺（河北省临漳县西），不得前进。信陵君无奈，请侯嬴为出谋略，求魏王宠爱的妃子如姬盗取了虎符。侯嬴又请朱亥随信陵君赴前线，

图 11.8 虎符。战国。陕西历史博物馆藏

怀揣铁椎，刺杀将军晋鄙，夺取军队的指挥权，率军救赵成功。此后，信陵君长期住在邯郸，不敢返回魏国。

信陵君在赵国，听说赵国有两个处士，一个叫毛公，藏于博徒；另一个叫薛公，藏于卖浆家。信陵君想见二人，但二人藏匿不肯见。信陵君得知他们的住所后，就偷偷地步行前往造访，与二人相见，十分高兴。平原君听说后，对夫人说："从前我听说夫人的弟弟天下无双，如今我听说他随便与赌博之徒和卖浆者交往，真是一个随便的人啊。"夫人把这话告诉了信陵君。信陵君向夫人辞别，说："从前我听说平原君贤能，所以背魏王来救赵，希望能与平原君相称。平原君的交友，只是豪杰之人，不是求士啊。无忌早在大梁时经常听说这两人贤能，到了赵国，只怕不得见面，就是我

无忌愿意与他们交往，还怕他们不乐意呢。可如今平原君还感到羞愧，真是不足与之交往啊。"便准备离去。夫人告诉了平原君。平原君免冠谢罪，挽留信陵君。平原君门下的食客听说后，有一半人离开平原君，投奔信陵君门下。史家称"公子倾平原君客。"一个"倾"字，道尽了其中的奥妙。

后来，秦国攻魏，魏国危急，魏王请信陵君回国主政，信陵君游移不定，多亏了毛公、薛公劝说，才决计返回魏国。

四、春申君黄歇

春申君叫黄歇，楚国人，游学博闻，事楚顷襄王，极有辩才。秦国白起准备大举攻楚，他受命出使秦国，施展辩术，说服秦昭王罢兵，与秦缔结和约而还。后来楚国派他与太子完到秦国做质子，几年后，楚顷襄王病重，秦国阻止太子归国，只让黄歇回国探听消息。他毅然决定让太子乔装扮作使者御者，驾车出关，返回楚国。他则坚守在秦国，听候秦王发落。秦王果然愤怒之极，迫他自杀，后来听从应侯范雎之计，免了他的死罪，遣返回国。回到楚国后3个月，楚顷襄王死去，太子即位，即楚考烈王。公元前262年(楚考烈王元年)，他被任命为相国，并被封为春申君。公元前259年(楚考烈王四年)，曾率军救赵；公元前255年(楚考烈王八年)，曾北伐灭鲁。春申君有大功于楚国。

春申君也以养士出名。他曾以儒学大师荀卿为兰陵(今山东省兰陵县兰陵镇)令，为当时最大的思想家提供了优厚的生活条件和保护，成就了思想史上的一段佳话。

赵国平原君派人来访，春申君把他安排在上舍。赵国的使节想要在春申君这里夸耀一下自己的阔绰，便戴上玳瑁发簪，佩着宝珠玉石饰鞘的刀剑，请求见春申君的门客。春申君有门客三千余人，其中的上客盛装来见赵使，鞋子上都装饰着珠宝，赵国使者见了，顿感自惭形秽。

春申君担任相国20余年，人臣权势没有超过他的。后来误中了奸人李园的阴谋圈套，终于未能摆脱，结果身首异处，三千门客也救不了他，实在可惜。

其实，在秦国的咸阳，还曾出现过吕不韦、嫪毐养士的故事，同样精彩，同样表现了养士的社会风尚。

总之，通过战国四君养士的故事，我们可以了解到，当时的士人不限于知识阶层，还有各类其他社会成员，有的竟然是杂役、小偷、赌徒。不过，就是这些下层人士，竟然可以帮助达官显贵出谋划策，解决危困。这一方面说明，上下的流动已经相当的频繁和普遍，否则下层人士如何得知上层的秘密；另一方面又说明，下层人士的知识和智慧已经相当发达，否则也不会提出有价值的见解供上层人士采用。

战国四君的养士有其共同之处，那就是不惜花费巨资，不分高下，也不分能否，一律礼贤下士，务求以人数取胜。司马迁用"倾"、"相倾"、"争相倾"来表现对士人的争夺，生动地表现了当时的历史风貌。至于士人的贡献到底有多大，需要具体研究。首先，门客对主人抬高身份，扩大势力和影响，有着不可估量的无形作用。其次，孟尝君凭借"鸡鸣狗盗"脱离虎口，平原君靠"毛遂自荐"使楚成功，信陵君以"窃符救赵"成就功名，春申君则只有"履珠显贵"以骄客人，门客在实际政治上发挥了一定的作用。不过，对于主人们的政治结局来，他们的作用就未必如想象的那么大了。战国四君没有一个通过养士来解决自己的最终政治地位问题。通过以上故事，我们可以看出，当时的养士，主要不在于士人有多少实际的作用，而在于对主人身份、地位、名声所起的巨大作用。这就更加凸显了士人的价值和地位。士人是这样一个群体：拥有他们，达官显贵可抬高身价，扩大影响，在政治生活中居于有利地位，维持一段时间的优势。就是为了这点，那么多达官显贵才不惜卑辞辱身以下士人，上演了一出又一出动人的活剧，给历史平添了那么多绚烂的颜色，实在是精彩之极！

第十二章　走向一统

公元前453年，晋国的赵氏联合魏、韩二家攻灭强大的知伯，三分其地，号称"三晋"，跻身大国的行列；晋国则只留下绛（故址在今山西省翼城县境）、曲沃（今山西省曲沃县），反倒成为三晋的附庸。这时虽然仍是诸侯林立，但数量已不如从前那样多了，一等大国有齐、楚、燕、秦、赵、魏、韩、越等；二等国则有宋、鲁、郑、卫、莒、邹、杞、蔡、郯、任、滕、薛、曾等。周天子名义上还是天下共主，实际已沦落为小国。在这些诸侯国之间和之外，仍然活跃着其他诸国，外围的有东北的肃慎、东胡，北方的匈奴、楼烦、林胡，西南的夜郎、且兰、滇、昆明，东南的瓯越、闽越，南方的南越；肘腋的有东部的淮夷，西南的蜀、巴，北部的中山、义渠、大荔、绵诸等。其中，中山国地近中原，在今河北省中西部一带，春秋时称鲜虞，原来为白狄族，战国时期曾利用大国之间的矛盾而求生存，曾经灭而复生，创造了灿烂的中山文明。

图12.1　建鼓铜座．战国早期。1978年湖北省随县（今随州市）出土。湖北省博物馆藏

与春秋时期显著不同，战国时

期列国间展开了殊死的搏斗，这时的战争已不再是"尊王攘夷"和"兴灭国，继绝世，举逸民"①，不再是游戏式的车战了，而是不择手段，置对方于死地，对失败者实施公开的吞并和灭绝。所谓战国，其要义不外乎如此。

之所以如此，是有原因的。周王室的地位和权威进一步下降，天子不但形同虚设，而且成为吞并的对象之一；诸侯纷纷称王，事实上取消了周天子的共主地位。这还不算，秦国和齐国甚至还曾相互称帝，居然与天神比肩，非要打到只剩下一个最高统治者不可。总之，走向一统已然成为这个时期历史前进的主题。

第一节　军国形势

一、领土观念的形成

春秋时期，政治人物最关心的不是领土，而是城邑，各个诸侯国争夺的主要不是土地，而是城市和人口。战国时期不同了。城市固然重要，城市以外乡村的土地同样重要。春秋时期，各诸侯国之间边界上已建立了关、塞，但平时并不驻兵防守，只有在战时才驻守。战国时期也不同了。各诸侯国间边界上的险要之地都设有关塞，而且常年驻军守卫，设立官吏掌管通行和税收。关塞大门开闭有一定时间，进出要检查，通行要凭证件和文书，过关的通行证件是符或节。孟尝君逃至函谷关时便篡改证件，变换姓名，还因为关口有规定，鸡鸣出客，幸亏门客中有人会学鸡鸣，才提前通关，赢得了时间。货物过关要征税，关塞税收已成为国家的一项重要收入。也有身份地位高的人，运送货物可以持免税通行证件，鄂君启节就是封君运送货物过关的免税通行证件。

---

① 《论语》卷10《尧曰》。

　　由于领土的重要和领土观念的形成，战国时期各国纷纷在边界上修筑长城。楚国有方城，春秋时期是指山名，战国时期长城也叫方城了。齐国长城称长城钜防，由堤防联结山脉扩建而成，西起防门（今山东省平阴县），向东经五道岭，绕泰山西北麓的长城岭，经泰沂山区，一直到小朱山（今山东省青岛市黄岛区）入海。魏国的长城一条是利用洛水（北洛水）的堤防扩建而成的，南端起于郑（今陕西省渭南市华州区），越渭水和洛水，经今大荔、澄城、洛川等县，再经洛水东岸的堤防北上。另一条是公元前358年修筑的，为防备秦国的进攻，从黄河边的卷（今河南省原阳县西）开始，向东到阳武（今原阳县东南），折往西南，到密（今河南省新密市东北）。公元前333年，赵国修筑长城，由漳水、滏水（今滏阳河）的堤防联结扩建而成，即从今河北省武安市西南起，东南行沿漳水，到今磁县西南，折而东北，沿着漳水到达今肥乡区南。燕国的南长城，由易水的堤防扩建而成，从今长城门（今河北省保定市徐水区西北），沿着南易水和滱水（今大清河）向东南。此外，赵国、燕国和秦国都在北方边境上修筑了抵御东胡、匈奴、林胡、楼烦等游牧部落的长城，秦统一后，令蒙恬率众修筑长城就是以赵、燕、秦三国原有的长城为基础而建的。长城的修筑，说明领土观念已经上升到一定高度。

二、军队组织和军事技术的进步

　　战国时期之所以有那么激烈的战争，还与军事的进步有关。

　　在战国社会改革过程中，各国的军队完成了制度转型，从过去的贵族武士，变成郡县征兵制下的士卒。这已在变法一章中给予交代。其中最显著的变化是兵员大大增加。

　　春秋时期盛行车战，初年，晋楚城濮之战晋国投入七百乘，鄢之战投入八百乘，每乘30人，总数不过2万余人；齐国在桓公管仲时有八百乘，3万人；公元前666年（鲁庄公二十八年）楚伐郑之役也只用了六百乘。到了春秋后期，随着县制的推行，各国兵员快速增加。鲁昭公时，晋国有 49 县，每县出兵一百乘，共有四千九百乘，总兵力达到了 15 万人；楚灵王时，所属陈、蔡、东西不羹 4 个大县每县赋皆千乘，若加上申、息等县和其他地方，当有万乘，总兵力达到了 30 万众。到了战国时期，各国兵力大增，一般在 30 万到 100 万。

据《战国策》所载策士语，秦国带甲百万，车千乘，骑万匹；魏国带甲 30 万以上，其他 10 万，车六百乘，骑五千匹；赵国带甲数十万，车千乘，骑万匹；韩国兵卒 30 万；齐国带甲数十万；楚国带甲百万，车千乘，骑万匹；燕国带甲数十万，车七百乘，骑六千匹。

与之相一致，战争期间用兵数量也大大增加。动用 10 万兵力进行战斗已是常事，有的还超过这个数量。公元前 293 年，秦将白起大破韩魏联军于伊阙，斩首 24 万；公元前 273 年，秦将白起败魏军于华阳，斩首 15 万人；公元前 260 年，长平之战，秦军坑杀赵国降卒 40 万人；公元前 251 年，燕国攻赵，起兵多至 60 万人；公元前 225 年，秦派李信率 20 万众攻楚，失败；次年，又派王翦率 60 万众攻楚，大破楚军。

兵器进步了。春秋时期，武器都是铜制的。战国时期，一方面青铜兵器有了显著进步，矛的锋部越来越结实，戈的刃部成弧线形，装柄的"内"部有锋刃，绑扎用的"穿"也增多。戟很流行，戟兼有戈、矛的功用，可用来刺和钩。箭镞由双翼变为三棱式。另一方面随着冶铁技术的进步，矛、戟、剑等武器逐渐改用铁制。文献中有许多这方面的记载。例如，《荀子·议兵》有"宛钜铁釶（矛），惨如蜂虿"，宛地以产铁出名；《史记·范雎列传》记载秦昭王的话："吾闻楚之铁剑利。"《战国策·韩策一》也记载韩国多处出产剑、戟，其锋利"陆断马牛，水击鹄雁，当敌即斩"，史家推测也是铁制的；《吕氏春秋·贵卒》记载中山的铁杖"所击无不碎，所冲无不陷"；《史记·信陵君列传》记载朱亥击杀晋鄙曾用铁椎。

这时弩的使用越来越受到重视。据说弩最早出现在春秋后期的楚国，

《孙子兵法》就有关于弩的文字。战国初年中原地区也出现了弩，《墨子》曾提及。战国中期弩的使用就更普遍了。弩是有机械装置的一种弓箭，射程远。弩机的工作原理类似步枪的发射机关。弩机装置在木臂后部，被铁制的"郭"围绕起来，形成一个槽，槽中上有"牙"，可钩住弓弦，下有"悬刀"，作为拨机。发射时，扣动悬刀，牙就缩下，弓弦弹出，把箭镞发射出去。弩的功率以弦的拉力来决定，魏国的武卒有"十二石之弩"，表示弓弦能拉动十二石的重量。战国末年出现了连弩之车，把弩安置在车上发射，功率就加大了。

据说巧匠公输班还发明了云梯和钩拒。云梯是攻城的工具，钩拒是水战的用具，敌人舟船若后退，便可以钩住，若前进，则可以阻挡。新发明的炉囊是一种鼓风设备，可用在地道战中，是一种把炉中的烟火压送到敌人地道中去的武器。总之，兵器的进步大大增强了杀伤威力。

攻、防总是一对矛盾，有攻就有防。冷兵器时代，防御必然有甲胄。战国时期，皮甲继续使用，由犀、兕皮制成，还出现了铁甲和铁胄。《战国策》中已有"铁幕"一词，"谓以铁为臂胫之衣"，即保护手臂和腿部的铁甲；《吕氏春秋·贵卒》记载中山国的力士"衣铁甲"。

战法转变了。春秋时期，各国贵族用马车作战。战前，双方排列车阵，然后交战。在古代，这种作战形式，应该有与之相应的礼节，加以约束和规范，即使到了春秋时期，还可见到孑遗。例如，宋襄公等待楚军渡河后排好阵势再发动进攻；即使进攻，遇到受伤的敌方士兵，不能再行攻击；年长者不要擒获；困住敌方主帅，即使擒获，也要行礼致敬。车战以阵势为重，作战有一定程序和仪式。例如，公元前707年，郑国与王师、蔡、卫、陈等国交战，郑用左拒（方阵）当蔡、卫；用右拒当陈；用中军排列成"鱼丽之阵"当王师。邲之战楚以右拒追逐晋下军，左拒追逐晋上军。实际交战时，一方阵脚一乱，就很难重新排列阵势，所以胜负很快就见分晓。史家行文时也极为简单，从交战到"北"和"败绩"，寥寥数语即告完成。春秋时期的大战，如城濮之战、邲之战、鄢之战胜败都在一天之内就已决定；鄢陵之战决定胜负也只要两天；吴军攻入楚国，从柏举一战长驱直入郢都，总共也不过 10 天。

战国时期则不同了，步骑兵的野战和包围战代替了过去的车战，战争的机动性、持久性和残酷性都大大增强了。春秋时期，戎狄居住在山林，所以徒步作战；南方的吴越也用步兵。中原各国，郑晋率先使用步兵。郑国是为了对付萑苻之泽（今河南省中牟县内）的"盗"，而晋国则是为了抵御狄人。春秋后期，郡县征兵制兴起，参军的人员从过去的贵族变为农民。随着田制和赋制的改革，不论贵族还是农民都无法装备车马，战争的机动性、铁兵器和弩的威力，也使车马战阵越来越失去优势，不得不让位于步兵和骑兵作战。据史书记载，魏国考选武卒"日中而趋百里"，速度是重要指标之一；楚国军队"轻利僄速，卒如飘风"[①]；齐国的军队"疾如锥矢，战如雷电，解如风雨"[②]；"后之发，先之至"成为"用兵之要术"；"急疾捷先，此所以决义兵之胜也"[③]；迂回的运动战略也开始应用，长平之战，"秦奇兵二万五千人绝赵军后，又一万五千骑绝赵壁间"[④]。

春秋时期也曾有较持久的战役。例如，宣公十五年，楚围宋 9 个月，城内易子而食，析骸以爨。战国时代，战争持续的时间更久。一般情况下，七国"能具数十万之兵，旷日持久数岁"[⑤]。据记载，魏惠王围邯郸 3 年而不能取；赵武灵王用 20 万众攻中山，5 年才归；齐相孟尝君联合韩魏用 20 万众攻楚，5 年才停下来；继而又攻秦函谷关，困秦 3 年，民憔悴。

这些情况说明，战国时期，战争较比从前不知要复杂多少倍。这就必然地促使军事学得到了快速发展。

---

① （战国）荀子：《荀子》卷 10《议兵》。
② 《战国策》卷 8《齐一》。
③ （战国）吕不韦编：《吕氏春秋》卷 19《离俗览》。
④ （西汉）司马迁：《史记》卷 73《白起王翦列传》。
⑤ 《战国策》卷 19《赵二》。

三、军事学说的发达

春秋时期列国争霸，军事也是重要的方面，军事著作也已出现。当时叫作"军志"。春秋时常有人引用，后世由此了解到一些古代的军事原则，如"有德不可敌"、"允当则归"、"知难而退"等，体现了当时的军事伦理思想。还有，"先人有夺人之心，后人有待其衰"①，先发制人可以起"夺人之心"的作用；如果敌人先发，就得等待敌军疲惫之后再反攻，涉及具体的战术原则。

战国时期，军事理论和战术学说得以迅速发展。据《汉书·艺文志》所录，春秋战国之际，有齐孙武的《孙子兵法》，此后，有《齐孙子》(《孙膑兵法》)、《公孙鞅》、《吴起》、《庞煖》、《倪良》、《魏公子》；《史记》还记有《司马穰苴兵法》。按照《汉书·艺文志》的学术分类，兵家有兵权谋家、兵形势家、兵阴阳家、兵技巧家。所谓兵权谋家讲求战略战术的运用，是兵家的主要一派，以《孙子兵法》和《孙膑兵法》最为著名。兵形势家讲求军事行动的运动性和灵活性，属于战略战术，但重点在于确立必胜的形势。《孙子兵法》和《荀子·议兵》中临武君论兵法的内容与之相符，《尉缭子》是其代表。兵阴阳家讲求"顺时而发，推刑德，随斗击，因五胜(五行相胜)，假鬼神而为助"②，有一定的迷信色彩，《汉书·艺文志》著录兵阴阳家多假托黄帝君臣的作品。兵技巧家讲求武艺的训练和体育锻炼。

战国时代的军事理论，有许多与当时的战争形势相关的内容。孙膑兵法集中代表了当时的军事理论。孙膑是战国时期齐国人，孙武的后裔。史书上说他曾与庞涓一道学习兵法，庞涓自以为不如孙膑。后来，庞涓在魏国当上了将军，便把孙膑骗到魏国，借故处以膑刑(去掉膝盖骨)，并软禁起来。之后，在齐国使节的帮助下，孙膑秘密逃回齐国，由将军田忌推荐，

---

① (春秋)左丘明：《左传》昭公二十一年。
② (宋)马端临：《文献通考》卷221《经籍考》。

被齐威王任命为军师。史书说他曾协助田忌与威王赛马，用上马对威王的中马，用中马对威王的下马，以下马对威王的上马，结果以三比二获得胜利。后来又多次协助田忌指挥作战，最著名的是成功地策划了桂陵之战和马陵之战，取得围魏救赵的胜利。孙膑著有兵法98篇传世，曾佚。1973年山东临沂银雀山汉墓中发现了一批兵学竹简，专家考证系《孙膑兵法》，共有30篇，有残缺。从现有文字看，《孙膑兵法》重视攻城，把难以攻取的城市叫作"雄城"，把易于攻取的城市叫作"牝城"。其中有一篇《雄牝城》，集中论述了两种城市地形的特点，反映了城市攻防战成为当时战争中重要内容的现实。《孙膑兵法》中还有一种关于进攻的理论，认为兵家重要的是进攻，而不是防守。《十问》就敌我力量对比，提出多种进攻策略。其中强调对于凭坚固守之敌，要"攻其所必救"，这是孙武的理论，孙膑给予强调和发挥："攻其所必救，使离其固，以挠其虑，施伏设援，击其移庶。"[1]桂陵之战和马陵之战都是这个思想的具体实行。《孙膑兵法》还阐述了"任势"的理论，主张创造有利的作战态势，掌握主动，因势利导。《地形》和《行军》提出利用地形行军作战的原则。《孙膑兵法》根据各种不同地形创造有利的作战态势，地形平坦则增加战车；地势险阻则增加奇兵；两旁高峻而狭长的地形则增设弓弩。总之，要占据有利地形，使敌人居于不利地形，造成有利于我的态势。这些都与战国时期的战略战术相关。

四、相马学的兴起

由于马在战争中作用的增大，战国时期又兴起了相马法，即根据马的口齿、颊、目、髭、尻、胸肋、唇、吻、股脚等部位来确定马的优劣。这就是马的外形学。在冷兵器时代，马是重要的战争工具。中国古代历史上，养马的历史值得认真研究。战国时期，随着中央集权制度的确立，各国纷

---

① （战国）孙膑：《孙膑兵法·十问》。

纷设立驿传制度；随着兼并战争的扩大，抵御北方少数民族的侵扰，中原地区兴起骑兵，良马的需求量突然增大。寻找、驯养、培育、训练、驾驭良马成为当时新兴的专门技术。相马法就在这种形势下产生了。春秋中后期，秦国和晋国先后出现了两个伯乐。秦穆公的臣子孙阳是相马专家。春秋战国之际赵简子家臣邮无恤(一作邮无正)，字子良，又称王良，也是杰出的驭马者和相马专家。王良善于相马，所以也沿用伯乐这个称号。关于如何相马，传世文献有一些记载极为精彩。《淮南子·道应》说，伯乐和秦穆公讨论相马，伯乐认为，一般良马可从"形容筋骨"来观察，但对于"天下之马"，却必须考察到"天机"，要"得其精而忘其粗，在其内而忘其外"，即由表及里，去粗取精。"精"和"内"怎样才能得到呢？《韩非子》曾讲述了伯乐相马的故事，可帮助理解。伯乐教人相"踶马"(后足能踢的马)，带两人到赵简子的马厩中，一个相马的后足，认定其中一匹是踶马；另一人却相马的前足，指出这匹马的前足不堪全身的重量，后足就不能踢。可见，伯乐教人相马要看到全面，防止片面性。韩非还认为，"发齿吻，相形容，伯乐不能以必马；授车就驾而观其末涂，则臧获不疑驽马"①。光看马的口齿外形，伯乐也不一定能断定马的优劣。但是让马驾着车子，跑到路途的终点，就是厮役也能分清马的优劣。这正是由表及里、去粗取精的具体表现。

20世纪70年代，湖南长沙马王堆3号汉墓出土了大量帛书典籍，其中就有相马经。有学者认为是战国晚期楚国人的作品。全书5200字，分3篇，无书名和篇目，主要内容是关于马的目、睫、眉骨等部位的相法，其中谈到相马不仅要注意眼睛，还要注意头、肩、耳、肫、颈、膺、鬐、脊等部位。该书还把良马分为"良马"、"国马"和"天下马"，与《庄子·徐无鬼》中所说一致。

总之，军制的改革、兵员的增加、武器的进步、战法的发展、良马的

---

① （战国）韩非：《韩非子》卷19《显学》。

图 12.2　马王堆汉墓帛书。西汉。1973 年湖南省长沙市马王堆 3 号汉墓
出土。湖南省博物馆藏

驯养和兵法的研究,这些很难分出先后,往往是前后交错,相互渗透,互
相作用的。可以肯定的是,在这些因素互相作用的基础上,战国时期的战
争要比从前更持久、更诡谲、更残酷、更惨烈、更可怕,其结果也更加难
以预测。从史学的角度看,战国时期的历史无疑是异彩纷呈的,是摄人心
魄的,可是这种精彩和迷人,却是建立在如此的血腥和残酷的基础上,这
或许就是历史的吊诡之处吧。

第二节　兼并战争

　　战国时期战争不断,究竟发生了多少次战役战斗,已经无法计算,只
能讲述较大的、有代表性的战事,以看出历史发展的重要线索和阶段。

一、齐魏桂陵之战

战国初年，魏文侯任用李悝率先实行变法，开始强盛起来，到魏惠王时继续改革。这时，齐国威王实行改革，齐国强大起来。不久，两个强国之间就爆发了战争。

公元前354年，赵国进攻卫国，卫国入朝魏国，魏国便派大将庞涓率军八万，联合宋、卫伐赵，包围赵都邯郸。赵国向齐求救。次年，齐国任命田忌为将，孙膑为军师，率军8万救赵。孙膑分析形势，认为魏国伐赵，精锐尽在国外，内部空虚，如果军队疾驰魏国首都大梁，那么魏军势必回撤。这样既可以解救赵国之围，又可以乘魏军疲敝而有收获。田忌采纳这个建议，派军向南进攻宋卫之间的平陵(今山东省菏泽市西南40里)，同时又准备直驱大梁。进攻平陵的军队遭到失败，孙膑便命轻快战车向西直驱大梁城郊，同时又把军队分散，显得兵员有限，力量不强。被激怒的庞涓轻敌，便放弃辎重，急行军兼程赶来，到桂陵(今河南省长垣市西南)遭到齐军的伏击而惨败。

魏国攻赵期间，正在商鞅主持下实行变法的秦国乘机进攻魏国，在元里(今陕西省澄城县南)打败魏军，取得少梁(今陕西省韩城市西南)。齐军打败魏军于桂陵之时，楚国也派军队救赵，攻取魏国的睢水(今之濉河)、濊水(即河南与安徽境之古涣水，也称浍水)间地。形势一度对魏国甚为不利。不过，魏国很快就扭转了局势，攻破了邯郸。公元前352年，魏惠王联合韩国军队，在襄陵(今河南省睢县)击败齐、宋、卫联军，齐国只得请楚国大将景舍出面讲和。次年，魏、赵在漳水结盟，魏国把邯郸归还赵国。

这时的魏国拥有绝对优势，称夏王。

二、齐魏马陵之战

公元前342年，魏国进攻韩国，韩向齐求救。齐威王听从孙膑的建议，同意救韩，以坚定韩抵抗魏国的信心。待到次年，才派田忌、田婴为将，孙膑为军师，出兵伐魏。魏惠王则任命太子申和庞涓为将，出兵 10 万前来迎战。孙膑采取"减灶诱敌"的计策，逐日减少营地军灶数目，3 天内从 10 万减少到 5 万，随后又减少到 2 万，魏军主帅误以为齐军减员严重，便只率少量轻装军队兼程赶到，在马陵（今山东省范县西南）遭遇齐军伏击。马陵道两旁高起，地势狭窄，魏军进入时正值黑夜，齐军收紧包围圈，万弩齐发。魏军大乱，主力被全歼，太子申被俘，庞涓自杀。魏国势力受到重创。

此后，在秦、齐东西夹击下，魏国不断遭到失利。公元前 334 年，魏惠王采纳相国惠施的建议，通过齐相田婴的关系，带领韩国及其他小国的国君，前往齐国的徐州朝见齐威王，尊齐威王为王。齐威王也承认魏惠王的王号，史称"徐州相王"，不过，这又激起楚、赵等国的进攻。

齐、魏刚刚和好，秦、魏之间又展开激战。公元前 330 年，秦国公孙衍（犀首）在雕阴（今陕西省甘泉县南）打败魏军，迫使魏国把河西地献给秦国。此后，直到公元前 324 年，秦国派张仪攻略魏陕城（今河南省三门峡市陕州区），至此，秦国占领了河西（今陕西省华阴以北，黄龙以南，洛河以东，黄河以西）、上郡（今陕西省洛河以东，黄梁河以北，东北到子长、延安一带），甚至在河东也占有部分土地，在河南占有陕等地。从此，黄河天险便为秦国所掌握，其声威已震动天下。

公元前 325 年，秦惠文君继魏、齐之后自称为王。为了与秦对抗，魏惠王到巫沙（今河南省荥阳市北）与韩威侯相会，尊韩威侯为王（即韩宣惠王）。此后，各国矛盾复起。为了与秦、齐、楚对抗，公元前 323 年，魏将公孙衍发起五国相王活动，参加者有魏、赵、韩、燕、中山。从此，赵、燕、中山也称王。

三、秦灭巴蜀之役

秦国自从秦惠王即位以后，进一步图谋对外扩展，以建立王业。不过，在如何建立王业这个问题上，秦国内部发生了争论。张仪主张进攻韩国，劫持周天子，以便"挟天子以令诸侯"。司马错则认为这样做只会蒙受恶名而无实惠，因而主张先攻灭西南"戎狄之长"的蜀国，不但可以积累财富，还可以为攻楚做准备。因为得楚才有可能统一天下。秦惠王支持了司马错的主张，便利用巴国、苴国与蜀国发生战争之际，巴国和苴国向秦国求救的时机，于公元前316年，派张仪、司马错等人率军从石牛道(自今陕西勉县西南行，越七盘岭入四川境)伐蜀，蜀王率军到葭萌(今四川省剑阁县东北)抵御秦军，军败被杀，蜀国灭亡。随后，秦军攻灭巴国、苴国，俘获巴王。

秦灭巴、蜀后，在当地采取羁縻政策，改封蜀王子弟为侯，改封巴国的原统治者为君长；设立巴郡，保留蛮夷君长，让他们娶秦国王室女子为妻；保留蜀国为属国，贬蜀王为侯，任命陈庄为相，任命张若为蜀国守，让秦民万家迁移到蜀地。后来，蜀国发生内乱。公元前311年，陈庄杀死蜀侯；秦武王派甘茂伐蜀，杀死陈庄。公元前308年，秦武王封子辉为蜀侯，史家认为子辉应是蜀侯子弟。公元前301年，秦昭王派司马错入蜀，迫使蜀侯子辉自杀，并杀死其手下27人。次年，秦昭王封子辉的儿子绾为蜀侯。公元前285年，秦昭主怀疑绾谋反，又把他杀死。此后，秦派张若为蜀守，设立蜀郡。至此，蜀地得到稳定。

此后，秦国兼并西北的义渠(今甘肃省宁县)，不断进攻三晋，据说也攻取了楚国的汉中(大概在今湖北西北一带)，攻占韩国的宜阳(今河南省宜阳西)，势力范围大大扩展。

四、战国中期的混战状态

公元前 306 年，楚国乘越国内乱灭越国，在江东设郡。

公元前 301 年，齐、魏、韩三国联合攻楚，展开垂沙（今河南省唐河西南）之役，大败楚军。楚国向齐国表示屈服，派太子横为质，向齐国求和。秦国恐惧，派泾阳君为质，和齐国修好。公元前 299 年，秦国请孟尝君入秦为相。

公元前 298 年，齐、魏、韩三国大举攻秦，三年，攻入函谷关，迫使秦国求和。秦国归还给魏国河外（黄河以南、以西为河外）、封陵（今山西永济西南），韩国的河外、武遂（今山西临汾西南或垣曲东南），三国罢兵。三国攻燕，大胜。

赵武灵王胡服骑射也发生在这个时期。

公元前 300 年，赵国大举进攻中山国，五年，灭中山国。

公元前 294 年，秦国又开始攻韩国，取武始、新城（今河南省伊川县西南）。次年，韩、魏两国联合抵抗秦国，在伊阙（今河南省洛阳市东南龙门）被秦国左更白起打败，死 24 万人。这是韩、魏两国遭受的最惨重的失败。此后，韩、魏两国不断受到秦国的兵锋，公元前 290 年，韩国被迫割让武遂（今山西省垣曲县东南黄河以北地区）200 里给秦，魏国也被迫让出河东400 里给秦。

公元前 288 年，赵国联合魏军攻宋，秦国乘虚而入，攻取了赵国的梗阳（今山西省太原市西南清徐）。

公元前 288 年，秦相魏冉和齐国相约，并称为帝，把原来上帝的称号作为两国君主的尊称，秦昭王称西帝，而尊齐湣王为东帝，作为连横策略的一个步骤。这年十二月，齐国听从苏秦的游说，取消了帝号，与秦国决裂。

公元前 287 年，燕、齐、赵、韩、魏五国攻秦。但五国各有想法，貌合神离，军队停留在荥阳（今河南省荥阳市东北）、成皋（今荥阳市西北）而不进。在五国合纵的形势下，秦国取消帝号，归还魏、赵两国侵土。

公元前286年，齐国攻宋，灭宋。

公元前285年，秦、楚、韩、魏、赵五国伐齐。

五、乐毅破齐与田单复国

乐毅，中山人，原是魏国将军乐羊的后裔。乐毅通过赵人的举荐到赵国做官，武灵王被围困饿死的时候，他从赵国来到魏国，又作为魏国的使节来到燕国，被燕昭王任命为亚卿。乐毅帮助燕昭王改革政治，建议燕昭王联合赵、楚、魏等国伐齐。

公元前284年，燕国征发全国军队，以乐毅为上将军，率领燕、秦、韩、赵、魏五国之师伐齐。齐国也举全国之力来抵抗。双方战于济西(今山东省高唐、聊城一带)。齐将触子(《战国策·齐策六》作"向子")缺乏斗志，一战便下令撤退，自己则单身乘车溜走，以致齐军大败。达子率众继续作战，屯兵于秦周(临淄雍门以西地方)，又战败，达子战死。乐毅让秦军、韩军返回，分兵魏师攻占旧宋地，分兵赵师攻取河间(今河北省河间市)，自己则率军长驱直入，攻入齐国都城临淄。燕昭王亲自来到济上慰劳军队，封乐毅为昌国君(昌国今山东省淄川东)。齐湣王出奔卫国，返回莒(今山东省莒县)。楚国派淖齿救齐，被任为齐相，淖齿想与燕人瓜分齐国，便把齐湣王杀死。乐毅分兵五路乘胜进攻，齐国各城望风而下，6个月，70余城被攻下，只有即墨(今山东省平度市东南)和莒仍然坚守。

这一战役，秦军占领齐国从宋国获得的陶邑(今山东省定陶西北)；魏军占领了原来大部分宋地；赵国则攻取了济西地；楚军收复了从前为宋所掠去的淮北地。鲁国也得到了徐州(即薛)。

这时齐国出了一个英雄，他叫田单。田单是齐国公族，但只是疏属，曾担任临淄的市掾，只是管理市场的小吏。燕军攻破临淄时，他逃到安平(今山东省临淄东北)，燕军攻破安平，他的宗族用特制的铁笼进行防御，这样才安全地退保即墨。即墨大夫战死，田单被推举为将军。公元前279年，燕昭王去世，儿子燕惠王继任，燕惠王猜忌乐毅，改用骑劫为统帅，乐毅逃亡赵国。骑劫改变乐毅的战略，在齐国投降人员中滥施酷刑，甚至挖出城外的坟墓，焚烧尸体。这一行为激怒了齐人。为了迷惑敌人，田单命老弱妇女登城守望，派人用黄金千镒贿赂燕将，燕军因此麻痹大意。看到战机已到，田单找来1000多头牛，给它们披上绘画五彩龙纹的缯衣，角上绑着锋利的兵刃，尾上扎着浸有油脂的芦苇，乘夜色，把城墙凿开几十个洞，点燃牛尾上的芦苇，牛群从墙洞冲出，疯狂地奔向敌阵，接着是5000名壮士随后也冲向敌阵。燕军大乱，骑劫被杀死，田单乘胜反击，陆续收复70余城。田单用火牛阵一战成名，使齐国亡而复存，被齐襄王封为安平君。不过，齐国虽然复国，但实力大损，已无法单独与秦国抗衡。

六、秦赵长平大战

秦国此时继续经营巴、蜀并开发西南，在巴国与楚国展开争夺。公元前279年，秦昭王派白起率军，用水灌城，楚军民溺水而死者数十万人，于是鄢（今湖北省宜城东南）被攻下。次年，郢都（今湖北省江陵西北）被攻下。楚顷襄王迁都到陈（今河南省淮阳县）。

公元前279年，楚顷襄王派庄蹻进攻西南，征服夜郎，打到滇池。

公元前277年，秦国派蜀郡守张若攻取楚的黔中郡（今湖南、四川、贵州一带）、巫郡（今四川东部）。庄蹻因断绝了归路，便率众留在当地，称王，号为庄王，都城在今云南省昆明市晋宁区。

公元前272年，秦国诱杀来朝见的义渠王，发兵灭义渠，在义渠故地设立陇西、北地、上郡。

战国后期，秦国在削弱了楚国，平定了西南、西北之后，阻碍其进入中原争夺最高统治权的唯一的大敌便是赵国。

公元前275年，秦国大举攻魏，迫使魏国献地求和。公元前273年，魏国与赵国联合进攻秦国与韩国，韩国向秦国求救，秦国派白起率军救援，破魏、赵两国联军于华阳(今河南省郑州市南)，斩首 15 万。

公元前 270 年，秦国进攻赵国的阏与(今山西省和顺县)，次年，赵国派将军赵奢救援，乘秦军不备，大破秦军。赵奢因此被封为马服君。此后，秦军又数次进攻，均被赵将廉颇击败。秦军东进一时受挫。

公元前 266 年，秦昭王下令废黜太后，把穰侯魏冉、高陵君、华阳君逐出关外，任命范雎为相，封为应侯(应在今河南省宝应县西南)。秦国政治出现转机，更大的一次战役即将来临。

范雎向秦昭王建议远交近攻，改变过去越国而远攻的战略，因为那样只能养肥了执政的权贵势力，如穰侯，秦军夺取陶(今山东省定陶西北)后，成了他私人的封地，在山东的战略又成了扩大他个人封地的行动。远交近攻，秦军每得一寸土地，就意味着秦国得到一寸土地；每得一尺土地，就意味着秦国得到一尺土地。根据这个战略构想，秦国兵锋首先应该攻韩。随后，秦军果然屡次攻韩。韩国震恐，想献出上党(今天山西省的东南部)给秦国，以求自保。上党郡守不愿将上党交给秦国，韩国又派冯亭接替前任，冯亭仍然不愿交给秦国，反而把上党献给赵国。赵国封冯亭为华阳君，并派廉颇率领大军驻守长平(今山西省高平市西北)，防备秦军。秦国则派白起、王龁进攻长平。一场空前的大战就这样拉开了序幕。

赵国主帅廉颇采取筑垒固守策略，结果，秦赵两军相持 3 年之久不决胜负。秦国施展反间计，诱使赵孝成王中计，派赵括代替廉颇为将。赵括是赵奢的儿子，是个只会纸上谈兵而不知务实的人物。公元前 260 年，赵括一到前线，便下令大举出兵进攻秦军。用兵老道的白起瞅准了机会，用迂回的运动战术，先在正面诈败后撤，埋伏了两侧伏兵；赵军追到秦军营垒下，不能攻入；秦军一支 25000 人的奇兵已切断了赵军的后路，另一支 5000 人的骑兵堵截住赵军返回营垒的通道；赵军被一分为二，粮道也被断。赵军战斗不利，只得临时筑壁垒以待援。秦昭王亲自赶到河内(晋国人认为黄河以北为河内），赐民爵一级，把 15 岁壮丁尽行征发到长平，参加战斗。赵军被围困 46 天，饥饿难耐，分兵四路轮番进攻秦军，仍不能突围。最后赵括亲自带兵搏战，被秦军射死，赵军失去主帅，大败，全军 40 多万人被俘。白起仅释放了 240 个年幼的战俘，其余 40 万人则下令全部活埋。这一役，赵军前后共损失约 45 万人，大伤国家元气。

接着，公元前 259 年，秦军乘胜攻取赵国的太原郡（治所晋阳，在今山西省太原市），占有上党郡。白起主张乘胜进攻邯郸。范雎嫉妒白起功大，同意韩、赵两国割地讲和。秦军便从太原退回上党。秦国改派王陵进攻赵都邯郸。赵国人民刚刚失去亲人，无法为死去的士兵收尸，受伤的士兵不能得到治疗，他们相互恸哭哀悼，然后团结抚恤，同忧同凄，努力耕作，英勇抵抗，秦军几次撤换主帅，仍不能攻破邯郸。公元前 257 年，魏公子信陵君窃符救赵，选 8 万精兵进攻秦军，楚春申君也派景阳率军来救，三下夹击，秦军大败，将军郑安平被赵军围困，率 2 万人投降赵国。战国时期规模最大、死伤最多的一次战役就这样结束了。

就在长平战役期间，公元前 261 年，楚考烈王乘机灭掉了鲁国。长平战后，公元前 256 年，秦国继续进攻韩、赵两国，西周君被迫把 36 个邑和 3 万人口全部献给秦国，周赧王去世，周朝彻底终结。

公元前 254 年，魏国乘胜攻下秦的陶郡，并灭了卫国。至此，周、中山、鲁、卫、郑、宋等小国皆已灭亡。此后，就是七雄间的决斗了，天下一统，看起来指日可待了。

第三节　合纵连横

　　战国时期的战争不仅仅是兵器的竞赛，也不仅仅是战士的角力，更不仅仅是将领间的斗智斗勇，它还是国与国的最高决策者之间在邦交策略上的较量，是国与国之间关系的战略谋划的大决斗。战国中期，各国统治者越来越重视邦交形势，为了满足这种需要，社会上出现了一种特殊的职业群体。他们学有师承，术有专攻。他们的职业目的是要掐准各国统治者的脉搏，对他们的所欲和所惧了如指掌，然后游走其间，施展辩才，把各国间的形势利害编织成有利于进说对象的言辞，极尽渲染和夸张的能事。他们或鼓动，或恫吓，或把六国联合起来对抗秦，叫作"合纵"；或者使秦与六国中的某一国联合，叫作"连横"。主张合纵者力图使连横断裂，主张连横者力图使合纵破解。一直到战国末年，纵与横的斗争波诡云谲，为战争形势的进展设下了总体框架和基本走向，也使剧烈残酷的战争浸染上了更加浓厚的戏剧化色彩。这种有师徒授受，有著作流传，甚至成为一种职业的做法还是一种学术活动，叫作"纵横术"、"辩术"或"策术"。钻研这种技能、从事这种职业的人就是历史上有名的"纵横家"，或者叫作"辩士"、"策士"、"智谋之士"。由于少数策士的成功，当时的许多士人便倾心钻研，投身纵横活动。苏秦和张仪是纵、横两派的代表人物，他们的行事可以充分展示纵横活动的基本内容和历史作用。范雎则应属于连横派的人物，他建议秦昭王实行远交近攻策略，成为秦国对山东六国实施各个击破战略，并最终走向一统的关键人物。

一、苏秦

　　苏秦，东周人，家居洛阳乘轩里（今河南省洛阳市东郊太平庄一带），兄弟中苏秦最少，故称季子，生年不详。苏秦东到齐国，跟从鬼谷先生学习纵横术；学成后，在外活动，几年下来，一无所获。回到家乡，兄嫂姊妹妻妾都嘲笑他，说："周人风俗，治产业，力工商，以追求二分利为营生。如今你却放弃根本，从事口舌活动，一无所获，不是理所当然的吗？"苏秦听了，惭愧而自我怜惜。他闭门不出，把所有的书都拿出来全面浏览，常自言自语道："士人业已埋头从师受书，如果不能取得尊敬和荣耀，书再多，又有何用！"苏秦得《周书阴符》，据说该书是太公或鬼谷子所写，便伏身研读、悉心揣摩，困了，便用锥子刺伤大腿，血流至脚跟，还自我激励说："哪有说服君主却不能让他拿出金玉锦绣、以取得卿相之尊的呢？"一年揣摩，成竹在胸，自信有了说服当世君主的本领了。

于是苏秦求见周显王，不过，周显王左右早就知道苏秦的事，都轻视他，不相信他的话。无奈，他便向西入秦。

此时秦孝公已死，秦惠王在位，他便对惠王施展辩术。说辞的大意是：秦国四面严密，有地形上的优势，民众兵强，兵法教授，可以成就帝业。不过，秦国刚诛杀了商鞅，秦惠王不信任辩士，苏秦在秦国没有进展，便又向东来到赵国。

此时赵肃侯在位，大权由赵肃侯的弟弟奉阳君赵成掌握，他不喜欢苏秦，苏秦只得离开，前往燕国。

苏秦在燕国逗留了一年多才得以召见。他向燕文侯展示了一篇辩词，大意是：燕国地形优越，兵力强大，物产丰盈，之所以长久享受和平安全，原因就在于有赵国在南面挡住了秦国的兵锋。秦国无法伤害燕国，却可以伤害赵国。所以他建议燕国与赵国联合，形成纵亲关系，这样燕国就无后患了。燕文侯担心赵国和齐国的威胁，便听从了苏秦的建议，资助他车马金帛，让他出使赵国。

此时奉阳君已死，苏秦便说服赵肃侯，大意是：赵国由于奉阳君遮蔽君主，所以当下政治首要在安民，而安民之本在于择交，这是因为有外患在。所谓外患，即西有秦，东有齐，倚靠任何一个对抗另一个，都无法安民。山东各国，赵国最强，领土广大，兵力强盛，粮食充裕，地形便利，秦国最以为害的是赵国，可为什么不敢举兵伐赵呢？原因在于有韩、魏两国谋攻其后。韩、魏两国实在是赵国南面的屏障啊。可韩、魏两国没有山川屏障，无法抵挡秦国的蚕食，一旦入臣于秦，秦国消除了韩、魏两国的威胁，则祸患就降临到赵国了。诸侯地域 5 倍于秦，兵力 10 倍于秦，六国合一，拼力攻秦，秦国就会攻破。主张连横的人都恐吓六国，劝其割地给秦。苏秦建议六国合而为一，形成纵亲，约天下将相会于洹水(今名安阳河，又名洹河)之上，杀白马而盟誓，相互约定：秦若攻楚，齐魏出锐师帮助楚国，韩国则断绝秦的粮道，赵则涉河、漳相援，燕国则守常山之北。秦若攻韩魏，楚便绝其后，齐楚锐师帮助韩魏，赵涉河、漳相援，燕守云中(今山西省大同市西北)。秦若攻齐，楚绝其后，韩守成皋(今河南省荥阳市)，为塞其道，赵涉河、漳博关，燕出锐师帮助齐。秦攻燕，赵守常山，楚军武关，齐涉渤海救援，韩、魏出锐师帮助。秦若攻赵，韩军宜阳，楚军武关，魏军河外，齐涉清河，燕出锐师帮助。诸侯有不如约的，五国共伐之。赵王听从苏秦计策，资助他车辆百乘，黄金千镒(24 两为 1 镒)，白璧百双，锦绣千纯，以约诸侯。这次说辞是最为重要的一次，成果也最为丰硕，对六国合纵的最终形成具有决定性的意义，体现了非凡的政治智慧和修辞技巧。

接着，苏秦来到韩国，对韩惠宣王说："韩国四方险固(此处有夸饰，说赵时指出韩无山川屏障，故无法抵挡秦国的蚕食)，带甲兵士数十万，天下强弓劲弩都出产于韩国，还盛产锋利的剑戟，可以击穿坚固的盔甲，以此等战斗力和大王之贤，却西面事秦，羞辱社稷，为天下笑。如此下去，秦国要求韩国领土，贪得无厌，韩国领土有限，总有尽时。以大王之贤，挟韩国劲旅，却有牛后之名，真为大王羞愧。"韩惠宣王被这话激怒，勃然作色，攘臂瞋目，按剑而仰面长叹，决然宣布加入纵亲。

然后，苏秦来到魏国，说服魏襄王："魏国四方广阔，人民富庶，是天下强国，大王是天下贤主，却有意臣服秦国，我替大王感到耻辱。古代圣王，常以少数兵力取天下，而大王有二十万武士，苍头二十万，奋击二十万，厮徒十万，战车六百乘，骑五千匹，远过于古代圣王，却欲事秦。凡言事秦者，皆是奸臣。如能六国合纵，必然会消除秦国之患。赵王派我来献计，达成明约。"魏襄王欣然听从。

苏秦来到齐国，说服齐宣王："齐四塞之国，地方广阔，带甲士兵有数十万人，粟如丘山，仅临淄一城，就有七万户，平均每家三个男子，不用征发远县，就可得二十一万兵卒。临淄富裕殷实，那里的人民无不吹竽鼓瑟，弹琴击筑，斗鸡走狗，六博（一种十二子棋，六白六黑，两人相搏）蹋鞠（古代一种足球），街上车毂撞击，人则摩肩接踵，连衽成帷，举袂成幕，挥汗成雨，以大王之贤，齐国之富，却西面事秦，我真为大王感到羞愧。韩魏之所以畏惧秦，是因为与秦接壤，齐则不然，距离遥远，秦不能害齐，这已很明显了。这种情况下，还要事秦，的确是群臣计谋拙劣啊。"齐宣王听罢，也决计合纵。

最后，苏秦来到楚国，说服楚宣王："楚，天下之强国；大王，天下之贤主。方圆五千里，带甲上百万，粟支十年，却要西面事秦。秦国最担心的，莫如楚国，秦、楚势不两立，为楚国计，莫如合纵以孤立秦国。大王果真能听臣愚计，必然会受到五国的拥戴。所以，纵合则楚王，横成则秦帝。秦是虎狼之国，有吞并天下之心，是天下的仇雠，主张连横的人都主张割诸侯之地以奉秦国。如果纵亲，则诸侯割地而事楚，横合则楚割地而事秦。此两策相去远矣，大王选择哪一个呢？"楚宣王听了，深以为然，便决计合纵。

至此，六国合纵形成，苏秦为纵长，身佩六国相印，北上回报赵王。赵肃侯封苏秦为武安君。于是把六国的纵约书发给秦国，据说秦兵为此有十五年不敢越过函谷关。

苏秦回报赵王路过洛阳，随行车骑辎重甚多，都是诸侯派使臣送行的，其排场不亚于王者。周显王听说，甚感恐惧，派人清扫道路，到远郊慰问。苏秦的兄嫂妻子相见，都侧目不敢仰视，端上食物也是伏下身子，供苏秦取食。苏秦笑着问嫂子："为何从前那样倨傲，如今却这般恭敬？"嫂子伏在地上，像蛇一样，以面掩地，低声说："因为看到季子位高而金多呀……"苏秦听罢，喟然叹道："人还是这个人，富贵了连亲戚都畏惧你，贫贱了即使是亲戚也会轻视你，要是其他人，还不定怎样看待你呢！假使我有洛阳城边良田二顷，我岂能佩六国相印呢？"于是，苏秦散千金给宗族朋友。当初，苏秦到燕国时，借了百钱作为资本，富贵后，以百金偿还。遍报曾经有德于他的人。只有一人未报，苏秦对他说："我没有忘记你，你与我前往燕国，到易水时再三要离开我，当时我正困顿。所以我对你怨恨最深。我虽把你排在后面，但也会让你得到报酬的。"

苏秦创造了六国合纵的局面，充分展示了策士的政治智慧和修辞技巧，是历史上的奇迹。不过，他的说术中隐含着严重的问题，预示着合纵的最终破裂。例如，他的说辞中明显存在着夸饰成分，韩国地形本来不利防守，可为了说服韩王，竟然夸张说韩国四方险固，其他各国地形描述上都有夸饰成分。言论中还有欺骗和制造不平等关系之嫌，如为了说服楚王加入合纵，竟然以五国割地给楚之类的言辞打动楚王，制造不平等，为以后六国不和伏下隐患。他说术中屡次使用激将法，把严肃的邦交大事，比作个人恩怨荣辱这样的私事，多少有愚弄之意。用这些东西打动进说对象，是不牢靠的，一旦遇有风吹草动，形势变化，这些因素将无力应对，建立在这些理由基础上的六国合纵，也难以持久。而待到纵约破坏，他个人将面临怎样的命运，也就可想而知了。

后来，秦派犀首（公孙衍）联络齐、魏，共同伐赵，纵约破裂。赵王责问苏秦，苏秦恐惧，请求出使燕国，一定要报复齐国。苏秦离开赵国，纵约便瓦解了。

再后来，齐国乘燕国君主去世时攻击燕国，夺取十座城池。新即位的燕易王对苏秦说："当年先生来燕国，先王资助先生出使赵国，然后合纵成功。可是，如今齐国先伐赵，又伐燕，因为先生之故，为天下笑。先生能为燕国取回失地吗？"苏秦大为羞愧。便来到齐国，说齐王，所持的理由无非是燕易王乃秦国的女婿，齐国侵占燕国城池，无异于得罪了秦国，燕国为前部，秦国为后援，齐国便危险了。齐王听罢，十分惊骇，忙问计策。苏秦便乘机建议说，如果归还十座城池，秦和燕都会高兴而事齐，这样大王就可以号令天下，天下没有敢不听的。这就是王用虚辞使秦归附，用十座城池取天下，这才是霸王之业啊。齐王听从了建议，便归还了十座城池。

这时有人告发苏秦，说他是"左右卖国，反覆之臣"，将要作乱。苏秦害怕被定罪，便回到燕国。后来，苏秦因与易王母（即文侯夫人）私通，怕被诛，便又跑到齐国，被齐宣王任命为客卿。再后来，齐大夫多有与苏秦争宠的，派人刺伤苏秦，刺客逃走了，齐王派人捉拿不得。临死前，苏秦对齐王说："臣死后，车裂臣，并在市场上示众，宣布：'苏秦替燕国在齐国作乱！'这样，刺杀臣的贼人便可抓到了。"苏秦死后，齐王按照苏秦的嘱咐做了，刺杀苏秦的人果然自动出现，被齐王捕杀了。

苏秦的兄弟苏代、苏厉，也揣摩辩术，在列国间从事合纵活动，但名气都不如苏秦。《汉书·艺文志》纵横流里著录有《苏子》31篇，可见苏秦是有著作的，也许是关于苏秦思想和行事的记录，可惜已经失传了。

二、张仪

张仪，魏人，当初与苏秦一起跟随鬼谷先生学习纵横之术，苏秦自以为不如张仪。学成后，张仪便在诸侯间游说。曾随楚相国饮酒，相国丢了美玉，门下怀疑是张仪偷了去，互相琢磨："张仪贫穷无行，一定是他偷了相国的美玉。"便一起捉了张仪，打了他数百竹板。张仪不承认偷窃，只得被释放。回到家里，妻子说："你若不读书、游说，哪里会受这般侮辱！"张仪问妻子道："看看我的舌头，还在吗？"妻子一看，笑了，说："还在。"张仪说:"这就够了。"

旧史家说,张仪之所以能够得到任用、施展抱负,离不开苏秦的暗中相助。苏秦说服赵王实行合纵政策之后,张仪听说了,便赶到赵国,求见苏秦。苏秦告诉门下,不要通报又不让他离开,这样过了好几天,才接见张仪,但是让他坐在堂下,赐给他仆人、女佣的食物,而且还数落着说:"凭您的才能却使自己困顿屈辱到这般地步,我宁肯不说话,也不让你富贵。你不足收留啊。"张仪此来本打算向故人请求进益,没想到却受了侮辱,很是愤怒。他想一想各诸侯国,只有秦国能让赵国吃点苦头,便决计入秦。苏秦这时对舍人说:"张仪是天下的贤士,我怕是不如他啊。如今我有幸先得任用,可是能得到秦国权柄的,只有张仪一人。然而,他贫穷,没有什么东西可以凭借着得以进见。我怕他乐小利而不能成功,便把他召来而又有意侮辱他,就是想激发他的意志。请你替我暗中资助他。"苏秦便请赵王,发金币车马,派人假作与张仪同路,宿时同住一舍,慢慢接近,有需要就把车马金钱供张仪使用,而不告诉他原委。张仪这才得以见到秦惠王,秦惠王任命他为客卿,与他共谋伐诸侯计策。看到任务完成,苏秦的舍人便告辞离去。张仪说:"幸赖先生,我才得以显荣,正待报恩,为什么要离去呢?"舍人说:"知您者,不是我,而是苏君啊。苏君担心秦国伐赵,破坏了纵约,认为非您莫能得到秦国权柄,所以才激怒您,派我暗中资助,都是苏君的计谋。如今君已得到任用,臣请求回报苏君。"张仪听罢,叹息道:"哎呀!这都在我所学之中,我却不悟。我真不如苏君啊!如今我新用,怎能谋划伐赵呢!替我感谢苏君,苏君当政时,张仪何敢言!"

苏秦资助张仪的故事是司马迁在《史记》中讲述的,《战国策》未见,但《吕氏春秋·报更》有类似情节,出资者却是东周昭文君。两说孰真孰假,不好判断。不过,资助的功劳算在苏秦的头上,倒是颇有深意的。试想,连横的主角,是由合纵的领袖资助的,这不说明,纵横是有人情味的吗?在残酷的战争年代,还能有如此感人的私人情谊,这是多么的难能可贵啊!

当然，历史还有它无情的一面。最后连横胜利，合纵失败，这种悲剧色彩与历史本身的矛盾性竟是十分的吻合。这样看待历史，不是更有教育意义吗？

张仪担任秦相，便发布檄文给楚相，说："当初我跟随您饮酒，我没有盗窃您的玉璧，而您却鞭笞我。您好好守住您的国家吧，我要盗窃您的城池哩！"

当政之初，蜀国和苴国相互攻击，韩国也来进攻，究竟是先伐蜀还是先伐韩，秦惠王犹豫未决。张仪与司马错在秦惠王前就先伐蜀还是先伐韩展开论辩。张仪主张先伐韩，认为如果攻占三川和周室（周在韩境内），可挟天子以令天下，取得争名于朝、争利于市的效果。司马错则认为，秦国仍处于地小民贫阶段，只能先伐容易对付的敌人，所以主张先伐蜀；而攻韩劫天子，则会激怒诸侯，树敌过多，对秦不利。秦王最后采纳了司马错的建议。由这件事可以看出张仪具有强势的性格，贪求重利，喜欢冒险，不怕身背恶名，是一个干事的人物。

这年 10 月，秦平定蜀地，贬蜀王为侯，蜀国的资源尽为秦用。

张仪担任秦相的第四年（公元前 335 年，周显王三十四年，秦惠王三年），秦惠王立为王。两年后，张仪担任魏国相，想让魏国率先事秦，其他诸侯效法，魏王不肯听。秦王便发兵攻取魏国的曲沃（今河南省三门峡市陕州区有曲沃故城）、平周（今山西省介休市），暗中更加厚待张仪。张仪感到惭愧没有回报。四年后，魏襄王卒，哀王立。张仪说哀王，不听，张仪便暗中让秦伐魏，魏败。次年，齐国又败魏于观津（今河北省武邑县东南 25 里），秦攻击韩申差军，斩首 8 万，并准备攻魏，这时诸侯震恐。

就在这个当口，张仪开始游说魏王，说辞大意如下：魏国地方不至千里，兵卒不过 30 万，地四平，诸侯四通辐辏，没有名山大川作为界限，首都大梁，距离不远，不论车驰，还是人走，都不用费力就可到达。南与楚国、西与韩国、北与赵国、东与齐国接境，光是戍卫四方亭鄣的就不下 10

万；魏国的地势其实就是战场啊。南面与楚国亲善，则齐国攻其东面；东面与齐国亲善，则赵国攻其北；与韩国不合，则韩国攻其西；不亲于楚国则楚国攻其南。这就是所谓四分五裂之道啊。诸侯搞什么合纵，相约为昆弟，在洹水之上杀白马盟誓。而同一父母生的亲兄弟尚且有争钱财的，要靠诈伪的苏秦余谋，不能成事不是很明显的吗？大王若不事秦，则秦会采取各种办法攻魏，那样魏国就危险了。替大王考虑，莫如事秦。事秦，就可以高枕无忧了。秦国欲弱者，楚国也，而能弱楚国的，就是魏国。楚国虽号称富大，其实空虚，兵卒虽多，但轻易就会逃跑和败北，不能坚持战斗。魏国向南伐楚，一定取胜。削弱楚国而增益魏国，亏楚国而适秦国，嫁祸而安国，这是好事啊。主张合纵的人的话是不可信的，请大王审定计策。

哀王于是背纵约，通过张仪请求与秦讲和。张仪因此回到秦国，担任相国。

次年，秦国欲伐齐，齐楚两国合纵，于是张仪前往楚国。楚怀王听说张仪来，虚上舍而亲自前往拜见，说："这里是僻陋之国，先生此来，何以教我？"张仪对楚怀王说："大王若能听臣的建议，就请与齐国闭关绝约，臣请献秦地 600 里给楚。楚秦通婚，长为兄弟之国。"楚怀王大悦，答应张仪的要求。群臣都祝贺楚王。唯独陈轸指出张仪的建议是阴谋，不可轻信。楚怀王不听，宣布与齐绝交。派一将军随张仪到秦国接收献地。到了秦国，张仪谎称不小心从车上摔下受伤，3 个月不上朝。楚怀王以为张仪不相信楚国与齐国真的绝交，便想做出样子给他看。因楚国已与齐国绝交，只得派勇士到宋国，借宋之符，北骂齐王。齐王大怒，与秦国结盟。张仪知道后，立刻上朝，对楚使说："臣有奉邑 6 里，愿意献给大王。"楚国使者说："臣受令于王，有地 600 里。没听说是 6 里！"楚怀王知道后，大怒，发兵进攻秦国。秦齐联合攻击楚军，斩首 8 万，杀统帅屈匄，占领丹阳(今河南省内乡县)、汉中(今陕西省勉县到湖北省竹山县一带)。楚国又发兵攻秦，在蓝田（今陕西省蓝田县西）展开大战，楚军大败。楚国愿意割两座城池与秦讲和。秦国不答应，希望用武关以外之地换取楚的黔中（今湖南西部及贵州东北部）。楚怀王不答应，说："不愿换地，只希望得到张仪，宁愿献出黔中。"张仪欣然前往，到达楚国，便被囚禁，后经故交靳尚通过楚王夫人郑袖得以释放。

张仪没有立即离开楚国，而是继续说楚怀王，说辞部分内容大意如下：秦国之地占天下之半，四塞险固，虎贲之士百余万，积粟如山，法令严明，士卒用命，君主贤明，将军智勇，主张合纵，无异于驱赶群羊而攻猛虎。如今大王不与猛虎结盟，却与群羊结盟，臣以为大王的计策有过失啊。天下强国，除了秦国就是楚国，两国相争，势不两立，大王若与秦国对抗，秦国可轻易地联合韩、魏两国，秦国攻楚国的西面，韩、魏两国攻楚国的北面，楚国社稷怎能不危险呢？所谓合纵，聚群弱而攻至强，不了解敌人而轻易开战，国贫而数举兵，这是危亡之术啊。臣听说："兵不如者勿与挑战，粟不如者勿与持久。"主张合纵的人只言其利，不言其害，一旦有秦祸，来不及做任何事了。希望大王深思熟虑啊！秦国西有巴蜀，至楚国3000余里，一船载50人与3月食，一日300余里，不到10天，就到达扞关（今湖北省长阳土家族自治县西）；此外，秦军还可出武关，从北面进攻楚国。秦军进攻楚国，危难就在3月之内；而楚国等待诸侯救兵，则要半年开外。其势不及也。而待弱国之救，忘强秦之祸，这就是臣替大王感到忧虑的啊！

此番说辞有夸饰成分，虽有威逼利诱之嫌，但也的确有具体而合理的内容，特别是关于秦军水陆两路进攻楚国的分析，还是有一定可信度的。楚怀王大概是害怕了，所以才不顾屈原的提醒，执意与秦国结盟。

张仪这才离开楚国，来到韩国。对韩王说："韩国地方狭小，险恶山居，物产不丰，无二年之粮，全国军事人员都算起来，不过30万人，除了守卫边界亭鄣要塞的，能征调的军队不过20万而已。而秦带甲百余万，勇猛异常。山东之士，披甲蒙胄才能会战，秦人则弃甲肉袒以趋敌，他们左手提着人头，右手挟着活人。比较起来，秦人和山东之卒，就像孟贲(古代勇士)和怯夫，若以力量比况，则犹如乌获(古代大力士)与婴儿。以乌获孟贲这样的士卒，进攻不服从的弱国，无异于垂千钧之重于鸟卵之上，其势可知。大王若不事秦，就危险了。秦国的目的是弱楚，能弱楚的，莫如韩国，攻楚既能取得楚国的土地，还能取悦于秦国，没有比这更好的计策了。"

韩王听从了张仪的计策。张仪回报秦王，受封五邑，号为武信君。

秦惠王又派张仪去说服齐湣王："天下强国无过于齐的，但倡导合纵的却夸大齐国的安全，秦国无可奈何。但秦国大，齐国小。赵国屡次战胜秦国，但四战之后，赵国的亡卒数十万，邯郸仅存。虽有战胜之名，而国已破啊。为什么呢？因为秦国强大而赵国弱小啊。如今秦国与楚国通婚，为兄弟之国，韩国献宜阳，梁国献河外，赵国入朝，割河间以事秦。大王若不事秦，秦驱韩梁攻齐之南，使赵军渡清河，直指博关(今山东省茌平县西北)，临淄、即墨就不是大王所有的了。国家一旦被攻，再想事秦，就不可能了。"

齐湣王听罢，便决计听从张仪。

张仪又来到赵国，对赵王说："大王收率天下以抵制秦国，秦国不敢越过函谷关15年。但正是由于大王的作为，使秦国恐惧慑服，不得不整修武备，发展农业，不敢怠慢。结果，吞并巴蜀汉中。秦军心含愤怒，盼望能与大王会战于邯郸城下。大王信合纵，听信苏秦，苏秦连自己都无法保护，怎能保护赵国？诸侯无法合一，这是再明白不过的了。如今楚与秦结为兄弟之国，韩、魏称东藩之臣，齐国进献鱼盐之地，这无异于断了赵国的右臂，右臂断了还与人斗，其危险可知。今秦派三支大军，约四国为一以攻赵，制服赵国，就四分其地。替大王考虑，莫如会见秦王，请求按兵而不要攻击。"

赵王决计听从张仪。

张仪便向北赶赴燕国。对燕昭王说："大王与赵国相亲，赵襄子为了夺取代国，竟不顾自己姐姐的幸福，杀死姐夫代王。赵王狠戾无亲，大王所明见啊。赵王可亲吗？赵兴兵攻燕，两次围困燕都而劫持大王，大王割十城以报答。如今赵王已入朝渑池，献出河间地以服事秦。大王若不事秦，秦军云中、九原，驱赵而攻燕，则易水、长城，就非大王所有了。如今赵国对于秦来说犹如郡县，不敢轻易兴师攻伐。如果大王事秦，秦必喜，赵国又不敢妄动，这就西有强秦的援助，南无齐赵之患了。"

燕昭王也欣然听命，献恒山之东五城而事秦。

至此，张仪的活动大获全胜，合纵瓦解，山东六国成为秦连横政策的玩偶。看来张仪应该心满意足，可以安享福禄了。

就在回报秦惠王的途中，还未到咸阳，而秦惠王崩，武王即位。武王当太子时就不太喜欢张仪，这时群臣多有进谗言的，说张仪无信，左右卖国，秦国再用他，必为天下笑。六国听说张仪与武王有隙，便又背叛连横，重新合纵。这时，群臣日夜批评张仪不断，齐国又责备秦国用张仪，张仪害怕被诛，便对武王说："齐国恨张仪，张仪可以到魏国，这样，齐国必兴师伐魏，当齐魏战斗之时，王便乘机伐韩，临周，这样就可以挟天子按图籍，这才是王业啊。"武王同意，便派他到魏国。齐国果然伐魏。梁哀王恐惧，张仪又出计谋，令舍人冯喜到楚国，转道使齐。把张仪与武王的谋划向齐王和盘托出，说如果张仪到了哪国，齐就兴师攻伐，那就正好中了武王的计策，给武王机会。齐王听罢，立即下令停止进攻魏国。

张仪在魏国担任相一年去世。《汉书·艺文志》纵横流著录《张子》10 篇。

此后，有陈轸、公孙衍等在列国间游说，以成名。

凌约说，苏秦欲六国合纵以摈秦，所以极力夸张六国之强；张仪欲六国为横以事秦，所以极力强调六国之弱。六国之王为什么没有一句责难的话，便言听计从呢？原因在于他们都害怕秦的威势，只求苟安之计，所以不能审视自己的实力，任凭二人施展辩术。

史籍中记载的苏秦、张仪的故事，读起来更像是传奇，而非历史，特别是在时间上，很难与当时的历史过程完全一致，这大概与史料缺乏有关。不过，这类传奇倒与纵横斗争的波诡云谲大体吻合，所以仍把它们转录于此，供读者品味。至于苏张两人孰优孰劣？则未足以议之也。苏秦曾赴秦，未得任用，结果转向合纵；张仪到赵，苏秦合纵已然成功，不得已而赴秦，结果成就连横事业。合纵连横的是非成败，主要以时势为转移，不必全系之于两人。当然，张仪性格张扬无赖，更适合连横，苏秦反复无常，夸饰而奸诈，未见得适于合纵，两人事业不同，行事也就有了不同的色彩，他们都从各自的角度展示了历史的精神风貌。

三、范雎

范雎的故事生动地表现了战国后期纵横家的风貌。

范雎也是魏国人，游说诸侯，想说魏王，但家贫，没有资本，便投到中大夫须贾门下。须贾受命魏昭王出使齐国，范雎随行。留齐数月。齐襄王听说范雎有辩才，派人赐范雎金10斤及牛酒，范雎辞谢不敢接受。须贾知道了大怒，以为范雎把魏国秘密告诉了齐国，所以才得到如此的馈赠。他命范雎将牛酒留下，退还黄金。回国后，还余怒未消，把这件事告诉了魏相。担任魏相的是魏国的诸公子魏齐。魏齐大怒，命舍人笞击范雎，打折其肋骨，敲碎其牙齿。范雎假装死了，被人用竹席卷了，丢在厕所里。宾客饮酒，喝醉了便往他身上撒尿，相当于侮辱尸体，以惩戒下属不要妄言。看到四下无人，范雎便在竹席中对看守说："公若能放我，我必当厚谢！"看守便请求抛弃竹席中的死人。魏齐喝醉了，便说"可以"。范雎这才得以逃出。后来魏齐后悔了，又召求范雎。魏人郑安平听说了，便带着范雎逃走，隐伏藏匿，更名换姓，叫张禄。

正当此时，秦昭王派谒者王稽出使魏国，郑安平假作小卒伺候王稽，王稽问："魏国有贤人可以一起西行的吗?"郑安平答曰："臣邻居有个叫张禄的，想见君言说天下大事。但他有人寻仇，不可白天相见。"王稽说："那就晚上和他一起来吧。"到了晚上郑安平与范雎一起来见王稽。话未说完，王稽已知范雎有才能。便与他约定。王稽辞别魏国，载范雎回到秦国。

范雎来到秦国，开始并未受到重视。后来上书秦昭王，指出秦国政治为秦昭王母宣太后和穰侯把持，妨碍君权，利用秦国的公家势力，使私家富厚，危害国家。这篇上书说到秦昭王的心坎上，秦昭王感谢王稽，下令派传车接范雎到离宫相见。两人在宫中密谈。范雎慷慨陈词，指出秦国的地形便利，军事实力，却因太后、穰侯的原因，而使私家势力得以膨胀。重要的是，他指出穰侯越韩魏而攻齐国，出兵少了，无法战胜齐国，出兵多了伤害秦国的国本。越人之国而攻击另一国，不是良策。最好的办法莫如远交而近攻，得一寸土地，便是大王得了一寸；得一尺土地，也是大王得了一尺。

秦昭王十分赞赏范雎的建议，完全采纳。很快，范雎被任命为相，封为应侯。而穰侯之印被秦昭王收回。这是公元前 266 年（昭王四十一年）的事。

魏国听说秦国要伐韩魏，便派须贾出使秦国。范雎知道后，便微服从小路来见须贾。须贾见到范雎，甚是诧异，忙问："范叔原来无恙乎？"范雎说："是啊。"须贾笑谓："范叔有说于秦吗？"范雎说："非也。范雎当初得罪魏相，逃到这里，哪敢有说呢？"须贾问："今天范叔来此有何事情？"范雎说："臣为人庸赁。"须贾略感怜悯，与范雎同坐吃喝，说"没想到范叔贫寒如此啊"。便取出一件绨袍，送给范雎。须贾顺便问道："秦相张君，公认识吗？我听说他得幸秦王，天下大事都由他决定。如今我的事情也由他决定。你有朋友与他关系好吗？"范雎说："我家主人与他相熟。就是我也能见到他。我请帮您见到张君。"须贾又说："我的马病了，车轴也断了。没有大车四马，我是不会出行的。"范雎说："我愿替您向我家主人借大车四马。"

范雎回来，取大车四马，亲自替须贾驾车，进入相府。府中有人认识的，都赶忙回避。须贾感到奇怪。到了相舍门前，范雎对须贾说："请稍等，我替君先入通报于相君。"须贾等了许久，问门下："范叔不出，是什么原因？"门下说："这里没有范叔。"须贾说："刚才和我一同乘车的人就是范叔呀。"门下说："那是我相张君。"须贾大惊，自知被骗了。便脱光了上身，跪着前行，通过看门下人前往谢罪。于是范雎盛陈帷帐，侍者众多，接见须贾。须贾叩头自称死罪，说："须贾没想到君能自己达到青云之上，贾再也不敢读天下之书了，再也不敢过问天下之事了。贾有入汤锅之罪，自请远发胡貉之地，死生唯听君相发落了。"范雎问："你罪有几？"答曰："拔光须贾的头发用来数贾的罪过，也不够计算的。"范雎说："你罪有三：当初你以为我有外心于齐，而向魏齐诬告，一罪也；当魏齐在厕所侮辱我时，你不制止，二罪也；醉而撒尿于我身，你于心何忍啊，三罪也。尽管如此，你得以不死，因为绨袍恋恋，有故人之意，所以我要释放你。"于是入宫向昭王禀报，送回须贾。须贾向范雎辞行，范雎大摆宴席，宴请所有的诸侯使者，与他们坐在堂上，吃的喝的非常讲究，唯独让须贾坐在堂下，只把给仆役和牛马食用的杂豆摆在他面前，命两个黥徒夹在两边，像喂马一样地让他吃，范雎还数落他说："替我告诉魏王，快拿魏齐头来，否则我要屠了大梁城！"

须贾回到魏国，告诉魏齐，魏齐恐惧，逃到赵国，藏在平原君家里。

范雎为了报答王稽和郑安平的恩情，向秦昭王举荐，任命王稽为河东守，三年不上计，即三年不向中央上报交纳收入；保举郑安平为将军。范雎散家财，报答困厄时曾经有德于己者。正所谓"一饭之德必偿，睚眦之怨必报"。

秦昭王听说魏齐在平原君家里，便要替范雎报仇。他致书平原君，邀他来秦国共饮，趁机强迫他献魏齐首级给秦国。平原君到了秦国，但不为所动。秦昭王又致书赵王，赵孝成王下令围平原君家，魏齐和赵相虞卿一同逃往魏国信陵君处。信陵君犹豫，不知见否，魏齐进退失据，便自杀而死，赵王即取其头，献给秦国。秦昭王这才放了平原君回国。

范雎担任秦相期间，执行远交近攻战略，伐韩，取城多座；使反间计，打赢长平之战，坑杀赵军40万人；为秦国立了大功。

当然，范雎也因与武安君白起有嫌隙，而进言杀了白起；所保举的郑安平伐赵被围，率2万众投降赵国；按秦国法律，被保举的人犯了罪，保举人也要按被保举人所犯的罪判刑。秦昭王力保范雎。后来王稽也因与诸侯交通，被诛。范雎的处境越来越艰难。这时年少的策士蔡泽来到秦国，范雎听从他的建议，以史为鉴，吸取商鞅、吴起、大夫种、范蠡等人的经验教训，推荐蔡泽为相，自己则功成身退，明哲保身。

范雎的故事，不但反映了战国时代的纵横形势和斗争策略，还生动地表现了当时的社会风尚。对于史学著作来说，智士遭受困厄，终得明主知遇，命运发生戏剧性转变，最后成为改变历史的大人物。这几乎成了一种叙事套路。史家钟爱这样一种套路，是因为这种写法最能反映社会矛盾的本质，也最能表现关注命运的人类本性，所以才最能抓住读者。这就是为什么不论古今中外，史家都热衷于描写这类故事，这也是这类故事最能打动人心的原因所在。

合纵和连横，是战国时期各国间军事斗争背后的政治谋略的较量，决定了战争形势的走向，也是由分裂走向一统的一种内在驱动力。

第三编

秦汉的大一统格局

第十三章　始皇帝与秦朝的统一

当战国时期秦国的最后一个国君——秦王政坐上国君之位时，历代的积累与争战已经让这个位处西部的强国具备了统一的实力。山东六国灰飞烟灭之后，秦王政开始了对整个社会进行深刻而影响深远的改革。中央三公九卿制和地方郡县制的设立使得国家权力高度集中到了皇帝的手中，一系列统一措施从根本上改变了战国分立的局面，经济交往在全国畅通无阻，中原的先进文化和生产方式开始向四方传播，大一统的格局在这种情况下开始形成。

第一节　秦灭六国

公元前 259 年，秦赵长平之战的硝烟刚刚散去，一个对中国历史影响深远的孩童出世了，他就是秦王政，也就是后来的始皇帝。秦王政出生前后，居秦王之位的还是他的曾祖父秦昭王，而他的父亲子楚，也就是后来的庄襄王，此时在赵国首都邯郸当质子，即由秦国派往赵国的人质。子楚在做质子的这段时期，秦国不断进攻赵国，因而，子楚作为敌国质子，处境尴尬。同时，子楚的父亲安国君虽然是秦国的太子，但却有 20 多个儿子，子楚排行居中，几乎没有什么希望继承秦国王位。在这样的困难处境中，大商人吕不韦出现了。吕不韦以商人的眼光，认为子楚"奇货可居"，他看到了子楚的困境，并也发现子楚身上蕴含着巨大的机遇。为此，他送给子楚大量的钱财，让他结交赵国高官显贵，便于逃离邯郸。同时，吕不韦又亲赴秦国国都咸阳，给安国君宠爱的华阳夫人送去厚礼，为子楚进言，使得膝下无子的华阳夫人认子楚为嗣子，后来安国君继位为秦王，子楚就被立为太子。据传说，在邯郸时，吕不韦曾进献一个怀孕的歌妓给子楚，她生下来的孩子就是后来的秦王政。公元前247年，庄襄王去世，时年13岁的秦王政继位，吕不韦被任命为相国，号称"仲父"。

就在秦王政继位为王的时候，战国七雄之间的争霸形势已经发生了根本性的变化，秦国实际上已经取得了对东方六国的优势地位。东方六国因种种原因再难与秦国抗衡。东方的齐国在公元前284年被燕国将领乐毅帅五国联兵攻破后就一蹶不振。燕国虽然取胜，但毕竟是弱国，又曾受到齐国的攻伐，军事力量不强。赵国在长平之战中损失惨重，强大的军事力量一夜之间化为乌有。韩、魏两国被秦国不断蚕食，只能依靠割让土地求得一时安宁。在南方，秦国已经占有巴、蜀、汉中，并于公元前279年攻破楚国都城郢，楚国已经无法再对秦国形成威胁。

至此，从外部环境来看，秦国已经具备了统一六国的基本条件，只要国内政令一致，便可挥师东进。然而，秦王政虽为秦王，但继位的时候年纪尚轻，政权掌握在一些大臣的手中，导致秦国政出多门，因此，若要一统天下，首先就必须要扫除国内的障碍。

公元前239年，秦王政的弟弟成蟜在带兵攻打赵国的时候突然发动叛乱。这次叛乱很快就被镇压，成蟜也兵败自杀，但却揭开了秦王政统一国内政令的序幕。当时，秦王政执政的两个主要障碍是相国吕不韦和长信侯嫪毐。根据《史记》的记载，吕不韦很有可能是秦王政的亲生父亲。秦王政继位后，吕不韦以相国的身份把持秦国政权，时时与秦王政的母亲，也就是当时的太后私通。随着秦王政年龄不断增长，吕不韦担心与太后的事情被发现，于是便让人假装太监，他将这个人进献给太后，这个人就是嫪毐。嫪毐得到太后的宠信，因此得势，被封为长信侯，私下里自称是秦王的"假父"。不仅如此，嫪毐甚至与太后还生有两个儿子，意欲在秦王政死后，立自己的儿子为秦王。公元前 238 年，秦王政 21 岁，在行冠礼的时候，嫪毐发动叛乱，秦王派兵镇压，双方在咸阳大战，嫪毐战败，被以车裂之刑处死。这件事情影响很大，不仅参与叛乱的一批高官卫尉、内史、中大夫等被处死，相国吕不韦也受到牵连在次年被免职。吕不韦虽被免职，但他门客众多，许多人为他向秦王政求情。秦王政担心会有变化，便赐书责备吕不韦，并下令将吕不韦家迁到蜀地。吕不韦十分惊恐，担心被杀，于是在公元前 235 年饮毒酒自杀了。

就在吕不韦被免相的同一年，秦国还发生了一件对统一事业产生重要影响的大事：韩国派到秦国帮助修筑水渠的郑国被认定为间谍。秦王政即位初年，韩国派水利专家郑国到秦国游说，让秦国花费大量的人力物力修建一条水渠，灌溉关中。秦国同意了他的建议，并命他主持修渠工程。10 年后，水渠修好了，可以灌溉关中大片土地，而且还可以通航，便利交通运输，但主持工程的郑国却被认定为韩国的间谍，罪名是消耗秦国的国力，拖住秦国进攻韩国的脚步。秦国随即颁布逐客令，凡在秦国担任官职的外来人员都在驱逐之列，秦国似乎从此不再信任从其他各国远道而来的人才。这条诏令的颁布，实际上表明在秦国国内还存在着本国人才与外来人才之间的矛盾。面对这样的情况，当时身为秦王客卿的李斯上了著名的《谏逐客书》。他认为逐客令是错误的，指出秦国的逐步强大，就是在外来人才帮助下形成的，尤其是秦穆公、秦孝公、秦惠王和秦昭王四位国君在位期间更是任用了大量的外来人才。这些优秀的人才不用于秦国，势必会被其他国家所用，这肯定会妨碍秦国的统一大业。李斯的上书说服了秦王政，促使他收回了逐客令，这样，许多优秀的人才才得以留在秦国，继续为统一事业服务。

这个时候，秦王政已经消除了国内政治上的麻烦，政令畅通无阻，在他身边，还聚集了一大批人才，文的有李斯、王绾、冯劫、冯去疾、蒙毅等人，武的有王翦、王贲、杨端和、蒙骜、蒙武、蒙恬、尉缭等人，统一的画卷就将要在他的手中展开。

秦国要消灭的是山东六国，其中，韩国弱小，又是秦国近邻，因此，李斯建议先攻取韩国，以震慑其他国家。恰在当时，韩国韩非所著的一些文章传到了秦国，秦王政看到以后十分欣赏，也希望早些攻打韩国，以获得韩非这个人才。知道了秦王的这个意图，公元前233年，韩王赶紧派韩非出使秦国，希望秦国停止进攻。韩非原本是韩国的贵族公子，这个人很有才能，虽然口吃，但善于著书。韩非与李斯是同学，两人曾一起在荀子的门下学习。《史记》记载，李斯觉得自己的才能不及韩非。由于秦国不断进攻，韩非为韩国的存亡也十分担忧，数次上谏韩王，但不得任用。因此，韩非撰写了10余万字的文章来表达自己的观点。秦王政很快见到了韩非，却没能任用。李斯就劝说秦王政，韩非是韩国的公子，倘若秦国不用他，也不能放他回去，免得被韩国所任用。秦王政就将韩非抓进了监狱，李斯借此下药毒死韩非，秦王政后来想赦免韩非，但已经来不及了。面对秦国的进攻，韩国毫无抵抗力。公元前230年，韩王安被俘，韩国被灭。

韩国灭亡之后，紧接着是赵国。公元前229年，秦国开始大规模攻打赵国，秦将杨端和在这一年兵围赵国首都邯郸。次年，王翦抓住赵王迁，赵国灭。赵国的灭亡对秦王政来说有特殊的意义，因为他出生在赵国首都邯郸，他的母家在邯郸甚至还有一些仇人。灭亡赵国以后，秦王政亲自来到邯郸，将那些与自己母家有仇的人都坑杀掉。看到这种情况，赵国公子嘉知道秦赵之间的仇恨不可缓和，于是带着宗族逃到代地，自立为代王，意欲与燕国合兵抵挡秦国的进攻。

在战国七雄之中向来弱小的燕国在赵国灭亡之后，国土已经直接与秦国接壤。公元前227年，秦国兵临易水，燕国危如累卵。此时面对强大的秦王，燕国太子丹发动了一次震惊当世的刺杀行动。原来太子丹也曾在赵国为质，与童年的秦王政可谓同病相怜。后来，太子丹又曾到秦国为质，但在他为质的这段时间，秦王政待他并不好，太子丹心有怨恨，逃回到燕国。在燕国生死存亡的时刻，他找到著名的刺客荆轲，让荆轲带着燕国东方边境督亢（今河北省涿州、固安、定兴一带）这个地方的地图进献给秦王政，想通过献地来迷惑秦王政，但实际上是想让荆轲劫持秦王政，迫使秦国归还侵占的土地；如果劫持不成，就刺杀秦王，造成秦国内乱，再趁机联合其他诸侯攻打秦国。荆轲接受了太子丹的请求，与勇士秦舞阳一起，带着秦国叛逃将领樊於期的头颅、督亢地图和锋利的匕首从易水出发了。就在易水河边，上演了一幕豪情悲壮的送别场景，"风萧萧兮易水寒，壮士一去兮不复还"。荆轲他们区区二人，奔赴强大的秦国，去刺杀当时最有权势的君主秦王政，不论成功的可能性有多么渺小，也不论这一行动是否符合时代发展的潮流，都表现出一种异乎寻常的勇气和侠义。踌躇满志规划统一蓝图的秦王政，根本就没有想到一个巨大的危险很快就要降临到他的头上。荆轲作为燕国使者，在咸阳宫中见到了秦王政。《史记》记载，在朝见秦王之时，除了秦王本人以外，其他任何人都不能携带兵器，因此，荆轲将匕首藏在地图之中。当进献的地图徐徐展开时，这场惊心动魄的刺杀行动也拉开了序幕。地图完全展开时，匕首露了出来，荆轲左手抓住秦王政的袖子，右手操起匕首就刺。秦王政惊觉，断袖而逃，荆轲随即追去。朝堂上秦国大臣都没有兵器，武装侍卫们又在朝堂之外，急切之间无法支援。秦王政本人的佩剑太长，惶急之下，竟然没能拔出来，只好绕着柱子躲避荆轲的追杀。恰在此时，宫廷医生夏无且用手中的药袋掷向荆轲，并大喊着提醒秦王政从后背拔剑，秦王政果然从后背拔出剑来，刺向荆轲，斩断了他的左腿。荆轲眼看追不上秦王政，只好将匕首投出，做最后一击，却没能击中秦王政。荆轲身被数创，知道大势已去，无法完成刺杀的任务，便倚靠着柱子笑骂道，他本可以刺杀成功，只因念着完成太子丹的嘱托，想生擒秦王政。刺杀行动失败了，荆轲和秦舞阳都被杀死了。

刺杀事件令秦王政十分恼怒，增兵攻打燕国。公元前 226 年，秦将王翦领兵攻破燕国都城蓟城（今北京），燕王喜逃往辽东（今辽宁省东部和南部及吉林省的东南部地区)。代王嘉派人送信给燕王喜,认为秦国如此急攻燕国,是因为太子丹派荆轲行刺惹怒了秦王,只要把太子丹的首级送给秦王,就能让秦国退兵。燕王喜信以为真,果然杀掉了太子丹,将其首级送给了秦王政,却仍然没能阻止秦军的东进。

韩国和赵国灭亡之后,阻挡秦国东进的三晋就剩下魏国。在荆轲刺秦王的同一年,魏国最后一位国君魏王假刚刚即位。到了第三年,也就是公元前225年,秦将王贲水淹魏国都城大梁,魏王假投降,魏国土地尽数并入秦国。司马迁在《史记》中说,有的人认为魏国的灭亡是因为魏王不肯任用信陵君,但实际上却是因为秦国一统天下的趋势不可阻挡,即使有再忠贤的臣子辅佐,魏国仍然免不了灭亡的命运。

三晋灭亡之后,秦国一统天下的主要对手就剩下东方的齐国和南方的楚国了。燕国和赵国的残余代国不过苟延残喘罢了。在此之前,秦国已经攻破了楚国都城郢。面对此时的楚国,究竟应该派多少兵力前去征伐,青年将领李信与老将王翦发生了争执。李信认为,只需20万人便能攻取楚地。而王翦则认为,非60万不可。李信曾在追杀燕太子丹的过程中立有大功,秦王政嘉许他年轻勇猛;而王翦年纪老迈,在秦王政看来,已经失去了征战的勇气。也许秦王政本人也相信,从当时的大势来看,秦国已经胜利在望,而楚国已是风雨飘摇,其残余力量的抵抗不过是螳臂当车罢了。秦王政最终采用了李信的建议,派他领兵20万出征楚地。战争初期秦军虽节节胜利,但不久便大败而回。秦王政此时不得不信服老将的眼光,亲自去请王翦出山,给他60万军队。王翦不负秦王所托,终于打败楚军,并在公元前224年抓住了楚王负刍,占有了楚国淮北之地。之后,楚国将领项燕据淮南之地起兵抗击秦国的进攻,但很快就被王翦和蒙武等消灭,项燕自杀。

在攻灭最后一个大国齐国之前,王翦之子王贲最终抓到了逃亡辽东的燕王喜,并消灭了赵国的残余代王嘉的势力。齐国在其西面国境构筑防线,试图阻止秦军。但灭亡燕国的王贲则从燕国的南方攻入，抓住了齐国最后一位君主齐王建，齐国灭亡。

至此，东方六国先后灭亡，它们的国土并入秦国。也就是说，此时，就版图而言，秦已经基本上完成了一统天下的宏图大业。这一年，是公元前 221 年，秦王政 38 岁。

第二节　统一中央集权国家的经营

秦统一天下之初，首先要确立最高统治者的称号。正如大臣王绾、李斯等人所言，秦王政一举将原七国的辖地合而为一，通过郡县制和统一的法令又极大地加强了对地方的控制。秦王政认为自身的功绩不是五帝三王可以比拟的。如果再沿用以前三代君主的"王"的称号，就不足以显示出超迈往古的功业。于是秦王政下令群臣讨论他的称号问题。李斯等人认为古代的"天皇、地皇、泰皇"三皇之中，以泰皇最为尊贵，应该用这个称号。但秦王政显然有自己的想法，不屑于使用这个称号。他下令说，自己的称号应采用"皇帝"二字，系三皇五帝的集合，表示自己的功业超过三皇五帝，为天下最尊贵者。皇帝自称为"朕"，皇帝的命令称"制"，皇帝的文告称"诏"。自此以后，这一套称号沿用了 2000 余年。不仅如此，他认为臣子没有权利议论君主的德行，所以，皇帝死后没有必要议定谥号。自己是天下一统后的第一任皇帝，因而称"始皇帝"，子孙继任者按照二世、三世……排列下去，直至传之万世。

为了表明秦王朝一统天下是历史的必然，始皇帝一定要找到某种合理的依据，这样，战国中后期齐国的思想家邹衍的五德终始说就成了他的首选。这个学说认为，王朝的兴衰更替是有固定规律的，要按照五行（也称五德）相克的顺序（即水克火、火克金、金克木、木克土、土克水）运转。每个王朝都与五行之一相应，后来的王朝在五行上要战胜前面的王朝，王朝的更迭就如此循环往复地进行下去。秦朝之前的王朝是周朝。邹衍说，周朝应五行中的火德，那么周朝之后的朝代应该是克火的水德。邹衍创立这个学说很有可能是为齐国取代周朝服务的，因为齐国有属于水德的说法。不料，这个发明竟被始皇帝用于实际政治。他声明，秦朝代周而立，是克火的结果，因而有水德的瑞应。按照水德的特性，秦朝祭祀所用的颜色应该是黑色，因为水德的成数是6，所以帽子要高6寸，马车宽6尺，天子马车要用6匹马，一步的距离也要6尺。黄河古代称作"河水"，到了秦朝也应改名叫作"德水"。由于水性主杀，所以秦的法制也应严苛少恩，秦朝用暴政，大概与此相关。

统一后，始皇帝着力加强中央集权的行政制度建设。在中央，实行三公九卿制。三公，指丞相、御史大夫和太尉。其中丞相主管行政，是百官之长；御史大夫主管监察，地位仅次于丞相，但对以丞相为首的百官都有监察之权，因而有制衡相权的作用；太尉是最高军事长官，协助皇帝处理全国的军事事务。统一六国前，丞相一职已经存在，御史大夫一职可能是秦始皇设立的，太尉虽然不见于秦朝的记载，但可能也已经设立。九卿则是三公之下各种具体政务部门的主管官员，比如李斯曾经做过的廷尉，就是九卿之一，负责全国的司法刑狱事务。它既是这个司法部门的名称，也是这个部门主管官员的名称。据研究，在整个秦汉时代，九卿的数量并不一定，往往要多于9个。而且，由于朝代更替和皇帝的更换，九卿的名称也不完全固定。比如廷尉，在西汉景帝、哀帝和东汉光武帝时期，就曾改名为"大理"。王莽建立新室后，还改名为"士"。

统一后，始皇帝对地方制度进行了整齐划一的改革。结果，地方的政治制度是单一的郡县制，刚刚统一的时候，天下被分为36个郡。郡下辖县。与县平级的行政机构还有道，数量不多，都设立在边疆地区。县下还有乡、里等基层行政机构。这样，在地方就形成了郡、县、乡(亭)、里的四级行政组织，对全国实行统治。郡的主要官员有郡守、监郡御史和郡尉，分别负有行政、监察和军事职权，实际上是中央三公制在地方的翻版。同样，郡以下的各级行政组织也存在着类似的行政结构。

统一后，国土面积空前扩大，各级行政组织也需要数量众多的官员进行管理。因此，秦朝还建立了一套相应的官吏选拔、任用和考核制度。秦朝自从商鞅变法以后，就废除了世禄制。官吏的选用不再以血统出身为依据，而是逐渐向以地位和能力为依据转移。据学者研究，秦朝官吏的任用有 3 条依据，即有一定的家财，有文化，年龄需达到 17 岁以上。官吏不称职是可以被免掉的，不再实行终身制。对官吏的考核，除了通过中央的御史大夫和地方的监郡御史进行监察之外，皇帝还利用上计制度对地方各级官吏的政绩进行考核，以评定优劣。所谓上计制度，包括两个层面，即郡以下的各级机构将本地本年度的人口增长、垦田多少、治安如何等情况上报给郡守，郡守汇总后再统一上报到中央。这样，中央既实现了考核官员的目的，也有利于掌握全国各地的生产生活情况。

统一后，这些制度都推行到原六国所在地区，从而对全国实现了有效的统治和管理。具体说就是，这种制度一方面通过层层行政机构将全国的权力集中到皇帝一人手中，大大加强了皇帝对全国的控制力。另一方面由于官吏的选拔不再凭借血缘和宗法关系，因而统治队伍有了更广泛的基础，也有可能选拔出更优秀的官员。官吏之间职权不同，互相制衡，也有可能提高各级行政机构的效率。虽然其中还存在不少问题，各级官吏的腐败行径也屡见于史书，但这套制度的确行之有效，因而在以后 2000 多年的历史中绵延不衰。对全国统治的有效实施以及官吏的任用与选拔，都显示了与夏商周三代截然不同的面貌，甚至可以说有了一些现代政治制度的影子，这表明，中国文明从秦朝开始有了长足的进步。

秦兼并了东方六国，只是奠定了天下一统的基本格局，战争却并没有结束，在原六国境内，仍有大量的六国残余力量；在周边地区，还有为数众多的势力。秦统一后，仍需进一步廓清各地敌对力量，统一局面仍需不断扩大和完善。

对六国残余势力的清剿，其实在统一六国的过程中已经展开。秦统一的当年，也就是公元前 221 年，始皇帝就命令收缴天下的兵器。原来在统一六国的过程中，许多兵器流入民间，成为六国残余力量据以反秦的武器。始皇帝下令将兵器收缴上来，熔铸成 12 个巨大的铜人，每个重达 24 万斤，放置在咸阳宫中，据说可保天下稳固。制作如此巨大的金属器具，没有统一六国，恐怕是很难完成的。同一年，始皇帝还命各地的富豪，特别是原东方六国的富豪迁徙到咸阳居住，以便于统治，目的是从政治和经济上切断各地反秦势力的联系。据《史记》记载，这些富豪有 12 万户之多。不过，这些措施实际上不可能完全消灭东方六国的残余力量。3 年后，即公元前 218 年，始皇帝东游至博浪沙(今河南省原阳县)的时候遭到张良的袭击，而张良正是韩国贵族的后裔。

秦虽然统一了六国，但在今天中国版图的东南和南方，包括浙江、福建、江西、广东以及广西的广大地区，生活着统称为越族(百越)的众多少数民族；在包括今贵州、云南、四川的西南地区，也有为数众多的民族繁衍生息，秦汉时统称为西南夷。在秦统一六国之前，南方的楚国就已经在不断地经营着东南、南方和西南地区。在统一过程中，秦将王翦等人已经开始攻打越族。统一之后，秦将屠睢率兵 50 万，兵分五路向岭南进发，但却遇到了当地的顽强抵抗。秦兵劳师远征，粮草转运困难，伤亡惨重，甚至连主帅屠睢都被杀死。为解决粮草运输问题，始皇帝命一个名叫禄的监郡御史主持修建了著名的灵渠，沟通了长江水系和珠江水系，不仅使得秦军粮草能通过水路快速运抵前线，还打通了岭南和中原的交流渠道，对于开发南方地区具有极为重要的意义。在西南方，统一前，秦国就占领了巴蜀地区，为顺江而下攻打楚国提供了便利，也为后来经略西南创造了条件。统一后，始皇帝派遣常頞沟通西南，修建了从今四川宜宾直达云南滇池的五尺道，将西南地区逐渐纳入秦的版图。

战国时期，秦、赵、燕三国就面临着北方游牧民族匈奴的侵袭。匈奴族主要活动于蒙古高原和南到阴山、北至贝加尔湖的广大地区，他们逐水草而居，拥有强大的骑兵部队。统一之前，处于战乱状态的中原无法对匈奴发动大规模的战争，三国均在北方边境修建了长城加以抵御。统一之后，解决北方边患便提上了日程。公元前215年，始皇帝巡行北方，开始为北伐匈奴做准备。恰在此时，被派出求仙的卢生上奏写有"亡秦者胡也"字样的图谶，始皇帝以为"胡"指的就是匈奴，因而更加坚定了北伐匈奴的决心。这一年，他派遣名将蒙恬率兵30万北伐，夺回河套地区，迫使匈奴向北迁徙，10余年不敢"南下而牧马"，由此，秦朝的版图向北方有所扩大。在发动对匈奴战争的同时，始皇帝还命蒙恬主持修建长城，即将原秦国、赵国和燕国的旧长城连接起来，并加以修缮，在险要地方增加了许多亭鄣。这座历史上著名的军事防御工程西起临洮（今甘肃省岷县），东到辽东，直线距离6000多千米，因而被称为万里长城。

事实上，统一后秦朝对东南、南方、西南和北方的经营不仅仅体现在军事征服上，伴随着军事进攻，秦朝还不停地从内地迁徙民众到周边地区居住。从公元前214至公元前211年，秦朝曾多次将内地民众和刑徒迁徙到北部边地；公元前213年，秦朝将50万刑徒派到岭南与越人杂居。这些措施不仅增加了秦朝对周边地区的控制，而且加速了对这些地区的开发和文明程度的提升，尤其重要的是，这种迁徙配合军事上的行动在多民族融合这一点上巩固了秦朝的大一统局面。

随着政治统治区域的扩大，秦朝的文化也作为加强统一的工具逐渐在全国扩散开来。文化的传播必须要有载体，这个载体就是文字。目前所知汉民族最早的成系统的文字是殷商时代的甲骨文，之后的文字虽然每个时期都有变化，但在形体和意义上仍大致与甲骨文保持一致。战国时期，各国诸侯分治一方，生活习俗、文化传统等不尽相同，文字也有了一些差别，甚至同在一国之内，文字的写法也不尽相同。比如，一个马字，在齐国有三种写法，楚国至少有两种写法，燕国和三晋地区也各有两种写法。文字的书写方式不同，必然会造成彼此之间的交流障碍，这种情况显然不利于政令的贯彻执行，不利于天下一统的形势。根据汉朝学者许慎的论述，统一天下以后，始皇帝采纳当时担任丞相的李斯的建议，实行"书同文"的政策，命令统一整理文字，废除与秦国文字不同的其他各种文字，并在秦国文字的基础上创出小篆字体，由李斯、赵高、胡毋敬三人分别撰写《仓颉》、《爰历》、《博学》作为官方规定的小篆字体范本，推行全国。小篆虽然比统一之前的文字形体简单，便于书写，但同今天的字体相比，仍然十分不便。于是，在小篆推行的过程中，在民间逐渐形成了一种新的字体，即隶书。隶书相比小篆，书写更加简单，识别也更加容易，当然也就更容易学习。更重要的是，隶书的形体与今天所使用的文字已经十分接近，可以说，从隶书形成之日开始，中国的文字就已经逐渐脱离古体了。文字的简便易写及书写形式的统一当然十分有利于政令的传达，当然也有利于各地文化的传播和交流。作为中华民族文化的基本载体，文字的统一对于维护整个中华民族的统一、增强人民的凝聚力和向心力起到了至关重要的作用。秦朝以后，直至清朝，中国古代社会虽经历了数次大分裂时期，但都毫无例外地又走向了统一，与文字的统一以及在文字统一基础上形成的共同的文化心理有着某种必然的联系。

秦朝的文化一统还有一个重要内容，即法家思想的官方化或意识形态化。前文已说到，秦朝建立之初，五德终始说的应用表明秦朝需以水德为特色(水性主杀)，这就已经为以严刑酷法治国做了铺垫。作为法家主要代表人物之一的李斯，在始皇帝统一六国的过程中起到过重要的作用，因而深受信任，但法家思想并未立即作为国家的统治思想正式确立。直到公元前213年(始皇帝三十四年)，即统一后的第九个年头，咸阳宫中的一场争论才使法家思想正式确立为统治思想。此前，秦朝在北方已经驱逐了匈奴人，向南已经达到了大陆的最南端，即今天的广东、广西一带，论统治地域之广，确实超过了先前的历代王朝。这一年的某天，始皇帝在咸阳宫中宴请群臣，有一位名叫周青臣的官员向他敬酒，并歌功颂德，说"自上古不及陛下威德"。博士淳于越当即斥责周青臣，并借此指出秦朝实行单纯的郡县制，不分封皇室子弟以辅佐中央，这样是不能长久的，他建议始皇帝一定要学习古代王朝的做法，分封诸侯。这看法与儒家的看法是接近的，丞相李斯起而反对淳于越的观点，他一针见血地指出，天下散乱不能统一的原因恰恰就是分封诸侯，淳于越这些儒生总是援引古代的事例来指摘当世，扰乱了国家的秩序，弄得人心浮动，不利于政治统一。有鉴于此，李斯建议烧掉民间所藏的诸子书籍，不许私下议论政治，尤其禁止以古非今。至于那些医药卜筮种植之类的书籍则允许保留。民众若要学习法令，就以官吏为师。这个建议立刻得到了始皇帝的认可，下令在全国实施。这个法令的颁布不啻是一次文化浩劫，春秋战国时期异彩纷呈的诸子思想几乎因此而中断。至于要求民众学习法令，以吏为师，这与秦朝以严刑酷法治国的理念是一致的。由此可见，始皇帝的所作所为并非一般的灭绝文化，他要求民众向熟习法律的官吏学习，学习法律当然也是一种文化的普及，只不过这个文化只是法家文化。实施这种文化政策的结果，民众就只知道有法家的思想，而不知有其他学派的学说。可见，这个做法其实是对文化多样性的一种扼杀。

秦国搭建了政治框架，又以国家身份半强制地推行了文字与文化，经济建设也没有忽视。事实上，这三者并没有先后次序，是同时进行的。经济建设最重要的方面实际上是破除原来各国分治造成的障碍，同时也便于新纳入版图的周边地区与中原的交流。原来秦国故地和山东六国辖地以及周边地区的交流存在着许多障碍，如货币、度量衡不一致，各国边境存在着许多关隘，甚至连马车的轴距、车道的宽窄都有差别。这些对各地之间的物资交流与运输都极为不便。这其中，以货币不同最为突出，对经济交往的影响也最大。战国时期，各国货币相差较大，种类较多，且计算方式也有差别。例如，南方楚国通行的货币叫郢爰（郢为楚国都城，爰为重量单位），因形制像小乌龟，也称龟币；东方的齐国、燕国流行刀币；三晋地区流通布钱；秦国则使用圆钱。从名称就能看出，这些货币的形状是大有差别的。而计算单位也不相同，有的用斤(16两)，有的用镒(20两或24两)。始皇帝在秦国货币的基础上，使用黄金作为上币(以镒为单位)，圆形方孔钱作为下币(每一枚重半两，亦称半两钱)，流通全国，同时废除原六国的各种货币。圆形方孔钱的流通具有重要的意义，不仅极大地便利了各地之间的经济交往，也为历代王朝所继承，汉朝的货币改革就是在秦朝的基础上进行的。在经济交往中，度量衡也是很重要的一个方面。度指长度单位或测量长度的标准，量指测量容积的工具和标准，衡是测量重量的单位。

图 13.1　井陉秦古驿道。河北省井陉县

各国的度量衡不统一，在进行商业交往之时，就需要烦琐的换算程序，大大增加了经济成本。始皇帝统一六国的当年，就下诏以原秦国的度量衡为全国的度量衡标准，废除原六国的度量衡。马车两轮之间距离的统一和道路的修建是相辅相成的。原六国和秦国轴距不一，自然导致道路宽窄不同。同时，由于六国分治，国与国之间关隘众多，也导致没有通行全国的道路。始皇帝拆除了各地之间的关隘，在此基础上修建了"驰道"(以咸阳为中心，向东北到达原燕国、齐国，向东南到达原吴国、楚国，路面宽50步，道路两旁都栽种了树木)、"直道"(从咸阳向北，达到九原郡，也就是今天内蒙古自治区包头市附近)、"五尺道"

（沟通西南）、"新道"（沟通南方各地）等一些道路，不仅方便了秦朝军队的调动（如通过直道调兵北伐匈奴），也便利了各地之间的交通。

由此可见，统一之后，始皇帝对国家的经营，大大巩固了秦朝的大一统局面。从政治上建立了治理全国各地的垂直框架，通过官员的任命，实现了皇帝对全国各地的直接控制，从而将国家的权力集中于皇帝一人手中。经济上致力于打通地域限制，实际上是以国家宏观的手段推动经济的发展。最为重要、影响也最大的是文化的一统。秦朝以国家行政命令的方式弥合了原诸侯国之间存在的差异，又将中原的文化推向周边，推向秦朝统治所能达到的地区，这对于加强边疆地区对中原文化的认同、对中原王朝统治的认可都起到了莫大的作用。

第三节　秦朝的暴政与灭亡

始皇帝开创了一个伟大的时代，同时，也留下了千古骂名。看似如此相反的两种极端表现集中到一个人身上，让我们不得不好奇，他究竟是怎样的一个人呢？

事实上，由于历史材料的缺乏，我们很难对一个高高在上的皇帝有直观的了解，只能通过他人的描述有侧面的印象。这种描述在《史记》中有记载。在统一六国的过程中，有一个名叫尉缭的魏国人曾为秦王政出谋划策。但在了解了秦王政的为人之后，便想逃离秦国，理由是，秦王政看起来鼻梁高耸，双目狭长，还有鹰的胸膛，豺狼的声音，是一个刻薄寡恩、有虎狼之心的人。同样，曾被始皇帝派出求取仙药的侯生、卢生等人私下里也议论过他的为人。他们认为始皇帝性格刚戾，贪恋权势，又十分骄狂，总喜欢用严刑酷法来治理天下。还有一次，始皇帝在巡游天下时，乘船路过湘山（今洞庭湖君山），遇到大风，难以渡江。始皇帝十分生气，又听说湘山神为尧之女、舜之妻，更是怒不可遏，竟然命令 3000 名刑徒砍光了湘山的树木。从这些描述来看，始皇帝分明就是一个残暴的人。这样的一个人坐上了最高统治者的位置，给天下的百姓带来的必定就是残酷的压榨和剥削。

无论统一之前，还是统一之后，始皇帝作为最高统治者，其种种作为经常以满足个人穷奢极欲为目的。首先就是宫殿的修建。在统一六国的过程中，始皇帝就下令，每灭一国，都要在首都咸阳仿造该国宫殿。可以想象，在统一之后，咸阳就已经聚集了各国宫殿的仿制品，战国时期的宫殿建筑在这里就可以一览无余。统一之后，宫殿的建造就更加肆无忌惮。公元前220年，即统一之后的第二年，始皇帝下令在渭南修建信宫，后更名为"极庙"。而最为人诟病的则是阿房宫的修建。公元前212年，始皇帝认为首都咸阳人太多，而宫殿又太小，与帝王之都的身份不符，因而他要求在渭南上林苑中修建朝宫，朝宫的前殿就是著名的阿房宫。据记载，为了修建阿房宫，今四川、湖北、湖南的大片林木遭到了砍伐，唐朝诗人杜牧以"蜀山兀，阿房出"来描述这一情景。阿房宫的规模十分庞大："东西五百步，南北五十丈，上可以坐万人，下可以建五丈旗。"①

然而，这些宫殿不过是人间的享受。始皇帝为了将这些享受继续下去，自登上秦王之位开始，就为自己修建骊山陵墓。秦朝建立后，为修建阿房宫和骊山陵墓，从全国调集70多万刑徒进行劳作。一直到去世，这座陵墓都没有修建完成。据《史记》记载，这座陵墓规模巨大，坟丘高50余丈，周长5里多。在这座陵墓中，充满了珍奇异物，遍布为防备盗墓贼而设的机关。陵墓中模仿生前的世界，墓顶设有日月星辰之象，下方则用大量的水银模拟江河大海。周围还有用人鱼的油脂点燃的长明灯，据说可以长明不灭。为了保护陵墓的秘密，在始皇帝下葬之后，秦二世将修建陵墓的工匠全部都关在了陵墓之内，无法逃生。在陵墓的周围，还修建了一些陪葬工程，其中，始皇帝兵马俑军阵不过是一部分陪葬品，可以想象，这座陵墓

---

① （西汉）司马迁：《史记》卷6《秦始皇本纪》。

的规模之大，后世的帝王陵墓都难以企及。

图 13.2　秦始皇帝陵。位于陕西省西安市临潼区城东 5 千米处的骊山北麓

　　尽管始皇帝为自己修建陵墓，但他并不甘心放弃人间的繁华。因此，在统一之后，他数次派人求仙，寻访不死之药，企图获得不死之身，从此千秋万世地统治下去。然而，这些访仙求药的活动并没有达到预期的目标，在一定程度上反而对秦朝的统治造成了影响。公元前 219 年，齐人徐市上书说，海上有蓬莱、方丈、瀛洲 3 座神山，山上有仙人居住。于是，始皇帝便派徐市率领数千童男童女入海求仙，结果从此一去不回。公元前 215 年，始皇帝又派韩终、侯公等人求仙人不死之药，结果燕人卢生从海中返回，带回来一个"亡秦者胡也"的预言。据汉朝学者郑玄说，始皇帝不知这里的"胡"指的是秦二世胡亥，以为是指北方民族匈奴（也称北胡），因而命大将蒙恬率兵 30 万北伐匈奴，在一段时期内解除了匈奴对中原的威胁。同时，蒙恬为抵御匈奴，将原秦国、赵国和燕国旧有的长城连接起来，这就是举世闻名的万里长城。公元前 212 年，为始皇帝寻求仙药的侯生、卢生

等人认为他专横残暴，不合为他求药，便相约逃跑。始皇帝得知后大怒，下令调查，因此而被牵连的有 460 余人，都被抓起来坑杀在咸阳。始皇帝的长子扶苏劝谏不成，反而被打发到蒙恬身边做监军。这看起来似乎并不是太大的事件，然而，就是这一次偶然的事件，使得两年后，即公元前 210 年，始皇帝最后一次巡游病死时，长子扶苏不在身边，赵高、李斯等人合谋另立残暴更甚于始皇帝的胡亥为二世皇帝。

无论是始皇帝，还是秦二世胡亥，作为最高统治者，穷奢极欲是相同的，这种穷奢极欲带来了恶劣的影响。无论是修建宫室、陵墓、长城、道路，还是数次巡游，都需要征用大量的民力。当代历史学家钱穆先生说："秦代政治的失败，最主要的在其役使民力之逾量。"①据统计，秦朝全国人口约 2000 万，每年被迫服役的不下 300 万，占全国总人口的 15％以上。服役人数如此巨大，仅用成年男子恐怕难以凑够，于是便征用女子服役。成年男子几乎都被征用服役，这必然导致农业生产无法正常进行，普通民众难以维持生计，结果就只剩下奋起反抗这一条路了。

面对民众的反抗，秦朝则坚持自商鞅变法以来确立的严酷刑法。反过来，这种严刑酷法又激起民众更加猛烈的反抗。据传世文献和考古资料，秦朝法律名目繁多，仅刑法就多达 20 余种；而每一种，依据处死的方式、处罚的部位、刑量的多少、刑期的长短等，又有详细的划分，如死刑就有 17 种之多。不仅如此，秦朝的法律还施行"轻罪重罚"的原则，这一原则使得很小的犯罪都要处以极重的刑罚，如偷采他人桑叶，即使不值一钱，仍需处罚相当于三旬徭役的罚金。处罚之严重，甚至有构陷老百姓于犯罪的嫌疑。这也就能够解释，为什么在修建阿房宫和骊山陵的时候，能够征召到 70 余万刑徒。

严刑酷法只是政治上的统治，而秦朝的暴政显然还有思想上的钳制。

---

① 钱穆：《国史大纲》，北京：商务印书馆，1996 年版，第 127 页。

统一之初，秦朝就定下了以法家思想来治国的基调，但并没有同时禁止其他百家学说的传授。但在公元前213年的那一次廷议之上，独尊法家、焚毁民间流传的其他学说书籍的政策被正式确立下来。从此，秦朝民众所能学习的就只能是各种法律条文，目的显然是要让民众更好地服从秦朝的统治。

正是在这些高压政策的逼迫之下，在始皇帝去世之前，就已经有不少地方发起反抗。公元前218年，张良在博浪沙袭击始皇帝。公元前211年，天降陨石，有人在陨石上刻写了"始皇帝死而地分"的字样。始皇帝暴怒之下，将在陨石之旁居住的人都杀掉，并将陨石焚毁。同年，始皇帝的使者忽然碰到一个人，这个人告诉他，今年始皇帝会死，始皇帝听到后，默然无语。

民众的反抗没有让始皇帝有所收敛。公元前210年，始皇帝49岁，开始了他人生中的最后一次巡游。这次跟随他出游的有小儿子胡亥、丞相李斯、宦官赵高等人。到平原(今山东省平原县南)的时候，始皇帝生了重病。他知道自己无法病愈了，临死前下诏命长子扶苏到咸阳安葬自己，实际上已经有传位的意思在内。但赵高、胡亥、李斯等人合谋毁掉了这封诏书，他们封锁始皇帝去世的消息，并伪造诏书命令扶苏、蒙恬自杀。为了防止因尸体腐烂散发臭味而走漏始皇帝去世的消息，他们还在车里放上咸鱼，以乱视听。这位中国古代历史上第一个皇帝，这位曾经一统天下、叱咤风云的帝王，尸体就这样躺在混合着咸鱼味道的马车里回到了咸阳。至此，胡亥才正式为始皇帝发丧，并继位为秦二世。然而，他并不像赵高所说的"慈仁笃厚，轻财重士"，其残暴比之其父有过之而无不及。于是，民众的反抗便像火山一样猛烈地喷发出来。

公元前209年，也就是秦二世继位的当年，7月的时候，有一支900人的队伍被征发前往渔阳(今北京市密云区)戍守。当队伍行进到大泽乡(在今安徽省宿州市)的时候，天下起了滂沱大雨，致使道路不通，无法按期到达戍守地点。按照秦朝的法律，误期当斩。陈胜、吴广两人是这支队伍的屯长，他们商量道："如今反正已经无法按期到达，即使逃跑也免不了一死，左右不过是一死，还不如反了，轰轰烈烈地干他一场，就是死也要死在国都里。"于是，二人做了周密的准备。首先，他们以公子扶苏和楚将项燕为号召，因为这两人在当时他们这类人中比较有影响。其次，他们买来布帛写上"陈胜王"的字样，偷偷藏在鱼肚子里，让同行的戍卒买到，以此显示上天有意让陈胜当王。最后，吴广又在半夜里潜入附近的神祠中模仿狐狸的声音，呼喊"大楚兴，陈胜王"，致使戍卒们十分惊恐，天明后对陈胜指指点点。做足准备之后，吴广来到率领这支队伍的尉官那里，要求延期到达，尉官非常愤怒，断然拒绝，并要惩罚吴广，于是吴广便和陈胜一起杀掉了尉官，号召戍卒们举事，得到响应。他们揭竿而起，喊出"王侯将相，宁有种乎"的口号，揭开了一场反抗秦朝暴政的人民大起义的序幕。

大泽乡起义的人数不多，看起来似乎也只是历史上一次偶然的事件，然而，就是这次事件，点燃了反秦的星星之火，很快就发展成燎原之势。陈、吴二人的义军迅速壮大，很快就攻打到了咸阳的门户函谷关。秦二世紧急采用章邯的建议，赦免修建骊山陵的刑徒，组建了一支几十万人的军队，并由章邯率领，不仅抵挡住了义军的进攻，而且节节胜利。陈胜军虽然很快败退，但其部将在各地拥兵自立，武臣在邯郸自立为赵王，韩广在燕地自立为燕王，魏咎自立为魏王，齐国贵族田儋也自立为齐王。曾经不可一世的强大的秦朝在各地已经无法形成有效控制了。就在大泽乡起义之后的2个月，另一支重要的反秦义军揭竿而起。项羽和他的叔父项梁杀掉会稽郡守，率领8000江东子弟渡江西上，并迅速集结到六七万兵马。公元前208年6月，项梁在薛地召集众将集会，此时刘邦也已起事，并率兵往会。此次会议确立了项氏为义军首领的地位，并名义上共立原楚怀王的孙子为楚怀王，作为反秦的旗帜。在取得几次对秦军的胜利之后，项梁因轻敌兵败被杀。此后，秦军转而攻打赵国，楚怀王则派遣宋义、项羽部北上救赵，同时派遣刘邦向西攻打关中，并与众将相约：先入关中者便可做关中王。

此次约定之后，项羽就开始崛起了。当时，赵国军队被秦军围困在巨鹿(今河北省平乡县)。以宋义为上将军、项羽为次将的救赵部队在面对秦赵之争时发生了内部矛盾。宋义虽是主将，但惧怕秦军，想坐观秦赵相斗，意图取渔翁之利，因而不但不进兵，反而在军中饮宴取乐。项羽则认为，应当与赵军里应外合，共破秦军。宋义不听，无奈之下，项羽假称奉怀王之命杀掉宋义，取得了军队的指挥权。之后，项羽率军渡河，命全军只携带3天的粮食，沉掉渡河的船只，摔破做饭的炊具，烧掉营寨，表示与秦军决一死战的英勇气概。正是在这种士气鼓舞之下，项羽部与秦军大战9次，喊杀之声震动天地，各路诸侯在城上观看，吓得浑身颤抖，结果，项羽大破秦军，一举奠定了其在起义军中的统领地位，救赵的各路诸侯无不听命。

就在项羽与秦军展开激战的时候，向西挺进关中的刘邦则在郦食其等人的帮助下，不断收降秦军将领，很快就进入关中。当时做丞相的赵高杀掉秦二世，想与刘邦瓜分关中，刘邦没有同意。于是赵高因秦朝所控制地域已经不如始皇时期的广大，便去掉"皇帝"称号，立子婴为秦王，试图以子婴为傀儡，继续统治关中。子婴很快借机杀掉赵高。公元前206年，在子婴做秦王46天之后，刘邦进入关中，驻军霸上(今陕西省西安市东南)，子婴请求投降。自此，庞大的秦朝轰然倒塌，正式宣告灭亡。

第十四章　楚汉战争与西汉全国统治秩序的建立

从秦朝灭亡到西汉建立的这段时期，是一个风云激荡、英雄辈出的时期，无数引人入胜、可歌可泣的故事在这个时期展开。西楚霸王项羽与汉王刘邦的对峙是这个时期的主要内容。最终刘邦战胜了项羽，建立了西汉王朝。他十分关注秦朝灭亡、项羽失败、汉朝兴起的原因，在与群臣探讨的基础上，他用后半生的努力为文景之治的到来准备了条件。汉文帝刘恒与汉景帝刘启遵循高祖刘邦的治国道路，逐渐消除地方的割据势力，恢复农业生产，将西汉在全国的统治秩序确立下来。

第一节　项羽和刘邦

秦朝的灭亡，不仅表明一个朝代的结束，同时，也表明诸侯混战局面的到来。在子婴向刘邦投降之后一个多月，各路诸侯相继到达关中。也就是从这个时候开始，历史上传奇迭起的楚汉相争展开了序幕。

楚汉相争的主角是项羽和刘邦，但这两个人有着迥然不同的出身背景和性格特点。项羽，名籍，字羽，出身于世世代代在楚国为将的项家。战国末年在楚国领兵抗秦的将领项燕，就是项羽的祖父，也就是项羽叔父项梁的父亲。项家封在项（今河南省项城市）这个地方，因而以地名为氏。项氏有封地，因而项羽本身也算是出身贵族，这当然是起兵反秦的良好基础。少年时期的项羽既不爱学文，又不想学武。他对项梁解释道："学文不过是为了认字记姓名，学武又只能力敌一人，我想学的却是万人敌。"项梁大喜之下教他兵法，但也没有学成。始皇帝巡游天下时，项羽挤在围观者中间，情不自禁地说："彼可取而代之!"可见，他的心中存有逐鹿天下之志。史书上记载，项羽身高力大，大家都很惧怕他，显然是一个勇武超人的好汉。刘邦与项羽恰恰相反，他出身十分平凡，父亲称太公，没有名字；母亲称刘媪，姓氏也没有留下来；至于刘邦本人，人称"刘季"，表示在家中的排行，即刘家最小的那个，"邦"这个名字还是夺取天下之后取的。这就是说，刘邦不过是一介平民，而且还是层次比较低的那种。他的为人，表面看来粗犷随和，豁达慷慨，又喜好酒色，似乎是一个快乐的无赖汉，其实内心极端自私狭隘而又坚忍执着，非常人可比。有趣的是，刘邦也见过始皇帝，他的感慨却是："大丈夫当如此也!"表现了强烈的欣羡之情。刘邦的起事充满波折。他曾任亭长，是乡下面一级管理治安的非正式官员。他在担任县吏的好友萧何、曹参，以及市场卖肉的樊哙等人的帮助下杀掉沛县县令，起兵响应陈胜。

在刘邦接受子婴投降之后一个多月，项羽也领兵到达函谷关。但此时，刘邦已经在函谷关派兵把守，欲占有关中。项羽大怒，当即派兵攻下了函谷关。这个时候，项羽兵力40万，驻军鸿门（今陕西省临潼东）；刘邦只有10万兵力，驻军霸上。函谷关被攻破以后，刘邦已经无险可守，兵微将寡，难敌项羽。不仅如此，在这种危急时刻，刘邦的部下左司马曹无伤为求取封赏，向项羽告密说，刘邦想独占关中。因此，怎样消去项羽的敌意乃是刘邦的当务之急。恰在此时，项伯来到刘邦军中。此人是项羽叔父，与张良有老交情，意欲劝张良离开，免遭覆灭之灾。刘邦借机请项伯向项羽解释，并约定翌日亲自前往鸿门面见项羽。第二天，刘邦果然仅带了100余人来到鸿门。历史上著名的鸿门宴拉开了序幕。在此之前，项羽的谋士范增曾建议一定要除掉刘邦，说此人进入关中之后一改往日好酒色的毛病，恐怕志在天下。项羽本人则有些犹豫，毕竟刘邦确实首先攻入关中，楚怀王与众将之约不好违背。刘邦则通过消除秦朝苛法，获取了关中父老的支持，希望借此消除项羽的戒心，获得积蓄力量的机会。宴会开始，主宾双方落座，项羽一方包括项羽、范增、项伯，刘邦一方则有刘邦、张良。宴会中，范增数次示意项羽动手杀掉刘邦，项羽沉默不应。不得已，范增只好找来项庄，假意舞剑助兴，实则要趁机动手刺杀刘邦。张良见状，离席找到樊哙，樊哙立刻持剑拥盾闯入宴会，对项羽怒目而视。项羽赐给他酒肉，樊哙毫不拒绝，以表示视死如归的勇气。他斥责项羽不仅不奖赏刘邦先入关中、守卫关中的功劳，反而欲杀掉刘邦，实则与秦朝毫无差别。樊哙的这一系列言行很合项羽的心意，竟然被项羽留在了宴会之中。之后刘邦则趁上厕所的机会，带着樊哙等人从小路回到了军中。张良估计刘邦差不多回到了军中，才带礼物进献给项羽，为刘邦的离去加以解释。范增听到刘邦已离开，十分生气，断定将来夺项羽天下的一定是刘邦。刘邦回到军中，立刻杀掉向项羽通报消息的曹无伤。鸿门宴就这样结束了。鸿门宴暂时缓和了项刘二人之间的关系，使得各路反秦义军暂时统一在了项羽的旗帜之下。

实力强大的项羽在鸿门宴之后，挥军进入咸阳，不仅杀掉了秦王子婴，还纵火焚烧秦朝宫殿，大火连烧三月。传说，辉煌壮丽的阿房宫，就是毁在了项羽的这一把火中。之后，项羽掠夺大量的财宝美人，返回江东。这一番烧杀抢掠与之前刘邦在关中的作为大相径庭，立刻招致了关中民众的怨恨。

到这里，已经算是完成了当初各路义军与楚怀王的约定，因此项羽派人回报楚怀王。楚怀王则表示要遵守当初的约定，也就是应当封刘邦为关中王。项羽心中不平，他怨恨当初约定之时，楚怀王给他的命令是先北上救赵，再向西入关中，路线曲折，因而落在了刘邦的后面。因此，他假意尊楚怀王为义帝，实际上并不遵从任何命令。第二年四月，项羽就将义帝迁徙到郴县(今湖南省郴州市)，暗地里派人杀掉了义帝。

　　第二年是公元前 206 年。由于前一年秦朝已经灭亡，项羽作为反秦义军实际上的首领，开始分封诸侯。这次分封的难题是如何对待首先入关的刘邦。项羽不希望背上负约的恶名，更不愿意看到刘邦在关中称王，于是把刘邦封为汉王，让他占有汉中、巴蜀一带，同时还封秦朝的 3 个降将，章邯为雍王、司马欣为塞王、董翳为翟王，这 3 人的封地就在关中，目的很明确，就是利用这 3 人封锁住刘邦东进的道路。项羽自封为西楚霸王，将都城设在了彭城（今江苏省徐州市）。项羽的分封在许多人看来是不公平的，田荣等人在反秦斗争中起了较大的作用，但没有得到诸侯王的封号。

　　分封之后，各路诸侯都回到封国，刘邦也向汉中进发。刘邦采纳张良的建议，一路烧毁栈道，以示不会东进与项羽争夺天下。刘邦属下将士见烧掉栈道，无法回到东部的家乡，纷纷逃亡。在这些逃亡的将士当中，有一个特殊的人物，他并非因为思念家乡而逃亡，而是因为得不到刘邦的重用，这个人就是中国历史上的名将之一——韩信。

　　韩信是淮阴（今江苏省淮阴）人，年轻时家中贫困，没有产业，也不能做官，靠他人救济过日子。但他并不是一个甘于贫贱的人，心中存有大志向。曾有人认为韩信虽带刀剑，但胆子很小。为证明这一点，此人让韩信动手杀了自己，倘若韩信不敢动手，就要从他的胯下钻过去。当时，韩信忍受住这种羞辱，真的从此人胯下钻了过去。这就是成语胯下之辱的由来。后来，韩信解释道，之所以忍受这种屈辱，并不是因为胆小，而是因为杀了此人毫无益处。当陈胜、吴广在大泽乡起义之时，项梁、项羽率军西进，韩信看到了建功立业的机会，就投到了项氏的麾下。项梁失败后，韩信数次向项羽献策，均得不到采用，不得已离开了项羽，投奔了刘邦。韩信在刘邦军中，起初也得不到重用，甚至因为犯罪，还差点被杀。

　　幸运的是，萧何在与韩信的交往中认识到了他的才能。当刘邦的将士纷纷逃跑之时，韩信也加入了逃跑的队伍。他认为萧何必定已经向刘邦推荐了自己，但仍然不得重用，肯定是刘邦不愿用他。萧何见韩信逃跑，来不及通知刘邦，就赶紧去追。刘邦本来不在意这些逃跑的将士，后来有人报告说，居然连丞相萧何都跑了，这才着急了。萧何回来以后他还在怀疑，因为逃跑的将士这么多，萧何都不追，偏偏追韩信这么个无名小卒。原来，在萧何看来，韩信是个难得的人才。倘若刘邦无意东进争夺天下，自然用不着韩信；反之，必定要任用韩信，并且要举行十分隆重的仪式，亲自登台拜韩信为大将。这就是萧何月下追韩信的故事。

刘邦听从了萧何的建议，选择良辰吉日，斋戒沐浴，搭台拜韩信为大将，这让全军将士十分惊奇。眼见刘邦如此重用，韩信当即向他陈述刘项之间的优劣。他说，项羽虽然称霸，实际上只是仗着勇武，却不知道举贤任能，又烧杀抢掠，暗害义帝，分封不公，不得民心。而刘邦入关之后，除掉秦朝苛法，秋毫无犯，大得关中民心。这种强弱之势很容易改变。而且，项羽所封的3个秦朝降将也不得民心，很快就能消灭。除掉他们，占领关中，就有了夺取天下的根据地。这一番分析深得刘邦之心，很快便按照韩信所言进行部署。八月，刘邦采用明修栈道、暗度陈仓之计，表面上派樊哙带兵维修已经烧坏的栈道，暗地里却派韩信从小道入陈仓(今属陕西省宝鸡市)，迅速击败章邯，进入关中。紧接着在公元前205年年初，收降塞王司马欣、翟王董翳，将关中完全控制在手中，做好了东进与项羽争夺天下的准备。

而此时，项羽正忙着平叛。项羽分封诸侯，田荣、陈余自以为有功却没有获得诸侯王的封赏，因而对项羽十分不满。田荣自立为齐王，封彭越为将军，一起反项。在楚汉战争中彭越一直在项羽的后方捣乱，袭夺粮草，起了较大的牵制作用。项羽还受到田荣、田横兄弟叛乱的牵制。刘邦则趁机做了两件事。一是为被项羽害死的义帝发丧，想要争取各地诸侯的支持；二是趁项羽伐齐，后方空虚，带兵56万攻下了项羽的都城彭城。项羽命部下继续攻击齐国，自己则领兵3万回救，打败刘邦，杀得汉军丢盔弃甲。刘邦一路奔逃，情急之中竟然几次把同行的儿女推下马车，以加快逃跑的速度。幸亏有滕公夏侯婴相救，否则未来的汉惠帝恐怕早就死在乱军之中了。刘邦的父母和吕后则落在了项羽的手中成为人质。据《史记》记载，这次战役，刘邦损失惨重，死伤的士兵落入睢水，河水一度为之阻断。最后，刘邦仅得几十残兵逃走。这次战役好像是刘项战争的一个缩影。在刘邦与项羽的直接对战当中，项羽往往以少胜多，刘邦则经常以失败结束，数次要靠韩信输送精兵接济，显得十分狼狈。项羽在东与刘邦作战，后方粮道遭到彭越的不断骚扰，便想以刘邦的父亲和妻子为人质迫使刘邦投降。项羽命人在两军阵前架起大锅，摆出要烹煮刘太公的样子。刘邦则回答说："当初我们一起在义帝麾下共举反秦大业，约为兄弟，我的父亲就是你的父亲。你要是真想烹煮你的父亲，不妨分给我一杯羹!"如此无赖，弄得项羽也无可奈何，只得作罢。

而在韩信与项羽的交战中，汉军则节节胜利。韩信在楚汉战争中创造了一系列的经典战役。公元前204年，韩信领兵攻击魏王豹。魏王豹曾归属刘邦，但在刘邦彭城败后，又反汉降楚，扼守临晋关(今陕西省大荔东)，恰好阻挡在刘邦回关中的路上，实际上与项羽呼应，对刘邦形成夹攻之势。韩信首先要解决的就是魏豹。在这次战斗中，韩信采用的是声东击西的战术。他在临晋关的对岸集中船只，摆出将要渡河的架势，暗地里却将主力集中在阳夏(今河南省太康县)，以木罂缶渡河，打了一个措手不及，活捉魏豹。韩信将魏兵输送给刘邦，解决了刘邦的燃眉之急。

紧接着，韩信与投降刘邦的张耳率兵数万，攻打赵国。当时的20万赵军由赵王歇、成安君陈余率领，扼守井陉口(今河北省井陉县北)。韩信军驻扎在离井陉口30里的地方，先派2000轻骑带汉军旗帜绕道赵军后方埋伏，待赵军出发，冲入空营，拔下赵军旗帜，换上汉军旗帜。韩信本人则率军背水列阵，与赵军对战。背水列阵，后退无路，因而汉军作战十分勇猛。赵军取胜无望，便要返回营中，结果发现营中插满汉军旗帜，军心大乱，一败涂地。陈余被杀，赵王被俘。事后，属下将领向韩信询问战术，韩信解释道，这就是"陷之死地而后生，置之亡地而后存"，只有在这种生地无着的情况下，士卒才会奋勇作战。

攻取赵地之后，张耳为赵王，韩信则奉命继续东征齐地。项羽命龙且率兵20万救齐，韩信军与齐楚联军在潍水(今山东省潍河)两岸对峙。在这一战中，韩信采用了沉沙决水的战术。他首先派人连夜赶制万余沙袋，堵住潍水上游；接着利用龙且轻敌的心理，渡潍水到一半就转身逃走，引龙且军追击。然后派人打开上游沙袋，利用大水将龙且军一分为二，韩信趁机反攻，大获全胜。

此役之后，楚汉战争呈现出一种微妙的变化。项羽由于兵力损失过大，不再能对刘邦形成压倒性的优势；而韩信已在项羽的北方开辟了第二战场，显现出不受刘邦控制、独霸一方的局面；刘邦此时既不能打败项羽，又没有强力的手段来限制韩信。这样一来，项、刘、韩在实际上已形成三分天下的局面，尽管韩信名义上还是打着汉军的旗帜。对项羽和刘邦而言，谁能争取到韩信的支持，在战争中就能争取到主动。公元前203年，在平定齐地之后，韩信派人向刘邦请求封他为假齐王，目的是保持已占领的齐地的安定。《史记》十分生动地记载了这次刘邦君臣对韩信的请封的反应。当时刘邦非常生气，不加考虑便出言指责韩信不来相救，反而趁机要挟封王。张良、陈平二人却十分清醒，赶紧暗地里踢了一下刘邦，提醒他汉军目前无力阻止韩信称王，不如顺势给他齐王的封号，免得引起韩信的反叛。刘邦立刻醒悟过来，假装责备韩信既然已经占有齐地，就应该做真王，然后派遣张良封韩信为齐王，并调拨韩信的部队与项羽作战。韩信此次请封齐王，引起了刘邦的猜忌，为日后的结局埋下了伏笔。此时，项羽也派盱眙人武涉去游说韩信。武涉指出，刘邦为人反复，不足信。应该趁此机会，联楚而三分天下。齐人蒯通也曾向韩信献计，指出韩信有三分天下之势，同时，韩信功劳太大，无论是项羽还是刘邦，都不可能容得下他。然而，韩信始终记挂着刘邦重用他的知遇之恩，不忍心背叛。如此一来，天下大势已定，项羽面对西面刘邦、北面韩信的夹击，落败已是不可避免。

项羽劝韩信不成，在北方战线损失巨大；西线又迟迟不能取胜，后方粮道还不断遭到彭越的袭击，日益困窘。他不得不与刘邦相约，以鸿沟（古代运河，位于今河南省中牟县）为界，中分天下。之后，项羽释放了刘邦的父亲和妻子，自己则返回江东。刘邦却听从张良、陈平之计，没有遵守约定，反而追击项羽。韩信、彭越等人率兵与刘邦汇合，将项羽围在垓下（今安徽省灵璧东南），楚汉战争期间最悲壮的一幕展开了。

此时已到了公元前202年，汉军分为三部分层层围困住了楚军。刘邦居中，周勃在最外围，韩信则率兵30万直面楚军。韩信兵分三路，两路左右埋伏，自己领兵佯败引楚兵追击，再三面合击，大败楚军。此时，汉军四面围困楚军，夜里唱起楚歌，扰乱项羽军心。面对着美人虞姬和名马乌骓，项羽英雄末路，慷慨悲歌："力拔山兮气盖世，时不利兮骓不逝。骓不逝兮可奈何，虞姬虞姬奈若何！"[1]引得一军将士皆涕泣而下。此时的项羽仍将战败的原因归结于"时不利"，认为是"天亡我也"。为证明自己的勇武，在仅剩28骑的情况下，他还孤身冲入汉军，力斩汉将两人，士卒数十百人。

最后，项羽逃到了乌江边（今安徽省和县东）。乌江亭长已经准备好船只，想送他过江，并说，江东地方千里，足以称王。汉军没有船只，必定追之不及。项羽却无颜见江东父老，将乌骓马赠送给乌江亭长，自刎而死。

项羽起兵江东，称霸诸侯有5年之久，最终却落到了如此结局，实在可歌可泣。后人对项羽的选择有截然不同的评价。唐朝诗人杜牧曾写道："胜败兵家事不期，包羞忍耻是男儿。江东子弟多才俊，卷土重来未可知。"显然，在杜牧看来，自刎乌江并不是一件值得赞赏的事情。返回江东、卷土重来，方显男儿本色。而宋朝女词人李清照则写诗道："生当作人杰，死

---

① （西汉）司马迁：《史记》卷7《项羽本纪》。

亦为鬼雄。至今思项羽,不肯过江东。"她对项羽自刎乌江的英雄气概大加赞赏。不管如何,一代英雄项羽,虽然仅仅称霸了数年时间,却在历史上留下了浓墨重彩的一笔。

二月,在群臣的多次请求下,刘邦登上皇帝的宝座。楚汉战争结束,西汉王朝建立了。

第二节 汉初对秦亡汉兴原因的探讨

刘邦做了皇帝,建立了西汉,但这并不代表刘家从此就可以毫无忧虑地坐稳天下。因此,在刘邦做了 3 个月皇帝之后,他对群臣提出了一个重要的问题:究竟我刘邦为什么能得天下?项羽为什么会失天下?他强调,一定要据实回答,不得隐瞒。于是,高起、王陵二人老老实实地回答道,陛下轻慢而好骂人,项羽仁爱而尊敬人。然而,陛下攻城略地之后,会将虏获与属下分享;项羽却嫉贤妒能,有所得不与人分享。刘邦不同意他们的说法,提出了自己的解释,说他胜过项羽的关键是知道如何使用人才。例如,运筹帷幄、决胜千里有张良,镇抚百姓、力保后勤有萧何,将兵百万、攻城拔寨有韩信,这些事不是他刘邦一人所能,但他能选用这几位人才来承担。项羽有一个范增,却不能好好使用。这就是为什么刘邦胜利,而项羽失败的原因。刘邦固然点明了他和项羽在用人方面的区别,但高、王二人所言也是有道理的,刘邦之所以能够让人才发挥作用,与他舍得赏赐,即所谓与臣下分享虏获有关。不过,高、王二人只说出了一半,另一半却藏了起来,那就是,刘邦还知道如何用强制手段控制臣下,防范他们造反。高、王二人所言还反映了一个事实,那就是为了争取各路将领的支持,刘邦大封王侯,这实际上是对秦朝单纯实行郡县制的一种反动。

始皇帝统治时期,关于分封与郡县就有几次讨论。到汉初,这仍然是一个十分重要的问题。公元前 201 年,有人向刘邦告发楚王韩信谋反。刘邦采用陈平之计，假装到云梦巡游，趁机抓住了韩信。此时，一个名叫田肯的人前来向刘邦献计，他认为齐地富饶广大，又有泰山之固，是可以与关中媲美的地方，只能分封给至亲的子弟。刘邦采纳了他的建议，将曾经分封给韩信的齐、楚两地都封给了自己的亲属。田肯看到了齐地的重要性，刘邦则看到，必须要将重要的地方交给自己人掌握，才能稳固刘氏的天下。他觉得秦朝灭亡的教训之一，就是在各地起义风起云涌之时，却没有嬴姓子弟挺身而出，原因就是秦朝没有将皇室子弟分封到各地，他认为这是一个教训，因而他要分封刘氏子弟；此外，他还必须要考虑西汉初建立之时的国内形势。

西汉初建立之时，国内是什么形势？尽管名义上是刘邦统一了天下，但实际上却是刘邦与异姓诸侯王共治天下的局面。当时的异姓诸侯王有楚王韩信、淮南王黥布、梁王彭越、赵王张敖

图 14.1　马王堆 3 号汉墓 T 形帛画。1973 年湖南省长沙市马王堆 3 号汉墓出土。湖南省博物馆藏

（张耳之子，公元前 202 年张耳去世，他继承王位）、韩王信（原韩国后裔，名叫信）、燕王臧荼、长沙王吴芮。这些异姓诸侯王的辖地十分广大，合起来甚至要超过皇室的辖地。不仅如此，这些诸侯王，特别是韩信、黥布和彭越，手握重兵，不受朝廷管辖，对大一统局面而言，是严重的分裂因素。因此，又鉴于秦朝的教训，刘邦既要封同姓诸侯，又要消灭异姓诸侯，这成为他从开国到去世期间的主要任务。

事实上，在第一个异姓诸侯王谋反之时，刘邦还没有完全意识到这个问题。公元前202年7月，燕王臧荼谋反。刘邦亲自带兵征讨，9月就平定了叛乱。这时候，他考虑的是重新再立一个燕王，却没有考虑异姓与同姓的问题。因而，在韩信等人的建议下，刘邦立了卢绾为燕王。

抓住韩信之后，刘邦把他降为淮阴侯，让他居住在洛阳。韩信十分不满，常常告病不上朝。据说后来陈豨叛乱之时，韩信趁刘邦前往平叛之机，想要响应，但没有付诸实施，便被吕后和萧何所杀。刘邦显然对韩信是深怀戒心的，他平定陈豨之后才知道韩信被杀，既高兴，又可惜。他高兴的是，终于除掉了一个极大的威胁；可惜的是，西汉的建立，韩信功劳巨大，是一个不可多得的人才。

韩信之死，给其他异姓诸侯王敲响了警钟。公元前196年，陈豨谋反之后，刘邦召彭越出征。彭越称病，仅派属下将领带兵跟随，刘邦很不高兴。恰好梁国有一个官吏犯罪，向刘邦告发彭越谋反。刘邦抓住彭越，但没有杀他，将他贬为庶人，发配蜀地。路上遇到吕后，彭越向她喊冤。吕后将彭越带到洛阳，对刘邦说，此人勇猛，发配到蜀是留下祸患，应该杀掉。彭越就这样死在了吕后的手中。

黥布本名英布，因犯罪受黥刑，人称黥布。黥布与韩信、彭越都是楚汉战争中手握重兵的将领，同样受到刘邦的猜忌。公元前196年，韩信被杀，黥布心中十分惊恐。之后彭越又被杀，刘邦将彭越剁成肉酱，赏赐给各路诸侯。黥布接到后，更加惊惧，据说他立刻暗地里聚集兵马，准备反叛。很快黥布也有下属向刘邦报告谋反之事，刘邦带病亲征。黥布以为刘邦当时生病，必定不会亲征；而且他很自信，除了刘邦和韩信、彭越以外，并不害怕其他人。没想到刘邦能亲自出征，很快黥布被击败。公元前195年，黥布被杀。

除韩信、彭越、黥布之外，其他异姓诸侯王也在刘邦去世之前相继被除掉了封国。韩王信被封到北方，勾结匈奴谋反，失败后逃入匈奴；赵王张敖虽是刘邦的女婿，免于被杀，但被改封宣平侯；燕王卢绾遭到猜忌，在刘邦病逝以后也逃入匈奴。至此，刘邦所封的异姓诸王仅剩下地处南方的长沙王吴芮，但吴芮国小力弱，实际上无法对汉朝形成什么威胁，因此得以保存。

图 14.2 素纱禅衣（直裾）。1972 年湖南省长沙市马王堆 1 号汉墓出土。湖南省博物馆藏

消除了异姓诸侯，消灭了妨碍刘氏一统天下的割据因素，还要分封刘姓诸侯。这两方面并没有先后之分，是同时进行的。公元前 201 年，韩信的楚国被废，封地一分为二，一个是荆国，另一个是楚国。获封的荆王是刘邦的堂兄弟刘贾，楚王是弟弟刘交，刘邦的长子刘肥被封为齐王，哥哥刘喜被封为代王。公元前 198 年，戚夫人之子刘如意为赵王。公元前 196 年，刘喜之子刘濞为吴王，刘邦的小儿子刘长为淮南王。彭越死后，刘邦之子刘恢被封为梁王，刘友被封为淮阳王。陈豨叛乱平定后，另一个儿子刘恒被封为代王。公元前 195 年，因燕王卢绾反叛，刘邦之子刘建立为燕王。

从这一废一封可以看出，地方诸王除了姓氏都变成刘，其他基本上没有太大变化。然而，正是这姓氏的改变，让汉朝出现了"封建子弟以为屏藩"的局面。至少从表面上来看，这是天下一统于刘氏的局面。不过，正如始皇帝所说，"天下共苦战斗不休，以有侯王"。诸侯王只要存在，不论是否姓刘，必然会破坏大一统的统治秩序。后来的历史恰恰证明了这一点。

同样与秦朝有关系，刘邦在建立汉朝之后，还就如何治理天下的问题与名臣陆贾有过讨论。陆贾本是楚国人，在刘邦征战天下的时候，他是一名门客。汉朝建立后，陆贾为刘邦出使南越有功，得到刘邦的重视。但陆

图 14.3　马王堆汉墓漆盘。1972 年湖南省长沙市马王堆汉墓 1 号汉墓出土。湖南省博物馆藏

贾经常在刘邦面前提到《诗》、《书》，刘邦很不高兴。陆贾却说，在马上取天下，难道还能在马上治理天下吗？他举了周武王、吴王夫差和秦朝的例子，说明长治久安之道，莫过于文武并用。在刘邦的要求下，陆贾撰述了存亡兴败的道理，一共 12 篇，成《新语》一书。据《史记》记载，每上奏一篇，刘邦都十分高兴，以至于左右都高呼万岁。可见，陆贾的论述十分契合刘邦的心意。

陆贾的论述，实际上涉及两个问题。

一是治理天下需文武并用。陆贾指出，秦朝灭亡的原因是专任刑法，倘若统一天下之后施行仁义，未必会灭亡。这是以秦朝的教训来说明，治理天下不能专靠武功。这一点实际上也恰恰符合刘邦的心意。公元前 202 年，刘邦统一天下，取消了秦朝的严刑苛法，新施行的汉法较为简易。再加上随同刘邦举事定天下的功臣大多出身低微，如萧何、曹参等人不过是沛县的小官吏，陈平、王陵、陆贾等都是布衣出身，周勃不过是为丧事奏乐的，樊哙以屠狗为生，灌婴以卖布为业等。这些导致汉朝建立之初，朝堂之上漫无规矩，有时竟是一片混乱。《史记》记载，将领们为争功，在朝堂之上饮酒大喊，甚至舞刀弄剑，刘邦十分无奈。这个时候，有个叫叔孙通的，上书请求为汉朝制定礼仪。经过一个多月的演习，得刘邦观摩认可之后，公元前 200 年 10 月，汉朝的第一次朝会正式开始。这次朝会礼仪相当完整，整个过程井然有序，庄严而肃穆，再没有喧哗失礼的行为。经此一次，刘邦才深切体会到皇帝的尊贵。

朝廷礼仪的制定，不过是文武结合治理天下的一个缩影。由于汉朝建立后，君臣都出身平民，没有如同秦朝那样的基础，因而各种政策礼仪的制定也不是一蹴而就的，是一个逐渐形成的过程。以叔孙通为代表的一批文士为此立下了大功。刘邦晚年想废掉太子刘盈改立赵王，叔孙通竭力维护，不仅仅因为他是刘盈的老师，更因为要维护嫡长子继承制；惠帝时期的种种宗庙礼仪，也都通过叔孙通加以制定。

　　二是针对秦朝专任刑法的问题，需采用宽仁而治的方针。采取这个方针，有两方面的原因。其一，秦朝专任刑法导致灭亡，这是历史教训，汉朝自然不能重蹈覆辙。其二，汉朝建立后，国家残破，必须要依靠这样的方针鼓励农业生产，以便迅速恢复经济。汉朝刚刚建立，刘邦作为皇帝，甚至都不能凑齐同样毛色的四匹马来拉车，一些功臣将相干脆就乘牛车。普通民众更是生活无着，流离失所。实际上，这个方针很早就已经开始实施了。刘邦进入关中，为取得关中民众的支持，宣布废除秦朝苛法，与关中父老约法三章：杀人者死，伤人及盗抵罪。这一方针的实施立竿见影，关中民众十分欢迎。汉朝建立之后，税收规定是十五税一，也就是征收 1/15 的赋税，相对于从前，这种税额是比较低的。公元前 202 年 5 月，天下已定，刘邦下令罢兵，士兵解甲归田，有利于农业生产的恢复。入关灭秦的关东人愿意留在关中的，免除徭役 12 年，回关东的，也免除 6 年徭役；因饥饿自卖为奴婢的都赦免为庶人。公元前 200 年，刘邦下诏鼓励生育，凡增添人丁的人家，免除两年的徭

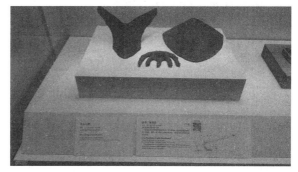

图 14.4　西汉铁制农具。左为铁铧，中为铁五齿耙，右为铁犁壁。铁铧与铁犁壁 1967 年陕西省咸阳窑店出土，铁五齿耙 1980 年福建省崇安汉城遗址出土。中国国家博物馆藏

役。公元前195年，在刘邦的最后一年，他还下诏规定各郡国向朝廷献礼的数额，以免各郡国为追求献礼多而赋敛过重。这些诏令的内容，都是以宽仁的方式来鼓励农业生产。

刘邦去世之后，汉惠帝继位。汉惠帝性格懦弱仁厚，刘邦曾动过改立太子的心思，就因为觉得汉惠帝不像他。汉惠帝继位之时，年仅16岁，政权把握在他的母亲吕太后手里。吕后十分痛恨戚夫人和刘邦所生的儿子赵王刘如意。刘邦一死，吕后就将戚夫人囚禁起来，并数次派人请刘如意回长安。汉惠帝知道吕后想加害如意，便在如意到达长安时亲自迎接，并将如意时刻带在身边以防被害。但吕后终究趁一次汉惠帝早起打猎的机会毒死了刘如意。吕后又将戚夫人的四肢砍掉，眼睛挖去，耳朵弄聋，并喂她吃哑药，装在一个瓮中，放在厕所，号称"人彘"，让汉惠帝前来观看。汉惠帝看了之后大哭，从此不理朝政，大病一场，很快就去世了。

汉惠帝死后，吕后找人冒充汉惠帝之子为帝，政权仍然掌握在吕后之手。之后，吕后开始戕害刘姓宗室子弟，提拔吕氏族人，先后有4个吕氏子弟被封王，封侯的更多。据说刘邦生前曾与功臣立有"白马之盟"，宣布"非刘氏而王者，天下共击之"，也就是说刘氏以外的人不能封王。吕后的所作所为显然违背了这个约定。但由于吕后掌权，大臣不敢反对。丞相王陵性格耿直，反对吕氏封王，结果，被明升暗降为太傅，夺去了丞相之位。吕氏外戚权倾朝野，显赫一时。公元前180年，这是吕后掌政的第十五年，吕后病重，她知道自己恐怕无法康复了，便为吕氏安排后事。她命侄子吕禄、吕产分别掌握南北军，又特别告诫二人：当初刘邦与功臣有白马之盟，如今我一旦去世，恐怕大臣们都不会再同意让你们为王，所以一定要把握好军权。临去世前，又任命吕产为相国。吕后一死，一场惊心动魄的宫廷政变也就开始了。

此时，齐王刘襄(刘邦的孙子，齐王刘肥之子)整军备武，准备应变。而大将灌婴这个时候屯重兵于荥阳(今河南省荥阳市)，与齐王约定，一旦关中有变，立刻前往平乱。吕禄、吕产等人虽然掌握了中央常备军(北军和南军)，但朝中还有周勃、陈平等大臣，朝外又有齐王刘襄、大将灌婴，所以二人一时犹豫不决，结果失去了消灭大臣控制朝廷的先机。然而，吕氏毕竟还掌握着中央常备军的军权，要除掉吕氏，首先就要解除吕禄、吕产二人的军权。曲周侯郦商之子郦寄与吕禄关系很好，他两次劝说吕禄将北军交给太尉周勃。周勃掌握北军以后，命军中将领在刘氏和吕氏之间做出选择，将领们都选择刘氏，这样，周勃便控制了北军，但南军还掌握在吕产的手中。南军的主要职责是守卫皇宫内外。周勃命朱虚侯刘章(齐王刘襄的弟弟)率兵1000多人杀入宫中，当时正好起了大风，结果吕产的随从将领一片混乱，指挥不灵。刘章在宫中官衙的厕所中杀死了吕产。吕产死后，周勃对吕氏展开了灭族的行动。

消灭了吕氏，接下来就是皇帝的继承人问题。汉惠帝早死，没有留下后代，这就必须从其余诸侯王中选择一人继位。原齐王刘肥是刘邦的(庶)长子，刘襄算是刘邦长孙，当然有资格。但大臣们考虑到刘襄母族势力过大，害怕又形成另一个吕氏，便放弃了。当时刘邦诸子，只有代王刘恒和淮南王刘长还在。刘恒年长，而且刘恒之母薄夫人的家族势力薄弱，刘恒本人在大臣们看来又是一个仁孝宽厚之人，因此被认为是继承皇位的最佳人选。最终，代王刘恒被迎立为皇帝，这就是西汉的第三位皇帝汉文帝。

汉惠帝、吕后时期，大权虽然掌握在外家手里，但政策一如既往，按刘邦时期行事。刘邦去世之前，曾对吕后交代了丞相一职的人选和顺序，即萧何、曹参、王陵、陈平。萧何做丞相就已经比较宽简，还曾请求将皇家园林的空余土地交给长安民众耕种。曹参喜好道家黄老学说，奉行清静无为的方针。他在齐国(刘邦长子刘肥的封国)做丞相的时候，执行这一方针取得了良好的效果，被称为贤相。继萧何为汉朝丞相之后，曹参不更改萧何做丞相时的一切方针，完全照旧。在选用人才方面，也以性格宽厚为标准，目的都是为了不扰民。这两位丞相对汉朝的治理十分成功，被称为萧规曹随。即使是吕后本人，也曾在当政期间下令废除一人犯罪连坐三族的酷刑。史学家司马迁评论说，在汉惠帝、吕后执政期间，君臣都采用无为而治的方针，天下安定，刑罚少用，民众得以脱离战争之苦，致力于农业生产，衣食逐渐地丰富了起来。这些表明，西汉开国君臣都注重吸取秦朝的教训，采用了与秦朝相反的治国方针，使得汉朝的国力逐渐恢复。

第三节 "文景之治"

"文景之治"是指汉文帝和汉景帝在位时期的一段历史，从公元前180年文帝即位，到公元前141年景帝去世，总共经历了40年时间。在这个时期，由于社会较为稳定，经济持续发展，财富大量积累，社会各个方面都呈现出一派生机勃勃的繁荣景象，因而被史家称为"文景之治"。

汉文帝是在吕氏消灭后登上帝位的。汉文帝名叫刘恒，在刘邦的8个儿子当中排名居中。刘恒的母亲薄夫人出身寒微，是一个私生女。楚汉战争期间，魏豹立为魏王之后，将她纳入宫中。当时有人给她相面，说将来会生出一个天子。魏豹因此背叛刘邦，在楚汉战争中保持中立。魏豹被刘邦抓住后，薄夫人也被俘虏，并被纳为妃子，但一直不受宠幸。后来刘邦听说了薄夫人的遭遇，出于同情才稍加宠幸，很快便生下了刘恒。刘邦死后，吕后专权，当初为刘邦所宠幸的戚夫人等人都遭到残害，唯有薄夫人因为刘邦宠幸很少，且随刘恒封到代地，远离朝廷，无缘宫中权力之争，而得以幸免。

汉文帝在即天子位之前就有仁孝宽厚的美名。他的封地代位于北方边境，环境较为艰苦，因而可能对民生较为熟悉。即位之后，他不仅数次下令减免赋役，本人还力行节俭。史书记载，他在位期间，天子的各种用度，包括宫室、车马、皇家园林等都没有增加。曾有一次想要修建露台，让工匠计算，发现需要百金（相当于10个中等家庭的财产之和），便下令不许修建。他本人和后妃穿戴都很简单，在给自己修建霸陵时，不许使用金银铜锡装饰，只用瓦器。这一切都是为了不烦扰民间。据《汉书》记载，汉文帝时期，国家殷富，刑罚少用。

汉景帝名叫刘启，在汉文帝诸子当中排行居中。但在汉文帝还是诸侯王的时候，他的 3 个儿子就先后去世了。等汉文帝即天子之位，刘启就是长子，顺理成章地成为太子。在西汉的皇帝当中，汉景帝是少数几个以长子身份继承天子之位的皇帝之一。

汉景帝的母亲是窦太后，本是赵地人。吕后执政时要将宫女赐给各地诸侯王，窦太后便是其中之一。她想分到赵国，但错划到了代国，成为代王刘恒的姬妾，生下一女刘嫖和儿子刘启、刘武。刘启被立为太子之后，她就被立为皇后。窦太后对汉景帝以及汉武帝初年的政局影响较大。她本人喜好黄老学说，命景帝和窦家的人都必须读《老子》。而道家学说正是主张无为而治、与民休息的，与文景时期的治国思想十分契合。

几十年的休养生息，使社会经济和社会生活空前稳定繁荣。

旧史家赞扬文景之治是历史上著名的盛世，甚至能与周代的成康之治相媲美。那么，文景两帝时期究竟采用了一些什么样的统治政策呢？

第一，文景两位皇帝都特别重视农业的发展。在中国古代，农业是立国之本。因此，两位皇帝都十分重视扶持农业发展。汉文帝曾多次下诏强调农业的地位。公元前 178 年，即文帝二年正月，汉文帝下诏指出，农业是天下之本，要开垦籍田，种出粮食来供奉到宗庙中。这么做的目的是亲自做出表率，以劝导农耕。同年九月，汉文帝又下诏强调，农业是天下之大本，是人民赖以生存的根基。倘若不从事农业而从事商业，经济就得不到发展。有鉴于此，汉文帝不仅亲自率领群臣耕种，更决定当年的田租只收取一半，大大降低了农民的赋税负担。到公元前 166 年，汉文帝不仅再次强调农业的大本地位，更指出，征收田租是将农业放在与商业等同的地位上，不利于鼓励农业生产，因此，下令免除田租。汉景帝也有类似的诏令。公元前156年，汉景帝刚刚即位不久，便下令允许农民从土地贫瘠的地区迁往土地肥沃的地区；五月，汉景帝又下诏田租减半。文景二帝不仅减免田租，还不时削减农民的徭役。在中国古代，农民除了要交田租，还要定时服徭役，为国家出力。正常情况下农民需要每年都服一次徭役，而汉文帝时，农民三年才服一次徭役。无论是减免田租，还是减免徭役，都能够有效地提高农民的生产积极性，从而恢复和促进农业生产。

第二，文景时期，刑罚较轻，君臣都有少用或轻用刑罚的倾向。汉文帝时期有一个名臣叫张释之，当时担任廷尉，负责处理各种刑事违法案件。史书记载了张释之判案的几个例子。第一个人是因为惊动了汉文帝的坐骑。原来此人远远看到皇帝的车驾过来，赶紧躲到桥下，没想到过了一会，发现汉文帝的车驾并没有完全过去，恰好惊动了汉文帝的坐骑，差点儿把汉文帝摔下去。张释之的判决是罚金。汉文帝很生气，张释之解释道，法律是天下人都应该遵守的，不应当随便更改，否则，民众会无所适从。汉文帝同意了他的说法。第二个人是因为盗窃了高祖庙的玉环。张释之的判决是处死此人。汉文帝起初也不同意，认为应该连坐他的家族。张释之解释道，如果这个偷玉环的罪就要族灭全家，那么要是有人偷了高祖陵的一抔土，难道也要族灭全家吗？汉文帝也同意了他的意见。事实上，在汉文帝继位的第二年，就曾与大臣们讨论过废除连坐之法的问题。尽管后来还是恢复了连坐，但这表明汉文帝还是有意减轻刑罚的，在一定程度上能够减轻民众负担。

第三，对匈奴采取和战相辅的方针。自秦朝以来，匈奴就时刻威胁着中原王朝的安全。秦朝蒙恬修筑长城以后，虽然有了一定的抵御作用，但不能完全消除匈奴的威胁。自秦末到汉初，匈奴首领冒顿单于(单于是匈奴首领的称号)利用中原兵连祸结、无法北顾的机会，向东打败东胡，向西赶走月氏人，甚至还侵入燕、代地区，这必然导致中原人民无法进行安定的农业生产。刘邦统治时期，匈奴兵势强盛，达30万人。靠近匈奴的诸侯王韩王信和燕王卢绾都因刘邦致力于消灭异姓诸侯而逃入匈奴，汉朝也无可奈何。公元前 200 年，在韩王信谋反之后，刘邦数次派人出使匈奴，名臣刘敬出使之后，建议不要采取战争手段。刘邦不听，结果这年冬天被匈奴大军围在白登（今山西省大同东北）达 7 日之久。在突围之后，刘邦在刘敬的建议之下，一面采用和亲的手段安抚匈奴，另一面又将关东各地富豪贵族迁徙到关中，以防备匈奴。吕后统治时期，继续执行了与匈奴修好的策略。汉文帝继位后，虽然也采用和亲的策略，但局势并未好转。公元前 177 年（文帝三年），汉文帝命灌婴带兵击退匈奴右贤王部。公元前 176 年（文帝四年），匈奴在给汉文帝的信中称已消灭月氏、楼兰、乌孙等 26 国，极力炫耀自己的强盛。经过廷议，仍旧采用了和亲的方针。不久，冒顿单于去世，其子老上单于继位。汉文帝派遣使者中行说前往匈奴和亲，不料中行说背叛汉朝，投降匈奴，而且还处处与汉朝作对。公元前 166 年，老上单于率兵 14 万寇边，在塞内驻留了一个多月才离开。汉朝出塞追击，却无法取得有效战果，最终仍以和亲结束。文景时期，由于双方都不能形成绝对的优势，又出于保护内地农业生产的需要，尽管匈奴扰边不断，但汉朝始终采取和战相辅的方针。这也是与民休息的一个重要方面。

第四，众建诸侯以少其力。这是针对地方诸侯王所采取的方针，由名臣贾谊提出。贾谊本是洛阳人，18 岁的时候就以擅长《诗》、《书》闻名河南郡。河南郡太守吴公后来做到九卿之一的廷尉，就将贾谊推荐给汉文帝，做了博士。贾谊得到汉文帝的赏识，一年之中就升到太中大夫的职位。由于受到汉初功臣的排挤，贾谊被迫离开长安，远放为长沙王太傅。过了 4 年多，贾谊又被汉文帝召见，被任命为汉文帝最喜欢的小儿子梁王的太傅。可惜的是，几年之后，梁王从马上掉下摔死，贾谊自认为有负教导之责，一年后也伤感而死，年仅 33 岁。贾谊著有名篇《过秦论》，目的就是要总结秦亡的历史教训。然而，贾谊并未一味指摘秦朝的过失。在他看来，无论始皇帝统一六国，还是刘邦灭楚建汉，都是统一大业的完成，老百姓都是欢迎的。那么，秦朝灭亡的原因究竟是什么呢？他认为是继位的秦二世专任武力，不施仁义。这一点与陆贾治国需要文武并用的观点如出一辙。除《过秦论》以外，贾谊还数次向汉文帝上疏陈述自己的政见，如《陈政事疏》（又称《治安策》）、《论积贮疏》、《谏铸钱疏》等，其中以《治安策》最为有名，因为它涉及当时社会的主要问题。

汉初，刘邦出于拱卫中央的需要，在消灭异姓诸侯王的同时，大封同姓诸侯王。到汉文帝时期，地方同姓诸侯势力逐渐强大，也渐渐成为国家的不稳定因素。在贾谊上《治安策》之前，汉朝发生了两次诸侯王谋反事件。第一个谋反的是济北王刘兴居，他本是齐王刘肥之子，刘邦之孙。在平定诸吕时有功。汉文帝继位第二年，就将刘兴居立为济北王。然而，在公元前177年，当汉文帝亲征北方入侵的匈奴时，刘兴居趁机发动叛乱，迫使汉文帝回师平叛。刘兴居被杀，封国也被收回。第二个谋反的是淮南王刘长。汉文帝登基时，刘长是他唯一还在世的兄弟，汉文帝对他十分宽容，刘长却因此骄横异常。他在长安时常跟着汉文帝一起去打猎，又直呼汉文帝为"大哥"。等回到诸侯国，又不按照国家法律而是自订法律行事，还僭越身份，模仿天子出行。汉文帝虽然数次警告，但终究没有处置他。公元前174年（文帝六年），据说刘长打算派人联络南方的闽越和北方的匈奴谋反，但行动尚未开始就被发觉，刘长也死在了流放的路上。

面对诸侯王国地方广大，割据因素愈加明显的情况，贾谊向汉文帝上了《治安策》，陈述了他的建议。他认为当时天下之所以还算安定，是因为宗室子弟在封王的时候，大多年纪幼小，而且有国家任命的傅、相之类的辅佐官员代为处理王国事宜。一旦诸侯王长大，便有可能生出反心。他回顾了刘邦诛灭异姓诸侯王的时代，唯独长沙王幸存，原因是长沙国封地最小，不足以对中央朝廷构成威胁。因此，贾谊提出了"欲天下之治安，莫若众建诸侯而少其力"的主张，也就是通过将大的诸侯国分割成众多小国的方法，来减弱单个诸侯国的实力，从而加强朝廷对地方的控制力。贾谊的这

个建议显示了非同寻常的政治智
慧。后来汉景帝时期的削藩、汉
武帝时期的推恩，均是这一思想
的体现。

　　后来齐王刘则（即刘肥的孙
子）去世，由于他本人没有儿子，
汉文帝想起贾谊的建议，就将齐
地一分为六，将刘肥的6个子孙
都封为诸侯王；淮南王刘长死
后，汉文帝也将他的封地一分为
三，封他的3个儿子为王。

　　汉文帝虽然按照贾谊的建议
把若干王国分割为众多小国，但
并未推而广之，所以尚不能消除
大的诸侯国对朝廷的威胁。到汉

图 14.5　彩绘立俑。1972 年湖南省长沙市马
王堆 1 号汉墓出土。湖南省博物馆藏

景帝时期，这种威胁就变得十分严重了。汉景帝十分信任的大臣晁错曾建
议直接削夺诸侯的封地。晁错是颍川（今河南省禹州）人，所学是申不害、
商鞅等人的刑名之学。他为人耿直，喜欢使用法律来处理事务。秦朝焚书
之后，《尚书》失传，汉文帝时他曾受命跟随秦博士伏生学习《尚书》，使这
一典籍记载成文，自己也成为精通《尚书》的学者。后来他被任命辅佐教导
当时还是太子的刘启，得到刘启的信任，被太子称为"智囊"，这惹得袁盎
等许多大臣都不喜欢他。汉文帝时，晁错就已经看到了地方诸侯对朝廷的
危害，数次上书要求削夺诸侯的封地，但没有被汉文帝采纳。汉景帝继位
以后，他被任命做内史，治理京师。很快，晁错就做到了三公之一的御史
大夫，职责是对全国官员进行纠察、弹劾等，权力很大。他再次上书提出
削减诸侯封地的建议，汉景帝显然也对地方诸侯的割据要有所行动，便下

令群臣讨论。包括丞相窦婴在内的群臣都反对晁错针对地方诸侯所制定的法令，各地诸侯的反对之声更强，晁错的父亲得知这一情况，便亲自从老家颍川赶来，劝晁错不要做这种疏离刘氏骨肉的事情，否则晁家就危险了。晁错自信自己的所作所为符合安定刘氏天下的大义，仍然坚持自己的主张，他的父亲眼看无法挽回，便饮毒酒自杀了。此时晁错已经借故削减了吴、楚、赵、胶西等诸侯国的封地。晁错的父亲死后 10 多天，吴、楚等诸侯国联合发动叛乱，打出的就是诛杀晁错的旗号。晁错建议景帝亲自率兵平叛，自己留守京师；袁盎主张杀掉晁错，归还诸侯的封地，以此换取诸侯停战。汉景帝不得已杀了晁错，然而，根据军中得来的消息，吴王刘濞早已准备谋反 10 多年了，无论杀与不杀晁错，吴王都会谋反。不仅如此，诛杀晁错反而让天下的忠臣义士寒心。汉景帝无奈，只得鼓起勇气，面对吴楚等国的叛乱。

吴王刘濞本是刘邦的哥哥刘仲的儿子，曾跟随刘邦平定淮南王英布有功，被封为吴王，辖三郡五十三城。刘邦封了刘濞之后，觉得刘濞有反相，还曾叮嘱他将来不要谋反。然而，吴国境内经济条件优越，既有铜矿山铸钱，又能煮盐冶铁，再加上他免除赋税，广招逃犯流民，聚集了较为强大的实力。偏偏刘濞同汉景帝又有矛盾。原来在汉景帝还是太子的时候，一次游戏，汉景帝误杀了刘濞之子刘贤(当时是吴国的太子)，刘濞因此怨恨汉景帝。汉景帝继位以后，在晁错的建议下不断削夺诸侯封地，刘濞开始联络其他诸侯准备谋反。公元前 154 年(景帝三年)的春天，刘濞联合胶西、楚、赵、济南、菑川、胶东六国举兵反叛。汉景帝看到杀掉晁错毫无效果，便命大将军窦婴、太尉周亚夫领兵平叛，在梁王刘武的鼎力支持下，朝廷的军队用了 3 个月最终取得胜利。这次事件是中央与地方、朝廷与诸侯的强力对抗，朝廷既然得胜，汉景帝便趁势进一步分割各地诸侯的土地。公元前 147 年，汉景帝下令废掉诸侯国的御史大夫这一官职，实际上是将地方王国官吏的监察权收归中央。公元前 145 年，诸侯国的丞相被改名为相，降低了其政治地位。同时，汉景帝下令将王国官吏的任免权收归朝廷，减少王国官吏的数量。这些措施使得朝廷加强了对王国官吏的控制，因而加强了对地方王国的控制。

"文景之治"是中国历史上的盛世，是因为这两代皇帝都本着轻徭薄赋、与民休息的方针治理国家。无论是减免赋役、减轻刑罚、与匈奴和亲，还是加强对地方诸侯的控制，都以稳定发展作为目标。特别是两位皇帝针对地方诸侯的政策削弱了割据因素，因而进一步推动了自秦朝以来的大一统格局的发展。在国家获得稳定的前提下，文明才能得到较好的发展，这也为西汉强盛时期的到来奠定了良好的基础。

第十五章 西汉中期大一统格局的形成

公元前141年，汉景帝去世，太子刘彻继位，他就是历史上著名的汉武帝。汉武帝的登基，标志着西汉繁荣、强盛时期的到来。雄才大略的汉武帝在政治、经济、文化等方面都进行了有力的改革，为他经略四方打下了坚实的基础。这一时期，汉武帝身边人才荟萃，文臣武将济济一堂，文学、史学、经学、哲学、天文学等都有了发展。丝绸之路开始形成，东西方文明开始了互通的进程。大一统格局在这一时期最终得以形成，中华文明得到了极大的发展。

第一节 中央集权的强化

汉武帝刘彻，本是汉景帝14个皇子中的一个。他的母亲姓王，在嫁给景帝之后封为美人。王美人的母亲臧儿，本是汉初异姓诸侯王燕王臧荼的孙女，嫁给一个名叫王仲的人，生下了王美人。王仲死后，臧儿又改嫁田氏，生有田蚡、田胜两兄弟。这样看来，汉武帝本人不是长子，母家又没有强大的实力，甚至还有罪臣之后的帽子，因而几乎没有什么机会继承皇位。据说在王美人怀上刘彻后，梦见有太阳飞入怀中，连汉景帝都觉得这是一个吉兆。公元前156年，刘彻出生了，而这一年恰恰是汉景帝登基的第一年。汉景帝可能因此比较喜欢刘彻。更重要的是，刘彻还得到了姑姑刘嫖的帮助。刘嫖是汉景帝刘启的亲姐姐，两人都是窦太后所生。刘嫖在皇宫中的地位很高。也许她希望保住自己的权位不失，因而想把自己的女儿陈阿娇嫁给汉景帝的太子。当时的太子是栗夫人所生，称栗太子。但这位栗夫人却拒绝了刘嫖的建议。刘嫖一怒之下转而要将阿娇嫁给刘彻，王美人同意了。于是，刘嫖便经常在汉景帝面前说栗夫人的坏话，又不断称赞刘彻。偏偏栗夫人又因故触怒了汉景帝，导致汉景帝最终下决心废掉栗太子，立刘彻为太子。汉朝宣称以孝治天下，推崇嫡长子，因而宗法制受到重视。宗法制有一条基本原则叫作"母以子贵"，王美人的儿子做了太子，自己也就顺理成章地升任为皇后。

汉武帝即位以后，汉朝处于什么样的一种局面？为了扭转因战争频仍导致的国家凋敝、民不聊生，自汉高祖刘邦的时代开始，一直到汉武帝继位，70多年的时间，基本上都以轻徭薄赋、休养国力为主。据《史记》记载，到汉武帝继位之时，汉朝已有70多年的历史了，国家几乎没有什么重大事件发生。除非是遇到水灾、旱灾等自然灾害，否则一般民众家里都是衣食丰足。国库中所囤积的钱财很多，连穿铜钱的绳子都腐朽了，以至于无法数清究竟有多少钱。囤积的粮食不断叠加，都溢出仓库，发霉不能食用。老百姓都养马，大街小巷、田野阡陌，成群结队。连看门的人都吃小米和肉。人人自爱，不轻易犯法。凡事以义为上，鄙视可耻的行为。根据这样的描述，可知汉朝的国力已经相当强盛，统治者似乎可以大展宏图了，偏偏即位的汉武帝恰恰就是喜欢大展宏图的君主。

若要大展宏图，必须要政令一统，上下一心。因此，在这些雄厚实力的基础上，汉武帝要做的是将权力集中到自己的手中，也就是强化中央集权，这需要从几个方面着手。

第一，彻底消除地方诸侯对朝廷的离心倾向。这个过程自汉朝建立之初就已经开始。汉高祖刘邦致力于消除异姓诸侯王对朝廷的威胁，结果又分封了大量的同姓诸侯。汉文帝时期，依据贾谊"众建诸侯而少其力"的建议，已经在分封诸侯的时候注意化大为小，便于控制。汉景帝时，在晁错的主持下，以强有力的法令和行政手段直接削夺诸侯王的封地，这种方式过于激烈，因而引起吴楚七国之乱。朝廷平定七国之乱，表明在这场斗争中，朝廷占据了上风，这也为汉武帝时彻底消除地方的割据势力打下了基础。公元前 134 年，一个名叫主父偃的人因上书言事得到了汉武帝的信任。主父偃本是齐人，所学甚杂，有纵横短长之术，又有诸子百家之语。但在齐地遭到其他人的排挤，便来到了长安，就律令和讨伐匈奴的事向武帝上

图 15.1　长信宫灯。西汉。1968 年河北省满城县陵山中山靖王刘胜妻窦绾墓中出土。河北博物院藏

书，得到赏识。之后，他又谈到了诸侯王的问题。他指出，古代的诸侯，封地狭小，容易控制。现在的诸侯，封地广大，要么骄奢淫逸，要么密谋反叛。按照晁错的办法以法律手段直接削夺封地，过于激烈，反而容易逼诸侯反叛。他提出，将大的诸侯国划分若干小国，封给这个诸侯的众多子弟，实际上是将大国划分成许多小国，既争取了诸侯子弟的支持，又在实际上削弱了诸侯王国。主父偃的建议表现出非凡的政治智慧，得到了汉武帝的认可。

公元前 127 年，汉武帝下诏，有愿意将封地分给子弟的，他会亲自过问，审定名号。历史上称这个诏令为推恩令。相对于晁错的削藩，推恩令虽然取得了相似的效果，采用的却是缓和的手段，因而较为顺利。经过几代分封，地方诸侯的封地肯定会越来越小，自然也就无力兴起反叛之心。公元前 122 年，淮南王刘安和衡山王刘赐谋反，虽最终没能起兵，但汉武帝穷究谋反之事，牵连人数达数万人，

这些人中许多都是刘安的门客。针对这种情况，汉武帝随后颁布左官律，规定诸侯王国的官吏是左官，地位低于朝廷官吏；又颁布附益法，严令地方官吏不得为地方诸侯聚敛钱财。这些针对王国官吏的法令，更进一步地限制了诸侯王的活动，削弱了诸侯王对封地的管理权，所以汉武帝以后，封地对地方诸侯的意义基本上仅仅是租税收入。

地方除了诸侯王国以外，还有侯国。汉朝的王国相当于郡，侯国则相当于县。王国不少，侯国就更多。因此，汉朝法律也有许多限制列侯的条文，地方各郡对本郡所属的列侯管辖也十分严格。列侯一般不允许到自己的封地，而是居住在京师，由朝廷将封地的财政收入转运到京师交给他们。汉武帝时期，对列侯的打击也越发严厉。公元前 112 年，

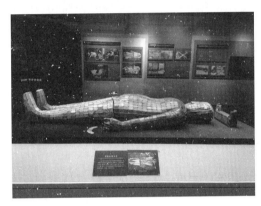

图 15.2　刘胜金缕玉衣。西汉。1968 年河北省满城县（今满城区）陵山中山靖王刘胜墓出土。河北博物院藏

汉武帝借口列侯贡献的酎金不足，一口气削夺了 106 个列侯的爵位，将他们的封地收归朝廷。此外，由于其他原因丧失爵位的列侯还有很多。

除分封的诸侯以外，地方郡守的辖地也很大，因而对郡守的监察也需要加强。秦朝时期，对地方的监察就已经存在了。当时在各郡设立监御史，直接向中央的御史大夫负责，职责就是监察本郡的官吏。汉初沿袭这一制度。公元前 106 年，汉武帝下诏将全国划分成十三州部，每部设部刺史一人，主要职责就是监察所属郡的郡守，但不能干涉郡县的政务。部刺史直接受朝廷御史中丞管辖。由于刺史权力过大，逐渐开始干预地方政务，到西汉晚期，部（州）也就逐渐变成地方最高一级行政机构了。除了十三部刺史以外，汉武帝时期还设立了一个特殊的刺史，即司隶校

尉，主要负责京畿地区，不但有权监察首都附近的地方官，甚至还能监察中央的官员。

这样一来，地方的诸侯、郡守都在朝廷的监察之下，较为有效地保证了地方与朝廷的协同一体，在朝廷与地方的关系上实现了中央集权。

第二，中朝的逐渐形成。在地方权力逐渐收归中央的同时，朝廷也同时在经历向皇帝集权的过程。皇帝作为国家最高权力的执掌者，是不允许大权旁落的，从秦朝三公九卿制设立以后，皇帝同百官之间，尤其是与丞相之间的权力斗争就没有停止。丞相的设立，本来也是为了便于皇帝通过丞相将权力集中到自己手中，但在这个过程中，作为中间环节的丞相逐渐掌握了越来越多的权力。例如，丞相既能为国家选用官吏，又能弹劾、诛罚官吏，对地方官吏的政绩好坏也能进行考核，甚至在某些情况下还能封驳皇帝的旨意。比如，汉景帝想封皇后的哥哥王信为侯，当时的丞相周亚夫就没有同意。汉朝初年，担任丞相一职的都是跟随汉高祖刘邦打天下的元老功臣，如萧何、曹参等人，此时君臣之间的矛盾还不是很突出。到汉武帝时，这个问题就比较突出了，特别是汉武帝的舅舅田蚡做丞相之时，甚至直接向武帝推荐地方郡守的人选，汉武帝十分不满，质问他推荐够了没有，要是够了，作为皇帝的自己也想任命官吏。大一统的格局，要求皇帝的意志毫无阻碍地贯彻下去，但有时受到丞相的阻碍，只能做出改变。为了改变这种状况，汉武帝逐渐重用自己身边的一些近臣，跳过以丞相为首的百官处理政务，这就是中朝，也叫内朝，以区别于由丞相总领百官的外朝。这些近臣大约有两类：一类是文臣，包括大夫、博士、尚书等；另一类则是武将，特别是一些高级将领，如大将军、骠骑将军、车骑将军、卫将军等。这些人能进入到中朝，除了受到皇帝本人的信任以外，还必须额外加上侍中、尚书、给事中等一些头衔。比如公元前138年，南方的闽越攻打东瓯，东瓯向朝廷告急。武帝命群臣讨论，太尉田蚡主张不管，而身为中大夫、侍中的严助却坚决主张派兵支援。汉武帝采用的便是严助的建议。武将一旦加上尚书的头衔，往往是中朝的首领。比如，汉昭帝时，霍光以大将军的身份领尚书事。汉昭帝去世时没有后代，汉宣帝就是在霍光的主持下选出来的皇位继承人。这时以丞相为首的百官只能俯首听命，与吕氏覆灭之后由丞相陈平主持选择代王刘恒继承皇位决然不同。在这些人当中，有一种级别不高的官员比较特殊，就是尚书。尚书本是皇帝身边掌管、传递文书的官员，本来没有什么权力，唯一的优势就是随侍在皇帝身边。正因为如此，皇帝在中朝处理政务的时候，逐渐将更多的权力赋予尚书。到东汉光武帝的时候，正式设立了由尚书组成的尚书台，首领是尚书令，地位竟然要高过丞相，尚书台也成为实际上的国家最高权力机关。

在中国历史上，每一次中央集权的改革都可能造成新的国家权力机构和官员，而且至少在新的部门刚刚形成的一段时期内，确实起到了将权力集中到皇帝手中的作用。而由于权力集中于皇帝一人之手，那些与皇帝关系密切的人，即外戚与宦官，便可能窃取权力。如果皇帝幼弱，这股势力就会主宰当时的政治形势。而当皇权暗弱的时候，国家必定要陷入黑暗、混乱之中。尤为重要的是，在汉朝这样一个强调儒学、抬高士大夫地位的时代，外朝权力被剥夺，无形中又会加大士大夫对朝廷的离心力，后来，士大夫又形成众多实力较强的地方士族，这样，又使地方割据势力有所加大。

第三，经济改革。汉武帝时期的经济改革，也是中央集权强化的一个重要表现。这些改革都是在名臣桑弘羊的参与或主持下完成的。桑弘羊是洛阳人，出生于一个商人家庭。在汉朝，商人地位是比较低的，较少有出仕做官的机会。桑弘羊却有特殊的经济才能，他受家庭的影响，又生长在洛阳这样一个工商业比较发达的城市，据说小时就能"心算"，而不用筹码。公元前141年，汉武帝刚即位，桑弘羊进入宫中，时年13岁，以侍中的身份随侍天子。可能就是因为经常随侍汉武帝，得到了汉武帝的信任，从此开始步入仕途。他非常欣赏战国时期的商鞅，因而主张以国家的、法律的手段来发展经济，赞同汉武帝任用张汤这样的酷吏。在他参与或主持的一系列经济改革中，这个特点十分明显。汉武帝时期中叶以后，频繁的对外战争、巡游，以及宫室建造让汉朝大耗国力。公元前120年，桑弘羊进入当时的农业部门任职。公元前115年，桑弘羊开始担任大农中丞。公元前111年，桑弘羊代理大农令。此后20多年，全国的财政经济基本上都是由桑弘羊主持。他所进行的经济改革主要有以下4项。

其一，盐铁官营。盐和铁在古代中国是重要的生活资料和经济物资。汉朝建立后，地方郡国都能自行煮盐冶铁，如汉景帝时期谋反的吴王刘濞就借此积聚了雄厚的经济实力，这显然不利于国家的政治稳定和经济发展。公元前120年，御史大夫张汤就向汉武帝提议，由国家出面管理盐和铁的生产。公元前117年，盐铁官营的政策正式提出并开始实施，规定由国家出面招募盐户，并提供煮盐用的盆，其余费用自理。盐户煮出来的盐由国家统一收购。在产铁的地方设立铁官，专门负责冶铁，不产铁的地方则收购废铁进行冶炼。盐和铁由国家统一进行销售，禁止私自买卖，否则不仅要没收产品，还要经受酷刑。盐铁官营极大地打击了进行盐铁经营的大商人，将盐铁销售的收入由商人的手中转移到了国家手中，对于增加国家财政收入的效果是很明显的。有鉴于此，公元前98年，桑弘羊还建议汉武帝施行"酒榷"(酒类专卖)，类似于盐铁官营，由国家统一收购私家酿造的酒，再统一销售，也增加了一定的财政收入。

其二，算缗告缗。缗是指穿铜钱用的绳子，算缗是指计算财产，目的是向工商业者和高利贷者征收高额的财产税。公元前119年(元狩四年)，算缗令颁布。这项政策的目的是增加国家的收入，同时打击富商大贾，但效果并不理想，许多大商人隐瞒财产不报，无法征收。在这种情况下，汉武帝一方面表扬主动算缗的卜式这样的大商人以做表率，另一方面于公元前117年和公元前114年两次下达告缗令，即如果大商人隐瞒财产被告发，他的财产就要全部没收，而告发者却能得到一半的财产。汉武帝命以严酷著称的杜周来主管告缗的事宜，结果许多富商大贾因此家破人亡，朝廷得到了一大笔收入。

其三，货币改革。秦始皇统治时期就进行过货币改革，当时主要目的是统一全国的货币，但留下了一个隐患，即由谁来铸造货币。汉朝建立后，除中央外，地方各郡、诸侯国都有权铸造货币。结果，导致各地铸造的货币越来越轻，大小也有差别。到汉武帝的时代，这种现象十分严重，物价也因此上涨得很厉害。一些地方诸侯也能利用铸币权积攒私人力量，不利国家统一。公元前140年，汉武帝刚刚即位，就下令发行三铢钱，试图重新统一混乱的货币市场。三年后，也就是公元前136年，三铢钱被废除，改行半两钱。公元前118年，又废掉半两钱，改用五铢钱。公元前113年，在桑弘羊的建议下，汉武帝对货币进行了彻底的改革。在中央设立位同九卿的水衡都尉一职，下属有钟官、辨铜、均输三官，负责将全国的铜搜集起来统一铸造标准样式的五铢钱，又称三官钱。同时，废除一切旧的货币，将货币铸造权收归中央，不再允许地方铸造货币。由于中央铸造的三官钱样式标准，重量合适，工艺水平可能也比较高，私人难以伪造，这就基本上解决了货币问题，对于中央财政的稳定是有重要意义的。

其四，均输平准。所谓均输，就是由国家出面平衡调剂各地的物资；所谓平准，就是由国家出面以贱买贵卖的方式平抑物价。大商人往往利用各地之间的物资、物价不平衡，采取囤积居奇的手段获取暴利，这必然会影响到社会稳定，不利于大一统。公元前110年，在桑弘羊的主持下，西汉政府在全国开始施行均输平准。中央大农令之下设立均输令，各地设置均输官，具体负责将各地的特产运输到中央或缺乏该物资的地区。又设立平准令，也隶属大农令，主要职责是利用运输到京师的物资，在物价高的时候抛售出去，在物价低的时候买入，以较为平衡地控制物价。这一做法起到了维持社会稳定，增加中央财政收入的目的。

同时，为满足对外战争的需要，汉武帝还进行了一些军事改革。

秦汉时期，朝廷的军队有中央常备军与地方军的区别。汉武帝以前，中央常备军由两部分组成：一部分由中尉(后改称执金吾)统帅，主要负责京师以及京畿地区的治安守卫，驻扎在长安城北，因而被称作"北军"；另一部分包括由郎中令(光禄勋)统帅的皇帝近身郎卫和由卫尉统帅的皇宫守卫两部分，分别负责皇宫内外的警卫工作，这一部分由于驻扎在长安城南，因而被称作"南军"。南、北军3支部队的统帅职责和警卫范围不同，互相之间也没有统属关系，都直接向皇帝负责。此外，由于北军士兵主要来自都城和京辅地区，南军士兵主要来自其他郡县，彼此有牵制的作用，便于皇帝统帅。汉武帝时期，南军和北军都发生了一些变化。其中，北军增加了8支由校尉统帅的部队：中垒校尉主管北军营垒的日常事务，屯骑校尉主管骑兵训练，步兵校尉主管上林苑屯兵，越骑校尉主管精锐骑兵的训练，长水校尉和胡骑校尉则专管归降汉朝的匈奴骑兵，射声校尉主管弓弩部队，虎贲校尉主管车兵部队。南军则增加羽林军和期门军。羽林军作为皇帝的守卫和仪仗部队，期门军则来自河西六郡(陇西、天水、安定、北地、上郡、西河)，充当皇帝的扈从。两支部队都是精锐，又随侍在皇帝身边，因而武帝以后许多公卿官吏都是羽林、期门出身。

汉武帝时期的地方军也有加强，比如，针对南方和西南方地区而设的楼船军(水军)，多次出征南方的名将杨仆，所封的就是楼船将军。在周边地区还有屯田兵，既能减少国家的财政支出，又能起到守土卫边的作用。此外，汉武帝时期还征召了不少少数民族兵种，特别是匈奴降兵，在少数民族士兵中所占比例很大。少数民族士兵往往在战斗中有优于汉朝士兵的特殊技能，如匈奴兵擅长骑射，南方少数民族士兵擅长水战等，这些士兵在武帝的对外战争中都起到过重要的作用。在这些少数民族兵将中，甚至有一些才能出众，得到了汉武帝的信任和重用的人，如金日磾，本是匈奴休屠王的太子，随侍汉武帝很得信任。在汉武帝去世前，他被任命为四位辅政大臣之一。

军事实力的增加，再加上政治与经济改革，极大地强化了中央集权，为大一统格局的成型奠定了良好的基础，为汉武帝时期经略四方铺平了道路。

第二节　经略四方

秦朝时期，通过普遍推行郡县制、统一文字等政策，中原文明逐渐向四方传播。到汉武帝时期，通过与北方、西方、南方周边地区少数民族之间的交往，中原文明继续拓展，大一统的局面也逐渐形成。

汉武帝时期与周边民族之间的和战，实际上是始皇帝时期的继续。其中，最主要的就是对匈奴的战争。

秦朝时，蒙恬率兵30万北伐匈奴，修建长城，在北方建起了一道防御设施，将游牧民族与内地农业民族隔绝开来，但这种隔绝措施并不能完全阻断匈奴的步伐。秦末以来匈奴又占领了河南地（今内蒙古自治区达特拉、准格尔一带），对匈奴骑兵而言，距离长安不过一两日的路程，对汉朝威胁极大。从汉高祖刘邦直到汉景帝时期，汉朝与匈奴之间基本上保持着亦战亦和、以和为主的政策，一定程度上缓和了紧张关系，同时保护了内地农业生产的稳定发展。

从公元前141年汉武帝继位，到公元前134年（元光元年），这一时期内，汉朝与匈奴之间基本上还保持着比较和缓的关系，双方在相邻地区开展交易，汉朝也经常派人送给匈奴大量财物。匈奴自首领单于以下都与汉朝亲近，使节在长城之下来往不断。但汉朝已经开始做战争的准备。公元前134年，抵御匈奴的名将李广、程不识分别被调往云中、雁门，驻守北方边地。公元前133年，汉武帝下诏命群臣讨论对匈奴政策，诏令上说，我汉朝嫁女给匈奴单于，还赠送大量财物，结果匈奴还年年入侵，边地屡受残害，现在打算出兵攻打，是否可行？当时担任大行令的王恢主张用兵，而以御史大夫韩安国为首的群臣则主张和亲。汉武帝只得采纳了韩安国的主张，仍然执行和亲政策。

到六月的时候，忽然出现了一个机会。雁门马邑（今山西省朔州市）这个地方有一个名叫聂壹的富豪，他通过主战的王恢向武帝上书，表示愿意借和亲麻痹匈奴的机会，骗匈奴单于攻击马邑，然后汉朝以伏兵袭击，必然能取胜。汉武帝看到这是个机会，不顾韩安国的反对，命韩安国、王恢、李广、公孙贺、李息等将领率兵30万埋伏在马邑附近，等待匈奴军队到来。聂壹则向单于诈降，声称可以作为内应杀掉马邑县令，将马邑拱手送给单于。回马邑后，聂壹杀掉一个囚犯，将首级悬在马邑城头，假称马邑县令已死。匈奴单于信以为真，立刻领兵进犯。不料，在前来马邑的路上，发现沿途牲畜遍地，居然无人放牧，又抓住雁门尉史，这才知道是汉朝的计谋。匈奴人立刻撤退，结果汉朝30万大军徒劳无功。在汉武帝的震怒之下，王恢自杀身亡。这就是马邑之谋，它是汉匈关系的一个转折点。从此，双方不再进行和亲。自公元前129年（元光六年）直到公元前119年（元狩四年），边地民众苦不堪言。就在这段时期内，汉匈之间进行了3次较大的战役。

公元前124年，漠南战役展开。这一年，汉武帝命将军李息、卫青等率兵分别从代、云中出征，转战数千里，击败匈奴白羊王、楼烦王的军队，斩敌数千，虏获牲畜数十万，收复了河南地，在此建朔方、五原两郡。汉朝军队从此进可以入大漠，退可以守长城，扭转了被动局面。战后，卫青得封长平侯。卫青是汉武帝时期抗击匈奴的名将，但出身低微，身世坎坷。他的母亲卫氏本是平阳侯家里的一个婢女，因与经常出入平阳侯家的小官吏郑季私通生下卫青。小时候，卫青曾被父亲接回家中，但不堪忍受郑家的虐待而返回平阳侯家，随母亲姓卫。同样跟随母亲姓卫的还有几个兄弟姐妹，其中一个姐姐叫卫子夫。平阳侯的夫人平阳公主是汉武帝的姐姐，汉武帝来平阳公主家时看上了卫子夫，公主便将卫子夫献给汉武帝。卫子夫得到汉武帝的宠幸，卫青也因此踏上仕途，且逐渐得到汉武帝的信任。卫青虽然是因为外戚的身份得到任用，但也的确有卓越的军事才能。公元前129年，匈奴侵入上谷（今河北省怀来县北），汉朝发动反击，派卫青、李广、公孙敖、公孙贺分兵四路进攻匈奴。结果，李广、公孙敖两军都失败了，公孙贺没有碰到匈奴军队，唯有卫青所部一直追击到匈奴龙城（匈奴人祭天的地方，在今蒙古国鄂尔浑河西侧的和硕柴达木湖附近），斩获数百首级，获封关内侯，一战奠定了名将的地位。此后在抗击匈奴的战争中，卫青立功无数，为人又仁厚谦逊，懂得遵守臣子的本分，不结交朝臣权贵，也不豢养私属宾客，长期得到汉武帝的信任，继汉高祖刘邦时代的韩信、汉景帝时期的窦婴之后，第三位获得了大将军的封号。

公元前121年，河西战役展开。漠南战役之后，匈奴在北面的直接威胁已经缓解。此时，雄才大略的汉武帝将眼光放到了西部。西域地区小国众多，民族成分复杂，匈奴自秦末以来逐渐占据了西域地区。只有击退占据西域的匈奴，才能彻底解除匈奴对中原的包围，同时才能打开向西的通道。因而，在这一年的春天和夏天，汉武帝命霍去病两次出兵西域，共消灭匈奴军队4万人左右，彻底摧毁了控制西域的匈奴部众。匈奴西部首领浑邪王率数万人归降汉朝，得到汉武帝的妥善安置。而浑邪王原统治地区陆续设置郡县，迁徙内地民众充实这些地区。自此开始，西域畅通无阻，汉朝向西的门户打开，对于河西地区的开

图15.3　汉长城遗址。西汉。甘肃省敦煌市

发、对于中原文明向西的传播、对于沟通内地与西域的交流，进而与欧洲文明的交流都有重要的意义。经此战役，霍去病得封骠骑将军，地位等同于大将军。

霍去病也是抗击匈奴的名将。他是卫青的外甥。霍去病的父亲霍仲孺曾做过平阳县的小官吏，与卫青的另一个姐姐卫少儿私通生下霍去病。卫子夫做了皇后以后，霍去病也因为外戚的身份早早得到了入仕的机会，18岁就以侍中的身份随侍天子，得到信任。公元前123年，由于匈奴入侵代地，汉武帝命卫青率兵10余万由定襄（今内蒙古自治区呼和浩特市）出兵，霍去病以剽姚校尉的身份跟随舅舅卫青出征。仅率领800骑兵，孤军深入，杀敌2000余，抓获匈奴单于

图 15.4　马踏匈奴。西汉。霍去病墓石刻。茂陵博物馆藏

的祖父、叔父等许多重要首领。因霍去病勇冠三军，武帝封他为冠军侯。虽然同为名将，但霍去病的性格与舅舅卫青迥然不同。他年轻气盛，敢作敢为。汉武帝曾试图教他孙子兵法、吴起兵法，他却说不必学习古代兵法，根据具体情况处理就可以了。汉武帝还要为他建造府第，他却说："匈奴未灭，何以家为！"表现了彻底消除匈奴之患的决心。但由于年纪轻轻便身居高位，霍去病不懂得体恤士兵，不知道与士兵同甘共苦。

公元前119年，漠北战役展开。这是汉匈之间的一次总决战。经过前面两次战役，汉朝打开北方和西方的门户，因而此次战役的目标是消灭匈奴主力，彻底解除匈奴的威胁。这一年，卫青、霍去病各率5万骑

兵，数十万步兵，分别从定襄、代地出击。卫青领兵出塞千余里，在风沙漫天的环境中，大败单于主力，追杀 200 余里，杀敌 19000 余人。霍去病部出代地 2000 余里，与匈奴左贤王部大战，俘虏 70000 余人，还一直打到瀚海（今内蒙古自治区苏尼特北），在狼居胥山（今蒙古国乌兰巴托以东）祭拜天地之后，才率部回师。这一次战役对双方都造成了极大的影响。匈奴主力被消灭，自此远遁漠北。汉朝虽然占领了自朔方（今内蒙古自治区鄂尔多斯杭锦旗）以西至张掖（今甘肃省张掖市西北）、居延海（内蒙古自治区阿拉善盟额济纳旗北部）的大片土地，但也伤亡惨重，士卒损失数万，马匹损失 10 余万，再也无力组织大规模的骑兵作战。在这次战役中，汉朝还损失了一位长期与匈奴作战的名将——李广。李广是陇西人，是秦朝名将李信的后人。李家世代擅长射箭，李广本人更是身高臂长，有极优的射猎天赋，在李家无人能及。汉文帝时期，李广就在边关与匈奴作战。汉景帝时期爆发吴楚七国之乱，李广在战争中斩将夺旗，名声大振，由此受到汉景帝重视，多次出任边郡太守。汉武帝时期，因李广为名将，也任用他驻守右北平（今辽宁省凌源市西南）数年，匈奴不敢犯边，称他为"汉之飞将军"。汉武帝时组织的对匈奴的几次战役，李广多有参与。但在汉武帝等人看来，李广此人"数奇"，也就是运气不好。尽管李广一生都在与匈奴作战，却往往是只有苦劳，少有功劳。屡次作战，或因为本部损失过大，或因为打了败仗，因而始终没有封侯，最高不过是九卿之位。在漠北战役之前，汉武帝就私下里和卫青商量，考虑到李广"数奇"，而且年纪较大，不打算让他出战。在李广的数次要求下，才命他随从卫青出战。但在战役中，李广部因迷失道路，没能跟上大军。卫青大军返回后，责问李广，李广自杀身亡。李广死的时候，一军皆哭，受到士兵和老百姓的深切哀悼。《史记》的作者司马迁对李广怀有深切同情，也有极高评价。李广为将，饮食都要先让予部下士兵，作风质朴，广受爱戴，是古代名将的典范。李广的儿子李敢、孙子李陵在李广死后，也曾战斗在抗击匈奴的第一线。

在汉武帝的后期，尽管汉朝和匈奴之间仍断断续续有一些战争，但双方都没有取得较大的胜利。

公元前100年，贰师将军李广利征讨大宛（汉朝西域国名，在今中亚费尔干纳盆地一带）获得胜利，当时匈奴单于刚刚即位，将以前扣留的汉朝使者全部放回。汉朝为表示和好之意，派苏武率团出使匈奴，并将以前扣留的匈奴使者也一并带去。不料，苏武到了以后，匈奴改变态度，竟然扣留了苏武，试图劝苏武投降。苏武严词拒绝，甚至自杀未遂，匈奴便把苏武圈禁在北海（今贝加尔湖）一带放羊。不给食物，苏武就抓老鼠、挖草籽充饥。即使在这样艰难的情况下，苏武终日手持代表汉朝的节杖，日子久了，节杖上的毛都脱落了，他也从不放弃。李陵投降匈奴后，曾受单于指派前去劝降，苏武不为所动。汉武帝去世，苏武听到消息，恸哭呕血。汉昭帝即位后，苏武才被放回。从出使到回归，一共经历了19年。尽管条件艰苦，困难重重，苏武始终手持汉节，决不屈服，在历史上留下了光辉的一页。

公元前90年，匈奴袭击五原、酒泉，贰师将军李广利奉命出击，但因国内变乱，前线困窘，投降匈奴，这是汉武帝后期对匈奴作战的最大失利。

终汉武帝一生，汉朝对匈奴的战争，基本解除了北方边境的威胁，在一定程度上保护了内地的农业生产。

汉武帝时期，对西域的经营也是经略四方的重点。汉朝，西域是一个十分广泛的称呼，是对玉门关（位于今甘肃省敦煌市西北）和阳关（位于今甘肃省敦煌市西南）以西大片地区的泛称，包括今天的新疆及其以西，中亚以及中亚以西的广大地区。汉朝沟通西域，张骞两次出使立有大功。张骞是汉中人，汉武帝即位初期的建元年间，张骞以郎的身份随侍。当时，河西的游牧民族月氏受到匈奴攻击，月氏被迫西迁。汉武帝听说月氏想寻找盟友共同攻击匈奴，就招募使者出使月氏。张骞应募，在公元前138年，率

图 15.5　小方盘城遗址。西汉。甘肃省敦煌市西北

图 15.6　阳关烽燧。西汉。甘肃省敦煌市西南

领 100 余人出使西域。不料，途径匈奴控制地区的时候被抓住。匈奴人听说张骞想出使月氏，便强留下来，还让他在匈奴娶妻生子。10 多年后，他借机逃脱，继续向西，到达大宛国。大宛国王在张骞许下重利的情况下，将他送到康居国（今中亚阿姆河以东、巴尔喀什湖以西），康居国又将他送到了月氏所在。此时，月氏人已经打败了大夏（西域国名，位于今阿富汗北部）人，在土地肥沃的中亚定居，根本无心报复匈奴。张骞无奈，只能返回。在返回途中张骞又被匈奴抓住，一年后，匈奴单于去世，发生内乱，张骞趁机带着匈奴妻子返回汉朝。出使的时候同行的有 100 多人，回来的时候只剩下张骞和擅长射猎的堂邑父两个人了。公元前 126 年，张骞回到长安，向汉武帝汇报了出使的经过。这一路上经过了大宛、大夏、康居、月氏等数个国家，还从途中听说了这些国家周边的情况，这些都为汉朝后来对西域的经营提供了重要的资料。这次出使到大夏时，张骞见到了中国西南出产的竹杖和蜀布。大夏人说，这些东西来自大夏东南千余里的身毒国（古印度），张骞据此推测，汉朝的西南地区有可能距离身毒国不远。汉武帝听到这个情况，便派人出使西南，促进了汉朝对西南地区的开发。

公元前 121 年，汉朝通过河西战役打开了通向西域的门户。公元前 119 年，汉武帝再次命张骞出使西域，想把与匈奴有仇怨的乌孙人迁回河西地区；同时，让张骞携带大量财物，联络西域各国。张骞到达乌孙，乌孙人不愿东徙。张骞派遣副使前往大宛、康居、月氏、大夏各国进行联络。许多小国都派遣使节跟随张骞来到长安，觐见汉武帝，从此西域与汉朝之间的联系大大加强了。张骞回到长安以后，担任了负责外交事宜的大行令，一年之后（公元前 114 年）去世。由于张骞曾被封为博望侯，所以之后出使西域的使者往往都自称为博望侯，借助张骞的名望联络西域各国。之后，汉武帝曾数次派兵出击西域。公元前 108 年，赵破奴奉命击败与汉朝为敌却结好匈奴的楼兰、车师两国。公元前 103 年和公元前 101 年，贰师将军李广利两次奉命出击大宛，获得大宛的汗血宝马，西域各国震动。

张骞的两次出使和汉朝后来对西域的征伐，把西域与内地联系在了一起，为丝绸之路的开通奠定了基础。从此，西域的各种物产不断输入中原，佛教也在不久之后通过西域传入中原。汉朝的文化和农业生产技术也逐渐传播到西域，促进了西域地区的社会进步。

图 15.7　八牛贮贝器。西汉。1956 年云南晋宁县（今晋宁区）石寨山出土。上海博物馆藏

汉朝的西南地区，包括今天的四川、贵州、云南等省，生活着为数众多的少数民族。公元前 138 年，唐蒙奉命出使西南，设立了犍为郡。但唐蒙采用高压手段，激起了西南地区民众的反抗。汉武帝随即又命大文学家司马相如出使西南，进行安抚，许多少数民族要求内附汉朝。但由于道路不通，气候炎热潮湿，汉朝无力派兵平定西南君长的反抗。张骞通西域以后，汉武帝试图打通一条从西南到身毒国的道路，

先后在西南地区建立牂柯郡(今贵州省黄平县西)、越巂郡(今四川省西昌市东南)、沈黎郡(今四川省雅安市南)、汶山郡(今四川省茂县北)、武都郡(今甘肃省成县)、益州郡(今云南省晋昆明市宁区)等，加强了中原和西南地区的联系，有力地促进了西南地区的发展。

汉朝的东南地区有越人居住，内部又分为东瓯、闽越、南越等。汉武帝以前，越人已经形成若干王国。公元前138年，闽越攻打东瓯，汉武帝采用严助的建议，命严助持节率会稽兵马相救，闽越听说后，在严助未到之前就撤退了。东瓯请求内迁，汉武帝将4万余东瓯人安置在庐江郡。

闽越在越人中较为强大，经常试图攻击周围的越族。公元前135年，闽越攻打南越，南越王赵胡请求武帝出兵。汉武帝派遣王恢、韩安国出兵救援，闽越国内发生变乱，闽越王弟余善杀掉闽越王，将头颅献给王恢。汉武帝下诏封余善为东越王，与原闽越王的孙子共治闽越地。公元前111年，东越王余善谋反，自称武帝。汉武帝派遣韩说、杨仆前往平叛，之后，将其居民迁往江淮一带。

南越国自秦末就已经存在。陈胜、吴广发动大泽乡起义之后，原秦南海郡代理郡尉赵佗自立为王，称南越国。公元前196年，刘邦派陆贾出使南越，承认南越王国的存在。从此，历代南越王都与汉朝保持着良好的关系。汉武帝时，南越王赵胡还命太子婴齐到长安为质。婴齐娶邯郸女子为妻，生下太子赵兴。婴齐死后，赵兴继位。此时，越王赵兴与王后都愿意归属汉朝，但遭到南越丞相吕嘉的反对。吕嘉历南越三代君主，势力雄厚，见汉朝派兵入越，便杀掉南越王赵兴和王后，举兵反叛。公元前112年，汉武帝命路博德、杨仆等人领兵攻入南越，杀掉吕嘉，在南越设置9个郡，从此，南越地归属汉朝治下。

汉朝的东北地区也有一些少数民族存在。汉武帝以前，匈奴势力强大，居住在东北地区的乌桓和鲜卑都处于匈奴人的攻击之下。鲜卑人被迫东徙，乌桓则在汉朝击破匈奴以后，由汉朝设置护乌桓校尉进行治理。在汉武帝的时代，朝鲜与汉朝也有比较亲密的关系。公元前108年，在解决了朝鲜的内乱之后，汉朝在朝鲜设置真番、临屯、乐浪、玄菟4个郡。在汉武帝的时代，东北各族通过与汉朝的交往，推动本地区的经济社会发展，也逐渐开始接受中原的文明。

汉武帝时期对四方的经略，拓展了版图。由于在进行战争的同时，汉朝不断向周边地区迁徙民众，也不断将周边少数民族迁徙到内地，对于中原先进文明向四周的传播以及推动周边地区的社会进步，起了巨大作用。

第三节　学术与文化的繁荣

汉武帝的时代，是西汉的强盛时期，不仅表现在政治与经济方面，更表现在学术与文化的发展繁荣上。

文化的繁荣首要的表现就是儒学的兴盛。出于挽救国家凋敝的经济、恢复农业生产的需要，自高祖刘邦开始，一直到汉景帝时期，西汉的统治者们就逐渐采用道家无为而治的思想作为朝廷的指导思想。但随着经济的逐渐复苏，无为而治的统治思想已经不再适用于国力渐趋强盛的汉朝，儒生也开始在政治上崭露头角。刘邦时代的叔孙通、陆贾，汉文帝时期的贾谊，汉景帝时期的辕固生等，或者有儒学背景，或者本身就是儒者出身。儒学的影响开始扩大。汉景帝时，窦太后很有影响，她特别要求皇家子弟必须学习《老子》，汉武帝生长在宫廷当中，少年时不免要受到窦太后的影响。不过，负责教导汉武帝的老师卫绾、王臧却是儒生，因而汉武帝也受到了儒学的熏染，对儒学十分向往。汉武帝即位初期的几位丞相都与儒学有比较深的关系，卫绾是儒家出身，窦婴、田蚡都喜好儒学。而在民间，精通《诗经》的有鲁地的申培公、齐地的辕固生、燕地的韩婴，精通《尚书》的有济南的伏生，精通《礼》的有鲁地的高堂生，精通《易经》的有菑川的田生，精通《春秋》的有齐鲁之地的胡毋生、赵地的董仲舒。因而在汉武帝继位的前几年，朝野对于提倡儒学的呼声很高。公元前140年，汉武帝刚刚即位，下诏求贤，丞相卫绾就上书，对所求的贤良之士做出了一个限制，即凡是学习申、商、韩非、苏秦、张仪学说的，不予任用。这表明法家、纵横家是被排斥的。汉武帝表示同意。公元前139年，当时的御史大夫赵绾、郎中令王臧上书请求不必再向窦太后奏报朝政，实际上是要禁止喜好道家学说的窦太后干预国政。这引起了窦太后的愤怒，除逼令赵绾、王臧二人自杀外，窦太后还下令免除喜好儒学的丞相窦婴、太尉田蚡二人的职务。公元前135年，窦太后去世，提倡儒学的最后一个障碍消失。次年，汉武帝下诏选任贤良，以资治国。就在这次诏选贤良的过程中，汉武帝时期两位关键的大儒脱颖而出。

第一位是公孙弘。公孙弘是齐地菑川（今山东省淄博市境内）人。齐鲁之地向来儒学昌盛，公孙弘是学《春秋》出身的。在公元前134年的这次选贤良的过程中，公孙弘已经60岁，选任之后担任了博士，但在受命出使匈奴时并不顺利，汉武帝因此将他免职。公元前130年，汉武帝再次下诏求贤，公孙弘受菑川国的推荐，不得不再次应诏，在这次应诏中，公孙弘从容应对，在100多人中排名第一，再次出任博士。从此得到汉武帝的信任，先后担任内史、御史大夫、丞相，封平津侯。丞相封侯从公孙弘开始便成为定例。

第二位是董仲舒。董仲舒是广川（今河北省枣强县）人，与公孙弘一起跟从胡毋生学习《春秋》。董仲舒以治《春秋》公羊学著名，他在汉景帝时就已经做了博士。董仲舒治学十分专心，据说他在房间读书曾3年不进楼下的园子。公元前134年选任贤良之后，董仲舒被任命为江都王的国相，辅佐江都王刘易很有成效。董仲舒治《春秋》公羊学很有造诣，汉武帝曾命一个名叫吾丘寿王的臣子向董仲舒学习。公孙弘治《春秋》不如董仲舒，在他做了丞相以后，想要陷害董仲舒，向汉武帝建议任用董仲舒为胶西王的国相。胶西王是汉武帝的哥哥，骄纵狂妄，不服管教。董仲舒做了一段时间，就称病辞职回家,从此在家著书授徒。汉武帝还经常派人到董仲舒的家中向他请教治国之道。董仲舒著作大多保存在《春秋繁露》这部书当中。董仲舒没能做高官,没能得封侯,但可以说是汉武帝的理论家,也可以说是整个汉朝的理论家。《史记》的作者司马迁与《汉书》的作者班固都称董仲舒为儒学一代宗师。

在公元前134年的这次选任贤良的活动中,董仲舒通过与汉武帝的对答,基本奠定了汉武帝时期汉朝在统治思想方面的基本方针:第一,提倡儒学。董仲舒以《春秋》公羊学为理论基础,极力颂扬大一统的主张,提出罢黜儒家以外的诸子百家之学,"勿使并进"。这一条与卫绾所提的实际上是一致的。第二,以儒学作为选择人才的标准。董仲舒认为,当前的国家官吏多从郎中、中郎这些人当中选拔,甚至还可以通过捐献钱财获得任用,这样选出来的人未必是贤才。因此,他提出建议,要让地方诸侯、郡守每年都选送两名人才到京师,由皇帝进行考察。如果选才得当,就要奖赏;如果选才不当,就要惩罚。另外,董仲舒还建议设立太学,以儒家经典为教科书进行教授。通过这样的方式,天下贤才可以为朝廷所用,朝廷也能根据才能高低授任官职。董仲舒的这两条建议,在汉武帝统治时期得到了实施,也成为后世科举取士的先声。

根据董仲舒的建议,汉武帝在位时期采取了如下一些方针。

第一,以儒学为标准进行人才培养。在汉武帝以前已经设有博士,在董仲舒进行贤良对策以前,汉武帝就已经设立五经博士,这些博士每人精通一种儒家经典。公元前124年,汉武帝命丞相公孙弘拟定具体的太学计划,很快就在长安建设太学的校舍,五经博士成为太学的老师,博士所招收的弟子称为博士弟子员,也就是太学生。太学最初建立的时候,老师和学生都很少,老师5人,《诗》、《书》、《礼》、《易》、《春秋》各1人,每人可招收10名学生。随着时代的发展,老师增至14人,学生也逐年增加,汉昭帝时增加到100人,宣帝时增加到200人,汉元帝时增加到1600人,汉成帝时已经增加到 3000 人。东汉以后，学生更多。太学的学生经过考试，如果成绩优秀，便可以在毕业之后授予不同的官职，补充到国家的官吏队伍中去。这就使得儒学成为入仕的一个途径，必然会极大地推动儒学在全国的发展。《汉书》记载，自太学设立以后，汉朝的公卿大夫各级官吏"彬彬多文学之士矣"，也就是多为儒学出身了。

汉武帝时，除在中央太学中培养儒学人才以外，在地方也开始设立郡国之学。郡国之学是从文翁开始设立的。文翁是庐江人，年少时好学，学的就是《春秋》，通过郡县的察举做官。汉景帝时，文翁是蜀郡太守，他看到蜀郡的蛮夷之风很重，就有了用儒学加以教化的想法。他首先选择了一批郡县之中颇有才气的年轻子弟送到京师跟随博士学习。几年之后，这批人学成归来，在蜀郡为官。有的后来经过察举，能做到郡守刺史，可见，成效十分显著。为此，文翁在成都专门设立学宫，招收弟子，并免除这些学子们的徭役，学有所成便推举为官。几年之后，蜀人争着将自己的子弟送到学宫，甚至有富翁不惜花大价钱送子弟上学，整个蜀郡的风气大改，学者甚至能够与齐鲁这样的文明昌盛之地的学者相媲美。有鉴于此，汉武帝开始根据文翁的经验在全国范围内推行郡国之学，以儒学作为教育的主要内容。从全国范围来看，太学毕竟招收的学生很少，而郡国之学的普遍设立对于扩大儒学的影响起到了强大的推动作用，也为后来以科举取士奠定了基础。

第二，根据儒学进行改制。汉武帝时期，还根据儒家学说进行了一些制度上的变革。首先是年号的设置。公元前 113 年，有人在山西挖出一个宝鼎，汉武帝据此将当年定为元鼎元年，并对之前的在位之年追加年号——建元、元光、元朔、元狩。其次，武帝还订礼制，修历法。汉武帝根据五德终始说推断，汉朝代秦而立，应该是土德，因而要尊崇黄色，并且还要改变历法。原本使用的历法是以十月为一年之首，汉武帝命司马迁等人重新制定了历法，以每年的正月作为一年之首，称为太初历。相对来说，太初历更加科学，也更有利于指导农业生产。此外，汉武帝还多次举行封禅大典。封禅这种典礼自先秦时代就有，到汉朝，封禅之说成为封建帝王用来神化皇权、加强思想控制的一种手段。汉武帝时期所举行的封禅，次数要多于始皇帝时期，因而耗费也更加巨大。

图15.8　扶风纸。西汉。1978年陕西扶风出土。中国国家博物馆藏

文化的繁荣首先必须是文化的普及，汉武帝时期抬高儒学地位，以及在全国范围内大力推行儒学，客观上来说，是有利于提高整个社会的文化水平的，这当然会为文化的繁荣发展打下良好的基础。同时，文化的繁荣并不是文化的专制。汉武帝时期提倡儒学，实际上并没有废除或禁绝其他学说、学派的流传，这一点与始皇帝时期的思想专制迥然不同。首先，汉武帝时期官方的统治思想虽然表面上是儒学，但却是包含了法家学术的儒学，是一种外儒内法式的思想统治。从用人来看，汉武帝时候著名的酷吏不少，张汤、杜周等人都深得汉武帝的信任，这些人都不是儒学出身，而是以任法著名的。即便是汉武帝所任用的儒臣，如公孙弘，在做丞相之时，也并不完全以儒术为宗，而是"外宽内深"，兼用儒法。其次，汉武帝时期的一些名臣，也有不少是专治儒学之外的百家之学出身的。受到西汉前期的影响，治道家学说的还有不少人，如汲黯、郑当时、司马谈等；又比如主父偃，本是学纵横之说出身的；韩安国曾经学过《韩非子》以及一些杂说，没有学儒学的记载；即使是喜好儒学的田蚡，本身所涉猎甚广，并非纯粹的儒学出身。因此，汉武帝时期的思想界，是以兼采诸家的儒学作为官方之学，但同时并不禁绝百家之学在民间的流传，甚至有才能的人还能得到重用。所以，汉武帝时期可

谓人才鼎盛，一时俊彦几乎都集中在朝廷之中，儒臣有公孙弘、董仲舒、兒宽等人，经济人才有桑弘羊等人，军事人才有卫青、霍去病等人，外交人才有张骞、苏武等人，法律人才有赵禹、张汤等人，文史学术人才有司马迁、司马相如等人，《汉书》作者班固赞叹说："汉之得人，于兹为盛。"的确不是虚言。

相对于始皇帝时期而言，汉武帝时期的文化政策相对开放，也更能促进文化的繁荣发展。在文化繁荣的基础上，学术也取得了斐然的成就。

首先是《史记》的问世。《史记》的作者是司马迁，出生于公元前 145 年。据《汉书·司马迁传》记载，司马迁的家族世世代代为周王室的史官，司马迁的父亲司马谈在汉武帝初年担任了太史令一职，主管天文、礼仪并搜罗和保存各种文献典籍。司马迁能够写成《史记》，家庭的熏陶是很重要的。在公元前 129—前 128 年，司马迁十八九岁的时候，开始跟随当时的大学问家董仲舒和孔安国学习《春秋》和《尚书》，为他将来的史学创作奠定了良好的基础。读了万卷书，司马迁也行了万里路。在学有所成的基础上，司马迁几乎游遍了祖国的大好山河，这更为《史记》的创作积累了丰富的素材。公元前 126 年，司马迁从长安出发，开始了他游历的过程。他首先经陕西（省份范围均以当今为准）到湖北、湖南，考察了屈原投江的地方；在江西和浙江，考察了关于大禹的传说；在山东，考察了孔子的故乡，体会了孔子的遗风；在江苏，他听到了许多关于淮阴侯韩信的传说，考察了西楚霸王项羽的家乡——彭城，他又到过许多西汉开国君臣们的故乡——沛县，听到了关于刘邦、萧何、曹参、樊哙等人的故事；在河南，又听到了秦国攻打魏国时水灌都城大梁的故事。此次游历结束后，司马迁以郎中的身份随侍在汉武帝身边，随汉武帝多次出巡，不论是祭祀山川神灵，还是率兵北巡、访察各地、治理泛滥的黄河等，都从各自的角度扩展了司马迁的视野，丰富了他的知识。公元前 111 年，司马迁奉命出使西南地区，代表汉武帝巡视和安抚西南地区的少数民族。在这次出使过程中，他对西南地区的风土人情又有了直观的了解。公元前110年，在汉武帝准备封禅泰山之前，司马迁见到了病重的父亲。司马谈特意叮嘱司马迁，一定要秉承司马氏的传统，将太史一职发扬光大。司马迁表示一定要将前代人留下来的历史资料编次成书，表现出了一个历史学家的崇高使命感。家庭的熏陶、在祖国各地的游历以及父亲的临终嘱托，都为司马迁撰写《史记》打下了基础。然而，公元前99年，在司马迁撰写《史记》的第七年，汉朝发生了一件大事，影响了司马迁的写作。这一年，李广的孙子李陵在领兵与匈奴作战的时候，投降了匈奴。司马迁为李陵辩护，触怒了汉武帝，犯了死罪。依据汉代的惯例，犯了死罪，有两种方法可以赎罪，一是缴纳大量的钱财；二是受"腐刑"。司马迁没有巨额的家财，只剩下第二种选择。在《史记》的《太史公自序》一文中，司马迁述说了自己的心情。他举了文王演《周易》、孔子作《春秋》、屈原赋《离骚》、孙膑著兵法等一些例子，说明传世之作往往就是在艰难困顿、心情郁结的情况下撰写出来的，自己撰写《史记》也受到了这一次事件的影响。此后，司马迁担任中书令，负责为汉武帝传送奏疏，实际上仍然坚持撰写《史记》，一直到公元前93年，最终完成了全部的撰写工作。从公元前108年继父亲之后担任太史令开始撰写，到最终完成，司马迁一共用了大约16年的时间。

《史记》是一部通史性的著作，从传说中的黄帝开始写起，一直写到武帝太初年间，时间跨度3000年左右，内容更是十分丰富。它开创了纪传体史书的撰写体例，包括本纪、世家、书、表、列传。本纪有12篇，是为帝王作传，实际上是以帝王的活动为中心，记述一代的史事。有一些虽未称帝，但曾在一段时期内主政全国，也以本纪的形式加以记述，如项羽本纪、吕太后本纪；世家是记述一些在历史上较有影响的世家大族，描写这些大族的兴衰荣辱，不仅仅包括一些享有封爵的世家，也包括一些在其他方面有特殊影响的大人物，如孔子世家、陈涉世家等。书主要记述重要的社会和国家制度，如礼书记述政治制度、律书记述法律制度、天官书记述天文历法、河渠书记述水利建设、平准书记述市场和经济等。表则是用表格的形式将历代的一些重大事件简略表现出来，用于理清历史的脉络。列传主要是对在各个方面有特殊影响或贡献的历史人物进行传记性的描写，在这几部分当中分量最重。由于列传所记述的人物几乎涉及整个社会的方方面面，因而对整个社会面貌的描写也最为全面，并不仅仅限于一些在历史上有重大影响的功臣将相，如刺客列传、游侠列传等，都是记述社会下层；儒林列传，反映了儒学的发展历程；匈奴列传、朝鲜列传、南越列传、东越列传、西南夷列传等反映了汉代周边地区少数民族的社会状况以及与汉朝的关系；扁鹊仓公列传则反映了医学的发展；等等。如果没有游历全国，司马迁恐怕难以如此全面深入地反映出整个社会的面貌。

作为一部开创性的史著，《史记》具有明显的特点：一是开创了纪传体史书的体例。所谓纪，即以时间为纲纪，是纵向的发展过程；所谓传，是对人物的详细记录，是横向的关系构成。《史记》虽有五体，每一体都可以看成是纪传。例如，本纪也是以人物为中心来写的，所以其中有传；列传写人，但也是按照时间纲纪来写的，所以其中有纪；世家、书、表，无不以时间之纲纪和人物之中心的结合来写作。所谓纪传体，其实是时间纲纪和人物关系相结合的综合体史书。这种综合体最适合于表现一个时代的社会整体面貌，所以才会成为历代正史的主干。二是集中体现了以人物作为历史的中心，又兼顾社会面貌的历史撰述方法，表现了"历史是人的历史"这一主题。三是高举历史学家的使命感这一大旗。司马迁认为撰述历史的宗旨是"究天人之际，通古今之变，成一家之言"，表明历史撰述不仅仅要有对历史事件的记载，更要有意识地追寻历史变化背后的深层原因，这体现了一位历史学家的远见卓识。四是展现了明确的实录精神。司马迁在撰述《史记》的时候，并不会刻意宣扬，也不会刻意贬低某一个历史人物，即使描写与他同时期的历史人物，司马迁也毫不隐晦。这种实录精神是《史记》最重要的一个特征，为历代撰史者所称赞，成为中国史学的一个撰述标准。

古代史官掌管天文、历法、地理、人事，司马氏世代守此职责，有深厚的家学渊源和职业熏陶。用今天的话说，司马迁不仅仅是一位历史学家，还是一位文学家。他所撰述的《史记》不仅是一部历史名著，也具有极高的文学价值。同时，司马迁还是一位天文学家，他参与了汉武帝时期的历法修订，在《史记》中也记载了许多天文学的资料，提出了一些天文学上的新见解。司马迁还可以说是礼乐专家、经济专家、法制专家等，这些都可以在《史记》中找到证据。

汉武帝时期另一位在学术文化上有卓越贡献的是辞赋名家司马相如。司马相如，字长卿，因仰慕战国时期的蔺相如，因而改名为相如。他是蜀郡成都人，出生在汉文帝时期。少年时期可谓文武双全，既读书，也喜欢击剑。大概20岁的时候，司马相如随侍汉景帝为郎。然而，汉景帝本人并不喜欢辞赋，所以在一次梁王带着邹阳、枚乘、庄忌等当时的辞赋名家朝见汉景帝之后，司马相如就离开了长安，去了梁国。可能在梁国的这段时间，司马相如与这些辞赋名家互相问学，取得了进步。不久，梁王去世，司马相如离开了梁国，在时任临邛(今四川省邛崃市)县令王吉的邀请下，他来到临邛。在这里，一场为后人津津乐道的爱情故事展开了。在临邛富人卓王孙举办的酒宴上，司马相如与卓王孙那个刚刚成为寡妇的女儿卓文君以琴音相和，一见倾心。文君知道父亲必定不会同意她嫁给家徒四壁的司马相如，于是在一天晚上偷偷跑出家门，跟随司马相如回到了成都。卓王孙大怒，一文钱的嫁妆都不愿给。相如与文君商议之后，还是回到临邛，先借钱在临邛开了个酒坊卖酒为生。文君当街卖酒，相如则与杂役一起洗刷酒具。卓王孙大感丢脸，无奈之下只得资助两人大量财物，让两人回到成都购买田宅。汉武帝即位以后，爱好辞赋，曾派人去请辞赋名家枚乘，结果枚乘还没到长安就去世了。后来，汉武帝偶然看到了《子虚赋》，十分喜爱。为汉武帝饲养猎犬的杨得意是蜀地人，他告诉汉武帝这是司马相如所作，于是相如又回到长安随侍帝王。除随时要为汉武帝提供咨询外，司马相如还曾代表汉武帝两次出使西南，安抚西南地区的少数民族。相如出使到达成都时，得到蜀郡太守和临邛县令的热烈欢迎，此时，卓王孙才感慨地说，恨不能早些将文君嫁给相如。此后，相如因有人告发他出使之时受贿，遂辞官居住在茂陵。一年多之后，相如再次为官，也曾做过管理汉文帝陵园事务的官员，但经常称病居家以著文为乐，不再关注政事。公元前118年，司马相如病逝在家中。

司马相如是西汉的一代辞赋大家，文学成就主要体现在赋体的继承和创新之上。现存司马相如的赋有6篇，其中，《大人赋》继承了屈原骚体赋的风格，而《子虚赋》、《上林赋》则表现出他在赋体上的创新。司马相如曾说，作赋的人，要包揽宇宙，总览人物。因此，他的作品往往辞藻富丽堂皇，纵横宏阔，表现了汉武帝时期，整个西汉社会的一派繁荣景象。同时，司马相如还注意在赋中对声音与色彩的综合运用，因而读起来赏心悦目。司马相如之后的辞赋名家，如扬雄、班固、张衡等人，均对他赞誉有加，可见他实在是汉赋的一代宗师。

此外，司马相如还是出色的音乐家，汉武帝时代开始建立乐府，司马相如便参与了其中的工作。

第四节　武帝晚年对政治得失的反省

武帝统治的中前期，西汉强盛繁华，然而在其晚年，西汉却面临着内外交困的局面，这是由一系列的原因造成的。

第一，汉武帝统治中前期的一系列举措造成西汉国力疲惫。自武帝即位第七年，也就是公元前133年行马邑之谋开始，西汉战争频发，尤其是对匈奴战争连年不断。战争对国力的消耗极为严重。在三次大的战役之后，西汉朝廷甚至由于战马损失过多，再无法组织起强大的骑兵部

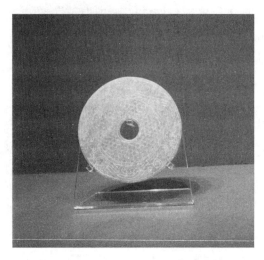

图 15.9 鸟纹璧。西汉。上海博物馆藏

队。尤为重要的是，战争需要大量的兵员，这就势必要减少从事农业生产的劳动力，降低农业产量。此外，汉武帝本人在位期间，也在不停地修建宫室，见于史书记载的就有建章宫、明光宫、柏梁台、长杨宫、五柞宫等，再加上各地的行宫，以及不断修建的皇家园林，这也需要大量的财力、物力和人力。从公元前 133 年开始，汉武帝多次巡游各地。始皇帝仅有 5 次巡游，汉武帝的巡游却达 20 多次。在巡游的过程中，还在各地祭祀神灵，游览名山大川，更数次封禅泰山。如同始皇帝一样，汉武帝也有求仙问药之举，数次派人入海求仙，希望获得长生不老之药，甚至有方士因此封侯。以上这些，耗费了西汉大量的财力、物力和人力，尽管桑弘羊等人所进行的经济改革取得了较大的成效，但这些改革大多只论开源，不讲节流，到汉武帝晚年，国力疲弱已经在所难免。史书记载，在汉武帝统治后期，出现了"天下虚耗、人复相食"的局面，这是乱世才会出现的情景；同时，还不断爆发人民起义。公元前 99 年，在南阳（今河南省南阳市），有梅免、百政起义，楚地有段中、杜少起义，齐地有徐勃起义，燕赵之地有坚卢、范主等人起义。为镇压这些起义，汉武帝颁布沉命法，宣布发生起义地区的官吏如果没有镇压，都要处以死刑。

第二，朝廷内部发生变乱。这一变乱就是巫蛊之祸。汉朝社会十分迷信，巫蛊之术在汉武帝时代也有很多人信服，甚至包括皇室中人在内。公元前 130 年，第一次巫蛊事件发生了。原来汉武帝即位以后 10 余年，陈皇后没有生子，而平阳公主献给汉武帝的卫子夫却得到了宠幸。陈皇后嫉妒之下，竟然试图利用巫蛊之术谋害卫子夫。汉武帝查知以后，命当时还是御史的张汤彻查到底，株连了300多人。到公元前91年，巫蛊事件再次发生。当时的丞相是公孙贺，与卫皇后的姐姐生下了一子，名叫公孙敬声。公孙敬声利用自己是皇后的侄子这种特殊关系，竟然贪污了北军的军费1900万钱。汉武帝一怒之下，将他抓入狱中。公孙贺抓住逃犯朱安世替公孙敬声抵罪，不料朱安世却向汉武帝揭发，说公孙敬声竟然在甘泉宫的驰道下埋有巫蛊。驰道是只供皇帝行走的道路，公孙敬声的目的昭然若揭。结果，公孙贺家族被族灭，汉武帝的两位公主也受到牵连被杀。此后，汉武帝对巫蛊愈加忌讳，专门设置绣衣使者这一职位来治理巫蛊。不久，一个名叫江充的人因出使匈奴得到了汉武帝的信任，担任了绣衣使者，权力很大。江充此人与太子刘据有矛盾，在搜查巫蛊的时候，向汉武帝报告说，太子的宫中有蛊气。这显然是栽赃之词，巫蛊本就虚妄，又怎么会有什么蛊气让他看见？汉武帝命他搜查，果然在太子宫中查到了木人。当时，汉武帝并不在长安，而是在甘泉宫。太子得到消息后，知道无法辩白，便同母亲卫皇后假传诏令，发兵杀掉江充，并攻打丞相府。丞相刘屈氂逃出长安向汉武帝报告，汉武帝命刘屈氂领兵镇压。双方在长安大战，死伤无数。太子刘据兵败，卫皇后、太子先后自杀身亡。事后，田千秋替刘据鸣冤，汉武帝虽为刘据平反，但却不得不重新选择皇位的继承人。汉武帝本有6个儿子，其中齐王刘闳早死，广陵王刘胥喜好游玩，不为汉武帝所喜，太子刘据自杀，那么就剩下燕王刘旦、昌邑王刘髆和最小的儿子刘弗陵。巫蛊之祸虽然已经结束，但其影响还在继续。太子自杀之后，燕王刘旦在几个兄弟当中年纪最长，按顺序应当由他做太子。但是他表现太过着急，太子自杀之后，他立刻上书请求回京，为汉武帝做守卫，实际上是想赶紧回京争夺太子之位。后来，他因有窝藏罪犯的嫌疑，被汉武帝否定了继承资格。昌邑王刘髆本有机会继承，但因为公元前90年的一次偶然事件让他丢掉了资格，而这次偶然事件还导致汉朝的边防也出现了危机。

第三，边防危机。自从对匈奴的三大战役之后，双方虽然再没有组织大规模的作战，但在汉武帝统治的后期，小型的战斗仍然持续不断，双方也都没有明显的优势。公元前99年，李陵投降匈奴，汉朝受到一定挫折。公元前90年，巫蛊之祸发生后不久，贰师将军李广利奉命从五原（今内蒙古自治区包头市境内）出兵攻打匈奴，战事一开始较为顺利。但就在此时，从国内传来一则消息。原来，李广利出师之前，曾与丞相刘屈氂有一个私下的约定，密谋劝汉武帝立昌邑王刘髆为继承人。刘髆的母亲李夫人是李广利的妹妹，刘屈氂又是李广利的女婿。如果刘髆顺利继位，两人势必会获得更大的利益。不料，丞相刘屈氂的妻子被告发行巫蛊之事，彻查之下，李刘二人的密谋被武帝得知，刘屈氂被杀，李广利的妻子儿女则被捕入狱。前线的李广利想要追击匈奴获得大功，以换取汉武帝的饶恕，结果陷入匈奴包围，被迫投降匈奴。李广利的投降是汉武帝晚年对匈奴战争的一次大败，表明在汉武帝的最后几年，汉朝是稍稍处于劣势的。同时，李广利的投降还使得昌邑王刘髆也失去了皇位继承人的资格。

正是在国力疲弱、内乱不断、外战失败的情况下，汉武帝在最后几年开始重新思考汉朝的统治方针，试图改变这样的不利状况。公元前89年，汉武帝下诏说，自己自从继位以来的所作所为使得天下受苦，如今已经无可挽回，此后要除掉那些劳民伤财的措施。同年，桑弘羊等人上书，要求汉武帝下诏迁徙内地民众到轮台（今新疆维吾尔自治区轮台县东南）进行屯田，同时也有警卫边地的作用。汉武帝这时已经后悔经常出兵远征，他下诏说，轮台在车师国以西千余里，过于遥远，在轮台屯田是扰民的政策，不宜使用。同时，他还指出，当前的急务在于禁止苛刻暴虐、擅自加赋的政策，鼓励农业生产，以弥补以前造成的缺漏。至于军事武备，不需要大肆增加，仅仅满足基本需要就可以了。这道诏书就是历史上著名的轮台罪已诏。轮台罪己诏之后，汉朝从此不再出兵征伐。为表示富国养民的主旨，汉武帝还封当时的丞相田千秋为富民侯。轮台诏的颁布，表示汉武帝晚年的国策发生了转变，对外从主动进攻转向以和为主，对内则转向休养生息、缓和矛盾。这种转变，正是汉武帝与始皇帝的不同之处。两人在位时期的内外政策非常相似，所立功业也都可以说并驾齐驱，因而历代将两人并称为"秦皇汉武"。然而，始皇帝在世时，并没有反思之举，秦二世继位以后，更是变本加厉，终于导致局面不可收拾；汉武帝晚年却有轮台诏的颁布，及时纠正了错误政策，可算得上难能可贵。

公元前87年，在册立小儿子刘弗陵为太子之后，汉武帝在五柞宫去世，葬于茂陵。由于在继承人的选择上屡出问题，最后所立的刘弗陵只有8岁，如何避免秦末的悲剧，让自己在轮台诏中的精神保持下去，以延续汉朝国祚，这是汉武帝去世之前必须考虑的问题。因此，他处死了刘弗陵的母亲钩弋夫人，以防止女主专政。同时，他在群臣之中选择了一些可靠的臣子作为辅政大臣，辅佐年幼的汉昭帝处理国政。在这些辅政大臣之中，有一位切实执行了武帝晚年的意志，连续辅佐武帝之后的汉昭帝和汉宣帝，使得昭宣时代出现了中兴的局面。虽然中兴的局面无法同汉武帝时期的盛世相比，但也可以说是盛世的一个延续，因而昭宣中兴也为历代史家所称颂，这位辅政大臣也因此获得了忠臣的美誉，他就是霍光。

霍光是名将霍去病同父异母的弟弟。霍去病在出征匈奴经过平阳县的时候，与父亲霍仲孺相认，并在回师的时候将霍光带到了京师长安，安排在汉武帝身边做郎，当时，霍光只有十几岁。自此以后，直到汉武帝去世之前，霍光在汉武帝身边随侍了20余年，做事小心翼翼，为人老成持重，得到了汉武帝的信任，因此，汉武帝提前就做准备，命人送给了霍光一幅周公负成王朝诸侯图，意思是让霍光仿效周公，辅佐幼主，处理国政。果然，在汉武帝去世之前，霍光被任命为大司马大将军，与其余三位臣子上官桀、金日磾、桑弘羊一起作为辅政大臣辅佐继位的昭帝。

　　四位辅政大臣中，上官桀在武帝去世之前担任太仆一职，位列九卿，也是汉武帝的近身之臣。金日磾本是匈奴休屠王之子，河西战役之后，休屠王与浑邪王商议要投降汉朝，但后来休屠王反悔被浑邪王所杀，部众也被浑邪王带着一起投降了汉朝。由于是休屠王之子，金日磾并没有获得封赏，被安排在宫中养马，逐渐也得到了汉武帝的信任。不过，汉昭帝继位后不久，金日磾就因病去世。桑弘羊是汉武帝的经济大臣，积极筹措钱财，为汉武帝中前期征伐四方奠定了财政基础。汉武帝死后，四个人之间逐渐发生了矛盾。上官桀与霍光有姻亲关系，霍光的女儿嫁给上官桀的儿子上官安，生下了一个女儿。上官安意欲将女儿嫁给汉昭帝为后，遭到霍光的反对，后来经过盖长公主（汉昭帝的大姐）的宠臣丁外人的帮助才成功。上官安因此想要给丁外人谋个封侯的爵位，也遭到霍光的拒绝，由此引起了盖长公主与霍光的矛盾。汉武帝去世前，上官桀是太仆，霍光不过是光禄大夫，上官桀地位高于霍光。但汉昭帝继位后，霍光的地位反而后来居上，引起了上官桀的嫉恨。桑弘羊虽然是汉武帝十分信任的大臣，但他的思想并没有随着汉武帝晚年的转变而转变，而是试图在汉昭帝时期继续推行汉武帝统治中前期的各项政策，特别是与民争利的盐铁官营政策。这显然与霍光所坚持的休养生息政策背道而驰。公元前81年，一次重要的会议召开了。会议的双方是霍光主持征召的贤良文学（主要是儒生）和桑弘羊，主要的议题就是盐铁官营、对匈奴的和战政策等方面。尽管这次会议在当时没有形成结果，但经过辩论，坚持汉武帝统治中前期政策的桑弘羊遭到了贤良文学们的批评，这些贤良文学背后的支持者正是霍光。桑弘羊还曾为子弟求官，也遭到了霍光的拒绝，因此与霍光之间也发生了矛盾。在这种情况下，上官桀、桑弘羊勾结盖长公主与当时梦想着做皇帝的燕王刘旦一起，两次发动阴谋，试图扳倒霍光，但均没有成功；谋反集团被消灭，上官父子、桑弘羊被杀，盖长公主、燕王刘旦自杀。这次斗争不仅仅是权力的斗争，也是治国路线的斗争。霍光的胜利，既让他完全掌握了政权，也使得汉武帝晚年轮台诏的与民休息政策开始毫无阻碍地执行下去。

汉昭帝在位的 8 年时间内，朝廷数次下诏减免赋税，又与匈奴保持和亲的关系，西汉的国力逐渐得到恢复，《汉书》称赞霍光在昭帝时期的主政改变了武帝末年"海内虚耗，户口减半"的状况，出现了"百姓充实"的局面。

公元前 74 年，汉昭帝去世。在霍光的主持下，昌邑王刘贺（刘髆之子）被迎立为天子。据说由于刘贺淫乱无度，27 天之后，霍光又主持废掉刘贺，改立汉武帝的曾孙、废太子刘据的孙子刘询为帝，这就是汉宣帝。汉宣帝长于民间，熟悉民间疾苦，又被当时的许多大臣誉为"良材美质"，因而得到了霍光的认可。后来的事实证明，汉宣帝的确是一位贤明的君主。公元前 68 年，霍光去世，汉宣帝开始亲政，仍然秉承了轮台诏的精神。

图 15.10　博山炉。西汉海昏侯墓出土。江西省南昌市新建区大塘坪乡观西村出土。江西省博物馆藏

汉宣帝在一次与太子刘奭（即后来的汉元帝）讨论治国思想时，总结了"汉家制度"。刘奭喜好儒学，因而不理解宣帝过多任用一些法吏。汉宣帝解释道，汉家的制度就是"霸王道杂之"，兼用儒法，而不是单纯使用德治。儒家往往好古非今，不利于治理国家。汉宣帝的这一番解释，实际上是对汉武帝时期治国思想的一个总结，表明他在基本思想上与汉武帝是一致的。

汉宣帝执政之后，十分重视吏治，重视对人才的选拔，曾数次下诏求取贤才。他认为国家治理得好坏，地方太守的人选十分关键，因而他经常亲自听取地方的报告，并亲自对地方太守进行政绩考核。汉宣帝在位期间，出现了丙吉、魏相等许多名臣。正是在这些名臣的辅佐之下，汉宣帝时期继续施行轻徭薄赋的政策，经常下诏安置和赈济灾民、减免赋税、降低盐价，对于扰民生产的不法行为严加处置，保证了西汉农业生产的稳定恢复。《汉书》评论道，汉宣帝统治时期，官吏称职，人民安居乐业，匈奴臣服，汉朝出现了中兴的局面。

第十六章　两汉之际的动荡

西汉后期，随着社会矛盾的不断恶化，最高统治层也出现了危机，一个特殊的朝代——新室——取而代之，整个社会也进入持续的动荡之中，人民的生命财产遭到严重损害。不过，新室仅仅存在了 15 年，就被推翻了。在它之后建立的王朝仍以汉为号，历史又进入了相对稳定的时期。新室为什么能取而代汉？又为什么那么短命？后来的汉朝又是怎样建立起来的？要回答这几个问题，就必须回到当时的历史当中，做一番切实的了解。

第一节　西汉后期的统治危机

汉武帝统治时期，西汉王朝的物质文明和精神文明在各个方面都达到了顶峰。汉武帝晚年，统治危机已现端倪，从皇室开始，各种矛盾越来越尖锐，最终引起社会的剧烈动荡。

一、国统三绝

汉武帝晚年，宫闱中发生了巫蛊之祸。戾太子一家除了一个尚在襁褓中的幼儿之外，都惨遭杀害。后元二年（公元前 87 年）二月，汉武帝病危，立年仅 8 岁的幼子弗陵为太子。第二天，汉武帝去世，弗陵继位，他就是汉昭帝。霍去病同父异母的弟弟、大将军霍光执政，领尚书事；长期在朝、深受汉武帝信任的匈奴人车骑将军金日磾和左将军上官桀为副。

汉昭帝在位期间，霍光和上官桀之间展开了激烈的权力争夺，矛盾越

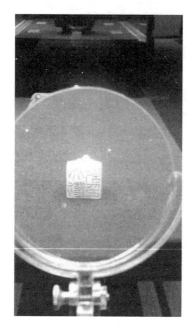

图 16.1 "大刘印信"。西汉海昏侯墓出土。江西省南昌市新建区大塘坪乡观西村出土。江西省博物馆藏

来越深。始元六年（公元前 81 年）十月，霍光诛灭上官桀一家。

元平元年（公元前 74 年）四月，汉昭帝去世，年仅 21 岁。霍光执掌政权，局势稳定，未出现重大政治失误。不过，由于汉昭帝去世时尚无子嗣，皇位继承就成了大问题。

大将军霍光请求皇后（霍光的外孙女）征召昌邑王刘贺入朝。六月丙寅日，刘贺接受皇帝玺绶，即位为皇帝，尊皇后为皇太后。癸巳日，霍光奏称刘贺淫乱，这样，刘贺仅仅在位 28 天，便被废黜。

七月，霍光奏称，按照礼制，大宗没有子嗣，可在小宗中挑选优秀的子孙担任大宗子嗣，汉武帝曾孙病已，可做汉昭帝继嗣。这样，戾太子的孙子，年已 18 岁的病已（又名询），便长了一辈，升格为 21 岁的叔祖昭帝的太子。

宗正刘德受命到尚冠里病已的住所，请病已沐浴更衣，太仆驾接到宗

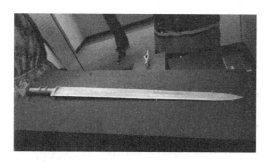

图 16.2 宝剑。西汉海昏侯墓出土。江西省南昌市新建区大塘坪乡观西村出土。江西省博物馆藏

正府。庚申日，入未央宫，朝见皇太后。为了避免让一介普通族人直接当上皇帝，先封病已为阳武侯，接着，群臣奉上玺绶，病已即皇帝位，祭拜高帝庙。这样，自从刘贺被废后，皇位空缺了 27 天，汉武帝的曾孙，戾太子的孙子病已，以汉

昭帝继嗣的身份，成为汉朝的皇帝，即汉宣帝。汉昭帝去世 3 个月后，这场皇位继承危机才得以解决。不过，它的影响将会逐步显现。

图 16.3　马蹄金。西汉海昏侯墓出土。江西省南昌市新建区大塘坪乡观西村出土。江西省博物馆藏

图 16.4　麟趾金. 西汉海昏侯墓出土。江西省南昌市新建区大塘坪乡观西村出土。江西省博物馆藏

汉宣帝在位 25 年去世，终年 43 岁。汉宣帝少年生活在下层，了解民间疾苦，世态炎凉。他当上皇帝后，经历了几次重大而复杂的宫廷斗争，统治经验丰富，在位期间，社会安定，被史家称赞为中兴之主。

太子刘奭继任，在位 16 年，去世时也是 43 岁，是为汉元帝。太子刘骜继位，在位 26 年，去世时 45 岁，是为汉成帝。汉成帝时，外戚势力大盛，舅父王凤、王音、王商、王根和表兄王莽连续执掌朝政，刘姓皇权受到严重的威胁。汉成帝曾试图与舅父王氏抗争，终因势单力弱而失败。在位后期，汉成帝宠爱赵飞燕、赵合德，凡后宫所生皇子皆予害死。结果，未留下子嗣。汉成帝去世前，立自己的侄子，定陶王刘欣为太子。

汉成帝去世，刘欣继位，尊王太后为太皇太后，皇后赵飞燕为皇太后。此时，王莽已经执政。刘欣依靠自己的祖母、定陶傅太后和母亲丁姬，与王氏展开了激烈的斗争。不过，由于刘欣患有双脚萎痹之症，在位仅 6 年便去世，谥为哀帝。汉家皇位继承再次出现危机。

王莽和太皇太后贬皇太后赵氏（飞燕）为孝成皇后，命她退居北宫，哀帝皇后傅氏退居桂宫，迎立成帝另一侄子、中山王刘衎为成帝继嗣，即皇帝位。皇帝 9 岁，太皇太后临朝，王莽秉政。元始五年（公元 5 年），皇帝去世，谥为平帝。

汉朝成帝、哀帝、平帝，连着 3 个皇帝都没有子嗣，被史家称为"国统三绝"。在古代，后嗣空缺，对于皇室来说，的确是一个严重的情况，因为它会打乱正常的权力交接程序，给觊觎者可乘之机，给王朝带来意想不到的危险。汉平帝去世，汉朝皇位再次陷入危机，这是最为严重的一次，因为身为大司马、大将军、掌握国家大权和命运的王莽就要对汉朝国祚下手了。

二、外戚专政

与秦朝有着悠久的父权制传统不同，汉朝继承周的宗法传统，讲究"夫妇之际"，重视外家的辅助作用，女主一直拥有较高的地位和权力，外戚的势力也一直有上升的趋势。

立国之初，刘邦征战四方，吕后坚守后方，史家称她"为人刚毅，佐高祖定天下"。刘邦死后，汉惠帝即位，吕后实际掌握汉朝的大权。汉惠帝死后，吕后临朝称制，除了称谓，与皇帝无异，吕禄、吕产封为诸侯王，刘氏地位受到威胁。吕后死后，周勃、陈平等人诛灭诸吕，才使刘姓天下转危为安。

从汉景帝即位到汉武帝初年，窦太后成为汉朝的精神领袖。她倡导黄老之治，主张清静无为，在政治上有很大的影响力，窦氏家族也受到特殊尊崇。

汉武帝威权极重，所以女主未能掌握更多权力。汉昭帝即位，幼弱，大臣霍光辅政，上官桀为副。后来，上官桀的孙女，也就是霍光的外孙女，当上了皇后，上官桀与其子上官安便企图攫取更大权力，结果被霍光诛灭。汉宣帝时，霍光之妻显买通宫廷医生，毒死宣帝原配皇后许氏，设法让自己的小女儿当上皇后。霍皇后对皇太后，也就是自己的外甥女，倒是恭恭敬敬的，但受到母亲唆使，企图毒死太子，未遂。霍光死后，汉宣帝诛灭显，霍皇后废而自杀。西汉中期，外戚最终未能掌握国家大权。

汉元帝皇后王氏，汉成帝生母，名政君。父亲名叫王禁，祖上可上溯到战国时的齐王建。文景之间，齐王建的后人中有个叫王贺的人居住在济南东平陵（今山东省济南市东），担任汉武帝的绣衣御史，职责是捕捉盗贼，但不称职，被免官。王贺迁徙到魏郡元城（今河北大名县东，一说今河北正定县）委粟里，任三老，生子王禁。王禁少时曾到长安学习律法，任廷尉史，系司法官吏。汉宣帝本始三年（公元前71年），政君生，因算命认为命中大贵，王禁便教她学习写字和弹琴。政君18岁时，王禁把她送入皇宫，在掖庭做家人子。一年多，太子宠幸的司马良娣去世，临终时告诉太子后宫有人诅咒，所以才病死。太子因此郁郁不乐，憎恨众娣妾，所以后宫没有能觐见的。汉宣帝得知，便命皇后挑选后宫可以娱乐侍奉太子的家人子进见太子。太子上朝，皇后便让5个家人子见太子，暗中使在旁的长御问太子看中哪个。太子本无心女子，但怕太后伤心，不得已，勉强应付道："其中一人可以。"五人中恰巧政君坐近太子，衣着又较特别，所以长御便以为是政君了。这样，政君便被送往太子宫。甘露三年，生汉成帝，为嫡皇长孙，汉宣帝特别喜爱，亲自为他取名骜，字太孙，常带在身边。

汉宣帝死后，汉元帝即位，太孙立为太子，生母政君升任为婕妤，政君的父亲王禁也被封为阳平侯。受封的三天后，政君又从婕妤再升，立为皇后，王禁位居特进，王禁的弟弟王弘也被任命为长乐卫尉。王禁去世后，长子王凤继承爵位，并任卫尉侍中。政君自从有了儿子之后，就很少见到皇帝。太子长大，好酒逸乐，不受汉元帝喜爱。而傅昭仪生的定陶恭王有才能，汉元帝喜欢，坐则同席，行则同辇，据说有意要废太子而立恭王。这时王凤与政君都感到忧惧，幸亏有侍中史丹帮助，才没有变故。

竟宁元年(公元前33年)五月,汉元帝去世,太子即位,即汉成帝。政君被尊为皇太后,哥哥王凤升任为大司马、大将军、领尚书事,加封五千户。王凤与政君同母,另一同母弟王崇被封为安成侯,食邑万户。王凤的庶弟王谭等赐爵关内侯,都有食邑。王氏由此兴起。这年夏天,黄雾漫天,汉成帝问大臣,回答:"这是阴盛侵阳之气。"他们还用高祖刘邦"非功臣不侯"的遗言,批评太后诸弟无功为侯,所以天现异相。王凤恐惧,上书辞职,汉成帝挽留,作罢。

后五年,安成侯王崇去世,遗腹子奉世继承爵位。次年,汉成帝又封舅父王谭为平阿侯、王商为成都侯、王立为红阳侯、王根为曲阳侯、王逢时为高平侯。五人同一天受封,被时人称为"五侯"。太后政君兄弟中只有老二王曼早死,没有得封,其余都已封侯。政君的母亲李氏早年被王禁休出,后来嫁给苟姓人家,生子名参,此时也得到重用,被任命为侍中水衡都尉。至此,王家子弟都是卿大夫侍中诸曹,分别占据高官,遍及朝廷。

王家势大,汉成帝也无可奈何,只得谦让,不敢自主。一次,左右推荐光禄大夫刘向的小儿子刘歆给汉成帝,说他通达而有特殊才能。汉成帝召见刘歆,诵读诗赋,非常高兴,想要任命刘歆为中常侍,便下令取衣冠。可左右却说:"没有禀报大将军。"汉成帝说:"这等小事,何须告诉大将军?"左右叩头坚持,汉成帝只得告诉王凤。王凤说不可,结果就没有任命。可见,汉成帝惧怕舅父如此。

汉成帝不是不想夺回本属于自己的权力。他知道京兆尹王章刚毅敢直言,便召见密谈。王章历数王凤专权的种种情况,建议汉成帝下令命王凤退就府邸,另选忠贤者取代他。汉成帝要求王章推荐可以替代王凤之人,王章便推荐中山孝王的舅父,琅邪太守冯野王。汉成帝表示同意。可没承想,太后的叔父王弘有个儿子叫王音,也就是汉成帝的堂舅,恰在此时担任侍中,他在听到这个消息后,便向王凤告了密。于是王凤假托生病,回到府第,上书请求退休。汉成帝知道事情泄露,无奈,只得挽留王凤,下令逮捕王章，罗织罪名，让王章死于狱中。从此，公卿见到王凤，都不敢正视。郡守国相刺史都出自王凤之门，王音也因此由侍中、太仆升任为御史大夫，位列三公。

当然，对于舅父的跋扈，有时汉成帝也无法忍受。成都侯王商曾生病，要避暑，向汉成帝借明光宫。后来，王商又穿长安城，引沣水注入自家宅院里的人工湖，用以行船。王商又在船上立羽盖、张周帷、楫棹唱越歌。一次，汉成帝到王商府第，看到穿城引水，心中甚恨，可是不得不按捺住，没有发火。后来，他又微服出行，路过曲阳侯王根的府第，看见园中土山渐台酷似皇宫里的白虎殿，再也无法忍受了，便责问车骑将军王音。王商、王根兄弟知道后，声称要亲自黥劓，然后向太后谢罪。汉成帝听说，更是火上浇油，便命尚书责问司隶校尉、京兆尹："为什么知王氏僭越坏制而不举奏正法？"吓得二人只能顿首。汉成帝又下策书给王音，命王氏诸人集中到王音府舍，听候发落，他要按汉文帝处理舅父薄昭的故事行事。看到汉成帝真的动了怒，王音、王商、王根也知道惹了祸，王音自设柴堆，坐在上面，名曰"藉槁请罪"；王商、王根吓得背着斧子，向皇帝"负斧质谢"。面对自己的舅父，汉成帝当然也无可奈何，只得不了了之。

王凤辅政 11 年，于阳朔三年（公元前 22 年）去世。临终前，向汉成帝交代：其他兄弟虽近，但奢侈僭越，王音虽是堂兄弟，但谨慎整饬，可以继任。于是，王音便接替王凤，任大司马、车骑将军，执政。第二年，受封为安阳侯，食邑与五侯等，都是 3000 户。

太后怜惜弟弟王曼早死，这年，汉成帝又下诏追封舅父王曼为新都哀侯，由儿子王莽继承爵位为新都侯（新都在今河南省新野县）。后来，汉成帝又封太后姐姐的儿子淳于长为定陵侯。至此，王氏亲属封侯的有 10 人。

王音死后，王商、王立、王根相继辅政。绥和元年（公元前 8 年），王莽告发淳于长、王立罪状，长下狱死，立就国。王根推荐王莽代替他为辅政，汉成帝也相信王莽忠正有节，把王莽从侍中、骑都尉、光禄大夫升任为大司马。

至此，王氏一家出了十侯、五大司马，势力盛极一时。汉成帝的后妃及其亲属皆无法抗衡王家势力。

绥和二年(公元前7年)，汉哀帝即位，尊太后为太皇太后，赵皇后为皇太后，但实际倚重的是自己的祖母定陶傅太后和母亲丁姬。傅太后是汉元帝昭仪，为人机灵，善于奉迎，下至宫人左右也不忽略，凡饮酒酹地，也必向他们祝福。她生有一子，立为定陶恭王。汉元帝死后，她随恭王归国，称定陶太后。10年后，恭王死，孙子刘欣即位。傅太后亲自养护孙儿。看到汉成帝无子嗣，而汉元帝的另一子中山孝王还在，傅太后便暗中贿赂最得成帝宠爱的赵昭仪和国舅王根，替孙儿求做汉成帝继嗣。后来果然立为太子。王太后命傅太后到太子家。汉成帝死后，王太后又诏命傅太后和丁姬10天一入未央宫。这时，高昌侯董宏上书请求立汉哀帝母丁姬为"帝太后"，遭到王莽和大臣师丹的反对，汉哀帝未便实行。后来，汉哀帝设法请求王太后下诏，尊自己已去世的父亲定陶恭王为恭皇，借机宣称："《春秋》'母以子贵'，尊傅太后为恭皇太后，丁姬为恭皇后"，于是外家亲属也多上尊号。一年后，又下诏，干脆把"定陶"去掉，称恭皇太后为"帝太太后"，恭皇后为"帝太后"。再后来又把"帝太太后"改称"皇太太后"，这样，加上太皇太后和赵太后，便出现了4位太后，每位太后都设立少府、太仆，待遇都相当于侍中二千石。傅氏亲属获得侯爵的6人，大司马2人，九卿二千石6人，侍中诸曹10余人；丁氏封侯的2人，任大司马1人，将军、九卿二千石6人，侍中诸曹也是10余人。在短短的一二年间，丁、傅两家势力暴兴。

汉哀帝皇后傅氏，是傅太后的内堂侄女，也就是汉哀帝的堂姑母。汉哀帝刚即位，汉成帝的灵柩尚在前殿，傅太后便不顾大臣师丹劝阻，迫不及待地封傅氏的父亲，也就是自己的弟弟傅晏为孔乡侯，与汉哀帝的舅父阳安侯丁明同一天受封。

皇太太后、帝太后当权，唯一担心的是同为汉元帝孙的中山小王及其外家势力。后来，借口中山太后冯氏设巫蛊，诅咒汉哀帝及帝太太后，逮捕冯氏兄弟官吏 100 余人，分别关押在洛阳、魏郡、巨鹿，死者数十人，冯太后也服毒自杀。

汉哀帝初即位，太皇太后下诏命王莽回到府第，避汉哀帝外家。即位后月余，司隶校尉解光上奏，历数王根大不敬不道诸端，汉哀帝下令遣王根就国，免王商之子王况为庶人，使归故郡，凡王根、王商荐举做官的，都予罢免。有司奏王莽贬抑皇太太后、帝太后之议，亏损孝道，遣回封地。后来谏大夫杨宣上书，声称太皇太后年已七旬，她曾饬令亲属回避丁、傅，汉哀帝无奈，便封王商之子王邑为成都侯。元寿元年（公元前 2 年），贤良借口日食，替王莽诉冤，哀帝无奈，便征召王莽回京侍奉太皇太后。

元寿二年（公元前 1 年），汉哀帝去世，太皇太后用王莽为大司马，执政，迎立中山小王为帝，继承汉成帝，是为汉平帝。王莽指使有关部门上奏丁、傅两家罪恶，以太皇太后名义下诏免除两家亲属的官爵，人也迁回故郡，把傅太后称号从"皇太太后"贬回"定陶恭王母"，丁太后从"帝太后"贬回"丁姬"，甚至下令掘开二人棺椁，挖平坟冢。汉哀帝皇后傅氏则与赵飞燕一起，被废为庶人，自杀。

为了隔绝外家与汉平帝之间的联系，王莽禁止汉平帝母卫氏进京。王莽的儿子王宇暗中与卫氏联络，建议她上书太皇太后要求进京，被王莽发觉。王莽杀死王宇，诛灭卫氏支属，废卫氏。一年后卫氏死。同时，王莽废黜中山小王王后卫氏，即卫太后的侄女。王莽通过太皇太后，立自己的女儿为汉平帝皇后。汉平帝原来的外家势力未能干预朝政，但新的外家王莽却堂而皇之地垄断朝纲，进而要攫取更大的权力。

第二节 王莽的"禅让"与改制

一、王莽的发迹

王莽,字巨君。王莽之父王曼是汉元帝皇后王政君的弟弟,很早就去世了。王莽少时,王家的一群堂兄弟们都是将军、五侯之子,他们地位崇高,生活奢靡,整日以声色车马逸乐交游相倾轧。相形之下,王莽则显得孤弱贫寒。与堂兄弟们截然不同,他则养成了屈身下人、恭敬节俭的好品行。他曾随沛郡陈参读《礼经》,勤勉向学,力求广博,穿衣用度,都按儒生标准,结交有才能品德的朋友。王莽在家,则尽力侍奉母亲和寡嫂,赡养孤弱的侄儿;在大家庭里,侍奉诸位叔父,行为十分的整饬和完善,连细节都合乎礼的精神。担任大将军的大伯父王凤病重期间,王莽在旁看护,亲自尝药,顾不上沐浴洗脸,整日蓬头垢面,几个月未解衣带。王凤临终前,请求太后和汉成帝,任命王莽为黄门郎,升任射声校尉。

王莽的为人着实感动了许多人,叔父王商曾上书,愿意分出自己的户邑来封王莽,许多名士,也都纷纷替王莽讲话,汉成帝也认同王莽的贤德。成帝永始元年(公元前16年),王莽被封为新都侯,封地在南阳郡新野县的都乡(在今河南省新野县境内),1500户,并升任骑都尉、光禄大夫、侍中,宿卫谨慎整饬。王莽的爵位日渐尊贵,却更加谦逊,车马衣裘,都散给了宾客,家无所余。他接纳并资助名士,结交将相卿大夫,人数众多。在位的不断推荐他,不在位的则讲他的好话,一时间声誉隆起,超过了他的几位叔父。

王莽还敢为激切之行,而且处之泰然,从不惭愧。他的哥哥王永曾任诸曹,早年去世,有个儿子名叫王光。王莽让王光到博士门下就学,自己从宫中回家休假,便整饬车骑,带着羊酒,慰劳王光的老师,遍及王光的同学，引得诸生都来观看，长老也为之感叹。王光比王莽的长子王宇年小，王莽让他们同一天娶妻，宾客满堂，一会儿，一人说太夫人有某病痛，当饮某药，到客人散席，王莽几次起身，表示敬意。王莽自己曾经买了个侍妾，兄弟间有人听说了，王莽却说："后将军朱子元没有儿子，我听说这个侍妾适合生子，特地为他买来。"即日便把侍妾送给子元。古代史家把王莽的这类举动说成是"匿情求名"，指出了他的虚伪；不过，却也从另一个角度表现了他的政治和礼教的素养。

王太后的姐姐有个儿子叫淳于长，位列九卿，王莽暗中查到他私通寡居的汉成帝废皇后许氏的姐姐，替许氏求复为婕妤等密谋。王莽通过大司马曲阳侯王根上告皇太后和皇帝，汉成帝下诏诛灭淳于长。王根于是推荐王莽继任大司马，这一年是绥和元年（公元前 8 年），王莽 38 岁。

王莽继王凤、王商、王音、王根四位叔父之后任大司马，掌握朝政，聘任众多贤良担任掾史，得到的赏赐都给士人分享，自己却越来越俭省。他的母亲病重，公卿列侯遣夫人问疾。王莽夫人前来迎接，其衣服短小，蔽膝是用粗布做的。看到的人还以为是家里使唤的用人，问了才知道是夫人，都吃了一惊。

汉哀帝即位后，王莽上书请求退休，汉哀帝挽留，这才又继续工作。董宏提议汉哀帝生母丁氏上尊号，王莽与大臣师丹弹劾董宏误朝不道。几天后，在未央宫设置酒宴，内者令为傅太后张幄，安排在太皇太后座位旁，王莽责问内者令："定陶太后是藩妾，凭什么可以和最尊贵的太后并坐！"下令撤去，另外设座。傅太后听说后，大怒，不肯出席，内心深深地怨恨王莽。王莽得知后，便上书请求退休，汉哀帝赏赐王莽黄金 500 斤，安车驷马，加封黄邮聚（在南阳棘阳县，今河南省南阳市南）350 户，让他回到封地。两年后，傅太后和丁氏都上了尊号，丞相朱博建议免王莽为庶人。汉哀帝看在太皇太后的面上未听。

王莽回到封地，闭门不出，次子王获杀死奴隶，王莽严厉责令其自杀。

三年之中，官吏上书替王莽喊冤的数以百计。元寿元年，日食，贤良周护、宋崇等在对策中赞颂王莽的功德，汉哀帝便征召王莽。

王莽回到京城一年多，汉哀帝去世，傅太后和丁氏先已去世，太皇太后当天就赶到未央宫收取皇帝玺绶，并派使者快马召王莽，并下诏尚书、各发兵符节、百官奏事，中黄门、期门兵都归属王莽统辖。王莽迫使大司马董贤自杀，太皇太后要求公卿大臣推举可任大司马的人选，大司徒孔光和大司空彭宣都推举王莽，前将军何武、后将军公孙禄则相互推举。太后任命王莽为大司马，并一起商议立嗣。太后信任王舜，王莽便请求太后派王舜迎立中山王奉成帝后，即汉平帝。皇帝 9 岁，太皇太后临朝称制，委政于王莽。王莽请求太皇太后，废汉成帝赵皇后、汉哀帝傅皇后，迫令自杀。王莽知道太皇太后素来敬重大司徒孔光，便任命孔光的女婿甄邯为侍中、奉车都尉，凡有奏请，都命甄邯带给孔光，然后由孔光上奏太皇太后。这样，王莽对不喜欢的汉哀帝外戚及大臣都予致罪。前将军何武、后将军公孙禄因相互推举而被免职。丁、傅两家及董贤的亲属都被免职，并被迁徙到远方。红阳侯王立是太后的亲弟弟，王莽害怕这位叔父向太后进言，妨碍施政，便通过孔光奏称王立曾接受淳于长贿赂、替淳于长说话、耽误朝政。王莽又请求太后以官婢杨寄私子为皇子，以致舆论以为吕氏、少帝复出，天下疑惑，根据这些罪名，王莽请求把王立遣返封地。太后开始不听。王莽便直接对太后说："如今汉家衰弱，几代人都没有后嗣，太后独代幼主统理政务，实可畏惧，勉励以公正引导天下尚恐不从，如今还以私恩违背大臣建议，那样群下就会倾斜，乱从此起。可以先遣就国，待形势稳定了再征召回来。"太后不得已，把王立遣返封地。王莽的做法被后世史家称为"挟持上下"。从此，附顺者拔擢，忤恨者诛灭，成为王莽的政治原则。在这个原则下，王舜、王邑成为腹心，甄丰、甄邯主击断，平晏领机事，刘歆典文章，孙建委爪牙。甄丰的儿子寻、刘歆的儿子棻、涿郡崔发、南阳陈崇则以才能得幸于王莽。传统史家称王莽颜色凛厉而言语方正，欲有所为，便在风采间微现出来，党羽便承其旨意上奏太后，而王莽则稽首涕泣，坚决推让，用这种办法上迷惑太后，下欺骗百姓。

元始五年（公元 5 年），皇帝去世，年 14，谥为平帝。此时，汉元帝已没有后代了，汉宣帝曾孙为王的还有 5 人，列侯 48 人，都与汉哀帝、汉平帝同辈。王莽嫌他们年纪大，便说："兄弟不能为继嗣。"于是，王莽便选汉宣帝玄孙中最年幼的广戚侯子刘婴，年仅 2 岁，借口卜人相面最吉利，作为汉成帝的继嗣。这时，王莽的禅让活动便正式开场了。

二、《自本》·符谶·禅让

王莽从什么时候起开始要夺取汉朝政权的？历史上还没有确凿的证据可以回答这个问题。不过，为了夺取汉朝政权，建立王氏自己的天下，王莽费尽了心机。

王莽曾作《自本》来历数自己家世的来历，内容是这样的：

> 黄帝姓姚氏，八世生虞舜。舜起妫汭，以妫为姓。至周武王，封舜后妫满于陈，是为胡公，十三世生完。完字敬仲，奔齐，齐桓公以为卿，姓田氏。十一世，田和有齐国，二世称王，至王建为秦所灭。项羽起，封建孙安为济北王。至汉兴，安失国，齐人谓之"王家"，因以为氏。①

王莽为什么要这么麻烦，追溯自家的来历呢？这是为了适应当时的社会和文化条件，迎合大众心理。

根据《自本》，王莽的王家，来自战国时齐国的田氏，齐国的田氏又来自春秋时的陈国，而陈国始祖胡公妫满又是虞舜的后裔，虞舜则来自黄帝。

---

① （东汉）班固：《汉书》卷 98《元后传》。

这样，王氏、田氏、陈氏、妫氏、姚氏就成了一家人。这固然是王莽要扩大宗族基础的需要，其实，还有更深的考虑在其中。王莽自己早就揭露了谜底。

始建国元年(公元9年)，王莽当上新朝皇帝之后，向群臣宣布："惟王氏，虞帝之后也，出自帝喾；刘氏，尧之后也，出自颛顼。"①"予之皇始祖考虞帝受嬗于唐(尧)，汉氏初祖唐帝，世有传国之象，予复亲受金策于汉高皇帝之灵。"②原来，是为了利用唐尧禅位给虞舜的故事，为王莽接受汉朝的禅让制造舆论啊。

其实，还不止于此。齐国田氏也接受了姜姓的禅让；再往远说，王莽的始祖黄帝，据说也是接受了炎帝的禅让。这样，从炎帝、唐尧，直到刘汉，就成了世有传国之象的王朝了。为了使这一传说更具有历史必然性，王莽又与当时流行的五德终始说联系起来，他利用炎帝火德，尧也是火德的观念，宣称：汉朝"赤德气尽……赤世计尽，终不可强济。皇天明威，黄德当兴……汉刘火德尽，而传于新室也"③，等等。至此，王莽作《自本》的目的就昭然若揭了。

王莽夺取汉朝政权的另一个办法是利用符瑞和谶书。

王莽曾暗示益州长官，让塞外蛮夷进献白雉。平帝元始元年(公元1年)正月，王莽请太后下诏，以白雉荐宗庙。群臣借白雉之瑞，称赞王莽功德，与周成王一样，可见是千载同符，由此证明王莽功比周公，有定国安汉之大功，应该赐号"安汉公"。甄邯建议太后下诏。王莽谦让再三。太后以召陵(今河南省漯河市东)、新息(今河南省息县)二县户28000益封王莽，功如萧相国，任太傅，号曰安汉公，以故萧相国第为安汉公第，定著于令，传之无穷。后来又加尊号"宰衡"，意思是德比商朝名相伊尹(阿衡)和周朝

---

① (东汉)班固：《汉书》卷99中《王莽传》。
② (东汉)班固：《汉书》卷99中《王莽传》。
③ (东汉)班固：《汉书》卷99中《王莽传》。

的周公(太宰)，加九锡，人臣已极，再往前就迈向夺取最高统治权了。

元始五年十二月，汉平帝去世，王莽选定汉宣帝曾孙广戚侯显的儿子、2岁的刘婴入继大统，自己则加紧了取代汉朝的步伐。

当月，前辉光谢嚣奏称，武功县(今陕西省武功县西)县长孟通浚井得白石，上圆下方，上面有红色字迹，其文曰："告安汉公莽为皇帝。"王莽使群公上报太后，太后说："这是欺骗天下的，不可施行！"后在大臣劝说下才勉强同意，下诏，以皇帝年幼为由，令安汉公王莽居摄践祚，祭祀祝词用"假皇帝"，臣民称之为"摄皇帝"，如周公故事，以武功县为安汉公采地，名曰汉光邑，次年改元曰"居摄"。这样，王莽就摄行皇帝之事了。

居摄元年(公元6年)三月，立汉宣帝玄孙婴为皇太子，号曰孺子婴。

四月，刘崇、张绍起事，反抗王莽。太后听说后，说："人心相差不远，我虽妇人，也知道王莽必因此而自危。"但群臣借机说王莽权力太轻，应该更加尊重。五月，太后下诏，许王莽朝见太后时称"假皇帝"。

居摄三年(公元8年)，广饶侯刘京、车骑将军千人扈云、大保属臧鸿奏符瑞。刘京报告临淄发现新井，扈云说巴郡出石牛，臧鸿说扶风见雍石，王莽一概迎受。王莽此举，表示朝着真皇帝迈进了一步。

据王莽新朝建立后所颁布的符命称，汉文帝、汉宣帝时黄龙出现于成纪(今甘肃省秦安县北)和新都(今河南省新野县东)，王莽的高祖王伯墓门梓柱长出枝叶，母鸡变化为公鸡，另外还有文马、铁契、石龟、虞符、文圭、玄印、石书、玄龙石、神井、大神石、铜符帛图，都是上天不断以神符昭告下界，王莽当代汉为天子。此外，侍郎王盱曾看见有人穿白布单衣，赤襈方领，戴小冠，立于王路殿前，对王盱说，"今日天同色，以天下人民属皇帝"[1]，王盱奇怪，行10余步，人忽不见。如此等等，皆是上天显示王莽受命的迹象。

---

[1]　(东汉)班固：《汉书》卷99中《王莽传》。

广汉梓潼县(今四川省梓潼县)人哀章在长安求学,旧时史家说他素来无行,好为大言,此时见王莽居摄,即作铜匮,为两检,一个上署"天帝行玺金匮图",另一个上署"赤帝行玺邦传予黄帝金策书"。邦即刘邦。书的内容是说王莽为真天子,皇太后如天命。图、书都列有王莽大臣 8 人姓名,此外还有什么王兴、王盛,取的都是吉祥而好听的名字,哀章还把自己的名字也列在其中,总共 11 人,而且写着官爵,这些人是王莽的辅佐。哀章听说新井、石牛的事情后,当天黄昏,便穿着黄色衣服,持匮来到高庙,交给仆射。仆射上报王莽。戊辰,也就是王莽因新井、石牛上书太后的第五天,王莽至高庙郑重拜受金匮神禅。然后带上王冠,拜谒太后,回坐未央宫前殿,下书称:

> 予以不德,托于皇初祖考黄帝之后,皇始祖考虞帝之苗裔,而太皇太后之末属。皇天上帝隆显大佑,成命统序,符契图文,金匮策书,神明诏告,属予以天下兆民。赤帝汉氏高皇帝之灵,承天命,传国金策之书,予甚祗畏,敢不钦受!以戊辰直定,御王冠,即真天子位,定有天下之号曰新。其改正朔,易服色,变牺牲,殊徽帜,异器制。以十二月朔癸酉为建国元年正月之朔(建丑),以鸡鸣为时。服色配德上黄,牺牲应正用白,使节之旄旛皆纯黄,其署曰"新使五威节",以承皇天上帝威命也。[①]

王莽要建立新朝,一定要让太后改换汉家称号,这时,他的疏属王谏上书:"皇天废去汉而命立新室,太皇太后不宜称尊号,当随汉废,以奉天命。"[②]王莽随即乘车驾到东宫,亲自把上书给太后看,太后说:"此言是

---

① (东汉)班固:《汉书》卷 99 上《王莽传》。
② (东汉)班固:《汉书》卷 98《元后传》。

也!"显然是气话。没想到王莽却说:"此悖德之臣也,罪当诛!"①正在这时,冠军张永献符命铜璧,上有文字:"太皇太后当为'新室文母太皇太后'。"王莽下诏赞同,太后无奈,只得听许。于是,王莽下令王谏饮鸩而死,封张永为贡符子。

始建国元年正月朔,王莽率领公侯卿士奉皇太后玺韨,上太皇太后,顺符命,去汉号。王莽策命孺子说:

> 咨尔婴,昔皇天右乃太祖,历世十二,享国二百一十载,历数在于予躬。《诗》不云乎?"侯服于周,天命靡常。"封尔为定安公,永为新室宾。呜呼!敬天之休,往践乃位,毋废予命。
>
> 其以平原、安德、漯阴、鬲、重丘(今山东省平原县周围),凡户万,地方百里,为定安公国。立汉祖宗之庙于其国,与周后并,行其正朔、服色。世世以事其祖宗,永以命德茂功,享历代之祀焉。以孝平皇后为定安太后。②

意思是说,刘婴的祖上汉高祖,得到上天保佑,所以才享受了12代、210年的统治,但历数却已到了我的身上,所以,这叫作"天命无常"。王莽封刘婴为定安公,方圆百里,拥有邑户万家。刘婴作为新朝的客人,保有汉朝原来的正朔、服色、祠堂,祭祀自己的列祖列宗。汉平帝皇后即王莽的女儿,成为定安公国的太后。

宣读策书已毕,王莽亲执刘婴之手,唏嘘流涕,说:"当年周公摄位,最后把君位交还给成王,如今我被皇天威命所迫,不能如意啊!"哀叹良久。中傅带刘婴下殿,向北称臣,百僚陪着,莫不感动。

---

① (东汉)班固:《汉书》卷98《元后传》。
② (东汉)班固:《汉书》卷99中《王莽传》。

接着，王莽就大封功臣，王舜为太师，封安新公；平晏为太傅，封就新公；刘歆为国师，嘉新公；哀章为国将，美新公；四人称"四辅"，位上公。甄邯为大司马，承新公；王寻为大司徒，章新公；王邑为大司空，隆新公；三人称"三公"。甄丰为更始将军，广新公；王兴为卫将军，奉新公；孙建为立国将军，成新公；王盛为前将军，崇新公；四人为"四将"，总共11公。其中，王兴本是城门令史，王盛是卖饼的，王莽按照符命上所说的，找到10余个同姓名的，两人容貌与卜者所说相近，就直接从布衣升任为公，以示神的灵验。这一天，封拜卿大夫、侍中、尚书的一共数百人。汉朝宗亲刘氏担任郡守的，都改为谏大夫。禅让仪式就这样结束了。

王莽改明光宫为定安馆，让自己的女儿定安太后居住；把过去的大鸿胪府作为定安公府邸，由门卫使者看管，告诉乳母不得与定安公说话，令定安公刘婴生活在四壁中，不得有所见，后来长大了，竟然不识六畜。王莽又把孙女，即儿子王宇的女儿，嫁给定安公为妻。

当初，刘邦进入咸阳，后又回到霸上，秦王子婴投降，奉上始皇帝玺。灭项羽后，刘邦即天子位，即佩戴此玺。以后一直代代传授，号称"汉传国玺"。因为刘婴未立为皇帝，此玺一直藏在长乐宫，由王太后保存。王莽即位，请玺，太后不肯给。王莽派王舜来要，太后骂道："你们父子宗族蒙汉家之力，才富贵累世，既没有什么报答，受人托孤，便乘机夺取其国，不再顾念恩义。这样做人，连猪狗都不如，天下还能容得下你们兄弟吗？你自以金匮符命当上了新朝皇帝，又是变更正朔服制，那就应该自己另做玺，以传万世呀，还要此亡国不祥之玺干什么呢？我一汉家老寡妇，早晚要死的，想与此玺一起埋葬都不可得！"

太后边哭边说，左右垂涕，王舜也悲泣不已，良久，才抬头对太后说："臣等已无话可说了，莽一定要得到这个传国玺，太后难道还能不给吗？"太后听到王舜话已说到如此，怕王莽威胁，便拿出汉传国玺，扔到地上，说："我老了，死了没什么，可你们兄弟却是要灭族的！"

新室取代汉朝，为王莽施展政治抱负开辟了新的纪元，也为他的身败名裂打开了一条通道。不过，站在 2000 年后的今天，反观历史，我们发现，王莽的禅让也为后人提供了一个范例。此后 1000 多年，直到北宋建立，历朝历代都沿袭了王莽的做法，连少数民族政权的更替也不例外，他们不但在政治上模仿王莽的做法，甚至在意识形态上还直接沿着汉朝、新朝（曹魏）的顺序排列下去，由此可见，王莽的禅让在历史文化上所具有的实用价值及其中所蕴含的独特的政治智慧。

三、改制

西汉后期，社会问题严峻。一个是土地问题。土地兼并已到了相当严重的程度。正如董仲舒所言："富者田连阡陌，贫者无立锥之地。"①由于失去土地，许多农民失业，成为流民，造成社会的动荡。另一个是奴婢问题。汉朝存在大量的奴隶，其中有的在官府，有的在贵族、地主、官僚、商人家里，不论如何，都是家内奴隶，即所谓奴婢。此外，还有私人铸钱盛行，商人垄断市场等现象。这些相互关联，相互作用，形成社会进步的严重阻碍。汉朝后期，皇权危机，外戚势盛，不但没有认真对待这些问题，而且由于统治阶层规模庞大，奢侈糜烂，反过来又大大加重了社会的负担。王莽在此时登上最高政治舞台，他的合法性多多少少与汉朝没能解决这些社会问题有关。看来，新室要想坐稳江山，就应该在解决这些问题上有所作为，只有这样，才能更充分地体现它的合法性。当然，这是一个异常艰巨的任务，新室的统治者能经受住这个考验吗？能拿出有效的办法吗？

王莽虽位居九五，但骨子里还有一介书生的天真和稚气；他执着于经典，热衷于理想；他要用自己的热情和古来圣贤的教导解决社会的问题，甚至移风易俗，改造世道人心。

---

① （东汉）班固：《汉书》卷 24 上《食货志》。

(一)禁止买卖土地人口

西汉后期,儒者都关注土地和奴婢问题,都认为富者拥有大量土地,役使大量奴婢,是不道德的;贫者缺少或没有土地,甚至卖身为奴的现象,不应继续下去。王莽也是如此看问题的。取代汉朝以前,王莽曾上书太后,愿意出钱百万,献田 30 顷,付大司农助给贫民,结果许多公卿大臣都纷纷效仿;每有水旱,王莽便素食,以示对农业和贫苦农民的关怀。汉哀帝时,王莽被丁、傅外戚势力遣返回封地期间,次子王获杀死奴隶,王莽严厉切责,迫令王获自杀。可见,王莽与社会的普遍认同是一致的,甚至是激进的。这说明,在改革的问题上,王莽的思想基础是深厚的。

始建国元年四月,新室成立不久,王莽就宣布:

> 古者,设庐井八家,一夫一妇田百亩,什一而税,则国给民富而颂声作,此唐、虞之道,三代所遵行也。秦为无道,厚赋税以自供奉,罢民力以极欲,坏圣制,废井田,是以兼并起,贪鄙生,强者规田以千数,弱者曾无立锥之居。又置奴婢之市,与牛马同兰,制于民臣,颛断其命。奸虐之人因缘为利,至略卖人妻子,逆天心,悖人伦,缪于"天地之性人为贵"之义。《书》曰:"予则奴戮汝",唯不用命者,然后被此戮。汉氏减轻田租,三十而税一,常有更赋,罢癃咸出,而豪民侵陵,分田劫假。厥名三十税一,实什税五也。父子夫妇终年耕耘,所得不足以自存。固富者犬马余菽粟,骄而为邪;贫者不厌糟糠,穷而为奸。俱陷于辜,刑用不错。予前在大麓,始令天下公田口井,时则有嘉禾之祥。今更名天下田曰"王田",奴婢曰"私属",皆不得买卖。其男口不盈八,而田过一井者,分余田予九族邻里乡党。故无田,今当受田者,如制度。敢有非井田圣制,无法惑众者,投诸四裔,以御

魑魅，如皇始祖考虞帝故事。①

这篇文字充分表达了王莽对土地和奴婢问题的看法，一方面对兼并土地和买卖人口大张挞伐，饱含着人道精神和道德激情；另一方面提出把天下田更名为"王田"，奴婢名曰"私属"，意思是要把土地收归国有，由国家按照古代井田制的办法授给农民，以此达到平均土地的目的。奴婢则只限于家内使用，土地和人口皆不得买卖，这样就可杜绝土地兼并和奴婢来源问题。可以看出，这篇文字存在着尖锐的矛盾，即理想有余而现实不足，道德激情有余而制度措施不足，具有明显的空想性，不可能在当时历史条件下实行。

四年以后，始建国四年（公元12年）二月，中郎区博谏，说井田古法，只适应于三代，不适合后世。秦国顺民心，废除井田，所以才能王天下，至今并未过时。井田不可施行。王莽也知道天下有产之民都怨恨井田，无法坚持，于是下书宣布："诸名食王田，皆得卖之，勿拘以法。犯私买卖庶人者，且一切勿治。"②意思是虽然所有土地名为王田，但都可以买卖，不要拘泥于改革之法的规定；因买卖平民而犯法的，都不要惩治。四年前慷慨陈词，大张旗鼓颁布的禁止买卖土地和奴婢的政策到此就彻底破产了。

（二）屡次变更职官俸禄

新室建立后，始建国元年，除了"四辅"、"三公"、"四将"之外，王莽对官制大加改革。设置大司马司允（信）、大司徒司直（正）、大司空司若（顺），位皆公卿。更名大司农为羲和，后又改为纳言；大理为作士；太常为秩宗；大鸿胪为典乐；少府为共工；水衡都尉为予虞；与三公司卿共九卿，分属三公。每一卿置大夫三人，一大夫置元士三人，共二十七大夫，

---

① （东汉）班固：《汉书》卷99中《王莽传》。
② （东汉）班固：《汉书》卷99中《王莽传》。

八十一元士，分主中都官诸职。光禄勋改为司中，太仆改为太御，卫尉为太卫，执金吾为奋武，中尉为军正，又置大赘官，主管乘舆服御物，后又典兵秩，位皆上卿，号曰六监。郡太守改为大尹，都尉为太尉，县令长为宰，御史为执法，公车司马为玉路四门，长乐宫为常乐宫，未央宫为寿成宫，前殿为王路堂，长安为常安。秩百石改为庶士，三百石为下士，四百石为中士，五百石为命士，六百石为元士，千石为下大夫，比二千石为中大夫，二千石为上大夫，中二千石为卿。车服黻冕，各有差品，又设置司恭、司徒、司明、司聪、司中大夫，诵诗工、彻膳宰，以司过。令王路设进善之旌，诽谤之木，敢谏之鼓。谏大夫四人常坐王路门受言事者。

王莽又根据古代礼制，只有天子才称王，诸侯不得称王，策曰：

> 天无二日，土无二王，百王不易之道也。汉氏诸侯或称王，至于四夷亦如之，违于古典，谬于一统。其定诸侯王之号皆称公，及四夷僭号称王者皆更为侯。[1]

根据王莽旨意，五威将军奉王莽颁布的符命，带着印绶，王侯以下及官吏名更者，赴匈奴、西域，徼外蛮夷，授给新室印绶，收回故汉朝印绶。王莽的这个做法其实是模仿古制。说来有点吊诡，王莽的确读了一些书，也的确为书所误，他的做法拘泥古典，反而伤害了天下不少的人心。

王莽根据《周官》、《王制》设置官吏，如卒正、连率、大尹，职如太守；属令、属长，职如都尉；置州牧、部监25人，见礼如三公；地方郡县也频频更改，每年都变，有的甚至一郡五易其名，官吏人民都无法记忆，每下诏书，都要附带旧名……传统史家称他"号令变易"。

始建国五年(公元13年)二月，王莽至明堂，下书，宣称，周代文、武

---

① （东汉）班固：《汉书》卷99中《王莽传》。

二代受命，因有东都西都之居。他自认为自己的受命也一样，因此下令以洛阳为东都，长安为西都，州从《禹贡》有九，爵从周氏有五，各级爵位人数城市户口一一对应。

天凤三年（公元 16 年）五月，王莽颁布新的吏禄制度，从四辅、公、卿大夫、士，下至舆僚，共 15 等，僚禄一年 66 斛，上至四辅达万斛。此外，他又做了种种详细的规定，因此，考核无法进行，官吏也因此得不到俸禄，便利用官职狼狈为奸，收取贿赂，供给自己。腐败更加严重。

（三）频繁改革商业金融

为了加强中央对钱币的掌控，王莽不断改革钱币。

居摄二年（公元 7 年）五月，下令重新造币：错刀，一值 5000；契刀，一值 500；大钱，一值 50；与五铢钱并行。民间多盗铸。又下令，禁止列侯以下挟带黄金，凡黄金须输御府受值，但终究没有给予兑现。公元 9 年（始建国元年），派遣谏大夫 50 人分别铸钱于郡国。

传统史家认为，此时百姓习惯了汉朝的五铢钱，王莽大钱小钱并行的政策不好用，又多次变更，信用渐失，百姓私下里都用五铢钱交易，传言大钱当罢，没有人肯携带的。王莽甚感忧虑，又下书说："凡携带五铢钱，说大钱当罢的，与诽谤井田制同罪，投四裔。"于是农商失业，食货俱废，百姓甚至在市场上哭泣。至于因买卖田宅奴婢、铸钱而犯法的，从诸侯卿大夫到庶民，抵罪者不可胜数。

始建国二年（公元 10 年），初设六筦之令。"筦"就是管，有管理、管控、统治的意思。王莽下令，凡酤酒、卖盐、铁器、铸钱、名山大泽所得众物的收税，均由县官统制，又下令市场管理官员收钱买贵，赊贷予民，收取月息 3%；下令牺和在每郡置酒士一人，乘坐官家传车监督卖酒的利润，禁止百姓携带弓弩和铠甲。

同年，因为发行的钱币不能通行，王莽又下令造宝货五品，百姓仍不听从，只用大小钱二品而已。由于盗铸钱的无法禁止，王莽便加重刑罚，一家铸钱,五家连坐,一并没入官府为奴婢。官民出入,要用货币与身份符簿相合才行,不持身份符簿,饭店驿所不可接待,关隘渡口严查稽留,即使公卿也要持符簿出入宫殿。王莽希望用这个办法推行新币。

王莽的政策许多内容不切实际,又过于严厉,因此人民无法遵行,结果或者形同虚设,或者不得不予以废止。始建国五年,由于犯法挟铜炭者太多,只得下令废除其法。

天凤四年(公元17年),王莽再次申明六筦之令,每一筦下,都设科条,即法律对违犯情节及处罚的规定,以防止犯法,犯者罪至死,于是吏民抵罪者渐渐增多。同时,又对拥有奴隶者收税,上公以下有奴婢的,一口出钱3600,史家称"天下愈愁,盗贼起",看来大小奴隶主们对王莽的这个政策反应是极为强烈的。担任纳言的冯常劝谏,王莽大怒,罢免冯常的官职。王莽设置执法职官,调查官员的不轨行为,还选用所谓能吏如侯霸等,分别监督六尉、六队(遂),就像汉朝的刺史。

地皇元年(公元20年),王莽又下令取消大小钱,改用货布,形状像耕具,长二寸五分,宽一寸,等于二十五货钱。货钱径一寸,重五铢,枚值一,两品并行。如有敢盗铸钱及偏行布货,伍人知而不举的,皆没入为官奴婢。

史书记载,百姓因犯铸钱之法,伍人连坐,没入为官奴婢,男子关在槛车上,子女步行,用铁索拴住颈项连在一起,送往主管铸钱的钟官,以十万数。送到的,夫妇拆散,改相匹配,愁苦而死的十人中有六七之多。

(四)扰动民族关系

王莽早年学习儒家典籍,性格也异常执着,特别对《礼经》和《春秋》,已经达到了信仰的程度,从职官制度改革中就可看出,他要按照古代礼制来端正当时的政治体制,在新室直接管辖区域内,严格取缔诸侯称王。此外,对周边少数民族区域,他同样不许称王,他要把古代经典中所谓"上天—天子—诸侯—大夫"的天下格局和等级规定严格地贯彻到每一个角落。

　　始建国元年，他派五威将军出使。五威将军乘坐画着天文图像的车子，驾着六匹骢马，代表乾坤，后背装饰着鹥鸟的羽毛，服饰甚伟。每一将各设置左、右、前、后、中帅，共五帅，衣冠车服驾马，据五方各方的颜色和数目。每将持节，称太一之使；帅持幢，称五帝之使。王莽策命道："普天之下，迄于四表，靡所不至。"①向东出发的，至玄菟（今辽东地区、吉林省西南部地区和朝鲜北部地区），乐浪（今朝鲜平壤附近），高句丽（今辽宁省东部地区、吉林省西部南部地区和朝鲜北部地区），夫余（今吉林省北部和黑龙江省西部地区）；向南出发的，至益州（今四川省、重庆市以及贵州云南部分地区），贬句町王为侯；向西出发的，至西域，把当地所有的王都改称为侯；向北出发的，至匈奴王庭，授单于印绶，改汉印文，去掉"玺"字，改为"章"字。单于想要旧印，陈饶用铁锤砸碎，单于大怒。陈饶返回后，被任命为大将军，封威德子。句町、西域却因此次改封而反叛。

　　始建国二年，匈奴单于要求还给他汉朝时颁发的玺绶，王莽不给，于是匈奴寇边郡，杀掠吏民。

　　王莽决心解决匈奴问题。他下令把匈奴单于知的名号改为"降奴服于"，并要求对匈奴势力做分化瓦解工作：首先把进攻目标锁定在单于知一人身上，但肯定其先祖呼韩邪单于稽侯删效忠于中原，保塞守边；其次把匈奴的土地人民划分为15份，立呼韩邪单于稽侯删的子孙15人为单于，派中郎将蔺苞、戴级召拜15人为单于；最后宣布受单于知的法律处罚的人皆予赦免。同时，他下令招募天下囚徒、丁男、甲卒30万众，分别从五原、云中、代郡、西河、渔阳、张掖六路出击匈奴，加上各郡转运军士衣裘、兵器、粮食等后勤给养，天下骚动。先到的在边郡集结待命，待到齐了，同时出击。

　　按照王莽的指示，蔺苞、戴级到了塞下，招诱单于知的弟弟咸及其儿

---

①　（东汉）班固：《汉书》卷99中《王莽传》。

子登入塞，胁拜咸为孝单于，赐黄金千斤，锦绣甚多，遣去；把登带到长安，拜为顺单于，留下。后来，边将报告说匈奴侵犯边界，都是孝单于咸的儿子角所为，王莽大怒，斩其子登于长安，向蛮夷展示。

当初，五威将帅出使，改句町王为侯，王邯怨怒不附。王莽暗示边将诱杀王邯，王邯的弟弟承其兵攻杀边将。王莽想发高句丽兵伐匈奴，高句丽不欲行，郡强迫之，结果都逃亡出塞，犯法为寇。辽西大尹田谭追击，被杀。州郡把罪责都算在高句丽侯驺的身上，严尤建议采取慰安策略，如果加罪，恐其叛乱。匈奴未克，如果夫余、秽貉再反，那就成了新室的大忧了。王莽拒不采纳。结果秽貉反叛。王莽下诏严尤出击，严尤诱骗高句丽侯驺至而斩之，传首级至长安，王莽大悦，下书嘉奖，并更名高句丽为"下句丽"，以示贬损，于是貉人愈加犯边。东北与西南夷皆乱。

始建国五年，乌孙大小昆弥派遣使节朝贡。乌孙归附小昆弥，为了抵御匈奴，王莽想得到乌孙的支援，便派使者引小昆弥使在大昆弥使之上，保成师友祭酒满昌劾奏使者，说大昆弥是君，把臣的使节放在君的使节的上位，这不是对待使节的礼仪。被派遣担任招待的使者大不敬。王莽很生气，罢免满昌的官职。旧时史家称，西域诸国因为王莽积失恩信，焉耆先叛，杀都护但钦。

天凤元年（公元 14 年），匈奴单于知去世，弟弟咸立为单于，请求和亲。王莽派使者厚赂之，诈许还其侍子登，以引渡投降匈奴的陈良、终带等人。单于随即逮捕陈良等人交付使者，槛车押到长安。王莽下令焚烧陈良等人于城北，令官吏民众观看。匈奴使者回去后，单于知道侍子登早已被杀，发兵寇边。

这年，益州蛮夷杀大尹程隆，三边尽反。王莽派遣平蛮将军冯茂带兵讨伐。

天凤二年（公元 15 年），单于咸再请和亲，并求登的尸体。王莽欲派遣使者送还，但怕单于咸衔恨加害使者，便用其他罪名收捕当初建议杀死登的将军陈钦，陈钦说："这是要以我来向匈奴解释呀。"便自杀了。王莽派王咸为大使，伏黯等为帅，送登尸体回匈奴。同时，下令掘开单于知的坟墓，棘鞭其尸，令匈奴退却到塞外和漠北，责令单于献马万匹，牛3万头，以及归还掳掠的边民。使节到了匈奴是否宣布了这项命令？不得而知。旧时史家称："莽好为大言如此。"即认为王莽发布这个命令只是个形式，做给他人看的。不过，此后的人们却一直以为这是中原民族好面子的陋习。其实，作为中央王朝，很容易如此选择，这样做可以显示统治的合法性，至少对内可以起到稳定人心的作用。王莽以禅代方式取得政权，当然时刻不能忘记宣示自己的合法性。

天凤三年，王莽派大使五威将王骏、西域都护李崇将戊己校尉出西域，西域诸国都郊迎贡献。因为诸国从前曾杀害西域都护但钦，王骏便想袭击诸国，他命左帅何封、戊己校尉郭钦领兵在后，自己先行。没想到焉耆诈降，伏兵攻击王骏，皆死。郭钦、何封后到，袭击当地老弱，最后从车师入塞回朝。郭钦被王莽任命为镇外将军，封为剿胡子，何封为集胡男，从此西域一度与中原断绝联系。

四、一生真伪有谁知

在前汉，王莽可称得上是一个道德完美的楷模，他严谨自律，克勤克俭，礼贤下士，结交天下英才，朝野上下，一片赞扬之声。他之所以能够由"安汉公"而"宰衡"，由"居摄"而"假皇帝"，最后通过禅让，取得汉朝国祚，除了他的外戚身份，与他的这些品行也有很大关系。可是在旧史家眼里，这些都是伪装出来的，一旦夺取了汉朝政权，他的真面目就暴露出来。

王莽到底是怎样一个人？应该怎样评价？《汉书》的作者生活在东汉，当然把他当成了汉朝的罪人，是不会为他说好话的。不过，中国古人的历史叙述还是严肃的，记载的史事应该是有根据的。从《汉书》的记载来看，不论个人品质，还是施政策略，王莽的确都有许多的问题。例如：

　　迷信制度，迷信改革。史家称："王莽以为制度定了，天下自己就会太平，所以，不断地制礼作乐，讲合六经之说。"

　　过于揽权，不相信官员，畏惧防备臣下，重用宦官。结果尚书倒是闲暇下来，自己则政务繁忙。史家称："王莽自知靠专权得到汉朝天下，所以凡重要的事情皆由自己来做，权力机构接受成命，只求苟且免责而已。"

　　吝啬也是王莽施政的一个缺点。天凤四年(公元 17 年)六月，王莽根据古法，授诸侯茅土于明堂，陈列青茅和四色土，祭祀泰山泰社后土和先祖先妣，然后授给诸侯，象征着分封采地。借口地理未定，只能暂时先赋茅土，以安慰受封者。地皇三年(公元 22 年)，临近败亡，王莽任命将军九人，号称"九虎"，纳其妻子入宫为人质，时省中还有黄金 1 万斤一柜共有60 柜，别处还有若干，此外，还有其他珠宝财物等，王莽爱之，赐给九虎士人 4000 钱，众人更加怨恨，了无斗志。与邓晔一战，六虎败走，其中二虎到宫阙自杀，四虎逃亡，三虎郭钦、陈翚、成重收拾散卒，保京师仓。

　　刚愎自用，拒谏饰非，自欺欺人。天凤四年，吕母起义，王莽派使者赦免盗贼，使者回来说："盗贼解散而后又复合。问其原因：都说愁法禁烦苛，不得举手。力作所得，不足以给贡税。闭门自守，又坐邻伍铸钱挟铜，奸吏因以愁民。民穷，悉起为盗贼。"王莽大怒，免使者官。有人顺着王莽旨意，说"民骄悍狡黠，应当诛杀"，又说"时运方顺，不久就可剿灭"。王莽听说便喜，给予升官。天凤五年，他任命大司马司允费兴任荆州牧，接见时，问到任后的施政方略，费兴回答说："荆扬之民都依靠山泽，以打鱼、采集为生，国家设立六筦，山泽收税，妨碍并夺取了人民的利益，连年久旱，百姓饥穷，所以为盗贼。兴到任，希望下令劝盗贼归田里，将耕牛和种子、粮食借贷给百姓，宽其租赋，希望能缓和矛盾，使百姓安定。"王莽又怒，免去费兴的官职。天凤六年(公元 19 年)，王莽诱骗并胁迫王昭君女婿、匈奴右骨都侯须卜当至长安，强立为须卜善于(单于)后安公。然后欲派大司马严尤击匈奴，立当为单于，取代匈奴单于舆。严尤主张先忧山东盗贼，然后再考虑匈奴问题。王莽大怒，免去严尤大司马职务。

迷信符命，乞灵于上天神祇和怪异事物。天凤六年春，见盗贼多，王莽令太史推36000岁历纪，6年一改元，布告天下。企图以此稳定人心，消解盗贼，众皆笑之。夙夜（今山东省荣成市）连率韩博推荐蓬莱（今山东省烟台市）巨人巨毋霸，高一丈，大十围，用大车四马才载到京师，建议王莽用他来向百蛮显示，镇安天下。王莽字巨君，更其姓为"巨母氏"，说是因文母太后而出现的霸王之符。但却把韩博下狱，因言而不当，弃市。此外，王莽对异象、气数、灾害等皆重视。地皇元年，太傅平晏死，以予虞唐尊为太傅。唐尊说："国家虚耗，百姓贫困，咎在奢泰。"于是唐尊身穿短小的衣裳，乘坐骡马拉的小车（柴车即栈车），用瓦器，出现男女不异路的，便亲自下车，用赭汁蘸巾幡染其衣服，以象刑罚。王莽听说后，很高兴，下诏申饬公卿向唐尊看齐。封唐尊为平化侯。地皇二年（公元21年），王莽听信王况谶言，说荆楚当兴，李氏为辅，便拜侍中掌牧大夫李棽为大将军、扬州牧，赐名圣，使将兵奋击。地皇三年正月，各地起义不断，王莽新建九庙落成，举行隆重的谒见礼。

心胸狭窄，嫉贤妒能。地皇二年，翼平（今山东省寿光市）连率田况发动4万多18岁以上的人，授给库中的兵器，与刻石为约。赤眉听说后不敢犯界。田况主动上书请罪。王莽责备田况，未赐虎符擅自发兵，这叫弄兵，应予处罚，但考虑到他有自责，姑且不治罪。后来，况又自请出击，所向都胜。王莽以玺书令况领青徐二州牧事，田况又上书指出贼最初势弱，但由于各级官吏不以为意，县欺其郡，郡欺朝廷，百人则说成十人，千人则说成百人，朝廷因此而忽略了督责，结果不可收拾。贼之所以多，是因为洛阳以东，米二千石，提出固守招降的建议。王莽嫌恶田况，表面赏赐，实际派人取代他，田况离开后，齐地失败。

为政严苛，残暴无人性。地皇元年正月，王莽下书：当出师行军，敢有乱跑喧闹犯法的，辄论斩，无须等待时候，此年而止。于是春天夏天也在都市中斩人，百姓震恐，道路以目。天凤三年，与反叛者翟义同党的王孙庆被捕，王莽命令太医、尚方和巧屠一起对他实施解剖，量度其五脏，用竹筳通导血管，知所终始，说这样可以治病。其残忍令人发指。

到处树敌，四面出击。地皇二年(公元 21 年)，三辅地区(今陕西中部地区)盗贼麻起，王莽设置官员予以镇压，同时，派太师牺仲景尚、更始将军护军王党率军进攻青徐一带的起义军，国师和仲曹放助郭兴进攻句町(今广西壮族自治区广南县)，又转运天下粮食钱币到西河(今内蒙古自治区鄂尔多斯东部及晋西等地)、五原(今内蒙古自治区巴彦淖尔市五原县)、朔方(今内蒙古自治区巴彦淖尔地区)，每一郡以百万数，准备进攻匈奴。地皇元年，王莽的儿子王安去世，孙子王寿也去世，王莽下令毁坏汉武帝、汉昭帝庙，分别安葬子孙。地皇二年，因梦中感到高庙神灵，王莽派遣虎贲武士进入高庙，拔剑四面掷击，用斧子砍坏门窗，洒桃汤，用赭色鞭子抽打墙壁，还派轻车校尉居住其中，又令中军北垒的兵士屯居高庙寝中。这样，就更加得罪了汉朝遗老。

性格愚戆，不善变通。王莽统治后期，各地起事，但开始只是因为饥寒穷愁而为盗贼，虽然聚众，但还是常思岁熟得归乡里。虽有数万，只称巨人、从事、三老、祭酒，不敢略有城、邑，也不敢杀害官长，只是转掠求食。那些长吏牧守一般都是在乱斗时死的。王莽一直不了解这个情况。地皇二年，大司马的属官到豫州按查上章的事情，被起义者俘获，随后就被送回县里。属官回来后，上书具言情状，王莽大怒，把他下狱，认为他胡说欺骗。然后王莽下书责备七公，认为起义者大的是群盗，小的是偷窃，只有这两种，盗与民截然两分，对待盗贼只能"急捕殄灭"，如果有人说是由饥饿所致，那就予以逮捕，治其罪。结果，臣下恐惧，没有敢说起义者情况的，也没有擅自发兵的，结果，起义从此不可收拾。

奸臣蒙蔽，不知下情。王莽信任宦官，但也为宦官所蔽。他曾令中黄门王业负责长安市场采购，常以低价购买货物，引起卖者的仇恨。王业以节省费用有功，被王莽赐爵为附城。地皇三年，流民进入长安，有数十万人，王莽听说城中饥饿，便问王业，王业回答说："都是流民。"便从市上买来粱饭、肉羹给王莽看，说"居民吃的都是如此"。王莽信以为真。

不过，细心阅读，我们还会发现，关于执掌政权后的王莽，古代史书还留下了另一方面的记载。

大义灭亲。王莽的次子王获杀死奴隶，遭到王莽切责而自杀。长子王宇曾因暗中与卫氏联络而被王莽处死。居摄三年（公元 8 年），侄儿衍功侯王光因私事指使执金吾窦况杀人，窦况替王光将人逮捕处罚。王莽大怒，切责王光，结果王光母子自杀，窦况也被处死。天凤五年（公元 18 年），王莽的皇孙、功崇公王宗服天子衣冠，私刻印章，被发现，在调查期间，王宗自杀。王莽的孙女王妨嫁给卫将军王兴为妻，她诅咒婆婆，杀死奴婢以灭口。事发后，王莽派人责问王妨、王兴。结果，王妨、王兴皆自杀。新朝建立后，太子王临与王莽妻的侍者私通，而侍者曾为王莽所幸。地皇二年，王莽妻病重，王莽看望病妻，发现王临写给母亲的信，便怀疑王临有恶意。收捕侍者拷问，侍者招供王临有谋杀王莽的企图。王莽大怒，先把调查案件的官员暗中处死，埋在狱中，家属不知所在；赐王临毒药，王临不肯饮，自刺而死，其妻也自杀。从一个角度看，王莽不通人性，连自己的亲骨肉都不放过，实在是禽兽之行！可从另一方面看，他应该是属于那种眼里揉不得沙子的人物，是个完美主义者。他对自己的要求近乎严苛甚至残酷，非常人所能企及，这大概与他少年时的经历有关。作为个人，王莽很难被认为是一个好父亲，好丈夫，可是作为一个政治人物，情况就要复杂得多。

整治大臣。新室建立后，王莽尤其防备大臣压制官员，侵夺国家权力。朝臣中若有人上言大臣过失的，便被拔擢，像孔仁、赵博、费兴等人，就是因为敢于攻击大臣而得到信任，并被任命为重要官员。按规定，公卿入宫，随行的属吏数量是有规定的，太傅平晏随从的属吏却超过规定，掖门仆射严格查问，甚至言语不逊，太傅的属吏戊曹士却绑走了仆射，王莽得知后大怒，派数百车骑的执法者包围了太傅府，逮捕了戊曹士，并立即处死。此外，大司空的属吏夜里路过奉常亭，亭长严查，属吏告诉他自己的官名，亭长乘醉问道："那你有通行的凭证吗？"属吏用马鞭抽打亭长，亭长愤而杀死属吏，然后逃亡，郡县到处捉拿。亭长的家属上书辩白，王莽得知后，说："亭长奉公，不要捉拿。"大司空王邑申斥自己属吏，以示谢罪。国将哀章不清廉，王莽特地为他设置了和叔这一官职，指示他们："不但要保证国将闺门清洁，还要保证其西州亲属的清洁。"地皇二年正月，各地起义，形势危急，王莽仍不忘整治大臣，他下令以州牧位三公，刺举懈怠，更设置牧监副，秩元士，冠法冠，行事如汉刺史，目的是监督各地长吏。

时有变通。始建国五年，乌孙大小昆弥派遣使节朝贡。乌孙归附小昆弥。为了抵御匈奴，王莽想得到乌孙的支援，便派使者引小昆弥使在大昆弥使之上，保成师友祭酒满昌劾奏使者，说大昆弥是君，把臣的使节放在君的使节之上。王莽发怒，罢免满昌的官职。在此事上，王莽并没有坚持一贯的做法，而是根据形势需要采取具体措施，这说明他还是懂得变通的。

知恩图报。王莽虽然有些疯狂，但颇讲报恩。尽管禅让时元帝王太后一度拒绝交出汉家玺印，但事后他对王太后一直保持恭敬，直至太后驾崩。始建国五年二月，文母皇太后去世，王莽下令立庙于长安，新室世世献祭，并亲自为太后服丧三年。王莽妻死，谥孝睦皇后，葬渭陵长寿园西，令永侍文母太后。王莽对提拔自己的王根也是一直恭敬有加。天凤五年，他任命王根之子王涉为卫将军，又认为王根原来的爵位"曲阳侯"不是美称，便追谥曰"直道让公"，下令由王涉继承爵位。

听言纳谏。王莽虽然专制，但并非一无是处，有时也有觉悟。天凤三年，平定西南地区，耗费巨大，征收赋敛严重。冯英上书，王莽开始很生气，罢免冯英官职，但后来又觉悟，便重新任命冯英。地皇二年，南郡(今湖北省西部重庆市东部地区)、平原(今山东省平原县一带)都有成千上万的人反叛，他召集群臣征求对策，原左将军公孙禄直接批评大臣阿谀，特别批评明学男张邯、地理侯孙阳造井田，使民弃土业，牺和鲁匡设六筦，以穷工商，要求惩罚这几个人。公孙禄还建议匈奴不可攻，当与和亲。王莽发怒，命令虎贲把公孙禄扶了出去，但还是采纳了他的一些建议，把鲁匡降职为五原卒正，以平息百姓的怨恨和非议。

从为政勤勉、锐意进取以及解决实际问题的愿望上说，王莽比西汉后期元帝、成帝之流不知要优秀多少倍。可是，他的改革过于理想化，具有空想性。结果，扰乱了统治秩序，得罪了社会的上层和中坚力量，也加重了下层人民的负担，最终引发了社会动乱。失败似乎具有某种必然性。王莽改革是一个悲剧，有他个人品格的原因。作为个人，即使品格再好，也未必适合做政治家。王莽执着于理想，拘泥本本，对人，过于求全责备；对事，又过于追求完美。结果脱离实际，犯了政治家的大忌。从这个角度看，远不如汉朝后期的诸位皇帝，他们即使无所作为，即使有外戚的坐大和奢侈，却没有突然地扰动社会秩序，剧烈地加重社会矛盾，仅凭着惯性，还会继续享受国祚若干年。当然，如果不做深刻而有效的变革，腐朽的王朝还是要继续烂下去，大乱只是迟早的事。另一方面，政治上失败，也未必就要全面否定、贬低、污蔑王莽的人格，甚至进行妖魔化。旧时史家因王朝政治的原因这样做了，我们在阅读历史时不必顺着他们的方向走下去，而应保持独立思考所需要的冷静和清醒。

第三节　新室灭亡与东汉建立

外戚专权造成严重的社会后果，最主要的就是加重了对人民的压迫和剥削。据史书记载，五侯群弟，争为奢侈，贿赂珍宝，从四面八方而至，后庭姬妾各数十人，奴隶成百上千，歌舞倡优，狗马驰逐，起土山渐台，大治第室，洞门高廊阁道，望不到头。百姓为之歌谣："五侯初起，曲阳最怒，坏决高都，连竟外杜，土山渐台西白虎。"①借成都侯王商穿都城引水，曲阳侯王根修渐台类似白虎殿，来表示王氏敢僭天子之制，奢侈靡费无以复加。他们还通敏人事，好士养贤，倾财施予，以相高尚。这就更加加重了他们的奢侈。这时，上层不满，商人破产，民众生活困苦，一场大乱不可避免地就要爆发了。

王莽改制扰乱了社会秩序，偏偏这个时期又是天灾人祸频仍的时期。地皇二年，关中大饥，王莽多派大夫谒者分教百姓煮草木为汁，汁不能吃，却造成了新的烦费。夏天，蝗虫又从东飞来，遮蔽天空，直至长安，甚至进入未央宫。王莽悬赏发动吏民捕击。流民入关有数十万人，政府设立养赡官禀（给）食。使者监领，他们与小吏共同盗窃禀食，流民因饥饿而死的十有七八。

再加上盗贼、军队相互为患。孙喜、景尚、曹放等击贼不能胜，军师放纵。地皇三年四月，王莽派太师王匡、更始将军廉丹率10万军队向东镇压起义，所过放纵，东方出现了民谣："宁逢赤眉，不逢太师，太师尚可，更始杀我！"②百姓生活更加艰难。

一、上层的反叛

在王莽夺取汉朝政权过程中，就有人反抗。居摄三年，期门郎张充等6人谋共劫王莽，立楚王，被发觉，诛死。新室建立后，反抗仍未停止。始建国元年，长安有狂女子名叫碧的在道上呼喊："高皇帝大怒，趣归我国。不者，九月必杀汝！"③王莽下令逮捕她，并想将其杀死。而负责惩治的掌寇大夫陈成却自行离任。这年，真定刘都等谋举兵，被发觉，诛灭。

始建国二年（公元10年）十一月，立国将军孙建上书：西域将领报告，

---

① （东汉）班固：《汉书》卷98《元后传》。
② （东汉）班固：《汉书》卷99下《王莽传》。
③ （东汉）班固：《汉书》卷99中《王莽传》。

戊己校尉史陈良、终带杀校尉刁护，劫掠吏士，自称废汉大将军，逃亡匈奴。同月，又一男子拦住他的车子，自称三汉氏刘子兴，汉成帝下妻（小妻）的儿子，刘氏当复。当即逮捕，审问后得知为长安人，名武仲。结果，武仲和陈良的亲属皆受牵连。孙建就势建议京城中废除汉朝宗庙，王莽诏可，并改女儿定安太后号为"黄皇室主"，以示与汉朝断绝任何关系。

甄丰、刘歆原为王莽心腹，帮助他一步步夺取汉朝政权，所谓"安汉公"、"宰衡"称号以及封王莽母亲、两个儿子、侄子，等等，都是甄丰等人共谋的，甄丰、王舜和刘歆等人也因此而富贵。可这几人并不想让王莽居摄。此后的居摄是由刘庆等人倡议的，甄丰等人只是不敢违逆其意而已。甄丰的孙子、刘歆的两个儿子都受封为侯，甄丰、刘歆一方面心满意足；另一方面又害怕汉朝宗室和天下豪杰。甄丰的儿子甄寻为侍中京兆大尹茂德侯，自做符命，称新室当分陕为二，立二伯，甄丰为右伯，太傅平晏为左伯。王莽立即听从，任命甄丰为右伯。还未上任，甄寻又做符命，称原汉平帝皇后黄皇室主为寻之妻，王莽大怒，说："黄皇室主乃天下之母，这是什么意思！"于是下令搜捕甄寻，寻逃亡，甄丰自杀。甄寻随道士入华山，一年后才逮捕，牵连公卿党亲列侯以下多人，包括刘歆之子侍中东通灵将、五司大夫隆威侯刘棻及门人侍中骑都尉丁隆等，死者达数百人。甄寻手里有纹理像"天子"二字，王莽下令割下其手臂来看，说："这是一个'大子'，或者是'六子'呀，六者，戮也。恰恰说明甄寻父子应当杀戮而死。"于是，王莽下令"流"刘棻于幽州，"放"甄寻于三危，"殛"丁隆于羽山，仿效大舜罚共工的故事，用驿车载着尸体送去。

这时，天下官吏因得不到俸禄，便并为奸利，郡尹、县宰家累千金。王莽下令没收边疆官吏不正当所得的五分之四，以助边急。派公府士快速传达天下，调查贪饕。于是，官吏告其将，奴婢告其主，本意是要禁奸，结果奸越来越多。

地皇二年，魏成大尹李焉与卜者王况谋叛。王况列举王莽罪状，第一是民田奴婢不能买卖,第二是数改钱货,第三是征发烦数,第四是军旅骚动,第五是四夷并侵,因此,百姓怨恨,盗贼并起。并造谶书及王莽君臣吉凶日期,共有 10 余万言。李焉令属下抄写其书。有官吏向王莽告密,李焉被捕死在狱中。

地皇四年(公元 23 年),有人告发王涉、董忠、刘歆密谋反叛,王莽下令处死董忠,刘歆、王涉自杀。

二、各地的起义

始建国三年(公元 11 年),为伐匈奴单于知,诸将在边等待大队人马集结,官兵放纵,而内地愁于征发,民众放弃城郭流亡成为盗贼,并州(今山西省大部)、平州(今河北省东部辽宁省西部沿海地区)尤其严重。

天凤二年(公元 15 年),有讹言说黄龙堕死黄山宫中,百姓奔走往观者有万数,王莽恶之,逮捕查谣言之起,不能得。

天凤四年,临淮(今江苏省北部地区)的瓜田仪等为“盗贼”,靠近会稽长州(今江浙地区)。琅邪(郡治在今山东诸城一带)女子吕母因儿子为县官冤杀而起义,攻海曲县(今山东省日照市东港区西部),杀死县宰,以祭儿子,引兵入海,人众达数万人。

天凤五年,力子都、樊崇等人起义于琅邪,众数万,因用红色染眉毛为标记,而称赤眉。

地皇元年,南郡张霸、江夏(今武汉周围湖北省南部和湖南省北部一带)羊牧、王匡等人起义于云杜绿林(今湖北京山),号曰“下江兵”,聚众万余人。

地皇二年,三辅地区纷纷起义,史家用“盗贼麻起”,比喻起义者如乱麻一样多而纷乱。王莽设置捕盗都尉官,令执法谒者追击于长安城中,建鸣鼓攻贼幡,而使者随其后。

三、王莽的败亡

《汉书》说王莽长相特殊，大嘴短颐，眼睛突出，眼球发红，大声而嘶，身高七尺五寸，好穿厚底鞋，戴高帽子，用氂装衣，胸高仰面，看左右都好像俯瞰。始建国二年，有人问黄门待诏，待诏告诉人家王莽长相是"鸱目虎吻豺狼之声，所以能吃人，也会被人所吃"。问者上告了王莽，王莽杀死待诏，而封赏了上告的人。后来，王莽常常用云母屏面遮挡，非亲近之人不得见到。这是旧时史家的描写，其实所有的皇帝都要遮挡面容，不会让外人轻易看到的。新室建立后，反对者不断，所以王莽更要考虑安全问题。据说王莽每当外出，都先搜索城中，名叫"横搜"，始建国四年二月，就横搜5天。可见王莽对外界的恐惧。

地皇四年三月，平林、新市、下江兵将共立圣公（刘玄）为帝，恢复汉朝统治，改年号为更始元年，拜置百官。随后汉兵乘胜保卫宛城（今河南省南阳市）。王莽听说后甚感恐惧，他想向外界显示自己的沉着镇定，便自染胡须和头发，进所征天下淑女杜陵史氏为皇后，聘黄金3万斤，车马奴婢杂帛珍宝以巨万计，举行盛大典礼，封皇后的父亲史谌为和平侯，并任命为宁始将军，史谌的两个儿子也任命为侍中。王莽整日与方士涿郡昭君等人在后宫考验方术。

四月，汉军刘秀等部攻下颍川（今河南省禹州市）、昆阳（今河南省叶县）、郾（今河南省漯河市）、定陵（今河南省河南漯河市郾城区西北）。王莽更加恐惧，派大司空王邑火速赶到洛阳，与司徒王寻发众郡兵力百万，号"虎牙五威兵"，平定山东，一切由王邑决断。王邑到达洛阳，州郡各选精兵，牧守自将，定会者42万人，其余的尚在路途，络绎不绝。旧时史家惊叹："车甲士马之盛，自古出师未尝有也。"[1]六月，新室大军包围昆阳，被

---

[1]　（东汉）班固：《汉书》卷99下《王莽传》。

前来营救的刘秀击破，几十万人马，顷刻间瓦解，王邑独与所率领的长安勇敢士数千人回到洛阳。关中闻之震恐，盗贼并起。

这时汉军盛传王莽毒死汉平帝，王莽听到后便集会公卿以下到王路堂（前殿），打开当年为汉平帝请命时做的金縢之策，涕泣以示群臣，表明自己没有害死汉平帝的动机。

王莽大军外败，大臣内叛，左右无所信任，便召回王邑，任命其为大司马，大长秋张邯为大司徒，崔发为大司空，司中寿容苗诉为国师，同说侯林为卫将军。这时，王莽似乎万念俱灰，无计可施。他忧愁愤懑，不能饮食，整日只是饮酒，吃海里的一种鳆鱼；读兵书，累了，凭几而睡，也不再睡枕头了。他情绪稍平稳时，每天用些小计策；事情紧急，便只能求助于厌胜之术了，即用法术诅咒或祈祷以达到制胜所厌恶的人、物或魔怪的目的。

成纪隗崔兄弟劫持大尹李育，以兄子隗嚣为大将军，攻杀雍州牧陈庆、安定卒正王旬，合并其众，移书郡县，历数王莽罪恶万倍于桀纣。析人邓晔、于匡起兵南乡，开始时百余人，析宰请降，合并其众，邓晔自称辅汉左将军，于匡称右将军，攻克析、丹水，攻武关，都尉朱萌投降。王莽更加忧虑，不知计策所出。崔发建议说："《周礼》、《左氏春秋》国有大灾，则哭以厌之。所以《易》称'先号啕而后笑'。应该呼喊告天以求救。"王莽自知失败，便率领群臣至南郊，陈其符命本末，仰面告天说："皇天既命授臣莽，何不殄灭众贼？即令臣莽非是，愿下雷霆诛臣莽！"[1]喊毕，捶胸大哭，气尽，伏地叩头。又作告天策，自陈功劳千余言，命诸生和小民早晚相会痛哭，为他们设立飧粥，凡能十分悲哀并能诵读策文的，便任命为郎，得到任命的达五六千人。

---

① （东汉）班固：《汉书》卷 99 下《王莽传》。

此后，王莽还做了一些努力，都是徒劳的了。

最后，王莽派遣使者分别赦免城中囚徒，发给兵器，杀猪饮血，与他们盟誓说："有不为新室者，社鬼记之！"①于是，王莽命更始将军、皇后的父亲史谌率领这些人渡过渭桥，没有多久，这些人就全都跑散了，史谌空手而回。此时城中发生哗变，众军兵发掘王莽妻子父祖的坟冢，烧毁棺椁及刚刚建好的九庙、明堂、辟雍，火照城中。十月戊申朔（初一），军兵从宣平门（城东面北头第一门）进入内城，张邯被杀，王邑、王林、王巡等人分别带兵距击北阙下。二日己酉，城中少年朱弟、张鱼等怕被掳掠，聚众呼喊，焚烧作室门，斧砍敬法闼，大声呼喊道："反虏王莽，何不出降？"②大火烧到了黄皇室主居住的承明殿的掖廷，王莽跑到宣室前殿躲避大火，大火随之而走。宫人妇女啼哭狂呼："怎么办呀？"王莽穿着黑红色的服饰，带着玺韨，手持虞帝匕首。这时天文郎手把占时日的栻，每到一个时刻便加到某个位置，王莽旋转座席，随斗柄方向而坐，说："天生德于予，汉兵其如予何！"③此时的王莽已不再进食，显得有些气困。三日庚戌，天刚亮，群臣扶掖着王莽，从前殿西出白虎门，和新公王揖奉车待于门外，王莽上车，逃往渐台，想靠池水阻隔敌人，怀里仍抱着符命和威斗（模仿北斗星的形状造的神符，用铜和五色石头铸造，长二尺五寸）。公卿大夫、侍中、黄门郎等从官尚有1000余人跟随。王邑昼夜战斗，疲乏已极，战士死伤略尽。他驰入宫中，崎岖辗转来到渐台，看见儿子侍中王睦正解下衣冠要逃走，便大声呵斥，命他返还，于是父子二人共同守护王莽。军兵进入殿中，大声呼喊："反虏王莽在哪？"有美人出房说："在渐台。"众兵靠近渐台，包围了数百重，台上则用弓弩射击，矢尽，则短兵相接，王邑父子、䠎恽、王巡战死，王莽躲进室内。下午饭时，众兵登上渐台，王揖、赵博、苗诉、唐尊、王盛、中

① （东汉）班固：《汉书》卷99下《王莽传》。
② （东汉）班固：《汉书》卷99下《王莽传》。
③ （东汉）班固：《汉书》卷99下《王莽传》。

常侍王参等人都被杀死在台上。商人杜吴杀死王莽，取其绶。担任校尉的公宾就曾读礼经，认识玺绶，看见杜吴，便问绶主人何在，回答："室中西北隅间。"公宾就认出是王莽，便斩下王莽首级。军兵分裂王莽身体，肢节肌骨剁成碎片，争相砍杀者有数十人。公宾就手持王莽首级交给汉大将军王宪。王宪统领城中数十万兵，住在东宫，占有王莽后宫妻妾，乘其车服。六日癸丑，李松、邓晔入长安，将军赵萌、申屠建也到，以王宪得玺绶不即刻上缴，且多挟宫女，建天子鼓旗，收而斩之。然后传王莽首级给更始帝刘玄，在宛城悬挂，任百姓投掷击打，有人甚至切了王莽的舌头食下。

在最后的战斗中，新室扬州牧李圣战死，司命孔仁兵败自杀，临死时说道："我听说'吃人饭的死人事'。"曹部监杜普、陈定大尹沈意、九江连率贾萌都守卫各自的郡治不降，最后为汉兵所诛。太师王匡、国将哀章投降洛阳，传至宛，被斩。史谌、王延、王林、赵闳投降，被杀。严尤、陈茂自昆阳败后，到沛郡谯县(今安徽省亳州市)，自称汉将，投降汝南的刘圣，后失败被杀。

四、昆阳大战与汉朝的再度统一

汉朝的再度统一是在刘秀的领导下完成的。

刘秀，字文叔，籍贯南阳蔡阳(治今湖北省枣阳市西南)，汉高祖刘邦的九世孙，景帝子长沙定王刘发之后，父亲是顿县(今河南省项城市)县令刘钦。9岁父亲去世，由叔父刘良抚养，性格勤于稼穑，哥哥刘缜字伯升，性情好侠养士，常嘲笑刘秀以农业为兴趣，可比高祖的哥哥刘仲。新朝天凤年间，刘秀到长安，学习《尚书》。

当时，天下连年自然灾害，寇盗蜂起。地皇三年，南阳饥荒，诸家宾客多为小盗，刘缜的宾客劫掠路人，刘秀到新野躲避官家抓捕，顺便到宛城卖谷，宛人李通等用图谶劝说刘秀起事，说："刘氏复起，李氏为辅。"①刘秀开始不敢当，可又一想，哥哥刘缜历来结交宾客，一定要举大事，而且天下已乱，王莽败亡已见兆头，于是便与李通等人定谋，购买兵器。十月，与李通从弟李轶等人在宛城起义，这时刘秀28岁。十一月，刘秀率众返回家乡，此时，哥哥刘缜也已在家乡起兵。开始时，乡里诸家子弟恐惧，逃亡藏匿，不肯参加，还说"伯升杀我！"等到看见刘秀身穿绛衣大冠，俨然将军模样，又都惊异，说："谨厚者也这样干了"，这才安稳下来。刘缜与新市、平林兵会和，与其主帅王凤、陈牧一起进攻长聚（今地不详）。

刘秀开始时骑牛，杀掉新野（今河南省新野县）尉后才得到马骑，打了几次胜仗，军中分财物不均，众人怀恨，要攻诸刘，刘秀把宗族人等的缴获都给了他们，众人这才高兴。

更始元年（也就是新室地皇四年）正月初一，起义军大破王莽军。二月，立刘玄为汉天子，刘缜任大司徒，刘秀为太常偏将军。三月，刘秀与其他将领一道攻下昆阳、定陵、郾等城。王莽派大司徒王寻、大司空王邑率兵百万，其中甲士42万。五月，到达颍川，与严尤、陈茂会合。王莽大军旌旗辎重千里不绝，且有高大的巨毋霸担任垒尉，又驱赶着猛兽，虎豹犀象之类，以助军威，史家赞叹："自秦汉出师之盛未尝有也！"刘秀则只有数千兵。诸将见王寻、王邑兵力强大，便撤回昆阳城中，而且都很惶恐，想要解散回乡。刘秀则说："如今兵少粮缺，敌人强大，但只要我们合力抵抗，是可以立功的！假如分散，肯定不会保全。况且（刘缜进攻）宛城还未攻下，不会有援兵来救我们的，昆阳一旦攻破，一天之间，诸部也就消灭了。如今不想着同心胆共举功名，反要守着妻子财物吗？"诸将听罢，十分恼怒，质问道："刘将军怎敢如此说？"刘秀笑着起身。这时侦察来报，说王莽大军将至城北，军阵数百里，不见其后。诸将互相看了一眼，马上说："再请刘

---

① （南朝宋）范晔：《后汉书》卷1上《光武帝纪》。

将军一议!"刘秀便又为大家谋划成败。诸将虽然忧虑,但更感到促迫,只好通过了刘秀的计划。此时昆阳城中只有八九千人,刘秀便请成国上公王凤、廷尉大将军王常留守,自己则趁夜与骠骑大将军宗佻、五威将军李轶等 13 骑出城南门,到外面收集兵力。此时王莽军到达城外近 10 万人,刘秀几乎不得出。刘秀到达郾、定陵后尽发诸营兵士,但诸将贪惜财货,想要分兵守之,刘秀说:"如今若破得敌军,珍宝万倍,大功可成;如为所败,脑袋都剩不下,哪还会有财物呀!"这样诸将才听从。

此时新室军队的将领严尤向王邑提出建议:"昆阳城小而且坚固,而称天子者(指刘玄)却在宛,我们应该急速进兵宛城,宛城的敌人败了,昆阳自然也就服了。"王邑以为自己统帅的百万大军所向无敌,昆阳不能拿下,还怎么交代?便下令包围昆阳。大军包围数十重,列营百里,云车十余丈,瞰临城中,旗帜蔽野,尘埃连天,鼓角之声数百里都可听到。军士们有的挖地道,有的用冲车,有的用楼车,积弩乱发,矢如雨下,城中的人出门打水都要背着门板才行。守将王凤等人乞降,遭到拒绝。王寻、王邑意气骄横,他们确信胜利就在眼前。

六月己卯,刘秀亲自率领步兵骑兵数千人,距离新室大军四五里处摆阵,王寻、王邑也派兵数千来战。刘秀率先冲向敌阵,斩杀数十敌人。诸部受到鼓舞,都说:"刘将军平时见小敌怯,如今见大敌勇,实在可怪。请在前阵,我等来助将军!"刘秀再进,王寻、王邑退却,诸部共同追击,斩首数百上千。连着胜了几阵,汉军向前推进。此时刘縯已攻破宛城三天了,刘秀尚不知晓,但他派使者持书信往昆阳城中,信上佯言:"宛城救兵已到。"且故意坠落书信。王寻、王邑得到,十分丧气。汉军诸将经过几次胜利,胆气益壮,无不一以当百。刘秀与敢死者 3000 人从城西水上冲击新室军的中坚,敌军阵势大乱,很快就崩溃了,王寻被杀死。这时城中也鼓噪冲出,里应外合,喊杀声震动天地,新室军队大乱,奔跑的相互践踏,死者相连百余里。恰在这时,刮起大风,响起巨雷,房瓦都飞起,降雨如注，澒川溢出，连虎豹的腿都发抖，士卒则争着渡河逃命，溺死者数万人，河水为之不流。王邑、严尤、陈茂等轻骑踩着死人渡河逃走，辎重、车甲、珍宝无数，都为汉军获得。昆阳之战汉军大获全胜，新室的军事力量至此一蹶不振。

昆阳之战以后，刘秀又攻下颍阳(今河南省许昌)。这时，因为权力之争，哥哥刘縯被刘玄杀害。刘秀得知后，从父城(今河南省宝丰东)赶到宛，向刘玄谢罪，司徒官属迎接刘秀，向他表示慰问，刘秀不便回应，只是自责，没有一丝夸耀自己的昆阳之功，也不敢为刘縯服丧，吃喝言笑如平常。刘玄因此感到惭愧，便任命刘秀为破虏大将军，封为武信侯。

这年九月初三(庚戌日)，三辅兵民攻杀王莽(汉建寅，以夏历正月为岁首，新室建丑，以夏历 12 月为岁首，所以新室的十月就是汉朝的九月，王莽死于新室地皇四年十月初三，这一天是汉朝更始元年的九月初三)，传首级至宛。汉军北都洛阳，以刘秀行司隶校尉。刘秀从此设置僚属，制定章程，整顿队伍。三辅吏士前来迎接更始帝刘玄，见诸将军队，都戴着简单的头巾，穿着妇人的衣裳，忍不住嗤笑；当看到司隶僚属，却肃然起敬，有的老吏喜不自胜，垂涕道："没想到今日又见到汉官威仪了！"

刘玄来到洛阳，委派刘秀以破虏将军行大司马事。十月，命刘秀持节北渡黄河，镇抚州郡。所到之处，他都恢复汉代制度，废除新室政策。

更始二年(公元 24 年)二月，更始帝刘玄进入长安。

有卜者王朗，自称成帝下妻所生子，名子舆，在邯郸自立为天子。更始二年五月，刘秀攻克邯郸，诛灭王朗，收取文书，得到部下与王朗交通的文书数千章，当众焚毁，宣称，希望因此而不安者得到安心。刘玄派侍御史持节立刘秀为萧王，要求他回到洛阳。刘秀以河北未平为借口，给予拒绝。从此，刘秀脱离了更始帝刘玄，开始独立发展。

这时各地割据形势异常复杂，长安乱政，四方背叛。睢阳(今河南省商丘睢阳区)有梁王刘永，巴蜀(今四川省和重庆市)有公孙述，李宪立为淮南

(今安徽省淮南市)王,秦丰自号楚黎王,琅邪有张步,东海(今山东省枣庄市)有董宪,汉中(今陕西省南部)有延岑,夷陵(今湖北省宜昌一带)有田戎,此外,还有铜马、大彤、高湖、重连、铁胫、大抢、尤来、上江、青犊、五校、檀乡、五幡、富平、获索等队伍,征战不休,社会秩序混乱。刘秀就是在这种形势下展开与各地豪杰的征战。

更始三年(公元25年)正月,平陵人方望立前汉孺子刘婴为天子,刘玄派丞相李松打败方望,斩杀刘婴。四月,公孙述自称天子。刘秀在与这些势力征战中,取得一些胜利,剿灭了河北的铜马势力。到达鄗(今河北省柏乡县北)时,他的故友强华从关中奉《赤伏符》来到,谶语曰:"刘秀发兵捕不道,四夷云集龙斗野,四七之际火为主。"①所谓"四七",按照他的解释,是说从刘邦至刘秀初起,一共228年;"火"即汉朝的德运。群臣借势劝进,六月己未,刘秀即皇帝位,改年号为建武元年。

这个月,赤眉立刘盆子为天子。

九月,赤眉攻入长安,更始帝刘玄逃奔高陵(今陕西省西安市高陵区)。刘秀下诏,封刘玄为淮阳王,宣布给予保护。十二月,赤眉杀害刘玄。隗嚣据陇右(今甘肃一带)。

建武二年(公元26年)正月,刘秀大封功臣,重修高庙,建社稷于洛阳,始正火德。赤眉焚长安宫室,发掘园陵,寇掠关中。刘秀命大司徒邓禹攻入长安,派遣府掾奉十一帝神主纳于高庙。

二月,下诏省刑罚。

五月,封更始帝刘玄册封的元氏王刘歆为泗水王,已故真定王刘杨之子刘得为真定王,周后姬常为周承休侯。下诏嫁妻卖子欲归父母的,听之,不许拘执。此后,多次下诏免奴婢为庶人。

十二月,恢复王莽所废黜的汉宗室列侯。

---

① (南朝宋)范晔:《后汉书》卷1上《光武帝纪》。

建武三年（公元 27 年）正月，刘秀大将冯异在崤底（崤山谷地，今河南省渑池西南）大破赤眉。刘秀亲自出征，驻跸宜阳（今河南省宜阳县），赤眉请降，献汉传国玺。此后，一路顺畅，不断取得胜利，到建武十二年（公元 36 年）冬十一月，刘秀大将吴汉等大破公孙述，述受伤而亡。至此，各路势力基本剿灭。史家称"郡县皆降，天下归汉"。

第十七章　东汉的政治与儒学

东汉初期的 3 位皇帝是汉光武帝刘秀、汉明帝刘庄和汉章帝刘炟，他们在位的时期是东汉的强盛时期。这一时期经过改革，皇权进一步得到加强，西汉末年以来的社会问题也进行了有针对性的缓解，社会较为安定，国力得到了较大的提高。在与匈奴的关系上，东汉朝廷也取得了一些有利的成果。西域与汉朝的联系得到了进一步加强。东汉时期，儒学发生了新的变化，地位得到了更进一步的提高，在整个社会的普及程度更甚从前。与此同时，士族开始形成。

第一节　"光武中兴"与明章政治

建武元年，刘秀在鄗（治今河北省柏乡县北）称帝。从这一年到建武中元二年（公元 57 年）病逝于洛阳南宫，刘秀一共在位 32 年。他花费大量的时间陆续消灭了各地农民起义军和割据势力，进行了一系列的改革，取得了一定的成效，因而他在位期间，史称"光武中兴"。这个"中兴"，包含着两方面的含义。

第一，刘氏重新夺取天下。

东汉的建立，是经过王莽的新朝之后，刘氏再次接续了汉朝的皇统。《后汉书》记载，刘秀是西汉景帝的后代，是高祖刘邦的九世孙。汉景帝一共有 13 个儿子封王，其中刘发被封为长沙王，刘秀正是出自刘发这一支。不过，在长沙王的继承序列当中，刘秀是刘买这一支，并不是嫡脉，因而只封了春陵侯，而王位由另一个儿子刘庸继承。刘买这一支从此就在春陵（今属湖北枣阳）繁衍了下来，五世后就有了刘秀。从《后汉书》的记载来看，刘秀这一支在政治地位上几乎是呈直线下降的趋势，从封侯到太守、都尉、县令，到刘秀的时候已经变成了平民。不过，刘秀是刘邦的后代，这一点确实无疑，因此，刘秀建立东汉，也确实是在刘氏失掉天子之位以后，又重新夺取回来的，可以称得上中兴。并且，刘秀本人也有意恢复汉家的天下。公元 23 年，王莽死后，当时的更始帝刘玄意欲在洛阳建都，命刘秀为司隶校尉，先期前往整修官府。刘秀便按照西汉旧制，设立官署、起草文书等，一切都遵循过去的章程办理。等刘玄来到洛阳时，所带的将领衣衫不整，而刘秀这个司隶校尉所属的官员僚属却衣冠整齐，完全是汉家旧制，当时就有一些老人感慨道："没想到在这里还能看到汉官威仪。"刘秀的这些作为，表明他有"中兴"之志。

东汉在全国统治秩序的建立也是"中兴"的重要标志。更始三年，刘秀称帝以后，摆在他面前的是一副烂摊子，农民起义军仍然存在，各地的割据势力也有不少。刘秀称帝 3 个月后，赤眉军攻破长安，以绿林军为基础的更始政权倒台。同年十月，刘秀迁都洛阳。建武三年（公元 27 年），赤眉军在遭到大败以后，被迫投降刘秀，农民起义军从此全部覆灭。接下来，刘秀要消灭的是各地的割据政权。建武五年（公元 29 年），先后平定梁地的刘永、山东的张步，河西的窦融也归附刘秀。建武六年（公元 30 年），庐江的李宪、苏北的董宪也先后被攻破，今山东地区全部落入刘秀之手。建武九年（公元 33 年），陇右的隗嚣病死，次年，刘秀平定陇右。建武十二年（公元 36 年），在巴蜀称帝的公孙述战死，巴蜀平定。同年，勾结匈奴的卢芳看到大势已定，只得逃亡匈奴。至此，刘秀的东汉政权在地理上统一了全国。

中央集权的进一步强化也是刘氏"中兴"的重要方面。西汉末年，皇权被削弱，外戚势力强大，甚至篡夺了刘氏的天下。有鉴于此，刘秀在东汉建立后，采取了一系列措施有针对性地防范外戚参与朝政。如名将马援虽然功劳很大，但由于是外戚，始终没能列入"云台二十八将"之中。郭皇后家由于得到的赏赐十分丰厚，号称"琼厨金穴"，然而却不能干预政事。开国之初的许多功臣同外戚的处理方式类似，在经济上厚加赏赐，但却禁止他们干预政事。此外，对地方诸侯，汉光武帝时期的限制也很多，封地面积大不如西汉，并严令禁止结交宾客。皇权集中到皇帝手中，分为两个层次，一是将地方的权力向朝廷集中，二是将朝廷的权力向皇帝集中。建武六年，汉光武帝裁撤了400多个县，减少了许多官吏职位，提高了中央对地方的控制效率。在各郡，负责军事的都尉被撤销，由本郡太守兼领军事权，扩大了郡守的权力。西汉武帝时期设立的刺史，在汉光武帝时期具有了官吏的任免权，逐渐转变成地方最高行政机构。地方郡县两级制开始向州、郡、县三级制转变。地方行政机构的这些变革，是一个权力逐渐向中央集中的过程。而在朝廷，权力向皇帝集中的主要标志就是尚书台的形成。尚书本是皇帝身边的低级官员，汉武帝时期开始集权于中朝，尚书逐渐受到重用。到汉光武帝的时期，以尚书令为首的尚书台成为实际上的国家最高权力机关，尚书令的权力等同于西汉初年的丞相，在朝廷之中地位崇高。尚书台之下设立六曹尚书：三公曹主要负责监察地方官；吏曹负责官吏的任免；民曹负责建设；二千石曹负责司法；南、北主客曹负责少数民族事务。六曹尚书后来发展成隋唐时期的六部尚书。这个时候，三公虽然还存在，但没有什么实权，不过是执行尚书台的决策罢了。皇帝通过尚书台将国家权力集中到了自己的手中。

第二，缓解社会弊病。

刘秀建立东汉以后，在不断解决地方割据的同时，首先面对的就是西汉末年以来的两大社会问题：奴婢问题和土地问题。西汉末年，大量的农民沦为奴婢，既造成阶级矛盾尖锐，同时也使得农业劳动力减少，朝廷的财政收入受到影响。王莽建立新朝，试图解决这一问题，但没有成功。东汉建立后，汉光武帝曾多次下诏释放奴婢、禁止虐待奴婢：建武二年五月，汉光武帝下诏，妻子、儿女有沦为奴婢并想返回到父母家中的，一律不许阻拦，否则按法律治罪。建武六年十一月，汉光武帝下诏，将王莽以来的一些因触犯旧法为奴婢的官民一律赦免为平民。建武七年（公元 31 年）五月，汉光武帝下诏，给那些因饥饿、战乱或被青、徐两州的强盗抓去做奴婢或小妾的百姓以自由之身，去留随意，如有阻拦，一律按照卖人法予以治罪。建武十一年（公元 35 年）二月，汉光武帝又下诏说，天地之性人为贵，因而杀死奴婢的人不得减免罪行；八月，又下诏，敢烧伤奴婢的人都要治罪，已经受了烧伤的奴婢，要释放为平民；十月，又下诏，取消奴婢因射伤人要被处死弃尸于市的法律。建武十二年三月，汉光武帝下诏，陇、蜀两地的百姓如果被卖为奴婢，且到官府诉讼、尚未判决的，一律释放为平民。建武十三年（公元 37 年）十二月，将益州自建武八年（公元 32 年）以来被卖为奴婢的都释放为平民，依托别人为小妾的人也可以自愿离开，阻拦不放的人都要按照建武七年青、徐两州的办法治罪。建武十四年（公元 38 年）十二月，汉光武帝下诏，在益州、凉州两地，凡是自建武八年以来到官府诉讼的奴婢一律释放为平民，并且不用把卖身的钱还给主人。在这 13 年的时间里，汉光武帝一共发布了 9 条关于奴婢的诏令，试图以朝廷命令的形式减少奴婢的数量，并且在建武六年平定山东后侧重解决山东地区的奴婢问题，建武十二年平定巴蜀以后着重解决巴蜀地区的奴婢问题，以获得这两个新归附地区民众的支持。但这些诏令的着眼点并不是也不可能从根本上禁绝奴婢的出现，重点是善待奴婢，当然也就不能彻底解决这个问题。但在提高奴婢的待遇和地位上，这些诏令还是起到了一定的缓解作用。

下一个需要解决的是土地问题。西汉末年以来，土地兼并日益严重，王莽照搬古制，试图推行所谓的井田制，结果证明是一次失败的尝试。汉光武帝刘秀本身就是豪强地主出身，但从国家的角度来讲，又不得不采取措施打击地方的豪强地主，同他们争夺土地和人口，以增加国家的实力。

建武十五年(公元 39 年),汉光武帝下诏,命各州郡统计核实本地的土地数目、人口多少,作为国家征收赋税的依据,这就是度田令。度田令表面上是国家要统计人口田地,实际上却是通过这种统计试图将豪强地主控制的人口和土地纳入国家的管理范围之内,这当然要遭到他们的反对。《后汉书》记载,地方刺史和太守多数并不进行实际核对,反而借此压榨普通民众。面对这种情况,光武帝采取强力手段加以惩处。建武十六年(公元 40 年)九月,以河南尹(京辅太守)张伋为代表的 10 多个地方太守因为不按实际度田,被抓进监狱处死。然而,这种杀鸡儆猴的手段不但没有起到实际效果,反而引起地方豪强大族的反抗。这些地方豪强在朝廷征讨的时候解散,一旦朝廷军队离开,立刻聚集起来反抗,其中,以青州、徐州、幽州、冀州 4 个地方最为突出。刘秀采取镇压、收买、安抚以及将领头之人迁往其他州郡的办法化解了这次危机,从此以后,各地出现一片祥和安定的局面。实际上,如同对奴婢问题的处理一样,度田令仍然不可能解决土地兼并的根本问题,所取得的成效不过是形式上的。

除了这两个最大的问题以外,刘秀还在其他方面也做了一些努力,试图恢复汉朝的国力。建武十六年,刘秀就曾说,自己治理天下,是用柔和的方法。在称帝的第二年(公元 26 年),刘秀下诏命群臣讨论减轻刑罚的办法;建武五年和建武七年,两次下诏释放囚犯;建武六年,下诏将税收由 1/10 改成 1/30,大大减轻了民众的赋税负担;建武七年,下诏裁撤地方军中的轻车兵、骑兵、步兵和水兵,让这些士兵复员从事农业生产;建武二十六,下诏限制陵墓的规模;建武中元元年,下诏免除当年的田租。这些措施从多方面保证农业生产的顺利进行,对于提高农民的生产积极性有一定作用,是与民休息政策的体现。

奴婢问题和土地问题的缓解,与民休息政策的实行,表明汉光武帝刘秀是有意愿想解决西汉末年以来的弊病,以挽救汉朝的颓势。尽管成效并不大,但也是"中兴"之举,为东汉初年的强盛奠定了基础。

继汉光武帝之后的汉明帝和汉章帝统治时期，是东汉的强盛时期，历来为史家所称颂。明章时期的强盛，既得益于光武帝时期的积累，也与明章二帝的治国有方分不开。

首先，明章二帝都重视吏治。汉明帝延续了汉光武帝刻意打压外戚宗室的政策。永平二年（公元 59 年），外戚窦林因贪赃枉法被抓进监狱处死，大司空窦融因为管教不严受到明帝的责备，被迫辞官。楚王刘英、广陵王刘荆都是汉明帝的弟弟，但在汉明帝期间都因犯罪自杀。建武中元二年，汉明帝刚刚登上帝位，就在十二月的时候下诏，鉴于在官吏的选拔上"选举不实"，很多人通过高官推荐，不能做到量才任用，要求任用官吏必须把握好"均平"的原则，选贤任能。永平九年（公元 66 年），又下诏要求每年都要对地方官吏的政绩进行考核，无论是否优异，都要上报。汉章帝时期也比较注意吏治的问题，要求对地方官吏的任用要慎重，要求地方官吏务必要注意劝导农业生产。但与汉明帝相比，汉章帝对外戚限制不严。建初三年（公元 78 年），汉章帝立窦氏为皇后，从此对窦氏外戚较为放纵，尤其是窦皇后的兄弟窦宪、窦笃更是嚣张跋扈，皇子、公主以及阴氏、马氏外戚都十分忌惮。窦宪甚至以低价强行购买沁水公主的园田，沁水公主畏惧窦氏权势，不敢声张。直到汉章帝发觉加以责备，窦宪才将园田还给沁水公主，但始终没有因此受到任何惩罚。汉章帝的这种放纵行为是汉和帝时期窦氏外戚专权的直接原因。

其次，继续奉行与民休息的政策。建武中元二年，汉明帝刚即位，就在九月下诏免收陇西的租税；永平九年，汉明帝下诏，命地方郡国将公田依据不同的等差分给贫苦民众进行耕种；永平十三年（公元 70 年），汉明帝亲自耕种，以劝导农桑。西汉后期，黄河、汴渠决口，一直拖延未修。汉明帝时启用水利专家王景、王吴，疏通了汴渠，治理了黄河，使得兖州、豫州、幽州、冀州等几个州都受到了这次治理黄河的好处。永平十三年，汴渠修缮以后，汉明帝下诏将临近渠水方便灌溉的农田分给贫民耕种，不让豪强大户独占。汉章帝时期，也有数次下诏将公田、荒田、肥田等分给民众进行耕种，缺少农具的还可以向官府借贷。建初元年(公元 76 年)，汉章帝下诏要求各州郡务必保证农业生产的正常进行，贫困民众可以向官府贷款。同时，流落外地的农民想回家的，由官府进行救济，回家途中住宿由官府负责。元和二年(公元 85 年)，汉章帝还下诏，鼓励人口增长，家中生了孩子，就可以免除赋税，人丁税也免收 3 年。怀孕的则由朝廷进行赏赐，免除孕妇丈夫的赋税。这种种措施，使得东汉的农业生产得到稳步发展，国力持续恢复。从汉光武帝到汉章帝时期持续坚持的与民休息政策取得了较为明显的效果，《后汉书》记载，汉明帝在位的永平年间，天下安定，徭役很少，牛羊遍野，百姓富裕。《后汉书》又记载，从汉光武帝时期，一直到汉章帝时期的永元年间，国家稳定，农业生产持续发展，国家的编户也逐渐增加。

最后，还有一个重要的方面是与匈奴和西域的关系。匈奴一直是中原王朝北面的严重威胁，汉武帝时期虽然极大地削弱了匈奴，但并不能禁绝他们对内地的袭扰。王莽改变自汉武帝晚年以来的和亲政策，对匈奴大加贬抑，加上中原战乱不断，匈奴连年侵扰。汉光武帝刘秀建立东汉，目标首先是消除各地的割据势力，对匈奴采取的是消极的防御政策，北方边郡的居民大多都迁徙到内地，以躲避匈奴的抢掠。但在建武二十四年(公元 48 年)，匈奴内部发生单于之位的争夺，分裂成南北两部。南匈奴在汉朝的支持下，于建武二十五年(公元 49 年)击败北匈奴。建武二十六年(公元 50 年)，南匈奴表示愿意归附，汉光武帝派遣使匈奴中郎将将南匈奴先后安置在云中郡(今内蒙古自治区呼和浩特市南)和西河郡(今内蒙古自治区准格尔西北)，边郡逐渐安定下来，以前迁徙到内地的边郡民众纷纷返回，汉匈杂居，社会生产得到了发展。北匈奴在分裂之后，社会经济得不到发展，曾在汉光武帝、汉明帝时期派遣使者要求和亲，但没能成功。永平十六年(公元 73 年)，汉明帝派遣窦固等人领兵出击北匈奴，击败驻守天山的匈奴呼衍王部。其后，北匈奴内部矛盾重重，不断有部众南下归附汉朝。和帝永元元年(公元89年)，窦宪率兵与南匈奴联合进攻北匈奴，一直打到燕然山(今蒙古国杭爱山)，才刻石记功返回。匈奴从此土崩瓦解，再难对内地形成威胁。

汉朝对西域的经营与对匈奴的战争是联系在一起的。西汉末年，由于汉朝自身社会问题严重，再加上王莽时期与匈奴关系恶化，匈奴趁机侵入西域，汉朝失去了对西域的控制权。东汉建立以后，西域诸国曾在建武二十一年(公元45年)派遣使者到汉朝，希望汉朝派遣都护到西域进行管理，汉光武帝刘秀没有答应，致使西域完全落入匈奴的统治之下。永平十六年，窦固等人击破匈奴呼衍王之后，占据了西域的东部门户伊吾(今新疆维吾尔自治区哈密市)，并设置宜禾都尉进行驻守，为班超经营西域打通了道路。

班超生在一个史家辈出的家庭。他的父亲班彪、哥哥班固、妹妹班昭都是著名历史学家，都参与了《汉书》的撰写。班超本人当然也有较高的文化素养，曾以抄书维持家里的生计。明帝时期，班超还短暂地担任过兰台令史，他的父亲、哥哥都曾担任过这一官职。但班超的兴趣却不在撰史上，他曾投笔感慨道："大丈夫应该效法前汉的张骞、傅介子到陌生地方去建功立业，以博取封侯的赏赐，不应该把光阴浪费在笔墨之间!"后来，看相的人说，班超会在万里之外封侯。永平十六年，班超随窦固出击匈奴，在伊吾和蒲类海(今巴里坤湖)的战役中表现出色，受到窦固赏识，因此受命出使西域。班超出使西域，肩负着联络西域各国归附汉朝的任务，但仅有36人随行。西域诸国因国力弱小，在汉朝和匈奴之间徘徊不定。然而，匈奴对西域采用的是掠夺的方针，汉朝表示仅需归附，并不征收重税，因而西域各国虽然态度犹豫，但还是心向汉朝的。班超出使首先到达的是鄯善国，鄯善王对待班超由热情接待忽然转向冷淡，引起班超的怀疑。班超查知匈奴使者也来到鄯善后，采用突然袭击的方式杀掉了匈奴使者，鄯善震动，从此归附汉朝。班超采用类似的方法，并征调已归附的各国兵马，到章和元年(公元87年),将西域南道诸国纳入汉朝的管辖之下;到永元六年(公元94年),又打通了西域北道,整个西域有50多个国家归附汉朝。永元七年(公元95年),汉和帝因班超经营西域有功,封为定远侯。永元九年(公元97年),班超命甘英出使大秦(罗马),虽然最后仅仅达到波斯湾,没有真正出使到罗马,但这次出使开阔了汉朝的视野,是一次国际交往的有益尝试。永元十四年(公元102年),班超回到洛阳,很快就去世了,享年71岁。班超之后,西域由于继任者经营不善,重新被匈奴控制。延光二年(公元123年),班超之子班勇奉安帝之命,继续经营西域,打击了匈奴在西域的势力,扩大了汉朝在西域的影响。

在西汉张骞首通西域以后,班超父子对西域的经营,巩固了东西方文明交汇融合的成果,加强了汉朝在西域地区的影响,对明章二帝治理汉朝有着极好的辅翼作用,与明章二帝对内的治理相得益彰,加强了东汉初年的强盛局面。

第二节　大力倡导儒学

西汉初年虽然是以道家无为而治的方针治国,但儒学却一直在发展之中。汉武帝时期,儒学成为治国思想,国家官吏的选拔基本也以儒学为标准,这些都使得儒学逐渐普及全国,地位得到进一步提高。东汉时期,在朝廷的大力倡导和民间的推动之下,儒学得到了进一步的发展。

东汉建立之初,君臣中许多都有儒学背景。汉光武帝刘秀本人在王莽时期就到长安学习过《尚书》,但不过粗通其义。邓禹13岁就能诵读《诗经》,冯异通晓《左氏春秋》,马援也曾学过《诗经》(齐诗),贾复学《尚书》,朱祐喜好儒学。这些人都位列"云台二十八将"。因此,在东汉朝廷的上层,儒学是能得到普遍认可的,提倡儒学也必然会得到他们的支持。

刘秀本人更是崇信儒学。自西汉晚年以来,谶纬之说逐渐融入儒学之中，成为两汉儒学的一大特征。谶是对将来吉凶祸福的一种预测，纬则是对儒家经书的五行化的神秘解释。王莽建立新室，也曾多次利用谶纬。更始三年，当刘秀据有河北，已经成为实际上的一方诸侯之时，部将曾多次劝他称帝，他都没有同意。到五月，他有个名叫强华的故友从关中赶过来，向他进献了一道《赤伏符》，上面写着："刘秀发兵捕不道，四夷云集龙斗野，四七之际火为主。"这是说刘秀应该称帝，以继承汉朝的火德。刘秀接到这道符命，当即在鄗城南边设坛准备登基。六月，刘秀诏告天下，自己因为得到了符命，上承天命，所以登基为帝。建武五年，刘秀巡幸鲁地，命三公之一的大司空宋弘祭祀孔子，以表示朝廷对儒学的提倡。建武十七年（公元41年），刘秀解释自己治理天下的方针，是用"柔道"，也就是以区别于法家思想的儒学来治国。建武十九年（公元43年），刘秀宣布改立刘庄为皇太子，所下的诏令便是援引《春秋》。建武三十一年（公元55年），崇信谶纬的刘秀向天下颁布图谶，实际上也是在变相地推广儒学。

汉明帝刘庄虽然以严法治国著称，但也是一个学习儒学颇有心得的人，他10岁就读了《春秋》，后来又跟随博士桓荣学习《尚书》。《后汉书·儒林传》上记载，汉明帝刚刚即位，便亲临辟雍，亲自讲授儒家经典。儒生们则手执经卷向汉明帝问难。当时可谓盛况空前，环绕在周围的听众"盖亿万计"，虽然不免有夸大之词，但也显示出当时朝廷对儒学的大力提倡。汉明帝继位以后，还经常和大臣、皇子们讨论儒学，亲自到曲阜祭祀孔子。他同刘秀一样相信谶纬之说，永平八年（公元65年），看到有日食出现，他还下诏说，根据《春秋》图谶，是因为自己导致灾难，要求臣子们上书指出自己的得失。永平九年，汉明帝设置四姓小侯学，这是在太学之外，特意为外戚樊氏、郭氏、阴氏、马氏四家贵族子弟设立的专门学校，设施较之太学更加完备，因而很快所收的学生就不限于这四家贵族子弟了，甚至连匈奴贵族子弟都申请入学。四姓小侯学的教育就是延请经学名师教导儒学，如张酺，目的就是让贵族子弟都学习儒学。

汉章帝继承了他的祖父和父亲喜好儒学的特点，他本人又为政宽容，比明帝更重视以儒学治国。他所发布的诏书，在对儒家经典如《诗经》、《尚书》、《春秋》、《礼记》等的引用上，明显要多于汉光武帝和汉明帝。不过，汉章帝时期对儒学的提倡，最重要的贡献是以官方的形式来统一儒家的经典和观点。秦朝焚书之后，汉朝儒家经典的传授出现分歧。以汉朝文字写成的称为今文经，以秦朝以前文字写成的是古文经。今文经和古文经的区别不仅仅体现在文字的书写上，更重要的是体现在双方对经文的解释上，其中，今文经注重阐发经文的义理，而古文经则注重挖掘经文本身的含义，因而更重视考据。西汉时期，今文经学更受到朝廷的重视，公孙弘、董仲舒等都是今文经学大师。汉宣帝召集名儒评论五经异同，这就是著名的石渠阁会议。这是首次以皇帝的身份来参与裁决今古文之争，体现了朝廷对儒学的重视。西汉末年，古文经学经过刘歆的解释逐渐得到了部分学者的认可。到东汉时期，今古文经学的争论已经影响到了儒学的传授和推广。建初四年(公元 79 年)，汉章帝效法汉宣帝，在洛阳的白虎观召集儒生开会，并亲自主持裁决，试图统一今古文的纷争，并将儒学与谶纬之说进一步结合起来。这次会议开了几个月才结束，最后由班固汇总撰写成书，这就是《白虎通》(又称《白虎通德论》)。《白虎通》的主要内容是强调自董仲舒以来儒学所宣扬的"三纲"，将"君为臣纲"置于三纲之首，宣称皇帝是天子，是天命所归，将皇帝与天进行神秘化的联

图 17.1 《公羊传》砖。东汉。中国国家博物馆藏

系，目的当然是为了强化封建统治。但这次会议的召开，是以官方的形式开始统一儒家经典，为儒学的进一步统一奠定了基础。

以皇帝为首的官方为维护统治的需要，极力宣扬掺杂了谶纬神学的儒学，但自西汉末年以来就不断有学者对此加以反驳。这些来自民间的学者大多是古文经学家，试图通过反驳谶纬神学，恢复儒学的本来面目。

扬雄（公元前 53—公元 18）主要活动在西汉末年，在文学上以辞赋见长，曾刻意效仿司马相如作赋。他为人口吃，但擅长著书，主要著作有《法言》、《太玄》、《方言》等。扬雄一生只喜欢"圣贤之书"，对孔子开创的儒学推崇备至。也正因为如此，他十分反对将谶纬神学套在儒学之上，反对利用谶纬神学，因而一生官卑职小，不得升迁。他要发扬孔孟之道，要求儒学重新回归到孔孟的原始意义上去。但实际上，扬雄本身并不纯粹讲儒学，《太玄》这部书很大程度上就是儒道结合的产物。扬雄还有一个好友名叫桓谭（公元前 23—公元 56），也十分反对谶纬之学。桓谭主张治国要"霸王道杂之"，注意保障民生。在汉光武帝利用图谶加强统治的时候，桓谭数次上疏力谏，最终遭到贬斥。对谶纬神学批判最有力的是古文经学家王充（公元27—97）。王充生活在儒学昌明的东汉前期，虽然家境贫寒，但少年时代就已习文认字，后来还在太学进修，曾跟随著名史学家班彪学习，具有较为深厚的文化功底。他一生仅在地方做过小吏，没有出仕，晚年虽蒙汉章帝特招，仍托病未去。《论衡》一书是王充的代表作，也反映了他主要的学术观点。在东汉前期谶纬神学大行其道的时候，王充却旗帜鲜明地提出了无神论的观点。他否认天地的神秘属性，指出天与地都是自然的，是物质的，不存在什么天命神授、君权神授之说。他反对神化天子的各种传说，如刘邦的母亲感应蛟龙而生刘邦，在王充看来，这是不可能的。在当时的社会，敢对这个传说提出异议，是需要莫大的勇气的。王充还认为各种自然现象，如日食、水灾、旱灾等并没有所谓天命在背后推动，也并不是统治者失德所致，完全是正常的自然现象。王充从形神关系的角度否认了鬼的存在，认为鬼不过是人在生病、恐惧的时候所产生的一种幻觉而已。因而，生死也是正常现象，人有生必有死，不存在成仙得道、长生不死的人。人间的祸福吉凶，决定因素是人事与时势，却不由鬼神决定。所以，王充主张认识要从实践入手，而不是道听途说，因而古书中的尧、舜、禹、汤等圣人都经过了后人的放大和美化，实际上他们的时代也未必能比汉朝更好。从这里出发，王充否认了儒家一向主张的古胜于今的说法，认为汉朝是从周代发展过来的，要更胜于三代。王充用"疾虚妄"三个字概括了《论衡》的宗旨，表达了他鲜明的反对谶纬神学的立场。

尽管从西汉末年到东汉前期，始终存在着宣扬与反对谶纬神学的两种声音，但这两方面在提倡、宣扬儒学这一点上却是一致的。除了官方和民众，支持谶纬神学的大多是今文经学家；而反对的一方则大多是古文经学家。双方在这一点上的争论是否有结果并不重要，重要的是，这种争论进一步推动了儒学的发展，为今古文经学的合流准备了条件。无论是官方，还是民间，都体现出了对这一合流的支持。

官方统一今古文经学的主要表现是熹平石经的刻写。熹平是东汉灵帝的年号，刻写熹平石经主要是在蔡邕的主持下完成的。蔡邕是东汉末年著名的大学者，博学多才，经史、音律、辞赋无所不通，名重当时，得到皇帝和董卓等权臣的赏识。《后汉书》记载，蔡邕曾有一段时间在东观整理书籍。东观是皇家藏书机构，历来在东观任职的都是学问精深的大学者，如马融等都曾在东观从事类似的工作。可能就是在东观工作期间，蔡邕发现儒家典籍流传久远，版本众多，文字错误疏漏之处很多，这必然导致穿凿附会，影响儒学的传授。事实上，这也是不利于提倡儒学的。因此，当蔡邕联合一批学者将这些情况上奏给灵帝，并要求勘定《六经》文字时，立刻得到了批准。这一年是公元 175 年(熹平四年)。蔡邕亲自执笔将校订之后的《六经》文字书写下来，并命石匠刻写在石头上，摆放在洛阳太学的门外，以供天下士人学子学习。这一套石经因此被称为"熹平石经"。太学是汉代

的最高学府，这一做法显然大大
推动了儒家典籍的一统化。《后
汉书》记载了当时的盛况。石经
摆放之初，前来观看和描摹的人
所乘的车子每天都有1000多辆，
将附近的街道堵得水泄不通。熹
平石经虽然经历了历史的风风雨
雨，如今已无法看到全貌，但其
文字内容却保存了下来。作为官

图 17.2　熹平石经。东汉。洛阳博物馆藏

方的儒家典籍定本，在一段时期内的确起到了规范典籍文字、进一步推动
儒学发展的作用。

　　不过，熹平石经毕竟只是在文字上做了一个统一的工作，不可能要求人
们对经书有统一的解释和理解，也就是说，在消除杂说并存这一点上收效甚
微。今古文经学最主要的区别实际上恰恰是在对经文的解释上，所以，要进一
步提倡儒学，就要统一对经文的解释，这一工作主要是由民间学者郑玄完成的。

　　郑玄是北海高密(今山东省高密市)人，年轻时曾做过乡间小吏，但并
不喜欢，一有休息时间就跑到学官那里。不喜欢做官是郑玄的特点之一，
后来何进、袁隗、袁绍都试图任用郑玄为官，均遭到拒绝。对郑玄而言，
学问才是他毕生的追求。他曾给儿子益恩写过一封信，劝儿子努力钻研学
问，同时说自己一生不想做官，只想"念述先圣之元意，思整百家之不
齐"①，也就是想阐述古圣先贤们著述的本意，将汉朝争论不休的各家学说
统一起来。"整百家之不齐"可以说十分贴切地描述了郑玄一生的学问经历。
在太学学习之后，郑玄跟随第五元先学习《京氏易》、《公羊春秋》、《三统
历》、《九章算术》，其中前两者是今文经学，《三统历》是历法，《九章算术》

---

　　①　(南朝宋)范晔：《后汉书》卷 35《张曹郑列传》。

则是数学著作。之后，郑玄又跟随张恭祖学习《周官》、《礼记》、《左氏春秋》、《韩诗》、《古文尚书》，而这些经典却是今文经和古文经都有。从学习经历来看，郑玄不仅今古文经都学，甚至涉猎范围还超出了经学的范畴，开始显现出博学多才的风范。这一特点在今古文经学壁垒分明的当时是很少见的，所以郑玄感觉到在自己的家乡恐怕再难有所进益，只有远赴异乡求学。通过卢植的引荐，郑玄来到关中，进入经学大师马融的门下求教。据《后汉书》记载，马融本身就是一个十分博学的"通儒"，门下弟子常有上千人，还曾注释过《论语》、《孝经》、《诗经》、《易经》、《尚书》、《三礼》、《老子》、《淮南子》等一大批书籍，恰是郑玄需要的老师。然而郑玄在马融门下的学习尽管十分刻苦，但起初并不顺利。原来，马融门下弟子本就非常之多，他不可能一一教导，而且马融本人又比较傲慢，难以接近。因此，许多入门较晚的弟子都是由高年弟子辗转传授，少有能够登堂入室的弟子。最初3年，郑玄就是这样学习，并没有见过马融。忽然有一次马融在召集门生讨论学问之时，听说郑玄这个弟子擅长计算，这才召了他前来见面。郑玄趁机向马融请教了许多疑问。问完之后，郑玄便向马融告辞，意欲返回家乡。马郑二人的这次碰面虽然短暂，但郑玄所提的一些疑问显然让马融觉得郑玄已经得到了自己的真传，十分感慨地说道："郑玄向东返回家乡，我的学问从此以后也就随之传向了东方。"此后，郑玄主要的活动就是在家乡研究和传授经学，名声大振，弟子众多，甚至连黄巾军都对他敬畏有加，不敢进犯他的家乡高密。《后汉书》评论说，秦朝焚书之后，汉代对经学的研究"异端纷纭"，学者煞费苦功，却毫无所得。幸好有郑玄汇集众家学说，删除烦琐和错误的内容，刊正遗漏和失误的地方，此后，学习的人才略微知道学习的目标。《后汉书》的这一番评论可以说并不为过。郑玄在经学史上的主要贡献恰恰是整合了今古文经学，并为儒家经典做了全面的注释，后人将郑玄的注释称作"郑注"。"郑注"面世之后，很快便成为天下人学习的范本。这导致许多流派失传，同时也使得经学进入了一个新的统一时代，儒学在"郑注"的大旗下也得到了进一步的倡导和推广。

自从汉武帝"罢黜百家、独尊儒术"以来，历任皇帝都在或主动或下意识地推动着儒学的进一步普及和发展。汉武帝时期，以董仲舒作为主要代表的学者将道家、法家和阴阳家等学说融进儒学之中，形成了新的更适应统治需要却绝不同于原始儒学的新儒学系统。儒学作为官方统治思想至此被确定下来，这为后来儒学不断获得提倡奠定了最好的基础。此后，今文经学长期占据官学的地位，古文经学却逐渐在民间学者中普及，获得了越来越多人的认可。今古文经学的争论越发激烈。两汉之间，古文经学还曾一度翻身，获得官学地位。而谶纬神学在西汉后期也开始越来越多地渗入到儒学之中，到东汉建立后达到高峰，给儒学披上了越来越神秘的面纱。东汉末年，在官方和民间的努力

图 17.3　牛郎、织女。东汉。南阳市汉画馆藏

下，今古文经学之争逐渐销声匿迹。有趣的是，得到官方支持的谶纬神学竟然被黄巾军用为反抗朝廷统治的口号（"苍天已死，黄天当立。岁在甲子，天下大吉"）。这直接导致魏晋以后的统治者将谶纬之说剥离出儒学，记载谶纬的诸多纬书也基本失传。但不论是利用还是抛弃谶纬，不论儒学显现出今古文经学的分歧，抑或是郑玄对今古文经学的合流，儒学自始至终都在不断地被提倡和推广。儒家文明在秦汉时代的这些变化显现出了其卓越的发展潜力和强大的自我整合能力，身为大一统文明而具有如此特质，势必会在不断地融汇发展之中保持长久的生命力，使得大一统的观念日益深入人心，并不断推动新的大一统局面的形成。

第三节　士族的形成

随着儒学不断地深入两汉社会的各个层面，以及儒学地位不断得到提高，在儒学圈中掌握着一定话语权的人(比如，精通某一部甚至几部儒家典籍的学者)越来越多地在社会上崭露头角。在这些人当中，有一部分人能够将某部经书作为家学传承下去，每一代子孙都精通这部经书，这就是累世家学。连续数代人都能利用家学获得较高的文化和政治地位，甚至一直保持公卿的禄位，这就是累世公卿。累世家学和累世公卿相结合，使得这些家族逐渐在整个社会上都获得了比较高的声望，也就逐渐形成了门第(或者叫门阀)，士族也就出现了。

对于门第，钱穆先生指出："其最著者莫如孔子一家之后。"①随后，钱穆先生列举出孔家的情况，孔子五世孙孔顺已做了战国时期魏国的相，孔顺之子孔鲋是陈胜的博士，孔鲋的弟弟孔腾是惠帝时博士，还曾做过长沙王的太傅。孔腾的孙子孔安国和孔安国的侄子孔延年都是武帝时的博士，孔安国还做过临淮太守。孔延年之子孔霸，是昭帝时的博士，还曾做太中大夫。孔霸之子孔光经历了汉成帝、汉哀帝和汉平帝三朝，是当时的名儒，官至御史大夫、丞相，已经达到了三公的地位。从孔霸到孔子的二十世孙孔昱、孔融，孔家位列九卿或相当于九卿的就有53人，还有7人封侯。虽然在东汉末年的党锢之祸中，孔家受到了牵连和打击，孔融也因数次触怒曹操被杀，但并不妨碍孔家成为当时的名门之一。

伏氏也是名门之一。经历了始皇帝的焚书，到西汉建立之后，许多典籍都失传了，但有些典籍在民间还有存留，但大多都不完整。济南的伏生就曾将《尚书》藏在墙壁之中。汉朝建立后，伏生寻找所藏的《尚书》，已经

---

① 钱穆：《国史大纲》，北京：商务印书馆，1996年版，第184页。

散佚了一部分。伏生只能依靠存留的残篇在山东传授《尚书》。到汉文帝时，朝廷搜求《尚书》人才，只找到伏生一人。但此时伏生已经90多岁，无法应诏去长安。汉文帝命晁错前往山东向伏生学习，才使得《尚书》得以流传开来。两汉所传的三家今文尚书都是伏生传下来的。即使是孔安国，也不得不跟随伏生的再传弟子学习《尚书》。伏生九世孙伏湛在光武帝时期位列三公，很得汉光武帝信任。东汉末年，献帝皇后也是伏生的后人。伏家经历两汉400余年，世代传授经学，清净不争，门人弟子众多，对汉朝经学，尤其是《尚书》的传授做出了非常大的贡献。

东汉时代的桓家也曾一度十分显赫。桓荣是东汉初年的大儒，他的老师是九江郡的朱普，而朱普是伏生的门人，是三家《尚书》中欧阳氏这一支所传。所以，桓荣和他的子孙所学的是《欧阳尚书》。桓氏一门在东汉中前期可谓十分显赫，从汉明帝到汉顺帝，一共有5位皇帝受到过桓氏的教导。桓荣本人在新室灭亡后，携带着经书逃亡到山谷中教授弟子，到东汉建立后才出仕，但已经60余岁，很得汉光武帝刘秀信任，命他教导太子。汉明帝继位后，对桓荣一家待遇更加优厚。桓荣之子桓郁继承了桓家的《尚书》学，并且和桓荣一样做到九卿之一的太常，当时父子二人被并称为"大小太常"。桓郁教授过章、和二帝，所受的恩宠更甚于其父。桓郁本人虽然仅做到太常，但他的弟子杨震、朱宠都做到了太尉这样的三公之位。桓郁之子桓焉继承了桓家之学，因此颇有名声，汉安帝、汉顺帝二人都受过他的教导。汉顺帝继位后，桓焉担任太傅之职，名义上还要高于三公。桓焉之后，桓氏以经学闻名的也代有其人，如桓焉的孙子桓典、桓郁的孙子桓鸾、桓鸾之子桓晔、桓焉的侄孙桓彬，他们虽然再没有做到祖辈们的高位，但仍是一时名士，受到士人们的普遍认可。

东汉时期，汝南袁氏也是名门之一。袁氏所学是《孟氏易》，为西汉时期的大儒孟喜所传。西汉末年，袁良就已经学到《孟氏易》。东汉初年，袁良将家学传授给孙子袁安，袁氏逐渐开始显露名声。袁安为人庄重方直，从县里的低级官吏开始做起，历任县长、郡守、河南尹、太仆、司空、司徒，在朝中数次与当权的外戚窦宪发生矛盾，据理力争。据《后汉书》记载，袁安的种种作为得到了皇帝和大臣们的认可和尊重。袁安之子袁京继承了家学，对《孟氏易》的研究很有造诣，虽然只做到太守，但却是汉朝社会著名的山中高士之一，颇得当时和后世人们的称赞。袁京的弟弟袁敞也得传家学，汉安帝时还做过司空。袁京之子袁汤也以家学闻名，汉桓帝初年就已经做了司空，后来又曾任司徒、太尉。到袁汤之子袁逢的时代，袁家已经是汉代著名的门第之一。据《后汉书》记载，由于袁逢出身于累世做三公高官的袁家，为人又宽厚讲信用，因而是当时的名士之一。汉灵帝时期，袁逢也做到了司空。袁逢的弟弟袁隗比袁逢更早坐到了三公的位置上，又由于当时的中常侍袁赦也是袁家族人，因而内外结交，富贵之极，其他世家都无法与之相比。汉献帝时期，袁隗甚至做到了太傅，名义上还要高于三公。东汉末年出身汝南袁氏的袁绍、袁术均曾割据一方，袁绍甚至还一度雄霸北方，尽管此时二人并不以家学闻名，但袁氏历代的积累却为他们称霸一方奠定了良好的基础。

据《后汉书》记载，与袁氏同为东汉名族的还有杨氏。杨氏成为名门的第一人是杨震，他的八世祖是汉高祖刘邦定鼎天下的功臣杨喜，高祖杨敞在昭帝时还做过丞相，但杨家成为名门并不是依靠祖辈的这些积累，而是从杨震的父亲杨宝开始世代学习、传授《欧阳尚书》。杨震的父亲虽然熟习《欧阳尚书》，但他本人学习这部经书的老师却是桓氏的桓郁。由于学问精深，又博览群书，杨震逐渐名声在外，当时有许多儒家学者赞誉杨震为"关西孔子"，说明杨震在儒学上的造诣已经非同凡响，得到了社会的认可。50岁之前，杨震并没有出仕做官。50岁的时候，杨震在地方州郡开始了仕途生涯。由于为官清正廉洁，杨震升迁很快，历任刺史、太守、太仆、太常、司徒、太尉。杨震之子杨秉、孙子杨赐、曾孙杨彪几乎与杨震本人有着类似的经历，出仕之前，都精通家学《欧阳尚书》；出仕之后，历任各种官职，最终也都做到了太尉。连续四世都官至三公，而且是在东汉时期地位更高的太尉，杨氏一门可以说在整个东汉时期都处于高位。这种积累当然让杨氏成为名门。到东汉末年，权柄落入曹操手中，杨彪之子杨修因为触怒曹操被杀。曹丕称帝后还曾想请杨彪做太尉，显然有拉拢杨家以巩固曹魏帝位的意思，但被其拒绝。

两汉社会，尤其是东汉时期，形成门阀的并不仅仅只有以上这几家。不过，由于这几家比较典型，因此，从这几家的情况，我们可以看到一些共同的特点。首要的一点就是家学，并且必须是儒学。只有精通儒学（或某部儒家经典），才能在全社会大力提倡儒学的大背景下形成别人（或别家）无法企及的优势。

以家学为起点，进而长期获得较高的政治地位也是特点之一。在以上几家中，尤以桓氏、袁氏和杨氏最为明显，几乎代代都有位至三公的族人，这当然会给人们形成一个高门大户的印象。

他们不仅拥有较高的官阶，而且，这些士族出身的官员往往敢于同东汉时期政治上的黑暗势力进行斗争，他们在朝廷之中发出了不同于专权的宦官和外戚的第三种声音。客观上，这也有利于提高这些门第的影响。和帝继位以后，窦太后临朝，窦太后的兄长窦宪以外戚的身份专权，骄横跋扈，不可一世。在一次触怒太后以后，窦宪意欲北伐匈奴，以军功来赎罪，同时增强自己在朝中的权势。但此时威胁汉朝的匈奴已经分为南北两部，南匈奴依附于汉朝，北匈奴则与汉朝敌对，却并不能对汉朝形成直接的威胁。身为司徒的袁安上书反对，他指出，匈奴既然不犯汉朝边塞，这种出征除了耗损国力，并没有实际的意义。当时随同袁安上书的官员在几次上书无果之后都不再反对，而袁安却始终坚持自己的意见。《后汉书》记载，袁安看到天子幼弱，朝中权力被外戚篡夺，每每谈及国事，都十分悲伤。汉殇帝时期，外戚邓氏专权，袁安之子袁敞却不依附邓氏，因而被逼自杀。汉安帝时期，王圣倚仗皇帝乳母的身份十分骄横，身为司徒的杨震上书弹劲。做了太尉以后，杨震还拒绝任用宦官李闰的兄长和皇后兄长阎显的亲信，数次上书反对宦官，因而同时得罪了宦官和外戚。据《后汉书》记载，这些人非常怨恨杨震，但因为他是名儒，不敢加害。外戚梁冀专权时，杨秉称病退仕，直到梁冀被诛灭后才出仕为官。但汉桓帝是依靠宦官诛灭梁冀，因而杨秉再次出仕后，宦官的势力猖獗，他们的亲属遍布朝野，弄得民不聊生。身为太尉的杨秉上书向皇帝奏明这一情况，在得到皇帝首肯之后，将包括刺史、太守在内的50余人一一罢免，天下震动。后来，杨秉还上奏皇帝罢免了宦官侯览，削减了宦官具瑗的封地。可见，在他任太尉期间，政治地位很高。

从史书的记载来看，这些士族在政治上的地位还得益于他们的门人弟子。这一点当然以伏氏最为明显。在以上所举的几个门第中，桓氏和杨氏所传家学都是《欧阳尚书》，追本溯源，都出自伏氏。桓氏也有不少出色弟子。桓荣有弟子丁鸿，汉和帝时任太尉兼卫尉，上书迫使专权的外戚窦宪自杀。桓郁本人不仅给汉章帝、汉和帝传授过经学，而且还有杨震、朱宠这样的学生。杨震可以说开创了杨氏门第。汉顺帝时，桓郁之子桓焉为太傅，而太尉则是桓郁的弟子朱宠，两人共同执掌中朝，桓氏的影响非常之大。桓焉也有弟子黄琼、杨赐，两人均官至太尉。

秦汉时期的选官制度也给这些门第抬高政治地位、扩大社会影响提供了条件。秦汉时期一般有3种选官方式，即察举、征辟和任子。

两汉的察举是由中央的公卿和地方的州牧、郡守、王国的相定期向朝廷举荐人才，分孝廉（即孝子廉吏）和茂才（即秀才）两种，前者注重考察品行，后者注重考察学识。西汉时期的察举还基本上符合了选才标准，地方举荐的人才往往品行高洁、学识精深。到东汉时期，察举发生了一定的变化，地方上举荐人才往往更注重的是门第，即出身，而不是品行和才学。这就使得世家出身的人有更多的机会进入官僚队伍中去，自然也就有更多的机会获得公卿的禄位。汉章帝时期，大鸿胪韦彪针对当时察举的弊病上书指出："士宜以才行为先，不可纯以阀阅。"①意思是说，在选用人才的时候，要着重考察才学和品行，而不能纯粹考察出身的门第。可见，当时察举就已经存在着较为严重的弊病了。

征辟是指秦汉时期官阶在二千石以上的官员可以自行聘请属吏，有时皇帝也会专门下诏征召一些人才入朝为官。地方太守和中央的九卿都是二千石的官阶，能自行聘任属吏的除了这些人，还包括三公和一些将军。征辟的实行增加了人才选拔的途径和方式，便于国家选用更多的优秀官吏，在实行之初确实也比较注重能力，较少参考门第。但东汉中后期，征辟在实行的时候主要参考的是门第，往往地方太守聘任的属吏都出身高门大户或地方豪强，甚至有些地方的权力都被这些门第出身的人把持，太守本身反而没有实权。征辟实行的时候，互相请托的现象十分普遍，不是门第出身的人很难获得聘任的机会。比如杨氏的杨震、杨秉、杨赐、杨彪，因为出身名门，又有文名，均是征辟出身。其他名门子弟，也多出身征辟。

任子制是秦汉时期一项特殊的选官制度。一些身份地位较高的官吏往往能够向国家推荐自己的子侄出仕，而且，这种推荐获得的出仕起点比较好，未来的仕途也会比较顺利。如汉昭宣时期的名臣霍光，少年时代就是由哥哥霍去病带到长安推荐为郎，在皇宫之中随侍汉武帝 20 余年，得到了汉武帝的信任，因而得以受汉武帝遗命辅佐汉昭帝，在昭宣两朝以大司马大将军的身份手握国家大权。袁氏的袁敞出仕为太子舍人、伏氏的伏湛以博士弟子出身，均是受到父亲的恩泽或推荐，太子舍人是太子亲近官吏，博士弟子通过考试便能入仕为官，这些都是比较好的出仕途径。任子制的施行，为高门子弟快速入仕、快速获得提升提供了便捷的途径，长期如此，自然能更好地维护和提高这些人的家族地位。

近乎垄断的文化优势带来政治优势，而累世不断的政治优势无疑又会

---

① （南朝宋）范晔：《后汉书》卷 26《伏侯宋蔡冯赵牟伟列传》。

带来经济上的优势。这些高门大户无一不是大地主，只要政治上不失势，所占土地历代积累，有增无减。除这些著名的门阀以外，即便是那些规模较小的门阀，或者尚未形成门阀的儒学大师，也大多兼有大地主的身份。西汉元、成时期的名臣张禹乃是学《易》、《论语》出身，还曾教授过汉成帝，官至丞相，可说是当时的儒学大宗师。《汉书》上记载，张禹家里购买土地达四百顷，而且都是泾渭之滨的肥沃土地，是上等的良田。

　　当然，除了这些以儒学出身的士族以外，也还有相当一部分士族出身于其他方面，其中主要是宗室、外戚、功臣以及一些在政治上并无身份，但拥有大量土地的地方豪强。两汉宗室是士族的一个重要组成部分。得封王侯的宗室往往占有大量的田地和人口，即使是那些与当朝皇室关系较为疏远的宗室，在地方上也往往都是豪强地主。东汉开国皇帝刘秀就是典型的例子。刘秀与其兄刘缜起兵舂陵之时不过是一介布衣，但他们正是依靠豪强地主的身份和经济优势，才能在两汉之间的混乱之中崛起，并最终取得天下。西汉中前期的外戚势力在政治上并不突出，但到后期，竟然出现了以外戚身份篡夺皇位的王莽，外戚势力也就开始崛起。东汉建立后，虽然汉光武帝刘秀竭力压制外戚势力，但自汉和帝以后，皇帝大多年幼继位，国家权柄也时常落入外戚手中，外戚专权的情形比比皆是。不过专权的外戚虽然能在一时获得较高的政治地位和大量的封赏(特别是土地)，但他们的命运是与皇帝联系在一起的，一旦皇帝想收回大权，这些外戚也就失去了依靠，自然也就是失去了政治与经济优势。两汉功臣在一定时期也具有特殊的政治与经济优势，特别是两汉建立初期，皇室对功臣的封赏是十分优厚的。这可以说是自战国时期商鞅变法以来军功地主的延续。西汉初期的萧何、曹参，东汉初期的窦融、梁统等都是这类军功地主，他们的后人在两汉时期也获得了比较优厚的待遇。可以看到，这几类人在持久性这一点上与出身儒学而形成士族的人是不能相提并论的。外戚得势时间最短，功臣虽能泽及子孙，但也不过能持续数代。宗室持续时间相对较长，但存在着与当朝皇室血脉日益疏远，逐渐转变为平民的情形，在和平时期这些平民宗室并无政治地位可言。对于近乎独占文化优势的儒学士族而言，只要不丢弃这种优势，基本上能一直持续获得较高的政治地位和经济优势，能将门第长期保持下去。

　　需要指出的是，这几类形成士族的人互相之间还是有交叉的。功臣与外戚的交叉较多，很多人都兼具这两种身份。此外，一旦前4类（儒学出身的门阀、宗室、功臣、外戚）失去政治地位，为了保持经济优势，这些人势必转换成地方豪强。尤为重要的是，在大力提倡儒学的大背景下，宗室、功臣和外戚往往都会或多或少地学习或提倡儒学。如汉宣帝、汉元帝时期的名臣萧望之，本是开国功臣萧何之后，但同时还是当时的儒学大师。王莽不仅是学儒学出身，而且处处以儒学的标准标榜自身，在西汉末年俨然是一个儒家圣人的模样。刘秀是东汉开国皇帝，在王莽时期也曾到长安学习《尚书》。随着这种趋势的加深和儒学的进一步普及，这些不同的人逐渐趋同于同一类人，即士族。

　　士族的经济几乎独立于国家的管辖之外，是因为在他们所拥有的土地上逐渐形成了一种基本上能够自给自足的田庄经济。从《后汉书》、《四民月令》等古籍的记载来看，这种田庄几乎是融政治、经济、军事、文化教育等各种职能于一体的小型综合

图17.4　"田猎"汉画像石。东汉。河南省南阳市草店汉墓出土。南阳市汉画馆藏

社会。政治上，土地的主人，也就是士族，是整个田庄的主人。在田庄中从事各种职业的人都是士族的依附，他们或者是士族的远亲，或者是失去

了土地的农民，这些人不受国家的管辖，而直接隶属于士族本身。经济上，田庄之中除了生产粮食以外，还种植各种果蔬，饲养牲畜、鱼类，养蚕取丝制衣，甚至还能对各种农副产品进行更进一步的加工，基本上能满足田庄的各种生活需求。军事上，田庄中的依附人口还具有武装保护田庄的职责，他们实际上是田庄主人的私人武装。从田庄的建设情况来看，它本身就是一个小型的军事堡垒。此外，田庄之中还具有一定的文化教育职责，少年儿童在其中都能接受一定的文化教育，当然，教科书仍是儒家经典。东汉末年，群雄并起，很多割据一方的豪强所依靠的就是这种田庄。

从以上分析可以看出，这一连串的优势是在儒家文明深入普及和不断传播、在整个社会大力提倡儒学的背景下形成的，并且只要这个背景存在，这些优势就会不断巩固和扩大，也会有更多儒学出身的士族出现。士族的大量出现，必然形成士族与国家的对立，形成割据和分裂。同时，这种不断巩固和扩大的优势还会造成士族(或士族集团)之间的斗争和兼并，导致更具优势的士族出现，在新的层面上弥合分裂和割据因素。

第十八章　汉末大一统格局的嬗变

东汉后期，社会陷入动荡不安之中。面对皇权暗弱、朝廷被外戚和宦官把持、轮流专权的情况，一些有识之士挺身而出，形成一股反对黑暗势力的所谓"清流"，但最终遭到打压，这就是"党锢之祸"。它虽然产生了较大的影响，但无法改变东汉皇朝的颓势，无法改变民不聊生的社会状况，这为佛道流行提供了便利，也使得国家的统一格局不可挽回地走向了瓦解，尽管这种瓦解实际上蕴含着更高层次和更大规模的统一。

第一节　外戚宦官专权与"党锢之祸"

从东汉中期的汉和帝开始，朝廷出现了外戚与宦官轮流执掌国家权柄的现象。

外戚与宦官擅权并不是东汉独有的现象，东汉之前便已经存在。西汉惠帝时的吕氏、昭宣时的霍氏都是较为突出的外戚。汉元帝以后，外戚王氏逐渐崛起。王莽的姑姑是汉元帝的皇后，在西汉后几朝基本上都是她临朝听政。而王莽的4位叔伯和他本人先后担任大司马大将军，执掌国家政权。在这种情势之下，王莽以无可争议的圣人形象，争取到朝野上下的人心，最终取代汉家天下，建立了新室。有鉴于此，东汉建立后，光武帝刘秀有意打压外戚势力，限制外戚功臣的封赏与待遇，甚至还明令外戚不得干预朝政，但并没有起到太大作用。到了汉和帝时期，外戚就开始干政了。

宦官擅权在东汉以前较少出现，特别是汉武帝以前基本没有。秦二世时期的赵高虽然也有擅权的表现，但他本人还是丞相，并不是以内侍的身份干政。汉武帝时期，为了打压丞相的权力，皇帝逐渐开始使用身边的内侍人员，宦官也就开始进入中朝，逐渐接触国家权力。汉元帝时期的石显可说是西汉时期宦官擅权的一个突出例子。但从整个西汉时期来看，这是绝无仅有了。东汉建立后，汉光武帝加强皇权，国家权力进一步集中到内朝，特别是在内朝办公的尚书台更是成为实际上的国家最高权力机关，宦官夤缘时会，顺势登上了执掌国家权力的舞台。

从汉和帝开始，皇帝继位大多年纪幼小，无法行使国家权力，势必要由太后及其亲属来代为执行，外戚掌握了国家权力。皇帝长大后，无法依靠被外戚掌握的外臣来夺回权力，只能依靠身边的宦官除掉外戚，如此宦官便有了擅权的机会。新的皇帝继位后，又要重演外戚擅权、皇帝依靠宦官夺权的一幕。因此，东汉后期的朝廷基本上是外戚与宦官轮流专权，详细情形可参照表 18.1。

表 18.1　汉和帝至汉灵帝时期外戚与宦官轮流专权情况

皇　帝	外　戚	宦　官
汉和帝	窦氏，开国功臣窦融之后。窦太后临朝，其兄窦宪以大将军的身份掌权，窦氏一门富贵，权倾朝野。	汉和帝依靠宦官郑众等人除掉窦氏，郑众辅佐有功，封鄛乡侯。
汉殇帝	邓氏，开国功臣邓禹之后。邓太后临朝，其兄邓骘辅政。	汉殇帝在位 8 个月。
汉安帝	汉殇帝即位数月去世，邓太后迎立汉安帝。	邓太后兼用外戚与宦官，她临朝时期，双方相对缓和。邓太后去世，安帝亲政，在宦官李闰、江京的帮助下除掉邓氏。
汉少帝	汉安帝死后，阎太后临朝，其兄阎显掌权，迎立汉少帝。	汉少帝在位不到一年。

皇　帝	外　戚	宦　官
汉顺帝	梁氏，开国功臣梁统之后。梁商之女为汉顺帝皇后，妹妹为贵人，梁商为大将军辅政。汉顺帝死后，梁太后临朝，梁商及其子梁冀先后任大将军执掌国家权力。梁氏一门遍布朝廷，是东汉外戚擅权的顶峰。汉冲帝在位半年即死，汉质帝因为指责梁冀为"跋扈将军"而被毒死。之后，梁冀迎立年幼的汉桓帝继位。	宦官孙程等人除掉阎显，拥立汉顺帝继位。
汉冲帝		梁太后死后，汉桓帝在宦官唐衡、单超、左悺、徐璜、具瑗的帮助下除掉梁冀，受到牵连的人太多，以至于朝廷都空了。这五名宦官因功同日封侯，号称"五侯"，单超死后，这些人又号称"左回天、具独坐、徐卧虎、唐两堕"，一时气焰十分嚣张。
汉质帝		
汉桓帝	窦氏，开国功臣窦融之后。汉桓帝皇后为窦氏。汉桓帝死后，汉灵帝继位，窦太后临朝，兄长窦武为大将军辅政。	大将军窦武联合陈蕃等人密谋诛杀宦官，事情败露，被宦官曹节、王甫等人杀掉。
汉灵帝	汉灵帝皇后为何氏，辅政的大将军何进为皇后兄长。	宦官张让、赵忠等人把持国家权力，号称"十常侍"，就连汉灵帝本人也说："张常侍（张让）是我父，赵常侍（赵忠）是我母。"大将军何进与袁绍等人密谋诛杀宦官失败，何进被杀。

　　外戚与宦官擅权，表明皇权旁落，但这种现象的出现恰恰又是皇权不断加强造成的。汉武帝时期中朝逐渐形成，以丞相为首的外朝权力开始慢慢向内朝转移，也就是说，国家的权力越来越多地向皇权转移。权力过多地集中于皇帝个人身上，这就对皇帝本人的英明与否提出了更高的要求。比如汉武帝，有足够的权威来执掌手中的权力，皇权就很难旁落到其他人或集团手中。汉武帝时期发生的巫蛊之祸，从一个侧面来说，实际上是皇权与外戚卫氏的一次斗争，最后皇权获胜了。一旦皇帝本人不够英明，或者无法亲自执掌政权（比如年幼继位），国家权力势必就要落入皇权的代理

人手中，即落入外戚与宦官手中。

外戚与宦官是依附于皇权的毒瘤，大多数情况下他们都会为自己谋取私利，而不会考虑国家与社会的发展，不会关心民众的疾苦。外戚梁氏在顺、冲、质、桓四朝秉政，梁商还刻意保持谦逊，到梁冀掌权，便开始肆意滥用权力为自己牟利。贡品都要先由梁冀挑选，剩下的次品才留给皇帝。梁冀本就是一个不学无术、喜好游玩的纨绔子弟。为满足自己穷奢极欲的需求，梁冀与妻子孙寿广占田宅，甚至在一条街的两边各占一半修建园林，互相攀比。园林之中充斥着从各地运来的奇珍异物、飞禽走兽。梁冀还专门修建兔苑，在所养的兔子身上做上标记。有一个西域胡商不知此事，误杀了一只兔子，结果牵连被杀的有 10 多人。梁冀还到处掳掠人口数千人，全部用作奴婢，谎称这些人自卖为奴。梁冀被杀之后，统计他的家产，竟然有 30 万万之多，相当于汉朝全年所收租税的一半。

宦官势力也是腐朽之极，他们当政之时，往往大肆安排自己的亲属担任国家官吏。五侯当政时期，单超的弟弟单安为河东太守，侄子单匡为济阴太守，徐璜的弟弟徐盛为河东太守，左悺的弟弟左敏为陈留太守，具瑗的哥哥具恭为沛县县令，这些人在地方无不暴虐百姓。杨秉任太尉辅政之时，宦官气焰嚣张，其亲属子弟贪赃枉法，民怨沸腾。杨秉上奏弹劾，竟然有 50 多个刺史、太守被杀或被罢免，可见宦官势力之大。汉灵帝时期，十常侍掌权，连大将军何进都被他们杀掉，宦官为祸可以说达到了顶峰。直到袁绍领兵冲入宫中，杀掉宦官 2000 多人，宦官势力基本被消灭。相对来说，虽然外戚与宦官都是借皇帝的权力谋取私利，但宦官被认为是卑污之人，身份低下，双方发生矛盾时，宦官往往遭到唾弃，而外戚反倒多少可以得到朝廷官僚的支持。

面对东汉后期朝廷如此黑暗的局面，特别是宦官当政时期乌烟瘴气的社会现实，朝野部分有识之士挺身而出，与宦官势力进行了坚决的斗争，这些人包括当朝的一些官僚士大夫、社会上的一些名士以及东汉最高学府——太学的学生。

太学生是这些人当中一个特殊的群体。太学是两汉最高的教育机构。汉武帝采纳董仲舒"罢黜百家、独尊儒术"的建议，在长安建立太学，最初的学生只有50人。随着儒学的不断普及，太学的规模也不断扩大，汉成帝时期已经扩大到3000人，到王莽的时代又增加到1万人。东汉顺帝时期，太学生的规模达到3万余人，这个规模基本一直延续到东汉末。太学生的学习内容是儒家经典，经过系统的学习，达到一定要求和考试合格之后，太学生可以拔擢到官吏队伍当中，因而他们可以说是官僚队伍的来源之一。同时，太学生身处都城洛阳，对国家和朝廷的情况能够有比较清楚的认识。他们虽然不是官吏，但可以向朝廷上书。由于人数众多，太学生也可以形成一股比较有影响的舆论势力。

太学生与一些官僚士大夫和名士都是儒学出身，受到儒家民本思想的影响，都关心国计民生、都反对朝廷之中宦官擅权的现实，这些使得他们能够站在同一条战线上发出同样的声音。值得注意的是，东汉后期，在士人当中兴起了一股"清议"之风。清议的主要内容是品评人物的德行、学业、名望等诸多方面，如当时的名士李膺被评为"天下楷模"，陈蕃被评为"不畏强御"，许慎被评为"五经无双"，王畅被评为"天下俊秀"等。在士人遭到宦官打压之后，士林之中更是互相标榜，如窦武、刘淑、陈蕃被称为"三君"，还有"八俊"、"八顾"、"八及"、"八厨"等许多称号。此外，由于清议的群体主要是官僚士大夫和太学生，这些人都在京师，因而往往会较多地涉及朝政的议论。东汉后期朝廷被宦官势力把持，因而这种议论又往往以批评、抨击为主。在他们看来，宦官是黑暗势力的代表，是"刑余之人"，是不屑与之为伍之人，在清议之中自然不会得到好的评价，而是成为清议的主要抨击对象。清议在士林之中影响很大，成为士人之间互相联系、针砭时弊的一种手段。

在清议的影响下，每当宦官当权便会有反对的声音传出，对宦官的打击确实也取得了一定的成效。永和六年(公元141年),西羌叛乱,危害三辅地区。汉朝数次征讨,始终无法平叛。延熹四年(公元161年),皇甫规被任命为中郎将征讨西羌。他采用剿抚并用的方针,取得了很大的成效,羌人大多投降,叛乱平息。但皇甫规为官正直,不谋私利,尤其厌恶宦官,在征讨西羌期间处决了依附宦官的地方官,又拒绝了宦官徐璜、左悺等勒索财物的要求,招致他们的忌恨。延熹五年(公元162年),这些宦官上书诬陷皇甫规贿赂羌人,伪造投降文书,平定羌乱是假,导致皇甫规不但没有得到封赏,反而被捕入狱。这件事情引起了士大夫和太学生的极大愤怒。当时太学生张凤等300多人联合公卿上书为皇甫规诉冤,桓帝被迫赦免了他。永兴元年(公元153年),黄河泛滥,有数十万户受灾,盗贼很多,朱穆被任命为冀州刺史前往治理,发现宦官赵忠在葬父之时有僭越天子礼制的物品,便开棺验尸,抓捕其亲属,自己则因此被捕入狱。这件事情在太学之中激起轩然大波,刘陶等数千人上书喊冤,要求代朱穆受刑。桓帝只好释放了朱穆。此后朱穆还曾上书要求恢复西汉旧制,启用士人而不是宦官担任中常侍,遭到汉桓帝否决。延熹五年,杨秉担任太尉,一举除掉依附宦官的50多个地方刺史、太守。延熹八年(公元165年),杨秉上书弹劾宦官侯览的弟弟侯参为祸一方,侯参被杀,侯览被免官,宦官具瑗也被削减了封地。宦官徐璜弟弟徐宣担任下邳(今江苏省邳州市)县令,十分暴虐。当时,下邳县属东海郡管辖,东海相黄浮接到报案之后,将徐宣一家全部抓了起来,杀掉徐宣,暴尸闹市示众,东海郡大为震动。黄浮的下属曾劝他不要与宦官作对,黄浮说,徐宣是国贼,杀掉他,哪怕明天就获罪被杀,也瞑目了。韩缜担任司隶校尉期间对宦官的打击力度尤重。左悺的弟弟左称勾结州郡,放纵家人危害百姓,韩缜上奏,迫使左悺兄弟自杀。具瑗以及承袭单超、徐璜、唐衡爵位的亲属都在韩缜的打击下被降低了爵位,削减了封地。

"党人"这种称呼出现在汉桓帝一朝。汉桓帝在当皇帝之前曾就学于甘陵(今河北省清河县)的周福,当了皇帝以后,周福就被擢升为尚书。当时担任河南尹的房植也是甘陵人,名望也很高,因而在民间流传"天下规矩房伯武(即房植),因师获印周仲进(即周福)"的歌谣,导致两家的门人宾客互相讥讽,各树朋党,这就是"党人"一词的开始。与宦官斗争的过程中,太学生与一些正直的官僚士大夫因为共同的目标互相呼应,走到了一起,这种现象被宦官们诬陷为党人,大加陷害,"党锢之祸"便发生了。

桓帝延熹九年(公元166年),河内(汉朝郡名,包括今太行山东南与黄河以北)人张成通过占卜发现朝廷会有赦免,于是竟然教子杀人,担任河南尹的李膺把杀人者抓了起来,不料朝廷真的有赦免,李膺一怒之下杀了被捕者。张成本来就以这种占卜之术结交宦官,连皇帝也颇有几分相信。此事一出,张成弟子牢修借机上书诬告李膺等与太学生结为党人,诽谤朝政。桓帝布告天下,下令逮捕李膺、陈寔等200余人。时任太尉的陈蕃为李膺等人辩护,也被罢职。延熹十年(公元167年),尚书霍谞、城门校尉窦武再次上表求情,桓帝才将李膺等人赦免,但将这些人禁锢在乡里,不得离开。这是第一次党锢之祸。

次年(公元168年),灵帝继位,窦太后临朝,以窦武为大将军、陈蕃为太傅共同辅政。他们启用虽被禁锢但名望更高的李膺、杜密等人,密谋除掉宦官,天下士子响应。宦官集团显然也知道了这一情况,双方迅速进入到剑拔弩张的紧张气氛当中。宦官曹节、王甫等人抢先下手,劫持皇帝、太后,诬陷窦武谋反,双方大战,窦武兵败自杀,陈蕃被害,门生、宗族皆受到牵连,或者免官,或者被禁锢。诛除宦官的谋划以失败告终,士林士气大受打击。灵帝建宁二年(公元169年),以张俭为首的"八及"、"八俊"、"八顾"等人被诬告为党人,图谋社稷,遭到抓捕。曹节又株连李膺、杜密等人,这些人都在狱中被害。灵帝熹平元年(公元172年),1000余太学生被捕。灵帝熹平五年(公元176年),永昌太守曹鸾上书为党人说话,遭到杀害。各州郡奉命将所有党人的门生故吏、父子兄弟均免官禁锢。这是第二次党锢之祸。

党锢事件是朝野清流与黑暗的宦官势力之间的一场正面交锋,尽管这些清流借用了外戚的力量,尽管斗争失败了,但它表明,当社会发展陷入停滞、朝廷陷入腐朽势力手中的时候,知识分子敢于以天下为己任,有责任、有能力挽救时弊、救亡图存。同时,党锢事件还表明,东汉朝廷已经被黑暗势力深深浸透,已经失去了自救的能力,东汉的灭亡已经无可挽回。

第二节　民所疾苦与佛道流行

党锢事件无疑在一定程度上也打击了宦官的势力,但对于生活在水深火热之中的广大人民群众而言却没有太大的影响,因为党锢事件实际上不过是统治阶级内部的权力斗争。宦官固然是腐朽势力的代表,与之进行斗争的清流士大夫尽管相比而言较为开明和正直,但大多也是地主出身,许多还是大的门阀士族。即便是为数众多的太学生,也多是地主家庭出身,在剥削普通民众这一点上他们是一致的。当然,在开明君主统治时期,压在农民身上的赋税徭役往往会得到一定的减轻,比如西汉文景时期。一旦朝廷黑暗,皇帝昏庸无能,这些负担往往会加重,人民也会更加困苦,东汉后期正是这样一个时期。

无论是外戚还是宦官掌权,他们都会为自己和亲属谋取私利,而盘剥百姓是唯一的途径。尤其是宦官当权时期,他们虽然生活在禁宫之中,但亲属却往往遍及各地为官。在史书中,这些宦官的亲属几乎无一例外地贪赃枉法、疯狂敛财。

皇室的开支也十分奢靡。东汉后期,国家财政紧张,加上不断地对周边少数民族发动战争,国库空虚。即便是在这种情况下,皇室仍然要维持铺张奢华的生活。陈蕃在给桓帝的上书中说,宫中彩女数千,仅每日耗费的衣物、粉黛就无法计算。以至于到汉桓帝、汉灵帝时期,不得不依靠公开卖官鬻爵来获取钱财。灵帝甚至公布官吏价格，二千石俸禄的官职明码标价2000万钱。这2000万钱可以是现钱，也可以先欠着，待做了官之后再加倍偿还。这实际上是将花费变相地加在百姓的身上，在鼓励官吏变本加厉地压榨百姓，捞取钱财。百姓身上的负担就是这样层层加码，变得越来越沉重的。

就在这样的困顿之中，东汉后期的自然灾害也接连不断。出现汉桓帝元嘉元年（公元151年），京师大旱，任城（今山东省微山县）等地颗粒无收，出现人吃人的现象。此后在汉桓帝永寿元年（公元155年）、汉灵帝建宁三年（公元170年）均有人吃人的现象见诸史书。汉桓帝永兴元年（公元153年），全国有32个地方郡、国发生蝗灾，黄河也发生了洪灾，导致数十万户百姓流离失所。汉桓帝延熹九年（公元166年），司隶（今河南省洛阳市）、豫州（包括今河南省东部、南部和安徽省北部等地）两地饿死的百姓达十分之四五，不少甚至整户灭绝。

生活在这样一个时代，生计无着，饱受欺压，剩下的就只有奋起反抗这一条路了。东汉后期，史书所记载的农民起义接连不断，遍及各地。起义范围很广，包括今山东、河南、两湖、西南等地。人数不等，少则数千，多则数万，甚至十几万。坚持的时间也有长有短，少则数月，多则数年。其中规模比较大的起义有：永初三年（公元109年），张伯路在山东发动的起义，进则转战山东沿海各郡，退则保守东海岛屿，杀死不少压榨百姓的郡守、县令，声势很大。永初五年（公元111年）被镇压，起义坚持了3年。永兴二年（公元154年），公孙举、东郭窦在琅邪发动起义，人数达3万余人，活动范围包括青、徐、兖3州。他们破坏当地政权，杀掉地方官吏。永寿二年（公元156年），起义被镇压。这些起义虽然被一一镇压，但表达了他们反对黑暗政治、要求美好生活的愿望，同时也说明了东汉朝廷还没有到彻底灭亡的时候。在生活艰难、反抗又不能成功的情况下，人民转而寻求其他的方式。

东汉后期，疾疫流行，医学却得到了发展，历史上的名医张仲景和华佗都生活在东汉末年。张仲景精研医学，撰写成《伤寒杂病论》一书，成为我国医学史上的名著之一，张仲景也因此被后人称为医圣。从此书的内容来看，传统中医学的诊断与治疗理论已经较为完备。这部书后来失传，晋朝人王叔和整理之后形成《伤寒论》和《金匮要略》两书。华佗精于针灸和外科手术，史书上记载，他创造了麻沸散，将病人麻醉之后，再进行外科手术，清除疾患，然后缝合，病人很快就可以痊愈。华佗还创编了五禽戏，模仿动物的形态与姿势来锻炼身体，将它称为古代仙人用以长寿的导引之事。

然而，医术只能短时间地治愈身体的创伤，在东汉末年的乱世之中，这并不是一个根本的解决之道。广大民众需要能够永久脱离痛苦的方法，宗教恰恰是这么一种方法，至少在精神上能够给人们以慰藉，所以，这一时期，佛教传入，道教创立，它们都获得了较大的发展。

佛教创立于公元前6世纪—前5世纪时的古代印度，随后向四方传播。向北经过大夏、安息，越过葱岭传入到中国的西域地区。西汉武帝时期，为与匈奴作战，汉朝开始联系西域地区的众多小国，这时候有些小国比如龟兹、于阗可能已经开始有佛教传播。张骞出使西域以及武帝时期将匈奴势力赶出西域，加强了汉朝和西域之间的联系，佛教可能在西汉末年就通过丝绸之路传播到中国内地。哀帝元寿元年(公元前2年)，博士弟子景庐就曾通过大月氏王的使者口授而接受了佛经。东汉明帝时期，楚王刘英虽然喜欢道家学说，但晚年也还学过"浮屠"(即佛)，还将佛陀与老子一起祭祀。还有记载说，汉明帝曾经做梦见到佛陀，然后派人到西域求取佛经，并从西域抄回《四十二章经》这部佛经，实际上是《阿含经》的一个简要抄本，可以看作佛经的入门书籍。这与当时汉朝初步接触佛经的现状是相符合的。这个传说无法证实，但联系到汉明帝的弟弟楚王刘英也曾经礼佛，可能在汉明帝的时代，佛教已经以一种变化了的、适应汉朝人民生活实际的方式在中国流传开来。

随着东汉朝廷越来越腐败，地方上土地兼并愈演愈烈，失去土地、无法生活、反抗又被镇压的民众就更加需要精神上的慰藉，佛教的流传也就越来越广。在宦官为祸最烈的桓灵时期，安息僧人（也有说他是安息王子）安世高和月氏僧人支娄迦谶来到汉朝，并翻译了一部分佛经。安世高所译是小乘佛经，支娄迦谶所译是大乘佛经。此外，还有天竺僧人竺佛朗等人也翻译出一些佛经，汉族士人严佛调、孟元士等人还曾协助他们翻译佛经。这些外国僧人在汉朝开始传播佛教，不论是大乘佛教还是小乘佛教，都宣扬人生皆苦，要求人们通过礼佛修成正果，超脱生死轮回达到涅槃，从而脱离人世间的种种痛苦。这种思想对于生活在水深火热之中的普通民众而言，是非常具有吸引力的。即便是统治者，也有通过修行超脱俗世的想法，如桓帝和灵帝就有礼佛的行为。

就在外来的佛教在中土传播的时候，中国的本土宗教——道教也在东汉后期逐渐形成，它以五斗米道和太平道两个分支并行发展，产生了很大的影响。

道教形成之前，道家学说就已经与神仙方术之说并称为黄老学说，其中蕴含了鬼神、阴阳五行等观点，这些都是道教形成的基本思想。五斗米道的创立者是沛国丰县（今安徽省丰县）人张陵（后称张道陵），他自己创作道书，向民众传道，给百姓治病，接受者只需出五斗米就可以入道，所以称"五斗米道"。东汉末年，张陵的孙子张鲁据守汉中，以道教的形式来管理民众，组织较为严密，依入道先后设有"鬼卒"、"祭酒"、"治头大祭酒"等不同称呼，管理的部众也层层递增。五斗米道在路旁设置义舍，为饥饿的路人供应食物，不收取费用。在五斗米道治下的民众如果犯了轻罪，以修路作为惩罚；犯了重罪，也要被原谅 3 次以后才行刑。张鲁以这样的形式治理巴蜀 30 余年，颇有成效，直到汉献帝建安二十年（公元 215 年）才被曹操兼并。五斗米道是后来正统天师道的前身。

同时，在今山东地区，琅邪人于吉则创立了太平道，其弟子宫崇在顺帝时将于吉所著《太平清领书》献给朝廷，但没有受到重视，此书在民间流传，也称《太平经》。这部书在流传过程中大部分已经散佚，今天我们看到的只是原书的一部分。此书以阴阳五行学说解释世界的构成，教导人们通过今生的修行得道，有别于佛教以今生修来世的思想。徒众相信，通过这种修行可以消除痛苦。又因为是本土宗教，使用的是汉朝民众较为熟悉的鬼神、方术之说，因而能够吸引到大量的信徒。到巨鹿人张角担任首领的时候，太平道迅速在黄河与长江流域传播开来。张角自称"大贤良师"，一边传道，以符水为民众治病，一边秘密地在各地发展教徒。在黄巾起义发动之前，太平道已经在全国形成了一股极为庞大的势力。全国道徒共有20余万人，分36方，每方数千人到万余人不等，各方都有首领。经过长期的准备，张角决定在灵帝中平元年（公元184年）发动全国性的起义，起义的口号是"苍天已死，黄天当立。岁在甲子，天下大吉"。不料，在起义之前的一个月，张角派到洛阳去的首领马元义因张角的弟子唐周出卖而死，迫使张角立刻联系各方，提前发动起义。张角自称"天公将军"，他的两个弟弟张梁和张宝分别称"地公将军"和"人公将军"。起义军统一头裹黄巾，迅速席卷长江以北，许多州郡被黄巾军攻克，声势十分浩大。起义军逐渐形成了以张角兄弟为首的冀州黄巾军、以波才为首的颍川黄巾军和以张曼成为首的南阳黄巾军3支主力部队，对东汉首都洛阳形成了包围之势。在这种情况下，朝廷赶紧下令解除党锢，号召各地豪强打击黄巾军，并调动重兵防守洛阳。由于起义仓促，各地黄巾军之间又没有很好地配合，战斗经验也无法同朝廷的正规军相比，而且，在斗争中，领导者张角不幸病逝。这些都给黄巾军的战斗带来了不利。在地主武装的联合打击下，颍川、南阳、冀州3支主力部队先后被击败，黄巾起义失败。此后，各地仍有不少黄巾军在持续斗争，一直持续到汉末。

黄巾起义失败了，但却产生了深远的影响。首先，起义者打起了宗教的旗帜，起义前期形成了极大的声势，迅速扩大了道教的影响，推动了道教的传播。其次，起义严重地破坏了东汉朝廷的统治秩序。从首都洛阳到地方州、郡、县、乡，几乎都感受了黄巾军的威胁，被黄巾军攻克的城邑破坏尤其严重，刺史、郡守被杀，宗室的王国被攻破，豪强地主逃离本土，庄园被毁坏，良田变成无主的荒地，一些依附于豪强地主的人员得到解放。这使得本来就腐朽破碎的东汉朝廷雪上加霜，更难以对全国实行有效的统治。最后，也是最重要的一点，起义加剧了豪强割据、军阀混战的程度。在镇压黄巾起义的过程中，东汉朝廷被迫调集各地豪强武装，下令解除党锢，为豪族和地方势力的肆意膨胀提供了机会。像袁绍、曹操、刘备等人的势力都或多或少是在镇压黄巾起义的过程中发展起来的。在与颍川黄巾军作战的过程中，曹操就有了比较突出的表现。之后，灵帝中平五年（公元188年），青州黄巾军发动起义，先后击败北海相孔融、青州刺史焦和、任城相郑遂、兖州刺史刘岱等人，部众发展到百余万，是当时东方最强大的一支义军，但在汉献帝初平三年（公元192年）被曹操击败吞并，曹操的实力由此而大增。在朝廷无法对全国实施有效统治、各地豪强武装又大有发展的情况下，秦朝以来形成的大一统格局开始瓦解。

第三节　统一格局的瓦解与再造

党锢之祸发生以后，不论在朝在野，正直敢言、能与宦官势力作对的有识之士几乎被一网打尽，从此直到黄巾起义爆发，再无任何势力能与宦官抗衡，中央官属、禁军几乎都掌握在宦官手中，地方上的刺史、郡守职位大多也被宦官的亲属、心腹所把持，整个东汉都笼罩在宦官的阴云之中。黄巾大起义爆发以后，朝廷宣布解除禁锢，下令各地组织武装力量实施镇压，一些名士和所谓"党人"重新出现在政治舞台上。中平六年（公元189年），汉灵帝病死，汉少帝继位，何太后临朝，她的哥哥大将军何进辅政。

何进与袁绍密谋除掉宦官。由于军权掌握在宦官手中，何进害怕力量不够，便秘密征召陇西豪强董卓带兵进京，以为外援。不料宦官抢先下手，杀掉何进，袁绍得知，便率军冲入宫中，杀尽宦官。董卓趁此机会占据都城，掌握了朝廷大权，他废掉汉少帝，另立汉献帝，取得号令天下的优势。不过董卓部下的军人军纪极差，他们倒行逆施，鱼肉民众，引起关东州郡和以袁绍为首的另一些地方豪强的不满。汝南袁氏由于累世高官，四世有五人位至三公，名望很高。袁绍凭借这个资本，竖起反董旗帜，号召各州郡，尤其是反对董卓的关东州郡起兵。于是形成了以袁绍为盟主的讨董联盟，曹操以及孙权的父亲孙坚等人都参加了联盟。董卓见联军势大，便挟持献帝退守长安。临行前，他纵兵抢掠洛阳，焚烧洛阳宫殿，并将洛阳百万民众向西驱赶。进入长安后，他的暴虐之举并无丝毫改变，擅杀大臣、刻意打压关中豪强，导致朝廷人人自危。司徒王允与董卓的部将吕布密谋诛杀了董卓，得到了长安吏民的一致欢呼。但董卓死后，他的部将内讧，大打出手。结果，关中人民蒙受了严重灾难。而讨董联军看起来兵多将广，声势浩大，实际上并不团结。各支部队各自为战，身为盟主的袁绍也无法统一指挥。董卓死后，袁绍逐步扩大势力，占据了黄河以北的冀州、青州、并州，而曹操则趁机收降青州黄巾军，得到百余万人口，占据了黄河以南的兖州和豫州。

建安元年（公元196年），颠沛流离的汉献帝终于回到洛阳，但很快又被曹操挟持迁都许昌。此时全国各地已成割据之势：除袁绍、曹操以外，公孙瓒占据幽州，袁术被曹操挤到了淮南，刘表据有荆州，刘焉占据益州，孙策割据江东，韩遂、马腾割据凉州，刘备曾一度领有徐州，但很快被吕布夺得，刘备不得不在各势力之间疲于奔命。在众多的割据势力中，袁绍实力最为强大；曹操组建青州兵，并在许昌附近施行屯田政策，大有收获，经济上得到了有力的补充；其他势力要么在整顿占领之地、无暇他顾，要么不思进取、无心征伐。只有袁、曹这两个集团实力相当，且又接壤，形成对峙之势。

建安元年至五年(公元 196—200 年),袁、曹双方都在加紧巩固自己的势力,以便为未来的决战做准备。自占领冀州之后,袁绍就一直致力于消灭自己后方的公孙瓒。建安三年(公元 198 年),经过数年不断地打击,袁绍终于杀掉公孙瓒,占领幽州。袁绍解除了后顾之忧,开始将眼光放在南方的曹操身上。曹操击败先后占据徐州的吕布、刘备之后,也解决了后顾之忧,一场关系到北方谁属的大决战拉开了序幕。

从战前双方的综合实力对比来看,各有优劣。袁绍一方胜在实力强大。袁绍据有四州之地,兵力远超曹操一方,甚至达到十比一的程度。曹操虽然通过屯田积聚了一定的经济实力,但远远无法同袁绍相比。此外,袁绍出身汝南袁氏,袁氏在当时可谓名望最高的士族,其号召力显然不是曹操可比。曹操一方胜在地利与人和两方面。决战的地点官渡离曹方的都城许昌不远,这样曹军的粮草不需要远程运输。曹操惜才爱才,善于用人,能够听从谋士建议,手下谋士荀彧、郭嘉等人,都是从袁绍阵营转投而来的,他们对曹军的胜利起到了至关重要的作用。而袁军距离官渡较远,补给线拉得很长,这是一个致命弱点。袁绍刚愎自用,不能纳谏,又优柔寡断,贻误战机。战前,谋士田丰曾建议拖垮曹操,袁绍不能采用,反倒将田丰下狱;谋士沮授也曾提出类似建议,也没有被采用。此外,曹操有挟天子以令诸侯的优势,这是袁绍所无法相比的。

决战前,曹操先后在白马(今河南省滑县)和延津(今河南省延津县)两地击败袁绍的两支部队,分别斩杀颜良、文丑两员大将,断了袁绍的两臂。建安五年(公元 200 年),双方在官渡摆开阵势,决战拉开了序幕。但在最初的一段时间,双方处于相持状态。袁绍虽兵力强盛,但急切之下无法击败曹军。九月,曹操派徐晃半路截击袁绍的运粮车队,烧毁了所运的辎重。十月,袁绍的谋士许攸投奔曹操,向曹操献计,说袁绍将万余车粮草囤积在离袁绍大营 40 里的乌巢(在今河南省延津县境内),但守卫乌巢的不过万余人。曹操趁夜亲率精兵从小路偷袭，再次烧毁了袁军的粮草。袁军久攻曹操大营不下，大将张郃等人投降，曹军则乘胜进军，杀敌 7 万余人，取得大胜，袁绍则逃回河北，官渡之战结束。

官渡之战是争夺北方的一次决定性战役，战后，曹操统一北方已无障碍。建安七年(公元 202 年)，袁绍病死，两个儿子袁谭、袁尚为争夺继承权而开战，曹操坐收渔人之利。建安九年(公元 204 年)，曹操攻灭袁谭，收服冀州。袁尚逃入乌桓。建安十二年(公元 207 年)，曹操击败乌桓，肃清了袁氏的残余势力，至此，北方大部被曹操收入囊中。

正当曹操统一北方的时候，全国其他地方的割据势力也在互相兼并，渐渐地形成了地方性的一统格局。

刘备是汉朝宗室远支，出自西汉景帝，但很早就失去了爵位，到刘备的时候不过是一介平民，生活较为贫苦，依靠织卖草鞋为生。黄巾起义爆发，刘备因镇压有功，先后做过县尉、县令。后来，刘备先后投靠公孙瓒、陶谦、曹操、袁绍等人，在各方势力之间周旋。建安三年，刘备甚至还接受了汉献帝的密诏，试图诛杀曹操。官渡战后，刘备投奔荆州刘表，刘表不仅给他兵马，还让他驻军新野。正是在新野期间，刘备自降身份，三顾茅庐，终于请得诸葛亮出山，留下了一段千古美谈。诸葛亮则提出了占据荆、益两州，与曹、孙形成鼎足之势，然后东联孙权，北拒曹操的主张，为刘备指明了总的方略。经过数年经营，到建安十三年(公元 208 年)，刘备已经积蓄了一定的实力，在荆州也颇得士人之心，获得了一定的声望。

江东是孙权的根据地。他的父亲孙坚作战勇猛，曾参与镇压黄巾起义和平定董卓之乱，本是袁术的部属。孙坚死后，孙权的哥哥孙策离开袁术，进取江东，在这块军阀势力不强的地方迅速发展起来。到建安五年，孙策被刺杀，孙权即位，这时，孙氏已经占据了江东六郡，成为一支不可忽视的力量。

荆州处在曹、刘、孙三方的中央，地理位置重要，又十分富庶，是三家必争之地。曹操统一北方之后，立刻盯上了荆州。建安十三年，曹操亲率大军 10 余万南征，意图扫平南方割据势力。此时，刘表病死，两子争位，幼子刘琮投降曹操，曹操获得大量水军和粮草，一举占领江陵，兵锋直指江东孙权和荆州的刘备。刘备得到刘表另一子刘琦的支持，退守夏口，又获得了荆州士民的拥护，实力大有提升。孙权占据江东之后，也早有鲸吞荆州之意。曹军南征之前，孙权就消灭了江夏太守黄祖，表明了争夺荆州的野心。同年，赤壁之战开始。

在诸葛亮的方略中，刘备首先要做的就是占据荆州。面对曹军的进逼，刘备积极备战，并派诸葛亮前往东吴，试图联络孙权，共同抗曹。而此时江东的孙氏政权内部却发生了争论，对曹操的态度分成两派。以张昭等人为首的主和派慑于曹操军事实力的强大，主张投降；而以鲁肃、周瑜等人为首的主战派则认为曹军并非不可战胜，主张联合刘备，一同抗击曹操。最终，孙权拔刀研案，下定决心联刘抗曹。

曹操从江陵沿江东下，孙刘联军逆流而上，双方在赤壁相遇。周瑜部将黄盖向曹操诈降，却将船只点火直冲曹军阵营。曹军不习水战，为求稳固将船连在一起，结果火势迅速蔓延，曹军被烧死、淹死的不可胜数。孙刘联军趁机进攻，曹操大败而回。

赤壁之战是三国鼎立形成的标志。此战之后，曹操致力于征伐西北，建安十六年（公元 211 年），曹操平定关中。建安二十年（公元 215 年），曹操消灭张鲁，占据汉中。刘备则按照诸葛亮的方略，通过迎娶孙权的妹妹，"借得荆州"，然后西取益州。建安十九年（公元 214 年），刘焉之子刘璋投降，刘备占据益州。建安二十四年（公元 219 年），刘备北上攻取汉中。同年，孙权部将吕蒙偷袭荆州，关羽被杀，刘备失去荆州。

此后，三国分立的大局已定。公元 220 年，曹操病死，曹丕继位，以禅让方式取代了汉献帝，于洛阳称帝，国号魏，史称"曹魏"。公元 221 年，刘备于成都称帝，继续汉朝的统治，史称"蜀汉"。同年，孙权在建业（今江苏省南京市）称王，国号吴，史称"东吴"（孙吴）。公元 229 年，孙权称帝。

赤壁之战以后，三国之间纷争不断。同时，三国也在不断地巩固自己的地方性统一的地位，不断地发展本国的经济实力。在曹魏治下，战乱不断的北方逐渐恢复了元气。曹魏将以前在许昌屯田的经验逐渐推广开来，这对于恢复国内的农业生产起到了比较大的作用。

在蜀国，刘备在章武三年（公元 223 年）病逝，诸葛亮受命辅佐后主刘禅，采取了一些措施，对于推动蜀汉的发展也起到了一定作用。建兴三年（公元 225 年），诸葛亮平定南中，采用又打又拉的方针收服了南中众多的少数民族，使得蜀汉政权的控制范围向南部扩张了许多，同时也加快了这些少数民族地区的开发，增加了蜀汉的经济实力。然而，这都是为诸葛亮北伐所做的准备。从建兴六年至十二年（公元 228—234 年）病死五丈原，诸葛亮一共 6 次出兵北伐曹魏，可惜都没有成功。诸葛亮死后，蜀主暗弱，姜维虽然也曾一度北伐，但已经无法形成威胁。

江东在孙权的统治下也得到了发展。东汉末年以来，北方战乱不休，大批北方民众南逃到东吴，增加了东吴的人口数量。东吴政权又不断地征伐治下的山越、蛮夷等，将他们编制到郡县，又在被征服地区设置郡县。这些措施也增加了东吴政权的控制范围，增加了东吴的人口，加速了这些地区的发展。值得注意的是，在黄龙二年（公元 230 年），孙权还派人前往夷洲（今我国台湾地区），这表明在三国时期，大陆就与台湾地区有了经济往来。

三国各自在发展的时候都注意整顿国内的秩序，扩大统治的范围，魏国平乌桓，蜀国平南中，吴国平山越、蛮夷，这就从整体上扩大了中华文明的传播范围，有更多的少数民族纳入儒家文明的影响之下。

三国虽然是分立的，但在三国时期，新的统一仍在酝酿中。魏国始终希望把蜀汉和东吴纳入自己的统治范围内；蜀国则以恢复汉朝天下一统为己任，所以不断北伐曹魏；吴蜀之间虽然联合抗曹，但荆州始终是横亘在两者之间的障碍，双方为此也是争斗不断。这些矛盾都迫使这3个已经兼并了众多割据诸侯的政权向着更大的统一前进。

曹丕继位建立魏国，同时在国内施行九品中正制。九品中正制名义上是按才能选拔官吏，实际目的却是为士族服务的。九品中正制是采纳陈群的建议制定的，是由秦汉以来的察举制，尤其是东汉以来的察举制演变而来。其内容是在各地设置中正官，对人物进行品评，品评标准主要是家世和德行，共分为上上、上中、上下、中上、中中、中下、下上、下中、下下9个等级，供吏部选任官吏时参考。实际上，这一制度主要品评的是人物的家世，即出身。一些门阀士族的子弟在品评中往往会获得较高的评价，因而也更容易选任为官。这样，高级职位更易由世家大族把持。在九品中正制下，曹魏社会出现了"上品无寒门，下品无士族"的局面。也只有这样，曹魏政权才能获得士族的支持。

在九品中正制下，士族出身的司马懿得到了曹丕的重用。掌握军权的曹休和曹真死后，司马懿地位得到进一步提高，曹魏的对外战事基本上也都由他主持。明帝曹叡临死前命司马懿辅佐少主齐王曹芳继位，但军政大权掌握在曹爽手中。正始十年（公元249年），司马懿发动政变，杀了曹爽，掌握了军政大权。嘉平六年（公元254年），继父亲司马懿之后掌权的司马师废掉齐王曹芳，另立曹髦。正元二年（公元255年），司马师死，弟弟司马昭继任。甘露五年（公元260年），曹髦密谋除掉司马昭，失败被杀。司马昭改立曹奂。

在司马氏逐渐夺取魏国大权的时候，曹魏对吴蜀两国的战争还在进行之中。景元四年（公元263年），魏国发兵攻打蜀国。魏将钟会率领主力部队与姜维相持在剑阁（位于四川盆地北部），另一魏国将领邓艾则从山路越过剑阁，进逼成都。蜀汉后主刘禅投降，蜀国灭亡。次年，司马昭死。咸熙二年（公元265年），司马昭之子司马炎废掉曹奂，以禅让方式建立西晋。

这个时候，东吴政权内部统治已经不稳，吴主孙皓荒淫暴虐，百姓不堪压迫，起义不断。咸宁五年（公元279年），西晋兵分六路，大举伐吴。孙吴很快投降，西晋统一全国。

西晋的统一是汉末以来诸侯从小到大不断兼并的结果。晋武帝司马炎在位期间（公元265—290年），社会安定，国家经历了一段时间的繁荣发展。三国时期魏、蜀、吴的积累，以及这一时期的相对和平稳定，都给国家的发展带来了好处。然而，西晋的统一并不是稳固的，汉末以来的种种割据因素不但没有消除，反而在不断滋长。西晋继续施行九品中正制，这使得士族的特权地位得到进一步加强。不仅如此，西晋朝廷还承认士族对土地和人口的占有，尽管这种占有是有一定限制的，但却给了士族以更多的政治和经济特权，这当然会让他们进一步发展自己的实力，实际上也就进一步增加了地方士族的割据因素。除此以外，

图18.1　蟠龙环。西晋。上海博物馆藏

西晋还吸取曹魏的教训，大封宗室为王。这些被封为王的宗室虽然没有实际的封地，仅仅收取租税，但大多数都兼任地方都督诸军事，实际上掌握了一方的军事大权，这更加为西晋的分裂埋下了隐患。

太熙元年（公元290年），晋武帝司马炎去世，晋惠帝司马衷继位。晋惠帝智商不足，而皇后贾氏野心很大，借机弄权，先后除掉晋武帝时期的外戚杨氏和掌握禁军的楚王司马玮。永康元年（公元300年），贾后废掉并杀害太子，赵王司马伦杀掉贾后，废晋惠帝自立，引起诸王的不满。此后，诸王之间展开了长达6年的混战，晋惠帝和首都洛阳几度易手。这次变乱在历史上被称为"八王之乱"。光熙元年（公元306年），晋惠帝被毒死，八

王之乱结束。

八王之乱造成了严重的后果。北方的社会生产再次遭到严重破坏，包括内迁的少数民族在内的北方人民饱受战乱之苦，被迫起而反抗。特别是一些少数民族首领趁机建立了自己的政权，最早如匈奴人刘渊，于永安元年（公元304年）建立汉政权（后改国号为赵，史称"前赵"）。从此，北方进入十六国时期，各种政权此起彼伏，战乱不休。这导致更多的民众流徙南方。建兴五年（公元317年），南逃的士族拥立司马懿的曾孙司马睿建立东晋政权，改元建武，中国历史进入东晋十六国对峙时期。

自汉武帝提倡儒家学说以来，以儒家文明为主体的中华文明不断地随着历史的发展渗透到社会的各个层面，也不断地向四周、向更大的范围传播。这一渗透和传播的过程并不会随着国家的分分合合而终结，也不会随着政治层面上大一统的瓦解而停止，因为它本身就是文化层面上的大一统，而这种文化层面上的大一统势必会影响到政治层面上的大一统。当儒家文明在更大范围内传播的时候，政治上更大范围的大一统也会随之而来。秦汉时期的大一统局面到三国而瓦解，再到西晋的短暂统一又有了短暂的再造，经历东晋十六国和南北朝之后，在隋唐时期，中国将会进入一个更加宽广和深入的盛世大一统局面之中。

附录 古代中外历史对照简表

年　代	中国朝代	中国重要史事	大体同时的外国朝代或重要史事
约公元前 21 世纪— 前 16 世纪	夏	夏启建国（约公元前 21 世纪）。	古埃及中王国时期（约公元前 2133—前 1786 年）。 巴比伦公布《汉谟拉比法典》（约公元前 18 世纪）。 中期米诺斯文化（约公元前 2000—前 1600 年）。 赫梯出征叙利亚和巴勒斯坦（约公元前 1600 年）。
约公元 前 16 世纪— 前 11 世纪	商	商汤伐桀，建立商朝（约公元前 16 世纪）。 盘庚迁殷（安阳）（约公元前 14、13 世纪之间）。	古埃及新王国全盛时期（约公元前 16 世纪—前 15 世纪）。 埃赫那吞宗教改革（公元前 1424—前 1388 年）。 米诺斯王朝建立克里特统一王权（约公元前 1600—前 1125 年）。 腓尼基字母产生（约公元前 15 世纪）。 迈锡尼文化（约公元前 1400—前 1200 年）。 雅利安人侵入印度（约公元前 1200 年）。 希腊多利亚人入侵，迈锡尼灭亡（约公元前 1180 年）。

年　　代	中国朝代	中国重要史事	大体同时的外国朝代或重要史事
约公元前 11 世纪—前 771 年	西周	武王伐纣建立周朝（约公元前 11 世纪）。 共和行政元年，中国准确纪年开始（公元前 841 年）。	古希腊荷马时代（约公元前 11 世纪—前 8 世纪）。 大卫王统一犹太王国（约公元前 1000 年）。 印度种姓制度（瓦尔那制度）形成（约公元前 800 年）。
公元前 770—前 476 年	春秋（东周）	平王东迁洛邑（公元前 770 年）。 孔子诞生（公元前 551 年）。	亚述帝国时期（公元前 745—前 612 年）。 罗马王政时代（公元前 753—前 510 年）。 西方哲学之父泰勒斯诞生（公元前 640 年）。 新巴比伦王国时期（公元前 626—前 539 年）。 雅典梭伦改革（公元前 594 年）。 佛教创始人释迦牟尼诞生（公元前 563 年）。 罗马共和国成立（公元前 510 年）。 希波战争（公元前 492—前 449 年）。 西方历史学之父希罗多德诞生（公元前 484 年）。
公元前 476—前 221 年	战国（东周）	周赧王降秦，东周灭亡（公元前 256 年）。 秦始皇统一六国（公元前 221 年）。	苏格拉底诞生（公元前 469 年）。 修昔底德诞生（公元前 460 年）。 罗马颁布《十二铜表法》（公元前 449 年）。 雅典伯里克利时代（公元前 443—前 429 年）。 伯罗奔尼撒战争（公元前 431—前 404 年）。 希腊马其顿王亚历山大在位（公元前 336—前 323 年）。 印度阿育王时期（公元前 273—前 232 年）。

续表

年　代	中国朝代	中国重要史事	大体同时的外国朝代或重要史事
公元前 221—前 207 年	秦	陈胜、吴广起义（公元前 209 年）。	第二次布匿战争（公元前 218—前 201 年）。
公元前 206—公元 8 年	西汉	项羽乌江自刎（公元前 202 年）。 司马迁诞生（约公元前 145 或前 135 年）。 张骞通西域（公元前 138—前 126 年）。	第三次布匿战争（公元前 149—前 146 年）。 罗马格拉古兄弟改革（公元前 133—前 123 年）。 斯巴达克起义（公元前 73—前 71 年）。 屋大维建立元首政治（公元前 27 年）。
公元 9—24 年	新	王莽受禅登基建立新朝（公元 9 年）。	印第安人的一支玛雅人创造玛雅文化（公元初）。
公元 25—220 年	东汉	班超受封定远侯（公元 95 年）。 甘英出使罗马到达波斯湾（公元 97 年）。	中亚贵霜帝国建立（公元 45 年？）。 基督教兴起（公元 1 世纪后期）。
公元 220—265 年	三国	曹丕受禅登基取代东汉（公元 220 年）。	罗马"三十暴君争立"（公元 253—268 年）。
公元 265—316 年	西晋	司马炎受禅登基建立晋朝（公元 265 年）。 匈奴攻陷洛阳掳走晋怀帝（公元 311 年）。	罗马巴高达起义（公元 270—280 年）。 罗马戴克里先改革（公元 284—305 年）。 贵霜帝国瓦解（公元 4 世纪初）。

参考书目

一、基本典籍(按史、经、子排列)

(西汉)司马迁:《史记》,北京:中华书局,1959 年版。

(东汉)班固:《汉书》,北京:中华书局,1962 年版。

(南朝宋)范晔:《后汉书》,北京:中华书局,1965 年版。

(西晋)陈寿:《三国志》,北京:中华书局,1956 年版。

(清)梁玉绳:《史记志疑》,北京:中华书局,1981 年版。

[日]泷川资言、水泽利忠:《史记会注考证附校补》,上海:上海古籍出版
　社,1986 年版。

(清)马骕:《绎史》,北京:中华书局,2002 年版。

黄怀信等:《逸周书汇校集注》,上海:上海古籍出版社,1995 年版。

(唐)刘知幾:《史通通释》,上海:上海古籍出版社,2009 年版。

方诗铭、王修龄:《古本竹书纪年辑证》,上海:上海古籍出版社,2005
　年版。

范祥雍:《战国策笺证》,上海:上海古籍出版社,2006 年版。

周生春:《吴越春秋辑校汇考》,上海:上海古籍出版社,1997 年版。

(北宋)洪兴祖:《楚辞补注》,北京:中华书局,1983 年版。

(清)顾炎武、黄汝成集释:《日知录集释》,上海:上海古籍出版社,2006 年版。

(清)阮元校刻:《十三经注疏》,北京:中华书局,1980 年版。

顾颉刚、刘起釪:《尚书校释译论》,北京:中华书局,2005 年版。

(清)胡承珙:《毛诗后笺》,合肥:黄山书社,1999 年版。

(清)马瑞辰:《毛诗传笺通释》,北京:中华书局,1989 年版。

(清)孙希旦:《礼记集解》,北京:中华书局,1989 年版。

(清)孙诒让:《周礼正义》,北京:中华书局,1987 年版。

(清)王聘珍:《大戴礼记解诂》,北京:中华书局,1983 年版。

方向东:《大戴礼记汇校集解》,北京:中华书局,2008 年版。

(清)顾栋高:《春秋大事表》,北京:中华书局,1993 年版。

(清)刘文淇:《春秋左氏传旧注疏证》,北京:科学出版社,1959 年版。

吴静安:《春秋左氏传旧注疏证续》,长春:东北师范大学出版社,2005
  年版。

[日]安井衡:《左传辑释》,台北:广文书局,1967 年版。

[日]竹添光鸿:《左传会笺》,台北:天工书局,2005 年版。

杨伯峻:《春秋左传注》,北京:中华书局,1990 年版。

上海师范大学古籍整理研究所校点:《国语》,上海:上海古籍出版社,
  1998 年版。

沈玉成:《左传译文》,北京:中华书局,1981 年版。

徐元诰:《国语集解》,北京:中华书局,2002 年版。

(清)皮锡瑞:《经学历史》,北京:中华书局,2004 年版。

(清)皮锡瑞:《经学通论》,北京:中华书局,1954 年版。

(清)王鸣盛:《蛾术编》,北京:商务印书馆,1958 年版。

(清)王念孙:《读书杂志》,南京:江苏古籍出版社,2000 年版。

(清)王引之:《经义述闻》,南京:江苏古籍出版社,2000 年版。

(清)崔述:《崔东壁遗书》,上海:上海古籍出版社,1983 年版。

(清)段玉裁:《说文解字注》,上海:上海古籍出版社,1988 年版。

（东汉）许慎：《说文解字》，北京：中华书局，1963 年版。

（清）段玉裁：《说文解字注》，扬州：江苏广陵古籍刻印社，1997 年影印版。

季旭升：《说文新证》（上、下），台北：艺文印书馆，2002、2004 年版。

上海世界书局排印：《诸子集成》，北京：中华书局，1954 年版。

（清）刘宝楠：《论语正义》，北京：中华书局，1990 年版。

程树德：《论语集释》，北京：中华书局，1990 年版。

钱穆：《论语新解》，北京：生活·读书·新知三联书店，2002 年版。

杨树达：《论语疏证》，上海：上海古籍出版社，2006 年版。

（清）焦循：《孟子正义》，北京：中华书局，1987 年版。

陈鼓应：《老子注译及评介》，北京：中华书局，1984 年版。

高明：《帛书老子校注》，北京：中华书局，1996 年版。

朱谦之：《老子校释》，北京：中华书局，1984 年版。

（清）孙诒让：《墨子间诂》，北京：中华书局，2001 年版。

黎翔凤：《管子校注》，北京：中华书局，2004 年版。

陈鼓应：《庄子今注今译》，北京：中华书局，1983 年版。

（清）王先谦：《荀子集解》，北京：中华书局，1988 年版。

陈奇猷：《吕氏春秋新校释》，上海：上海古籍出版社，2002 年版。

（清）王先慎：《韩非子集解》，北京：中华书局，1998 年版。

陈奇猷：《韩非子新校注》，上海：上海古籍出版社，2000 年版。

（南宋）朱熹：《四书章句集注》，北京：中华书局，1983 年版。

（西汉）贾谊：《贾谊集》，上海：上海人民出版社，1976 年版。

王利器：《新语校注》，北京：中华书局，1986 年版。

王利器：《盐铁论校注》，北京：中华书局，1992 年版。

（清）俞樾等：《古书疑义举例五种》，北京：中华书局，2005 年版。

二、近当代研究著作(按作者姓氏音序排列)

〔日〕白川静:《金文的世界》,温天河、蔡哲茂译,台北:联经出版事业公司,1989年版。

〔日〕白川静:《西周史略》,袁林译,西安:三秦出版社,1992年版。

白寿彝:《中国史学史》(第1卷),上海:上海人民出版社,2006年版。

白寿彝:《中国通史·秦汉卷》(上、下),上海:上海人民出版社,1999年版。

〔美〕本杰明·史华兹:《古代中国的思想世界》,程钢译,南京:江苏人民出版社,2004年版。

常玉芝:《商代周祭制度》,北京:中国社会科学出版社,1987年版。

晁福林:《先秦民俗史》,上海:上海人民出版社,2001年版。

晁福林:《先秦社会思想研究》,北京:商务印书馆,2007年版。

晁福林:《先秦社会形态研究》,北京:北京师范大学出版社,2003年版。

陈来:《古代思想文化的世界:春秋时代的宗教、伦理与社会思想》,北京:生活·读书·新知三联书店,2009年版。

陈来:《古代宗教与伦理:儒家思想的根源》,北京:生活·读书·新知三联书店,2009年版。

陈梦家:《西周年代考 六国纪年》,北京:中华书局,2005年版。

陈梦家:《西周铜器断代》,北京:中华书局,2004年版。

陈梦家:《殷虚卜辞综述》,北京:中华书局,1988年版。

〔英〕崔瑞德、鲁惟一编:《剑桥中国秦汉史》,杨品泉、张书生、陈高华等译,北京:中国社会科学出版社,1992年版。

〔德〕恩格斯:《家庭、私有制和国家的起源》,北京:人民出版社,1972年版。

〔英〕葛瑞汉:《论道者》,张海晏译,北京:中国社会科学出版社,2003年版。

顾颉刚编著：《古史辨》，上海：上海古籍出版社，1982 年版。

顾颉刚：《顾颉刚古史论文集》，北京：中华书局，2011 年版。

顾颉刚：《汉代学术史略》，北京：东方出版社，1996 年版。

顾颉刚：《中国上古史研究讲义》，北京：中华书局，1988 年版。

郭宝钧：《中国青铜器时代》，北京：生活·读书·新知三联书店，1963 年版。

郭沫若：《两周金文辞大系图录考释》，上海：上海书店出版社，1999 年版。

郭沫若：《奴隶制时代》，北京：中国人民大学出版社，2005 年版。

郭沫若：《青铜时代》，北京：中国人民大学出版社，2005 年版。

郭沫若：《十批判书》，北京：东方出版社，1996 年版。

郭沫若：《中国古代社会研究》，北京：科学出版社，1960 年版。

侯外庐主编：《中国思想通史》(第 1 卷)，北京：人民出版社，1957 年版。

胡适：《中国哲学史大纲》，北京：东方出版社，1996 年版。

黄留珠：《秦汉仕进制度》，西安：西北大学出版社，1985 年版。

姜广辉：《中国经学思想史》(第 1 卷)，北京：中国社会科学出版社，2003 年版。

蒋重跃：《韩非子的政治思想》，北京：北京师范大学出版社，2010 年版。

蒋重跃：《先秦两汉学术思想蠡测》，北京：北京师范大学出版社，2011 年版。

[英]杰西卡·罗森：《祖先与永恒》，邓菲、黄洋、吴晓筠译，北京：生
  活·读书·新知三联书店，2011 年版。

金景芳：《金景芳古史论集》，长春：吉林大学出版社，1991 年版。

金景芳：《中国奴隶社会史》，上海：上海人民出版社，1983 年版。

荆门市博物馆编：《郭店楚墓竹简》，北京：文物出版社，1998 年版。

劳思光：《新编中国哲学史》，桂林：广西师范大学出版社，2005 年版。

[美]李峰：《西周的灭亡》，徐峰译，上海：上海古籍出版社，2007 年版。

李零：《简帛古书与学术源流》，北京：生活·读书·新知三联书店，2004
  年版。

李学勤主编：《中国古代文明与国家形成研究》，昆明：云南人民出版社，1997 年版。

李学勤：《走出疑古时代》，沈阳：辽宁大学出版社，1997 年版。

林幹：《匈奴通史》，北京：人民出版社，1986 年版。

林剑鸣：《秦汉史》，上海：上海人民出版社，2003 年版。

刘操南：《史记春秋十二诸侯史事辑证》，天津：天津古籍出版社，1992 年版。

刘家和：《古代中国与世界》，北京：北京师范大学出版社，2010 年版。

刘家和：《古代中国与世界——一个古史研究者的思考》，武汉：武汉出版社，1995 年版。

刘家和：《史学、经学与思想》，北京：北京师范大学出版社，2005 年版。

刘家和：《中西古代历史、史学与理论比较研究》，北京：北京师范大学出版社，2013 年版。

刘俊文主编：《日本学者研究中国史论著选译(第 3 卷——上古秦汉)》，黄金山等译，北京：中华书局，1993 年版。

吕思勉：《先秦史》，上海：上海古籍出版社，2005 年版。

蒙文通：《经学抉原》，上海：上海人民出版社，2006 年版。

蒙文通：《越史丛考》，北京：人民出版社，1983 年版。

［日］内藤湖南：《中国史学史》，马彪译，上海：上海古籍出版社，2008 年版。

钱穆：《秦汉史》，北京：生活·读书·新知三联书店，2005 年版。

钱穆：《先秦诸子系年》，北京：商务印书馆，2001 年版。

钱穆：《中国史学名著》，北京：生活·读书·新知三联书店，2000 年版。

容庚：《商周彝器通考》，上海：上海人民出版社，2008 年版。

沈长云：《中国历史·先秦史》，北京：人民出版社，2006 年版。

苏秉琦：《中国文明起源新探》，北京：生活·读书·新知三联书店，2000 年版。

苏秉琦主编：《中国远古时代》，上海：上海人民出版社，2010 年版。

谭其骧主编：《中国历史地图集(第 1 册)：原始社会·夏·商·西周·春秋·战国时期》，北京：中国地图出版社，1986 年版。

童书业：《春秋史》，北京：中华书局，2006 年版。

童书业：《春秋史料集》，北京：中华书局，2008 年版。

童书业：《春秋左传研究》，北京：中华书局，2006 年版。

童书业：《童书业史籍考证论集》，北京：中华书局，2005 年版。

王国维：《古史新证》，北京：清华大学出版社，1994 年版。

王国维：《观堂集林》，北京：中华书局，1984 年版。

王玉哲：《中华远古史》，上海：上海人民出版社，2000 年版。

王震中：《中国文明起源的比较研究》，西安：陕西人民出版社，1994 年版。

[美]夏含夷：《古史异观》，上海：上海古籍出版社，2005 年版。

夏鼐：《中国文明的起源》，北京：文物出版社，1985 年版。

谢维扬：《中国早期国家》，杭州：浙江人民出版社，1995 年版。

谢维扬：《周代家庭形态》，哈尔滨：黑龙江人民出版社，2005 年版。

徐复观：《中国人性论史》(先秦篇)，上海：上海三联书店，2001 年版。

徐复观：《中国思想史论集》，上海：上海书店出版社，2004 年版，

徐旭生：《中国古史的传说时代》，桂林：广西师范大学出版社，2003 年版。

徐中舒：《徐中舒历史论文选辑》，北京：中华书局，1998 年版。

许倬云：《求古编》，北京：新星出版社，2006 年版。

许倬云：《西周史》，北京：生活·读书·新知三联书店，2001 年版。

杨宽：《西周史》，上海：上海人民出版社，1999 年版。

杨宽：《杨宽古史论文选集》，上海：上海人民出版社，2003 年版。

杨宽：《战国史料编年辑证》，上海：上海人民出版社，2001 年版。

杨宽：《战国史》，上海：上海人民出版社，2003 年版。

杨希枚:《先秦文化史论集》,北京:中国社会科学出版社,1995 年版。

杨向奎:《绎史斋学术文集》,上海:上海人民出版社,1983 年版。

杨向奎:《宗周社会与礼乐文明》,北京:人民出版社,1997 年版。

于省吾:《双剑誃群经新证 双剑誃诸子新证》,上海:上海书店出版社,
　　1999 年版。

[美]张光直:《商文明》,张良仁、岳红彬、丁晓雷译,沈阳:辽宁教育出
　　版社,2002 年版。

[美]张光直:《中国青铜时代》,北京:生活·读书·新知三联书店,1999
　　年版。

张舜徽:《周秦道论发微 史学三书平议》,武汉:华中师范大学出版社,
　　2005 年版。

张以仁:《春秋史论集殷周社会史》,台北:联经出版事业公司,1990 年版。

张以仁:《张以仁先秦史论集》,上海:上海古籍出版社,2010 年版。

张政烺:《张政烺文史论集》,北京:中华书局,2004 年版。

赵光贤:《古史考辨》,北京:北京师范大学出版社,1987 年版。

赵光贤:《亡尤室文存》,北京:北京师范大学出版社,2001 年版。

中国社会科学院考古研究所编:《殷周金文集成》,北京:中华书局,2007 年版。

中国社会科学院考古研究所编:《中国考古学·两周卷》,北京:中国社会
　　科学出版社,2004 年版。

中国社会科学院考古研究所编:《中国考古学·夏商卷》,北京:中国社会
　　科学出版社,2003 年版。

中国社会科学院考古研究所编:《中国考古学·新石器时代卷》,北京:中
　　国社会科学出版社,2010 年版。

周予同:《周予同经学史论著选集》,上海:上海人民出版社,1983 年版。

朱凤瀚:《商周家族形态研究》,天津:天津古籍出版社,2004 年版。

朱凤瀚、徐勇编著：《先秦史研究概要》，天津：天津教育出版社，1996 年版。

朱凤瀚：《中国青铜器综论》，上海：上海古籍出版社，2009 年版。

邹衡：《夏商周考古学论文集》，北京：文物出版社，1980 年版。

邹衡：《夏商周考古学论文集（续集）》，北京：科学出版社，1998 年版。

［日］佐竹靖彦主编：《殷周秦汉史学的基本问题》，北京：中华书局，2008

　年版。

索　引

后 记

　　本卷是关于古代中国文明形成和初步发展的历史著作，按照以下五条基本原则撰写完成：

　　其一，物质文明、制度文明和精神文明三位一体。

　　其二，人物、史事和思想三位一体。

　　其三，世界的背景，人类的视野，古今的观照三位一体。

　　其四，概括性，典型性，结构性三位一体。

　　其五，寓论断于叙事。

　　写作分工如下：

　　庞慧（陕西师范大学历史文化学院）：第一编第一章、第二章。

　　骆扬（陕西师范大学历史文化学院）：第一编第三章、第四章，第二编第五章第一节。

　　唐明亮（南通大学范曾艺术馆）：第二编第五章第二节。

　　蒋重跃（北京师范大学历史学院）：第二编第五章第三节，第六章、第七章、第八章、第九章、第十章、第十一章、第十二章，第三编第十六章。

　　石洪波（天津师范大学历史文化学院）：第三编第十三章、第十四章、第十五章、第十七章、第十八章。

　　蒋重跃负责统稿工作，本卷图片由蒋重跃、周秦汉、王若菡、刘卓昇、张爱礼提供。

　　由于时间紧迫，本卷的写作和统稿都是非常匆忙的，许多问题还来不及深入研究和讨论，我们热切盼望读者诸君给予批评指正，使本卷的质量能在今后的修改中得以提高。

蒋重跃

2018 年 2 月 18 日

杨共乐　总主编

"一带一路"古文明书系

SERIES ON THE ANCIENT CIVILIZATIONS ALONG
THE BELT AND ROAD

古代中国文明

（下卷）

宁　欣　等著

The Civilization of
Ancient China
(Vol. II)

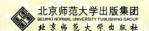

北京师范大学出版集团
BEIJING NORMAL UNIVERSITY PUBLISHING GROUP
北京师范大学出版社

三国吴简（嘉禾吏民田家莂）。1996年湖南长沙走马楼J22出土。湖南长沙简牍博物馆藏

东晋德清窑黑釉鸡首壶（左）。多伦多皇家安大略博物馆藏
东晋越窑谷仓罐（右）。巴黎居美亚洲艺术博物馆藏

山西大同北魏云冈石窟第 20 窟

陕西宝鸡扶风法门寺。始建于东汉，重建于唐

唐太宗昭陵六骏之飒露紫（复制）。原件藏于美国宾夕法尼亚大学博物馆

唐高宗与武则天合葬墓——乾陵

唐蓝地十样花绵丝绸。1983 年青海都兰吐蕃 1 号墓出土

（五代）周文矩《文苑图》。北京故宫博物院藏

（唐）周昉《簪花仕女图》（局部）。辽宁省博物馆藏

唐《雨中耕作图》（甘肃敦煌莫高窟第 23 窟）

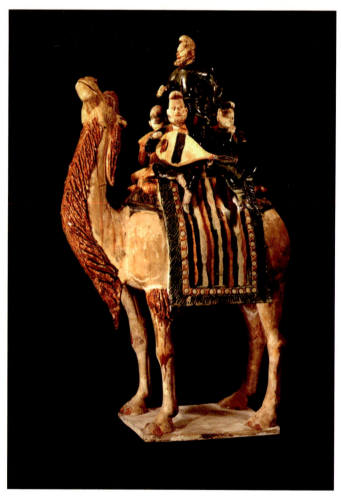

唐骑驼乐舞三彩俑。1957 年陕西西安鲜于庭诲墓出土。中国国家博物馆藏

（南唐）顾闳中《韩熙载夜宴图》（宋摹本局部）。北京故宫博物院藏

（北宋）张择端《清明上河图》（局部）。北京故宫博物院藏

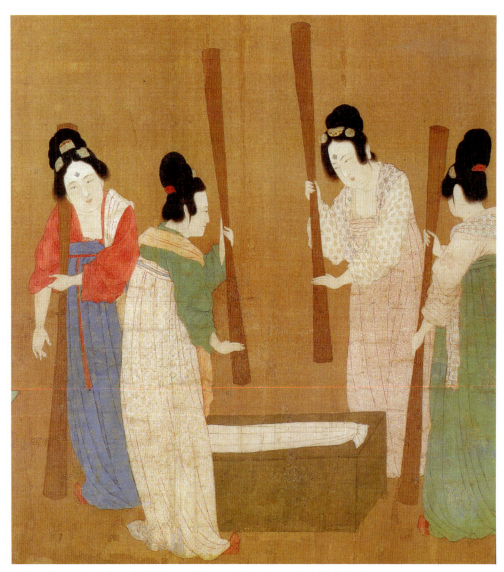

宋徽宗摹唐画家张萱《捣练图》（局部）。美国波士顿美术博物馆藏

北宋嘉祐铜则。1975年湖南湘潭出土。中国国家博物馆藏

北宋铁犁铧。1952年河南禹县白沙水库出土。中国国家博物馆藏

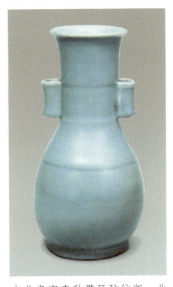

宋龙泉窑青釉贯耳弦纹瓶。北京故宫博物院藏

宋定窑瓷瓶。伦敦大英博物馆藏

宋钧窑瓷碟。伦敦大卫德基金会藏

（北宋）米芾 《盛制帖》。北京故宫博物院藏

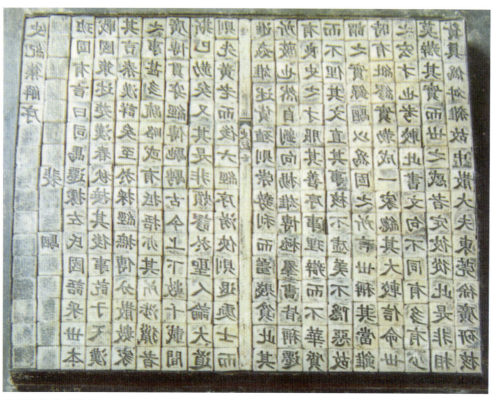

泥活字板示意模型

西夏王陵

元吹笛、击节板陶俑。1965 年河南焦作西冯封村元墓出土。中国
国家博物馆藏

山西芮城永乐宫纯阳殿。始建于元

明郑和海船模型

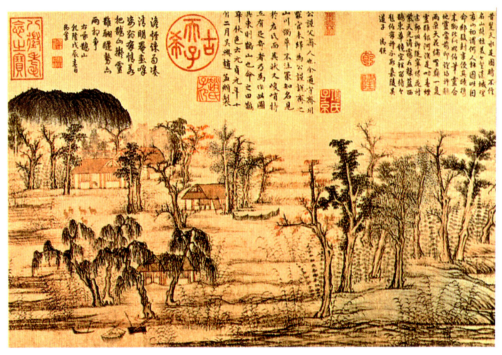

（元）赵孟頫《鹊华秋色图》（局部）。台北"故宫博物院"藏

明八达岭长城

《坤舆万国全图》（摹本）。南京博物院藏

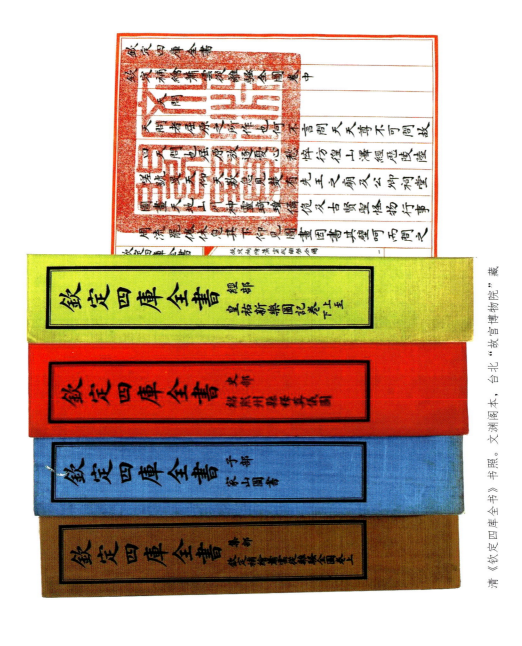

清《钦定四库全书》书照。文渊阁本，台北"故宫博物院"藏

"一带一路"古文明书系
编写委员会

总主编　杨共乐

顾　问　刘家和　廖学盛

编　委（按姓氏笔画排序）

　　　　于殿利　宁　欣　刘家和

　　　　杨共乐　易　宁　周启迪

　　　　蒋重跃　廖学盛

总　序

2013年9月和10月，中国国家主席习近平在出访中亚和东南亚国家期间，先后提出共建"丝绸之路经济带"和"21世纪海上丝绸之路"（简称"一带一路"）的重大倡议，主旨是通过"一带一路"建设，与世界其他参与国共同打造政治互信、经济融合、文化包容的利益共同体、命运共同体和责任共同体。这一倡议得到了国际社会的高度关注。目前已有100多个国家和国际组织积极响应支持，愿意参与的国家还在不断增加中。经过数年的努力，各种建设项目陆续上马。"一带一路"建设必将对世界文明的发展产生巨大影响。

"一带一路"倡议源于历史。历史上众多的政治家、政府使者和商人等都为东西方交往道路的构建作出了贡献。

就陆道而言，西段的建设者应该上溯至亚历山大。公元前334年，马其顿国王亚历山大亲率3万余精兵东征波斯。波斯国王大流士三世仓促应战，最终为亚历山大所败。公元前327年，亚历山大率军来到中亚，灭波斯的地方政权巴克特里亚，并于锡尔河上游筑亚历山大里亚城，派兵加强其对这一地区的统治。欧洲势力开始进驻亚洲腹部邻近中国的地区。此后百余年间，中亚巴克特里亚地区的政权一直掌控在马其顿人和希腊人手里。中国与西方之间在当时虽还没有建立起直接的联系，但西方已经知道了一些中国的消息。希腊人克泰夏斯在其作品中首次提到了东方远国"赛里斯"（Seres）。"赛里斯"也从此成了希腊对包括中国在内的东方远国的重要称呼。

东段的开拓者显然要数汉武帝的使者张骞。他于公元前138年至公元前126年和公元前119年至公元前115年两次出使西域，史称张骞"凿空"。张骞"凿空"不但打通了东西方交往的连接点，而且大大开阔了中国人的视野，开创了中西交流的新纪元。此后，东西方陆上交通大开。从中国西去求"奇物"者"相望于道"；"一岁中使多者十余，少者五六辈，远者八九岁，近者数岁而反"；"一辈大者数百，少者百余人"。① 中国的丝绸随使者不断输出国外。中亚、西亚与罗马都因此留下了中国丝绸的痕迹。罗马的文献中还出现了罗马元老院通过反对男子穿丝绸衣服的禁令。②

东汉时，班超为西域都护，曾经营西域31年，政绩卓著，成效明显。西域"五十余国悉纳质内属。其条支、安息诸国至于海濒四万里外，皆重译贡献"。公元97年，班超派部下甘英出使大秦（罗马），抵条支，欲渡，为安息船人所阻，只得"穷临西海而还"③。甘英走南道赴大秦，虽中途而归，但其西行的路程远比张骞要长，其实际影响也远比张骞要大。就在甘英出使大秦后不久，也就是公元100年，"西域蒙奇、兜勒二国遣使内附"④。东汉朝廷对"蒙奇、兜勒"遣使之事高度重视，还特意"赐其王金印紫绶"。"蒙奇、兜勒"正是"Macedones"（马其顿，时属罗马帝国）之音译。西域远国马其顿遣使内附打通了中西间的直接交往，在中西交往史上占有十分重要的地位。而这件事本身也印证了中国和罗马间陆上交通的存在。

就海道而言，中国至印度一线，为中国人所开拓。海船一般沿着印度半岛与中南半岛海岸航行。公元前111年，汉朝用兵南越并在当地置南海、苍梧与合浦等郡。有关合浦以南至印度路线的记载皆保存于《汉书·地理志》中。据《汉书·地理志》记载："自合浦徐闻（海康）南入海，得大州，东

---

① （西汉）司马迁：《史记》卷123《大宛列传》。
② Tacitus, *Annals*，2，33.
③ （南朝宋）范晔：《后汉书》卷88《西域传》。
④ （南朝宋）范晔：《后汉书》卷4《孝和孝殇帝纪》。

西南北方千里，武帝元封元年略以为儋耳、珠崖郡。……自日南障塞、徐闻、合浦船行可五月，有都元国；又船行可四月，有邑卢没国；又船行可二十余日，有谌离国；步行可十余日，有夫甘都卢国。自夫甘都卢国船行可二月余，有黄支国……平帝元始中，王莽辅政，欲耀威德，厚遗黄支王，令遣使献生犀牛。自黄支船行可八月，至皮宗；船行可二月，到日南、象林界云。"据考证，黄支就是印度东岸之 Kanchipura，即后来玄奘《大唐西域记》第 10 卷中所记的达罗毗荼国的建志补罗城。

至于印度至罗马的海路则多为罗马人所开创。船队最初皆绕着南阿拉伯海岸航行。据罗马地理学家斯特拉波的《地理学》记载，在奥古斯都时期，每年都有多达 120 艘船只从埃及的红海港口起航，远航至曼德海峡之外各地，有的甚至远达恒河。[①] 大约在提比略执政时期，有一位名叫希帕鲁斯的罗马商人在长期实践的基础上发现了印度洋季风的规律。罗马人利用季风不但能够直接跨越印度洋，而且还能大大缩短罗马至印度的距离。按英国学者赫德逊测算，从意大利到印度的一次旅程，只要花费 16 个星期。[②] 约在 2 世纪中叶稍前，有一位名叫亚历山大的罗马人越过孟加拉湾，到达日南北部的卡提加拉（Cattigara）。[③]"至桓帝延熹九年（166），大秦王安敦（指罗马元首马尔库斯·奥理略）遣使自日南徼外献象牙、犀角、玳瑁"，来到中国，中西海道"始乃一通"。[④] 当时世界上最强大的两个国家——中国与罗马间开始通过海道直接发生联系。印度和西方古典文献中出现的"秦尼"（Sinae，Thinae）实际上就是西方人对中国的尊称。这一消息应该来源于南部海道。

---

① Strabo, *Geography*, 2，118；15，686；17，708.

② 参见［英］赫德逊：《欧洲与中国》，李申、王遵仲、张毅译，北京：中华书局，1995 年版，第 47 页。

③ Ptolemy, *Geography*, 1，16.

④ （南朝宋）范晔：《后汉书》卷 88《西域传》。

在中西陆、海两道开通之时，有许多中国的商品随使者输往西方。据中国的正史记载，从陆道西去的使者常"赍金币帛直数千巨万"①，从海道西航的译使也携"黄金、杂缯而往"②。由此可见，丝织品和黄金一样，都是出访人员必备的物品。

丝织品之所以成为使者出访时首选的重要物品，最根本的原因就在于中国是桑蚕的故乡，在相当长的时间内，中国又是唯一掌握养蚕（Bombyx mori）技术的国家。根据传说，我国"养蚕取丝"的发明者为黄帝元妃嫘祖。她教民育蚕，治丝蚕以制衣服。考古发掘也表明，在距今约 6000—5600 年的仰韶文化时期，我们的祖先就懂得了"养蚕取丝"的技术。著名学者夏鼐先生曾指出，至迟在殷商时代，我国已能"充分利用蚕丝的优点，并且改进了织机，发明了提花装置，能够用蚕丝织成精美的丝绸"。此后，丝织技术随着时代和社会的变化，又有新的改进和发展。

《史记·大宛列传》有言："自大宛以西至安息……其地皆无丝漆。"这显然是客观事实的真实反映。实际上，不但当时的安息无丝，就是安息以西的罗马也不产丝，所以穿戴中国的丝绸一直是罗马贵族身份的象征。为获取丝绸衣料，罗马人不惜远赴赛里斯，正是"靠着如此长距离的谋求，罗马的贵妇们才能够穿上透明的衣衫，耀眼于公众场合"③。老普林尼坦言："据最低估算，每年从我们帝国流入印度、赛里斯和阿拉伯半岛的金钱，不下 1 亿塞斯退斯。"④在罗马，不仅有销售中国丝绸的丝绸市场、丝绸商人，还有具体负责丝绸产品再加工的丝绸作坊。丝绸交易的价格曾一度与黄金相等。

随着丝绸西向输出，我国的养蚕和织绸技术也不断西传。5 世纪时，

---

① （西汉）司马迁：《史记》卷 123《大宛列传》。
② （东汉）班固：《汉书》卷 28 下《地理志》。
③ Pliny the Elder, *Natural History*，6，20，54.
④ Pliny the Elder, *Natural History*，12，41，84.

中原的种桑、养蚕、缫丝织绸法已传至和阗；到6世纪的查士丁尼时代，更传到了罗马的东部世界。从此以后，"在罗马的土地上也能生产蚕丝了"，西方对中国丝绸的依赖逐渐消失。

历史表明，在中国的汉代，也即西方的罗马共和国晚期及帝国时期，世界上确实存在着以丝绸为重要交易物的陆、海大道。19世纪以后，这两条大道被分别冠以"陆上丝绸之路"和"海上丝绸之路"之称，总称为"丝绸之路"。丝绸之路的起点是中国，终点在罗马。中亚、南亚、西亚是陆上丝绸之路的必经之地，南海、红海、地中海是海上丝绸之路的必过之海，而印度洋则是海上丝绸之路的必跨之洋。丝绸之路的形成既拉近了亚欧各国与各地区间的距离，密切了沿途各国人民之间的关系，又加强了沿途各民族之间的交往，大大地推进了人类文明的进步。

"一带一路"建设植根于历史，面向未来，源自中国，属于世界。当今，中国正通过"一带一路"与世界建立"互联互通"的关系，并取得了令人瞩目的成就。为使"一带一路"建设更好地服务于社会，服务于世界，我们还很有必要对世界上主要的古文明进行深入研究。因为孕育这些文明的几大古国大多分布于"一带一路"沿线，其文化对后世的影响既广泛持久又深远厚重。深入了解这些文明，不仅有利于人们从源头上认清各文明间的差异与特点，整体把握人类文明的发展规则，更有利于人们正确认识中国主倡的"开放包容"、"文明互鉴"精神的重要价值，有效推进"一带一路"朝着更好更快的方向发展。

从2013年年末开始，我们在刘家和先生和廖学盛先生的悉心指导下，充分利用和吸纳多年苦读积累的成果，殚精竭虑，协同钻研，经过多年的努力，终于完成了多卷本"'一带一路'古文明书系"的研究和写作任务。

"'一带一路'古文明书系"以"一带一路"所经行且在历史上有重要影响的古文明为研究对象，以中西文明比较为研究特色，既注重宏观的理论思考与对历史的反思，从当下观察古代文明的整体性变迁，以宏大的视角展示古文明的兴衰；又注重具体问题的实证性研究，并反映学术研究的最新动态，用中国人特有的视角审视世界文明的源头，展示人类文明的发展历程及辉煌成就。内容包括古代美索不达米亚文明、古代埃及文明、古代中国文明、古代印度文明、古代波斯文明、古代希腊文明、古代罗马文明，范围涉及非洲、西亚、南亚、东亚和欧洲五大地区。本书系试图回答的问题有：(1)古代文明的成果主要体现在哪些方面？(2)多源产生的文明各有什么特点？(3)各文明区域所产生的成果对后世有何影响？(4)各文明古国的国家治理体系如何构建？政治治理如何运行？(5)国家的经济保障主要体现在哪些方面？居民的等级特点与国家政权之间的关系如何？(6)在古代埃及、两河流域有没有像公元前8—前3世纪的中国、印度和希腊那样出现过精神觉醒的时代？(7)各文明古国所实行的文化政策有何特点？对居民有何影响？(8)古代文明兴起的具体原因以及个别文明消亡的关键因素是什么？(9)中华文明连续不中断的原因究竟在哪里？等等。这些问题或以专题论述，或寓论于事实叙述之中。当然，也有一些问题只是在书中提出而已，要给予很好的解决还有待于新材料的不断出现。

"'一带一路'古文明书系"追求雅俗共赏的行文风格，在保证体例基本一致的情况下，充分发挥作者的学术特长，体现作者的主体思想。为使读者更好地领略古代作家的写作风采，书系中还刻意保存了原作中的部分重要内容。我们衷心希望我们的研究能为学界提供一种新的视角，为我国的"一带一路"建设贡献微薄的力量。

杨共乐

北京师范大学历史学院

北京师范大学史学理论与史学史研究中心

2017 年 3 月 15 日

目　录

第二编　盛世辉煌、丝绸之路的再出发：隋唐

第三编　10—13 世纪的中国：两宋

前　言

中国文明号称有五千年连续不断的辉煌历史，这种连续性之所以得以存在，是由于它在漫长的历史过程中形成了开放包容和凝聚统一相互成就的趋向。本书的任务，就是要把中国文明的这一特点在上古和中古阶段怎样形成和发展的过程展现出来。

根据中国的古史传说，黄帝炎帝和蚩尤之间的涿鹿大战，大约发生在距今 5000 年前；而根据考古资料，仰韶文化、红山文化、良渚文化存在的时间也大都指向了距今约 5000 年前。据史料记载，胜利了的周人曾在被征服的殷人面前宣称自己的所作所为就像当年商汤灭掉夏桀一样，是在替天行道。这说明，在周人和殷人心目中，在商朝之前的确存在着一个夏朝。根据司马迁《史记》记载的夏朝世系，大禹或启在距今约 4000 年前已经建立了国家政权。河南偃师二里头遗址的考古发现则表明，大约在 4000 年前，当地已经有了大型宫殿和城垣，学者推断这里就是夏的都城。清朝末年发现并为世所公认的甲骨文来自河南安阳的殷墟，由此，曾经作为传说中的商朝就成了有文字可考的历史。学者认为，甲骨文已经是相当成熟的文字，按理推断，它的产生要远远早于殷商时代。

大约在公元前 21 世纪，夏代的君主大禹靠着治水之功，成为各个族群拥戴的领袖。他死后，经过近百年的反复争夺和战斗，禹的子孙终于控制了局面，成为各部族的统治者。夏朝的统治延续了数百年之久。大约公元前 16 世纪，商族的领袖汤联合其他部族领袖，乘着夏朝衰落，攻灭夏的末代君王桀，取而代之，建立了商朝。又过了数百年，到了公元前 11 世纪，

1

居住在今陕西南部关中地区的周文王、周武王父子，广施德惠，积蓄力量。文王去世后，武王联合诸侯，发起了牧野战役，打败了强大的殷纣王，推翻了商朝的统治，成为当时中国的最高统治者。夏、商、西周三朝史称"三代"。这个时期，天帝祖先成为信仰的最高神祇，王朝君主与上天被认为是一种类似儿子和父亲的关系，因此而成为天下大宗，也成为各族尊奉的政治领袖。决定谁将成为这一政治领袖的最高根据是天命，即天帝祖先的意志和认可。而天命的根据，据周人宣称，则要看是否获得"民"的拥戴。这套天命观念成为后人服膺的一个重要传统。西周初年，周公主政，在宗法制的基础上实行分封制，建立起对全国的统治。与之相适应，周公又制礼作乐，建立了一套维系宗法制和分封制的文化体制，由此形成了古代的礼乐文明。公元前841年，与民争利的周厉王被国人赶走，王位出现空缺，贵族代行王政，史称"共和行政"。《史记·十二诸侯年表》的纪年就从这一年开始，此后，中国的历史纪年就再也没有中断过。

西周末年，政治腐败，遭到犬戎攻伐，被迫把都城从丰镐迁往洛邑，历史由此进入了春秋战国时期。春秋时期，铁制工具和畜力耕作技术的普及，推动了社会生产力的发展，城市越来越发达，商业及信贷渐趋活跃，社会关系也发生了深刻变革。一方面，传统的血缘关系渐渐松动，社会流动越来越频繁，周王室的权力不断衰落，其文化执掌和官员已经无法继续保持，结果，典籍流失，官员离散；另一方面，势力较强的诸侯国则趁机扩大领地，招引王官，僭越礼制。少数最强势的诸侯则打着尊王的旗号，组织联盟，由此形成争霸局面。这期间，部分原来的王官和卿大夫衰落了，不断上升的某些陪臣势力夺取统治权力的斗争则越来越凶猛，诸侯国之间的兼并也越来越激烈。为了在复杂的斗争中赢得胜利，诸侯国纷纷改变原来的分封制和世卿世禄制，实行县制和官僚科层制度。整个社会处于越来越剧烈的变革和动荡之中。面对严重的社会动荡和思想混乱，身为周王室知识界最高领袖的老子起而揭露周代德文化的虚伪和偏颇，批判新兴势力的狰狞和凶残，创造性地提出了"道"这个概念，用以揭示社会的复杂性和矛盾性，贡献了新的世界观和方法论。没落贵族出身的知识分子孔子则用"仁"作为"礼"的精神内核，突破了周代"德"观念的宗法局限，把"爱"从传统宗法范围内的孝慈和友爱，扩展到对全人类的博爱，是古代中国历史上意义深远的一次人的发现。

战国时期，列国自行称王，不再尊奉周室，从此，统一天下取代了尊王攘夷，成为新的时代主题。朝着这个目标，各国纷纷变法，加强中央集权，展开军力竞赛。行政体制上改变了过去的分封制度，建立了郡县制和官僚科层制；经济上改革传统土地制度，奖励耕织；军事上加强武备，奖励军功；邦交上讲究谋略，合纵连横；文化上，山东六国思想活跃，文化发达，秦国则实行严厉的思想控制政策。在各国的改革运动中，商鞅变法成效最为显著。这场改革以崇尚斩首之功为核心目标。秦国迅速崛起，经过 100 多年，在秦王政时期，扫平六国，统一天下。春秋战国历时 500 年的纷乱局面宣告结束。

春秋战国时期，涌现出老子、孔子、墨子、孟子、庄子、荀子、韩非子等一大批杰出的思想家，形成了历史上罕见的百家争鸣局面。这些思想家对自然、社会和人本身进行了深入的思考，留下了中国历史上最富创造性的思想著作，成为此后中华新传统赖以形成和发展的元典，具有奠基意义。德国哲学家卡尔·雅斯贝斯把在希腊、印度和中国几乎同时出现思想解放现象的公元前 8—前 3 世纪这段时间叫作"轴心时代"。在这个时代里所创造的概念和术语，直到今天仍然被广泛地使用着。

秦朝是春秋战国社会大变革之后中国历史上第一个大统一时期。秦灭六国后，秦始皇在制度建设上做了诸多努力，为此后统一多民族国家的发展做出了重要贡献。不过，秦始皇和秦二世不知爱惜民力，他们穷奢极欲，严刑峻法，导致天下百姓流离失所，民怨滔天，秦朝统一不到 15 年，就被陈胜、吴广点燃的人民起义的烈火所吞没。

西汉建立后,汉朝统治者吸取了秦朝二世而亡的惨痛教训,一方面继承了秦朝的政治体制,另一方面对秦朝全面执行法家政策的执政方式做出了调整,最初一段时间采用黄老清静无为政策,一定程度上恢复分封制,缓解王权与功勋大臣、宗室大臣的矛盾;对待北方强大的匈奴采取妥协政策;同时,经济上与民休息,保证了社会生产的恢复和发展。经过几代人的努力,到汉武帝即位时,国力已经达到空前的强盛。这时,西汉宣布放弃黄老无为政策,转而推行公羊学的大一统思想。在策略上,实行推恩令、附益法等,打击分封势力;改变对匈奴委曲求全的态度,转而采取攻势,经过数年的征战,终于消灭了匈奴主力,彻底扭转了北方的被动局势。

不过,汉代宣称"以孝治天下",母后权力一直较重,高祖吕太后、孝文窦太后、孝元王太后都是主宰国家命运的实权人物。太后往往借助外家势力,结果,西汉后期出现了王莽这样以外戚身份执掌国政,并最终夺取最高权力灭掉汉朝的人物。王莽建立新朝,实行改制,其初衷未必不善,但它脱离实际,扰乱了社会秩序,激化了矛盾,引起反抗,很快就灭亡了。

东汉建立初期,几代皇帝都能励精图治,政治较为清明。经统治者积极倡导,儒学发展迅速,学校遍布郡国,儒生队伍日益壮大,形成累世业儒的士族。东汉王朝沿袭西汉"以孝治天下"的传统,太后权力仍然较大。再加上时运不济,君主大多寿命短浅,结果太后临朝频频出现,外戚专权时间长久;小皇帝长大后,便联合宦官,攻灭外戚,夺回权力。东汉200年,就这样成为皇帝、外戚、宦官残酷厮杀的恶性循环的历史,再加上所谓"清流"的士人队伍依附外戚,使斗争变得愈加激烈和残酷。腐朽黑暗的王朝政治,偏偏又碰上连绵不绝的气候恶劣,天灾频繁,人民生计无着,流离失所,终于爆发了黄巾大起义。随后,镇压起义过程中,军阀集团形成了。皇权、外戚、宦官在新一轮斗争中几乎同归于尽,最后都落入军阀手中,东汉王朝也从统一走向分裂,被魏、汉(蜀)、吴三国取代。不久,曹魏攻灭蜀汉,却又为西晋所取代。最后,西晋灭掉吴国,统一局面再次出现。

3—13 世纪，经过西晋再造的短暂统一，中国历史进入了朝代更迭最频繁、民族交融最显著、人口迁徙最剧烈、中外思想文化交流最广泛的历史阶段。古代中国文明在不断更新中有了更深厚的积淀。在这个积淀的基础上焕发出极其巨大的创造力，它的最大成果，就是雄浑盛大的唐代文明和典雅婉约的宋代文明的出现。

史家陈寅恪先生有言："唐代之史可分前后两期，前期结束南北朝相承之旧局面，后期开启赵宋以降之新局面，关于政治社会经济者如此，关于文化学术者亦莫不如此。"[①]揆诸历史可知，从魏晋南北朝到宋代，中国古代社会从相承之旧局面，逐步走向开启的新局面，中华文明的演进也出现了阶段性的新特点。

在政治文明上，这一时期最突出的特点就是唐太宗确立的"民为国本"的基本理念和宋朝形成的"皇帝与士大夫共天下"的政治格局。一个属于立国的基本原则，另一个属于治国的基本格局。经历东汉末年以来近 400 年的分裂，感受到隋末农民起义的暴风骤雨，唐太宗对如何立国、如何治国有着深刻总结和反省。《贞观政要》是唐太宗君臣对话的实录，流传千古，它反映的立国、治国理念，是传统社会对君民关系的最深刻、最理想的归纳和阐释，也是中国古代政治文明走向巅峰的标志。宋代以"祖宗之法"治理国家，形成"皇帝与士大夫共天下"的政治格局，建立了典型的文官政治。

制度文明的建设和走向成熟，是这一历史阶段的第二个特点。其表现有几点值得重视。

一是制约、制衡与分权机制的形成与有效运转。隋唐时期的三省六部制，宋朝的三司二府制，决策权与行政权的分离，军权的拆分，谏官、言官系统的建立与完善，对君权、相权、兵权、司法权等的制约都是在这一

---

① 陈寅恪：《论韩愈》，载《历史研究》1954 年第 2 期。

时期逐步建立和完善的。

二是监督和考核制度的建立与完善。唐朝的中枢决策、行政、监察、勾检是互相平行，又互相牵制的四大系统。以御史台为中央最高而且是唯一的监察机构，居中京师，监临中央百司百官，对地方则采取不定期派使的方式进行监察。安史之乱后，原有的出使和风闻两种途径，已不能有效地监察新兴的藩镇和日益被藩镇所控制的地方州县了，财政使下的巡院具有直属中央、常驻地方、遍及诸道、人员精干、效率较高等几个特点，因此，中央在逐步扩大巡院的财政管理权的同时，也逐步扩大了巡院的监察权和司法权，弥补了采访使地方化后御史台鞭长莫及的缺陷，将地方上财政、监察、司法三个关键大权掌握在手中。隋唐通过科举制和铨选制，确立了中央选拔人才，确定参选资格、选用标准、考试内容、录取程序等基本原则，扩大了统治基础，延揽了一批家世不显但富有才华的英才，打破了魏晋南北朝以来的相对封闭的社会结构。唐朝确立的考课制度，有对官德的考核"四善"，有对具体职任的考核"二十七最"，是历代考核官吏的典范，虽然最终流于形式，但其中蕴含着统治者将理想付诸实践的努力。北宋以武力兴国，但建国以后重视文教，进一步完善科举制度，建立了糊名、锁院、誊录等制度，使"一切以程文为去留"的选拔原则得到比较彻底的实现。"以文治国"成为宋朝历代尊奉的"家法"。

三是各项制度的调整与改革。如城市管理制度从具有典范意义的坊市制走向街市制，从而使得城市的发展更具活力和吸纳力。租庸调法从完善走向崩坏，促使财税制度发生了根本性的变化，改革后施行的两税法，在征收对象、征收内容和征收方式上都进行了改革，奠定了此后历朝财税征收的基本原则。

如果说先秦、秦汉属于上古时期，3—13世纪的历史就是走出上古时代，进入中世社会，大步向近世社会演进的时代。从魏晋南北朝的门阀士族的鼎盛，到隋唐时期的"止取今日当朝官爵"以为高下的官僚政治。在宋代完成了贵族政治向官僚政治的彻底转变。商业资本和高利贷资本流入生产领域，加速了生产者和经营者的分化，加速了土地的流转，即所有权的流转，也加速了财富的转移。正所谓贫富无定势，刘禹锡的"旧时王谢堂前燕，飞入寻常百姓家"著名诗句，一是感叹曾显赫一时的门阀士族的辉煌不再，二是感叹贫富无定势的时代变迁。"田制不立"在先，才有"兼并不抑"在后，并由此带动了整个社会阶层的变化。

隋唐时期，魏晋南北朝时期居于主导地位的新老门阀士族逐渐淡出历史舞台，相对封闭和凝固的社会等级结构被打破。过去门阀士族拥有政治仕途上的垄断特权，所谓"平流进取，坐至公卿"①，拥有着大量不受国家管理和控制的依附人口，通过婚姻、文化等，形成封闭型的社会等级和结构，逐渐解体。

科举制的产生和确立，最终成为占主导地位的选官制度；门阀士族的衰落及最终退出历史舞台；租佃制的发展，雇佣劳动从民间走向官府（普遍化）。这些都是建立在土地自由化程度加深的基础之上的，贵贱、贫富观念的变化亦是由此而衍生的。宋代的"贫不必不富，贱不必不贵"②，"贫富无定势，田宅无定主"③，既表明了社会阶层的变化，也表明了社会结构和财富流转在这一时期都发生了重大变化，以及价值观发生的带有颠覆性的变化。

这一历史时期，思想文化领域的发展和变化，属于精神文明的层面，内涵丰富，有三点值得注意：

一是从迷茫和探索中走向理性，儒学的"独尊"，经学的厚重，玄学的空灵，佛学的本土化和世俗化，各领风骚。尤其是佛教，作为外来的文化

---

① （梁）萧子显：《南齐书》卷24《王俭传》。

② 曾枣庄、刘琳主编：《全宋文》第123册，上海：上海辞书出版社，合肥：安徽教育出版社，2006年版，第220页。

③ （宋）袁采：《袁氏世范》卷3《治家·富家置产当存仁心》。

在移植过程中，不断调适与中国固有思想和文化的冲突，与本土宗教在争论和交融中携手前行，最终都成为古代中国文明的重要内容。

二是知识分子将个人理想与国家命运、民族忧患结合，于是便有张载的"为天地立心，为生民立命，为往圣继绝学，为万世开太平"，激励着一代又一代的知识分子奋进和献身。

三是南北文化经济交流和民族交融，使古代中国文明所覆盖的地区扩大，民族成分更加多样，不断有新的因素融入其中，文明的内涵也更加丰富。

乐府向诗歌的演进，诗歌向词曲的演进，从"建安风骨"到"正始之音"，从杜甫到白居易，从传奇到话本，精神文化层面的追求虽然仰望星空，但最终脚踏大地，没有脱离社会，没有脱离现实。特别是到了北宋时代，这种变化鲜明地映照在文学艺术领域，传统文化与艺术也焕发出新的生机。

农业与科技文明的辉煌。这一时期，中国的农业生产和农业生产技术经过长期的发展和积累，达到了个体小生产农业所能达到的最高水平，处于世界领先地位。中国传统农业在利用土地、保持地力方面代表了当时世界的最高水平。采用精耕细作、集约经营的农业生产模式的中国，成为世界上土地利用率较高的国家之一。农业生产中广泛地运用了轮作、连作、间作套种和混作等耕种方式，几乎没有休耕轮作，复种指数高，粮食作物的投入与产出比始终居于世界前列。以曲辕犁为代表的农业生产工具改革在犁耕农业发展史上具有划时代意义，筒车、水排、龙骨水车等灌溉和排水工具的发明和不断改进，使得以精耕细作为主要特征的个体小生产农业达到其所能达到的顶峰。

在农业生产发展的基础上，中国古代的科学技术得到进步发展，很多科学技术对人们的生产和生活有重大影响。

被誉为"四大发明"的指南针、造纸术、印刷术和火药，有的是在这一时期发明的，有的是在这一时期得到发展、普及和传播，它们都对世界科学技术的发展做出了巨大贡献。马克思评价说："火药把骑士阶层炸得粉碎，罗盘针打开了世界市场并建立了殖民地，而印刷术却变成了新教的工具，总的来说变成科学复兴的手段，变成对精神发展创造必要前提的最强大的杠杆。"①科学技术的重大进步，具有改造世界和推动社会向前发展的巨大作用，对物质文明和精神文明都会产生重大的影响。

鲁迅先生在《电的利弊》一文中指出："外国用火药制造子弹御敌，中国却用它做爆竹敬神；外国用罗盘针航海，中国却用它看风水；外国用鸦片医病，中国却拿来当饭吃。"②鲁迅先生的本意大概是在讽刺封建社会下国人的愚昧无知，然而，这段文字却被广泛引用，成为外国人抨击国人对祖先发明和科技利用边缘化的证据。尽管如此，火药的传播和应用，对世界历史也有重大的影响。恩格斯对火药应用于战争有很高的评价："火器一开始就是城市和以城市为依靠的新兴君主政体反对封建贵族的武器。以前一直攻不破的贵族城堡的石墙抵挡不住市民的大炮；市民的枪弹射穿了骑士的盔甲。贵族的统治跟身穿铠甲的贵族骑兵队同归于尽了。"③按照恩格斯的说法，火器将中世纪送进了坟墓。

四大发明在世界范围内的传播，不仅促进各国经济的发展，而且传播了中国的文化。源远流长、博大精深的中华文明对各国文化都产生了重要影响，尤其是东亚国家，至今仍留有中华文化的印记。

古代中国对外交往主要通过官方和民间两种途径，除了战争、人口迁徙、具有政治意义的和亲等方式推动和促进了古代中国与周边及域外地区的经济交往外，民间的经济交往主要是依靠"一带一路"贸易圈——陆路丝绸之路经济带和海上丝绸之路。

"丝绸之路"是指起始于古代中国，连接亚洲、非洲和欧洲的古代路上商业贸易路线。狭义的丝绸之路一般指陆上丝绸之路。广义上可包括陆上丝绸之路和海上丝绸之路。

---

① 《马克思恩格斯全集》第47卷，北京：人民出版社，1979年版，第427页。
② 鲁迅：《伪自由书》，北京：北京联合出版公司，2014年版，第8页。
③ 《马克思恩格斯选集》第3卷，北京：人民出版社，2012年版，第547页。

"陆上丝绸之路"是连接中国腹地与欧洲诸地的陆上商业贸易通道,形成于公元前 2 世纪与 1 世纪间,直至 16 世纪仍保留使用,是一条东方与西方之间经济、政治、文化进行交流的主要道路。汉武帝派张骞出使西域的路线是其基本干道。它以西汉时期长安为起点(东汉时为洛阳),经河西走廊到敦煌。从敦煌起分为南北两路:南路从敦煌经楼兰、于阗、莎车,穿越葱岭(今帕米尔高原)到大月氏、安息,往西到达条支、大秦;北路从敦煌到交河、龟兹、疏勒,穿越葱岭到大宛,往西经安息到达大秦。它的最初作用是运输中国古代出产的丝绸。因此,当德国地理学家 Ferdinand Freiherr von Richthofen 最早在 19 世纪 70 年代将之命名为"丝绸之路"后,即被广泛接受。

"海上丝绸之路"是古代中国与外国互通贸易和进行文化交往的海上通道,可分为南北两段:北段以渤海、黄海、东海(北段)沿海岸线港口为主,通往朝鲜半岛、日本列岛等;南段以东海、南海的港口为中心,通往东南亚、印度洋、波斯湾,远到非洲。唐中叶以前陆路为主,之后海路逐渐成为最主要的对外通道。丝绸之路不仅仅是一条通商路线,而且也是一条文化交流路线,并由此形成了文化辐射区。

宋代以后,对外经济贸易更为活跃和频繁,陆路贸易逐渐有向海路贸易转向的趋势,以东南沿海港口为依托的海上丝绸之路日益繁盛,形成了河、海、陆联运网,尤其是运河沿岸、长江沿岸和东南沿海的港口,成为对外商品交易的主要集散地。西北的陆路丝路,东南的海上丝路,西南的陆路丝路与茶马古道,北方的沿海港口,构成了一个以中原为核心向长江流域和珠江流域不断扩展的对外经贸交通网。

世界上延续时间最久、始终保持文明传承的大国只有中国。作为东亚核心地区的中国,经济文化长期处于世界先进水平,与其他大国和文明地区都有着交往和文化贸易往来。幅员辽阔,民族众多,历史悠久,这些有利因素使古代中国文明发展既有深厚的积淀,又有较大的回旋余地。

蒋重跃　宁　欣

2018 年 8 月 18 日

第一编

分合之间：魏晋南北朝

第一章　三国两晋南北朝的变局

魏晋南北朝，上承秦汉，下启隋唐，是中国古代历史上政权更替频繁且多个政权并存的时期。战乱给社会生产和人民生活带来了劫难，但是局部的统一与稳定、北人南迁以及北方少数民族的内迁、民族交融又在一定程度上推动了南北经济的发展。这一时期，尤其是两晋南北朝时期，少数民族政权并立，民族交融成为这个时代鲜明的特点。

东汉末年，皇帝大多幼年即位，大权掌握在外戚及皇帝的近侍宦官手中，统治愈加黑暗，形成了东汉特有的局面——外戚、宦官交替专权。加之天灾不断，光和七年（184），张角领导农民起义，史称"黄巾起义"。起义虽然最终被镇压，却动摇了东汉的统治，此后各地豪强趁机坐大，相互征伐不断，直到建安十三年（208），曹操在赤壁之战大败于孙、刘联军，奠定了三国鼎立的基础，我国局部才有了相对比较安定的社会环境。

三国鼎立是中国历史上一个特殊的历史发展阶段。之所以能够出现三国鼎立的格局，其根本原因在于各地区经济发展的态势。南方长江流域由于战乱相对较少，社会较为稳定，为此地经济的发展提供了可能。经过恢复，该地区勉强能够自给自足，为孙、刘政权提供了物质基础。而北方战乱较多，社会稳定性也大不如南方，社会经济受到严重破坏，使得北方政权暂时无力消灭南方政权以统一中国。这个时期，虽然仍有战乱，但局部地区的统一以及统治者的刻意开发，使得各地区的经济又有了一定的发展，尤其是曹魏采取了相应的措施来恢复生产，其势力不断壮大，也为西晋能够在全国范围内实现短暂的统一奠定了基础。

第一节 三国变局

一、三国分立

(一)官渡之战

黄巾起义失败后,东汉政府建立起"西园八校尉"这样的军事组织,用以拱卫王室。中平六年(189),灵帝病逝,大将军何进把握朝政。袁绍劝说何进诛杀宦官,不料,消息走漏。宦官段珪等先发制人,趁何进入宫时,杀何进,劫走少帝。袁绍纵兵屠杀宦官,被杀者 2000 余人。宦官自此失势。然而,被何进调入洛阳诛杀宦官的董卓把持了东汉王朝的政权。

董卓控制政权后,本欲笼络人才,巩固政权,起用"党人",但由于其废杀太后、少帝,立献帝,引起了士大夫官僚集团的强烈不满,山东各郡组成了以袁绍为盟主的讨董联盟。董卓见联军势大,退至长安。进入长安后,为了立威,董卓擅杀官僚大族,致使统治阶级内部人心离乱。初平三年(192),司徒王允秘密联合了董卓的部将吕布诛杀董卓,灭其家族,长安百姓歌舞于道。但是王允并没有做好善后工作,董卓的部将为了争权夺利,开始互相残杀。

讨董联军是新编成的队伍,经验、战斗力都不足与董卓的西北军抗衡,因而,未能向洛阳推进一步,待董卓退守长安,联军依然踟蹰不前,非但如此,联军内部开始相互攻伐,大体上形成了以袁绍和曹操为最强的军阀割据势力,袁绍占据黄河以北的冀、青、并三州;曹操占据黄河以南的兖州和豫州。

建安元年(196),曹操迎献帝至许。政治上,奉天子以令不臣;在官吏选拔上,唯才是举,把才能作为选拔官吏的主要标准;经济上,采用枣祗的建议,实行屯田,一岁得谷百万斛;军事上,收编青州军。经过曹操各个方面的努力，势力进一步扩大。此后，曹操相继击败吕布、袁术，占据了兖州、徐州以及豫州部分地区。此时，袁绍同样在不断扩大势力，至建安四年(199)，袁绍占据了黄河以北的青、幽、并、冀四州，更是打算南下灭曹，争霸天下。北方两个实力最为雄厚的军阀集团，面临殊死一战——官渡之战。

官渡之战前，袁绍所占之地，仅冀州一州就有民百万户，倘若征发壮丁，可得精兵 30 万人，而所存粮食，可用 10 年之久。与袁绍相比，曹操处于不利之地。曹操占有兖、豫二州，地少、兵乏、粮缺，且二州居四战之地，西有韩遂、马腾的威胁，南有荆州刘表的掣肘，此时势微的刘备也不时对徐州进行袭扰。

但在袁绍计划出兵时，袁绍集团内部出现了严重的分歧：主要是以沮授和田丰为首的缓战派同以郭图和审配为首的速战派之间的分歧。沮授建议，进军黎阳，把黎阳作为最前线，据黄河而守，在经营河南的同时，不断派遣精锐骑兵骚扰曹境，以逸待劳，三年内可拖垮曹操。田丰与沮授的想法颇有相似之处，主张选拔一支精锐之师，骚扰曹操防御较弱的地区，使其"救右则击其左，救左则击其右"[1]，两年内可拖垮曹操。田丰还主张内修农战，发展经济和军事力量；外结英雄，开辟第二战场，对曹操进行夹攻。

图 1.1　曹操像

可以说，若袁绍采取沮授及田丰的意见，袁绍、曹操两个政治军事集

---

① （南朝宋）范晔：《后汉书》卷 74《袁绍传》。

团最终博弈的胜者,不一定是曹操。但历史没有如果,骄傲轻敌、刚愎自用的袁绍采取了速战派的意见。

郭图、审配主张迅速决战。他们认为袁绍率河朔的精兵强将,讨伐曹操易如反掌,且袁绍"师徒精勇,将士思奋,而不及时早定大业,所谓'天与不取,反受其咎'"①。

建安四年(199)八月,获悉袁绍南下攻许的消息,曹军进军黎阳。鉴于袁绍气盛,曹操主动退让,分兵屯官渡。

此时被曹操派去堵截袁术北上的刘备,到达下邳后,杀掉曹操的徐州刺史车胄,并迅速把部众发展到几万人。建安五年(200)正月,董承等反曹阴谋泄露,曹操遂东征刘备。刘备战败后,逃奔袁绍。在攻打刘备前,曾有人建议官渡之战当前,不必亲率大军征讨刘备,而曹操认为"今不击,必为后患"②,曹操此举不仅一举稳定了徐州,解除了后顾之忧,而且延迟了刘备成势时间。

刘备战败后,曹操返回官渡。袁绍开辟第二战场的希望寄托于荆州刘表与宛城张绣身上。而此时,荆州集团内部的矛盾却表面化了,刘表攻打长沙太守张羡的战争处在相持阶段,无力分兵配合袁绍,虽允诺出兵,但始终不至。而宛城张绣听从谋士贾诩的建议,投降曹操。袁绍夹攻曹操的企图破灭了。

二月,袁绍兵发黎阳,直抵黄河北岸。又派颜良率部进围白马。四月,曹操为解白马之围,进军延津,佯攻袁绍后方,吸引袁绍注意,待袁绍部分主力进军延津,曹操立率轻骑,直取白马,斩颜良,解白马之围,其后,又斩追杀而来的文丑,退回官渡。

袁绍虽然初战失利,但就其兵力而论,仍然占据优势。七月,袁绍把

---

① (南朝宋)范晔:《后汉书》卷74《袁绍传》。
② (西晋)陈寿:《三国志》卷1《武帝操》。

主力推进到阳武，八月，进逼官渡，"依沙塠为屯，东西数十里"①。曹操深沟高垒，与袁绍对峙。

前文已经提到，沮授在分析两方的情况时认为："北兵数众，而果劲不及南；南谷虚少，而货财不及北。南利在于急战，北利在于缓博。宜徐持久，旷以日月。"②就曹操一方而言，强敌在前，若不避其锋芒，必然危及全局；另一方面，曹操粮草不足，虽然屯田，不过四五年光景，而此时曹军军粮只够维持全军一个月，远远不及河北富庶，因而必须速战速决。同年九月，曹军同袁军有过一次小接触，除此之外，曹军始终坚壁高垒，拒不出战。

而河北虽富庶，但袁绍屯军官渡，补给线过长。曹操就曾派部将徐晃前往偷袭，烧光袁绍上千车军粮。十月，袁绍重新从河北运粮 1 万多车，屯在乌巢，并派淳于琼统兵驻守。这期间，许攸曾建议袁绍，趁许都空虚，分轻兵奔袭许都，并礼迎献帝，大事可成，却惨遭袁绍拒绝。许攸愤而投奔曹操，并把袁绍驻粮乌巢的情况告诉了曹操，并劝其偷袭。曹操大喜，挑选 5000 精骑，打着袁绍的纛旗，夜袭乌巢，把乌巢屯粮付之一炬。

袁绍闻知曹操夜袭乌巢，认为击败曹操的机会来了，因而，一面遣几千骑救援乌巢，一面遣张郃、高览率兵猛冲曹军大营，然而曹军大营坚固，急攻而不可下。乌巢存粮被焚的信息传到前线后，张郃、高览率军投降，致使军心涣散，内部分裂，士卒纷纷溃逃。仓皇间，袁绍带 800 骑兵退回河北，此后再也无力与曹操争锋。

官渡之战，是中国历史上以少胜多、以弱击强的著名战役之一。此战是统治阶级内部两个政治集团间的兼并战争，为曹操统一北方奠定了基础。官渡之战客观上也符合人民对统一的要求。

---

① （西晋）陈寿：《三国志》卷 1《武帝操》。

② （西晋）陈寿：《三国志》卷 6《袁绍传》。

官渡之战后,袁绍一蹶不振,于建安七年(202)病逝。袁绍病逝后,袁氏集团内部发生内讧,曹操顺势征讨,迅速占据青、幽、并、冀四州。建安十二年(207),曹操击溃乌桓,至此,北方基本实现了统一。

(二)赤壁之战

正当曹操统一北方的时候,全国其他地方的割据势力也在互相兼并,渐渐地形成了地方性的一统格局。官渡之战后,刘备投奔荆州刘表,刘表不仅给他兵马,还让他驻军新野。正是在新野期间,刘备自降身份,三顾茅庐,终于请得诸葛亮出山,留下了一段千古美谈。诸葛亮则提出了占据荆、益两州,与曹、孙形成鼎足之势,然后东联孙权,北据曹操的主张,为刘备指明了总的方略。经过数年经营,建安十三年(208),刘备已经积蓄了一定的实力,在荆州也颇得士人之心,获得了一定的声望。

图1.2 诸葛亮像

江东是孙权的根据地。他的父亲孙坚作战勇猛,曾参与镇压黄巾起义。山东州牧组成讨董联盟时,孙坚也曾参加。孙坚死后,孙权的哥哥孙策离开袁术,进取江东,在这块军阀势力不强的地方迅速发展起来。到建安五年(200),孙策被刺杀,孙权即位,此时,孙氏已经占据了江东六郡,成为一支不可忽视的力量。

荆州处在曹、刘、孙三方的中央,地理位置重要,又十分富庶,是三家必争之地。建安十三年,平定北方回到邺城的曹操开始着手南下用兵的准备。为了进一步巩固他的统治,在政治上,罢三公官,置丞相、御史大夫,自任丞相。军事上,在邺城挖凿玄武池,用于编练水军;派遣张辽、于禁、乐进等将进驻许都以南,做好南征准备;将马腾及其家属迁至邺城为质,以减轻西北方向的威胁。

　　同年七月，曹操挥军南下。八月，刘表病死，刘琮继任荆州牧。此时，曹军进兵宛、叶，对荆州形成逼迫之势。面临大军压境的窘境，刘琮举荆州而降曹。寄身于荆州的刘备在曹军到达宛城之后，才知道刘琮降曹的消息，被迫向江陵方向撤退。曹操为了不使刘备占据江陵，夺取军事物资，亲自率领 5000 精兵追击刘备，并在当阳长坂击溃刘备，迫使刘备放弃原有计划，退向汉水。退向汉水的刘备与江夏太守刘琦合兵一处，约 2 万人，退守夏口，再退守樊口，并联合孙权共同抗曹。

　　此时，孙权在江东的经营已经日趋成熟，自其兄孙策割据江东以来，已然成势。面对曹操欲顺江而下，孙权也忌惮曹操吞并江东，因此，派遣周瑜等将领率军 3 万人，与刘备共同抵御曹军。

　　曹操号称军队 80 万人，而实际上只有 20 余万人，这 20 余万人中，还有七八万人是刚归附的荆州军，且尚在狐疑之中。如此算来，曹操自己带来的军队大概 15 万人，又大多属于远来的疲惫之师。恰在此时，长江一带，正流行疾疫，曹军多有传染，"以疲病之卒，御狐疑之众"①。加之不习水战，北军的陆战优势荡然无存。曹军又远离其根据地，后方补给战线过长，粮食供应困难，适值冬季，马料也难以为继；关陇地区，马超、韩遂的势力正盛，曹操尚有后顾之忧。因此，曹操进军赤壁，面临着多种不利境况，不仅北军的优势难以发挥，而且人心不服，后方不稳，致使曹操未战先败。

　　曹操率水陆两军，和孙、刘联军首战即败，旋即屯军乌林，和孙、刘联军隔江相望。周瑜部将黄盖见曹军船只首尾相连，建议诈降以火攻曹军。他假称请降，准备 10 艘艨艟斗舰，内载薪草膏油，外用赤幔伪装，约距曹军二里地时，顺风放火。火烈风猛，船往如箭，烧尽北船，延及岸上各营。南岸周瑜趁势擂鼓前进，曹操战败，取陆路向江陵方向撤退。

---

　　①　（西晋）陈寿：《三国志》卷 54《周瑜传》。

曹操退回江陵后，命曹仁继续留守江陵，自己回到北方。后因孙、刘持续围攻江陵，曹操遂放弃江陵，把战略据点收缩在襄阳、樊城一带。

赤壁之战是中国古代史上又一次以少胜多、以弱击强的著名战役。曹操败退北方，短时期内无力统一全国，孙、刘联盟因争夺荆州出现了暂时的裂痕。此战奠定了三足鼎立的基础。此后，三国分立的大局已定。220年，曹操病死，曹丕继位，以禅让方式取代了汉献帝，于洛阳称帝，国号魏，史称曹魏。221年，刘备于成都称帝，继续汉朝的统治，史称蜀汉。222年，孙权在建业称王，国号吴，史称东吴、孙吴。至此，三国鼎立之势最终形成。

从黄巾起义至三国鼎立之势形成的近40年间，东汉在制度、文学等方面都有了新的发展。

二、政治制度

九品中正制，承袭了东汉官吏选拔制度的某些特质，但又有所发展。东汉选拔官吏，其手段，不过"察举"、"征辟"两个途径。所谓察举就是中央政府根据所需要的人才，下令征召，地方政府在辖区内考察人才，举荐到中央。征辟是各级政府选拔有才能的人做僚属，或者中央政府直接从布衣或者各级官吏中挑选人才，不管是哪种途径，都有一个共同点——需要基层组织(秦汉时期乡、亭、里)进行评议，也就是"乡举里选"。

东汉末年，政治昏聩，战争频仍，社会动荡不安，大量农民流离失所，秦、汉以来所建立的乡、亭、里组织，大多遭到破坏，乡间评议不能一一进行考核，乡举里选更不现实；加之东汉乡间评议存在的弊端，曹操当政期间选拔官吏时，非常注重对才能方面的权量，他先后三下求贤令。同时，曹操力图将选举之权控制在政府手中，如平定荆州时，曾托当地名士韩嵩"条品州人优劣，皆擢而用之"，而韩嵩的条品州人与此后政府任命并对政府负责的情况更为近似。曹操为了扩大势力，暂且采取的权宜之计，已经萌生出了九品中正制的萌芽。①

曹操死后，曹丕于黄初元年(220)接受陈群等的提议，正式将九品中正制作为拔选人才的制度。

九品中正制，即九品官人法，是魏晋南北朝时期重要的选官制度。至西晋逐渐完备，南北朝时又有所变化。至隋唐科举制的确立，九品中正制被彻底废除。

九品中正制在创立之初，对人物进行品评的标准主要是家世、德行和才能，三者并重。在各地设置中正官，根据考核结果，对人物的高下分为九品，即上上、上中、上下、中上、中中、中下、下上、下中、下下九个等级。中正评议人物三年一定品，中正有权进退，"或以五升四，以六升五""或自五退六，自六退七"②，吏部根据中正定品作为选任官吏时的参考，"盖以论人才优劣，非为世族高卑"③。

然而任中正者本身一般都是九品中的二品，即上品，二品又有参与中正推举之权，因而，大多由门阀世族担任的二品，实际上沦为他们把持官吏选拔之权的工具，在真正品第过程中，德才逐渐被忽视，而出身越来越重要，甚至成为唯一标准，到西晋时，出现了"上品无寒门，下品无势族"④的局面。

至南北朝时期，九品中正制又略有变化，但大体都成为门阀世族把持官吏选拔的手段，没有真正起到最初之目的。隋朝建立后，科举制逐渐出现，并在唐朝得以完善，九品中正制也彻底废除。

① (唐)房玄龄：《晋书》卷36《卫瓘传》。"魏氏承颠覆之运，起丧乱之后，人士流移，考详无地，故立九品之制，粗且为一时选用之本耳。其始造也，乡邑清议，不拘爵位，褒贬所加，足为劝励，犹有乡论余风。"

② (唐)杜佑：《通典》卷14《选举门二》。

③ (南朝梁)沈约：《宋书》卷94《恩幸传》。

④ (唐)房玄龄：《晋书》卷45《刘毅传》。

三、经济

东汉末年，社会经济破坏严重，老百姓"寒不敢衣，饥不敢食"①，已是"田野空，朝廷空，仓库空"②的三空窘境。黄巾起义失败后，各军阀的私有武装力量公开化，为了争夺土地、人口，各军阀间混战不断，加剧了社会经济的恶化程度，全国人口数量锐减明显。

为了满足战争的需要，保证征战过程中的粮草供应，曹操于建安元年(196)听取枣祗的建议，在许屯田，得谷百万斛，此后，孙吴、蜀汉相继屯田。屯田制的实行不仅保证了军队的粮食供应，而且一定程度上促进了全国经济的发展：曹魏屯田对北方经济的恢复有着重要的意义，孙吴屯田客观上直接推动了江南经济的开发。

(一)曹魏屯田

经过长期的战乱，全国大量的人口流离他乡或毙于干戈，劳动力严重缺乏，土地荒芜，农业歉收，衣食无着。据统计，陈留、颍川两郡，全盛时期的人口约130万，经过董卓之乱，人烟荒芜，千里无复人迹；河南鄢陵郡(今许昌鄢陵县)，全盛时期，有民户五六万，大乱之后，只有民户数百。

建安元年(196)，曹操攻克许以后，开始谋划迎汉献帝入许，以达到"奉天子以令不臣"的目的。八月，曹操迁献帝于许，原本只是小县城的许，骤然成为天子之都，人物辐辏，需求增加，而当时中原又在战乱之中，州郡贡赋不继③，全国粮食短缺，粮价也颇高，以长安为例，谷1斛50万钱，豆、麦20万钱，不仅如此，甚至出现了人吃人的情况。粮食问题就成为迫

---

① (南朝宋)范晔：《后汉书》卷78《吕强传》。
② (南朝宋)范晔：《后汉书》卷66《陈蕃传》。
③ 张大可：《中国小通史·三国》，北京：中国青年出版社，1995年版，第418页。

切需要解决的问题。

同年，曹操采纳枣祗、韩浩的建议，在许都附近进行屯田。曹操之所以能够大规模地屯田，是因其具备了两个先决条件。一是土地，二是劳动力。董卓之乱之后，大量的土地荒芜，成为无主的荒地，曹操利用国家能够掌握的这些荒地进行屯田。其次，初平三年(192)，曹操率军追击黄巾军并将其全部击溃，黄巾军投降后，曹操俘获降卒 30 余万，男女人口数百万。曹操把其中的青壮年编入军队，利用其家畜、农具、资财在许下屯田。有学者认为，屯田的劳动力可能就是黄巾军的家属。

曹魏的屯田分民屯和军屯两种形式。

民屯按军事组织编制，独立于地方的行政系统之外，郡设典农中郎将、典农校尉，县设典农都尉。全国的民屯，统一由大司农掌管。民屯以屯为基本单位，每屯约 50 人，设司马。在屯田上劳动的农民称作屯田客，也叫典农部民或租牛客户。从民屯官员的职称看，民屯有很浓烈的军事色彩。屯田客名义上是招募来的，实际上有很大的强制性。

民屯缴纳赋税有两种方式，最初实行"计牛输谷"，而枣祗力主"分田之术"，此后也确实改为"分田之术"。所谓"计牛输谷"就是国家给屯民配备耕牛，每头牛每年收取固定的赋税。屯田初期，曹操从黄巾军手中掠夺大量的耕牛，而此时大量田地荒芜，为了鼓励屯民多垦荒，实行了"计牛输谷"的方式。然而，随着屯田规模的扩大，国家没有多余的耕牛可分配给屯民，导致屯民超负荷使用官牛。此外，"计牛输谷"只针对使用官牛的屯民收租，使得国家无法向不使用官牛或者只以人力耕种的屯民征收赋税，以至于"僦牛输谷，大收不增谷，有水旱灾除，大不便"①。

屯田之初，枣祗就力主改变缴纳赋税的方式，"及破黄巾定许，得贼资业。当兴立屯田，时议者皆言当计牛输谷，佃科以定。施行后，祗白以为

---

① （西晋)陈寿：《三国志》卷 16《任峻传》。

僦牛输谷，大收不增谷，有水旱灾除，大不便。反覆来说，孤犹以为当如故，大收不可复改易。祗犹执之，孤不知所从，使与荀令君议之。时故军祭酒侯声云：'科取官牛，为官田计。如祗议，于官便，于客不便。'声怀此云云，以疑令君。祗犹自信，据计画还白，执分田之术。孤乃然之，使为屯田都尉，施设田业。其时岁则大收，后遂因此大田，丰足军用，摧灭群逆，克定天下，以隆王室"①。

分田之术的核心内容是规定了佃户收成与国家分成的比例：持官牛者，官得六分，士得四分；持私牛者，与官中分。唐长孺还指出，屯田客不承担国家的租调徭役，收获时，用官牛的按官六客四分成，用私牛的与官中分。这种"中分"实即沿袭西汉以来佃农与地主对半分成的传统租率。而屯田客不负担税役为法律所许，亦暗示了私家客"未尝徭役"的特点。据此可知屯田是国家的私田，屯田客是国家的私客。

军屯，在史学界尚存在不同的意见。一种意见认为军屯是由士兵和士兵家属屯田。军屯设度支中郎将、度支校尉、度支都尉等官员，同样也隶属于大司农管理。军屯有严密的组织形式，劳力精悍，规模也较大。曹魏时期规模最大的军屯，是两淮地区的屯田，最多时有10万之众。另一种意见认为，军屯是带甲士兵在边境且耕且守。

关于屯田的效果是显而易见的。其一，增加了曹魏的实力："得谷百万斛。于是州郡例置田官，所在积谷，征伐四方，无运粮之劳，遂兼灭群贼，克平天下。"②斛，古代容量单位，在实际运用中，常常出现石与斛通用的情况，而120斤为1石。曹魏经过几十年的屯田耕植，北方经济得到了恢复和发展，洛阳地区"垦田特多"，而关中地区，粮食也足够自给。

其二，解决了流民问题。东汉中期以后，统治愈加黑暗，大量农民脱离土地，流落他乡，形成了规模巨大的流民，这些流民动辄几万人至几十

① （西晋）陈寿：《三国志》卷16《任峻传》。

② （西晋）陈寿：《三国志》卷1《武帝操》。

万人，给社会造成大动荡。曹魏屯田，用军事编制的方式，把流民安置在土地上，使劳动力再次依附于土地，解决了两汉以来的流民问题，在稳定了社会秩序的同时，恢复了农业生产。

曹魏屯田，先后持续了70年，咸熙元年（264），政府罢屯田官，废除屯田，以均政役。

（二）孙吴屯田

孙吴屯田，史料中记载较少，文献中的记载最早见于建安八年（203），如陆逊"出为海昌屯田都尉，并领县事"①。然而随着长沙走马楼吴简的大量出土，关于孙吴屯田，史学界又有了一些新的看法。郑州大学历史学院教授高敏认为孙吴屯田制始行于建安年间，推广于孙权黄武五年（226）。就现出土的走马楼吴简来看，黄武五年（226）之后，关于屯田的记载大量出现：

"领黄武五年佃卒限米卅□斛……"（6592）

"入黄武七年州佃吏郑修限米卅五斛"（9564）

"入黄龙元年佃卒限米七十一斛"（6591）

"黄龙元年文入郡屯田民□吴平斛米一百六斛二斗……"（6227）

"领黄龙二年佃卒限米□斛八斗……"（6913）

"入屯田司马黄升黄龙二年限米卅四斛"（3159）

"黄龙三年税米小斛黄武六年粢租米六十四斛二斗……"（2129）

这些记载佐证了《三国志》"诸将增广农亩"的史实。②

孙吴屯田同样分民屯和军屯，由于文献记载有限，我们只能结合已有史料与出土的简牍相互印证，来窥探孙吴屯田的一些情况。孙吴时期屯田

---

① （西晋）陈寿：《三国志》卷58《陆逊传》。
② （西晋）陈寿：《三国志》卷47《吴主权》。

制的官吏有郡屯田掾、屯田司马、督军粮都尉或军粮都尉、屯田帅与屯田掾、都尉屯田吏。其中，郡屯田掾应当属于郡级农官——农校尉的掾吏；屯田司马、督军粮都尉或军粮都尉，应是主管军屯系统的机构和官吏。[①]

而关于军屯的收入分配方式，一般认为，全部由所属军队征收，然后由军队统一分给兵士军粮。但据近年来出土的吴简来看，兵士同样有来自军屯的收入，并非全部由所属军队征收的情况。

此外，蜀汉也有屯田。蜀汉屯田规模小，时间短，地区有限，效果不如曹魏和孙吴那么明显。直到蜀汉灭亡，真正起到作用的不过汉中的军屯。

三国时期的屯田是特定历史环境的产物，强化了封建的人身依附关系。但就当时的情况，三国屯田符合民众利益，对恢复当时的经济，解决军粮起到了重要作用。尤其是曹魏屯田安置了大批流民，缓和了社会矛盾。

(三)江南开发

司马迁在《史记·货殖列传》中曾这样描述江南地区："地广人希，饭稻羹鱼，或火耕而水耨，果隋蠃蛤，不待贾而足，地埶饶食，无饥馑之患，以故呰窳偷生，无积聚而多贫。是故江淮以南，无冻饿之人，亦无千金之家。"[②]至西汉武帝时，江南地区仍然地广人稀，使用刀耕火种这种落后的方式耕作，虽然没有饥寒之人，但是也没有富裕的家庭。甚至，到东汉时，安徽庐江一带还没有推广牛耕。汉末，由于北方战乱频繁，大量流民南迁，给南方带来劳动力的同时，也带来了先进的农业耕作技术和手工业生产技术。加之孙吴政权相对稳定，并采取了一些系列措施，江南经济得以较快发展。

孙吴政权重视农业发展。黄武五年(226)，陆逊请诸将增广农亩，孙权不仅欣然允诺，而且亲自授田，并把拉车的八头牛改为四耦，表示劝农。

---

① 高敏：《长沙走马楼三国吴简中所见孙吴的屯田制度》，载《中国史研究》2007年第2期。

② (西汉)司马迁：《史记》卷129《货殖列传》。

孙皓在位时，时任丞相的陆凯上疏，劝解孙皓不要给战士另外增加徭役，唯使"春惟知农，秋惟收稻"①。

兴修水利，进行垦荒。孙吴统治期间，在江南大兴水利，其中卓有成效的有：开凿建业至钱塘的运道，灌溉两岸；吴兴西湖水利；兴修建业城水利，开直渎；修浦里塘等。同时，鉴于江南地广人稀，孙吴政权组织北方流民及被驱赶下山的山越人进行大规模的屯田，开辟田亩。

大力发展手工业、商业。孙吴政权大规模建置手工业作坊，冶铁、烧瓷和造船作为3大官营手工业作坊，主要为满足军需。江南的会稽、丹阳、豫章等郡都产铜铁，且都设置"冶令"。建康的金银制造业同样发达，史载，孙亮在宫中用金银作小船300余艘，孙皓以金银作华燧、步摇、假髻数千。

孙吴制瓷业在此时臻于完善，在原有的基础上，瓷器的胎质、釉色、纹饰及烧制技术都有了显著的提高，尤其青瓷制造更加成熟。

孙吴造船业发达。孙吴的造船业以军用为主，其次为商船，数量多，规模大，至孙吴灭亡时，全国有战船、商船5000余艘。商船大者"长二十余丈，高去水三二丈，望之如阁道，载六七百人，物出万斛"②。同时，孙权设置典船都尉，对造船业进行专门管理。

便利的水运以及造船业的发达，使得孙吴以水运为主的商业贸易十分活跃。武昌在此时成为三国贸易的中心。建业城内有建业大市、东市、北市。且以交、广二州为中心与林邑、扶南等多个国家都有商业往来。

(四)蜀汉经济

蜀地开发较早。秦取蜀地之后，在蜀地设郡，李冰为郡守时，在蜀地开凿都江堰。都江堰是一个以灌溉为主，兼具防洪、运输功效的综合水利工程，一经开通，蜀地"水旱从人，不知饥馑，时无荒年"，天下谓

---

① （西晋）陈寿：《三国志》卷61《陆机传》。
② （北宋）李昉：《太平御览》卷769《舟部二》。

之"天府"①。到两汉时期,蜀地土地肥美,江水滋灌,沃野千里,山林茂密,到刘备在蜀建国时,蜀地仍然是桑梓接连,黍稷油油,粳稻莫莫。诸葛亮辅政之后,意识到蜀地如此富饶与都江堰的开凿有莫大的关系,以此堰农本,国之所资,征发 1200 名男丁护守都江堰,保证了蜀地的农业发展。

在手工业方面,织锦业最是发达。诸葛亮一方面提倡种桑养蚕,开辟丝源;另一方面,设立专门的锦官管理织锦的生产。故织锦业居全国第一位,以致当时织锦"魏则市于蜀,吴亦资西道"②,待蜀亡之时,蜀库仍有锦绮、彩绢各 20 万匹,可见其生产数量之多,这也就不难理解诸葛亮曾说,决敌之资,唯仰蜀锦了。

第二节　民族政权并立的两晋南北朝

两晋南北朝(265—589)是中国历史上一段长达 320 余年的混乱时期。在这个时期内,西晋在全国实现了短暂的统一后,旋即出现了一个朝代更迭、民族政权并立的分裂局面,直到 581 年,北周外戚杨坚建立的隋朝灭掉陈国后才又重新统一了全国。这段长达 320 余年的混乱时期经历了西晋时期、东晋与十六国时期、南北朝时期。

一、两晋南北朝的更替

(一)西晋的短暂统一

三国分立之局奠定之后,魏、蜀、吴之间互有攻防。魏黄初二年(221),吴、蜀爆发夷陵之战(又称猇亭之战),蜀汉大败。此战影响巨大,吴、蜀

---

① (西晋)常璩:《华阳国志》卷 3《蜀志》。
② (唐)徐坚:《初学记》卷 27《宝器部》。

一度中断的联盟关系得以恢复。蜀汉在诸葛亮的主政下不断北伐曹魏，终无功而返。后来曹魏政权落入司马氏手中。魏景元四年（263），曹魏发动攻蜀战争，后主刘禅投降，蜀汉灭亡。魏咸熙二年（265），司马炎逼迫魏元帝禅位，从而取代曹魏政权，定都洛阳，国号晋，史称西晋。此后，孙吴政权又存续了 10 多年。晋咸宁六年（280），西晋灭吴。东汉末年以来战乱数十年，自此复归一统。

西晋初年，政治尚清明，统一后天下承平。但随着统治的稳定，统治集团逐渐陷入奢靡。同时，外戚专权，诸侯王权力过大，西晋政权危机四伏。290 年，生性鲁钝的晋惠帝继位，皇后贾南风乱政，统治集团内部矛盾加剧，终于爆发了内乱。自元康元年（291）起，持续 16 年，汝南王司马亮、楚王司马玮、赵王司马伦、齐王司马冏、长沙王司马乂、成都王司马颖、河间王司马颙、东海王司马越八王相继参与对中央权力的争夺，史称"八王之乱"。307 年，晋怀帝继位，西晋政权已摇摇欲坠。

八王之乱之际，胡人趁乱反叛。汉魏以来，统治者奉行允许胡人迁居内郡的政策，西晋沿袭这一政策。例如，关中户口百余万，其中胡人占了一半左右。① 当时以匈奴、鲜卑、羯、羌、氐五族为主的胡人大部落陆续建立起多个政权逐鹿中原。永兴元年（304），氐人李雄占成都，建立成汉；匈奴人刘渊起兵左国城（今山西方山），建立前赵。永嘉五年（311），前赵政权进攻洛阳，西晋南方诸州号称勤王的军队观望不救。不久洛阳陷落，士民 3 万余人遭杀戮，晋怀帝被掳，史称"永嘉之乱"。自此开启了少数民族政权入主中原的局面，以成汉、前赵、后赵、前凉、前燕、前秦、后燕、后秦、西秦、后凉、南凉、西凉、北凉、南燕、北燕及北夏十六国②为主的数十个政权纷起争雄，中原陷入混战百余年。永嘉七年（313），晋愍帝继位于长安。建兴四年（316），前赵政权又攻陷长安，晋愍帝被掳。至此，西

① （唐）房玄龄：《晋书》卷 56《江统传》。
② 十六国之称，得名自北魏末年的史官崔鸿撰写的《十六国春秋》。

晋灭亡,51 年短暂的统一局面结束了。

(二)东晋的偏安统治

永嘉之乱后,为躲避战乱,衣冠士民纷纷南渡长江。317 年,西晋宗室司马睿称帝,定都建康(今南京),史称东晋。东晋政权的建立有赖于北方南迁大族和南方大族的支持,其中又以王导、王敦为代表的王氏家族出力最多。司马睿在位期间,王导掌相权,王敦握军权,时称"王与马,共天下"[①]。由于皇权式微,东晋一朝在南方奉行门阀政治。[②] 永和三年(347),桓温攻克成都,成汉政权灭亡,东晋统一了南方。但东晋政权并不稳定,时有内乱。322 年至 324 年爆发了王敦之乱,王敦一度攻破建康。327 年至 329 年又有苏峻之乱,苏峻也攻破过建康。403 年爆发了桓玄之乱,桓玄甚至自称皇帝,后被刘裕击败,刘裕因此坐大,进而夺得司马氏江山。399 年至 411 年孙恩之乱更是延续了 10 多年。

东晋统治时期与北方的十六国时期大致相当。当时南北政权互有攻防。东晋政权多次北伐,由于内部纷争,功败垂成。建武元年(317),祖逖北伐,数年收复黄河以南大片失地;后来祖逖受到东晋统治阶层忌惮,忧愤而死。永和五年(349),褚裒北伐失败。永和八年(352),殷浩北伐失败。自永和十年(354)起,桓温先后发动 3 次北伐,曾取得收复洛阳的战果,最终失败。太元八年(383),前秦苻坚南侵,东晋宰相谢安主战,东晋军队以少胜多,在淝水之战中大获全胜,从而奠定东晋偏安南方之势。

东晋的统治最终被内乱所瓦解。420 年,位高权重的刘裕逼迫晋恭帝禅位,从而取代司马氏的统治地位,国号宋,史称刘宋。东晋偏安统治南方百余年后宣告灭亡。

(三)南北朝的并立

刘宋政权建立后,在中国南方地区相继出现宋、齐、梁、陈四个政权,

---

① (唐)房玄龄:《晋书》卷 98《王敦传》。

② 田余庆:《东晋门阀政治》,北京:北京大学出版社,2009 年版,第 359~362 页。

均定都建康，史称南朝。大约同时期，北方地区则陆续存在北魏、东魏、西魏、北齐和北周五朝，史称北朝。南朝、北朝各有朝代更迭，南北方长期保持对峙状态，是中国历史上一次大分裂时期。

南朝的刘宋政权除了宋文帝在位 30 年间统治比较稳定之外，其他统治者多昏庸残暴，争权夺位时有发生。479 年，将军萧道成取代刘宋皇帝称帝，国号齐，史称南齐。南齐政权在南朝之中存续时间最短，仅 23 年。南齐建国初期汲取刘宋亡国教训，统治稳定。后来又重蹈刘宋灭亡覆辙，宗室相争，江山动摇。501 年，宗室雍州刺史萧衍率军攻入建康，行废立之事，不久便结束南齐统治，自立为帝，国号梁。萧衍在位 48 年，在南朝的皇帝中统治的时期最久，最终也经历了政权的衰败。太清二年(548)，投降梁政权的东魏将军侯景倒戈。次年，侯景攻陷建康，萧衍饿死城中。557 年，梁将陈霸先在讨伐侯景的过程中壮大了势力，建立了新的政权，国号陈。

北朝的北魏是鲜卑拓跋部所建立。386 年，拓跋珪改国号为魏，史称北魏。395 年至 439 年，北魏先后击灭后燕、后秦、大夏、北凉、西秦、北燕等割据政权，统一北方。后来历经孝文帝改革、六镇之乱，北魏分裂为东魏和西魏。534 年，北魏将领、鲜卑化的汉人高欢立元善见①为帝，定都邺(今河北临漳西南)，以晋阳(今山西太原西南)为别都，高欢在晋阳掌握实权，史称东魏。535 年，北魏将领、鲜卑化的匈奴人宇文泰立元宝炬为帝，自己掌握实权，定都长安，史称西魏。550 年，高洋逼迫东魏皇帝禅位，自立称帝，国号齐，史称北齐。557 年，宇文觉逼迫西魏皇帝禅位，自立称帝，国号周，史称北周。东魏、西魏之间以及后继的北齐、北周之间互有征战。577 年，北周攻灭北齐，统一了北方。

581 年，权臣杨坚逼迫北周皇帝禅位，自立称帝，定都长安，国号隋。开皇九年(589)，隋击灭南朝的陈政权。自西晋末年开始，中国南北方分裂

---

① 经北魏孝文帝改革，拓跋氏改姓为元。

长达 300 余年，至此再度统一。

二、占田制

(一)佃客

佃客实质上是受豪强大族庇荫的依附农民。

"客"指的是脱离自己土地的人。战国以来，诸子百家文化昌盛，诸多游士周游列国，脱离生产，被称为"客"或者"宾客"。到汉朝，这些宾客身份地位逐渐下降，依附于贵族；还有部分有力少田或无立锥之地去租种豪强大族田地的佃农，也可称为客。到东汉时期，这些佃农依附性更强，逐渐沦为佃客。

到魏晋南北朝，佃客的身份在法律上得到确认，佃客的依附性越来越强，身份也越来越低微。曹魏、孙吴经常把佃客作为恩赏以各种理由赏赐豪强大族。例如，曹操就曾赐给官僚数量不等的佃客。再如，当初，曹操在皖城行屯田，吕蒙认为，皖城田地肥美，如果一年收获，那么曹操的势力必然大增，如果如此数年，那么曹操态势立现。此后吕蒙攻打皖城，黎明开始，至迟在早上九点就攻下皖城，为了嘉奖吕蒙的功绩，孙权赐给吕蒙屯田 600 户，这 600 户就作为佃客受到吕蒙的庇荫。虽然这个时期不允许非法佃客的存在，但统治者往往睁一只眼闭一只眼，或者干脆予以宽恕。例如，"故将军周瑜、程普，其有人客，皆不得问"[1]，孙权对周瑜、程普占有佃客的行为置之不理，且不许任何人问责。

至西晋时，西晋实行占田制，以法律的形式规定了不同官阶可以庇荫的佃客数量，具体如下：一品、二品官员可庇荫 15 户；三品可庇荫 10 户；四品可庇荫 7 户；五品可庇荫 5 户；六品可庇荫 3 户；七品可庇荫 2 户；八品、九品皆可庇荫 1 户。虽然西晋按照官阶限制庇荫的佃客数量，但却

---

① (西晋)陈寿：《三国志》卷 54《周瑜传》。

收效甚微，豪强大族逾制现象往往很严重。到东晋时，统治者不得不对庇荫的数量做出进一步调整。一品、二品官员可庇荫 40 户，三品可庇荫 35 户，按照官阶依次 5 户递减，九品最少，但也有 5 户，相较西晋的规定，数量上有了较大幅度的提高。而其效果仍然不大理想，非法占客的现象仍然没有杜绝。

南北朝时期，佃客仍然存在，但是此时不仅豪强大族非法占有大量佃客，连寺院都开始占有数目巨大的佃客。例如，北魏末年，就有僧尼 200 万。南朝都城建康就有僧尼 10 余万。这些寺院占有大量土地，却不必向国家缴纳赋税，致使很多人为了逃避国家的调役而削发为僧、为尼，即"假慕沙门，实避调役"①。

至于大量的农民自愿沦为佃客，一是因为少地或无地。二是因为佃客可以免除课役。南北朝僧尼数目发展迅速，一个很重要的原因就是，这些佃客受到寺院的庇荫，可以免除课役。佃客不属于国家的编户齐民，因而不用向国家缴纳赋税、担负徭役，但佃客却是豪强大族的私有财产，须供主人驱使，实际上，他们是变相的农奴，他们耕种豪强大族的土地，通过五五分成的方式获得红利，受到的剥削相当严重。此外，他们世代相袭，也就是所谓的"家代"。佃客不允许私自离开自己的土地，否则，将按"逃亡"罪论处。当然佃客也可以上升为自由民，但需要得到主人的首肯后，才可离开土地，赦免为平民。

出于各种原因，原来拥有自由身份的宾客以及少地或无地的农民依附于豪强大族，逐渐沦为佃客。佃客的身份较奴婢要高，但低于自耕农。在国家层面，佃客也没有相应的户籍，他们只能依附主人而存在。

（二）部曲

部曲在汉朝最早是军事组织，大将军营设部，部下设曲，是某人统率

---

① （北齐）魏收：《魏书》卷 114《释老志》。

下的军队。新莽时期，部曲开始向私人武装的方向发展。西汉末年，农民起义方兴未艾，为了镇压农民起义，保证既得利益，地方世家大族把自己的宗族子弟等以军事组织的形式编练起来，首次出现了宾客的部曲化。东汉末年，黄巾起义加之此后军阀混战，很多脱离土地、背井离乡的农民寻求豪强大族的庇护，而豪强大族或为自保，或为争夺土地，都急需充实武装力量，发展自己的势力。这些地方豪强遂按照军事组织的形式把这些寻求庇荫的农民组织起来，成为自己的私人武装，部曲再次大量出现。

虽然部曲在豪强的庇荫之下，但和佃客还是有所区别的。佃客只租种豪强的土地，然而部曲战时作战，无战才耕种，且耕且战，因而可以说，部曲不一定非要和土地联系起来，但必须绝对服从豪强，并向豪强宣誓效忠，而豪强则必须保证这些部曲的安全，就这点来说，和西欧的采邑分封有类似之处。后来，部曲地位愈加卑微，也更多地依附在土地之上，主要任务也逐渐变为耕田了。

南北朝后期，尤其是北周武帝期间，部曲更是沦为贱口，身份与佃客一样，高于奴婢，低于良人。此时的部曲是被禁止离开土地的，在没有主人的允许下，一经发现，按"逃亡"论罪。在《南史》中，有这样的记载，齐明帝时期，范云出任始兴内史，到郡界时发现了一些逃亡的奴婢和部曲，他把奴婢全都交给作坊，使其进行劳作；而部曲，全部拿去变卖，得到的资产全部交给官府。唐朝时，世家大族依然对逃亡的部曲有所惩罚。

唐朝所见部曲数量较少，王永兴先生在《隋唐五代经济史史料汇编校注》中条陈了 10 条关于部曲的记载。唐朝部曲数量减少，一方面可能是因为世家大族隐瞒不报，另一方面经过几百年的动乱，中国历史进入了隋唐两代相对稳定的时期，统治阶层此时更加注重发展生产，出现"贞观之治"、"开元盛世"等相对繁荣的时期。

但关于部曲法律条文的记载，我们可以窥知，唐朝时，部曲仍然被视为贱口，《唐律》中规定，部曲，不同良人。且部曲犯罪，罪加一等。例如，部曲殴打良人，则要罪加一等，而良人殴打部曲，却罪减一等；再如，部曲由于过失杀死主人，判绞刑，而如果主人过失杀掉部曲，却不论罪。又《唐律》还规定了部曲同色为婚。

近年来，学界吐鲁番出土文书的研究逐渐加深，如阿斯塔纳42号出土的《唐永徽元年（650）后某乡户口账》明确把部曲同奴婢一起统计为贱口。此外，从吐鲁番出土文书中可发现唐置的西州存在大量的部曲，关于这点，有学者认为，在西州发现大量关于部曲的记载，是因为这些部曲很多都是由良人转化而来，还有一部分是由奴婢放免而来。

综上，部曲最初是作为军事组织存在的，但越往后，部曲的依附性越强，身份地位也更加卑微，逐渐沦为贱口，但在法律上，他们同样是免课役者。

（三）占田制的实施

三国时期，为了解决军粮问题，曹魏首先实行屯田，孙吴、蜀汉也相继实行屯田，屯田制的实行一定程度上恢复了各区域经济的发展，尤其是曹魏屯田，一定程度上恢复了北方的经济，为此后北方政权能够短暂的统一奠定了基础。但是曹魏屯田发展到后期，原本的租税规定遭到破坏，统治者加强了对屯民的剥削，屯民承担的赋税越发沉重，三七分甚至二八分，不断加重的赋税徭役导致屯民不断逃亡，国家收入也受到严重影响。其次，为了拉拢世族集团，司马氏掌握政权后，把数目可观的屯民分给他们作为私产，而与此同时，这些世族集团也在不停地侵占土地，把屯民变成自己的私有财产。上面已经论述过了，这些农民作为世族集团的私有财产（也就是佃客），不用向国家缴纳赋税、担负徭役。在上述原因的影响下，国家的收入日益减少。这种情况下，屯田制显然已经不适合当下的历史潮流。

为了改变此种现状，增加收入，同时，扩大兵役和力役的受众面。咸熙元年（264），罢屯田官，均政役。泰始二年（266），此时西晋已经建立。

晋武帝司马炎再次下诏，罢农官为郡县，恢复屯田客编户齐民的身份。咸宁六年(280)，西晋正式以法令的形式在全国范围内确立了占田、课田制度。

《晋书·食货志》里规定了人民占田的数量：男子一人，占田70亩，女子一人，占田30亩。此外，丁男(男女16～60岁，为正丁)按50亩征收田租(课田50亩)，丁女按照20亩征收田租；次丁男(男女年龄在13～15岁、61～65岁，为次丁)按25亩征收田租，次丁女不再征收。12岁以下、66岁以上的男女，不用服劳役。同时规定了，远夷不征收田租的，每户需要缴纳3斛的义米，较远的缴纳5斗，最远的每人缴纳28文钱即可。至于每亩的田租大概在8升。田租之外，还有户调。西晋政府规定，丁男之户，每年要缴纳绢3匹，绵3斤；丁女及次丁男立户，缴纳半数；边郡每户只需要缴纳规定数额的2/3，更远的缴纳1/3；少数民族缴纳"賨布"1匹，远地或缴纳1丈。相较于曹魏时期绢2匹，绵2斤的规定，西晋的户调显然较曹魏时期增加了不少。

又据《天圣令·田令》中提到的宽乡和狭乡授田数额不同，狭乡的授田数额是规定数额的一半。虽然这里说的是唐朝的法令，但隋唐之制多承袭魏晋南北朝，不足额占田的农民应该是存在的。相对可能存在农民占田不足的情况，且西晋统治时间较为短暂，使得占田制真正实行的时间并不长，所以可以推断出，西晋的占田制作用非常有限。

关于占田制的作用，其实可以从两个方面来阐述。

首先，废屯田，实行占田制，把一部分屯田客从世家大族的私有财产变成国家的编户齐民，在削弱了一部分世家大族的利益的同时，国家掌握的劳动力数量有所增长；规定占田、课田的数量，在很大程度上能够起到增加国家收入，稳定社会，繁荣经济的作用。在占田制实行后的第三年，西晋户数从最初的245万增长到了377万，增加了100多万户。而社会上更是余粮栖亩，天下无穷人矣①，出现了太康时期的繁荣景象，虽然干宝的论述略显夸张，但占田制的确把一部分佃客、部曲重新纳入编户齐民的序列，也算是一种进步。

其次，占田制以法律的条文形式对世族占田做出了明确规定。西晋政府规定了官员按品阶可以庇护亲属、佃客的数量，从一品、二品15户到九品1户不等；还规定了庇护食衣客的数量，六品以上可以庇护3人，七品、八品可以庇护2人，九品可以庇护1人。占田数额从一品占田50顷到九品占田10顷，每品以5顷递减。

总体而言，西晋的占田制虽然较曹魏时期的户调有所增加，但对佃客需要三七分或二八分的田租来说，却有所下降，而且国家通过占田制，也确实把一批佃客纳入国家管理范围。而对世族占田的规定，也在一定程度上缓解了社会矛盾。

三、侨州郡县与土断

永嘉之乱后，北方大量人口南迁。据谭其骧先生统计，自东晋一代，南渡人口约90万，而当时北方人口700余万，南渡人口占北方总人口的1/8。大量的人口南渡，给刚刚建立的东晋政权以极大的压力。如果不能处理好涌入的北方人口，极有可能威胁到东晋的政治统治以及社会稳定。

除了拉拢南渡的世族，东晋统治者在地广人稀之处遍置侨州郡县——设立侨民原籍地区的地方机构。这些侨民无需入当地户籍，只需在侨州郡县入籍，即可享受免除调役的优待。东晋王朝此举，不仅解决了有可能发生的大规模流民潮，而且对北方人民也是一种极大的吸引，此后，中原地区的人口不断涌入江南。

大量人口的涌入，不仅给江南地区带来了丰富的劳动力，而且带来了

---

① （东晋）干宝：《晋纪总论》载，"牛马被野，余粮栖亩，行旅草舍，外闾不闭。民相遇者如亲，其乏者取资于道路。故于时有天下无穷人之谚"。

先进的生产技术,对进一步推动江南经济的开发起到了重要的作用。但是随之而来的还有不可忽略的利益冲突。最初被掩盖的版籍混乱的问题开始凸显出来,不仅给政府查核户口造成一定的困难,且从统治的长远考虑来看,也百害而无一利。另外,由于侨民不加入本地户籍,还享受免除赋役的优待,造成国家赋役减少。但此时,江南地区战乱较少,侨民也逐渐安定下来,若长此以往,必然影响到国家的应有收入。因此,从咸和元年(326)开始,东晋统治者先后进行了4次土断,以增加国家的劳动力。

土断,并非撤销侨州郡县,而是把侨民变成编户齐民,固定在新的籍贯上。东晋王朝的第1次土断是在成帝咸和年间,但关于此次土断的记载甚少。第2次土断发生在成帝咸康七年(341)。此次土断最主要的内容就是把北方侨民固定在新的籍贯上。东晋统治者制定了新的户籍,并分黄、白两个颜色。黄籍,用来登记本地人的户籍;白籍,用来登记侨民的户籍。

由于之前已经取消了侨民可免除赋役的优待,大量的侨民隐匿不报,或者依附于世族大家,躲避政府的调役。晋哀帝兴宁二年(364),东晋统治者开始了第3次土断,本次土断由于是在庚戌日开始的,因而也被称为"庚戌土断"。此次土断在桓温的主持下进行。土断开始后,桓温凭借强硬的手段,对挟藏户口的世族给予沉重打击,如彭城王司马玄由于隐匿5户侨民而被收押廷尉。由于桓温的强力手腕,此次土断的效果相当明显,土断后,东晋王朝"财阜国丰",扩大编户齐民的同时,国家经济有所好转。

东晋王朝在晋安帝义熙八年(412)开始了第4次土断。此次土断在刘裕的主持下进行。此后一直到刘宋代晋,统治者都非常重视土断。宋文帝刘义隆在位期间,进行了刘宋的第1次土断,此次土断影响深远,尔后的齐、梁两朝的土断,都是以本次的黄籍为蓝本整理户籍的。

侨州郡县原本是为解决大量北民南渡所造成的统治危机而实行的优抚政策,但到后期,问题逐渐显露,为了解决侨州郡县带来的问题以及增加国家收入,从东晋开始,统治者实行土断政策予以应对,而土断在解决版籍混乱和国家的赋役较少等方面都效果明显，自东晋一代到陈，统治者都进行了不同程度的土断。

四、均田制

自永嘉南渡以降，中原地区又经历十六国大乱，中原地区长期受到战乱的侵扰以及入住中原的少数民族贵族的蹂躏和破坏，这些因素导致中原萧条，自存者十五，或逃，或亡，中原地区沃野千里，罕有人烟，原有的耕田变成长期无人耕种的荒田。

诸多荒田，使得北魏初期能够计口授田。北魏相对稳定的统治，一定程度上促使因战乱而背井离乡的农民重新回到故居，然而此时，土地所有权混乱，冒认土地以及豪强大族强占土地的现象时有发生。北魏初期那种计口授田的模式显然已经不符合当时的需要。

太和九年(485)，北魏孝文帝接受李安世的建议，下令实行均田制。

北魏入住中原后，鲜卑族已经开始了汉化的过程，以牧业为主的游牧民族开始注重发展农业。原来计口授田这种村社性质的制度受到中原地区私有经济发展的巨大影响，统治者把劝课农桑作为内政的第一要务。计口授田，就是根据每家的人口数，立账簿明确每家耕种的土地数量，一夫耕种 40 亩，中男 20 亩，这种计口授田其实就是均田制的起源。[①]

太和九年(485)开始实行的均田制，使得原来接受豪强大族庇护的小农生产者纷纷请求政府授予田地，均田制在农村推广起来。均田制颇为顺利地开展，同样和拓跋氏强有力的王权不无关系。最初的拓跋氏带有浓烈的先封建因素，直到孝文帝时代，自由民阶层依然广泛存在，拥有王权的拓跋氏能够在经济方面给他们提供强有力的保障，因此，他们也乐意充当拓跋氏的军事力量，帮助拓跋氏强化王权，而后自由民阶层成为王权和地方

---

① 王仲荦：《魏晋南北朝史》，上海：上海人民出版社，2016 年版，第 488 页。

政权斗争的核心。

关于均田制的内容，大概有以下几个方面：

关于露田。均田制规定，男子在 15 岁以上授露田 40 亩，妇女 20 亩。由于当时生产技术还较为落后，因而采用二圃制的休耕法，在授田时，加倍授田。露田不能买卖，拥有授田者死后或者年老不能缴纳课税的，政府把露田收回。

关于桑麻田。政府授予男子桑田 20 亩，需要种植桑树 50 株，枣树 5 株，榆树 3 株。不适宜种植桑树的地区，授予男子麻田 40 亩，妇女麻田 5 亩。桑田是不需要交还给国家的，而且可以自由买卖，从这个角度来看，桑田具有土地私有制的性质。另外，如果露田倍亩授予不足，桑田包括在倍田之内。

关于宅田。依据新址，三口之家分宅田一亩，作为居室，但必须把宅田的 1/5 拿出来种植蔬菜。原来已经有房屋的，不在授田之列。

关于奴婢授田。奴婢和平民一样，可以授田，奴授田 40 亩，婢授田 20 亩，这两种身份的人都不授予桑田。但如果在麻布地区，奴授麻田 40 亩，婢授麻田 5 亩。此后，政府还授宅田给奴婢，奴婢 5 口授宅田一亩。然而，奴婢没有自己的经济，依附于奴隶主而存在，所以他们劳作的成果也就全归奴隶主所有。虽然政府明文规定对奴婢授田，但其实皆归奴隶主，且北魏政府并没有对授田的奴婢人数有所规定，致使均田制一开始，那些广拥奴婢的鲜卑贵族和汉族世家大族，受益最多，这也是均田制能够顺利推行，受阻颇小的原因。

关于俸禄田。地方官员给公田作为俸禄，从刺史 15 顷到县令、郡丞 6 顷不等，各有差别，而且公田不可买卖，离任时交还。

均田令的实行，是北魏统治者希望借以增加国家劳力及赋役收入，来稳定社会，巩固其统治，但奴婢授田的规定，使得鲜卑贵族和汉族贵族企图与国夺利，不愿将奴婢、佃客等编入国家户籍，为了改变这一现状，太和十年(486)，冯太后和孝文帝接受李冲的建议，推行三长制。

三长制改变了北魏此前以宗长督护制的基层组织单位，规定五家为邻，设邻长，五邻为里，设里长，五里为党，设党长。三长负责检查户口，推行均田制等，这其实是汉代乡亭闾里组织的重建。

与均田制、三长制同时推行的还有新的租调制：一夫一妇缴纳帛1匹、粟2石；15岁以上还未成婚者或拥有奴婢8口或拥有耕牛20头者，4人出一夫一妇之调。

均田制、三长制、租调制是一个互相联系的有机整体，不仅把农民和土地重新结合了起来，而且从贵族手中夺取了一部分的劳动力，有助于生产的恢复和发展。

此后，均田制虽遭到破坏，但一直到隋唐两代，历代的统治者都在这片废墟上重建均田制，不仅如此，均田制对日本也有较深的影响，在日本的律令中也多见关于均田令的规定。

五、府兵制

府兵制首创于西魏，在北周逐渐完善，一直持续到唐朝中期，天宝八载(749)停废，是西魏延续到唐朝的重要军事制度。

西魏大统年间，宇文泰初建府兵制，初建的府兵制带有强烈的鲜卑化色彩。最初府兵囊括了3支主要力量：宇文泰接手的贺拔岳的六镇鲜卑军人，也就是武川军团，其构成府兵的核心力量，兵力约千人；宇文泰击溃侯莫陈悦后，侯莫陈悦的部下李弼率部众来降，其兵力约万人；北魏原有的"六坊之众"，即北魏的宿卫军，其兵力约万人，总计不到3万人。宇文泰把这3万人分为12军，分属12位将军统领。大统三年(537)，东、西魏会战于沙苑，宇文泰将兵不足万人击溃来犯的高欢，此战后，宇文泰开始扩充军队。大统八年(542)，宇文泰正式把12军改为6军。次年，东、西魏再次会战于邙山，此役，宇文泰败北，损兵折将达6万之众，导致西魏势力大大衰减。为了补充兵源，宇文泰开始从关陇集团招兵。但关陇集团人数本来就少，使得宇文泰的此次招兵困难重重。迫不得已，宇文泰开始从汉族方面补充兵源。

随着兵源的不断扩充，宇文泰开始改组府兵，宇文泰北魏早期建八部之制，设立八柱国。除在先前的大统三年(537)，已经自任柱国大将军外，其又在大统十四年(548)，任命广陵王元欣为柱国大将军，宇文泰还任命李虎、李弼等6人为柱国大将军，然而其后的柱国大将军不过徒有虚名而已。与此同时，宇文泰仿制西周，设十二将军，分有六柱国统领。每一将军设两开府，每一开府设两仪同将军，每一仪同将军辖制1000人。那么，至大统十四年(548)，西魏府兵当在4.8万人左右，这一数字同《玉海》记载的"六柱国共有众不满五万"比较符合。

需要指出的是，带着浓烈鲜卑化色彩的府兵，经过不断的发展，逐渐汉化。以武川军团为核心的府兵，妄图回到原有的氏族关系中去，带着强烈的反汉化倾向。但大统九年(543)，宇文泰于邙山败于东魏，急切扩充兵源，开始接纳汉族子弟。不但如此，此后，汉族子弟开始进入中高级将领层面，并被赐予鲜卑大氏族，但到杨坚在北周掌权后，府兵全部改复汉姓。陈寅恪在其《隋唐制度渊源略论稿》中提出这样的观点，府兵制前期为鲜卑兵制，后期为华夏兵制。

从北周开始，府兵制又发生了一些新的变化。

恢复禁卫军的身份。府兵出现之时的身份即为"禁旅"，但由于西魏文帝不过是宇文泰的傀儡，使得府兵从创建开始就被宇文泰所操纵，所以，府兵虽然为禁卫军的性质，但文帝却不能调度。建德元年(572)，北周武帝杀宇文护，才真正把府兵大权掌握在手中。后两年，周武帝下令改军士为侍官，自此，府兵才成为名副其实的禁卫军。

扩大兵源至均田户。府兵建立之初，不编入户籍，而另立军籍，无需缴纳赋役。一月之中，府兵15日警昼巡夜，15日教旗习战，兵农分离。随着东、西魏之间不断的战争，府兵兵源短缺，为了扩大兵源，周武帝下令均田户六等户以上，家有三丁的，选一人充当府兵。开皇十年(590)，此时已经统一中国的隋文帝下令，凡是军人，都要在州县垦田籍账，而军府统领，依照旧制。隋文帝的诏令，明确了府兵也是均田制下的农民，至此，府兵制同均田制完全结合在一起。陈寅恪同样在《隋唐制度渊源略论稿》中论述了府兵前期兵农分离，后期兵农合一。

经过北周及隋的发展，府兵逐渐从兵农分离、特殊贵族制过渡到兵农合一、君主直辖制，兵力也由最初的不足三万，发展到北周时期的近 20 万，再到隋初期的 50 余万。然而到了天宝八载(749)，折冲府无兵可交，府兵制彻底结束它的历史。

六、江南的开发

东晋南朝是我国江南地区开发的重要时期，从此时开始，我国经济重心逐渐开始南移。从先秦时期开始，江南地区的发展经历了漫长的历史时期，但是一直到西汉武帝时期，江南地区仍然无饥饿之民，亦无富足之家。孙吴政权在江南地区的稳定统治以及统治者注重发展经济，使得江南地区已经获得了较快的发展，但此时，我国的经济重心仍然在北方，尤其是长期作为国都的长安、洛阳两地。然而到了东晋、南朝时，江南地区的经济出现了长足的发展，到刘宋时期，江南的稻米产量已经超过了北方。在手工业、冶炼业、纺织业、造船业等方面南方也都有了较快的发展。

(一)农业的发展

永嘉之乱导致大量北方人口南迁，南迁的人口一度占到了北方人口总数的 1/8，大量的北人南迁给本不丰足的南方造成了极大的压力，在史料中都不同程度地记载了北方人口南迁为南方带来的负面影响，三吴沃野千里，却阖门饿殍，烟火不举。江州更是白骨涂地。面对如此困局，统治者的首要之务就是增加粮食产量。从东晋一直到陈，南朝政权都力图解决小农阶层的问题，从世族手中争夺劳动力，以便他们能够重新依附土地，恢复社会生产。

南移的世家大族在江南地区建立起了庄园。这些世家大族以其强大的实力不断吸引着佃客、部曲前来投奔，这些迁徙而来的流民也不得不寻求世族的庇护，虽然这些庄园与国夺利，但客观上，世族庄园把农民和土地重新结合了起来。

几十万的北人南迁，虽然给江南地区造成了一定的压力，但是客观上却带来了劳动力。经过发展，江南之国始盛，地广田丰，民勤于本，一岁熟稔，而数郡忘饥。会稽良田数十万顷，膏腴上地，亩值一金，虽鄠、杜而不能比。

北人带来劳动力的同时，也带来了先进的生产技术。西汉时期，南方依然实行的是火耕水耨的原始耕种方式，用火焚烧地表上的草以做肥料。经过孙吴到南朝的发展，江南地区的人们已经能够精耕细作，而且区种法也开始在江南推广，并且开始用粪作为肥料。

江南地区温暖湿润，有利于农作物的生长，即使如此，东晋南朝统治者仍然注意兴修水利。比较著名的有，东晋修筑新丰塘、荻塘，受益田地分别达 800 余顷、1000 余顷。修复汉朝的旧堰，灌溉面积也达到了 200 余顷。此外，刘宋的六门堰、吴兴塘，齐的赤山塘，梁的苍陵堰，至少灌溉面积达千余顷，多者达数千余顷。

经过南北人民的辛勤劳动，江南地区的经济迅速发展，并且在某些方面开始超越北方，不仅粮食产量得以提高，而且鱼盐、丝棉都有很大的发展。

(二)手工业和商业的发展

手工业方面，经过孙吴时期的发展，江南地区的手工业基础基本较好，永嘉南渡之后，南方地区又涌入大量的手工业者，促使江南地区的手工业发展更为迅速。

纺织业：这个时期的家庭纺织业有了较大的发展。养蚕缲丝技术更加纯熟，蚕可一年四五熟，甚至一年八熟。刘裕灭后秦之后，把关中的锦工迁往江南，并在江南地区成立锦署，促进了江南的织锦业的发展。这个时期，亚麻织布技术同样得到提高，南朝末年，豫章一带还出现了鸡鸣布。江南绢布产量也不断激增，绢布价格也不断转贱，使得统治者不得收购大量的丝绵绫绢布。

盐铁业：西汉武帝盐铁官营以来，统治者历来注意把盐铁两项作为国家专营的项目。但在南朝宋、齐、梁是允许民间私盐的，到陈文帝时，政府开始征收煮海的盐赋，但可见，此时，盐仍可私营。由于政府允许私营，所以出现了像吴郡这样的产盐大区。

铁是官营的，但是出现了杂炼生铄的技术，所谓"杂炼生铄"就是把生铁和熟铁在熔炉里混杂起来冶炼，这样做的优势在于，可以有效降低冶铁成本，冶炼出的铁可以用来炼制刀剑、镰刀。这个时期，江南最有名的作坊是扬州的梅根冶和荆州的冶唐。

造纸术：元封六年(前105)，蔡侯纸风行全国，从此，造纸业就在我国各地开展起来。到了东晋南朝，纸已经完全取代了简牍，其原因在于江南地区的人们不断地改进和提高造纸术。在原料方面，人们开始利用桑皮、藤皮来造纸，这样做的好处在于，原料更容易获得，而造纸的成本也更加低廉。王羲之曾一次送给谢安存纸9万张，可见当时，纸张的数目非常可观。到梁时，又出现了四色、五色纸，显示出当时高超的造纸技术。

制瓷业：制瓷业我国在先秦时期就已存在。到了三国两晋南北朝时期，青瓷的制造技术更加成熟。江南地区的越窑规模最大，产量最高，质量也最好。越窑的产地主要在浙江一带，其特点是质地细，耐高温，含有铁质，釉色灰青，透明而润泽。安徽亳州出土的曹操家属墓葬的随葬品中，就有很多青瓷碎片，这说明当时青瓷不仅产量多，而且技术也发展到相当高的水平。

农业和手工业的发展,促进了城市、商业的发展。建康作为南朝的政治、经济中心,在梁时约有人口百万,并且有 4 个市。山阴同样人口众多,商业发达,是三吴的经济中心。东晋南朝时期,南北互市和海外贸易虽然掌握在官府手中,但是私人贸易也较为发达。交易的范围不仅涉及粮食、布帛、盐等,而且还包括明珠等奢侈品。随着商业的繁荣,商税成为政府的重要税收,大致上要缴纳的税种有市税以及估税。

总之,经过两晋南北朝的发展,江南地区已经摆脱了无富足之家的落后面貌,到隋唐以后,江南地区便成为全国经济最发达的地区之一,经济重心也在南宋时期完成了南移,江南地区彻底超过了北方。

第三节　小结

魏晋南北朝时期,各军事集团为了夺得土地、人口、权力相互间征伐不断,导致了社会动荡不安,小农阶层流离失所,出现了大量的流民,豪强贵族趁势占有大量的土地及多数的小农阶层——佃客和部曲。经济遭到严重破坏,尤其是北方经济遭受破坏较为严重。因此,1949 年以前有人把魏晋南北朝时期看作中国历史最为黑暗的时代。不过此种观点有失偏颇。魏晋南北朝时期,虽然战乱不断,但放眼整个中国古代,每个统治政权都企图完成统一,且在全国范围或局部范围内确实实现了短暂的统一,如西晋、北周等,虽然前秦淝水战败,但至少在主观上,统治者有统一全国的意图。另外这个时期,是中华民族大交融的时期,随着西晋贵族南渡,少数民族政权入主中原,无论是北魏的鲜卑贵族,还是北周的关陇集团,都有意识地推行了促进民族交融的政策,对中华民族之间的交融起到了较大的影响。这个时期的很多制度为后世所继承,如北魏的均田制、西魏的府兵制,这两种制度一直延续到唐中期,尤其是均田制甚至对日本都有较深刻的影响。经济上,江南得以开发,在某些领域已经开始超越北方。文化上，不论经学、哲学、宗教、史学著作，还是绘画、雕刻等都有重大的成就，这个时期的文化成就，为以后唐宋时期文化繁荣和发展做了充分的准备。

狄更斯在《双城记》曾说过，这是最好的时代，这是最坏的时代；这是智慧的时代，这是愚蠢的时代；这是信仰的时代，这是怀疑的时代；这是光明的季节，这是黑暗的季节。历史从来都是具备两面的存在，魏晋南北朝时期在历史的年轮中缓慢前进，逐渐把中国封建的统治推进到隋唐时代，进而走上巅峰。

第二章　魏晋风度与玄学

西汉时期，董仲舒融合儒、道、法、阴阳五行等学说，形成了自己的新儒学。这一思想体系适应了西汉大一统国家的政治需要。于是汉武帝"罢黜百家，独尊儒术"，将这种新儒学确立为官方思想。此举奠定了儒家学说的正统地位，使之成为中国传统文化的主流思想。此后几百年间，这种以天人感应的神学目的论为特征的汉代经学日趋繁琐，枝蔓庞杂。面对东汉末年以降的时代变局，原本为大一统张目的汉代经学体系无法给出合理的解释。于是思想界酝酿出一股新的社会思潮来取代它。这一新潮流在此后的历史中日益发展壮大，成长为"魏晋玄学"。

社会思想为解读特定历史环境下人的行为提供了参照。如果我们不了解玄学在何种程度上影响了当时的人，那么他们的很多言行就无法得到合理的解释。以陶渊明为例，其《饮酒·其五》是这样写的："结庐在人境，而无车马喧。问君何能尔？心远地自偏。采菊东篱下，悠然见南山。山气日夕佳，飞鸟相与还。此中有真意，欲辨已忘言。"世人多以"采菊东篱下，悠然见南山"为千古佳句，却常常忽略了最后一句"此中有真意，欲辨已忘言"的重要性。庄子曾说："吾安得夫忘言之人而与之言哉！"①陶渊明眼前的景像蕴含着什么"真意"？为什么诗人又说自己"忘言"？是真的不能用言语来形容，还是他觉得根本没必要言之凿凿？

又比如陶渊明在《五柳先生传》中以"好读书，不求甚解"自况，而且颇

---

① （战国）庄子：《庄子·外物》。

有自矜之色。此句每每成为后人读书囫囵吞枣的借口。然而这样的言语并非出于谦逊，而是对汉儒章句之学的反动，是玄学"得象忘言"、"得意忘象"学风的直观体现。平平无奇的言语中往往蕴含着极深的意味。是以要深究放任旷达的魏晋风度，我们势必要回到其时代背景及思想当中，方得见识其真实面貌。

第一节　东汉末年经学的崩解

东汉末年，群雄并起，割据纷争。洛阳与长安沦为一片废墟，两汉 400 余年积累的文化财富毁灭殆尽。据记载，董卓挟天子迁都长安的时候，烧毁洛阳的宫室，又将国家所藏典册文章"竞共剖散"。王允收拾残余，携带 70 余车图书迤逦西行，因路途艰远，"复弃其半"。被傕幸带到长安的那部分也没能幸免于难，在随后的战火当中"一时焚荡，莫不泯尽"①。如此一来，国家的思想文化中心与政治中心一起倾覆在连绵的战乱中，与之陪葬的还有长期以来的官方哲学。

一、旧思想崩溃

葛兆光在《中国思想史》中曾指出："在汉初以来学术与思想的意识形态化过程中，儒学不断修正其过分理想主义与精神主义的道德中心思路，采纳了相当多的黄、老思想为自己建构宇宙支持系统，采纳了相当多的法术思想为自己开发制度与法律系统，同时也采纳了相当多的数术方技知识为自己建设一种沟通宇宙理论与实际政治运作和实际社会生活之间的策略与手段。"②

自从汉武帝"罢黜百家，独尊儒术"以后，以董仲舒为代表的学者将道

---

① （南朝宋）范晔：《后汉书》卷 79《儒林列传》。
② 葛兆光：《中国思想史》第 1 卷，上海：复旦大学出版社，2013 年版，第 260 页。

家、法家和阴阳家等学说融入儒学之中，其他的经学家群起仿效，纷纷用神学来解释自己所依据的经典，比如《尚书》有"洪范五行"、《礼记》有"明堂阴阳"、《齐诗》有"四始五际"、《周易》有"阴阳卦气"，这样就构筑起一套以天人感应为核心的神学体系。这场立足于经学的新儒学运动既是一场政治运动，也是一场哲学运动：一方面它适应了汉代大一统国家的需要，另一方面它为当时的人们提供了一种新的思维模式和理论形态。

从西汉后期开始，儒学当中关于谶纬神学的内容越来越多。人们开始把古人的宇宙观念、天文地理知识、星占望气等技术以及神仙传说故事，与传统道德和政治学说糅合在一起。这样做的目的，一方面是试图以理论与经典提升自己的文化等级与品位，另一方面则是尝试建立一套囊括诸家、包笼天地人神、贯通终极理想的秩序。它显示了两汉时期思想的体系化与标准化倾向，促进了国家神学的诞生。

汉代统治者重视今文经学宣扬的天人感应的神学体系甚于其学术意义，所以今文经学得以长期占据官学的地位。东汉时期，国家政府在解释儒家经典、掌握思想文化资源方面占据垄断地位。先前作为思想和文化传承者的知识分子阶层则日益"边缘化"。汉明帝 10 岁即通《春秋》，且能通《尚书》，并撰有《五行章句》一部。汉明帝冬日到辟雍讲学，得意之余竟自比孔子，对随行人员讲"我为孔子，卿为子夏"，俨然一副"为人君、为人师"的做派。① 政治权力拥有者同时又是学术界领袖，催生了一批标准化的解释，导致了人们对于思想文化的普遍蔑视和固定文化体系的趋附。所以后来有一个叫樊准的人上书抨击时弊，谴责时下"博士倚席不讲，儒者竞论浮丽"的学风。② 虽然表面看上去文化繁荣昌盛，可学者们却丧失了独立的精神和自由的思想。汉代经学随之日益僵化，成为一池没有源泉的死水。

知识分子从"王者师"降格为"帝之臣仆"。一部分人摇舌鼓唇以求取当

---

① （东汉）刘珍：《东观汉记》卷 16《恒郁传》。

② （南朝宋）范晔：《后汉书》卷 32《樊宏阴识列传》。

权者的青睐，在官僚队伍中实现自身抱负；另一部分人则高标自持，恪守一种近乎教条的理想主义和古典知识，以此与他人区分开来，从而维护自身的独立地位。受理想主义的影响，社会上出现了"匹夫抗愤，处士横议，遂乃激扬名声，互相题拂，品核公卿，裁量执政"①的婞直之风，开月旦品评人物风气之先河，涌现出一批"名士"。执着于古典知识的倾向则与古文经学的发展合流，于是社会上酝酿出一种以博闻强记、寻求经典正解为特征的为学风气。

西汉中后期以降，古文经学逐渐在民间学者中普及，得到越来越多人的认可。在时人看来，今文经学之失在于牵强附会。班固（32—92）批评今文经学家说："后世经传既已乖离，博学者又不思多闻阙疑之义，而务碎义逃难，便辞巧说，破坏形体；说五字之文，至于二三万言。后进弥以驰逐，故幼童而守一艺，白首而后能言；安其所习，毁所不见，终以自蔽。"②如果说今文经学着眼于将思想转化为实用手段的话，那么古文经学家则走上一条推崇历史知识、文字知识与博物知识的道路，形成了"古学"与"通儒"的新取向。他们强调的不是神秘体验也不是任意想象，不是对圣贤哲理的敬虔心情也不是对微言大义的钩玄索隐，而是历史、事物以及语言文字的确定性知识。比如许慎的《说文解字》和《五经异义》即是通过整理文字来厘清经典的意义，其子许冲在介绍前者的博大时强调说："六艺群书之诂，皆训其意，而天地、鬼神、山川、草木、鸟兽、昆虫、杂物、奇怪、王制、礼仪、世间人事，莫不毕载。"③广见博闻与品行高洁一样，成为备受人们推崇的品格，贾逵、马融、郑玄等人相继执一时之牛耳，将此种风气发扬壮大。然则古文经学虽在治经方面优于今文经学，却缺乏理论深度，未能如今文经学一样提出系统的哲学体系。

---

① （南朝宋）范晔：《后汉书》卷 67《党锢列传》。
② （东汉）班固：《汉书》卷 30《艺文志》。
③ （东汉）许冲：《上说文解字书》。

后世今古文经学的争论愈演愈烈。两汉之间,古文经学一度逆袭,获得官学地位,但今文经学的统治地位却相当稳固。截至东汉末年,在官方和民间的共同努力下,今古文经学之争暂时平息。对于旧意识形态打击最为沉重的是黄巾军起义。这场起义将东汉王朝拖入分崩离析、生灵涂炭的境地。

随着东汉统一国家的崩溃,经学思潮失去了它所依附的主体。在汉魏之际的历史环境下,用天人感应的神学目的论对传统的宗法文化进行论证和解释已经显得不合时宜。但由于古文经学缺乏更高层次的理论兴趣,时人无法做出新的论证和解释,并提炼出一种新的哲学。传统文化中的生活准则就成了失去思想灵魂的僵死条文,无法发挥调节人们行为的作用。所以时人便自然而然地转向诸子之学中寻找有用的资源。

二、名法之学

名家以"检形定名"为根本,而后推之于制度人事,这一倾向与儒家有暗合之处。法家也主张"循名责实",是以名家通于儒、法二家,能够得到人们的认可,从而在乱世中流行于世。它沿着两条路径发展,一是品定人物,二是国家治理。

品定人物,乃是汉朝品鉴风气的结果。汉朝选士首为察举,察举重识鉴。品评人物的风气盖与之相关。当时的人认为,形质不同则才性不同,故而可以从人物的形容声色情味而推知其才性,为他们分门别类。这催生了一系列相人之法:论声则讲究"整饰音辞,出言如流",论色则要求"诚于中形于外",这都是从一个人外显的部分推断他们的性情。除此之外,还要品评他们的"精神",诸如"神姿高彻"、"神理隽彻"、"神矜可爱"、"精神渊箸"都是用来形容人物精神气质的。

在"察言观色"之后,就是"分别才性而详其所宜"。《人物志》中将人物分为12类:"清节之德,师氏之任也。法家之材,司寇之任也。术家之材,三孤之任也。三材纯备，三公之任也。三材而微，冢宰之任也。臧否之材，师氏之佐也。智意之材，冢宰之佐也。伎俩之材，司空之任也。儒学之材，安民之任也。文章之材，国史之任也。辩给之材，行人之任也。骁雄之材，将帅之任也。"①这些人应该依照他们才性品类的不同，被安插在合适的岗位上，做到"材能既殊，任政亦异"②。蔡邕《荐边让书》中说"大器之于小用，固有所不宜"③，也是在强调这一点。

单纯做到这些还不够，人们还需要"验之行为以正其名目"。因为形容动作并不准确，所以除了参照形容声色情味的"形检"外，世人还重视"名检"、"行检"，就是说要"检之行为"，核定名实，"必待居止然后识之"，"然后乃能知贤否"。汉朝取常士经由察举制，此外还有征辟制来选拔那些"超奇之人"，然而"天下内有超奇之实者本少，外冒超奇之名者极多"④。是以核定名实就显得更加重要。

国家治理这条路径是建立在品评人物的基础之上的。前文说过，汉朝察举征辟，均以人物品鉴为参照。所以自汉以来，"朝廷以名为治"，士人之中也追逐名行，出现了一种"有名者入青云，无闻者委沟渠"⑤的状况。

因为一个人的名声来自乡里之间的臧否评论，所以月旦品评人物的风气流传开来，成为一时的风尚。这种现象有好的影响，比如它会敦促人们重操行，洁身自好，同时起到奖励名节，提振世风的作用；另一方面，它也致使人们特重交游，同类翕集，互相吹捧，裹挟舆论，造成"厉行者不必知名，诈伪者得播令誉"⑥的流弊。这种弊端，在东汉中后期就显现出来。

---

① （三国魏）刘劭：《人物志·流业》。

② （三国魏）刘劭：《人物志·材能》。

③ （南朝宋）范晔：《后汉书》卷 80 下《文苑列传》。

④ 汤用彤：《魏晋玄学论稿（增订版）》，北京：生活·读书·新知三联书店，2016 年版，第 8 页。

⑤ 张海明：《玄妙之境》，长春：东北师范大学出版社，1997 年版，第 323 页。

⑥ 汤用彤：《魏晋玄学论稿（增订版）》，第 10 页。

比如晋文经、黄子艾两个人物。他们恃其才智，博取名声。等到有了一定名气，国家要征辟他们时，力辞不就。这样的行为又使得他们的名声更上一层楼，成为一时之间煊赫无比的士林领袖。直到后来有人提出异议，他们才声名渐衰，狼狈离去。可见东汉士人，名实也未必相副。

待到东汉末年，这样的状况更加泛滥。《抱朴子》说："汉末之世，灵献之时，品藻乖滥，英逸穷滞，饕餮得志，名不准实。"[①]世人有感于此，于是汉魏之际，主张核定名实的名法家思想日渐流行。汉魏之际，曹操厉行"名法之治"，加强君主集权。建安年间，曹操根据综合名实的思想，先后三次发布了不拘一格选拔人才的求贤令，取得了很大的成效。然而他并没有解决名与实之间的矛盾。在具体实践过程中，这种名法之治也出现了很多流弊，产生了一系列主观愿望与客观效果相背离的矛盾现象。

"名法之治"最大的流弊在于君主"多疑而自任"。曹魏之世，军国多事，用法深重，民多怨言。虽然有学者试图用旧的天人感应之说劝谏君主，但丝毫不起作用。这时，被董仲舒扫落的黄老思想逐渐复苏。为了扭转名法之治的偏差，重建正常的社会秩序，学者们除了主张清静无为、与民休息的黄老思想，别无其他的对症良药。于是社会上重新兴起了"娱心黄老"的风气，这为玄学的形成发展做了重要的铺垫。

三、新的方向

在汉魏之际这个历史阶段的后期，社会思想的重点已经逐渐从关注现实问题转移到玄远之学上来。当向外追求接近现实的通道受到阻遏，向内探寻的动机就变得日益强烈。在这样一个混乱的时代，人们迫切地需要一种新的思想，将经学、黄老之学、名理学等统合起来，进而构建一个全面系统的哲学理论去观察世界、处理问题。

---

① （东晋）葛洪：《抱朴子》外篇卷 20《名实》。

　　黄老之学的复兴为人们提供了形而上的思想资源，人们在《老子》中发现了"道"、"无"等概念。这继承了汉代宇宙生成论的传统说法，并在此基础上跳出旧的窠臼，提出了一种全新的世界观。一场新的哲学革命即将到来。

　　学术的变迁，一来与时代风气有关，二来有赖于治学之新方法。汤用彤《魏晋玄学论稿》认为："新学术之兴起，虽因于时风环境，然无新眼光新方法，则亦只有支离片段之言论，而不能有组织完备之新学。"①那么在有了新材料后，新的方法又是什么呢？

　　新的方法就蕴含在当时人们热衷的"言意之辨"当中。关于"言意之辨"的讨论起源于汉魏间的名法之学的评论人物。它本是为解决现实问题而提出的一项命题，却无意间提供了一把打开新哲学之门的钥匙。

　　《抱朴子》中说："区别臧否，瞻形得神，存乎其人，不可力为。"②因为在现实中检定名实的过程里，人物伪诈者甚多，而且辨别极难。人们认为圣人识鉴人物，要像《抱朴子》中说的那样瞻外形而得其神理，视之而会于无形，听之而闻于无音，以此来评量人物，百无一失。而这只可以意会，不能言宣。"意"与"言"这一组对立统一的对象就是在这种情境下出现的。

　　晋人欧阳建在《言尽意论》中说："世之论者以为'言不尽意'，由来尚矣。至乎通才达识咸以为然。"③可见魏晋间名家之学流行于世，言不尽意则是大家公认的推求名理应有的方法。当时人在月旦品评人物的过程中，渐渐默认了这一点，并成为他们普遍信奉的准则。

　　人们推求行名，目的原本在于品评人物。然而在此过程中，引出了"言不尽意"之说，最终归宗于无名无形，这就从名家转向了道家。日后王弼采纳"言不尽意"之义，加以变通，提出"得意忘言"，于是名学的原则摇身一变成了玄学家首要的方法。

---

①　汤用彤：《魏晋玄学论稿》，见《魏晋玄学论稿（增订版）》，第21页。
②　（东晋）葛洪：《抱朴子》外篇卷21《清鉴》。
③　（唐）欧阳询：《艺文类聚》卷19《言语》。

这种"得意忘言"的新方法，首先用于解释经籍。汉代经学依据"章句"，照此说理，拘泥文句。魏晋之人则注意"会通其义而不以辞害意"。这种差异的影响一直持续到隋唐时期。《世说新语》中说"北学深芜，南学清通"①。因为北学上承汉学，而南学则为玄学一脉。其次，这种方法也用于会通儒道二家之学。从学理上讲，儒道两家有根本上的差异。但魏晋人士照此新方法，主张儒、道根本上并无差异，两家典籍中的矛盾之处也可依"得意忘言"之法予以忽略，这就将两家学说统合在一个框架之内。最后，这种新方法还影响到了当时人们的立身行事，形塑了"重神理而遗形骸"的人生取向。

东汉灭亡后，统一的政治经济体制连同与之配套的意识形态分裂为一个个的碎片。如何依据新的形势，把这些碎片重新拼合起来，就成了魏晋时期人们共同面临的历史任务。道家学说的复兴，为人们提供了新的思想资源；现实问题中衍生出的"言意之辨"，为人们重新诠释经典提供了新的方法。思想资源的补充加上哲学方法的革新，促成了魏晋玄学的兴起，进而影响到整个时代的风貌。

第二节　玄意幽远——新经典诠释学的建立

诚然，人们会赋予自身行为及周边事物意义，此种意义也进一步影响其所思所想。当客观条件发生变化，先前的意义之网无法维系的时候，他们会选择再编织一张新的，然后再把自己挂上去，如是反复不止。

经典诠释，即利用传承自古代的传统经典解释时下流行的社会问题，提出一种新认识，阐发一种新思路。汉魏之际，董仲舒神化了的儒学难以适应变化了的形势。人们转而寻求另外一种全新的哲学思想，开拓一种新的思想资源，传统经典中思辨性最高的《老子》和《周易》自然而然地进入人

---

① （南朝宋）刘义庆：《世说新语》卷7之上《文学》载，"褚季野语孙安国云：'北人学问，渊综广博。'孙答曰：'南人学问，清通简要。'"

们视野。比如钟会之母就"雅好书籍，涉历众书，特好《易》、《老子》"①，而且经常用其中的内容教育钟会汲取人事的智慧。新旧思想更替之际，如何发掘经典当中的哲学思想，开拓一种崭新的思考框架，成为当时思想界的热门课题。

一、何晏、王弼的贵无论玄学

何晏（？—249），字平叔，南阳宛（今河南南阳）人。他是东汉末年大将军何进的孙子，其父何咸早亡，后来被曹操所收养。何晏年少时"明惠若神"，深得曹操喜爱。曹操教育子弟甚是严格，曹丕（187—226）在回忆父亲教育子弟时说："上（曹操）以四方扰乱，教余学射，六岁而知射。又教余骑马，八岁而知骑射矣……（余）少诵诗论，及长而备历五经四部，史、汉、诸子百家之言，靡不毕览。"②何晏从小与曹氏子弟一起成长，所受教育也大抵如此，这为他日后的发展打下了良好基础。

何晏的青年时代在邺城度过，其《景福殿赋》等文学作品表明他或多或少地受到当时邺下文人的熏陶感染，具有较高的文学造诣。虽然何晏颇得曹操欢心，却素与曹氏子弟不睦，在曹丕、曹叡（204—239）当政的黄初、太和期间，他受到排挤，郁郁不得志，更多的是作为"篇章之士"为君王歌功颂德，难有作为。

曹叡死后，曹爽起用何晏，任其为吏部尚书。正始年间（240—249），何晏迎来生命中的转折点。他奖掖后进，鼓励创新，利用自己的声望积极促进思想领域的变革，成为"正始玄风"的主要倡导者和领袖人物。在此期间，其哲学家与政治家的双重身份开始形成尖锐矛盾。作为哲学家的成功使得他开创了一代玄学风气，而作为政治家的失败则令其在政治斗争中失

---

① （西晋）陈寿：《三国志》卷28《钟会传》。
② 《全三国文》卷8《自叙》。

利，惨遭诛杀。

何晏的著作只有《论语集解》完整保存下来，但其玄学思想更多地保存在《道德论》(又作《道德二论》)当中。可惜全文已佚，只在张湛的《列子注》中保存了引自《道论》和《无名论》的两个片段。在这些吉光片羽的文字中，我们可以看出何晏为玄学确立了一个总的原则，叫作"以无为本"。

何晏认为，"有"就是存在，既包括各种直观的物象，也涵盖各类人事。与"有"相对的是"无"，意指一种语言不能表达、感觉也无法把握却在实际上支配着"有"的存在。这种"无"也可以用"道"来称呼，是从存在中抽象出来的，与"有"相互依存，二者缺一不可。基于此种认识，何晏提出了"名教本于自然"的思想。他对名教中以孝悌为核心的宗法伦理关系相当重视，也充分肯定了儒家所提出的其他一系列规范。所谓"名教"，从本质上来说是由长期的历史发展所形成的一套完整的封建宗法等级制度，对应着前文提到的"有"。而"自然"则是指冥冥之中支配着自然界的和谐规律，对应着前面的"无"。人们需要顺应这种规律，才能构建一个和谐自由、调适畅达的现实社会。"自然"取代了西汉以来的神学，成为人们创造历史的精神力量。

何晏的思想表明他一方面坚持儒家以名教为特征的价值观念，另一方面又在试图用一种新的哲学来取代汉儒的神学目的论。他试图把"有"与"无"，"名教"与"自然"等联系在一起，进而联结起"自然之道"与"内圣外王之道"，提出一种新的思想方向。然而何晏在论证时常常陷入将"有"与"无"割裂开的方法论困境。如何由无以全有，再由有而返无，通过一种反复循环的关系使"有"与"无"紧密结合。这个问题始终困扰着何晏，因此他无法对《老子》和《周易》这两部经典做出全面的解释，更没能构建一个完整的哲学系统以满足当时人们对高层次哲学思想的普遍期待。

新的哲学观念常常在重新解释经典的过程中产生。要建立一个新的哲学体系，必须有一套新的解释经典的方法。余敦康提出，贵无论玄学的创立可能经历了两个阶段。他认为"前一阶段主要着重于确立本体比现象更根本的观点，论证现象世界纷然杂陈，千变万化，万物虽众，其本为一。后一阶段才把本体与现象之间反复循环的关系突出为重点"[①]。何晏难以突破瓶颈，所以停滞在两个阶段之间，直到他听到王弼解决该问题的思路，才恍然大悟，由衷赞叹"仲尼称后生可畏，若斯人者，可与言天人之际乎"[②]。

王弼，字辅嗣，山阳高平（今山东金乡）人。现存史料表明，王弼为刘表（142—208）的外曾孙，王粲（177—217）的嗣孙。王家是当地的名门望族，王粲的曾祖父王龚和祖父王畅皆位至三公，本人则跻身"建安七子"之间。王粲曾获得东汉大儒蔡邕的万卷藏书，后归之于王弼之父王业。王弼及其兄长王宏自幼生活在这样一个掌握丰富文化资源、具有浓郁学术氛围的家庭里，为他早熟的哲学天才打下了良好的基础。

王弼15岁左右时，父亲王业带他去见好友裴徽。裴徽素来与何晏友善，他一见面就向王弼提出了当时思想界普遍关注又不得其解的关键问题，即如何以"无"作为"万物之所资"的本体来说明解释现实中一系列纷然杂陈的现象。《世说新语》中记载裴徽询问王弼："夫无者，诚万物之所资，圣人莫肯致言，而老子申之无已，何邪？"王弼答道："圣人体无，无又不可以训，故言必及有；老庄未免于有，恒训其所不足。"[③]在他看来，孔子由于对无有了深刻的体验，尽管从来不说无而只是谈有，却处处都揭示了那隐蔽着的宇宙本体。老子虽然对无直接加以训说，却只能停留于现象，而没能上升到更高的层次。前文讲到何晏对如何论证"有"与"无"之间的关系束手无策，王弼甫一开始就沿着何晏的思考路径将研究推向深入，体现出一种少年老成的哲学洞见。

他的基本思想集中体现在《周易略例》和《老子指略》两部著作之中。在书里，王弼阐述了他对《周易》和《老子》主要思想的理解以及如此理解的依

---

① 余敦康：《魏晋玄学史》，北京：北京大学出版社，2016年版，第78～79页。
② （西晋）陆寿：《三国志》卷28《钟会传》。
③ （南朝宋）刘义庆：《世说新语》卷7之下《文学》。

据，以一种有无互训的方法解决了儒道之间的矛盾。王弼不仅全面解释了两部经典，而且使其中的思想形成一种互补的关系，由此展开为取代汉代神学目的论的新的内圣外王之道，迎合了时代的需要。

关于《老子》，王弼将其主要思想概括为"崇本息末"四字，较之何晏的"以无为本"更进一步。"以无为本"是"崇本息末"的必要理论前提，因为如果不首先确立起"无"是万物根本的观念，那么"崇本"就无从谈起。但如果仅仅局限于"无"，不在抽象的道理和具象的人事之间建立起一种有机的联系，那么就会像何晏一样流于空疏。王弼结合"无"与"有"的能力更强，着重探索本体与现象二者之间的关系。他对当时发源于政治领域的"崇本息末"一词赋予新义，认为本末关系就是"无"与"有"的关系，所谓"崇本息末"就是要发挥本体对于现象的统率作用。

由于时代的变迁，源自先秦的《老子》与汉魏之际的社会现实势必存在一些不兼容的部分。为了争取更大的解释空间，王弼则援引"言意之辨"的结论，即"得意忘言"，反复强调，要着重领会其精神实质，不能拘泥个别的文句。通过这样的处理方式，王弼一方面抛弃了《老子》当中一些不合时宜的具体说法，另一方面结合当时的时代课题对其中的思想进行创造性的理解，从而使这部经典焕发出新的生机。

对于《周易》，王弼与何晏面临着一样的困境。汉儒从象数出发，对这部经典的发挥和演绎，形成了一套逻辑严密、异常复杂的解释体系，后来人如不能跳出窠臼，终究无法提炼出新的认识，何晏即一例。此前用来破解《老子》的"得意忘言"再一次派上用处，王弼主张根据这一原则扫落象数，提出"寻言以观象"，"寻象以观意"，最终"忘象以求其意"。

唐人李鼎祚曾指出郑玄的易学"多参天象"，而王弼的易学则"全释人事"，这也体现出王氏之学打通本体与现象的努力。《周易》关于人事方面的智慧，主要集中在卦爻辞和《彖传》和《象传》之中，64卦所显示的都是一些具体的情境，如何用一种总括性的思想统领众卦及其附带的传注，提高到世界观的形态，这是创建新易学必须攻克的难题。

王弼在《明象》和《明象》中避开了过往学者根据《系辞》用"一阴一阳之谓道"来统率全书的说法，只是将自己的总体性哲学贯穿在卦义当中，着重阐发各个具体卦象当中的理，从而结合理论与现实。他指出，"言生于象"，"象生于意"，"意以象著"，"象以言著"，在"言"、"象"、"意"三者之间架起了一座沟通的桥梁。其中"意"是根本性的，也是最重要的。王弼通过这样的处理，揭示出他所认为《周易》中的必然之理，做出了全面的崭新的解释。这就在传统"象数"的论述之上构建了一层新的意义，从而被称作"义理派易学"。

《老子指略》和《周易略例》好比王弼贵无论哲学的两翼，前者侧重于抽象的思辨，后者倾向于用理论说明现象。这就保证了王弼在谈论本体时，能够由体及用；在讨论现象时，也能由用及体。于是，《老子》与《周易》之间的矛盾顺利解决，形成了一种有无互补的关系，实现了有机的统一。具体到为人处世，王弼依据此种哲学提出"圣人有情"的观点，认为人生在世，应当"应物而无累于物"，为当时广大的知识分子树立了一个理想的人格形象，上承建安文学的传统，下启整个魏晋南北朝的一代玄风。自他以后，竹林七贤、元康名士以及东晋名士，几乎都以此作为自己追求的最高人格理想，该观点也为一种新的内圣外王之道奠定了坚实的理论基础。

"天才卓出"的王弼卒于正始十年（249），时年 24 岁。也许他本可以取得更大的成就，但即便如此，他的思想火花已足够照亮一个时代。

二、阮籍、嵇康的自然论玄学

阮籍（210—263）、嵇康（224—263）与何晏、王弼是同时代人，但过世的时间较晚。阮籍死于景元四年（263），嵇康死于景元三年（262），比何晏、王弼多活了 10 余年。正是在这 10 余年期间，政治局势进一步恶化，知识分子面对魏晋禅代的乱局，备感现实的苦闷，思想精神上也有所变化。

阮籍、嵇康二人的自然论玄学思想是从何晏、王弼的贵无论玄学思想发展而来。从"无"与"有","本体"与"现象","自然"与"名教"的对应关系来看,自然论玄学与贵无论玄学一脉相承。4人在正始年间也都倾向于将"无"与"有","自然"与"名教"相结合。

阮籍"本有济世志,属魏晋之际,天下多故,名士少有全者,(阮)籍由是不与世事,遂酣饮为常"①。阮籍早年所著的《乐论》和《通易论》中认为天地自然处于一种和谐的状态,以君臣、父子、夫妇为内容的"名教"效法自然,本身也是和谐的,即便偶有失衡,也可以通过人事加以补救。但是后来,他在现实当中看不到实现理想的希望,只得纵酒狂欢,逃避现实。可见其放浪形骸原非心之所向,只是迫于险恶的政治环境才不得不如此。

嵇康亦是如此,早年间寄希望于优秀人物实现理想政治,充满乐观的心态和昂扬的情绪。随着政治局势的变化,原来的精神支柱崩溃,其内心承受了巨大的痛苦,思想也随之发生改变,被迫重新在理想与现实、个人与环境之间建立一种新的平衡。如果"名教"出现了弊端,变得不合理,人们就会对它进行调整和改造。早在东汉末年,就有人主张以"真实"来纠正名教中的虚伪,他们认为:"君子之所以动天地、应神明、正万物而成王治者,必本乎真实而已。"②出于对现实政治的不满,嵇康和阮籍抛出了以"自然"为本,以"名教"为末的观点。

随着曹氏、司马氏之间的政治斗争愈演愈烈,阮籍、嵇康等人逐渐认清此前将"自然"与"名教"结合的想法难以实现,"名教"与"自然"分裂为对立的两极,相互排斥。于是理所当然地从"崇本以息末"的命题逻辑推导出"越名教而任自然"的结论。阮籍在《达庄论》和《大人先生传》中站在"自然"的立场上,对"名教"当中的种种虚伪、荒谬、残酷和狡诈进行了猛烈的抨击。嵇康则在《释私论》中高呼"越名教而任自然"的口号。从表面上看,二

---

① (唐)房玄龄:《晋书》卷49《阮籍传》。
② (东汉)荀悦:《申鉴》卷1《政体》。

人的言论反映了"自然"与"名教"的对立，实质上却并非如此。与其这样讲，不如说反映的是理想与现实之间的矛盾。他们批判"名教"，并非因为其本身，而是现实生活中的"名教"不合乎"自然"。换言之，他们通过倡导"自然"来呼吁改造"名教"，使之合乎"自然"、重归于和谐。

由于阮籍、嵇康等知识分子对"自然"的推崇，很多人加以仿效，开始寻求顺应"自然"的生活方式。人的问题取代了宇宙问题，主体自身的问题取代了世界本源的问题，人生哲学取代了政治哲学。时人开始将自身处境及内心感受带入玄学思维，逐渐深入到自我意识与精神境界的问题当中。

社会思想常常处于钟摆运动当中。司马氏集团在篡夺曹魏政权期间，以"名教"为幌子，罗织罪名，杀戮了大批名士。"名教"变成了镇压工具的代名词，让人们为之感到寒心。因此钟摆从何晏、王弼主张调和"自然"与"名教"的贵无论玄学出发，摆向追求"自然"，菲薄"名教"的一端。等到西晋巩固了自身的统治地位，一切尘埃落定、万众归心时，便又生出一股为"名教"正名的崇有论玄学。

三、裴頠的崇有论玄学

裴頠生于西晋泰始三年（267），死于永康元年（300）的"八王之乱"中。在他生活的时期，人们在经历了长期的分裂和战乱后，普遍为天下重归一统感到兴奋和欣喜。国家安定后，纲常名教成为维护和巩固政权的必需品。因此为"名教"正名，调整当时陷入混乱的各种人际关系，补救先前阮籍、嵇康主张"越名教而任自然"而造成的思想路线偏离，成为西晋初年的时代课题。

为了回应这一课题，裴頠撰写了《崇有论》一文，该文篇幅不长，但文约义丰、逻辑严密。有些史料记载，裴頠著有《崇有论》、《贵无论》二文。但目前仅有《崇有论》流传下来，所以我们目前只能根据这一短篇来研究裴頠的思想，从中管窥一些倾向和思路。至于裴氏玄学体系的全豹，似乎难以得见。

《崇有论》的基本思想即通过以有为本的本体论来建立一种内圣外王之道。裴頠认为总括群"有"的存在本身就是本体，除此以外别无本体。群"有"不是抽象的，而是由各个具体的存在总和而成。各个具体的事物，只是群"有"当中分出来的"有"罢了。所以事物生成的脉络可以为人所知晓，即所谓的"理"，"有"是"理"具象化的表现。

裴頠消解了王弼、阮籍、嵇康等人贵"无"的观点。他认为，人们为了节制欲望而推崇贵无论，然而这却并非最佳对策，反而会导致人们非议礼法引起政治上的统治危机、社会上的伦理道德危机。要解决这一问题，最佳的解决策略只能是礼制和"名教"，而这恰恰落在"有"的范畴。既然"无"的地位不再被承认，那么与之相对应的"自然"也不再重要，要解决当下的问题，不必援引外在的天道或自然，直接从社会存在本身走出一条内圣外王之路即可。

根据裴頠的说法，只有崇有才能有益于世道人心。然而他的学说也有难以解决的缺陷，比如他将"有"与本体等同起来，那么现象便无从安置。如果说"有"既是本体又是现象，那么他们之间的复杂关系又该如何解释？因此裴頠虽然批驳了贵无论玄学，但是难以建立一个自洽的崇有论体系。其学说也只能作为何晏、王弼贵无论玄学的反题，通过反面的批驳揭示其不通之处，帮助何晏、王弼完善理论。

四、郭象的独化论玄学

玄学从何晏、王弼的贵无论出发，经历阮籍、嵇康的自然论，以及裴頠的崇有论，走过了一个螺旋上升的过程。阮籍、嵇康强调了何、王之学当中自然的重要意义，裴頠则深入探讨了"名教"不可或缺的地位。两组看似对立的讨论将玄学原本的讨论导向更高的层次。有人认为阮、嵇二人的学说是贵无论哲学的正题，裴頠的观点是其反题，最终综合两派意见加以调和，重新提出综合主张的郭象，则象征着玄学的合题。

郭象约生于魏嘉平四年(252)，死于西晋永嘉六年(312)，经历了西晋王朝从建立到灭亡的整个过程。八王之乱及永嘉之乱给西晋的统治造成了毁灭性的打击。遭临此变，之前相互对立的两派玄学思想各自开始朝向自己的对立面转化。着眼于"越名教而任自然"的超越一派被迫承认现实是难以超越的；而立足于现实的一派也同样意识到必须对现实加以超越。他们在不同的侧面丰富了玄学的内容，到了郭象的时代，又开始复归于调和"自然"与"名教"之间关系的主题，进入综合总结的阶段。

根据记载，郭象为人一方面是"好老庄，能清言"，"州郡辟召，不就"，"常闲居，以文论自娱"，对现实抱着一种超然物外的态度；另一方面又热衷于追权逐势，当东海王司马越结以恩遇时，"遂任职当权，熏灼内外"，表现出一种迎合现实的态度。① 郭象的人生体现了调和出世与入世的两面性和难以妥善处理超越于现实之间关系的矛盾性，其学说亦是如此。

郭象的玄学致力于调和，他要证明"自然"就是"名教"，"名教"就是"自然"，超越的玄冥之境非但不在"名教"之外，反而恰恰就在"名教"之中。在他看来，阮籍和嵇康主张在"名教"之外寻求的超越是不存在的，他们只能走向反面，屈从于现实；而裴颜力主的"名教"因为脱离了"自然"而窒息，同样导致了人在现实面前的奴化。因此，郭象一方面针对前者指出现实是难以超越的，另一方面则提醒后者现实是必须超越的，这就是他新提出的独化论。

从阮籍、嵇康起，玄学家开始重视《庄子》这部经典著作，并且着重阐发其中追求个人精神自由的内涵。庄学取代老学成为玄学的重心所在，郭象的很多思想就体现在其为《庄子》所作的注当中。《庄子论》可以看成是郭象玄学体系的一个总纲。在这篇序言中，可以看出郭象玄学的主题是将"自然"与"名教"重新结合起来，重点阐明内圣外王之道。

---

① （唐）房玄龄：《晋书》卷 50《郭象传》。

在郭象看来,庄子思想的主旨包含了自然与社会两个方面。从自然的角度来讲,庄子要"通天地之统,序万物之性,达生死之变"①。从社会的角度来说,他要"明内圣外王之道"。贯穿二者的总括性思想就是独化,这就是说,每个事物虽然都按照自己的特性而独化,却并非彼此孤立,而是结成一种协同关系,创造出整体的和谐。郭象吸收裴頠"自生"的说法,摒弃早先"以无为本"的观点,却不像阮、嵇那样主张超越名教,而仅要求人们超越自己矜夸、贪婪、躁动的思想,从而"独化于玄冥之境"。

综合来看,郭象的玄学体系大体包括 3 个层次。首先,他用独化论来证明自然和社会中存在一种和谐,将种种社会现象都看成独化,每个个体都是一个小系统,它们彼此之间存在协同作用,整个社会的大系统也随之趋于和谐。其次,他从各个方面来探索这种和谐被破坏的原因,认为之所以会如此,是因为人们丧失了自己的自然本性,纷纷去追求性分以外的东西。最后,他提出了一种在现实中超越的人生哲学,塑造了一种理想的人格,宣扬"我无为而天下自化",进而形塑一种新的和谐。

在郭象生活的年代,玄学已经进入综合总结的阶段。永嘉之世,理论的逻辑和现实的逻辑形成了一种鲜明的对照。事实证明,玄学对于挽救西晋王朝于危亡并无太大助益。虽然它在后来东晋南朝期间的政治生活中发挥了一定的功效,但玄学归根结底是一种精神上的追求,现实中的超越。其最伟大的功绩在于反映了现实中人们的共同理想,并殚精竭虑地去实现这种理想,重建一种秩序。

一方面,玄学发展到郭象这一代,已经基本成形;另一方面,东汉时期传入中国的佛教在此时期逐渐发展壮大。初期的佛教在玄学当中汲取营养,结合阐发佛教教义,实现本土化,是以魏晋时期有"佛道"之称。久而久之,佛教逐渐独立出来,凭借其广泛的群众基础,成为一种广泛流传的

---

① (西晋)郭象:《庄子注·序》。

宗教，发展为"南朝四百八十寺"的繁盛景象。

第三节 魏晋风度与文学艺术

汤用彤在分析思想与文化的关系时指出："此一时代各种文化活动靡不受此新方法、新理论之陶铸而各发挥此一时代之新型，而新时代之形成即在其哲学、道德、政治、文学艺术各方面均有同方向之新表现，并因此种各方面之新表现而划为另一时代。"①所谓魏晋思想，主要为玄学思想，是以下文论述玄学与社会风尚、文学、美术等方面的关系。

一、魏晋风度

说起魏晋风度，恐不得不提及鲁迅《魏晋风度及文章与药及酒之关系》一文。

文中说的药是五石散，主要由石钟乳、石硫黄、白石英、紫石英、赤石脂五味组成，据说服食此药能令人转弱为强。根据隋代巢元方的《诸病源候论》一书记载，五石散毒性极大，服下之后不能休息，必须走路不可，名曰"行散"，否则便会因毒性不能"散发"而死。走过之后，全身发烧，继而发冷。这时必须少衣、冷食，用凉水浇身，反之则可能丧命。又由于皮肤易磨损，所以不能穿窄衣。是以当时人诗作中经常会见到"行散"的字眼，宽袍大袖、不鞋而屐的着装风格流行开来。一时间，就连不服用五石散的人也附庸风雅，轻裘缓带成为社会风尚，造就了魏晋人超脱飘逸的形象。

晋人皇甫谧曾专门作文讲述服散之苦，说倘使药性一发，稍不留心即会丧命，至少也要受到非常的苦痛，或要发疯；本来很聪明的人，可能也会因此变成痴呆。是以晋人当中有许多脾气很坏、性暴如火、高傲狂放的，

---

① 汤用彤：《魏晋玄学史和文学理论》，见《魏晋玄学论稿（增订版）》，第178页。

据说有人因苍蝇扰他，竟拔剑追赶，也有人讲话糊糊涂涂，类似疯癫。可当时却不乏目之为美的，药与社会风气的关系，竟一至于斯！

图2.1 竹林七贤与荣启期

影响时人精神风貌的另一个因素是酒，代表人物是以阮籍、嵇康为首的"竹林名士"，因为统共有七人，所以又称"竹林七贤"。他们高歌纵酒，衣衫尽除，全然无视别人的观感，有时竟因此引出许多趣事来。

比如作过《酒德颂》的刘伶。有一天客人前去家中拜访，眼见醉醺醺的刘伶赤身露体。看到客人嗔怪，刘伶反问道：天地是我的房屋，房屋是我的衣服，你们为什么钻到我的裤子里来？

又比如阮籍，当时司马氏谋篡之心已昭然若揭。阮籍身为社会名流，不便讲话，就只好多饮酒，少说话，即便讲错了，也能以酒后失言为借口。有一回司马懿想同阮籍结为亲家，派去的使者到了阮籍家，可是阮籍一醉就是两个月，根本没给使者开口的机会。

酒是避世之乡，晋人在醉生梦死中逃避着、等待着、也追逐向往着。在外人看来，他们洒脱不羁，遗世独立，于是这种习惯又辗转流传开去，影响到更多人。因此就出现了很多无意义的服药和饮酒的行为。许多人仰慕何晏、王弼、阮籍、嵇康等人的名气，"虽不能至然心向往之"，学起他们的皮毛来也格外起劲，反倒不了解他们的内在思想，于是乎虽然有了"风度"，却少了几分"风骨"。

然而，一个时代的风貌，固不能由特定的某样事物来决定，服药也好、饮酒也罢，要理解时人为何这样做事情，就必须关注他们是怎样想问题的。

《世说新语》中记载，东晋初年，郗鉴派遣门生去见丞相王导，表达与琅琊王氏联姻的意愿，想在王氏子侄中挑选一人为婿。王导对来人说，王家子弟都在东厢房，你可前去任意挑选。门生回去见到郗鉴禀告道："王家的年轻人都非常优秀，知道我是去选婿的，均表现得非常矜持。只有一个小伙子，躺在床上袒露着肚子，就好像不知道这回事一样。"郗鉴反倒赞叹："如此正好！"

卧床坦腹的年轻人就是后来的"书圣"王羲之，这个掌故不断演变，凝练为一个成语——"东床快婿"。为什么郗鉴会对王羲之赞叹不已？或许当其他人都整装敛容时，只有王羲之保持了一份放任和洒脱，显示出了卓尔不凡的气度，这才被郗鉴相中吧。王羲之的一生中贯穿着这份气度，比如《晋书·王羲之传》中所记王羲之写经换鹅的故事，可见其一生行事自在随意。郗鉴选婿，不是选了一个人品最差的，而是挑到一个在当时社会评价标准下涵养最高的。

《世说新语》中还记载了一则谢安的趣事。时值东晋与前秦之间战况正酣，谢安在家与客人下棋。忽然传来了淝水之战的战报，谢安看完信，沉默无言，又开始不紧不慢地下棋。客人询问战况如何，谢安回答说："孩子们大破敌军。"整个过程中，神态表情，与平常毫无差异。《晋书·谢安传》中讲了剩下的一半故事：送走客人后，谢安回到内宅，心中狂喜，进门时因为门槛太高，木屐碰到门槛，连木屐的齿都磕坏了。谢安自身的修养可见一斑。早年间桓温曾服膺谢安的旷达之风，此则故事更好地证明了这一点。尽管心中波涛汹涌，但喜怒却不形于色，这与晋人追求的物我两忘的境界岂有差异？

归根结底，"魏晋风度"的文化之根还是扎在当时的思想环境中。就好像不了解阮籍、嵇康"越名教而任自然"的思想主张，我们就无法明白他们的高歌纵酒、放任旷达。不了解玄学自身的追求，我们就难以理解由此延伸出的社会风尚，自然也看不透王羲之、谢安言谈举止的深层意义。

二、文学与玄学

(一)三曹与建安文学

建安时期，涌现出了不少著名的诗人，他们的作品，除了受到乐府民歌极深的影响外，还受到了《楚辞》、汉赋、《古诗十九首》等的影响。

东汉末年，政治上外戚、宦官轮流执政，党锢之争，政局动荡不安，加之天灾不断，导致民不聊生。光和七年(184)，爆发了黄巾起义，黄巾起义虽然最终被镇压，但是却加速了东汉的灭亡，而东汉王朝的统治，实际上已经土崩瓦解。在东汉王朝的废墟上并没有建立起稳定的社会秩序，相反，在镇压黄巾起义过程中，地方官僚和豪强地主趁机坐大，随之而来的便是董卓之乱、牧守混战、军阀割据。身处战乱之中的文人，即使是统治阶级中的文人，都无一幸免遭受战争的冲击。他们根据在战争乱离中的切身经历，通过诗赋的形式把所见所闻、可悲可泣的富有社会内容的事情表达出来，因而，这个时期的文学，多以描写战乱、人民疾苦和渴望国家统一为主题。

关于建安文学的成因，史学界历来有多种观点：其一，曹氏父子对文学创作的重视和奖掖；其二，社会思潮的影响。一般认为，汉末的社会动乱促使了儒学的衰微，进而使文学脱离了经学的附庸地位而获得了独立，文人们对文学的功能有了新的认识，文学创作也由此进入了一个比较自觉的阶段；其三，建安文人有着比较渊博的学问、良好的文学修养和艺术修养；其四，对以往文学传统的继承和发展。以往的观点多强调建安文人继承了《诗经》以来，尤其是乐府民歌现实主义传统，但陆续又有学者指出，建安文学对《楚辞》、汉赋、《古诗十九首》等也有较为有益的借鉴。

建安文学的代表人物，有曹操父子、王粲、陈琳、蔡琰等人。

曹操，不仅是三国时期著名的政治家，而且在文学上也有很高的造诣。曹操的诗歌受到乐府极深的影响，因此，他的诗歌多模拟乐府，节奏响亮，史称曹操"造新诗，被之管弦，皆成乐章"①，更是被鲁迅誉为"改造文章的祖师"。曹操的诗歌，流传到现在的有 20 首左右，他通过乐府这一形式，来抒发自己的思想感情和当时的乱离情况。他的代表作有《蒿里行》、《碣石篇》、《龟虽寿》等。

曹丕，曹操的次子，即后来的魏文帝。曹丕的作品从诗体来看可分为五言和七言。其中，他的七言诗，虽然沿用了乐府的形式，诗的基调伤感悲沉，但他采用七言的句法，在当时是一种创新，这种诗体较之四言、五言，能够更加完善地表达思想。《燕歌行》是曹丕七言诗的代表作，算是现存最早最完整的七言诗。

曹丕对文学创作和文学批评也有过积极的影响，其主要思想收录在他所著《典论》中的《论文》篇。他认为，文体从根本上说有共同性，但由于具体效用不同，可以分成不同的体裁，即所谓"本同而末异"。曹丕在《论文》篇中还批评了文人相轻的陋习，认为"文以气为主"，即文人的个性不同，创造的风格也就有所不同，任何人都不能勉强他人消除这个差别。

---

① （西晋）陈寿：《三国志》卷 1《武帝操》。

图 2.2　曹植像

曹植，曹丕同母弟。曹植从小就聪慧过人，有良好的文学教养，十几岁就能够诵读诗论、辞赋数十万言，且擅长写文章。关于曹植的文学创作，在中华人民共和国成立后，学者都多有研究，也各有不同。郭沫若先生认为，曹植的作品多出于摹仿，而且开了六朝骈俪文字的先河，其文学史上的地位，是大半封建意识凑成了他。但郭沫若先生的说法并没有得到多数人的认可，多数学者认为，无论从思想内容还是从艺术形式看，曹植在文学创作上的成就不能低估。

曹植的文学创作可分为两个时期，以曹丕称帝为界。前期的文学创作中，曹植的风格辞藻华丽，文才富艳，得到曹操的宠爱。这个时期的诗歌除了反映战乱和人民疾苦外，主要是表现政治抱负，向往建功立业。例如，《送应氏》中反映洛阳战后残破景象的诗句；《泰山梁甫行》把贫民战乱后贫困、艰辛的生活跃然纸上。曹丕称帝后，曹植深受猜忌，动辄得咎，加之曹操死后悲恸不已，这个时期，曹植创作的作品多包含他心灵深处巨大的哀痛，展现他悲伤的生命流程，因而，悲剧性就成为他文学创作的基本特征。曹植虽贵为王侯，但久处逆境，反而使他更加深刻体会到现实的哀怨牢愁。

就这两个时期而言，曹植的文学创作又共同呈现出了世俗化的特点。所谓世俗化，就是摆脱礼法的桎梏，从板滞的礼教中解放出来，更加随意、更贴近日常生活。曹植的文学创作更加生活化。王夫之曾评价曹植：

曲引清发，动止感人，乃可不愧作者。子建横得大名，酌其定品，正在陈琳、阮瑀之下。《公燕》、《侍坐》拖沓如肥人度暑，一令旁观者眉重，而识趣卑下，往往以流俗语入吟咏，几为方干、杜荀鹤一流人作俑，而潘尼、沈约、骆宾王、李顾皆其嫡系。如"良田无晚岁，膏泽多丰年。亮怀璠玙美，积久德弥宣"，以腐重之辞，写鄙秽之情，风雅至此扫地尽矣。又如"积善有余庆，荣枯立可须"，居然一乡约老叟壁上语。至云"看〔肴〕来不虚归，觞至反无余"，则谰涎喷人，止堪为悲田院作谱耳。古今人瞳眬双眼，生为此儿埋没。其父篡祚，其子篡名，无将之诛，当不下于阿瞒。①

王夫之虽然对曹植的评价有失偏颇，但也不无道理，曹植在文学创作的过程，不仅在表现形式及情感上，而且在表现内容上，都有了世俗化的倾向，文学作品也更生活化。

总体来说，曹植诗歌的特色，是在乐府民歌的基础上，进一步加工、提炼，根据自身境遇的变化创作而成，又形成一定的新的风格，不仅可以任意描写景物，而且可以歌物咏志，抒发情感，可以说把五言诗推进到了成熟的境界。

建安文学的代表人物除了三曹之外，曹丕在《典论·论文》还提到了建安七子，即鲁之孔融、广陵陈琳、山阳王粲、北海徐干、陈留阮瑀、汝南应场、东平刘桢。除却孔融外，其余 6 人都是曹操的幕僚，在此就不赘述了。

(二)虚实之间

文学的发展和玄学的兴起是这一时期思想文化领域的重要历史特征。

---

① （明）王夫之：《古诗评选》卷 4，见《船山全书》第 14 册，长沙：岳麓书社，1996 年版，第 664 页。

文学理论与技巧和思想有关：前者涉及表达手法，即用怎样的方式去表达自己的所思所想；后者涉及文学内容，即为什么需要文学，文学要表达些"什么"？刘勰在《文心雕龙》中说："自朝中贵玄，江左称盛，因谈余气，流成文体"，"诗必柱下(老子)之旨归，赋乃漆园(庄子)之义疏"。① 是以汤用彤说："魏晋玄学之影响于文学者自可在于其文之内容充满老庄之辞义，而实则行文即不用老庄，然其所据之原理固亦可出于玄谈。"②可见玄学思想对于当时文学内容的影响至深至巨。

汉朝末年以来，国家政治混乱，百姓苦痛不堪。然在此政治分裂、经济衰颓之世，思想得到极大的解放。于是老庄得势，世人的人生寄托由经世致用转为个人逍遥。所以魏晋时期，思想的中心"不在社会而在个人，不在环境而在内心，不在形质而在精神"③。因为中心发生转移，其关注点也旋即变化：先前于国则为济世安邦，此刻于人则为天人境界。魏晋之人意在探求玄远之世界，以摆脱尘世之苦海，达到遗世独立、超然物外的精神追求。文学的发达，即源于此。

语言是表达思想的工具，文学是语言的艺术化表现。所以文学、语言都要服务于认识宇宙、指导人生的终极目的。玄学在哲学方面的意图是探究宇宙本体，势必要用言语对它进行一番描述。这就对语言提出了特殊的要求。

《庄子》中说："筌者所以在鱼，得鱼而忘筌。蹄者所以在兔，得兔而忘蹄。言者所以在意，得意而忘言。"④《周易》中说："书不尽言，言不尽意。"⑤这就在言意之间出现了一种对立，汉末名家发现的"言意之辨"在此刻派上了用场。后来王弼提倡"得意忘言"，认为"言所以尽意"，"言"是"意"的代

---

① （南朝梁）刘勰：《文心雕龙》卷 9《时序》。
② 汤用彤：《魏晋玄学听课笔记》，见《魏晋玄学论稿(增订版)》，第 218 页。
③ 汤用彤：《汤用彤全集》第 4 卷，石家庄：河北人民出版社，2000 年版，第 290 页。
④ （战国）庄子：《南华真经》卷 9《庄子杂篇》。
⑤ 《周易》卷 7《系辞上》。

表，最重要的是"得意"，而不能拘泥于外在的"言"。所以"得意忘言"便成为魏晋时代的新方法，不单在哲学上有所贡献，用之证明玄理，调和儒道，也用于文学艺术，成为一种指导思想。

在时人看来，万事万物皆有其难以言说的本体，作文的目的就在于探究这种本源。那么文人应该如何用语言来描述这种至高的存在呢？陆机（261—303）《文赋》中说作文要"笼天地于形内，挫万物于笔端"，不能限于"有"，而是要有所超越，这样方能得"弦外之音"、"言外之意"。所以最上乘的文章，要能体现"虚无之有"、"寂寞之声"，非此则不算绝妙文章。① 刘勰《文心雕龙》也强调"文外曲致"、"情在词外"，大抵也在这个范畴之内。

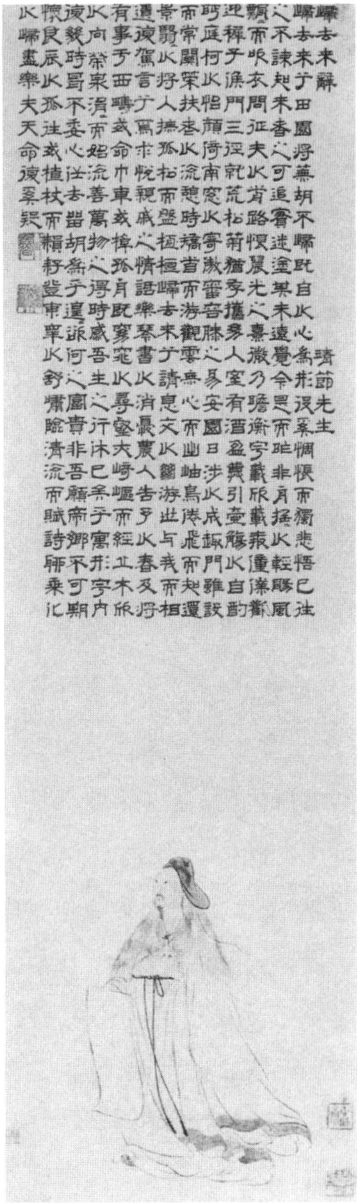

陶渊明的作品中，这种意趣体现得分外明显。比如本章开篇所引的《饮酒》诗，不了解个中关节的，可能会欣赏其"采菊东篱下，悠然见南山"，"山气日夕佳，飞鸟相与还"，因为它描述了一幅鲜活优美的田园景象。然而"结庐在人境，而无车马喧"，"此中有真意，欲

图 2.3　陶渊明像

———————

① （南朝梁）萧统：《文选》卷 17《文赋》。

辨已忘言"才最能体现时代风貌。远离尘世的喧嚣,体现了玄学思想中重视"自然"的部分,与昔日"竹林七贤"无异。而令人"欲辨忘言"的"真意"直指当时文学"得意忘言"的核心命题。这才是陶渊明此诗中不得不发之深层意义。明了此点后,我们再读魏晋人之诗文时,或许能体会得更深。

三、音乐与美术

受到玄学的影响,魏晋人欣赏音乐贵"和"。比如阮籍说"夫乐者,天地之体,万物之性也。合其体,得其性,则和;离其体,失其性,则乖"①。嵇康说"音声有自然之和,无系于人情"②。陆机说"弦有常音,故曲终则改"③。

所以时人主张音乐的"和",还是出于"音乐"与"自然"之间的关系。音乐是表达自然的一种媒介,美好的音乐能够体现宇宙本体、自然之道。所以和谐的音乐必然再现宇宙的和谐。是以嵇康主张"声无哀乐",一方面出于"得意忘言"的要求,另一方面也是因为"自然"的本体为一,在各种旋律皆有所体现,是以八音无情,何来哀乐之说?

《晋书·嵇康传》记载,嵇康临死之前,眼看距离行刑还有一点时间,于是"索琴弹之",叹息说《广陵散》于今绝矣"。弹琴本是嵇康生平之所爱,此时此刻索琴弹奏固无怪异,但此举或许也是一种抚平心绪,借声律之和谐来实现内心之和谐的方式,体现了他的人生志趣。

美术方面,汉朝绘画受观人之法影响,侧重"相其外而知其中,察其章而推其微"。到魏晋时期,则强调"形体可知,神气难言","入于虚无难言之域"。张彦远(815—907)《历代名画记》中引用顾恺之(348—409)的话说"凡画人最难"。《世说新语》中对此解释说顾恺之画人物"或数年不点睛",

---

① (清)严可均辑:《全三国文》卷46《乐论》。
② (清)严可均辑:《全三国文》卷49《声无哀乐论》。
③ (南朝梁)萧统:《文选》卷55《演连珠》。

有人去问缘故，顾恺之回答"四体妍蚩，本无关于妙处，传神写照正在阿堵（以为'这'、'此'，指眼睛）中。""四体"与"精神"二者之间，顾恺之尤为重视后者：画人物不仅要惟妙惟肖，还要"传神写照"，此亦不失为一种"得意忘言"的表现。

绘画题材方面，时人品评人物多于山水之间措辞，比如形容某人"劲松风下"，某人"云中白鹤"，某人"岩岩清峙壁立千仞"，某人"胸中有丘壑"……既然能以山水之语品评人物，那为何不能描绘山水体现"自然"？于是山水画这一题材应运而生，成为当时人揭发生命源泉、探索宇宙奥秘的、表达人生取向的媒介。从而开启魏晋以降美术发展的新局面。

概言之，魏晋时期社会风尚、文学艺术均受到玄学的深远影响，在此种新哲学的指导下各自焕发出新的生机，从而与此前之后有所不同，得以另化为一独特的时代。

汤用彤将魏晋思想的发展粗略分为四期：一是，以《周易》、《老子》为根据，以何晏、王弼为代表的正始时期；二是，思想上受《庄子》影响，思想激进的元康时期；三是，上承正始时期思想，以郭象为代表的永嘉时期；四是，佛学借鉴玄学，得以迅速发展的东晋时期。它始终代表着魏晋时代思想不断发展的趋势，前后面目虽有差异，但思想本质上却一以贯之。①

从思想的发展的角度看，玄学并不是儒道两家思想发展的结果，而是从先秦到两汉的整个哲学思想发展的结果。它不仅仅综合儒道，也综合百家，特别是全面地综合了汉魏之际兴起的诸子之学的积极成果。

从思想资源的构成来讲，玄学改变了当时社会思想的"配方"。董仲舒的新儒学综合了儒家、道家、法家等学派的思想内容，熔铸于一炉，成就了汉武帝以降的官方指导思想。随着时代发展，当中有一些成分逐渐失去了效用，比如"阴阳五行"等。为了配出一副新药，人们便改良其配方，增

---

① 汤用彤：《魏晋玄学论稿》，见《魏晋玄学论稿（增订版）》，第 107 页。

加一些、删减一些、调整一下各部分的剂量，于是才出现了玄学。

可以讲，玄学虽然有儒、道、名等思想的渊源，但它继承的关系极为复杂，不能简单地归结为某两家。这些思想脉络冲破了经学的束缚，围绕着共同的时代课题进行艰苦的探索，提出了各种各样的解答方案。不论其思想内容，还是其表现形式，都有着鲜明的时代特色，不同于先秦时期的诸子学说。玄学从事的工作，就是将这些莫衷一是的学说，从理论的高度进行了整合扬弃，最终达到了殊途同归的结果。

这一时期的思想与文化乃是当时政治与经济发展的结果，同时它又反过来施加影响，催生新的社会现实。玄学的出现，深深地影响到人们想问题、做事情的方法。它让后人在一个战乱频仍的时代感受到对精神自由的向往和追求、感受到人物本身的风度与魅力。它塑造了一个个性张扬的时代，在此后的历史上，我们再没有见到像魏晋时期一样清奇旷达的时代。

玄学，是魏晋社会的产物，也造就了这个不同凡响的时代。

第三章　北魏孝文帝改革引领的民族交融大趋势

内迁到黄河流域的鲜卑拓跋部建立了北魏政权，为了加强对黄河流域的控制，从道武帝拓跋珪开始的历代统治者都注意学习和效仿中原地区汉族的政治、经济、文化、军事等制度，拉拢和重用汉族士大夫，实行汉化措施。其中以北魏孝文帝的改革力度最大。北魏孝文帝亲政之前冯太后实行的俸禄制、均田制、三长制等措施有效地抑制了土地兼并，减轻了百姓负担，推动了农业生产的恢复和发展。为后来北魏孝文帝亲政后的改革打下了基础。北魏孝文帝亲政后迁都洛阳以及迁都洛阳之后，在改穿汉服、改说汉话、定籍贯、定度量、胡汉通婚、改汉姓、定姓族、改官制、改礼制等方面实行了大刀阔斧地改革。通过改革，北魏摒弃了鲜卑旧俗，澄清了吏治，安定了经济秩序，发展了经济，增加了军队战斗力，促进了北方各民族的交融。到了隋朝以后，五胡等众多少数民族都与汉族融为一体了。

第一节　北魏政权的建立及初期的统治

由于东汉以来汉族政权长期的内乱和分裂，匈奴、鲜卑、羯、氐、羌等众多北方少数民族开始不断内迁。在争夺黄河流域的过程中相继建立了十六个分裂割据的政权，统称"五胡十六国"。

内迁之前的鲜卑族是我国的一个古老民族。他们最初居住在东北嫩江流域兴安岭北部东麓的大鲜卑山。拓跋部是鲜卑族的一支。拓跋部在山林中以射猎为生,并逐渐学会了驯养野生动物。由于茂密的森林不适合畜牧业的发展,他们只好向西迁徙到开阔的呼伦贝尔大草原,过着游牧生活。之后鲜卑拓跋部又历尽艰险从呼伦贝尔草原南迁到今阴山、河套一带,与中原汉族地区相邻。在相邻的汉族农耕的影响下,他们在保留传统的狩猎与畜牧业的同时开始重视农业生产。

386年,15岁的拓跋珪乘前秦淝水之战后中原处于四分五裂之际,在牛川(今内蒙古兴和西北东洋河南)自称代王,重建代国,年号登国。定都盛乐(今内蒙古和林格尔)。同年四月,改国号为"魏",史称北魏。

北魏刚建立时,外有高车、柔然等周边游牧民族的侵扰,刘显、刘卫辰两个强敌的威胁;内有拓跋窟咄等少数野心家对政权的觊觎。在这种严峻的形势下,年轻的拓跋珪经过几年的征讨,将北魏周围各部大都征服,之后又大举伐燕,挺进中原,夺取山西、河北地区的大片土地。在新征服的地区,拓跋珪在政治上,采用汉族官制,任用儒生担任刺史、太守、尚书郎以下各官职;在经济上,招抚流民,劝课农桑,争取人心,发展经济。

为了统治的需要,拓跋珪于天兴元年(398)七月把首都迁往平城(今山西大同),将平城改称代都。

学习汉族的城市建设及城市管理制度。为了稳固在汉族农耕地区的统治,拓跋珪首先仿照汉族的建制在平城展开大规模的营建,北魏平城分为廓城、宫城和汉代旧城3个部分。廓城与宫城南北相对,廓城内有许多坊。廓城内建有佛教寺院和道观。旧城位于廓城的东部一隅。宫城就是拓跋珪定都平城时开始营建的。拓跋珪把大量的拓跋部、汉族和其他北方少数民族的人民迁到平城周围。北魏仿效汉族的城市管理制度,在平城设置司州、代尹和平城县等各级行政机构。北魏实行严格的坊市制度,坊市分开,定时启闭城门和坊门。为了方便学习中原地区先进的文化,拓跋珪"命郡县大索书籍,悉送平城"①,还专门在宫城修筑了存放图书的殿阁。

---

① (北宋)司马光:《资治通鉴》卷110。

在政治上，采用汉族官制。拓跋珪积极采用汉族官制，选拔任用汉族士大夫。受到重用的汉族士大夫的主要代表有燕凤、许廉等人。尤其是燕凤最受礼重，官职做到吏部郎、给事黄门侍郎、行台尚书等。

在经济上，计口授田，转向农耕生活。拓跋珪"诏给内徙新民耕牛，计口授田"①。给新迁、新附而无土地的人民授田。这一土地制度到北魏孝文帝时期发展完善成为均田制。与此同时，北魏政权拥有很多牧场，中原豪族和鲜卑贵族拥有大量的私有土地。拓跋珪把拓跋部的原有部落体拆散，让他们按村落的形式定居下来，计口分配土地，转向农耕生活。这些措施的推行，逐步剥夺了那些归附和被征服的部落酋帅们对其部落的统领权力。从而将这些部落的部民连同其部落首领转变成为平城政权统治下的"编民"，从事农耕。由于诸多部落的强烈反抗，以及外族的骚扰，这项措施推行了近10年才基本完成。拓跋珪的统治也得到了巩固和发展。

仿西汉立子贵母死制度。为了防太后及外戚专权乱政，拓跋珪仿效西汉武帝，立子贵母死制度。北魏王朝的10位储君之母，除了最后的两位宣武帝母高氏和孝明帝母胡氏以外，死因大多数直接或间接地与子贵母死制度有关。

随着北魏王朝的巩固和发展，拓跋珪却怠于政事，整日求仙问道，沉迷于酒色，刚愎自用，性情狂躁多疑，滥杀无辜。最终在天赐六年(409)的宫廷政变中遇刺身亡，谥号为道武。

明元帝拓跋嗣在位时期，北魏在政治上从"选贤任能"和"察守宰不法"两方面来整顿吏治。北魏通过招纳大批汉族士人参政，提高了官吏的素质。北魏通过对那些肆意压榨人民的各级官吏的严厉惩处，打击了豪强地主，调整了统治秩序，缓和了阶级矛盾。经济上，北魏劝课农桑，发展生产。军事上，北魏明元帝领导对南朝刘宋的战争并取得了胜利，攻占了刘宋的

---

①　(北齐)魏收：《魏书》卷2《太祖纪上》。

一些土地，将北魏的疆域扩展到黄河以南。这为北魏政权的巩固和国家实力的增强做出了贡献。

之后的北魏太武帝拓跋焘在政治、经济、军事、文化教育等方面都有突出建树。政治上，北魏太武帝提出了"偃武修文"的治国方针。在北魏太武帝统治期间，大批汉族士人参政，大批受儒家教育的鲜卑贵族子弟到各级政府为官，进一步提高了北魏官员的素质，促进北魏政权的进一步民族交融。在经济上北魏通过发展农业、畜牧业，征收租调，接受各族朝贡，战争掠夺等手段来充盈国库，保证军需。在军事上，为了提高军队的战斗力，北魏太武帝多次下令，严明军纪，明赏罚。在每次大的军事行动之前，他都要召开文武大臣会议，商讨战略方针，以减少重大决策的失误。他的主要功绩就是重创柔然，打败刘宋，消灭北方各割据势力，并于太延五年(439)，统一了长期分裂的黄河流域。他还推动了北方文化教育的复兴。

到了北魏文成帝拓跋浚统治时期，北魏文成帝加强对官吏的选补与监察，增置内外候官，专门负责监察内外官员过失的现象，并制定贪赃律以遏止官吏的贪污。他规定："诸司官赃二丈皆斩"[①]，他还减免死囚，流放戍边，加强对地方政府的整顿。以上政治措施使北魏政权得到了进一步的巩固。北魏文成帝还薄赋敛，轻徭役，减轻人民的负担。他还注意救荒，实行检还奴婢的政策。对于周边各族，北魏文成帝则采取"养威布德"为主，战争为辅的政策来稳定边防。

继北魏文成帝之后即位的是年仅12岁的拓跋弘，史称献文帝。由北魏文成帝的皇后冯氏辅政。在冯太后和北魏献文帝执政期间，北魏继续执行文成帝的政治方针，清除积弊，稳定社会。献文帝在位6年后，禅位于长子北魏孝文帝拓跋宏。

---

① （北齐）魏收：《魏书》卷111《刑罚七》。

第二节　北魏孝文帝即位，文成文明皇后冯氏临朝称制时期的统治

北魏孝文帝拓跋宏是北魏献文帝拓跋弘的长子，生于平城。皇兴三年（469）被立为皇太子。因子贵母死制度，拓跋宏被立为太子时，生母李夫人即被赐死，由无血缘关系的祖母文成文明皇太后冯氏抚养。皇兴五年（471），年仅 5 岁的他受父禅即帝位，改年号为延兴。

拓跋宏即位时年纪太小，由祖母文成文明皇太后冯氏执政。冯太后，汉族人。祖父冯弘，是十六国时期北燕的最后一代国君。由于父亲坐事被诛，她被籍没入北魏太武帝拓跋焘后宫，充为奴婢。由她的姑母，当时的北魏太武帝左昭仪抚育。北魏文成帝即位后，冯氏被选为北魏文成帝的贵人，太安二年（456），被册封为皇后。和平六年（465），北魏献文帝即位，尊她为皇太后。皇兴五年（471），冯太后二度临朝称制，尊为太皇太后。"高祖雅性孝谨，不欲参决，事无巨细，一禀于太后。"[1]

为了推动拓跋族进一步的封建化，改变旧俗、旧制度，冯太后、北魏孝文帝陆续推出了一系列改革政策。

整顿吏治，班行俸禄。北魏最初实行班赏制，吏治十分混乱。地方官吏不论政绩怎样，任期都是 6 年，期满轮换。官员没有俸禄。他们只要向上级缴纳一定的租调，就可以肆意剥夺百姓。为了整顿吏治，冯太后在太和八年（484）正式颁行俸禄制，"户增调三匹、谷二斛九斗，以为官司之禄"[2]。每季按官员级别给官员发俸禄。实行俸禄制之后凡贪赃满一匹者处死。即使是权贵贪赃枉法，也会严惩不贷。太和十年（486），冯太后又以领民户多少作为发放俸禄的差别。通过改革，北魏杜绝了官场的贪污腐败、

---

① （北齐）魏收：《魏书》卷 13《文帝皇后传》。

② （北齐）魏收：《魏书》卷 7《高祖孝文帝纪》。

巧取豪夺。这为冯太后后续推行的一系列改革奠定了基础。

抑兼并，实行均田制。① 由于中原汉族豪强大量兼并土地，许多自耕农失去土地走向破产。农民的反抗、逃亡既激化了阶级矛盾又使国家编户数量锐减，直接影响到国家的安定和财税收入。因此冯太后于太和九年(485)十月，颁布并推行均田令。其主要内容如下：授露田，男子15岁以上授露田(未种树的田)40亩，如果是2年休耕一次的地，则加倍授田。如果是3年休耕一次的地，加2倍授田，称倍田。至70岁免课还官，女子授露田20亩。奴婢与平民一样授露田，奴40亩，婢20亩。壮牛1头授田30亩，限4牛。奴婢、牛随有无以还授。授桑田，男子授桑田20亩如土地不足，可买至20亩。桑田种桑50株，枣5株，榆3株。土不宜桑的地方，男子授麻田10亩，妇女授麻田5亩。奴婢与平民受相同数量的麻田。授宅田，对有新居者，3口给宅田1亩，奴婢5口给宅田1亩。授公田，地方官吏各随在职地区给予公田。刺史15顷，太守10顷，治中、别驾各8顷，县令、县丞各6顷。新旧任相交接，不得出卖。地少而人稠的狭乡，不能满足应受土地数量时，允许迁移至地多人稀的宽乡，但不许因此逃避赋役。宽乡居民不得随便迁移。百姓若因犯罪流放或户绝的，土地收归国家。均田制下农民对所授的土地只有使用权而无所有权；官吏对所授公田，也只有占有权而无所有权。而桑、麻田则属于私有的性质。均田制放弃了屯田和占田制的高额租税，将大批的隐匿、逃户户检括出来，将纳税单位由大户改为一夫一妇的小户，增加了政府的财政收入。均田制还限制了豪强地主对土地的兼并，农民从豪强地主的束缚下解脱出来，成为自耕农，租税相对减轻，生活有所改善。农业得到了恢复与发展。与均田制相适应，北魏制定了新的租调制。规定一夫一妇每年交帛或布1匹，粟2石。15岁以上未婚男女4人、从事耕织的奴婢8人，耕牛20头，租调都分别相当于一

---

① 参见本书第一编第一章。

夫一妇数量。新的租调制，改变了过去赋税征收混乱的现象，减轻了自耕农户调，加重了大地主的负担。

防隐匿，创立三长制。由于未南迁的汉族大族聚集族众，构筑坞堡，隐匿大量人口，导致北魏无法按户征租税的问题。冯太后决定施行三长制以取代宗主督护制。"旧无三长，惟立宗主督护，所以民多隐冒，五十、三十家方为一户。(李)冲以三正治民，所由来远，于是创三长之制而上之，文明太后览而称善，引见公卿议之……太后曰：'立三长，则课有常准，赋有恒分，苞荫之户可出，侥幸之人可止，何为而不可？'……遂立三长。"①即五家立一邻长，五邻立一里长，五里立一党长。三长负责清查户口，征收租税，征发徭役、兵役。

班俸禄、整顿吏治、均田制及三长制等改革措施的推行，有利于抑制豪强的土地兼并，减轻百姓的租调负担，恢复发展农业生产。

修律令，重典仪，改婚俗。为了维护统治秩序，太和元年(477)冯太后还诏令中书令高闾组织中央大员，参照汉律，修订律令，太和五年(481)科，新订律令832章，颁布实施。冯太后还严格规定了等级、贵贱、尊卑的地位。不同等级的人在车马、住宅、婚丧、祭祀等方面都有相应的规制，不能有所超越，违者将受到严厉的惩处。冯太后"制五等公服"，建起举行宣明政教、朝会祭祀、庆赏选士等隆重典仪的明堂辟雍。在婚俗上，北魏孝文帝依据汉族的婚俗，下诏禁止同姓婚姻。北魏孝文帝诏曰："淳风行于上古，礼化用乎近叶。是以夏、殷不嫌一族之婚，周世始绝同姓之娶。斯皆教随时设，治因事改者也，皇运初基，中原未混，拨乱经纶，日不暇给，古风遗朴，未遑厘改。后遂因循，迄兹莫变。朕属百年之期，当后仁之政，思易质旧，式昭惟新。自今悉禁绝之，有犯以不道论。"②这次禁止同姓婚姻为后来北魏孝文帝实施汉化政策奠定了基础。

① (北齐)魏收：《魏书》卷53《李冲传》。

② (北齐)魏收：《魏书》卷7上《高祖孝文帝纪》。

冯太后还下令还焚烧谶纬之书，优养抚慰耆老。将 70 岁以上老人邀请至太华殿盛宴款待，赐以衣服。赐京师耆老几杖、米面，免家人徭役。魏孝文帝亲自接见他们，并询问他们民间生活的疾苦，还允许宫人年老者回到家乡亲人身边。

冯太后听政期间，整顿政风，重视选贤，鼓励直谏，简政宽刑。选拔了一批贤才：杞道德、王遇、张祐、荷承祖、王睿、李彪、崔光、李安世等。她既能笼络住东阳王丕等拓跋贵族，又能礼用汉族士人李冲、游明根、高闾等。除了三长制外，太和年间的方针、政策与制度大多是李冲参与策划或制定的，平城以及后来的洛阳新都的许多重要建筑也是李冲主持兴建的。

冯太后还为皇子皇孙们设置了学习文化的学馆，亲自作《劝戒歌》300 余篇、《皇诰》来培养北魏孝文帝。其中《皇诰》就是仿照《尚书》的体裁写成的文章。冯太后临朝听政时期是北魏平城时代最繁荣昌盛的阶段。

第三节　北魏孝文帝亲政，大力推行改革

太和十四年(490)、冯太后去世，24 岁的拓跋宏开始亲政。由于拓跋宏自幼在冯太后的影响下接受中原文化教育，所以他长大后，便成长为一位有着深厚文化底蕴的皇帝。史载："(孝文帝)雅好读书，手不释卷。五经之义，览之便讲，学不师受，探其精奥。史传百家，无不该涉。善谈庄老，尤精释义。才藻富赡，好为文章。诗赋铭颂，任兴而作。有大文笔，马上口授，及其成也，不改一字。自太和十年已后诏册，皆帝之文也。自余文章，百有余篇。"[1]北魏孝文帝还特别尊崇历史上的至圣先贤。他曾多次到孔府祭拜孔子，诏令兖州为孔子修建园柏、坟垄，树立碑铭，颂扬孔子圣德。太和十三年(489)，北魏孝文帝专门在平城为孔子立庙，让孔子与北魏

---

[1]　(北齐)魏收：《魏书》卷 7 下《高祖孝文帝纪》。

皇室祖宗并列受到四时祭祀。对孔子的后裔也给予特别的优待。他下诏拜孔氏家族中四人为官，并选孔氏子弟一人封为崇圣侯，食邑一百户。

为了更好地学习中原文化，巩固北魏在黄河流域的统治。魏孝文帝决定将国都迁离平城。此外影响北魏孝文帝迁都的还有以下因素。

气候因素。平城的自然条件差，不利于经济的发展。平城气候严寒干燥，多风沙，"六月雨雪，风沙常起"①。这里无霜期短，土地含沙量大，能灌溉的土地有限，粮食供应主要靠耐旱的作物，常常会产生粮食供应危机。早在明元帝拓跋嗣时就有大臣上书劝明元帝迁都邺城。但是由于顾虑太多和反对派的坚决反对，只好作罢。到了北魏孝文帝时，仍不能解决平城的粮食供应困难。甚至还出现"饿死衢路，无人收识"②的惨状。

地理因素。平城地处偏僻，不便控制广大中原地区，更不利于在南伐齐的时候调运军队和军需。北魏从太武帝统一黄河流域以后，就试图向南开拓疆土，希望能实现统一南北的大业。但未能成功。北魏孝文帝即位后，再次筹谋南北统一的大计。迁都中原不仅有利于就近统治新归附的地方，也有利于调兵遣将、调运军需，推进统一大业。

政治因素。平城是鲜卑守旧势力的中心，推行改革的阻力很大。虽然北魏初期经过道武、太武、献文等帝的一些改革措施，改革的程度和范围日益扩大。但是改革的过程中来自拓跋守旧贵族的阻力始终很大。而当时的都城平城是鲜卑守旧势力的中心，在这里推行改革难度很大。史书记载："今日之行，诚知不易。但国家兴自北土，徙居平城，虽富有四海，文轨未一，此间用武之地，非可文治，移风易俗，信为甚难。"③因此只有将都城迁离平城，迁到鲜卑守旧势力弱小、文化浓厚的中原腹地才能确保改革顺利进行。而洛阳是最为理想之地。洛，本作雒，地处黄河之南、洛水之北。

---

① （北宋）司马光：《资治通鉴》卷 138。
② （北宋）王钦若编：《册府元龟》卷 486《邦计部》。
③ （北齐）魏收：《魏书》卷 19 中《景穆十二王中》。

西周成王时，周公营建雒邑作为"成周"的所在。战国时改称雒阳，以其在洛水之北得名。从战国到西汉，雒阳一直是全国性的商业城市之一。东汉在此建都后，洛阳成为全国的政治、经济、文化中心。三国时雒阳改称洛阳，曹魏、西晋都定都于此。这里有丰富的文化遗产。仰慕中原文化的孝文帝决定选择洛阳作为新的都城。

虽然要迁都洛阳，但是实行起来阻力很大。北魏政权的政治统治集团上层的鲜卑贵族，按其态度和倾向分为不同的派别，大致有三派：一派是改革派，以北魏孝文帝及宗室领袖无澄为代表。他们大多从小受到过比较正统的中原文化教育，程度深，迁都和改革的态度坚决。另一派是守旧派，主要代表人物是以太子拓跋恂为首的北魏宗室和功臣元勋之后。他们手握军政大权，害怕北魏孝文帝迁都洛阳以文治代替武治，动摇他们这些武将功臣已获得的军政大权。加之他们已经习惯了平城的气候和生活，不愿南迁。他们还担心南迁洛阳会影响到他们在代北拥有的广大田产。因此他们坚决反对迁都洛阳。第三派是处于改革和保守两派之间的中间派，这一派"乐迁之与恋旧，唯中半耳"，是鲜卑开明分子，但是也反对改革旧的风俗习惯，认为保留旧风并不阻碍与汉族的交融。这部分人是可以争取的。他们"不唱异，即是同"[①]。

面对巨大的阻力，机智、聪慧的北魏孝文帝采取了以南伐齐促南迁定都洛阳的策略。太和十七年(493)八月，北魏孝文帝，以伐齐名义亲率骑百万余人南下，当南伐大军到洛阳后，恰逢阴雨连绵，道路泥泞不堪。北魏孝文帝不顾阴雨，命令大军继续南进，并亲自披挂，执鞭骑马前行。贵族大臣不愿南进，纷纷叩首马前请停南伐，北魏孝文帝乘机提出迁都计划。得到了南安王拓跋桢、任城王拓跋澄等一部分鲜卑贵族的支持。最终正式确定迁都洛阳。

---

① （北齐）魏收：《魏书》卷31《于烈传》。

迁都事宜确定之后，北魏孝文帝暂归平城指挥大政。为了顺利迁都，北魏孝文帝做了许多准备工作。他下诏命司空穆亮与尚书李冲，将作大匠董爵营建洛京。北魏孝文帝还派宗室领袖元澄先行返回平城，利用其威望"谕留司百官以迁都之事"①。留在平城的鲜卑贵族刚听到迁都消息时，"莫不惊骇"，元澄援引古今，"徐以晓之"，很快稳定了平城的局势。受魏孝文帝的谕示，宗室贵族安定王元休派人将家眷从平城接到洛阳，给宗室树立了榜样。有了这些准备工作，北魏孝文帝于太和十八年（494）二月，正式发布迁都令，并亲自回到平城安排相关事宜。他在太平殿向鲜卑贵族阐述迁都大略，为改革做解释。为了安定边境人心，他还北巡边镇，安抚六镇及留在代北之人。太和十八年（494）十月，北魏孝文帝迁离平城宫，十一月迁抵洛阳。为了防范柔然的威胁和安抚六镇边民，王室、六宫及部分文武官僚仍然继续留在平城，处理一些善后的工作。

北魏建好的洛阳城位于洛阳市白马寺东，洛水北岸邙山南麓，都城东西长 20 里，南北宽 15 里。太和十九年（495）九月，北魏六宫及文武尽迁洛阳。

迁都洛阳后，为了安抚人心，争取更多的代北人士支持改革，北魏孝文帝允许部分鲜卑旧臣避寒而南来洛阳，望暖而北还平城。对于中原百姓，北魏孝文帝也注意抚慰、拉拢他们。他先后七次发布诏令赐爵赐粟帛给高年孤寡百姓，还下令给中原百姓减免田租。在政治上，对留在平城的旧臣抚慰的同时，北魏孝文帝努力拉拢一些中原人士进入北魏政权，扩大统治基础。他下诏中原各州郡"诸有士庶经行修敏、文思遒逸，才长吏治、堪干政事者"②入洛阳。通过征召，中原地主阶级中的一些杰出人才，如李彪、高道悦、崔亮等人大量进入北魏政治舞台。通过这些措施，北魏孝文帝稳定了政局，安抚了人心，有利于改革进一步推进。

---

① （北宋）司马光：《资治通鉴》卷 138。
② （北齐）魏收：《魏书》卷 77《高祖孝文帝纪》。

　　为了使北魏王朝能够长治久安，更好地学习中原先进的文化，在中原文化熏陶下长大的北魏孝文帝下决心大刀阔斧地改革旧俗，深入推进改革，加快民族交融。北魏孝文帝从太和十八年至二十年(494—496)推行了六项比较彻底的措施。包括：改穿汉服，改说汉话，定南迁代人籍贯，定度量，胡汉通婚，改姓氏，定姓族，改官制，改礼制等。

　　改穿汉服。鲜卑族最初在气候寒冷的大草原过游牧的生活。与这种生活相适应的服装是男子左衽装，妇女穿夹领，小袖口装，戴帽。后来拓跋鲜卑人不断内迁，受汉人的影响，他们逐渐过上定居的农耕生活。北魏迁都洛阳后，大部分拓跋鲜卑人迁往中原。生活环境和方式的改变推动了鲜卑人服饰的革新。北魏孝文帝首先从改革官员的服装入手。他于太和十八年(494)十二月下诏："革衣服之制，诏禁士民胡服。"[1]禁止穿鲜卑服，改穿宽袍大袖的汉服。太和十九年(495)十二月"班赐冠服"；到了太和二十一年(497)，"朝臣皆变衣冠，朱衣满坐"。[2] 尽显儒雅气质。服装改革逐渐推广到民间。一旦发现有穿旧装的，北魏孝文帝会严厉责备相关官员。

　　改说汉话。北魏孝文帝改革前北魏的官方语言是鲜卑语。语言上的差异不利于鲜卑族与汉族的交融。于是北魏孝文帝"欲断诸北语，一从正音"[3]。通过改革，汉语取代鲜卑语成为北魏的官方语言。北魏孝文帝还规定凡年龄在 30 岁以上久习鲜卑语的人，允许有一个适应期，30 岁以下并在朝中任职的人不能使用鲜卑语，如有不遵从规定者，降爵黜官。改革推行之后，鲜卑贵族和百姓逐渐使用汉语，鲜卑语逐渐被淡化了。

　　定南迁代人籍贯。代北本是鲜卑人的故乡，鲜卑人的籍贯也在那里。为了促进南迁到中原的代北人与当地汉族的交融，太和十九年(495)六月北

---

① （北宋）司马光：《资治通鉴》卷 139。
② （北宋）司马光：《资治通鉴》卷 141。
③ （北齐）魏收：《魏书》卷 21 上《咸阳王禧传》。

魏孝文帝下诏："迁洛之人，自兹厥后，悉可归骸邙岭①，皆不得就茔恒代。"②此后所有南迁洛阳的鲜卑人，死后就葬在洛阳，不得迁回代北。通过改革把户口在洛阳的鲜卑人籍贯改在洛阳，让他们把中原当作自己的故乡。

改度、量。针对北魏度量制度的混乱，官吏常采取长尺大斗的办法掠夺财物的弊端，太和十九年(495)六月北魏孝文帝诏令，"改长尺大斗，依《周礼》制度，班之天下"③。改革后的度量有了固定的标准，长度单位有端、匹、丈、尺、寸；重量单位有石、斤、两；容量单位有斗、斛、升。这项改革措施减轻了贪官掠夺百姓财物的现象，安定了经济秩序。

胡汉通婚。为了更好地学习儒家的伦理道德，改变鲜卑的落后面貌，同时与中原士族结成亲密的盟友。北魏孝文帝率先将洛阳卢敏、清河崔宗伯、荥阳郑羲、太原王琼等汉族高门大族的女性纳入后宫。不久又下令诸弟将已娶的鲜卑正妃降为侧室，分别为他们聘娶中原汉族士族的女儿为妻。长弟咸阳王元禧娶陇西李辅的女儿，次弟河南王元干娶代郡穆明乐的女儿，广陵王元羽娶荥阳郑平城女儿，颍川王元雍娶范阳卢神宝的女儿，始平王元勰娶陇西李冲的女儿，北海王元祥娶荥阳郑懿女儿。在贵族的联姻的推动下，民间的鲜卑族与汉族的联姻也逐渐增多。

改汉姓。当时的汉姓因汉语言是单声语而多为单字，而鲜卑族因其语言多缀语而多复姓。太和二十年(496)正月，北魏孝文帝下诏改鲜卑姓为汉姓，皇族拓跋氏首先改姓为元氏。"北人谓土为拓，后为跋。魏之先出于黄帝，以土德为王，故为拓跋氏。夫土者，黄中之我，万物之元也；宜改姓元氏。"④与皇室相关联的九个姓也相应改为单姓，其中纥骨氏改为胡氏，

---

① 洛阳北郊外。
② (北齐)魏收：《魏书》卷20《文成五王》。
③ (北宋)司马光：《资治通鉴》卷140。
④ (北宋)司马光：《资治通鉴》卷140。

普氏改为周氏，拓跋氏改为奚氏，伊娄氏改为伊氏，丘敦氏改为丘氏，侯氏改为亥氏，乙旃氏改为叔孙氏。姓氏改革，胡汉通婚后，鲜汉两族间的差别越来越小。

定姓族。太和十九年(495)北魏孝文帝认为："代人诸胄，先无姓族，虽功贤之胤，混然未分。故官达者位极公卿，其功衰之亲，仍居猥任，比欲制定姓族，事多未就。且宜甄擢，随时渐铨。其穆、陆、贺、刘、楼、于、嵇、尉八姓，皆太祖已降，勋著当世，位尽王公，灼然可知者，且下司州、吏部，勿充猥官，一同四姓。"①因此为了使鲜卑贵族门阀化，北魏孝文帝推行定姓族措施。将穆、陆、贺、刘、楼、于、嵇、尉八姓定为鲜卑族中的第一等贵族，八姓以下的贵族按诏令规定也是按其先世是否为部落大人以及皇始(396—398)以来三代官位的高低分别定为姓或族，对汉族士人也要结合先世和当世的官位来重新定姓族。定姓族，加快了鲜卑贵族向士族地主转化。此后，汉族中的士族及鲜卑贵族结成盟友，成为北魏政权的统治基础。

改官制。在北魏孝文帝之前的多位鲜卑统治者都注意任用汉人做官，学习汉族的封建官制。但旧的鲜卑职官传统残余依然存在。在迁都之前，北魏孝文帝就沿用魏晋旧制选拔官吏，又在选举标准上打破了魏晋只注重门第，不重才学的弊端，使有真才实学的人进入北魏官僚队伍。正是这些人为官后极力支持和帮助北魏孝文帝推行改革措施。太和十五年(491)，北魏孝文帝又大举定官品，综合官吏的官阶、才能及政绩确定官吏的等级。北魏孝文帝还颁布《职员令》来确定各级官吏的职责和权限。为了彻底清除北魏官制中的旧的部落残余，以建立正统的封建官制，太和十七年(493)北魏孝文帝任命王肃改革官制。北魏依据中央、郡、县三级设置了对应的各级官员。官制改革还打破以往官爵世袭的制度。规定勋臣子弟只能袭爵，

---

① （北齐)魏收：《魏书》卷113《官氏九》。

而不能袭官。官吏由选官制下选出的人才来担任。北魏孝文帝还在《职员令》的基础上，颁行了具体的考察方法。太和十八年（494）北魏孝文帝下诏实行"三载一考，考即黜陟"①的考核制度。各部门将所属官吏按优劣分为三等，考核结果直接报送给魏孝文帝。五品以上官吏由北魏孝文帝与朝中公卿一起讨论决定等级。考为上上等的官吏可获升迁，考为中中者留任本职，考为下下者被降职或罢免。经考核，因政绩不佳而被免职降官的不计其数。从此北魏各级官吏都勤于政事，不敢怠惰，吏治澄清。

改革礼制。北魏孝文帝十分推崇忠臣良士，采取了许多保护汉魏诸帝陵园的措施，如严禁在汉、魏、晋诸帝园陵及王公大臣墓周围垦殖，禁止在陵园周围百步之内的任何践踏活动。在礼制方面，魏孝文帝从太和十三年（489）起将禘、祫两礼合二为一，简化祭祀，沿用汉族礼制，将黄帝及鲜卑祖先同时祭祀。祭祀仪式方面北魏孝文帝采用的是圆丘祭天，方泽祭地，并以祖宗配天的祭祀仪式。在宗庙礼制方面，原来北魏的太庙正中供奉的是每一王朝的太祖，两边以昭穆次序排列历代继承者。太庙中被奉为太祖的是平文皇帝，开国皇帝道武帝拓跋珪被尊为烈祖排在边上。北魏孝文帝将在中原建立政权的拓跋珪奉为太祖。通过礼制改革，北魏王朝成为中原政权的正统继承者。

文化教育方面，北魏孝文帝诏求天下遗书。太和十九年（495）六月，"诏求天下遗书，秘阁所无，有裨益时用者，加以优赏"②。从太和十五年（491）起，在教育方面北魏仿效汉制实行了一系列的措施：改中书学为国子学、建明堂辟雍、尊三老五更，又开皇子之学。最后在迁都洛阳之后形成国子、太学、四门小学三学并存的局面。太和十六年（492）二月，改孔子的谥号为文圣尼父，在孔庙宣告谥号。还举行了隆重的祭祀孔子的仪式。北

---

① （北齐）魏收：《魏书》卷 7 下《高祖孝文帝纪》。

② （北齐）魏收：《魏书》卷 7 下《高祖孝文帝纪》。

魏孝文帝还"幸皇宗学，亲问博士经义"①。太和十五年(491)八月，北魏孝文帝诏诸州举秀才。第二年北魏孝文帝还亲自在大殿策问秀才。

继续奉行尊老养老之礼。从北魏统一北方以来，历代北魏统治者都不断仿效中原传统汉文化的尊老养老礼仪，逐步摒弃拓跋部落中各种贱老的遗俗。到了北魏孝文帝时期，北魏遵循周礼，学习借鉴汉族政权的养老、尊老之礼仪。逐步全面恢复了从乡里到中央的尊老养老礼制，主要包括拜三老五更、行乡饮酒礼和授予几杖安车三方面的礼仪制度。三老五更之礼是国家等级最高的尊老养老礼仪。"三老"指"老人知天、地、人事者"，"五更"指"老人知五行更代之事者"②。乡饮酒礼是一种乡里中的养老礼。首先由乡里推选出的"贤而长者"，然后通过乡饮酒礼的仪式让长者贤者来教化乡里，从而使尊长养老、忠孝思想深入人心，在乡里当中形成良好的社会秩序。由于之前北魏推行了三长制，所以乡饮酒礼在乡里当中能够顺利推行。授几仗安车是古代帝王对威望极高老者的特殊礼遇，体现了统治者对老年人的尊养优待。

组织禁卫军。军队建设方面，北魏前期的军队由守卫边疆，防御外敌的边镇兵和驻扎在都城郊区的宿卫兵组成，全部都是鲜卑人。士兵主要从事作战，不从事农业。随着北魏孝文帝时期均田制的推行，以及迁都洛阳，越来越多的鲜卑人从事农业生产，鲜卑人在军队中的地位下降。因此北魏孝文帝从从事农业生产的鲜卑人中抽调人力组织禁卫军。太和二十年(496)十月，"以代迁之士皆为羽林、虎贲"③。这些羽林虎贲在作战之余还要进行生产。这种使鲜卑人既受田又当禁卫兵的制度就成为后来府兵制的渊源。太和十九年(495)，北魏孝文帝还选拔了一批勇猛的汉人充实到禁卫军中，

---

① （北齐）魏收：《魏书》卷 7 下《高祖孝文帝纪》。
② （南朝宋）范晔：《后汉书》志第四。
③ （北齐）魏收：《魏书》卷 7 下《高祖孝文帝纪》。

"诏选天下武勇之士十五万人为羽林虎贲，以充宿卫"①。经过改革，北魏的军队战斗力得到增强。

　　这些改革措施实施后，大多都遇到了来自反对派的强大阻力。反对改革的人中就有太子元恂。元恂被立为太子后，北魏孝文帝希望他多读儒家经典，以便继位之后继续推进改革。但是元恂不喜欢读书，还不思进取，庸碌无为，还反对改革，尤其是反对迁都洛阳。他于太和二十年（496）八月乘北魏孝文帝出巡嵩山，留他镇守洛阳之机，策划北逃，还亲手杀死劝他读书上进、阻止他北逃的高道悦。于是北魏孝文帝将元恂废为庶人，不久又因元恂谋逆将他赐死。继太子元恂之后，又有鲜卑贵族穆泰发动兵变反抗北魏孝文帝。北魏孝文帝派任城王元澄带兵讨伐叛军。元澄将穆泰诛杀，并抓获、囚禁其党羽。经过对反对派的打击，减小了改革的阻力，加快了改革的进程。

　　北魏孝文帝的改革，提高了鲜卑族的文化素质，增强了国家的实力。加强了对黄河流域的控制，促进了国家的进步。迁都后的洛阳经多年的经营，与迁都之前有了很大的变化。梁朝名将陈庆之在描述洛阳情形时说道："自晋宋以来，号洛阳为荒土，此中谓长江以北，尽是夷狄。昨至洛阳，始知衣冠士族，并在中原，礼仪富盛，人物殷阜，目所不识，口不能传。"②

　　北魏孝文帝的改革还推动了北方各民族的交融。北魏实行的一系列改革措施，促进了境内各族与汉族交融。在共同劳动中，汉族与北方各民族人民通过生产经验与技术的交流而增进了民族感情，推动了民族间的交往，促进了文化的交流。

---

① （北齐）魏收：《魏书》卷 7 下《高祖孝文帝纪》。
② （北魏）杨衒之：《洛阳伽蓝记》卷 2。

第四章　二教并荣
——佛教与道教的传播和发展

魏晋南北朝在中国历史上是动荡不宁的时期，社会长期处于分裂混战状态，生命无常，人们需要精神上的抚慰来缓解现实中苦难生活带来的痛苦。汉代已传入的佛教和东汉末出现的本土宗教道教在这一时期得到了极大的发展，佛教由原来的式微壮大为影响最大的宗教，道教也由原始道团发展成熟，成为与佛教相抗衡的本土宗教。佛、道二教在发展过程既有论争也有融合，成为中国古代主要宗教。佛教作为外来的文明在移植过程中，不断调适与中国固有思想和文化的冲突，最终演变成为中国古代文明的重要内容。

第一节　道教

道教是中国本土生成的宗教，它植根于中国的社会，孕育于中国古老的文明，具有浓厚的中国本土文化的特点。道教于东汉末出现，魏晋南北朝时期得到充分的发展，逐渐完备和成熟，是中华文明重要的组成部分。

一、汉末三国的道教

东汉末出现的民间道教派别，有张角创立的太平道和张陵的五斗米道。东汉末年张角以太平道组织民众进行反对政府的黄巾起义，遭到东汉政府的残酷镇压，随着起义的失败，太平道销声匿迹，此后不见于记载。

　　张陵创立的五斗米道主要活动于巴蜀地区，以《老子》为经书。为什么称为五斗米道呢？据《华阳国志·汉中志》说："其供道限出五斗米，故世谓'米道'。"①是因为入道之人必须交纳五斗米给道师，所以俗称为五斗米道。张陵传教以符水治病，并要求病人思道悔过，初步具备宗教规模，有道书、教义、教仪和戒律等。张陵死后其子张衡继承为师，张衡传给他的儿子张鲁。张鲁在汉末据有汉中，史书上说他以鬼道教民，自称师君。刚加入的教民称为鬼卒，修炼到一定程度称为祭酒，领有一定的教众，人数多的则称为治头大祭酒。教民以诚信不欺诈，设立义舍，里面放置着义米肉，以供行路之人量腹取食，如果贪心取多则会遭到鬼道犯病。因教主称为天师，故也称为天师道。张鲁在汉中建立政教合一的政权，在汉末军阀割据的局面下，并不能维持长久。

　　汉献帝建安二十年(215)，曹操率军征伐张鲁，张鲁经过一番抵抗，最终不敌曹军，率部投降。张鲁被北迁到邺，大批信道的民众随张鲁北迁，被安置在关陇、洛阳、邺城等地。为安抚他们，曹操采取怀柔政策。张鲁作为教主，得到曹操优待，被封为镇南将军，封阆中侯，其五子皆封列侯。其他部下也大多被封侯拜将。

　　随着张鲁及其部众的北迁，天师道也随之传到北方。魏晋时期北方的天师道有阳平、鹿堂、鹤鸣三大治，却无法对整个教团起到约束作用。天师道虽然在民间流传，但各地教团已不遵守旧有的道法、教义，贪财淫乱的现象严重，组织涣散，各自为政，科仪教律废弛。虽然没有统一严谨的组织，但魏晋时期天师道在北方仍然得以流传。

　　五斗米道最初流传于巴蜀地区，张鲁降曹北迁后，张陵所传的道法仍见流传于巴蜀地区。据《华阳国志》记载西晋咸宁时益州犍为有民人陈瑞，以鬼道惑民，为师者称为祭酒，陈瑞自称为天师。鬼道、祭酒、天

---

　　①　(西晋)常璩：《华阳国志》卷2《汉中志》。

师的称谓显然是师承天师道，陈瑞的徒众有千百数，说明天师道在巴蜀地区的流传颇为广泛。西晋末年流民起义的首领李特、李雄在益州地区得以站稳脚跟，建立成汉割据政权，与当地的天师道首领范长生的支持密不可分。据文献记载范长生"善天文，有术数，民奉之如神"①。范长生支持李特兄弟建立政权，足见其在当地的势力和影响，他后来被封为天地太师。

魏晋时期，除北方、巴蜀地区外，江南也有道派的活动，主要有于君道、李家道等。汉末孙策时江东有道士于吉的活动，于吉为琅琊人，世传道术。后来到吴会，建立精舍，烧香、读道书，以符水治病，为吴会人所信奉。于吉所传为于君道，奉《太平经》为经书。于吉后来被孙策所杀。孙吴末期，有李家道从蜀地流传江表。李家道是汉末蜀地流传的一个道教团体，以李阿和李宽为首，事奉李八百。据葛洪《神仙传》记载李阿为蜀人，容颜不老，判断事情的吉凶都非常灵验，后由李宽传到吴地。《抱朴子》中记载有一个蜀地人李宽来到吴地后，以祝水治病十分有效，人们都认为他是李阿，称为李八百。李宽在吴地召收的弟子将近千人，后来吴地发生瘟疫，李宽也染疫死亡，其弟子认为他是化形尸解之仙，而转相传授，在江南地区流传很广。两晋之际，江南又有李脱及其弟子传道，自言八百岁，所以也称为李八百。李脱从中州到建邺，以鬼道给人治病，署人官位，当时人多信事之。李宽和李脱皆号称为李八百，以祝水治病或以鬼道疗病，同为李家道一派，流传于江南地区。

道教的出现是由多种因素所促成，植根于深厚的古老民间文化。民间浓厚的鬼神崇拜及巫术是道教存在的土壤。中国的鬼神崇拜源自上古，古人相信万物有灵，《尚书·尧典》提到"肆类于上帝，禋于六宗，望于山川，偏于群神"，对上帝、山川群神等神灵的祭祀是古老的传统，成为后世官方

① （北宋）李昉：《太平御览》卷 123《十六国春秋·蜀录》。

祭祀的系统，《礼记·祭法》记载："山林川谷丘陵，能出云，为风雨，见怪物，皆曰神。有天下者祭百神。"①山川百神只有统治者才有资格祭祀，到汉朝更是形成众多的神灵祭祀，据《史记·封禅书》记载汉朝官方祭祀遍及日月星辰、风雨、四海及山川河流的神灵。"雍有日月参辰、南北斗、荧惑、太白、岁星、填星、二十八宿、风伯、雨师、四海、九臣、十四臣、诸布、诸严、诸逑之属，百有余庙"②。官方掌握对各种神灵的祭祀，既是对民间古老神灵信仰的继承，反过来也对民间的神灵崇拜产生影响。民间鬼神崇拜中更多体现在对巫鬼的迷信。中国的鬼信仰也源自上古，《礼记·祭法》提到"人死为鬼"，另一篇《祭义》则进一步说明："众生必死，死必归土，此之谓鬼。"③祖先崇拜是鬼信仰的表现。鬼能佑人也能害人，古人面临灾害、疾病时多以为是恶鬼作祟，需要用巫术进行驱除，所以古代常巫医不分，如《论语·子路》篇："南人有言，人而无恒，不可以作巫医。"人们遇到疾病时往往求助于巫师作法禳除。汉末以来道教吸引教众的一个重要的因素便是道士可以治病，或以符水治病或以鬼道治病，在古代医疗落后的情况下，这是人们摆脱疾病痛苦的重要途径。也是道教得以在民间传播，获得众多信徒的原因之一。因此，以符水、鬼道治病是早期原始道派的特征。

中国的神仙方术是道教形成的因素之一，追求长生和得道成仙是道教的特点。向往长生不死的思想亦源自上古，《山海经》里有不死之国、不死之药、不死之民的说法，先秦时代传说彭祖寿八百岁，这些都是人们希冀长生的反映。为达到长生不死，人们寻求各种方法和药物。战国以来，老子思想中长生久视之道的论述以及《庄子》对于真人、至人、神人的描述，他们能够"登高不栗，入水不濡，入火不热"，"疾雷破山，飘风振海而不能

---

① （汉）戴德：《礼记》卷 46《祭法》。

② （西汉）司马迁：《史记》卷 28《封禅书》。

③ （汉）戴德：《礼记》卷 47《祭义》。

惊""不食五谷，吸风饮露，乘云气，御飞龙而游乎四海之外"，更是助长了神仙思想的兴盛。① 如何才能长生久视，《庄子》提出了导引、守一、坐忘等方法。服食药物则是长生不死、得道成仙的另一种方法。战国时期有关神山和神仙的传说增多，如海上三神山蓬莱、方丈、瀛洲及山上的仙人，极大地激起人们追求长生和不死之药的热情，由此出现一批专门寻求药物，炼制不死成仙之药的方士。例如，宋毋忌、正伯侨、羡门期等人，他们都是向慕古人名，仿效神仙者，"为方仙道，形解销化，依于鬼神之事"②。在他们的鼓吹下，战国时齐宣王、齐威王和燕昭王都曾派人到海上寻求神仙之药。寻仙访药的热情直到秦汉都长盛不衰，秦始皇和汉武帝更是利用强大的国家财力和物力去寻求传说中的长生不死药，企图长生不死。秦始皇曾派遣徐福率领童男女数千人，入海寻求仙人。终其一生，他从未停止过求仙问药。汉武帝对于不死之药的热情比之前者更是有过之无不及。方士们投其所好，纷纷宣扬自己能致神仙、炼制不死的丹药。《史记·封禅书》说："祠灶则致物，致物而丹沙可化为黄金，黄金成以为饮食器则益寿，益寿而海中蓬莱仙者乃可见，见之以封禅则不死。"汉武帝对此深信不疑，不仅派遣方士入海求仙，也让方士炼制丹药以期服食丹药得道成仙。汉武帝在位期间，给予方士大量的财物以求仙和制丹药，对方士加官封爵，极大地刺激了民间对修道成仙的风气，当他东巡海上时，"齐人之上疏言神怪奇方者数以万计"③。虽然无一应验，然汉武帝仍深信不疑，乐此不疲。

战国以来，帝王对寻仙问道的热情和痴迷虽然很大程度上受到了方士的影响，然而民间对此的影响是不可低估的。希冀长生久视，延长生命的历程是中国古老文化的内容，在帝王狂热的寻仙求药的带动下，民间对于求仙访道、炼丹化药之风也是十分兴盛。这既是道教产生的因素，也是它

---

① （战国）庄子：《庄子·大宗师》，《庄子·逍遥游》。
② （西汉）司马迁：《史记》卷28《封禅书》。
③ （西汉）司马迁：《史记》卷28《封禅书》。

在民间拥有信徒的基础。

二、葛洪与金丹派

经过汉末三国的发展，道教流传的范围更广，然而这时期道教教派林立，杂乱无章，道教发展到一定阶段后需要理论的总结。两晋之间的葛洪对道教的神仙思想从理论层面进行了总结，促使金丹派的最终形成，为道教在社会上层的进一步传播奠定基础。

葛洪(284—364)，字稚川，自号抱朴子，丹阳句容人。出身江南世族，世代官宦。他的父亲葛悌，曾在孙吴、西晋朝为官，葛洪 13 岁时，他的父亲死于邵陵太守任上，家道从此中落，生活陷入贫困。葛洪一度"饥寒交迫，躬执耕稼"，读书所需的纸笔，靠伐薪贩卖换来。16 岁开始读儒家经书，博览群书，据他在所著书《抱朴子·外篇自序》说其"于众书乃无不暗诵精持，曾所披涉，自正经诸史百家之言，下至短杂文章，近万卷"。除儒家经书和诸史书之外，对星书、算术、九宫、三棋、太一、飞符、风角、望气、三元、遁甲都曾有所涉及，但唯独对神仙导养之法最感兴趣。不惧险远，到处请教。师从当时的道士郑隐学习炼丹秘术，得到郑隐的器重，授予丹书，"然弟子五十余人，唯余见受金丹之经及《三皇内文》、《枕中五行记》"[①]。葛洪曾自述其师承可上溯到汉末的左元放。左元放即左慈，为汉末著名方士，善道术。在天柱山得到神人传授金丹仙经，后避乱来到江东。葛洪的从祖葛玄师从左元放，得到授予《太清丹经》3 卷、《九鼎丹经》1 卷及《金液丹经》1 卷。郑隐是葛玄的弟子，又从葛玄处得到传授经书。葛洪师从郑隐，得其传授。

西晋末年，时局动荡，葛洪四处流移，后南至广州，停留数年，师从鲍靓，鲍靓以女妻之。鲍靓据说曾得到仙人传授《中部法》和《三皇》、《五

---

① （东晋）葛洪：《抱朴子·外篇自序》。

岳》劾召之要，能役使鬼神，封山制魔。江东安定后，葛洪返回家乡，于35岁写成《抱朴子》。晚年至广州罗浮山修炼，"在山积年，优游闲养，著述不辍"①，终老于此。

葛洪著述丰富，现存的有《抱朴子》、《神仙传》和《肘后要(备)急方》，其中《抱朴子》对道教的影响最大。《抱朴子》分为内、外两篇，内篇包括神仙丹药、禳邪避祸、养生延寿等，被现代学者认为"是道教史上一部具有比较完整的理论和有多种方术的包罗万象的重要著作"②。《抱朴子·外篇》论述人间得失、世事臧否。葛洪曾师从郑隐和鲍靓，但其思想更多是受到郑隐一派的影响。葛洪从郑隐处受《太清丹经》、《九鼎丹经》及《金液丹经》，对历代神仙道术进行整理总结，促使道教丹鼎教派的形成，对道教的发展起到承上启下的作用，其位被列到三张之后。

葛洪反驳了当时对神仙是否存在的质疑，认为前人所记载的仙人有70多位并非虚言，没见过仙人不等于仙人不存在。他在《抱朴子·内篇·论仙》中说："故不见鬼神，不见仙人，不可谓世间无仙人也。"葛洪从哲学层面来论证他的神仙思想，在《畅玄》篇提出"玄"概念，是世界万物的本源，"玄者，自然之始祖，而万殊之大宗也"。玄无所不能，是世间万事万物的主宰。和玄相配合的是道和一的概念，什么是道呢？"道也者，所以陶冶百氏，范铸二仪，胞胎成类，酝醸彝伦者也。"③道又起于一，把《老子》中关于一的论述进一步阐释，"一能成阴生阳，推步寒暑。春得一以发，夏得一以长，秋得一以收，冬得一以藏"④。通达一者，便无所不知，"人能知一，万事毕。知一者，无一之不知也。不知一者，无一之能知也"⑤。葛洪因此把他的神仙思想称为玄道或玄一之道。如果修成玄道，则可以逍遥遨游于

①　(唐)房玄龄：《晋书》卷72《葛洪传》。
②　王明撰：《抱朴子内篇校释》序言，北京：中华书局，1985年，第8页。
③　(东晋)葛洪：《抱朴子内篇校释》卷1《畅玄》。
④　(东晋)葛洪：《抱朴子内篇校释》卷1《畅玄》。
⑤　(东晋)葛洪：《抱朴子内篇校释》卷18《地真》。

宇宙天地之间，成为不死之神仙，"其唯玄道，可与为永"①。

这种令人羡慕向往的神仙状态如何修成，葛洪提出了两种修炼方法，即内修和外养。内修必须做到"思神守一"，可以去除邪恶护卫身体。"人能守一，一亦守人。"②如果做到守一，则百害无法入侵，居败能成，在危独安。使形神完美结合，使正气不衰，达到形神互卫，没有任何东西可以伤害。内修的具体做法有多种，最重要的是宝精行气。行气即胎息，"得胎息者，能不以鼻口嘘吸，如在胞胎之中，则道成矣"③。胎息不以鼻口呼吸，而是在胞胎之中。行气不仅可能治病、延年益寿，甚至可以避瘟疫、蛇虎、疮血等。内修必须清静无为，涤除嗜欲。"学仙之法，欲得恬愉淡泊，涤除嗜欲，内视反听，尸居无心。"④他认为纵情嗜欲只会招致灾祸，无益于长生成仙。所以在饮食起居必须自我节制，不能放纵口腹心目之欲，所以养生要唾不及远，行不快步，耳不极听，目不久视，坐不要太久，卧不要过疲，寒冷要添衣，热了要脱服，不要极饥而食，食不过饱，不要极渴而饮，饮不过多。并列举了许多在饮食起居方面应该禁止的行为。

思神守一、清静寡欲、导引行气可以防治百病，增年益寿，但如果要长生得道成仙，还必须依靠服食外物神丹。《抱朴子》有专门的篇章介绍制作金丹的方法。葛洪认为长生的办法，不是祭祀事鬼神，也不是道引与屈伸，"升仙之要，在神丹也"⑤。通过服食神丹，人们便可以得道成仙，服食草木之药及其他方术则只能延年益寿，并不能成仙，"不得金丹，但服草木之药及修小术者，可以延年迟死耳，不得仙也"⑥。神丹之所以能令人长生成仙，在于丹砂和黄金坚固永远不变的性质，人如果服食，这种性质会

---

① （东晋）葛洪：《抱朴子内篇校释》卷1《畅玄》。
② （东晋）葛洪：《抱朴子内篇校释》卷18《地真》。
③ （东晋）葛洪：《抱朴子内篇校释》卷8《释滞》。
④ （东晋）葛洪：《抱朴子内篇校释》卷2《论仙》。
⑤ （东晋）葛洪：《抱朴子内篇校释》卷4《金丹》。
⑥ （东晋）葛洪：《抱朴子内篇校释》卷4《金丹》。

转化到人体身上。"金丹之为物，烧之愈久，变化愈妙；黄金入火百炼不消，埋之毕天不朽，服此二物，炼人身体，故能令人不老不死。"①但丹砂和黄金不能直接服食，必须用特定方法炼制。炼制金丹是丹鼎道派的重要特征，炼金术也称黄白术。葛洪将历来所传仙药分为不同等级，最上品是丹砂，其次为黄金、白银，"仙药之上者丹砂，次则黄金，次则白银"②。只能延年的草木之叶是下品，比不上可致长生成仙的金丹。葛洪对丹药的研究，使其在炼丹术、化学、医学、养生学、药物学方面都有重要的贡献。

葛洪把修道成仙与儒家思想相结合，认为得道成仙，也需要修行品德。想求仙之人，"要当以忠孝和顺仁信为本，若德行不修，而但务方术，皆不得长生也"③。如果仅是追求方术，则不可能得到长生。他把道教和儒家的纲常名教相结合，信徒都要遵守，不得违背。

葛洪推崇自己的丹鼎派，反对民间各种杂散道士，主张对他们进行禁绝。他认为民间的杂散道士以见鬼神、占验、符水、禁祝等方术行治，虽治邪有效，但却不懂金丹之道，只是诳惑世人，骗取钱财而已，这些杂散道士与盗贼无异。他还指责汉末张角之徒利用道派组织叛乱，类似这种民间教派应予取缔禁绝。

葛洪是长生神仙思想及丹鼎理论的集大成者，金丹道派的理论建立在金丹道基础上，汇集与神仙、长生相关的各类道书，对道教的发展起重要的促进作用。

葛洪对金丹理论的整理和对民间教派的批判，是道教在社会上层发展的反映。魏晋正始年间，何晏、王弼开玄学之风，"老"、"庄"成为显学，谈玄说道成为一时风尚，士族人士纷纷以清谈玄虚相竞尚，他们辩论玄理，追求适意放达的生活状态。《庄子》中有关神人不食五谷，吸风饮露，乘云

---

① (东晋)葛洪：《抱朴子内篇校释》卷4《金丹》。
② (东晋)葛洪：《抱朴子内篇校释》卷11《仙药》。
③ (东晋)葛洪：《抱朴子内篇校释》卷3《对俗》。

气，驾飞龙，遨游于四海之外的描述令他们对逍遥自在的生活十分向往。道教中神仙道派通过药物的服用可以通向神仙之路的理论，正好契合他们追求神仙般逍遥自在生活的愿望，因此养生服食之风在社会上层十分流行。例如，嵇康认为神仙非积学所得，但如果养生得法，便能够像传说中的安期、彭祖那样长寿，所以他"常修养性服食之事"，并著有《养生论》。早期民间道派五斗米道（天师道）在张鲁投降曹操率众北迁，其教派上层得到曹操的优容，他们与上层士人应多有交往，故西晋时史籍中多有道教在上层社会中流传的记载，道士利用他们的道术活动于上层社会，以扩大其影响。八王之乱中赵王伦的谋士孙秀，据学者考证其所信奉的是五斗米道。其他活动于王公贵戚间的道士还有步熊、黄道士等。

三、东晋十六国时期的道教

西晋灭亡后，大批士人南渡，天师道在江南的流传加快，上层士族很多家族都世代信奉天师道。从北方迁来的侨姓士族中如琅琊王氏、高平郗氏、陈郡殷氏、颍川庾氏、阳夏谢氏、谯国桓氏、汝南周氏等都信奉道教。

据《晋书·王羲之传》载"王氏世事张氏五斗米道，凝之弥笃"，学者考证琅琊王氏事奉五斗米道，可上溯至其先祖与方术道士交往的家世渊源。王羲之是王氏家族中信奉天师道的代表人物，王羲之是东晋名相王导的从子，其传记中说他雅好服食养性，他和道士许迈一起"共修服食，采药石不远千里，遍游东中诸郡"[1]。他的儿子王凝之尤为笃信，任会稽内史，遭到孙恩军队的攻击，却不做任何的防备，因为他已祷请大道以鬼兵相助，最终被孙恩所杀。

高平郗氏与王氏世代通婚，郗鉴及其两个儿子都信奉天师道。谢万曾说："二郗谄于道，二何佞于佛。"[2]二郗所指为郗鉴的两个儿子郗愔和郗

---

① （唐）房玄龄：《晋书》卷80《王羲之传》。
② （唐）房玄龄：《晋书》卷77《何充传》。

昙。王羲之是郗愔的姐夫，他们并有"迈世之风，俱栖心绝谷，修黄老之术"①。陈郡殷仲堪也是道教的狂热信奉者，《晋书》本传记载他自小信奉天师道，精心事神，每天都要读《道德论》。

江南吴郡大族中也有许多家族崇信道教，著名者如葛氏、许氏。葛氏中的葛玄、葛洪都是道教中著名的道士。与王羲之交往密切的道士许迈出身丹阳许氏士族，也是世代奉道。许迈不慕仕进，精心道法，曾师事鲍靓。

钱塘杜氏家族也是世奉五斗米道，东晋时杜子恭创立了教团。杜子恭是吴郡钱塘人，通灵有道术，自小信奉天师道，精通符箓禁祝等道术。他能够做到行己精洁，虚心拯物，不求回报。后来他立治宣教。由于他善治病，能够预测人间善恶，因此他的信徒非常多。当时江南豪富之家和权贵之门都事之为弟子，对他非常恭敬。杜子恭本身即出身士族，他与当时的名流都有交往，如王羲之、谢安、桓温等人。谢氏家族中的谢灵运出生后即被送到杜家静室寄养。杜子恭不仅在上层社会有众多信众，在下层民众中更拥有大量的信徒。杜子恭死后，虽然其所创立的教团由他的弟子孙泰统领，但杜氏子孙也仍是世代信奉天师道，南齐的杜京产即杜子恭玄孙，其家族是"世传五斗米道"。

接替杜子恭统领教团的孙泰属于另一世奉五斗米道的士族，孙泰与西晋时的孙秀是同族，是琅琊人。琅琊孙氏是门第相对较低的士族，也是"世奉五斗米道"。孙泰以道术与上层社会的王公士族多有交往，曾仕宦，官任辅国将军，新安太守。他看到东晋政局混乱，以为晋朝气数已尽，企图参与政治权力的争夺。于是他煽动百姓，私自纠集徒众，三吴士庶多追随之。孙泰作为教团首领私自纠集徒众的行为引起统治阶层的疑惧。统治阶层害怕他作乱，之后被当时执政的司马道子诛杀。孙泰被杀身死，然而他的弟子们并不这样认为，他们认为孙泰是蝉脱登仙了。他的侄子孙恩继承其业，

---

① （唐）房玄龄：《晋书》卷67《郗愔传》。

继续统领其徒众。孙恩逃到海上，纠合徒众，等待时机，志在为孙泰复仇。隆安三年(399)司马元显纵暴吴会，征发江南八郡免奴为客之人当兵，激化百姓原本就对官府不满的情绪。孙恩趁机从海上率部众袭击会稽(今浙江绍兴)，击杀会稽内史王凝之。孙恩的起事得到贫苦下层民众的支持，当时东晋境内的八郡都有民众起来响应，"一时俱起，杀长吏以应之"①，短短 10 多天即聚众数十万。孙恩起事遭到东晋镇压，元兴元年(402)，孙恩被临海太守辛景打败，穷蹙之下，赴海自沉。其余部众为其妹夫卢循所领，南下广州。义熙六年(410)，卢循与其姐夫徐道覆率众北上，被刘裕击败。卢循逃到交州后，自投水而死。孙恩起事利用了道教民间组织，其过程也反映出许多民间道教的一些原始落后的特点，如狂热迷信、嗜杀等。孙泰、孙恩死后，其徒众都认为他们是仙解。孙恩赴海自沉，其部众"谓之水仙，投水从死者百数"②，只有狂热的宗教信仰才会使得他们自愿追随其教主去投水从死。《晋书·孙恩传》记载，在孙恩起事中，孙恩称其党为长生人，并下令诛杀异己，甚至戮及婴孩，由是死者十有七八。其部众所到之处"皆烧仓廪，焚邑室，刊木堙井，虏掠财货"③。有些妇女因有婴孩之累不能跟随去，便用囊簏盛婴儿放置河水之中，并祷告说："贺汝先登仙堂，我寻后就汝"④。这些记载既反映出起事者诛杀异己的残酷和对道教中成仙的狂热迷信，又反映出徒众对现实痛苦生活的绝望，才会把自己的孩子投水送上仙堂。孙恩起事沉重打击了流行于江南地区的五斗米道，战争中不仅起事的徒众死者数以十万计，不少信奉五斗米道的士族官僚也被杀。孙恩起事促使道教进一步分化、推动道教信徒对道教进行整顿改造。

北方在晋室南迁后，虽然大批信奉天师道的士族南迁，但北方的道士

---

① （唐）房玄龄：《晋书》卷 100《孙恩传》。
② （唐）房玄龄：《晋书》卷 100《孙恩传》。
③ （唐）房玄龄：《晋书》卷 100《孙恩传》。
④ （唐）房玄龄：《晋书》卷 100《孙恩传》。

仍然十分活跃。十六国政权的统治者一方面崇信佛教，同时也宠信和重用道徒方士。道士台产隐居于商洛南山，他精通天文、洛书、风角、星算、图谶之学，尤其善于望气、占候、推步之术。前赵刘曜闻其名而重用，官至太子少师，封爵关中侯。道士王嘉，据说不食五谷，能够预测吉凶，还会隐形之术。不管他隐居到哪里，都会有徒众跟随而至。曾得到前秦苻坚、后秦姚苌的礼遇。除此之外，史籍中还许多道士活动的记载。

四、道教经书

道教经典东汉时有《太平经》、《老子想尔注》、《周易参同契》、《河上公章句》等。随着道教的发展和佛教的兴盛，道教需要更多的经书扩大传播以抗衡佛教，因此，道教信徒不断改编前代道书。魏晋时有《三皇文》、《五岳真形图》，《五岳真形图》是魏晋方士所编制的符箓图书，内容涉及召神劾鬼、堪舆、卜问吉凶、治病除灾等。两晋之间有葛洪的《抱朴子》，经过东晋时期的发展，更多的道教经典出现，并促使新的道教派别产生。这一时期主要的经典有《上清经》、《灵宝经》，由此而形成上清派和灵宝派。

《上清经》是由一组经书组成，据南朝陶弘景《真诰》记载在晋哀帝兴宁二年(364)太岁甲子，由南岳魏夫人下降授予弟子琅琊王司徒杨羲，使作隶字写出，杨羲后传许谧及其子许翔。南岳魏夫人即魏存华，是西晋司徒魏舒之女，任城人。她自小好道，经常别居闲处。奉父母之命结婚后生有二子，当儿子长大后，即斋于别寝。她拜清虚真人为师，真人授其《太上宝文》、《大洞真经》等经。北方战乱渡江南下，年83岁，托剑化形而去。《上清经》托魏夫人授予杨羲，实际上可能是杨羲等人所编撰。《上清经》中的一些篇章在魏存华时已出现，在《上清源统经目注序》和《上清经述》都提到魏存华从清虚真人王褒接受《上清经》，但清虚真人是汉代人，与魏存华并非生活于同一时代，是假托古仙人所作。魏夫人还从上真景林夫人得到《黄庭内景经》，是天师张道陵传授给她的治精治鬼法。从此《上清经》才流传行于世。杨羲假托魏夫人下降授以《上清经》，后又以之传授给许谧及其子许翙。许翙之子许黄民在其父去世后收集杨羲、许谧、许翙三人所写经符秘箓，在亲戚间传布。从《上清经》流传过程来看，应该是杨羲、许谧、许翙等人不断改造而成。

由奉行修持《上清经》产生了道教内部一个新的派别即上清派。上清派的形成与天师道密不可分，是天师道分化的结果。被上清派奉为祖师的南岳魏夫人担任过天师道祭酒，杨羲曾得到许谧的推荐做了公府舍人，曾从魏存华长子刘璞处得到《灵宝五府》。杨羲与许氏关系密切，许谧是丹阳句容人，出身士族，即道士许迈之弟，都曾师从鲍靓，是世代奉道的家族。上清派的开创者都出身士族，是他们对民间道教进行改造而成。

《上清经》的内容繁杂，包含道教的众多道术，如金丹服食、导引、召神伏魔等。但最为重视的是存思守一法，是上清派重要的修炼方法。人身体上各部位都有神灵驻守，其中三丹田最为重要。三丹田指上、中、下各一处丹田，上丹田在眉间入三寸，中丹田为心，下丹田在脐下三寸。人们通过存思固守身上各神，即可开生门，塞死户；另外还配以诵经念咒，叩齿、咽津等方法，即可治病长生，甚至飞升上清名列仙籍。上清派的另一经典《黄庭经》的内容与《上清经》相似，也是主张以存思之法镇守身上各部位的神以达到长生久视。总之，上清派比较注重精、气、神的修炼，不重视符箓服食，主张通过炼神而炼形。

灵宝派与上清派大致同时出现，信奉修持的是《灵宝经》系列的经书。《灵宝经》中的《灵宝五符》，东汉袁康《越绝书》里记载："昔禹治水于牧德之山，遇神人授以《灵宝五符》"①，传说大禹治水时得到神人传授，后来把它藏在洞庭的包山，这说明在东汉时可能已有灵宝符出现。葛洪在《抱

---

① （明）孙谷编：《古微书》卷32《河图纬》。

朴子》中也提到《灵宝经》有《正机》、《平衡》、《飞龟授袂》三篇仙术，春秋时代吴王伐石得之。不过这都是道士们的杜撰。《云笈七签》记述了《灵宝经》的传授世系，提到"有葛孝先之类，郑思远之徒，师资相承，蝉联不绝"①。葛孝先即葛玄，《三洞并序》则是说葛玄传郑思远，思远传玄从弟葛奚，奚付子葛悌，悌付子葛洪。但这传授世序在葛洪《抱朴子》里并未提到。因此，《灵宝经》的一些篇卷可能在汉末以来已有流传，但真正形成系统应从葛巢甫开始。"葛巢甫造构《灵宝》，风教大行"②，葛巢甫是葛洪的从孙，后传任延庆、徐灵期。汉末以来的流传《灵宝》经符经过葛巢甫等人的增添构造，已形成系统，灵宝派另一经典《度人经》也大致出现于这个时候。从此之后"世世录传，支流分散"，影响日广，形成一个新的道教派别。

灵宝派也受到天师道的影响，修炼方法注重符箓科教，《灵宝五符经》上卷讲存思服气，中卷为服食草木的药方，下卷是吞服或佩带符箓以辟邪。但更强调斋仪，灵宝派认为斋戒是立德之本。灵宝派和其他派别不同之处还在于它认为修炼不仅是个人得道成仙，应该"普度一切人"。如果只顾自己修炼，不念度人；不行大乘之法，只好乐小乘之法，只能成为地仙，无法成为天仙。灵宝派度人的大乘思想产生于晋末，显然是受到当时佛教的影响。灵宝派把修道与儒家思想相结合，灵宝派有三合成德的理论，三指道、德、仁，只有三者相融合，才能得道成仙，灵宝派还制定戒规不得乱语和论及世务。

上清派和灵宝派都是经过对民间道教改造形成，比较符合上层社会，更有利于传播。道教新经典的出现，是道教发展过程的需要，丰富了道教的教义和修行方法，从而又促进道教的进一步改革和发展。

---

①　(北宋)张君房：《云笈七签》卷3《道教本始部》。

②　(南朝梁)陶弘景：《真诰》叙录。

五、南北朝道教的成熟

道教经三国两晋的发展，教义、教派都得到一定的发展，道教信徒对民间道教进行改造，促使上层化教派上清派和灵宝派的出现。但民间道教仍是下层民众用以反抗社会不平的旗帜，从汉末以来一直没有断绝。汉代传入的佛教也已发展壮大，并得到统治者的支持，成为中国具有较强影响力的宗教之一。道教需要进一步的改造以符合上层统治阶层的利益才可能应对佛教的冲击。南北朝时期，北方有寇谦之，南方有陆修静、陶弘景先后对道教进行了整理和改造，使道教走向成熟。

(一)寇谦之与北方道教

寇谦之(365—448)，字辅真，生活的时代大概是十六国后期到北魏初期。十六国时期北方处于诸政权更替争夺的混乱局面，道士活动却一直没有停止。据陈寅恪先生考证，寇谦之先祖是秦雍豪宗大族，世奉天师道的信仰。《魏书·释老志》记载寇谦之为南雍州刺史寇赞之弟，自小好仙道，所修为张鲁之术，服食饵药，却历年不见效果。直到遇到成兴公，引导他入华山、嵩山修炼。

魏晋以来的天师道组织混乱、道士贪图财物和淫秽之风盛行。旧天师道中存在着一些流弊，如祭酒道官的世袭制度导致不肖子孙不能精进，违科犯约，浊乱清真；治病的租米钱税制度容易造成祭酒任意索取财物；房中之术被滥用为淫秽之术。

寇谦之要对道教进行革除和整顿，便假托太上老君下降授权给他整顿道教，《魏书·释老志》对此事有详细的记载，寇谦之在神瑞二年(415)十月乙卯日遇见大神，自称为太上老君。跟寇谦之说，自从天师张陵去世以来，地上缺少典职之人，修善之人，无所师授。只有嵩岳道士寇谦之，立身直理，才任轨范，十分适合作天师。因此下降来授予寇谦之天师之位，并传授《云中音诵新科之诫》，此经自天地开辟以来，不传于世，现在运数应出。

太上老君要求寇谦之宣传他的新科之诚,"清整道教,除去三张伪法,租米钱税,及男女合气之术"①。

寇谦之以新天师的身份和《新科之诚》对道教进行改革,旧法"尽皆断禁,一从吾乐章诵诫新法"②。寇谦之整顿道教的内容主要有:一是除去旧法的租米钱税制度,道民只需要交纳纸 30 张,笔 1 管,墨 1 挺,以供治表救度之功;二是革除房中的黄赤之法,更修清异之法,与道同功;三是改革祭酒世袭的做法,诸道官祭酒实行简贤授明;四是制定戒律和斋仪,利用佛教戒律的形式,加入忠、孝、仁、义的内容,斋仪有奉道授戒之仪、三会之仪、禳灾除病仪、求愿收福仪、忏过解罪仪等,具体的做法都有详细的规定。

北方道教经过寇谦之的整顿和改革,显现出更为成熟,也符合统治者的需要,被称为新天师道。寇谦之为扩大道教的传播,北上投奔当时势力最强的拓跋魏政权。初见北魏太武帝时并未得到重视,寇谦之转而结交崔浩。崔浩出身北方第一高门清河崔氏,为儒学世家。崔浩以恢复魏晋儒家礼法为己任,对方术也颇感兴趣,修服食养性之术,因而师事寇谦之,受其法术。在崔浩的推荐下,寇谦之受到太武帝的重视,并开始信奉道教,在京城东南建造天师道场作为寇谦之宗教活动场所。太武帝还亲自到道坛,受符箓,此后成为惯例,北魏历代皇帝即位都到道坛受符箓。由于道教得到北魏统治者的支持,"崇奉天师,显扬新法,宣布天下,道业大行"③,道教在北魏时代十分兴盛。

北方除了寇谦之改造后的新天师道,还出现另一个道派即楼观道。楼观道奉春秋时代的尹喜为祖师,活动的范围在陕西周至县终南山的楼观。楼观的得名是因为尹喜故宅叫楼观,这是道士们为了显示自己教派的源远

---

① (北齐)魏收:《魏书》卷 114《释老志》。
② 《道藏》第 18 册《老君音诵诫经》。
③ (北齐)魏收:《魏书》卷 114《释老志》。

流长而假托尹喜，实际上楼观道渊源于魏晋，形成于北魏太武帝时期，是道教改革中出现的道派。魏晋之际的梁堪到楼观师事郑法师，梁堪弟子王嘉，在十六国时期较有名气，受到前秦苻坚、后秦姚苌礼遇。王嘉传孙彻，彻传马俭。道士尹通师事马俭，之后因道术精进，名声开始传开，四方闻名。北魏太武帝闻其名，派人送去香烛以建斋行道，自此四方闻名而来的人络绎不绝。在北魏统治者的支持下，楼观道得到较大发展，成为北方的道教大宗，其鼎盛时期是在北周、隋及唐初。楼观道士的修炼方术博杂，并不特别注重某一方术，符箓、金丹、服食、导引等都通晓。

（二）陆修静、陶弘景和南方道教

继寇谦之对北方天师道改造之后，南方天师道的改革者是陆修静（406—477）。陆修静，字元德，吴兴东迁(今浙江湖州市南浔区和吴兴区部分)人。出身江南四姓之一吴郡陆氏，从小学习儒家经典，但性好道术。他精研各类道书，探究教义，非常勤奋。后来离开家庭妻子，入山修道，托身玄极。他四处寻访异人，搜集道书，名声远播。得到宋文帝、明帝的礼遇，陆修静借此扩大道教的影响。晚年居于建康北郊天印山（方山）的崇虚馆，于宋后废帝元徽五年(477)去世。

陆修静师承不明，他融合了江南各道教派别，把民间道教改造成为奉三洞经书的官方化的新道教。陆修静著作丰富，保存至今的不多，主要收藏在《道藏》中。陆修静对道教的贡献在于对道教组织的整顿、制定斋仪和创立道教典籍分类法。

江南道教同样存在着组织混乱、科律废弛的情况，陆修静在《陆先生道门科略》中对道教的各种制度进行改革。其主要内容有：一是严格道官依功受箓、按级晋升制度，道官的升迁应以德行为标准，以免道官祭酒任用非人。二是严格三会日制度，即每年的正月七日、七月七日、十月五日所有的道民都要到各自的治师处集会，由治师向道民宣讲科戒和传布指令，不得饮酒食肉，喧哗言笑。会后道民回家要向未参会的家人传达科禁威仪。

三是严格宅录制度，宅录即道民把全家的人口数登记于册。四是会日这一天道民要向本师申报家口录籍，登记或注销本户人口，并交纳命信(敬神的信物)。

制订斋仪方面，陆修静在总结天师道原有斋仪基础上，融合灵宝斋、上清斋、洞神斋，吸收儒家礼法和佛教的三业清静理论，提出一套九斋十二法的斋仪，即上清斋二法、灵宝斋九法、涂炭斋，共十二种。每种斋法的具体仪式都有详细的规定，形成了道教完整的斋醮仪式，为后世所沿用。

开创道教经籍分类法。道教发展到南朝，已有众多的道经，但分散各地，真伪混淆。整理道教经籍是道教面临的重要任务，陆修静经过多年对道教经书的收集，对道教经书进行整理编目，编撰《三洞经书目录》，可惜现已失传。据其他文献记载，陆修静编撰的道经目录总共著录道家经书以及药方、符图1228卷，其中1090卷已流传于世，138卷尚未传出。陆修静整理道教经书时创立了三洞四辅十二类的典籍分类法。三洞为洞真、洞玄、洞神，四辅为太玄、太平、太清、太一，共七大部类，三洞每部又分为十二类。七大部主要是汉魏六朝时期出现的道教经书。

三洞经是道教的主要经书，洞真部是《上清经》，洞玄部是《灵宝经》，洞神部是《三皇经》。四辅是以四组道书辅助三洞真经，"《太清经》辅洞神部，金丹以下仙业；《太平经》辅洞玄部，甲乙十部以下真业；《太玄经》辅洞真部，五千文以下圣业；《正一法文》宗道德，崇三洞，遍陈三乘"①。

十二类是陆修静编《灵宝经目》时提出的十二种品类，《灵宝经》的十二类，一为本文，二为神符，三为玉诀，四为灵图，五为谱录，六为戒律，七为威仪，八为方法，九为众术，十为记传，十一为玄章，十二为表奏。后来十二类名目也用于三洞经书，分为三十六小类。

三洞四辅的道书分类，把不同道书分为高低不同等级，修炼不同道书

---

① (唐)孟安排：《道教义枢》卷2引《正一法文经图科戒品》。

的道士的等级也不同，修上清者最高可以成圣，修灵宝者成真，修洞神或太清成仙。这种典籍分类法为后世所沿用，隋唐之后整理道书都使用这种分类法。

陶弘景(456—536)是继陆修静之后南朝道教的又一位改革者。陶弘景，字通明，丹阳秣陵(今江苏南京)人，出身江南士族，生于刘宋孝建三年(456)。自小好学，他10岁时得到葛洪《神仙传》，日夜研读，始有养生志，曾师兴世馆主孙游岳。他17岁便以才学闻名，与江敩、褚炫、刘俣称"升明四友"。陶弘景年青仕宦期望40岁能做到尚书郎，不料仕宦不顺，36岁才做到奉朝请(六品官)，快快不得志。于是，他便决定退出仕途，隐居江苏句容的句曲山(茅山)，号华阳隐居。陶弘景虽隐居茅山，但对世间政治却一直十分关注，齐梁交替时，为萧衍夺取齐政权出谋划策，并援引图谶定下国号为"梁"。萧衍建立梁朝后，给予陶弘景极大回报，书问不绝，冠盖相望，并请他出山为官。陶弘景婉拒了做官的邀请，但萧衍遇到吉凶征讨大事，都要派人前往咨询，每月都有书信来往，被当时人称为山中宰相。此外萧衍还派人送去炼制丹药所需的黄金、朱砂、曾青、雄黄等物品，在茅山为陶弘景修建朱阳馆，营建太清坛。虽然后来萧衍崇信佛教，但对陶弘景一直宠遇不减。陶弘景不仅得到萧衍的宠信，其他王公贵族对他也是十分敬异。当时许多著名的士族文人如沈约、江淹、任昉、萧子云等人都成为他的门下弟子。梁武帝大同二年(536)陶弘景在茅山去世，赠中散大夫，谥曰"贞白先生"。

陶弘景博学多才，著述丰富，涉及经学、文学、天文历算、地理方物、医药养生、金丹炼制，与道教有关的著作有50种，重要的著作有《真诰》、《真灵位业图》、《登真隐诀》、《养性延命录》、《本草集注》等。陶弘景年轻时所师从的道士孙游岳是陆修静的弟子，属上清派。陶弘景后来到江东各地名山，访谒道士、真人，搜寻散失的上清经诀。隐居茅山后，撰写大量有关上清派的道书。《真诰》对上清派的源流及传授做了神话般的叙述，剔除神话的内容，该书保留了大量道教流传的历史资料。书中提到许多早期道教经书，记述了具体的修行秘诀和方术，是上清派教义的集大成者。

陶弘景在发展上清派教义方面表现在对修炼方法的总结，他的著作《养性延命录》系统阐述了道教的养生论，要实现延年益寿乃至长生必须神形修炼相结合。养神方面要游心虚静，息虑无为，也就是要少思寡欲。人有七情六欲，不可能完全断绝，但要有所节制，不能放纵自己的欲望。清静无为，少思少虑，自然会延年益寿。炼形方面则要饮食有节，起居有度。饮食是生命所需，人不可一日无食，但也不能饮食过度，暴饮暴食。饮食要清淡，熟食，食后要适当步行。人也要有适当的运动，久坐久卧和过度劳作都对身体无益。《服气疗病篇》和《导引按摩篇》中介绍了行气和导引的方法，是养生长寿的重要内容，是养神炼形理论的补充。养生和药物密不可分，人总免不了生病，需要药物的治疗，陶弘景所著《本草集注》是他在药物学方面所做的贡献。

陶弘景对道教的贡献还在于他构建了道教神仙信仰体系。道教在形成过程中，制造了众多的神灵，有天神、帝君、星官、山川鬼神、神话传说中的人物、历代帝王将相、秦汉以来的方士等，都成为道教信仰的神灵，将近700多名神灵，诸神灵之间没有统属关系，显得非常杂乱无序。陶弘景为此编撰《真灵位业图》把道教的神仙群，包括天神、地祇、人鬼以及众仙，以图谱形式列出，以7个等级排列，每一级有一名主神位列中间，左右分列其余诸神。第一等级的主神为元始天尊，共29位神；第二等级的主神为玉晨玄皇大道君，共104位神；第三等级的主神是太极金阙帝君，共84位神；第四等级的主神是太清太上老君，共174位神；第五等级的主神是九宫尚书张奉，共36位神；第六等级是三右禁郎定录真君茅固，共173位神；第七等级的主神酆都北阴大帝，共88位神。《真灵位业图》把道教庞杂无序的神仙初步系统化，形成等级分明神仙谱系，实际上是魏晋南北朝时期门阀士族等级制度的反映。

陶弘景学识渊博，对道教各方面的知识都造诣很深，在茅山隐居几十年，当代名士都与之交游，使四方之士慕名而来，茅山成为南方道教的中心。陶弘景所传经法仍是上清派，因为他的影响巨大，弟子众多，使茅山成为上清派基地，形成了上清派的茅山宗。陶弘景之后，茅山宗历代宗师也是人才辈出，使茅山宗一直久盛不衰。

南北朝时期道教发展促使道观的兴起。早期道教的宗教活动的地方有道治、静室，一些道士为寻仙访药，往来名山仙洞，东晋时期出现道士于山中立精舍，道馆开始出现。南北朝初期，大量道馆（观）兴建，著名道士陆修静在庐山建馆，即简寂观。崇信道教的帝王也为道教徒兴建修炼和进行宗教活动的道馆，如宋明帝在京城为陆修静建崇虚观，北魏太武帝为寇谦之建道场于京城东南，齐高帝为褚伯玉在剡县建太平馆、在茅山为薛彪之立金陵馆、为蒋负刍建宗阳馆，梁武帝在茅山为陶弘景立朱阳馆，为许灵真建嗣真馆。北朝虽没有具体的道馆修建记载，但文献中有"馆舍盈于山数，伽蓝遍于州郡"①的说法，伽蓝指佛教寺庙，与之对应的是道教的馆舍。盈于山数说明当时道教馆舍的数量之多。南北朝时期的道馆是道士居住修炼与进行宗教活动相结合的场所，道士们在道馆过着集体的生活，很多道馆都拥有地产和馆户。大量道馆的修建，相关的戒律和管理制度也随之出现，各个教派都制定了戒律和清规，以约束、规范道士的行为。南北方道教馆舍的大量兴建，是道教发展成熟的表现之一。

第二节　佛教

佛教源自天竺，公元前6世纪由迦毗罗卫国王子乔达摩·悉达多所创立，被尊称为佛陀，略称为佛，意为觉悟者。佛教大概在两汉之际传入中

---

① （唐）释道宣：《广弘明集》卷24《问沙汰释李诏》。

国，但直到汉末，佛教仅是少部分社会上层人物信奉，并没有普遍传播。魏晋南北朝时期动荡不安的社会环境为佛教的广泛传播提供了基础，佛教依附于玄学和道教，为不同阶层的人们提供了精神需求，从而得到极大发展，并逐渐中国化，成为中华文明的一部分。

一、魏晋南北朝时期佛教的流传

佛教最初传入中土时，只是被当作方术的一种，并没有为人们所了解。《魏书·释老志》记载，汉哀帝元寿元年(前2)，博士弟子秦景在大月氏使者伊存处听其口授《浮屠经》，但当时中土之人对佛教所知甚少，没有在知识界引起注意。信奉佛教的基本是从西域来的人士，汉人没有出家者，官府也明令汉人不得出家。据《晋书·佛图澄传》记载汉人不得出家的禁令，直到魏晋时期仍在执行。

汉末三国动荡的时局为佛教的进一步传播提供环境，佛教开始逐渐流布开来。曹魏时期，一些外国僧人在洛阳活动，其中从中印度来的昙摩迦罗译出大众部戒律的一部分《僧祇戒心》。曹魏时期，第一位落发出家为沙门的汉人，是颍川人朱士行，于甘露五年(260)出家为沙门，此后汉人出家为沙门逐渐增多。朱士行出家后，读汉译佛经常感觉不通，于是西行求正本，成为第一个西行求佛法的汉僧。

佛教入华，主要通过陆路，东汉以后，随着海上交通的发展，佛法亦从海上传入。在南方的东吴地区，安世高、支谦、康僧会等人在江南地区传布佛教。汉末南方汉人中信奉佛教最为著名的是笮融。《三国志·笮融传》记载，笮融在广陵修建浮屠祠，规模宏大，浇铸铜人，以黄金涂身，衣以锦彩。整个浮屠祠可容纳3000余人。笮融下令其统治界内以及旁郡人有好佛者听受道，免除徭役以招致之，由此远近前后至者5000余人户。每到浴佛节，笮融便在路旁设酒饭，连绵数十里，吸引来观看和就食的民人有上万人。这些人虽然未必都信奉佛教，但笮融的行为无疑起到扩大佛教在当地影响的作用。

魏晋玄学兴起，名士清淡虚玄无为，以清言放达相尚。佛教的般若空无说亦于此时传来中国，与玄学颇有相似之处，佛僧附于玄学以扩大其教，当时名僧与名士多有交往。如汤同彤先生所说的僧人立身行事与清谈者契合。《般若》理趣，又与《老》、《庄》相符。文献中对名僧与名士的交往多有记载，西晋时佛僧竺叔兰与当时清谈领袖乐广有一段清谈故事：竺叔兰性好嗜酒，有一天喝醉了卧眠路旁，被押送至河南狱。当时的河南尹是乐广，也已经喝醉。说："君侨客，为何学人饮酒？"叔兰回答说："杜康酿酒，天下共饮，为什么要问侨旧？"乐广说："饮酒可以，为什么狂乱？"竺叔兰说："民虽狂而不乱，犹府君虽醉而不狂。"①乐广大笑。另一位佛僧支孝龙则被列为当时的"八达"之一。通过这种与社会上流社会的名士交往的方式，佛教日渐扩大其影响，由此得以普遍传播。西晋时，佛教寺院已有 180 所，僧尼 3700 人。在寺院已有为死者举办法会的宗教仪式以及信徒持斋供养。《法苑珠林》里有一则故事便反映了这种情况：西晋有个叫阙公则的人，晋武帝时，死于洛阳，亲朋好友为他在洛阳白马寺举办法事，通宵诵经为其超度。他的母亲则十分信佛，长年诵经，供养僧人。

西晋短暂的繁荣统一很快被八王之乱及其后的五胡入华打破，晋王朝被迫迁到江南，偏安一隅。中国北方重又陷入动荡分裂的局面，动荡的时局，生命无常，人们生活困苦不堪，人们更需要精神上的抚慰。佛教经书中多提到只要念诵佛名便可解脱烦恼，如《法华经观世音菩萨普门品》："若有无量百千万亿众生受诸苦恼，闻是观世音菩萨，一心称名，观世音菩萨即时观其音声，皆得解脱。"②只要信奉佛法，便可解脱人生的无尽苦难，佛教在此前的基础上得到更广泛的传播。《释迦方志》提到西晋十六国时期，

---

① （南朝梁）释僧祐：《出三藏记集》卷 13《竺牧兰传》。
② （后秦）鸠摩罗什译：《妙法莲华经》卷 7《观世音菩萨普门品》。

"观音、地藏、弥勒、弥陀，称名念诵，获其将就者，不可胜纪"。

北方自晋室南迁，先后为各少数民族政权所控制，史称十六国时期，各个政权更替频繁，战争不断。此时期北方主要有佛图澄进行传教活动。佛图澄来自西域，精通佛教经典，博学多艺，多有神术。他到中原时正值西晋末的兵乱，生灵涂炭。他深得后赵政权的石勒、石虎信任，利用佛教教义中的因果轮回，根据生前行为的善恶，人死后会得到不同的报应，在六道(阿修罗、天、人、畜生、饿鬼、地狱)间轮回转生，以劝说石勒、石虎减少杀戮。"凡应被诛残，蒙其益者，十有八九"①。因为他得到后赵上层统治者的信任和支持，对于他的传播佛教活动极为有利，后赵政权还下诏令胡汉皆可出家为僧。他身边的弟子常有数百，门徒有万人之数。后来的名僧释道安、竺法雅、竺法和等都是他的弟子。通过他及其弟子的传布，佛教在北方社会得到了普及，不论胡汉，很多人都出家奉佛。《高僧传·佛图澄传》里说："民多奉佛，皆营造寺庙，相竞出家"，"中州胡晋，略皆奉佛"。在后赵时期，佛图澄及其弟子共建立了893所佛寺。

佛图澄之后，其弟子释道安是北方著名的僧团领袖，在动乱的北方传布佛法。随着僧众的增加，他制定僧人的戒律以约束僧人。释道安的弟子众多，一度分众南下。当时北方战乱，释道安为避乱率领僧众南下，行至新野，为免同时遭难，把众僧分派到各地。释道安的弟子分赴各地，有的到了南方，如竺法汰；有的到蜀地，如昙翼，促进了佛教的传播和南北交流。

北方各少数民族政权的统治者都崇信佛教，前秦苻坚对释道安十分尊崇，这对佛教的传播非常重要，正如释道安所说"不依国主，则法事难立"②。十六国时期后期北方佛教的领袖是鸠摩罗什，龟兹国人，自小出家，为西域著名佛僧，亦名闻于中原。后秦姚兴自少便信崇三宝，建立

① (南朝梁)释慧皎：《高僧传》卷9《佛图澄传》。
② (南朝梁)释慧皎：《高僧传》卷5《义解》。

政权后，派人往迎鸠摩罗什到长安，给予国师的礼遇。由于姚兴的扶持，社会各阶层上下信佛者甚众。据《晋书·姚兴载记》记载，自公卿以下莫不钦附，沙门由远方慕名而来者有 5000 余人。修建佛寺以安置沙门，坐禅者常有千数。在上层社会崇佛的氛围的带动下，后秦统治下的州郡纷纷向慕，"事佛者十室而九矣"①。上层统治者的支持使佛教在社会上得到广泛传播，事佛者十室而九，虽然夸张，却是反映了当时佛教的兴盛状况。为管理人数逐渐增多的僧尼，后秦政权还设立了中国佛教史上第一个僧官管理机构，以鸠摩罗什的弟子僧䂮为僧正（最高僧官），僧迁为悦众（也称都维那，协助统摄僧众），法钦、慧斌共同掌管僧录（僧尼簿籍及有关僧尼的事务）。

南方的东晋政权是西晋灭亡后北方士族南逃到江南与南方士族共同支持下所建立的，因此士族在政治上拥有强大的势力。魏晋正始之玄风也随之南渡，中原名僧有些为避战乱也来到南方，他们与王公大臣及士族名士继续交游，如王谢子弟多与沙门交，《世说新语·赏誉》说，僧人竺法汰刚从北方来到南方时还不知名，与王导之子王洽相交，王洽每次出游名胜，都要和法汰一起。"不得法汰，便停车不行"，法汰名声由此传开。东晋孙绰《道贤论》把两晋的佛僧竺法护等 7 位道人比作竹林七贤。其他如帛尸梨密多罗、康僧渊、竺道潜、支遁、于法开、慧远等都与名士相交游酬对。帛尸梨密多罗是西域人，不通晋语，却深得王导、庾亮、周𫖮、谢琨、桓彝等人的敬重，周𫖮曾说："若选得此贤，令人无恨。"②死后王珉为之作序，将其比之为汉代的金日磾，称赞他："心造峰极，交俊以神，风领朗越，过之远矣。"③又如竺道潜，也是得到晋元帝、晋明帝及王导、庾亮等人的钦

① （唐）房玄龄：《晋书》卷 117《载记》。
② （南朝宋）刘义庆：《世说新语》卷上《言语》。
③ （南朝梁）释慧皎：《高僧传》卷 1《帛尸梨密多罗传》。

敬,"钦其风德,友而敬焉"①。东晋时期的佛教领袖慧远是释道安弟子,在庐山建立精舍修道,传经说法。慕名而来者甚众,"不期而至,望风遥集"。修行的居士也常来听讲,如刘遗民、毕颖之、宗炳等人。慧远在庐山修道 30 余年,文献记载他"影不出山,迹不入俗"②。虽然不出山,但他与外界尤其是上层社会却保持着密切的联系,与桓伊、桓玄、王凝之、何无忌等人关系密切,同时和殷仲堪、谢灵运、刘裕、卢循也有交往。

东晋时期不仅王公大臣与名僧交往,东晋以来的皇帝也都越来越多支持信奉佛教。如晋明帝司马绍"及长,善书画,有识鉴,最善画佛像"③。东晋孝武帝崇奉佛法,为沙门立精舍于殿内居住。晋恭帝更是"深信浮屠道,铸货千万,造丈六金像"④,并步行 10 多里,亲自到瓦官寺迎接佛像。佛教僧人通过与王公贵臣的交往辩论,提高自身在上层社会的影响,从而获得他们的支持,建寺设庙。例如,何充因为崇信佛教,便布施大量钱财给予寺庙修建佛寺,供养"沙门以百数,糜费巨亿",毫无吝啬。他的弟弟何准也是"唯诵佛经,修营塔庙而已"⑤。其他王公贵族出资修建寺庙史籍也多有记载,这些寺院大都在建康及附近,僧人集团以寺院为据点,进行讲经说法,传布佛法,从而推动佛教的传播。

上层社会越来越多的人信奉佛教,会对社会起着一种仿效作用。据史料记载,东晋的寺庙和僧尼都比前代大为增加,寺庙达到 1768 所,僧尼有2.4 万多人。

东晋之前,佛教经典主要由外来僧侣或侨民传入,佛教的传播,使更多的中土僧人产生到佛教的原生地求法的愿望,他们西行游学扩大了中土

---

① (南朝梁)释慧皎:《高僧传》卷 4《竺法潜传》。
② (南朝梁)释慧皎:《高僧传》卷 6《慧远传》。
③ (唐)张彦远:《历代名画记》卷 5《晋》。
④ (唐)房玄龄:《晋书》卷 10《恭帝纪》。
⑤ (唐)房玄龄:《晋书》卷 77《何充传》。

佛教的影响，吸引更多域外僧人来华。他们带回大量的佛教典籍，增添了汉译佛典的不足，其中法显西行求法最为著名。法显，俗姓龚，平阳郡人。因感慨佛教经律的短缺，于隆安三年（399）从长安出发到天竺寻求戒律，义熙八年（412）回到青州，前后共 15 年，带回不少佛教梵文经典，并把游历所见所闻写成《佛国记》。

　　进入南朝，信奉佛教的现象更为普遍，佛教发展达到一个新的高潮。南朝宋、齐、梁、陈四朝更替，统治上层为争夺权力相互争斗、残杀，内乱不已。南朝诸帝及王公士族信奉佛教的人更加众多，南朝帝王中崇佛最为著名有梁武帝、简文帝，梁武帝更是以佞佛出名。梁武帝原来可能信奉道教，后来转向佛教。他曾四次舍身入同泰寺，以佛教为正道。梁武帝不仅自己皈依佛教，吃素戒肉，还曾下诏要求王公大臣舍邪入正，"其公卿百官，侯王宗族，宜反伪就真，舍邪入正"①。《魏书·萧衍传》记载他要求皇室子弟都要接受佛诫，对于事奉佛法精苦的子弟，便加以菩萨之号。梁武帝十分优崇佛教僧侣，大量兴建佛寺、造佛像。士族如吴郡张氏、陆氏，庐江何氏、琅琊王氏、陈郡谢氏都信奉佛教，有的还精通佛理。何氏世代信佛，何胤与开善寺智藏游，注有《百论》、《十二门论》各 1 卷。周颙兼涉百家，擅长佛理，著《三宗论》论空假义。谢灵运著《辨宗论》、《佛影铭》。

　　在帝王贵族及士族上层精英分子信奉佛教的带动下，南朝社会崇信佛教的气氛十分浓厚，佛教信徒众多，高僧的门徒往往达万人之多。如齐法通"白黑弟子七千余人"②，梁僧祐"凡白黑门徒一万一千余人"③。梁武帝在同泰寺讲《摩诃般若经》时，参加的有高僧千人，与会僧俗达 319642 人。文献所反映出来的南朝时期的寺庙和僧尼情况：宋，寺 1913 所，僧尼 3.6 万人；齐，寺 2015 所，僧尼 3.2 万人；梁，寺 2846 所，僧尼 8.27 万人；

----

①　（唐）道世：《法苑珠林》卷 55《破邪篇》。
②　（南朝梁）释慧皎：《高僧传》卷 8《法通传》。
③　（南朝梁）释慧皎：《高僧传》卷 11《释僧祐传》。

陈，寺 1232 所，僧尼 3.2 万人。[①] 僧尼人数的激增，既有佛教普及的原因，僧尼免徭役、不输租调的特权也是吸引下层民众的因素。

北方经过十六国时期，鲜卑拓跋统一了北方，建立了北魏。拓跋氏在接受中原儒、道文化的同时，也接受了佛教。北朝虽然发生过北魏太武帝拓跋焘、北周武帝宇文邕废佛之事，其他诸帝大多崇信佛教，扶持佛寺的发展。如北魏献文帝拓跋弘常与沙门一起讨论佛理，在平城建永宁寺，造七级佛塔，高 300 余尺。他还在天宫寺造释迦立像，高 43 尺，用赤金 10 万斤，黄金 600 斤。北魏宣武帝元恪在洛阳南的伊阙山为北魏孝文帝和文昭皇太后选石窟刻佛像，为开凿龙门石窟之始。北朝的佛教较之十六国时期有着更为广泛的传播，据史籍记载，北朝各代的寺庙、僧尼数量：北魏孝文帝时平城寺庙约 100 所，僧尼 2000 余人；各地寺庙 6478 所，僧尼 77258 人；到北魏宣武帝时，各地寺庙已达 13727 所。据《洛阳伽蓝记》记载，北魏末年，仅洛阳就有寺 1367 所，

图 4.1　云冈石窟

---

① 任继愈：《中国佛教史》第 3 册，北京：中国社会科学出版社，1988 年版，第 18 页。

全国佛寺 3 万余所，僧尼 200 万人。北齐邺都有寺 4000 余所，僧尼 8 万人，全国的僧尼更是高达 200 余万人。北朝的佛教与南朝佛教不同处之一在于注重修寺造像，积累功德，修造了大量的寺庙、佛像，其数量规模都远超南朝。并给后世留下了大量的石窟艺术，如石窟寺、莫高窟、麦积山石窟、龙门石窟、云冈石窟、天龙山石窟、响堂山石窟等都是这一时期开始创建的。

随着僧尼人数的增多，为管理众多的僧尼，以防伪滥，在后秦设立管理佛僧的机构后，南北朝都设立了僧官制度。南朝的僧官制度主要沿袭后秦，最高僧官为僧正，或称大僧正，僧正之下为都维那、京邑都维那。地方州郡僧官称僧正或僧主，都由皇帝任命。北朝僧官制度以北魏僧官体制为主，中央的僧官机构为昭玄寺，崇玄署。"昭玄寺，掌诸佛教。置大统一人，统一人，都维那三人。亦置功曹，主簿员，以管诸州郡县沙门曹。"[1]沙门统是全国最高僧官，都维那为其副职，协助沙门统管理僧尼，以佛门戒律约束僧尼。地方上有州统、州都，郡统、郡维那及县维那，管理地方的僧尼和处理日常佛教事务。

佛教的发展，寺庙的增多，帝王、王公大臣及地主信徒赠予寺庙大量的土地，使寺院拥有数量巨大的土地，寺院开始从事经营土地及其他的营利活动，寺院形成一定规模的寺院经济，成为社会经济的重要组成部分。

至南北朝时，佛教在中国传播已经历 400 多年，佛教的一些基本理论已深入中国社会，成为中华文明的一部分。

二、高僧译经和著述

佛教作为域外文明传入中国，其教义经书都是梵文，要使佛教教义为中国人所了解，必然面临着梵文经文的译介。在佛教传入中国的几百年过

---

① （唐）魏徵：《隋书》卷 27《百官中》。

程中，佛教最终为中国人所接受，离不开历代高僧对佛经的译介与著述。魏晋南北朝是佛教的重要发展时期，高僧辈出，有来自域外的僧人，也有本土成长的僧人。他们既是译经者也是传布佛法者，所到之处，立寺讲经，推进了佛教在南北的传播和普及。

(一)佛教基本教义

佛教产生于古印度的宗教，完全不同于中国文化。佛教在释迦牟尼涅槃百余年间分成两大部派，上座部和大众部，两大部内又各分出 10 个和 8 个部派。2—3 世纪，马鸣创大乘教派，之前旧派称小乘教派。大乘学说认为诸法皆空，空亦是空，因此也称为空宗。最初传入中国的是小乘佛教，大乘佛教出现后也很快传入中国。

佛教的基本教义是四谛，为各个派别共同承认。四谛即苦、集、灭、道。苦、集为一对因果关系，解释世间；灭、道为一对因果关系，解释出世间。

关于苦，《增一阿含经》："所谓苦谛者，生苦、老苦、病苦、死苦、忧悲恼苦、怨憎会苦、恩爱别离苦、所欲不得苦，取要言之，五盛阴苦。"苦是世间的普遍存在形式。集是解释世界现象及诸苦的原因，灭是解脱世间烦恼，达到涅槃。道是达到灭的修行方法。

集谛内容包括五阴聚合、十二因缘和业报轮回。五阴也译作五蕴，指色、受、想、行、识。色阴有四大(地、水、火、风)、眼、耳、鼻、舌和色、声、香、味、触。受是主体对客体的感受，有三类：苦、乐和不苦不乐。想是感受之后的思维活动；行是思维活动中决定行为的因素；识是认识活动得以发生的载体，有六识即眼、耳、鼻、舌、身、意分别具有见、闻、嗅、味、触、思维的作用。

五阴也特指有情，是人的代称。人是五阴的聚合，不能独立存在于世界，称"人无我"，我是一种假我，不能当作实有，故诸法无我。世间一切事物，都处于变动不居的状态，为诸行无常。所以不需要为虚假的东西而自寻烦恼。烦恼之所以产生，是因为无明，无明引起我想，我想引起贪、瞋、痴。

十二因缘是以缘起解释人生及流转。由十二个概念即无明、行、识、名色、六处、触、受、爱、取、有、生、老死，组成前后相续的因果链条。缘起，《中阿含经》"若见缘起便见法，若见法便见缘起"，《初分经说》"若法因缘生，法亦因缘灭"。缘起论是佛教的基本特征，以此来解释世界一切现象。十二因缘在三世中循环运转，三世指过去世、现在世和未来世。现在世由过去世造成，现在世还引出未来世，这便是业报轮回说。有情类在三界六道中轮回转世，三界指欲界、色界和无色界；六道指天、人、阿修罗、畜牲、饿鬼、地狱。

灭谛，涅槃是出世的最高理想，熄灭了世间一切烦恼，超载了生死和时空，"贪欲永尽，瞋恚永尽，愚痴永尽，一切烦恼永尽，是名涅槃"[①]。

道谛，通向涅槃的解脱之道，有八种方法，称八正道。即正见、正思、正语、正业、正命、正精进、正念、正定。又可归结为戒、定、慧三学。

(二)汉末三国时期的译经

佛教传入中国之初，佛僧都是域外之人，不精通汉文，虽有经典，但翻译较少。最早的汉译佛经是《四十二章经》，它不是完整的佛经，是一种经抄，摘译自小乘佛教的经书。人们对《四十二章经》的翻译带有中国传统思想的痕迹。东汉桓、灵时期，安世高、支谶来华，开始把梵文的经典译成汉文，最初引进翻译的佛典是小乘佛教的经籍。

安世高，名清，安息国王太子，后让位于其叔，自己远离本国，于东汉桓帝建和二年(148)来到洛阳，灵帝末年兵乱，乃杖锡江南。安世高所译经文属于小乘佛教经典，是小乘的阿毗昙和禅，为禅数之学。禅数，也称定慧、止观，是佛教一种重要的修习方法。小乘佛教以阿罗汉为最终果位，

----

① 《杂阿含经》卷18。

追求的是个人的生死轮回解脱。安世高共译经 34 部 40 卷，代表译作为《阴持入经》和《安般守意经》。阴、持、入是小乘佛教最基本的概念。入后译为"处"，为眼、耳、鼻、舌、身、意六根，和色、声、香、味、触、法六境组成十二处。持后译为"界"，是十二处加上眼、耳、鼻、舌、身、意六识构成十八界。《阴持入经》主张以禅定消除烦恼，以戒、定、慧控制贪、嗔、痴。《安般守意经》的安般意译为"出入息"，安般守意是以数息的方法使心情安定，与道教中的吐纳之法有颇多相似之处。意决定着人的行为，"在是生死间，一切恶事皆从意来也"，因此要控制自己的意识，"人之使意，意使人……人不行道，贪求随欲，是为意使人也"。① 人们对《安般守意经》的翻译与解释，多使用中国化的概念，有着明显的中国化倾向。安世高所译禅数，对后来的中国禅观影响极大。

支谶，是支娄迦谶简称，月支人，与安世高同时来华。他译有《般若道行品》、《首楞严》、《般舟三昧》等经。他所译经籍属于大乘佛教，早期的大乘经类有般若、宝积、华严、方等。大乘佛教追求的最终目的是成佛，不仅要超脱自身的生死轮回，还要以慈悲心普世济人。《般若道行品》称《小品般若》，般若全称为般若波罗蜜多，般若意指智慧，是一种可以通向成佛的特殊智慧。般若波罗蜜多意译为"知度"，即以般若的智慧达到佛的境界。般若具有无上威力，可消除一切祸害，只要诵持般若波罗蜜多，会无有恐怖。"学者、持者、诵者，或当剧难之中，终不恐不怖。"②这对处于社会动荡不安，生命朝夕不保环境下的人们，具有巨大的吸引力，不仅对于下层劳苦民众如此，对上层统治阶层也一样，《般若道行品》是《般若经》的最早译本。《般舟三昧》把阿弥陀佛引入中国，重无量寿佛观。支谶所译大乘般若学说，魏晋以后非常盛行，佛教玄风两者相为益彰，对中国佛教产生巨大影响。支谶译经亦受当时中国思想的影响，如《道行经》中的"本无"译法

---

① 《安般守意经》卷上。
② 《般若道行品·功德品》。

受到当时老子思想影响。

早期的译经由于译经师都不是汉人，他们仅粗通汉语，难以把梵文的经文用适当的汉语翻译，传译之人则对佛教的教义不甚了解，导致早期所译经书存在着经籍原义出入较大的问题。

三国时期的佛教中心，北有洛阳、南有建业。曹魏与西域交通，方便了西域及天竺僧人的来华，如昙柯迦罗、昙谛、安法贤、康僧铠等。昙柯迦罗为中天竺人，魏嘉平年间到洛阳，译出《摩诃僧祇律》的戒本《僧祇戒心》，是中国佛教受戒的开始。昙谛也译出无德部的四分律的受戒礼《昙无德羯磨》1卷。佛教戒律的译出，对约束僧侣按佛教戒律的生活具有十分重要的作用，规范佛僧的行为，有利于佛教的传播。

支谦，也名越，字恭明，为优婆塞。其祖先为月支人，祖父来华，他出生于河南，博览汉地典籍，13岁学胡书，精通六国语言。汉末战乱奔吴，支谦精通汉文，觉得前人所译佛经辞质多胡音、胡语，"经多胡文，莫有解者"，便利用自己兼通汉文、胡文的优势，对某些佛经进行重译。"既善华戎之语，乃收集众本，译为汉言。"①他译有《佛说维摩诘经》，《佛说维摩诘经》是般若学说一部重要经书，有人把它和《楞伽经》、《圆觉》称为禅门三经。支谦重译支谶所译《般若小品》，校改《首楞严经》和维祇难的《法句经》。开始会译之法，会译即集引众经，比较其文，以明其义。依据《无量寿》和《中本起经》，制作梵呗新声《赞菩萨连句梵呗》三契，以注《了本生死经》。支谦"才学深彻，内外备通"，他所译经文注重文丽，可以说是佛教玄学化的开端。

康僧会，祖先为康居人，世居天竺，其父因商迁移至交趾，故僧会生于中土。于孙吴赤乌十年（247）到建业，立建初寺。康僧会也是深通汉文，所译经有《六度集经》，其文典雅，又注释《安般守意》、《法镜》、《道树》等经，援引中国理论予以解释。《六度集经》辑录各类佛经和佛经段落91种，

---

① （南朝梁）释僧祐：《出三藏记集》卷13《支谦传》。

是以菩萨本行的故事，寓以佛教的大乘思想，菩萨本行指佛未成佛之前在无数劫中的神话经历，六度为大乘菩萨行。

支谦、康僧会均出生于汉地，深受汉文化影响，译经文辞雅丽，已有中国化的倾向。支谦、僧会为注经之始，讲经则始于朱士行。朱士行，颍川人，出家为僧。尝在洛阳讲《道行经》，终觉译文简略，难尽佛理。于魏甘露五年(260)西行至于阗，求得般若梵书正本。士行为中土西行求法第一人，此后一直留在于阗，年80余而卒。

(三)两晋十六国的高僧译经

西晋时期的译经者众多，但以竺法护最为后世所仰望。竺法护的祖先为月支国人，姓支氏，世居敦煌，后从沙门竺高座出家，称竺姓。随师游历西域诸国，通36国语。后从西域来到长安，沿途传译。竺法护是佛教入华以来译经最多之人，得到世人的尊仰，他在长安"德化四布，声盖远近，僧徒千数，咸来宗奉"①。他所译佛经影响较大者有《光赞般若》、《正法华》、《渐备一切智德》、《弥勒成佛》、《普曜》等经。其中《法华经》是大乘佛教早期典籍之一，对中国佛教影响深远。《法华经》有三个特点，一是把大乘佛教佛身理论形象化；二是认为人人皆可成佛；三是塑造观世音菩萨形象。此经译出即很快流行，备受重视。《弥勒成佛经》则是佛教弥勒信仰中的"弥勒三部经"之一。竺法护的译经推动了佛教在社会上的传播，故被誉为"敦煌菩萨"。

除竺法护外，西晋时期译经者尚有多人，如于法兰、于道邃、竺叔兰、支孝龙、帛法祖等。此时期所译经典，主要是大乘佛经，其中又以《般若经》为最。除竺法护、竺叔兰等人外，汉族僧人亦加入译经者行列，说明随着佛教的传播，其在社会上的影响已越来越广泛，因汉族僧人自小深受中原文化的教育，他们译经必然带着中国文化的因子，从而推动了佛教的中国化。

---

① (南朝梁)释僧祐：《出三藏记集》卷13《竺法护传》。

释道安，俗姓卫，常山扶柳人。《高僧传·释道安》记载其家原为儒学世家，但因战乱，父母早亡，为外兄孔氏养大。他自幼聪慧，年仅 7 岁"读书再览能诵"，12 岁时出家。释道安天资聪慧，但因长相丑陋，不为师所看重，被派做杂役。数年后启师求经书，师与《辨意经》，一夜能诵。后到邺都入中寺，遇佛图澄，深受佛图澄的重视，"与语终日"，因事澄为师。释道安事师佛图澄，从学小乘佛教，同时兼修大乘般若学说，最终成为十六国时期北方的著名佛教领袖。释道安生活于北方十六国动乱不断的时代，虽遭乱，仍研习佛经不断。释道安在北方建寺讲经，徒众常数百，后因战乱，南下襄阳，至新野时认为"教化之体，宜令广布"，遂命竺法汰到扬州，法和入蜀，自领慧远等至襄阳。释道安在襄阳活动 10 多年，影响巨大，成为当时的一个佛教中心。"四方学士竞往师之"，其讲经既无使用变化技术迷惑常人的耳目，也无威势整肃群小，但却"师徒肃肃，自相尊敬，洋洋济济"①。后前秦攻取襄阳，道安把徒众分散各地，进一步扩大其影响，释道安则被送到长安。

释道安对佛教的发展做出了极大的贡献，主要表现在如下几个方面：第一，释道安对佛教入华以来流传的各种佛教典籍进行整理，是中国佛教史上第一个系统编纂经录的学者。他所编写的经录被后世称为《道安录》，对后世影响深远，梁启超评论说："一曰纯以年代为次，令读者得知兹学发展之迹及诸家派别。二曰失译者别自为篇。三曰摘译者别自为篇，皆以书之性质为分别，使眉目犁然。四曰严真伪之辨，精神最为忠实。五曰注解之书别自为部不与经混，主从分明（注佛经者自安公始）。"②

第二，释道安统一佛门姓氏、规范僧尼持戒。道安制定僧尼轨范以约束日渐增多的僧尼团众，主要有三条：一是行香定座，上经上讲之法；二

---

①　（南朝梁）释慧皎：《高僧传》卷 5《释道安传》。

②　梁启超：《佛经目录在中国目录学上的位置》，见《饮冰室合集》专集之六十七，北京：中华书局，1988 年版，第 8 页。

是常日六时，行道、饮食、唱时法；三是布萨、差使、悔过等法。道安所定之僧尼戒规遂为天下寺舍所遵守。

创立佛门弟子为释姓，魏晋以来的沙门都是依师为姓，所以佛僧的姓各不同。释道安认为沙门随师姓，师不如佛，应尊释迦，于是以释命氏。后来获得《增一阿含经》里面提到"四姓出为沙门，皆称释氏"，以释为氏遂成为佛教定式。

第三，释道安在佛教译经上的贡献。他利用前秦政权的支持，在长安组织译场，召集中外僧人翻译佛经。总结历代译经的经验，提出了著名的"五失本，三不易"。五失本指译经时五种失去原经的情况；三不易指译经过程中三种不容易的情形。释道安共主持译经约 14 部 183 卷，以小乘佛教典籍为主。

图 4.2　鸠摩罗什像

第四，释道安对佛经的注解和著述。释道安的注有《阴持入经注》2 卷，《大道地经注》1 卷，《大十二门经注》2 卷，著《净土论》6 卷，其弟子慧远后弘净土法门，源于此。这些著述往往借助中国传统文化思想和老庄玄学的概念、名词来解释佛教教义，使佛教与中国本土文化合流，推动了佛教的中国化。尤其在般若学说方面，释道安以玄学贵无派的本体论论证方式，建立了本无宗的般若学理论。

鸠摩罗什，简称罗什，祖籍天竺，世代为国相。其父鸠摩炎将嗣相位，辞避出家为僧，越葱岭，至龟兹国，被龟兹王迎为国师，把妹妹嫁给他为妻。

鸠摩罗什 7 岁出家从师受经，后随母亲到罽宾、沙勒、温宿等地学习佛经。罗什先学小乘、后改修大乘佛教，并学习其他各种技艺，"阴阳星算，莫不毕尽"。年纪尚少，便名满西域，"声满葱左，誉宣河外"①。前秦吕光西征，获鸠摩罗什到凉州，期间开始学习汉语。吕氏败后，后秦迎请鸠摩罗什至长安，待以国师之礼。在后秦姚兴的支持下，鸠摩罗什在长安讲经说法，沙门自远而至者 5000 余人，吸引了四方之人汇集长安，成为十六国后期北方的佛教领袖。在后秦政权扶助下，鸠摩罗什组织沙门僧略、僧迁、道树、僧肇等 800 余人，进行翻译佛经的工作。《晋书·姚兴载记》记载，罗什翻译佛经时，由罗什手持胡本，姚兴拿着旧经，两相比较，再做翻译，"其新文异旧者，皆会于理义"。到罗什圆寂，十数年间，他先后译出经论 35 部 294 卷。鸠摩罗什以其渊博的学识，加上其弟子们的文采，使其所译佛经在内容的表达和词语的应用方面都达到了新的水平。佛教传入中土，各种经译繁多，佛教理论的名相条目，各种译本各不相同，读者不知所据，罗什的译经使中国佛教至此有较好的汉译本、系统的教义。

罗什所译佛经非常广泛，以般若学说经书和龙树提婆一系的中观派论书为主，中国佛教学派和宗派所依据的重要经典，都已译成汉文。重要者有《大品般若经》、《小品般若经》、《妙法莲华经》、《金刚经》、《维摩经》、《阿弥陀经》、《十诵律》等。所译《中论》、《百论》、《十二门论》弘通的佛法是龙树提婆的空宗，以开三论宗；译《成实论》后流行于南方，开成实宗；《法华经》是天台宗的经典，《阿弥陀经》是净土宗的三经之一；《金刚般若经》则影响着禅宗；《弥勒成佛经》和《弥勒下生经》为弥勒信仰的经典。《十诵律》是第一部汉译小乘戒律。

参与译经的鸠摩罗什弟子多达 800 人，门徒两三千人，他们分布于南北各地，推动了佛教的传播，并对南北朝中国佛教学派的形成产生直接

---

① （南朝梁）释慧皎：《高僧传》卷 2《鸠摩罗什传》。

影响。

罗什弟子僧肇，俗姓张，京兆人，家贫困，以佣书为业。他因抄写书籍的便利，得以遍读经史之书，但志趣喜好玄微，常以老庄为心要。其后读《维摩经》十分欢喜，于是出家。僧肇著作中以《肇论》为著名，由《物不迁》、《不真空》、《般若无知》、《涅槃无名》组成，融合《般若》、《维摩》等经，和《中论》、《百论》，用中国的文体进行著述，其命意遣词，多袭用老庄玄学之书，对于佛教的进一步中国化有着重要的意义。

释慧远，本姓贾氏，雁门楼烦人。释慧远少为诸生，幼而好学，曾随其舅令狐氏到许、洛游学。博览群书，尤其精通于《易》、《老》、《庄》。"虽宿儒英达，莫不服其深致焉"。他21岁见释道安，听讲《般若经》，感叹曰："儒道九流，皆糠秕耳"[①]，于是入释道安门下习般若学。可见释慧远在入释门之前，是深受中国儒道文化影响的儒生，这样的出身背景必然影响到释慧远对佛教教义的理解。释道安在襄阳分徒众赴各地，释慧远与弟释慧持及弟子数十人南下，至庐山，爱其幽静，构立精舍，为江南禅法兴起之始。释慧远在庐山30余年，影不出山，但四方慕名而来者众多。东晋末，僧尼伪滥，参与政治，引起朝廷士人的攻难，多有反佛的言论。为此，释慧远写文章为佛教辩护，翕服众人。针对佛教与世俗政权的矛盾，释慧远著《沙门不敬王者论》进行辩护，反对沙门礼敬王者，认为"出家则是方外之宾，迹绝于物"，维护了佛教的独立性。释慧远修净土之业，倡导净土信仰，与众弟子"于精舍无量寿像前，建斋立誓，共斯西方"，开后世净土宗之端。

释慧远学兼佛教大小乘，又通儒道之学，故其著作会通儒、释、道的思想内容。"所著论、序、铭、赞、诗、书，集为十卷，五十余篇"[②]，合为《庐山集》。这奠定了他在佛教史上的地位。

---

① （南朝梁）释慧皎：《高僧传》卷6《慧远传》。
② （南朝梁）释慧皎：《高僧传》卷6《慧远传》。

(四)南北朝的高僧译经

南北朝时期的译经进入到一个新的阶段，最大的特点是部类多、译者多，超过前一时代的总和。佛经的大量翻译，大大开阔了中国佛教界的眼界，各种学派纷然出现，如毗昙、成实、俱舍、摄论、地论、楞伽、涅槃、三论、四论、十诵论、四分律、净土等，在众多的译经者中，较为突出者主要有昙无谶、竺道生等。

昙无谶，原籍天竺。他最初所习为小乘，后来读到《涅槃经》，方自惭恨，转向大乘。无谶擅长异术。曾游历罽宾、龟兹、鄯善，后来至敦煌、姑臧，当时为北凉沮渠蒙逊政权。因无谶能预言其他国家的安危，并多有应验，所以蒙逊对他十分敬惮。昙无谶在姑臧 10 多年，从事译经活动，主要由无谶口授，慧嵩和道朗执笔。他所译佛教典籍据《开元录》定为 19 部131 卷，分为《涅槃》、《大集》、《菩萨戒》三类。《大方等大集经》的特点是引入万物有灵和多神主义，特出鬼神系统和禁术咒语。无谶所译《菩萨戒本》的戒律，主张衡量佛教徒的准则侧重于是否有贪、瞋、痴思想动机而不是实际行为。无谶所译典籍中影响最深的是《大般涅槃经》，此经认为众生皆有佛性，都有成佛的可能，一经译出，便很快流传开来。

佛驮跋陀罗，北天竺人，以禅律著名。他经西域至长安，与鸠摩罗什一起讨论佛经，后至江南，得到刘裕的重视。他所在的佛寺成为当时最大的译经中心。和佛驮跋陀罗一起译的僧人大都是西行游学回来的名僧。他们所译的佛经影响较大的有《达摩多罗禅经》、《摩诃僧祇律》、《华严经》等，其中《华严经》开后来华严宗的端绪；《达摩多罗禅经》把小乘的五门禅法按退、住、升、定的次序循序渐进修行以领悟佛理，对后世中国禅学有深远影响。

求那跋陀罗，来自中天竺，由狮子国到广州转到扬州。他所译佛经《胜鬘经》认为法身、佛性存在于生死轮转的众生中，无法脱离生死界。这种说法对佛教的推广影响很大，形成了如来藏缘起的理论体系。《楞伽经》则开唐朝禅宗的先声。

竺道生，俗姓魏，巨鹿人，寓居彭城。家世士族，父亲为广戚县令。道生"幼而颖悟，聪哲若神"，后随竺法汰出家。入释门之后，研读佛经"研味句义，即自开解"①。游历各地，广搜异闻，博采众说。道生对于佛教的理论理解深透，讲说经文，善于言辩，为众人所服，虽宿望名僧，当世名士，也无法与之相抗。道生在佛教上之成就在于提倡善不受报和顿悟学说，其著作有《维摩经义疏》、《二谛论》、《妙法莲华经疏》、《佛性当有论》、《法身无色论》、《佛无净土论》、《应有缘论》等。

觉悟成佛是大乘佛教的最终修行目标，成佛需要经过由低到高的阶段，最后达到觉悟即渐悟成佛。许多佛经都主张渐悟，但道生提出顿悟成佛，顿悟与成佛之间没有间断，是同时进行，顿悟即成佛。成佛没有个体的差别，众生皆可成佛，"众生本有佛之见分，但为垢障不现耳"②。包括一阐提亦可成佛，一阐提是指断灭善根的人，"一阐提者，不具信根，虽断善，犹有佛性"③。道生的顿悟成佛说是运用玄学观点发挥般若性空和二谛的教说，适应了南北朝哲学和宗教思想发展的需要。道生的佛性论和顿悟论对中国佛教影响深远，尤其对于后世的禅宗。

南朝刘宋之后，南方佛教更多注重理论，由介绍佛教典籍转向了对佛理的著述，反映了佛教的本土化发展，但译经也仍然在进行，南朝后期最重要的译经高僧是真谛。

真谛，可能得世亲之传，大约48岁来到中国南海，两年后到建业。适逢南方侯景之乱，流离转徙不定，年71岁卒于南海。共译出经书64部，278卷。内容包括佛教经律论、部派人物史传以及印度外道的著作。真谛不仅是翻译家，也是实义学大师。真谛所译佛经影响较大的有《俱舍论》、

---

① （南朝梁）释慧皎：《高僧传》卷7《竺道生传》。
② 《〈法华经〉疏》卷上。
③ 《名僧传抄·说处》。

《摄大乘论》等，在其弟子的传播下，真谛所译的佛教思想在南北都得到推广。

三、魏晋南北朝的民间佛教信仰

佛教的流传除了通过翻译佛经之外，对于下层社会来说更多是通过各种形式的故事传述，尤其是带有浓厚的神异色彩的佛、菩萨以及善恶报应的灵验、感应故事。在民间传播的佛教信仰中，主要有弥勒信仰、观音菩萨信仰、弥陀净土信仰等。

东汉时流行的《道行般若经》和《放光般若经》已有弥勒信仰的内容，但弥勒信仰的流行是在西晋竺法护译出《弥勒菩萨所问本愿经》、《弥勒下生经》，十六国时期的鸠摩罗什译《弥勒下生成佛经》、《弥勒成佛经》等大量有关弥勒信仰的经书之后。弥勒信仰中以往生兜率净土的信仰最为盛行，弥勒信仰的兴盛的表现是南北朝时期北方地区出现数量众多的弥勒造像。祈愿的内容基本上都是为自己及家庭成员祈福，希望得到弥勒的保佑。

观世音信仰，观世音也译为光世音，唐以后因避讳称观音，是大乘佛教中的菩萨之一，具有神异的能力，可以救众生于危难之中。《法华经·观世音普门品》："若有众生，曹亿百千姟困厄、患难、苦毒无量，适闻光世音菩萨名者，辄得解脱，无有众恼。"遇到困厄或灾难，只要念观世音，便可得到观世音的解救从而得到解脱，甚至想求得儿女只要敬拜观世音菩萨也可得到，这对于普通的民众来说相当有吸引力，所以传播非常迅速，获得众多的信徒。佛教信仰在民间的传播很多是通过因果报应、神异应验的故事形式进行，这在《太平广记》中多有记载。对于一般的民众来说，深奥的佛教教义难以理解，通俗的应验故事更具感染力，传播效果更好。

弥陀净土信仰，三国魏康僧铠译《无量寿经》，弥陀信仰传入中国，十六国后秦鸠摩罗什译出《阿弥陀经》，推动弥陀信仰的传播，逐渐流行，东晋慧远在庐山与众多名僧名士建斋立誓，共期西方，开净土宗之端，被后世奉为初祖。南北朝的昙鸾对净土信仰起到推动作用。净土信仰在南北朝十分盛行，其主要原因在于简易可行，不需要理论论证，只要心中念佛。对于佛徒的最高追求目标，成佛，《观无量寿经》说："诸佛如来是法界身，入一切众生心想中，是故汝等心想佛时，是心即三十二相，八十随形好。是心作佛，是心是佛。"成佛不需要艰苦的修行，只要心里念佛，便能作佛、成佛，往生安乐净土。现世的人生景况难以改变，但通过念佛在死后去往极乐的净土世界，这对生活困苦的普通民众来说无疑具有相当的诱惑力。

禅法的流行。禅是佛教的一种修行方法，梵文禅那，意为静虑。禅定为佛教三学之一，是宗教修行的基本功。禅有大小乘的区别。汉末安世高把小乘禅法介绍到中国，其译《阴持入经》提倡以戒、定、慧三学克服各种惑业，其中慧是根本，以慧绝断痴、爱，以非常、苦、非身、不净对治身、痛、意、法，这便是四静虑或称四禅，最后脱离轮回生死，证得涅槃。安世高译《安般守意经》介绍禅法，以出入息来平定心情，控制自己的意识，是中国最早的禅法。三国时的康僧会进一步以四禅、六事进行概括。四禅指数息、相随、止、观四个修习阶段。四禅加上还、净，便为六事。支谶对大乘禅也有介绍，但禅法尚未大明，至鸠摩罗什译《坐禅三昧经》、《禅秘要法经》，佛陀跋陀罗译《达摩多罗禅经》，大乘禅法始为流行。汤用彤先生认为汉晋所流行的禅法有四类：一曰念安般，二曰不净观，三曰念佛，四曰首楞严三昧，为大乘佛教最重要的禅定。

罗什的禅法，由释道生、释慧观等人传到南方，释慧观主张渐悟、释道生主张顿悟。东晋释慧远比较看重禅法，曾派弟子去西域求禅经戒律，佛陀跋陀罗到建业授法，昙摩耶舍到江陵弘禅法，所以晋末宋初南方禅法颇盛。然南方看重义学，宋后南方禅法衰落。北方禅法则十分盛行，凉州作为连接中原和西域的通道，在晋末是北方禅法最盛之地，众多的禅僧都曾驻于此地。北魏孝文帝迁都洛阳后，于嵩山少室为佛陀禅师立少林寺，成为禅僧聚居之处。此后禅法盛行于北方，北方沙门重修行，轻义学，不以讲经为意。跋陀弟子以释慧光和僧稠最为著名，深得北朝诸帝的信任和重视。北魏禅师以菩提达摩影响最大，称为中国禅宗初祖。

四、佛教对社会文化的影响

佛教自进入中国，经过魏晋南北朝时期的发展和传播，不仅充实和发展了中国传统的哲学思想，也对中国文化和社会生活产生了深远的影响。

佛僧的东来，不仅带来佛经也带来许多的佛像，把域外的绘画风格也带到了中国，给中国绘画和石刻艺术以深远的影响。佛教为利于传播，要塑造通俗形象的佛像，由此引入印度的绘画技法，给中国绘画带来了新的技法和理论。例如，在传统的装饰纹样之外出现了莲花纹、狮子纹、忍冬草纹、锯齿纹等，又如凹凸法的引入，中国绘画出现新的面貌。这时期中国绘画史上出现了众多以绘画佛教人物著名的人物，如孙吴的曹不兴、两晋的张墨、卫协、顾恺之、陆探微、北齐曹仲达、南梁张僧繇。他们绘画佛像各有特点，顾恺之所画的维摩诘形象是"清羸示病"，陆探微是"秀骨清像"，戴逵是"神明太俗"，曹仲达是"曹衣出水"，张僧繇是"面短而艳"。

佛教的兴盛，推动信众刻经造像以祈福，开凿了大量的佛教石窟。现存著名敦煌、云冈、龙门、大足石窟都是这时期开凿，这些石窟艺术也是深受犍陀罗和印度风格的影响。

在建筑方面，魏晋南北朝南北方各地都修建了许多的塔寺。佛塔源于印度，塔是梵文的音译，意思是高显处，是印度一种纪念性坟墓。印度式的塔，是由台基、覆钵、宝相轮组成的实心建筑。塔传入中国时，和中国本土的木结构建筑形式相结合，形成具有中国特点的佛塔式建筑。

音乐方面，佛教的传入也给中国传统的音乐带来新的特征。佛教音乐称为梵呗,是佛僧在进行宗教仪式时的颂歌。南北朝时期,佛寺众多,"梵唱屠音,连檐接响"①。佛教音乐的引入,带给中国音乐以新的乐曲、乐器和理论音乐。佛教的广泛传播,还促使新的音乐形式—说唱音乐如变文、弹词、鼓词等的出现。

佛教的传播,对中国文学方面的影响也是非常深刻。这时期大量佛经的翻译,给中国文学带来新的词汇、文体和意境。佛经的翻译,需要把梵文译成意义相同的汉文,汉文旧的词汇往往难以满足,不得不创造新的词汇,由此扩大了汉语词汇的内容,从而为文学提供更多的词语来源。在语法方面,佛经的倒装文很多,形容词、重叠语等也不少,没有之乎者也等字,文章的结构形式清新,这些都给予中国文学写作很大影响。如马鸣的《佛所行赞》是长篇叙事诗的典范,《法华》、《维摩》、《百喻》诸经则促进了晋唐小说的创作。

佛经的内容为中国古代小说提供了思想内容和情节,刺激了六朝志怪小说的创作。佛教的《般若》和禅宗思想则深深影响到诗歌创作,如陶渊明的诗歌中便深含佛教的禅理。

佛教僧人传播佛经时,为吸引普通民众,往往采用说唱的形式,即俗讲。俗讲有多种多样的方式,如讲说、诵读、歌唱、有说有唱等,由此而产生了一种新文体即变文。变文是佛僧俗讲的文本,敦煌石窟所发现的各种变文,都是文词流畅、想象力丰富的通俗化的文学作品。这些作品,可以说是后世平话、小说、戏曲等中国俗文学的渊源所自。

此外,印度声明学的传入,促使南朝齐梁音韵学上四声的创立,中国古代汉语的反切也是受梵文拼音的影响创立。

随着佛教的传播深入,在人们的社会生活上也有着佛教的影响。在民俗节日方面,出现了与佛教相关的节日,如浴佛节即佛诞节。据说夏历四

---

① (北齐)魏收:《魏书》卷114《释老志》。

月初八日为释迦牟尼的诞生日，为纪念佛的诞生，佛寺在这一天要举行法会诵经，以各种名香浸水灌洗佛诞生像并供养香花灯烛。七月十五日的盂兰盆会，俗称鬼节。盂兰盆是梵文的音译，意思为倒悬。与佛教经文中目连救母的故事有关，目连为救母，于七月十五日准备斋食供给十方大德僧众。《佛祖统纪》记载，汉地首次举行盂兰盆地是在南朝梁武帝时用盂兰盆供养众僧。

受佛教因果报应、轮回转世、修行成佛思想的影响，民众往往从事写经造像、斋戒静修、焚香念佛等佛教活动。这些活动影响到中国本土固有的习俗，如人死后百日、忌年，死者家属为死者写经造像、作水陆大会、设斋供养佛僧等。

中国传统岁时节日也融入了某些佛教文化元素，如荆楚腊日十二月初八日，村人戴胡头，扮作金刚力士以逐疫。

第三节　儒、释、道的冲突与融合

佛教产生于印度，作为外来文明进入中国，面临着本土文化的抗拒和排斥。佛教从汉代传入，到南北朝几百年的传播历程中，从不为人所了解到逐渐为中国人所信奉，这期间遭遇到中国本土文化儒家和道教的排拒，佛教经历了依附到独立、冲突到融合的过程。

一、佛与儒、玄

一般认为佛教大概在两汉之际传入中国，但直到东汉末，关于佛教的记载仍是十分零散，仅是被作为一种方术看待。东汉时期盛行谶纬、阴阳五行和鬼神祭祀，佛教教义中有鬼神和报应之说，故其最初传入，便被当作一种祭祀，佛徒被当作方士看待，受到皇室及贵族的招揽。东汉明帝给楚王英的诏书中提到"诵黄老之微言，尚浮屠（即佛教）之仁祠，洁斋三月，

图 4.3 《三教图》

与神为誓，何嫌何疑，当有悔吝？其还赎以助伊蒲塞桑门之盛馔"①。桓帝时，襄楷上书："又闻宫中立黄老浮屠之祠，此道清虚，贵尚无为，好生恶杀，省欲去奢。"②从楚王英到汉桓帝都是把浮屠与黄老相提并论，一起祭祀，反映了初期佛教传播依附于本土信仰及风尚的实情。

因为早期佛教的传播，附会于黄老之术，以占验、预卜吉凶、看病等方术来吸引民众，故早期的高僧都精通异术，《高僧传》记载，安世高通晓"七曜五行，医方异术"。康僧会不仅精通佛法，也是"博览六经，天文图纬"。昙柯迦罗善于"四韦陀，风云星宿，图谶运变"。求那跋陀罗对于"天文书算，医方咒术"无不精通。求那毗地擅于阴阳，占时验事，无不征验。

佛教初期传入，取法祠祀，与黄老并论。在于其教旨清净无为，省欲去奢，与汉代黄老之学有相类之处，浮屠作斋戒祭祀，方士有祠祀之方。

---

① (南朝宋)范晔：《后汉书》卷 42《楚王英传》。
② (南朝宋)范晔：《后汉书》卷 30 下《襄楷传》。

佛讲精灵不死，道求神仙却死，两者相得益彰，转相资益。故佛教附于黄老，仅为好黄老奇术之士所知，不为一般人所了解。佛教依附于黄老道术，二者相接近，所以当时人流传老子化胡的故事，襄楷上桓帝疏中提到"或言老子入夷狄为浮屠"。

早期佛经的翻译也受到道家思想的影响，为使佛经更易为汉人所接受，翻译所用词语很多使用道家词语，《四十二章经》有守真论述。汉末安世高所译小乘禅经《安般守意经》说"安谓清，般为净，守为无，意名为，是清净无为也"，其他如守一、本无等名词，无不体现出道家思想的影响，唯其如此，才能使佛教更好地为汉人所理解。

早期佛教僧人都是胡僧，因佛教僧人剃发、不娶与儒家的孝道观念相违背，所以汉魏官府都明令禁止汉人出家。"其汉人皆不得出家。魏承汉制，亦循前轨"①。因此佛教传入早期，除了依附于黄老道术，也需调和与儒家思想相冲突的内容。

本土文化对佛教的排斥除表现在官府禁汉人出家之外，士人则从儒家伦理等方面反对攻击佛教。《牟子理惑论》中提到有人问难说沙门剃头，违背了圣人之语，不合孝子之道。

汉末三国时期的《牟子理惑论》是佛教已在中国初步传播情况下所撰写，社会上对佛教已有了一定的了解。该书的作者牟子是儒学之士，博览诸子之书，后转读佛教经书，信奉佛教。他认为佛、道、儒的宗旨一致，他把五经比作五味，佛道比为五谷，以说明三者都是人所必需。三者的道是一致的，儒是出世治国，佛和道家是无为出世，只是应用不同，可以说是殊途同归。对于沙门剃除须发，牟子认为并非不孝，出家修行并不违背儒家的四德。牟子认为僧人剃发出家并不是不仁不孝，僧人行善修行是为父母带来更大的福祉，并举须大拿出家成佛使其父母兄弟都得以度世例子说明

①　（南朝梁）释慧皎：《高僧传》卷 9《佛图澄传》。

出家并不是不仁不孝，而是更大的孝。《牟子理惑论》反映出随着佛教的日渐传播，为更多的中国人所知和接受，部分士人对佛教充满疑虑，接受佛教的士人则力图说明佛教与本土的思想文化并不冲突，是相一致的。

佛教教义中善恶报应、灵魂轮回转生与中国古来的灵魂不灭思想有某种相通之处，是最吸引人们的教义。康僧会在回答孙吴孙皓所问的佛教善恶报应时便引用《易》、《诗》来说明善恶报应，认为为恶明显会为人所诛，作恶隐蔽，却会为鬼所诛，正如《易》所称道"积善有庆"，《诗经》所咏："求福不回"。虽然是"儒典之格言"，却也是"佛教之明训"。① 以儒典格言等同于佛教明训同样也是为了减少佛教传播的阻力而做的努力。

魏晋玄风兴起，崇尚虚无，《般若经》空说与老庄思想相似，般若学的中心思想是假有性空，其基础为缘起说，把法无我、人无我统称为无自性。一切法为性空，缘起与性空，相辅相成，不落二边，称为中道。佛教译经以玄学名词解释佛经，称为格义，是佛教的玄学化现象，佛图澄弟子竺法雅与康法朗等讲佛经，是"以经中事数拟配外书，为生解之例，谓之格义"②。他们以《老子》、《庄子》等外书解释说明般若的空理，以易于门徒对教义的理解。但格义佛教并不能完全阐释般若学说，所以后来遭到释道安、竺法汰等人的反对。释道安、竺法汰等人认为"先旧格义，于理多违"。格义佛教由此形成与玄学相结合的般若学，并出现六家七宗的不同派别。

二、儒、释、道之争

十六国东晋以后，佛教的传播日益兴盛，佛教经典翻译增多，佛教摆脱原来依附的状态，开始独立发展。统治者上层信奉佛教者越来越多，由于得到帝王及贵族大臣的扶持，佛教的势力日渐壮大，开始形成一定规模的佛教寺院经济，并对世俗政权产生威胁。同时，东汉末本土生成的道教

---

① （南朝梁）释慧皎：《高僧传》卷1《康僧会传》。
② （南朝梁）释慧皎：《高僧传》卷4《竺法雅传》。

也发展成为重要的宗教势力，双方为争取信众，彼此间相互攻讦斗争。因此，佛、道、儒间的矛盾和冲突便凸显出来。

十六国时期后赵政权崇信佛教，结果是"中州胡晋，略皆奉佛"，境内的胡人、汉人信奉佛教者增多，出家为僧尼人数激增。但这些出家僧尼并非全部都是虔诚信佛，是"真伪混淆，多生愆过"，很多是为了逃避徭役和兵役。当后赵石虎问中书令王度时，王度认为佛为外国之神，不是天子所宜祠祀。而且华戎制度不同，华夏服礼，不宜杂错。因此王度提出禁止境内的赵人到寺庙烧香礼拜，要分别华戎、华夏以遵典礼。但石虎本身是胡人，认为佛是戎神正所应奉，故下诏允许百姓自由信奉佛教。王度的奏疏反映了部分中国士人对佛教的态度。南方的东晋同样也出现相类的论调。

随着佛教势力的发展，佛教与世俗王权之间也出现矛盾，东晋末年的沙门不敬王者的论争是其表现之一。佛教戒律有出家人不礼敬在家人的规定，包括帝王和父母。《梵网经》出家人法：不向帝王礼拜，不向父母礼拜，六亲不敬，鬼神不礼。出家人不许跪拜帝王、父母的规定显然与中国儒家礼法中的忠、孝观念相违背，因此引起儒家士人的反对和攻击。佛教自汉代时传入，但至东晋才出现沙门不礼拜世俗之人礼仪的争论。这表明僧尼人数的众多已达到足以引起重视的程度，佛教的势力发展对世俗王权构成冲击。僧尼不拜世俗的戒律被攻击为脱落父母，遗蔑帝王，是"无君无父"的行为。人数众多又无君无父的僧尼形成一股可以抗拒王权的势力，世俗王权显然不能坐视不理。东晋成帝时庾冰辅政，认为沙门应敬王者，遭到信奉佛教的尚书令何充反对，下礼官议，几经论争无果而终。东晋末年，桓玄再次提出沙门应敬王者，与中书令王谧、僧人慧远等往复论争，最后桓玄因图谋篡位，又许沙门不敬王者。慧远后来撰写《沙门不敬王者论》以论证沙门不应礼敬帝王。沙门是否应礼敬王者的争论是佛教发展过程中与本土儒家礼法冲突的表现，部分儒家士人从维护传统礼法和王权的至尊出发，主张礼法必须遵守，概莫能外，出家的僧尼也不能例外。佛教信徒则力图保持其独立性，但面对强大的本土文化的压力，却又不得不做出适当的调和。慧远的《沙门不敬王者论》体现了这种趋势，把佛教义理和名教之间的关系做了协调。慧远提出佛经有二科，一是处俗弘教；二是出家修道。"处俗则奉上之礼。尊亲之敬、忠孝之义表于经文"，这一条全是檀越所明，不容有所别异。出家修道却是"方外之宾，迹绝于物"。他把在家信徒与出家僧人作了区别，指出在家信徒应遵守世俗社会的礼法规定，出家修行的僧人则应保持不敬王者的独立性。慧远进一步把儒家的基本思想纳入佛教的教义中，把儒家的礼观念引入佛教。他将佛教与名教结合，两者是"出处诚异，终期则同"，为此后中国佛教所遵循。

北方佛教与王权的关系则有所不同，北魏时僧法果把北魏太祖道武帝比作当今如来，认为"沙门宜应尽礼"，拜王即等于拜佛。然而，到魏太武帝时，则发生了佛教史上著名的灭佛事件。太平真君七年（446）毁灭佛法，下令北魏统治境内所有僧尼都要还俗，有躲避逃跑的人，一旦被抓到便枭斩，造成"一境之内无复沙门"。这对佛教的打击非常激烈，魏太武帝灭佛表面看似乎是因为北魏太武帝信奉道教，受到道士的蛊惑，更深层次的原因还有佛教自十六国以来一直得到统治者的扶持，拥有大量的土地和僧众，形成势力雄厚的寺院经济体，隐然对世俗政权产生威胁。许多下层民众为逃避赋税和徭役出家为僧尼，僧尼伪滥情况严重，人口的流失严重影响到官府的财政收入，最后的导火线是太武帝查到长安寺院发现兵器，导致太武帝下达严苛的灭佛令。

北朝时期另一起灭佛事件是北周武帝灭佛，与北魏太武帝灭佛有所不同的是佛、道同时禁断，下令佛教沙门、道教道士都要还俗为民。北周武帝灭佛之前曾组织多次儒释道之间的辩论，司隶大夫甄鸾上《笑道论》，释道安作《二教论》辨析佛教的优先地位。北周武帝虽然佛道同时禁断，但他实际上对儒释道三者的次序是儒、道、释。北周武帝禁断佛、道，主要是从政治上考虑，强迫僧尼还俗者达 300 万，差不多是当时国家编户的 1/10 人口，这对于北周政权来说是可观的劳动力和军队的来源。北魏太武帝和北周武帝的灭佛是世俗政权与佛教冲突的结果，世俗政权利用国家权力打击限制佛教势力的发展，使其屈从于世俗政权之下，不能对世俗政权构成威胁。

北朝除了北魏太武帝和北周武帝的激烈反佛外，其余帝王都对佛教十分优容，然朝臣及道士对佛教的攻击却一直没有间断。朝臣大都是从儒家礼法及政治经济因素角度来反对佛教的过度发展。佛道之间的相争主要表现在王权之前相争高下，北魏明帝时佛道双方辩论于朝殿，相争优劣，结果道教一方败北。

与北朝不同，南朝没有发生灭佛限佛事件，对佛教的反对更多是在理论上的论争。佛教与道教间的互相斗争，早在西晋，道士王浮与沙门帛法祖论争佛道二教正邪，但王浮总辩论不过帛法祖，只能作《老子化胡经》，诬谤佛法。

南朝儒、释、道之间的论争主要是儒道与释的论争。刘宋时，衡阳太守何承天作《报应问》，南郡王刘义宣作《与张新安论孔释书》，批判佛教的因果报应说，本身为佛教徒的释慧琳则著《黑白论》对佛教的因果报应说和空观理论进行抨击。由此引发了论争高潮。道教徒顾欢从夷夏之别撰写《夷夏论》以反佛教，以老子化胡说为依据，论证佛教由老子所创，二教同源，道则佛也，佛则道也。他认为是夷狄之教，不应为华夏所法。例如，棺殡椁葬，是中国的制度；火焚水沉，是西戎习俗。全形守礼，是续善之风教；毁貌易性，是绝恶之行为。现在很多无知的人却露首偏踞，滥用夷狄之礼。《夷夏论》引起了佛教界的强烈反响，纷纷著述反驳。代表作有《与顾道士析夷夏论》、《难顾道士夷夏论》、《疑夷夏论咨顾道士》、《驳顾道士夷夏论》、

《戎华论析顾道士夷夏论》等。夷夏之别是儒、道攻击反对佛教的主要论点。

对佛教的批判还在于佛教势力壮大后,寺僧的一些行为与佛教所主张的无为绝欲相违背,僧侣伪滥的现象十分严重,寺庙中的僧人很多只是为逃避官府的赋役,影响到了官府对民众的管理。东晋末桓玄所下沙汰沙门的教书中指出:佛教的主张在于无为绝欲,但现在寺院的僧尼却违背佛道,竞相奢淫。很多僧尼并不是真正的信奉佛教,只是为了避役而逃到寺庙出家,一县之中甚至有数千人出家,形成聚落。这些聚集的游食之众,严重妨碍了官府的管理。"其所以伤治害政,尘淬佛教,固已彼此俱弊,实污风轨矣。"[1]桓玄想要沙汰沙门主要是因为僧侣人数太多,聚集一起容易生事,是造成伤治害政的因素。《颜氏家训·归心》中对南北朝末期社会对佛教的诋毁主要有五个方面:"其一,以世界外事及神化无方为迂诞也;其二,以吉凶祸福或未报应为欺诳也;其三,以僧尼行业多不精纯为奸慝也;其四,糜费金宝消耗课役为损国也;其五,以纵有因缘而报善恶,安能辛苦今日之甲,利益后世之乙乎?"

南北朝时期儒、道、佛之间虽然论争激烈,甚至出现灭佛的事件,但三者之间却是在冲突斗争中趋向融合。宋文帝曾引范泰、谢灵运的评论:"六经典文,本在济俗为治耳;必求灵性真奥,岂得不以佛经为指南耶?"[2]

佛、道为争取官方的支持都向儒家靠拢,把儒家的礼法引入自己的教义中。慧远用建立佛教礼制的办法,促成佛教在中国社会的独立发展。南北朝以来,主张调和儒释道的僧俗,皆遵循着慧远的主张。道教的经书同样也引入儒家的忠孝礼法思想来消弭原始道教中不利于统治的内容。佛、道之间也是互为影响,互为吸收。南朝张融、孟景翼提倡佛道同一,分别写有《门律》和《正一论》,周颙则主张儒道一致,写有《三论宗》。道教对佛

---

① (南朝梁)僧祐:《弘明集》卷14。
② (南朝梁)僧祐:《弘明集》卷11。

教的吸取不仅表现在理论教义、斋醮科戒方面，道教神像也受到佛教影响开始刻石造像。佛教也受到道教的影响，有些佛教石窟壁画中，同时也画有道教的神像。有些石碑则是佛道神像并存。

南北朝后期，儒道佛的融合可从佛教的疑经《清净法行经》有所体现：佛遣三弟子震旦（指中国）教化，儒童菩萨，彼称孔丘，光净菩萨，彼称颜渊，摩诃迦叶，彼称老子。孔子、颜渊、老子皆为佛弟子，反映了三教合一的思想。另外，《提谓经》中把五戒和中国的阴阳五行相结合，以五戒配五常、五行、五方、五星、五藏。这些被认为是伪疑的经书的内容反映了儒道释经过魏晋南北朝几百年的磨合后，已趋向于合一，尤其是外来的佛教更显现出向中国本土文明转化的迹象。

儒、道、佛三者关系中，儒家与道教都是中国本土文化，两者冲突不大，更多的是道教对儒家的吸纳，如范文澜先生所说的儒家对道教不排斥、不调和，道教对儒家是调和不排斥。佛教是外来的文明，当它移植到中国时，必然面临着适应本土文化的问题。在其最初传入时，先是依附黄老之术、后是借助玄学以及佛经的翻译往往借助中国传统思想和老庄玄学的概念、名词来解释佛教教义，都是为适应中国本土文化而做的调适。面对中国占主导地位的儒家时，也是强调与儒家思想的相通之处。三国孙吴时期，康僧会提出儒典之格言，即佛教之明训。东晋释慧远把儒家的基本思想纳入佛教的教义中，把儒家的礼观念引入佛教，将佛教与名教结合，两者"出处诚异，终期则同"。佛教与道教之间更多的是论争与冲突，但二者之间也是互有影响和吸纳。儒、道、佛三者之中，显现更多的是佛教为应对来自本土的儒道的攻击以及为之而做出的调适。为扩大佛教的流传，佛教僧人常与统治者上层广泛接触，甚至为统治者出谋划策，以换取世俗政权的扶持。虽然有北魏太武帝和北周武帝的灭佛行为，但总体来说佛教在其传入中国过程中，更多的是符合世俗政权的利益与需要，从而开启佛教的世俗化。佛教的世俗化还反映在其传播过程中，为获取广大的下层社会民众的信奉，对于中国民间的巫鬼祠祀采取迎合和吸纳的态度。佛教寺院为吸引信众，每逢佛教节日举行活动，用多种多样的形式宣讲佛经，寺院逐渐成为民众祈福还愿、超度亡灵的场所。佛教的传播在魏晋南北朝时期表现出来的本土化和世俗化趋向，进入唐朝后更为明显，并最终完成佛教中国化。

第二编

盛世辉煌、丝绸之路的再出发：隋唐

第五章　隋朝的统一与大运河的开通

隋从 581 年至 618 年，仅存在了 30 余年时间，若从 589 年统一全国算起，仅仅维持大一统的局面不足 30 年。虽然它存在的时间很短，但重要性却不容低估：它结束了东汉末年以来长达 400 年（除了西晋短暂的统一之外）的分裂割据局面，实现了全国的统一，同时对秦汉以来的政治、经济等各方面制度进行了总结与改革，又建立和完善了一系列制度，深刻影响了后世各朝代的演化。若进行一番类比可以看到，隋朝之于唐朝，同秦朝之于汉朝，有着极为相似的影响，故唐以后有"汉承秦制"、"唐承隋制"等相类似的表述，生动反映了隋王朝的统一对中国历史发展进程的意义。

第一节　隋朝的统一

一、隋朝的建立

隋朝开国皇帝杨坚，自称是弘农华阴（今陕西华阴）人，乃汉太尉杨震之后，实际上极为可能是入关后改籍攀附的。杨坚五世祖为杨元寿，北魏初任六镇之一的武川镇（今内蒙古自治区武川县西乌兰不浪东土城）司马，后遂定居于武川。杨坚祖父杨祯，以军功升至建远将军。北魏末年，因六镇起义失败，柔然进逼，杨祯遂随六镇兵民迁徙至河北，后被杀。杨坚父杨忠，初为尔朱氏将领，后为独孤信得力部将（独孤信祖父独孤俟尼，北魏初也居于武川镇），后随独孤信逃奔梁朝，西魏初年又与独孤信从梁朝返回

图 5.1　隋文帝像

长安。杨忠英勇善战,曾参加北魏末年的六镇起义,西魏时期,随宇文泰在关中四处征战,屡立战功。宇文泰组织府兵,成立府兵统帅部,这支府兵即以武川镇军官为骨干而组织起来的,独孤信是府兵统帅部八柱国之一,杨忠以军功成为府兵统帅部十二大将军之一,西魏恭帝初年(554),被赐鲜卑复姓普六茹氏,北周代西魏建国之后,杨忠官至柱国大将军、大司空、封随国公,是关陇军事贵族统治集团主要成员之一。

杨坚是杨忠的长子,出生于西魏大统七年(541),在冯翊(今陕西大荔)般若寺出生,小名那罗延,译意是金刚力士。自幼为女尼智仙抚养,后入太学,辟召为官,杨忠死后,杨坚袭爵随国公。杨坚夫人独孤氏,是西魏八柱国之一独孤信的第七女。独孤信的大女儿是北周明帝宇文毓(宇文泰长子)的皇后,第四女是八柱国之一李虎的儿子李昺的妻子,也就是后来唐高祖李渊的母亲。杨坚长女杨丽华，嫁给皇太子宇文赟，即后来的北周宣帝。

杨坚在周宣帝时，官至大司马、大前疑，位望极其尊贵，是当时关陇贵族统治集团后一辈中的重要人物。如此一来，杨坚也受到北周皇室的特别关注，重臣王轨曾对周武帝说："皇太子非社稷主，普六茹坚貌有反相。"①北周宣帝宇文赟即位后，对杨坚同样心存疑虑，致使杨坚为求自保一度寻求地方上的外州刺史，只是因为杨坚病足，加之宣帝在位不到两年，于大象二年（580）五月突然发病，丧失语言能力，宠臣郑译、刘昉等首谋引杨坚入宫。杨坚稍迟疑后，旋即在夫人独孤氏的鼓励下，入宫辅政。北周宣帝病逝后，幼子周静帝即位，杨坚假称受遗诏辅政，以都督内外诸军事名义掌兵权，并为左大丞相，总领百官，实际掌控着政权。至此，北周的国家最高权力，已经完全落入杨坚之手。

杨坚的执政，引起了朝中大臣们的疑虑，关陇贵族地主统治集团内部矛盾逐渐爆发。杨坚初入东宫辅政时，人情骚动，于是由卢贲等人陈兵守卫、维护杨坚安全。但最大的一次反对行动，来自地方一些有实力的总管。宇文泰外甥上柱国相州总管蜀国公尉迟迥、上柱国益州总管庸国公王谦以及静帝宇文阐的妻父郧州总管荥阳公司马消难等相继起兵，反抗杨坚，京城还有周室诸王为内应。杨坚利用关中的府兵，任命韦孝宽、王谊、梁睿等人为元帅，分别率兵讨伐，消灭了尉迟迥和王谦，并迫使司马消难逃往南朝，平定了三方叛乱。同时，杨坚又把北周武帝诸弟如赵王宇文招、陈王宇文纯、越王宇文盛、代王宇文达、滕王宇文逌，明帝子毕王宇文贤，武帝子汉王宇文赞等人都杀掉，尽灭宇文氏之族，完全掌控了国家政治局势，并逐渐使之稳定下来。

早期支持杨坚辅政的官员，除了当时任丞相府长史的郑译、丞相府司马刘昉之外，还包括丞相府属李德林、丞相府司录高颎、丞相府典宿卢贲、

---

① （唐）魏徵：《隋书》卷1《高祖上》。

内史大夫柳裘、内史中大夫皇甫绩，以及韦暮和杨坚族子杨惠（杨雄）等人，包括了关中、山东的一些高门和军事贵族。此外，还有像柳裘等这样世仕江左和江陵沦陷后才入关中的士人，反映出北方在经历十六国和北朝长期战乱动荡与民族融合之后，普遍希望恢复汉族主持政权的心态。于是，在北周静帝大定元年（581）二月，杨坚代周称帝，正式受禅，建国号为隋——杨坚原封"随国公"，他厌恶"随"字有"走"，便去"走"为"隋"。建元开皇，定国都于长安。第二年，因长安旧城制度狭小，便在长安城东南20余里建造大兴城（包括了今西安市区和城东、南、西一带）。三年后，正式迁都于大兴城。杨坚，就是历史上的隋文帝。

杨坚之所以在很短的时间内就能取代北周，站稳脚跟，还因为北周本身的权力基础比较薄弱。宇文氏的自相残杀使得统治集团损失了大量优秀人才，北周宣帝即位后又倒行逆施，也大大削弱了北周皇室的威信。北周武帝灭佛，引起了广大信教民众的反感，而杨坚从小生养于佛寺，与佛教的特殊关系使他能够赢得广大信众的支持。从整个历史发展的大趋势来看，杨坚取代宇文氏统治北朝，也是符合历史趋势的。

首先，北朝经过六镇起义后，进入了一个较长时期的民族大交融进程，要完成这个历史使命，如果由中原地区汉家大族即门阀士族大地主来进行，基本是完成不了的，如果完全由鲜卑勋贵来完成，也会有一些落后的东西被保存下来。只有像杨坚一族那样，既在中原站稳脚跟，成为中原大族，又曾久居边塞六镇，具有鲜卑化特征，并主动改革落后民族的东西，统一北方最为合宜。隋文帝与独孤皇后等代表的关陇士族，正好具备这些条件。

其次，组成北朝及隋朝上层统治集团的，是关陇贵族地主集团，这一地主集团自宇文泰任西魏宰相起逐渐成型，既包括了原六镇勋贵，又包括关陇河东的世家大族。杨坚之父杨忠，就是这一统治集团的骨干，杨坚也是这个统治集团的后起之秀，由杨坚来建立政权，从人、地两方面来说，也是非常适宜的。

最后，北周武帝在改革府兵制度以后，大量招募汉人为兵，占府兵半数，这导致府兵统帅部的实际权力有所变化，即八柱国、十二大将军中的汉族地主会比鲜卑勋贵更为重要。杨坚之父杨忠既属汉人，又是府兵统帅部早期统率府兵的十二大将军之一，杨坚在北周宣帝任命他为大司马之后，又掌握了发调府兵的实际权力。于是，北朝军政大权落入杨坚之后，隋王朝代北周而立，更是水到渠成、势所必然的了。

当然，也应该看到，北周、隋、唐三个王朝的创建者，其实都属于关陇贵族地主统治集团的成员，也是府兵统帅部成立前期的高层。他们又都互为裙带姻亲，存在着千丝万缕的关系，因此，杨坚建立隋王朝的过程，基本上是比较顺利的，并得到了不同阶层的支持。

二、隋朝统一南北

隋朝的统一大业，其实始于北周武帝。早在灭北齐之后，北周武帝已经着手讨伐突厥，但最后死于北伐突厥的战事。因此，北方的安定，对于统一南方，解决后顾之忧是非常重要的前提条件。

从西魏大统八年（542），突厥从连谷等地入内地起，不断对中国北方政权产生威胁。北朝后期，东魏与北齐、西魏与北周，都争相与突厥交好，在"控弦数十万"①的强大武力支撑下，突厥获得了大量经济与政治上的好处。

隋文帝立国之始，北周千金公主怂恿夫君突厥沙钵略可汗为北周皇室报仇，自幽州（今北京城西南）到临洮（今甘肃岷县）向隋王朝北部边疆发起全面进攻，隋朝不得不修筑长城，巩固边塞。后隋朝实施反间计，采纳大将军公孙晟的建议，利用"离强合弱"、"远交近攻"的策略，激起突厥内讧，加上天灾饥疫，突厥分裂为东西两部，强大的东突厥内部又分为十股势力。

---

① 　（唐）令狐德棻：《周书》卷9《武帝阿史那皇后传》。

同时，隋文帝在军事上对突厥也取得了一些胜利，在交涉中又进一步分化突厥，于是突厥各部显现衰落之势，不得不遣使求和，北周千金公主也自请改姓，隋文帝赐姓杨，改封大义公主，取大义灭亲之意。此后隋朝才能够得以专注于南方平陈之事。

灭陈之前，隋文帝首先把早已归顺的梁国废除。早在西魏攻破江陵、杀梁元帝萧绎以后，梁武帝孙萧詧被立为傀儡的梁朝皇帝，领有江陵沿江之地 300 里，成为西魏、北周的附庸，史称西梁。自隋文帝代周称帝，南北对立的矛盾基本已经消失，后梁傀儡政权的存在便没有必要了。开皇七年(587)，隋文帝征后梁主萧琮(萧詧孙，萧岿子)入朝于隋，至大兴后，隋文帝留琮不遣，并派崔弘度为江陵总管，将兵戍荆州，后梁亡国(历三主，共 33 年，554—587)。这是灭陈的第一个步骤。

在灭陈之前，隋文帝广泛征求文臣武将灭陈统一的策略，并逐渐形成了从长江上游和中下游夹击陈国的作战方针。《隋书·高颎传》中，曾记载高颎曾进灭陈之策，称："江北地寒，田收差晚；江南土热，水田早熟。量彼收获之际，微征士马，声言掩袭，彼必屯兵御守，足得废其农时。彼即聚兵，我便解甲，再三若此，贼以为常，兵更集兵，彼必不信，犹豫之顷，我乃济师。"《隋书·崔仲方传》也记载崔仲方的策略："今唯须武昌已下，蕲、和、滁、方、吴、海等州，更帖精兵，密营渡计。益、信、襄、荆、基、郢等州，速造舟楫，多张形势，为水战之具，蜀、汉二江，是其上流水路冲要，必争之所，贼……终聚汉口、峡口，以水战大决。若贼必以上流有军，令精兵赴援者，下流诸将即须择便横渡；如拥众自卫，上江水军鼓行以前。"以后隋文帝伐陈的军事措施，基本就是依据这些策略来谋划的。

开皇八年(588)三月，隋文帝下诏伐陈，列数陈后主的罪恶，《隋书》载有诏书指责陈朝"窃据江表，逆天暴物……据手掌之地，恣溪壑之险，劫夺闾阎，资产俱竭，驱蹙内外，劳役弗已。征责子女，擅造宫室，日增月益，止足无期，帷薄嫔嫱，有逾万数。宝衣玉食，穷奢极侈，淫声乐饮，俾昼夜作。斩直言之客，灭无罪之家……自古昏乱，罕或能比。介士武夫，饥寒力役，盘髓罄于土木，性命俟于沟渠。君子潜逃，小人得志，家家隐杀戮，各各任聚敛……衣冠钳口，道路以目。"①对陈后主荒淫无道、众叛亲离的状况有了比较清楚的描绘，这奠定了隋王朝灭陈的合法性基础。

同年十月，隋文帝下令伐陈，任命第二子淮南道行台（驻寿春）尚书令晋王杨广、第三子山南道行台（驻襄阳）尚书令秦王杨俊及信州（今重庆奉节）总管杨素三人为行军元帅。杨广出六合，杨俊出襄阳，杨素出信州，荆州刺史刘仁恩出江陵，蕲州总管王世积出蕲春，庐州总管韩擒虎出庐江，吴州总管贺若弼出广陵，青州（治今山东青州）总管燕荣率水军出东海，"合总管九十，兵五十一万八千，皆受晋王节度"②。隋文帝考虑到杨广缺乏军事经验，指定尚书左仆射高颎为晋王元帅府长史，尚书右仆射王韶为晋王元帅府司马，军中大事，都取决于高颎、王韶二人。此时陈国君臣，自恃长江天险，却并不认真设防。

开皇八年（588）十一月，秦王杨俊的军队屯据汉口，有渡江规取武昌、切断长江中流模样，牵制了陈朝上游的军队下援建康。同月，杨素也从永安出兵，沿峡而下，"舟舻被江，旌甲曜日"③。陈朝江滨的镇戍，不断被隋军击溃和占领，上游军事的主动权，完全掌握在隋军的手中。

开皇九年（589）正月，贺若弼利用陈朝下游江防的空虚，自广陵引兵渡江，攻下京口（今江苏镇江），韩擒虎自横江浦（今安徽和县东南）渡江至采石（今安徽马鞍山西南采石矶），攻下姑熟（今安徽当涂县）。于是贺若弼自北道，韩擒虎自南道，以钳形攻势，夹击建康。钟山一战，贺若弼击溃了陈朝的主力军，韩擒虎也自新林（今南京市西南）直趋朱雀桥，攻入台城。

---

① （唐）魏徵：《隋书》卷 2《高祖下》。
② （唐）魏徵：《隋书》卷 2《高祖下》。
③ （唐）魏徵：《隋书》卷 48《杨素传》。

陈后主叔宝被俘,陈亡。陈叔宝由军中押送长安,被隋文帝封其为长城公,但后主依然纵酒无度,经常大醉不醒,竟得以寿终。

燕荣自东莱郡(今山东莱州)傍海入太湖,取陈吴郡(今江苏苏州);行军总管宇文述也进克晋陵(今江苏常州)、会稽(今浙江绍兴)。

陈朝位于长江上游的军队,也大都纷纷解甲散兵,向秦王杨俊投降,只有湘州(今湖南长沙)刺史岳阳王陈叔慎(陈后主之弟)合众抗隋,兵败被擒,斩首于汉口。随后岭南诸州,也都相继归附于隋,于是陈朝全境皆平。从西晋在永嘉末年的崩溃算起,中国经历了270余年的长期分裂局面,至此南北又复归统一。

隋朝灭陈后,将建康城邑宫室夷为平地,开辟为耕作农田,六朝故都无复昔日的豪华气象。为消弭民间的反隋武装,隋政权严令毁夺民间的盔甲、兵器,并向南方各州县派遣官员,检责户籍,百家置里长,五百家置乡正,建立国家对底层民众的直接控制。在思想领域,苏威奉敕巡抚江南,作"五教"(父义、母慈、兄友、弟恭、子孝等儒家传统的五常之教)规定不分长幼都要诵读,否则要受到责罚。这些居高临下的思想强制措施,伤害了南方民众的感情,各种政治军事措施也触及南方士族豪强的权益。于是,在隋统一的第二年即开皇十年(590)十一月,原陈朝境内爆发大规模反叛,起兵者有不少是江南门阀大族,他们攻陷州县,对隋朝政府派来的官员抽肠割肉,发泄对统一政权的仇恨,僧俗人众也被严重骚扰,不少佛寺被焚毁。

面对这一形势,隋文帝命晋王杨广接替秦王杨俊为扬州总管,内史令杨素为行军总管,南下平叛。平叛战争进行得很顺利,在隋王朝正规军的锋芒之下,各地叛军纷纷失败。岭南一带的平叛,则在地方酋帅洗夫人家族的合作下完成。叛乱的迅速平定也进一步巩固了全国统一的局面。

值得关注的是,晋王杨广平叛后留任扬州总管,努力改变征服者的形

象，亲密交往原南朝的佛教高
僧，并在扬州总管任上，置王府
学士百人，其中多数出身自梁、
陈政权，借助这些声誉很高的文
人，杨广成功笼络了人心，消弭
了南人对隋王朝的对立情绪。杨
广之后能够继位为隋炀帝，并长
期前往扬州巡游，应该与这一经
历有密切的关系。

三、隋朝在制度建设上的贡献

隋文帝是中国历史上非常有
能力的一位君王，素以勤政节俭
著称，同时依靠杨素、高颎、苏

图 5.2　隋炀帝像

威等一批能力极强的文武大臣辅佐，推行民族交融与改革政策，在严刑峻
法之下辅以儒、释的教化，使得统一后的国家逐步稳定，经济迅速繁荣，
可谓历史奇迹，史称开皇之治。

隋朝建立之后，在各项制度方面，均进行了较大规模的改革。

第一，职官制度的革新，废除北周六官，恢复魏晋旧制。从西魏时期
宇文泰采用《周礼》六官建立了一整套的官僚制度起，一直延续到北周末年，
根据六官制度，中央行政机构中设置六个长官，即大冢宰（天官）、大司徒
（地官）、大宗伯（春官）、大司马（夏官）、大司寇（秋官）、大司空（冬官）。
大司徒以下各官分掌各项重要政务，大冢宰为六官之长，总揽朝政，这一
来源于理想化设计的官制，在西周时期是否曾经实施尚未可知，但在秦汉
之后，中央集权日益强化，三公（太尉、司徒、司空）因为位高权重，逐步
变为虚衔，诸事归于台省，大冢宰的权力之大，无异于集三公于一身。因

此，事实上六官制度实施也只是以特定的历史背景为基础，在西魏和北周初年，宇文泰、宇文护相继专政，才得以大权独揽，北周武帝诛杀宇文护之后，皇帝亲掌大权，大冢宰实际上已没有什么实际权力。隋文帝即位后，为加强中央集权，北朝六官制已经不再有其存在的合理性了，魏晋时期的省寺台府官（即三省制）也随之得到恢复。

隋朝初年改革的这套新的职官制度，据《隋书·百官志》记载："置三师、三公及尚书、门下、内史、秘书、内侍等省，御史、都水等台，太常、光禄、卫尉、宗正、太仆、大理、鸿胪、司农、太府、国子、将作等监，左右卫、左右武卫、左右武候、左右领、左右监门、左右领军等府，分司统职焉。"这套中央职官体系，继承汉魏以来的官制变化，开启唐宋以后各代的官制，具有划时代的意义。

隋朝中央官制的核心是三省制，即内史省、门下省、尚书省。内史省原为中书省，隋以避文帝父杨忠讳而改称内史省，置内史监、令各一员，不久废监，置令二员。又置内史侍郎四员（后减为二员），为之辅佐；下有内史舍人八员（后减为四员），内史通事舍人十六员。门下省长官原名侍中，为避杨忠讳，改称纳言，纳言二员；其副职称给事黄门侍郎，设四员，后改称黄门侍郎，减员额为二人。《通典·职官典》称，自梁陈以来，"举国机要，悉在中书；献纳之任，又归门下；而尚书但听命而已……内史、纳言，是为宰相。"三师、三公虽然地位崇高，位居正一品，实际上只是荣誉职务。三公之前是宰相正官，隋文帝废除三公的官署及僚属，将其拨归尚书省名下，使三省长官知政事，成为宰相之职。隋朝尚书省在三省之中的地位最高，《隋书·百官志》称"尚书省事无不总"，体现了其国家最高行政机关的权力与地位。尚书省置尚书令一员，尚书左右仆射各一员，下置吏部、礼部、都官（后改称刑部）、度支（后改称户部）、工部等六尚书。六部之中，每部下辖四司，是为二十四司，每司置侍郎一员或二员，六部共三十六侍郎。

三省之外，又有秘书省(长官秘书监)和御史台(长官御史大夫)，隋炀帝时又分置殿内省，连同尚书、门下、内史、秘书省共为五省。又增置谒者台、司隶台，与御史台合称三台。又成立少府监、长秋监、国子监、将作监、都水监，合称为五监。六部之外，又有太常、光禄、卫尉、宗正、太仆、大理、鸿胪、司农、太府等九寺，置卿、少卿各一员。

总之，隋朝第一次清晰厘定了以三省六部为核心，综括了台、寺、监等集成的中央官制，对唐朝以后各代的政治制度产生了重大影响。

第二，改革地方行政区划制度。自东汉末年起，由于战乱影响，地方行政制度进入混乱时期，先是州刺史和郡太守职权相继扩张，成为州、郡、县三级的地方行政区划。南北朝之后，又在州上设置都督或总管，统辖诸州军事，兼管地方军民事务。南朝自梁、陈以后，北朝自北魏后期，州郡县的区域被分割缩小，州郡县的数量却在大规模增加。南朝、北朝两方又各自分设侨州郡县，使得地方行政区域的混乱程度更甚。所谓"一郡分为四五，一县割成两三"，"百室之邑，便立州名，三户之民，空张郡目"。[①] 这种混乱状态，早在北朝后期曾有所改革。北齐天保七年(556)下令裁并州郡，大概"并省三州，一百五十三郡，五百八十九县"[②]。但北周疆域内，州郡县的混乱依然如故。

隋朝建立之后，必须要对这种地方行政区划的格局进行改革，削减中央与地方的冗员与额外开支。时度支尚书杨尚希也指出："当今郡县，倍多于古。或地无百里，数县并置，或户不满千，二郡分领。具僚以众，资费日多，吏卒又倍，租调岁减。清干良才，百分无一，动须数万，如何可觅。所谓民少官多，十羊九牧。"需要进行的改革是"存要去闲，并小为大，国家则不亏粟帛，选举则易得贤才"[③]。隋文帝遂于开皇三年(583)十一月下令，

① (南朝梁)沈约：《宋书》卷11《志序》。
② (唐)李百药：《北齐书》卷4《文宣纪》。
③ (唐)魏徵：《隋书》卷46《杨尚希传》。

"罢天下诸郡"①，取消郡一级地方行政区划，以州统县，将东汉末年以来的州郡县三级制改为州县两级制，这一过程中增加了 54 个州、53 个县，但废除的郡则有 500 多个。开皇九年(589)灭陈，将这一改革措施推行到江南各地，合计全国共有 300 州，统辖 1000 余县。隋炀帝大业三年(607)，又改州为郡，变州县两级制为郡县两级制，同时又进行了一次郡级政区的省并，全国共计郡级政区 190 个，县级政区 1235 个。

地方行政区划制度由州郡县三级制向州县二级制改革的同时，隋文帝又部分沿袭了北朝旧制，在沿边或较大的州境设置大总管，统辖数州甚至数十州的军事，还在各道置行台，长官为行台尚书令、行台左右仆射、行台兵部尚书和行台度支尚书，主管每一大行政区的军政事宜。如此一来，与行政层级的减少同时，中央对地方的控制，相比于地方行政区划制度改革之前，大大加强了。

第三，废除九品中正制，创设科举制。与官制相辅相成的，是选官制度，隋以前实行最久、影响最深远的是九品中正制，魏晋南北朝时期，世家大族利用九品中正制，基本把持了官僚选举用人之权，形成门第森严的等级制度，这与隋初中央集权的趋势无疑是相违背的。早在北朝后期，已经有不少明智之士对九品中正制提出批判，西魏时期苏绰曾批出："门资者，乃先世之爵禄，无妨子孙之愚瞽……若门资之中而得愚瞽，是则土牛木马，形似而用非，不可以涉道也。"②隋文帝开皇三年(583)，正式下诏停止了九品中正制体系中"操人主之威福，夺天朝之权势"③的州郡中正行使选举品第的权力，改称其为"乡官"，成为闲职。到开皇十五年(595)，将"乡官"之名也一并裁撤，作为世家大族的政治工具，存续了 300 余年(219—595)的九品中正制正式被废除。

---

① (唐)魏徵：《隋书》卷 1《高祖上》。
② (唐)令狐德棻：《周书》卷 23《苏绰传》。
③ (唐)房玄龄：《晋书》卷 45《刘毅传》。

隋文帝在废除九品中正制的同时，于开皇七年（587）下令诸州岁贡三人；乡官裁撤之后的开皇十八年（598），又下令京官五品以上及总管、刺史等官员，"并以志行修谨、清平干济二科举人"①，选官制度的改革进入正轨。至隋炀帝初年（605），"始建进士科"②，科举制开始作为主要的选官制度，影响了之后 1000 余年的中国社会。

还值得关注的是，隋初在废除九品中正制的同时，又把过去刺史、郡守等地方官员署用僚佐的权力，也收归到中央。规定地方政权机构的僚属，官品自六品以下，过去由刺史自己署任的，必须改由吏部选曹来任命。《通典·选举典》称这一改革为："五服之内，政决王朝；一命免拜，必归吏部。"这一改革对中央集权发挥了巨大的作用。

第四，推行法律制度的改革。魏晋南北朝以来，各少数民族政权长期统治中国北部，决狱定罪极为轻率，罕有依据律法而行者；讯问犯人时，也往往以严刑逼供为主。故隋文帝即位之初，在开皇元年（581）颁布的新律之中，下令"尽除苛惨之法"，尤其是自周秦以来灭绝人道的宫刑，至隋朝也正式从法律上予以废除。

隋朝法律形式分为律、令、格、式，史载隋律有《开皇律》500 条 12 卷，《大业律》500 条 18 卷，隋令有《开皇令》30 卷，但已经与格、式一同湮没于历史长河。开皇元年（581）隋文帝命高颎等制定新律之后，开皇三年（583），又命苏威、牛弘等更定新律，又免除死罪 81 条、流罪 154 条，徒、杖等千余条，是为《开皇律》。炀帝大业三年（607）又颁布新律，进一步减轻了刑罚，是为《大业律》。其中，《开皇律》12 卷，分别是名例、卫禁、职制、户婚、厩库、擅兴、贼盗、斗讼、诈伪、杂律、捕亡、断狱，这些内容基本上被唐朝法律所继承。

根据所犯罪行的轻重，隋朝规定了死、流、徒、杖、笞五种刑法。中

---

① （唐）魏徵：《隋书》卷 2《高祖下》。
② （唐）杜佑：《通典》卷 14《选举二》。

央主管司法的机关有都官(刑部)、御史台和大理寺。都官掌司法行政,御史台负责检察不法行为,大理寺掌审判案件。大理寺设大理寺卿、少卿,以及大理寺丞、大理评事、大理司直和大理正等,地方上负责司法审判者是各级政府。隋文帝在免除各类酷刑的同时,还规定被地方政府判处死刑的囚犯,在行刑之前,必须经朝廷批准才能执行。

第五,府兵制度的发展。府兵制度形成于西魏、北周之际,初期府兵不从事耕作,府兵制也不与均田制结合在一起,府兵有单独的兵籍,与编户齐民的民籍是分开的。到了北周武帝天和元年(566),筑武功、郿斜谷、武都、留谷、津坑诸城,将府兵与府兵家属安置于此,但府兵仍然不事耕作;北周武帝建德二年(573),募百姓充当府兵,仍然要与民籍分开。开皇十年(590)下诏:"凡是军人,可悉属州县,垦田籍帐,一与民同;军府统领,宜依旧式"①,则可知府兵的兵籍已经与一般民众的民籍统一起来,府兵一样从事农耕生产,但保有其军府组织,基本上达到兵农一体的结果。

隋朝初年,府兵军府称骠骑将军府、车骑将军府,将军之下设大都督、帅都督、都督等各级武官。军府之上是十二卫府,即左右卫、左右武卫、左右武候、左右领左右府、左右监门府、左右领军府。隋炀帝时对府兵组织进一步改革,军府一律称鹰扬府,改骠骑将军为鹰扬郎将、车骑将军为鹰扬副郎将(后改称鹰击郎将)、大都督为校尉、帅都督为旅帅、都督为队正。中央十二卫府也进行了改置,改六卫为十二卫,即左右翊卫、左右骁卫、左右武卫、左右屯卫、左右御卫、左右候卫,每卫置大将军1人,将军2人,以总府事。改左右领左右府为左右备身府,与左右监门府皆不领府兵,备身府有备身郎将1人,直斋2人,监门府也有郎将1人,直阁6人,分别掌侍奉左右和门禁守卫。

府兵之外,隋炀帝于大业九年(613)募民为骁果,置雄武府以领之,其

---

① (唐)魏徵:《隋书》卷2《高祖下》。

组织类似于府兵，但是性质不同于府兵。骁果隶属于中央的左右备身府，属于募兵，兵额曾达到 10 多万人，是府兵制的重要补充力量，承担宿卫和出征的双重任务，享受全家免除赋役的待遇。

东汉末年之后，由于地方上州部权力坐大，造成军阀割据的局面，中央政府无法驾驭地方，中央集权更无法谈起。直到府兵制度确立，兵权集中于中央，皇权大大强化，地方与中央抗衡的局面才得以完全改变。

此外，隋朝还在经济制度上进行了相应的改革，包括均田制、租庸调制的继续发展等（见下文各章），进而迎来了史籍所载"开皇之治"的昌盛，正如《隋书》中的所谓"君子咸乐其生，小人各安其业，强无凌弱，众不暴寡，人物殷阜，朝野欢娱。20 年间，天下无事，区宇之内晏如也。"①继隋而兴的唐朝，能够在短期内迎来贞观之治、开元盛世等格局，也可以说都是建立在隋朝统一与改革的基础上。

第二节　大运河的开通

隋朝给后世留下的最重要的物质遗产，就是沟通南北的大运河。但最早的运河，却是早在先秦时期就已经开始建设了，经过隋朝的完善，最终形成了自幽州（今北京）至杭州的大运河。

一、隋以前各区域建设运河的记载

（一）先秦时期的运河系统

春秋至战国初年，中原地区可以通航的各条河流，基本都已经被人们所利用，交通网络的构建也已经提上日程，《尚书》中的名篇《禹贡》是当时人们的一种设想，并详细记录了这一交通网络的轮廓。《禹贡》的作者，据

---

① （唐）魏徵：《隋书》卷 2《高祖下》。

考证是战国初年人士，他假托大禹之名，设想在一个统一的华夏国家中，如何利用水道交通的便利。《禹贡》将全国划分为九州，并将国都定位于冀州西南部的黄河附近，其他八州的贡赋都可以利用水路运输到国都来：冀州利用黄河水运；兖州利用黄河、济水、漯水；青州利用汶水、济水、黄河；徐州利用泗水、淮水、菏水，再进入济水、黄河；扬州则利用长江绕海路入淮水，再借助徐州贡道；荆州有江、沱、潜、汉各水，运输到豫州边境，陆运转入豫州的洛水，再进入黄河；豫州则有洛水、伊水、瀍水、涧水等入于黄河；雍州则通过泾、渭二水进入黄河；梁州利用潜水进入汉水，再陆运入渭河、黄河。这一理想的规划，已经可以充分看到先秦时期对于水道交通，采取的是尽可能加以利用的方式，并不断发展和扩充新的水道交通。

《禹贡》之后的先秦时期，早期的运河已经有了相当程度的发展，司马迁曾在《史记·河渠书》中记载，战国时期"荥阳下引河东南为鸿沟，以通宋、郑、陈、蔡、曹、卫，与济、汝、淮、泗会。于楚，西方则通渠汉水、云梦之野，东方则通沟江淮之间。于吴，则通渠三江、五湖。于齐，则通淄济之间。于蜀，蜀守冰凿离碓，辟沫水之害，穿二江成都之中。此渠皆可行舟，有余则用溉浸，百姓飨其利"。司马迁的这段描述，基本上已经勾勒出了秦汉以前中国境内著名的运河网络。

一般认为，最早开凿运河的，是吴王夫差。《春秋》载，鲁哀公九年（前486），夫差开凿邗沟以沟通江淮间。但更早的，则是楚国孙叔敖曾在楚庄王时（前613—前591）在云梦泽畔激沮水作云梦大泽之池，有学者认为从郢都至云梦泽应该有运河相通。据说楚昭王时（前515—前489），伍子胥伐楚，也曾开凿运河，被称为子胥渎。但总体来看，有明确记载的运河开凿，仍要数夫差时期的邗沟。这条邗沟由广陵（今江苏扬州）引江水东北行，通入射阳湖中，再由射阳湖通到末口入淮。邗沟的得名，是由于夫差开凿运河时，在水口修筑了一座以邗为名的城，运河由邗城流过，水随城名，就称为邗沟。但这条运河也随不同时间、不同区域，而有渠水、韩江、邗溟沟、中渎水等别的俗称。邗沟在西汉和三国时代仍然是南北交通的水路要道，并成为隋朝大运河开凿的重要基础。

除邗沟外，中原地区还有一条重要的运河，即著名的菏水。在春秋战国之际，泗水与济水之间仍然是一片沼泽，包括了大野泽、雷泽、菏泽等湖泊，吴王夫差为会盟中原，遂利用开邗沟的老方法，在泗、济两河流之间开凿了另一条水道，"通于商鲁之间，北属之沂，西属之济"①，即后来所称的菏水。据《水经注》等史书的记载，菏水分济水于定陶东北，折而东流，合泗水于湖陵县西60里谷庭城下（今山东鱼台），夫差在开凿菏水之际，基本上仍然尽量利用自然河道加以修整。菏水的通航，使得运河沿岸经济迅速发达起来，兴起了一些著名城镇，如"天下之中"的陶——这个城市位于菏水由济水分流的地方，东可通齐鲁，西可通秦晋，南可通吴楚，北可通燕代，水陆交通的兴盛，使得陶成为天下的经济中心，并产生了如"陶朱公"这样闻名天下的富商。

除了这两条著名的运河之外，齐国也在淄、济之间开通了运河，李冰也在成都等地开河行舟。当然最为重要的，就是黄淮之间的鸿沟运河水系，该运河水系也是隋朝通济渠开凿的基础。

鸿沟的开凿，比较公认的看法认为，这项工程是由梁（即魏国）惠王在位时期实施的，由于在惠王时期魏国都城由安邑（今山西夏县西北）迁到大梁（今河南开封市），为更好地与山东各国交流，达到政治与军事目的才主持完成了这项大工程。鸿沟由荥阳引黄河水流向东南，分支很多，基本上覆盖了黄淮之间的广阔平原地带，当时沟通了宋、郑、陈、蔡、曹等各诸侯国，下游分别注入济、汝、淮、泗等河流，大致在荥阳之东，泗水之西，淮水之北，济水之南，在鸿沟的总名之下，又分流出汳水、获

---

① （北宋）李昉：《太平御览》卷75《地部四十》。

水、狼汤渠、睢水、鲁沟水和涡水等河流。但遗憾的是，鸿沟经过的区域，也是后世黄河泛滥比较严重的地区，能够保留到现在的鸿沟遗迹，几乎已经很难找到。

总之，先秦时期各条运河的不断开凿，使得以前不在一个系统中的水道彼此联系起来，由于交通的方便，各地交往自然容易，商业和经济也随之兴盛，促使了各诸侯国之间的经济、文化的整合，奠定了政治统一的经济、地理基础。在《禹贡》中作者已经显示出了当时对统一的要求，而儒家所追求的"四海之内，皆兄弟也"、"四海之内若一家"，也是在中原地区各诸侯国文化整合的基础上才有可能产生；虽然最终的统一大业由秦国通过战争来完成，但由运河开通客观上所带来的统一条件，也是不容忽视的。

（二）秦汉时期运河的开凿与利用

秦统一全国之后，将首都仍然选在原秦国的旧都咸阳，这里与传统经济发达的中原地区有相当的距离，这样一来，虽然能够保证首都在应对北方匈奴等少数民族威胁时能够发挥及时有效的功能，但毕竟首都是全国的政治中心，需要大量的漕粮进行补给。于是，秦朝便利用于战国时期的运河系统，在荥阳附近建立了一个规模宏大的敖仓——正位于鸿沟和济水由黄河中分流出来的地方，以便利用济水和鸿沟运来的粮食在此会合，进而转船至黄河，上溯至关中地区。敖仓一直到刘邦项羽楚河战争时仍然在发挥作用，刘邦当时就是接受了郦食其的建议，迅速占领并坚守敖仓，扭转了战局。

当然，在秦汉时期，关中地区还能够在相当程度上满足民众的日常粮食需要，其中秦汉两代采取的最有成效的措施，便是大力发展关中水利，包括白渠等灌溉系统，使得关中成为"天府之国"，减少了对关东地区的漕粮依赖。

鸿沟水系在秦末汉初，曾有过相当长时间的萧条。因为在汉朝初年，原山东六国之地遍布分封的诸侯国，鸿沟流域上游是梁国，再下是淮阳国、楚国，再向南是淮南国、吴国，这些诸侯国财政相对独立于中央政府，具有极大的自主权，基本不向汉王朝中央政府缴纳赋税。如此一来，鸿沟的官方运输便十分没落，虽然不能完全证明鸿沟民间运输的衰落，但没有政府的及时疏浚，必然会使鸿沟的河道状况变得更差。

鸿沟遭遇的另一个问题，是黄河决口的影响。汉武帝元光三年（前132），黄河在今濮阳附近决口，向东南方向改道，汇入大野泽后溢出，沿菏水流入泗水，再注入淮水。这使得原本并不太深的鸿沟受到湮塞，包括菏水在内也同样遭此厄运，直接导致了陶这一经济都市失去了原本的"天下之中"的地位。此后，一直到东汉明帝时，王景在黄河下游沿岸筑堤，两岸经济逐渐恢复，但由于黄河冲刷损失太大，鸿沟水系中仅剩下汳水这一支。鸿沟原来是一系列水道的总称，但此后仅存的这条汳水，逐渐演变为汴渠，成为隋朝通济渠水道走向的基础。

东汉末年，天下大乱，政府已无暇顾及漕渠的兴废。直到曹操统一北方前后，着力经营河北地区时，为平定袁绍势力，开凿了一条运河，由今河南浚县黄河水滨，遏淇水入白沟，经过内黄而通邺县附近的洹水，沿淇水故道而行。据称，由于河床积有许多白蚌壳，下游干涸后，遂被称为白沟。不久之后，曹操北征乌桓，又开凿出两条运河：一是平虏渠，即引呼沲水（即滹沱水）入泒水；一是泉州渠，即由洵河口凿入潞水，并以通海。这两条运河差不多纵贯了今河北省的南北。这三条运河，基本构成了隋朝永济渠的基础。

因此，在曹魏时期，南北贯通的运河格局初步形成，虽然因政权割据的原因，不可能完全实现各段运河的沟通，但在这些割据政权相对稳定的间歇，或多或少能够对运河加以疏浚或拓展，使得隋朝统一全国之后，有了大规模沟通南北运河的基础。

二、隋朝对运河各段的开通

运河的开凿，在很大程度上可以促进国家的统一，但统一的王朝也更需要运河来构建交通网络，尤其是漕运体系。隋朝对运河的开凿，也可以看作是在经过数百年战乱之后，对国内不同区域经济整合趋势的回应。一般来说，提起隋朝的运河，不可避免地要使人联想到隋炀帝，开凿运河也使得隋朝灭亡。不过，隋炀帝开凿运河，却是继承了隋文帝的遗志，父子二人对运河开凿的努力，可谓是一致的。

隋炀帝在位15年，他在大业前期，颇有大展宏图之意，在职官制度、赋税制度等方面进行了积极的改革，并废除地方总管，改州为郡，率先实行了进士科考试等，但他留给后人最为著名的遗产，就是贯通南北的大运河。

长安所在的关中地区，经济开发很早已经开始，秦国开凿郑国渠，灌田4万顷，汉代开白渠，又灌田4500余顷，史称"关中自汧、雍以东至河、华，膏壤沃野千里"[①]。但在东汉末年的战乱以后的300余年间，关中已成为胡羌杂居之地，长期失修的灌溉系统仍难以迅速恢复，农业生产遭到极大破坏。作为首都所在地的关中，必须依赖关东地区的漕运。隋文帝时期，为保证关中平原的漕运，隋文帝曾有开凿广通渠之举。自关东漕运至关中的漕粮，除面临三门峡的砥柱之险外，还必须处理渭水河道弯曲多沙的问题。于是在开皇四年(584)，隋文帝命宇文恺开凿渭渠，"引渭水，自大兴城东至潼关300余里，名曰广通渠，转运通利，关内赖之"[②]。这条漕渠于六月动工，九月应已完工。该渠命名为广通渠，应该是因为经过华州(今陕西华县)广通仓下而得名。广通仓建于开皇三年(583)，是关中的主要水运仓库，与卫州(今河南淇县)黎阳仓、洛州(今河南洛阳市)河阳仓、陕州(今

---

① (西汉)司马迁：《史记》卷129《货殖列传》。
② (唐)魏徵：《隋书》卷24《食货志》。

河南三门峡市)常平仓等齐名。广通渠的开凿，解决了国都长安的粮食问题，渠旁民众也从中受惠，故又称其为富民渠。

隋炀帝即位后，与开凿运河相关的第一件大事，就是营建东都洛阳。其实，早在北周灭北齐之后，即曾一度以洛阳为东京。到了隋文帝统治时期，关中一遇荒年，隋文帝便宜率领大小官员就食洛阳，成为后代史书中记载的"逐粮天子"。洛阳既是后来开凿的通济渠的终点，也是山东、江淮漕粮的集中地，将洛阳作为陪都，可以在关中饥荒之时，自皇帝至官僚体系一并迁至洛阳。因此，隋炀帝在即位后第4个月，即仁寿四年(604)十一月，就下令以洛阳为东都，并在洛阳附近置洛口、回洛等仓，储积粮米，作为荒年的准备粮。可见，营造东都，无论是在经济或政治上，都有其重要意义。

炀帝开凿的运河共有4条，即通济渠、永济渠、邗沟和江南运河。如前所述，这些运河并非平地新凿，其实都是在前人已开凿的基础上进行的，其中，邗沟在吴王夫差时最早开凿，已经过数百年的变迁。其间，以东都洛阳为中心，通济渠下接邗沟，再过长江接江南运河；黄河以北的永济渠单独通到涿郡(今北京市)。基本上属于两个运河系统，前者连接首都与富裕的东南平原，后者则纵贯了太行山东部的山麓平原。

以关中、山东地区为代表的北方，在经过魏晋南北朝时期数百年的战乱后，生产已然衰退，但江南地区却在经过东晋、南朝200多年，转变为经济繁荣的区域。时人称当时的太湖流域，"地广野丰，民勤本业，一岁或稔，则数郡忘饥"①。于是，隋朝时的中国面临的任务，就是使南北成为统一的整体。贯通南北的大运河，产生的客观历史背景即是如此。

(一)通济渠的开凿

通济渠是隋炀帝所开运河中，开凿时间最早的一条，在隋炀帝即位的第一年即动工开凿，当年就通航。《资治通鉴》载，大业元年(605)，"发河

---

① (南朝梁)沈约：《宋书》卷54《沈昙庆传》。

南、淮北诸郡民，前后百余万，开通济渠。自西苑引谷、洛水达于河；复自板渚（虎牢东）引河历荥泽（今河南郑州西北）入汴；又自大梁（今河南开封）之东引汴水入泗，达于淮。"①在通济渠开凿以前的汴河，由黄河流至开封以东的雍丘（今河南杞县）附近，东流至徐州，再南流与泗水同入淮河。通济渠开凿后，汴河由黄河流至雍丘一段，完全与旧日的汴河河道相同，但到达雍丘附近后，折向东南流至泗州，注入淮河，使得南北水路运输线大大缩短。在隋炀帝开凿的运河中，通济渠是最重要的一段，把黄河和淮河联系起来，该段渠道广40步，渠旁筑御道，据史书载，从东郡到江都2000余里，广种榆树柳树，绿荫相映。

通济渠在唐宋时期称为汴渠、汴河，是当时的交通命脉，在各类地理著作中基本都有记载。唐朝后期的《元和郡县图志》，宋朝的《太平寰宇记》、《元丰九域志》等均在相关郡县条下提及汴河、汴渠，按照通济渠流经的顺序，参考现代地名进行排列，可观察到它的影响范围：荥阳、中牟、开封、杞县、睢县、宁陵、商丘、夏邑、永城、宿州、灵璧、泗县，至盱眙北注入淮河。

（二）邗沟

隋炀帝开凿通济渠的目的，是把东南富庶之区和东都洛阳连接起来，通济渠仅到达淮水，仍然没有达到当时富庶的长江三角洲地区。长江与淮河之间原有一条邗沟，但此时的邗沟经过屡次改道和湮塞，已经无法适应漕运的需求。隋文帝时，曾将淮水入邗沟的水口进行过一次开凿，但全线工程并未实行，因此在通济渠开凿完成之后，隋炀帝立即着手整理邗沟故道。大业元年（605），"又发淮南民十余万开邗沟，自山阳至扬子入江"②。

吴王夫差开凿的邗沟，绕道东北，经过射阳湖到达淮河；东汉时，又经过陈敏等人的整修，改由樊梁湖直接向北，经津湖、白马湖，再与原来

---

① （北宋）司马光：《资治通鉴》卷180。
② （北宋）司马光：《资治通鉴》卷180。

经射阳湖北上的故道相合，由末口进入淮水，距离比之前近了许多。东晋南朝时期又先后经过了数次疏浚和整修，使得邗沟南北几乎已经成为笔直的河道。

隋炀帝整修后的邗沟，北起山阳(今江苏淮安)，南至扬子(今江苏仪征东南)，比吴王夫差的邗沟偏西一些，也更加笔直。邗沟又名山阳渎，计长300余里，宽40步，唐人曾记载，"顺流自淮阴(今江苏清江西南)至邵伯(今江苏扬州北)三百有五十里，逆流自邵伯至江九十里"①。

(三)江南河

江南运河的开凿，是在大业六年(610)开始的，当年隋炀帝"敕穿江南河，自京口(今江苏镇江)至余杭(今浙江杭州)，八百余里，广十余丈"②。据唐朝李翱等人的记载，江南运河始自润州(今镇江)，再经过常州、苏州，渡过松江，至于杭州。北宋时期同样有记载，润州丹阳，常州武进、晋陵，无锡，苏州长洲、常熟、吴江，秀州，崇德等地，均为江南运河沿岸的城镇。据南宋陆游《入蜀记》载："自京口抵钱塘，梁陈以前不通漕，至隋炀帝始凿渠八百里，皆阔十丈，夹冈如连山，盖当时所积之土。"③

江南运河流经的区域，正是太湖平原的富庶之地，这条运河也与之前的广通渠、通济渠、邗沟一样，都是利用或遵循旧日渠道的故迹，整修开凿的，并非隋朝始创，凭空新凿。江南地区的太湖平原，自古即湖泊纵横，水道交错，一幅平原沼泽地形，将原有的湖泊、水道沟通整理起来，以便利交通和运输，也是顺理成章的事。早在魏晋南北朝时期，就有句容的破冈渎，可以由建康通往太湖，再转至吴郡、会稽。隋炀帝也自然会利用原有运河系统，加深加宽，整合成为区域之间的水路要道，从而使长江、钱塘江流域联结起来。

---

① (清)董诰：《全唐文》卷638《来南录》。
② (北宋)司马光：《资治通鉴》卷181。
③ (南宋)陆游：《入蜀记》卷1。

(四)永济渠

永济渠的开凿始于大业四年(608),隋炀帝下诏,"发河南诸郡男女百余万,开永济渠,引沁水,南达于河,北通涿郡"①。永济渠整条运河中,较南部的一段是利用曹操开凿的白沟遗迹和故道,隋炀帝将白沟的起点由枋头改为引沁水入河,沁、淇二水原不相通,经此一役二者沟通,运河循沁水入淇水,淇水又北流经今河南内黄、山东馆陶、河南临西、清河,及山东德州各县市,在今天津市域入海,永济渠实际上就是循淇水而北。在今河南静海县(今静海区)独流镇,折而西北行,汇合于桑干水,再西北到达当时涿郡治所蓟县(今蓟州区)城南。

永济渠的开凿,疏浚旧道数量众多,工程浩大,丁男不足,则开始征发妇女服役,最终形成了这条后世称之为北运河的永济渠。又由于通济渠以汴水为主,永济渠以白沟、淇水为主干,唐人诗文中往往简称这两条运河为"淇、汴"。

三、运河开通的深远影响

隋炀帝时期开凿的贯通南北的大运河,是在7世纪初中国劳动人民的伟大劳作之下完成的,直接参与运河开凿工程的有几百万人。大运河开通之后,产生了非常深远的影响:

第一,大运河把黄河、海河、淮河、长江、钱塘江联系起来,大大缩短了南北的距离,便利了南北的交通。第二,它使南北物产的交流有了畅通的渠道,对经济发展起了很大作用,并在运河沿岸兴起了大量的商业城市,并因其地理位置的优越而日益重要,通济渠口的汴州及邗沟南口的扬州,就是两个最重要的例子。第三,大运河还使得隋以后的唐、宋等朝,由于南北交通的便利,更容易形成统一的向心力。在海运与陆运均无法通畅或采用新式交通工具之前,运河一直是国内沟通南北的大动脉。

---

① (唐)魏徵:《隋书》卷3《炀帝上》。

　　大运河的开凿过程中，因隋炀帝好大喜功，各段的工期都赶得非常紧，动用的民夫数量达上百万。在严酷的监管之下，通济渠于大业元年（605）三月开凿，八月就已通航；永济渠在大业四年（608）正月开凿，数月之间已经完工。如此巨大的工程，官吏督役严急，不可避免给人民带来许多苦难，大量民夫劳作过度，加之饥寒交迫，疾病侵袭，死亡过半。从隋炀帝开凿运河的主观目的来说，他主要是为了加强对南方的控制以及本人巡游享乐的需要，隋炀帝在运河开通之后，又命地方官员沿途招待，率领后宫、百官巡游江都，给运河沿岸地区带来惨重的损失。

　　但是，在客观结果方面，运河对唐宋时期经济发展上的积极作用，时人做出了高度的评价。《元和郡县图志》称炀帝开通济渠，"自扬、益、湘，南至交、广、闽中等州，公家运漕，私行商旅，舳舻相继。隋氏作之虽劳，后代实受其利焉"①。皮日休有《汴河铭》，指称"隋之淇、汴……在隋之民，不胜其害也，在唐之民，不胜其利也"②，并作《汴河怀古》来称赞开凿运河的伟大业绩，诗云："尽道隋亡为此河，至今千里赖通波。若无水殿龙舟事，共禹论功不较多。"宋人卢襄有《西征记》评价说："隋大业间所以浚辟使达于扬子，不过事游幸尔……今则每岁漕上给于京师者数千百艘，舳舻相衔，朝暮不绝，盖有害于一时，而利于千百载之也哉！"③这些评价对隋炀帝开凿运河基本予以肯定。但同时也应该看到，运河开通后，中央政府的控制能力大大提升，并将对江南地区物质的转输置于非常重要的地位，但也加重了对民众的剥削，晚唐诗人李敬方在《汴河急进船》中称"汴水通淮利最多，生人为害亦相和。东南四十三州地，取尽脂膏是此河"。唐朝后期因北方地区藩镇割据，中央政府财政的开支，基本上要依靠江南地区，政府机构通过运河的输送，维持着运作，一旦运河的漕运功能被切断，唐朝的命运也就岌岌可危了。

---

① （唐）李吉甫：《元和郡县图志》卷5《河南府》。
② （唐）皮日休：《皮子文薮》卷4《汴河铭》。
③ （北宋）卢襄：《西征记》。

第六章　贞观之治体现的政治文明

图 6.1　唐太宗像

唐武德九年（626）八月，唐高祖李渊下诏传位，太子李世民登基，是为唐太宗。次年，唐太宗改元贞观，这一年号从此伴其余生，行用23年之久。唐太宗虽然起于行伍，但他深知唐王朝经过高祖9年的苦心经营，已经度过草创期，进入守成期。贞观时期，唐太宗君臣经常讨论的问题便是创业与守成孰难。守成以文的道理给"躬亲戎事，不暇读书"①的唐太宗提出了全新挑战。贞观之初，他便开始"手不释卷"，逐渐"知风化之本，见政理之源"，并达到"致治稽古，临事不惑"的境界，顺利完成由草创功臣向守成君主的角色转型。贞观之治也伴随着这一转型而至，成为后人津津乐道、心向往之的治世典范。

---

① （唐）吴兢：《贞观政要》卷6《论悔过》。

第一节　访古求治、孜孜不倦——唐太宗的求治心态

中国古代政治是帝王政治。君主品格的好坏与统治能力的高低直接影响着帝国政治秩序的有效运转。唐太宗曾引用古人之语"君犹器也,人犹水也,方圆在于器,不在于水",以此向群臣说明君主在王朝统治中应该发挥统领与引导作用。为此,他以尧舜之道、周孔之教的标准严格要求自己,以期达到自己心目中的理想治世。

唐太宗认为一个贤明的君主应该能够做到思短而益善,不断地完善自己。对于自己的不足,唐太宗本人一直有着清醒的认识。贞观二年(628),他曾对房玄龄坦露,自己年轻之时忙于东征西讨,无暇读书,登基之后,却发现为政之道,均在书内,深深后悔当年读书太少。为此,他诏令魏徵、虞世南、褚亮以及萧德言等人,搜集古书中关乎政术治道者,编成《群书治要》一书,作为自己的治国宝典,并遵循前代帝王所行善政,力行不息。比如有一次,唐太宗想建造一座宫殿,前期准备都已做好,也已令人采伐树木,但因看到《晋书·刘聪载记》中所记廷尉陈元达切谏刘聪营构宫殿之事,深感为诫,便主动下令停止修造。不仅如此,他还在宫内设置弘文馆,精选天下文学名士,使之担任学士,上朝听政之余,与之讨论典籍,商议政事。众多学士之中,最著名的当属虞世南。虞世南虽然相貌不扬,但却博闻多识,加上性格刚烈,喜好谏议,颇为唐太宗所重。君臣二人经常同观古籍,谈经论史,共论古今帝王得失。

观书求治之外,唐太宗的勤政也是贞观时期一抹亮丽的风景。唐太宗上台以后,随着唐朝政局的稳定,国家运转逐渐步入正轨,臣下奏事也日趋繁多。面对繁忙的政务,唐太宗经常思考对策,或至夜半不寐。但他的勤政绝非事无大小,必定躬亲,也绝非权无大小,必定独揽。贞观四年(630),唐太宗曾询问房玄龄、萧瑀等人如何评价隋文帝杨坚。萧瑀对曰:

"克己复礼，勤劳思政，每一坐朝，或至日昃。五品以上，引坐论事。宿卫之士，传餐而食。虽非性体仁明，亦是励精之主也。"①唐太宗却对萧瑀的意见不以为然，认为他只知其一，不知其二。在他看来，隋文帝虽然勤政，但"每事皆自决断，虽则劳神苦形，未能尽合于理"，而且天下至广，政事千头万绪，绝不能"以一日万机，独断一人之虑"。他还曾说："一日万机，一人听断，虽复忧劳，安能尽善？"由此观之，在唐太宗的执政理念中，君主需要勤政，但勤政一定要有理性的方式与合理的范围，需放权之处，便应交由臣下处理。贞观三年(629)，唐太宗曾对裴寂说：

> 比有上书奏事，条数甚多，朕总粘之屋壁，出入观省。所以孜孜不倦者，欲尽臣下之情。每一思政理，或三更方寝。亦望公辈用心不倦，以副朕怀也。②

唐太宗是在以身作则，希望群臣与他同心同德、共求治道。他曾对文武百官表达自己之所以终日不倦、孜孜求治，并非仅仅是希望天下百姓安宁，还是希望能与众卿长守富贵。其实，在贞观君臣的观念中，君主与臣僚本就是不可分割的整体。君行君权，臣履臣职，互相配合，共成一体，方是王朝治理应有的常态。

第二节　君为元首、臣作股肱——贞观君臣的和谐关系

众所周知，唐太宗的帝王之路充满曲折，既有父子冲突，又有兄弟反目。在激烈的政治斗争中，对人才的争夺与任用是唐太宗成功的关键因素之一。唐太宗之所以能在玄武门之变中击败李建成与李元吉，秦王府府僚

---

① （后晋）刘昫：《旧唐书》卷3《太宗纪下》。
② （唐）吴兢：《贞观政要》卷2《求谏》。

的谋划推动之功，绝不可没。上台之后，他更加重视臣僚在帝国治理中的重要作用。贞观初，唐太宗曾对萧瑀说：

> 朕少好弓矢，自谓能尽其妙。近得良弓十数，以示弓工。乃曰："皆非良材也。"朕问其故，工曰："木心不正，则脉理皆邪，弓虽刚劲而遣箭不直，非良弓也。"朕始悟焉。朕以弧矢定四方，用弓多矣，而犹不得其理。况朕有天下之日浅，得为理之意，固未及于弓，弓犹失之，而况于理乎？①

为了集思广益，他下令五品以上的京官轮流值班，以备顾问，随时引对，询访民间疾苦以及政务得失。在唐太宗眼中，即便是贤明之君，也须有良臣辅佐。他曾对臣下说："正主任邪臣，不能致理；正臣事邪主，亦不能致理。惟君臣相遇，有同鱼水，则海内可安。"他还曾教谕群臣："君臣本同治乱，共安危，若主纳忠谏，臣进直言，斯故君臣合契，古来所重。若君自贤，臣不匡正，欲不危亡，不可得也。"正因如此，唐太宗从未独揽贞观年间社会安治局面的功劳，而是非常肯定群臣对自己的匡正之功，他认为"此非朕一人之力，实由公等共相匡辅"。在唐太宗的提倡之下，君臣和谐、同体共治的理念成为贞观君臣的共识。比如魏徵在贞观十四年（640）的一封奏疏中说：

> 君为元首，臣作股肱，齐契同心，合而成体，体或不备，未有成人。然则首虽尊高，必资手足以成体；君虽明哲，必借股肱以致理……委弃股肱，独任胸臆，具体成理，非所闻也。②

---

① （唐）吴兢：《贞观政要》卷1《政体》。
② （唐）吴兢：《贞观政要》卷3《君臣鉴戒》。

在魏徵看来，君主好比是人的头脑，臣下好比是人的四肢，只有彼此同心，才能治理好国家。

意识到君臣一体重要性的君主，首先要做的便是广揽人才，任用贤能。唐太宗认为若要天下安稳，惟在得贤任才。他面对科举士子时所说的那句名言"天下英雄尽入吾彀中"，透露出对人才的重视与渴求。贞观二年(628)，唐太宗曾批评尚书右仆射封德彝，指责他很长一段时间未尝举荐贤才。封德彝以"未见奇才异能者"为自己开脱。唐太宗却说："君子用人如器，各取所长，古之致治者，岂借才于异代乎？正患己不能知，安可诬一世之人！"①封德彝无言以对，羞赧而退。唐太宗对人才的重视程度，从贞观名臣马周的事例中便能得到很好的证明。马周本为中郎将常何家中的一个宾客，客居常何府上。贞观五年(631)，唐太宗令百官上书言事。常何乃一介武将，不通文墨。马周便替他起草奏疏，所言 20 余事，皆中事理。唐太宗颇觉奇怪，便召常何询问。常何以实相对。唐太宗立即派人召见马周。在等待马周的时间里，又先后 4 次派人催其速来，迫不及待地想要见识一下这位奇才。马周也没有辜负太宗的赏识，后来官至宰相，成为唐太宗身边的股肱之臣。

唐太宗搜揽人才，唯问才行，不避亲仇。贞观初年，有人议论朝廷所用之人皆当朝亲贵，唐太宗听后便表示，古人有"内举不避亲，外举不避仇"之语，若能得举其人，"虽是子弟及有仇嫌，不得不举"。众所周知，魏徵便曾是太子李建成阵营中的骨干分子。玄武门之变前夕，魏徵曾屡次劝说李建成先下手为强。政变发生后，李世民以离间兄弟感情为由责问魏徵。性格刚直的魏徵不仅毫无惧意，而且从容不迫地还击："皇太子若从徵言，必无今日之祸。"李世民敬重他的为人，"为之敛容，厚加礼异"。此外，还有王珪、韦挺等人，都曾经是太子李建成的部下。李世民全部引为己用，

---

① (北宋)司马光：《资治通鉴》卷 192。

并倾心任之。魏徵、王珪等人后来全都尽职尽责、死而后已，也算回报了太宗的知遇之恩。看到昔日敌对阵营的成员陆续得到重用，尚未谋得一官半职的秦府旧僚们颇有怨言，他们通过房玄龄表达了自己的不满。唐太宗却说：

> 王者至公无私，故能服天下之心。朕与卿辈日所衣食，皆取诸民也。故设官分职，以为民也，当择贤才而用之，岂以新旧为先后哉！必也新而贤，旧而不肖，安可舍新而取旧乎！今不论其贤不肖而直言嗟怨，岂为政之体乎！①

唐太宗不仅能够做到"如其有才，虽仇不弃"，以及"苟或不才，虽亲不用"，而且能够做到待臣以诚、任人不疑。贞观之初，有人上书请求摒弃奸佞之臣。唐太宗便问谁是奸佞之臣？那人回答道："请陛下佯怒以试群臣，若能不畏雷霆，直言进谏，则是正人，顺情阿旨，则是佞人。"唐太宗听罢，对周边大臣说：

> 流水清浊，在其源也。君者政源，人庶犹水，君自为诈，欲臣下行直，是犹源浊而望水清，理不可得。朕常以魏武帝多诡诈，深鄙其为人，如此，岂可堪为教令？②

他认为上书之人虽然是好意，但他更在意的是布大信于天下，"不欲以诈道训俗"，所以没有采纳此建议。唐太宗很清楚地意识到只有以诚信行事，对臣下推心置腹，才能换来臣下对自己的忠心耿耿。在他看来楚霸王项羽因不立仁信，终究无法立足关中；隋炀帝因猜忌臣下，终致群臣离心

---

① （北宋）司马光：《资治通鉴》卷 192。
② （唐）吴兢：《贞观政要》卷 5《诚信》。

离德，两人均不可效仿。他这一认识也得到了臣下的呼应。魏徵便曾上疏建议唐太宗要做好表率，励行诚信，因为上不信则无以使下，下不信则无以事上。

唐太宗不仅能够做到以诚待臣，而且能够做到任人不疑。比如魏徵曾侍奉李建成，站在唐太宗的对立面，以致贞观年间，屡屡有人借此构陷魏徵。贞观三年（629），有人告发魏徵谋反。唐太宗却认为魏徵以前是自己的仇人，正是看到魏徵对所事之主忠心耿耿，遂起而用之。有人无缘无故地进谗言来诬陷他，唐太宗连问都不问，便立即斩杀告发之人。贞观十一年（637），又有人告发魏徵参与谋反，唐太宗仍然不加询问便将告发之人治罪。再比如房玄龄、杜如晦，二人皆为秦王府旧僚。房善谋，杜善断，两人同心共济，辅佐太宗。贞观年间，有一个叫陈师合的监察御史奏上一篇《拔士论》，极言一个人的精力有限，不应身兼数职，实际是在暗讽房玄龄、杜如晦等人权力过重。唐太宗却说："玄龄、如晦不以勋旧进，特其才可与治天下者，师合欲以此离间吾君臣邪？"于是便将陈师合流放岭外。后来，唐太宗亲征高句丽，以房玄龄留守京师，许以便宜从事，无需奏请。唐太宗出发后，有人便到房玄龄之处，要告发有密谋。房玄龄得知事涉自己，便把告状之人送到唐太宗的行宫。唐太宗命人手持长刀，并做好吩咐：如果这个人告的是房玄龄，那事情绝属虚妄，就把他斩了。一经引问，果然不出唐太宗所料。周围之人手起刀落，便将那人斩了。唐太宗写信责怪房玄龄道："更有如是者，可专决之。"以上的事例表明，唐太宗根本不相信自己倾心任用之人会有谋反之举，不仅体现出唐太宗对臣下的信任，也体现出他在识人任人方面的自信。

自古以来，君臣相遇，殊为难事。或有明君而无贤臣，或有贤臣而无明君。举凡君臣相遇之日，便是王朝繁盛之时。唐太宗统治时期君臣之间犹如鱼水的和谐关系，让贞观成为太平治世的代名词。

第三节　虚怀纳谏、知无不言——贞观时期的谏诤之风

君臣一体的执政理念让贞观君臣情同父子，但就像父子之间常有摩擦龃龉一样，唐太宗和他的臣子们之间也经常出现矛盾冲突。矛盾冲突的解决，反过来确保并促进了和谐关系的发展，而解决冲突的方式便是谏诤。贞观年间的政治风情多姿多彩，但最为绚烂夺目之处当为君善于纳谏、臣敢于进谏的良好风气。

唐太宗认为人贵有自知之明，贤明之君会认识到自己的不足，并虚心纳谏，昏懦之君则会极力护短，拒谏饰非。魏徵也曾对唐太宗有言："君之所以明者，兼听也；其所以暗者，偏信也。"在贞观君臣眼中，隋炀帝就是由于过度自负、护短拒谏而导致身死国灭，他们坚决不可重蹈隋炀帝的覆辙。吸取了隋炀帝的教训，唐太宗经常鼓励臣下犯颜直谏。如若一段时间听不到臣下谏言，便会主动询问缘由。唐太宗为人不苟言笑，仪容威严，为了不让臣下感到拘谨紧张，他还特意做出和颜悦色的神情，让谏臣能够放松、全面地表达自己的意见。考虑到进谏之人是在指摘君主过失，忤逆龙鳞，必定心生恐惧，所以唐太宗非常注意倾听的方式，即便所言之事不合其心意，他也不会随便动怒，以免群臣以后不再敢于大胆直言。贞观十五年（641），唐太宗曾与魏徵讨论朝臣谏诤之事：

> 朕每思之，人臣欲谏，辄惧死亡之祸，与夫赴鼎镬、冒白刃，亦何异哉？故忠贞之臣，非不欲竭诚者。敢竭诚者，乃是极难。所以禹拜昌言，岂不为此也！朕今开怀抱、纳谏诤，卿等无劳怖惧，遂不极言。[1]

---

[1]　（唐）吴兢：《贞观政要》卷2《求谏》。

唐太宗说到做到。贞观八年(634),中牟县丞皇甫德参上言:"修洛阳宫,劳人;收地租,厚敛;俗好高髻,盖宫中所化。"唐太宗知道后大怒,认为他是在故意讪谤朝政,便对大臣说:"德参欲国家不役一人,不收斗租,宫人皆无发,乃可其意邪!"魏徵从旁解释说:"自古上书,率多激切。若不激切,则不能起人主之心。"唐太宗虽然怒气仍未全消,但却说:"朕初欲责此人,但已许进直言。若责之,于后谁敢言?"为了不堵塞之后的进言之路,不打击群臣的进谏热情,唐太宗遵守自己的承诺,不仅没有处罚皇甫德参,反而还赐绢 20 匹,以示鼓励。正是因为君主具备这种从谏如流的大度胸怀,臣下方能有不惧龙颜的箴言规谏。

贞观年间,朝臣由于耻君不及尧舜而犯死进谏的例子不胜枚举。贞观四年(630),唐太宗欲修建洛阳宫乾元殿以备巡幸。给事中张玄素上书切谏:

> 臣闻阿房成,秦人散;章华就,楚众离;及乾阳毕功,隋人解体。且以陛下今时功力,何如隋日?役疮痍之人,袭亡隋之弊,以此言之,恐甚于炀帝。深愿陛下思之,无为由余所笑,则天下幸甚。[①]

唐太宗说:"卿谓我不如炀帝,何如桀、纣?"张玄素依然不屈不卑道:"若此殿卒兴,所谓同归于乱。"唐太宗见张玄素考虑如此周全,便欣然下令停止修建乾元殿,并以"以卑干尊,古来不易,非其忠直,安能若此"为由对张玄素加以赏赐,这无疑是对臣下进谏莫大的鼓励。

贞观八年(634),唐太宗要迎娶郑仁基的女儿。郑女年方二八,相貌绝伦,被长孙皇后选中,欲纳入宫中。诏书已发,大礼也已开始准备,只不

---

① (后晋)刘昫:《旧唐书》卷 75《张玄素传》。

过尚未派出册使正式前往郑家。此时魏徵听闻此女已经许配给了陆爽，便立即上表进谏，表示此举有损圣德，极其不妥。但房玄龄、文彦博、王珪、韦挺等人却上疏表示，大礼已行，不可中止，否则有伤国体。陆爽自己也上言表示，并无此桩婚事。唐太宗颇感奇怪，便再问魏徵道："群臣或顺旨，陆氏何为过尔分疏？"魏徵则认为陆爽是把唐太宗看成太上皇李渊了，并道出其中原委：

> 太上皇初平京城，得辛处俭妇，稍蒙宠遇。处俭时为太子舍人，太上皇闻之不悦，遂令出东宫为万年县，每怀战惧，常恐不全首领。陆爽以为陛下今虽容之，恐后阴加谴谪，所以反覆自陈，意在于此，不足为怪。①

唐太宗闻言，便公开下诏敕，承认自己未加细审，并批评有关部门工作失误，收回纳郑氏入宫的诏书。唐太宗在魏徵的反复谏止下，终于做出了一个时人莫不称叹的决定。在众多贞观谏臣之中，魏徵无疑是最为唐太宗器重者。魏徵也终不负君望，时刻耻君不及尧舜，以谏净为己任，用自己的才能和固执屡屡打动唐太宗。魏徵去世后，唐太宗异常感慨："夫以铜为镜，可以正衣冠；以古为镜，可以知兴替；以人为镜，可以明得失。朕常保此三镜，以防己过。今魏徵殂逝，遂亡一镜矣！"这句话早已流传千古，成为贞观之治的标志与象征之一。

朝臣之外，浸染贞观谏净之风的皇子也敢冒犯父皇天颜，直言进谏。唐太宗曾经因园囿不修欲斩苑西面监穆裕，在皇太子李治的犯颜进谏之下，怒气方解。长孙无忌认为皇太子能够不惧天威，直言进谏，实在古今未有。唐太宗说："我自从登基以来，便虚心接受臣下直言。先有魏徵，后有刘

---

① （唐）吴兢：《贞观政要》卷 2《直谏》。

泪、岑文本、马周、褚遂良等人，皇太子自幼成长在这样的环境中，耳濡目染，故有今日之谏。"除皇子之外，后宫之内诸如长孙皇后、徐贤妃等均有进谏之言，可见贞观时期的政坛处处弥漫谏诤风气，这无疑对匡正君主之失，确保王朝稳定具有不可替代的重要作用，诚如唐太宗自己所言："朕虽不明，幸诸公数相匡救，冀凭直言鲠议，致天下于太平。"①

第四节　以人为本、与民休息——贞观君臣的执政理念

民为邦本，本固邦宁。唐太宗长于民间，历经隋末丧乱，对民间疾苦，无不知之。在他看来，为君之道，必先存抚百姓，绝不可苛剥百姓以奉养君主。贞观初年，他曾对王珪说起隋文帝统治时期，某年大旱，百姓饥乏。当时国库充盈，但隋文帝竟然不怜百姓而惜仓廪，任百姓逐粮，而不加以赈济。隋炀帝即位之后，恃此富饶，奢华无道，终致亡国。隋亡的教训告诉后人，治理国家，最重要的因素是百姓，而不是国库。唐太宗还不止一次地表示人君应该简洁清净，方能不误农时，不扰百姓。为了消弭天下百姓疾苦，他甚至愿意以牺牲自我为代价。贞观二年(628)，京师大旱，发生蝗灾。唐太宗在禁苑之内捉到几只蝗虫，愤怒地诅咒道："民以谷为命，而汝食之，宁食吾之肺肠。"说完，就要把几只蝗虫吃掉。左右之人忙上前制止。唐太宗说："移灾朕躬。"说完就把蝗虫吞了下去。说来也巧，那一年，蝗虫没有继续为灾。正是因为唐太宗具备这种以人为本、体恤民情的思想理念，才使他在唐王朝基本统治路线的制定过程中，做出了正确的选择。

贞观初年，唐太宗曾在一次御前会议上与群臣讨论治理国家的基本理论思路。唐太宗首先抛出问题，认为唐王朝承隋大乱，社会不易治理，

---

① （唐）吴兢：《贞观政要》卷2《求谏》。

老百姓也难以教化，希望群臣能够发表意见，提出对策。随着讨论的进行，大臣之间形成了两派意见：一派以魏徵为代表，另一派以封德彝为代表。魏徵认为百姓在历经丧乱、受尽危困之后，反而向往治世，更易于教化，所以他希望唐太宗能够实行王道，教化百姓，方能上下同心，太平可期。魏徵的意见遭到了封德彝的强烈反对。封德彝认为，夏、商、周三代以来，百姓日渐浇讹，故秦朝以法律来理国，汉朝则杂用霸道，他们大概不是不想教化好百姓，只是做不到罢了。他认为魏徵是个书呆子，不识时务，如果信用他的虚妄之论，必定会国破家亡。魏徵也不甘示弱道：

> 五帝、三王，不易人而化。行帝道则帝，行王道则王，在于当时所理，化之而已。考之载籍，可得而知。昔黄帝与蚩尤七十余战，其乱甚矣，既胜之后，便致太平。九黎乱德，颛顼征之，既克之后，不失其化。桀为乱虐，而汤放之，在汤之代，即致太平。纣为无道，武王伐之，成王之代，亦致太平。若言人渐浇讹，不及纯朴，至今应悉为鬼魅，宁可复得而教化耶？①

封德彝听后，无言以对。这次讨论的最终结果以魏徵的意见胜出而告终，因为魏徵施行王道、教化百姓的说法与唐太宗的理念不谋而合。由于这次会议为贞观朝政基本确定下了以人为本、与民休息的执政理念，所以有学者将其称为贞观路线的制定会议。

遵循这样的理念，唐太宗在之后的统治过程中，将仁义确定为治理国家的一个基本原则。他曾让大家讨论周、秦两朝，为何其得国相似，但运祚长短却差距如此明显。萧瑀认为这是因为周之前的商纣王，为政

---

① （唐）吴兢：《贞观政要》卷1《政体》。

暴虐，天下苦之；周朝末年，虽然国势衰微，但其余六国并无罪过。所以周、秦两国虽然得国相似，但面临的实际情况有所差异。唐太宗对此回答表示并不满意，他说："不然，周既克殷，务弘仁义；秦既得志，专任诈力。非但取之有异，抑亦守之不同。祚之修短，意在兹矣。"①唐太宗此言与上文魏徵之意一脉相承，体现出贞观路线对唐太宗施政理念的影响。仁义之政也让贞观子民在经历隋末乱政之后，开始明礼仪、知廉耻，整体社会秩序也渐入正轨。

　　为了做到以人为本，唐太宗首先要处理的便是己欲与民欲的问题。中国古代实行中央集权，君主掌握绝对权力，可以调动全国一切资源来为自己所用。自古以来，荒淫乱世之君，无一不是疯狂搜刮民财，纵欲奢侈，导致国富民穷，人心不聚。唐太宗看到无论是北周天元皇帝宇文赟、北齐后主高纬，还是隋炀帝杨广，这些末代亡国之君为政之恶大多相类，均深好奢侈，极尽所能剥削百姓。在他看来，这些君主的所作所为就好比一个人在吃自己身上的肉，肉吃完了，人也就死了。因此，唐太宗深以此为戒，非常注意克己之欲，从民之欲。唐太宗身患气疾，不适合居住在卑下潮湿之地，但唐长安城受地形条件之限，夏季往往潮闷难耐。为了确保唐太宗的身体健康，贞观二年(628)，群臣再三上疏，请求营造楼阁以居之，但未被允许。唐太宗不是不想营造楼阁，也不是不知道自己的身体状况适合居住在高敞之处，而是因为他知道，"崇饰宫宇，游赏池台，帝王之所欲，百姓之所不欲。帝王所欲者放逸，百姓所不欲者劳弊"②。以民之劳弊从己之放逸，是昏君的乱亡之道，他不可以重蹈覆辙。贞观六年(632)，百官表请封禅。东封泰山是帝王功业的象征，是历代君主心目中的神圣事业。秦始皇、汉武帝均曾前往泰山举行封禅仪式，向天下彰显自己的功德。面对如此诱惑，唐太宗初虽不从，但在群臣一再陈情之下，亦欲从之。魏徵却站

---

①　(唐)吴兢：《贞观政要》卷8《辩兴亡》。
②　(唐)吴兢：《贞观政要》卷6《俭约》。

出来表示反对。他认为当时中国安定，四夷宾服；而且天下五谷丰登，符瑞皆至，但是承隋末大乱之后，天下户口未复，仓廪尚虚，而车驾东巡，千乘万骑，其供顿劳费，未易任也。最终唐太宗接受了魏徵的意见，放弃封禅，因为在他看来封禅虽为帝王盛事，但如果天下安定，家给人足，即使不去封禅，也不会掩盖他的丰功伟绩。封禅带来的虚名与百姓安堵产生的实利两相权衡，他选择了后者。唐太宗不仅以身作则，起到表率作用，同时他还非常注意对宗室子弟进行民情教育。贞观十年（636），唐太宗就曾表示宗室诸王自幼生长在深宫，未能体会民间疾苦，希望精择人员加以辅佐，让他们明白稼穑之艰，学会简约朴素。次年，他又特意任命老臣王珪担任魏王李泰之师，利用王珪的刚直性格教育魏王，防止他放纵骄逸。晋王李治当上太子之后，更是经常受到父皇的当面教导。

　　贞观中后期，治世局面初现，颇为自得的唐太宗也会有得意忘形、崇尚奢华之举，但幸运的是，贞观时期的大臣们能够主动加以提醒，确保唐太宗不忘初心。贞观十一年（637），唐太宗想打造 50 余件随身所用的金银器物，时任侍御史的马周便上疏谏止，认为唐太宗近年来的所作所为多属不急之务，有骚扰百姓之嫌，并希望他能够继续保持贞观初年（627）崇尚简约、与民休息的做法，以免招惹民怨。唐太宗览奏后，马上下令停止营作。这就是贞观君臣的可贵之处。他们能够及时地发现问题，并不加避讳地敞开胸怀，解决问题。正是君臣间的合作态度，确保了贞观路线的贯彻与实施。

　　路线的讨论与制定由决策高层负责，路线的具体实施与操作则由亲临百姓的地方官员负责。一个积极有效的施政方针能否达到预期效果，更大程度上取决于后者。为此，唐太宗非常重视对刺史、县令等百姓父母官的择任，认为"此辈实治乱所系，尤须得人"①。他曾将这些地方官员的名字

---

① （唐）吴兢：《贞观政要》卷 3《择官》。

写在卧室的屏风之上,有善政者辄具录于下,日夜观看,以此确定这些官员是否称职。贞观十一年,马周上疏认为,欲令百姓安乐,惟在刺史、县令,若天下刺史悉称圣意,则陛下可端拱岩廊之上,百姓不虑不安,引起唐太宗共鸣,并当即决定诸州刺史由他亲自择定。当时,唐朝的诸州刺史或者上佐每年年底均需进京朝集,参加朝廷元日朝会之外,进行工作述职。长居深宫的唐太宗会抓住此次机会,了解民间风情,并当面教育诸州朝集使,让他们清楚百姓实乃国之根本,对百姓而言,最为重要的事情就是不误农时,确保他们衣食无忧。希望他们返回地方之后,派遣官员深入田间地头,劝勉百姓耕种。对于那些治理有绩、声望上闻的地方官,唐太宗则会加以赏赐、擢用。贞观初年景州录事参军张玄素由于素有政声,被太宗召见,应对合理,被擢用为侍御史。贞观十五年(641),担任并州大都督16年的李世勣由于为政期间令行禁止、民夷怀服而被用为兵部尚书。

在贞观君臣的共同努力之下,整个贞观时期20余年间,风俗简朴,衣无锦绣,财帛富饶,无饥寒之弊。面对如此成就,唐太宗曾对魏徵感慨:

> 贞观初,人皆异论,云当今必不可行帝道、王道,惟魏徵劝我。既从其言,不过数载,遂得华夏安宁,远戎宾服。突厥自古以来,常为中国勍敌,今酋长并带刀宿卫,部落皆袭衣冠,使我遂至于此,皆魏徵之力也。①

在他看来,正是魏徵一直"约朕以仁义,弘朕以道德",才让他取得了当时的成就。唯一遗憾的是,当初和魏徵争论最为激烈的封德彝已经去世,无法看到当时的局面了。

----

① (唐)吴兢:《贞观政要》卷1《政体》。

第五节　慎刑慎罚、依法治国——贞观时期的法治建设

唐太宗采纳了魏徵的意见，施行仁义王道，摒弃前代"任法御人"之道。他不主张用严刑峻法治理百姓。比如曾有人请求用重法来禁盗。唐太宗不屑一顾地说："民之所以为盗者，由赋繁役重，官吏贪求，饥寒切身，故不暇顾廉耻耳！"所以他应该做的是"去奢省费，轻徭薄赋，选用廉吏"，让百姓丰衣足食，他们自然不会沦为盗寇，哪里用得着什么严刑峻法！为此，贞观年间，唐太宗对唐王朝的法律制度进行了多次修改完善。

在唐太宗眼中，人的生命最为宝贵，人死不可复生，所以用法须务存宽简。他对法律制度的调整处处体现出这一原则。贞观初年，唐太宗就命长孙无忌、房玄龄等重新厘定高祖时制定的法律条文，并在戴胄、魏徵的建议之下，将犯大辟之罪理应处死者，改为断其右趾。即便如此，唐太宗还是觉得太过残忍，不忍为之。后来，又改断趾之法为加役流3000里，不仅活其命，而且全其身。后来经过房玄龄等人的再次整理，与之前相比，唐朝的死刑条目减少了一半，可见唐太宗的矜人之心贯彻在了国家法律的制定过程之中。

唐朝的法律格式包括律、令、格、式，其中"律以正刑定罪，令以设范立制，格以禁违止邪，式以轨物程事"①，种类既多，条目亦繁，不仅对断罪官员的记忆能力是一种挑战，而且难免会有思虑不周、轻重紊乱之处，从而为不法官吏上下其手提供了机会。为了避免这种弊端，唐太宗要求制定国家法令，唯须俭约，务必仔细审查，不可在不同的法律条文中多次出现同一罪名，以免给断罪者带来困惑。经过房玄龄等人的编检后，定律500条，令1590条，后又删除武德以来敕格3000余件，定留700条，"斟酌今

---

① 　（唐）李林甫：《唐六典》卷6《尚书刑部》。

古，除烦去弊，甚为宽简，便于人者"。不仅如此，唐太宗要求国家法令必须保持稳定，不可轻改，就好比人的汗水，一旦出于人体，便不可回收。所以他认为帝王不可轻出诏令，必须慎之又慎，一旦发出，当永为常式，如若朝令夕改，容易导致人心困惑、奸诈丛生。

经过唐朝初年厘定之后，唐朝将罪刑分为笞、杖、徒、流、死五刑，其中笞、杖之刑最初责打在犯人的后背与大腿之上，是所谓"髀、背分受"。有一次唐太宗看到了一本名为《明堂图》的医书，见其中所画人之五脏六腑均附于后背之上，于是下令从今以后，笞、杖之刑，不可施之于背，只能杖打大腿。唐太宗还规定了刑罚所用之笞、杖的规格，不可使用超过规制的刑具责打犯人，所有的笞、杖，必须将木材本身的节目去掉，以减少犯人受笞、杖时的痛苦。除了法律条文、刑具规制之外，唐太宗还规定从立春至秋分，不得奏决死刑。凡遇大祭祀、朔望、上下弦、二十四节气、雨未晴、夜未明、断屠日月及假日，均不得奏决死刑，从最大程度上减少死刑执行的频率。以上现象都体现出唐太宗对生命的重视以及贞观时期慎刑慎罚的法治观念。

谨慎对待刑罚，尤其是死刑，是唐太宗的惯有理念，但他身为帝王，又性格刚烈，难免会有雷霆震怒、丧失理智之时。贞观五年(631)，患有心疾的河内人李好德，妄为谣言以惑众，被朝廷缉拿问罪。负责审理其罪的大理丞张蕴古认为，李好德属于心病突发，丧失意志，不应该承担法律责任。唐太宗被张蕴古说服，打算释放李好德。张蕴古兴奋过头，竟然偷偷将唐太宗的旨意告诉了李好德。事情被侍御史权万纪发现并上报唐太宗。唐太宗大怒，认为张蕴古泄露禁中之语，命人斩之于东市。事后，唐太宗非常后悔，因为张蕴古虽然行为不妥，但罪不至死。为了防止再犯类似的错误，唐太宗下令："凡决死刑，虽令即杀，仍三覆奏。"有关部门在处决死刑犯之前，需要前后三次上奏，没有异议之后，方可执行。后来由于三覆奏制度没有得到很好地贯彻，负责部门图一己之便，竟然在一天之内就能走完三覆奏的流程。针对这种情况，唐太宗再次下诏规定，在京诸司，奏决死囚，需要五覆奏；地方州县则实行三覆奏。所谓五覆奏，就是在死刑执行前两天，每天都要上奏，执行当日，再上奏三次。三覆奏与五覆奏制度确保了死刑执行的谨慎，在最大限度上确保了死刑执行的公正与准确。史称"全活者甚众"。在贞观君臣的共同努力之下，贞观四年（630），岁断死刑仅29人，几致刑措，史称"东至于海，南至于岭，皆外户不闭，行旅不赍粮焉"。

　　唐太宗反对严刑峻法，主张慎刑慎罚，并不意味着朝臣以及百姓可以恣意枉法。依法治理、秉公处理是唐太宗维护法律尊严时恪守的准则。即使犯罪之人是自己的亲旧故实、心腹大臣，也绝不姑息。贞观三年（629），濮州刺史庞相寿因贪污罪被革职，自言曾在秦王幕府供职，为太宗故旧。唐太宗念旧情，欲原谅他。魏徵以为不可，上前谏道："秦王左右，中外甚多，恐人人皆恃私恩，足使为善者惧。"唐太宗听后，便对庞相寿说："我昔为秦王，乃一府之主；今居大位，乃四海之主，不得独私故人。大臣所执如是，朕何敢违！"于是"赐帛遣之"，与之挥泪而别。唐太宗赐庞相寿以绢帛，是出于道义上的考虑，但他终不以私害法，公正地处理了这个贪污案件。治理国家，必须遵守法度，一视同仁，绝不能因为是亲旧之人便法外开恩。贞观九年（635），岷州都督高甑生因罪减死徙边，或言甑生乃秦府功臣，请求宽宥。唐太宗说：

　　　　国家自起晋阳，功臣多矣，若甑生获免，则人人犯法，安可复禁乎！我于勋旧，未尝忘也，为此不敢赦耳。[1]

　　除去秉公执法、绝不因公徇私之外，唐太宗对朝廷大赦的利用也非常谨慎。中国古代诸朝，在经历重大事件，诸如新君登基、改元、外战大胜

———————————
[1]　（北宋）司马光：《资治通鉴》卷194。

等事件之后，往往颁布大赦之令，赦免罪犯囚徒，以示天下共庆，彰显君主之德。唐太宗即位之时，也曾下诏大赦，宣布赦令发布之前所犯之罪，罪无重轻，已发觉未发觉，系囚见徒，悉从原免。武德元年(618)以来流配者亦并放还。由于朝廷大赦绕过了正常法令程序，且赦免范围较广，所以唐太宗对这种能够体现君主恩德的方式，始终持保留态度。在他看来，赦宥之举实际是"小人之幸，君子之不幸"，因为赦免之徒均为枉法侥幸之辈，如果屡下赦令，他们便会寄希望于朝廷的非常之恩，而不是诚心改过，所以他不太赞同这种谋小仁而毁大仁的方式。唐太宗对朝廷大赦的态度，也影响到了周边之人。贞观八年(634)，长孙皇后病重，时为太子的李承乾忧母心切，希望母后能够劝说父皇赦免囚徒，以祈安福。长孙皇后断然拒绝了李承乾的建议，因为在她看来大赦是国家大事，绝不可以因为一个妇人而紊乱天下之法。长孙氏素以唐太宗的贤内助闻名于世，听闻此事的唐太宗感动得唏嘘不已。

正是因为贞观君臣治法平恕，所以他们往往能够做出令犯人心服口服的判决。贞观元年(627)，青州有人谋反，牵连者甚众，收系满狱。唐太宗非常重视此事，便令殿中侍御史崔仁师前往按覆。崔仁师到达青州后，让全部罪犯脱去枷械，并给予饮食、汤沐，最后只将为首作乱者10余人治罪，其余人全部释放。上报朝廷之后，唐太宗命敕使前往决之。敕使到青州，再次讯问囚徒，所有人都说崔公平恕，事无枉滥，请速就死。无一人有异议。贞观六年(632)，唐太宗亲临大理寺监狱录囚，对死刑犯逐一询问，皆言自己死有余辜，没受冤枉。唐太宗心生怜悯，"纵使归家"，并约定"期以来秋就死"。当年共有390名死刑犯被放回家。到了第二年，全部如期而归，无一人逃逸。这就是历史上著名的"死囚四百来归狱"的故事。这个故事说明贞观时期法治环境的清明，是贞观法治建设过程中的标志性事件。

第六节 中国既安、四夷自服——贞观时期的民族政策

中国古代中原王朝时常遭受周边民族势力的侵扰。依常态言之，中原王朝稳定强盛之时，周边民族政权多宾服朝贡；反之，则多骚乱攻侵。虽然中国古代尚无现代意义上的、明确的国界概念，但这些民族政权的臣服依然构成了历代君王功业的重要组成部分。具体到隋末唐初，中原王朝面对的最主要的是来自西北边的突厥。

突厥兴起于南北朝时期，至杨隋建国，已经成为隋朝北部边疆面临的主要威胁。隋末中原动荡，大量中土之人北奔，让突厥更加强盛，史称"控弦百余万，北狄之盛，未之有也。高视阴山，有轻中夏之志"。唐高祖太原起兵之时，还曾特意派遣刘文静至突厥请援，甚至为了避免腹背受敌，主动称臣于突厥。唐太宗即位之后的贞观四年（630），李靖、李世勣、张宝相等人率军大破东突厥，并生擒颉利可汗，从而消除了让李唐朝臣耿耿于怀的心头大患。为此，号称"绝不放赦"的唐太宗，以克定东突厥大赦天下，体现出此事在他心目中的重大意义。同一年，包括奚、霄、室韦等在内的东北诸夷共 10 余部皆内附；伊吾城主内属入朝；高昌王麴文泰入朝上贡。也就是在这一年，各族君长诣阙上表，请以唐太宗为"天可汗"。各民族内附在这一年形成一个小高潮。贞观七年（633）十二月，唐太宗于汉故未央宫置酒设宴。席间，太上皇李渊命突厥颉利可汗起舞助兴，又命南蛮酋长冯智戴咏诗为乐，并由衷地感叹道："胡、越一家，自古未有也。"唐太宗起而奉觞，为父祝寿道：

> 臣早蒙慈训，教以文道；爰从义旗，平定京邑。重以薛举、武周、世充、建德，皆上禀睿算，幸而克定。三数年间，混一区宇。天慈崇宠，遂蒙重任。今上天垂祐，时和岁阜，被发左衽，

并为臣妾。此岂臣智力，皆由上禀圣算。①

太上皇听了这番话，为之大悦。满席文武此时也大呼万岁。民族政权的臣服无疑将贞观君臣内心的豪迈之情推向高潮。

贞观之初，上书言事之人很多。有人劝说唐太宗，为人君者必须独揽威权，不得委任百僚；也有人劝他"震耀威武，征讨四夷"，唯独魏徵劝他"偃武修文"。唐太宗听从了魏徵的意见，才有了后来天下宾服的成就。面对天下来朝的盛景，唐太宗内心也是百感交集，表示这都是魏徵的功劳。由此可以看出，贞观时期之所以能够出现这种自古未有的"胡越一家"的盛况，除了有突厥等少数民族自衰的因素之外，这种民族政策的确定与执行无疑是最为重要的原因。早在武德九年(626)，即位不久的唐太宗说道："吾即位日浅，国家未安，百姓未富，且当静以抚之。一与虏战，所损甚多；虏结怨既深，惧而修备，则吾未可以得志矣。"贞观十二年(638)，疏勒、朱俱波、甘棠等国遣使上贡。唐太宗对群臣说："向使中国不安，日南、西域朝贡使亦何缘而至？朕何德以堪之。"由此可见，唐太宗清楚地知道四方各族远来内附的主因是中国自己的安定与发展。如若违背这种政策，往往会给唐太宗带来惨痛的教训。贞观四年(630)，突厥败亡，原先附属于突厥的部落降唐者有 10 万人，唐太宗采纳文彦博等人的策略，在从幽州至灵州的内地地区，设置都督府安处之，以此体现自己容抚天下的气度与美德。但贞观十三年(639)，迁居内地的突厥势力却利用唐太宗驾幸九成宫之机试图谋反，事败被杀。

追求内部安宁以招徕外族的民族政策，让唐太宗在处理与周边政权的关系时，多以和平方式为主，不会动辄诉诸武力。当然，这也可能与他起于戎马之间，深知战争给百姓与社会带来的危害有关。贞观四年(630)，林

---

① （后晋）刘昫：《旧唐书》卷 1《高祖纪》。

邑国遣使献宝珠一枚，但所上表疏，言辞不顺，有人请求发兵讨之。唐太宗却说：

> 兵者，凶器，不得已而用之。故汉光武云："每一发兵，不觉头须为白。"自古以来穷兵极武，未有不亡者也。苻坚自恃兵强，欲必吞晋室，兴兵百万，一举而亡。隋主亦必欲取高丽，频年劳役，人不胜怨，遂死于匹夫之手。至如颉利，往岁数来侵我国家，部落疲于征役，遂至灭亡。朕今见此，岂得辄即发兵？且经历山险，土多瘴疠，若我兵士疾疫，虽克剪此蛮，亦何所补？言语之间，何足介意！①

不为无聊之益，兴无谓之兵，体现出唐太宗能够非常理智地处理与周边政权的关系。此外，唐太宗与前代帝王的不同之处在于，他并不希望通过开疆扩土来博取身后虚名，更不希望为了身后虚名而劳役天下百姓。贞观五年（631），康国遣使请求归附，唐太宗却认为如果同意康国之请，那么康国万一危难，便须派兵救之。兵行万里之远的康国，必定会劳扰百姓，"若劳人求名，非朕所欲。所请归附，不须纳也"。② 为了不与周边民族发生战争，唐太宗还会以和亲的方式，缓解与他们之间的关系。唐太宗曾有言："朕为苍生父母，苟可利之，岂惜一女！"贞观年间，有衡阳长公主与西突厥的和亲、弘化公主与吐谷浑的和亲、新兴公主与薛延陀的和亲（终未成行）等，其中犹以文成公主与吐蕃松赞干布的和亲最为人们所熟知，古往今来，传为佳话。文成公主在汉藏两族人民友好交往过程中产生的重要作用，至今仍为人们所颂扬。

---

① （唐）吴兢：《贞观政要》卷9《征伐》。
② （唐）吴兢：《贞观政要》卷9《征伐》。

图 6.2　松赞干布、文成公主像

　　遍观贞观年间的战争，除了后期征高句丽外，像俘颉利、讨吐谷浑、御吐蕃、灭高昌等战争大都师出有名，并且时机成熟，所以往往能够克敌制胜。比如贞观十三年(639)对高昌的战争。贞观初期，高昌国王麴文泰曾入朝，唐太宗亲自接见，并册封其妻子宇文氏为常乐公主，双方的关系也一直以和平交流为主。但从贞观十二年(638)起，高昌开始与西突厥欲谷设势力合流，共同攻打唐朝的附属国焉耆，并阻断西域诸国朝贡之路。唐太宗下书责让之。在突厥势力的庇佑下，麴文泰不仅不加悔改，反而声称，鹰飞于天，雉窜于蒿，猫游于堂，鼠安于穴，各得其所，岂不活耶！唐太宗虽然非常恼火，但仍寄希望于麴文泰能够悔过，再下书征其入朝。麴文泰竟然称疾不至。忍无可忍的唐太宗最终于贞观十三年(639)决定出兵高昌，以侯君集为大总管，率领蕃汉大军，直逼高昌。欲谷设听闻唐军继至，惧而西走，毫无倚仗的麴文泰也忧惧而死，儿子麴智盛继立，后因兵穷智蹙，纳城而降。唐太宗以其地为西州，留兵镇守。综观唐太宗对高昌的用兵，首先，导火索是因为麴文泰所为严重触犯了唐王朝的利益，并且不思悔过，在和平无望的前提之下，方出兵讨之，是为出师有名。其次，唐太宗做好了充分的准备。据孟宪实先生估计，侯君集等人率领的大军总计约20万人，但高昌国的总人口不过3.7万余人。唐朝之所以派出如此规模的军队，是考虑到高昌背后有西突厥势力的支持，是为不打无把握之仗。

唐太宗从太原起义始便与战争打交道，可谓身经百战，他对对外征伐有着独到的、辩证的认识。他曾撰有《帝范》一书，书中指出："夫兵甲者，国家凶器也。土地虽广，好战则人凋；邦境虽安，忘战则人殆。凋非保全之术，殆非拟寇之方，不可以全除，不可以常用。"也就是说君王绝不可好战，但也绝不能忘战。武德九年（626），刚刚即位的唐太宗便让诸卫将士于显德殿庭练习弓射，并教谕他们道：

> 戎狄侵盗，自古有之，患在边境少安，则人主逸游忘战，是以寇来莫之能御。今朕不使汝曹穿池筑苑，专习弓矢，居闲无事，则为汝师，突厥入寇，则为汝将，庶几中国之民可以少安乎！[1]

虽有朝臣上疏切谏："于律，以兵刃至御在所者绞。今使卑碎之人张弓挟矢于轩陛之侧，陛下亲在其间，万一有狂夫窃发，出于不意，非所以重社稷也。"但唐太宗不为所动，数年之后，这批将士成长为唐朝的精锐之师。正是因为能够做到不好战的同时保证不忘战，才让唐朝既能够保境安民，又能够不惧挑衅，自如地应对周边政权的威胁。

贞观后期，随着唐朝日渐强盛，周边使节争相入贡，道路不绝，每年元正朝贺，唐太宗都要端坐太极殿上，接受使节的恭贺与贡物，天下一家的盛世景象，让唐朝都城长安成为当时最为国际化的大都市。唐太宗的民族政策体现出的是大唐王朝海纳百川、百流归海的自信与气度。

---

[1] （北宋）司马光：《资治通鉴》卷192。

第七节　各司其职、权责明确——贞观时期的体制建设

　　贞观之治的舞台由贞观君臣唱着主角，活跃的人物背后，运转良好的国家体制起着功不可没的保障作用。唐承隋制，实行三省六部制。三省为尚书省、中书省、门下省。六部为隶属于尚书省的吏、户、礼、兵、刑、工六部，其中户部在贞观年间称为民部，唐高宗即位后，为避唐太宗之讳，改称户部。三省职责分工明确，相互制约，保证着唐王朝决策的理智性与合理性。其中，中书省掌决策，门下省掌封驳，尚书省掌施行。皇帝有什么命令，首先让中书省起草诏令。在这个过程中，中书舍人各抒己见，杂署其名，称为"五花判事"。诏令经过中书侍郎、中书令的审核后，送交门下省审驳。在这个过程中，门下省官员若觉有不便之处，可以驳回诏令，"涂窜而奏还"，称为"涂归"。只有通过门下省审议的诏令，才可以送交尚书省执行。这样经过多层程序最终制定出来的政策，往往能够集思广益，考虑周密。因此，宋人司马光在谈到这种"中书出命，门下审驳"的制度时，感叹道，（唐太宗）始申明旧制，由是鲜有败事。

　　三省制下，实行的是集体宰相制度。中书省的长官中书令、门下省的长官侍中、尚书省的长官尚书令皆为宰相。后来由于唐太宗曾担任尚书令，故不再除任，尚书省的副长官左、右仆射成为宰相班子成员。另外，唐太宗为了避免宰相之间互相维护，又给一些品级相对较低、敢于仗义执言的官员或者朝廷元老、但未任相职的官员加以参议朝政、参豫朝政、参知政事、同中书门下三品、平章政事等名号，让他们参加宰相会议——政事堂会议，他们也相当于宰相。比如杜淹曾以御史大夫的身份"参豫朝政"；魏徵曾以秘书监的身份"参议朝政"；刘洎曾以黄门侍郎的身份"参知政事"；萧瑀、李世勣则分别曾以太子太保、太子詹事的身份"同中书门下三品"。集体宰相制度的实施，不仅有利于削弱相权，加强君权，而且多个宰相可

以各抒所见，在最大程度上确保君主能够听到更多意见，保证了政事堂会议决策的质量，从而有利于减少失误，提高行政的理智与效率。

三省制的设置是希望通过三省间权力的制约与平衡，确保行政的合理有效，但此制度在运转过程中也会受人为因素的影响而背离初衷。每当三省官员没有履行相应的职责时，唐太宗便会及时加以提醒。贞观元年（627），他曾对王珪说：

> 元置中书、门下，本拟相防过误。人之意见，每或不同，有所是非，本为公事。或有护己之短，忌闻其失，有是有非，衔以为怨。或有苟避私隙，相惜颜面，知非政事，遂即施行。难违一官之小情，顿为万人之大弊。此实亡国之政，卿辈特须在意防也。①

贞观三年（629），他再次提醒群臣："中书、门下，机要之司。擢才而居，委任实重。诏敕如有不稳便，皆须执论。比来惟觉阿旨顺情，唯唯苟过，遂无一言谏诤者，岂是道理？"在唐太宗的推动之下，贞观群臣屡屡有封驳诏敕之举。比如唐太宗即位之初，分命使臣点兵。封德彝认为，中男虽然未满18，但体格健壮者，亦可简点入军。唐太宗从之。敕命出，时在门下省任职的魏徵认为此条敕令违背了朝廷法式，坚决反对，不肯署敕，以至来往数次。最终，唐太宗还是遵循了魏徵的建议，停取中男为兵，从而避免了失信于天下。此外，唐太宗早在贞观元年（627）便已下令："自今中书、门下及三品以上入阁议事，皆命谏官随之，有失辄谏。"让谏官参加皇帝与宰相的御前会议，随时发现问题并提出建议，从而确保朝廷决策的准确性。

除去三省之间能够相互制约之外，唐太宗还非常强调朝廷各个部门之

---

① （唐）吴兢：《贞观政要》卷1《政体》。

间，以及各个部门内部都应该各司其职、权责明确，不要越俎代庖、妄生枝蔓。贞观元年(627)，御史大夫杜淹上奏，认为诸司文案恐有稽缓失误，因此向唐太宗申请，希望可以让御史直接到相关部门进行监督检查。宰相封德彝表示反对，因为"设官分职，各有所司"，若出现失误，御史自应加以纠劾；如若让御史遍历诸司，搜集失职之处，恐怕太过烦碎。杜淹听后，心服口服地说："天下之务，当尽至公，善则从之。德彝所言，真得大体，臣诚心服，不敢遂非。"①按唐制，杜淹任职的御史台"掌持邦国刑宪典章，以肃正朝廷"，其职责确为纠举百僚、弹劾不法，但若逾越本职，亲往诸司，不仅会干扰其他部门的正常工作秩序，也会导致御史台官员工作烦碎，抓不住重点。所以，杜淹接受了封德彝的意见。唐太宗也非常高兴地说："公等各能如是，朕复何忧!"诸司能够恪守本职，互不干扰，实为唐太宗喜闻乐见之事。

前文已言，唐太宗勤政的特点在于提纲挈领，而非事必躬亲。同样，他对宰相的要求也是如此。贞观二年(628)，唐太宗对宰相房玄龄、杜如晦等人说："公为仆射，当助朕忧劳，广闻耳目，求访贤哲。比闻公等听受辞讼，日有数百。此则读符牒不暇，安能助朕求贤哉?"于是唐太宗下令：尚书省的细碎杂务，一切皆委付尚书左、右丞处理，只有那些事关重大的冤案要案，才由仆射亲决。由于仆射既是宰相，又是尚书省的长官，有的仆射对省内之事往往事必躬亲，日理万机，反而忽略了其作为一国之相的职责。在唐太宗眼里，宰相应该提纲举目，关注事关根本的国家大事，至于那些细小之事，不应为之劳心费神。

政治体制的规划建设合理与否，不仅能体现一个时代政治文明的发达程度，而且能影响一个时代政治文明所能达到的高度。贞观时期三省六部体制的确立完善与流畅运转，各个部门间的互相配合与彼此协调，君臣之间的理性分工与协同合作，不仅让贞观时代成为后世仰羡的开明政治之典

---

① （北宋）司马光：《资治通鉴》卷192。

范，而且奠定了有唐一代政治体制之基本格局，是为唐太宗君臣留给李唐王朝最重要的政治遗产。

第八节 以史为鉴、居安思危——贞观君臣的忧患意识

唐承隋乱而起，亡隋之辙，殷鉴不远。杨隋二世而亡带来的历史教训是贞观君臣最直接的经验来源，尤其是隋炀帝的暴政虐民，让贞观君臣更直观地感受到历史教训的残酷，也让他们从一开始就意识到历史经验的可贵，从而做到以史为鉴、居安思危。

遍观贞观史事，君臣间讨论历代帝王最多者就是隋炀帝。君主以隋炀帝为鉴，群臣因隋炀帝进谏。唐太宗当年刚刚攻下隋都长安之时，亲眼看见隋炀帝宫中充满美女珍玩，他深以为戒，即位之后马上下诏出放宫女，让她们"各归亲戚，任其适人"。贞观二年(628)，他再次下令释放宫女，让她们"任求伉俪"，前后共释放 3000 多人，即唐朝诗人白居易诗中所讲的"怨女三千出后宫"一事。除去骄奢纵欲以外，在唐太宗眼中，隋炀帝的偏信拒谏、好大喜功、大兴土木、猜忌臣下等人君所不宜为者，均为他当政期间应当避免之弊政。贞观众臣也多以隋炀帝为负面暴君代表，进谏唐太宗。比如贞观四年(630)，魏徵向唐太宗进言：

> 陛下本怜百姓，每节己以顺人。臣闻："以欲从人者昌，以人乐己者亡。"隋炀帝志在无厌，惟好奢侈，所司每有供奉营造，小不称意，则有峻罚严刑。上之所好，下必有甚，竞为无限，遂至灭亡，此非书籍所传，亦陛下目所亲见。为其无道，故天命陛下代之。①

---

① （唐）吴兢：《贞观政要》卷 6《俭约》。

隋炀帝以外，贞观君臣还经常论及包括尧舜禹汤、秦皇汉武等在内的历代帝王。贞观二年(628)，王珪曾进言道，秦皇汉武，外则穷兵黩武，内则广兴宫室，"人力既竭，祸难遂兴"①。贞观七年(633)，唐太宗欲驾幸九成宫避暑，散骑常侍姚思廉进谏，认为离宫游幸乃"秦皇汉武之事，故非尧舜禹汤之所为"。致君尧舜可谓贞观君臣的共同政治目标。为了更好地搜集整理历代王朝兴亡丧乱的经验教训，唐太宗君臣还注重编修历代史书，包括《晋书》、《梁书》、《陈书》、《北齐书》、《周书》、《南史》、《北史》、《隋书》在内的8部正史，都是在贞观时期完成的。比如对《晋书》的修撰，唐太宗便是希望总结西晋在结束分裂割据局面之后，迅速走向覆亡的经验教训，以资借鉴。他专门在《晋书》中评价晋武帝司马炎，认为司马炎"仁以御物，宽而得众，宏略大度，有帝王之量"，而且当时"民和俗静，家给人足"，一派盛世景象，但司马炎却"骄泰之心，因斯以起"，不知"处广以思狭"、"居治而忘危"，最终导致"纲纪大乱，海内版荡，宗庙播迁"。司马炎比隋炀帝带给唐太宗的感慨与教训，更为沉重，更有教育意义。因为司马炎初行善政，却"乖令终于末"，这对以长治久安为治国目标的唐太宗来说，无疑更能引发情感上的共鸣。编修、阅览史册除去可以汲取经验之外，还会鞭策唐太宗恪守君王之道，兢兢业业，勤政为民。贞观十六年(642)，唐太宗询问编修《起居注》的褚遂良，是否会将自己所行之善恶，悉数记录。褚遂良对曰："史官之设，君举必书。善既必书，过亦无隐。"唐太宗说："朕今勤行三事……一则鉴前代败事，以为元龟；二则进用善人，共成政道；三则斥群小，不听谗言。"②并坦言这样做的目的，就是希望史官能够不要记录他的恶行。注重身后之名的唐太宗希望后人读贞观之史时，唯见"鸿勋茂业粲然可观"，而不希望自己像历史上的昏君一样，留下为人耻笑的把柄。

贞观君臣从历史中学到的最宝贵的道理便是居安思危、善始慎终。自

① (唐)吴兢：《贞观政要》卷8《务农》。
② (唐)吴兢：《贞观政要》卷6《杜谗邪》。

196

古人君即位之初，往往惠行善政，但能坚守其事者并不多见。究其原因，不过是随着和平安稳局面的到来，大多数君主居安忘危、居理忘乱，不能克终，终致乱亡。唐太宗为了避免诸如司马炎等君主的统治失误，他从不敢倚仗天下安定的局面，便肆意妄为。贞观初，他曾对群臣说：

> 治国如治病，病虽愈，尤宜将护，倘遽自放纵，病复作，则不可救矣。今中国幸安，四夷俱服，诚自古所希，然朕日慎一日，唯惧不终，故欲数闻卿辈谏争也。①

魏徵起而对道："内外治安，臣不以为喜，唯喜陛下居安思危耳。"贞观六年（632），时为秘书少监的虞世南上《圣德论》一篇，认为唐太宗的功德可与上古之主相媲美。唐太宗赐手诏曰："卿适睹其始，未知其终。若朕能慎终如始，则此论可传；如或不然，恐徒使后世笑卿也！"②可见，居安思危、善始慎终一直是唐太宗心头紧绷的一根弦。一旦这根弦有所松动，便会有朝臣上谏提醒。贞观六年（632），中书令温彦博见唐太宗渐有营缮、谏官多有忤旨，便提出意见，希望唐太宗能够"常如贞观初"。贞观十三年（639），魏徵见唐太宗渐趋奢纵，恐其不能克终俭约，便上疏直陈唐太宗渐不克终之举，多达10条，希望他能够"见诫知惧，择善而从"。唐太宗深觉其失，便将魏徵的奏疏写在屏风之上，每天反复观看，并对魏徵说："朕今闻过能改，庶几克终善事。若违此言，更何颜与公相见？复欲何方以理天下？"唐太宗在贞观晚年曾不顾群臣反对，耀兵辽东，无功而返。东征失败之后，他曾慨然长叹："魏徵若在，吾有此行邪！"言语之间，除了包含对魏徵匡谏之功的怀念之外，还有着深深的自责与愧疚。未能遵守与魏徵善始慎终的君臣之约，贸然好大喜功地东征高丽，也成为唐太宗政治生涯最大的败笔。

---

① （北宋）司马光：《资治通鉴》卷193。
② （北宋）司马光：《资治通鉴》卷194。

　　唐太宗不仅时刻提醒自己要善始慎终，而且经常会鞭策臣僚与他一起提高警惕。为人臣者，任职之初，满腔热情，希望做出一番成绩，往往能够耻君不及尧舜，犯颜直谏，但时间一久，反而瞻前顾后，顾虑太多，渐渐变得阿旨顺情、不思谏言。贞观六年(632)，唐太宗对群臣说："朕比来临朝断决，亦有乖于律令者。公等以为小事，遂不执言。凡大事皆起于小事，小事不论，大事又将不可救，社稷倾危，莫不由此。"古人云："危而不持，颠而不扶，焉用彼相？"他希望群臣能够常思隋亡之训，与他一道，善始慎终，君臣保全，方能成就千古佳话。看来唐太宗非常明白臣僚的怠政心理，所以会主动提点群臣。贞观十年(636)，唐太宗与魏徵论及自古治道，魏徵有言："自古人君初为理也，皆欲比隆尧、舜。至于天下既安，即不能终其善。人臣初被任也，亦欲尽心竭力。及居富贵，即欲全官爵。若遂君臣常不懈怠，岂有天下不安之道！"魏徵不愧为贞观第一名臣，他这番话不仅道出了唐太宗的所思所想，而且道出了贞观之治的不二法门。唯有上至君王、下至朝臣都能居安思危，善始慎终，才能成就千古治世。

　　《左传》云："居安思危，思则有备，有备无患。"[①]贞观君臣终日惕惕，就是因为他们深知此理。对于一个政权而言，最可畏惧的忧患来自哪里？唐太宗曾言："可爱非君，可畏非民。天子者，有道则人推而为主，无道则人弃而不用，诚可畏也。"[②]百姓安否无疑是最为可忧之患。魏徵曾以"君，舟也；人，水也。水能载舟，亦能覆舟"劝诫唐太宗要留心治道、如履薄冰，方能长治久安。唐太宗也曾语重心长地教育太子李治道："水所以载舟，亦所以覆舟，民犹水也，君犹舟也。""君舟民水"体现出贞观君臣的忧患意识。有了忧患意识，方能居安思危，夙夜求治。正是居安思危、善始慎终的心理意识，推动着唐太宗举贤任能、从谏如流、以人为本，因此可以说，这种意识贯穿贞观始终，成就了贞观君臣，成就了贞观之治。

---

①　(春秋)左丘明：《左传》襄公十一年。
②　(唐)吴兢：《贞观政要》卷1《政体》。

　　贞观二十三年(649)五月，贞观时代的掌舵者唐太宗驾崩离世。唐太宗已逝，"贞观之治"便成历史。但从唐玄宗时期开始，贞观精神就已重新开花、润泽世人。开元年间，吴兢撰成《贞观政要》10卷进上，称赞道："窃惟太宗文武皇帝之政化，自旷古而来，未有如此之盛者也。虽唐尧、虞舜、夏禹、殷汤、周之文、武，汉之文、景，皆所不逮也。"吴兢认为以唐玄宗之圣明，若能"克遵太宗之故事，则不遐远求上古之术，必致太平之业"。后晋刘昫等人编修的《旧唐书》赞叹唐太宗"发迹多奇，聪明神武"，"千载可称，一人而已"，并且说"贞观之风，到今歌咏"。① 就连称唐太宗不过"中材"之主的《新唐书》作者欧阳修，也不得不称赞唐太宗"功德兼隆，由汉以来未之有也"②。贞观风气、贞观精神留给后人太多的感慨与思索。贞观文明也在让人望而思慕的君臣和谐以及让人思而获益的治国方略之中流传千古，至今熠熠生辉、令人赞叹。

---

① （后晋）刘昫：《旧唐书》卷3《太宗下》；卷4《高宗上》。
② （北宋）欧阳修：《新唐书》卷2《太宗本纪》。

第七章 从租庸调制到两税法

在中国的赋税制度、财政制度史上，从魏晋南北朝到隋初，是一个非常重要的转变时期。首先是作为赋税基础的人口数量，因连绵不绝的战乱而急剧下降，史载东汉末年全国人口约为 5000 万，经过汉末战乱，三国时期在籍人口仅剩 800 万。但是，在籍人口的减少对赋税制度而言，客观上创造了改进的条件，最明显的特征即是由两汉时期户、口并重的征收，逐渐转化为以口为中心的征收制度。隋唐时期在经济体制方面最大的改革，就是南北朝至唐朝初年的租庸调制，逐步变化为唐中后期的两税法，实现了中国赋税制度的一大转变。

第一节 魏晋南北朝时期租庸调制度的初步成形

随着两汉和平时期的结束，使得魏晋南北朝时期的商业手工业和货币经济一直处于萎缩状态，社会经济发展是畸形的，因此其赋税制度，整体以农业税为主，两汉时期盛行的商业税，在各个政权的财政体系中的地位，所占比例大都呈极低的水平。

分裂时期的各个政权，为了在兼并战争的环境中获取生存和发展的空间，大都比较关注内部经济建设，不少割据政权先后对赋税和财政制度进行了卓有成效的改革。例如，曹操以国家名义推行的屯田制，曹魏政权废除汉朝税制改行田租户调制，西晋推行占田课田制，以及北魏时期著名的均田制与新租调制等。这些制度改革，使得各政权内部的农业得到一定程度的发展，并推动了江南地区的经济开发，为唐朝财政与经济重心的南移奠定了基础。

一、三国至两晋时期土地及赋税制度的演变

赋税制度与土地制度是紧密相关的。东汉末年，因诸侯战乱，北方黄河流域地区大量土地荒废，成为曹魏时期实行屯田制度的时代背景——中央政府通过派军队划定区域，进行开垦耕种的方式，掌握了大量土地。但仍有极大一部分的土地，被流亡民众独立开垦，并被名之为"占田"。至西晋初年，赋税制度的实施，便以占田为名。占田制的内容，载于《晋书·食货志》，以诏书的形式发布全国，全文如下：

> 王公以国为家，京城不宜复有田宅，今未暇作诸国邸，当使城中有往来处，近郊有刍藁之田，今可限之，国王公侯，京城得有一宅之处；近郊田，大国四十五顷，次国十顷，小国七顷。城内无宅，城外有者，皆听留之。

> 又制户调之式。丁男之户，岁输绢三匹，绵三斤，女及次丁男为户者半输。其诸边郡或三分之二，远者三分之一。夷人输賨布，户一匹，远者或一丈。男子一人占田七十亩，女子三十亩。其外丁男课田五十亩，丁女二十亩，次丁男半之，女则不课。男女年十六已以至六十为正丁，十五已下至十三，六十一已上至六十五为次丁，十二已下六十六以上为老小，不事。远夷不课田者输义米，户三斛，远者五斗，极远者输算钱，人二十八文。

> 其官品第一至于第九，各以贵贱占田，品第一者占五十顷，第二品四十五顷，第三品四十顷，第四品三十五顷，第五品三十顷，第六品二十五顷，第七品二十顷，第八品十五顷，第九品十顷。而又各以品之高卑荫其亲属，多者及九族，少者三世。宗室、

国宾、先贤之后及士人子孙亦如之，而又得荫人以为食客及佃客，
品第六已上得衣食客三人，第七第八品二人，第九品及举辇、迹
禽、前躯、由基、强弩、司马、羽林郎、殿中冗从武贲、殿中武
贲、持椎斧武骑武贲、持铍冗从武贲、命中武贲武骑一人。其应
有佃客者，官品第一第二者佃客无过五十户，第三品十户，第四
品七户，第五品五户，第六品三户，第七品二户，第八品第九品
一户。①

这一法令把土地占有称为"占田"，沿袭了秦汉以来称私有土地为"占
田"的历史传统，将汉末以来的屯田制难以维持所造成的土地私有加以承
认，并将"占田"分为两种类型：一是平民的占田，以人口和性别为标准，
二是官吏的占田，以官品高低为标准。

占田制对当时的社会经济特别是农业生产有促进作用。占田制虽然也
有很多的缺陷，但它是对先秦以来各种财政思想的一次成功总结与继承发
展。占田制反映出了以对民众的必要让步实现抑制土地兼并，并运用赋税
手段鼓励耕植，按劳动力强弱、贫富差别等确定占有土地及纳税数额的赋
税思想，对后世产生了深远影响。

占田制下赋税的征收，是通过所谓"户调"来实施的，即由国家对农民
家庭按户课征的赋税。三国曹魏建安九年（204），始确定"户调"制度，由此
开始的赋税制度改革，很大程度上接受了汉末商品货币经济瓦解的历史事
实。这使得赋税征收与农民的生产结构逐渐结合，即除了粮食产品为代表
的租粟之外，主要对农民家庭手工业产品征收实物税：每户农民缴纳绢 2
匹、绵 2 斤。这是最早的户调。

东晋南朝时，户调以纳布为主，故又通常称为税布，不再提及输绵、

---

① （唐）房玄龄：《晋书》卷 26《食货志》。

麻等物，但其实征收户调额，仍沿用西晋的旧制；此外，还有与"户调"相对应的"丁调"，史载梁天监元年（502），"始云人赀，计丁为布"，"其课，丁男调布、绢各二丈，丝三两，绵八两，禄绢八尺，禄绵三两二分，租米五石，禄米二石。丁女并半之……男年十六亦半课，年十八正课，六十六免课"。① 其中，除"租米"，以及明确标明的布、绢、丝、绵才称为"调"，其他以"禄"字开头的都是附加税。

户调的征收，以户等划分为基础，但户等的划分，往往又操之于官僚或豪强之手，使得国家所能征收的赋税并不是真正的实数。因此，北魏孝文帝改革之后，也就与南朝各政权先后取消了所谓"九品混通"（九品相通）的按户计赀纳税的方法，也确立了以丁为主的赋税征收方法。

二、北魏的均田制和新租调制

西晋灭亡后，占田制在东晋和十六国时期经历了严重的变形，至北魏时期被再次进行了改革，在李安世、李冲等名臣的主张下，出台了代表土地制度、赋税制度全面改革的均田制、三长制和新租调制。

均田制颁行于北魏孝文帝太和九年（485），其基本内容载于《魏书·食货志》。法令全文共15条②，按照各条目之间的关系及内容，大致可划分为5类：一是关于国有土地性质的"露田"的法令，包括第1、2两条；二是关于私有土地性质的"桑田"的法令，包括第3、4、5、6条；三是关于非桑地区的规定，包括第7条；四是关于各种特殊情况的补充规定，包括第8至14条；五是关于地方官吏授予公田的规定，包括第15条。

三长制则是为保证户籍登记和赋税征收而进行的制度设计。李冲的主张被采纳，太和十年（486）二月，"遂立三长，公私便之"。所谓三长，就是邻、里、党三长，即"五家立一邻长，五邻立一里长，五里立一党长"。三

---

① （唐）魏徵：《隋书》卷24《食货志》。

② 见本书第一章。

长"皆取乡人强谨者"担任，拥有"复征戍"的优待——"邻长复一夫，里长二，党长三"。三长被纳入国家官吏体系之内，可以凭工作成绩次第迁长，"三载无愆则陟用，陟之一等"。三长的主要任务，一是校比民户，勘定户籍；二是督课赋税，征发徭役；三是推行均田，劝课农桑。①

在这些基础性的制度设计基础上，与均田制相适应的赋税制度也随之建立。

《魏书·食货志》称，北魏孝文帝改革之前，实行的仍是魏晋以来租调旧制，"天下户以九品混通，户调帛二匹，絮二斤，丝一斤，粟二十石，又入帛一匹二丈，委之州库，以供调外之费"。但这种制度设计，导致了世家大族及官吏对品级评定的操纵，使得"诸州户口籍贯不实，包藏隐漏，废公罔私。富强者并兼有余，贫弱者糊口不足。赋税齐等，无轻重之殊；力役同科，无众寡之别。虽建九品之格，而丰埆之土未融；虽立均输之楷，而蚕绩之乡无异"。太和十年(486)，北魏孝文帝采纳给事中李冲提出的赋税制度，诏令实施，并载之于《魏书·食货志》：

> 其民调，一夫一妇帛一匹，粟二石。民年十五以上未娶者，四人出一夫一妇之调。奴任耕，婢任绩者，八口当未娶者四。耕牛二十头，当奴婢八。其麻布之乡，一夫一妇布一匹，下至牛，以此为降。大率十匹为公调，二匹为调外费，三匹为内外百官俸。此外杂调。民年八十已上，听一子不从役。孤独癃老笃疾贫穷不能自存者，三长内迭养食之。②

北魏均田制与租调制的历史意义。

均田、租调、三长制的先后颁布，是同一制度体系内的三个组成部分：

---

① （北齐）魏收：《魏书》卷53《李冲传》。
② （北齐）魏收：《魏书》卷110《食货志》。

通过均田制将劳动力与土地结合起来，再通过租调制征收各类赋税，并以三长制的检括户口、催督征收职能加以保证。这使得三者互相配合，缺一不可，构成孝文帝改革赋税制度的基本内容。

第一，将土地分配与赋税征课紧密联系起来，均田制的根本目的在于征收赋税。

第二，将赋税征课与劳动力条件紧密结合起来。按照劳动力能力的强弱，制定赋税的标准。

第三，以经济手段限制地方豪强的兼并，维护国家赋税的来源。这样就保证了国家财政的利益，对豪强的兼并行为给予适当的限制。

第四，在新的租调制中贯彻鼓励生产的原则。尤其是，通过鼓励垦种各类荒地，使农业生产得以比较迅速地恢复和发展起来。

北魏时期确定的均田制与新租调制在中国赋税制度史上占有重要地位，自北魏之后，经历北齐、北周、隋、唐等各朝，一直到唐中期颁行两税法，才告中止，前后达300年之久。隋朝以后统治者只是将实物代役的"庸"并入，成为"租庸调"，其基本内容没有太大变化，是古代中国影响最大，实施时间最长，并且效果也最为突出的一种土地和赋税制度。

北魏的新租调制中，并没有提及后来被以"庸"代替的徭役制度，这时的徭役仍然是独立实施的。徭役制度的实施，是以对成丁的规定为基础的。

西晋统一时，规定成丁始役的年龄起点为16岁，老免年龄为66岁，见上文《晋书·食货志》的记载。西晋把纳税服役的年龄划分为丁、中、老、小4个阶段，为隋唐以后的黄、小、中、丁、老的年龄划分奠定了基础；此外，是把丁区分为"正丁"、"次丁"，服役就有了全役与半役的区别，始役年龄也就有了13岁与16岁之分。始役年龄的标准不明确，使得官府征发往往以次丁充正丁，以半丁充全丁，民众徭役负担随之加重。

东晋南朝时期的始役年龄和次丁年龄有所调整，如南朝梁、陈时期，年 16 岁为次丁，18 岁始为全丁。这反映出服役者始役年龄逐步放宽，整个魏晋南北朝时期的徭役征发，有微小但逐步减轻的趋势，也为隋朝之后以庸代役提供了相应的制度和社会基础。

魏晋南北朝时期的力役之征，有正役、运役、吏役、匠役、杂役等名目，与农民有直接关系的主要是正役、运役和杂役等。

正役，是指国家法令规定的每丁每年应服之役。其基本特征是政府规定了服役的固定天数，是一种有固定期限的徭役征发，如《隋书·食货志》中规定"其男丁，每岁役不过二十日"。然而在实际征发过程中，往往变成无定期的苛征，成为民众的一大负担。运役，主要是输送租调和军粮。杂役，是指除正役、运役之外的其他徭役，一般无固定期限、固定任务、固定章程、固定范围的徭役，名目繁多。

这一时期的徭役制度之残酷，为底层劳动人民带来了深重灾难，极大破坏了社会生产力，阻碍了社会经济的发展。徭役的剥削，使当时作为社会生产要素之一的劳动者，再生产能力极低，大量劳动者因不堪忍受徭役而死亡或伤残，如南朝时期，最多户口数不过百万户，约 500 万口之数，陈朝灭亡时，在籍户数仅 60 万，口仅 200 万——虽然有大量户口未被统计在内，但也能够看出由于赋役制度的残酷，造成的人口逃匿之结果。

这一状况，引发了当时统治阶层有识之士的思考，并通过提出各类政策，以解决这一问题，其结果就是隋朝之后实施的租庸调制度。总体来看，魏晋南北朝时期的赋税制度，其基本特征是：户调成为赋税收入的主要部分——考虑到货币经济被严重破坏的现象，将主要课税对象确定为农民，废除了两汉以来的人头税，改按户调发家庭手工业产品如绵、绢、帛等，史称"户调制"。这一制度经过确立后，虽有部分调整，但基本内容一直沿用到唐朝改行两税法止；户调与田租一起，合称"租调制"，成为唐朝中期之前国家赋税收入的主体部分。

此外还有其他的一些特点：由于国家政权的更迭，赋税制度也呈现多变的特征。西晋初年的占田制，本来是很富有成效的改革措施，但因"八王之乱"和随后的北方游牧民族内迁导致的战争而被过早废止；因商品货币经济遭到严重破坏，各分裂政权征收了名目繁多、负担极重的商业税等杂税，直接以搜刮为目的，不考虑经济后果；徭役繁杂，因战争导致的兵役、力役等徭役的征发漫无节制，完全背离了正常经济发展对劳动力的需求，成为各政权经济发展迟缓的一个重要原因。

第二节　隋至唐前期租庸调制度的发展与演变

隋朝是北朝的延续，相关的土地制度也沿用北朝，与赋税制度密切相关的均田制即是一例。

一、隋至唐前期的均田制度

按照隋朝均田制度，农民所受土地分为露田和永业田两种，露田要在丁口身死后归还国家，永业田则不归还。每个成年男子授露田 80 亩、永业田 20 亩，妇女授露田 40 亩。奴婢授田依照一般成年男女的标准，但人数有限制，亲王者限 300 个奴婢，一般地主则以 60 个为限。耕牛每头授田 60 亩，但仅限 4 头牛。

隋朝对于王侯、官僚和地主的授田，给予特别的优待，规定自诸王以下至于都督，可授永业田，各有差等，多者 100 顷，少者 40 亩。京官给职分田，一品给四五顷，每品以 50 亩为差，至九品为 1 顷。外地官员除给职分田外，还给公廨田，以所收地租充办公经费。此外，王侯、地主所蓄养的奴婢、耕牛等也按照上述规定同样授田。

隋朝政府通过均田制，把经过战火洗劫的大量无主荒地分配给农民，促进了农业生产的恢复和发展，但需要注意的是，隋朝均田制中贵族、官僚主等所授田亩远比农民为多,相差几十倍甚至上百倍。这也是等级制的充分体现。但隋朝立国时间较短,政府掌握了大量无主荒地,使得均田制的推行没有受到太大影响,并被唐朝直接继承。

唐朝前期的租庸调制也是建立在均田制基础上的,从北朝和隋朝的租调制一路演变而来。经过隋末的战乱,唐朝初年社会经济凋敝之极,据史籍载,武德年间全国户口不满 300 万户,只相当于隋朝最繁盛时期的 1/3。大批无主荒地两次出现,为推行均田制再次提供了条件,武德七年(624)唐朝政府颁布了新的均田令。

该均田令规定,平民授田分为永业田、口分田、园宅地 3 种,又有宽乡、狭乡之别和农户、工商户之分。男子 16 岁为中男,21 岁为丁男,60 岁为老。丁男和 18 岁以上的中男各授永业田 20 亩,口分田 80 亩。老男和笃疾、废疾授给口分田 40 亩,寡妻妾授给口分田 30 亩。丁男和 18 岁以上中男以外的人,凡作户主者,授永业田 20 亩。授田足额的地方叫宽乡,不足的叫狭乡。狭乡的口分田只授给定量的一半,并准许狭乡之人在宽乡授田。凡以工商为业者,永业、口分田各减半授给,但身处狭乡的工商业者不予授田。

此外,唐朝初年均田令也对土地买卖做出了规定:百姓因家贫无法埋葬死去亲属,或流徙他乡者,准许出卖永业田,迁往宽乡者,并许出卖口分田。土地出卖后,不再授田。土地不足的可以买入,但买入之田不能超过应授田的限额。田地的买卖必须经官府批准。狭乡的人买地,准许依照宽乡的限额。

唐朝对于王侯、官僚和地主的授田,与隋朝有相似的特别优待,使这些上层阶级可以占有大量田地。对有爵位的贵族和五品以上的官吏,可以按照品级授给永业田 5 顷至 100 顷,对立有战功曾受勋位的人,可按其级别授勋田 60 亩至 30 顷。在职官吏,按照内外官品和职务性质不同,授 80 亩至 12 顷的职分田,离职时移交给下一任官员。除此之外,内外各官署及衙门还分配有公廨田,多者 40 顷,少者 80 亩。

对唐朝前期的均田制相对比较完整的描述，可见《唐六典》中所载内容：

> 凡给田之制有差，丁男中男以一顷。老男笃疾废疾以四十亩，
> 寡妻妾以三十亩，若为户者，减丁之半。凡田分为二等，一曰永
> 业，一曰口分。凡道士给田三十亩，女冠二十亩，僧尼亦如之。
> 凡官户受田减百姓口分之半。凡天下百姓给园宅地，良口三人已
> 上，给一亩，三口加一亩，贱口五人给一亩，五口加一亩，其口
> 分永业不与焉。凡给口分，皆从近便，居城之人，本县无田者，
> 则隔县给受。凡应收受之田，皆起十月，毕十二月。凡授田，先
> 课后不课，先贫后富，先无后少。凡州县界内所部，受田悉足者
> 为宽乡，不足其者为狭乡。凡官人受永业田，亲王一百顷……①

唐朝的均田制与前代相比，有一定的变化，大体内容有：

第一，授田对象发生了变化。唐朝对一般民众的授田，以丁男为主，
除寡妻妾以外的妇女都不再授田，因此妇女也无须承揽赋税。此外，唐朝
还明令取消了对奴婢、耕牛的授田。

第二，对土地买卖的限制有了放松。例如，上文所列举的各项规定，
在多种情况下都可以买卖口分田，也即唐朝以前的露田，为土地兼并以及
均田制的崩溃埋下了伏笔。

但总体来看，唐朝前期政治相对稳定，均田制得以广泛推行，不仅内
地实行均田制，连边疆也不例外，历年出土的敦煌、吐鲁番文书等实物资
料，均翔实地证明了均田制的成功实施，使得唐朝前期的农业经济得到了
极大的发展，为国家财政的丰裕提供了坚实基础。

---

① （唐）李林甫：《唐六典》卷3《尚书户部》。

二、隋至唐前期的租庸调制度

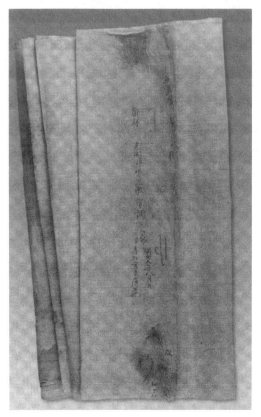

图 7.1　庸调麻布

隋朝的租调制度是在开皇新令中与均田制一起颁布的,据《隋书·食货志》载:"丁男一床,租粟三石,桑土调以绢绝,麻土以布,绢绝以匹,加绵三两,布以端,加麻三斤。单丁及仆隶各半之。未受地者皆不课,有品爵及孝子顺孙义夫节妇,并免课役。"徭役制度,"仍依周制,役丁为十二番,匠则六番。"所谓丁男一床即一夫一妇,每年缴租粟 3 石,另缴调绢 1 匹(4 丈)、绵 3 两或布 1 端(5 丈)、麻 3 斤,单丁及仆隶减半。丁男每年服役一个月。

这一规定不久就做了修改,《隋书·食货志》载,开皇三年(583)正月,"初令军人以二十一成丁,减十二番每岁为二十日役,减调绢一匹为二丈"。即成丁年龄由 18 岁提高到 21 岁,每年服役时间由 30 天减为 20 天,调绢亦由 1 匹减为 2 丈。开皇十年(590)六月又规定,丁男年满 50 岁后,可免役收庸,即由缴纳布帛代替服劳役。

唐朝对租庸调制度的具体规定,载于《唐六典》:

凡赋役之制有四：一曰租，二曰调，三曰役，四曰杂徭。课户每丁租粟二石。其调随乡土所产绫绢绝各二丈，布加五分之一，输绫绢绝者绵三两，输布者麻三斤，皆书印焉。凡丁岁役二旬（有闰之年加二日），无事则收其庸，每日三尺（布加五分之一）。有事而加役者，旬有五日免其调，三旬则租调俱免（通正役并不得过五十日）。

凡水旱虫霜为灾害，则有分数。十分损四已上免租，损六已上免租调，损七已上课役俱免。若桑麻损尽者各免调，若已役已输者，听免其来年。凡丁新附于籍帐者，春附则课役并征，夏附则免课从役，秋附则课役俱免。

凡丁户皆有优复蠲免之制（诸皇宗籍属宗正者，及诸亲五品以上父祖兄弟子孙及诸色杂有职掌人），若孝子顺孙义夫节妇，志行闻于乡间者，州县申省奏闻，表其门间，同籍悉免课役。[①]

唐朝税制规定：每年每丁纳粟 2 石，是为"租"。"调"，根据不同区域的物产情况，每年每丁纳绢（或绫、绝）2 丈、绵 3 两；不产绢绵的地方，缴布 2 丈 5 尺、麻 3 斤。不愿服劳役的人，可缴绢或布等实物代役，一天折合绢 3 尺，称为"庸"，与隋朝对庸的规定相同。如果政府额外加役，加 15 天免调，加 30 天租调全免。每年的额外加役，不得超过 30 天。正役之外还有杂役。对于遭受水旱虫等自然灾害的地方，唐朝政府有减免税的规定。一般灾情损失在四成以上，免租；六成以上，免租、调；七成以上则课役全免。

唐朝的租庸调制是"以人丁为本"的赋税制度，即"有田则有租，有家则有调，有身则有庸"。这一制度源自隋朝，并做了相应的修改，主要表现为

---

① （唐）李林甫：《唐六典》卷 3《尚书户部》。

征收量的进一步减轻,这样的税制显然有利于社会经济的稳定发展。每户租粟,隋朝为 3 石,唐朝减为 2 石;调,北魏为 4 丈,隋朝减为 2 丈,唐朝与隋朝相同,也是 2 丈;隋规定 50 岁以上可免役收庸,唐则规定所有的丁均可以庸代役。以庸代役,解放了大量的劳动力,使社会生产有了相应的保证,并使劳动者有了可自由支配的劳动时间,生产积极性也会相应提高。由租调制向租庸调制的转变,是对劳役税这种原始落后的赋税征收方式的否定,具有进步意义。

唐朝的租庸调制,反映了当时政府赋税管理的日渐成熟和完善,从贞观之治到开元盛世的 100 余年间的繁荣,与同时期的财政改革,尤其是均田制和租庸调制的实施有着密切关系。下文便分类叙述一下作为正税的租、庸、调的规定与征收情况。

(一)租——正税之一

租庸调制度中的田租税额,现有史籍中,均认为每丁征粟 2 石,但《新唐书·食货志》中则记载"凡授田者,丁岁输粟二斛,稻三斛"。虽然许多学者并不认同这一观点,但根据当时的历史事实来看,南方与北方气候条件有异,北方产粟,南方则以稻为主要农作物,所以北方田租缴粟,南方纳稻应该是很自然的。故《新唐书》的记载,应该是指每丁纳粟 2 石是全国统一标准,但如果是南方,应折算为 3 石——如此理解,应该不会有太大问题。

除了田租正税之外,还有田租的附加税,如藁税等。这是由秦汉时期的刍藁税演变而来的,为田租的附加税,所征的藁草主要用于军队马匹饲料以及一些祭祀类的活动。唐朝前期将藁税与租庸调并称,可见其重要地位——藁税事务由司农寺丞职掌,各州均有相关的官吏负责征集刍藁之责。

田租的缴纳,唐朝政府根据各地气候的不同以及农作物收获早晚的差异,明文规定了缴纳租粮的期限。《通典》中记载:"诸租,准州土收获早晚,斟量路程险易、远近,次第分配,本州收获讫发遣……若无粟之乡输稻、麦，随熟即输。"①该法令规定的纳税期限是以粟为准的，至于水稻、小麦等，则根据收获时间，即时向国家缴纳正租。

农民向国家缴纳田租，要自己运送到官府指定的地点。州县集中大批租粮后，再定期将其输送京师，或在朝廷指定的地点储藏——如唐朝遍布漕运线路沿线的各类大型粮仓：含嘉仓、太原仓、永丰仓、龙门仓等。这些巨额的运输费用，通常却由纳税人自己承担，被称为"租脚"、"脚钱"、"租庸脚直"、"车脚"、"运脚"等。其实，这些租脚仍然可以看作田租的附加税，唐中期以后，甚至出现了免田租而不免租脚，独立征收租脚的事，成为民众的一项沉重负担。

唐朝国家政府征集的租粮，主要用途在于军事和官僚机构的开支。《通典》中记载，天宝年间约每年纳租粟 2500 万石，其中 1000 万石供各道节度军粮及贮备各州仓，500 万石为地方官员俸禄等，400 万石在江淮等地方造米后送京，供京城官员俸禄及各国家机构使用，300 万石送入京城各大粮仓，另有 300 万石折充绢布，送入京库。②

(二)庸——正税之二

唐朝的免役收庸制度，直接从隋朝沿用下来。按唐朝前期的赋税制度，每丁每年原则上要为国家无偿服劳役 20 天，在国家平安无事时，允许"折庸"——缴纳实物代役征收。这种折役收庸制度规定，每天按绢 3 尺计算。唐中期的陆贽说："以其出绢而当庸直，故谓之庸……有身则有庸。"③白居易也说："计夫家以出庸。租庸者，谷帛而已矣。"④

唐玄宗时，免役收庸制度得到进一步强化。据《通典》记载，天宝年间全国征税的丁口约 820 万，根据区域的不同，按绢、布征收庸和调，纳入

---

① （唐）杜佑：《通典》卷 6《食货六》。
② （唐）杜佑：《通典》卷 6《食货六》。
③ （唐）陆贽：《陆贽集》卷 22《中书奏议》。
④ （唐）白居易：《白居易集笺校》卷 63。

国家财政，即当时全国范围内丁役基本上被庸取代了。唐朝政府征收庸税，农民每丁一年要缴纳庸绢6丈，加上调绢2丈，庸调总共为绢2匹（每匹4丈），但也有部分地区，如西北地区不产丝绢，则纳皮代役——这也是根据实际情况对征收方法进行的变通。

（三）调——正税之三

租庸调的税帛中规定，"其调，绢、绝、布，并随乡所出"。绢、绝是丝绵织品，布是麻织品。一般来说，蚕桑产地征收绵绢，麻布产区则以布、麻纳调。在实物货币经济之下，唐朝的赋税征收，尤其是庸、调的征收，也只能是因地制宜，随不同区域出产而进行征收。

调的征收依据是丁口数。虽然陆贽曾称"有身则有调"，但是唐朝前期历次对调进行的规定，往往均称"每丁绢二丈，绵三两"（武德二年，619），"每丁岁入……调则随乡土所产"（武德七年，624），"诸课户一丁租调……"（开元二十五年，737）——这些赋税的征收法令都非常清楚地表明，庸调都是计丁口而征的。

调的税率，史籍记载很有出入。《唐会要》载："每丁租二石，绢二丈，绵三两。自兹以外，不得横有调敛。"[1]《资治通鉴》载："初定租庸调法，每丁租二石，绢二匹，绵三两，自兹以外，不得横有调敛。"[2]究竟是2丈，还是2匹，史籍中的记载比较混乱，根据相关研究，这两种记载都不算错，前者所记是"丁调"，后者所记则是庸调的总和：赋役令规定每丁年服役20天，丁庸每日绢3尺，20日为绢60尺，加上每丁年调绢2丈，庸调总共是80尺。唐制40尺为匹，80尺即2匹。

至于调的缴纳及解运时间，由于丝、麻织品的生产具有季节性，唐朝政府规定"凡庸调之物，仲秋而敛之，季秋发于州"，随后随各地的"庸调

---

[1] （北宋）王溥：《唐会要》卷83《租税上》。

[2] （北宋）司马光：《资治通鉴》卷187《唐纪三》。

车"入京。《通典》载："诸庸调物，每年八月上旬起输，三十日内毕，九月上旬各发本州，庸调车舟未发间有身死者，共物却还其运脚出庸调之家，任和雇送达。所须裹束调度，折庸调充，随物输纳。"①这说明庸调绢布要及时缴纳，至于所需运费，则由各纳税者支付，甚至所需的包装费用也同样由纳税者承担，无疑又增加了一重附加税。

调属于正税的一种，征收有定制，除遇天灾等不可抗灾害外，一般不会轻易减免。在征收过程中，"折变"是常用的一种手段——在遇有灾害等情况时，由政府规定以其他物品折充纳调，如折算成米粟或能够长久贮存的物品。通过调征收的大量绢、绵、布、麻等织物，主要用于贵族官僚体系及士兵等的衣着被服，并由中央统一调拨各地。

第三节　唐中后期两税法的产生与发展

一、唐中期租庸调制的崩溃及两税法的产生

两税法是唐朝后期及五代时期实行的基本赋税制度，标志着中国赋税史进入了一个新的阶段。《新唐书·食货志》中称："口分、世业之田坏而为兼并，租庸调之法坏而为两税"，深刻阐明了两税法产生的历史背景，而安史之乱的爆发，则使得租庸调之所以存在的稳定的社会秩序归于消失，终于成为租庸调被替代的直接原因。

其实，租庸调制难以在唐中后期实行的原因，有几个层面可以解释。

第一，均田制所需的国有土地，在日益增长的大土地私有制的冲击下彻底崩坏，租庸调制失去了继续实施的基础条件。唐王朝前期百余年的安定，直接造成了官僚体系的日益庞大，以及由此而来的土地买卖越来越多，

---

① （唐）杜佑：《通典》卷 6《食货六》。

在国家权力的背景下，各级官僚地主进行大规模的土地兼并，一般的编户齐民掌握的土地越来越少，但仍承担了大部分的国家赋税，必然会造成更大的民众流亡。所谓"编版之户，三耗其二，归耕之人，百无其一"[①]。但唐王朝无法对这一问题进行根本的解决，租庸调制的基础已经消失。

第二，唐朝在租庸调制度之下，赋税的征收超常苛滥，逐步超越了民众的承受能力。从中央以至地方各级政府官僚机构庞大，王公贵族也占用了极大比例的开支。贞观初年(627)，朝廷官吏不过 600 余人，唐高宗时内外文武官一品到九品已达到 1.3 万余人，再到唐玄宗时，内外文武官员已达 1.8 万余人，若再包括流外官在内，则全国官吏数量约计 37 万人，而当时全国户数约为 900 万，则平均约 20 户养一个官吏，赋税之重也由此可见，国家的财政开支日益紧绌也属再正常不过了。

第三，租庸调制度之下的赋税征收，轻重不均现象极为严重，不公平的程度已至极限。《通典》记载称当时的情况是，全国"应管户总百九十三万三千一百七十四，不课户总百一十七万四千五百九十二，课户七十五万八千五百八十二；管口总千六百九十九万三百八十六，不课口千四百六十一万九千五百八十七，课口二百三十七万七百九十九"[②]——赋税征收的对象，完全落在占总户数 1/3，总口数 1/7 的农民身上。这种状况直接导致农民无以为生，只能逃亡，但政府又用摊逃的方法对未逃户课户加征赋税，使得逃户更多。因此，在安史之乱后，唐朝户数从顶峰时期的 900 万户锐减至 190 余万户，虽不排除大量人口在战乱中死去，但因赋税过重而逃亡者也应不在少数。

安史之乱后，赋税征收的重点转移到了相对比较安定的江淮地区，官僚豪强等特权等级，通过各种办法规避赋税，负担全部落在贫苦农民身上，农民无法承受，只好逃亡，政府为保证收入来源，只能进一步加重在籍农

---

① (清)董诰：《全唐文》卷 430《苏则嘉兴屯田纪绩颂(并序)》。
② (唐)杜佑：《通典》卷 7《食货七》。

民的负担，这样又造成更多农民逃亡。在这种恶性循环之下，除了经常性的租庸调之外，各级官吏在征收赋税过程中还巧立名目，多方敲诈，使得安史之乱后的唐朝财政体系面临崩溃的危险，唐朝放弃均田制进而改变赋税制度的租庸调制度，也是很自然的事情了。

二、两税法的来源——户税和地税

户税和地税是唐朝前期与租庸调制同时并存的两个税种，性质与租庸调比较接近，是后者的补充，这两种税就是唐中期以后创行两税法的制度来源。

(一)地税

唐朝前期的地税，最初是为设立义仓而征收的一种专门税。义仓即义税社仓，是政府设置的统一救荒之专用粮储，始于隋朝。开皇五年(585)，工部尚书长孙平奏请"诸州百姓及军人，劝课当社，共立义仓，收获之日，随其所得，劝课出粟及麦，于当社造仓窖贮之。即委社司，执帐检校，每年收积，勿使损败"[①]。隋朝的义仓是官督民办，立仓于社，由社司管理，执帐检校。隋统一后又进一步规范义仓制度，按户等高低征收社仓税，储藏于州县，由地方官吏掌管。至于税率，开皇十六年(596)规定："社仓，准上中下三等税：上户不过一石，中户不过七斗，下户不过四斗。"[②]

唐朝建立之始，即开征义仓税。唐高祖武德元年(618)五月建国，九月即下令各州县置社仓；唐太宗贞观二年(628)，户部尚书韩仲良奏请"王公已下垦田，亩纳二升。其粟、麦、粳稻之属，各依土地，贮之州县，以备凶年"[③]。这时的唐朝义仓税是按亩征收的。唐高宗永徽二年(651)一度由

---

① （唐）杜佑：《通典》卷12《食货十二》。
② （唐）杜佑：《通典》卷12《食货十二》。
③ （唐）杜佑：《通典》卷6《食货六》。

亩征税改为按户等征税,"令户出粟,上上户五石,余各有差"①。至唐玄宗时,地税制度已经比较完善,开元二十五年(737)正式规定:

> 凡王公以下,每年户别据已受田及借荒等,具所种苗顷亩,造青苗簿。诸州以七月已前申尚书省,至征收时,亩别纳粟二升,以为义仓。宽乡据见营田,狭乡据籍征,若遭损四以上免半,七以上全免。其商粟户无田及不足者,上上户税五石,上中以下递减一石,中中户一石五斗,中下户一石,下上户七斗,下中户五斗,下下户及全户逃,并夷獠簿税,并不在取限。半输者,准下户之半,乡土无粟,听纳杂种充。②

之后,地税的税率呈现不断上升的趋势,而且也出现了赋税折钱缴纳的办法。地税与租庸调中的"租",以后便合并而成为两税法之一了。

地税的纳税期限一般是在粮食收获之后开征,唐朝政府规定各州要造"青苗簿",七月之前报尚书省,大概是以秋季对粟的征收为准则;但其他作物基本上按照成熟季节征收。地税从设立之后,在唐朝财政体系中的地位逐渐凸显出来,甚至成为与租庸同等重要的一项税种,唐玄宗开元年间以后,地税的赈灾用途逐渐淡化,实际上已经成为国家的正式税收了,这也导致地税不可能再稳定地由各州县保管,而是由地方发运中央。

唐朝政府调集地税收入,置于中央政府的控制之下,很显然是将其作为重要的财政后备,以便随机支用,天宝年间之后的表现尤为明显。安史之乱以后,户籍制度和均田制被严重破坏,租庸调制无法再继续实行下去,

---

① (唐)杜佑:《通典》卷12《食货十二》。
② (唐)李林甫:《唐六典》卷3《尚书户部》。

因此在唐代宗广德元年(763)安史之乱战事初定后，唐朝随即下令："地税依旧，每亩税二升。"①于是，起源于义仓的地税，正式纳入国税行列，不再有义仓的名义了。

(二)户税

顾名思义，户税为计户征税，属财产税性质。唐前期户税按户等高低征收，从唐高宗至唐肃宗，历时80余年。

杜佑曾描述了天宝年间的唐朝，如何根据户等征收户税，"大约高等少，下等多。今一例为八等户以下户计，其八等户所税四百五十二文，九等户则二百二十二，今通以二百五十为率"②。户税名义上是王公以下都课税，但实际被征税的主要对象是下等户中的八、九等户。

唐代宗大历年间，曾对户税制度进行一次较大的改革，据《旧唐书·食货志》载：

大历四年正月十八日，敕有司定天下百姓及王公民下每年税钱，分为九等：上上户四千文，上中户三千五百文，上下户三千文，中上户二千五百文，中中户二千文，中下户一千五百文，下上户一千文，下中户七百文，下下户五百文。其见官一品准上上户，九品准下下户，余品并准依此户等税。若一户数处任官，亦每处依品纳税。其内外官，仍据正员及占额内阙者税。其试及同正员文武官，不在税限。其百姓有邸店、行铺及炉冶，应准式合加本户二等税者，依此税数勘责征纳。其寄庄户，准旧例从八等户税，寄住户从九等户税。比类百姓，事恐不均，宜各递加一等税。其诸色浮客及权时寄住户等，无问有官无官，各所在为两等

---

①　(后晋)刘昫：《旧唐书》卷48《食货志上》。

②　(唐)杜佑：《通典》卷6《食货六》。

收税，稍殷有者准八等户，余准九等户。如数处有庄田，亦每处税。诸道将士庄田，既缘防御勤劳，不可同百姓例，并一切从九等输税。①

大历改革使户税增加了一些新的特点。

第一，新制规定户税的法定纳税者范围很广泛，自王公以下各类人等，一律需要纳户税，这是前所未有的——从普遍纳税的意义上来说，这是很值得关注的。

第二，新的税制大幅度提高了税率。例如，天宝年间，八等、九等户的税钱分别为452文、222文，大历之后则分别增加到700文、500文，大约翻了一番，虽然名为"一例加税"，但具体到不同阶层而言，还是底层民众受的压迫最大。

第三，工商业者，即有邸店、行铺和炉冶等人户也需要缴纳户税，这类人群在唐朝前期缺乏记载，但随着唐中期以来的工商业进步，必然使得对工商业者的税收随之增加。

户税在唐朝前中期的财政收入比例很小，杜佑称其比例"其税户虽兼出王公已下，比之(租庸调)二三十分唯一耳"②。而户税的用途，一般用于官僚的俸禄支出，《旧唐书·职官志》称："凡税天下户钱，以充州县官月料，皆分公本钱之利"③。

三、两税法的内容及意义

两税法由唐德宗时的宰相杨炎提出，于建中元年(780)付诸实施。有关两税法最为细致的记载，出自《旧唐书·杨炎传》：

---

① (后晋)刘昫：《旧唐书》卷48《食货志上》。
② (唐)杜佑：《通典》卷7。
③ (后晋)刘昫：《旧唐书》卷43《职官志二》。

凡百役之费，一钱之敛，先度其数，而赋于人，量出以制入。户无主客，以见居为簿，人无丁中，以贫富为差。不居处而行商者，在所郡县，税三十之一，度所取与居者均，使无侥利。居人之税，秋夏两征之，俗有不便者正之。其租庸杂徭悉省，而丁额不废，申报出入如旧式。其田亩之税，率以大历十四年（779）垦田之数为准，而均征之。夏税无过六月，秋税无过十一月。逾岁之后，有户增而税减轻，及人散而失均者，进退长吏，而以尚书度支总统焉。①

两税法的内容，归纳起来有以下几点。

第一，财政原则。唐朝以前各个朝代的财政，通常以"量入为出"为原则，而两税法则明确提出"量出以制入"的原则，即预先确定财政支出的规模，然后根据支出的规模来确定财政收入的规模。

第二，课税主体。"户无主客，以见居为簿"，即不分主户、客户，一律编入现居州县的户籍，就地纳税。行商要在所处州县缴纳 1/30 的税，负担与定居民众差不多。

第三，课税标准。"人无丁中，以贫富为差"，即不分丁男、中男，一律按贫富（拥有土地和财产的多少）来纳税。

第四，纳税期限。分夏税和秋税两期缴纳，夏税完纳时间不得超过六月，秋税不得超过十一月。

第五，纳税物品。两税法规定按户等纳钱，按田亩纳粟米。政府在实际征收时，又常常"以钱谷定税，临时折征杂物"，即"定税之初，皆计缗钱，纳税之时，多配绫绢"，这说明两税法既是商品货币经济发展的产物，

---

① （后晋）刘昫：《旧唐书》卷 118《杨炎传》。

同时又受其发展程度的制约。

两税法是我国赋税制度史上的一件大事,其积极意义大致如下。

第一,简化了税制。两税法把地税、户税、租庸调和一切杂税合并在一起,并对纳税时间、纳税办法等都做了明确规定,这就减少了纳税项目,简化了纳税手续,改变了过去"旬输月送无休息"的状况,既便于民众掌握和缴纳,又方便了政府征收和管理。

第二,扩大了纳税面。两税法使原来享有免税免役特权的贵族官僚、豪强地主,连同荫庇的客户,以及不定居的商人,一律照章纳税,大大扩展了税源。两税法实行第一年,财政收入就增加了一倍有余,达到了1305万贯。

第三,均平了赋税负担。两税法按照各户的贫富程度确定征税标准,富者多征,贫者少征,相对于以前不分贫富统一按丁平均摊派的做法,是一种改进。它比较符合财产占有的实际情况,适应各纳税户的负担能力,比较公平合理。

第四,以货币计算和缴纳税额,是商品货币经济发展的反映,同时也能一定程度上促进商品货币经济的发展。两税法将米粟、绢绵等各种形式的赋税,统一用钱来计算和缴纳,增强了人们的商品生产和交换意识,扩大了商品生产和交换的范围,与两汉以后数百年的实物经济相比较,确实是一种进步。

第五,巩固了中央集权。两税法集中财政于中央,消除了长期以来财政上的混乱局面,打击或削弱了大地主和地方藩镇的割据势力,相应缓和了社会矛盾,如史书所载:"自是轻重之权,始归于朝廷"[1]。

此外,"量出为入"原则是我国赋税史上又一重大改变,使财政支出受到制度的控制而不致浪费。但两税法也存在相应的缺陷。

---

[1] (后晋)刘昫:《旧唐书》卷118《杨炎传》。

确定两税税额，首先要确定户等。贫富易变，如果户等不能随时相应调整，纳税就难合理。确定户等是由官吏进行的，这就难以避免助强凌弱、营私舞弊情况的发生，这是整个中国历史上始终未能解决的问题。同时，两税法规定按财产多寡来征税，而财产有动产和不动产之分，两税法亦未能区分二者，而是等同对待，显然有一定的不合理之处。最值得注意的则是，两税法以"量出为入"为原则确定赋税征收额度，随着开支无度，唐王朝不久便开始任意加税，又出现了两税之外的许多苛捐杂税。

两税法自实施开始，便引起了极大争议，但其能够从唐中叶一直沿用数年，必定有其顺应历史潮流之处。

两税法与租庸调时代以丁计税的税制有着根本性区别。杨炎在设计两税法之初即着重关注其"量出为入"的原则，称："据旧征税数，及人户土客，定等第钱数多少，为夏秋两税……其应科斛斗，请据大历十四年见佃青苗地额均税。"[1]于是，大历十四年（779）的税收额便用来作为两税收入的总额了。

两税法确定了全国各地相对稳定的田亩税额，即"内外诸州府百姓所种田苗"[2]。由此为依据，禁止额外征求，一切依额为定，充分反映了各地两税征收的法律基础。

两税法最大的特点，在于它是一种"唯以资产为宗，不以丁身为本"的资产税，体现出一种较先进的根据资产多少缴税的思想。当然，受具体时代背景的制约，唐朝还不可能完全出现按财产计算税额的情况，但它确实开辟了主体税种资产化的先河，后世的税制改革，基本上延续了两税法改革的方向。

两税法还有一项最重要的规定，即"户无主客"。在租庸调制度下，王公贵族及官僚等特权阶级是不纳税的，但两税法由户税、地税演变而来，

---

[1]　（北宋）王溥：《唐会要》卷83《租税上》。

[2]　（北宋）王溥：《唐会要》卷84《租税下》载武宗会昌元年（841）正月制令："租敛有常，王制斯具，征率无艺，齐民何依？内外诸州府百姓所种田苗率税斛斗，素有定额，如闻近年长吏不守法制，分外征求。……自今以后，州县每县所征科斛斗，一切依额为定。"

其中的户税规定这些之前的"不课户"也要缴税。这是两税法与租庸调税制最大的不同点，由此扩大了纳税面，使国家财政收入因此而增加，很明显是对特权阶层的抑制，所谓"其比来征科色目，一切停罢……此外敛者，以枉法论"①。这些规定虽然不能得到彻底实行，但其平均赋税的意义也可以看到。

四、与两税法相关的几个问题

关于两税法，在中国经济史上还有两个比较令人关注的问题：一是两税法的"两"究竟是什么意思；二是由两税法的实行导致的"钱重物轻"，即通货紧缩的问题。

(一)两税法的"两"究竟所指为何

"两税"一词的含义，研究者争论颇多，这一问题与两税的内容及两税法的形成有密切关系。现在得到认同的是，"两税"具有一年分夏秋两次征收的含义，而不是指地税与户税；更多的争论则是在"两税"的由来及其征收内容。大致有以下几种观点。

第一，"两税"指户税和地税。这一说法在学界最为得到认可，是与夏秋两次征收观点最相对立的看法。近代以来，中日学者在这一问题上纠缠了很久，如鞠清远即称，两税法本身，没有什么独特的创革，它的内容、税制、税法，都在天宝到建中年间奠定下基础，到这时候方水到渠成，使天宝前与租庸调对立而不占重要地位的户税与地税，反而代替了以人丁为课税客体的主要赋税。

第二，认为"两税"仍指租庸调，或单指户税不包括地税。前者主要是岑仲勉等提出的看法，认为"两税"只是一种通名，是租庸调的变种，起源于战乱、兵役等造成的税籍紊乱；后者主要是部分中日学者的看法，认为

---

① (北宋)王溥：《唐会要》卷83《租税上》。

两税法在唐初即有，杨炎改定两税法时只是做了部分修正，而旧的两税指户税，所以新的"两税"只是户税的扩大。

第三，认为"两税"是多个税种合并重组而成，但具体内容仍然说法不一，但总体上都认为不能将两税简单看作户税、地税的继承，或租庸调的转化。这些看法无疑是将唐朝各类纷繁的赋税、徭役、加征等，变得更加难以理解。

这些争论虽然仍然存在，但也由此使得对两税法的理解更加清楚，至于"两税"含义的确指，似乎要等到更有说服力的史料出现之后，才能平息以上各种争论。

(二)关于"钱重物轻"的问题

唐朝两税法规定只收钱、粮，与租庸调制征收绢布的传统有所不同，但在实际征收过程中，受商品货币经济水平的制约，以及军事方面等大量需要绢布等实物的考虑，又规定临时折征实物。由此便产生了钱与物之间的相互折算，在市场比较平稳，币值稳定的情况下是可以实现的，但如果这一条件不能保证，纳税人的负担便会因此而加重。《新唐书·食货志》载："自初定两税，货重钱轻，乃计钱而输绫绢。既而物价愈下，所纳愈多，绢匹为钱三千二百，其后为钱一千六百，输一者过二。虽赋不增旧，而民愈困矣……盖自建中定两税，而物轻钱重，民以为患。至是四十年，当时为绢二匹半者为八匹，大率加三倍。"

其实，在两税法刚刚推行 10 余年之后的贞元十年(794)，陆贽即称："定税之初，皆计缗钱。纳税之时，多配绫绢。往者纳绢一匹，当钱三千二三百文，今者纳绢一匹，当钱一千五六百文。"[①]如此，则纳税人负担加倍增重。因为两税税额的确定是"计缗钱"，即把实物折成缗钱，确定应征税额，若原应纳绢一匹，便折成 3200 文，成为应纳税额；随着"钱重物轻"导

---

① （唐）陆贽：《陆贽集》卷 22《中书奏议》。

致的物价下跌而钱价上升，1 匹绢折合 1600 文，则百姓必须要纳 2 匹绢才能完成税额。于是，表面上税额没有增加，但缴纳的实物却上升了 1 倍，正如上文所称，两税法实行 40 年后，税额负担已经增加到 3 倍之多了。

钱重物轻现象的产生，在经济学上来看并不是正常的现象。因为随着社会生产的发展，商品市场供给量的增加，会使物价有下降的趋势，社会经济发展规模的扩大，也会导致小商品生产和交换的增长，使货币的需要量增加，经过一段时间的调整，物价会恢复到正常状态。但在两税法实行之后的唐朝，有其他一些人为因素，导致了钱、物比价的畸形变化：一是政府货币供给量的总体不足，如唐宪宗元和年间以后，中央政府每年铸钱量大幅下降，不能满足市场流通需要；二是权贵和富商对银价的囤积，以求投机得利，使得市面流通的货币量大大减少；三是熔钱铸器风气的存在，银、钱本身也是一种商品，一旦银钱作为商品的价格大于其作为货币的价格，熔铸银钱的现象也就不可遏止了。总体来看，钱重物轻的现象对国家财政能力是有削弱的，但受其打击最大的则是纳税的广大民众。

元和七年(812)，韩愈曾撰《钱重物轻状》，就当时"物愈贱而钱愈重"的局面提出了自己的改进意见，主张随各地所产征收实物税，并禁止熔毁银钱，并增铸新币，达到"用钱必轻，谷米布帛必重"的效果。唐朝政府也相应地做了一些改革，但往往是人亡政息，并不能形成持续性的制度改进。因此，唐朝政府在制定两税时，没有规定钱物比价，实际征收时难免会增加民众负担，后来唐王朝虽提出衡量钱物比重的"省估"等制度，但一直到唐朝末年，钱重物轻现象带来的民众负担问题并未真正解决。

第八章　由盛而衰的安史之乱与藩镇割据

　　李隆基的登基标志着唐朝结束了自中宗以来的政治动荡，进入了全面发展的新时期。开元年间（713—741），唐玄宗先后任命姚崇、宋璟、张嘉贞等人为相，进行了一系列以整顿吏治、发展生产为核心的改革。这一番努力，使得开元年间，呈现出了政治稳定、经济繁荣、文化昌明的全盛局面，史称"开元盛世"。但好景不长，在唐玄宗委政李林甫、杨国忠后，政治渐趋腐败，无法抑制的土地兼并，最终将均田制度破坏殆尽，脱离土地的大量流民又使得租庸调制、府兵制难以为继，社会危机已不可避免。这时，范阳边镇的野心家安禄山抓住机会，起兵反唐，开始了长达8年之久的"安史之乱"。叛乱平定后，唐朝的统一繁盛已不复存在，代之而起的是中央与地方之间的制约、平衡。这一内外相互依存的状态，被黄巢起义所打破，此后藩镇势力恶性膨胀，演变为了五代十国的分裂格局。

第一节　开元盛世

　　712年，李隆基接受了睿宗的禅位，改元先天，这就是历史上著名的唐玄宗。为革时弊，唐玄宗先后重用姚崇、宋璟等人在政治、经济、文化等方面进行了强有力的改革。

一、唐玄宗时期的改革

唐朝在经历了"贞观之治"和武后统治的相对安定时期之后，到唐中宗、唐睿宗时期逐渐出现一些社会问题，对国家的发展造成了不利影响。先天二年(713)，姚崇向唐玄宗提出了 10 条改革纲领，其主要内容为：皇帝应以仁爱治天下而不是推行严刑峻法；不进行军事冒险；行使法律应不论亲疏，公正严明；禁止宦官参政；禁止开征苛捐杂税；禁止皇亲国戚在中央政府任职；树立皇帝的个人权威；鼓励大臣们直言上谏；停止建造佛寺道观；清除外戚对政权的干预。唐玄宗对这 10 条纲领表示赞成。

第一，整顿吏治。由于唐中宗时期的"墨敕斜封"导致官僚机构臃肿，政治混乱，因此有必要对官吏进行整顿。唐玄宗裁汰冗官，罢停了斜封、待缺、员外等官职并停废了闲散的司、监、署 10 余所，严格控制官员的铨选，以才、功授官，重视对地方官特别是对县令政绩的考核。开元二年(714)初，制定了从京师选拔有才能的官员去地方担任刺史和都督，而有良好政绩的刺史和都督会调入京师为官的制度。开元三年(715)，唐玄宗再次颁诏命令互调京畿和地方官员，在这份《整饬吏治诏》中规定各道按察使于每年十月对地方官员的政绩进行考核，其中政绩优良者可以在京师任职，而那些未在地方担任过刺史或县令的人则不能在中央政府任职。这项政策确保了中央官吏有地方行政经验，从而达到优化中央及地方官僚系统的目的。开元二十二年(734)二月，又根据张九龄的奏议，正式建立了按察使制。按察使有权监督地方官员，以防止他们滥用权力。

第二，抑制食实封贵族。唐朝初年食封贵族仅有二三十家，到唐中宗时期食实封贵族大量增加，他们对封户的剥削十分严重，导致大量封户破产逃亡。开元三年(715)，唐玄宗规定，政府统一征收封家的租调并统一拨发给各封主，禁止封主去出封州征催，禁止向封户放高利贷。此举增加了唐王朝的赋税收入，同时也减轻了一部分人民的负担。

第三，严控宗室。为防止宗室夺权，开元二年（714），唐玄宗规定禁止宗室诸王统领禁军，转而任命他们担任长安附近几个重要州的刺史或都督，或在朝中担任并无实权的礼仪性职务。开元十四年（726）以后，唐玄宗专为诸王建造了一座王宅，称十王宅。十王宅后扩充到北面的御苑内。开元二十五年（737），唐玄宗又在同一地区为皇帝孙子建造百孙院。十王宅、百孙院的建造结束了皇室成员于宫外获得府邸并自定礼仪的旧制。此举加强了对皇室成员的监督和控制，在一定程度上防止了皇室内乱的爆发。

第四，压制佛教势力的发展。由于武后崇佛，佛教在武周、中宗、睿宗时期迅速发展。甚至一些高门大户通过建造私人寺庙或"功德院"，以逃避赋税和徭役。唐玄宗接受姚崇的建议采取反佛措施，明令禁止建造新寺院，强制1.2万余名僧尼还俗，同时将僧人的活动限制在寺庙以内并禁止他们公开讲经。这一措施使得编户增加，进而增加了政府的财政收入，一定时期内抑制了日益膨胀的寺院经济。

第五，发展农业生产，兴修水利工程。唐玄宗执政期间，全国大兴水利工程，共有58处之多。例如，可灌田30余万亩的蔡州新息县的玉梁渠以及灌田20余万亩的蓟州三河县的孤山陂。此外，各地大兴军屯，开元时全国共有军屯992处，累计垦田面积达500万亩左右，农业的发展使各地粮仓阜如山积，据《通典》记载到天宝八载（749），官仓的存粮达9600万石之多。

第六，限制土地兼并。武周以来均田制遭受破坏，土地兼并以及百姓逃亡日益严重。开元九年（721），宇文融提出对所有未登记的逃亡户进行全面检括。随即宇文融被任命为劝农使，进行括户检田。开元十一年（723），宇文融又拟订方案规定未登记的定居者若向官府投案则可免税六年而缴"轻赋"（一种特殊的赋税），再次进行检田括户。这两次的大规模检田括户，使得漏登户及土地重新列入了簿籍，稳定了政府的财政收入。

第七，大力发展文化教育事业。开元年间，地方兴建了许多学校，开元二十六年(738)，唐玄宗下令，命每乡之内各里置学一处，择师教授生徒。在中央，唐玄宗命一些鸿儒如马怀素、褚无量等人，进行大规模的图书整理和编撰，史称"藏书之盛，莫盛于开元，其著录者，五万三千九百一十五卷，而唐之学者自为之书者，又二万八千四百六十九卷"①。此外，开元年间，唐玄宗还以"令式入六司"的模式，主持编撰成了《大唐六典》，《大唐六典》基本是以开元时期的职官制度为本的法典，对唐朝的土地制度、赋税制度也多有涉及。律法方面，在《贞观律》、《永徽律》的基础上，唐玄宗制定了《开元律》。《开元律》对唐朝前期的律文进行了全面整理，是唐律的一个总结。文学方面，唐诗进入繁盛期，这一时期著名的诗人有王湾、王之涣、王维、孟浩然、高适、岑参、李白、杜甫等，出现了许多不朽的诗篇，是艺术领域的瑰宝。

二、盛世

唐玄宗励精图治，使得人民生活安定，社会呈现出富庶的景象。首先，农业得到了恢复和发展，出现了"耕者益力，四海之内，高山绝壑，耒耜亦满，人家粮储，皆及数岁"②的局面。其次，城市发展迅速，标志着商业经济日益繁荣。西京长安是当时全国的政治中心，也是亚洲经济、文化交流的中心之一。长安有东市和西市两个大型的商贸中心，东市"内货财二百二十行，四商立邸，四方珍奇皆所积集"。③ 西市"内店肆如东市之制"④，更有许多外国商贾云集。东都洛阳是仅次于长安的第二大城市，商业活动的繁荣程度不亚于长安。此外，长江北岸的扬州是当南北要冲的商业都会，剑南的益州是西南地区的经济中心，广州、泉州、明州则为当时著名的对

---

① （北宋）欧阳修：《新唐书》卷 57《艺文志》。
② （唐）元结：《元次山集》卷 9《问进士》。
③ （北宋）宋敏求：《长安志》卷 8《唐京城二》。
④ （北宋）宋敏求：《长安志》卷 8《唐京城二》。

外贸易港口。《新唐书·食货志》称"是时海内富实。"①柳芳《唐历》中称当时"天下雄富，京师米价斛不盈二百，绢亦如之。东由汴、宋，西历岐、凤，夹路列店，陈酒馔待客，行人万里，不持寸刃"②。

唐朝在对外关系上也表现出了一种极强的开放性与包容性。盛唐时代的唐朝与周边的新罗、林邑、真腊、日本等国都有着密切的联系，与日本的关系尤为密切。唐玄宗时期，日本 3 次派遣唐使来唐，其中最为著名的人物就是吉备真备。他于开元五年(717)来唐，他根据汉字楷书的偏旁创造了日本文字中的"片假名"。同时也有唐朝人东渡去日本，如鉴真不避艰险前后六次始达日本，为中日文化的交流做出了贡献，日本的文字、城市建筑、政治制度、音乐舞蹈、宗教文化等各方面都深受盛唐文化的影响。

第二节　天宝危机

唐玄宗晚年日渐昏聩，在李林甫、杨国忠为相期间，统治危机已现端倪，均田制、府兵制先后瓦解，统治阶级内部的斗争愈演愈烈，社会矛盾愈加尖锐，最终引发了社会动荡。

一、均田制的瓦解

唐朝用于均田的土地主要是国有无主荒地，加上政府对土地买卖的限制进一步放松，导致土地兼并日趋严重，不仅没有触动地主土地所有制的根基反而还促进了它的发展。日益激烈的土地兼并使得土地大量集中于地主豪强手中，许多失地的农民沦为流民或佃客。虽然政府也曾多次下令禁止土地兼并，但始终无法遏制，均田制瓦解已成大势所趋。相应的，政府的庸调也就失去了征收的依据，加上统治集团的肆意挥霍，财政危机日渐凸显。

---

① （北宋）欧阳修：《新唐书》卷 51《食货志》。
② （唐）杜甫：《杜诗详注》卷 13《忆昔》注释。

二、玄宗怠于政事与激烈的政治斗争

唐玄宗于天宝四载(745)纳杨太真为贵妃，深居宫中，怠于政事。加之唐玄宗信奉道教，且对他在位期间传入的密宗佛教展现出极大的兴趣，道教和密宗佛教都不鼓励唐玄宗积极过问国家事务，于是唐玄宗对朝政愈加疏远。

相继以李林甫和杨国忠为宰相。李林甫在其担任宰相一职的初期，因受到张九龄等人的牵制，朝廷还处于相对安定的状态。然而到了李林甫掌权的后期，他党同伐异，擅权跋扈。开元二十四年(736)补阙杜琎因上书言事，第二天就被贬黜为下邦令。此事之后，朝中无人再敢进谏。而牛仙客之死则使得局势发生巨大变化，代替牛仙客之职的李适之与李林甫展开了激烈的政治斗争。

李适之很快就与李林甫形成对峙之势，以李适之为领袖的贵族集团还包括：由于运输政策和财政方面的成就而深受玄宗赏识的韦坚；继李适之从742年至744年任幽州(范阳)节度使，然后担任户部尚书一职的裴宽；于743年至744年在浙江沿海肃清海盗后被任命为刑部尚书的裴敦复；在陇右与吐蕃作战中取得重大胜利的陇右节度使皇甫惟明。该集团的人员构成即表明了它在财政及防务方面具有的强大势力。

天宝三载(744)，当时任吏部尚书的李林甫由于任人唯亲被任范阳和平卢两镇节度使的安禄山指控，于是唐玄宗亲自重新对应试士人进行考试，结果那个名列榜首的人交了白卷。此事以唐玄宗将吏部两个侍郎外放到地方而告终。至于李林甫，他未受到任何惩处，但是此事也无疑损害了他的威望。

从天宝三载起，李林甫开始沉重打击他的政敌。首先，李林甫挑起裴宽和裴敦复的不和，使得裴宽和裴敦复都被外放到地方。接着他向唐玄宗进谗以使李适之的名誉扫地，李林甫于天宝四载(745)煽起了对以李适之为首的刑部官员的严厉调查。天宝四载九月，他又将担任财政和运输等使职的韦坚调任为刑部尚书，并将韦坚的财政的职务转给当时与他关系密切的杨慎矜。此时的政治斗争仍然是按照不流血的政治方式进行的，然而当政治斗争进行到次年时，一场激烈的大清洗便开始了。

天宝五载(746)正月，时任陇右、河西节度使的皇甫惟明进京向皇帝报告与吐蕃作战取得的胜利，他在朝廷当着玄宗之面批评李林甫，赞扬韦坚。此事激怒了李林甫，由于皇甫惟明是太子的密友，而以有政治野心见称的韦坚又是太子的内兄。于是李林甫便唆使杨慎矜向唐玄宗报告，皇甫惟明和韦坚与太子一起策划发动政变以让太子提前登基。虽然此次密谋的真相模糊不清，但是对于唐玄宗而言，这是得到一个拥有14万精兵将领的支持而发动的政变，自然不可等闲视之。唐玄宗下令抓捕韦坚和皇甫惟明，但是由于该案件得不到证实，于是唐玄宗让他们离京出任刺史。太子在此事中未受影响。李适之也未受任何牵连，可是不论如何皇甫惟明与韦坚一事让李适之忧心忡忡，李适之集团受到了如此沉重的打击，他感到自己已无力与李林甫争斗。于是他要求辞去宰相一职，得到唐玄宗批准后并让他在东宫担任一个闲职，从此李适之不再参与政务。

接替李适之宰相之位的是精通道家学说的陈希烈。由于精通道家学说，陈希烈任宰相之职更是助长了唐玄宗对道教的兴趣。陈希烈为人柔弱圆通，无实际政治经验，只不过是在李林甫做出的决定上副署而已，对李林甫唯命是从。至此，李林甫成为朝廷的绝对主宰者。

在皇甫惟明、韦坚离京出任刺史之后，韦坚的兄弟仍在朝中担任高级官员，于是他们代韦坚向唐玄宗求情，并恳请太子支持他们的请愿。唐玄宗对于韦坚及其同僚非常恼怒，再加上李林甫此时又指控韦坚和李适之结党。于是韦坚及其兄弟亲属均被放逐到边远的南方。李适之被调到地方，他们的其他支持者也被贬至地方。然而让李适之没想到的是，清洗至此仍未结束。李林甫又利用太子的良娣之父杜有邻与其女婿柳勣发生口角一事，进一步打击了李适之集团的势力。臭名昭著的御史罗希奭被派往贬所处决韦坚、皇甫惟明及其追随者。李适之服毒自尽，他的一子被杀，许多同僚被贬。李适之集团中唯一幸免一死的裴宽也退出官场，委身宗教。至此，李适之集团在大清洗中彻底失败再也无力与李林甫抗衡。

此次清洗中，李林甫无疑取得了胜利，然而此时他的权力正面临着新的挑战。在此次清洗中，李林甫最忠实的支持者之一财政专家杨慎矜，由于不再受到强有力的对手韦坚的威胁，同时凭借其毫无限度地提供钱财以满足唐玄宗日益奢侈的需求，因而深得唐玄宗喜爱。杨慎矜势力的发展引起了李林甫的不满，两人的关系变得越来越紧张。此时杨慎矜与王铁为敌，而李林甫却一贯公开支持王铁。后来因杨慎矜求教于一术士，该术士预言会有政治动乱发生，并劝他在乡村购置产业以做避难之用。王铁得知此事便控告杨慎矜与这些预言有牵连，由于杨慎矜为隋皇室后裔，王铁又指控杨慎矜策划发动叛乱，复辟隋王朝。杨慎矜被捕加之李林甫的陷害，杨慎矜及其两个任高官的兄弟被迫自尽。他们的同僚也像之前的清洗一样受到株连和惩处。此后王铁接任了杨慎矜的工作，控制了国家财政。他善于搜刮民脂民膏，征收的税额超过了李林甫精心规定的岁入定额，他将这些收入转入唐玄宗私囊，更进一步助长了唐玄宗骄奢的生活，他还利用自己的权力剥削百姓、大发横财。王铁大肆搜刮民财，天宝年间，租税征收十分繁重，苛征暴敛加重了广大人民的负担，社会矛盾逐步激化。

李林甫除掉杨慎矜后，此时又出现了一个危及李林甫支配地位的边境将领王忠嗣，王忠嗣的成就以及在朝廷的势力与以前的皇甫惟明一样，对李林甫产生极大的威胁。唐玄宗于天宝六载(747)命令进攻青海湖之东的吐蕃要塞，王忠嗣认为此要塞坚不可摧，因此拒不参战，后来该战斗以唐军失败而告终，王忠嗣因此受到了指责。由于他与太子关系密切，李林甫便利用唐玄宗的不快指控王忠嗣与太子谋划发动政变。王忠嗣被捕，虽然唐玄宗并不相信这次指控，但是王忠嗣仍被派往西南任职。

至此，李林甫取得了政治斗争的胜利，但此次政治斗争也削弱了他自己的地位，更为重要的是激烈的政治斗争削弱了中央政府和皇帝的地位，奸佞之臣专擅大权，中央官僚集团中大批杰出人物在政治斗争中牺牲了。国家财政此时又控制在王𫟖手中，吏治的腐败正在逐渐严重。

当李林甫逐渐取得他在朝廷上的支配地位的同时，又一个强大的力量在此过程中逐渐崛起。此人正是杨贵妃的亲戚杨国忠，随着杨国忠势力的发展，他也日益与李林甫对立起来。天宝十一载(752)，王𫟖被清除出政治舞台，李林甫势力受到削弱，并不断地受到来自杨国忠的打击。李林甫于天宝十一载十一月去世后，杨国忠即刻被任为宰相，不久陈希烈也辞去宰职，而继任相职的韦见素见风使舵毫无主见，对副署杨国忠做出的命令从不迟疑，不过是一个傀儡而已。杨国忠又于天宝十三载(754)除掉京兆尹李岘，同时又打击了可能被调入朝廷担任宰相的韦陟势力。于是杨国忠逐渐成为朝廷中左右一切的人物。

唐玄宗后期统治集团内部矛盾激化，爆发了一系列激烈的政治斗争，使得大量杰出的人物从此断送前程，而唐玄宗日益怠于政事，任奸弃贤，导致李林甫专擅大权，杨国忠胡乱处理政事，同时天宝年间，租税征收十分繁重，社会矛盾日益激化，开元时期鼎盛的景象在此时开始出现倾颓之势。

三、府兵制的崩溃与军事格局的变化

随着均田制的瓦解，建立在其基础上的府兵制也逐渐被破坏。由于唐朝不断地在边境用兵，边防线一再延伸，对戍边和出征的士兵数量要求日趋庞大，士兵服役的年限也日益延长，府兵所承担的兵役日益沉重。同时府兵的地位也日益下降，边将们对待士兵极为残酷，他们侵吞士兵携带的财物，强迫士兵服苦役，许多士兵被折磨而死。士兵甚至被卫佐借给豪家当奴僮，受人歧视。天宝八载(749)，政府不得不下令停止对府兵的征发，而此政令实际上是宣布了府兵制的废除。府兵制废除后，无论是京师宿卫、边镇戍兵还是地方武力都已基本上实行募兵制。边镇戍兵实行募兵制，他们由边地将帅长期统率，逐步形成了将帅专兵的局面。由于唐玄宗穷兵黩武，喜立边功，为了满足唐玄宗的军事需要，当时的精兵猛将都聚集在边镇之地，边防重镇的军事实力迅速增强。边镇军事力量不断扩大，府兵制的废弛削弱了唐朝政府控制的军事力量，府兵制下"内重外轻"的军事格局被"内轻外重"的军事格局所替代。

激烈的政治斗争中先后有两个势力强大的边境将领（皇甫惟明和王忠嗣）对李林甫构成严重的威胁。李林甫为了清除边境将领对自己权力的威胁，他突然想到那些非汉人的节度使是更为优秀的军人，更为重要的是他们的野心只在军事上而不在政治上。于是在他的建议下，唐玄宗将边境将领置于非汉人节度使之下。此举，在李林甫看来无疑是巩固他地位的"绝妙计策"，然而让他始料未及的是，他的这一举动已经为唐朝的衰亡埋下了祸端。天宝十载（751），除四川剑南以外的所有藩镇都受胡族将领的指挥。边镇节度使权力不断扩大，不仅领兵而且还掌握当地的民政、财赋等权力，很快发展成强大的地方割据势力，成为唐朝中央统治的"离心力量"。节度使权力的无限膨胀，直接导致了安史之乱的爆发。

第三节　安史之乱

天宝十四载（755），兼任范阳、河东、平卢三镇节度使的安禄山结同平卢兵马使史思明发动叛乱，自范阳起兵，以奉密旨讨杨国忠为名，"发所部兵及同罗、奚、契丹、室韦凡十五万众，号二十万"[①]，席卷河北各地，兵锋直指洛阳。

---

① （北宋）司马光：《资治通鉴》卷217。

安禄山，出身于营州柳城（今辽宁朝阳），是有中亚粟特人血统的少数民族，通晓胡汉等多种语言，为人"忮忍多智，善亿测人情"①，有军事才能，长于应变。安禄山初时为幽州节度使张守珪麾下偏将，后以功累迁至平卢兵马使。因其多有战功且善于巴结，故自天宝元年（742）起安禄山又屡得晋用加封，"天宝元年，以平卢为节度，禄山为之使，兼柳城太守，押两蕃、渤海、黑水四府经略使"②。次年又晋为骠骑大将军，至天宝十载已兼制范阳、河东、平卢三镇，天宝十三载又拜尚书左仆射，至安史之乱前夕安禄山已是身兼三镇，手握10余万大军。可谓权势滔天，无人能比。

史思明，"宁夷州突厥种"③，与安禄山同是出身营州之杂胡，同在张守珪麾下，为安禄山亲信密友，两人多年交厚。史思明本名窣于，因在天宝初年（742）入京奏事时博得唐玄宗喜欢故得赐名"思明"，安史之乱前累迁至平卢镇（柳城）兵马使。

安史之乱爆发的原因大致可分为两大原因：一大原因是唐朝内部的腐败和安禄山同杨国忠等人矛盾的激化。唐玄宗晚年怠于政事，任用

图 8.1　史思明墓出土的铜坐龙

李林甫、杨国忠之流为相，朝政败坏，外戚横行，大臣各结朋党排挤异己，

---

①　（北宋）欧阳修：《新唐书》卷 225 上《逆臣上·安禄山传》。
②　（北宋）欧阳修：《新唐书》卷 225 上《逆臣上·安禄山传》。
③　（北宋）欧阳修：《新唐书》卷 225 上《逆臣上·史思明传》。

政治严重腐化。李林甫虽精于政事，然而为人奸险，人称"口蜜腹剑"，为巩固自己的地位疯狂打击排斥异己，把持朝政；杨国忠则不学无术，凭外戚身份钻营上台，专事搜刮民脂民膏，又不通朝政，其"性疏侻捷给，碌碌处决枢务，自任不疑，盛气骄愎，百僚莫敢相可否，官属悉苛督句剥相甚。又便佞，专徇帝嗜欲，不顾天下成败"①。李林甫、杨国忠二人又相互排挤，遂致朝政大坏，纲纪不修，政事废弛。而精于世故的安禄山于其中浸淫多年，他对唐朝繁华之下的腐朽有深刻的认识，看似强盛的唐朝实则不堪一击。这大大助长了他叛乱自立的野心。

安史之乱爆发的另一大原因是杨国忠对安禄山的排挤打压。安禄山的发迹同李林甫有着密切联系。开元年间多有以节度使入相者，李林甫害怕儒臣以方略积边劳，回朝任宰相，威胁到自己的权力，于是建议以骁勇善战的蕃将担任边镇之节度使，"利其虏也，无入相之资"②，因此大批少数民族将领得以执掌边镇大权，身兼三镇的安禄山即是此政策的直接受益者。而安禄山又与李林甫交好，凡奏事必先使人过问李林甫，可视为李林甫之一党。杨国忠上台后排挤打压与李林甫一党之人，而手握重权的安禄山首当其冲，杨国忠于唐玄宗处常常声称安禄山欲反，企图借皇权除掉安禄山或逼反安禄山以巩固自己的地位。受到严重威胁的安禄山遂于天宝十三载入朝奏事后"疾驱去，至淇门，轻舻循流下，万夫挽绁而助，日三百里"③，从此便诈病不再入朝，加紧准备叛乱，此时叛乱的发生只是时间问题了。

久有异志的安禄山早在叛乱前的 10 余年间就开始进行积极的准备工作。天宝九载(750)，唐玄宗给予安禄山铸币权，在上谷郡置五炉以铸钱，这为日后的叛乱奠定了物质基础。天宝十一载，安禄山借朔方节度副使阿不思业护所部败于回纥之机兼并其余部，将大批精锐骑兵招至麾下，"兵雄天下"。

---

① (北宋)欧阳修：《新唐书》卷 206《外戚·杨国忠传》。
② (北宋)欧阳修：《新唐书》卷 223 上《奸臣上·李林甫传》。
③ (北宋)欧阳修：《新唐书》卷 225 上《逆臣上·安禄山传》。

天宝十三载，安禄山兼任闲厩、陇右群牧使，于是便利用职权挑选马匹送往范阳镇（蓟县，今北京）作为战马的储备。通过一系列的准备，安禄山所控制的东北三镇之军事实力已经超过其他边镇，更是远强于疏于战事的地方州县。

安史之乱的进程可大致分为唐军防御阶段、两军相持阶段和唐军反攻阶段。

一、唐军防御阶段

安史叛军出兵后所向披靡，毫无准备的河北各州县完全无法抵御叛军的攻势。唐玄宗一朝重开边，边境常年发生战争，因此唐军主力全在边镇，而内地兵力空虚且久疏战阵，故而安史叛军进展极快。

而此时唐朝政府内部仍对问题的严重程度没有清醒认识。杨国忠得知安禄山叛乱后居然扬扬有得色，认为造反者仅是安禄山一人，手下将士未必真心归附，不久其内部必然叛乱，安禄山早晚会被手下杀死，因此不必担忧，这反而导致了唐朝政府贻误战机未能组织起有效防御。危急之时安西节度使封常清入朝，于是唐玄宗以常清为范阳、平卢节度使，派遣他至洛阳募兵抵御叛军。封常清到洛阳后旬日间募得 6 万人，拆断河阳桥准备抵御叛军。稍后，唐玄宗又以荣王李琬为元帅，前安西节度使名将高仙芝作为副手，在长安募兵。一方面，唐玄宗令高仙芝将飞骑、彍骑及新募兵、边兵在京者共计 5 万人，出屯于陕（今河南三门峡市陕州区西南）；另一方面，唐玄宗又赶紧杀死安禄山之子安庆宗，罢免了和安禄山有亲属关系的朔方节度使安思顺，改用郭子仪担任朔方节度使。

十二月，叛军已经渡过黄河，攻陷荥阳等地。封常清屯兵于武牢与叛军交战，在洛阳新募的唐军不是叛军精锐骑兵的对手，封常清一败再败，先丢掉武牢而后洛阳也很快失守。如此一来，局势便更加危急，叛军已经对长安构成了实质威胁。封常清收拢败军后向关中撤退，在退至陕地时与高仙芝所领唐军汇合,二人商议后决定放弃洛阳一带而退守险要的潼关以据险防御关中。

攻下洛阳后叛军的攻势有所放缓。一是安禄山计划于洛阳称帝而放松了攻势;二是由于河北州郡此时纷纷起义,对安史叛军的后方构成了极大威胁。安史叛军攻势虽猛,但留下守备河北的军队却很少,加之叛军所行残暴,沿途烧杀掳掠,故叛军刚过河北,河北各州县就联合起义反对叛军。河北共十七郡在常山(今河北正定)太守颜杲卿及其从弟平原(今山东德州)太守颜真卿的号召下,共同起义结盟自保,合兵 20 余万,直接威胁到了安史叛军与范阳老巢的联系,大有将叛军阻隔在河南之势。感到形势不妙的安禄山急派史思明带兵进攻河北各地,史思明虽然攻破常山杀死颜杲卿,但很快就被自井陉相继而来的李光弼、郭子仪所击败。此时叛军形势急转直下,向前无法突破固守潼关的唐军,归途又被截断,一旦相持日久唐军的增援将包围叛军,安禄山虽然于天宝十五载(756)正月在洛阳称大燕皇帝,但并没有挽回局面。

然而面对如此大好的局面,唐朝政府却频出昏着。先是唐玄宗听信谗言杀死封常清与高仙芝,改用病退在家的前河西、陇右节度使哥舒翰,哥舒翰抱病不能管理全军,部下各行其是,使唐军战力有所下降。哥舒翰到潼关后向唐玄宗回报:"禄山习用兵,今始为逆,不能无备,是阴计诱我。贼远来,利在速战。王师坚守。毋轻出关,计之上也。且四方兵未集,宜观事势,不必速。"[①]他继续采取封、高二人的坚守策略。然而唐玄宗又听信杨国忠的谗言,遣使催逼哥舒翰出击与叛军决战,这无疑是主动放弃了大好的战略局面。天宝十五载六月初四,屡受催逼的哥舒翰被迫率兵出关。六月初七,唐军与叛军会战于灵宝(今河南灵宝),中诱敌之计被伏兵打得大败,10 余万唐军只剩 8000,潼关防线随即崩溃。六月初九,哥舒翰被部

---

① (北宋)欧阳修:《新唐书》卷 135《哥舒翰传》。

下挟持投降叛军，安史叛军突破潼关直逼长安。在河北奋战的李光弼、郭子仪则兵败退入井陉，河北再次失守，自此唐军防御全面失败，战略上的优势瞬间消失，情况极度危急。

图 8.2　杨贵妃墓

六月初九晚上，看不到潼关报平安烽火的长安开始意识到大事不妙，次日杨国忠建议逃往相对安定富庶的蜀地，获得了唐玄宗的同意。六月十三日黎明，唐玄宗率皇亲国戚、亲信近臣、妃嫔姬妾及杨国忠等大臣从长安出逃。六月十四日，唐玄宗一行到达马嵬驿(今陕西兴平)时，随行将士发生哗变包围驿馆，诛杀败坏国家的杨国忠及杨氏一族，并要求杀死杨贵妃。唐玄宗无奈只得同意，将杨贵妃缢死。事变之后，唐玄宗一行继续向南入蜀并在七月到达成都。而太子李亨则带领部分人马留在关中继而北上灵武(今宁夏关忠市)。六月二十三日，安史叛军攻陷长安，战争进入了相持阶段。

二、相持阶段

天宝十五载七月初九，太子李亨到达灵武，并于七月十二日在诸将拥戴下继位称帝，是为唐肃宗。唐肃宗改元至德，遥尊在蜀地的唐玄宗为太上皇，并遣使入蜀通报。

此时的战局呈现出新的特点：一方面，长安失守，河北再次不保，唐军在各地各自为战暂时无力反攻；另一方面，叛军虽然攻破长安但锋芒已大大减退，安禄山等人又不思进取，"既克长安，以为得志，日夜纵酒，专以声色宝贿为事，无复西出之意"①。这样无论唐军还是叛军一时间都难再有所突破，战局走向相持阶段。七月底，郭子仪等人自河北回到灵武，唐廷稍有起色，重新谋划战局，一面由郭子仪、李光弼带兵分路出击，另一面则向回纥求援又加紧调集边镇援军，谋求收复长安。

此时由于河北、关中失守，唐朝政府的物资供应便几乎全部依靠江淮，因而阻挡叛军南下便显得尤为重要。唐将鲁炅布防于南阳、襄阳，张巡、许远则死守睢阳(今河南商丘)。到至德二载(757)十月，与叛军交战数百次，直战至全军覆没，这些保卫江汉的行动有力地牵制了叛军，支援了北方战事，为唐军最终收复两京，提供了物质保障。

叛军方面，安禄山自起兵以来，双目渐昏，至是不复睹物。又病疽，性情益躁暴，左右仆人小不如意，动加棰挞，或时杀之，遂至众叛亲离。至德二载正月，安禄山被其子安庆绪设计杀死，安庆绪继位为大燕皇帝，但他的威望、才能都无法和其父安禄山相比，在叛军中地位高、资格老的将领史思明拥兵于范阳不服调遣，安庆绪只得封史思明为范阳节度使来笼络他，叛军势力开始分裂。

唐军自唐肃宗继位后就开始不断努力，试图反攻收复两京，当时的战事对唐军十分有利，唐军在郭子仪、李光弼的带领下于各地不断取得胜利。至德二载九月，肃宗集结大军并借来回纥军队共15万人在广平王李俶和郭子仪带领下向长安发动进攻。安庆绪则调集10万人马于长安西北同唐军交战，结果安军大败，被唐军乘胜夺回了长安。唐军乘胜追击收复潼关，一举攻入关东。十月，唐军再败安军主力并收复洛阳，安庆绪逃往邺城(今河南安阳)。乾元元年(758)九月，唐军聚集朔方郭子仪，河东李光弼，淮西鲁炅等九镇节度使兵马数十万人向邺城进攻。十月，唐军连败安庆绪包围邺城，安庆绪百般无奈只得向史思明求救。此时唐军人数虽多但并无统一

---

① (北宋)司马光：《资治通鉴》卷218。

指挥，仅以宦官鱼朝恩为观军容宣慰处置使，故而久攻不下。乾元二年
(759)三月，史思明率兵增援安庆绪，与唐军交战，缺乏统一指挥的唐军被击
败，迫使各节度使撤围退兵以自保。史思明成功解围，随后杀死安庆绪，于
四月在范阳自立为帝。九月，史思明率兵南下再度攻陷洛阳，与李光弼对峙。

自乾元二年到上元二年(761)，李光弼在洛阳附近布防与史思明展开拉
锯战，两军之间互有胜负。上元二年二月，两军大战于洛阳附近的邙山，
唐军因布置失当被叛军击败，史思明进逼长安。然而就在史思明取得优势
准备进军长安时却被其子史朝义所杀，史朝义继承了帝位。史思明之死一
方面使叛军错过了进攻的最好机会，也加剧了叛军内部的分裂，自此叛军
便走向了衰落，唐军渐渐占据了优势，打破了相持的局面。

三、反攻阶段

宝应元年(762)，唐肃宗李亨在宦官李辅国发动的针对张皇后的宫廷政
变中惊惧而死，太子李豫继位，是为唐代宗。唐代宗继位后继续进行反攻
叛军、收复失地的战争。唐代宗先遣使至回纥借兵，又以其子雍王李适为
天下兵马元帅，仆固怀恩为副元帅统帅大军，向史朝义发动进攻。十月，
唐军与回纥联军同叛军主力10万人交战，大胜叛军，进而收复洛阳，史朝
义败逃河北。十一月，史朝义聚兵反攻失败，仓皇逃往河北。此时叛军将
领眼见大势已去遂纷纷举兵向朝廷投降，自此叛军败局已定，彻底平乱已
只是时间问题了。

宝应二年(763)正月，穷途末路的史朝义企图逃回范阳，怎料范阳守将
已经投降，困窘的史朝义在走投无路的情况下自杀。这样历时7年多的安
史之乱宣告结束。

安史之乱对唐朝社会与文化造成了一系列的深远影响。首先就是对社
会经济造成了极大的破坏，无论唐军还是叛军均有在民间劫掠的事情发生，
如唐军请来的回纥军队，进入洛阳后，"肆行杀略，死者万计，火累旬不

灭。所过虏掠，三月乃已。比屋荡尽，士民皆衣纸"①。唐军尚且如此，更
遑论叛军。长时间的战乱破坏了中原的广大地区，"百曹荒废，曾无尺椽，
中间畿内，不满千户……东至郑、汴，达于徐方，北自覃怀，经于相土，
人烟断绝，千里萧条"②。人民遭受了极大灾难。而河北及中原地区的战乱
所导致的人口迁徙更是深深地影响了中国社会的发展。

此外，安史之乱也使唐朝政府的控制力下降。安史之乱期间，唐朝为
了抵抗边镇军队，抽调了大量边防部队，西北一带的防御因此空虚。吐蕃
向关陇一带快速扩张，占据大量土地，自此到唐末，唐和吐蕃之间频频开
战。而在河北为了笼络投降的叛将，唐朝政府设立了大量的藩镇，这些实
力强大的藩镇公然藐视中央，各行其政，由此导致藩镇割据的问题愈演
愈烈。

第四节　藩镇割据

《新唐书·方镇表》中列出的藩镇有 42 个，但实际上有 50 个左右。众
多藩镇的并存也造成了安史乱后"方镇相望于内地，大者连州十余，小者犹
兼三四，故其将骄则逐帅，帅强则叛上，土地为其世有，干戈起而相侵，
天下之势，自兹而分"③的割据局面，藩镇主要来源为：安史旧部、平叛军
队及在战争中朝廷新册立的藩镇。

一、藩镇来源之安史旧部

唐代宗广德元年(763)，史朝义的自缢和其党羽的纷纷投降标志着历时
7 年多的安史之乱自此结束，唐王朝也因此有了一丝喘息之机。但这并不

---

① （北宋）司马光：《资治通鉴》卷 221。
② （后晋）刘昫：《旧唐书》卷 120《郭子仪传》。
③ （北宋）欧阳修：《新五代史》卷 60《职方考》。

意味着唐朝可以重新振作强盛起来，收纳叛军首领使其成为节度使为唐朝埋下了不可消除的祸端。

唐朝政府留下叛军首领并封其为节度使主要有两方面的原因：其一，唐朝虽然表面上平定了安史之乱，但却并没有彻底消灭其势力的办法，只能以赏功为名授其节度使称号，以求暂时的安稳。其二，唐朝政府派出平叛的铁勒族将领仆固怀恩及其子仆固玚存有私心，妄想扩大自己的势力，加之其与唐朝之间存在嫌隙，于是向朝廷上书请求让这些降将就地担任节度使。

安史降将任节度使及其占据地方大致如下：魏博镇（以今河北大名为中心）。广德元年（763），田承嗣占据贝、博、魏、卫、相、磁、洺七州，范围大致在今河北南部，山东西南称魏博节度使，拥兵10万之数。卢龙镇（又名幽州，以今北京为中心）。广德元年，李怀仙据幽、蓟、营、涿、平、檀、妫、瀛、莫九州，范围大致于今河北北部（今北京、天津、辽宁西部），称幽州卢龙节度使，拥兵5万。成德镇（又名镇冀或恒冀，以今河北正定为中心）。宝应元年，李宝臣据恒、定、易、赵、深、冀、沧七州，范围大致在河北中部，称成德节度使，拥众5万。相卫镇（今河南安阳）。广德元年，薛嵩据相、卫、洺、邢四州，大致在今河北西南部及山西、河南等地。相卫镇也是兵精粮足，但其后为田承嗣所并。故除相卫镇外的三镇通常被人们称为"河朔三镇"抑或称"河北三镇"。河朔三镇兵力强盛，自不愿真心臣服，故其常与朝廷为敌，战乱不断。这种藩镇也因此被称为叛镇或割据型藩镇，对唐朝后期政局影响最大的，也正是这一地区的割据型藩镇。

二、藩镇来源之平叛军

在平定安史之乱的过程中，许多唐朝节度使的权力都有所加强，因而许多节度使自恃武力强横也各占一方形成了割据藩镇。中央政府依靠他们平叛，对于这种情况，也只有听之任之。这些割据藩镇也并不在少数，主要有以下几个：（1）淄青（又名平卢，治青州，今属山东）镇。初侯希逸为节度使，李正己驱逐之，自占淄、青、齐、海、登、莱、沂、密、曹、濮、兖、郓等十二州，约在今山东地区。(2)淮西(治蔡州，今河南汝南)镇。初为李忠臣所占，李希烈驱逐之，自占申、光、蔡等州，约在今河南地区。(3)宣武(治汴州，今河南开封)镇。李灵曜为节度使占据汴、宋、亳、颍等州，约在今河南西部安徽东部地区。(4)山南东道(治襄州，今湖北襄阳市襄州区)。梁崇义占据今湖北西北部地区。这些藩镇军队构成大都河朔化，受其影响较大，故也多效仿河北三镇，割据称雄，它们也可归为叛镇之列。

三、朝廷册立之藩镇

朝廷新设立的藩镇大致上也可以分为：边疆型藩镇、中原型藩镇以及东南型藩镇。这些藩镇和叛镇有很大区别，由于是朝廷有目的设立，所以它们大都遵守朝廷号令。

安史之乱时，叛军势大，唐玄宗于是命令中原地区"分命节帅以扼要冲"，意思就是让一些将领把守重要的关键的军事地点来防卫叛军。这个措施在叛乱结束后也并没有取消，而那些"节帅"就逐渐成为新的藩镇势力。这是中原型藩镇的一个来源。其另一个来源就是朝廷的专门任命。这种类型的藩镇主要有以下几个：汴宋、武宁、忠武、河阳、泽潞、义成、河东、陕虢、河中、山南东道等。

边疆型方镇的前身是开元、天宝时边疆节度使中朔方、河西等镇，设置最早。唐王朝疆域辽阔，和许多少数民族政权邻近，所以经常会有少数民族入侵的状况发生，唐玄宗李隆基在位时期(712—756)为了戍卫边防，设立了许多节度使藩镇，主要可以分为西北方镇和西南方镇。西北方镇的代表为：凤翔、邠宁、鄜坊、泾原、振武、天德、银夏、灵武等。西南藩镇主要包括山南西道、西川、东川、黔中、桂管、容管、邕管、安南、岭南等。

我国东南地区在唐朝时就已经得到大规模的开发，是朝廷重要的财政收入地区，东南地区的赋税收入和唐朝的根基息息相关。为了严格把控这一地区，中央很早就在此设立了防御、团练、节度使等，后来也不断演变成为藩镇。这类藩镇主要代表有浙东、浙西、宣歙、淮南、江西、鄂岳、福建、湖南、荆南等。

倘若藩镇仅仅就是这样的存在，看起来似乎也并没有什么难以应对的，但是当时的政府，当时的藩镇以及它们之间的关系却并不像想象中那么简单。

四、河朔三镇

可以这样说，在唐朝中后期的藩镇割据过程中，河朔三镇占据了极其重要的位置，唐朝历史也因其而改变，因而，它也具有了典型特征。分析它的存在方式及状态或许也可以让我们更加了解这一段藩镇割据的历史。

在政治上，从大的方面来讲，本藩镇的首领并不由中央派遣而是由本镇直接拥立。有时是父死子继有时是兄终弟及，但有时也会产生意外的情况，最典型的便是"牙将逐帅"。关于这一现象会在军事部分讲到。据岑仲勉先生的《隋唐史》记载：魏博、成德、卢龙三镇前后历经 57 位节度使，唐朝政府所任者仅 4 人。[①] 从小的方面来说，由于河朔三镇节度使是当地的实际意义上的最高长官，即使在州没有被明确地规定属于藩镇的情况下，节度使依然可以施加自己的意志于各种政治人员的任命上。这种任命不仅包括州的官员，对于他自己的行政人员和军官也同样如此。

经济方面，治所取得的财政收入拒不上供中央，财政独立。无论名义上是否上报，他们只是征税并截留下来归自己所有。朝廷想要从他们手中取得收入，只能等待他们时有时无的上贡。而征税时，一方面可以增加新的税目，另一方面则更直接地增加税率，以便取得更多的财政收入。

手工业、商业是经济的重要组成部分，凭借着强大的资本和实力，节度使可以直接参与到手工业、商业之中去，即便不去直接经营，也有方法

---

① 岑仲勉：《隋唐史》，石家庄：河北教育出版社，2000 年版，第 262～264 页。

去取得利润,如设置关卡等。通过手工业、商业活动,他们可以获得武器、马匹等军备产品以及军饷。

农业方面,由于均田制的破坏,边镇通常掌握有大量的田地,这些田地,一部分来自屯田,另一部分来自节度使贵族阶层自己所掌握的土地。河北地区的气候也适宜粮食生产,大量的田地为他们提供了赋税和军粮。

军事方面,节度使手握重兵和中央分庭抗礼。这也是河朔藩镇得以存在的核心。他们的军队大致由3部分组成:(1)牙兵;(2)常备正规军;(3)地方的团练民兵。

唐朝中期以后,均田制遭到破坏,府兵制也随之难行,从唐玄宗开元十一年(723)开始政府不得不用招募方式来补充兵员。"时当番卫士,浸以贫弱,逃亡略尽,(张)说又建策,请一切罢之,别召募强壮,令其宿卫,不简色役,优为条例,逋逃者必争来应募。上从之。旬日,得精兵一十三万。"①这段话可以看成是唐朝正式用法令形式实行募兵制的开始。节度使的正规常备军也正是这样募集而来的。

所谓牙兵即亲兵或者卫兵,唐朝时的牙兵就是用来保护节度使安全的私人军队。例如,田承嗣就曾招募勇武者2000余人,为牙兵,号外宅男,厚加赏赐,长令300人夜直州宅。总体来看,牙兵通常由以下几种士兵组成:节度使私人出资维持的士兵;名义上的养子;为节度使效劳并随他从一地调到另一地的"侍从"。由于牙兵有自己的利益且力量强大,当节度使违背了他们的利益时,他们就可以变易主帅,即所谓的"牙将逐帅"。但这些牙兵仍有许多优点:使用费用低;能很快地被调动起来;相对地作战勇敢。所以节度使都大量招募牙兵。

五、河朔三镇与中央的关系

河朔三镇是典型的割据型藩镇,故其公开地与中央对抗也就显得再平

① (后晋)刘昫:《旧唐书》卷97《张说传》。

常不过。大历、建中、贞元、元和、长庆各时期，唐朝政府皆与河朔三镇发生过激烈的战争，大多都以唐朝政府的失败而告终。据《资治通鉴》记载，从广德元年到乾符元年(874)的110余年间，共发生过171起藩镇动乱，河朔三镇就占65起，在以上四类藩镇中居于首位。

在经常反叛的大背景下，有很多人会想当然地认为河朔三镇完全独立于中央而存在。其实并非如此，这些藩镇有时也会遵守唐王朝的一些法令，并不算严格意义上的完全独立。例如，唐朝政府实行的科举制度在藩镇同样适用，有不少杰出的人物还从边镇出来考取了功名。而中央对于当地的行政区划的改变等无关大碍的方针一般也都能得到施行。另外，唐朝政府在河朔三镇设置了监军院，各镇在首都长安亦有进奏院，这些机构都是藩镇与唐朝政府联系的纽带和桥梁，发挥了重大的政治作用。综合于此，我们可以说河朔三镇与中央的关系是游离性与依附性并存的。

六、中原藩镇

在军事上，中原藩镇大致位于河朔、东南、关中的中部地区，具有控扼河朔、屏障关中、沟通江淮的重要战略地位，对于河朔三镇起重要的防范作用。平时这一带国家常宿数十万兵以守御，等到战时则受唐朝政府调遣去征讨叛藩。

在财政上，由于北方战乱，唐朝政府的财富主要来源于东南地区，财富须经汴宋、武宁、陕虢等在漕运干线上的地方运抵关中，东南纲运输上都者皆由此道，因此中原藩镇还有保护中央财源上的责任。

中原藩镇由于是唐朝政府设立加之此地是重要军事地理要冲，这就注定了他们反叛朝廷的可能性不大；但这里经常与河朔三镇发生冲突，因而不可避免地会出现一批骄悍的藩将，如刘玄佐、韩弘、于頔、王智兴等人。他们在讨伐叛镇的战争中获得帅位，趁机发展了自己的军事势力，又利用朝廷借之镇遏骄藩的需要而拥兵自重，"逢时扰攘"、"乘险蹈利"正是对他们最好的描述。但是导致他们割据的情况几乎不可见，所以不能把中原藩镇当成是割据型藩镇。

七、边疆藩镇

在安史之乱之前，唐朝与周边各民族的关系大致是比较和谐的，即使战争偶尔发生也不会对双方关系产生很大的影响。然而在安史之乱时，唐朝政府自顾不暇，根本没有多余的精力去管与周边各族的事情。例如，安史之乱发生时，吐蕃就曾趁机进扰，"乾元之后，吐蕃乘我间隙，日蹙边城，或为掳掠杀伤，或转死沟壑。数年之后，凤翔之西，邠州之北，尽蕃戎之境，湮没者数十州"[1]。再如广德元年，吐蕃占领秦、成、阶三州后又向内地深入，最终攻陷了都城长安。唐朝政府为了边界安稳，在唐高宗、武后时期就设置了大批的边防戍军，到了710—711年，朝廷在边镇任命节度使更是成为定制。

从经济上来看，这些地方土地贫瘠，人烟稀少，这里藩镇就不能像河朔、中原地区的那样可以自给自足。一方面收入不足，另一方面维持稳定军饷又耗费巨大，只能是依靠中央财政，但是唐朝政府后期财政也严重不足，无法满足藩镇需求，某些军镇的将领就开始横征暴敛，但这样必然会引起边军的动乱。这往往是导致西北藩镇骚乱的重要原因。

军事上，由于摩擦不断，这些地方的藩镇都拥有较强的武力，加之设立很早，军事设施完备，动乱起来就自然更加骇人。

但无论如何，也不能把这些藩镇与河朔地区的藩镇割据混为一类，因为这些骚乱并没能对唐政府构成严重威胁，并且他们还是防止少数民族进犯的主要力量。供馈不足与藩帅苛刻是边疆藩镇的共同特点，由此而引发

---

① （后晋）刘昫：《旧唐书》卷196上《吐蕃传上》。

的兵乱也是其他藩镇动乱的主要内容。可见，边疆型藩镇只是唐廷的一种不稳定因素，总体上还是朝廷的重要依靠。

八、东南藩镇

从财政上看，东南藩镇位于浙东、浙西、淮南、江西、福建、湖南、荆南等地区。由于北方战乱，南方相对稳定，此地也成了唐朝政府税赋的重要来源地，几乎成了唐朝政府赖以生存的经济基础。

军事上，为了确保对东南财镇的掌控，政府设立了许多节度使，但这些藩镇的军队甚少，这里的藩帅也多为儒士而少军将。军事力量相对于中央来说较弱，财力也有所不足，中央对东南型藩镇的控制自然牢固，因此才有了天下的藩镇中，东南藩镇最为安宁的说法。

在这四种方镇中，唯有河朔型是割据藩镇，但其他藩镇也会偶尔出现反叛。这些割据藩镇之间，互相攻伐，战乱不断。像魏博镇吞并相卫镇就是如此。不过，这并不是常态，他们大多数认识到自己的战略利益是相互支援，于是结成松散的联盟，以便对抗中央政府。既然对抗中央政府成了他们一致的目标，随之而来的必然是不断的挑衅与战争。唐代宗时期的政府还没有能力强行解决这些问题，只能采取守势，而唐德宗显然并不想如此，他也不会预料到他的一个小小的因不甘于现状而产生的否定，将会给唐王朝带来怎样的后果。

第五节　中央与藩镇的斗争

一、唐德宗与四镇的斗争

唐德宗李适为唐代宗嫡长子，聪慧又励精图治，受人尊敬。建中元年

(780)，唐德宗颁行两税法，完成了重大财政制度改革，使全国政局焕然一新。同时，唐德宗也表明了自治藩镇和其他藩镇对朝廷应有着同样正规的财务义务的态度，再加上其他因素，中央与地方矛盾愈加尖锐。随后，唐德宗集中精力开展削藩斗争。

建中二年(781)，成德节度使李宝臣去世，他是安禄山之乱结束时被任命为节度使以控制成德的原来叛乱者中的最后一人。其子李惟岳要求承袭父位，但遭到致力削藩的唐德宗反对。成德的同盟者不断施加压力，但唐德宗也毫不让步，这使李惟岳处于一个篡权者的位置。显然，唯有通过武力才能将李惟岳的势力彻底清除。而李惟岳联合魏博镇节度使田悦、淄青镇李纳以及山南东道梁崇义，共同反抗中央，史称"四镇之乱"。此事触发了从781年至784年的一系列东北藩镇之乱，而在西北和河南的一些次要叛乱则一直持续到了786年。在这种情况下，德宗对反叛藩镇的态度日益严厉，对其进行强力镇压，局势趋于紧张。不久，梁崇义和李惟岳被杀，田悦和李纳也遭重创。

在削藩形势大好时，由于唐德宗对有功藩臣封赏失当，田悦、李纳又勾结卢龙朱滔、成德王武俊反抗中央，四人分别自称魏王、齐王、冀王和赵王，史称"四王"，共推已反叛的淮西节度使李希烈为主，李希烈加入了叛军，称自己为"天下都元帅"，后又称"楚帝"，气焰嚣张。建中四年(783)，唐德宗征调驻守京西地区的泾原兵和关内诸道兵前去镇压，泾原兵因不满朝廷犒赏太少，发生哗变，姚令言率兵攻入长安，拥立朱滔之兄朱泚为帝，国号秦(后改为汉)，史称"泾原兵变"。朔方节度使李怀光率兵勤王，但到长安附近被奸臣卢杞陷害，反而与朱泚勾结。兴元元年(784)，唐德宗仓皇逃至奉天。之后，唐德宗依靠李晟率军收复了长安，朱泚被杀。贞元二年(786)，李希烈被部下毒杀，叛军受挫，势力锐减。唐德宗趁机赦免了四王，诸镇也表示归顺，叛乱平息。

从这一系列的事件来看，显然唐德宗没有完成他的主要目标。他不但没有解决藩镇问题，反而又被迫应允藩镇自治独立性的继续存在。虽然削藩斗争还未取得最终的胜利，但至少也取得了一些成果：襄阳作为一个自治区已不复存在，而河北也因新设了义武（由易州和定州组成）和横海（治所为沧州）两个藩镇，政治地理发生了大的变化。到唐德宗末年，新的藩镇已经存在许久，成为唐朝地理上的长期特征，虽然个别藩镇的地盘发生了变化，但仍作为主要的行政单位存在。在这一时期它们已发展了自己的制度结构和行政方式，集中体现在长江以北的藩镇，那里有最发达的新制度形式。在南方，藩镇的行政机构力量较弱，更听命于朝廷。

所以，用武力推行中央集权的失败对于全国受朝廷控制的其他藩镇的影响也是很大的。朝廷财力空虚，对内对外威信荡然无存，因此又不得不回头采取保守的政策，以减少与重大地方势力和地方利益集团的摩擦。此时的朝廷就这样接受了一些重大的妥协。比如，为了避免某节度使在死前与接任者人选发生冲突，朝廷便让节度使们在一个职位上任职很长时间，授予不同的篡权者和兵变者正式的职位，甚至于去试探地方对于驻军官员人选的态度。无法控制强大藩镇的问题不但仍存在，由于朝廷不愿意或者说没有能力对其采取削弱打压行动的迹象日益明显，其他问题也更是层出不穷。这严重阻碍了两税法的推行实施，使得国家税收出现问题政局不稳，从而又使得国库空虚，对于强大的藩镇不断采取姑息的政策，使朝廷形成被压迫打击的循环。综合各种因素，唐德宗时期朝廷再未对反叛的藩镇用兵。

二、削藩的重大胜利——元和中兴

贞元二十一年（805），唐德宗去世，唐顺宗即位。其在位不到 8 个月即被宦官逼迫禅位，由其嫡长子李纯继位，即为唐宪宗，次年改元元和。唐宪宗在唐德宗改革的基础上进一步调整了赋税，并采取裁汰冗员、禁止南方掠卖奴婢等措施。这使国家元气恢复，朝廷地位进一步提升。唐宪宗重用致力削藩的杜黄裳、武元衡、李吉甫和裴度等人，着意用兵削藩，对迅速削藩以恢复中央权力的实现不抱幻想，所以行动谨慎，设法见机行事，取得了一系列的胜利，致使"中外咸理，纪律再张"①，被誉为"元和中兴"。

元和元年(806)，唐宪宗派高崇文平定了剑南西川节度使刘辟的武装叛乱，刘辟虽然因占领了邻近的剑南东川而在开始时取得了一定的优势，但到秋季优势不再，反被击溃。这是近 25 年中，中央军队在地方首次取得的重大胜利。次年，征调相邻道兵平定镇海节度使李锜。但元和四年(809)，宦官吐突承璀率兵讨伐成德节度使王承宗失败。元和七年(812)，魏博节度使田兴上奏归顺朝廷，幽州、成德也相继请降，河朔三镇一时归附。而唐宪宗深切地意识到，削藩不仅仅是在军事方面进行打压，所以他不从纯军事的角度看待藩镇问题，而是综合考虑：要削弱诸镇的独立势力，还需要在各种制度方面做出改变。宰相裴度提出并且在此年实行了重要的财政新立法。这是为了限制严重的通货紧缺现象，以此来打击地方封建割据的根源，进而实现削藩斗争的根本性胜利。但在事实上，这一措施并没有得到直接和广泛的应用。

元和八年(813)，魏博节度使田季安去世，田兴受镇兵拥护而掌权，中央则任命其为节度使，遂归顺中央，被赐名田弘正。然而在田兴掌权期间，魏博到底在大多程度上被纳入国家正式的财政体系之中，仍然值得怀疑。魏博虽然一直紧跟中央的政策，但它是因为与朝廷是盟友的关系而非隶属控制关系。所以，从这些情况来看，其实田兴本人是出于对朝廷的忠诚和朝廷对军队的大量犒赏才这样做的。由此来看，如果不是魏博本身改变了态度，唐宪宗统治后的削藩成就几乎是无法实现的。所以，削藩是很多因素综合起来才能完成的。

元和九年(814)，淮西节度使吴少阳死，其子吴元济袭位，占据申、

---

① (后晋)刘昫：《旧唐书》卷 15《宪宗本纪》。

光、蔡三州，骄横叛上，抢掠四方。皇帝长期准备的军事干预机会也出现了。淮西长期以来都是朝廷面临的一个棘手问题，虽然淮西镇面积小，但它所处的地理位置十分重要，甚至可以对沿汴渠的任何地点进行攻击，从而轻而易举地威胁富饶的长江的几个藩镇。再加上当时派出的军队由宦官监管，进退攻守常被干扰控制。在军队中，胜则归功于监军的宦官，负则归咎于主帅，使得将士们欠缺作战积极性。因此，朝廷派发诸道兵近9万人讨伐吴元济三年而无功。而这三年的淮西消耗战也是整个唐宪宗统治时期的危机。如果说上面说到的魏博节度使田兴的效忠具有十分重要的意义，那么在牵制其他潜在敌对势力的同时，朝廷对于淮西的胜利便会成就唐宪宗最后的削藩功绩。这使得整个中央政府面临严峻的考验。于是，中央的资源和人才实现了高度整合和团结。

与此同时，北方的成德和平卢从唐宪宗统治开始的时候就摆着一种和朝廷抗衡到底的架势，它们敏锐地认识到朝廷这次的淮西胜利会有什么样的后果。所以，它们千方百计地阻碍朝廷进行此次削藩，采取了一系列的破坏和恐怖活动，使得朝廷改变了对平卢的态度。

元和十二年（817），宰相裴度被任命为淮西宣慰处置使，统率全军，驻扎于郾城（河南郾城区）。裴度率军讨伐时，深切体会到宦官监军弊端百出，奏请废止宦官监军制度，让将帅自主地处理军务，改变了军队将领的被动局面。宪宗派智勇双全的大将李愬于此年的一个冬夜，率领数千骑兵奇袭淮西治所蔡州城，逮捕了吴济元，申、光二州归降，平定了淮西之乱。之后，横海节度使程权奏请入朝为官，朝廷收复了沧、景（治今河北景县东北地区）二州。同时，幽州（今北京地区）刘总上表奏请归降，成德也上表，献上德、棣（今山东惠民东南地区）二州。昭义节度使卢从史被贬为骧州司马。

元和十四年（819）二月，刘悟杀死负隅顽抗的淄青李师道而降唐，淄青十二州收复。成德王承宗、卢龙刘总也相继自请入朝，其他几个反叛将领也表示归顺投降。至此，唐朝完成了形式上的国家统一，藩镇割据的局面暂时结束。元和十五年(820)，成德节度使王承宗病逝，其弟王承元上表归降。自唐代宗李豫近60年来，藩镇跋扈河南北30余州，自除官吏，不供贡赋的局面，至此大致结束，被誉为"元和中兴"。但是，节度使手握重兵的情况仍未改变。所以，宪宗又采取分割强藩势力、减小大镇地盘的方法，于平定剑南西川刘辟后分西川六州为东川，讨平李师道后于其地分设淄青、郓濮和兖海三道节度使。元和十四年，又召诸道的支郡兵马归刺史统率，以分割藩镇兵权，取得了一定成效。

三、穆宗后的削藩斗争

元和十五年(820)正月，因皇位继承问题，宦官内常侍王守澄和陈弘志合谋毒死了宪宗。宪宗去世后穆宗李恒继承皇位，为缓解财政紧缺的窘境，实行销兵政策，下令全国的军镇兵员人数每年削减8%。但是许多被裁撤的募兵因此生活窘迫，使社会不安定因素凸显。朝廷处置藩镇不当又激起了卢龙军朱克融的兵变。田弘正(时为成德节度使)被王廷凑杀害，魏博节度使田布亦为史宪诚所害。宪宗将其平叛后，河朔三镇被迫接受中央委派的管内地方官员，可这些官员昏庸不堪，不尊重河朔士兵，使得中央与地方的矛盾尖锐化，至此，"元和中兴"的短暂局面被打破，藩镇的割据势力又强大起来。

自从元和十五年刘悟在昭义掌权，昭义就一直由刘氏家族控制。刘悟在自治的平卢任职，于元和十三年(818)自请归顺朝廷，得到皇上的赦免和任用。之后又经历了世袭继承问题、"甘露之变"等事件。此时的朝廷已经具备与之前相比更为坚定的领导集团，准备进攻昭义，但遇到一些困难，于是成功说服成德和魏博从东边进攻昭义。经过艰苦卓绝的战斗，朝廷终于收归了昭义部队，将其指挥权下放到各州。昭义的藩镇问题得到解决。

长庆元年(821)，卢龙镇首先拘禁了朝廷新委派的节度使张弘靖，推朱克融为留后(唐朝节度使、观察使缺位时设置的代理职称，玄宗后成为惯例)。接着，成德军将王廷凑杀死了朝廷从魏博改派到本镇任节度使的田弘正(田兴)。朝廷迅速调集 15 万军队进行镇压，但 15 万诸道兵战斗积极性低下，无法战胜仅万余的叛军。次年，魏博也发生了叛乱，河朔三镇恢复旧态，脱离了朝廷的控制。朝廷财力不振，不能长期用兵，遂停战，从此便不再打算收复河朔地区。

然而，朝廷对两个分裂出来的义武和横海的控制使其在河朔取得了一定的战略优势。虽然，朝廷对他们的控制有的时候会失败，但中央会任命许多新的官员去担任藩镇的节度使，这使得这些藩镇重新受到朝廷的控制。河朔一直以来都是削藩最重要的地区。宝历二年(826)，李同捷在驻军的支持下谋求承袭父位做节度使的时候，横海出现了恢复自治地位的危险情况。这个时候皇帝新即位，所以朝廷直到一年后才开始对李同捷采取行动。本来，藩镇问题是朝廷较为容易处理的问题，可是对于河朔地区，即使只是面对一个势单力薄的藩镇，削藩也成了一个复杂、棘手而又费时的事情。在自治的三个藩镇中，幽州与中央比较疏远，魏博态度也不坚定，而成德自己最后又被宣布为非法。除此之外，魏博和成德还相互动武。最后，朝廷花费了很高的费用和极大的精力才于太和三年(829)恢复了对横海的控制。

此后，其他藩镇也纷纷效仿河朔三镇，专注于发展自己的势力。比如徐州大将王智兴逐出节度使崔群，自领军务；泽潞节度使刘悟因禁监军刘承偕，并将其赶走。从唐穆宗到唐懿宗末期，骄兵悍将争权逐帅的纷乱再度活跃起来，朝廷只能承认现状，不加干预。其中"会昌伐叛"则是一个例外。

会昌三年(843)，刘从谏病重，由于担心自己的安危，与张谷、陈扬庭勾结，任用刘家子弟充任军中要职，又让亲信分别统领亲兵，妄图割据一方，效法河朔三镇。后刘从谏病逝，刘稹奏求朝廷命其为留后。唐武宗李炎通过与众臣分析，认识到由于昭义地理位置特殊，临近京城，遂无法实现割据。于是武宗下诏命成德节度使王元逵、魏博节度使何弘敬维持现状，保持独立性。刘稹遂公开与朝廷对抗。削刘初期，武宗先削夺了刘稹的官爵，然后开始派多道出兵联合讨伐。刘军全力抵抗，兵力被逐渐削弱，增援部队也被朝廷派发的联合军队击败。朝廷不断向泽潞派兵，虽有失败，但刘军毕竟势单力薄，实力被大大削弱。随后，河东都将杨弁发动了兵变，占据了太原，与刘稹相勾结，共抗朝廷。后期，刘军内部军心涣散，再加上刘稹的心腹高文端归降，为朝廷军队提供了机会。会昌四年（844）七月底，邢、洺与磁州相继归降。泽潞郭谊、王协杀死刘稹的亲信向朝廷请降。石雄率军攻入潞州，将郭谊、王协等人押送回长安。朝廷终于平定了泽潞之叛，收复了这个临近两京的重镇。

会昌元年（841）九月，卢龙又发生军乱，唐武宗以张仲武为卢龙留后，李德裕采取了正确的策略，很快平定了卢龙。不久，又发生昭义镇对抗朝廷的事件，李德裕奉诏，派成德和魏博前去平定，经过艰难的战斗，终于取得了成功。唐武宗平昭义之乱是唐朝中央政府对地方藩镇割据的最后一次胜利，这极大地提高了朝廷的威望，战后各藩镇重新遵奉朝令，唐朝得到形式上的统一。

唐僖宗后，各藩镇忙于相互兼并，扩大自己的地盘。黄巢起义期间，各镇都不服从朝廷的安排，只是表面上归朝廷管辖。之后，彼此又进行了数十年的兼并战争，最终演变为五代十国分裂战乱的局面。

第九章　盛世辉煌——世界性的帝国

提及中国历史上的强盛时期必会想起汉唐。在国外，有许多事物被冠以"唐"字。唐朝强盛时，声誉远及海外，海外各国因而称中国人为"唐人"。《明史·真腊传》言："唐人者，诸番呼华人之称也。凡海外诸国尽然。"[①]华侨自称唐人，正由于唐朝是让中国人为之骄傲的朝代。在世界的很多地方，华人的居住区被称为"唐人街"，最初，唐人街被称为"大唐街"。清康熙十二年（1673），词人纳兰性德在《渌水亭杂识》中提道："日本，唐时始有人往彼，而居留者谓之'大唐街'，今且长十里矣。"[②]后来，才在他人的描述中出现"唐人街"这个词语。清同治十一年（1872），志刚在《初使泰西记》中有："金山[③]为各国贸易总汇之区，中国广东人来此贸易者，不下数万。行店房宇，悉租自洋人。因而外国人呼之为'唐人街'。建立会馆六处。"[④]"唐人街"是粤人华侨自创的。名字上除了"唐人街"，带有"唐"字的东西还很多，如七巧板传到欧洲时，西方人称之为"唐图"。在 2001 年的上海亚太经济合作组织会议上，中国作为东道主请前来参会的亚太经济合作组织成员的领导人穿"唐装"，并由之而掀起"祥和喜庆"的"唐装"新潮。

唐朝所处的 7—10 世纪，欧洲尚处在黑暗的中世纪。唐朝时，西欧国家刚刚进入封建社会不久。欧洲的封建强国主要有法兰克王国和拜占庭帝国，但它们的社会发展阶段都远远落后于唐朝。继之而起的横跨亚、

---

① （清）张廷玉：《明史》卷 324《真腊传》。

② （清）纳兰性德：《渌水亭杂识》卷 1。

③ 今美国圣弗朗西斯科。

④ （清）志刚：《初使泰西记》卷 1。

非、欧三洲的阿拉伯国家到了8世纪时才逐渐形成封建制。就东方而言，印度在戒日王时期(606—647)才实行了封建制；而日本直至孝德天皇大化元年(唐太宗贞观十九年，645)"大化改新"，才由奴隶制向封建制过渡。当这些国家进入封建社会时，中国的封建制度已有几百年甚至1000多年的时间。

唐朝的长期统一也是当时世界少见的。这个时期的欧洲，由于没有一个非常强大的政权来统治，造成了长期战乱的局面。人民生活在毫无希望的痛苦中，所以中世纪或者中世纪的早期在欧美普遍被称作"黑暗时代"。在东方，印度的戒日王于647年去世后，他的帝国很快土崩瓦解了，印度陷入了长达500多年的无序状态，直到12世纪末德里苏丹国的建立。相比而言，唐朝则具有长时间统一稳定的政治环境、广大的疆域和众多的人口。唐朝是当时世界上最为繁荣的国家之一。英国历史学家威尔斯在《世界简史》里描述中国汉唐时说："当西方人的心灵为神学所缠迷而处于蒙昧黑暗之中，中国人的思想却是开放的，兼收并蓄而好探求的。"[①]

唐朝时的长安人口众多，异常繁荣。李约瑟在其名著《中国科学技术史》第一卷中指出："唐代确是任何外国人在首都都受到欢迎的一个时期。长安和巴格达一样，成为国际著名人物荟萃之地。"[②]唐朝时，长安全城分外郭城、皇城、宫城三重，以朱雀大街为中轴线，南北向大街11条，东西向大街14条，把城市如围棋格一样分为整齐划一的108个方块，这些方块被称为坊。长安城内整体建筑布局规模宏大，雄浑壮观，这在当时全世界的都城当中，是极为罕见的。长安居民当中，还有唐朝境内各少数民族成员和亚洲其他国家的人。中亚昭武九姓和吐火罗故地的胡人往往以使节或商人名义，寓居长安。8世纪中叶，波斯萨珊王朝被大食灭亡后，波斯王

---

① ［英］威尔斯：《世界简史》(修订本)，卜仙元译，北京：新世界出版社，2016年版，第191页。

② ［英］李约瑟：《中国科学技术史(第一卷·导论)》，袁翰青、王冰、于佳译，上海：上海古籍出版社，1990年版，第127页。

子卑路斯和他的儿子泥涅师，也曾在长安居住并先后客死长安。此外，还有新罗、日本等国的留学生和学问僧。

美国学者伊沛霞在《剑桥插图中国史》中说出："与 20 世纪前中国历史上任何其他时代相比，初唐和中唐时的中国人自信心最强，最愿意接受不同的新鲜事物……这个时期的中国人非常愿意向世界敞开自己，希望得到其他国家优秀的东西。"①

其实一直到晚唐时期，中国统治者对世界还是很了解的。在莱奴德所编的《阿拉伯人及波斯人之印度中国纪程》一书的后半部分，是阿布赛德哈散的记录，这一部分成书于后梁末帝贞明二年（916）。其中谈及阿布赛德哈散的朋友伊本·瓦哈伯。这位阿拉伯人在黄巢起义之前到了长安，并且见到了唐僖宗。唐僖宗告诉他，在世界上的君主中，唐僖宗所重视的有：伊拉克（即黑衣大食，阿拉伯阿拔斯王朝）国主，被称为王之王；大唐皇帝，被称为人类之王；突厥国王，被称为狮子之王；象王即印度王，被称为智慧王；希腊王，也被称为人类之王。"此五王者，乃全世界最尊荣之王。此外无能与之相匹敌。"②此段话虽有一些值得怀疑的地方，如张星烺先生认为，哪里有中国皇帝承认阿拉伯王为世界第一，而自认为第二的道理。可能是瓦哈伯将谈话内容变更了，这样对作为阿拉伯人的他来说，显得更好听而已。③ 不过他们的谈话，在一定程度上反映了唐朝对世界的了解。这位在治国方面表现得较为昏庸的君主对世界还是较为了解的，而且似乎熟知世界宗教。他向瓦哈伯展示了皇家收藏的摩诃末（穆罕默德）、摩西、耶稣等各国圣人像，并对他们的事迹侃侃而谈，瓦哈伯被他所折服。

---

① ［美］伊沛霞：《剑桥插图中国史》，赵世瑜、赵世玲、张宏艳译，济南：山东画报出版社，2001 年版，第 83～84 页。

② 张星烺编注，朱杰勤校订：《中西交通史料汇编》，北京：中华书局，2003 年版，第 769 页。

③ 张星烺编注，朱杰勤校订：《中西交通史料汇编》，第 769 页。

第一节 由六十一宾王像谈唐朝的外国人

郭沫若写过一首《咏乾陵》："岿然没字碑犹在，六十王宾立露天。冠冕李唐文物盛，权衡女帝智能全。黄巢沟在陵无恙，述德纪残世不传。待到幽宫重启日，还期翻案续新篇。"在今陕西省乾县西北的梁山上，坐落着唐高宗李治和武则天合葬的乾陵。这里有许多谜团围绕着它：它是唐朝关中十八陵中唯一避免被盗掘的陵墓，一代女皇武则天的无字碑，空中拍摄到的乾陵怪圈，等等。其中就包括所谓的六十一宾王像，它们又称六十一番臣像：在朱雀门的东西两侧，有两组石人像，西侧32尊，东侧29尊。这61尊与真人同样大小的石人，衣着和身材各不相同。他们是谁呢？长时间以来，很多人以为这些石像是按照参加高宗葬礼的外国人或使者的形象制作而成的。北宋时，时任陕西转运使的游师雄曾经考察过这些石像背后的文字，并做了记录。经鉴别，如今有35尊石像的身份大体可以弄清。这些石像身份的确定，不仅纠正了人们的误传，而且还说明了唐朝统治阶级具有多民族成分的特点。这35人当中，真正的客使和侨居长安的外国人不过五六人，绝大多数是唐朝属下的各族官员或作为人质住在长安的诸属国的国王、王子。其中至今字迹还可辨认者有"木俱罕国王斯陀勒"、"盛于阗王尉迟璥"、"吐火罗王子持羯达犍"、"默啜使移力贪汗达干"、"播仙城主何伏帝延"等7尊。

在唐朝的外来人中，有许多是通过官方途径进入唐朝的。主要包括使臣、质子、贡人等。这些人有些是王室成员甚至国王本人，也有些是身居高位的外交使臣，有些是打着使节旗号的商人，更多的是作为贡品献给唐朝的各色技艺人或奴婢，等等。

一、使臣

从唐初到玄宗开元年间，与唐朝有过外交使节来往的国家近400个，其中"自相诛绝及有罪见灭者"300余国，开元年间尚存者还有70国。① 早在贞观三年(629)，中书侍郎颜师古就请画师作了《王会图》来表现使臣来朝的空前盛况。大明宫北部太液池之西高地上的麟德殿，是皇帝召见贵族亲信、接见外国使臣和举行盛大宴会的地方。该殿大约建于唐高宗麟德年间，故以"麟德"命名。王维有诗云："九天阊阖开宫殿，万国衣冠拜冕旒"(王维《和贾至舍人早朝大明宫之作》)，这是万国朝拜宏阔气象的生动写照。

外国使臣及君主至唐，最重要的仪式就是接受皇帝的召见。唐朝对迎劳(遣专人慰劳)、戒见(遣专人通知召见日期)、奉见(正式召见)、受表(接受国书)、受币(接受礼物)、赐宴等都有烦琐的规定。外国使臣还参加唐朝廷组织的一些重大庆典活动。唐高宗麟德二年(665)，参加封禅泰山活动中的外国使臣有波斯、天竺、罽宾、乌苌、昆仑、日本及新罗、百济等"诸蕃酋长，各率其属扈从，穹庐毡帐及牛羊驼马，填候道路"②。玄宗开元十三年(726)，参加封禅活动的，有大食、谢䫂、五天竺、昆仑、日本、新罗的侍子和使节，还有百济带方王、乌浒之酋长等。③

使节还因位次发生过争执。玄宗天宝十二载(753)元旦，当时把外国前来朝贺的使节分为东西两列。西列第一位是吐蕃使节，第二位是日本使节藤原清河。这个日本人对把他排在第二提出抗议。唐玄宗便把日本使节排在东列第一位，把原来东列第一的新罗使节改在西列第二位。有些使节出于对唐朝及其文化的仰慕自愿留在大唐，甚至在唐朝娶妻生子。更为有趣的是，有些原本是外国来唐朝的使节，后来却代表唐朝出使本国。如新罗王族人金思兰出使唐朝，"恭而有礼，因留宿卫"④。开元二十一年(733)，他被唐玄宗授以太仆卿赐同正员身份，出使新罗。实际上金思兰的出使是有其原因的。当时，渤海国国王大武艺遣大将张文休率军攻登州，唐玄宗

---

① (唐)李林甫等：《唐六典》卷4《主客郎中·员外郎》。
② (北宋)王钦若编：《册府元龟》卷36《帝王部》。
③ (后晋)刘昫：《旧唐书》卷23《礼仪志三》。
④ (北宋)王溥：《唐会要》卷95《新罗》。

遣归顺唐朝的大武艺之弟大门艺发幽州兵击之，同时派金思兰先归国发兵，攻其南境，两路夹击以征讨渤海，不能简单地看成是派回出使本国。

有时使节还带着艺人同来。唐德宗贞元十年(794)，南诏归服唐朝，骠国王雍羌也想内附于唐朝，曾几度遣使来唐朝献乐。贞元十七年(801)，骠国王由南诏王异牟寻引荐，遣子舒难陀率乐队和舞蹈家抵长安表演。大诗人白居易写的《骠国乐》一诗就记载了骠国王子为唐德宗演奏骠国音乐的情形："骠国乐，骠国乐，出自大海西南角。雍羌之子舒难陀，来献南音奉正朔。德宗立仗御紫庭，黈纩不塞为尔听。玉螺一吹椎髻耸，铜鼓千击文身踊。珠缨炫转星宿摇，花鬘斗薮龙蛇动。曲终王子启圣人，臣父愿为唐外臣。左右欢呼何翕习，至尊德广之所及。须臾百辟诣阁门，俯伏拜表贺至尊……"(白居易《骠国乐》)之后，德宗授其国王以太常卿、舒难陀以太仆卿之号。

二、人质

人质多由输质方国王的儿子充任，多称"质子"；又因人质多在唐朝宫廷中担当宿卫，又称"侍子"。充当质子的主要是输质方国王的儿子、侄子、弟弟，个别还有以国王本人为质者。如开元十八年(730)十月，护蜜(即护密，在今巴基斯坦北)王罗真檀就曾经入朝留宿卫。还有的祖辈几代长期在唐朝为人质的。如有个叫何文哲的，他是何国国王的后裔，因祖先在永徽年间(650—655)入唐为质，遂世代留居长安。后来，何文哲在大和三年(829)去世，何氏后裔在唐朝已居住了近200年。新罗、康国、何国、石国、米国、迦湿弥罗、护蜜、吐火罗、天竺诸国、波斯等国家都曾派遣人质。武则天时，有个叫薛登的左补阙曾谏言请求禁绝质子，并要求禁止现在已经在京的质子回国。当时"质子多在京师"①，以前像吐蕃人论钦陵、突厥人阿史德元珍、契丹人孙万荣等人原来都当过质子，这些人在唐朝生

---

① (北宋)欧阳修：《新唐书》卷112《薛登传》。

活过一段时间，对唐朝的情况比较了解，当他们的国家与唐朝开战时，会对唐朝不利。因此，薛登认为质子无疑是输质方在朝廷中安排的合法间谍，这种"唐朝通"（当时应为"周朝通"）还是越少越好。这种观点无疑是矫枉过正的错误做法，武则天没有同意他的请求。

三、"贡人"

这里所说的"贡人"不是指由府、州、县推荐到朝廷的人士，而是将人作为供皇室或贵族官僚玩赏的贡品。其中，有些贡人是生理、外貌与中国人迥异的。例如，扶南国（又作夫南、跋南。意为"山岳"。辖境约当今柬埔寨以及老挝南部、越南南部和泰国东南部一带），在武德、贞观时期，曾经朝贡两个白头人。白头人生活在扶南西面，人生得白发，头皮肤如凝脂。这些人住在山洞里，四面都是悬崖峭壁，人迹罕至。我们有理由怀疑这是因为山地缺盐引起的白化现象，好像中国的"白毛女"。唐宪宗元和十年（815），诃陵国（又称波陵、社婆、阇婆，今印度尼西亚爪哇岛中部）贡献僧祇童。元和十三年（818），又遣使献僧祇女。这些人与白头人截然相反，以皮肤黝黑著称。除此之外，较多的是一些艺人，如歌舞艺人、杂技演员、魔术师等。上面提到的诃陵国就在唐懿宗咸通年间（860—874）使献女乐。睿宗时（710—712），婆罗门国所献的贡人，能够倒立行走并用脚来代替手做舞蹈的姿态。还懂得驱刃之法，如将利刃放在背下，在腹部之上坐一个吹觱篥（古代管乐器，形似喇叭，用竹做管，用芦苇做嘴）的人，利刃只是卷曲，并不能伤到他。此人还能伸出双臂同时让两个人抓住，可以旋转百圈以上。这类杂技放在现在，有的仍有一定的难度，在唐朝简直是令人瞠目了。唐太宗贞观年间（627—649），西域献胡僧，能以咒术使人生死，唐太宗挑选飞骑中身体强健的战士试验，结果"如言而死，如言而苏"[1]，感觉类似于现在的催眠术。这只是将人催眠睡着，

---

[1]　（唐）刘餗：《隋唐嘉话》中。

并不是真正的死亡。

四、外国奴婢

梁羽生的武侠小说《大唐游侠传》和《龙凤宝钗缘》中，许多人物均源自唐朝传奇，如红线、聂隐娘、精精儿、空空儿等。其中的铁摩勒，源自唐传奇《昆仑奴》中的磨勒，该文为裴铏《传奇》中的一则，讲述了在唐代宗大历年间(766—779)居住在长安的崔生所蓄的昆仑奴磨勒，帮助少主窃取豪门姬妾，成全他们爱情的故事。但史书上的"昆仑"不一定是昆仑人，只是体黑像昆仑奴而已。据《晋书·孝武文李太后传》记载，孝武帝之母李太后当年在宫中因为长得黑被宫人叫作"昆仑"。[①] 南朝宋孝武帝刘骏"宠一昆仑奴，令以杖击群臣，尚书令柳元景以下皆不能免"[②]。这里所说均不是真正的昆仑奴。《旧唐书·林邑传》载："自林邑以南，皆卷发黑身，通号为'昆仑'。"[③]唐朝诗人张籍在一篇名为《昆仑儿》的诗中写道："昆仑家住海中州，蛮客将来汉地游。言语解教秦吉了，波涛初过郁林洲。金环欲落曾穿耳，螺髻长卷不裹头。自爱肌肤黑如漆，行时半脱木绵裘。"这说明昆仑奴的特点是黑皮肤和卷头发。在唐朝的小说和诗歌作品中，昆仑奴经常见于记载。1954 年以来，先后在西安近郊、咸阳、乾县、礼泉等地唐墓中出土的人俑中就有全身呈黑色、头发呈螺旋转曲状的。

除了昆仑奴外，还有新罗婢。根据唐穆宗长庆元年(821)三月平卢军节度使薛平递交朝廷的报告显示，新罗婢是海盗将新罗人掳掠而来，运到唐朝莱州(治今山东莱州)、登州(治今山东蓬莱)等靠海的地方然后卖掉。唐朝政府虽明令禁止，但似乎是成效不大。

---

① (唐)房玄龄：《晋书》卷 32《孝武文李太后传》
② (北宋)司马光：《资治通鉴》卷 129。
③ (后晋)刘昫：《旧唐书》卷 197《林邑传》。

第二节 唐朝与当时"汉字文化圈"其他国家的交流

法国诗人、画家亨利·米修(Henri Michaux,1899—1984)曾说过:"汉字具有宇宙精神,靠近源头,接近自然。立于其旁,如傍一石、一树、一源。人更俭朴,暗通广阔空间。在迹之道——汉字中,充满了景象,充满了新生,充满了原始的惊奇。笔画缤纷,百门大开,从中飞出诱惑、沁出芳香、吐出黎明,即使空白也具有无限的生命。"[①]提到汉字,我们不能不提到"汉字文化圈"。"汉字文化圈",具体指汉字的诞生地中国以及周边的韩国、朝鲜、日本、越南等国。这一文化圈在秦汉时期首现雏形,最终形成于唐朝时期,延续至19世纪西方文化侵入这些地区之前。"汉字文化圈"的主要基本要素包括汉字、儒教、中国式制度、中国式律令、中国式科技等。构造文化圈的条件在隋唐之际得以成熟。唐朝具有强大的综合国力、灿烂辉煌的文化成就以及对外开放的态度,这些因素使得它与日本、朝鲜半岛、林邑等以空前的规模进行着文化交流。在这些交流中,中国文化辐射至整个东亚以及东南亚部分地区,"汉字文化圈"最终形成。"汉字文化圈"鼎盛之际,朝鲜语、越南语和日本语词汇的六成以上都是由古汉语派生出的汉字词组成的。

一、与日本的交流

遣唐使在日本的史书中被称为"西海使"、"遣大唐大使"、"入唐使";对唐朝而言,则和对其他来交流的使者的称呼一致,都称为"朝贡使"。有唐一代,日本前后共19次派遣遣唐使团来唐朝访问,实际到达唐朝的有13次。日本遣唐使团规模很大,据史书记载,多则达650多人,少则也有120

---

① 转引自吴昌顺、梁捷:《让思想插上翅膀——吴老师谈语言运用》,济南:山东教育出版社,1998年版,第5页。

多人。如第 8 次遣唐使团人数达 594 人，第 13 次遣唐使团计划的来唐人数达 651 人(但其中一艘船在出发时遇难，船上载有的 140 人未得入唐)。虽然数量很多，但是遣唐使的人员都经过了严格的筛选。遣唐使者不仅要具有外交才能，拥有端庄的仪表、优雅的风度，还须通晓经史，并对唐朝情况有一定了解。从身份上讲，一般在日本的遣唐使团中，主要设有大使、副使等官员代表，还有囊括了知乘船事(船长)、造船都匠(造船技术负责人)、船师(航海长)、卜者(掌管航行方位、测定风力)、水手长、水手等一系列航海人员。除此外，还有译语(翻译)、主神(掌管祭神)、医师、画师、史生(文书)、射手(警卫)、音声长(负责乐队)、音声生(乐手)、杂使(杂役)、玉生(玉匠)、铸生、细工生(手工艺品匠人)等。部分使团还有围棋高手、琵琶演奏者，以求与中国艺术高手进行切磋。同时，遣唐使团还负责送学问僧和留学生。

日本来唐的留学生和学问僧，也是经过严格选拔的。来到唐地以后，唐朝对外国留学生的生活，照顾得很周到，如规定在唐的日本、新罗等国的留学生，每人每年给绢 25 匹及四季衣服，使这些来唐学习的留学生生活较为充裕，可以专心一意从事学习。他们一来中国，往往就待上二三十年。中国的天文、历法、音乐、美术、建筑、雕刻以及工农业方面的一些先进生产技术，通过他们被介绍到日本。同时，他们还带去大量图书仪器。由于日本很多学者熟谙汉字，因此他们很重视中国的书法，二王的真迹、名家的碑帖，大量传入日本。日本书学泰斗中田勇次郎先生曾将日本书道的历史分成 9 个时期进行考察。其中有 3 个时期跟中国的唐朝相重叠，即飞鸟时代的隋唐书法、奈良时代的晋唐书法和平安时代的唐朝书法。日本书道史上的"三笔三迹"都集中在平安时期，被日本人尊为书法圣人。平安时代初期(794—897，相当于唐朝中晚期)，三笔活跃于书坛。能书三笔者，嵯峨天皇、橘逸势、僧空海。参与书写宫廷内府匾额即《十二门额》者，三笔全都在内。由此可见，"三笔"已是当时首屈一指的大书法家了。这些均与学习唐朝书法有关。

在中日文化交流中做出突出贡献的著名日本人士有吉备真备、阿倍仲麻吕和空海等。

吉备真备(695—775)先后两次入唐，在唐朝留学达 17 年。日本圣武天皇天平七年(唐玄宗开元二十三年，735)，吉备真备回到日本，带回的书籍中有《唐礼》130 卷、《大衍历经》1 卷、《大衍历立成》12 卷。吉备真备所带回的《唐礼》，对日本朝廷礼仪的完善和改进有很大影响。除了礼书和历书以外，吉备真备带回的东西还囊括了音乐、军事等各方面。音乐方面，吉备真备带回的乐器和乐书对于唐乐在日本的传播起到积极作用。军事方面，弦缠漆角弓、马上饮水漆角弓、露面漆四节角弓、射甲箭、平射箭等军事用具，也由吉备真备在此时带回到日本。吉备真备的各项成就无不与中国文化的浸染有关。他精心著述的《私教类聚》一书，集中地反映了其思想观点，是吉备真备为了培养和训诫自己的子孙而作。《私教类聚》尊儒学重佛法，强调忠孝、修身和务实，是吉备真备两度留唐期间以《颜氏家训》为范本写作而成的。

阿倍仲麻吕(698—770)于开元五年(717)随遣唐使来唐朝留学，汉名晁衡(朝衡)。他在太学肄业，成绩优异，不久，任左春坊司经局校书，还担任过左补阙、卫尉少卿及秘书监。晁衡先后结识了中国诗人储光羲、李白、王维、赵骅、包佶等。储光羲对他十分赞赏，曾写诗《洛中贻朝校书衡，朝即日本人也》相赠。诗云："万国朝天中，东隅道最长。吾生美无度，高驾仕春坊。出入蓬山里，逍遥伊水傍。伯鸾游太学，中夜一相望。落日悬高殿，秋风入洞房。屡言相去远，不觉生朝光。"天宝十二载(753)，晁衡和遣唐大使藤原清河等，共乘一舟回国，途中遭遇风暴，李白以为他逝世了，以悲痛之情写下了著名的《哭晁卿衡》一首："日本晁卿辞帝都，征帆一片绕蓬壶。明月不归沉碧海，白云愁色满苍梧。"该诗成为中日友谊史上传诵千年的名作。晁衡脱险后，再次入唐，于唐代宗大历五年(770)卒于长安。

　　作为日本佛教真言宗创始人的空海(774—835)，是佛学方面中日文化交流的重要使者。空海15岁时开始学习《论语》、《孝经》；18岁时，学习《书经》、《诗经》、《左传》。804年，日本桓武天皇延历二十三年、唐德宗贞元二十年，空海随遣唐使入唐求佛法，他在长安遍访各地高僧。回到日本后，他继续从事佛法研究，著有《辩显密二教论》、《秘藏宝钥》、《十住心论》、《即身成佛义》、《付法传》等佛学作品。在学习佛法的同时，他对中国书法也非常感兴趣，曾向韩方明讨教书艺。空海的书法在日本也影响巨大。现藏于日本奈良国立博物馆的《金刚般若经开题》是空海的书法代表作之一。如果你有幸看到这一书法作品，可以发现这件草书作品既有东晋王羲之的书法渊源，又带有唐朝颜真卿的影子，具有明显的唐式书风。

图9.1 鉴真像

　　对中日文化交流做出巨大贡献的中国人是鉴真和尚(688—763)。他东渡日本，携去律宗、天台宗等经典以弘扬佛法。日本天平胜宝六载(754)，孝谦天皇任命鉴真为大僧都，成为日本律宗始祖。鉴真在平城京(今日本奈良)创建唐招提寺，并著有《戒律三部经》刻印流传。除了弘传佛法外，鉴真还积极施医送药。他治愈了光明皇太后的疾病，皇室因此把备前国水田100町赐给了鉴真。他虽然已经失明了，但还能够凭嗅觉鉴定药物，日本宽平年间(889—897)藤原佐世所著《日本国见在书目录》中，还载有《鉴上人秘方》1卷，可惜今已失传。与他同行弟子中有擅长雕塑、绘画、建筑等的，他们在日本也起到进一步传播唐朝文化的作用。

在政治上，日本大化元年（645），中大兄皇子取得大臣中臣镰足的支持，消灭了专权的大臣苏我氏，拥立孝德天皇。孝德天皇以中大兄为皇太子，中臣镰足为内臣，建元大化，迁都难波（今日本大阪）。孝德天皇进行了自上而下的政治、经济改革，日本历史上称之为"大化改新"，它标志着日本开始向封建社会过渡。改革的中坚人物中大兄皇子和中臣镰足都是圣德太子派往唐朝的学问僧南渊请安的学生。在这次革新运动中，高向玄理和僧旻被任命为国博士供天皇咨询。高向玄理是唐朝留学生，僧旻也是派往唐朝的学问僧。很明显这次改革有模仿和借鉴唐朝的性质。新政府以唐朝律令制度为蓝本，结合日本旧习，规定了中央集权的封建国家体制。在此之后，参照均田制实行班田收授法；也实行租庸调制；仿照唐制实行户籍计帐制；参考《唐令》制定了《大宝令》和《养老令》等。平城京、平安京（今日本京都）均模仿长安的坊、市、街道设计建筑。日本的法律，也是参照《唐律》而制定的。

二、与新罗的交流

朝鲜半岛高丽、百济、新罗三国并立时期，中朝之间的文化交流已经相当发达。当新罗统一朝鲜之后，它与唐朝的关系进一步发展。清朝李汝珍的《镜花缘》一书中，有一个"礼乐之邦"君子国。此国中，"耕者让田畔，行者让路……士庶人等，无论富贵贫贱，举止言谈，莫不慕而有礼"[1]，真不愧君子二字。唐时的新罗国，就有君子国之称。唐玄宗派使者出使新罗时说："新罗号为君子国，颇知书礼，有类中华。"[2]新罗继承三国的文化传统，同时吸收中国唐朝的文化，形成了相当发达的民族文化。

新罗首先以唐制为立国规范。在中央效仿唐朝尚书省设执事省，总理国政，下设位和府（掌管人事）、仓郡（掌管租税）、兵部（掌管兵马）、左右

---

[1]　（清）李汝珍：《镜花缘》第 11 回《观雅化闲游君子邦　慕仁风误入良臣府》。
[2]　（后晋）刘昫：《旧唐书》卷 199 上《新罗传》。

理方府(掌管律令)、例作府(掌管工事),与唐朝尚书省下设的吏、户、礼、兵、刑、工六部职能基本吻合。此外,还仿照唐朝的内侍省设置内省,仿唐朝的御史台设置司正府。

在学制上,新罗仿照唐朝置国学。新罗神文王政明二年(682),新罗在中央创立国学,即仿唐制的太学。国学内设置国子司业、博士、助教,所使用的教材有《周易》、《尚书》、《毛诗》、《礼记》、《春秋左氏传》、《昭明文选》等。景德王六年(747),国学改为大学监。

新罗也大量派遣留学生到唐朝学习。新罗文圣王二年(840年),唐文宗开成五年,新罗回国的留学生和其他学成回国的人员多达105人。新罗还广泛吸取唐朝民俗的风采。真德女王时,采用中国章服之制。此外新罗的姓氏制度与民间节日,也都具有浓重的中国痕迹。新罗时期的佛教,也在中国佛教的直接影响下形成。

新罗有很多人能够写流畅的汉文,如新罗学者和诗人崔致远,在中国留学多年,还在僖宗乾符元年(874)进士及第。他在中国10余年中,写有大量诗文,可惜多数已失传,只有20卷的诗文集《桂苑笔耕集》收在《四库全书》中。他的汉诗《秋夜雨中》、《江南女》等颇具盛唐、晚唐纯熟诗风。

新罗的士人,喜爱唐诗,尤其是白居易的诗,还会根据白居易诗歌独特的风格,辨别出真伪来,可见他们在中国文学方面造诣之深。新罗古代没有固定文字,5—6世纪的时候,汉文在新罗逐渐流行。随着半岛的统一和社会经济的空前发展,新罗神文王时代的薛聪发明了"吏读",这是汉字以新罗语音标表记,汉文以新罗语判读的方法。吏读的创始,使得会解读中国九经的朝鲜半岛学者也出现了,这对以后朝鲜半岛民族文化的发展起到了有益的作用。由于新罗的文字和汉文很接近,因此新罗士人也重视汉文的书法。

需要说明的是,朝鲜半岛的古籍都是以汉字来记载的,当时他们只有语言,没有文字,只有贵族才配使用汉字。现在朝鲜半岛所使用的文字是

1443年朝鲜王朝世宗和集贤殿的学者们制定并公布的具有独创性的文字。该文字是由11个元音和14个子辅音组成的表音文字（通过拼写，扩大至21个元音，19个辅音）。这种钦定文字颁布之时，称为"训民正音"。

在唐朝沿海很多城市有"新罗坊"，接待新罗人的旅店叫"新罗馆"，有的地方设有"勾当新罗所"，说明新罗人在中国的确实为数很多。

在两国交往过程中，不少物产、药材、手工业品和书籍也得到交流。早期的新罗虽有饮茶之风，但茶叶区主要从唐朝进口。到了兴德王二年（唐文宗大和二年，828），新罗人才把中国的茶树移植到新罗。时隔不久，新罗就茶树成林了。新罗吸收了唐朝的雕版印刷术并加以提高和改进，以后的高丽书籍以印刷精美而著称。

三、与林邑的交流

林邑，象林之邑的省称，故地在今越南中部。秦汉时为象郡象林县地。东汉灵帝初平三年（192），象林功曹之子占族人区连并杀死汉朝的日南郡象林县令，从东汉独立，占据了原日南郡的大部分地区，以婆罗门教为国教，建立占婆国，与东汉以顺化为界。8世纪后改称环王。9世纪后期又改称占城。唐高祖武德六年（623），林邑王梵志遣使至唐朝访问。武德八年（625），又遣使至唐朝，馈送方物。唐高祖为使臣设宴，并设九部乐来款待林邑使臣。使臣归林邑时，唐朝还向林邑王赠送了很多锦彩。唐太宗贞观二年（628），林邑遣使来访。贞观四年（630），林邑王范头黎遣使馈送"驯象、镠锁、五色带、朝霞布、火珠"。① 火珠像鸡蛋大小，圆白皎洁，光照数尺，其形状材质好像是水晶。据记载，该珠正午时分向着阳光，把艾草放在下面就可以着火，看来取火的原理与放大镜相似。贞观五年（631），林邑王范头黎又遣使赠送五色鹦鹉、白鹦鹉。唐太宗命李百药作《五色鹦鹉赋》。那

---

① （北宋）欧阳修：《新唐书》卷222下《环王传》。

只白鹦鹉十分聪明，善于跟人应答。因为林邑比较温暖，该鹦鹉到了唐朝后经常抱怨冷，唐太宗于是命人送还林邑。贞观十六年(642)，林邑王又遣使来唐访问。林邑王范头黎死，子范镇龙继位林邑王，遣使赠送"通天犀、杂宝"①，唐朝亦答以厚礼。贞观十九年(645)，范镇龙为其大臣所杀，范氏尽灭。林邑国人立范头黎女婿婆罗门为王。不久大臣又废婆罗门，而更立范头黎之女为林邑女王。女王不能取得臣下拥护，林邑大臣共迎范头黎姑子诸葛地为林邑王。终唐之世，林邑一共 24 次遣使来唐聘问并馈赠方物，如犀牛、驯象、白象、象牙、琥珀、珍珠、沉香、棉布等，唐朝也报以厚礼。

两国很少交兵。据《新唐书·环王传》记载，在唐宪宗元和初，环王(林邑，至德后改名环王)不朝献，安南都护张舟执其伪骧(今越南义安省南部和河静省)、爱州(今越南清化市)都统，斩首 3 万级，抓住王子 59 人，获得很多战象、舟船、铠甲。② 当时，骧、爱二州属于唐朝。看来此次战争不只是不朝贡那么简单。

我们顺便谈一下越南的文字。汉字在 20 世纪前在越南通行，用于官方文件、科举考试以及著述等，但是汉字无法完整表达越南的日常用语，于是就产生了民族文字"字喃"。它用汉语双字造成一个新字，这两个汉字，一个表音，另一个表意。"字喃"按体系本来是"字字喃"甚至"字字字南"，因为汉语的"字"在字喃体系里用双字应该写作"字字"，而喃应该写成"字南"，表示是南方(相对于中国)的文字的意思。16 世纪末，越南又用经由西欧传教士传入的罗马字母来书写越南语。虽然这两种文字很早就出现，但汉字在当时仍被官方视为唯一正统的书面语。直到 1945 年 9 月 2 日胡志明宣布越南独立并成立"越南民主共和国"(1976 年，改名为"越南社会主义共和国")。当年 9 月 8 日，越南政府宣布全面推行罗马字教育，才使罗马

---

① (北宋)欧阳修:《新唐书》卷 222 下《环王传》。
② (北宋)欧阳修:《新唐书》卷 222 下《环王传》。

字成为当今越语唯一书写系统。

第三节　唐朝与当时"汉字文化圈"以外国家的交流

一、西行求法

在古印度有座著名的佛教寺院叫"那烂陀寺","那烂陀"意译为"施无厌"。据佛教传说,此地原本是释迦牟尼大弟子舍利弗的诞生及逝世处,释迦牟尼本人也曾路经此地说法。12世纪末,该寺为入侵的阿拉伯人所毁,后遂湮没无闻。1861年,一批欧洲学者根据一本书的记载及附近出土的碑铭,在今印度比哈尔邦巴腊贡附近发现了那烂陀寺遗址,并进行了初步的勘查发掘。而那本指导遗址发现的书却是中国人所著,那就是由唐朝高僧玄奘口述、其弟子辩机笔录的《大唐西域记》。

一提起玄奘法师(602—664),一般人们都会想到《西游记》中那位人妖不分、胆小懦弱的唐僧。但这仅仅是神话小说中的虚构,历史上真实的玄奘不是如此。他是一位虔心求法、胆识过人、意志坚强的高僧。玄奘俗名陈祎,洛州缑氏(今河南偃师缑氏镇)人。13岁出家于洛阳净土寺,法名玄奘。贞观元年(627),他请求西行求法,但未获唐太宗批准。但是心意已决的玄奘"冒越宪章,私往天竺"[1]。玄奘经过九死一生,横越玉门关外荒无人烟的大沙漠——莫贺延碛,攀越海拔6995米的汗腾格里峰。沿途在热心民众、高昌国王麹文泰、突厥叶护可汗的帮助下,经过中亚、阿富汗,于贞观三年(629)夏到达了印度北部。贞观五年(631),抵摩揭陀国的那烂陀寺,受学于戒贤,在此备受优遇,并被选为通晓三藏的十德之一(即精通50部经书的10名高僧之一)。

---

[1]　(清)董诰等编:《全唐文》卷906《还至于阗国进表》。

贞观十年(636)，玄奘离开那烂陀寺，周游印度，到处求学。贞观十五年(641)，玄奘在羯若鞠国首都曲女城见到戒日王，并受到礼遇。戒日王决定以玄奘为论主，在曲女城召开佛学辩论大会，并邀请了五印度18个国王、3000个大小乘佛教学者和外道2000人参加。当时玄奘讲论，任人问难，但无一人能予诘难。一时名震五印度，并被大乘尊为"大乘天"，被小乘尊为"解脱天"。戒日王又坚请玄奘参加五年一度、历时75天的无遮大会。随后，玄奘婉谢了戒日王等印度国王和众多僧俗百姓的恳切挽留，决意回国。

贞观十九年(645)，玄奘在历经千难万险，西行求经18载之后，终于在46岁时回到了长安，受到朝廷和百姓的热烈欢迎，出现了"道俗奔迎，倾都罢市"的情景。不久，唐太宗接见并劝其还俗出仕，玄奘婉言辞谢。尔后，他留长安弘福寺译经，由朝廷供给所需，并召各地名僧20余人助译，分任证义、缀文、正字、证梵等职，组成了完备的译场。几年间他译出了多部经书，并奉敕将《老子》、《大乘起信论》译成梵文，传于五天竺。不久，大慈恩寺落成，玄奘遂奉敕入住，任上座，并悉心从事翻译佛经。高宗永徽三年(652)，玄奘奏请建塔以安置经像，经高宗敕许，乃于大慈恩寺西院营建雁塔。显庆三年(658)，他移居西明寺，因常为琐事所扰，遂迁居玉华宫，致力译经。高宗麟德元年(664)二月逝世，葬于白鹿原，后迁至樊川。其墓地毁于黄巢起义，顶骨迁至终南山紫阁寺。后几经辗转，现今被我国的南京玄奘寺、灵谷寺，成都文殊院，西安大慈恩寺，台北玄奘寺，新竹玄奘寺；日本琦玉县慈恩寺、奈良三藏院；印度那烂陀寺9处寺院分藏供奉。

据载，玄奘前后共译经论75部，总计1335卷。所译之经，后人均称为新译。他创立了唯识论，是唯识宗的主要创立者之一，并传播和发展了印度的五种性论和因明学。其口述的《大唐西域记》是研究我国新疆、印度、尼泊尔、巴基斯坦、孟加拉国以及中亚等地古代历史地理之重要资料。

义净(635—713)俗姓张，字文明，唐朝齐州(今山东济南)人，一说范阳(今河北涿州市)人，生于唐太宗贞观八年(634)。义净 7 岁时，父母送他入齐州西南 40 里的土窟寺，少年时便仰慕法显、玄奘等西去天竺求法壮举。他精于佛律，并参习摄论宗、唯识宗、俱舍宗各派理论，对大乘教义情有独钟。为了求经学法和瞻仰佛迹，便决定西去天竺。唐高宗咸亨元年(670)，他在长安曾和处一、弘祎等人相约西行，但这些人因种种原因没能同行。只有他于翌年十一月间从广州搭乘波斯商船泛海南行。这时只有他的弟子善行相随。他们海行 20 天到达室利佛逝(今苏门答腊)，后来善行因病返国，他即孤身泛海前行。经末罗瑜(后改隶室利佛逝)、羯荼等国，于咸亨四年(673)二月到达东印度耽摩梨底国，和另一位住在那里多年的唐朝僧人大乘灯相遇，停留一年，学习梵语。其后，他们一同随着商旅前往天竺瞻礼佛迹，往来各地参学，经历 30 余国，留学那烂陀寺，历时 11 载。武则天垂拱三年(687)，他归途中经过室利佛逝，在那里停留两年多，从事译述。直到武则天证圣元年(695)，他才偕贞固、道宏离开室利佛逝。抵达洛阳时，义净等人受到热烈的欢迎。玄宗先天二年(713)正月，他卒于长安大荐福寺翻经院。义净的《南海寄归内法传》、《重归南海传》记述了他在印度和南海 25 年的丰富见闻，其中包含了这些地方许多佛教和社会生活方面的翔实资料。《大唐西域求法高僧传》，除记述南海求法高僧事迹外，兼有经济、风俗及航程的记载，实为当时及后来研究南洋诸国的重要资料，是后世史家研究唐朝国际交通史的重要资料来源。在佛教方面，他翻译出多部佛经，并编有《梵语千字文》，以帮助中国僧人学习梵文。

二、唐朝外来历法

外来历法当中，最为著名的当属"七曜历"。"七曜"是指蜜(日曜日)、莫(月曜日)、云汉(火曜日)、咥(水曜日)、温没司(木曜日)、那颉(金曜日)、鸡缓(土曜日)。这种历法始于古代巴比伦。我国也曾有过与此相似的历法。8世纪时，"七曜历"由摩尼教徒从中亚康国传入我国。"七曜历"影响深远。在《新唐书·艺文志》有许多以"七曜"为名的历书和相关著作：《七曜本起历》、《七曜历算》、《陈七曜历》、《七曜杂术》、《七曜历疏》、《七曜符天历》、《七曜符天人元历》等。敦煌发现的历书和占星术著作也有采用七曜历的。这里值得注意的是曹士芳所著《七曜符天历》。这种历法不符合官方历法的传统，在当时不被官方所承认，被称为"小历"。但《七日翟符天历》却流传到日本，并得到行用。它在民间较为流行，很受欢迎，一直流传到南宋时期。

五代后晋时，司天监马重绩曾采用曹士芳的方法创新历，晋高祖石敬瑭赐号"调元历"。但只实施了5年，就因差误太多而停止使用。后来辽灭掉后晋，辽太宗耶律德光进入开封，收集到后晋各部门的人员、技术、历法，迁徙到辽中京(今内蒙古宁城)，辽国才开始有了历法。辽穆宗应历十一年(961)，司天王白、李正等所进献的历法就是"调元历"。这种在中原官方仅行用5年的历法，却在辽国行用了48年之久。

另一种对中国历法影响很大的是"九执历"，它是当时(7世纪前后)较为先进的天竺历法。"九执"就是指"九曜"，日、月、火、水、木、金、土加上罗睺和计都，合称"九曜"。罗睺和计都是天竺天文学家假想的两个看不见的天体，实指黄、白道相交的升交点和降交点。《大唐开元占经》中记载有天竺《九执历》，它是当时在唐朝生活的天竺人瞿昙悉达翻译的。

三、外来的医学及药物

1981年，由中国中医研究院副院长、眼科专家唐由之等6人组成的中国传统医学考察团到印度访问。他们在印度北方城市贝拿勒斯向传统印医研究所的上百名印医专家播放了由中国考察团带来的纪录片。这部纪录片记录的是中国医生做"金针拨白内障"手术的情形。当印度专家们看完此片后，热烈鼓掌，持续不断。因为中医所采用的这种技术原本来自印度，曾被称为"金篦术"。

"金篦术"又称"金篦决障术"，是一种治疗白内障的技术，后来这一技术在印度失传了。而此刻它却经中国医生之手得以复活，并重新传回印度，这实在是一件值得印度传统医生高兴的事。这种技术起源很早，在北凉昙无谶所译的《大般涅槃经》中就有"如百盲人为治目故，造诣良医，是时良医即以金篦抉其眼膜"①的说法。"金篦术"在唐朝非常有名。著名诗人杜甫就有"金篦刮眼膜，价重百车渠"（杜甫《谒文公上方》）的诗句。刘禹锡也曾向在唐朝的印度人求医。他在《赠眼医婆罗门僧》诗中就写道："三秋伤望眼，终日哭途穷。两目今先暗，中年似老翁。看朱渐成碧，羞日不禁风。师有金篦术，如何为发蒙。"当然，也有治疗失败的情况。鉴真东渡之前，便因暑热之故患有眼疾。当时有胡人自称能治疗眼病，鉴真便让他去治疗，结果因治疗失败而导致双目失明。许多学者认为，该胡人就是游历唐朝的天竺医师。

除了天竺医师之外，大秦的医师也是善于治疗眼疾的。唐人杜环在《经行记》中曾描述大秦医师的高超医术：他们善于治疗眼病和痢疾，有的能在病发之前感知发病的预兆，有的能够开脑取虫。②唐高宗的侍医秦鸣鹤，针灸技术娴熟。当时唐高宗李治患有风眩，头痛目眩不能视。秦鸣鹤诊查后认为是风气上逆所致，用针刺头部微出血，即可痊愈。当时身为皇后的武则天听到后很生气，说："此可斩！天子头上岂是试出血处耶？"③唐高宗认为医生诊病论疾，不可加罪，且头重目眩，不堪忍受，出血未必不佳。秦鸣鹤便用金针刺唐高宗百会及脑户穴微微放血，唐高宗当时就得以复明。有的学者根据秦鸣鹤的医术手段与大秦的医生相似以及唐朝往往以国名为

①　（北凉）昙无谶译：《大般涅槃经》卷8《如来性品》。
②　（唐）杜环：《经行记·大食法、大秦法、寻寻法》。
③　（唐）刘肃：《大唐新语》卷9《谀佞》。

姓，判断秦鸣鹤有可能为大秦人。① 此外，中亚的康国也曾向唐朝献"眼药瓶子"。②

除了医生外，一些药方也随之而来。据《隋书·经籍志》记载，唐以前有 12 部外来医学著作：《龙树菩萨药方》、《西域诸仙所说药方》、《香山仙人药方》、《西域波罗仙人方》、《西域名医所集要方》、《婆罗门诸仙药方》、《婆罗门药方》、《耆婆所述仙人命论方》、《乾陀利治鬼方》、《新录乾陀利治鬼方》、《龙树菩萨养性方》以及收有外来药方的《四海类聚方》。③ 唐朝又传入了《吞字贴肿方》、《龙树眼论》。④

唐朝有大量药物从海外传入中国。在唐高宗显庆四年(659)成书的《新修本草》(《唐本草》)载药 850 种，其中新增添的 114 种药中，有许多是外来药物，如由天竺传入的豆蔻、丁香，大秦传入的乳香，波斯传入的青黛。五代十国时期，前蜀有个花间派词人名叫李珣。他的先祖就是隋朝来到中国的波斯人，其父随唐僖宗入蜀。除了擅长诗词外，李珣还精通医药。因为其波斯祖先以及家族曾经从事香料贸易。他对外来的药物非常了解，并撰写了《海药本草》一书。该书共有 6 卷，载入海桐皮、天竺桂、没药等外来药，在明确记载其产地的药物中，产于南海的有 32 种、岭南 10 种、广南 10 种、波斯 15 种、大秦 5 种、西海 5 种。可惜的是，该书在南宋末年就佚失了。由赖傅肱《蟹谱》、唐慎微《证类本草》等书的征引，才得以保存部分内容。

当然一些消极的东西也随之而来。唐太宗相信婆罗门僧那罗尔娑婆寐的长生之法，命他依照其天竺国的"仙方"配制长生神药，哪知服用之后，居

---

① [日]桑原骘藏：《隋唐时代に支那に来往した西域人に就いて》，见《桑原骘藏全集》第 2 卷，东京：岩波书店，1968 年版，第 306～307 页。
② (北宋)王钦若编：《册府元龟》卷 907《外臣部》。
③ (唐)魏徵：《隋书》卷 34《经籍志三》。
④ (南宋)郑樵：《通志》卷 69《艺文略七·医方》。

然暴疾身亡。唐高宗总章元年(668)，婆罗门卢伽逸多也曾受诏合制金丹。

四、外来的饮食文化

大历十二年(777)，宰相元载被代宗诛杀。在对其进行抄家时，抄出胡椒八百石之多。身为权臣的元载又不是开调料店的，储存这么多胡椒干什么？原来在唐朝胡椒并不像现在那样便宜和容易得到，是有钱人才能享受的。《新修本草》称："胡椒生西戎，形如鼠李子，调食用之，味甚辛辣。"①但是唐朝所用的胡椒，因气候的原因不适合栽培，都是靠进口。胡椒原产于印度西南海岸西高止山脉的热带雨林，公元前4世纪已有栽培。我国最早引种胡椒是1947年由归侨自柬埔寨引进小叶种在海南琼海试种。1951年，归侨从马来西亚引进大叶种又在海南琼海试种。当时多供药用，亦用于食品调味。段成式在《酉阳杂俎》里就提到"今人作胡盘肉食皆用之"②。看来胡盘肉只有用胡椒才地道。

除了胡椒之外，唐朝时还引进了一些蔬菜。比如我们现在经常食用的菠菜就是那时候引进的。菠菜原产伊朗，2000年前已有栽培，在唐朝时被称为波棱。贞观二十年(646)，泥婆罗(今尼泊尔)国王那陵提婆遣使献波棱、酢菜、浑提葱。就这样，菠菜由尼泊尔传入我国。由于它原产于波斯，方士称它为"波斯草"；由于其根赤，故俗名"赤根菜"；又因为其绿叶红根，宛如鹦鹉，又被叫作"鹦鹉菜"。人们对菠菜的性质也逐渐了解。孙思邈的弟子孟诜所著的《食疗本草》中就曾指出菠菜能利五脏、通肠胃热、解酒毒。③菠菜在唐以后广为种植。宋朝文学家苏东坡有诗写道："北方苦寒今未已，雪底波棱如铁甲。"④与菠菜一起传入中国的酢菜，其原产地就在尼

---

① （唐）苏敬：《新修本草》卷14《木部·下品》。
② （唐）段成式：《酉阳杂俎·前集》卷18《广动植之三·木篇》。
③ （明）李时珍：《本草纲目》卷27《菜部二·菠薐》引孟诜《食疗本草》。
④ （北宋）苏轼：《东坡全集》卷9《春菜》。

泊尔,它的茎加香料、辣椒等腌制成咸菜,就是我们现在常吃的榨菜。"浑提葱,其状犹葱,而味甘辛。"①

除了引进的新的植物外,外来的食品也对唐朝的饮食文化有着一定的影响。唐朝外来饮食最多的是"胡食"。《新唐书·舆服志》说:"贵人御馔,尽供胡食。"②馎饦是用油煎的发面饼。释慧琳在《一切经音义》中说:"此饼本是胡食,中国效之,微有改变,所以近代亦有此名。"③饆饠也是一种胡食,是唐朝新传入的食品。一般认为它是指一种以面粉作皮、包有馅心、经蒸或烤制而成的食品。在北方尤其是关中地区比较流行,长安就有许多饆饠肆、饆饠店专卖饆饠。许多百姓都去店内食用,而一些大户之家自己也学会做饆饠,有些还做得相当不错。其中广被人们提及的是韩约所做的"樱桃饆饠"。这种饆饠做好后,馅里的樱桃能够做到"其色不变"④。胡饼在唐朝被广泛食用。安史之乱时,在逃亡成都的途中,杨国忠曾买胡饼,献与唐玄宗。大历十二年(777)的一天早晨,理财家刘晏在上朝前的路上,看到卖蒸胡饼处热气腾腾,就买了块放在衣服底下大嚼,边吃边走,还向同路人赞叹:"美不可言,美不可言!"被传为佳话。圆仁的《入唐求法巡礼行记》记载唐文宗开成六年(是年正月初九改元会昌,841)"立春节,赐胡饼、寺粥。时行胡饼,俗家亦然"⑤。

在酒类上,唐朝有三勒浆和葡萄酒、龙膏酒等"洋酒"。

印度所产的三种著名果药——庵摩勒(余甘子)、毗梨勒、诃梨勒(诃子)已均为唐朝人所知。虽然这三种果药的主产地在印度,但用这三种果制作的名酒——三勒浆却是波斯酿造的。

汉武帝建元三年(前138),张骞奉命出使西域,看到大宛(在今中亚乌

---

① (北宋)李昉:《太平御览》卷976《菜部一·菜》。
② (北宋)欧阳修:《新唐书》卷45《舆服志》。
③ (唐)释慧琳:《一切经音义》卷37。
④ (唐)段成式:《酉阳杂俎·前集》卷7《酒食》。
⑤ [日]圆仁撰:《入唐求法巡礼行记》卷3。

兹别克斯坦、塔吉克斯坦和吉尔吉斯斯坦三国的交界的费尔干纳盆地）及其附近的国家"以蒲陶为酒，富人藏酒至万余石，久者数十岁不败"。这里的"蒲陶"就是"葡萄"的另一音译名称。汉朝在一定程度上掌握了葡萄种植和葡萄酿酒技术。但是在汉朝，葡萄酒仍然是十分珍贵的奢侈品，并不是普通百姓能享受得起的。

东汉末年，孟佗给张让（"十常侍"之一，汉灵帝时大宦官）送了一斛葡萄酒，便坐到了凉州刺史的高位。可见当时葡萄酒是何等的珍贵。由于葡萄酒的酿造技术没有大面积推广，到了唐初，中原地区对葡萄酒的酿造已经不甚了解。唐太宗破高昌时，除了引进了当地的马乳葡萄，还得到了酿造葡萄酒的方法，并对此进行改良。"造酒成绿色，芳香酷烈，味兼醍醐，长安始识其味也"[1]。

在唐朝，葡萄酒非常出名，有的胡人在长安还开设酒店来销售葡萄酒。在唐诗当中，葡萄酒屡屡被提及："蒲萄酒，金叵罗，吴姬十五细马驮"（李白《对酒》）；"蒲萄酒熟恣行乐，红艳青旗朱粉楼"（元稹《和李校书新题乐府十二首·西凉伎》）；"天马常衔苜蓿花，胡人岁献葡萄酒"（鲍防《杂感》）；最著名的当属"葡萄美酒夜光杯，欲饮琵琶马上催"（王翰《凉州》）。在长安，曾有大批胡姬当垆售卖葡萄酒。李白的作品中对胡姬即多有咏吟："胡姬招素手，延客醉金樽"（李白《送裴十八图南归嵩山》）；"细雨春风花落时，挥鞭直就胡姬饮"（李白《白鼻䯄》）。最著名的当属《少年行》"胡姬貌如花，当垆笑春风。笑春风，舞罗衣，君今不醉将安归？"

唐顺宗时，处士伊初玄被召入宫，曾饮用过龙膏酒。虽然这种酒黑如纯漆，但能使饮用它的人神清气爽。这种酒是鸟戈山离国进献的。

英文中的糖"sugar"据说是来自梵文"sakara"。中国古代称蔗糖为石蜜。中国甘蔗的种植始于春秋战国时期。当时甘蔗只是榨汁饮用或直接食用，

---

[1]　（北宋）钱易：《南部新书》卷 3《南部新书丙》。

并未掌握制糖技术。甘蔗制糖的记载最早见于公元前 300 年印度的《吠陀经》。而在中国，最早记载甘蔗种植的是东周时代。公元前 4 世纪的战国时期，已有对甘蔗初步加工的记载。屈原在《招魂》中有这样的诗句："胹鳖炮羔，有柘浆些"。这里的"柘"即蔗，"柘浆"是从甘蔗中取得的汁。可见，当时还停留在榨取汁液的阶段。汉朝时，中国开始用甘蔗汁制饴，但制作工艺非常落后。东汉张衡的《七辨》中就有"沙饧(一作沙饴)"①一词。贞观二十一年(647)，唐太宗派人去印度学习熬糖法并加以改进，其品质已超过了印度。唐朝以后，中国的制糖技术更上一层楼。后来，中国人发明了红糖脱色技术，制造出了白糖，并将白糖制糖技术传回了印度。

2014 年 6 月 22 日，中国与哈萨克斯坦、吉尔吉斯斯坦联合申报的陆上丝绸之路的东段——"丝绸之路：长安——天山廊道的路网"成功申报为世界文化遗产，成为首例跨国合作而成功申遗的项目。而丝绸之路在唐朝异常繁荣，这不禁又使人回想起那曾经辉煌的岁月。丝绸之路在唐朝繁荣局面的形成，和唐朝社会经济高度繁荣，尤其是和当时唐朝的统一强大以及统治者注意经营管理所分不开的。笔者借用胡如雷先生的话来作为此讲的终结："唐朝在发展经济、文化、密切民族关系和加强国际交往中，都取得了光彩夺目的成就，使中国历史上出现了第二次鼎盛局面；唐朝后期的历史为中国封建社会的巨大变革开了端倪。唐代确实是一个不平凡的时代。"②

---

① (唐)欧阳询：《艺文类聚》卷 57《杂文部三》。
② 中国大百科全书总编辑委员会编：《中国大百科全书·中国历史 2》，北京：中国大百科全书出版社，1992 年版，第 1120 页。

第十章　诗歌与传奇

7世纪，李唐王朝开疆拓土，建立起了东临日本海、西至中亚细亚的空前强大的统一帝国，成为当时世界上最先进、最文明的国家。相伴而生的，中国文化进入到气度恢宏、史诗般壮丽的隆盛时期。唐朝，成为中国文学史上当之无愧的黄金时代。

中国自古以来就是诗歌的国度。从《诗经》到《楚辞》，从屈原到陶渊明，从"建安风骨"到"正始之音"，在中国这片广袤的土地上，曾经孕育了大批杰出的诗歌作者，产生过无数优秀的诗歌作品，同时也形成了绚烂的诗歌时代。在中国几千年的诗歌历史中，唐朝成为这样一个伟大的时代：它吸收了在它之前的诗歌艺术的一切经验，达到了一个足以令其他所有时代都必须仰望和难以企及的高峰，它最优秀的作者和作品几乎成为整个中国古典诗歌的代名词。因而，诗歌成为唐朝名副其实的"一代之胜"。

除了代表唐朝文学最高成就的唐诗，唐传奇也是有唐一代文学中的一朵奇葩。作为唐朝的文言短篇小说，唐传奇多传述奇闻异事，艺术形式上篇幅加长，"叙述宛转，文辞华艳，与六朝之粗陈梗概者较，演进之迹甚明"①；部分作品还塑造了鲜明动人的人物形象。宋洪迈把唐传奇同唐诗相提并论："唐人小说，不可不熟。小小情事，凄惋欲绝，洵有神遇而不自知者。与诗律可称一代之奇。"②唐朝传奇的出现，标志着中国古代短篇小说趋于成熟。

---

① 鲁迅：《中国小说史略》，上海：上海古籍出版社，2006年版，第41页。

② （清）莲塘：《唐人说荟例言》引洪迈语，见丁锡根编：《中国历代小说序跋集》，北京：人民文学出版社，1996年版，第1793页。

第一节 一代之胜——唐诗

唐诗习惯上被分为初、盛、中、晚四个阶段。大抵高祖武德元年(618)以后近百年间，谓之初唐。玄宗开元元年(713)以后 50 年间，谓之盛唐。代宗大历元年(766)以后 80 年间，谓之中唐。宣宗大中元年(847)以后至唐亡，谓之晚唐。

初唐的近 100 年是唐诗繁荣的准备时期，前 50 年是"承陈隋风流，浮靡相矜"，延续着南朝的形式主义诗风，齐、梁以来盛行的宫体诗充斥诗坛。后 50 年，"四杰"驰骋文坛，突破了宫体诗的题材内容，在诗中表现了新的精神风貌和创作追求。此后的沈佺期、宋之问使律诗的创作走向成熟，而陈子昂提倡的"风骨"更揭开了盛唐的大幕。

盛唐诗歌既是唐朝诗歌也是整个中国古典诗歌的全盛时期。盛唐时期的诗歌全面繁荣，出现了王维、孟浩然、王昌龄、岑参、王之涣、高适等一大批名家，而最杰出的代表李白和杜甫更是整个中国古典诗歌的代名词。李白是盛唐诗歌达到高峰的标志性人物，盛唐气象在他的身上得到了充分的体现，杜甫则是盛唐诗歌的集大成者，他代表了盛唐诗歌最全面的成就和最深远的影响。

中唐时期，一部分以韩愈、孟郊等人为代表的中唐诗人以丑为美，以奇制胜，形成了韩、孟诗派，另一部分以元稹、白居易为代表的中唐诗人则以通俗易懂为创作标准，形成了元、白诗派。他们各自在难以逾越的盛唐诗歌高峰之后，另辟蹊径，开辟了唐诗的新天地。

晚唐是唐诗题材趋于狭窄，写法趋于苦吟的新阶段。在这个盛极难继、整体趋于低潮的时期中，杜牧和李商隐异军突起，特别是李商隐，把诗歌表现心灵深处的能力提升到了无与伦比的高度，创造了唐诗最后的辉煌。

1000 多年来，研究和介绍唐诗的书籍可谓汗牛充栋，关于唐诗的讨论似乎已经题无剩意。可是正如李白要把"万里写入胸怀间"的豪情壮志，唐诗的世界是如此的气象万千，即便是那些耳熟能详的伟大诗人和优秀作品，也还有许多我们尚未真正明了的精彩。下面就让我们一同进入唐诗的历史世界，在不同时期伟大诗人们的引领之下来尽情享受唐诗这无与伦比的诗歌宝藏带来的无穷无尽的美。

一、初唐诗

（一）初唐诗歌的发展

7 世纪前期，唐的统一促使南北文风从对立趋于融合。虽然唐在政治上是北朝的继承者，唐太宗个人却是南朝文学的热爱者，可以想见，受君主喜好的影响，南朝绮丽的宫廷诗风在初唐时期的文坛上必然盛行一时。对仗工整却流于雕琢，文采艳丽却毫无生气，这样一种南朝宫廷诗人的典型风格，在唐初诗人的作品中都有所体现。在这种文风的影响之下，到了贞观、永徽之际，出现了一位重要的诗人上官仪，他代表着当时宫廷诗人创作的最高水平，并且形成了以他命名的一种诗风"上官体"。不过，由于宫廷生活的狭窄，宫廷风格日益变得矫揉造作、刻板严格，与此同时，和宫体诗风相对立的潮流得到了发展。随着诗人们越出宫廷诗所严格控制的题材和场合，诗歌的主题范围开始扩大，使得初唐诗最优秀的作品大都产生在宫廷诗之外。在当时，真正能够反映社会中下层士人的精神风貌和创作追求的，是被称为"四杰"的王勃、杨炯、卢照邻和骆宾王。与"四杰"同时和稍后，也出现了一批优秀的宫廷诗人，沈佺期和宋之问是其中的杰出代表。沈佺期、宋之问二人的创作标志着律诗这一形式的成熟。陈子昂则是另外一位对唐诗发展有着重大影响的诗人，他主张恢复古诗比兴言志的风雅传统，形成了壮伟豪侠的个性风采，他对风骨的追求对于唐诗的变革具有关键性的意义，并揭开了盛唐诗歌的序幕。

总体来看，初唐诗歌本身并没有呈现出统一的风格，它只是结束了漫长的宫廷诗时代，缓慢地过渡到新的盛唐风格。初唐诗歌的发展有它独特的历史背景，正如学者所说，初唐诗比绝大多数诗歌都更适合于从文学史的角度来研究。孤立地阅读，许多初唐诗歌似乎枯燥乏味，生气索然。但是，当我们在它们自己的时代背景下倾听它们，就会发现它们呈现出了一种独特的活力。

(二)初唐诗的代表人物及作品

1. 王绩

在唐朝名家辈出的诗人群体中，王绩(589—644)的成就算不上特别突出，但他却凭借着自己与众不同的诗风在初唐诗坛上独树一帜。王绩一心仕途，历经波折却又难以显达，心灰意冷之余，他弃官归田，躬耕于东皋，以琴酒诗歌自娱。王绩的作品对世态炎凉采取了一种冷眼旁观的态度，借此来化解心中的郁闷不平之气，其诗多写田园山水，淳朴自然，创造出宁静疏远的境界。

野　望

东皋薄暮望，徙倚欲何依。

树树皆秋色，山山唯落晖。

牧人驱犊返，猎马带禽归。

相顾无相识，长歌怀采薇。

《野望》写的是山野秋景，景中含情，朴素清新，流畅自然，闲逸的情调中，带着几许彷徨和苦闷，是王绩最著名的代表作。如果只从创作的水准而言，熟读唐诗的人，可能很难理解这首诗有什么特别之处。但当我们将它置于南北朝以来的诗歌史中，在南朝的宋、齐、梁、陈一路数百年的华丽繁缛之后，《野望》的清新自然正好给人以久违之感，超越了它的时代。

特别值得一提的是，这首诗的体裁是五言律诗。自从南齐永明年间，沈约等人将声律的知识运用到诗歌创作当中，律诗这种新的体裁就已开始酝酿，直到沈佺期、宋之问手里，律诗已经发展成为一种重要的诗歌体裁。而早于沈佺期、宋之问60余年的王绩，已经能写出《野望》这样成熟的律诗，说明他是一个勇于尝试新形式的人。

2."四杰"

"王杨卢骆当时体，轻薄为文哂未休。尔曹身与名俱灭，不废江河万古流。"杜甫的褒奖可以证明"四杰"创作所达到的水准，亦可体现他们对后人的巨大影响。"四杰"身前即享有盛名，时人多认为他们必将飞黄腾达。然而不幸的是，王勃因渡海落水，受惊吓而亡，年仅27岁。卢照邻得了恶疾，久治不愈，最后投水自尽。骆宾王参与反对武则天的叛乱，兵败后下落不明，一说死于狱中。只有杨炯最终死在盈川县令的任上，算是得以善终。

关于王勃、杨炯、卢照邻、骆宾王四人的座次问题，历史上还有一段有趣的公案。"四杰"个个才气横溢，其中王勃（650—676）年齿最轻，却高居四人之首，排名第二的杨炯就很不服气，自称"愧在卢前，耻居王后"①。当时的人也曾为"四杰"成就的高低有过一番争论。实际上，从年纪来看，"四杰"明显地属于两代人，王勃、杨炯二人的年纪相近，都比卢照邻、骆宾王二人要小得多。因此，杨炯考虑到自己年纪比卢照邻小，名字反在卢照邻前，或有愧不敢当之感，所以说"愧在卢前"。反之，他与王勃同岁，名字却在王勃后，自然颇有不甘，所以说"耻居王后"。

此外，卢照邻、骆宾王二人的主要成就在歌行，而王勃、杨炯二人的主要成就则在五律。骆宾王的《帝京篇》是初唐七言歌行的代表作之一，更为盛唐歌行的创作开了新生面。

---

① （后晋）刘昫：《旧唐书》卷190《杨炯传》。

帝京篇

山河千里国，城阙九重门。

不睹皇居壮，安知天子尊。

皇居帝里崤函谷，鹑野龙山侯甸服。

五纬连影集星躔，八水分流横地轴。

秦塞重关一百二，汉家离宫三十六。

桂殿嵚岑对玉楼，椒房窈窕连金屋。

三条九陌丽城隈，万户千门平旦开。

复道斜通鳷鹊观，交衢直指凤凰台。

剑履南宫入，簪缨北阙来。

声名冠寰宇，文物象昭回。

钩陈肃兰厄，璧沼浮槐市。

铜羽应风回，金茎承露起。

校文天禄阁，习战昆明水。

朱邸抗平台，黄扉通戚里。

平台戚里带崇墉，炊金馔玉待鸣钟。

小堂绮帐三千户，大道青楼十二重。

宝盖雕鞍金络马，兰窗绣柱玉盘龙。

绣柱璇题粉壁映，锵金鸣玉王侯盛。

王侯贵人多近臣，朝游北里暮南邻。

陆贾分金将宴喜，陈遵投辖正留宾。

赵李经过密，萧朱交结亲。

丹凤朱城白日暮，青牛绀幰红尘度。

侠客珠弹垂杨道，倡妇银钩采桑路。

倡家桃李自芳菲，京华游侠盛轻肥。

延年女弟双凤入，罗敷使君千骑归。

同心结缕带，连理织成衣。

春朝桂尊尊百味，秋夜兰灯灯九微。

翠幌珠帘不独映，清歌宝瑟自相依。

且论三万六千是，宁知四十九年非。

古来荣利若浮云，人生倚伏信难分。

始见田窦相移夺，俄闻卫霍有功勋。

未厌金陵气，先开石椁文。

朱门无复张公子，灞亭谁畏李将军。

相顾百龄皆有待，居然万化咸应改。

桂枝芳气已销亡，柏梁高宴今何在。

春去春来苦自驰，争名争利徒尔为。

久留郎署终难遇，空扫相门谁见知。

当时一旦擅豪华，自言千载长骄奢。

倏忽抟风生羽翼，须臾失浪委泥沙。

黄雀徒巢桂，青门遂种瓜。

黄金销铄素丝变，一贵一贱交情见。

红颜宿昔白头新，脱粟布衣轻故人。

故人有湮沦，新知无意气。

灰死韩安国，罗伤翟廷尉。

已矣哉，归去来。

马卿辞蜀多文藻，扬雄仕汉乏良媒。

三冬自矜诚足用，十年不调几遭回。

汲黯薪逾积，孙弘阁未开。

谁惜长沙傅，独负洛阳才。

全诗描绘帝京长安的繁华，颇多壮词，显示出唐朝的强盛和蓬勃向上的时代风貌，提出了"未厌金陵气，先开石椁文"的居安思危的警示，抒发了怀才不遇的悲愤。诗中"秦塞重关一百二，汉家离宫三十六"二句，突出帝京长安一代关塞之险与宫阙之胜，气势宏伟，艺术效果极佳，堪称名句，历来脍炙人口。

与"四杰"中的其他三人相比，王勃用仅 27 年的短暂生命，便能在文学史上为自己占有一席之地，不能不说是天下奇才。王勃留给后人最为著名的作品当属脍炙人口的《滕王阁序》，其中"落霞与孤鹜齐飞，秋水共长天一色"一句堪称是千古佳句。同样地，王勃的诗歌作品中也不乏传诵千古者，如下面的这首：

送杜少府之任蜀川

城阙辅三秦，风烟望五津。

与君离别意，同是宦游人。

海内存知己，天涯若比邻。

无为在歧路，儿女共沾巾。

此诗是送别的名作，也是王勃最能摆脱宫廷风格的一首诗。诗中慰勉友人，情深意切。第三联"海内存知己，天涯若比邻"，源于曹植《赠白马王彪》中的名句"丈夫志四海，万里犹比邻"，然能更胜一筹，传之千古。全诗开合顿挫，气脉流通，一气呵成，意境旷达，一洗南朝送别诗中的悲凉凄怆之气，堪称送别诗中的不世经典。

3. 沈佺期、宋之问

"四杰"代表的是官微而才大，名高而位卑的寒士阶层，与他们同时而稍后的沈佺期(656—714)与宋之问(656—712)则是这一时期宫廷诗人的杰出代表。《新唐书·宋之问传》说："魏建安后迄江左，诗律屡变。至沈约、庾信，以音韵相婉附，属对精密。及之问、沈佺期，又加靡丽，回忌声病、约句准篇，如锦绣成文。学者宗之，号为'沈宋'。"①他们深得武后的喜爱，在诗歌的格律上进行探索并取得了新的成绩，从而使六朝以来就开始萌芽的近体律诗，在他们的创作中趋于完全成熟与定型。但由于他们二人与武则天的男宠张昌宗、张易之兄弟过分亲密，使得他们在中宗复辟之后遭受外贬。晚年生活境遇的变迁也影响了沈佺期、宋之问后期的创作，他们这一时期的诗歌中具有更为真挚的感情，在风格上也显得清新自然。

先看沈佺期的一首早期的代表作品。

古意呈补阙乔知之

卢家少妇郁金堂，海燕双栖玳瑁梁。

九月寒砧催木叶，十年征戍忆辽阳。

白狼河北音书断，丹凤城南秋夜长。

谁为含愁独不见，更教明月照流黄。

这首诗的题目原为《独不见》，属乐府旧题，但从形式上看，它已是一首完整的七律。作为早期的一首优秀七律，它不仅在章法上、字词上刻意求工，韵味也接近古体，清朝的姚鼐推崇其为"高振唐音，远包古韵"的"神到之作"②。这首诗中的主人公是一位长安少妇，她所"思而不得见"的是征戍辽阳已经十年不归的丈夫。

与沈佺期不同，宋之问的诗作以写于贬谪途中的一首《度大庾岭》最为著名：

---

① （北宋）欧阳修：《新唐书》卷 202《宋之问传》。
② （清）姚鼐：《今体诗抄》序。

度大庾岭

度岭方辞国，停轺一望家。

魂随南翥鸟，泪尽北枝花。

山雨初含霁，江云欲变霞。

但令归有日，不敢恨长沙。

这首诗写出了其去国怀乡之痛与贬谪蛮荒之愁。诗的风格自然流畅，整体结构颇为严谨，韵律上也是严整的五律，与王绩的《野望》相比，可以看到五律这一体裁的完全成熟。

4. 陈子昂

身为与沈佺期、宋之问同在武后时期登上诗坛并且崭露头角的诗人，陈子昂(661—702)的诗歌创作却呈现了与当时流行的馆阁体完全不同的追求与风貌。陈子昂字伯玉，唐朝梓州射洪(今四川射洪)人，他出生于富有的家庭，勤奋好学。青少年时轻财好施，慷慨任侠。唐高宗开耀二年(682)，进士及第。唐高宗驾崩于洛阳，他上书在洛阳建高宗陵墓。武则天很欣赏他，拜为麟台正字，历官至右拾遗。武攸宜北伐契丹，陈子昂为记室，主撰军中一切文件。后辞官回家。县令段简以其家富豪，诬陷入狱，忧愤而死(也有人说是陈子昂得罪了武三思，因而被武三思命段简将其杀害)。

当以沈佺期、宋之问为代表的馆阁诗人醉心于应制咏物、追求格律的新变时，陈子昂则表现出鲜明的复古倾向，主张复归风雅，推崇建安风骨，这集中体现为他所创作的 38 首《感遇诗》。虽然与沈佺期、宋之问等人相比，陈子昂在当时只是一个次要的诗人，可是在后人眼里，正是陈子昂远绍建安，下开盛唐。直到今天，他仍被看作唐诗的第一个重要人物与盛唐诗歌的开路者。无论如何，一首千古绝唱使得陈子昂在中国诗歌史上的地位永远不会被人遗忘：

登幽州台歌

前不见古人，后不见来者。

念天地之悠悠，独怆然而涕下！

　　这首诗只有短短四句，但由于它深刻地表现了诗人怀才不遇、寂寞难耐的情绪，语言苍劲奔放，富有感染力，成为历来传诵的名篇。

　　唐诗发展到陈子昂，题材更加扩大，感情更加博大，但陈子昂的诗歌也有一些重大的缺陷，这就是他的诗歌古朴有余而情韵不足，议论过多而意境美的创造则有所欠缺。这些不足说明了唐诗还有进一步发展的空间和必要，而弥补和超越这些不足则要有待即将到来的盛唐的伟大诗人们。

二、盛唐诗

（一）盛唐诗歌的发展

　　经过初唐近百年的孕育与发展，到了唐玄宗即位，唐诗终于迎来了它的黄金时代。在开元、天宝之际，随着经济的繁荣，国力的强盛，大诗人层出不穷，佳作如林，造就了令人叹为观止的盛唐诗歌。天宝十二载，殷璠精选了自开元二年至天宝十二载以常建、李白、王维为代表的24位诗人的诗歌共234首（实际今存230首），取名为《河岳英灵集》，他在序中称他选择的标准是"既闲新声，复晓古体；文质半取，风骚两挟；言气骨则建安为传，论宫商则太康不逮"①，殷璠所描述的这种既讲究声律，又兼有气骨，文质结合，元气淋漓，真力弥漫的诗歌美学品格，达到了声律风骨兼备的完美境界，这正是盛唐诗风形成的标志。

　　盛唐诗歌的最大特点是其中无处不在的蓬勃气象，即所谓盛唐气象。时代性格是不能脱离那个时代而独自存在的，因此盛唐气象的产生是与盛

---

①　（唐）殷璠：《河岳英灵集》序。

唐时代的出现息息相关。在中国古典诗歌史上，作为一个理想的诗歌时代，唐朝以前大都向往于建安，唐朝以后则醉心于盛唐。盛唐气象乃是在建安风骨的基础上又发展了一步，是一个诗歌时代总的成就，无数优秀的诗人都为这一气象平添了春色。它也是中国古典诗歌造诣的理想境界，它鲜明开朗、深入浅出、形象生动、想象丰富、情感饱满，是思想与艺术的完美统一。

将唐诗看作诗歌顶峰的信念，牢固地植根于所有后来者的心中。后代诗人面对盛唐的璀璨光芒，不是亦步亦趋地模仿它，就是激烈地反叛它或声称忽视它，但在中国诗歌史上，盛唐始终保持着其固定不变的中心位置，并规定着所有后代诗人的地位。

(二)盛唐诗的代表人物及作品

1. 王之涣

王之涣(688—742)，字季陵，绛州(今山西新绛)人。曾任冀州衡水主簿，被谤，辞官归乡，居家 15 年。后为文安尉，卒于任所。早年精于文章，工诗，多引为歌词，名动一时。王之涣尤善五言诗，以描写边塞风光为胜。开元中，他与高适、王昌龄交往唱和，三人齐名。王之涣的诗作现在虽仅存六首，却有两首极为著名。

登鹳雀楼

> 白日依山尽，黄河入海流。
> 欲穷千里目，更上一层楼。

这首诗的两联皆用对仗，而且对得顺乎自然，气势充沛，浩大无边，浑然天成。后两句"欲穷千里目，更上一层楼"，更是被作为追求理想境界的座右铭，传唱千古。

凉州词

黄河远上白云间，一片孤城万仞山。

羌笛何须怨杨柳，春风不度玉门关。

据唐人薛用弱的《集异记》记载，开元间，王之涣与高适、王昌龄到酒店饮酒，遇梨园伶人唱曲宴乐，三人便私下约定以伶人演唱各人所作诗篇的情形定诗名高下。结果三人的诗都被唱到了，而诸伶中最美的一位女子所唱则为"黄河远上白云间"，王之涣甚为得意。这就是著名的"旗亭画壁"的故事。此事未必实有，但足以证明王之涣这首《凉州词》在当时已经成为广为传唱的名篇。

2. 王昌龄

王昌龄（约690—约756），字少伯，京兆长安（今陕西西安）人。早年贫贱，困于农耕，年近不惑，始中进士。初任秘书省校书郎，又中博学宏辞，授汜水尉，因事被贬岭南。开元末年（741）返回长安，改授江宁丞。被谤，贬谪龙标尉。安史之乱爆发，为刺史闾丘晓所杀。

王昌龄是盛唐诗坛著名诗人，被称为"诗家夫子王江宁"。因为诗名早著，所以与当时有名的诗人交游颇多，交谊很深，除与李白、孟浩然的交游外，还同高适、岑参、王之涣、王维等人都有交谊。他因数次被贬，所以他有丰富的生活经历和广泛的交游空间，这对他的诗歌创作大有好处。王昌龄擅长七言绝句，被后世称为七绝圣手，他的七绝留存下来70多首，几乎首首精彩，尤以登第之前赴西北边塞所作边塞诗最为著名。

出　塞

秦时明月汉时关，万里长征人未还。

但使龙城飞将在，不教胡马度阴山。

这首诗大概是王昌龄所有作品中最著名的一首，这是一首慨叹边战不断，国无良将的边塞诗。明朝著名诗人李攀龙曾推许它是唐代七绝的压卷之作，实非过誉。

除了早年声名卓著的边塞诗外，王昌龄后来所创作的送别诗和以女性生活为题材的作品也十分出色。

芙蓉楼送辛渐

寒雨连江夜入吴，平明送客楚山孤。

洛阳亲友如相问，一片冰心在玉壶。

这是一首感人至深的送别诗。诗的构思巧妙，淡写朋友的离情别绪，重写自己的高风亮节。全诗即景生情，寓情于景，含蓄万分，韵味无穷。

闺　怨

闺中少妇不知愁，春日凝妆上翠楼。

忽见陌头杨柳色，悔教夫婿觅封侯。

这首七绝细腻而含蓄地描写闺中少妇的心理状态及其微妙变化，诗中并未刻意描写怨愁，但怨之深，愁之重，已在不知不觉间显露无余。

3.孟浩然

孟浩然(689—740)，字浩然，襄州襄阳(今湖北襄阳)人，世称孟襄阳。早年隐居鹿门山，40岁入长安应进士考落第，失意东归，自洛阳东游吴越，即所谓"山水寻吴越，风尘厌洛京"(孟浩然《自洛之越》)。宰相张九龄出镇荆州，引为从事，后病卒。孟浩然的诗多写山水田园的幽清境界，又不时流露出一种失意情绪，所以诗虽冲淡而有浑厚之气，为当世诗坛所推崇。

春　晓

春眠不觉晓，处处闻啼鸟。

夜来风雨声，花落知多少。

这首《春晓》是孟浩然所有作品中传唱最广的一首。诗人抓住春晨的一刹那，镌刻了自然的神髓，生活的真趣，抒发了对醉人春光的喜悦，对盎然春意的酷爱。

过故人庄

故人具鸡黍，邀我至田家。

绿树村边合，青山郭外斜。

开轩面场圃，把酒话桑麻。

待到重阳日，还来就菊花。

清人沈德潜称孟浩然的诗"语淡而味终不薄"①，这首《过故人庄》正是绝佳的写照。这是一首田园诗，描写农家恬静闲适的生活情景，也写老朋友的情谊。语言朴实无华，意境清新隽永。

4. 高适与岑参

高适(约700—765)，字达夫，渤海(今河北景县)人。其诗以写军旅生活最具特色，粗犷豪放，遒劲有力，是边塞诗派的代表之一，与岑参齐名，世称"高岑"。高适作诗以质实的古体见长，好的律诗不多，但他写的一些与从军边塞相关的绝句，亦有气质浑厚、境界壮阔的特点。

————————

① （清)沈德潜编:《唐诗别裁集》卷1。

别董大

千里黄云白日曛，北风吹雁雪纷纷。

莫愁前路无知己，天下谁人不识君。

这是一首送别诗，虽是分别在即，却表达出昂扬奋发的雄壮之气，后两句更是词短意长，成为临别赠友的千古名句。

岑参(约715—770)，原籍南阳，移居江陵(今湖北荆州)。他曾赴安西节度使高仙芝幕掌书记，再赴北庭节度使封常清幕任职，对边塞生活深有体验。岑诗以边塞诗著称，多写边塞风光及将士生活，以雄奇壮丽的风格成为边塞诗派的代表。岑参的边塞诗大都脍炙人口，而他的送别诗虽然不及边塞诗出名，却也同样写得十分出色。

逢入京使

故园东望路漫漫，双袖龙钟泪不干。

马上相逢无纸笔，凭君传语报平安。

这首诗表达了诗人赴边塞时对家乡和亲友的思念，情真意切。虽只是用家常话描写眼前景致，却能道出人人心声，成为客中绝唱。

5. 王维

王维(701?—761)，字摩诘，原籍太原祁县(今属山西)，父辈迁居于蒲州(今山西永济)。进士及第，任大乐丞，因事贬为济州司仓参军。曾奉使出塞，回朝官尚书右丞。安史之乱中身陷叛军，接受伪职，受降官处分。王维虽为朝廷命官，却常隐居蓝田辋川别业，过着亦官亦隐的居士生活。王维多才多艺，能书善画，诗歌成就尤以山水诗见长，描摹细致，富于禅趣。苏轼谓其"诗中有画"、"画中有诗"，正指出其诗画的特色和造诣。在王维生活的最后10年及其去世后的20年间，他被认为是唐朝最伟大的诗人，而到中唐诗人重新评价盛唐诗时，李白和杜甫被抬高至他们从未有过的杰出位置，王维则被排列于李白和杜甫之下，但他作为盛唐三大诗人之一的声誉仍然保持至今。

九月九日忆山东兄弟

独在异乡为异客，每逢佳节倍思亲。

遥知兄弟登高处，遍插茱萸少一人。

王维是一位早熟的作家，上面这首诗就是他 17 岁时的作品。这首诗写得非常朴素。诗意反复跳跃，含蓄深沉，既朴素自然，又曲折有致。"每逢佳节倍思亲"成为思念亲人的千古名言，打动无数游子离人之心。

渭城曲

渭城朝雨浥轻尘，客舍青青柳色新。

劝君更尽一杯酒，西出阳关无故人。

这是一首送朋友去西北边疆的诗。它没有特殊的背景，而自有深挚的惜别之情。此诗后来被编入乐府，广为传诵，成为饯别的名曲。

相　思

红豆生南国，春来发几枝。

愿君多采撷，此物最相思。

唐朝绝句名篇经乐工谱曲而广为流传者为数甚多。王维的这首《相思》就是梨园弟子爱唱的歌词之一。据说天宝之乱后，李龟年流落江南，经常为他人演唱这首《相思》，听者无不动容。

鸟鸣涧

人闲桂花落，夜静春山空。

月出惊山鸟，时鸣春涧中。

王维在他的山水诗里，喜欢创造静谧的意境，这首诗也是这样。诗中所写的花落、月出、鸟鸣，以动衬静，更加突出地显示了春涧的幽静。

终南别业

中岁颇好道，晚家南山陲。

兴来每独往，胜事空自知。

行到水穷处，坐看云起时。

偶然值林叟，谈笑无还期。

王维大约40岁后，就开始过着亦官亦隐的生活。这首诗描写的，就是那种自得其乐的闲适情趣。第三联"行到水穷处，坐看云起时"深为后代诗家赞赏，近人俞陛云说："行至水穷，若已到尽头，而又看云起，见妙境之无穷。可悟处世事变之无穷，求学之义理亦无穷。此二句有一片化机之妙。"[1]

6. 李白

李白(701—762)，字太白，自称祖籍陇西成纪(今甘肃静宁西南)。李白少居蜀中，读书学道。他25岁出川远游，

图10.1　李白像

---

[1]　俞陛云:《诗境浅说》，北京:北京出版社，2014年版，第11页。

酒隐安陆，客居鲁郡，曾西入长安，求取功名，却失意东归。至天宝初，以玉真公主之荐，李白奉诏入京，供奉翰林。不久他便被谗出京，漫游各地。安史之乱爆发，李白入永王李璘幕下。及永王为肃宗所杀，李白受到牵连，身陷囹圄，长流夜郎。后遇赦东归，往依族叔当涂（今属安徽）令李阳冰，不久病逝。李白以诗名于当世，为时人所激赏，其诗犹如鬼斧神工，不拘一格，气象磅礴，冠绝古今，他对后代的影响也巨大无比。

将进酒

君不见，黄河之水天上来，奔流到海不复回。

君不见，高堂明镜悲白发，朝如青丝暮成雪。

人生得意须尽欢，莫使金樽空对月。

天生我材必有用，千金散尽还复来。

烹羊宰牛且为乐，会须一饮三百杯。

岑夫子，丹丘生，将进酒，杯莫停。

与君歌一曲，请君为我倾耳听。

钟鼓馔玉何足贵，但愿长醉不复醒。

古来圣贤皆寂寞，唯有饮者留其名。

陈王昔时宴平乐，斗酒十千恣欢谑。

主人何为言少钱，径须沽取对君酌。

五花马，千金裘，呼儿将出换美酒，与尔同销万古愁。

这首诗意在表达诗人对人生几何的感慨，一句"天生我材必有用，千金散尽还复来"，是诗人自信的体现，也流露出怀才不遇和积极用世的思想。全诗深沉浑厚，气象不凡。

早发白帝城

朝辞白帝彩云间，千里江陵一日还。

两岸猿声啼不住，轻舟已过万重山。

乾元二年(759)，李白被流放夜郎，行至白帝遇赦，乘舟东还江陵时而作此诗。诗意在描摹自白帝至江陵一段长江，水急流速，舟行若飞的情况。全诗气势勃发，一泻而下，快船快意，令人神往。无怪乎明人杨慎赞曰："惊风雨而泣鬼神矣!"①

月下独酌

花间一壶酒，独酌无相亲。

举杯邀明月，对影成三人。

月既不解饮，影徒随我身。

暂伴月将影，行乐须及春。

我歌月徘徊，我舞影零乱。

醒时同交欢，醉后各分散。

永结无情游，相期邈云汉。

原诗共四首，这是第一首。描写在月夜花下独酌，无人亲近的冷落情景。全诗表现了诗人怀才不遇的寂寞和孤傲，也表现了他放浪形骸、狂荡不羁的性格。

静夜思

床前明月光，疑是地上霜。

举头望明月，低头思故乡。

---

① （明）杨慎：《升庵诗话》卷4。

这是写远客思乡之情的诗,诗以明白如话的语言雕琢出明静醉人的秋夜的意境,令人百读不厌,同时又耐人寻味,无怪乎明人胡应麟赞它是"妙绝古今"。①

宣州谢朓楼饯别校书叔云

弃我去者,昨日之日不可留。

乱我心者,今日之日多烦忧。

长风万里送秋雁,对此可以酣高楼。

蓬莱文章建安骨,中间小谢又清发。

俱怀逸兴壮思飞,欲上青天览日月。

抽刀断水水更流,举杯消愁愁更愁。

人生在世不称意,明朝散发弄扁舟。

这首诗旨在以蓬莱文章比李云,以谢朓清发自喻,借送别以赞对方,惜其生不逢时。语言豪放自然,音律和谐统一。"抽刀断水水更流,举杯销愁愁更愁"更是描摹愁绪的名言,千年传颂。

黄鹤楼送孟浩然之广陵

故人西辞黄鹤楼,烟花三月下扬州。

孤帆远影碧空尽,惟见长江天际流。

这是一首送别诗,寓离情于写景。以绚丽斑驳的烟花春色和浩瀚无边的长江为背景,极尽渲染之能事,"烟花三月下扬州"一句被蘅塘退士评为"千古丽句"。②

---

① (明)胡应麟:《诗薮》内编6。

② (清)蘅塘退士:《唐诗三百首》。

送友人

青山横北郭，白水绕东城。

此地一为别，孤蓬万里征。

浮云游子意，落日故人情。

挥手自兹去，萧萧班马鸣。

这也是一首送别诗，诗人与友人策马辞行，情意绵绵，感人肺腑，充满诗情画意。全诗写得新颖别致，语言流畅，美景与真情水乳交融，别有一番风味。

图 10.2　杜甫像

7. 杜甫

杜甫（712—770），字子美，祖籍襄阳（今湖北襄阳），出生于巩县（今河南巩义西南）。杜甫迭经盛衰离乱，饱受艰难困苦，写出了许多反映现实忧国忧民的诗篇，被称为"诗史"。杜甫是中国最伟大的诗人之一，他的伟大基于 1000 多年来读者的公认，在中国的诗歌传统中，杜甫几乎超越了评判，他的文学成就本身已成为文学标准的历史构成的一个组成部分。他的诗歌不但具备了中国古代诗歌的各种题材、体裁和风格，具有集大成的特点，而且能够推陈出新，为后代诗歌的发展开辟了道路。

白居易在《读李杜集·因题卷后》一诗中写道："翰林（指李白）江左日，员外（指杜甫）剑南时。不得高官职，仍逢苦乱离。"全诗概括了李白、杜甫的生平特点，说明两位伟大的诗人都有着相似的沦落不遇。然而相比李白在世时即诗名远播，杜甫生前的罕逢知音就显得格外悲凉。杜甫诗歌的影响一直到他身后数十年才产生，但他的杰出地位一旦确立，他就成为中国诗歌的顶点人物，没有一位后代诗人能够完全忽略他。

望　岳

岱宗夫如何，齐鲁青未了。

造化钟神秀，阴阳割昏晓。

荡胸生层云，决眦入归鸟。

会当凌绝顶，一览众山小。

这一首是写东岳泰山的。诗人希望凌顶而小天下，以抒雄心壮志，显示出他坚韧不拔的性格和远大的政治抱负。后两句"会当凌绝顶，一览众山小"千百年来为人们所传诵。

春　望

国破山河在，城春草木深。

感时花溅泪，恨别鸟惊心。

烽火连三月，家书抵万金。

白头搔更短，浑欲不胜簪。

天宝十五载七月，安史叛军攻陷长安，肃宗在灵武即位，改元至德。杜甫在投奔灵武途中，被叛军俘至长安，次年写此诗。诗人目睹沦陷后的长安萧条零落，身历逆境思家情切，不免感慨万端。

月　夜

今夜鄜州月，闺中只独看。

遥怜小儿女，未解忆长安。

香雾云鬟湿，清辉玉臂寒。

何时倚虚幌，双照泪痕干！

这首诗作于至德元载(756)。当年八月，杜甫携家逃难到鄜州，自己投奔灵武的肃宗行在，被叛军掳至长安。诗是秋天月夜的怀妻之作，词旨婉切，章法紧密，写离情别绪，感人肺腑。

佳　人

绝代有佳人，幽居在空谷。

自云良家女，零落依草木。

关中昔丧乱，兄弟遭杀戮。

官高何足论，不得收骨肉。

世情恶衰歇，万事随转烛。

夫婿轻薄儿，新人美如玉。

合昏尚知时，鸳鸯不独宿。

但见新人笑，那闻旧人哭。

在山泉水清，出山泉水浊。

侍婢卖珠回，牵萝补茅屋。

摘花不插发，采柏动盈掬。

天寒翠袖薄，日暮倚修竹。

这首诗是写一个在战乱时被遗弃的女子的不幸遭遇。全诗文笔委婉，缠绵悱恻，绘声如泣如诉，绘影楚楚动人。

月夜忆舍弟

戍鼓断人行，秋边一雁声。

露从今夜白，月是故乡明。

有弟皆分散，无家问死生。

寄书长不达，况乃未休兵。

这首诗作于乾元二年（759），这时安史之乱尚未平定，杜甫于战乱中，颠沛流离，历尽国难家忧，心中满腔悲愤。望秋月而思念手足兄弟，寄托家国之情。"露从今夜白，月是故乡明"成为千古颂传的中秋名句。

旅夜书怀

细草微风岸，危樯独夜舟。

星垂平野阔，月涌大江流。

名岂文章著，官应老病休，

飘飘何所似，天地一沙鸥。

这首诗作于唐代宗永泰元年（765），诗人由华州解职离成都去渝州（今重庆）途中。全诗流露了诗人奔波不遇之情。诗的前半写"旅夜"的情景。诗的前两句以写景展现境况和情怀，寓情于景之中。后半写"书怀"，抒发自己原有的政治抱负，没有想到却是因为文章而得扬名四海，而宦途却因老病而被排挤。诗的后两句表现了内心漂泊无依的伤感，字字是泪，声声哀叹，感人至深。

江南逢李龟年

岐王宅里寻常见，崔九堂前几度闻。

正是江南好风景，落花时节又逢君。

这首诗是感伤世态炎凉的。李龟年是开元初年的著名乐师，常在贵族豪门歌唱。杜甫少年时才华卓著，常出入于岐王李范和殿中监崔涤的门庭，得以欣赏李龟年的歌唱艺术。诗的前两句是追忆昔日与李龟年的接触，寄寓诗人对开元初年鼎盛的眷怀；后两句是对国事凋零，艺人颠沛流离的感慨。仅仅四句却概括了整个开元时期的时代沧桑，人生巨变。语极平淡，内涵却无限丰满。蘅塘退士评为："少陵七绝，此为压卷。"

三、中唐诗

(一)中唐诗歌的发展

盛唐诗固然是唐诗的典范，但是我们不应忘记，是由中唐首次把盛唐变成后世景仰的典范。伟大的杜甫也是由于中唐诗人对他的推崇才获得今天这种重要地位。中唐正是以盛唐为标准和思想背景来看待自己，在风格和主题上，中唐诗远比盛唐诗纷繁复杂。中唐既是一个旧时代的终结，也是一个新时代的开端，宋朝以后的许多新变化，都是在中唐首肇其端的。在盛唐之后，中唐诗歌以其不同于以往的新鲜之处让人惊叹。

中唐前期诗歌创作相对处于低潮，后期则重新出现繁荣景象。唐代宗大历年间在诗坛享有盛名的十位诗人合称"大历十才子"，他们的诗歌很少反映社会的动乱和人民疾苦，大多数是唱和、应制之作。歌颂升平、吟咏山水、称道隐逸是他们诗歌的基本主题。与"十才子"同时期的元结、顾况等人注重反映现实民生，是杜甫开创的即事名篇的新题乐府，到以白居易为首的新乐府运动中间的过渡性诗人。中唐前期的刘长卿和韦应物以山水诗见称，继承了盛唐时期王维、孟浩然的余绪。卢纶、李益等人的边塞诗，则是高适、岑参的余绪。中唐后期形成了两大诗派，分别是元白诗派和韩孟诗派。元白诗派是以元稹、白居易为代表的一批诗人，他们自觉发扬杜甫的写实精神，从生活源泉中觅取诗材，写下了大量赋咏新题材、运用新语言、标以新诗题的乐府诗，掀起了一场新乐府运动，新乐府运动的中坚诗人还有张籍、王建、李绅等。韩孟诗派与元白诗派几乎同时出现，以韩愈、孟郊为代表，把新的语言风格、章法技巧引入诗坛，从而扩大了诗的领域，他们标榜"陈言务去"，尚古拙，求奇险，艺术上避熟就生，因难见巧，刻意求新，形成奇崛险怪的风格特色，但同时也带来了以文为诗，讲才学，发议论，追求险怪等不良风气。在两大诗派之外，能够独树一帜，成就较突出的诗人还有刘禹锡、柳宗元、李贺等人，他们的诗对后代也有不小的影响。

(二)中唐诗的代表人物及作品

1. "大历十才子"

"大历十才子"包括钱起、卢纶、吉中孚、韩翃、司空曙、苗发、崔峒、耿湋、夏侯审、李端。"十才子"中又以钱起名气最大，成就最高，其诗各体皆工，被公认为"十才子"之冠。钱起与当时另一位著名诗人郎士元齐名，史称"前有沈宋，后有钱郎"。又与刘长卿并称为"钱刘"。"十才子"的诗歌除了应酬唱和之作外，主要写日常生活细节、自然风物和羁旅愁思，抒发寂寞清冷的孤独情怀，体现出一种超然物外的隐逸之风。

省试湘灵鼓瑟

善鼓云和瑟，常闻帝子灵。

冯夷空自舞，楚客不堪听。

苦调凄金石，清音入杳冥。

苍梧来怨慕，白芷动芳馨。

流水传湘浦，悲风过洞庭。

曲终人不见，江上数峰青。

本诗是古代应试诗中屈指可数的佳作。试帖诗有种种规定，往往限制了士人的发挥。钱起却在此诗中，以他匪夷所思的想象力，极力描绘湘灵鼓瑟的神奇力量。尤其是末尾二句，《旧唐书·钱徽传》称之为"鬼谣"，读来余音绕梁，令人回味无穷。

2. 刘长卿

刘长卿（？—约789），字文房，宣城（今属安徽）人。生平坎坷，曾两次遭到贬谪，旅居各地期间多次遭到战乱，有一部分感伤身世之作，反映了安史乱后中原一带荒凉凋敝的景象。刘长卿诗以五、七言近体为主，尤工五言，自诩"五言长城"。

逢雪宿芙蓉山主人

日暮苍山远，天寒白屋贫。

柴门闻犬吠，风雪夜归人。

这是刘长卿最著名的一首五绝，文字干净优美而意境幽远，却又散发着一种难以言说的冷漠寂寥之气。

3. 韩愈

韩愈（768—824），字退之，河南河阳（今河南孟州）人。韩愈位列著名的唐宋八大家之首，苏东坡赞誉他"文起八代之衰"，最能体现韩愈文学成就的无疑是他气势磅礴的古文作品。但韩愈同时也是一位优秀的诗人，他的诗力求险怪新奇，雄浑重气势，有独创之功。韩愈以文为诗，把新的古文语言、章法、技巧引入诗坛，增强了诗的表达功能，扩大了诗的领域，纠正了大历以来的平庸诗风。

图10.3　韩愈像

但也带来了讲才学、发议论、追求险怪等不良风气。尤其是以议论为诗，甚至通篇议论，把诗歌写成押韵的理论，对宋朝以后的诗歌产生了不良影响。

左迁至蓝关示侄孙湘

一封朝奏九重天，夕贬潮州路八千。

欲为圣明除弊事，肯将衰朽惜残年！

云横秦岭家何在？雪拥蓝关马不前。

知汝远来应有意，好收吾骨瘴江边。

此诗是韩诗七律中的佳作。其特点诚如何焯所评"沉郁顿挫"，风格近似杜甫。但以赋法为诗，又辅以散文句式，俨然是韩诗的本色。

早春呈水部张十八员外

天街小雨润如酥，草色遥看近却无。

最是一年春好处，绝胜烟柳满皇都。

韩愈最具独创性和代表性的作品，大多是那些以雄伟气势见长和怪奇意象著称的诗作，而这首《早春呈水部张十八员外》则写得清新、富于神韵，几乎是盛唐人的口吻，在韩诗中别具一格。

4. 柳宗元

柳宗元（773—819），字子厚，河东（今山西运城一带）人。与韩愈一样，柳宗元最高的文学成就体现在古文，但他的诗歌语言朴素自然，风格淡雅而意味深长。苏轼评价说："所贵乎枯淡者，谓其外枯而中膏，似淡而实美，渊明、子厚之流是也。"即把柳宗元和陶渊明并列。

江　雪

千山鸟飞绝，万径人踪灭。

孤舟蓑笠翁，独钓寒江雪。

这首诗被誉为唐人五言绝句之冠，短短四句营造出一个与世隔绝、纤尘不染的境界。历代诗人对此诗无不交口称绝，古今画家也竞相以此为题，绘出不少动人的江天雪景图。

5. 元稹

元稹(779—831)，字微之，河南府(今河南洛阳)人。元稹自少与白居易唱和，当时言诗者称"元白"，号为"元和体"。元稹与白居易同为新乐府运动倡导者。他非常推崇杜甫，其诗学杜而能变杜，力求平浅明快，便于读者接受，从而形成自己的风格。

元稹诗中最有特色的是艳诗和悼亡诗，在元稹之前，中国正统文人的诗歌较少写自己的爱情。在唐朝，元稹是李商隐之前唯一一位大量写作爱情诗的诗人，也是唐朝唯一一位既大胆写自己的恋爱生活，又写夫妻爱情及悼亡之情的诗人。

离思·其四

曾经沧海难为水，除却巫山不是云。

取次花丛懒回顾，半缘修道半缘君。

元稹这首绝句，不但取譬极高，抒情强烈，而且用笔极妙，创造了唐人悼亡绝句中的绝胜境界。首二句语言幻美，意境朦胧，尤其为人所称颂。

遣悲怀·其一

谢公最小偏怜女，自嫁黔娄百事乖。

顾我无衣搜荩箧，泥他沽酒拔金钗。

野蔬充膳甘长藿，落叶添薪仰古槐。

今日俸钱过十万，与君营奠复营斋。

遣悲怀·其二

昔日戏言身后意，今朝都到眼前来。

衣裳已施行看尽，针线犹存未忍开。

尚想旧情怜婢仆，也曾因梦送钱财。

诚知此恨人人有，贫贱夫妻百事哀。

遣悲怀·其三

闲坐悲君亦自悲，百年多是几多时。

邓攸无子寻知命，潘岳悼亡犹费词。

同穴窅冥何所望，他生缘会更难期。

惟将终夜常开眼，报答平生未展眉。

《遣悲怀》是元稹悼念亡妻韦丛（字蕙丛）的组诗，他们结婚时，元稹生活贫困，妻子却毫无怨言。韦丛早逝，元稹十分悲痛，写下了不少悼亡诗。这组诗语言浅近，不夸张，不矫饰，直抒胸臆，令人不由得一掬同情之泪。

第一首是追忆生前。先写爱妻甘于贫寒，再写如今富贵却不能与之共享，突出"悲怀"二字，可谓至性至情，有力动人。

第二首主要写身后的纪念伤怀，起笔自然，毫不做作。接着写人亡物存，触目生悲。反复吟诵贫贱相交，情真意切。末句"贫贱夫妻百事哀"更是为世所熟诵。

第三首是一首自伤身世不幸的诗。末二句运用鳏鱼的典故，愿以长鳏来报答妻子生前清苦相守之恩。情痴语挚，感人肺腑。

6. 白居易

白居易（772—846），字乐天，号香山居士，又号醉吟先生，祖籍太原。

图 10.4　白居易像

白居易与元稹等人倡导新乐府运动，致力于讽喻诗，主张"文章合为时而著，歌诗合为事而作"，写下了不少感叹时世、反映人民疾苦的诗篇，对后世颇有影响。白居易最有名的作品当属《长恨歌》，诗中对玄宗迷恋女色而荒废国政的行为多有批评，这首诗在当时流传极广，可谓妇孺皆知，而白居易却未曾因为指摘君王受到惩处，足见唐朝诗人创作的自由正是保证唐诗繁荣的一个重要条件。

除此之外，白居易的闲适抒情之作，更加博得当世与后人的喜爱与传诵。平易通俗，深入浅出，是其诗歌的最大特点。

赋得古原草送别

离离原上草，一岁一枯荣。

野火烧不尽，春风吹又生。

远芳侵古道，晴翠接荒城。

又送王孙去，萋萋满别情。

这是白居易 16 岁时的作品，题目上有"赋得"二字，可见是为准备应付考试的习作。据说，诗人这年始自江南入京，拜谒名士顾况，当时投献的诗文中即有此作。起初，顾况见这年轻士子说："长安百物皆贵，居大不易。"及读至"野火烧不尽"二句，顾况不禁大为赞赏，说："有句如此，居天下亦不难",并广为延誉。① 可见此诗在当时就为人称道。"野火烧不尽,春风吹又生"二句正如顾况所言,有口皆碑,成为传之千古的绝唱。

钱塘湖春行

孤山寺北贾亭西,水面初平云脚低。

几处早莺争暖树,谁家新燕啄春泥。

乱花渐欲迷人眼,浅草才能没马蹄。

最爱湖东行不足,绿杨阴里白沙堤。

这是一首写景诗,它的妙处,不在于对形象的工致刻画,而在于寓情于景,写出了融融的春意。这首诗处处紧扣环境和季节的特征,把刚刚迎来春天的西湖,描绘得生意盎然,恰到好处。

花非花

花非花,雾非雾,夜半来,天明去。

来如春梦几多时?去似朝云无觅处。

白居易大部分的诗不仅以语言浅近著称,其意境亦多显露。而这首《花非花》却显得很朦胧,在白诗中颇为另类,别具一格,值得细细品味。

暮江吟

一道残阳铺水中,半江瑟瑟半江红。

可怜九月初三夜,露似真珠月似弓。

这首诗大约是长庆二年(822)白居易写于赴杭州任刺史途中。当时朝政混乱,朋党之争激烈,他自求外任。这首诗写秋江景色,格调清新,自然

---

① (元)辛文房:《唐才子传》卷6《白居易》。

有趣，从侧面反映出诗人远离朝廷纷争后轻松愉快的心情。

与梦得沽酒闲饮且约后期

少时犹不忧生计，老后谁能惜酒钱？

共把十千沽一斗，相看七十欠三年。

闲征雅令穷经史，醉听清吟胜管弦。

更待菊黄家酝熟，共君一醉一陶然。

这首诗写的是与友人刘禹锡"闲饮"，却隐含着饱经沧桑的身世之感。全诗言简意赅，语淡情深，通篇用赋体却毫不平板呆滞，显示出白居易炉火纯青的艺术功力。

四、晚唐诗

(一)晚唐诗歌的发展

晚唐时代的诗人，他们的精神、心态与追求，与他们的前辈中唐诗人已大为不同。中唐时期虽是大乱之后，但士人却对王朝的"中兴"抱有希望，他们的精神面貌尚不失昂扬奋发，常常表现为积极进取，关注时弊民瘼的精神。但到了晚唐，面对国家四分五裂、不可收拾的残局，他们已渐感无力回天，因而在心态上蒙上了一层暗淡、伤感的色调。在这样一种消极心理下，晚唐的诗歌总体面貌上已与此前诗歌有着不同的特征。晚唐的文学虽比不上盛唐的繁荣，中唐的新颖，但却绝非一片荒芜。在晚唐，诗歌创作的各种流派、风格、手法都有所发展，一些揭露黑暗现实的作品也写得十分深刻。如果说晚唐是唐朝的黄昏，那么，晚唐的文学也仍有它余晖、晚霞辉映的美丽。我们对晚唐文学的评价，宜作如是观。

晚唐的70余年，从时间与诗人活动的情况来看，大致有两个高峰。一是晚唐前期，以杜牧、许浑、李商隐等人为代表，他们受到中唐士人的影响，还怀抱希望，渴望报效朝廷，但现实的无奈与颓败，又使他们陷入迷惘。他们希望有所作为，而事实上又不可能有所作为，他们的心理大抵处于矛盾之中。与此相应，他们在诗歌创作上转向抒发个人情怀。他们的矛盾心情反映在对于现实与历史的深沉思索中，因而，这一时期出现了许多精彩的怀古咏怀诗。在艺术上，他们倾向于表现细腻幽微的情思，尤其是李商隐，追求朦胧情思、朦胧境界，创作了唐诗的最后一批精品，创造了唐诗的最后一个高峰。二是晚唐后期，也即继李商隐等人之后登上诗坛的另一代诗人，主要有皮日休、陆龟蒙、杜荀鹤、聂夷中、罗隐、司空图、韦庄等人。这时唐朝已是日薄西山，苟延残喘。他们当中的多数，对朝廷采取了一种冷漠的态度。他们有的对黑暗现实不满，写出了一些反映现实、揭露政治腐败的作品；有的则采取了一种避世的态度，写出了一些追求平淡的唱和之作和留恋山水、向往隐逸以及艳情之作。总体来看，晚唐诗坛的创作倾向还是比较多样的，因而，晚唐诗可谓是唐诗的一曲挽歌，虽显末路，却仍不乏悲鸣。

（二）晚唐诗的代表人物及作品

1. 杜牧

杜牧（803—853），字牧之，号樊川居士，京兆万年（今陕西西安）人。杜牧的一生，尽管未能在政治上尽展其抱负，但他却是一个很有政治理想的诗人。杜牧的诗歌，从内容上来看，大致有以下两个方面：一是反映他爱国忧民怀抱的政治咏怀诗。二是咏史怀古诗，这是他作品中写得最出色、成就最突出的一类诗歌。杜牧抒情写景的绝句，意境深远，自成一格，为历来所传颂。杜牧与李商隐齐名，有"小李杜"之称，是成就最高的晚唐诗人之一。

河　湟

元载相公曾借箸，宪宗皇帝亦留神。

旋见衣冠就东市，忽遗弓剑不西巡。

牧羊驱马虽戎服，白发丹心尽汉臣。

唯有凉州歌舞曲，流传天下乐闲人。

河湟指湟水与黄河交汇处，即今甘肃和青海东部地区。安史之乱后，河湟沦陷于吐蕃，长期未能收复，唐代宗宰相元载和唐宪宗都曾致力于恢复，惜未能实现。这首诗表现了杜牧渴望收复河湟的心情和对前人的感慨。

赠别·其一

娉娉袅袅十三余，豆蔻梢头二月初。

春风十里扬州路，卷上珠帘总不如。

赠别·其二

多情却似总无情，唯觉樽前笑不成。

蜡烛有心还惜别，替人垂泪到天明。

这两首诗是诗人在大和九年(835)调任监察御史，离扬州赴长安时，与妓女分别之作。第一首主要写对方的容颜，赞扬她是扬州歌女之冠。第二首主要写惜别，描绘筵席之上难分难舍的情怀。

寄扬州韩绰判官

青山隐隐水迢迢，秋尽江南草未凋。

二十四桥明月夜，玉人何处教吹箫。

这是一首调笑诗。意境十分优美，清丽俊爽而又情趣盎然，千百年来，传颂不衰。

江南春

千里莺啼绿映红，水村山郭酒旗风。

南朝四百八十寺，多少楼台烟雨中。

这首《江南春》表现了诗人对江南景物的赞美与神往，久负盛名。短短四句诗，既写出了江南春景的丰富多彩，也写出了杜牧浓浓的兴亡之感。

2. 许浑

许浑（约 791—约 858），字用晦，一作仲晦，润州（今江苏镇江）人。许浑以登临怀古见长，今存诗以五、七言律诗居多，他的诗在格律上圆稳工整，属对精切，致有"声律之熟，无如（许）浑者"的赞语。许浑的怀古咏史诗所占比重虽然不大，却是最为出色的部分。

咸阳城西楼晚眺

一上高城万里愁，蒹葭杨柳似汀洲。

溪云初起日沉阁，山雨欲来风满楼。

鸟下绿芜秦苑夕，蝉鸣黄叶汉宫秋。

行人莫问当年事，故国东来渭水流。

这首诗写一个秋天的傍晚，诗人登楼远望的情景。全诗在广阔的时空背景上展开，结尾更推进为对人世盛衰和历史进程的纵览，名句"山雨欲来风满楼"表现了许浑对生活的敏感。

谢亭送别

劳歌一曲解行舟，红叶青山水急流。

日暮酒醒人已远，满天风雨下西楼。

这是许浑在宣城送别友人后写的一首诗,这首诗用淡淡的笔触写出了无限的离愁,可谓是晚唐之音。

3. 李商隐

李商隐(813—858),字义山,号玉谿生,又号樊南生,原籍怀州河内(今河南沁阳),祖辈迁荥阳(今河南荥阳)。晚唐诗在盛唐与中唐的繁荣之后大有山穷水尽的末路之势,而李商隐的出现则将唐诗推向了柳暗花明的又一次高峰。李商隐是晚唐最杰出的诗人,其诗构思新奇,风格绮丽,尤其是一些爱情诗写得缠绵悱恻,为人所传颂。在唐朝的伟大诗人中,李商隐的重要性不下于李白、杜甫、白居易等人。就诗歌风格的独特性而言,他与其他任何诗人相比都不逊色,美中不足之处是他的一些作品文字过于隐晦迷离,难于索解。

嫦 娥

云母屏风烛影深,长河渐落晓星沉。

嫦娥应悔偷灵药,碧海青天夜夜心。

这首诗题为《嫦娥》,实际上抒写的是处境孤寂的主人公对于环境的感受和内心独白。语言含蓄,情调感伤。

锦 瑟

锦瑟无端五十弦,一弦一柱思华年。

庄生晓梦迷蝴蝶,望帝春心托杜鹃。

沧海月明珠有泪,蓝田日暖玉生烟。

此情可待成追忆,只是当时已惘然。

这首《锦瑟》是李商隐的代表作,爱诗之人无不乐道喜吟,堪称义山诗中的压卷之作，然而它又是最难理解的一篇，千百年来，学者们揣测纷纷，莫衷一是。

李商隐以无题诗著名，可以确认诗人写作时即以《无题》命名的共有 15 首，下面是其中最负盛名的几首。

无　题

相见时难别亦难，东风无力百花残。

春蚕到死丝方尽，蜡炬成灰泪始干。

晓镜但愁云鬓改，夜吟应觉月光寒。

蓬山此去无多路，青鸟殷勤为探看。

就描写内容而论，这似乎是一首表示两情至死不渝的爱情诗。然而历来有人认为可能有人事关系上的寓意。诗中春蚕两句，堪称千秋佳句。

无　题

昨夜星辰昨夜风，画楼西畔桂堂东。

身无彩凤双飞翼，心有灵犀一点通。

隔座送钩春酒暖，分曹射覆蜡灯红。

嗟余听鼓应官去，走马兰台类转蓬。

无　题

凤尾香罗薄几重，碧文圆顶夜深缝。

扇裁月魄羞难掩，车走雷声语未通。

曾是寂寥金烬暗，断无消息石榴红。

斑骓只系垂杨岸，何处西南待好风？

前一首的第二联和后一首的第三联都对仗工整，意境幽远，成为千古传颂的名句。这两首诗在写法和意境上有相近之处，都是通过隐晦的笔触表现一种微妙的感情。事实上，正是这种一言难尽的情形，使得无题诗吸引了众多的研究者试图对这些诗的内涵做出解释，然而至今没有一个人的注解能够令人信服。

4. 陆龟蒙与皮日休

唐末世道险恶，一些文人看淡功名利禄，努力保持内心的闲适与恬静，陆龟蒙(？—约881)和皮日休(约838—约883)等人的诗歌，突出地表现了这种避世心态与淡泊情怀。二人风格相近，并称"皮陆"。下面这首诗是皮日休作品中较为知名的作品。

汴河怀古

尽道隋亡为此河，至今千里赖通波。

若无水殿龙舟事，共禹论功不较多。

这首诗在立意新颖、议论精辟和妙用"翻案法"的方面，都有其独到之处，是晚唐咏史怀古诗中不可多得的佳品。

5. 罗隐

罗隐(833—910)，字昭谏，新城(今浙江杭州)人。罗隐在唐末五代诗名很大，《唐才子传》说他"诗文凡以讥刺为主，虽荒祠木偶，莫能免者"，其诗风在晚唐属于浅易明畅一派，善于提炼民间口语，读来有如白话，有许多精警通俗的诗句广为流传，成为经典名言。如"时来天地皆同力，运去英雄不自由"，"家财不为子孙谋"，"今朝有酒今朝醉"，"任是无情也动人"，等等。又如《雪》："尽道丰年瑞，丰年事若何？长安有贫者，为瑞不宜多!"他的咏史诗《西施》也写得比较好："家国兴亡自有时，吴人何苦怨西施。西施若解倾吴国，越国亡来又是谁?"他反对把吴王夫差的亡国归罪于西施，的确是对传统成见的有力翻案。

蜂

不论平地与山尖，无限风光尽被占。

酿得百花成蜜后，为谁辛苦为谁甜？

上面这首诗笔触明快自然，同时却在轻描淡写中带有浓浓的伤感与哀愁。

自　遣

得即高歌失即休，多愁多恨亦悠悠。

今朝有酒今朝醉，明日愁来明日愁。

罗隐仕途坎坷，十举进士而不第，于是作了这首《自遣》，表现了他仕途失意后的颓丧心情。这首诗历来为人所传颂，尤其不容忽视的是诗在艺术表现上颇有独到之处，后两句更是成为失意之人宣泄内心情感的绝佳写照。

五、唐诗取得的成就与繁盛的原因

(一)唐诗取得的成就

诗是中国文学发展出现最早的文学体裁，并贯穿于整个文学发展过程，但只有到了唐朝，诗才真正焕发出璀璨夺目的光彩。如果说一代有一代之文学，那么诗歌当之无愧地代表了整个唐朝文学发展的潮流。上至帝王将相、后宫嫔妃，下至名士僧道、村野渔樵，无不作诗吟诗，正是在这个诗歌灿烂的时代里，孕育了李白、杜甫、王维、白居易、李商隐等独具艺术风格、且成就卓著的诗坛巨擘，留下了许多家喻户晓、妇孺皆知的名篇佳句，使唐诗在中国漫长的诗歌发展史中独领风骚。

首先，从诗歌作品的数量上来看，仅清朝所编的《全唐诗》就收诗49400多首，诗人2873人，而这个数字实际上只占唐朝全部诗作的一小部分，大量的唐诗并没有留存下来。

其次，从诗人的身份上看，唐朝的诗人不再局限于王公贵族、文人学士，诗歌创作已不是少数知识阶层或社会精英的专利，就连僧侣、歌妓、商贾也能够写诗。

最后，中国古典诗歌的形式体裁也是在唐人的笔下趋于完备。就题材内容与风格情调而言，唐诗在继承前代文学遗产的基础上，有了新的发展，开辟了新的领域。

唐诗所表现出的炉火纯青的语言锤炼技巧，也是由前代积累历久而成的。唐诗的语言特点，一言以蔽之，就是深入浅出。诗歌是语言的艺术，而艺术的主要特征就是富于形象。而五古、七古、五律、七律、五绝、七绝则是唐诗的主要形式，唐朝是五、七言的时代。尤其是作为近体诗的律诗与绝句，代表了唐诗创作的最高成就，也正是在唐朝才完全定型的。

唐朝以后，无论宋元明清，虽然也产生了一些名家名作，但在诗歌的题材内容上，艺术形式上，始终回荡在唐诗的余波中，即使力图自成一家的宋诗，仍然是唐诗的继承者和追随者。正如王安石所说："世间好语言，已被老杜道尽。世间俗语言，已被乐天道尽。"①

(二)唐诗繁盛的原因

有唐一代诗歌的发展，成就了中国古典诗歌的"无体不备，无体不善"。无论是内容、风格、形式还是技巧方面，唐诗均达到了炉火纯青的地步，成为后世效仿的典范。而诗歌为何能在唐朝臻于极盛？这要归因于唐朝的社会发展处于鼎盛时期，更与盛唐诗歌所表现出的开阔胸怀、宏伟气魄、积极进取的乐观精神和丰富多彩的艺术风格有密不可分的关系。

---

① （南宋)胡仔：《苕溪渔隐丛话前后集》前集卷14《杜少陵九》。

其一，各种诗体臻于完备，为唐诗繁荣提供了客观条件。汉朝以来，五言、七言诗经过长期的发展，在题材走向、格律形式、艺术手段、风格倾向等各个方面都取得了巨大的成就。而唐诗继续使用前代的五、七杂言古体诗以外，又变化乐府诗为新乐府；又创造出近体诗——律诗和绝句。律诗中有五言、七言律诗及五言、七排律。绝句中有五、七言绝句及拗体绝句。此外，还有联句诗、和韵诗。这种近体诗的出现，是吸收了齐梁时期的声律说，辨明四声入诗，加强了诗的音乐性，并和当时所谓胡夷里巷的音乐密切配合的。又采取了前人的讲究对仗，化奇为偶，到唐初上官仪等人的六对、八对之说更是把这些规范化了，使这些格律诗在声调辞藻方面都具有新的特色。

其二，宽松的政治环境为诗歌的繁荣起到了十分重要的作用。作为统治王朝，唐朝一代代雄主傲视群雄，胸襟宽广前所未有，更重要的，唐朝的民族大交融是中国历史前所未有的。在唐朝，君主极重诗才，少有广兴文字狱而耸人听闻的，这就让诗人感受到了其地位的提高，才使诗人平民化、大众化。诗的内容也包罗万象。

其三，唐朝的经济发展为唐诗的繁荣奠定了物质基础。经济发展是文化发展的重要条件，没有丰富的物质基础是很难创造出较高水平文化的，古今中外的历史都能很好地证明这一点。经过唐朝的统治，特别是前几代的休养生息和促进生产力发展的经济政策的带动下，大量闲置的土地得到开发，大量劳动人口的出现，加快了经济水平的提高，生产力有了较大发展，社会迅速走向繁荣发展的新局面，社会经济也保持平衡上升的态势，"贞观之治"与"开元盛世"前后交映，是唐朝繁荣盛世的象征与标志，使唐朝成为当时世界上最强大的国家。在这样国泰民安的时代，唐朝的诗赋也算是真正找到了能让其茁壮发展的肥沃土壤。但是从细处想想，唐朝发达的经济对唐诗的兴盛繁荣并没有起到绝对的作用，经济作用于文学，其作用是间接的，是以政治为中介的。唐朝繁荣的经济至多是促使唐诗歌赋的某种风格转变的因素,经济影响着诗人的心态,使得唐诗有着壮大之美,宽容之美,乐观之美。经济的繁荣影响了唐人的生活方式,这样一来,开拓了诗人的文化视野,也丰富了其生活和写作素材。国家统一,人民生活相对富裕,使一些文人们充满了自豪感,极大地激发了作家的政治活力和创作热情,唐诗就是在这样的环境下应运而生,并得到长足的发展。

其四,文化的大交融,有力促进了唐诗的繁荣。唐朝文化的大交融,首先表现在南北文化的交融上。南北朝时期,南北分裂,南北文化各自发展,少有交流。隋统一以后,南北文化实现了大交融,彼此交流影响,推动着诗歌走上文质并茂的康庄大道。在北方,游牧民族迁居中原,已有数百年的历史。在这时,才有可能建立起多民族交融的统治。民族的大交融,为中华民族的发展注入了新鲜的血液。文化大交融还表现在中外文化的交融上,这为中华优秀传统文化注入了新陈代谢的因子,为唐朝文学的发展注入了新的生机、活力。一方面,唐朝作为当时世界的先进大国,它的文化通过大量涌入的各国使者、留学生、商人传播到境外,并且在中国周边形成一个更大的汉文化圈;另一方面,唐人也通过这些外来者,通过商人,通过出国取经的僧人,大量地吸收异域文化。唐朝上至宫廷秘闻,下至生活百景无一不可入诗,内容也比前朝丰富百倍,格律更加成熟完整,现实主义与浪漫主义并存,多种诗体共生。正是因为有了丰富的文化背景,才给唐诗带来了绚丽多彩的发挥天地。此外,史学、书法、绘画、雕塑、音乐、舞蹈都有对唐诗的发展产生巨大影响。如此自由开放的文化氛围之下,唐诗的蓬勃发展是绝对可以理解而且是必然的趋势。

其五,科举制度在唐朝的发展与完善给中下层文士在政治上、文化上获得了自由发展的机会,促进了唐诗的繁荣。科举制度始于隋朝,唐朝进一步完善发展。科举取仕打破了世家大族垄断特权的局面,扩大了官吏的人才来源,必然吸引大量的读书人投身科举。依据傅璇琮先生在《唐代科举与文学》中的研究:"以诗赋作为进士考试的固定格局,是在唐朝立国100

年以后。而在这以前，唐诗已经经历了婉丽清新、婀娜多姿的初唐阶段，正以璀璨夺目的光华，步入盛唐的康庄大道。在这 100 年中，杰出的诗人已经络绎出现在诗坛上，写出了历时经久、传诵不息的名篇。这都是文学史上的常识。应当说，进士科在 8 世纪初开始采用诗赋的方式，到天宝时以诗赋取士成为固定的格局，正是诗歌的发展繁荣对当时社会生活产生广泛影响的结果。"①

唐朝进士科主要考试杂文，到开元、天宝年间杂文已明确为诗、赋各一首，考试中以首场诗、赋最重要。诗一般为五言八韵，通常称为试帖诗。赋为讲究声律对偶、重视声音协调、通常为八韵且以四六句式为主，又称律赋。进士试诗赋作为一种文化形态构成了唐朝文学特别是唐诗发展的背景，在唐朝社会营造了重视诗赋的氛围，可以说，一方面，唐朝科举以诗赋取士是唐朝诗歌繁荣的结果，唐诗的发展促使科举以诗赋取士的兴盛；另一方面，在以诗赋取士的背景下，诗歌成为仕进的敲门砖，士子唯有善于此道才有希望跻身仕进之门，由此形成了整个社会推崇诗歌的社会风气，这种风气反过来又促进了唐诗的繁荣。换句话说，唐诗的繁荣与科举以诗取士之风的兴盛是互为表里的。程千帆先生在《唐代进士行卷与文学古诗考察》中指出："（唐代科举）主要是以文词优劣来决定举子的去取。这样，就不能不直接对文学发生作用。这种作用，应当一分为二，如果就它以甲赋、律诗作为正式的考试内容来考察，那基本上只能算是促退的，而如果就进士科举以文词为主要考试内容因而派生出行卷这种特殊风尚来考察，就无可否认，无论从整个唐代文学发展的契机来说，还是从诗歌、古文、传奇任何一种文学样式来说，都起过一定程度的促进作用"②。行卷是唐朝进士科考试中一种特有的行为模式和社会风尚。中唐以后，考试本身在录取中

①　傅璇琮：《唐代科举与文学》，西安：陕西人民出版社，2007 年版，第 170～171 页。

②　程千帆：《唐代进士行卷与文学古诗考察》，北京：商务印书馆，2014 年版，第95 页。

所起的作用日益减小，而应试前的大量的行卷交游反而对中第起了决定性的影响，于是一批以求人延誉为旨归的行卷诗文作品应运而生。士子即以诗文先赞见达官显要或文学名人，冀为其赏识延揽举荐。这样士子们行卷时就必须呈献其自认为最佳的诗文，因此他们对所献诗文就极认真讲求，在这种风气下，其对诗艺的提高所起的作用应是不言而喻的。比如白居易的《赋得古原草送别》就是行卷中的佳作。白居易向文坛名人顾况行卷，顾为之延誉，白居易名声遂振，不久便进士及第；王维是通过向皇室行卷获取状元出身；杜牧是以《阿房宫赋》行卷被列入进士第五名。正是科举制度在唐朝的发展与完善使得唐诗的创作更显繁荣并最终走向了诗歌的极盛时期。

可以这样说，高超的技巧和完备的格律是唐诗走向繁荣的内在条件，而经济水平的发展、政治氛围的宽松、文化的大交融与科举制度的推进则是唐诗取得无上荣耀的催化剂。唐朝无数的优秀诗人们就是在这样一个宽广自由的舞台上，将万里江山写入胸怀之间，尽情挥洒出唐诗傲视古今的无穷魅力。

第二节　一代之奇——唐传奇

中国小说在魏晋南北朝时期还处于萌芽阶段，当时大量的是记述神灵鬼怪的志怪小说，少数记人事的小说如《世说新语》，则多记上层人士的谈吐和轶事。这些小说，大抵篇幅短小，文笔简约，缺少具体的描绘。到唐朝传奇产生，情况有了很大的改变。唐传奇的内容除部分记述神灵鬼怪外，大量记载人间的各种世态，人物有上层的，也有下层的，反映面较过去远为广阔，生活气息也较为浓厚。唐传奇的影响力和知名度虽不及唐诗，但它的思想内容和艺术特色足以令后世拍案叫绝。

唐传奇的发展有其自身的脉络，大概经历了萌芽期、兴盛期和衰退期。

一、初唐和盛唐——萌芽期

初唐和盛唐时代是唐传奇的发展初期。这一时期数量少，艺术表现也不够成熟，属于萌芽阶段。代表作有王度的《古镜记》、无名氏的《补江总白猿传》。《古镜记》描述的是主人公王度，自述大业七年(611)从汾阴侯生处得到一面古镜，能辟邪镇妖，携之外出，先后照出老狐与大蛇所化之精怪，并消除了疫病，出现了一系列奇迹。后其弟王绩出外游历山水，借用古镜随身携带，一路上又消除了许多妖怪。最后王绩回到长安，把古镜还给王度。大业十三年(617)古镜在匣中发出悲鸣之后，突然失踪。篇中以几则小故事相连缀，叙述较为细致，较之笔记式的六朝小说是一大进步，代表着小说从志怪演进为传奇的一个发展阶段。

二、中唐——兴盛期

中唐时期是唐传奇发展的兴盛期。从唐代宗到唐宣宗这近 100 年间，名家名作层出不穷。很多后来大家耳熟能详的传奇作品，都出现在中唐时代。如此兴盛的局面，一方面是小说自身不断演进的结果，另一方面也得益于各体文学的发展。这一时期，唐诗更加成熟，散文也日渐完善，而很多唐传奇作家的身份本来就是诗人，元稹、白居易等人都参与了唐传奇的创作。种种因素，使唐传奇逐渐走向中期的繁荣，作品数量空前增多，是传奇小说的黄金时代。题材由神怪逐渐转向现实生活，以反映爱情为主题以及以历史故事为题材的作品数量也较多，其中反映爱情主题的可以说代表了唐传奇的最高成就。主要的代表作有沈既济《枕中记》、李公佐的《南柯太守传》、李朝威的《柳毅传》、元稹的《莺莺传》、白行简的《李娃传》等。

1. 沈既济的《枕中记》

沈既济(约 750—约 797)《枕中记》的主人公卢生在邯郸逆旅中借道士吕

翁的青瓷枕入睡，梦中经历了生平热烈追求的"将入相"的生活。一旦惊醒，还不到蒸熟一顿黄粱饭的工夫，于是他大彻大悟，万念俱息。作者沈既济，自幼喜好读书，大历年间被委任为协律郎。曾上书改革选举制度，建议皇帝选拔德才兼备的人才为官，在担任左拾遗期间，做了大量唐朝的历史编订工作，对史学的发展起到了推动作用。后来沈既济被贬，不久又被调入长安，他历经官场沉浮，看破世态炎凉。沈既济就是根据这种社会现实，创作了《枕中记》。后人对这部传奇的评价很高，鲁迅先生认为："如是意想，在歆慕功名之唐代，虽诡幻动人，而亦非出于独创……既济文笔简练，又多规诲之意，故事虽不经，尚为当时推重。"①

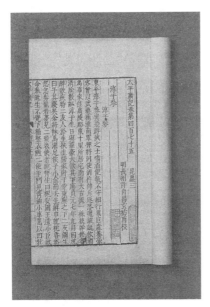

图 10.5 《南柯太守传》书影

2. 李公佐的《南柯太守传》

李公佐的《南柯太守传》家喻户晓，在小说史上占有不可忽视的地位。李功佐本人曾在唐朝考中进士进入仕途，但后来因为牛李党争受牵连而被削职，仕途上不得意的他喜好征集民间的奇闻怪事，感慨于安史之乱、盘镇割据、朋党之争、官场黑暗的他，用心血著成了千古流传的唐传奇——《南柯太守传》。

作品写淳于梦醉后入梦，被槐安国招为驸马，出任南柯太守，廉能称职，深受百姓爱戴。后因与檀罗国交战失利，公主又随之谢世，于是宠衰谗起，终被国王遣送出郭。淳于梦醒后惊异，寻踪发掘，始知所谓槐安、

---

① 鲁迅：《中国小说史略》，第44页。

檀罗国者，原来都是蚁穴。从此他深感人生虚幻，乃栖心道门，不问世事。

《南柯太守传》虽与《枕中记》一样都写梦中之事，但李公佐的思想更加深刻，语言更加细腻。鲁迅先生对其评价也很高，尤其对结尾处大加赞赏，他说："篇末命仆发穴，以究根源，乃见蚁聚，悉符前梦，则假实证幻，余韵悠然。"①

这两篇作品都是借梦境讽刺了唐朝士人迫切追求功名的社会现实，又借梦境的破灭来预示功名利禄的虚幻，由此对那些热衷于此的人进行了辛辣的嘲讽，也揭露了封建社会官场的险恶和争权夺利互相倾轧的丑态。但因作者受道家思想影响过深，对现实矛盾采取了消极逃避的态度，作品的思想性也就不高。艺术上都有结构谨严描摹生动之长。

3. 陈玄佑的《离魂记》

陈玄佑的《离魂记》是传奇步入兴盛的标志性作品。文章以离奇怪诞的情节，描写了王宙和倩娘的爱情故事，反映了当时青年男女要求婚姻自由的愿望，歌颂了他们反抗封建礼教的斗争。文章虽短小，但却突出了对爱情主题的描写，文法和修辞也非常优美。它的故事内容被后世的很多作家模仿。元朝郑光祖的《倩女离魂》杂剧即由此而来，明朝大剧作家汤显祖的《牡丹亭》也脱胎于此。

4. 沈既济的《任氏传》

沈既济的《任氏传》情节曲折丰富，对任氏的形象刻画尤其出色，生动表现了她多情、开朗、机敏、刚烈的个性特征。且一反以往以殃害人类面目出现的仙佛反面的妖精，率先以一个多情、开朗、机敏、刚烈的狐精形象出现在文学创作中，在使异类人性化、人情化方面取得了开创性的成就。

5. 李朝威的《柳毅传》

李朝威的《柳毅传》是一篇既有奇异情节浓厚的神话色彩又能刻画出鲜

---

① 鲁迅：《中国小说史略》，第50页。

明的人物形象的传奇作品。鲁迅在《中国小说史略》中说"唐人传奇留遗不少，而后来煊赫如是者，唯《莺莺传》及李朝威《柳毅传书》而已"。① 鲁迅先生把《柳毅传》和元稹的《莺莺传》相提并论，可见《柳毅传》艺术成就之高，影响之深远。正因如此，李朝威被后人誉为传奇小说的开山鼻祖，且与当时的李功佐、李复言并称为中国文学史上的"陇西三李"，在当时颇负盛名。

《柳毅传》讲述的是一个完美的爱情故事。洞庭龙女远嫁泾川，受其夫泾阳君与公婆虐待，幸遇书生柳毅为传家书至洞庭龙宫，得其叔父钱塘君营救，回归洞庭，钱塘君等感念柳毅恩德，即令之与龙女成婚。柳毅因传信乃急人之难，本无私心，且不满钱塘君之蛮横，故严词拒绝，告辞而去。但龙女对柳毅已生爱慕之心，自誓不嫁他人，几番波折后二人终成眷属。李朝威通过生动的人物语言、精湛的奇思妙想将柳毅的豪侠刚烈自尊自重，龙女的温柔多情和勇于追求自由爱情的坚定执着，钱塘君的勇猛刚烈和知错就改写得生动传神，颇具浪漫色彩，足可称之为一部色彩斑斓的浪漫主义小说。千百年来，《柳毅传》这个故事被改编成了各种杂曲话本，这个诞生于中唐时期的传奇小说，代表了我国唐朝小说的最高成就。

6. 元稹的《莺莺传》

中唐时期的唐传奇的另一名篇力作是元稹的《莺莺传》，这是第一篇完全不涉及神怪情节，纯粹写人世男女之情的作品，在唐传奇的发展过程中具有重要的意义。作品由喜到悲，塑造了一个冲破封建礼教争取爱情自由的叛逆女性。《莺莺传》写张生与崔莺莺恋爱，后来又将她遗弃的故事。起始张生旅居蒲州普救寺时发生兵乱，出力救护了同寓寺中的远房姨母郑氏一家。在郑氏的答谢宴上，张生对表妹莺莺一见倾心，婢女红娘传书，几经反复，两人终于花好月圆。后来张生赴京应试未中，滞留京师，与莺莺情书来往，互赠信物以表深情。但张生却变心了，认为莺莺是天下之"尤

---

① 鲁迅：《中国小说史略》，第50页。

物"，认为自己"德不足以胜妖
孽"，只好割爱。一年多后，莺莺
另嫁，张生也另娶。一次张生路
过莺莺家门，要求以"外兄"相见，
遭莺莺拒绝。《莺莺传》成功地塑
造了崔莺莺的经典形象。她是位
出身于没落士族之家的少女，内
心充满了情与礼的矛盾。小说深
刻揭示了出身和教养给莺莺带来
的思想矛盾和性格特征，细致地
描绘这位少女在反抗传统礼教时
内心冲突的过程。莺莺的悲剧性
格既单纯又丰富，她最后拒绝张

图 10.6　《莺莺传》书影

生的求见，体现出性格由柔弱向刚强的转变。莺莺的悲剧性格既有独特性
又有普遍性，它典型地概括了历史上无数个女性受封建礼教束缚、遭负心
郎抛弃的共同命运。《莺莺传》不仅在当时享誉盛名，也成为后世作家模仿
的佳作。金代董解元的《西厢记诸宫调》和元朝王实甫的《西厢记》杂剧的素
材均来源于此，只是改变了结局。

7. 白行简的《李娃传》

白行简的《李娃传》不同于《莺莺传》，是由悲到喜，大团圆的结局回避
了尖锐的现实矛盾并成为后世模式，但它确实反映了人们一种善良美好的
愿望，即希望久经磨难的情侣最终得到理想的结合，而读者也从中对人生
得到一种幻觉上的满足。

8. 蒋防的《霍小玉传》

蒋防的《霍小玉传》是继《莺莺传》后又一爱情悲剧，也是中唐传奇的压
轴之作。同样是写妓女与士子的爱情，《李娃传》情节曲折，故事趣味浓，

而《霍小玉传》的情节相对简单,但在反映生活的深刻性和表达感情的强度上,要超过《李娃传》许多。同样是表现对理想人生的追求,《李娃传》是通过幻想的"大团圆"来给人以虚假满足,《霍小玉传》则以悲剧的结局来激发人们的渴望,更有感染力。

三、晚唐——衰退期

唐传奇在经历了初期的稚嫩,兴盛期的火爆之后,于晚唐时代步入了衰退期。虽然这一时期传奇在创作的数量上可以取胜,但在思想和艺术成就上却失去了往日的光泽。而且晚唐传奇大多篇幅短小,内容单一。但值得一提的是,这一时期的豪侠传奇得到了很大的发展,使唐传奇的创作领域里又新增了一个题材。杀富济贫,除暴安良,江湖儿女,快意恩仇的传奇作品层出不穷,突出了当时人们坚忍不拔、放荡不羁的行为个性。豪侠传奇代表作是杜光庭的《虬髯客传》。

《虬髯客传》描写的是李靖于隋末在长安谒见司空杨素,杨素家妓红拂倾慕李靖,随之出奔,途中结识豪侠张虬髯,后同至太原,通过刘文静会见李世民。虬髯本有争夺天下之志,见李世民神气不凡,知不能匹敌,遂倾家财资助李靖,使其辅佐李世民成就功业。后虬髯入扶余国自立为王。篇中故事情节和两个主要人物红拂妓、虬髯客均出虚构,主旨在表现李世民为真命天子,唐室历年长久,非出偶然,由此宣扬唐朝统治的合理性。描写人物颇为精彩,红拂的勇敢机智,虬髯的豪爽慷慨,刻画尤为鲜明突出,文笔亦细腻生动,在思想和内容上对后世都产生了很大的影响,艺术成就在唐传奇中属于上乘。后世戏曲用为题材的,有明朝张凤翼传奇《红拂记》、张太和传奇《红拂记》、凌濛初杂剧《虬髯翁》。又李靖、红拂、虬髯三人,后人亦称"风尘三侠"。

四、唐传奇取得的成就与发展的原因

1. 唐传奇取得的成就

唐传奇的产生和发展，标志着我国小说的发展已逐渐趋于成熟，唐传奇突破了六朝小说的桎梏，从此，小说正式形成了自己的规模和写作特点，成为一种独立的文学形式，和诗歌、散文一样屹立于中国文学之林。与六朝小说相比，唐传奇的作者更注重作品的审美价值，注重小说愉悦性情的功用，使得中国的小说进入了一个崭新的阶段。而且，在唐朝出现了一些专门从事传奇创作的作家，这在一定程度上促进了中国小说艺术的丰富和发展。

毫不夸张地说，唐传奇揭开了我国现实主义小说的序幕，反映了城市生活的繁荣复杂，把反对封建门阀制度与礼教压迫当作其基本主题。一些优秀的作品则往往兼有积极浪漫主义的精神。唐传奇多角度地展示了个体生命的张力和个体情感的追求，作品大多寄予了作者独特的情感体验和人生理想，以有限的文字生发出无限的波澜，以曲折委婉的情节打动人心、引人入胜。

唐传奇塑造了大量个性鲜明的人物形象，同六朝小说相比，唐传奇已不只是对人物言行的简单叙述和对人物性格的粗线条勾勒，作者注重对人物性格的刻画和典型人物形象的塑造，如霍小玉的多情刚强，李娃的热情练达，李益的自私无情，柳毅的侠义正直，张生的虚伪狡诈，虬髯客的豪放豁达等，都刻画得栩栩如生。语言凝练流畅、生动传神，叙述事件简洁明快，人物对话生动传神，词汇丰富，句式多变。有些作品更是善用诗歌化的语言营造含蓄优美的情景，在描写景物和渲染气氛上，浓墨重染，极富艺术表现力和感染力，让人有身临其境之感。作品中大量出现的惊奇情节、大胆想象以及生活细节的细致刻画，对后世小说、戏剧等的创作都具有很大的借鉴意义，把古代散文的巨大表现力发挥到了很高的地步，唐传奇中的不少人物故事成为后世诗文常用的典故，这绝非偶然。

2. 唐传奇发展的原因

唐传奇的产生与兴盛是唐朝经济、政治、文化共同繁荣的结果。

首先,唐传奇的发展源于唐朝经济的高度繁荣。唐朝统一中国以后,长期以来社会比较安定,农业和工商业都得到发展,如长安、洛阳、扬州、成都等一些大城市,均聚集着各个阶层的人士,其中聚集人数最多的是市民阶层,这一阶层数量庞大,为了适应广大市民和统治阶层文娱生活的需要,在这类大城市中,民间的"说话"(讲故事)艺术应运而生。这种"说话"的艺术又被佛教徒加以利用用来表演佛经故事以招徕门徒,于是"变文"得以发展,进一步促进了"说话"艺术的发展。而且由于市民阶层的数量众多,增加了社会阶层的复杂性,使得文化领域中出现大量描写和反映市民阶层现实生活的文艺作品,来揭露这种复杂性和复杂的社会矛盾,以表达市民阶层的思想感情与愿望。人们街头巷尾的话题往往都成了唐传奇创作的素材,反之,唐传奇所描述的奇闻异事也迎合了文人和市民阶层嗜奇猎艳的口味和需求。

其次,唐传奇的产生与唐朝发展完善科举制有关。唐朝科举取士,重视文学。在各科中,考试诗赋杂文的进士科最受重视。士人应试之前,常以所作诗文投献名公巨卿,以求称誉,扩大社会名声,为考中进士科创造条件,当时称之为"行卷"。宋人赵彦卫的《云麓漫钞》说:"唐代士人行卷,逾数日又投,谓之'温卷'。"①这种毛遂自荐的投卷风气刺激了传奇的发展。

最后,唐传奇的发展繁荣与有唐一代繁荣的文化艺术密不可分。唐都长安是各路文人汇聚的大舞台,吟诗作赋是他们生活的常态,但也有很多文人是以"说话"为消遣的。元稹《酬白学士代书一百韵》诗:"翰墨题名尽,光阴听话移。"在某些唐传奇篇末,往往会注明文章的写作是由于朋友间的"说话",如"昼宴夜话"(沈既济《任氏传》)"话及此事"(陈鸿《长恨传》)等。文士间

---

① (南宋)赵彦卫:《云麓漫钞》卷8。

流行"说话"风气，是促使唐传奇大量产生并取得突出成就的一个重要原因。

虽然唐传奇取得了很大的成就，但到了晚唐时期，朝政混乱，藩镇割据，社会经济遭受巨大破坏，唐传奇的社会基础也就逐渐丧失了。同时，由于一开始就掺杂了大量的宗教成分，如宣传鬼神迷信和宿命论，导致了唐传奇的思想意蕴比较单薄。由于在一定程度上脱离现实，必然导致其缺乏持久的生命力。因此，晚唐的历史背景决定了唐传奇的衰落是不可避免的。就创作主体而言，唐传奇仍属于进士文学。唐传奇的创作主体既为文人，这一方面决定了其艺术水平比较高超，技巧比较成熟；另一方面也决定了其在内容上脱离生活，流于猎奇。总而言之，唐传奇虽然与市民生活密不可分，但是唐传奇仍属于进士文学，与下层人民具有相当大的距离，唐传奇中并没有深刻地反映民生疾苦的社会现实，也没有一个劳动人民的形象。至唐末，唐传奇生存发展的根基已经消失，其进士文学的本质决定了不可能拥有持久的生命力，任意为之的创作态度导致了大量恶作的出现，唐传奇不可避免地走向了衰亡。从更大的意义上说，文言小说进入了漫长的萧条期。直至清朝《聊斋志异》、《阅微草堂笔记》、《子不语》等大兴，文言小说终于复苏并且达到了顶峰。

第十一章　岁时节日

在日复一日、年复一年的历史长河中，有这样一些特定的节日：它们不仅属于帝王将相，也属于普通民众；不仅传承着对先贤的纪念，也寄托着人们享受现世生活和期待来生幸福的情怀。每逢一个岁时节日来临，生活在唐朝的人们总会放下忙碌单调的生产劳作，用约定俗成的、又常常被赋予特殊象征意义的活动建构起一个新的空间，在节庆娱乐中寻找不同于往日的情感体验。元日的悬幡祈福、上元的燃灯欢庆、端午的千舟竞渡、社日的饮酒赛歌、重阳的登高野宴、除夕的驱傩仪式等，唐人在节日里寻欢作乐的方式可谓多姿多彩。在南北文化的交融汇合中，在外来文化因子的多元影响下，唐朝岁时节日的内涵不断扩大，活动形式不断丰富，岁时节日里的民众心态也发生着变化。生活在唐朝的人们，开始用一种趋向积极的心态面对现世人生。节日里的种种活动，则成为他们追求这种满足的短暂美好的时空踏板。祭祀、占卜和祈福即使仍然不可或缺，但也在人们摆脱世俗负担、享受现世欢乐之中退隐到舞台的幕后，成为节日里无声的注脚。透过节日这样一扇窗，我们看到了与想象中截然不同的时代场景和生活画卷。本章以上元、寒食、清明及端午四个岁时节日为例，介绍其渊源、演变和传承，让人们通过节庆文化感受古人在周期性时空转换中的岁时交响。

第一节　上元——燃灯与狂欢

正月十五是一年中的第一个月圆之夜。古时把正月十五、七月十五和十月十五分别称为上元、中元和下元。中国自古有"庭燎"之礼，汉朝的元日朝会常将设燎与张灯同时进行。而上元的张灯之举，最晚在南朝梁时已经出现。北朝的上元日，则以大规模的娱乐狂欢活动载于史册。对于唐朝民众来说，载有燃灯欢庆等诸多习俗的上元节，加入了佛教的因素，成为一个意义重大的岁时节日。

几乎所有节庆习俗的背后，都隐藏着若干个或美丽或凄凉的传说，在祖祖孙孙一代又一代人中间口耳相传。人们借助这些故事表达着自身的愿望，而这些故事的主人公，多数都被赋予了神灵的力量。尤其是唐朝社会，神灵信仰在民众的精神生活中还占有十分重要的地位，与上元节日有关的神灵就是紫姑蚕神。宗懔的《荆楚岁时记》中记载，南朝时民间就有正月十五日夜晚迎紫姑的习俗，他引用前人刘静叔《异苑》里的文字解释说："姑本人家妾，为大妇所妒，正月十五日激愤而死，故世人作其形迎之。祝云：'子胥不在，曹夫人已行，小姑可出。'于厕边或猪栏边迎之，捉之觉重，是神来也。"①传说中的紫姑是一位善良的女子，因受人妒忌被害死，后人就于正月十五月圆之夜以稻草做成真人大小的紫姑形象迎而祀之，占卜蚕桑农事。这个传说一直影响到唐朝乃至后世。

追溯上元节庆燃灯的起源，《周礼》中关于古代"庭燎"之礼的记载似乎可以给我们以些许提示。古时，凡遇有国家大事，则由朝廷供给中央和地方各级官府竖在门外的大烛和摆放于门内的庭燎，做照明之用。东汉时的正月十五，群臣进贺。这一天宫廷内外的摆设也与平日不同：殿下二阶之间的两百华灯，端门的庭燎和门外的灯火，把节日里的宫城点缀得灯火通明。在傅玄"华灯若乎火树"的描写中，我们不难想象出一幅华灯初上、火树银花的喜庆图画。

南朝的梁、陈，也留下了不少关于上元张灯的诗作。正因为有梁简文

---

① （南朝梁）宗懔：《荆楚岁时记》引《异苑》。

帝《列灯诗》和陈后主《光璧殿遥咏山灯诗》的佐证，胡三省在《资治通鉴》注中明确否定了上元燃灯起源于汉代祭祀太一神的说法，认为隋唐以后的上元燃灯之俗是在南北朝时期开始具有相对固定的雏形的。

在北朝的拓跋鲜卑族部落里，流行着正月十五的"相偷"之戏。这一天的晚上，人们以相互任意"偷盗"的方式欢庆节日。这是史料中较早的对上元夜晚盛行的娱乐活动的记载，而且这一娱乐形式在民间较为流行，影响较为广泛。无论是南朝张灯的红火还是北朝"相偷"之戏的欢乐，可以肯定的是，南北朝以至隋唐时期的上元节俗，已经在传统和当世的塑造以及官方和民间的互动之下，逐渐开始固定化，南北方不同地域特有的节庆活动均为其注入了生机和活力。

《隋书·柳彧传》记载了柳彧所见隋文帝开皇年间的元宵庆典："窃见京邑，爰及外州，每以正月望夜，充街塞陌，聚戏朋游，鸣鼓聒天，燎炬照地，人戴兽面，男为女服，倡优杂技，诡状异形。以秽嫚为欢娱，用鄙亵为笑乐，内外共观，曾不相避。高棚跨路，广幕陵云，袨服靓妆，车马填噎。肴醑肆陈，丝竹繁会，竭赀破产，竞此一时，尽室并孥，无问贵贱，男女混杂，缁素不分……"①在"燎炬照地"的火树银天之下，平日生活里固有的界限被暂时打破：锣鼓喧天的热闹，车马如龙的繁华，人戴兽面的傩戏表演，无论是京城还是州县，无论男女老少、贫富贵贱，都在这一天尽情欢乐。狂欢中不可避免地存在某种程度的虚荣和奢华，以及由此而来的不合封建礼法的行为。显而易见，御史柳彧对这样的活动是持反对态度的，他认为这样举国若狂的节庆活动不会给整个社会的正常运转以丝毫的正面调节，反而会动摇社会稳定，败坏礼制，因此他上书要求取缔上元日大规模的娱乐活动。在崇尚节俭的隋文帝时代，也确实有过类似的规定，开皇年间(581—600)的相州刺史长孙平，就因为没有对正月十五规模过度的百

---

① （唐）魏徵：《隋书》卷 62《柳彧传》。

姓娱乐施以必要的管理和限制而被免职。然而，这些禁令却不具备得以延续到后世的力度，在追求浮华逸乐的隋炀帝统治时期和逐渐走向繁荣富足的唐朝，上元的狂欢，似乎有了足够的资本和更多的理由。

隋唐以后对上元娱乐活动的"开禁"，另一个推动力就是佛教的影响。隋炀帝就曾亲赋《正月十五日于通衢建灯夜升南楼诗》："法轮天上转，梵声天上来。灯树千光照，花焰七枝开。月影凝流水，春风含夜梅。燔动黄金地，钟发琉璃台。"①唐朝时佛教更加兴盛，在旋转的"法轮"和冥冥的"梵声"里，正月十五火树银花的夜晚才得以走上皇家的舞台。佛教中的"大神变日"（即所谓的"满月正"）在时间上恰好对应为正月十五日。敦煌寺院文书中众多关于燃灯节的记载，使佛教对上元节张灯习俗的影响得到史料上的证明。敦煌遗书里的相关文字告诉我们，在中古时期的敦煌地区，"初入三春，新逢十五。灯笼火树，争燃九陌。舞席歌筵，大启千灯之夜"②。人们以燃灯社为民间组织，为灯节里的活动筹备经费。到燃灯节这一天，人们相聚庆贺，共同诵读《燃灯文》，并有专门的"燃灯僧"来点燃节日里的灯盏。作为吐蕃宰相、敦煌当地首领的论莽热，曾亲自参与上元燃灯的节庆活动。而敦煌莫高窟在晚唐至五代多次成为上元燃灯的固定地点。佛教文化背景之下的节日活动，自然多了几分形式上的苛刻。而也许正是由于众多佛教徒的虔诚捐助，唐时正月十五扬州寺院的佛殿前甚至建造起灯楼，砌下、庭中及行廊上的灯盏更是无以计数，造型各异，制作精美，其工艺已经达到了相当高的水平。佛教一方面给上元节燃灯习俗施以众多的影响，可谓"建元看别上元灯，处处回廊斗火层。珠玉乱抛高殿佛，绮罗深拜远山僧"（章碣《上元夜建元寺观灯呈智通上人》）。另一方面无疑是利用传统的正月十五节庆与其本身"大神变日"的结合，吸引更多的民众加入信教者的行列。

---

① （北宋）蒲积中编：《古今岁时杂咏》卷7《正月十五日于通衢建灯夜升南楼诗》。

② 《英藏敦煌文献》卷4《诸杂斋文范本·十五日》。

《资治通鉴》载，炀帝大业六年(610)的上元节，炀帝在洛阳会见诸番酋长，设百戏于端门，"执丝竹者万八千人"[1]，声闻数十里，摇曳的火光照彻天地，庆贺活动甚至持续到月末，国库里的财富为此消耗巨大。这一年元宵节声势浩大，为后世的奢华活动开了先河。而此时上元节的活动更多局限在官方的享乐和晚期隋朝大国泱泱的繁荣富足里，我们尚无法看到普通民众参与其中。正是如此，才为唐朝上元节俗在普通民众层面的发展和普及留下了更多的空间，才有了诗人笔下"锦里开芳宴，兰红艳早年。缛彩遥分地，繁光远缀天。接汉疑星落，依楼似月悬。别有千金笑，来映九枝前"(卢照邻《十五夜观灯》)的月下狂欢。

唐朝的上元节，燃灯庆典仍是必不可少的固定仪式。每逢正月十五，长安便竖起高达二十丈的灯轮，五万盏灯营造出一个火红的不夜城。玄宗开元二十八年(740)，"以正月望日御勤政楼宴群臣，连夜燃灯，会大雪而罢"[2]。天宝三载(744)规定："依旧取正月十四日、十五日、十六日开坊市门燃灯，永为常式。"[3]三年后的天宝六载(747)再次下诏："重门夜开，以达阳气，群司朝宴，乐在时和。属此上元，当修斋录，其于赏会，必备荤膻。比来因循，稍将非便，自今已后，何至正月，改取十七、十八、十九日夜开坊市门，仍永为常式。""夜开坊市门"在平常的日子里显然是被夜禁制度所限的，上元之日的破例，使百姓得以打破惯常的生活节奏，亲自参与到这场盛大的节日狂欢中来。

上元节越来越受到统治者的肯定和重视，宫廷和民间的节庆活动也得以进一步丰富起来。统治者期望通过燃灯庆贺展现一片盛世祥和，唐玄宗李隆基就曾下令让工匠制造一座高百余尺、内设数十间小屋的灯楼，其上悬挂的珠宝穗坠在风吹过时奏出的交响，宛如节日里的华彩乐章。《开元天

---

① (北宋)司马光编：《资治通鉴》卷181。
② (后晋)刘昫：《旧唐书》卷9《玄宗纪下》。
③ (北宋)王钦若编：《册府元龟》卷60《帝王部》。

宝遗事》中记载，韩夫人在上元夜点燃的灯树"百里皆见，光明夺目"。① 火光中的娱乐歌舞，更是"千门开锁万户明，正月中旬动帝京，三百内人连袖舞，一时天上着词声"（张祜《正月十五夜灯》）。在炫目的灯火之下，宫廷富户以"点灯"彰显自己的荣华富贵，百姓们的"赏灯"则成为一年中不可多得的节日娱乐。扎制成山形的彩灯，造型别致，式样不凡。唐人段成式在《观山灯献徐尚书》序中写道："及上元日，百姓请事山灯，以报禳祈祉也。时从事及上客从公登城南楼观之。初烁空燉谷，漫若朝炬，忽惊狂烧卷风，扑缘一峰，如尘烘斾色，如波残鲸鬣，如霞驳，如珊瑚露，如丹蛇蚑离，如朱草丛丛，如芝之曲，如莲之擎。布字而疾抵电书，写塔而争同蜃构，亦天下一绝也。"②

众多地方官员也逐渐开始参与到戏灯游乐中，薛能任武宁节度使时就亲自写诗记录下与民共庆元宵的情景："偃王灯塔古徐州，二十年来乐事休。此日将军心似海，四更身领万人游。"（薛能《影灯夜二首》）于是，"十万军城百万灯，酥油香暖夜如蒸。红妆满地烟光好，只恐笙歌引上升"（薛能《影灯夜二首》）。除灯轮、灯笼外，唐朝上元节还出现了影灯。影灯就是我们今天所说的走马灯。敦煌寺院残帐载"油贰升半充十五夜点影灯用"，《云仙杂记》曰："洛阳人家上元以影灯多者为上，其相胜之辞曰：千影万影。"马骑人物旋转如飞的影灯，更为多彩的节日画面添上了浓重的一笔。地方上的张灯、观灯，给了百姓更多的机会欢庆节日，上元节俗也得到更广泛的地域意义上的普及。

在相对国泰民安的唐朝，上元假日由前朝的一天延长至正月十五当天及前后各一天。对于官员来说，假期的延长无疑意味着有三天难得的休闲时光"与民同乐"；而对于平民百姓，这三天则变得更加意义非凡——不仅

---

① （五代）王仁裕：《开元天宝遗事》卷4《百枝灯树》。
② （北宋）蒲积中编：《岁时杂咏》卷7《观山灯献徐尚书》。

在摇曳闪烁的灯火中，更在不同于平日的时间和空间里。

尽管城市经济已经相当繁荣，唐朝长安仍然实行相对封闭的坊市分离建制，包括商业活动在内的居民生活，受到时间与空间的双重限制。居民住在一个个建有高大坊墙的区域内，不得向大街开门，敕令中屡屡可见不许"侵街打墙、接檐造舍"的明文规定。"市"的四周也有墙，用以出入的"门"则实行严格的启闭制度。虽然随着商品经济的发展，唐朝中后期这些制度开始逐渐出现松动的迹象，但至少在唐朝前期，国家法律中的夜禁规定还是被严格执行的："五更三筹，顺天门击鼓，听人行；昼漏尽，顺天门击鼓四百槌，迄，闭门；后更击六百槌，坊门皆闭，禁人行。"①"城门击鼓四槌，迄，诸城开；开后一刻，顺天门开。"在夜禁制度之下，凡在闭门鼓后开门鼓前出行者，皆为"犯夜"。即使公使执行公务，也必须持有县一级官府开具的牒文才可例外。遇有婚、嫁、丧、病等紧急情况，必须事先向官府申请获得批准，才能在特定区域之内沿特定路线行事。

武候铺是唐朝金吾卫在城门和各坊所设的一种士兵驻扎处，属金吾卫左右翊府管辖，大小城门、大小坊驻扎的士兵人数有所不同。违禁犯夜者都被送到附近武候铺严惩，有些狂妄之徒与巡夜的金吾卫发生冲突，甚至会被当场处死。《太平广记》就记载了温庭筠"醉而犯夜，为虞候所系，败面折齿"②的惨痛经历。就连诗人杜甫在同左金吾大将军李嗣业饮酒时，也吟出两句玩笑之诗："醉归应犯夜，可怕李金吾。"(杜甫《陪李金吾花下饮》)当时夜禁之严，使得"静街鼓"敲响后的长安，即一番"六街鼓歇行人绝，九衢茫茫空有月"③的景象。即使偶尔的夜市，在唐前期也绝没有后世的繁华，仅是供达官显贵纵情声色的特定场所而已。如此，中古时代的唐朝百姓，依然延续着先人"日出而作，日落而息"的生活轨迹和古老风习。

---

① (唐)长孙无忌：《唐律疏议》卷26《犯夜》。
② (北宋)李昉：《太平广记》卷265《温庭筠》。
③ (北宋)钱易：《南部新书》卷1《秋夜吟》。

　　然而，唯有在上元节的夜晚，这样的夜禁规定是例外的。正如殿中侍御史崔液在诗中描写的："玉漏银壶且莫催，铁关金锁彻明开。谁家见月能闲坐，何处闻灯不看来。"（崔液《上元夜》）上元夜晚的开禁被称为"放夜"，大街小巷的灯火通宵长明，男女老少倾城而出，竞相奔走，可谓"月色灯光满帝都，香车宝辇隘通衢"（李商隐《正月十五夜闻京有灯，恨不得观》）。在相对开放的唐朝，上元节也给了女性出游的机会。各家女子梳妆出阁，观灯游赏，一幅"十万人家火烛光，门门开处见红妆。歌钟喧夜更漏暗，罗绮满街尘土香。星宿别从天畔出，莲花不向水中芳。宝钗骤马多遗落，依旧明朝在路傍"（张萧远《观灯》）的景象。在金吾不禁，特许夜行的三个夜晚，人们无一不享受着正月里的放纵和月光灯火下的欢笑，享受在一个社会阶层、性别角色和经济身份的界定都暂时失去意义的世界里。"灯火家家市，笙歌处处楼"（白居易《正月十五日夜月》），在全年的夜禁、众多的限制和差别之下，有谁不会珍惜这仅有的几个夜晚呢？

　　连续三天没有夜禁的假期，使百姓暂时拥有了难得的相对自由。高宗时长孙正隐就在描写东都洛阳正月十五夜的繁华时，这样解释古人的夜游："夫执烛夜游，古人之意，岂不重光阴而好娱乐哉？"①在唐人的思想观念里，节日本就应是一个充分娱乐、放松心情的好日子。武后时担任宰相的苏味道有诗《正月十五夜》云："火树银花合，星桥铁锁开。暗尘随马去，明月逐人来。游妓皆秾李，行歌尽落梅。金吾不禁夜，玉漏莫相催。"火树银花之下，无数的明灯点缀了护城河上的"星桥"。无法看清马蹄下飞扬的尘土，月色却笼罩着涌动的人潮，播洒到城市的每一个角落。良宵美景中，花枝招展的歌妓把《梅花落》的曲调尽情吟唱。绚丽多彩的上元灯火把大地点缀得五彩缤纷，同时也点亮了青年男女内心深处相互爱慕的星星之火。没有金吾禁夜的节日，给了人们得以驰骋想象的特殊舞台，金鼓喧闹，百

---

　　①　（北宋）蒲积中编：《岁时杂咏》卷7《上元夜效小庾体同用春字》。

戏杂陈。在声色光影中，在文人笔下，这个夜晚上演着不期而遇，上演着一见钟情。事实上，上至王公贵族，下至平民百姓，都无法抵挡这个夜晚狂欢一般的气氛。"寺观街道，灯明如昼。士女夜游，车马塞路……车马纵横，城关不禁。五陵年少，满路行歌，万户千门，笙簧未撤。"①

没有了官方的控制，上元节民间的庆祝活动也日益盛大。唐中宗与皇后曾于景龙四年(710)的上元节里微服观灯，在火树银花的都城里"与民同乐"。数千宫女在这天也破例被准许外出游玩，以致竟然有人次日清晨仍未归来。封演在《封氏闻见记》中记述唐朝民间上元节拔河的盛况："两钩齐挽，大中立大旗为界，震鼓叫噪，使相牵引，以却者为输，名曰拔河。"②民间还制作一些较小的灯盏自行点燃以庆祝节日，称为"灯球"，并借其光亮载歌载舞。人们一方面在观灯和点灯中以各种各样的娱乐形式欢庆着节日，又在上元长明整夜的灯火里祈求着新一年的平安与幸福。唐太宗时的私塾正月十五开学，当天学生准备精巧的灯笼带到私塾，由先生点燃，称为"开灯"的小小仪式被赋予"前途光明"的象征意义。

在中古时代民众日复一日、年复一年的平淡生活中，像上元这样能够打破庸常的节日在一整年里也不过那么几天。在短暂的节日狂欢里，人们得以暂时忘却现实生活的艰辛痛苦，暂时抛开平日里的官民分野、阶级利害，在有限的时间和空间中娱乐自身，尽情欢畅。走出幽幽宫苑的帝王妃子、宫女大臣，寻找的是一种没有禁锢的、不同于平日的自由；走出街门小巷的百姓士人，渴望的则是一份身心的放松和对于现实的暂时解脱。正如陈熙远先生在《中国夜未眠——明清时期的元宵、夜禁与狂欢》中所言：这个夜晚"纵容人们逾越诸多道德的俗成的界限，颠覆日常生活的时空规律——从日夜之差，城乡之隔，男女之别，雅俗之分到贵贱之别"③。无论

---

① (南宋)孟元老：《东京梦华录》卷6《南班宫》。

② (唐)封演：《封氏闻见记》卷6《拔河》。

③ 陈熙远：《中国夜未眠——明清时期的元宵、夜禁与狂欢》，见《历史语言研究所集刊》第75本第2分册，台北："中研"历史语言研究所，2004年版，第292页。

是汉代祭祀太一神的传说、佛教大神变日之说对旧时民俗节庆的影响，还是"紫姑神下月苍苍"迎紫姑占蚕桑众事的风俗，无论其给予上元节庆习俗以怎样的外因，对于这样一个节日，唯有节庆和娱乐活动能够使其在民众中得以广泛延续。正月十五夜晚的灯火，不仅照亮了宫廷内外、大街小巷，更点燃了人们俗世生活里难得的节庆气氛和欢娱情怀。不可否认的一点是，进入唐宋之际，节庆的各种活动和仪式逐渐从"为神而行"变为"为人而行"，从"娱神"变为"娱人"，给予人和人本身的精神生活以更多的关照。人们开始更加主动地参与到节日的娱乐中，祭祀神灵的因素逐渐削弱，民众在祈求来世的平安中更加专注于对现世生活的感受。虽然仍然无法走出现实生活中的禁锢，无法摆脱等级界限的枷锁，但如此这般节日里的放松和不同于往日的一些改变，还是使他们得以从自身生活的层面上拥有短暂的欢乐和更多的期待与想象。

第二节　寒食与清明——冷食与新火

关于寒食节的时间，有多种说法。有说冬至后第 103 天起，连续 3 天者；有说冬至后第 105 天起，连续 3 天者；也有说是冬至后第 106 天者。清明最早是作为二十四节气之一的，农时方面，这一天跟修蚕具、蚕室等养蚕相关的活动有直接的关联。而我们今天所说的清明，则一般是指公历的四月五日。有学者认为，作为节日的寒食与清明，其日期是冬至后第 105 天及次日。

对古人来说，清明节气前后的寒食节是个特殊的日子。在这个日子里，人们停止生火做饭，皆食冷食，取其意称为"寒食"。在上古时代，人们钻木取火，在季节转换之际就有"改火"的习俗。清明作为节日，与改火之习俗关系密切。

就传说而言，介子推的故事被更多地与寒食的起源联系在一起。在遵循君君、臣臣、父父、子子礼法规则的传统社会里，忠臣事迹往往得到更多的口耳相传。有关介子推的传说,《庄子·盗跖》里短短几句话记下了事情的梗概:"介子推至忠也,自割其股以食文公,文公后背之,子推怒而去,抱木而燔死。"①直至唐朝,人们依然借用汉代刘向《新序》和蔡邕《琴操》中的描写来讲述这个忠臣的故事。

"骊姬之乱"后,晋公子重耳避难奔狄,介子推就是随行贤士之一。途中风餐露宿,饥寒交迫,传说忠诚的介子推曾割下自己的肉给重耳吃。在介子推忠心耿耿的辅佐下,重耳最终返回晋国。而之后的一次酒宴上,介子推并没有要求爵位和赏赐,言"推闻君子之道,谒而得位,道士不居也,争而得财,庶士不受也"。同样作为辅佐之臣,介子推认为晋文公返国是顺从天意,那些邀功请赏的人却"以为己力",他们所为无异于"窃人之财"。在介子推的信条里,没有对荣华富贵的艳羡,只有"割股奉君"的忠诚。摒弃功名利禄的介子推最终归隐深山,"文公待之不肯出,求之不能得,以谓焚山宜出。及焚其山,遂不出而焚死"。

在历史资料塑造的舞台上,我们可能无法确凿得知这则故事是否能够真实再现介子推与晋文公之间的恩怨。更早时期就存在的介山山神信仰,也与有关介子推的传说融为一体。最晚在东汉,民间已经有了纪念介子推的固定风俗。而寒食节的"冷食",早先只是太原地区性的习俗而已。东晋《邺中记》载:"并州俗,冬至后一百五日,为介子推断火,冷食三日。作干粥,今之糗也。"②后来传到荆楚地区,南朝《荆楚岁时记》记:"介子推三月五日为火所焚,并人哀之,每岁春莫不为举火,因以寒食,至今晋人众此禁,云犯之则雨雹伤其田。"③在强调礼法的传统乡土社会中,约定俗成的习惯和民间集体意识的约束成为维持火禁习俗的重要因素。

改火也是寒食节形成的重要原因之一。若干天火禁之后,官方的赐新

---

① (战国)庄子:《庄子》卷 9《盗跖》。

② (晋)陆翙:《邺中记》。

③ (南朝梁)宗懔:《荆楚岁时记》。

火仪式就正式开始，唐朝诗人韩翃《寒食》中的"日暮汉宫传蜡烛，轻烟散入五侯家"就是对这一仪式的生动写照。与其说这个仪式送来了新火，不如说其借清明日点燃榆柳等木头赐给众人，代表三日冷食的结束，象征万象更新的开始。赐新火之习俗进入清明节日，与寒食之发生并不同时，就是改火本身，也不是代代皆有定制。而从现有的史料来看，清明赐新火在唐朝已是当日十分重要的节庆仪式之一。宋人言"唐时唯清明取榆柳之火，以赐近臣戚里"。《辇下岁时记》载："长安每岁清明，内园官小儿于殿前钻火，先得上者，赐绢三匹，金碗一口。"①流传后世的唐朝文人墨迹里，有相当多写赐新火的文章出现，如谢观《清明日恩赐百官新火表》、武元衡《谢赐新火及新茶表》、白居易《谢清明日赐新火表》等。其内容虽大多是"臣故以贱微，荷兹荣耀"（白居易《谢清明日赐新火表》），"荷惟新之恩，更沐时珍之赐"（武元衡《谢赐新火及新茶表》）的谦卑，但权贵和重臣身份在这一神圣仪式中的彰显，已跃然纸上。

虽然"朱骑传红烛，天厨赐近臣"（韩濬《清明日赐百僚新火》）的宠遇距离普通民众遥不可及，但"改火"作为寒食与清明习俗和节庆仪式中重要的一部分，让所有人都感受到春日那份跳动的期冀。冷食过后，炊烟齐点，杜工部诗《清明》云："朝来新火起新烟，湖色春光净客船。绣羽衔花他自得，红颜骑竹我无缘。""新火"、"新烟"不失为其中的点睛之笔。唐朝诗人张籍《寒食内宴诗》云："朝光瑞气满宫楼，彩丝鱼龙四面稠。廊下馋厨分冷食，殿前香骑逐飞球。千官尽醉犹教坐，百戏皆呈未放休。共喜拜恩侵夜出，金吾不敢问行由。"顾非熊亦有《长安清明言怀》诗描绘长安城内寒食清明之际的美景及此日人们竞相出游的热情："明时帝里遇清明，还逐游人出禁城。九陌芳菲莺自啭，万家车马雨初晴。"在这些文字里，忠臣介子推似乎已被隐藏，无论是宫中的宴飨现场还是满眼春意的都城街道，人们更多

---

① （明）陶宗仪等编：《说郛》卷 69 上《辇下岁时记·钻火》。

地表达着自己内心畅快的欣喜之情。在这一过程中，我们清晰地看到流传于并州民间的"冷食"之俗与王朝权威的"改火"仪式实现了自然接续，正式成为国家重大节日里的必备元素。

唐朝统治集团与寒食盛行之地太原的特殊关系，也从另一层面使得他们对这一本来就不陌生的节日倾注了大量的热情，这个地域性的节日开始逐渐扩展到全国各地。唐朝官方规定的寒食清明假期，天数在各节日中位居第一。大小官吏及军队将士都可休息，官户、奴婢也都有相应的假期。敦煌地区同样如此。唐宪宗时准许朝官寒食期间回乡扫墓以祭奠先人。这种以法律形式对节日假期的规定，显然表达了官方对这一民间节日的认可。

然而，毕竟寒食之本意是出于对先人的祭奠，过于繁复的娱乐活动也受到政府的限制。《唐大诏令集》载唐玄宗为保养生息而颁布的《禁断寒食鸡子相饷遗诏》，禁止民间在寒食节日互相馈送鸡子。[1] 颁布于玄宗开元二十年(732)四月二十四日的诏令宣布："寒食上墓，礼经无文。近代相传，浸以成俗。士庶既不合庙享，何以用展孝思。宜许上墓，用拜扫礼。于茔南门外奠祭，彻馔讫泣辞食馀，于他所不得作乐。仍编入礼典，永为常式。"[2]此一诏令既出，不仅促成了寒食祭扫先祖之墓习俗的流行，更重要的则是从国家政权出发，给予了寒食上墓礼制层面的承认。《辇下岁时记》载"长安清明时，都人并在延兴门看内人出城洒扫，车马喧闹"[3]。敦煌地区的寺院在寒食支出面、油、粟等，用来打扫修葺墓园、制作供品、设祭拜盘，于墓塔前祭拜已故的大德高僧。

自唐朝起，寒食扫墓成为法定习俗，"家家送纸钱"(张籍《北邙行》)的传统也开始固定下来。可见唐朝统治者一方面吸收了寒食时节的民间习俗，另一方面根据官方的意识形态适时适度地对节日活动进行了管理和控制。

---

① （北宋）宋敏求：《唐大诏令集》卷109《禁断寒食鸡子相饷遗诏》。

② （北宋）王溥：《唐会要》卷23《寒食拜扫》。

③ （明）陶宗仪等编：《说郛》卷69上《辇下岁时记·钻火》。

总之，无论是在官方还是在民间，寒食在有唐一代可以说受到了前所未有的重视，所谓"普天皆灭焰，匝地尽藏烟"（沈佺期《寒食》），"四海同寒食"（卢象《寒食》）。对此，时人王泠然有这样的描述："天运四时成一年，八节相迎尽可怜。秋贵重阳冬贵腊，不如寒食在春前。"（王泠然《寒食篇》）

在古人的观念里，清明扫墓祭奠先人应当始终是一个敬终追远、郑重肃穆的仪式；然而，斯人已逝，对于关注现世、主张个性的唐朝人来说，在上墓拜扫之外，丰富的娱乐活动也是此日节俗中的重要一环。在拜扫之余，唐朝清明节更流行着踏青郊游、放风筝、拔河、蹴鞠、斗鸡等活动。

蹴鞠和斗鸡更多地盛行于宫廷和富户人家，"斗鸡寒食下，走马射堂前"（孟浩然《上巳洛中寄王九迥》），声势浩大。唐人张说的《奉和圣制寒食作应制》云："从来禁火日，会接清明朝。斗敌鸡珠胜，争球马绝调。""殿前铺设两边楼，寒食宫人步打球。"（张说《宫词》），既是娱乐活动，又颇具观赏价值。敦煌地区的人们则设乐踏舞，郊游赏景。寺院残帐中"寒食踏歌羊价麦玖斗、麻肆斗"的记载告诉我们，寒食节寺院邀请歌舞队作乐，以麦麻充羊价作为报酬。晚唐敦煌书仪中更载有"时候花新，春阳满路。节名寒食，冷饭三晨。为古人之绝烟，除盛夏之温气。空赍渌醑，野外散烦"[①]的郊游赏景之俗。

不仅风靡于宫廷也广泛流行在民间的则是至今仍有不少人喜爱的秋千之戏。秋千在汉代之后以至唐宋，越来越受到人们的欢迎，发展成为一种风行的节日游戏，所谓"蹴鞠屡过飞鸟上，秋千竞出垂杨里"（王维《寒食城东即事》）。天宝年间，"至寒食节竞竖秋千，令宫嫔辈戏笑，以为宴乐，帝呼为半仙之戏，都中士民因而呼之"[②]。杜甫亦在《清明》诗中言："十年蹴鞠将离远，万里秋千习俗同。"秋千在寒食的节日娱乐活动中，显然已经占据了很重要的地位，其广泛流行以至于影响到了国家礼制的制定。

---

① 《敦煌社会经济文献真迹释录》第5辑《张敖撰新集诸家九族尊卑书仪一卷》。
② （五代）王仁裕：《开元天宝遗事》卷3《半仙之戏》。

颇为有趣的是，在流传后世的医书里，我们发现秋千、蹴鞠这样的娱乐形式也有出于健康方面的考虑。秋千、蹴鞠之戏对于连续食用了几日冷食的人们来说，可以起到通过肢体活动产生热量的效果。《遵生八笺》中记载："寒食有内伤之虞，故令人作秋千、蹴踘之戏以动荡之。"①唐朝风靡的寒食球戏风俗，一直延续到两宋，游乐形式不断丰富，成为民间常见的娱乐活动之一。《岁时杂记》之《寒食·击球戏》载："以花球棒为击球之戏，又为儿弄者，或以木，或以泥，皆以华丽为贵。"②

元稹《寒食日》诗云："今年寒食好风流，此日一家同出游。碧水青山无限思，莫将心道是通州。"寒食与清明的庄严与肃穆，在秋千的摇摆和蹴鞠的欢乐中融入了更加多元的因素。寒食后的改火，强调的是迎新，对先人的追思，亦无碍春游和踏青的清明节俗。后世清明的祭扫和赏春多同时进行，春游和踏青至明清时期已成为清明节的主要内容了。

第三节　端午——祈福与竞渡

唐朝诗人文秀诗云："节分端午自谁言，万古传闻为屈原。堪笑楚江空渺渺，不能洗得直臣冤！"(文秀《端午》)在唐朝，关于端午节的起源，纪念屈原已是居于主流的一种说法。实际上在屈原之前，端午节的雏形就已经存在，更早时期的节俗则有其另外的渊源。而避疫和纪念，自汉唐至后世，一直是端午节并行的两大主题。

《大戴礼》云："五月五日蓄兰，为沐浴也。"③即指兰汤沐浴。这可能是文献中最早将"五月五日"与"兰汤沐浴"联系在一起的记载。而兰汤和沐浴，

---

① （明）高濂：《遵生八笺》卷3《三月事宜》。

② （北宋）吕原明：《岁时杂记》卷16《寒食·击球戏》。

③ 黄怀信、孔德立、周海生撰：《大戴礼记汇校集注》卷2《夏小正第四十七》，西安：三秦出版社，2005年版，第256页。

也是史料中提到五月五日这个特定时间时，较早出现的两个关键词。在传统社会里，沐浴行为至少包含两个要素，首先是礼的要求，其次才是身体上的需要。蓄兰沐浴用以保健身体，同时服从于礼法的规定，恐怕是这一习俗一直延续到后世的主要原因，唐朝韩鄂辑的《四时纂要》中亦提到此日沐浴，有令人吉利之说。

农历的五月初五，在节气上处于芒种之后，夏至之前。而夏至在唐朝民众的观念里，是阴气上升，阴气与阳气开始争斗的时节。受阴阳五行观念的影响和支配，谨慎避忌是当时人的普遍心态，唐朝时很多地区因此而出现了"躲午"的习俗。夏至和端午，时间上虽有差别，但偏重于天文物候的夏至节气对端午的影响却不可忽视。事实上，汉魏以后以至唐朝，阴阳术数观念盛行，民众逐渐将夏至的月讳习俗转移到五月五日这一时间点上。后世的端午禁忌，因而不可避免地受到夏至的影响，连唐朝的角黍亦以"取阴阳包裹之象"来解释。

作为季节转换之际一个重要的时令，端午在唐朝民众的避疫观念中居于相当重要的地位。唐朝人认为端午与夏至时节阴阳二气激烈争锋，暑毒盛行，为达到祭祷消灾的目的，人们在端午之日争踏百草，采摘像人形的艾草挂于门户，臂上还系有被称作"百索"或"长命缕"的五色丝织品。唐朝时，扇在此日作为相互赠送的物品，也含有避瘟之意。如今我们看到的有关端午的种种意象，在古代都被赋予了更多避瘟、消灾和保健身体的意义。然而，"艾未有真似人者，于明暗间以意命之而已"[1]。无论是人形的艾草还是五彩的丝线，都寄托了人们较原始的避瘟意识和养生观念。

精神层面之外，五月五日在治疗疾病上也有其独特的内涵，这不仅与古人顺应时节的养生理念有关，也更多地受到端午本源的影响。端午乃造药治病之吉日的说法，为历代医家所认可，唐朝尤其盛行。段成式《酉阳杂

---

[1]　（北宋）曾慥：《类说》卷 10《端午日采艾》。

俎》记载:"鹊构窠取在树杪枝,不取堕地者。又缠枝受卵。端午日午时焚其窠灸病者,疾立愈。"①五月五日的艾草和菖蒲,更是治病保健的良药。从自然气候方面分析,端午正值仲夏,气温升高,降雨增多,空气湿度增大,病原微生物及各类害虫繁殖盛行,属传染病多发的季节。利用传统中医药进行疾病防治和避瘟保健,这在当时的民众中并不普及。于是,人们通过悬挂、熏蒸、饮用或沐浴等方式以达到辟邪的目的,就成为特定的节日里民间百姓口耳相传、约定俗成的行为习惯。

在许多史籍中仔细探寻端午节的起源,我们会发现相当一部分文字记录都与战国末期的一个人物——屈原有关。《续齐谐记》记载:"屈原五月五日投汨罗江死,楚人哀之。至此日以筒贮米,投水祭之。"②这是现所见将屈原与五月初五相联的较早文献。其实,与端午节这一天相关的人物众多,在不同地域有着不同的传说,苍梧太守陈临、会稽孝女曹娥、伍子胥等都在诠释端午节来源的故事中占有一席之地。前文提到的与寒食节日密切相关的介子推的故事,也曾作为描述端午习俗起源的一家之言。闻一多先生则认为端午与龙有着不可分解的联系,端午节就是古代吴越——一个有龙图腾信仰的群体举行图腾祭的节日。

姑且放下关于起源的争论,在梳理由这些传说构建的文本之后,我们不难发现,魏晋南北朝以至隋唐之后,经过历史的选择和多重因素的交融汇合,屈原这个人物形象在端午节的传说里凸显出来,日益影响着民众尤其是士大夫阶层的观念,并愈加被赋予主流的定义。"襄王不用直臣筹,放逐南来泽国秋"(胡曾《咏史诗·汨罗》);"大夫沈楚水,千祀国人哀。"(储光羲《观竞渡》)唐朝诗人们用凄美的语言表达出对先哲屈原的无限追思。食粽、龙舟翻腾等节俗也成为纪念屈原的典型活动:粽的原形——以五色丝缠裹的蒲叶,被解释为令蛟龙害怕的利器。而对一般百姓而言,在祖祖辈

---

① (唐)段成式:《酉阳杂俎·续集》卷8《支动》。

② (唐)徐坚:《初学记》卷4引《续齐谐记》。

辈流传下来的岁时节日仪式和风俗中，传说的支持和影响则具有相当重要的意义。这种故事性和伦理性极强的民众话语源于历史，又通过人们世世代代的历史记忆影响着一个又一个时代。

进入唐朝以后，科举制度不断发展完善。士人在传统知识分子"治国平天下"理想的激励之下发奋读书，积极寻找入仕途径。渴望肩负重任，期待君臣遇合，是富有时代特色的士人心态，而企盼建功立业回报君恩是士人的时代梦。褒扬诸葛、赞美曹魏功业的咏三国诗在这一时期层出不穷，就是一个旁证。与之相反，战国末期的屈原满腹才华，胸怀报国之志，却因不被昏君谗臣所容，处境艰难。其"正道直行，竭忠尽智以事其君"，却"信而见疑，忠而被谤"，最终只得吟"举世混浊而我独清，众人皆醉而我独醒"①自投汨罗。许多唐人诗作在纪念屈原的同时，更多地表达出作者内心怀才不遇的落寞情感。白居易在万州曾有过"竞渡相传为汨罗，不能止遏意无他。自经放逐来憔悴，能校灵均死几多"（白居易《和万州杨使君四绝句》）的慨叹；杜甫在"拜跪题封贺端午"之后，吟唱"漂零已是沧浪客"（杜甫《惜别行送向卿进奉端午御衣之上都》）的伤愁；晚唐诗人殷尧藩更是写下了"鬓丝日日添头白，榴锦年年照眼明。千载贤愚同瞬息，几人湮没几垂名"（殷尧藩《端午日》）的千载悲歌。缅怀带来更多的感伤，处于边缘的士人以屈原自比，在诗作里抒写内心报国无门的苦闷。对这个群体而言，怀古悲今是端午节的主题。

传统社会里，端午节是给予人生命本身关照最多的岁时节日。从沐浴、采药到悬艾、佩戴百索，一系列行为皆以安身保命为中心。就连节日来临时皇帝对官僚的例行赏赐，也遵循民间的传统，银器百索、彩丝几轴，引来唐朝诗人"仙宫长命缕，端午降殊私。事盛蛟龙见，恩深犬马知"（窦叔向《端午日恩赐百索》）的感慨。唐朝端午之前，中尚署便照例备好百索，端午

---

① （西汉）司马迁：《史记》卷84《屈原贾生列传》。

之日由皇帝向大臣赏赐，称为"寿索"。宫廷于端午之日举行宴会，也渐渐成为定例。唐玄宗曾作诗："旧来传五日，无事不称臣。穴枕通灵气，长丝续命人。"(李隆基《端午三殿宴群臣探得神字》)一国之君以这样一种方式表现着自己对传统习俗的认可，在仪式化、制度化的赏赐中，皇帝大家长的身份和君臣伦理被不断强化。端午正值蚕茧始出的时节，妇女们开始忙着练丝染色，在丝织品上绘出"日月、星辰、鸟兽之状"①，精心制作的长命缕成为这一天特有的进奉尊长的礼物。《荆楚岁时记》中描写"青、赤、白、黑以为四方，黄为中央"②，折叠成方胜饰于胸前，这种五彩丝线编织成的工艺品已俨然成为妇女丝织技巧的象征。"结为人像"的长命缕开始出现，在唐朝同心结还成为流行的一种结式，诗人权德舆以"彩缕同心丽"(权德舆《端午日礼部宿斋有衣服彩结之贶以诗还答》)来形容，可谓贴切。《文苑英华·五丝续宝命赋》中的长命缕，颇似今天流行的中国结的雏形。"颜似渥丹，对回鸾之十字。手如振素，盘续命之五丝。其五丝也，蕙绿轻重，兰红浅深。皎皎而有莺其领，采采而亦翠其衿。既比方而一色，又条畅乎数寻。观其发齐万计，花柔四楙。宛委蛇盘，张皇虹直。植其鹭羽，杂之而夺其鲜；对彼凤毛，久之而寡其色。"③不足百字读毕，精致的长命缕便跃然眼前，可谓"五色双丝献女功"。

另外，彩丝也常用来装饰画轴，作为礼品别有风味的点缀，暗含"用禳故气，兼续修龄"④之意。几根小小的丝线，不仅盘出了多姿多彩的形象，更系住了人们浓浓的端午情结。因其更深层次关怀生命的象征意义，长命缕逐渐成为人们心目中不可或缺的节日符号，甚至作为一种商品在端午节的集市上出售。《太平广记》就记载一女子要去洛阳市场上购买"续命缕"，

---

① （南朝梁）宗懔：《荆楚岁时记》引《孝经援神契》。
② （南朝梁）宗懔：《荆楚岁时记》。
③ （北宋）李昉编：《文苑英华》卷120《五丝续宝命赋》。
④ （唐）李商隐：《李商隐文编年校注》第3册《为荥阳公端午谢赐物状》。

"上于舅姑",结果不幸"车已临门,忽暴心痛,食倾而卒"。① 这个故事虽掺杂了神怪成分,但它记录的日常生活可以反映出长命缕在唐朝端午节里所具有的大众性和普及性。

除长命缕之外,唐朝人另有端午之际以扇相赠之俗。大概是因进入农历五月,盛暑即将来临,取未雨而绸缪之意。唐朝皇帝此日赐扇给臣下,民间亦互为馈送。唐太宗曾于端午日将以御笔题字的"飞白扇"送给长孙无忌和杨师道,"庶动清风以增美德"②。以扇相赠的习俗,就是从唐朝开始的。端午赠扇之俗在敦煌地区也颇为广泛,据晚唐《归义军衙府纸破历》记载,每年的四月二十六、二十七日,衙府的作坊即开始进行扇的制作,每年造扇耗用的纸张达 600 张之多。这些扇子或在端午之日分赐当地的僚属、僧官,或作为礼物赠予来往的各地使者,或成为家族的用品或收藏品。至于以丝绸绢帛为扇面,镶有金丝图画的抽金扇之类,恐怕只为节度使等高级官员所有了。

在追思先哲和避瘟防疫、祈求健康之外,唐朝的端午节里,我们还能看到另一幅活动着的画卷,即唐朝端午开始不单单局限于精神层面,而逐渐走出众多禁忌的阴影,宫廷与民间的互动日益加强。这一时期,端午的民间风俗和娱乐形式进入宫廷园林,登上大雅之堂。在南北文化交融的大背景下,吸收多种要素及文化因子后,端午的节日建构开始完善起来。在带有不同地域特色节俗的整合、正统仪式与民间传统互动的过程中,我们也看到唐朝时国家政权对于地方加强掌控的努力。

受历史和地理环境因素的影响,竞渡活动早时盛行于南方,其防瘟避疫方面的原始内涵为南北方所共有。关于竞渡的传说也涉及更多人物,东吴一带的传说中,竞渡来源于伍子胥或曹娥,越地则流传着为纪念越王勾

---

① (北宋)李昉:《太平广记》卷 298《赵州参军妻》。
② (北宋)王溥:《唐会要》卷 35《书法》。

践而竞渡的说法。唐朝诗人张说的《岳州观竞渡》中，"士尚三闾俗，江传二女游"，讲在湖南地区，士人阶层多以悼念屈原作为竞渡的主题，而民间流传着周昭王时东瓯献二女，善歌笑，后二女和王同乘舟，夹拥王身同溺于水的故事。事实上，龙舟竞渡的仪式很可能是早于屈原的，把屈原、竞渡和端午节相关联可以说是汉以后的文化创造。

承载着丰富多彩的传说和内涵的竞渡在唐朝走向全民化，逐渐成为"令节"里不可缺少的组成部分。在前朝由于"舳舻既少"①而罕有竞渡之事的北方，竞渡也开始作为一种正式的娱乐形式在宫廷中出现，这显然是北方的政治文化中心对南方民间节俗进行吸收融合的结果。唐穆宗、唐敬宗、唐昭宗等皆有数次在鱼藻宫、新池或西溪观竞渡的经历。皇帝们还对这样一种娱乐活动表现出相当的赞赏和支持。唐敬宗宝历元年(825)七月己未，下诏令播造竞渡用船20艘，仅造船所需的木材运到京师，就耗去了原计划半年的转运经费。不仅如此，唐朝时竞渡用船的建造也越来越讲究，"务为轻驶，前建龙头，后竖龙尾，船之两旁刻为龙鳞而彩绘之，谓之龙舟"②。可见唐朝以后，龙舟已成为端午竞渡中的标志性形象。同时，举行竞渡的时间也开始不局限在端午，这一公共娱乐形式一度风靡于整个春夏季节，在南方尤其如此。"江南风俗，春中有竞渡之戏，方舟并进，以急趋疾进者为胜。"③也有的地方"四月八日揭蓬打船，五月一日新船下水，五月十日、十五日划船赌赛，十八日送标讫便拖船上岸"④，整个活动历时近一个月，已经颇具规模。另外，在唐朝端午的竞渡中，夺标成为一种定例，参赛者强烈的求胜欲望在观者热情的渲染下，使得竞渡更添几分"赛"的色彩："植标于中流，众船鼓楫竞进，以争锦标。有破舟折楫至于沉溺而不悔者。"⑤为

---

① （隋）杜台卿：《玉烛宝典》卷5。
② （北宋）司马光：《资治通鉴》卷243。
③ （后晋）刘昫：《旧唐书》卷146《杜亚传》。
④ （清）杜文澜：《古谣谚》卷25《武陵旧俗》。
⑤ （北宋）司马光：《资治通鉴》卷243。

使这一活动更具竞技性和观赏性，德宗兴元年间任淮南节度使的杜亚曾想出奇妙的办法，用油漆抹在船底，船便能行得更快；把绮罗制成的衣服涂满油后穿在身上，赛船的水手便可以落水而不湿衣。地方官员热衷于竞渡活动为端午又增添了几分奢华。

唐朝的竞渡作为端午节庆公共娱乐的一种形式，具有在北方以社会上层为主而南方民间较为盛行的特点。北方的竞渡多在皇家或富家大户的园林中举行。唐人吴融在西溪观竞渡时，曾写下"片水耸层桥，祥烟霭庆霄。昼花铺广宴，晴电闪飞桡。浪叠摇仙仗，风微定彩标。都人同盛观，不觉在行朝"（吴融《和集贤相公西溪侍宴观竞渡》）的诗句；唐朝诗人储光羲对官庄池的竞渡有如下的描写："落日吹箫管，清池发棹歌。船争先后渡，岸激去来波。水叶藏鱼鸟，林花间绮罗。跹躚仙女处，犹似望天河。"（储光羲《官庄池观竞渡》）北方的竞渡具有更多的观赏性，众人作为舞台下的观者，尽情享受着龙舟翻腾、层波迭起的壮观场面和由此给人带来的快感。舞台上的水手们在争先恐后"夺标"的同时，更演绎着一幅力量与美的图画。而南方，更多的是以州郡为单位举行的龙舟竞赛。刘禹锡在朗州（今湖南常德）司马任上时，曾有《竞渡曲》生动描绘当地端午时节的赛龙舟景象：

> 沅江五月平堤流，邑人相将浮彩舟。灵均何年歌已矣，哀谣振楫从此起。扬枹击节雷阗阗，乱流齐进声轰然。蛟龙得雨鬐鬣动，螮蝀饮河形影联。刺史临流褰翠帏，揭竿命爵分雄雌。先鸣馀勇争鼓舞，未至衔枚颜色沮。百胜本自有前期，一飞由来无定所。风俗如狂重此时，纵观云委江之湄。彩旗夹岸照鲛室，罗袜陵波呈水嬉。曲终人散空愁莫，招屈亭前水东注。

仅100余字，一幅沅江竞渡图便跃然纸上。诗中有几点引起我们的注意：在唐朝，州刺史亲自主持龙舟竞渡活动，表现出地方官员对民间节俗的肯定并积极参与；声势浩大的龙舟竞赛，纪念屈原的意义已无法完整诠释其中更为丰富的公共娱乐内涵；无论是赛者还是观者，都在这样的场景之下投入了相当的感情，胜者欢欣，败者沮丧；端午节的江边并非只是男儿的舞台，赛后于水中嬉戏的女子又构成另一幅充满欢乐的画卷。可见这一天，无论男女老幼，都以其独特的方式亲身参与到节庆中。在如此的欢乐世界里，祈禳消灾的渴望和对屈原代表的孝悌忠信、仁义道德的敬仰便成为节日舞台的注脚，无声地暗含其中了。

作为一种包含竞技成分的娱乐，竞渡也具有一定的挑战性。唐敬宗宝历二年(826)，时任淮南节度使的崔从就接到瓜步镇的报告，浙右正在竞渡的 10 艘船中有 3 艘沉没在金山脚下的大江里，"一百五十人俱溺死"[①]。在南方的竞渡活动中，还出现了赌博的游戏形式。在浓烈节日气氛的渲染下，人们的热情也空前高涨起来。显然，在唐朝南方的端午里，竞渡最大限度地发挥着它的娱乐功能——不仅仅在社会上层，更多的是在民众中间。喧天震地的鼓棹声中，人流如织的河滩岸上，这幅竞渡图所展示的，不仅仅是游戏本身的热闹和规模，更值得关注的是包括赛者和观者在内的所有人心灵的放松和愉悦。唐朝人把对先贤的纪念、对健康的祈祷融入了春夏之际流水般的欢乐中。

在唐朝民众社会生活中，有关岁时节日的传说、习俗和仪式年复一年地代代相传，其传承从未因王朝更迭或世事变迁而停止过，而习俗背后则必然隐藏着复杂的民众心态。在王朝更替中，心态的变化是悄无声息的，更多时候是滞后的。端午的多数传统习俗源于民间，在相当长的一段时间之内，带有空间和地域范围上的局限性。而岁时本身自古以来也为朝廷所重视，随着国家统一步伐的加快，江山的巩固和治理要求唐朝统治者从各个方面掌控和把握他们脚下的每一分土地。于是，他们开始吸纳并整合民

---

① (北宋)李昉编：《太平广记》卷 155《崔从》。

间习俗，正统仪式与民间习俗在互动之下进行着彼此的选择与被选择。在系百索、赛龙舟和后世出现的郊游、踏青等习俗中，我们看到民众心态层面所发生的变化——从较早时期单纯的、无比虔诚的避灾禳祸、祈福消灾，到后世逐渐走向一定规模的公共娱乐。唐朝人的目光开始从来生转向现世，渴望追寻节日里的放松和愉悦成为8—11世纪中国社会一个新的气象，而这恰恰是易被传统史家忽略的。因为在官方的历史文本里，我们无法看到更多对包括下层民众在内的整个社会心态层面的细微描写和记录。然而，从散落在正史、诗文、笔记的相关史料中，则得以打开这样一扇窗，折射出唐朝岁时节日里超乎我们想象的多彩的社会生活和复杂的民众心态，或许可以丰富我们对唐人及他们所生活的那个时代的认识。在端午的历史记忆里留下痕迹的，除了三闾大夫黯然离去的身影，更多的还有这个节日给人们带来的对健康平安的祈求、回荡在桨声里的欢乐和无限的企盼与遐想。

第四节　小结

在日复一日、年复一年的周期性时空转换中，唐朝人持续着他们日出而作、日落而息的生活节拍。而属于岁时节日丰富多彩的内涵、凄美动人的传说、新鲜绚丽的娱乐活动，使人们得以借助一年里这些特殊的时日抛却平日里的拘束，表达深藏在内心的情感。都市的繁荣对节庆活动的丰富有相当的影响，唐朝的长安、洛阳、扬州等都市为大规模的节庆娱乐活动铺设出炫美的舞台。同时，不断发展的手工业也使节庆物品为民众所拥有成为可能。在这样的背景之下，唐朝人的岁时节日开始从禁忌、被禊、禳除等中解放出来，在增添了更多具有娱乐成分的习俗之后，唐朝的岁时节日更趋向于真正意义上的"佳节良辰"。但无论是上古历法的规定，早期自然崇拜、图腾崇拜、生殖崇拜的余音，还是中古时代盛行的佛教和道教的影响，都为唐朝岁时节俗的扩展和丰富增添了多彩的因子，注入了源源不断的动力。南北习俗的整合，域外文化的汇集，生活在唐朝的人们日常生活里种种细微的变化无疑是各种复杂的地域、时空和文化因素互动融合的结果。而在户外举行的节庆活动为人们提供了较为开阔的交往空间，节庆活动本身的开放性也允许更多的人参与其中，唐朝的岁时节日从时间和空间两个维度实现着与前朝的不同凡响。从唐朝起，中国传统社会开始走向一定程度的自由化和世俗化，古代中国从依赖血缘获得特权的贵族社会向强调平民和庶人个性的市民社会转变，人们开始更加积极地寻求自我理想和价值的实现。体现在日常生活层面，每一个体在现世生活中的角色日益突出，其交往、娱乐和活动的空间逐渐扩大，丰富物质生活尤其是精神生活的途径和条件日益增多。借着几缕微光，我们从浩瀚的史料里探寻到一条条蛛丝马迹，勾画出唐人岁时节日里的生活图景，或许可以从这样一个侧面更真切地走进唐朝的宫廷、城市、乡村，还有那个时代真实的民众心态。

第十二章　丝绸之路

在遥远的汉唐，中国与欧洲之间就建立起了东西文明的密切联系。这一联系的纽带就是被誉为"人类文化运河"、"欧亚大陆动脉"的丝绸之路。这条古文明之间的交往之路，直到1877年才被德国地理学家李希霍芬赋予了一个神圣的名字——丝绸之路。李希霍芬将丝绸之路定义为"从公元前114年到127年，连接中国与河中（中亚阿姆河与锡尔河之间）以及中国与印度，以丝绸贸易为媒介的西域交通路线"①。德国史家赫尔曼的研究告诉世人：丝绸之路的西端终点已延伸到了地中海岸边的罗马帝国。近年来的考古发现和史学研究成果，将古代丝绸贸易所到达的地区，都包括在丝绸之路的范围之内。丝绸之路成为从中国出发，横贯亚洲，进而连接非洲、欧洲这条通道的总称。

近年来的考古发现，把东西方丝绸贸易开始的时间追溯到公元前4世纪甚至更早的时期。也就是说，在比张骞生活的西汉还要早两个世纪的时候，丝绸已经作为东西方文化交流的因子，穿梭于古老的中国与欧洲之间。此后，古代中国精美的手工艺品、珍贵的药材以及火药、造纸、印刷术传到了西方。西方及亚洲各国的名贵产品、蔬菜瓜果和佛教、景教、伊斯兰教及其相关的文化艺术传到了中国。今天我们用历史的眼光审视丝绸之路，应该看到在漫长的商路上，中亚、印度、伊朗以及欧亚草原游牧民族所起的中介作用；应该体会这条被称作"丝绸之路"的商路所承

---

① 林海村：《丝绸之路考古十五讲》，北京：北京大学出版社，2006年版，第2页。

载的，不仅是丝绸贸易，还包含外交、语言、宗教、艺术等丰富的历史积淀。丝绸之路作为沟通中国与域外交流的一个"交通网络"，具有商业、文化与民族迁徙交融等多种功能。它不仅是通商贸易之路，而且是东西方文明传播交流之路。沿着奔波在这条商贸之路上拥有各色血统的商人的足迹，我们得以纵观东方和西方世界交流的历史，体味古老文明相互交融的魅力。

第一节　陆上丝绸之路

公元前 139 年，张骞以郎官身份应汉武帝招募，第一次出使西域。这次出使的政治目的在于联络大月氏夹击匈奴。张骞带着甘父等 100 多人从长安起程，经陇西向西进发，但不久就被匈奴俘虏。被软禁 11 年后，张骞终于趁匈奴防备疏忽，与甘父等奔逃，继续向西行进。他们越过葱岭，到达大宛，再由康居前往大月氏。但这次出使并没有达到和大月氏结成联盟的政治目的。张骞第一次出访西域时了解到中亚诸国"其地无漆、丝"，于是，他在第二次出使时带给西域诸王的礼品中，特地加上了中国特有的丝绸。《汉书·西域传》中记载这次出使携带"牛羊以万数，赍金币帛直数千巨万，多持节副使，道可便遣之旁国"①，这也是经陆上丝绸之路西传、有案可稽的第一批中国丝绸。张骞两次出使西域，历尽艰险，不仅促进了内地与西域的友好关系，而且进一步沟通了陆上丝绸之路，促进了东西方经济文化的交流。他以亲身经历考察了陆上丝绸之路沿线的情况，为开创陆上丝绸之路繁荣和畅通的局面做出了卓越的贡献。

陆上丝绸之路自西汉正式开通以后，一直承担着内地与西域、中国与亚洲、欧洲一些国家之间政治、经济、文化联系的重要任务。沿陆上丝绸

---

① （东汉）班固：《汉书》卷 96《西域传》。

之路展开的经济、文化交流，主要出现在中国的汉唐之际，并以中国汉唐经济、文化的繁荣和阿拉伯世界经济、文化的崛起为突出标志。这一时期，佛教沿丝绸之路经西域传入中国内地；遥远的里海南岸，人们开始种桑养蚕，发展丝绸纺织业。"丝绸之路"之名因丝绸而起，但这条商路上贸易的对象远不仅仅是丝绸，还涉及香料、瓷器、宝石、皮货、黄金、茶叶、玻璃器皿和奴隶，这些就是通过这条商贸之路而交易的一切。从纯粹的贸易往来到思想与信仰的沟通，陆上丝绸之路上的对话具有极其错综复杂的形式。相距遥远的民族之间的物质文化与精神文明交流，把欧亚大陆的一端与另一端相连。

隋唐时期，大一统的局面再次实现，加之这时内地经济进一步发展，中原同中亚、欧洲各国的贸易也更加频繁，丝绸之路进入了历史上最为繁盛的时期。隋朝建国伊始，一方面采取政治和军事方针，展开对丝绸之路构成威胁的突厥、吐谷浑的战争，拓展西北疆域，建立商镇和军镇以维持贸易的繁荣；另一方面派大臣裴矩监知关市，到张掖掌其市。裴矩往来于武威、张掖之间，主动交好诸胡商使者，进行招商活动。如果说裴矩此举刺激了胡商往来贸易的热情，大业五年（609）其陪同隋炀帝于燕支山下（今甘肃山丹县焉支山）召开的盛会，则开启了这一时期贸易往来的高潮。隋炀帝于这次盛会上厚待各国使节，在此之后的第二年，众多的外国使节和朝贡队伍不远万里涉流沙，度葱岭，来到东都洛阳。隋朝统治者经营西域、拓通丝绸之路的初衷，仍然富有浓厚的"怀柔远国"的政治理想色彩，但其事实上无疑推动了中西方贸易进一步发展。唐朝建立后，平高昌，击突厥，先后建立安西、北庭都护府等，沿线驿站、烽燧的建设日益完备，丝绸之路得以畅通，"伊吾之右，波斯以东，职贡不绝，商旅相继"[①]。中亚商贾特别是善于经商的粟特商胡，常以"贡献"为名络绎东来，中原商客也频繁西行，古代丝绸之路上出现空前繁荣的局面。

---

① （北宋）王钦若编：《册府元龟》卷 985《外臣部》。

一、丝绸之路上的主要商品——丝绸

流通在陆上丝绸之路这条商业之路上最珍贵、最有代表性的是精美华丽的中国丝绸。当时的西方国家，常把中国称为"赛里斯"国，即出产丝绸的国度。5世纪的亚美尼亚史家摩西在其著作《史记》中称远方的中国产丝甚丰，自上至下莫不身着丝衣。丝绸在西方曾一度价等黄金，成为一种表征身份与地位的奢侈品。各国对丝绸的大量需求及转口贸易带来的巨额利润，刺激着丝路贸易规模的不断扩大。

隋唐时期的丝绸产地分布相比前代更加广阔。唐朝前期我国丝绸生产区域主要仍集中在长江以北的黄河中下游地区，无论在数量上还是质量上，北方均胜于南方，山东、河南、河北是这一时期丝织业发展的中心。到开元天宝年间，一些产自江南的高级丝织品，如广陵的锦、丹阳的京口绫、吴郡的方纹绫、越州的越罗、吴绫等，均已成为上贡中央的重要贡品。安史之乱后，经济重心发生自北向南的转移，江南丝绸生产技术有显著提高，丝织业的地位开始上升，同时巴蜀地区也保持着丝绸生产的雄厚实力。唐末五代北方战乱频繁，人口大量南迁，经济重心南移的转变趋势在唐宋之际表现得尤为突出，到宋朝这一转变基本完成。

隋唐五代时期的织造技术达到了很高的水平，丝织品种繁多。有以产地命名的蜀锦，有以用途命名的半臂锦、被锦，有以色彩命名的绯红锦、白地锦，以纹样命名的小文子锦、六破锦等。这一时期，唐朝发明了利用多重多途纬线织锦花纹的纬锦织法，织锦中出现了明显的双层组织，织出了过去无法生产的宽幅、纹饰繁复的丝锦。夹金银丝、夹羽毛织锦也是唐朝的一大技术革新。绫、罗、纱的种类也很丰富。

高度发达的丝绸生产和高超的印染工艺不仅为历代王朝积累了大量的财富，而且支撑起了横跨亚欧大陆的丝路贸易，并促使其不断发展达到高潮。丝绸这种商品，不仅是一种货币的等价物，也是一种价值尺度，而它本身也一度作为一种货币而存在。唐朝一度"钱帛兼行"，绢帛往往作为流通手段和支付手段。各地的丝织品，通过政府征调、国家税收以及商人转运的方式，经陆路和水路到达汉唐都城长安，踏上漫长的丝绸之路。

在中国的丝和丝绸未传入欧洲前，希腊、罗马人缝制衣服的主要原料还是羊毛和亚麻。当轻柔光亮、色彩绚丽的中国丝绸传入欧洲后，由于穿着舒适、美观，很快得到当地人民的赞赏和欢迎。中国丝绸在西方被认为是最上等的衣料，但由于丝绸生产的成本较高，再加上商人居间垄断，沿途各国关卡重课，以致中国的丝绸运到欧洲后，竟与黄金等价。最初，即使在当时欧洲政治、经济中心的罗马，也只有少数贵族妇女穿着丝绸，以当炫耀。后来，丝绸制的服装逐渐成为欧洲贵族们的高雅时髦装束，他们对丝绸服装的追求已经到了奢侈浪费和伤风败俗的地步，罗马元老院就曾多次下令禁止国民穿用丝织服装，但并没有起到多大的作用。在相当长的时间内，西方所需的丝绸主要仰赖于中国。但中国丝和丝绢运销欧洲却主要是通过沿丝绸之路上一些亚洲国家或民族的转运来实现的。这些国家或民族在中西丝绸贸易中起到了转运和居间的作用。中国的声望和文明以丝绸等商品为标志，沿着丝绸之路远播中亚、西亚和印度、欧洲等世界各地。

二、丝路贸易的路线

丝绸之路是以长安、洛阳为始发地，贯穿亚洲中部、西部及非洲、欧洲等地。在这样广阔的地区里，丝绸之路当然不会仅由一条笔直的大道构成。实际上，它是一个由若干条道路东西相连，南北交错而形成的交通网。需要指出的是，历史上通过丝绸之路行进的商队和商人使节，并不是固定地沿某一道一直走下去的，而是根据当时的实际情况，选择较为理想的线路。这正反映了古代丝绸之路的实际情况。

(一)长安—兰州—武威—张掖—敦煌

西汉都城长安奠定了长安城发展的基础。由于西汉是中国历史上第一个全力经营丝绸之路、发展中西交通的封建王朝，所以西汉长安城也是丝绸之路开辟后，丝绸之路起点的第一个国际化的大城市。张骞出使归来后，中亚、西亚、欧洲及非洲等国家的使者、商客蜂拥而至，各国珍宝异货也贩运至长安。整个汉唐时期，长安城都是作为"赛里斯国"的都城驰名于丝绸之路的。各地的精美丝绸通过政府征调、国家税收以及商人转运的方式，经陆路和水路到达汉唐都城长安，踏上漫长的丝绸之路。各国使节在这里接受中原王朝的赏赐，将其中大量的丝绸运回本国。长安的西市是少数民族商人及外来客商集中进行交易的地方。商人在这里大量出资购买丝绸，然后经过丝绸之路转运到中亚和欧洲，从中赚取高额利润。其中不少的域外商人在长安定居下来，同当地人合伙经商。他们以积极的开拓精神了解市场行情，建立商业信誉，推销和转运来自东西方不同的商品，不断更新经营理念，在丝绸之路的历史上写下了重要的一笔。

集中于都城的各地丝绸，在长安实现了商品的初次分流。自此开始，商人们便将丝绸带上了漫长的丝绸之路。商旅携带丝绸在兰州的大震关接受检查后渡过黄河，当时主要的渡河工具是羊皮筏子。

在河西走廊地区，丝绸之路的第一大站是武威。武威在丝绸之路上具有贸易中继站、商品集散地和胡商商业活动基地的性质。时人的诗作中屡见描述其商业繁盛的诗句："远游武威郡，遥望姑臧城。车马相交错，歌吹日纵横。"(温子升《凉州乐歌》)贞观元年(627)，西行取经的玄奘在途经此地时，就目睹了丝路贸易的兴盛。他的记录中称武威为河西都会，襟带西蕃、葱右诸国，商旅往来，络绎不绝。

运送丝绸的商队经过武威，进入丝绸之路重镇张掖。这里是西域诸国交市的集中地，胡商在这里建立了商业市场，并以张掖作为发展贸易的基地。

经张掖西行，即到达位扼丝路两关(阳关、玉门关)的敦煌。中原王朝一度在这里实行鼓励中外贸易的政策，保护胡商，禁止地方豪强对在这里进行贸易的胡商敲诈欺侮，建立胡商交市和过境贸易的各项制度，为自西方而来的合法商人提供尽可能的便利条件。这些西方商人在敦煌短暂留驻，办理"过所"（即通行证）。敦煌也因此屯聚大量的丝绸和其他商品，一直呈现出国际口岸和丝路商业都会的特色。

（二）玉门关—高昌—焉耆—疏勒

运送丝绸的商队离开敦煌继续西行，就到达玉门关。这个于汉武帝时设置的关卡，有北、西两门，北门外就是疏勒河。来往于丝绸之路的商人、使者和僧侣们，通过这个关卡后就进入了丝路的绿洲诸城。高昌位于丝绸之路的中段，是重要的交通枢纽。东来西往的商人在这个城市的商业区聚集，展示并出卖手中的货物，同时通过交换获取其他商品。这些商品中，有从东方贩运的丝绸，也有运自中亚和欧洲的象牙、珠宝等。这里的胡商和汉人合伙做生意，从西州、弓月城向龟兹贩运，商队有驼、马、牛等，载有汉鞍衣裳，百匹绢价财物，可见来往高昌的商队规模是不小的。特别值得指出的是，"胡锦"在高昌市场上大量出现，如波斯锦、丘慈（龟兹）锦、疏勒锦等。这些胡锦的产地，有的在波斯、粟特地区等。有一些胡锦是中原按照胡商的要求生产的外贸商品，这类胡锦工艺高超，深受中亚、西亚、欧洲各国的欢迎，一度成为丝路贸易中的紧俏货。

位于高昌城以西的焉耆，地扼天山南北要道，物产丰富，适于农耕。良好的环境为丝绸之路的畅通提供了充分的条件，过往的商贾和使者，在这里可以得到驿马、粮食甚至肉食的供应。

经过高昌，沿丝路中道向西南行进，而后抵达的疏勒是汉唐以来西域的政治军事中心之一，其经济也比较发达。丝绸之路开辟后，疏勒便成为通往中亚和西亚以及印度次大陆的必经之地。来往的商旅在这里休整分发货物，商业贸易十分繁荣。中原的商人携带锥刀、珍宝、黄金、彩缯到这里交换粮食以供军需，葱岭以西中亚地区善于经商的粟特人在疏勒建立据点，从中原贩运大批的丝绸、装饰品行销中亚各地。这样疏勒就成为中西物资交流的国际市场，也是丝绸之路南北道交汇之处的一大都会。

(三)阳关—楼兰—且末—于阗

丝绸之路中段的南道，各色商旅出阳关，经白龙堆沙漠的南缘到达楼兰。楼兰位于罗布泊西北孔雀河三角洲，扼丝绸之路南北两道的咽喉，对丝路贸易的繁荣做出过重大贡献。丝绸之路的开拓，使古楼兰由军事屯垦的城市变为丝绸贸易的中继站。商旅络绎于道，中西经济文化交流甚盛。交易的商品有丝、毛、棉织品、漆器、铜器等，在这里还发现了中亚贵霜王朝的钱币。

由楼兰向西南到且末，由且末往西，经过精绝即到达于阗。于阗即今天的和田，是丝绸之路上十分繁荣的城市，也是佛教中心。于阗气候温和，适于农业，水利灌溉发达，本地即出产细毡，是纺织手工业中心，养蚕缫丝业也比较发达。正由于本地社会经济已经有了相当程度的发展，这里的丝绸贸易也比较兴盛。作为中原丝绸输入中亚、欧洲的集散地，于阗还是最大的丝织中心，往来的商人在此进行商品交易。这里还盛产精美的玉石，采玉是于阗重要的行业之一。通过于阗由丝绸之路南道往来的商人、使者，络绎不绝。玉制的礼器、祭器、乐器和装饰品，以及当时中原的丝织品、棉布、木器、铜器出现在于阗的市场上，是中亚、西亚、欧洲各国喜爱和交换的商品。于阗在丝绸之路上具有举足轻重的地位，过葱岭至南亚地区的道路，一直由其控制。据波斯史家记载，从于阗到契丹的商人，14日可至，沿途城村相接，行人无需伴侣，多跟随商队而行。

(四)碎叶—撒马尔罕—布哈拉—木鹿—地中海东岸

以丝绸为大宗商品的丝路贸易促进了东西方之间的交流和文明的进步。丝绸之路沿线兴起的工商业城市，成为中西交流和文化交流网络上的连接点，成为商品传播的载体和媒介。商旅进入丝绸之路西段后到达的第一个重要城市是碎叶。这里城市经济活动的主要场所多由一些临时性的遮蔽物构成，在这里交易的物品有来自中国的丝绸、皮革、漆器、铁器和金银器等，同时，玻璃器皿、宝石和各种装饰品以及中亚的土特产也在这里进行交易。

接下来抵达的城市是位于中国、波斯、印度、突厥各方的商路汇合之处的撒马尔罕(今乌兹别克斯坦撒马尔罕州首府)。这里输出西姆贡(一种银色织物)、撒马尔罕毛绒、铜质器皿、高脚酒杯等。来自东方的精美丝绸在这里也受到欢迎。携带丝绸的唐朝使团曾经占据了撒马尔罕迎接外国使者仪式的重要位置。粟特商人是这个城市居民的主要组成部分，因此诸国物产在此集散"异方宝货，多聚其国"①，东西方不同的物质文化在这里交融荟萃并相互传播，撒马尔罕成为丝绸贸易的中转站和各种物质文化的大仓库。

布哈拉古城(今乌兹别克斯坦境内)是中亚最古老的城市之一，也是沟通东西方文明的丝绸之路上的历史名城。这里的街道以宽阔著称，路面用石铺砌，居民点密度很高。布哈拉周围近郊的肯沛城，是著名的商业城市和贸易中心，这里的居民大多从事商业，他们经营着同中国的丝绸贸易，也经营着同伊朗等地的金银器贸易等，同时在同里海沿岸诸城市的海外贸易中占有一席之地。

木鹿古城(今土库曼斯坦境内)是丝绸之路西段重要的中转站，在丝路贸易中扮演着重要角色，城市经济十分繁荣。从中国通往西亚的丝绸之路经过木鹿西行可到达安息，继而可至大秦。木鹿古城作为木鹿绿洲的中心城市，具有国际都市和贸易中心的地位。往来于此的各国商人，将他们自己携带的各种物品在木鹿进行中转交换，在西方人眼里绚烂无比的中国丝绸以及精美的手工艺品，绵绵不绝地被输送到需要它们的国度。

旅途奔波劳累的商队，在木鹿古城稍事休息后，继续起程出发西行，经今阿富汗、巴基斯坦、伊朗、伊拉克，抵达地中海东岸，最远至罗马。

① (唐)玄奘、(唐)辩机：《大唐西域记》卷1《飒秣建国》。

三、丝绸贸易的形式

(一)赏赐和朝贡贸易

汉唐时期，中原与西域的丝绸贸易，是作为一项国策与团结边疆的兄弟民族，维护帝国的统一，开拓西域的政治军事斗争密切相连的，并影响着外交活动。丝绸往往成为封建政府用以达到某种政治目的的有力的外交工具。这样，赏赐便成为丝绸流向中亚、西亚、欧洲及非洲的一种十分重要的形式。中亚一带的国家则以"朝贡贸易"的形式获取更多的丝绸。赏赐和朝贡虽然具有十分浓郁的政治意味，却可以说是封建时代中原王朝与周边各族以及中亚、西亚、欧洲及非洲各国交往中特有的一种贸易形式。

西汉匈奴势力强大，政府无力做出有效的抵抗，采用和亲政策的同时，每年送给匈奴贵族大量的丝绸，以换取边境的相对安宁。唐朝初年的形势也与此相似。当时，东突厥横行西北，西突厥控制西域，威胁唐朝。唐初贫弱，只好赠送子女玉帛给突厥贵族，以换取边疆安宁。汉唐时期，中原王朝在开通丝路的过程中，为了政治或军事的需要，对西北各族的丝绸赏赐为数颇巨。

朝贡贸易则是中原王朝相对强盛时期，周边各族和中亚国家派遣使者携带珍奇异宝来到中原，采取以物易物的方式换取丝绸等物品。汉唐强盛之时，对前来朝贡的国家一般都有相当丰厚的回赐，大量的丝绸也就通过这种方式源源不断地流向西域。

(二)互市贸易

互市贸易是在官方设立的边境城市，由中原官吏监管的贸易市场，由各国商人进行自由贸易，其中有官方的贸易也有民间的贸易。对于官方的互市贸易而言，这种贸易形式与朝贡贸易有所不同，其经济意义胜过政治意义。中原王朝虽然通过互市满足封建贵族对奢侈品、皮毛、珍奇的需要，但互市中马、牛、羊的输入始终是大宗的，输出品中有时有种子、铁器等，但仍以丝绸为主。

在古代社会，马是重要的战略物资。用丝绸换取马匹是互市贸易的主要内容。唐朝边关互市的规模进一步扩大。中原政权与周边少数民族如突厥、回纥等，都有频繁的互市贸易，以丝绸换取战马的情况甚多。同时，民间的互市贸易也随着丝绸之路的发展不断繁荣。来自中亚、西亚、欧洲及非洲的商人，在边境的互市地点与中原的商人进行商品交换，再将所得的商品通过丝绸之路不断转运，从中获得商业利润。

(三)民间贸易

汉唐时代，除了国家控制的互市以外，商人的贩运亦是丝绸运往中亚、西亚和欧洲的一种重要贸易形式。丝绸之路开通初期，鉴于使臣能得到合法的保护，因此西域商人往往冒充使臣的名义前来贸易。当中原王朝保护商人的贩运时，东来西去的商人就越来越多了。唐都长安是当时著名的国际贸易城市，这里时常能见到突厥、回纥、大食、波斯甚至东罗马帝国的商人，他们主要贩卖珠宝香药，收购中国的丝绸和瓷器运往欧洲。唐朝诗人张籍的诗句"边城暮雨雁飞低，芦笋初生渐欲齐。无数铃声遥过碛，应驮白练到安西"(张籍《凉州词》)，生动形象地反映了丝绸之路上丝绸贩运的情况。长安西市中聚集着相当多的粟特商人和波斯胡。这些粟特商人在长安"殖货产，开第舍，市肆美利皆归之"①。善于经营的胡商非常活跃，他们到长安周边的城市售卖珠宝，在长安西市买卖货物，同时经营饮食业和高利贷，获利甚丰。安史之乱后，丝路暂时阻塞，在长安尚有胡商4000余人，有的留居达40年之久。除长安以外，河西地区的主要城市，几乎都能见到胡商的足迹。唐朝政府对丝绸之路上的商人征税，以充安西四镇和北庭的经费。西域各国的商税收入，一个重要的组成部分也来自对这些商人

---

① (北宋)司马光：《资治通鉴》卷225。

的征课。

唐之后的两宋时期,丝绸之路的主要作用在于中原王朝与周边少数民族政权的互市贸易。但到了明清时期,丝路贸易已开始由国际性贸易转向国内区域性民族贸易,无论是规模还是开放程度,已远远无法与汉唐时期相比拟。绵延2000多年的丝路贸易开始走向衰落,曾经辉煌闪耀于亚欧大陆的丝绸之路已经走到了历史的尽头。

第二节　海上丝绸之路

中国有漫长的海岸线,自古以来,通过海上航行与东亚、东南亚、南亚、西亚乃至欧洲发生了繁盛的经济、文化交流,被称作"海上丝绸之路"。两汉时期,从今天华南地区出发的海上航线已经形成规模,《汉书·地理志》中记载了从岭南地区沟通东南亚的航路。从日南(今属越南)、徐闻(治今广东徐闻附近)和合浦(今属广西)等地出发入海,航行5个月左右,到达"都元国";再航行大约4个月,到达"邑卢没国";继续航行20多天,到达"谌离国";在谌离国登陆,步行10多天,可达"夫甘都卢国"。在"夫甘都卢国"继续乘船,航行2个多月,抵达"黄支国",黄支国的风俗和海南岛相似,地域广大,人口众多,有丰富的特产,从汉武帝以来,多次遣使贡献。从黄支国乘船继续航行,还有"已程不国",到了这里之后,汉朝自己的翻译人员就不再前行。返航的航程,从黄支国航行8个月抵达"皮宗",再航行2个月回到汉朝的日南、象林地界。

这条航路上的地名,经学者考证,大致都在今天马来半岛、中南半岛、南亚次大陆沿海各地。[①] 可见在西汉时期,中国的海船就承载着中国的使臣、商贾穿行于中国和南亚次大陆之间。

东汉灭亡之后,一直到唐宋元时期,海上丝绸之路进一步发展,中国通过海上丝绸之路与东亚、东南亚、西亚、非洲等地的往来进一步加深。

---

① 周振鹤:《汉书地理志汇释》,合肥:安徽教育出版社,2006年版,第518~519页。

一、海上丝绸之路的发展时期——魏晋南北朝时期

东汉末年，爆发了遍及全国的大规模战乱，之后一直到隋朝重新统一南北的近 400 年时间中，除西晋的短暂统一外，中国始终处于分裂割据的状态，位于南方的政权无法通过传统的陆上丝绸之路与西方各国进行交往，于是海路成为其重要的联系方式。在这样的背景下，海上丝绸之路进一步发展起来，造船技术、航海技术都得到了提高。同样，位于今伊朗、西亚地区的安息帝国兴起后，因其地处大秦与汉之间的地理优势，长期垄断、阻碍大秦与汉之间的贸易。据《三国志》记载，大秦"常欲通使于中国，而安息固其利，不能得过"①。在陆路交通不能正常进行的情况下，大秦只能取道海上与中国通商，用自己出产的宝货等奢侈消费品换取中国的丝绸。

东汉末年，一直到北魏统一北方，北方一直战乱频仍，社会经济遭到严重破坏，人民的生命财产受到极大的摧残。同时期的南方，则相对安定，中原人民为躲避战乱，纷纷向南方迁徙，充实了南方的劳动力，使得南方大片地区得到开发，社会经济得到发展，提供了更多的剩余产品，海外贸易在此基础上迅速发展。瓷器和丝绸成为南朝时期外销的重要物资。

六朝政权立国东南沿海，特别重视发展水上交通，"以舟楫为舆马，以巨海为平道"②。孙吴政权重视造船事业，在建安郡（治今福建建瓯）设立建安典船校尉一职，专门负责造船。在沿海多个地方建立造船基地。据学者研究，在这种政策的推动下，孙吴政权曾建造过能容纳 3000 人的"大舡"。西晋灭掉孙吴后，接收的船只超过 5000 艘，反映了南方造船事业的规模庞大。据万震《南州异物志》记载，孙吴的海船在南海一带航行，用木片对航速和航程进行测算，充分反映了当时中国航海技术的水平。

在这一时期，随着海上交往的频繁，越来越多的外国人通过海路来到

① （西晋）陈寿：《三国志》卷 30《魏书》。
② （南宋）王应麟：《玉海》卷 147《兵制》。

中国，他们带来各种各样的域外珍奇物产。很多外国人就聚集在中国的南方港口城市。据《三国志·士燮传》记载，当时岭南的地方长官出巡，"胡人夹毂焚烧香者，常有数十"①。孙权黄武五年(226)，大秦商人秦论来到交趾，再由交趾到达孙吴都城武昌(今湖北鄂州)，孙权对这些远道来使非常重视，亲自接见。秦论在中国活动了8年，回国时，孙权派官护送。据学者研究，东汉、三国时期，我国史籍中的大秦，多指埃及或者以埃及亚历山大城为代表的罗马帝国东部地区。据《艺文类聚》记载，西晋武帝太康二年(281)，大秦国使臣进献珍奇，经过广州，"众宝既丽，火布尤奇"②。到了东晋，印度洋沿岸及东南亚国家直接来岭南贸易者不断增加。据《晋书》记载，东晋孝武帝太元三年(378)，朝廷颁布诏书称：广州的"夷人"以铜制的鼓为珍贵的宝物，但广州又不产铜，于是官府、私人、商贾都贪图巨额利润，把铜钱运到广州，卖给"夷人"，方便他们铸成铜鼓。朝廷颁布诏书是为了禁止这种导致铜钱外流的犯禁举动，但也说明在东晋时，有很多域外的商人来到广州进行贸易，包括这种非法交易，说明航线的畅通。在南朝时期，与海上诸国的联系进一步加深。刘宋元嘉五年(428)，狮子国(今斯里兰卡)国王给刘宋皇帝的书信中称：两国"山海殊隔，而音信时通"③。南朝刘宋和萧齐时，有10多个海外国家通过海路来到中国。据《南齐书·东南夷传》记载，萧齐明帝永泰元年(498)，林邑王诸农，亲自坐船来华，"海中遭风溺死"④。萧衍建立梁朝之后，定期航海来朝贡的国家，超过了前代的数量。

孙权时，宣化从事朱应和中郎将康泰受命出使扶南，很多学者认为这一举动的意义可以与西汉时期张骞通西域相比。朱应和康泰出使扶南时间

---

① (西晋)陈寿：《三国志》卷49《士燮传》。
② (唐)欧阳询：《艺文类聚》卷85《百谷部布帛部》。
③ (南朝梁)萧子显：《南齐书》卷58《东南夷传》。
④ (南朝梁)沈约：《宋书》卷97《夷蛮传·狮子国传》。

长达 10 多年，访问了今天东南亚地区的众多国家。他们返回后，综合其见闻，著成《扶南异物志》、《吴时外国传》等书，可惜现在已经亡佚。《梁书·海南诸国传》依据的主要史料是康泰的《吴时外国传》，里面记载"海南诸国，大抵在交州南及西南大海洲上，相去近者三五千里，远者二三万里，其西与西域诸国接"①，说明朱应、康泰等人扶南之行所经历，是今天的东南亚和南亚地区。

由于长年在南海海域航行，中国的水手、商人、水师对所经海域的了解日益加深。从汉朝开始，中国文献中用"涨海"来称呼南海，东汉人杨孚在《异物志》中记叙："涨海崎头，水浅而多磁石。"三国时期，吴国人谢承所撰《后汉书》中记载："交趾七郡贡献，皆从涨海出入。"康泰在《扶南传》中讲述："涨海中，列珊瑚洲，洲底在盘石，珊瑚生其上。"三国时期，人万震的《南州异物志》中提及汉代从"句稚国"（约在今马来半岛）："东北行，出涨海，中浅而多磁石。"这些记载都说明中国的水手已经认识到南海的岛礁是由珊瑚礁构成的，船只航行经过，遇到礁滩不幸搁浅，就像被磁石吸住一样，从侧面证明了中国先民对南海地理的熟稔。

通过与东南亚、南亚各国的海上交通，中国人对这些地区地理的了解也在逐步加深。从三国时期开始，记载域外资料的书籍数量猛增，在唐朝初期撰修的《隋书·经籍志》中，就记录有多部记述域外知识或行记的书籍：沙门释智猛著《游行外国传》、释昙景著《外国传》、释法盛著《历国传》、无名氏著《大隋翻经婆罗门法师外国传》、无名氏著《交州以南外国传》、无名氏著《日南传》、无名氏著《林邑国记》、无名氏著《诸番风俗记》、无名氏著《诸番国记》等。刘宋时僧人竺枝在《扶南记》中谈到"安息国去私诃条国二万里，国土临海上，即《汉书》天竺安息国也，户近百万，最大国也"②。安息即波斯，因汉朝时期中国人了解其情况时波斯处于安息王朝统治下，所以

---

① （唐）姚思廉：《梁书》卷 54《诸夷传》。
② 陈桥驿：《水经注校释》，杭州：杭州大学出版社，1999 年版，第 18 页。

得名。南北朝时，波斯已在萨珊王朝统治之下，但中国人还是习惯于称其为安息。《扶南记》中的"私诃条国"，是巴利语狮子国的音译，即斯里兰卡，竺枝知道安息的国土临海，而狮子国位于海岛上，所以这里说的"二万里"应该是海路，说明竺枝已经了解从南亚次大陆地区到波斯湾的海路。

东汉瓦解以后，由于战乱频仍，人民的生命、财产安全无法得到保障，常常有朝不保夕、前途渺茫之叹，有寻求精神寄托的内在诉求，所以宣扬因果报应、修行来世的佛教在中国各地迅速传播，汉地对于佛教教义的寻求不断增长。伴随着海上丝绸之路的开通，随商船往来中国和海外的僧人开始增加。西晋时候，天竺僧人耆域和迦摩罗先后乘坐商船到广州传播佛法，并在广州建造了三归寺和王仁寺。梁武帝听说扶南有一丈二尺的佛发，特派沙门释云宝前去迎接。汉地僧人亦纷纷前往西域乃至天竺探寻佛法。在这些僧人中，以法显最具代表性。

法显俗姓龚，平阳（治今山西临汾附近）人。后秦姚兴弘始元年（399），法显从长安（在今陕西西安）出发，西行求法，循河西走廊，穿过塔克拉玛干大沙漠，翻越高峻的帕米尔高原，经中亚各国，最终到达印度河流域和恒河流域，在印度学习梵文，拜访名僧，抄写经律。刘宋义熙五年（409），法显离开古印度东北部著名海港多摩梨帝国出海东归，乘坐商人的大船向西南方向航行，得冬初信风，昼夜14日到狮子国。多摩梨帝国在今天印度加尔各答西南，从加尔各答到斯里兰卡，乘船14个昼夜，这是当时印度洋航海速度的宝贵史料。法显在狮子国停留了两年，有一次偶然在当地看到一把中原出产的白绢扇，思乡之情引得泪流满面。义熙七年（411）八月间，法显乘一艘可载200人的大型商船启程，在路上又遇到大风，在海中漂泊13个昼夜后，在一个小岛上停泊修复船只后，继续航行；可能是受大风的影响，商船偏离了航向，90天后到达耶婆提（约在今苏门答腊岛或爪哇岛）。法显在耶婆提上停留等候季风，义熙八年（412）春，法显搭乘一艘大型商船，向广州启航，在途中再次遇风，未能停靠广州，七月间，最终到达青州长广郡的牢山(今山东青岛崂山)上岸。回国后,法显将其旅途见闻写成《佛国记》(又名《法显传》)一书,记录了古代航线、船舶、航海技术、海上贸易等方面的资料。

与法显类似,在南北朝时期,西行求法的僧人有很多是从陆路启程,经中亚到达印度,然后取道海路回国。如西凉僧人智俨和高昌僧人道普,他们也是在青州登陆。幽州的李勇也是沿陆路向西到天竺求学,最后在南天竺乘船到广州。这些北方僧人对海路并不熟悉,但到了印度后,明显感受到海路交通的频繁与便利,于是便舍陆乘船。在同时期,外国僧人来华,也有很多是沿海上丝绸之路而来,如中天竺僧人求那跋罗于元嘉十二年(435)到达广州,西天竺僧人拘那陀罗(真谛)于萧梁中大同元年(546)泛海经过狼牙修(在今马来半岛)、扶南(在今中南半岛),到达南海郡(治今广东广州)。被后世尊奉为禅宗之祖的南天竺人菩提达摩,也是从海路来到中国的。除此之外,扶南僧人也有乘船来到中国的,如伽婆罗(僧养)、曼陀罗(宏弱)等。

法显在《佛国记》中记述,海中"多有抄贼",如果遇到,那么就会人货全无。海盗数量众多,在另一方面证明了海上贸易的繁盛。

随着交流的日益频繁,中国与印度等地的经济、文化交流达到新的高度,除佛教文化外,还有物产、技术、学术的交流。中国的丝绸、纸、钢等都传入印度。而在中国僧侣学习梵文,翻译佛经的过程中,逐渐发展出汉语的语音学。印度的天文学、医学、星象历算、地理知识都传入中国,促进了中国文化的补充和发展。

在长期文化交流的基础上,汉文史籍中记录了丰富的关于中国与南亚、东南亚地区国家之间关系的史料,还包括当地历史、风土民情、物种土产、商业贸易、地理交通、佛教和其他宗教的传播、文化艺术等资料。由于古代印度的宗教兴盛,思辨体系发达,神话兴盛,历史撰述并不发达,所以关于古代南亚、东南亚地区的历史,大量存在于中国的正史、杂史、私人著述、法显等人的行记，以及慧皎的《高僧传》等著作中。汉文典籍成为研究古代南亚、东南亚地区历史的史料宝库。

二、走向繁盛——隋唐时期

隋开皇九年(589)，隋文帝派兵渡过长江，灭掉了位于南方的陈朝，结束了自东汉末年以来将近 400 年的分裂割据局面，重新建立起统一王朝，改变了东亚地区的政治格局。隋朝虽然享国时间短暂，但非常强盛，对外交流达到一个新的层次。

隋炀帝即位后，锐意对外经营，大业三年(607)，他派屯田主事常骏、虞部主事王君政从南海郡(治今广州市)出发，出海前往赤土(位于今马来半岛南部)。船队从南海郡出发后，先到达焦石山，再向东南航行，在陵伽钵拔多洲停泊，这座岛与西边的林邑(今越南中部)相对。又向南航行，到达一座名叫狮子石的海岛，两三天后经过狼牙须国(在今马来半岛北部)，到达赤土国(在今马来半岛东部)境内的鸡笼岛。赤土国王派遣婆罗门鸠摩罗率领 30 艘海船来迎接，再经过一个多月的航程，到达赤土国国都。在赤土国，常骏使团获得了王子和国王热情的高规格接见，使团圆满完成任务，乘船入海，在海上航行十多天，到林邑东南，沿海岸的山峦航行，到达隋朝境内的交趾郡(治今越南河内)。大业六年(610)春，常骏与赤土国的那邪伽王子在弘农郡(治今河南灵宝)谒见了隋炀帝。

常骏出使赤土国，是古代海上丝绸之路发展史上的一件大事，证明了当时中国海船的航行能力，以及在此之前就业已存在的海上交通线。隋朝和赤土都清楚对方的存在并愿意加深了解与沟通，从另一方面说明了南海交通的重大意义。隋炀帝时期，很多海外国家都取道海路前往隋朝朝贡，其中包括赤土、真腊(在今柬埔寨)、林邑、婆利(在今文莱)、丹丹、盘盘等国。

唐朝建立之后，国内局势稳定，经济恢复发展，对外又取得了一系列的军事胜利，成为强盛的东方大国，声威远播。唐朝在对外交往方面，抱持比较开放的心态，允许外国商人在中国经商、居住，允许外来宗教在中国传播、建立寺院。唐朝还采取宽容开放的人才政策，外国人也可以参加唐朝的科举，通过后一样授官任职。著名的例子有盛唐时期的日本人晁衡（本名阿倍仲麻吕），他在唐朝留学后，因慕中国之风，在唐朝居住50余年，曾任安南都护、镇南节度使等高官。唐僖宗时，新罗人崔致远考取进士后，曾任淮南节度使从事之职。唐宣宗时期，随商船来华的大食（即阿拉伯帝国）人李彦升考取进士，一举登第。

唐朝对前来朝贡的使者，在制度上提供了很好的保障，在新疆吐鲁番阿斯塔纳出土的《仪凤三年度支奏抄》，上面记载了对从各个方向朝贡使团赏赐财物的规定，其中海上各国，主要是由交州都督府负责。

唐玄宗天宝十四载（755），身兼卢龙、范阳、河东三节度使的安禄山，在范阳（治今北京市市区）起兵反叛，迅速攻陷河北各州县，随即占领东都洛阳和长安。安史之乱爆发后，唐朝戍守西北的军队奔赴内地作战，吐蕃乘机夺取了原本属于唐朝的陇右、河西和安西四镇，西北丝绸之路受到严重阻碍，海上丝绸之路的重要性愈加凸显出来。《资治通鉴》中记载：当年，河陇地区被吐蕃占领，天宝年间来到长安奏事的安西、北庭官员，以及西域各地的使者，他们的归途都被阻断。几十年后，才分别遣送他们从海道返回。

安史之乱耗时八年，叛军与唐朝军队之间反复作战，人民的生命、财产受到极大摧残，社会遭受了一次空前的浩劫。整个北方地区一片荒凉。《旧唐书·郭子仪传》记载当时的情形："宫室焚烧，十不存一。百曹荒废，曾无尺椽，中间畿内不满千户，井邑榛棘，豺狼所嗥，既乏军储，又鲜人力。东至郑汴，达于徐方，北自覃怀，经于相土，人烟断绝，千里萧条。"①

———————

① （后晋）刘昫：《旧唐书》卷120《郭子仪传》。

为了躲避战乱，保全性命，黄河中下游地区的人民纷纷向尚未被战火波及的地区迁徙，其中最主要的迁徙方向就是向秦岭—淮河一线以南的南方地区。唐肃宗至德元载(756)，叛军向江淮地区大举进攻，遭到唐朝守军张巡等的顽强抵抗，南方半壁得以保全。李白有诗为证："三川北虏乱如麻，四海南奔似永嘉。"(李白《永王东巡歌十一首》)在战争平息后，很多北方人留在南方，定居下来。据学者估计，安史之乱后大约有250万北方移民定居在南方。

在安史之乱之后，唐朝陷入长期的藩镇割据之中，藩镇之间的战争，尤其是唐朝末年黄巢起义和其后(包括五代十国时期)大规模的军阀混战，导致北方人民大批向南方迁徙逃难。甚至有地方军政长官率领辖境人民集体迁徙，如唐僖宗光启元年(885)，光州(治今河南潢川)刺史王绪带领光州、寿州(治今安徽寿县)的5000士兵，"驱吏民渡江"，最后进入福建，跟随他南迁的移民可能达到两三万人。

数量巨大的劳动力迁徙，改变了中国的人口地理分布，人口比重由南轻北重变为北轻南重。加上长期和平稳定，南方经济和文化稳步发展起来，导致经济文化重心的南移，到宋朝时这一历程基本上完成了。广州所在的岭南地区虽然距离中原较远，不是接受移民的主要区域，但据李吉甫《元和郡县图志》中记载，唐宪宗元和年间(806—820)，广州的户数是7万余户，而开元年间是6万余户。人口的增长与海外贸易的发展是同步的。

在这种背景下，与中国海路相通的国家，无论是数量还是交易的规模，都比前代有很大的增长。

唐德宗贞元年间(785—805)，著名地理学家、宰相贾耽记录了唐朝与"四夷"交往最重要的七条路线："一曰营州(治今辽宁朝阳)入安东道，二曰登州(治今山东蓬莱)海行入高丽、渤海道，三曰夏州(治今陕西靖边北)塞外通大同、云中道，四曰中受降城(治今内蒙古包头西)入回鹘道，五曰安西(治今新疆库车)入西域道，六曰安南(治今越南河内)通天竺道，七曰广

州通海夷道。"①其中第 2 条和第 7 条是唐朝通过海路与海上各国联系的主要
通路。

根据《新唐书·地理志》的记载，"广州通海夷道"的具体行程如下：

> 广州东南海行，二百里至屯门山，乃帆风西行，二日至九州
> 石。又南二日，至象石。又西南三日行，至占不劳山，山在环王
> 国东二百里海中。又南二日行，至陵山。又一日行，至门毒国。
> 又一日行，至古笪国。又半日行，至奔陀浪洲。又两日行，到军
> 突弄山。又五日行，至海硖，蕃人谓之"质"，南北百里，北岸则
> 罗越国（在今马来西亚南端），南岸则佛逝国。佛逝国东水行四五
> 日，至诃陵国，南中洲之最大者。又西出硖，三日至葛葛僧祇国，
> 在佛逝西北隅之别岛，国人多钞暴，乘舶者畏惮之。其北岸则个
> 罗国，个罗西则哥谷罗国。又从葛葛僧祇四五日行，至胜邓洲。
> 又西五日行，至婆露国。又六日行，至婆国伽蓝洲。又北四日行，
> 至师子国，其北海岸距南天竺大岸百里。又西四日行，经没来国，
> 南天竺之最南境。又西北经十余小国，至婆罗门西境。又西北二
> 日行，至拔䫻国。又十日行，经天竺西境小国五，至提䫻国。其
> 国有弥兰太河，一曰新头河，自北渤昆国来，西流至提䫻国北，
> 入于海。又自提䫻国西二十日行，经小国二十余，至提罗卢和国，
> 一曰罗和异国，国人于海中立华表，夜则置炬其上，使舶人夜行
> 不迷。又西一日行，至乌剌国，乃大食国之弗利剌河，南入于海。
> 小舟泝流，二日至末罗国，大食重镇也。又西北陆行千里，至茂
> 门王所都缚达城。

> 自婆罗门南境，从没来国至乌剌国，皆缘海东岸行。其西岸

---

① （北宋）欧阳修：《新唐书》卷 43 下《地理七下》。

之西，皆大食国，其西最南谓之三兰国。自三兰国正北二十日行，经小国十余，至设国。又十日行，经小国六七，至萨伊瞿和竭国，当海西岸。又西六七日，行经小国六、七，至没巽国。又西北十日行，经小国十余，至拔离歌磨难国。又一日行，至乌剌国，与东岸路合。①

这条海路从广州出发，穿越南海和马六甲海峡，进入印度洋、波斯湾及东非海岸，是当时东西方最重要的海上交通线。②

在唐朝，阿拉伯人也通过海上丝绸之路与中国沟通。9世纪中期，伊本·胡尔达兹比赫的《道里邦国志》就记载了从位于波斯湾的伊拉克港口巴士拉出发，最终到达广州的航程。这条航线在马六甲海峡以西与"广州通海夷道"航程相似，过马六甲海峡后向东，到达菲律宾群岛后，向西折回，沿中南半岛东海岸向中国港口航行。全程需要87天，和贾耽所记航线时间相仿。他在书中还记录了唐朝贸易港口的情况，介绍了交州、广州、泉州和扬州这4个主要港口。阿拉伯商人苏莱曼曾到过广州，他编撰有《中国印度见闻录》，书中记载的他的来华路线，与"广州通海夷道"也很相似。

隋唐时期的海外贸易，中国的商品以丝绸和瓷器为大宗。10世纪初，阿拉伯地理学家伊本·法基在他的著作《地理志》中，把中国陶瓷、中国丝绸都列为受阿拉伯世界欢迎的名牌产品。③唐朝时新罗僧人慧超曾说，波斯商人往往从波斯湾出发，航行到印度洋，到斯里兰卡换取宝石等物产，又到东南亚换取黄金。也会航行到中国，直达广州，换取丝绸等纺织品。④据学者研究，在唐朝海上丝绸之路沿线的许多地方，都有产自中国的瓷器

---

① (北宋)欧阳修：《新唐书》卷43下《地理七下》。
② 李庆新：《海上丝绸之路》，合肥：黄山书社，2016年版，第74～75页。
③ 沈福荣：《中西文化交流史》，上海：上海人民出版社，1985年版，第205页。
④ (唐)慧超：《往五天竺国传笺释》卷31《波斯国》。

出土；在埃及开罗南郊的福斯塔特，发现大量唐朝瓷器碎片，种类有唐三彩、邢窑白瓷、越窑黄褐釉瓷、长沙窑瓷器等。长沙窑在唐朝中国并不出名，但在埃及、伊朗内沙布尔遗址、巴基斯坦卡拉奇斑波尔遗址，都发现了唐朝长沙窑瓷器残片，这说明中国瓷器出口数量之大，各港口腹地之广。近年以来，在海南岛东部陵水县的海滩，以及西沙群岛附近海域，也都发现了唐朝时期广东的瓷器，这些瓷器都是成捆套叠堆放的，看得出是为外销所包装，是唐朝瓷器经海路外销商船沉没所遗留。① 这可以看出唐朝瓷器生产销售的商品化程度之高。唐朝时期，进口商品以象牙、犀牛角、珠玑、香料等为主，印度、阿拉伯、拜占庭帝国的药材也为数不少。波斯、阿拉伯、印度等地的文化、技术也沿着海上丝绸之路传入中国，如波斯的金银器皿制作技术。外国的医术也传入中国，唐朝鉴真和尚在广州停留时，患有眼部疾病，当时有"胡人"说能治疗眼病。这个胡人很可能是中亚的粟特人。可见当时居留在广州的外国人数目之众多，各行各业都有。

为管理日益繁盛的对外贸易，从唐玄宗时期开始，唐朝设置市舶使，管理广州等重要港口城市的对外贸易。广州的海外贸易非常兴盛，唐代宗大历年间（766—779），每年抵达广州的海外商船少则四五艘，多则40余艘。天宝八载（749），唐朝高僧鉴真途经广州，在珠江上见到了如此盛况："江中有婆罗门、波斯、昆仑等舶，不知其数；并载香药、珍宝，积载如山。其舶深六七丈。师子国、大石国、骨唐国、白蛮、赤蛮等，往来居住，种类极多。"②当时的海船贸易，因为靠季风航行，冬去夏来，具有季节性，正如鉴真所说的"往来居住"。韩愈在《送郑尚书序》中谈到广州海外贸易之兴盛时说："外国之货日至，珠、香、象、犀、玳瑁奇物溢于中国，不可胜用。"很多诗人在诗文中留下了关于广州市舶盛况的记录，如杜甫在他的作品《送重表侄王砅评事使南海》中，写有"海胡舶千艘"的诗句。唐朝诗人刘

---

①　李庆新：《海上丝绸之路》，第86～87页。

②　[日]真人元开：《唐大和上东征传》。

禹锡《酬南海马大人诗》中也有"连天浪静长鲸息,映日帆多宝舶来"之句。泉州的市舶贸易也很兴盛,唐中期诗人包何在《送李使君赴泉州诗》中写道:"傍海皆荒服,分符重汉臣。云山百越路,市井十洲人。执玉来朝远,还珠入贡频。连年不见雪,到处即行春。""市井十洲人",可见来泉州经商的外商之多。

随着入华外国人的增多,他们因等候季风、存储货品等原因,在中国东南沿海的港口停留、居住。后来随着贸易量的增加,中国与域外各国经济、文化交流的发展,一些域外客商长期居住在中国,在港口建立居处。唐朝的时候,就有不少大食、波斯、天竺、狮子国、真腊、诃陵等国番客留居广州。宋朝人章望之在《重修南海神庙碑》中说广州当地居民与四方之商贾杂居,有些外国人甚至在中国居住几十年不回国。

外国人所居住的区域被称作"蕃坊",这个名称最早见于唐文宗大和年间(827—835)房千里所著的《投荒杂录》,文中提道"倾年在广州蕃坊,献食多用糖蜜、脑麝,有鱼俎,虽甘香而腥臭自若也"。房千里曾在端州(治今广东肇庆)和高州(治今广东高州北)等地任职,距离广州都不远,对当地情况应该比较熟悉,对"蕃坊"的记载也是可靠的。

据学者研究,唐朝中后期,每年进入广州的外国人接近 1 万人次,这个数目相当可观。古代来华的海船因受印度洋和南海信风的影响,一般多以农历五六月乘西南信风直达广州,到十一、十二月借东北信风南下回国。因此,所有来华的外国人,包括船上的船员水手,至少要在中国居住半年,所以当时住在广州等沿海港口的外国人为数不少,尤其是夏秋两季居多。这么多的域外人员和如此规模的商品货物进入广州,为管理与中国风俗不同的侨民,组织外贸交易,亦应组建一个专门的区域供其居住、经商,蕃坊也就应运而生了。据《宋高僧传》记载,唐玄宗开元年间(713—741),僧人释不空从广州返回狮子国,准备乘船离开的时候,采访使召集番禺(治今广东广州)境内"蕃客大首领伊习宾"等人,吩咐道:

"现在三藏法师前往南天竺狮子国,你们要约束船主,妥善把法师及弟子一行 37 人送到目的地,不得有任何疏失。"这条记载也说明唐朝政府对外籍人士的管辖。

唐朝时,从海路来华经商的国家,从东南亚到波斯湾,直达东非沿岸,不下二三十国,其中以阿拉伯人和波斯人为最多,以广州和扬州二地为最盛。这些外商主要经营香料业和珠宝业。这些外籍商人在居住地"多占田,营第舍",有的与当地人"相婚嫁"①,融入了中国社会。从海路进入中国的域外商人往往沿大运河北上,《旧唐书·田神功传》提到,在唐肃宗上元年间(760—761),扬州胡商波斯数千人被杀。可见在华域外商人的人数。其中,大食商人人数最多。传说唐末黄巢率军攻打广州,杀死大食商人及其他外国人众多,可见当时在广州等东南港口城市的外商很多。

隋唐时期的中国与隔海相望的日本也有密切的联系,因为这一时期中国国势强盛,日本从 7 世纪初掀起向隋唐学习的热潮。隋炀帝大业三年(607),日本圣德太子派遣小野妹子率僧侣几十人到中国求取佛法,这是日本历史上第一次遣隋使。唐朝建立之后,日本认为唐朝是"法式备定之珍国",继续派出使团、留学生、学问僧,到中国学习文化、法律、制度。从 630 年到 894 年,日本共派出 19 次遣唐使。把唐朝的法律制度、宗教文化等介绍到日本,推动了日本的"大化革新"和奈良时代天平文化的繁荣。日本仿造唐朝的三省六部制,创立三大臣八省;参照唐朝的"律令格式"法律体系,制定了《大宝律令》、《养老律令》等。在城市规划方面,仿造隋唐长安城,修建了平城京城(在今奈良西郊)。汉字在日本被广泛应用,后来日本在汉字的基础上,创造了本国文字"假名"。唐朝的教育制度、科学技术、文学艺术、衣食住行等各方面都深刻影响了日本文化的面貌。

---

① (北宋)欧阳修:《新唐书》卷 182《卢钧传》。

　　唐朝时期，朝鲜半岛的主要国家是新罗，其奉行与唐朝交好的政策。唐朝与新罗之间往来频繁，主要是通过海路，从山东半岛北端的登州（治今山东蓬莱）、莱州等地出发，渡过黄海到达新罗的场口镇，也就是贾耽所记载的"登州海行入高丽、渤海道"。日本僧人圆仁在其所著的《入唐求法巡礼行记》中提到，有很多新罗人居住在唐朝登州、莱州、密州（治今山东诸城市）、楚州（治今江苏淮安）等北方沿海地区。唐朝中期，曾在唐朝军队中任低级军官的新罗人张保皋在新罗莞岛设置清海镇，经营唐朝、日本、新罗间跨黄海的国际贸易，兴盛一时。

　　唐朝的时候，佛教兴盛，前往印度求法的僧人数量不输前代。由于海上商路的畅通，很多僧人选择乘坐商船，沿海路奔赴印度留学。据学者统计，有唐一代，取道海路赴印度求法的僧人，其事迹可考的有 40 多人次，以中国僧人为主，也有日本、高句丽和新罗僧人。

　　当时的航线主要是从交州、广州出海，经室利佛逝（在今印度尼西亚和马来西亚一带）、诃陵（在今印度尼西亚爪哇岛）、末罗瑜（在今印度尼西亚苏门答腊岛）等国，到达狮子国和天竺。乘海路西行求法的高僧有义净、慧超和不空等。义净是齐州（治今山东济南）人。唐高宗咸亨二年（671），他从广州搭乘波斯大船，经室利佛逝到达印度，在印度瞻礼佛教胜迹，后在那烂陀寺学习 10 年。垂拱元年（685），他携带大批佛经乘船东返，途中又往返于广州和室利佛逝之间，最后于延载元年（694）回到广州，随即北上洛阳。义净回国后从事翻译事业，他撰写的《大唐西域求法高僧传》和《南海寄归内法传》是记录当时印度、东南亚历史的宝贵典籍。慧超是新罗人，他于唐玄宗开元十一年（723）浮海前往天竺，后从陆路回到安西。不空（705—774）是狮子国人，早年来华，后受唐朝委任前往狮子国递送国书，又在印度游历。天宝五载（746），不空携大批佛经回到长安，译经弘法，成为中国密宗祖师。

　　唐朝时期，很多日本僧人乘船来到中国求取佛法，与此同时，他们还邀请中国的高僧前往日本弘法。很多中国僧人应邀前往，其中最著名的是扬州僧人鉴真。他应日本入唐学问僧荣睿、普照的邀请，率弟子东渡日本，10 年内失败 5 次，第 5 次在海上遭遇风暴，漂流到海南岛，在广东因天气炎热生病，导致失明。天宝十二载（753），鉴真第 6 次东渡日本，终获成功。他在日本传播佛教戒律，对日本佛教文化的发展做出了重大贡献。鉴真东渡是中日海上丝绸之路交往史上的一段佳话。日本奈良的唐昭提寺中还供奉着鉴真的坐像，被视为日本的国宝。

海上丝绸之路的发展在隋唐之际已走向繁盛。宋元时期，由于航海技术和造船技术的不断改进，中外海上交通、海外贸易都出现了前所未有的繁荣局面。

第三编

10—13 世纪的中国：两宋

第十三章　殊途同归，河山是否依旧
——两宋

在中国古代史中，如何理解 10—13 世纪中国的历史走向，国内外学术界的分歧非常大。有的学者从传统汉族正统论的角度出发，视唐宋为中国发展的主线，如常说的"先秦秦汉魏晋南北朝隋唐五代宋元明清"历史序列以及"唐宋变革"论[①]；有的学者，尤其是国外以及港台学者，从游牧民族统治、支配农耕世界的角度出发，提出了"征服王朝"论，视辽、金、元等征服王朝为当时东亚世界发展的主线[②]；有的学者则避而不论[③]。大体来看，10—13 世纪的中国历史在沿着两条主线、三大板块（北宋—南宋、西夏、辽国—金国）发展，一条是从唐到宋的演变，另一条是从唐到辽、夏、金的演变；但深度分析，两条主线、三大板块事实上都走在相似的近世化道路上。无论是"唐宋变革"论，还是"征服王朝"论，都没有顾及中国的整体，不免失之于偏颇。

[①] 李华瑞：《"唐宋变革"论的由来与发展》，天津：天津古籍出版社，2010 年版。

[②] 关于"征服王朝"论的来龙去脉，学术界也已经有了许多总结性的论述，参村上正二，方广昌译：《征服王朝论》，载《民族译丛》1982 年第 4 期，第 35～39 页；宋德金：《评"征服王朝论"》，载《社会科学战线》2010 年第 11 期，第 78～83 页；熊鸣琴：《谁之征服？如何认同？》，载《中国图书评论》2012 年第 10 期，第 86～89 页。

[③] 这在民国时期的史学研究中表现得非常明显。民国时期，历史学大家辈出，但比较奇怪的是，没有一个历史学大家以辽宋夏金为主要研究方向，像陈寅恪，虽然对宋朝历史给予了非常高的评价，认为"华夏民族之文化，历数千载之演进，造极于赵宋之世"（陈寅恪：《邓广铭宋史职官志考证序》，见《金明馆丛稿二编》，北京：生活·读书·新知三联书店，2015 年版，第 277 页），但其本人却很少研究宋史。民国时期正值"征服王朝"论流行，面对西方列强的侵略，志在救亡图存的民国学人对辽宋夏金的历史有意无意地采取了回避的态度。

第一节 从天下大乱到前、后三国鼎立

907 年，即唐哀帝天祐四年与梁太祖开平元年，一个时代结束了。在这一年，唐朝寿终正寝，后梁、契丹等政权代之而起。在唐朝灭亡后的半个多世纪，中国似乎迈入了一种极度混乱的状态，表现在：第一，割据政权林立，仅汉族地区就先后存在过五代十国(后梁、后唐、后晋、后汉、后周、前蜀、后蜀、南平、南楚、南汉、南吴、南唐、吴越、南闽、北汉)，其他事实独立而未正式建国的割据政权更是不胜枚举；第二，割据政权存在的时间非常短暂，像五代(后梁、后唐、后晋、后汉、后周)合起来才 53年，像刘守光建立的大燕国更是仅存在两年即亡。

不过，大混乱是短暂的，在大混乱的过程中，中国社会也在不断地重组，并逐渐形成了三大板块。10—13 世纪，在中国版图上前后出现了三大政权(板块)鼎立的局面，前三国为辽国、北宋与西夏，后三国为金国、南宋与西夏。其中，辽国与金国是前后相继的关系，前、后三国的分期正是基于辽、金的更迭。

一、前三国鼎立——辽国、北宋与西夏

辽国(907—1125)是以契丹族为主建立的国家，在前三国中建立时间最早，也是前三国中唯一与唐朝前后相续的国家。907 年，也就是唐朝灭亡之年，辽太祖耶律阿保机(872—926)正式称帝，这标志着契丹国的开始。契丹国的建立拉开了 10—13 世纪中国走向三国鼎立的序幕，其历史影响并不在朱温开创的梁朝之下。916 年，阿保机仿汉制称帝，建国号为"契丹"，年号为"神册"。[1] 此后，辽国的国号在"契丹"与"辽"之间几经改复[2]，因

---

[1] 许多学者以 916 年为契丹国的开国之年，这是严重的误解，契丹国早在 907 年就已正式建立，916 年只是仿汉制进一步完善了国家制度而已。

[2] 参刘浦江：《辽朝国号考释》，载《历史研究》2001 年第 6 期，第 30～44 页；姜维公、姜维东：《"辽"国号新解》，载《吉林大学社会科学学报》2014 年第 1 期，第 46～58 页。

而，辽朝既可称为辽国，也可称为契丹国。辽国经历了太祖、太宗、世宗、穆宗、景宗、圣宗、兴宗、道宗、恭宗 9 位皇帝，共 219 年。辽国整合了中国北部，横跨游牧文明与农耕文明，从今天中国版图来看，黑龙江、吉林、辽宁、北京全部，内蒙古、天津大部，河北、山西北部皆在辽国版图之内。

北宋(960—1127)承袭五代，是以汉族为主建立的国家。960 年，宋太祖赵匡胤(927—976)以陈桥兵变的方式代周而立。尔后，宋太祖、宋太宗兄弟用了将近 20 年的时间统一了汉地 7 个割据政权，结束了汉地分裂割据的局面。被北宋兼并的 7 个国家是：后蜀、南平、南楚、南汉、南唐、吴越、北汉。[①] 北宋经历了太祖、太宗、真宗、仁宗、英宗、神宗、哲宗、徽宗、钦宗 9 位皇帝，共 167 年。北宋整合了中国汉族的主要区域，如关中平原、四川盆地、长江中下游平原、珠江三角洲以及华北平原大部。正因为如此，许多学者视唐宋为此期中国发展的单一主线。

西夏(1038—1227)是以党项族为主建立的国家，在前三国中立国时间最晚。1038 年，夏景宗李元昊正式称帝建国，国号"大夏"。因位于西方，北宋以来皆称其为"西夏"，"大夏"之名反而少见于世。虽然建国最晚，但西夏政权建立的时间其实最早。早在唐僖宗中和元年(881)，党项族首领拓跋思恭既已占据夏州，继得封节度使、夏国公，并得赐国姓李氏。此后，李氏世代割据，虽未建国，但一直保持着政权的独立性。西夏经历了景宗、毅宗、惠宗、崇宗、仁宗、桓宗、襄宗、神宗、献宗 9 位皇帝，共 190 年。西夏整合了中国核心区的西北部，从今天中国版图来看，包括宁夏、甘肃大部以及陕西、内蒙古、青海的部分地区。

前三国鼎立格局的形成是各方势力长期博弈的结果。契丹立国后，几度南下，意欲夺取中原。同样，北宋也曾两度北伐，试图收复燕云地区。

---

① 十国中另外 3 个国家是前蜀、南吴、南闽，前蜀与后蜀前后相继，南吴与南唐前后相继，南闽则为南唐所灭。

在北宋与契丹40多年的拉锯战后，1005年，即宋真宗景德元年、辽圣宗统和二十二年，宋、辽双方最终签订了和平协定，即澶渊之盟。澶渊之盟约定：宋每年向辽提供岁币绢20万匹、银10万两；宋、辽互为兄弟之国，以地理方位，辽国称北朝，宋朝称南朝。① 澶渊之盟一方面承认了两国平等对峙的现实，另一方面也保障了两国之间100余年的和平局面。

南北对峙牵制了宋、辽两国大部分国力，广阔的西北地区出现了权力真空，为第三国的崛起提供了绝佳的机会，西夏王朝因此应运而生。西夏自称"西朝"，试图与南朝宋国、北朝辽国平等鼎立，虽未能得到宋、辽两国的承认②，但三国鼎立的事实是客观存在的。在前三国鼎立格局中，宋、辽势力相当，地位平等，西夏是相对弱势的一方，对辽、宋皆居臣属的地位。但是，西夏却起到了宋、辽两国之间平衡器的作用。在前三国中，辽国军队的战斗力虽然最强，但宋朝的综合国力无疑是最强的，因此，在三边关系中，辽夏以合作为主，共同牵制宋朝的北伐或西征，宋辽、宋夏则皆以斗争为主。辽夏皇室曾两度联姻，建立起甥舅国的关系。在三国关系史中，辽夏互相支持对方的对宋战争或对宋外交诉求，彼此很少有冲突，而宋辽、宋夏皆爆发过大规模战争。宋在三国外交中也常是受孤立一方。例如，元丰五年（1082），宋夏冲突再起，辽国专门遣使代夏向宋请和③；崇宁（1105）四年，辽国又专门遣使"为夏人求还侵地及退兵"④。

二、后三国鼎立——金国、南宋与西夏

在前三国中，西夏是最为弱势的一方，但在三国之间的互动中，由于宋、辽互视对方为主要竞争对手，西夏反而成为最为稳定的一方。从前三

---

① （南宋）李焘：《续资治通鉴长编》卷58。
② （北宋）田沉：《儒林公议》卷下；（南宋）李焘：《续资治通鉴长编》卷139。
③ （清）王仁俊：《辽文萃》卷3《遣萧德崇等为夏人议和使宋国书》。
④ （元）脱脱：《宋史》卷20《徽宗二》。

国到后三国，西夏是唯一没有变化的一方，宋、辽两方都发生了翻天覆地的变化。虽然宋、辽两国表面上以兄弟互称，但骨子里皆视对方为死敌，必欲置之死地而后快。到宋徽宗的时候，宋朝的机会终于来临。宋徽宗政和五年（1115），辽国版图之中诞生了一个新的国家——金国。在随后的几年中，辽国节节败退，金国节节胜利。借助新的国际局势，宋朝决定联金灭辽，并于 1120 年商定海上之盟。海上之盟约定：宋金夹攻辽国，若灭辽，燕京一带归宋；宋金誓为兄弟之国；原输辽国的岁币转输金国。[①] 海上之盟对于宋的意义是收复了燕云地区，对于金的意义则是取代辽国成为北方新的霸主，即"女真世奉辽正朔，又灭辽而代之"[②]。

　　金国（1115—1234）是以女真族为主建立的国家，也是从前三国到后三国唯一新出现的国家。1115 年，辽国属臣完颜阿骨打（1068—1123）正式称帝建国，国号"大金"[③]。借助宋朝的牵制和联合攻击，金国仅用 10 余年的时间就攻灭了辽国。然而，令宋朝意想不到的是，金国已经高速转动的战争机器不是一个辽国就能让其冷却下来的。在灭辽后仅仅 2 年，金国又将宋朝驱逐到了南方。金国经历了太祖、太宗、熙宗、海陵王、世宗、卫绍王、宣宗、哀宗、昭宗 9 位皇帝，共 120 年。相比辽国整合中国北方局部，金国则整合了中国整个北方。辽国虽然横跨游牧文明与农耕文明，但农耕文明区的范围非常狭小，主要局限于燕云十六州；金国同样横跨游牧文明与农耕文明，但农耕文明的范围大得多，涵盖了中国北方大部分农耕区。从今天来看，黑龙江、吉林、辽宁、河北、北京、天津、山东、河南、山西全部，内蒙古、陕西大部，甘肃、江苏的一部分皆在金

---

① 《宣和遗事》前集。

② （南宋）岳珂：《愧郯录》卷 9《金年号》。

③ 关于金朝开国史，疑问颇多，刘浦江先生认为，完颜阿骨打可能在 1117 年或 1118 年建立了国家，国号是"女真"，1122 年才改国号为"大金"。参刘浦江：《关于金朝开国史的真实性质疑》，载《历史研究》1998 年第 6 期，第 72 页。

国版图之内。

南宋（1127—1276）是宋室南渡的结果。海上之盟打开了潘多拉盒子，在灭辽之后，金国扩张的矛头迅速转向了宋朝。从靖康元年（1126）到靖康二年（1127），不到2年的时间，宋朝北方地区被金国所占，宋徽宗、宋钦宗也成为俘虏，史称"靖康之难"。以赵构为首的宋朝残余势力仓皇南下，在临安府（今浙江杭州）重建中央政权。经过16年的拉锯战，宋朝与金国的力量对比趋于一种新的平衡，其标志是绍兴十一年（1141）双边和议的签订。绍兴和议规定：宋向金称臣；宋、金以大散关—淮河为分界；宋每年向金贡银25万两、绢25万匹。①绍兴和议的签订标志着后三国格局的定型。

需要说明的是，南宋与北宋一脉相承，国号皆为"大宋"。"北宋"、"南宋"之称是后世所加，目的是区分南渡前后之宋朝。南宋经历了高宗、孝宗、光宗、宁宗、理宗、度宗、恭宗7位皇帝。南宋继承了北宋全部的南方地区。

后三国鼎立格局的形成也是各方势力长期博弈的结果。金国原有统一整个中国的雄心，建炎三年（1129），金军追袭宋高宗，一度占领临时首都临安，但宋高宗成功逃到海上，金军无功北返；绍兴三十一年（1161），金海陵王完颜亮倾国南伐，再次试图问鼎华夏，惜因内乱而死。南宋同样不甘心偏安东南一隅，时刻不忘光复中原，并曾三次大举北伐，分别为绍兴四年（1134）的岳飞北伐、隆兴元年（1163）的隆兴北伐、开禧二年（1206）的开禧北伐。但不论是金国的南征，还是南宋的北伐，皆离战略目标相差甚远，表明双方都没有足够的实力来打破新的力量平衡。

在后三国中，西夏的国际生存环境是最有利于国家发展的。在前三国

---

① （南宋）李心传：《建炎以来系年要录》卷142；（元）脱脱：《金史》卷77《宗弼传》。

时期，西夏需要随时承受来自北宋的巨大的外部压力，但在后三国时期，西夏与南宋之间为金国所隔断，丝毫也不用承受来自南宋的外部压力。事实上，整个南宋时期，宋、夏两国中央政府就没有过直接的互动。① 西夏整个东部被金国包围，没有来自南宋的压力，同样很难有来自南宋的援助，因此，理论上，西夏会遭受金国的巨大威胁。然而，宋、金两国的致命心结很大程度上解除了金国对西夏的威胁。金、夏双方皆乐于维持现状，虽偶尔小有冲突，但总体上保持着和平友好的关系。

第二节　鼎立背后的社会深度统一——近世诸元素的合力

在 10 世纪以前，中国经常出现诸国林立的局面，如春秋战国、魏蜀吴、东晋十六国南北朝、五代十国。10—13 世纪，中国先后形成了辽国—北宋—西夏、金国—南宋—西夏鼎立的局面，看似是分裂时代的延续，实则中国社会在此一时期完成了深度统一。非常奇妙的是，自元朝统一中国后，除了改朝换代的特殊时期外，中国核心区再未出现分裂情况。10—13世纪，辽国、金国塑造了中国核心区的北线，西夏塑造了中国核心区的西线，宋朝塑造了中国核心区的南线。② 将前、后三国合并来看，今天中国诸省在前、后三国版图中的有：黑龙江、吉林、辽宁、内蒙古、河北、北京、天津、山西、宁夏、甘肃、陕西、河南、山东、江苏、安徽、湖北、四川、重庆、湖南、江西、浙江、上海、福建、广东、广西、海南。这些省份构成了今天中国的核心区。

---

① 双方曾经有过互动的尝试，但都没有成功。参（元）脱脱：《宋史》卷 486《外国二·夏国下》。

② 关于中国核心区的南线，在汉唐时期，南方的安南（今越南北部地区）曾长期属于中国，968 年，即宋太祖开宝元年，安南走向独立，其后，虽然宋太宗、宋神宗也曾试图收复安南，但皆未获成功，1174 年，宋孝宗以诏书的形式赐其国名安南，正式承认了安南的独立，也最终确定了中国核心区的南线。

辽宋夏金时期是中国最后一个大分裂时期。之所以分裂止于此,其根源就在于10—13世纪中国社会的深度统一。深度是相对于浅度而言的。从时间连续性来看,从浅度统一到深度统一对应的时间是从唐到宋。关于从唐到宋的变化,最有名的学说就是日本学者内藤湖南提出的唐宋变革说。1910年,内藤在湖南发表《概括的唐宋时代观》一文①,奠定了唐宋变革和中国近世说的基础。② 内藤先生的唐宋变革学说激起了世界各国学者的共鸣,在其后百余年的中国史研究中,"唐宋变革"逐渐成为一种普遍化的研究范式,并取得了非常丰富的研究成果。综合百余年来的研究,唐宋变革学说的核心观点为:中国中世和近世的大转变出现在唐宋之际,唐朝是中世的结束,而宋朝则是近世的开始。表现在:首先,政治体制和社会结构上,君主独裁、官僚政治取代了贵族政治,门阀社会消解,人民从贵族手中得到解放,财产私有权得到国家承认;在政治、社会转型中,科举制起到了至关重要的作用,与科举制相伴的文官政治不仅奠定了中国近世政治的基础,而且对西方近现代政治产生了深远影响。其次,经济形态上,货币经济、商品经济取代了实物经济、庄园经济;宋朝政府成功地应用货币整合了国内经济③,宋朝货币经济在中国古代达到了登峰造极的高度,以货币形式征收的国家税收,非农业收入已经远远超过农业收入,非农业税约占70%,农业税约占30%④,以至于许多学者称宋朝为世界上第一个"税收国家",或者说"财政国家"。⑤ 最后,思想文化上,平民化的新儒学(理学)、新文学

① 原载日本《历史与地理》第九卷第五号,收入刘俊文主编:《日本学者研究中国史论著选译》(第1卷),北京:中华书局,1993年版,第10~18页。

② 内藤湖南的文章非常简略,其弟子宫崎市定随后对其学说做了详细补充,参[日]宫崎市定:《东洋的近世》,原载《宫崎市定全集》第2卷,东京:岩波书店,1992年版,收入刘俊文主编:《日本学者研究中国史论著选译》(第1卷),第153~241页。

③ [日]宫泽知之:《宋代中国的国家与经济:财政·市场·货币》第一章"北宋的财政与货币经济",东京:创文社,1998年版。

④ 贾大全:《宋代赋税结构初探》,载《社会科学研究》1981年第3期,第52页。

⑤ 刘光临:《市场、战争和财政国家——对南宋赋税问题的再思考》,载《台大历史学报》第42期,2008年,第222~280页。

（古文运动、词曲）取代了传统贵族化的注疏经学和骈体文学。①

近世诸元素的合力造就了宋朝社会的深度统一。第一，贵族社会的消解是社会深度统一的标志之一。在贵族政治时代，贵族的政治、经济、文化地位几乎都是世袭的，民众与其说属于国家，不如说属于各个贵族。在这种局面下，即使国家是统一的，社会也是分裂的，分属于大大小小的贵族。在官僚社会则不一样，人民直属于国家，不再属于贵族，官僚没有世袭特权，同样直属于国家。第二，货币经济、商品经济的大发展是社会深度统一的标志之二。实物经济、庄园经济必然将社会从经济上割裂成许许多多小的板块。货币经济、商品经济则能将本来分裂的经济板块整合成一个大的统一体。第三，主流思想文化的平民化是社会深度统一的标志之三。宋以前的主流文化是贵族式的，只属于少数人，难以统一社会大众。宋朝印刷术的大发展推动了社会教育的大跃进，同时，主流文化又有意识地向社会大众靠拢，使得全社会的思想文化趋于统一。以最重要的经学来说，宋朝以前的经学最重师承家法，传承多以家学的形式在世家大族内部传授，因而号称"专门之学"、"一家之言"②，宋朝以后则多由社会化的学校、书院传播，大众化的趋势非常明显。

唐宋变革说的焦点主要在宋朝，忽视了同时期的辽、夏、金。多数学者认为，唐宋变革始于唐中期，即 8 世纪中叶，标志性事件是安史之乱。③从 8 世纪中叶开始，中国的社会开始沿着两条主线发展演变，一条是从唐到宋的演变，另一条是从唐到辽、夏、金的演变。从唐到宋的演变就是学

---

① 关于唐宋变革的性质，主流的观点认为是中国由中世向近世的转变，但也有部分学者认为是中国由古代向中世的转变，参［日］谷川道雄：《中国史的时代划分问题》，张邻译，载《史林》1987 年第 2 期，第 143～150 页。笔者持宋代是中国近世开始的观点。

② （清）蒋湘南：《七经楼文钞》卷 1《经师家法说》；皮锡瑞：《经学历史》，北京：中华书局，2011 年版，第 92 页。

③ 李华瑞：《"唐宋变革"论的由来与发展》，载《河北学刊》2010 年第 4、5 期；郝若贝（Robert Hartwell，1932—1996）：《750—1550 年中国的人口、政治及社会转型》，易素梅、林小异等译，收于伊沛霞、姚干主编：《当代西方汉学集萃·中古史卷》，上海：上海古籍出版社，2016 年版，第 175～246 页。

者所熟知的唐宋变革,这一演变实质上是农耕文明的演变。从唐到辽、夏、金的演变则是游牧文明的演变,这一演变虽然很少受人关注,但其对于中国历史的意义并不亚于从唐到宋的演变。在宋朝农耕文明走向近世的同时,辽、夏、金的游牧文明也在走向近世,只不过中国游牧文明走向近世的步伐稍微缓慢一些。[①]

说辽、夏、金走向近世,并非因为辽、夏、金与宋朝同时代,而是因为辽、夏、金同样具备了近世社会的核心元素。表现在:第一,政治体制和社会结构上,部落贵族制走向瓦解,君主独裁体制走向成熟,与部落贵族制瓦解相对应,部落人民得到解放,成为国家的编户。第二,经济形态上,货币经济、商品经济走向成熟,将农耕区、游牧区联成一体。第三,思想文化上,主动向中原文化靠拢,逐渐形成统一的意识形态。详细论述如下:

一、辽国

建国前,契丹政治上采取的是部落贵族世选制和集议制。[②] 耶律阿保机建国后,对部落贵族制进行了大刀阔斧的改革,"变家为国",变部落组织为国家,将皇帝权力置于至上地位,逐步建立起君主独裁体制。[③] 辽国前期,部落贵族制色彩仍然非常明显,其标志就是头下军州制的存在。头下军州是契丹贵族们的私城,并得到朝廷赐封的州号、军号。贵族们将俘虏来的汉人、渤海人等聚于私城,纳为头下户。头下制度本质上是一种封建领主制,实行严格的世袭制,头下户与头下领主之间具有严格的人身隶属关系,他们不是国家的编户齐民,而是头下主的私奴和部曲。[④] 但到辽

---

① 由于"唐宋变革"的研究已经非常深入,本文侧重分析从唐到辽、夏、金的演变。

② 李桂芝:《契丹贵族大会钩沉》,载《历史研究》1999年第6期,第68~69页。

③ 杨军:《"变家为国":耶律阿保机对契丹部族结构的改造》,载《历史研究》2012年第3期,第19~28页。

④ 刘浦江:《辽朝的头下制度与头下军州》,载《中国史研究》2000年第3期,第95~97页。

国中后期，头下军州制逐渐走向消亡，与此相应，头下民户逐渐被纳入国家编户。辽圣宗统和十三年（995），诏："诸道民户应历（951—969）以来胁从为部曲者，仍籍州县。"①圣宗以后，文献和考古材料中再也未见新建的头下军州，原有的头下州军也逐渐向国家州县制过渡。②

说到辽国的政治体制，就不得不提辽国独创的"一国两制"。辽国"因俗而治"，创造性地建立了两套官制体系，"官分南、北"，"以国制治契丹，以汉制待汉人"。不过，辽国的"一国两制"并不意味着社会分裂，它恰恰是适应社会深度统一的需要。契丹人与汉人的生产方式完全不同，前者从事游牧，逐水草而居，后者从事农耕，聚族而居。完全不同的生产方式必然需要完全不同的管理体制，北面官治"宫帐、部族"，适合游牧族群的管理，南面官治"州县、租赋"，适合定居族群的管理。③很显然，辽国的"一国两制"只是管理方式不同而已，丝毫不妨碍君主独裁，无论是北面官还是南面官，都只是听命于皇帝的官僚。

辽国的货币经济、商品经济经历了一个从无到有，再到大发展的过程。辽国前期，商品交易很少，而且基本是实物交易；但到辽国中期，货币经济开始进入快速发展轨道，到辽国后期达到高潮。货币经济不仅强化了辽国农耕区内部的联系，而且渗透进了游牧区，使分散的游牧部落开始走上了经济一体化，如上京地区，到11世纪中叶，钱币已经明显地在部族中使用。客观地说，辽国部落之间货币流通和经济一体化的趋势还很微弱，无法与农耕区相提并论，但这种新趋向的形成就已实属不易。从辽国的货币流通来看，这一时期国际性的货币流通和商品贸易也取得了长足发展。澶渊之盟以后，宋朝的货币开始大量进入辽国，甚至进一步流通到了朝鲜。20世纪，朝鲜北部出土了大量这一时期的钱币，其中宋朝钱币最多，其次

---

① （元）脱脱：《辽史》卷13《圣宗四》。
② 刘浦江：《辽朝的头下制度与头下军州》，载《中国史研究》2000年第3期，第100页。
③ （元）脱脱：《辽史》卷45《百官志一》。

为辽国钱币。①

辽国在思想文化上非常注重以中国文化来统一国内的意识形态。"自契丹侵取燕、蓟以北,称中国位号,仿中国官属,任中国贤才,读中国书籍,用中国车服,行中国法令……所为皆与中国等。"②"辽人嗜学中国","典章文物,仿效甚多"。③ 辽圣宗、辽兴宗时期,契丹族已经开始以"炎黄子孙"自称。④ 辽道宗自信辽国"文物彬彬,不异中华"⑤,曾以白金数百两铸两佛像,铭其背曰:"愿后世生中国。"⑥大致在辽道宗前后,契丹开始以"中国"自称。⑦

二、西夏

西夏建国前的政治、社会同样流行部落贵族制,"部(落)有大姓而无君长,不相统一"⑧。不过,与辽以及后来的金不同的是,西夏地区自汉以来就是农耕文明与游牧文明的交错地带,汉族文化非常流行,因此,西夏建国时就已经非常熟悉中原的政治体制,从一开始就是仿照宋朝的制度而创立官制,即"设官之制,多与宋同"⑨,如中央同样设有中书省、枢密院、三司、御史台等,地方同样设有监司、州(府)、县等。夏、宋两国的制度

---

① 魏特夫、冯家升:《辽朝的货币与信贷》,载《昭乌达蒙族师专学报(汉文哲学社会科学版)》1999 年第 6 期,第 10~14 页;秦佩珩:《契丹货币问题探源》,载《郑州大学学报(哲学社会科学版)》1978 年第 1 期,第 57~60 页。田广林认为契丹货币经济确立于辽国初年,但并没有典型史料证据,恐难成立。参田广林:《再论契丹社会货币经济的确立》,载《昭乌达蒙族师专学报(汉文哲学社会科学版)》1998 年第 3 期,第 24~27 页。

② (南宋)李焘:《续资治通鉴长编》卷 150。

③ (南宋)朱彧:《萍洲可谈》卷 2。

④ 赵永春:《辽人自称"中国"考论》,载《社会科学辑刊》2010 年第 5 期,第 145 页。

⑤ (南宋)洪皓:《松漠纪闻》卷上。

⑥ (北宋)晁说之:《嵩山文集》卷 2《朔问下》,见张次溪:《燕京访古录》。

⑦ 张其凡、熊鸣琴:《辽道宗"愿后世生中国"诸说考辨》,载《文史哲》2010 年第 5 期,第 91 页;姜维公、姜维东:《"辽"国号新解》,载《吉林大学社会科学学报》2014 年第 1 期,第 50 页。

⑧ (北宋)欧阳修:《新五代史》卷 74《四夷附录》。

⑨ (元)脱脱:《宋史》卷 486《外国二·夏国下》。

相同，但社会却不同：西夏建国时的社会仍保留着浓厚的贵族色彩，如李元昊"每举兵，必率部长与猎，有获，则下马环坐饮，割鲜而食"①，因此，西夏的制度建设是稍微超前的，政治变革略先于社会变革。正因为如此，西夏的制度容易发生反复，容易在汉制和党项族传统之间来回改变，如夏惠宗时期，围绕着"蕃礼"与"汉礼"，代表传统贵族的母党梁氏与代表皇权的皇帝李秉常之间展开过近 20 年的斗争。② 不过，随着君主集权的巩固，西夏的部落贵族制还是不可避免地走向了衰落。到西夏中后期，部落的形式虽然仍然存在，但已经褪去了贵族色彩，转变成地域性的乡村公社。③

甘肃、宁夏地区早在汉朝就已纳入汉族文化圈，而且这一地带扼守丝绸之路要冲，因此，在建国前，西夏的货币经济、商品经济已经有了一定的基础。建国后，西夏的货币经济、商品经济更是取得了长足发展，货币"成为西夏社会普遍的价值尺度、流通和贮藏手段"④，到西夏后期，市镇商业贸易发达，货币经济达到了繁荣阶段。从西夏法典《天盛律令》来看，西夏的物品多以货币计值，官员的俸禄、赏罚多以货币支付，国家的部分赋税也以货币征收。⑤ 而且，从现有出土钱币来看，西夏流通的货币主要是北宋的货币，表明西夏对外贸易的规模很大。在前三国中，西夏货币经济的水平高于辽，接近于宋。⑥

西夏在思想文化上同样注重以中国文化来统一国内的意识形态。"拓跋

---

① （元）脱脱：《宋史》卷 485《外国一·夏国上》。

② 李范文：《西夏通史》，银川：宁夏人民出版社，2005 年版，第 238～239 页。

③ 吴天墀：《西夏史稿》，成都：四川人民出版社，1980 年版，第 259 页。当然，并不是整个西夏的部落都转变为地域性的乡村公社，这主要是就核心区而言的，在西夏的边疆地带仍存在着大量传统部落。

④ 牛达生：《从出土西夏窖藏钱币看西夏货币经济》，载《宁夏社会科学》1986 年第 2 期，第 85 页。

⑤ 李学江：《从〈天盛律令〉看仁孝时期的西夏货币》，载《固原师专学报》1998 年第 4 期，第 61～62 页。

⑥ 杨继贤：《略论西夏的货币形态、货币制度及货币经济》，载《内蒙古金融研究》2003 年第 A3 期，第 263～267 页。

自得灵夏以西……称中国位号,仿中国官属,任中国贤才,读中国书籍,用中国车服,行中国法令……所为皆与中国等。"①景宗李元昊"仿中国,置文武班,立蕃学、汉学"②,"译《孝经》、《尔雅》、《四言杂字》为蕃语"③。毅宗李谅祚"遵大汉礼仪以更蕃俗,求中朝典册用仰华风"④,"夏国自谅祚请去蕃礼从汉仪之后,常服中国衣冠"⑤。惠宗李秉常心好中国制度,"下令国中悉去蕃仪,复行汉礼"⑥。

三、金国

金国太祖、太宗时代,政治制度基本沿袭女真旧制,部落贵族制的传统根深蒂固,勃极烈贵族议事会制度在国家政治生活中发挥着重要作用,君主的权力还非常有限,某种程度上,贵族政治甚至凌驾于君主权威之上。但金熙宗以后,金国政治制度开始全面走向汉化,勃极烈制度被废除,君主独裁政治得以建立。⑦ 金熙宗"颁新官制","大率皆循辽、宋之旧"⑧,"置三省六部,略仿中国之制"⑨。在女真传统制度中,唯独猛安谋克保留了下来。不过,猛安谋克制度的出现本身就是革除部落贵族制的结果,"金自穆宗号令诸部不得称都孛堇(部落联盟首领),于是诸部始列于统属。太祖令三百户为谋克,十谋克为猛安,一如县郡置吏之法"⑩。"一如县郡置吏之法",即将猛安谋克官僚化。不过,金初猛安谋克的官僚化是不彻底

---

① (南宋)李焘:《续资治通鉴长编》卷150。
② (清)张鉴:《西夏纪事本末》卷10《元昊僭逆》。
③ (元)脱脱:《宋史》卷485《外国一·夏国上》。
④ (清)吴广成:《西夏书事》卷21。
⑤ (清)张鉴:《西夏纪事本末》卷23《绥城易寨》。
⑥ (清)吴广成:《西夏书事》卷25。
⑦ 刘浦江:《金朝初叶的国都问题——从部族体制向帝制王朝转型中的特殊政治生态》,载《中国社会科学》2013年第3期,第173~176页。
⑧ (元)脱脱:《金史》卷55《百官一》。
⑨ (南宋)李心传:《建炎以来系年要录》卷84。
⑩ (元)脱脱:《金史》卷128《循吏》。

的，仍然保留了贵族政治世袭的色彩。尽管猛安谋克可以世袭，但又与辽国头下户属于领主不同，金国的猛安谋克户属于国家，不属于领主，即"猛安人与汉户，今皆一家……皆是国人"①。金国征服辽国、北宋后，大批猛安谋克迁入中原地区，猛安谋克地方行政组织的性质呈逐渐强化之势，猛安比防御州、谋克比县。② 随着君主集权的强化，猛安谋克制度的贵族色彩逐渐淡化，金熙宗以后，作为官职的猛安谋克被纳入国家官僚体制，"猛安谋克官员职掌与同级汉官基本相同"，到金章宗时，猛安谋克彻底完成了官僚化改造，"与汉人官制同一"③。

金国建国前后，商品交换还停留在实物贸易阶段，"其市无钱，以物博易"④，"买卖不用钱，惟以物相贸易"⑤。随着金灭辽国、北宋，辽国、北宋发达的货币经济很快注入金国社会，辽、宋旧钱通行于金国全境。到金国中期，随着商品经济走向繁荣，金国开始大力发行自己的货币，首先是纸币(交钞)，其次是铜钱。其中纸币的发行量尤其泛滥，到金国后期，由于国家财政经费不足，"专以交钞愚百姓"⑥。货币经济大潮席卷了女真族原实物贸易区，近年来，在黑龙江、吉林、辽宁以及内蒙古东南部等地出土了大量金国钱币，既有金国自己发行的钱币，也有宋朝钱币，这表明女真族发祥地同样被卷入了货币经济大潮之中。⑦

---

① （元）脱脱：《金史》卷 88《唐括安礼》。

② 金朝猛安、谋克的称谓比较复杂，既是组织名称，也是组织头目的官职名称。

③ 程妮娜：《论猛安谋克官制中的汉制影响》，载《北方文物》1993 年第 2 期，第 58～59 页。

④ （金）宇文懋昭：《大金国志》卷 39《初兴风土》。

⑤ （金）宇文懋昭：《大金国志》卷 40《许奉使行程录》。

⑥ （元）脱脱：《金史》卷 48《食货三》。另参梁淑琴：《试论金代的货币经济》，载《社会科学辑刊》1988 年第 1 期，第 98～102 页；秦佩珩：《金代货币史论略》，载《郑州大学学报（哲学社会科学版）》1982 年第 2 期，第 44～48 页。

⑦ 杨君：《金朝铜钱货币流通贮藏形态管窥——以出土金朝钱币实物为中心》，载《中国钱币》2015 年第 6 期，第 3～11 页；李东：《从吉林境内的金代窖藏铜钱谈当时的货币经济》，载《北方文物》1997 年第 3 期，第 39～43 页。

"辽以释废，金以儒亡。"①相比辽国、西夏，金国在以中国文化统一意识形态方面做得更加彻底，金熙宗以后大行中国法，官制、律令、礼乐等皆近中国。② 据赵永春的考证，《金史》中共出现"中国"14 次，其中 3 次指中原地区，其余均指金国，表明金人进入中原地区以后逐渐以"中国"自称。③

与宋朝一样，辽、夏、金近世诸元素的合力造就了辽、夏、金各自社会的深度统一。因为部落贵族制的消解，国亡之后族亦难存，所以，辽国之后再无契丹、西夏之后再无党项。女真似乎是例外，金亡之后女真族仍在关外(东北地区)顽强地生存下来，并在明末再度勃兴，建立起了清朝。女真之所以例外，是因为金国关内外女真走的是两条不同的道路。关内女真在君主集权和官僚制下逐渐褪去了部落色彩和贵族特性，成为国家的一般子民。作为女真族的发祥地，关外女真在国家的特别优待下得以置身于社会变革之外，较多地保留了女真的传统和原貌。金世宗在回忆上京会宁府时就说："朕时尝见女真风俗，迄今不忘……甚欲一至会宁，使子孙得见旧俗。"并说："女真旧风最为纯直……祭天地，敬亲戚，尊耆老……皆出自然……旧风不可忘也。"④儒家本身就以"敬亲戚"、"尊耆老"著称，金世宗却非常怀念上京敬亲戚、尊耆老的"旧风"、"旧俗"，这表明关外女真耆老的地位远远高于关内，关外始终维持着贵族制传统。因此，金朝灭亡后，关内再无女真，关外女真却以相对旧的、原始的形式保留了下来。⑤

① (明)宋濂、(明)王祎：《元史》卷 163《张德辉传》。

② (金)刘祁：《归潜志》卷 12《辩亡》。

③ 赵永春：《中国多元一体与辽金史研究》，载《中央民族大学学报(哲学社会科学版)》2011 年第 3 期，第 37 页；赵永春：《试论金人的"中国观"》，载《中国边疆史地研究》2009 年第 4 期，第 1 页。

④ (元)脱脱：《金史》卷 7《世宗中》。

⑤ 清朝继承祖先的政策，同样将女真族发祥地置于社会变革之外，但因近代西方列强的强力渗透，这一政策最终破产。参王振科：《清代东北封禁政策初探》，载《四平师院学报(哲学社会科学版)》1982 年第 3 期，第 42～49 页；马越山：《清代东北的封禁政策》，载《社会科学辑刊》1986 年第 2 期，第 44～50 页；王景泽：《对清代封禁东北政策的再认识》，载《东北师大学报(哲学社会科学版)》1997 年第 2 期，第 48～55 页；刘智文：《清代东北封禁政策刍议》，载《学习与探索》2003 年第 6 期，第 133～136 页。

当然，说辽、夏、金走向近世，主要就辽、夏、金的主体民族和核心区而言。辽、夏、金的主体民族分别为契丹族、党项族、女真族。辽、夏、金的核心区除了包括主体民族聚居区外，还包括汉族聚居区，如辽国的燕云十六州、金国的中原地区等。无论是宋，还是辽、夏、金，都有很多羁縻少数民族。这些羁縻少数民族的社会发展普遍滞后于主体民族和核心区，自然谈不上近世化。

第三节　走向"大元"——中国历史的必然

10—13 世纪，中国社会虽然在空间上两度分化成了三大板块，即辽国—北宋—西夏、金国—南宋—西夏，但各板块都在不约而同地走向近世，走向深度统一，政治体制、社会结构、经济形态、思想文化都在朝着相似的方向发展。社会的深度统一和趋同发展内在地要求各板块走向合一。元朝统一中国，看似因为蒙古帝国武力的强大，实则是武力统一恰好适应了13 世纪中国社会走向统一的内在要求。比较来看，蒙古帝国横跨欧亚，其他地区很快就走向了分裂，唯独中国，虽有改朝换代，但再也没有分裂。

有意思的是，从元朝开始，中国王朝的国号第一次跳出了地名的窠臼。清朝史学家赵翼说："三代以下建国号者，多以国邑旧名……世祖至元八年，因刘秉忠奏，始建国号曰大元，取'大哉乾元'之义，国号取文义自此始。"①的确，元朝以前，中国历朝国号皆以开国皇帝的发祥地或者封地命名，夏、商、周、秦、汉、魏、蜀、吴、晋、隋、唐、辽、宋、夏、金等无不如此。元朝国号"大元"，取自《易经》"大哉乾元"。"大哉乾元"又取自《易经》首卦《乾卦》卦辞"元亨利贞"的第一字。乾卦象征天，"元"为大、首、始之义，所以，"大哉乾元，万物资始，乃统天"。"大元"国号象征着天下一统。事实上，在改国号为"大元"前，世祖忽必烈已经在年号上做天下一

---

① （清）赵翼：《廿二史札记》卷 29《元建国号始用文义》。

统的文章。1260 年，忽必烈即大汗位，建年号为中统，意思就有"天下（中国）一家之义"①。1264 年，忽必烈改年号为至元，取《易经》"至哉坤元"之意。"至哉坤元"又取自《易经》次卦《坤卦》卦辞"元亨利牝马之贞"的第一字。坤卦象征地，"至"为极、最之义，"至元"同样蕴含着天下一统之义。正如元末明初学者叶子奇说："（元）天下一统，取《大易》'大哉乾元'之义，国号曰大元，取'至哉坤元'之义，年号曰至元。"②

"大元"国号意味着中国社会走向深度统一后大一统观念出现重大转向。此前的大一统王朝，无论是秦汉，还是隋唐，皆是以一地之名作为全国的国号，这明显是武力征服观念的体现，而非社会统一的内在要求。这样的国号对征服者是荣，对被征服者则是耻，就像秦灭六国，刘汉灭项楚。忽必烈在《建国号诏》中说："为秦为汉者，盖因初起之地名；曰隋曰唐者，又即始封之爵邑。是皆徇百姓见闻之狃习，要一时经制之权宜，概以至公，得无少贬。"③传统国号皆徇"狃习"，有损于"至公"。《易经》为六经之首，六经又为中国传统文化的核心。新式国号提炼自《易经》，源于整个中国社会公认的文化传统，表明大一统不再仅仅是武力的征服和空间的统一，更是整个社会的内在统一。如果单看元朝，还无法看出这种转向是偶然的，还是必然的。然而，继元而起的明清两朝，其"大明"、"大清"国号同样源自中国传统文化④，再也未用地名，这表明，中国社会走向深度统一导致大一统观念的重大转向是历史的必然。⑤

元朝统一中国的历史功绩无须赘言，然而，不少学者却惋惜，元朝同

---

① 《大元圣政国朝典章》卷 1《诏令》。

② （明）叶子奇等编：《草木子》卷 3 下《杂志编》。

③ 《元典章》卷 1《诏令》。

④ 关于明清两朝国号，参杜洪涛：《明代的国号出典与正统意蕴》，载《史林》2014 年第 2 期，第 52～57 页；叶红、胡阿祥：《大清国号述论》，载《中国历史地理论丛》2000 年第 4 期，第 65～77 页。

⑤ 朱希祖认为"大元"国号可以"消除地方及种族之色彩，使异国异族之人，失其外族并吞之观念"（《后金国汗姓氏考》，载《历史语言研究所集刊》外编第 1 种上册，1933 年版，第 20 页），此说固然有理，但未顾及中国社会发展的内在必然性。

时中断了唐宋变革的进程，使得自宋以来的近世化趋势发生了逆转。[①] 这类观点并非凭空臆想，而是有一定的史料依据。不过，很少有学者注意到历史书写本身的缺陷。现有关于元朝的史料，绝大部分都是由汉族文人书写的。历史上汉族文人本身的观念，加之元朝将汉人、南人在民族分等中置于较低的地位，同时又将儒士地位边缘化，这些因素导致元朝以来的汉族文人不可避免地对元朝抱有程度不同的偏见，典型的如王夫之，他认为元亡宋，是"举黄帝、尧、舜以来道法相传之天下而亡之也"[②]。这些偏见又不可避免地导致汉族文人在历史书写中扭曲元朝的历史实际，如常说的"贫极江南，富称塞北"[③]，就与历史实际有非常大的出入。

事实上，在元朝统一南宋之前，包括原西夏、金国地区的中央汗国已经走在了近世化的道路上。1260 年，忽必烈继承汗位后，效仿金国，大力推动君主集权和官僚制建设，从中央的中书省、枢密院、御史台，到地方的行省、路、州、县，都与金制大同小异。在改革制度的过程中，忽必烈也在逐步削弱贵族的特权，"取消官员的世袭制而代之以迁转之法"[④]。在制度建设的同时，忽必烈也非常重视经济领域内的深度统一，尤其是用货币来整合国内经济。即位后不久，忽必烈就开始发行全国统一的纸币（交钞）。同样，在思想文化领域，为了国家的深度统一，忽必烈在多民族的多元文化中最终选择了儒家文化作为主流的意识形态，"能行中国之道，则中国之主也"[⑤]，"帝中国，当行中国事"[⑥]。经过 10 余年的建设，1271 年，

---

① 周良霄：《元代史》序言，上海：上海人民出版社，1993 年，第 5 页；李治安：《元和明前期南北差异的博弈与整合发展》，载《历史研究》2011 年第 5 期，第 59～77 页。

② （清）王夫之：《宋论》卷 15《度宗》。

③ （明）叶子奇等编：《草木子》卷 3 上《克谨编》。

④ 陈高华、史卫民：《中国政治制度通史》（元代卷），北京：人民出版社，1996 年版，第 6 页。不过，元朝对贵族制的打击并不彻底，尤其是在其发祥地，传统贵族制始终占有重要地位。

⑤ （元）郝经：《郝文忠公陵川文集》卷 37《与宋国两淮制置使书》。

⑥ （明）宋濂、（明）王祎：《元史》卷 160《徐世隆传》。

忽必烈正式将大蒙古国(中央汗国)改组成为中国式的元朝。改组后的元朝与南宋社会已无本质性的差异,一旦以武力实现空间上的统一,整个中国社会的深度统一就自然形成了。

正因为10—13世纪辽、宋、夏、金社会不约而同地走向深度统一,具备了相似的近世元素,当元朝统一夏、金、宋后,三大板块很自然地合成一个统一体,并且是一个再也不会分裂的统一体。

对于所谓元朝相对于南宋的退化,很大程度上是元朝以来历史书写扭曲记载的反映,是哈哈镜式的景象,并非真实的历史本身。除了汉族和儒生的政治地位受到严重影响外,元朝中国的社会、经济、文化并没有受到太多的冲击,依然在沿着西夏、金、宋时的道路向前发展。就南宋地域的演变来说,社会变革,元朝非但没有倒退,反而进一步走向完善和定型,即"酝酿于北宋,开始于南宋,完成于元代"①;经济变革,元朝重农而不抑商,经济自由度比南宋有过之而无不及,货币经济、商品经济的水平都要高于南宋,货币市场空前统一②,商品经济空前繁荣③,开始出现全国性的商帮④,经济总体水平也有较大幅度提升,"江浙财赋,居天下十七"⑤;思想文化变革,无论是广度还是深度,南宋的理学在元朝都得到了进一步拓展,广度上扩张到整个中国,深度上渗透至基层社会,从而奠定了理学在元明清时期中国主体思想的地位。

---

① 王瑞来:《从近世走向近代——宋元变革论述要》,载《史学集刊》2015年第4期,第83页。

② 元朝是中国古代第一个在整个中国统一发行纸币的王朝,参见(清)魏源:《元史新编》卷87《钞法》。

③ 李干:《元代的商品经济》,载《中南民族学院学报(哲学社会科学版)》1985年第2期,第66页。

④ 存理:《元代回回商人的活动及其特点》,载《宁夏社会科学》1998年第1期,第17~23页。

⑤ (明)宋濂、(明)王祎:《元史》卷183《苏天爵传》。

第十四章　走向近世
——宋朝政治体制的进化

在中国古代的各个统一王朝中，秦、汉、隋、唐、元、明、清各朝皆曾取得强大的武功成就。秦统一六国，汉千里追击匈奴，隋朝结束了近400年的南北分裂局面，唐朝大败突厥，蒙古骑兵横扫13世纪的欧亚大陆，明朝在建国之初就打败强大的蒙古军队，清以13副铁甲起兵而得天下。宋朝虽在太祖时有结束五代乱世的功绩，但宋太宗随即在与辽战争中惨败。北宋最为强盛时，亦只能与辽签订盟约，对西夏也无可奈何。宋朝经历了两次惨烈的亡国之祸，北宋为金国所覆灭，南宋又亡于元朝的铁蹄之下。后世史家多认为宋朝实行崇文抑武，虽有文治，但失于宽柔，以致"积贫积弱"，缺少盛世气象，因此宋朝难以得到传统史家的认可。

自19世纪末，中国在与西方力量的竞争中一败涂地，古老的农业社会在工业社会前面毫无竞争力，中国的有识之士将明治维新后开始强盛的日本作为学习对象，以日本为比对开始了中国传统政治制度的检讨。中日学者开始用欧洲历史的框架来比对中国的历史，认为中国在唐宋之际已经发展到类似西方近代的历史水平，但宋朝以后，元、明、清时期却陷入近500年的大停滞之中，最终使中国全面落后于西方。

晚清时期，以康有为为首的先进知识分子开始重新评价中国历史，对宋朝的历史地位转为肯定："宋之官制，凡有五善：一曰中央集权；二曰分司详细；三曰以差易官；四曰供俸归总；五曰州郡地小。凡此五者，皆中国历朝所未有。"后来学者延续了以近代西方为参照体系的研究方法，认为宋朝多个方面具有了西方自由民主社会的特征，从而促使学者重新认识了宋朝历史。

第一节　分权社会

图 14.1　赵匡胤像

显德六年(959)六月，后周世宗柴荣病死，子宗训即皇帝位，是为恭帝，时年 7 岁。显德七年(960)正月正旦，殿前都点检赵匡胤发动陈桥兵变，赵匡胤黄袍加身，改元建隆，史称宋太祖。

开宝九年(976)十月二十日的夜晚，赵匡胤与其弟赵光义在寝宫酌酒对饮，后屏去侍从。三鼓时分，雪已数寸，远远望去，但遥见烛影之下两人对话

之状，闻者似见太祖以柱斧戳雪，并对太宗说："好做，好做!"之后见太祖脱衣入睡，又闻鼾声如雷。而五鼓时，50 岁的宋太祖已经去世。[①] 太祖的突然去世，当然成为当时最大新闻，朝野之间，议论纷纷。在各种猜测中，赵光义继位，是为宋太宗。

宋朝开国两代皇帝，其政权的合法性都受到了广泛质疑。赵匡胤是在"主少国疑"的特别时刻，重演了五代"兵骄则逐将，帅强则叛上"的政治循环。赵光义则违反了传统嫡长子皇位继承制度，尽管宣扬说有"金匮之盟"

---

① （北宋）文莹：《湘山野录续录》。

事先存在，有兄终弟及的禅让约定，但这种做法在当时就受到广泛的怀疑，因此给后世留下了"斧声烛影"之谜。

宋太祖用 13 年时间，吞并荆湘，攻占后蜀，消灭南汉，攻克南唐，基本上结束了五代十国分裂割据的局面，使汉族聚居区再次实现基本统一。这种历史功绩，已经消灭了时人对宋太祖政权合法性的质疑。

宋太宗继位后却未能充分解决政权合法性的问题。宋太宗消灭北汉政权后，979 年，在高梁河（今北京西直门外）战役中，惨败于辽军，宋太宗中箭，退至涿州，"窃乘驴车遁去"①。986 年，在岐沟关（今河北涞水东）之战中，又为辽军击败，宋军伤亡惨重。宋太宗从此心灰意冷，放弃收复燕云地区的壮志，对外政策由进攻变为消极防御。宋太宗因为缺少显赫战绩，所以采取全面延续太祖施政方针，以其政治路线的继承人自居来解决政权继承的合法性问题。

在建国之初这种历史局势的影响下，宋朝两代皇帝的治国之策具有相当高的连续性。宋太祖吸取了五代时期"方镇太重，君弱臣强"的教训，制订了"稍夺其权，制其钱谷，收其精兵"②的政策。宋太宗则完全继承了这一政策的衣钵，"先皇帝创业垂二十年，事为之防，曲为之制，纪律已定，物有其常，谨当遵承，不敢逾越。"③经过太祖与太宗两代皇帝的努力，"事为之防，曲为之制"成为宋朝的祖宗家法，并为后代统治者虔诚奉行，因而塑造了宋朝行政体制的独特风貌。宋朝建立起新的行政结构，其总体特点是皇帝集权而臣下分权，宋朝皇权的集中超过前代，同时又形成了中国古代历史中少见的多维分权体制。

宋朝在军队建设中，实行"尊京师而抑郡县"的"强干弱枝之术"。④ 宋

---

① （元）脱脱：《辽史》卷 9《景宗纪二》。
② （南宋）李焘：《续资治通鉴长编》卷 2。
③ （南宋）李焘：《续资治通鉴长编》卷 17。
④ （南宋）李焘：《续资治通鉴长编》卷 47。

太祖派遣使臣将各地选拔的骁勇善战的士兵都选送到京城补入禁军，又选强壮的士卒为"兵样"，送至各地，招募符合条件的人训练后送到京城充当禁军。因此禁军成为北宋全国正规作战队伍的总称，各地仅余承担劳役的厢军。在军队布防方面，宋初有禁军20余万，宋太祖把10万余部署在京城，10万余分散到各路驻扎，"京师之兵足以制诸道，则无外乱；合诸道之兵足以当京师，则无内变"。这样"内外相维"，"宿重兵于京师，以消四方不轨之气"。①

宋太祖与宋太宗为避免节度使对一方的政权与财权的掌管，改革了节度使统领"支郡"的弊习。宋太祖平定湖南后，命令这些地方直属京师管辖，"长吏得自奏事"②，直接接受皇帝的命令，从而削减了节度使的权力。宋太宗继位不久，令所有州直隶中央，"天下节镇无复领支郡者矣"③。宋初又由中央派遣文官出任"知州"、"知县"，"列郡各得自达于京师，以京官权知"④。后来，宋太祖仍恐州郡长官专权，规定三年一更换主官，"号曰长吏，实同旅人"，宋朝中央政府紧紧掌握了地方职官的任免权。

宋太祖还规定各路州县收来的租赋，各州县留下少量应付日常开支外，一律由转运使转运京师："诸州度支经费外，凡金帛悉送阙下，无得占留。"⑤

宋初还收回了方镇节度使的司法权。宋太祖时，规定各州死刑案件一律上报朝廷，由刑部复查。宋太祖还恢复县尉的建置，剥夺原来节度使委任镇将的县级司法权力。

宋太祖为防止科举考试中门生故吏结成宗派，诏令禁止新中进士到主考官那里谢恩，因而新进进士不必称主考官为"恩师"、"师门"。宋太宗时又举

---

① （南宋）李焘：《续资治通鉴长编》卷301。
② （南宋）李焘：《续资治通鉴长编》卷18。
③ （南宋）李焘：《续资治通鉴长编》卷18。
④ （南宋）陈亮：《陈亮集》卷1《书疏》。
⑤ （南宋）李攸：《宋朝事实》卷9《职官》。

行殿试，皇帝亲自录取进士，凡经殿试录取的进士则成了"天子门生"。

通过行政权、人事权、财政权、司法权、选任权的收归，宋初两代皇帝把全国各地的"兵也收了，财也收了，赏罚刑政一切收了"①，"收乡长、镇将之权悉归于县，收县之权悉归于州，收州之权悉归于监司，收监司之权悉归于朝廷"，这样"以大系小，丝牵绳连，总合于上"②，宋朝在根本上铲除了唐朝藩镇割据发生的历史条件，把中央集权制强化到空前的程度。

宋朝皇权集中权力体制确立之后，从太祖开始，通过权力分割，增设监察机构，建立起从上到下、从内至外的多维度的分权社会。

宋朝中央机构的分权体制以分化相权为中心，并以新旧机构相互制衡为首要考虑。在宋朝以前，宰相仅在皇帝一人之下，统管军、政、财各权，"事无不统"。宋太祖剥夺了宰相的军政、财政权力，实行三权分立。宰相只有管理民政的权力，军政大权归枢密院掌握，财政大权归三司使掌握。枢密使与宰相地位相当，赵普出任宰相时，宋太祖为了防止他专权，又设参知政事，作为副相，以分宰相的权力。开宝六年（973），参知政事得与宰相于政事堂同议政事，轮班知印，职权、礼遇接近于宰相。

宋朝枢密院则切割了宰相的军事指挥权力，禁军则由殿前都指挥司、侍卫马军都指挥司和侍卫步军都指挥司三部，称为"三衙"，分统禁兵，互不统属，其长官皆都由皇帝任免，都只对皇帝负责。同时，统兵权与调兵权分离。"三衙"虽然分别统率着禁军，但无调兵权和发兵权。调兵权和发兵权在枢密院，而枢密院只有发兵、调兵权，而不直接掌握军队。枢密院要发一兵一卒都要通过皇帝下旨，没有皇帝的命令，任何部门、将帅都无法调动军队。宋人对此倍加赞赏："天下之兵本于枢密，有发兵之权而无握兵之重；京师之兵总于三帅，有握兵之重而无发兵之权，上下相维，不得

---

① （南宋）黎清德编：《朱子语类》卷128《法制》。
② （北宋）苏洵：《嘉祐集》卷1《几策》。

专制。"①"兵典以枢密，宰相可知之而不可总之；三帅（即三衙）可总之而不可发之；发兵之权归枢密。"②至宋夏战争爆发后，宰相才与枢密使共商军事。北宋还特设走马承受一职，"虽名承受其实监军也"，皇帝也可以直接指挥前线战争，"每当用兵……手札处画，号令诸将，丁宁详密，授以成算。虽千里外，上自节制"③。此外，还制定更戍法，实行兵将分离制度。将屯驻在京城的禁军轮番派到各地戍守，或移屯就粮，定期更换。名义上使士兵们"习山川劳苦，远妻孥怀土之恋"④，实际上是借士兵的经常换防，造成兵不识将，将不识兵，兵无常帅，帅无常师，以消除对皇权的威胁。

宋朝初年承唐宋五代之制，设置盐铁、度支、户部三司，置三司使，掌管国家财政，以分割此前宰相所统辖的财权。盐铁掌坑冶、商税、茶、盐等项收入等，度支掌各种财政开支，户部掌户口、两税、上供、榷酒等。三司号称计省，三司使位亚执政，号称计相。三司根据理财的具体内容，又分设二十余案，分属于三部，宋初是二十四案，宋真宗大中祥符七年（1014）以后为二十一案：兵、刑、胄、铁、商税、茶、颗盐末盐、设案归盐铁部；赏给、钱帛、发运、斛斗、百官、粮科、常平、骑案归度支部；两税、曲案、上供、修造、衣粮归户部。二十一案之外，三司还有一套直属机构，即诸子司。由勾院、都磨勘司、主辖支收司、拘收司、理欠司、凭由司、开拆司、发放司、勾凿司、催驱司、受事司、马步军专勾司、河渠司、衙司等构成，分别主管审记、会计等财政事务以及水利工程等建设事务。宋朝三司的职能十分广泛，达到理财事务无所不统的程度。元丰改制后，户部恢复理财职能，宰相才相应地拥有了部分财政权。

为了控制官员的考课与升迁，宋太宗设磨勘院，后分为审官院和考课

---

① （北宋）范祖禹：《范太史集》卷 26《论曹诵札子》。
② （南宋）罗璧：《识遗》卷 1《有国二权》。
③ （南宋）李焘：《续资治通鉴长编》卷 353。
④ （北宋）沈括：《梦溪笔谈》卷 25《杂志二》。

院，把原属中书省的考课、任免的权力分割出来，又进一步削弱了宰相的权力。宋太宗还将原属枢密院负责内外奏章收受和颁发的通进、银台二司，合并为通进银台司，直接对皇帝负责。

宋太宗为防止法吏舞文，"置审刑院于禁中"分割原来大理寺和刑部的审判复核权力，"凡具狱案牍，先经大理断谳，既定，关报审刑"[1]。宋真宗又设置纠察在京刑狱司，其职能是："在京应有刑禁之处，并得纠举"[2]，大理寺、开封府鞫审罪人则需"例报纠察司"。赦宥之际，还会新设机构："祖宗时，虽有刑部、大理与审刑院，然每至赦宥，必别置详定罪犯一司，以侍从馆阁领之，刑部、大理、审刑皆无预焉。"[3]

在官员任用方面，则实行官、职、差遣三者分离的制度。宋朝建立之初，后周诸多官僚绝大多数继续留用，宋太祖则另外差遣官员行使实际权力，在其职务之前加上"判"、"知"、"权"、"提举"、"提点"等，以示真正行政权的归属。因此逐步形成了官与职、名与实，官、职、差遣分离的制度。"官"只表明一个官员的品级，依此领取俸禄，并无实权；"职"也只是文官一种荣誉头衔。只有"差遣"，才握有实权。这种特殊的官制，使宋太祖与宋太宗建立起忠于宋朝的官僚队伍。

宋朝中央实行军政、民政和财政三权分立，地方层面也贯彻分权原则。宋朝路级机构有转运使，负责督办漕运、赋税、和买、坑冶、铸钱、茶盐酒矾的征榷及向中央运送，全称某路诸州水陆计度转运使，又称"漕司"。又设有提点刑狱司，"掌察所部之狱讼，而平其曲直，所至审问囚徒，详覆案牍，凡禁系淹延而不决，盗窃通审而不获，皆劾以闻，及举刺官吏之事"[4]，又称为"宪司"。路级又有提举常平官，掌管一路常平、义仓等事

---

[1]　（清）徐松辑：《宋会要辑稿·职官一五》。

[2]　《宋大诏令集》卷161《政事十四》。

[3]　（南宋）汪应辰：《文定集》卷16《答张侍郎书》。

[4]　（元）脱脱：《宋史》卷167《职官七》。

务，称为"仓司"。还设有安抚使，掌一路兵工民事，领军旅禁令，赏罚肃清，称为"帅司"。这样宋朝每一路共有 4 个监司官，都是中央派到地方来监临指挥地方的，称为"监司"。

宋朝州级机构中，实行知州与通判的双头主官制。自秦汉州县制形成以来，州级长官都是仅设主官一人。宋朝在州级则普遍设置通判一职，全称是"通判某州军州事"，也称州判。宋朝通判设立之目的，就是作为皇帝的耳目来监督知州，所以通判也往往被称为"监州"："今之通判，古之监郡，郡政之治，助而成之……其辑兵、绥民、御侮、致饷，判与守牧相为表里。"①通判最初的政治地位是与知州同为长官，宋人称通判为"同判"、"同知州"，即与知州同掌一郡之政："诸州置通判，统治军、州之政，事得专达，与长吏均礼。"②宋朝州级设立通判一职，首先的目的是控制地方财政，其次是方便监察地方官吏，所以通判既承担突出的监察职能，亦承担重要的行政职能。

宋朝州级司法中，形成了"鞫谳分司"制度。宋太祖时，改各州马步院为司寇院，不再派用武臣，而是选派新及第进士及与选人资序相当的文臣出任司寇参军。宋太宗时，改司寇参军为司理参军，其职能"专鞫狱事"，"专于推鞫研核情实"③，称为"鞫司"，而不兼他职。宋朝的司法参军职权范围比唐朝要小。唐制司法参军事"掌鞫狱丽法、督盗贼、知赃贿没入"，宋制司理参军掌握州级鞫狱权，司法参军只掌"议法断刑"④，称为"谳司"，在案件审理后检出适应的法律条文，以供判决时参照运用。宋朝鞫谳分司制度将司法审判过程分为事实审与法律审两部分。中国古代司法皆是不区分审与判的权力界限，因此宋朝的鞫谳分司制度是宋朝独具时代特色的一

---

① （南宋）李攸：《宋朝事实》卷 9《官职》。
② （元）脱脱：《宋史》卷 166《职官志六》。
③ 《宋大诏令集》卷 160《政事十三》。
④ （元）马端临：《文献通考》卷 63《职官考一七》。

代之法制。

宋朝在县一级则建立起"知县"制度。宋建国之初，首先撤换了首都开封、陪都河南的 4 个附郭县开封、浚仪、河南、洛阳县的县令。宋太祖开始任命京官为一县执政，由此形成知县制度。因知县属差遣系列，凡户口多、土地广、地理位置重要的繁要剧县，多由京朝官出任长官，全称为知某县事。在人口较少或边远小县，行政长官由品阶低于京朝官的选人担任，仍称县令。知县制度体现了宋朝皇帝对县级行政的重视，有利于皇权直接控制基层行政。

宋朝建立起层层叠叠的分权机构，充满了权力分立与制衡的精神，宋人评价本朝行政体制："惟本朝之法，上下相维，轻重相制，如身之使臂，臂之使指。"①而这一政治体系的总操纵者则是皇帝一人，因此可以说宋朝是中国古代皇权走向高度集权的重要阶段。

第二节 官僚社会

宋太祖实行重文轻武政策，在中国古代史中建立起典型的文官政治。赵匡胤宣称"宰相须用读书人"，任命文官治理地方，"五代方镇残虐，民受其祸。朕令选儒臣干事者百余，分治大藩，纵皆贪浊，亦未及武臣一人也"。② 宋太宗完全继承了宋太祖的衣钵，"自太宗崇奖儒学，骤擢高科，至辅弼者多矣"③。宋太宗还增加科举考试录取名额，每科录取人数由太祖时的数十人猛增至数百人，甚至上千人，用这些进士出任地方官。"我朝(宋朝)以儒立国，故命宰相读书，用儒臣典狱，以文臣知州，卒成一代文

---

① （北宋）范祖禹：《范太史集》卷 22《转对条上四事状》。
② （南宋）李焘：《续资治通鉴长编》卷 7、卷 13。
③ （北宋）欧阳修：《归田录》卷 1。

明之治。"①北宋中叶以后，文官士大夫就充斥政坛，所谓"今世用人，大率以文词进。大臣，文士也；近侍之臣，文士也；钱谷之司，文士也；边防大帅，文士也；天下转运使，文士也；知州郡，文士也。虽有武臣，盖仅有也。故于文士，观其所长，随其材而任之，使其所能，则不能者止"②。故宋人诗云："满朝朱紫贵，尽是读书人。"③

宋朝的文官政治体制中，大体突出胥吏、言路与法治三方面因素作为其运行的重要辅助。

宋朝中央与地方都设置多种名目的胥吏来承担广泛的职能，因为这种吏职又多属职役性质，官府可以不付报酬而向民间摊派，而每级政府都有要求民间差充胥吏的权力，因此宋朝胥吏的数量相当庞大。北宋仁宗时，河东路的下属"每县曹司、弓手、手力、解子之类，各近百人"④。宋真宗咸平时，"减省天下冗吏"，"三司总括诸路，计省十九万五千八百二人"⑤。宋英宗"治平之前，天下户口一千二百七十余万，而旧法役人五十三万六千余人"⑥。宋神宗"元丰之后，户口一千八百三十五万九千有奇"，"而新定役人止于四十二万九千余人"⑦。南宋时，额外置吏往往数倍甚至十倍于定额，两浙东路"一路人吏共四千二百六十一人"⑧。"今州县吏额虽减，而私名往往十倍于正数。"⑨宋朝胥吏数量庞大，已经形成一个新社会阶层。据王曾瑜先生估计，当时吏部四选官员若以三万四千计，则吏户数约四十八官户数的十多倍。宋朝胥吏集团开始以一个相对独立的社会政治群体出现

---

① （南宋）吕中：《大事记讲义》卷 3《太祖皇帝》。
② （北宋）蔡襄：《蔡襄集》卷 22《任材》。
③ （南宋）张端义：《贵耳集》卷下。
④ （北宋）欧阳修：《欧阳文忠公集》卷 115。
⑤ （南宋）李焘：《续资治通鉴长编》卷 49。
⑥ （南宋）李焘：《续资治通鉴长编》卷 442。
⑦ （南宋）李焘：《续资治通鉴长编》卷 442。
⑧ （清）徐松辑：《宋会要辑稿·职官四八》。
⑨ （清）徐松辑：《宋会要辑稿·职官四八》。

于历史舞台之上。胥吏成为新的政治阶层，其与文官政治相结合，使宋朝形成了中国古代最典型的官僚统治体制。

宋朝形成"皇帝与士大夫共天下"的政治格局后，每种政策制订时都有各种争论，皇帝因此希望通过言路舆论来控制政治运行，期望以此"分别邪正，规助风化"。因此宋朝"且要异论相搅，即各不敢为非"①亦是祖宗家法的重要组成部分。宋人评价本朝政治运行的模式为："人主苞权，大臣审权，争臣议权。"②

宋朝皇帝为了控制政治舆论，加强台谏的地位是这一方面的突出做法，"以天下之责任大臣，以天下之平委台谏，以天下之论付士夫，则人主之权重矣"③。宋朝御史台是专职监察机构，宋真宗时又设立谏院，凡是朝政的失误，百官的失职等，都可上奏："谏官职在拾遗补阙，凡朝政阙失，悉许论奏。"④由于台官与谏官的职责无明显差别，出现台谏合流的现象："伏以设官之方，虽台官主于纠劾，谏官主于锣纳，大率皆是以言为职"⑤，"以激浊扬清为职"。宋制规定谏官不准由宰相任用，台官谏官都由皇帝亲擢："祖宗法制，台谏官须自宸选，今不可坏驰祖宗法度。台谏自大臣除，则大臣过失无敢言者。"⑥本来谏官之设，用意在纠绳天子，对皇帝才称谏，并不是用来纠绳宰相，宋朝谏官脱离宰相而独立，可以任意弹劾执政大臣，而不一定要有实据，"许风闻言事者，不问其言所从来，又不责言之必实"⑦，"凡台官言事许风闻者，谓耳目不及之事即许风闻"⑧。即使奏弹失

---

① （南宋）李焘：《续资治通鉴长编》卷 213。
② （元）脱脱：《宋史》卷 390《林栗传》。
③ （南宋）林駉：《古今源流至论·别集》卷 2《君权》。
④ （清）徐松辑：《宋会要辑稿·职官一七》。
⑤ （南宋）李焘：《续资治通鉴长编》卷 502。
⑥ （南宋）罗从彦：《豫章文集》卷 5《集录》。
⑦ （南宋）李焘：《续资治通鉴长编》卷 210。
⑧ （南宋）李焘：《续资治通鉴长编》卷 148。

实也不会承担责任,"若诘其所从来,则自今人人相戒,无敢复言"①,"御史以言为职,非有所闻则无以言。今乃究其所自来,则人将惩之,而台谏不复有闻矣,恐失开言路之意"②。台谏官"有闻即言,或独争,或列奏"③,宋朝台谏势力大盛,并形成与宰相对立之形势,"天下事非辅相大臣不得行,非谏官御史不得言"④,"行之者宰相,言之者台谏"⑤,"国事成败在宰相,人才消长在台谏"⑥。宋人对本朝台谏抗衡行政的体制评价很高:"恭惟祖宗以来,尤以台谏为重,虽所言者未必尽善,所用者未必皆贤,然而借以弹击之权,养其敢言之气者,乃所以制奸邪之谋于未萌,防政令之失于未兆也。"⑦

对法令的重视,成为宋朝皇帝与士大夫共治天下之选择,宋人评论:"本朝治天下,尚法令议论。"⑧

宋太祖认为五代时地方司法乱在武人司法,"州郡掌狱吏不明习律令,守牧多武人,率恣意用法"⑨,因此在确立文官统治之后,重点提出要重视法令在国家治理中的作用,"王者禁人为非,莫先于法令"⑩。宋太宗要求臣下学习法律之书,"法律之书,甚资政理,人臣若不知法,举动是过,苟能读之,益人知识"⑪。宋仁宗也说:"自古帝王理天下,未有不以法制为首务。法制立,然后万事有经而治道可必。"⑫宋神宗则说:"法出于道,人

---

① (南宋)李焘:《续资治通鉴长编》卷 343。
② (南宋)李焘:《续资治通鉴长编》卷 335。
③ (元)脱脱:《宋史》卷 302《范师道传》。
④ (南宋)杨时:《龟山集》卷 34《志铭五》。
⑤ (南宋)杜范:《清献集》。
⑥ (元)脱脱:《宋史》卷 411《欧阳守道传》。
⑦ (南宋)李焘:《续资治通鉴长编》卷 408。
⑧ (南宋)张端义:《贵耳集》卷下。
⑨ (南宋)李焘:《续资治通鉴长编》卷 2。
⑩ 《宋大诏令集》卷 200《政事五三》。
⑪ (南宋)李攸:《宋朝事实》卷 16《兵刑》。
⑫ (清)徐松辑:《宋会要辑稿·帝系四》。

能体道，则立法足以尽事。"①"自是天下皆争诵律令，于是不为无益。"②宋孝宗认为："究心庶狱，每岁临轩虑囚，率先数日令有司进款案披阅，然后决遣。法司更定律令，必亲为订正之。"③宋朝皇帝对法令作用的重视态度，在中国历史中是非常突出的。

终宋一代，统治者还十分重视提高司法官吏的法律教育，"士初试官，皆习律令"④。雍熙三年(986)九月十八日，宋太宗下诏："夫刑法者，理国之准绳，御世之衔了勒⋯⋯食禄居中官之士，皆亲民决狱之人⋯⋯应朝臣、京官及幕职，州县官等到，今后并须习读法令⋯⋯秩满至京，当令于法书内试问。"⑤

宋朝士大夫普遍重视学法，通法晓律、诤言法令成为一种时尚。王禹偁说："予自幼服儒教，昧经术，尝不喜法家者流，少恩而深刻。泊擢第入官，决断民讼，又会诏下，为吏者皆明法令，用是为殿最，乃留意焉。"⑥富弼说："自古帝王理天下，未有不以法制为首务。法制立，然后万事有经，而治道必。"⑦苏辙记载当时"天下争诵律令"。神宗时彭汝砺说："异时士人未尝知法律也，及陛下以法令进之，而无不言法令。"⑧王安石亦讲："盖君子之为政，立善法于天下，则天下治，立善法于一国，则一国治，如其不能立法，而欲人人悦之，则日益不足矣。"⑨司马光也认为："王者所以治天下，惟在法令"⑩，并主张用"严刑峻法以除盗贼"。欧阳修指出："自

① （南宋）李焘：《续资治通鉴长编》卷 334。
② （南宋）李焘：《续资治通鉴长编》卷 143。
③ （元）脱脱：《宋史》卷 200《刑法志》。
④ （元）脱脱：《宋史》卷 199《刑法志》。
⑤ 《宋大诏令集》卷 200《政事五三》。
⑥ （北宋）王禹偁：《小畜集》卷 15。
⑦ （南宋）李焘：《续资治通鉴长编》卷 143。
⑧ （明）黄淮、（明）杨士奇编：《历代名臣奏议》卷 116《风俗》。
⑨ （北宋）王安石：《王临川集》卷 64《论议》。
⑩ （南宋）李焘：《续资治通鉴长编》卷 359。

古乱亡之国，必先坏其法制，而后乱从之，此势之然也，五代之际是已。"①

宋室南渡，士大夫们心怀天下。"本朝以儒道治天下，以格律守天下，而天下之人，知经义之为常程，科举为之正路，法不得自议其私，人不得自用其智，而二百年之太平，由此而出也。"②叶适说："天下以法为治久矣"，"人主之所恃者法也，故不任己而任法，以法御天下"。③杨万里也说："法存则国安，法亡则国危。"④这些说法深刻阐明了以法治国对宋朝统治稳定的重要作用。

宋朝自皇帝至大臣对法律的重视，促使宋朝建立起相当完备的法律体系。宋太祖完成了宋朝第一部系统的成文法典《宋刑统》，自太宗后，开始运用敕令补充律之未备。为使朝廷临时发布的各类散敕具有普遍法律效力，自太宗淳化时开始将积年的散敕分门别类加以整理，删去重复，谓之编敕。宋朝既有通行全国的综合性编敕，亦有中央省院寺监和部曹司务的部门编敕，又有一路一州一县的地方编敕。从编敕的数量来看，在两宋 300 年间，仅编修敕令格式及条贯、条约、条法和编例等，多达 240 多种。宋朝法典规模也相当庞大，宋仁宗《嘉祐编敕》仅 30 卷，而宋徽宗时修订的《政和敕令格式》多达 903 卷，南宋《绍兴重修敕令格式》也达 760 卷。所以苏洵说："今之法，纤悉妄备，不执于一，左右前后，四顾而不可逃。是以轻重其罪，出入其情，皆可以求之法。"⑤王安石指出："今朝廷法严令具，无所不有。"⑥还有臣僚认为："吾祖宗之治天下也，事无大小，一听于法"⑦，以至

---

① （北宋）欧阳修：《新五代史》卷 46《杂传》。
② （明）黄淮、（明）杨士奇编：《历代名臣奏议》卷 92《经国》。
③ （明）黄淮、（明）杨士奇编：《历代名臣奏议》卷 54《治道》。
④ （南宋）杨万里：《杨万里集笺校》卷 62《上秦皇乞留张栻黜韩玉书》。
⑤ （北宋）苏洵：《嘉祐集》卷 5《衡论》。
⑥ （北宋）王安石：《王临川集》。
⑦ （明）黄淮、（明）杨士奇编：《历代名臣奏议》卷 55《治道》。

于达到了"细者愈细，密者愈密，摇手举足，辄有法禁"①的程度。叶适在谈及孝宗淳熙新法时说："今内外上下，一事之小，一罪之微，皆先有法以待之。"②

宋朝皇帝与士大夫相结合的政治结构，在治理社会的过程中，由于对祖宗之法和法律规则的重视，避免了诸多引起政治动乱的因素，没有出现暴君，没有地方割据，没有大规模的农民起义，没有后宫外戚之祸，宋人评价："本朝祖宗立天下之士，非前代可比。内无大臣跋扈，外无藩镇强横，亦无大盗贼，独夷狄为可虑。"③宋朝这种稳定的统治局面，是有利于当时社会经济发展的。

第三节　平民社会

宋朝各个阶层的社会经济生活中，呈现了相当程度的流动性与平等性特征。

土地是农业社会最重要的生产要素，但宋朝官方控制的国有土地数量十分有限，因此不能参照唐朝实行均田制，只能默认前朝形成的民间产权关系。地主"公然号为田主矣"④，因此宋政府对土地买卖采取不干涉政策，史称"不抑兼并"，"不立田制"，因而土地所有权的流动相当剧烈，"千年田换八百主"，"贫富无定势，田宅无定主，有钱则买，无钱则卖"。宋朝官府不干预民间田地典卖，只要买卖双方同意，依法经官过割赋役，投税印押，即承认为合法交易。

宋朝继承唐中期以来的两税制，实行"夏税秋苗"税赋体制，夏季多征

---

① （南宋）叶适：《叶适集》卷 3《奏议》。

② （南宋）叶适：《叶适集》卷 4《奏议》。

③ （北宋）邵伯温：《邵氏闻见录》卷 19。

④ （清）顾炎武：《日知录》卷 10。

收现钱,秋季多征收谷物。征税对象仅限于有田产的农户,无地的客户不直接承担两税。这种轻丁口、重田产的税收政策,使农业生产与经营者共同通过"承税为主"①的形式对封建国家履行臣民义务。

宋朝虽有不同标准的户等划分,但在户口统计时,在法律上承认那些少量或没有拥有土地人口的独立存在。开宝四年(971),宋太祖下诏,通检全国丁口,将主户、牛客、小客一并抄入版籍。其中"客"指"课户","乡野有不占田之民,借人之牛,受人之土,庸而耕者,谓之客户"②。即不拥有土地而租佃生产的农民得以享有独立的民事权利主体资格,"官户……并平民一等科纳"③,从而与有田之家共同成为封建国家的"编户齐民"。④因而宋朝劳动者的法律地位得到了提高。此外,唐朝奴婢实为贱民,"身系于主","律比畜产",但宋人认为人力、女使"本佣雇良民",也是具有人身自由的合法公民。

宋朝农民很大程度上摆脱了对田主的人身依附,民间田地交易时,禁止地主随田典卖佃客,"凡典卖田宅,听其从条离业,不许就租以充客户,虽非就租,亦无得以业人充役使;凡借钱物者,止凭文约交还,不许抑勒以为地客;凡为客户身故,而其妻原改嫁者……听其自,庶使深山穷谷之民,得安生理,不至为强有力者之所侵欺"⑤。佃农在完成租税义务后,再生产时可以"徙乡易主",即有离主换佃的人身自由权,"一失抚存,明年必去而之他"⑥。宋仁宗天圣五年(1027),诏江淮、两浙、荆湖、福建、广南州军取消"旧条"对客户起移的限制,"自今后客户起移,更不取主人凭由,须每田收田毕日,商量去住,各取稳便,即不得非时衷私起移。如是主人

---

① (清)徐松辑:《宋会要辑稿·食货五八》。
② (北宋)石介:《徂徕石先生文集》卷8《录微者言》。
③ (南宋)李心传:《建炎以来系年要录》卷173。
④ (南宋)江少虞:《宋朝事实类苑》卷15《顾问奏对》。
⑤ (清)徐松辑:《宋会要辑稿·食货六九》。
⑥ (南宋)李焘:《续资治通鉴长编》卷397。

非理拦占，许经县论详"①。

佃农在积累财富之后，通过购买田地，有向地主转化的可能，"或丁口蕃多，衣食有余，能稍买田宅三五亩，出立户名，便欲脱离主户而去"②。因此，宋人评价这种租佃关系"非存上下之势"，"虽天子之贵，而保民如保赤子，况主户之于客户，皆齐民乎"③，表明佃户彻底摆脱了唐代地主私属的历史地位，实现了民事权利的相对平等化。宋朝雇农在秋收后还会进入城市寻找佣工机会，"秋成之时，百逋丛身，解偿之余，储积无几，往往负贩佣工以谋朝夕之赢者，比比皆是也"④。

宋朝奴婢也很大程度上摆脱了对雇佣之家的人身依附。北宋时规定雇主之家对奴婢不能长久雇佣不放，"自今人家佣赁，当明设要契及五年"⑤，南宋时规定，"雇人为婢，限止十年，其限内转雇者，年限价钱各应通计"⑥。宋朝雇主亦没有权力私自处罚奴婢，宋真宗时规定："有盗主财者，五贯以上杖背、黥面、配牢城，十贯以上奏裁，而勿得私黥之。"宋哲宗时规定："佃客犯主，加凡人一等；主犯之，杖以下勿论，徒以上减凡人一等……因殴致死者，不刺面，配邻州。"⑦

宋朝手工业劳动者的法律地位也有相当程度的提高，即使在官营手工业生产中，雇募制已相当普遍，尤其是专业技术性很强的生产部门，则完全采取了雇募工匠的方式。虽然在雇募中有"差雇"与"和雇"之分，但在"差雇"中已无"贱民"之名，也没有无偿征调者。在"和雇"中，官府为雇到有专门技艺的"手高人匠"，"支给钱米反胜于民间雇佳工钱"⑧，对个别技艺高

---

① （清）徐松辑：《宋会要辑稿·食货二四》。
② （南宋）胡宏：《五峰集》卷2《与刘信叔书》。
③ （南宋）胡宏：《五峰集》卷2《与刘信叔书》。
④ （南宋）王柏：《鲁斋集》卷7《社仓利害书》。
⑤ （元）马端临：《文献通考》卷11《户口考二》。
⑥ （南宋）罗愿：《鄂州小集》卷5《鄂州到任五事札子》。
⑦ （元）脱脱：《宋史》卷199《刑法志》。
⑧ （南宋）吴自牧：《梦粱录》卷13《团行》。

超的工匠甚至准许补官。宋朝官营手工业生产者的地位确实比差役制下工匠的地位有了很大提高。

宋朝妇女的人身权和财产权的范围亦有明显扩大。在财产继承中，妇女拥有了法定继承权；在夫亡妻在的家庭中，寡妻拥有了户主权；在雇佣契约关系中，女使的人身权受到法律保护。宋朝妇女婚姻自由权也有相当程度的扩展，妇女可以主动提出离婚，丧夫改嫁、离婚再适成为社会常见的现象。

宋朝商人的社会地位大大提高了，士人普遍认为，"行商坐贾，通货殖财，四民之益也"①，商人成为"能为国致财者"，国家四民，各有一业，"同是一等齐民"②。宋朝保护行商的财产，"所在不得苛留行旅赍装"，"无得发箧搜索"。③ 商人与政府交易，政府应及时支付。宋朝士大夫也积极经营商业，"起而牟利，贾贩江湖……进则王官，退则为市人"④，"口谈道义，而身为沽贩"⑤。

宋朝社会各阶层间的流动性也有很大提高。宋朝统治者为广泛网罗统治人才，在科举考试中，不仅增加取士名额，而且推行"取士不问家世"⑥的政策，由此为社会各阶层子弟敞开了进入仕途的大门，为寒门子弟、布衣之士参与平等竞争创造了条件。"士庶天隔"的门第等级观念被社会废弃，民众普遍接受"贫不必不富，贱不必不贵"⑦的社会现象。在社会交往中，宋人"所交不限士庶"，"婚姻不问阀阅"而"贵人物相当"⑧，因而完全颠覆了唐朝盛行的门阀世族地主的因袭统治。

---

① （北宋）王禹偁：《东都事略》卷98《邓绾传》。
② （南宋）黄震：《黄氏日钞》卷78《公移》。
③ （元）马端临：《文献通考》卷14《征榷考一》。
④ （南宋）吕祖谦：《宋文鉴》皇朝文鉴卷106。
⑤ （北宋）司马光：《涑水纪闻》卷9。
⑥ 《通志》卷25《氏族序》。
⑦ （北宋）刘跂：《学易集》卷6《马氏园亭记》。
⑧ （南宋）郑樵：《通志》卷25《氏族略第一》；（南宋）袁采：《袁氏世范》卷1。

　　宋朝社会各个职业与阶层的民众能够享有较为平等的经济权利，社会成员间的经济联系更多表现为契约关系。契约作为立约双方权利和义务的证明文书，在宋朝买卖、典当、抵押、借贷、租赁、雇佣、寄托、承揽、订购、赊卖、收养、析产等方面得到广泛使用。

　　宋朝农业生产中的租佃关系，通过契约关系事先确定双方权利与义务，"明立要契，举借粮种、及时种莳，俟收成，依契约分，无致争讼"①。宋朝奴婢与主人之间是雇佣关系，雇契中明确雇期和雇值，受雇期间与主人仍有传统的主仆名分，雇契期满主仆名分即不复存在。在官私手工业中的雇工，亦是以订立契约形式进行的"和雇"，即在双方自愿基础上形成的一种暂时的经济关系，既在受雇期间享有独立的人格，也在契约期满后离主从便。即使是官府"和买"农产品、手工业品，也是建立在双方协商自愿基础之上的。

　　宋朝社会中，以契约为代表的书证在现实生活中的法律效力得到确认。各类契约、遗嘱、定婚帖、证人证言、书铺鉴定、官府图册和账簿成为判断民事争讼中是非曲直的重要证据，"交易有争，官司定夺，止凭契约"②，如果契书不存，难以决断者，"争田之讼，税籍可以为证；分财之讼，丁籍可以为证"③。因此书证在社会经济生活中的深入，又有力地促进了宋朝民事诉讼制度的发展。

　　宋朝随着市场经济的发展，民众私有权观念进一步深化，民间财产争讼大量增多，各个阶层都卷入诉讼之中："骨肉亲知以之而构怨稔畔，公卿大夫以之而败名丧节，劳商远贾以之而捐躯殒命，市井交易以之而逗殴戮辱。"④由于民间争讼的增多，宋朝民众学习法律的热情也高涨起来。如"歙

---

①　（清）徐松辑：《宋会要辑稿·食货一》。
②　（明）张四维辑：《名公书判清明集》卷5《户婚门争业下》。
③　（南宋）郑克：《折狱龟鉴》卷6《王曾》。
④　（清）郭良翰辑：《问奇类林》卷14《廉介》。

州民习律令，家家自为簿书"①，南剑州、建州、虔州等地百姓，"好传律为词，若不可破"②，"江西州县百姓好讼，教儿童之书有如四言杂字之类，皆词诉语"③，广南海丰之民"刚悍嚣讼，五尺之童庭白是非，无端恐"④。在民间学法的热潮中，还出现专业的法律教材："世传江西人好讼，有一书名《邓思贤》，皆讼牒法也。其始则教以侮文；侮文不可得，则欺诬以取之；欺侮不可得，则求其罪以劫之。邓思贤，人名也，人传其术，遂以之名书，村校中往往以授生徒。"⑤南宋时，江西的虔、吉等州，"专有家教习词讼，积久成风"⑥，又有"编户之内，学讼成风；乡校之中，校律为业"⑦。民间还出现了专门教人词讼的机构"业嘴社"："江西人好讼，是以簪笔之讥，往往有开讼学以教人者，如金科之法，出甲乙对答及哗讦之语。盖专门于此，从之者常数百人，此亦可怪。又闻括之松阳有所谓业嘴社者，亦专以辩捷给利口为能，如昔日张槐应，亦社中之玎玎者焉。"⑧因此后世对宋朝社会有"好讼"的评价。

宋朝社会各个阶层都不以言利为耻，认同"利胜于义"，"人趋利而不知义"⑨成为社会风气，在利益纷争中极大损害了宗族人伦关系，"父子兄弟，不相孝友，乡党邻里，不相存恤，其心汲汲惟争财竞利为事，以至身冒刑宪，鞭箠流血而不知止"⑩，"小人为气所使，惟利是趋，所争之田不满一亩，互争之讼不止数年，遂使兄弟之义大有所伤而不顾"⑪，"生虽同胞，

① （北宋）欧阳修：《欧阳文忠公集》外集卷11《尚书职方郎中分司南京欧阳公墓志铭》。
② （南宋）罗愿：《鄂州小集》卷6《王提刑汝舟传》。
③ （清）徐松辑：《宋会要辑稿·刑法三》。
④ （明）姚良弼修，杨载鸣纂：《惠州府志》。
⑤ （北宋）沈括：《梦溪笔谈》卷25《杂志二》。
⑥ （清）徐松辑：《宋会要辑稿·刑法二》。
⑦ 《(正德)袁州府志》卷13《杂文四》。
⑧ （元）周密：《癸辛杂识》。
⑨ （元）脱脱：《宋史》卷428《李侗传》。
⑩ （明）黄宗羲：《宋元学案》卷5《古灵四先生学案》。
⑪ （明）张四维辑：《名公书判清明集》卷6《兄弟争业》。

情同吴越，居虽同室，迹犹路人，以致计分毫之利而弃绝至恩，信妻子之言而结为死怨"①的家内矛盾屡屡出现，甚至"亲兄弟子侄隔屋连墙，至死不相往来；有无子而不肯以犹子为后，有多子而不以于亲兄弟者；有不恤兄弟之贫，养亲必欲如一，宁弃亲而不顾者；有不恤兄弟之贫，葬亲必欲均费，宁留丧而不葬者"②。

对于这种社会乱象，宋朝士大夫不禁感叹："同气之亲，何忍为此？"为了避免出现"有亲在而别籍异财，亲老而供养多阙，亲疾而救疗弗力，亲没而安厝弗时"③的现象，宋朝士大夫呼吁重建宗族关系，力图加强宗族组织的社会力量。范仲淹等人则置义庄，以恢复宗族互相周给之义，为给宗族活动建立经济基础，还建置了族产，"于其里中买负郭常稔之田千亩，号曰义田，以养济群族。族之人，日有食，岁有衣，嫁娶凶葬皆有赡"④。大多宗族仅置办了祭田，用以担负祭祀祖先的经济费用。有些宗族还创置了义宅或义仓，收恤"贫不能自存"者，在灾荒年份贷粮以助族人。这类新型的宗族组织实行族内长者聚众议事制度。宋大中祥符年间，会稽县有裘氏宗族，"族人虽异居，同在一村中，世推一人为长，有事取决，则坐于听事"⑤。《邹氏家乘》规定："凡子孙有为不矩者，许通族人等撼实不矩之事，告于宗长，会其父母，明正其罪。"在这一背景下，具有宗族法规性质的家法族规真正在社会上发展起来，"善为家者，必立为成法，使之有所持循以自保"。宋朝家法族规的约束性内容越发丰富具体，文字也更具有法规的条理性，其内容相当广泛，要求子弟孝亲敬长，睦亲齐家；勤劳节俭，依法完粮纳税；励志勉学，科举入仕；审择交游，近善远佞；宽厚谦恭，谨言慎行；和待乡邻，善视仆隶；救难济贫，洁身自好等。如司马光《居家杂

---

① （元）许衡：《鲁斋遗书》卷1。
② （南宋）袁采：《袁氏世范》卷1《妇女之言寡恩义》。
③ （南宋）真德秀：《真西山先生集》卷7《潭州谕俗文》。
④ （南宋）范成大：《吴郡志》卷14《圆亭》。
⑤ （南宋）王栐：《燕翼诒谋录》卷1。

仪》中规定宗族成员必须重视长幼关系:"有不识尊卑长幼者,则严诃禁之","其有斗争者,主父、主母闻之,即诃禁之。不止,即杖之。理曲者杖多。一止一不止,独杖不止者","其专务欺诈、背公、循私,屡为盗窃、开权犯上者,逐之"。范氏《义庄规矩》规定:"诸房闻有不肖子弟因犯私罪听赎者,罚本名月米一年,再犯者除籍,永不支米。除籍之后,长恶不悛,为宗族乡党善良之害者,诸房具申文正位,当斟酌情况,控告官府,乞与移乡,以为子弟玷辱门户者之戒"。宋朝部分家规中还出现了简单的肉体惩罚。赵州裴氏宗族的规约中"有竹箄亦世相授矣,族长欲挞有罪者,则用之"①。江州陈氏家法最具强制力,其家族内特设刑杖厅,专门处罚违法子弟。随着惩罚权的加大,宗权开始成为中国民间社会中的重要支配力量。

总体而言,宋朝的社会结构与民众生活呈现出了较高的流动性,体现了一定的人身自由,其社会各阶层在法律地位的平等性较前代有相当大的进步,契约在社会经济生活中得到广泛应用。宋朝相当重视商业,一定程度上改变了重农抑商的传统政策。宋朝新的地主建立的宗族组织在其内部呈现了相当的自治性,是后来明清社会绅权形成的最直接的历史传统。从这些因素中来讲,比照西方近代民主自由社会中的市民社会、契约化、阶层流动、文官政治、三权分立制度,这些资本主义社会的重要特征在宋朝确实都有类似萌芽的出现,因而宋朝可以称为中国的近世时代。

---

① (南宋)王栐:《燕翼诒谋录》卷5。

第十五章　王安石变法

王安石变法是北宋乃至整个宋朝最重大的政治事件，对宋朝的政治、经济、文化的发展都有至关重要的影响。

第一节　北宋初年的政治模式与政治危机

北宋立国，沿袭的是五代时期的"武人政治"模式。赵匡胤曾是后周的殿前都虞候，后迁任都点检，"掌军政凡六年，士卒服其恩威，数从世宗征伐，荐立大功，人望固已归之"[①]。他作为周世宗柴荣的亲随，多次跟随柴荣出征，很快掌握了后周的军权，因此才得以在柴荣死后，通过军变而黄袍加身。但立国之后，当年的立国功臣很快也成为他警惕的对象。他首先通过"杯酒释兵权"的手段褫夺了武将的权力，进而在汴梁设置禁军，将各地精兵收归京城禁军管辖，以"更戍法"分离兵将，又以文官为地方州郡长官，知州之外设立通判，使之互相牵制；又设置转运使管理地方财政，规定各州的赋税留其正常开支外，一律送交京师。这一系列措施，使节度使成为虚职，地方官员互相节制，"利归公上而外权削"[②]，中唐以来为患一方的割据情况至宋朝终于得到了终结，一个稳定的中央集权皇朝得以建立和巩固。

削弱武将实力，让官员彼此之间相互制衡，这些政策确实保障了宋朝

---

① （南宋）李焘：《续资治通鉴长编》卷1。
② （南宋）李焘：《续资治通鉴长编》卷6。

君主的权威性。宋人对君权的强化超越前朝，这种强化不仅出自皇帝自身的意愿，亦是士大夫参与建设和维护的结果。宋朝士大夫具有强烈的忧患意识，所谓"先天下之忧而忧，后天下之乐而乐"，成为这一时代的座右铭。而自宋初而设的优待文臣的政策一直延续至南宋灭亡，对文臣的优待以至于"满朝朱紫贵，尽是读书人"。虽然自仁宗朝开始党争之祸即愈演愈烈，诸多士人因直言进谏而被远放他乡，受尽颠沛流离之苦，但整个宋朝因言获罪而致身死的士人并不多见。宽松的政治环境让士大夫在政治活动方面有了更多的发展空间，也促使士大夫对自身"同治天下"的要求越发突出。宋朝的士大夫对"治国"有着更为主动和积极的态度，希望以一种君主和士大夫互相掣肘又互为依赖的模式，限制君权的膨胀和君主的独断。

然而，君主集权制度的强化，以及"重文轻武"的政策倾向，一方面促进了政权的稳定和国家实力的发展，另一方面也造成了一系列严重的社会问题：烦冗的官员设置不仅给财政增加了巨大的压力，还极大地降低了行政效率；军队的膨胀在带来沉重经济负担的同时，却并不有助于国防的建设，死板的作战模式与低效的训练一旦经历实战往往就不堪一击，无论是宋初与辽的征战，还是其后与西夏的对峙，宋军都并无突出表现；宋朝"不抑兼并"的土地管理模式和苛刻的税收制度，也使得城乡民生凋敝，怨声载道。

1038 年，党项人李元昊称帝，国号夏，史称西夏，定都兴庆府（今宁夏银川），本来就岌岌可危的西北边疆至此更是千钧悬于一发。宋朝对李元昊的称帝本来并不重视，但次年三川口一战，李元昊大败宋兵。此后，宋朝又在好水川、定川寨连败；李元昊不断挥师南下，朝野震动。宋夏关系的紧张直接影响到了宋辽的关系，澶渊之盟后一直与宋朝相安无事的契丹也于庆历二年(1042)"聚兵幽蓟，声言南下"①，宋朝增加了 10 万匹两的岁银，此事才算终了。激烈的民族矛盾激化了国内矛盾，士大夫纷纷上书，

---

① （明)薛应旗:《宋元资治通鉴》卷 9《宋纪九》。

要求改革。欧阳修上书仁宗，直指朝政弊端"一乞选捕盗官，二乞定赏罚新法，三乞按察老病贪赃之官"①，尹洙在上书中也指出"因循不革，弊坏日甚"②。宋仁宗在改革呼声的推动下，终于下定决心，"遂欲更天下弊事"③。北宋政权的第一次自上而下的改革就此拉开序幕。

第二节　庆历新政

庆历新政的关键人物是一代名相范仲淹。范仲淹堪称北宋士人的楷模，他富于政治热情，又敢于言事，是北宋"士风"的杰出代表。不同于很多士大夫的"清谈"作风，范仲淹富有实干精神。早年他担任开封知府，大力整顿，清弊除恶，时人多有褒奖，称"朝廷无忧有范君，京师无事有希文"④。范仲淹对北宋的官僚习气极为不满，且颇有言事精神。景祐年间（1034—1038），因为时为宰相的吕夷简行事独断，范仲淹连上四

图 15.1　范仲淹像

奏疏，言辞激烈，吕夷简不甘示弱，也指使谏官，多次以"朋党"之罪名在宋仁宗前污蔑范仲淹。范、吕之争牵扯甚广，范仲淹因此屡遭贬谪，但在士大夫的支持下，他又多次被起复。然而，与吕夷简的矛盾一直没有解决，庆历新政的失败与此也不无关系。

---

① （明）黄淮、（明）杨士奇编：《历代名臣奏议》卷 317《弭盗》。
② （元）脱脱：《宋史》卷 295《尹诛传》。
③ （南宋）李焘：《续资治通鉴长编》卷 140"宋仁宗庆历三年三月癸巳日条"。
④ （北宋）王禹偁：《东都事略》卷 59《范仲淹传》。

庆历三年（1043）九月，宋仁宗以范仲淹为参知政事，新政正式开始。改革主要围绕清吏弊、行法治、强农兵而来。范仲淹在富弼、欧阳修等人的支持下，向宋仁宗上《答手诏条陈十事》奏疏，提出十项改革方案：明黜陟，抑侥幸，精贡举，择官长，均公田，厚农桑，修武备，减徭役，覃恩信，重命令。宋仁宗采纳了这一方案，并诏行全国。这十条措施，有一半是围绕北宋的选官弊政产生，这也是庆历新政的中心环节。北宋虽然以科举取士闻名，但实则选官过程多恩荫而少磨勘，弊端极多。庆历新政实施，范仲淹亲自主选诸路使官，他翻阅班簿，发现不称职的官员便一笔勾去。改革助手富弼不无担忧地说："一笔勾下去就有一家人要为之哭泣啊（一笔焉知一家哭）。"范仲淹回答说："一家哭何如一路哭耶？"①改革之决心，可见一斑。

《答手诏条陈十事》旗帜鲜明地提出整顿冗官任用贤能，陈腐的裙带关系和烦冗的官僚设置是改革所要打击的主要目标和核心内容。这一改革直指北宋初年恩荫士大夫的祖宗家法，所触动的不是少数人的利益，而是整个士大夫阶层的利益，即使改革的支持者，也未必能够幸免。庆历新政所遭受的阻力与制约，多数也正因于此。

庆历四年（1044）四月，毁谤新政的言论就已经逐渐增多，中国历朝统治者最为痛心疾首官员"结党营私"的问题，谏官就以此攻击范仲淹，一再指责他是"朋党"之首。范仲淹提出"小人之党、君子之党"的说法予以反击，与他为同一阵线的欧阳修也作《朋党论》以示态度。此时，宋仁宗还继续对范仲淹的改革予以支持，但是，"朋党"之说对皇帝并非无影响。

这年五月，范仲淹与韩琦上疏仁宗，希望"再议兵屯、修京师外城、密定讨伐之谋"等七事，并奏请扩大相权，希望进一步深化改革成果。但在夏竦等人阻挠下，不仅并未成功，还引发了宋仁宗的诸多猜忌。时西北边事

---

① （明）黄淮、（明）杨士奇编：《历代名臣奏议》卷147《用人》。

再起，范仲淹自请外调，镇守边境，宋仁宗任命他为陕西、河东宣抚使，其后不久，富弼出为河北宣抚使，此后二人陆续被削夺在中央的权力，新法也逐渐停用。至庆历六年（1046），新政的支持者韩琦、欧阳修等人陆续遭贬，范仲淹也被贬往河南邓州，庆历新政彻底失败，范仲淹写下了千古名文《岳阳楼记》。然而，庆历新政虽然失败，但因为范仲淹等人所点燃的士大夫参政议政热情却日益高涨，庆历新政虽只延续了一年，但开北宋改革风起之先。"居庙堂之高则忧其民，处江湖之远则忧其君"，皇祐四年（1052）范仲淹去世，17年之后，经历了"处江湖之远"的王安石，终于迎来"居庙堂之高"的机遇，以其卓越的政治洞察力和高昂的政治热情，掀起了一场轰轰烈烈的变法运动，对整个宋朝的走向都有着重要的影响，这就是史称"熙丰变法"的王安石变法。

第三节 王安石变法的背景与进程

王安石少年时代爱好读书，十几岁就以善作文章而闻名。他的父亲王益曾在多地做地方官，故而王安石不到20岁就随同父亲四处游历，对北宋地方情况的了解远远超过一般的士大夫。22岁中进士之后，他历任鄞县（今浙江宁波鄞州区）知县、舒州（今属安徽安庆）通判、常州（今属江苏）知州、江南东路提点刑狱等。王安石变法的诸多思路，也许在他担任地方官期间就已经开始形成。嘉祐

图15.2 王安石像

三年（1058），王安石任三司度支判官，进入中央权力中枢。他迅速呈《上仁宗皇帝言事书》，指出政治弊端，要求变法。在他看来，宋朝的各项问题，

包括前人多有非议的"冗官"、"冗兵"之风,都在于"治财无其道",而根本在于无人可用。故而他提出要改革人才机制、开拓国家财源,以及强化道德建设等建议。这些主张,与熙丰变法一脉相承。但是,此时距离庆历新政的失败已经 10 余年,晚年的宋仁宗对变法并无太大兴趣,"万言书"没有引起他的重视。5 年以后,宋仁宗去世,即位的宋英宗赵曙也走守旧路线,不愿变法。然而,宋英宗即位四年就因病而逝,即位的是他的长子,年仅 20 岁的宋神宗赵顼。王安石当年所上的"万言书"虽然没有引发仁宗的改革激情,但着实激发了这个年轻人的政治抱负。

治平四年(1067)五月,宋神宗即皇帝位。他以王安石为翰林学士兼经筵侍讲,大力表达对"万言书"的赞赏之情。在这种激励之下,王安石很快又进呈《本朝百年无事札子》,对仁宗朝以来的选人制度、法制体系、农业经济,以及兵防、宗室、对外关系等,都提出了尖锐的批评。他鼓励年轻的宋神宗:"大有为之时,正在今日!"①一力主张迅速推动变法。在他的鼓舞和建议下,熙宁二年(1069),宋神宗以王安石为参知政事,以"制置三司条例司"为变法领导机构,负责制定和推行新法。熙宁三年(1070)年底,王安石升任同中书门下平章事,这是正相之职,负责一切中央事务的推行,变法由此进一步展开。

王安石变法以富国强兵为主旨,主要内容可分为"理财"和"整军"两大类。

理财诸法是市易法、青苗法、免役法(募役法)、均输法、方田均税法、农田水利法等。青苗法是王安石变法的起点,也是最具争议的内容。青苗法规定:在每年二月、五月青黄不接时,由官府给农民发放贷款,收取低额利息,每半年取息二分或三分,随夏秋两税归还。此法的出发点在于增加政府收入的同时,也限制了高利贷对农民的剥削,在一定程度上可以缓和阶级矛盾。募役法也称免役法,宋朝实行全民服役,服役期间没有收入,

---

① (明)黄淮、(明)杨士奇编:《历代名臣奏议》卷 35《治道》。

且时间漫长，不仅增加了人民的负担，也严重破坏了生产。募役法则以钱代役，不愿服劳役的民户可以按照等级缴纳一定钱款，称免役钱，由政府代为雇人服役。此法将农民从劳役中解脱出来，既保证了劳动时间，也增加了政府财政收入。方田均税法是重新丈量全国土地，划分土地等级，核定土地的实际拥有者，并以此作为纳税依据。宋朝"不抑兼并"，土地兼并现象严重，此法虽然不能杜绝，但也核查出了大量隐瞒土地的行为，增加了政府税收。农田水利法则是鼓励垦荒，兴修水利，所需费用既可以由本村人户按照贫富等级集资，也可向州县政府贷款，熙丰以来，地方考核亦以兴修水利和垦荒数量作为官员政绩考核标准，推动了宋朝农业的发展。

此四法均为"富国"之举，也是最早施行的举措。此外的"富国之法"还有市易法和均输法。市易法是在都城汴京（今开封）设置市易务，由政府出资收购滞销货物，市场短缺时再卖出，是限制通货膨胀、稳定市场之法。均输法则是各路设立发运使，各地缴纳的赋税不再统一收归中央，而是按照"徙贵就贱，用近易远"的原则，就近收购和运输。此法在统筹安排基础上，降低了周转费用，减轻了民众的额外负担，也在一定程度上限制了私人对市场的操纵。

"富国"之外，还有"强兵"之法。整军诸法是保甲法、裁兵法、保马法、军器监法等。北宋政府奉行养兵政策，立国之初又大力强化禁军，士兵数量极多，但战斗力和后勤保障严重不足；兼之皇帝以"更戍法"控制将士，直接削弱了军队战斗力。王安石变法的"强兵"部分即从强化军队力量、保障军需物资两方面而来：保甲法是推行民兵之制，将乡村民户十家为一保，各户出一保丁，农闲时集中训练，建立全民军事储备，以补作战之需；裁兵法是整顿军队之法，针对厢军和禁军，强化训练制度和参军年限，提高军队士兵素质；将兵法又称置将法，废除更戍法，加强兵将对军队的领导和训练，以提高军队素质；保马法则是后勤之法，是将原来由政府的牧马监养马改为由保甲民户养马。保甲户可自愿养马，马匹由牧马监分配，所养马匹和平时期可以用于耕作，养马者还可免除部分赋税；此法的施行，不仅使马匹的质量和数量提高，政府也节省了大量养马费用。此外，还有军器监法，设军器监制造兵器，严格管理，提高武器质量。

不同于庆历新政以政治改革为出发点，王安石变法的起始是以"富国强兵"为立足点的，从经济角度调整国家运行机制，改善政府职能。相对于庆历新政，王安石变法的难度是有所减小的。在全国范围推行某条新法前，往往还有诸多小规模试验，这都在一定程度上保障了新法的有效性和可操作性。从熙宁二年(1069)王安石主持变法到元丰八年(1085)宋神宗去世，新法共实行了 16 年，在"富国强兵"方面确实取得了一定效果。全国共兴修了农田水利工程 1 万余处，溉田 36 万余顷，大大促进了农业生产的发展；政府的财政收入也大为增加，"中外府库，无不充衍。小邑所积钱米，亦不减二十万"①。"强兵"也颇有成效：熙和一战，王韶率军进攻吐蕃，收复河、洮、岷等五州，拓地 2000 余里，这是北宋军事史上难得的胜利。

第四节　变法派与保守派之争

然而，王安石变法推行之初，朝中的保守力量如司马光、文彦博等就以"妄改祖宗之法"为理由，极力反对新法。王安石对此的应对充满了自信，留下了著名的"天变不足畏，祖宗不足法，人言不足恤"②的"三不足"之说。20 岁就即位的天子宋神宗也以少年人的勇气和君主的强制力，一力相助变法的推行。司马光、文彦博等人相继被罢官，新法才得以施行；但是变法派同保守派之间的激烈斗争始终未停止，新法所蕴含的各种问题和冲突也导致斗争的进一步发展。

新法的主要内容如前所述，涉及事项涵盖土地、水利、耕种、赋税、

---

① （元）脱脱：《宋史》卷 328《安焘传》。
② （南宋）王称：《东都事略》卷 79《王安石传》。

兵防、市易等多方面内容，这些都是关系到国计民生的大事。不同于庆历新政直接以改革政治弊端为主要内容，王安石变法的切入点和改革重点集中于经济和军事领域，是以"富国强兵"为主要目标的。王安石有多年地方执政经验，深谙北宋地方弊端，变法的多项内容也曾进行过小范围的试验性推广，故而推行之初，进展还较为顺利。但伴随着变法的全面实施，各种矛盾和问题也纷纷暴露。以青苗法为例，青苗法的实质是一种小额的农业贷款。宋朝粮食产量较低，自耕农储粮受自然条件限制，往往储量较少，经历一冬之后，至第二年春播时分，多有农民陷入无粮可种的局面。故而，青苗法规定由地方政府出资，在春播时节给农民提供低息的小额贷款，助其渡过难关，秋收之后再将所贷本息收回。这一方面保证了农民的基本生活；另一方面保障了自耕农的利益，抑制了地方豪强对农业的操纵，也就保障了自耕农对土地的控制，抑制了土地兼并。自耕农的权益得到了保障，也意味着国家能够有稳定的税收来源，增值的贷款可以弥补地方政府的财政亏空，不管从哪方面看，都是利国利民的良法。但事与愿违，在各级官吏与地方豪强势力的联手下，这一良法很快就成了一种恶法。青苗钱的利息非常低廉，但是地方官吏为了获得高额收益，往往设置各种门槛，增加借贷难度，有些地方还私自提高贷款利率，榨取农民收益。官吏与地方政府成为青苗钱的最大受益者，农民却承担了所有的经济负担。农民畏惧青苗钱不愿贷款，政府为了私利也往往强制推行。中国古代农业经济受自然条件限制，秋后收成往往难以估算，但即使遇到天灾，如狼似虎的官吏也是不问收益，一定要收回本息。长此以往，青苗钱成为压在农民头上的另一重负担，苦不堪言。青苗钱也成为保守派批判新法的主要例证，一力反对新法的士大夫领袖范镇，在给宋神宗的奏札中就尖锐指出："养民而尽其财，譬犹养鱼而欲竭其水也。今之官但能多散青苗、急其期会者，则有自知县擢为转运判官、提点刑狱，急进侥倖之人，岂复顾陛下百姓乎？陛下有纳谏之资，大臣进拒谏之计；陛下有爱民之性，大臣用残民之术"①，尖锐指出青苗钱的实质是在与民争利、为国敛财，完全背离了抑制高利贷、维系民生的本意，成为地方官员的进身之阶。

面对变法导致的重重危机，王安石并非全无应对之策，但在法制建设和监督机制还颇为薄弱的中国古代社会，王安石能采取的手段也只不过是多派巡视官员，命令他们监督地方，督促和整顿新法的实施。然而情况往往是，巡视官员一旦来到地方，脱离了中央的管控，很容易在利益和人际关系的诱导之下，与地方官员沆瀣一气，成为地方官员盘剥农民的帮凶。薄弱的法制无力制裁官员的贪欲，体制内的监督往往因为利益的一致性，而成为欺上瞒下的帮凶。官员通过对权力的分赃获取了大量的利益，社会矛盾却被进一步激化。

熙宁七年(1074)，王安石第一次罢相，变法活动受到重挫。一年后王安石虽又复相，但失去了宋神宗的信任，变法前途堪忧，其重点也逐渐过渡至官制改革。元丰三年(1080)，宋神宗在蔡确、王珪的协助下，对职官制度做了改革。宰辅制度恢复了唐三省制规模，以尚书左、右仆射为宰相，左仆射兼门下侍郎，行侍中之职，右仆射兼中书侍郎，行中书令之职，借以发挥中书撰议、门下审复、尚书承行的职能，实际上权归中书。同时，参知政事改称中书侍郎、门下侍郎和尚书左、右丞。同年八月下令，凡省、台、寺、监领空名者一切罢去，使各机构有定编、定员和固定的职责；许多机构便或省或并，如三司归户部和工部，审官院并于吏部，审刑院划归刑部。过去"官"仅用以定禄秩、序位著，此次改革，一律"以阶易官"，自开府仪同三司至将仕郎共为 25 阶，此后升迁、俸禄等都按新定的《元丰寄禄格》办理。元丰改制以《唐六典》为准，所看重的也是因为唐朝官制似是模拟古制而来。然而《唐六典》官制因循《周官》之名，但实则与周朝官制无涉。王安石的改革活动虽以经济为出发点，但从《万言书》开始，对官制的治理

---

① （南宋）李焘：《续资治通鉴长编》卷216"宋神宗熙宁三年十月己卯日条"。

和对道德的重构，就一直被他所重视。经济改革阻力重重，元丰改制的复古，实有恢复古礼、效法"春秋"的意味。但是，官制改革一直浮于表面。元祐四年(1089)，时为右谏议大臣的范祖禹上疏，要求"尽复祖宗之法"①，其中对元丰改制亦有批评，称"有司亦失先帝本意，一切遵用唐之六典，大唐六典虽修成书，然未尝行之一日，今一一依之，故自三省以下无不烦冗，重复迁滞，不如昔之简便"②。

第五节 元祐更化

元丰八年(1085)二月，宋神宗病危，无力继续执政。三月一日，其母高氏垂帘听政，宣布立宋神宗第六子赵煦为皇太子。三日之后，宋神宗去世，年仅 10 岁的赵煦即位，改元元祐，赵煦即宋哲宗。因为宋哲宗年幼，高太后继续执政。在宋哲宗即位大典之上，高太后就向群臣表态说："子继父业，其分当然!"③然而，高太后一直倾向于保守派的政治立场，她临朝之初，就迅速召回了因反对变法而远走洛阳 14 年的司马光，进而在司马光的一力推行下，废新法，复旧法，贬黜流放变法派的核心成员。元祐初，一年之间新法尽废，史称"元祐更化"。王安石和宋神宗 19 年的心血终告失败。

司马光是王安石变法最主要的反对者。变法施行之初，他就以"萧规曹随"为例，提出"祖宗之法不可变也"的主张。宋神宗不接纳他的意见，故而新法施行的十几年间，他始终居洛阳，编纂《资治通鉴》，但他在朝野上下一直都有很大的号召力。宋神宗去世之后，司马光从洛阳赶赴东京开封奔丧。虽已远离政治核心 10 余年，但显然当时都城汴京(今河南开封)的民众

---

① (南宋)李焘：《续资治通鉴长编》引范祖禹家传，称"时执政有欲于新旧法别创立者，祖禹深以为不可，故及之"，其后范祖禹上疏，要求"尽复祖宗之法"，见《续资治通鉴长编》卷 433。

② (北宋)范祖禹：《范太史集》卷 16《上殿论法度札子》。

③ (南宋)李焘：《续资治通鉴长编》卷 427"宋哲宗元祐四年五月丁亥日条"。

图15.3　司马光像

对他并未忘怀。史载："（光）赴阙临，卫士望见，皆以手加额曰：'此司马相公也'。所至，民遮道聚观，马至不得行，曰：'公无归洛，留相天子，活百姓。'"殷切之情让人动容。这固然与《宋史》作者的思想倾向有关，但新法弊端激起的民众反感也应当是确有其事。丧礼之后，高太后很快就与他取得了联系。高太后"遣使问所当先"，司马光毫不犹豫地说："开言路"，希望高太后广开言路，听取在熙丰年间被排斥的保守派士大夫的意见，很快就"上封者以千数"。司马光自己也连上奏札，斥责王安石变法的诸项弊端，他尤其反对青苗、免役、将官之法，将其与西北兵祸合称为"四患"，称"四患未除，吾死不瞑目矣"①。他痛斥王安石变法，认为是"舍是取非，兴害除利，名为爱民，其实病民，名为益国，其实伤国"②。司马光对熙丰新法的诸多批评，固然有意气的成分，但变法施行十几年来，确有很大失误，"是时天下之民，引领拭目以观新政"③。司马光在某种程度上，确实代表了当时很多民众的想法。

不久，司马光、吕公著、范镇、苏轼、范祖禹等反对变法的保守派人士被高太后逐步引入政权核心。此时蔡确与韩缜为宰相，章惇任知枢密院事，表面看依然是变法派执政。为抵制司马光等人，变法派以"孝道"为号召，希望宋哲宗"三年无改于父之道，可谓孝矣"，对此司马光针锋相对地予以了回击："先帝之法，其善者虽百世不可变也。若安石、惠卿所建，为

---

① 以上引文俱见（元）脱脱：《宋史》卷336《司马光传》。
② （明）黄淮、（明）杨士奇编：《历代名臣奏议》卷256《赋役》。
③ （元）脱脱：《宋史》卷336《司马光传》，此处"新政"指高后执政之后的政治活动，而非王安石之"新法"。

天下害者，改之当如救焚拯溺。"他强调"先帝之法百世不可变"，斥责王安石、吕惠卿等人"变祖宗之法"的行为，认为废除新法就是救民于水火；另一方面他强调高太后与宋神宗的母子关系，谓之"以母改子，非子改父"，正是孝道的正路。

在司马光的一力支持下，新法被陆续废除。宋神宗去世当年（1085）七月，废保甲法；同年十一月，罢方田均税法；十二月，市易法与保马法同时被废。司马光自言"欲以身殉社稷"，不仅平日"躬亲庶务，不舍昼夜"，连说梦话都在论国事。"更化"进程之快，在保守派内部也激起了不同意见，其中又尤以"民怨"较深的"青苗"、"免役"法为最。青苗法设置之初，范镇就认为这是变富人之多取为少取，然"少取与多取，犹五十步与百步"，范纯仁也上书宋神宗，认为这是"掊克财利"之法。然而"五十步"与"百步"实有很大区别：元祐元年（1086）二月罢青苗法，同年三月，范纯仁就以"国用不足"请求恢复青苗钱，但被司马光果断拒绝。解放生产力的免役法，被王安石视为"终不可罢"之法，也在元祐初被废。废免役法不久，退居金陵的王安石就在石头城病逝。同年九月，司马光逝于东京。史载王安石晚年不问政事，一心向佛，但废免役法的消息传至金陵之后，他"愕然失声曰：'亦罢及此乎？'良久曰：'此法终不可罢也。'"

新法之废，固然有其自身存在的问题，但是变法派与保守派的意气之争也有很大影响。此外，在新法废除进程的问题上，即使保守派内部也充满争议，这也导致了保守派的分裂。司马光死后，这种趋势更为明显，司马光葬礼之上，苏轼公然嘲讽程颐是"鏖糟陂里叔孙通"[1]，不仅将这种矛盾公开化，也使矛盾进一步激化。不仅士大夫之间，高太后与宋哲宗之间

---

[1]　《河南程氏外书》卷11记载，温公薨，朝廷命伊川先生主其丧事。是日也，祀明堂礼成，而二苏往哭温公，道遇朱公掞，问之，公掞曰：往哭温公，而程先生以为庆吊不同日。二苏怅然而反，曰：鏖糟陂里叔孙通也（原注：言其山野）。自是时时谑伊川。漆侠《释"鏖糟陂里叔孙通"》一文解释"鏖糟陂"，认为是东京郊外一处杂草丛生、污秽不堪的坡地，东坡以此讽刺程颐的迂腐教条，既生动又颇毒辣。

也存在着极为深刻的矛盾，成为宋哲宗亲政后"绍圣绍述"的主要源头。

元祐八年（1093）秋，高太后去世，《宋史》称她为"女中尧舜"。她执政期间，"宇内复安"，连宿敌契丹都钦佩不已："契丹主戒其臣下，复勿生事于疆场，曰：'南朝尽行仁宗之政矣'。"然而，即使以《宋史》所载，高太后的主要成就除了"以常平旧式改青苗，以嘉祐差役参募役，除市易之法"①等废弃新法的举措外，实则乏善可陈。高太后去世之后，宋哲宗亲政，第一件事就是以"绍述"宋神宗新法为名号，改元"绍圣"，随即拜熙丰变法时期王安石的副手章惇为相，一力恢复新法。然而，如果说宋神宗当年的变法还有以少年意气解决国家危机的理想主义精神，宋哲宗的"绍述"则几乎是对祖母和保守派诸臣近10年来对他各种忽视的打击报复。宋哲宗10岁即位，其后9年都在祖母执政的阴霾中成长。蔡絛《铁围山丛谈》记载，高太后垂帘听断，事事亲自处分，宋哲宗从来不发一言，即使被问，也是轻描淡写说"娘娘已处分，俾臣道何语"；元祐诸臣对他也益发忽视，甚至于宋哲宗亲政后，赌气说没见过群臣的正面，"朕只见臀背"。②元符三年（1100），宋哲宗去世，宋徽宗继续施行新法，但此时的主事者已仅有蔡京之流。熙宁初，变法始作，王安石与文彦博曾有一番争论。在王安石看来，"法制具在，则财用宜足，中国宜强，今皆不然，未可谓之法制具在也"，但文彦博强调的是"人"的主动性："务要人推行尔。"③此时一语成谶，北宋也走到了风雨飘摇的最后时刻。

① （元）脱脱：《宋史》卷242《英宗宣仁圣烈高皇后传》。
② （南宋）蔡絛：《铁围山丛谈》卷1。
③ （南宋）李焘：《续资治通鉴长编》卷221。

第十六章　繁华如梦
——宋朝城市和商业的发展

　　宋朝城市处于中国古代城市发展史上一个重要的变革时期，传统的坊（居住区）、市（商业区）制度日益瓦解，汴梁（今河南开封）、临安（今浙江杭州）、成都等大中城市兴盛繁荣，城市居民人口已经突破百万，城市中各类商业及服务性行业大量出现，皇室、官员、商人、手工业者、士人、伎艺人等社会各阶层共同缔造了繁华如梦的城市文化。此外，与广大农村关系密切的草市、镇市如雨后春笋般涌现，它们构成了宋朝城市与商业活动繁荣发展的基础。人们也逐渐改变以往把商业视为末业的传统观念，商人社会地位有了较大提高，社会各阶层竞相投入商业领域。宋朝出现了经商的热潮，专门的商业行会在城市中也开始出现。商税收入占到了全国货币总收入的十之三四，成为政府财政收入的一个重要来源，宋朝政府也制定了日益繁密的商税征收制度。繁荣的商业贸易促成了中国最早的纸币——交子的产生，对于促进宋朝对外经济文化交流起到了重要的作用。

第一节　城市的发展与繁荣

　　城市是国家政治、经济、文化的中心，秦汉以来，封建制度在整个中国社会居于主导地位，政治、军事因素对于城市的等级和规模影响极大。随着城市吸纳外来经商人员的增多，为了便于官方控制管理，城市中形成了严格的坊市制度。例如，唐朝都城长安，皇城在城市最北面，在皇城的对面为百官、市民居住的地区——坊，皇城左右两厢为商贾百工聚居的贸易区，即东、西二市，城市布局体现了坊市制度的典型特征。而到了 10 世纪初，随着城市人口增加、商业扩展与繁荣，这个制度逐渐难以维持，经济因素对于城市管理制度的冲击日益凸显。至后周时，即已出现坊市之中，"邸店有限，工商所至，络绎无穷"①的景象。坊市的布局已逐渐不能适应城市与商业发展的需要。宋初虽对城市进行了扩建，但仍不能满足社会需要。按照旧的坊市制度，"京师街衢，置鼓于小楼之上，以警昏晓"②，这种街巷鼓楼是专门为关闭坊门而设立的。可是到了宋神宗年间，已是"二记以来，不闻金鼓之声"③，这意味着随着时代的发展和实际需要，坊、市之别已经不再那么严格，街衢上到处可以开设店铺，时间限制也被冲破，出现了日益繁荣的"夜市"经济。而由于城市居民增多与商业的迅速发展，店铺开设越来越多，甚至侵街占道，阻碍交通。同时商业发展也推动了城市的扩张，商业店铺突破城墙的限制，在城门外建立定期的贸易场所——草市，宋朝政府对此也予以认可。周边草市的繁荣发展，日益形成了城墙外的新市区，如南宋鄂州(治今湖北武昌)，"市邑雄富，列肆繁错，城外南市亦数里，虽钱塘、建康不能过，隐然一大都会也"④。南宋诗人姜夔曾赞叹："武昌十万家，落日紫烟低。"(姜夔《春日书怀四首》)南市甚至成为鄂州的主要市区，这是打破城郭限制之后，城区发展所展现的一种新的气象。

随着坊市制度被打破，城市对普通乡村民众的吸引力进一步增强，城市人口数量也逐步增加，大中型城市不断兴起。随着宋朝因商业发展，大量外来人口涌入城市，加之城市外围形成了草市等新居民区，因而城市人

---

① (北宋)王溥：《五代会要》卷 26《城郭》。
② (南宋)江少虞：《宋朝事实类苑》卷 33《街鼓》。
③ (南宋)江少虞：《宋朝事实类苑》卷 33《街鼓》。
④ (南宋)陆游：《入蜀记》卷 4。

口即坊郭户的数量较前朝有明显的增长，大城市中表现尤为突出，如北宋都城汴梁（今河南开封）。宋真宗天禧五年（1021），开封府新旧城八厢共计9.7万余户；而到了宋神宗熙宁年间，开封府居民户数已达20万，人口增长极快，若按每户平均5人计算，则人口当在百万以上。南宋临安（今浙江杭州）城市人口亦相当可观。宋高宗绍兴十一年（1141）知府报告：临安"府城之外，南北相距三十里，人烟繁盛，各比一邑"①。外城如此，城中更甚，江商海贾汇集，人口在百万之上。余如武昌、扬州、成都，都是熙熙攘攘、人口密集的大都市。宋朝繁盛之时州军数量达到350余个，城市人口在其中占有相当大的比重。著名宋史专家漆侠先生曾经估算，宋朝各级城市户口总计66万户。加上汴梁（今河南开封）、临安（今浙江杭州）等各都大邑的户口，当在200万户以上，占宋神宗元丰年间全国1600万户的12%以上。宋朝城市人口数量之多，所占全部人口比例之大，让人惊叹。

为适应社会的发展变化和城市人口数量的激增，宋朝城市管理体制也发生了显著的变化，主要表现在从以前的坊、市区分治改为"厢坊制"，以北宋汴京为例：汴京新旧城被划为10厢，新外城又划分为9厢，每厢分辖若干坊，从1、2坊到20、26坊不等。在城市管理中，在各坊区设厢制为管理体制，它是介于坊区和城市主管部门之间的官吏层级。诸厢之上设公事所，以担任过通判、县令的官员主管其事。有厢司之设，分界管辖。各厢根据管辖坊数户口多少而设置人数不等的厢吏，每500户以上置所由4人、街子3人、行官4人、厢典1名；500户以下置所由3人、街子2人、行官4人、厢典1名；内都所由于军巡差虞候充，其余并招所由。这些官吏负责管理城市街区治安、防火防盗。草市镇的户口被编入城市户口而与乡村户区别对待，也表明了这些地区工商业的发展与政府对城市管理的重视。

---

①　（南宋）潜说友：《咸淳临安志》卷19《疆域四》。

宋朝城市发展非常迅猛，至北宋后期，全国有建制的城市 1200 个以上。这些城市由于政治、经济、商业、人口条件不同，从政治因素上考量，可以分为三类。一是京城，即北宋的汴梁和南宋的临安，它们居于两宋国家统治的核心地区，集政治、经济、军事因素于一身，坐拥百万人口，是全国商品流通和物资交换、人群往来的集中地。都城的面积最大，北宋汴梁城周长 50 里 165 步，面积约 53 平方千米。南宋临安城因在杭州旧城基础上改建，故面积较小，仍达到 15 平方千米。二是府、州、军、监，它们同属一个等级，府的地位最高，京城或者皇帝潜邸、行幸之地等有特殊地位的州置府，军事要塞设军，矿冶铸钱、盐产地设监。与州同级的还有府、军与监。起初，府数少，地位尊，后来，由于皇帝潜邸、元子藩封及地望崇重，或列为行都的州多改称府，府的数量不断增加。北宋最多时共有府 34 个，南宋最多时有 42 个。南宋初成都府的周长有 25 里 306 步，面积约 12.9 平方千米，建康府有 25 里，约 11.9 平方千米。[①] 州的面积相差悬殊，南宋宁宗嘉泰中，越州今地周长 24 里 188 步，约 11 平方千米，而明州只有 18 里，约 6.2 平方千米。秀州只有 2.3 平方千米。在数量上，州远远超过府，军、监则略少。元丰年间天下州有 245 个，南宋绍兴十二年(1142)有州 141 个，此类城市人口数量也较为庞大，多者二三十万人。军作为行政区划是从唐朝演变而来的。唐朝的军与军事有关，宋朝才渐变为地方行政区域，有时也辖一两个县。宋朝一般于边境要塞、山川险僻多聚寇攘之所以及农民武装起义频发地区、户口少而不够成州资格的地方设军，并驻扎军队，以便控制，其长官知军的地位低于中上州知州，与小州相当。监则多设置于矿冶业集中地，如铁矿产地、铸钱基地、盐井所在处等，数量少，其长官是知监，主要负责矿冶生产及当地治安。监所辖区域很小，有的只相当于一县的大小，所以其地位和中下州相当。三是县级城市。这是

---

① 包伟民：《宋代城市研究》，北京：中华书局，2014 年版，第 73～74 页。

宋朝最低一级的城市，处于州与乡村之间的中间行政区划，它们也辖有一定数量的市镇，成为区域城市中心。宋朝的县分为赤、畿、望、紧、上、中、中下、下8等，其中赤、畿等级最高，它们大部分都在四京之内。望、紧、上、中、中下、下6个等级的县，在宋朝，其等级是以户口的数量来确定的。宋太祖建隆元年（960年）十月下诏：天下县除赤、畿、次赤、次畿外，重新升降地望，取4000户以上为望，3000户以上为紧，2000户以上为上，千户以上为中，不满千户为中下，500户以下为下。自今每三年一次升降。南宋宁宗嘉定八年（1215），县的等第重新确定，有20多个县随着人口的增减，其等级有了变化。

更为令人重视的是，随着宋朝商品经济的发展，宋朝城市逐渐突破城墙的限制，与广大农村有密切联系的镇市和墟市有了广泛的发展。先看镇市，宋朝内地大多数的镇市主要是由于商品经济发展而形成的。政府设镇的标准主要以经济的繁荣程度，即"民聚不成县而有税者，则为镇"①。镇的主管官员由原来的镇将改为镇监。他的职责包括巡逻、捕盗、防火等，而最主要的为征收赋税。一些人口和税收较多的墟市可上升为镇，在宋朝这样的例子很多，如常熟的6个镇市，其中的梅李镇就是梅李（墟）市发展而成，庆安镇是由石闼（墟）市上升而成。北宋熙宁年间由市上升为镇的有106个，其中经济较发达的京东、京西两路超过40个。元丰年间，全国镇市的总数达到了1871个，镇市处于州县和乡村的中间环节，它有固定的交易场所，有各类行铺和作坊，在地方贸易交换中发挥了重要作用。

墟市在乡村设立，又称草市，是古代中国民众进行商品交换活动最为古老的形式。它们基本上都是按干支排列的定期集市，有隔日一集的，也有三数日一集的。宋朝草市中靠近城市的，逐渐变为城市的外厢，成为城市的一个组成部分，而一般乡村中的草市则成为广大农民和乡村手工业者

---

① （北宋）高承：《事物纪原》卷7《镇》。

进行交易的最直接的场所。在草市上，人们可以买到酒，也可以吃饭，而当"人户住坐作业"①的小商铺逐渐增多，草市发展到相当繁盛的时候，便能够上升为镇市了。宋朝政府在墟市、草市设立了最基层的税收机构——场务，墟市也纳入官方的税收体系。在政府财政收入增加的同时，农民、小手工业者也可以用其所有的粮食、柴草、布帛之类换回盐、茶、农具等，有助于促进农村商品经济的发展，满足农民生活的需要。

除此之外，在一些大型城市中固定的地区有定期的集市，如汴梁大相国寺的集市，"每月五次开放，万姓交易"②，买卖各种日常生活消费品。还有专门性商品买卖的定期集市，如成都府的药市及某些地区的蚕市、花木果药什物等。这类专门性的集市，为商人的购销提供了便利，同时促进了当地经济的发展，往往成为传统而延续数十百年。

第二节　昌盛如梦的城市文化

两宋时期，随着社会经济的繁荣发展，文化繁荣昌盛，大量人口向城市聚集，缔造了繁华如梦的宋朝城市文化。回忆两宋都城胜景的《东京梦华录》和《梦粱录》，均对繁荣的宋朝城市文化进行了精彩而细致的描述，其所达到的文明高度令我们既惊讶又自豪。

瓦舍、勾栏的兴起，无疑是最能代表宋朝城市繁华的例证。随着城市经济的发展和城市人口的增多，宋朝将城市户口单独定等列籍，称为坊郭户。坊郭户的出现，表明宋朝市民阶层已经开始登上历史舞台。反映市民文化的种种娱乐活动，也从农村分散的小规模的演出形式，走向城市，变成有固定演出场所、专业性的、规模大小不等的各种城市文艺团体，为市民进行多种类的文艺演出，从而将我国民间的百戏、曲艺活动，推向一个

---

① （南宋）李焘：《续资治通鉴长编》卷218。
② （南宋）孟元老：《东京梦华录》卷3《相国寺万姓交易》。

新的高峰。在这种情况下，城市中乃有瓦舍、勾栏的兴起，标志着演出场所发生跨时代的变化。善于瓦舍的定义，《梦粱录》中记载："瓦舍者，谓其来时瓦合，去时瓦解之义，易聚易散也。"①即固定的娱乐中心，游人、看客在其中来往，川流不息。又叫瓦子，瓦肆等。而勾栏则是瓦舍中不同专业艺人用栏杆组成的一些小的演出场所，有戏台、后台、观众席等。它借用我国古代大车车厢上的勾栏装置。每座瓦舍中都有勾栏，少的一两座，多的十余座。有时勾栏也可作为瓦舍的代名词。这里为城市中工作和生活的人群提供了休闲娱乐的活动场所。宋朝士大夫认为瓦舍为士庶放荡之所，是带有一定偏见的，虽然瓦舍中各阶层人都有，治安存在一定问题，但它的出现，还是标志着整个社会文化娱乐活动的发展上了一个新台阶。但有人说宋朝的勾栏就是妓院，这是一种误解。

宋朝勾栏，又有"勾阑、构栏、棚"等名称，是艺人的演出场地。勾栏设于瓦子（又称瓦市、瓦肆、瓦舍，或者干脆简称"瓦"）之中，以歌舞表演为主。北宋首都汴梁城内，共有10个瓦舍，其中的新门、桑家、朱家桥、州西、保康门、州北等瓦子最为著名，是富贵之人常去的娱乐场所。桑家瓦子是这10个娱乐场所中规模最为宏大的一个，其中设有50多座勾栏，勾栏内设象棚、莲花棚、牡丹棚、夜叉棚等戏棚，专门上演百戏杂剧，其中的象棚容纳人数最多，可达数千人。南宋国土面积虽小，在临安城内外却有17个瓦子，比北宋汴梁城多出7个。

两宋时期的瓦子，有的像相国寺一样，只是纯粹的商品交易场所。但更多的瓦子却和桑家瓦子一样，集歌舞表演和卖药、餐饮、剃头、书画买卖等行当于一身，是名副其实的休闲娱乐场所，因此，人们有时将二者合称为"勾栏瓦舍"。勾栏瓦舍中的娱乐节目可谓五花八门，除唱歌、跳舞、皮影戏、球技、杂技、木偶戏、说三分、武术表演等常规节目外，还有"弄

---

① （南宋）吴自牧：《梦粱录》卷19《瓦舍》。

虫蚁"(即驯化昆虫来做戏)、"商谜"(与别人商量出谜语)、"说诨话"(插科打诨讲笑话)、"合生"(指物题咏)、节目"杂扮"(化妆成各种角色)、"神鬼"(扮演鬼神或讲鬼神故事)、"叫果子"(模仿各种商贩的叫卖声)等不可胜数的绝活。这些节目或轮流登场,或同时开场,热闹非凡。

北宋时各地有名艺人,多到汴梁表演,至北宋末期,更是热闹非凡。这些节目的表演者,既有男艺人,也有女艺人。李师师、徐婆惜、张真奴、刘百禽等都是那时的当红艺人。但宋朝艺人的地位很低。艺人的不幸,往往被当时的人们说成是"口业报"。勾栏瓦舍中的女艺人,同样也没能得到时代的眷顾。宋朝城市中大批瓦子勾栏的出现,丰富了市民文化娱乐生活,在瓦舍中演出的艺人不以风雨寒暑,诸棚看人,日日如是。盛况空前。此外,还有一些其他艺术形式,也在宋朝城市文化中兴起,并对明清文化艺术发展产生深远影响:一是说唱。它是通过语言和声腔的艺术感染,娱乐观众,包括说话、杂说和演唱。二是说话,即讲故事。讲故事的艺人称为说话人,讲故事的底本称"话本"。说唱内容包罗万象,讲说经书称"说经",讲说参禅悟道的称"说参请"。三是小说与讲史。小说讲灵怪、胭粉、传奇、公案、神仙、妖术等事,一般篇幅较短,有说有唱。讲史类讲说历代兴废战争之事,一般篇幅较长,只说不唱,并有议论。当时霍四究讲的三国、尹常卖讲的五代史非常有名。讲史在当时很受欢迎。讲史也说当代事,南宋就有人讲《中兴名将传》,讲岳飞等人;《大宋宣和遗事》,讲北宋亡国之事。杂说以机敏、诙谐的语言引人入胜。例如,学乡谈、背商谜,大多语言诙谐幽默,表演风趣,或让人捧腹大笑,或给人以讥讽警告。演唱类似现代多种声腔的大鼓、三弦等,有琵琶等乐器伴奏,演唱时有说有唱,内容以小说、平话等为主。

勾栏瓦舍的出现是宋朝商品经济繁荣、城市规模扩大、以工商业为主的坊郭户壮大的结果,其中的娱乐活动呈现出三种新的趋势,反映了宋朝娱乐的走向出现的三种趋势。

一是商业化趋势。瓦舍既是娱乐中心，又是商业中心，二者同步进行，故又称为瓦市。其中有卖药、卖卦、卖饮食、剃头、剪纸等，其中的商业广告琳琅满目，艺人的演出都是以挣钱为目的。

二是通俗化趋势。瓦舍中的艺人能满足不同阶层和职业的文化需求。以至勾栏不闲，终日团圆。例如，小儿听说书，说到刘备失败，往往有出涕者，闻曹操败，则喜畅快。可见艺人的表演何等通俗感人，宋朝通俗文艺的兴起，在娱乐文艺史上实现了从雅到俗的转型。

三是大众化趋势。瓦舍占地方圆数里，勾栏大者可容纳千人，游人、看客上自达官、下至平民，某些从前为上层独享的娱乐活动，如今成为大众的共同爱好。宋朝娱乐场所，除了瓦舍勾栏外，还有临时搭建的露台，寺院定期的庙会，街头巷口一些开阔地带，还有临时游动的艺人表演，这些同固定化的瓦舍，共同繁荣了城市的文化生活。

此外，饮食文化也从侧面反映着城市的繁华与民众间的文化交融。随着城市经济的发展，南北方民众大量聚集到城市里，他们带来了各自地区的美食和饮食文化。宋朝城市中的饮食文化较之前朝也有了突飞猛进的发展，北宋都城汴梁和南宋都城临安为其代表，对此，《东京梦华录》、《梦粱录》和《都城纪胜》等史籍中有着详细的记载。汴梁人以面食为主食，以各种肉类和蔬菜为副食，食品有 200 多种，具有北方特色。南宋迁都临安后，"都城食店，多是旧京市人开张"，故而，临安饮食既具有北方特点，又融汇了南方饮食的习俗，呈现出南北合流的特色，"南渡以来，凡二百余年，则水土既惯，饮食混淆，无南北之分矣"①。

宋朝城市中的饮食有主食、从食之分，精美、丰富、奢华是其特点。宋朝主食花样品种很多，有饭食、面食、馄饨、米面等，从食则包括各种饼、馒头、包子和粥类。宋朝菜肴品种繁多，有下饭菜类、羹汤类、粉类、

---

① （南宋）吴自牧：《梦粱录》卷 16《面食店》。

干菜类、凉菜类等。当时的烹调方法很多，还有诸多佐料，如盐、蜜、酒、醋、糖、奶、芥末、辣椒、花椒、豆豉、酱等，再加上精湛的烹调技术，一种菜可做成不同的风味。宋朝肉食的品类繁多，猪、羊、驴、鸡、鸭、鹅等皆可入馔。但是宋朝人普遍以羊肉为上品。当时北宋汴梁市场上每天都有商贩卖羊肉、羊头、羊肚、腰子之类肉食。由于羊肉需求量大，而供应却越来越不足，宋朝不得不从辽、金等处购买羊肉。南宋都城搬到南方以后，羊肉的消费量有了明显的减少。宋高宗时，"每日宰羊一口供应"，每年实计用羊1008口。同北宋相比，消费量大大降低。除家畜之外，还有獐儿、鹌、鹿、獐、黄羊等，制作品种和方法也是多种多样，满足不同民众的需求。

宋朝城市中既有早市，也有夜市，各种小吃、从食不胜枚举。每天四更时分，卖烧饼、蒸饼、糍糕等点心的人便开始了一天的营生。汴梁夜市从食丰富，物美价廉。鹅、鸭、鸡、兔、肚肺鳝鱼、包子鸡皮、腰肾鸡碎，"每个不过十五文"[①]。另外，还有旋煎羊白肠、鲊脯、辣脚子、水晶皂儿、生淹水木瓜、药木瓜、沙糖绿豆甘草冰雪凉水等。经商之人和干公事的人因常常忙到深夜，有买宵夜的需求，所以有的饮食店或三更才打烊，或通宵营业，"一两处面食店及市西、坊西食面店通宵买卖，交晓不绝，缘金吾不禁，公私营干，夜实于此故也"。宋朝夜市的繁荣，表明无论汴梁还是临安，都几乎是不夜之城。

宋人喜吃点心，"市食点心四时皆有，任便索唤，不误主顾"[②]。当时的点心制作精巧，种类繁多，圆欢喜、骆驼蹄、糖蜜果食、果食将军、肉果食、丰糖糕、乳糕、镜面糕、糖蜜韵果等都是为时人所喜爱的名品。此外，宋朝人饮料中还有果汁饮品和汤，而且有冷饮和热饮的分别。《东京梦华录》就记载，北宋时期开封城商贩所卖有药木瓜汁、水木瓜汁、冰雪凉

---

① （南宋）孟元老：《东京梦华录》卷2《州桥夜市》。
② （南宋）吴自牧：《梦粱录》卷16《荤素从食店》。

水、荔枝膏等，皆用青布盖着，当街叫卖。《武林旧事》记载，南宋时期的果汁冷饮更加丰富，包括甘豆汤、豆儿水、鹿梨浆、卤梅水、姜蜜水、木瓜汁、沉香水、荔枝膏水、苦水、金橘团、雪泡缩脾饮、梅花酒、五苓大顺散、香薷饮、紫苏饮等。其中，像"香薷饮"、"紫苏饮"等都是用草药熬制的清凉解暑汤。当时临安冬季里出售的"七宝擂茶"、"馓子葱茶"则属于热饮，它们是加了调味料的"怪味茶"，非宋人常饮之茶。

宋朝城市餐饮业相当发达。汴梁城的高、中、低档酒店，应有尽有，巨贾高官要山珍海味、排场富贵，贫下之家求食粗饱，皆可得到满足。而伴随着那些追求奢靡享乐之风的盛行，商家为了招揽客户，一些特殊服务便在城市餐饮业中产生，其中就包括在酒楼间，以歌舞卖笑寄生的妓女，酒楼欢笑之声，每夕达旦，"虽暑雨风雪不少减也"①。当时官府开设的官酒库，也利用歌妓来促进人们消费。每年九月，新酒上市，官府就让妓女裹花头巾为酒保给客人打酒。那些歌妓，穿着华丽，骑马在前，而少年狎客则争抢着持杯为她们劝酒。一时间"绣幕如云，累足骈肩，真所谓万人海也"②。宋朝城市餐饮业中娱乐服务的勃兴，导致社会风气的病态化、畸形化发展，使宋朝君臣对国家前途、命运更加麻醉和冷漠，难怪南宋士人林升感叹故国难复，国势不济，发出"山外青山楼外楼，西湖歌舞几时休"的愤懑。

第三节　形形色色的城市居民

宋朝，随着城镇人口的增多与所占总人口比重的上升，城镇居民的人口阶级构成较前朝更加复杂。细分起来，宋朝城市中主要居住了以下几类人。

首先是作为最高统治者的皇室。汴梁、临安等地居住着宋朝最高统治

---

① （南宋）周密：《武林旧事》卷6《酒楼》。
② （南宋）周密：《武林旧事》卷3《迎新》。

者及其后宫系统。① 以皇帝为中心，后妃、宫女、内侍等，组成了最庞大的家庭。宫中还设立了六尚书、二十四司内侍等机构负责皇帝与后妃的饮食起居。其中光御厨的编额就有"勾当官四人"，"食手、兵校共千六十九人"。在专制主义中央集权的政治体制下，宋朝皇室高居全国臣民之上，至高无上的权力提供并维持着其源源不绝、享用不尽的财富。同时，宋朝皇帝还是经济上最大的地主，如早在宋太宗时，汝州(今属河南)即有汝州稻田务，这里的水稻归宫廷享用，土地为皇室直接控制；此后如宋真宗、仁宗时汴梁附近的御庄，也是皇家所有的庄田。御庄在南宋还有进一步壮大的趋势。南宋高宗及其后妃带头大设"御庄"，连王安石家在宣城(今属安徽)、芜湖的土地也被强买过去。宋理宗时，以"御庄米一万石"，"修筑城池"；又把御庄"华亭奉宸庄"，"隶外廷助军饷"。② 皇帝之外，后妃们也各自在外地占田。因而宋朝皇室不仅是最大的食利者，而且也是经济上最大的土地占有者，并为后来的帝王开了直接占有土地的先例。

品官形势之家的官户也在城市居民中占据重要地位。在京城和一般城市中除居住着现任官吏、驻军之外，也有不少官户定居下来。官户"谓品官，其亡殁者有荫同"③，"诸称品官之家者，谓品官父、祖、子、孙及与同居者"④。这仅是一个原则性规定，而宋朝有九品官，每品又有正、从两等，这就是品官，而某个官僚死去，其子孙即可以按荫补制度当无品小官。宋神宗元丰时规定："惟因军功、捕盗或选人换授至升朝官，方许作官户。"⑤把一些无品的小官排除在官户系统外，但至徽宗朝，在昏暗的政治形势下，"员既滥冗，名且紊杂"⑥，一些吏职出身入仕或进纳并杂流之类

---

① 王曾瑜：《宋朝阶级结构》，石家庄：河北教育出版社，1996 年版，第 235 页。
② (元)脱脱：《宋史》卷 45《理宗本纪五》。
③ (北宋)李弥逊：《筠溪集》卷 3《缴刘光世免差科状》。
④ (南宋)谢深甫：《庆元条法事类》卷 80《杂门·名例敕》。
⑤ (南宋)杨仲良：《皇宋通鉴长编纪事本末》卷 32《徽宗显宗》。
⑥ (元)脱脱：《宋史》卷 161《职官志》。

也往往改换出身，挤进了官户的行列，到南宋时官户的实际成分仍十分复杂。总体上看，宋朝官户约占总户数千分之一到千分之二，某些时期甚至达到千分之三。[①] 聚集在城市的品官之家特别多，如富弼、司马光等在熙丰变法之际，都退居洛阳（今河南洛阳）；王安石在二次罢相之后，寄居江宁府（今江苏南京），他的后代便在此落户，他们在江宁府上元、宣城、芜湖都拥有大量田产。在风光明媚、土地肥沃的苏杭一带，士大夫求田问舍并在此落户的更多，"时人尽说吴中好，劝我苏常买薄田"[②]，成为当时品官形势之家的理想追求。他们居住于城市，在俸禄、荫补、减免税役等方面拥有特权，加之违法的搜刮，通过接受贿赂、隐产逃税、经商、放贷等手段牟取暴利，从而成为城市诸阶级中最具经济力量的一部分。

而坊郭户构成了城市居民的主体。这些人也被称为坊市户，他们多指脱离农业生产的人，包括近城草市上的坊郭居民也是如此称呼。坊郭户以财产区分为主户和客户，坊郭客户和乡村客户的地位大致一样，没有任何生产资料。虽然他们主要以为皇室和官户服务来维持生计，上无片瓦、下无立锥之地，但仍然是官府残酷剥削和掠夺的对象，其在城镇居民中所占比例甚大。

坊郭主户包括以下几类人：一是从事房屋租赁业的房主，二是经营大小商铺的坐贾和小商贩，三是从事借贷业、典当行业的贷主，四是经营手工业作坊的手工业主和手工业工匠以及从事各种服务性行业的有产业的民户。宋朝政府将坊郭主户按财产划分为10等，其中房产或房税是政府划分坊郭主户户等的一个重要财产标准。在汴京等大都市，"重城之中，双阙之下，尺地寸土，与金同价"[③]。因而在这样的地方有屋舍，就可以成为主户，从而也就出现了专门靠租赁房屋为生的房主，也叫掠房钱人。这类人，

---

① 王曾瑜：《宋朝阶级结构》，石家庄：河北教育出版社，1996年版，第247～256页。
② （南宋）周紫芝：《吴中舟行口号七首》。
③ （北宋）王禹偁：《小畜集》卷16《李氏园亭记》。

"僦屋出钱,号曰痴钱,故僦赁取直者,京师指为钱井经商"①。城市中房舍价格差别很大,有的僦舍直万缗,有的一所房舍"每月僦直一十八千"②;同时因租赁房屋地点不同,房价差别也很大,在繁华地区每间赁钱有100至200文足,其后街小巷闲慢房屋,每间只能赁3文或5文。在城市中"月掠房钱十五贯以下是下等之家",他们的经济力量、社会地位大致与乡村第四等户即自耕农相等,在城镇坊郭主户中大概在7等上下。同时在州县靠掠房钱为生的,有相当贫苦的下户,而他们的庄宅岁入和富户相比,相差何止千百倍!

但是,只以房产或房税来划分户等是有缺陷的,因为在城市居住的富户不一定有自己的房产,如那些来城市经商的外地商人,他们拥有大量的资产,往往超过主户,但他们没有房产,寄居于城市,故称为"浮客"。因而宋政府又做出了以"物力"、"家业钱"等主户资产来划分户等的规定,并作为纳税的依据,如元丰二年(1079)诏令规定:"坊郭户不及两百千,乡村户不及五十千并免输役钱。"③这其中免输役钱的坊郭户可能就包括那些没有房屋而仅有资产即营运钱的民户,这样的户等相当于乡村第五等户,在城市中居第八、九等之间,因而家业钱、营运钱越来越成为划分坊郭户等的一项重要财产标准。

因此,宋朝政府主要以房产和家业钱、营运钱的多少将城市坊郭户区分为10等,在一定程度上反映了他们的阶级状况。宋仁宗庆历时,曾规定河北州军坊郭第三等户、乡村第二等户,每户养被甲马一匹,以备非时官买。由此可见,坊郭第三等以上户约略相当于乡村第一、第二等户。而州郡坊郭第四等户,县郭第三等以上户,"生计从容,皆须养马以代徒步之劳"④,

---

① (北宋)陶谷:《清异录》卷1《钱井经商》。
② (南宋)李焘:《续资治通鉴长编》卷415。
③ (清)徐松辑:《宋会要辑稿·食货二四》。
④ (明)黄淮、(明)杨士奇:《历代名臣奏议》卷242《马政》。

反映了他们生活的优越。但是，即使是处于同一户等的坊郭户，其资产亦有相当大的差别，有富强数倍于众者，纳税科率只按一等计算，不够公平，故到熙宁年间变革役法、重定户等时另定高于一等户的谓之"出等户"、"高强户"、"无比高强户"，加征科率。城镇坊郭户中的高强户大都是拥有几十万、上百万的大商人、大高利贷者，他们是商业资本和高利贷资本的代表，过着纸醉金迷、灯红酒绿的生活，而占坊郭户大部分的"街市小民"则生计艰难，"一日失业，则一日不食"①，一部分甚至挣扎在死亡线上。

总体来看，宋朝城市中的居民结构较前代更为复杂，主要缘于商业、城市经济的发展，各种人群向城市集中的结果。城镇居民除以上所说的各阶级、阶层外，还包括僧道寺观户、伎艺人、娼妓、乞丐、流氓、无赖等流动人口。正是由于人员的复杂，诸如偷盗、诈骗、赌博、嫖娼等丑恶现象也较前朝为多，政府虽然都曾下令禁止，但是产生这些丑恶现象的私有制、剥削制不最终被消灭，禁令实际上也只能是隔靴搔痒，达不到彻底根除的目的。

第四节　经商的热潮和货币经济的高峰

宋朝农业、手工业的发展为商业的兴盛奠定了坚实的物质基础，而城市数量的增多、规模的扩大，又有利于商业活动在更广泛的领域内进行，多种因素共同促成了宋朝商业的繁荣。随着宋朝商业的发展，金钱在社会生活中的作用日益突出，人们逐渐改变了以前把商业视为"末业"的传统观念，社会各阶层竞相投资商业领域，宋朝出现经商的热潮。②

宋朝从事商业经营活动的人，首先是纯粹的商业经营者。他们仅包括

---

① （清）徐松辑：《宋会要辑稿·食货一二》。

② 朱瑞熙：《宋代商人的社会地位及其历史作用》，载《历史研究》1986 年第 2 期，第127～143 页。

在城镇开设店铺或从事贩卖的人户。"行者为商,坐者为贾,凡开店铺及贩卖者皆是。"①从居住地考察,这些商人大都居住在城镇内,一般属于坊郭户,以纯粹的商业经营作为自己的职业。

除职业商人外,宋朝商业经营的热潮,带动了其他社会群体将资金投入商业领域,特权阶层是其中的主要组成部分,包括官僚、宗室、军队等。官僚经商早在西汉时期,就已出现了官僚经商者,但只占次要地位。此后,贵族、官僚经商牟利日益增多。北宋前期,士大夫中"粗有节行者"还能恪守祖训,"皆以营利为耻",但从北宋中期开始,社会风气显著变化:"仕宦之人"纡朱怀金,专为商旅之业,"动以舟车,贸迁往来,日取富足"。一般官员如此,许多大臣也皆"专以商贩为急务"②。宋徽宗时,汴梁"万姓交易"之所相国寺佛殿后资圣门前,各路罢任官员带来的土特产品都集中在此出售。汴梁大街上还开设了带有各种官衔名号的店铺。

宋朝宗室日益繁多,逐渐散居各地,他们大多在地方上"逐什百之利,为懋迁之计,与商贾皂隶为伍"③。宋宁宗时,一宗室在岳州(治今湖南岳阳)"扑买"了洞庭湖大小湖泊的大半,"攘其利,鱼鲜之入不赀"④,几乎垄断了当地的渔业。宋朝军队经商的现象亦十分普遍,如宋仁宗时铃辖贾逵曾令禁军5人为一保,给钱10万,凡回易50日,得息钱40万,以备犒军,即利用禁军进行贸易的典型例证。南宋的大将张俊也曾给老卒钱50万,恣其所为,于是其人广收物品,带客将十数辈,兵卒百余人,浮海而去,在经过一年的贸易后归来,"珠犀香药之外,且得骏马,获利几十倍"⑤。从北宋到南宋,军队中以回易贸易为代表的商业活动历久不衰,南宋时格外兴盛。

---

① (南宋)黄震:《黄氏日抄》卷78《绍兴府》。

② (明)黄淮、(明)杨士奇:《历代名臣奏议》卷34《治道》。

③ (清)徐松辑:《宋会要辑稿·常系六》。

④ (南宋)洪迈:《夷坚志》卷8。

⑤ (南宋)罗大经:《鹤林玉露》卷2《老卒回易》。

此外，宋朝寺院、道观的兴盛，使得很多僧道、尼姑也经营商业。如宋徽宗时，开封府的尼姑公然在相国寺的两廊销售绣作、领抹、珠翠、冠子等货物，孟家道院的王道人也到此经销煎蜜。而广南、江西等地的僧道充当坐贾经商牟利，垄断茶叶经营，更多的僧寺则设质库，从事高利贷经营，从中谋取暴利。

宋朝商业贸易大潮将乡村地主、小农也卷入商业经营的大潮。宋朝僧人道潜曾在诗中描述南宋乡村集市："农夫争道来，聒聒更笑喧，数辰竞一墟，邸店如云屯。或携布与楮，或驱鸡与豚，纵横箕帚材，琐细难具论。"①即生动地描述了宋朝乡村小农携带劳动果实到市场出卖的景象。农户在市场出售的不仅是余粮，而且也有鸡豚、布帛之类的副业产品。地主经商也是宋朝经商群体中的一个重要组成部分，他们将收来的粮食、布帛等拿到市场上出售，换回各类日用品和奢侈品。此外，从事商业经营的还有举人、手工业主等人。总体而言，宋朝商业经营者成分极为复杂，既有专职商人，又有兼营商业谋取利润者。社会各阶层从事商业经营热情之高，投入精力之多，形成的社会经商牟利群体之庞大，在以前朝代是较为少见的。

随着城市中"讨生活"人群的聚集和经济的发展，宋朝社会分工日益细密，行业门类也逐渐增多，从隋唐时期的 112 行发展到南宋时的 414 行，这些"行"按性质大致可分为三类：一是手工业作坊。手工业的同行组织或称"作"，分为官府作坊和私家作坊。官府作坊主要集中于汴梁、临安等大城市，汴梁城中有修内司、八作司、书艺局、绫锦院、内酒坊等。这类作坊规模较大，人数较多，但极少进行商品生产，主要为官府特别是皇室的用度服务。私营手工业作坊有专门制造产品的，如伐木、造船、造纸、笔墨、砚的制作等。有的在制作产品的同时兼营买卖，这类亦商亦工的作坊，

---

① （北宋）释道潜：《参寥子集》卷 1。

在城市作坊中比重较大。二是各种商业行铺。商业行铺中，生活消费品的买卖占主导地位。如汴梁东华门外，商铺林立，皇宫物品多买卖于此，凡时新花果、鱼虾鳖蟹、金玉珍玩衣着，买卖的都是天下新奇的物品。商业行铺中往往是同一行设在相同街道坊巷，顾客购买时可货比三家。在行铺当中，涌现出经济力量极其雄厚的大行铺，如交引铺、金银铺、彩帛铺等，成为商业资本的代表；而以典当起家的库户或钱民，则是高利贷资本的代表，他们在当时社会经济中产生了重大的作用和影响。三是服务性行业。其在城市经济生活中占据重要位置，其中饮食业所占比重甚大。以酒楼为例，汴梁的"正店"酒楼就有72家，其余的小酒馆谓之"脚店"，更是不计其数，他们往往依托于大的酒楼，正店酒楼往往经营规模极为庞大，利润丰厚。饮食业外，茶坊、浴堂等服务性行业也大量存在，其中的浴堂有"香水行"之称，颇得外国观光者的称赞。这些行业中容纳了大量的下层百姓，使他们得以维持生计，如有专门锤取莲肉供应果子行的人户，有专门切草以供应养马之家的民户，这些都是属于服务性行业的。

宋朝行会的建立与完善，是宋朝商业发展与繁荣的一个标志，它们在城市商业贸易中主要具有以下几个方面的职能：首先是统一市场价格。主要表现在经济力量强的商行行首对价格的垄断，由此取得高额利润。如临安城的米铺经营者，"每户全凭行头于米市作价，经发米到各铺出粜"①。实际上中小经营者完全成为各行行首大户的附庸，秉承他们的意志行事。

其次是限制市场竞争，防止外来商人侵占市场利润。宋朝商业行会对外来商人经商的干扰和阻挠一直存在，这限制了各地商品的自由流通和贸易，因而为宋政府所不满。如宋徽宗宣和四年(1122)臣僚就上奏请求：对于农民、外地商旅进城贩卖者"行户不得障固，如违，依强市法科罪"②。这个奏章反

---

① （南宋）吴自牧：《梦粱录》卷16《米铺》。
② （清）徐松辑：《宋会要辑稿·职官二》。

映了宋政府对于行会阻碍市场竞争的不满及其限制性措施，但从侧面也反映了当时行会的势力之大，不经过"行"的许可而"入市货卖"是非常困难的。这种做法限制了外来商人进入本地市场，保证了"行"对贸易的独占地位。

最后是应付官府的科索。宋朝宫廷、官府对各项商品的需要是非常多的，商业行会的建立，其中一项重要的职能就是为官府应役，应付官府各种物品的摊派。

宋朝官方对于商业行会的物品科索可谓苛剥至极，主要表现在：其一，供应物品的规格要求严格。供应皇室御用的物品必须都是上等货色，如宋高宗宫廷所用木炭必须是"胡桃纹，鹁鸽色"①，否则退拣；而供各级官府所用物品也必须精良，如供应不良，则可能受到严厉的处罚。如宋神宗时"三司副使有以买靴皮不良，决行人二十"②。其二，供应物品的时间限制严格。官府对于各种物品的需要，往往是"给限供纳"的，"宫禁取买物许于杂买务下行收买"，"各令行人等第给限供助"③，如果官方非时限纳，商业行户往往难以应付，贫困破产。甚至有的行户被逼迫而死！更为不公平的是，宫廷官府得到了上等的物品，又规定了时间限制，而面对价格的支付，则根据所谓的"时估"付价，"时估"是每旬日一议价格，在这种"时估"下，"贵价令作贱价，上等令作下等，所定之直，不啻数倍"④，而在一些地方州县，还大量存在着只买物品，少偿或不偿价值的"白著"现象，行人为此苦不堪言。

官府对行会、行户的剥削非常沉重，为了保证自身的利益，行户们总是想方设法逃避纠行。逃避的主要办法就是向有权势者投靠，得到他们的庇护。如宋神宗向皇后的父亲向经就是以其国丈的身份，影占大量的"行人"。另一种办法就是牺牲本行下户的利益，行首、富户与官府相勾结，把

---

① （清）徐松辑：《宋会要辑稿·刑法二》。
② （清）徐松辑：《宋会要辑稿·食货三八》。
③ （清）徐松辑：《宋会要辑稿·食货六四》。
④ （清）徐松辑：《宋会要辑稿·食货六四至六六》。

当行需要供应的物品转嫁给贫困下户，由此，也就造成了稗贩贫民"失职"破产，"每年行人为供官不给，辄走失数家，每纠一人入行，辄讼不已"[1]。因而行会富户与下户贫民之间，商业行会与封建官府之间矛盾日益尖锐。

宋朝经济的发展和经商阶层的扩大化，促进了商品交换媒介——货币的进步。众所周知，中国是世界上最早创制纸币的国家，而纸币即产生于繁荣的宋朝商品经济发展中。北宋真宗朝，出现于四川地区的交子，不但是我国历史上最早的纸币，也是世界上最早的纸币。它的出现是受到当时商品货币经济繁荣发展影响的；而纸币之所以首先产生于宋朝四川地区，也与当地使用的铁钱有关。宋朝四川商品经济相当发达，而铁钱价值太低，10 个铁钱才当 1 个铜钱使用。当时，每 10 贯小铁钱就重 65 斤，因而即使是普通街头商人买卖，有三五贯的生意，一般人就拿着很费劲了。这样，商品流通的发达和等价物的铁钱之间产生了严重的矛盾，这一矛盾促成了中国最早的纸币——交子的产生。

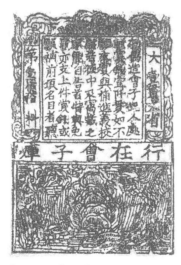

图 16.1　交子图

---

[1]　（南宋）李焘：《续资治通鉴长编》卷 240。

宋朝四川的纸币——交子，其发展可以分为开创时的民办和后来的官办两个阶段。宋真宗时，张咏在四川为官，他看到铁钱使用不便，于是组织当地的 16 家富商"连保作交子"[1]。用同一色的纸张印造，上面用印，印文为树木、人物，还有各自的押字和隐秘题号。当时的交子数额是临时填写，不限多少，持交子领取现钱的人，每 1000 文要扣掉 30 文作为铺户收益。而在夏秋粮食收获时期，又印交子一两次，用交子贱价收购米麦。由于铸造交子利润很大，交子户大发横财。由于交子能够兑换现钱，当富商们准备金不足时，他们往往关门不出，或者规定 1000 文只能兑换七八百文，以致老百姓聚众闹事。最终，在大中祥符末期，在成都知府寇瑊的主持下，停止了交子的发行和使用。到了宋仁宗时期，天圣元年(1023)，薛田担任成都知府后，看到因取消交子，出现贸易不便，买卖萧条的现象，于是提出由官府主持发行新交子。朝廷批准他的请求，当年十一月，成立了四川交子务，开始了官办交子发行的历史。交子是以铁钱为基准和本位的纸币，当时规定：发行的交子上标明数额，自 1 贯至 30 贯，并用印、押字，由监官掌管。交子可以兑换现钱，每兑换 1 贯小铁钱扣下 30 文入官。与现代纸币发行最为不同的是，当时的官造交子有使用期限，称为一界。当时规定二年为一界，到期要回收旧交子，换发新交子。这一次，宋朝官府发行的交子流通比较成功，至南宋普遍行使于东南诸路，还出现了钱引、东南会子、淮交、湖会等众多纸币形态，它们有各自的流通区域。宋朝纸币的发明、官方化及广泛使用对于宋及以后中国乃至世界商品货币经济的发展起到了积极的推动作用。此外，随着宋朝商品经济的活跃，宋朝货币流通也获得巨大增长。不但铜钱大量地出现，金、银也在流通过程中有了较大幅度的增加，宋朝的铜钱在当时宋、辽、夏、金诸国乃至整个东亚、东南亚地区都成为国际通行货币。日本、高丽诸国得到宋朝的铜钱，分库

---

[1]　（南宋）李攸：《宋朝事实》卷 15《财用》。

储藏，以为镇国之宝。外国客商来宋朝做生意，要求必须以铜钱来结算货款。而宋朝商人到海外诸国做买卖，也须携带铜钱前往。当时宋朝的铜钱流往海外数额非常惊人，南宋士大夫包恢曾讲："海外客商以高大的海船，一船就可以装载数万贯铜钱而去，而南宋北自明州，南至泉州、广州，沿海一带数千里，一年蕃商不知道要运走多少铜钱。"当时宋朝人也感叹："中国货宝今乃与四夷共用之也！"[①]近年来，在日本、韩国、越南、菲律宾诸国也发现了大量宋朝年号铜钱，体现了宋朝货币经济对东亚、东南亚地区的巨大影响。

第五节　商品的构成和商税的征收

随着农业、手工业的发展与技术水平的提高，宋朝市场上商品的种类较之前朝更加丰富，数量也大大增加。其中既包括农具、手工业生产工具、车船以及耕牛等生产资料，同时也包括粮食、布帛等各类生活资料。宋朝生活资料类商品的种类较前朝更加丰富，北宋号称天下第一的物品就有蜀锦、定瓷、浙漆、吴纸、晋铜、西马、东绢、建州茶、福州荔枝、临江黄雀、江阴县河豚等。同时生活资料的价格差距也比生产资料大得多，拿穿衣来说，北宋初年，绸一匹600文，而麻布一匹200文，有3倍的差距。而在丝织品之间，又存在不小的差距，如"遍地密花锦背段子"之类的高档品，"一端可织绢数匹"[②]。如果这些高档锦绮鹿胎之类，再以燃金丝线缝制装饰，差距就拉得更大了。其他生活消费品，如金银细工、螺细器物及玉石牙骨雕刻而成的特种手工艺品，它们与一般百姓日常生活用品，价格相差何止百千倍！这些高档手工艺品只是供那些皇室贵族、达官显宦和大商人来享用的，而农民和士卒只能穿着质次价低的褐布、麻衣。

---

① （元）脱脱：《宋史》卷180《食货志下二》。

② （清）徐松辑：《宋会要辑稿·食货六四》。

在宋朝，无论是生产资料范围的商品还是生活资料范围的商品，其产品的地域性都是很突出的，各地都形成了自己的一些优势产品和名牌产品。这个特点的形成，一是由各地自然地理条件造成的，如北方利国监、莱芜监等地富有铁矿，因而其地以铁器生产闻名全国。广南西路、福建路、两浙路的耕牛极多，北方所需多来自这几个地区。二是各地区延续前朝生产技术，并加以创新，制作成功了精致的产品，从而在市场上享有盛誉。北宋初年，士大夫陶谷在《清异录》中曾记载了天下有所谓的"九福"："京城钱福、眼福、病福、屏帏福，吴越口福，洛阳花福，蜀川药福，秦陇鞍马福，燕赵衣裳福。"[①]这"九福"中，如蜀川药福，指的是当地著名的药材商品；秦陇鞍马福指的是这一带的良马与精致的马鞍，燕赵的衣裳福大致指其地优良的丝织品。"九福"实际上把各地特有的名牌产品都给提出来了。这类产品经过多年的交换，一再经受商品价值尺度的衡量而被肯定下来了，因而也是经得住时间检验的。

在宋朝，随着商业贸易的繁荣，商品地区间的流动更加频繁，不同商品的流动，表现出了不同的形式和特点。大体上看，这一时期，农副产品进行的是一种"求心"运动，即从农村的生产地通过墟市、镇市向城市集中。而作为商品的手工业品的流通，则表现为一种"辐射"运动。这是因为一种手工业产品在某一产地大批量生产之后，由商人运往各地，这种流通形成辐射状。如产于定州(今属河北)曲阳县的定瓷，不仅畅通于宋统治地区各州军，而且也流入辽国统治区域。再如福州属县产铁器，不仅供应福州周围地区，而且通过"泉福等州转运兴贩"下海"通贩于浙间"[②]。这种情况同样存在于其他生产集中的产品中。此外，海外贸易中经常是各类商品先集中到明州、广州、泉州等地，而后再通过船舶运输到海外诸国，这可看成是一种广义上的"辐射"运动。北宋和南宋，商品流通的流向又是有所不同

---

① （北宋）陶谷：《清异录》卷1《人事》。

② （南宋）梁克家：《淳熙三山志》卷41《货》。

的，由于北宋的政治经济中心是汴梁，国防的重点又在北方，因而各种商品、军需物资源源不断地自南方流入京师汴京和北部沿边重镇。如宋真宗时，三司就报告说："富商大贾自江淮贱市粳稻，转至京师，坐邀厚利。"①这些商品粮主要是供应汴京庞大的皇室、官僚及众多的市民消费。而河北、河东、陕西除了政府漕运军需粮草外，也需要黄河中下游区域向北方流入的大量的商品粮。南宋的政治、经济重心在临安，因而商品又以"求心"运动的形式，自西向东，集中于临安。这时，军事边防重地如荆襄、两淮地区的商品则由东南市场供应。

商业活动的繁荣，也给宋朝政府带来大量的财税收入。商税已经超越前朝，成为宋朝财政收入中的重要组成部分。两宋三百年间，商税征收与日俱增，不仅影响了社会经济的发展，也使国家的财政结构发生了重大变化，几乎占据全国货币收入的十之三四。在商税征收进程中，宋朝政府建立和完善了自己的商税制度。

宋朝立国之初，对商税征收即十分重视，制定了商税则例。陈傅良指出："我艺祖开基之岁，首定商税则例，自后累朝守为家法。"②这个则例即对商业活动征税的条例和规定，它打破了割据时代诸国的地方性征商体制，而代之以全国性、统一的征商条例。条例在一定程度上促进商品流通，限制税务征收畸轻畸重，保护商旅。但随着北宋中期以后战争频繁，物价高涨，政府不断对商税则例进行修订，实际上税钱不断增多，私增税日益普遍，税目也日益苛细，商贾们遭到了层层剥削。宋朝商税主要分为住税和过税两大类。过税是向转贩货物的商旅征收的税，按其货价的百分之二收税。开设店铺的商人在当地出售货物或行商到达住卖地出卖货物，该地税务按物价的百分之三收税，即住税。住税的承担者还包括进行商品生产的手工业者兼商人和一部分兼营家庭手工业的农民。

---

① （南宋）李焘：《续资治通鉴长编》卷 63。
② （元）马端临：《文献通考》卷 14《征榷考一》。

除了这几类官方认可并屡次修订、剥削日益沉重的税目外，宋朝官员还违背商税则例，随意创制新的苛杂税目，例如，力胜钱是对船只按大小征收的税钱。本来船中有货物，征力胜钱还有借口，而船中空无一物，也要强行征税，甚至有的地方，船只只要靠岸，就要收钱，谓之"到岸钱"。市例钱，为王安石变法期间创制，即在抽取官税之后，另外向商客征收钱税。如苦麻、山豆根这样廉价的物品，正税钱往往与市例钱相差无几，等于多征一倍的税，后虽经过放免，但300文以上的商品一定要征收市例钱，并成为一项定制。打扑钱，即商贾在一路之内，每经场务就得缴纳一次过税，从这一路到那一路，也同样是一征再征，经过各路打扑，政府的商税固然增加，可是货物运到目的地之后，只有抬高售价，才能弥补商家的运费，最终吃亏的还是普通消费者。这表明，在没有形成统一的国家市场之前，各地市场的封建性、地方性特征始终存在，即使像两宋这样商品经济发达、制定全国税例的时期，也是无法避免征商税的随意性。

在宋朝商税征收中，货币居于主导地位，此外，宋朝商税还征收一定数量的产品，所谓"有官须者，十取其一，谓之抽税"。这种产品抽税率是百分之十，如木料"每木十条，抽一条讫，任贩货卖，不收商税"[1]。抽分的物品，主要是竹、木、砖瓦之类物品，对产品的"抽解"，同市舶贸易的"抽解"大体是一致的。

宋朝商税种类繁多而征收次数频繁，再加上各种违例征收的苛捐杂税，商人出于追求利益的考虑，总是千方百计地逃税、漏税。例如，商贾为逃避过税，避开沿途税务，而由小路或支流港汊绕过，或援例借路，从税卡少的地方通过。宋政府为保证商税收入，因而制定了严厉的惩罚条例。宋太宗淳化五年(994)诏书中就指出："有敢藏匿物货为官司所捕获，没其三分之一，仍以其半与捕者"；"诸匿税者笞四十，税钱满十贯杖八十"[2]，对

---

① （元）马端临：《文献通考》卷14《征榷考一》。

② （南宋）谢深甫：《庆元条法事类》卷36《库务门一》。

偷税、漏税者按多少分别给笞刑、杖刑、加倍罚税钱、没收三分之一的货物等处罚。对那些代替大商人经商贩运、伪称已纳税而将税钱私吞而原主并不知情的，应罚纳钱物，责令代理人交纳，货物归原主，虽遇赦令，依旧惩罚不贷。用重罚的办法来防止偷税漏税，使国家的商税征收得到保证。对"商人贩鬻不得辄由私路，募告者厚赏之"①，即商贾不从指定的起发地至住买地按规定纳税，而由小路逃税者要予以严惩，对告发者优赏。同时，在各税务都有拦头若干人，在走私路口稽查商税，从中可以看出宋朝防止偷漏税法的严密、苛刻。这一方面极大地增加了国家财政收入，北宋商税呈现出一个逐渐增长的趋势，宋真宗、宋仁宗时期更是连年暴增。商税激增的主要原因是对西夏用兵，军费开支浩繁，政府加大搜刮力度。到宋仁宗皇祐以后又降下来，即使如此，商税比宋朝初期也增长了两三倍。另一方面，商税征收网络的繁密，也带来一系列不良影响。

首先是阻碍了宋朝商品的自由流通和交换。宋朝税务林立，压榨商旅，连封建统治者也不得不承认这一事实："税场太密"②，如四川的茶税征收，"所过场务，远者十处，近者三两处，再远者四五处，过税每斤收二文，五场共计十文"③。南宋场务之多，有甚于北宋。由于场务太密，在税务一征再征之下，商人为了弥补税钱损失并获利，故而商品价格一再上涨，从事贩运贸易的成本费无形中增长了许多，面对层层的税务苛剥和巨大的市场风险，"商客亏本，少人兴贩"④，商品地域间的自由流通受到阻碍。

其次是非法苛敛致使中下层商人贫困破产。非法苛敛一是地方官府巧立名目，额外多征，二是"专栏"横行。地方官为多敛钱财，邀功请赏，就不免违法乱纪，苛征商旅。如刘挚在弹劾官员沈希颜时说：沈在京西路非

---

① （清）徐松辑：《宋会要辑稿·食货一七》。
② （清）徐松辑：《宋会要辑稿·食货一七》。
③ （北宋）吕陶：《净德集》卷3《奏乞罢榷名山等三处茶以广德泽亦不阙备边之费状》。
④ （清）徐松辑：《宋会要辑稿·食货五〇》。

法敛财图进，"至于果蔬日用之物，例增征算"①。而南宋征税，更加苛重，"利源至多至烦"②。本来务场官吏的乱征、多征已是很严重的了，而州郡官又命令场务额外多征，就更增加了经商者的忧患。地方税吏、买扑豪商与官方勾结，榨取商旅，征收的很大一部分商税没有落入国库，而是进入他们自己的腰包。如南宋号称大法场、小法场的池州(今属安徽)雁汊、黄州(今湖北黄冈)江口和新法场鄂州等税务对商旅的刻剥，花样极多，各地拦头还备有小船，商税务 10 里外邀截商旅，搜捡税物，小商物货为之一空，税钱并不入官，而是被税吏掩为己有。更有甚者，邀拦之人，各持弓箭枪刀，"将客船拦截弹射，或至格斗杀伤"③，对待商贾好像寇盗一般。有的大商人还同税吏勾结起来，走私漏税，这些税吏得厚赂即私自放行，不令其到务纳税，而一般中下层商人，则因无钱贿赂，又无官僚世族背景可以依仗，因而在征商中受到压榨最甚，再加上经商本身的高风险，稍有不慎，即至贫困破产。

第六节　"四民"之一的商人阶层和流通财货的贡献

两宋时期，随着商人在社会经济领域中的作用日益增强，社会各阶层中对于商业、商人的看法与前朝相比亦发生明显改变。商业的地位被提到和士、农、工一样的本业地位，在国民经济中的重要性达到前所未有的高度。随着商业地位的提高，社会上对于商人的看法也逐渐发生改变，视商人为"杂类"、"贱类"，动辄加以打击、抑制的传统做法逐渐减少，封建政府开始和商人进行合作。商人成为封建国家、士人意识观念中的"四民"之一，具有和士、农、工一样的"齐民"资格。

---

① （北宋）刘挚：《忠肃集》卷 7《刻沈希颜非法聚敛》。
② （南宋）刘子翚：《屏山集》。
③ （南宋）谢深甫：《庆元条法事类》卷 36《库务门一》。

在政府和社会对商人态度转变的同时，商人也在积极利用各种手段提升自己的社会地位，其中最主要的就是通过各种途径获取政治地位。积极参加科举考试，应举做官，无疑是最为稳妥的一种办法。宋初，封建法律沿袭前代，禁止"工商杂类"本人参加科举考试和做官，但不久便放宽尺度，允许商贾中的"奇才异行者"应举，也允许商贾的子弟应举。宋真宗时，茶商侯某"家产甚富赡"，其子在大中祥符八年(1015)进士及第，后授真州(治今江苏仪征)幕职官。宋仁宗时，曹州(山东菏泽市南)"市井人"于令仪之子伋、侄杰等人皆进士登第。宋徽宗时，由于官府牟利，接受商人贿赂，允许他们应举做官的例子更多。南宋时亦是如此，最典型的例子如鄱阳(今江西波阳)人黄道安，屡试落榜而罢举为商，一段时间后又参加乡试，最后参加礼部试，终于中榜。这表明了在两宋时期，商人及其子弟可以通过参加科举考试做官，跻身士大夫之列。

自己亲自上阵，蟾宫折桂无疑是有很大难度的，也不符合商人逐利的初衷。而交结宗室、官员，或与之联姻，借此谋取官位，则相对容易些。这方面的成功例子很多，如宋仁宗初年，开封府尉氏县茶商之子马季良，因娶一名得宠外戚的女儿，授光禄寺丞，并由皇帝召试馆职。至和元年(1054)，宰相梁适"留富民郭秉在家买卖，奏与恩泽"①。更有甚者，官商之间形成赤裸裸的钱权买卖，如宋英宗时，京城很多富商，每逢省试年份，择中第士人为婿，"不问阴阳吉凶及其家世"，以高价为诱饵，使人就范，谓之"榜下捉婿"。② 南宋时，类似的情况也还有很多。有些官员在注调京官阙后，也往往找相识的富商巨贾，向他们"预贷金以为费"③，等上任后再偿还。商人能够和外戚、高官相结交，彼此形成一个庞大的关系网，为其从政、经商提供了很多便利条件。

---

① (南宋)李焘：《续资治通鉴长编》卷176。
② (南宋)朱彧、(南宋)陆游：《萍洲可谈》卷1。
③ (明)黄淮、(明)杨士奇：《历代名臣奏议》卷83《经国》。

再者，商贾可以通过进纳钱粟买官而跻身仕途。从宋初开始，政府就在各地遇到天灾、兵祸时，允许"有物力户"助粮纳官，授予本州助教、文学至太祝等官衔，这些有物力户自然包括富商大贾在内。在宋徽宗朝，蔡京、朱勔等奸佞卖官鬻爵的现象更加普遍，"所卖尤多，富商家子往往得之"①。这些买官的富商大贾约以千计。南宋时，各地称为"某某助教"、"某某将仕郎"者，有相当一部分是商贾进纳钱粮而买到官职的人。买卖之间，商人得到名，官府得到利，但是由此造成了南宋官员的普遍腐败和政治的混乱、黑暗。

此外，商人还可以通过替国家管理税收，充当出使随员，以及立军功等而加官进爵。商贾们为了捞取一官半职，提高自己的政治地位，使尽了各种手段。他们追求名的目的，除了满足自己的虚荣心之外，最主要的还是为了增加自己的财富，巩固、提高自身的经济地位。宋朝商人社会地位的提高，主要是缘于社会经济的发展，人们对商品的需求增加，而商品交易活动离不开商人，促使商人在社会生活中的地位更加重要。再就是唐宋时期社会阶级结构发生变革，统治阶级中世袭特权基本被取消，社会生活中超经济强制大为减弱，经济剥削大大加强。在这一过程中，由于商业发挥着调剂余缺的作用，商人手中握有大量的货币资本，因而他们的社会地位相应提高，势力也不断扩大。

随着商业贸易繁荣，宋朝商人势力参与、渗透到了社会生产、流通、消费等环节，对于当时经济发展、人民生活、对外经济文化交流产生了不同的作用和影响。

宋朝商人贸迁有无、促进生产的作用日益增强。传统耕织结合的小农家庭，家家都要配备一定数量的生产资料，其中比较重要而又与商人关系密切的是牛、铁农具和种子。"牛为农本"，耕牛对于自耕农而言，不仅关

---

① （北宋）汪藻：《靖康要录》卷7。

系到能否重新组织生产，而且关系到耕作面积的大小。所以小农家庭力图购得一头属于自己的耕牛，而商人的贩运则为小农提供了这样的机会。宋朝耕牛贩运呈现出自南而北的态势，商人为此花费了大量的人力、物力，冒着巨大的风险，这是单个小农家庭难以承担的。商人贩运的牛畜主要用于运输和农业生产，其积极意义应予以肯定。铁制农具从战国以来一直是农业生产中必不可少的工具，宋朝也不例外。铁农具的制造，受到产地、矿冶技术的严格限制，需要商人来发挥其贩运流布的作用。宋朝商人贩运、为农民提供铁农具的积极作用，是不容怀疑的。其他生产资料如种苗、原料，特别是灾荒时节商人贩运的粮食，其中的一部分成为种子，为当地农业生产的恢复起到了重要作用。小农家庭生产中包括了一部分手工业生产，主要为家庭兼营性质。小农家庭纺织业所需桑麻、纺织工具、染料等，有时亦需要商人提供，实际上，宋朝商人对于各种形式的手工业生产，作用都十分突出。除了通过贩运活动为手工业生产提供原料、销售产品外，一些商人还直接涉足手工制造业，为其商业经营服务，如福建的漳、泉等地"凡滨海之民所造舟船，乃自备财力，兴贩牟利而已"①。这里商人投资造船业，为其经商提供必要的设备，尽管其投资缺乏长期性和连续性，但也可视为商业资本参与手工业生产的一种方式。再如城市中的磨茶业，从事这项工作的有专职的"磨户"，还有很多城市中的茶商铺户。他们自买草茶入铺，加入黄米、绿豆等拌和真茶，"变磨出卖，苟求厚利"②。茶商铺户加工茶叶，主要供自己开店出卖，但生产加工规模大的商户除自行零售外，还批发给其他茶商贩往外地，批发量动辄成百上千斤，可见茶商铺户向生产领域的投资是很大的。此外，在宋朝实行包买制的造酒、矿冶等手工业生产领域，也存在着大量的商人资本投入，他们在取得生产经营权后，都会或多或少地介入生产过程。两宋时期，与商人将大量资本投向土地和高

---

① （清）徐松辑：《宋会要辑稿·刑法二》。
② （清）徐松辑：《宋会要辑稿·食货三二》。

利贷业相比，其向农业、手工业等生产领域的投入在总量上还只占较少的一部分，但它表现出一种趋势、一个方向，对于当时社会生产的积极作用也是很明显的。

同样的，宋朝商人在流通财货、沟通南北物资、丰富民众生活方面发挥了巨大作用。宋朝商人在流通领域作用巨大，诸如象齿、文犀、紫贝、夜光珠、照乘玉等奢侈品是其营运的重要对象。他们的贩运活动满足了一部分官僚权势之家奢华生活的需求，另一方面也为从事奢侈品生产的下层劳动者找到了谋生的出路。这类奢侈品始终是宋朝商人流通货财的一个重要方面。但在宋朝，与普通民众日常生活息息相关的粮食、布帛之类的基本生活必需品在商人流通中越来越占据重要地位。商人贩卖米绢等日常生活用品，既牟取时间差价，又牟取地区差价，这成为商业资本赢利的主要方式。就供应对象而言，在南方主要服务于城镇和经济作物产区，在北方较多地服务于政治、军事需求。① 商人运输大量粮食，解决了城市庞大的皇室、官僚、市民的消费需求；对于普通小农，荒年供粮满足了其基本生活需求，丰年收购又解决了其卖出粮食的燃眉之急。宋朝布帛及丝织品生产基本形成了河北、四川、江浙这三大地域鼎足而立的格局。三地的产品各有特色。宋朝布帛、丝织品流通是呈"辐射状"展开的，这对于小农家庭发展商品生产具有积极的促进作用。此外，茶叶、米、油、盐等与人民日常生活息息相关的生活资料、生产资料都成为商人贩运的对象，他们在推动商品流通，满足社会各阶层需求方面发挥了重要作用。

再者，商人们经营海外贸易，开拓进取，促进了对外经济、文化交流。宋朝商人运销海外的货物，以瓷器、漆器、丝织品、铜钱、中草药、建本书籍等为大宗。其中刻印精美的宋朝书籍的外销，对文化传播意义最大。这些货物以其领先于世界的水平，提高了中国在国际上的声誉，同时对于进口国家的经济和文化的发展也带来了深远的影响。同样，宋朝商人从海

---

① 漆侠：《中国经济通史·宋代经济卷》，北京：经济日报出版社，1999 年版，第1074 页。

外各国运回了大批香料、药材、木棉布、生铁、蜡、糖霜、书籍等。这些货物的输入，便于宋朝人民从外国文化中汲取营养，促进了当时中国经济、科学技术和文化的发展。此外，一些海商本人或其搭载的成员交易到某国后，就定居在那里，如高丽、印度及东南亚各国，他们成为增进宋朝与外国联系的使者。在宋朝广为流传的一些关于海外各国情况的著作，如朱彧和陆游的《萍洲可谈》、周去非的《岭外代答》等，很多内容都是商人提供的。这些著作的流传，开阔了宋人的眼界，增长了知识，其影响是深远的。①

宋朝商人是宋朝社会诸阶层中的一个重要组成部分，对于他们的作用应给予客观评价。既要看到他们唯利是图、贱买贵卖、与官僚地主相勾结、残酷剥削生产者和消费者的消极性一面，同时更要看到他们对社会经济的发展、社会再生产的顺利进行、人们日常消费需求的满足、中国与世界各国的贸易文化交流所做出的积极贡献。

第七节　宋元时期的海外贸易

两宋时期，是中国古代社会经济、文化发展的一个高峰。农业生产的发展、粮食产量的增加，导致剩余人口增多，为手工业和商业的发展奠定了基础。宋朝许多部门的手工业均有长足进步，产品质量和产量较前朝相比都有很大进步。

宋朝的造船业进步非常明显。北宋哲宗年间（1086—1100），明州和温州每年各自生产船只 600 艘之多。宋神宗元丰元年（1078）时，命明州造两艘"神舟"，以载使者出使高丽。当这两艘大船从定海（治今浙江宁波镇海区）穿越东海抵达高丽时，当地人"欢呼出迎"。宋徽宗宣和五年（1123），下诏制造两艘巨大的"神舟"，送徐兢等出使高丽。根据学者推算，"神舟"载

---

① 　朱瑞熙：《宋代商人的社会地位及其历史作用》，载《历史研究》1986 年第 2 期，第127～143 页。

重约 1100 吨，徐兢等从明州出发，抵达高丽后，"倾国耸观，而欢呼嘉叹"①。

宋朝的造船和航海技术，已经达到国际最先进的水平。根据宋末元初人吴自牧在《梦粱录》中的记载，当时海商的船只，大的达到 5000 料（约合今制 300 吨），可以装载五六百人。为适应海上航行需要，船底一般都是制成尖底；同时，中国的海船采用了隔舱技术，将船舱用舱壁分割成若干舱体，即使部分舱体漏水，也不会波及全舱。这样的船只自然有利于抵抗风涛的袭击。当时的船帆也有很大改进，出现了装在转轴上的桅杆，以避免被狂风摧折。宋朝的导航技术也有突破性的进步，当时的海船上已使用"量天尺"，靠观测北极星的高度来判断船只所在的地理位置。同时，指南针已经被用于航海活动中，北宋人朱彧在其所著《萍洲可谈》里提到海船上的"舟师识地理"，夜晚靠观星，白天靠观日，阴天则观察指南针。徐兢在《宣和奉使高丽图经》中，也明确地记载了"若晦冥则用指南浮针，以揆南北"②。这两部文献是世界上关于航海活动中使用指南针的最早记录，说明在北宋末年，指南针就已用于航海。南宋时，则发展到使用罗盘。导航技术的进步，使得海船可以横穿大洋，而不必一直靠岸航行，提高了船只的航行能力和安全程度。正是在航海技术高度发展的基础上，两宋时期，进行海上贸易的大船，多由中国制造提供，中国的商船穿梭于惊涛骇浪之间，外国商人往来中国进行交易，也多乘坐中国的海船。

宋朝政府对海外贸易持开放、鼓励政策，用海外贸易所带来的市舶收入充实国库。到了南宋时期，由于立国于东南半壁，人口和耕地都大为缩减，但国防开支日益增长，财政困难。为拓展财源，南宋政府重视发展海外贸易，以收取市舶之利。加上两宋时期西北丝绸之路先后被辽、夏、金

---

① （北宋）徐兢：《宣和奉使高丽图经》卷 34《神舟》。
② （北宋）徐兢：《宣和奉使高丽图经》卷 34《海道一》。

阻断,所以对海上丝绸之路特别重视。正如宋高宗所说:"市舶之利最厚,若措置合宜,所得动以万计,岂不胜取之于民?朕所以留意于此,庶几可以少宽民力耳。"①

为管理市舶贸易,开宝四年(971),宋太祖在广州设立了宋朝第一个市舶司,以大将潘美、尹崇珂并任市舶使,并兼任广南东路转运使,解决了运送香药的问题。在此之后,宋朝陆续在广州、明州、杭州、泉州、温州、秀州(治今浙江嘉兴)、密州(治今山东诸城市)、江阴军等沿海州县设置市舶机构,管理对外贸易事务。

元丰三年(1080),北宋颁布了我国海外贸易史上第一部成文法则"元丰市舶法则",制定了一系列条例,规范了宋朝政府对海外贸易的管理,保障了民间海商对外贸易的合法化,极大地促进了宋朝海外贸易的发展。与此同时,还专门派遣使者招徕海外商人,对一些商业规模很大的海商,采取奖励政策。如阿拉伯客商辛押陁罗,他在广州居住几十年,通过双方贸易获得了巨额财富,在当地的外国商民管理方面也起到了重要的作用,稳定了广州的外贸秩序,为国库提供了丰厚的税源。宋神宗为奖励他的业绩,授予他归德将军之职。南宋初年,阿拉伯商人蒲罗新运载大量乳香到泉州,也因此受封承信郎一职。

另外,宋朝政府将对外贸易事业的兴废作为奖惩官员的一项评判标准,如规定"闽、广舶务监官抽买乳香每及一百万两,转一官"。对于管理市舶贸易有亏职守甚至贪污受贿者进行严厉处置,如颁布诏令:"市舶务监官并见任官诡名买市舶司及强买客旅舶货以违制论,仍不以赦降原减,许人告,赏钱一百贯,提举官、知、通不举,劾减犯人罪二等。"②总体而言,与唐朝相比,两宋的对外贸易管理体制更趋完备。

在此基础上,宋朝的海外贸易比唐朝更加发达,在沿海港口的外商数

---

① (南宋)李心传:《建炎以来系年要录》卷116。
② (清)徐松辑:《宋会要辑稿·职官四四》。

量进一步增多。"越商海贾，朝盈夕充。"①宋仁宗皇祐四年（1052），侬智高起兵反宋，围攻广州，当时城外有"蕃汉数万家"，都被叛军席卷而去。可见当时外商的数量和海外贸易的规模。根据周去非所著《岭外代答》和赵汝适所著《诸蕃志》等资料记载，当时与中国通商的，有50多个国家和地区。其中东北方向有高丽和日本，南海方向则国家众多，"凡大食、古逻、阇婆、占城、勃泥、麻逸、三佛齐诸蕃，并通贸易"，南括印度尼西亚群岛，向西经中亚、西亚和小亚细亚，最远可达非洲东海岸的中部和意大利的西西里岛。近代以来，桑给巴尔和索马里都出土过许多宋朝的铜钱和瓷器。

在与域外各国的朝贡贸易和市舶贸易中，宋朝出口货物，以丝绸和瓷器为主，还有钱币、铅、锡、杂色布帛、书籍、文具等。而从海路输入的进口产品，以香料和香药为最多。随着进口量的增多，香料从以前的奢侈品逐渐成为百姓日常的消费品，香料最多的时候曾占宋朝全部财政收入的1/10。除此之外，还有布匹、香辛料、木材、人参、松子、犀角、牛、玳瑁、紫矿（染料）、金、银、水银、铜、硫黄、琉璃、翡翠等。可以看出，宋朝进口的货物主要是植物、动物、矿物等原材料和初级加工产品为主。由于香料、丝绸、瓷器在海外贸易中的重要地位，有学者将中国与东南亚、波斯湾国家的贸易之路称为"香料之路"，还有学者将其称为"丝瓷之路"。

同时，也有一定数量的工艺品输入宋朝，如高丽的纸、日本的刀和折扇，都深受宋朝士人阶层的喜爱。欧阳修曾写诗《日本刀歌》称赞其质量与工艺："昆夷道远不复通，世传切玉谁能穷。宝刀近出日本国，越贾得之沧海东。鱼皮装贴香木鞘，黄白间杂鍮与铜。百金传入好事手，佩服可以攘妖凶。"西亚、地中海地区的一些工艺品也传入中国，如宋朝诗人文同曾创作五言诗《冷瓶》：

---

① 　（南宋）王明清：《玉照新志》卷3。

海南有陶器，质状矮而堉。云初日炙就，锻铄不以火。水壶
丑突兀，酒瓶肥碌砢。山罍颈微肿，石鼎足已跛。圆如鸥夷形，
大比康瓠颗。华元腹且皤，王莽口何哆。蕃胡入中国，万里随大
舸。携之五羊市，巾匮费包裹。侏儺讲其效，泻辩若炙輠。课以
沸泉沃，冰雪变立可。炙敲疗中渴，其用岂幺麽。君凡几钱得，
不惜持遗我。曾将对佳客，屡试辄亦果。勿云远且陋，幸可置
之左。①

这个陶制的水瓶，是随着"蕃胡"的"大舸"从万里之外漂洋过海，来到
中国的，虽然其貌不扬，但可以让热水很快变凉，所以被用很漂亮的包装
带到广州的市场上以高价出售。

1206 年，成吉思汗统一蒙古各部，建立大蒙古国，随着蒙古征服中
亚、西亚、东欧等广大地区，陆上丝绸之路变得空前畅通，亚洲各地与欧
洲之间的贸易往来日益密切。元朝灭掉南宋之后，中国重新统一到一个中
央王朝下，国内政局相对稳定，商品经济有所发展，也有扩大海外贸易的
内在诉求。

元朝中叶以后，蒙古各汗国之间矛盾加深，时有战争，陆上丝绸之路
阻塞，海上丝绸之路在国际贸易中的地位提升，促使元朝的海上交通进一
步发展。元朝时，东南沿海设有市舶司的共有七处之多，分别为泉州、庆
元(治今浙江宁波)、上海、澉浦、温州、杭州、广州。元成宗大德(1297—
1307)以后，集中到泉州、广州、庆元三处。元朝中期每年海舶税收多达数
十万锭，成为国家收入的重要部分。

海上贸易的繁盛，促进了国内经济的发展，由于中国对外以瓷器和丝
绸为大宗，大量的出口刺激了国内相关产业的繁荣。元朝时，景德镇一地，

---

① (南宋)文同：《丹渊集》卷 9。

当时就有民窑 300 余座，工匠超过数十万人，日夜烧制，相当一部分销售到海外。丝绸业也是如此，仅丹徒县（今江苏镇江丹徒区）就有织机户 300 多户。

宋元时期，由于朝贡贸易和市舶贸易的发展，中国的沿海各主要港口进一步繁荣起来。

广州是宋朝最大的外贸港口。宋朝人曾说，两浙、福建、广南三市舶，"唯广最盛"[①]。据学者统计，11 世纪 70 年代、80 年代，三大市舶司博买乳香，广州的贸易额占总数的 98%[②]，可见广州在宋朝海外贸易中的地位。大批域外商贾和货物在广州集中，极大地塑造了广州特殊的城市面貌。宋朝人李焘在《续资治通鉴长编》里记载："番禺，宝货所聚。"宋朝人程师梦《题共乐亭》诗中描述广州的景致："千门日照珍珠市，万瓦烟生碧玉城。山海是为中国藏，梯航尤见外夷情。"南宋人洪适在《师吴堂记》中也记载，五岭以南，广州是一大都会，大商人从占城、真腊、三佛齐、阇婆等国涉海而至，每年有数十艘船，西南方向各国的珍宝，如犀角、象牙、珍珠、香料、琉璃等，无计其数，甚至有些货物都叫不出名来。元朝攻打广州的战争，使得广州贸易损失严重。元朝中期以后，广州的对外贸易逐渐恢复。14 世纪 20 年代，意大利旅行家鄂多立克来到广州，在他的笔下，广州大威尼斯 3 倍，拥有数量极多的船舶，"整个意大利都没有这一个城的船只多"[③]。元朝人孙贲《广州歌》中提道："岿峨大舶映云日，贾客千家万家室。"张翥在《送黄中玉之庆元市舶》也写道："是邦控岛夷，走集聚商舸。珠香杂犀象，税入何其多！"可见广州中外商贾云集，海船繁多，是奇珍异宝堆积如山的繁华的国际都会。

---

① （清）黄以周等辑注：《续资治通鉴长编拾补》卷 5《神宗》。

② 李庆新：《海上丝绸之路》，合肥：黄山书社，2016 年版，第 125 页。

③ ［意］鄂多立克：《鄂多立克东游录》，何高济译，北京：中华书局，1981 年版，第 64 页。

　　泉州是福建最大的港口城市。北宋哲宗元祐二年(1087)设置市舶司，便利了泉州的对外贸易。到南宋时期，泉州的商业发展迅速，号称"富州"。元朝，泉州是中国最重要的外贸港口。据马可·波罗推测，如果从埃及的亚历山大或其他港口运载 1 船胡椒到欧洲各国，就一定有 100 多艘船的胡椒运到泉州[1]，可见泉州在当时国际贸易体系中的分量。元朝末年，摩洛哥旅行家伊本·白图泰在泉州亲眼见到当地海上贸易的繁盛，他说泉州是"世界大港之一，甚至是最大的港口"[2]。中国史书记载泉州是"番货、远物、异宝、奇玩之所渊薮，殊方别域富商巨贾之所窟宅，号为天下最"[3]。宋元时期，大批通过海上丝绸之路进入中国的外国商人入居泉州。泉州以"蕃商杂处民间"著称。南宋末年，西域人后裔蒲氏家族操控了泉州城的香料等货物的交易，蒲寿庚等人被任命为市舶使。蒲氏家族拥有规模巨大的船队，临安被元军攻占之后，张世杰所率领的南宋残余军队在泉州一次就带走了蒲寿庚的 400 艘货船，可见其总量之多。考古工作者在泉州发现了大量的石刻，石刻的文字有汉文、阿拉伯文、波斯文、拉丁文、叙利亚文和八思巴文等，此外还有尚未认识的文字。这些石刻遗迹，说明当时泉州聚居着大批来自亚非各国的侨民。

　　明州是宋元时期三座最主要市舶口岸之一，日本、高丽等国家海船来华，中国海船往来，也多经由明州。西亚、南亚与东南亚等国商船也航行至此进行贸易。北宋诗人梅尧臣在《送王司徒定海监酒税》诗中写道："悠悠信风帆，杳杳向沧岛。商通远国多，酿过东夷少。"海外贸易的发达，催生了通晓外语的翻译行业。南宋人周辉在其所著《清波杂志》中记载了这样一件事：他在泰州(今属江苏)的时候，遇到一艘漂流到当地的日本船，船上

---

　　① ［意］马可·波罗：《马可·波罗行纪》，冯承钧译，上海：上海书店出版社，2001 年版，第 376 页。

　　② ［摩洛哥］伊本·白图泰：《伊本·白图泰游记》，马金鹏译，银川：宁夏人民出版社，2000 年版，第 545 页。

　　③ (元)吴澄：《吴文正公集》卷 16《送姜曼卿赴泉州路录事序》。

有二三十人。这二三十人被安置到官方馆舍，有人问他们的风俗，但语言不通，好在旁边有一个翻译，是明州人。后来朝廷命令他们到明州停留，等候季风回国。这条记载充分说明了明州在对日本交往方面的重要地位。意大利旅行家鄂多立克在他的《东游录》中就提到明州的船数量极多，"恐怕比世上任何其他城的都要多好多。船身白如雪，用石灰涂刷。船上有厅室和旅舍，以及其他设施，尽可能地美观和整洁。确实，当你听闻，乃至眼见那些地区的大量船舶时，有些事简直难以置信"①。

　　杭州地理位置优越，地处富庶的长江三角洲地区，从钱塘江口就可以出海。从五代开始，杭州的海上贸易就非常兴盛，钱塘江边，"舟楫辐辏，望之不见其首尾"②。北宋时期，在此设置两浙市舶司，管理对外贸易，当时的主要贸易对象是日本、高丽等国。南宋时期，临安（今浙江杭州）成为实际上的首都，人口众多，城市繁荣。马可·波罗在其行纪中盛赞其美丽富裕。在海外贸易发展的基础上，杭州城东的澉浦镇（今浙江海盐南）成为外贸港口，各处外国船只交织而来。元代时期，澉浦的对外贸易持续发展，政府在此地设置了市舶司进行管理。

　　因为海外贸易的繁盛，所以在唐宋时期，广州新兴了很多行业。一是出现了和香人，把从海外运来的香料，按照一定比例配制，制作成香品，因为制作香品需要专业技能，于是催生了"和香人"。享誉宋朝的"心字香"，就是广州和香人吴氏独家秘制的招牌货。二是出现了解犀人。宋元时期，大批热带、亚热带地区的象牙和犀牛角随商队进入中国。南宋绍兴元年（1131），广州市舶使张书言报告："大食使者蒲亚里进贡大象牙二百零九株、大犀牛角三十五株，现在收藏在广州市舶司的库房内。"成株的象牙和犀角，必须经过切割之后，才能加工制成带扣等工艺品。切割技工俗称"解

---

①　［意］鄂多立克：《鄂多立克东游录》，何高济译，北京：中华书局，1981年版，第71页。

②　（北宋）薛居正：《旧五代史》卷133《元悰传》。

犀人"。三是出现了翻译。随着海外贸易的繁盛，交易量增加，翻译在其中作用重大。四是出现了舶牙。牙人，是我国古代对居于买卖双方之间，撮合成交以获取佣金的人的称呼。随着海外贸易的发展，涌现出一批从事舶来品中间交易的"舶牙"。陶谷在《清异录》中记载了一位番禺（治今广州）的"牙侩"徐审，他和商船的主人何吉罗关系融洽亲密，临行之际，何吉罗赠他三枚异常珍贵的"鹰咀香"。①

随着中国船只在海外航行越来越普遍，中国人的海洋地理知识不断扩展，开始用"洋"来描述不同地区的海域。周去非在《岭外代答》中就有用"东大洋海"、"南大洋海"等名词来命名海域："三佛齐之南，南大洋海也。""阇婆之东，东大洋海也。"南宋真德秀提出了中国沿海海域中的"东洋"、"南洋"、"北洋"等畛域："围头去州一百二十余里，正阚大海，南、北洋舟船往来必泊之地，旁有支港可达石井"，"自南洋海道入（泉）州界，烈屿首为控扼之所，围头次之"，"小兜寨，去城八十里，海道自北洋入本州界，首为控扼之所"。②

宋元时期海上丝绸之路的繁盛，使得这一时期涌现出众多通过海路游历东西方的旅行家，根据他们海路见闻而编撰成的地理著作，成为了解当时欧亚非各国风俗习惯、地理知识和海路交通的宝库。其中著名的有意大利旅行家马可·波罗、鄂多立克，摩洛哥旅行家伊本·白图泰，中国旅行家汪大渊和周达观等。

马可·波罗（约1254—1324）从陆路来到中国，受到元世祖的赏识，游历中国各地。至元二十九年（1292），他随波斯使团从泉州出发，护送阿鲁浑王妃阔阔真公主前往波斯，船队经爪哇、苏门答腊，穿过印度洋，航行了18个月，到达波斯，最后经由君士坦丁堡回到威尼斯。他的经历由别人

---

① 蔡鸿生：《市舶时代广府的新事物》，《河南大学学报（社会科学版）》2014年第3期，第32～33页。

② （南宋）真德秀：《真西山先生集》卷8《申枢密院措置沿海事宜状》。

整理成中外著名的《马可·波罗行纪》。

意大利旅行家鄂多立克（1286—1331）于 1318 年开始向东游历，他在波斯湾的重要港口忽里模子启航，经过印度、斯里兰卡、苏门答腊、爪哇、加里曼丹、越南，抵达广州，又经泉州、福州、杭州、南京、扬州，取道运河到达大都（今北京），回程取道陆路。在病榻上，鄂多立克口述了他的经历，由别人笔录，撰成游记。

图 16.2　马可·波罗像

伊本·白图泰（1304—1377），于 1325 年从摩洛哥到麦加朝觐，然后取道陆路，来到印度。1342 年，他被德里苏丹委派为钦差使者，出访中国。他从喀里克脱港（今印度卡利卡特）出海，穿越马六甲，于元顺帝至正六年（1346）抵达泉州。他先后去了广州、杭州、大都（今北京）等多个城市，最后从泉州取道海路回国。在来中国的途中，他目睹了中国海船的盛况及中国商人在南海各地的贸易状况；到中国后，他为中国辽阔的地域、丰富的物产、工匠的精湛技艺所倾倒。1356 年，他讲述的所见所闻被汇集成书，名为《异域奇游胜览》。

汪大渊（1331—?）字焕章，江西南昌人，元文宗至顺元年（1330），他从泉州出发，穿越马六甲，进入印度洋，到达埃及，又南下到达东非的肯尼亚。元顺帝至元三年（1337），他又一次出海游历。回国之后，汪大渊把路上的见闻编写成《岛夷志略》一书，内容包括沿途 200 多个国家和地区的山川、港湾、险要、风土、物产、建筑、饮食、服饰、贸易等方方面面。汪大渊考察仔细，治学严谨。《岛夷志略》一书资料丰富，内容翔实可靠，为后人所推崇。

周达观(1266—1346)，自号草庭逸民，浙江温州永嘉人。元成宗元贞元年(1295)，他奉命随使团从温州出海，赴真腊(今柬埔寨)访问。于大德元年(1297)回国后，他把自己所见所闻著成《真腊风土记》一书。在书中，他记述了当时高棉帝国吴哥王朝的各方面知识和见闻，是世界上最早的一部关于吴哥文化的记录。

宋元时期，由于航海技术和造船技术的不断改进，我国和各国之间的海外交通更加发达、海外贸易更加频繁。亚非各国来华经商、贸易、传教、游历以及各国朝贡的船只遍布我国沿海各主要港口，而中国通往各国海外贸易船舶，也频繁出现在西太平洋和印度洋的广阔海面上，中外海上交通、海外贸易出现了前所未有的繁荣局面。外国的科学、文化、技术传入中国，促进了中国文化的发展。而中国的指南针、火药等发明随着商船，传播到世界各地。中国与海外各国互通有无，丰富了各国人民的物质和文化生活，加深了彼此之间的了解和友谊，为人类文明的进步做出了重要贡献。

第十七章　与士大夫共治天下
——理学与道统

唐朝中叶以后，政治、经济、学术文化思想领域里都发生了重要的变化。陈寅恪先生认为："唐朝之史可分前后两期，前期结束南北朝相承之旧局面，后期开启赵宋以降之新局面，关于政治社会经济者如此，关于文化学术者莫不如此。"[①]经济领域里，伴随着封建国家土地所有制的衰落，土地私有制占据了优势地位，两税法取代了均田制；随着经济关系发生变动，以山东士族为代表的大地主阶级走向衰亡，代之而起是宋朝科举制度大发展后的新兴士大夫及知识分子阶层，甚至出现了所谓"皇帝与士大夫共治天下"的局面；学术思想领域，维护山东士族的旧礼学已趋衰落，儒学受到来自佛、道的冲击，一度丧失主导地位，道统传授不断如带。如何摆脱这种岌岌可危的局面并进而复兴起来，成为摆在儒生士大夫面前的头等大事。

唐朝中叶的韩愈、柳宗元等人发起了古文运动，宣扬散文写作要继承两汉古文的传统，反对六朝以来讲求声律及辞藻、排偶的骈文。韩愈（768—824）提倡古文，并强调要以文明道，即写作古文的目的在于恢复古代的儒学道统，将改革文风与复兴儒学变为相辅相成的运动。韩愈提出自孔子去世后，儒道衰落，秦始皇焚烧诗书，黄老学说盛行于汉代，佛教盛行于晋、魏、梁、隋之间；而提倡仁义的儒道却不为世人所知。因此他在《原道》中主张恢复儒家之道。在韩愈看来，理想的社会应当把仁义道德作

---

① 　陈寅恪：《论韩愈》，载《历史研究》1954 年第 2 期，第 113～114 页。

为儒学的总纲：讲求儒道的书有《诗经》、《尚书》、《易经》和《春秋》，体现儒道的法式是礼仪、音乐、刑法、政令，儒道的教育对象是士、农、工、商，儒道讲求的伦理次序是君臣、父子、师友、宾主、兄弟、夫妇，等等。韩愈还提出了"道统说"：儒家之道，从尧传给舜，舜传给禹，禹传给汤，汤传给文王、武王、周公，文王、武王、周公传给孔子，孔子传给孟子，孟子死后，就没有继承人了。韩愈的道统说确立了与佛教法统相抗衡的儒家思想传承体系，为后来的理学家普遍接受，他们都以传承孔孟、接续道统为己任。

出于捍卫儒道的立场，韩愈坚决反对佛教。与韩愈一起发起古文运动的柳宗元(773—819)则提出了"统合儒释"、会通三教的思想。在柳宗元看来，佛教所宣扬的教义与儒家《易》、《论语》等内容相合，与孔子之道也是相通的：佛教讲孝敬，讲生静性善，都与儒学相合；佛法博大能容，又与儒家《易传》精神相合。因而他主张从佛学中吸取有用的东西，以发展儒学。柳宗元的挚友刘禹锡(772—842)也认为佛儒互补，正因儒家罕言性命，佛教才得以广为流布，因此要援佛入会，对佛家思想加以吸收。刘禹锡和柳宗元都看到了佛教有助于教化的一面，比韩愈不懂佛理、只从儒家立场出发的单纯排佛要高明许多。

韩愈的弟子李翱继承了韩愈排佛的立场，著作《复性书》，力倡儒家心性之说。李翱提出，儒家的性命之说由孔子建立，孔子传之曾子，曾子又传之子思。子思著作《中庸》以传孔子之道，但毁于秦火不完，儒家性命之道废缺。他著作《复性书》的目的，便在于发现《中庸》本义，彰明孔子道德性命之说。李翱认识到了儒家在性命道德理论方面的薄弱和不足，提出实现理想人格的内在依据是性，而迷惑性的是情，包括喜怒哀惧爱恶欲七者。从性善情恶的立场出发，李翱提出"复性"主张。情昏性匿的常人，通过自身的修养，能够达到寂然不动的至诚境界，如同圣人一般。《复性书》率先提出了自身修养问题，以之为成圣的重大步骤，同时是实现儒家"内圣外王"之道的重大步骤。李翱借佛家心性之说，与儒家《中庸》的天命、性说结合起来，对宋朝理学有着极为重要的影响。李翱对佛教的态度，不同于以往韩愈的排佛，也不同于柳宗元、刘禹锡的统合儒释论，而是将佛家思想援引到儒家中来，"阳拒阴习"。这也是此后宋儒对待佛教的态度与方法。

中唐以后的经学，特别是《春秋》的探索中，出现了以义理解经的新趋向。《春秋》是一部正名分、讲伦常的儒家经典。啖助讲《春秋》撇开传注，直接从经文中寻义理，惜其书已遗失。啖助的学生赵匡、陆淳继续讲《春秋》，且陆淳著有《春秋集传》。中唐以后《春秋》学的兴盛，开宋学重义理之学风。北宋初春秋学的兴盛，五经中宋儒对春秋经的注释最多，与此有关。

儒学韩愈著作《原道》、《原性》，努力建立儒家"道统"，以对抗佛老之道；柳宗元、刘禹锡则提倡"统合儒释"，以会通儒释道三教；韩愈弟子李翱著作《复性书》三篇，力倡儒家心性之说。啖助、赵匡、陆淳等人撇开《春秋》传注，直接从经文中寻义理，也开宋学重义理之学风。宋太祖、太宗采取儒、佛、道并重的文化政策，加强中央集权，巩固政治统治。到宋仁宗庆历前后，出现了以范仲淹为首，包括胡瑗、孙复、石介、李觏、欧阳修等代表人物在内的学术群体。这些宋学建立者，以义理之学代替两汉章句之学，完成经学探索过程中的重大转折。

第一节　宋初古文运动与儒学的复兴

为了扭转五代政权割据、武人跋扈专权、政局不稳的积弊，宋朝统治者采取了一系列加强中央集权，巩固统治的政策和措施。北宋实施的重文政策，对促进文化教育与科技发展起了重大作用。

与隋、唐科举制度创立时期相比，宋朝科举考试至少在以下三方面有进步：第一方面，取士不问家世，允许自由报考，无论士农工商，都许投牒自进，较之前朝取士范围大为扩大。此外，科举录取人数也增多。如唐朝进士及第的名额一榜最多 30 人，宋朝一榜则有四五百人之多。科举出身的官员成为宋朝文职官僚队伍的核心力量。第二方面，科举制度本身日益完善，废除唐朝的公荐制度，严格考试程式，实行封弥、誊录等法，以保证科举的公平性。唐朝因科举产生的座主门生及党争之弊，在宋朝得以一定程度上的镜鉴革除。第三方面，宋朝科举考试内容变化并多元化。如进士科，由唐以诗赋为主转变为以经义、诗赋、策论并重。除文科进士外，还有武举进士。

宋朝教育和学校的发展。北宋时期先后有庆历、熙丰和崇宁三次兴学运动，使自上而下的学校教育获得空前发展。宋朝的官办学校，一般都免费为学生提供食宿。朝廷还先后不同程度地给予官办学校学生免役和免税的优待。学校事业的发展，大大拓宽了宋朝社会的受教育面，不少中小地主、小商贩、手工业者和自耕农的子弟也得以入学读书。

自从韩愈、柳宗元大力倡导古文运动，文风虽有所变革，但是到唐懿宗咸通（860—874）以后，文风又滑向了此前祖尚四六、专务华靡的老路。隋唐科举以诗赋抡才，对华而不实的文风起着推波助澜的作用，更何况皇帝制诰照例使用骈体，以至于汇集而成的文风只凭少数几个人是难以遏止的。王禹偁《五哀诗》之一："文自咸通后，流离不复雅。因仍历五代，秉笔多艳冶。"

北宋首先向晚唐五代文风提出挑战的是柳开，对宋初文风的变革起着重要作用的则是王禹偁。王禹偁继续发挥了韩愈、柳宗元"文以明道"的主张，强调为学的目的在于申明儒家的仁义之道。柳开、王禹偁虽致力于文风的变革，但对当时的影响还不大。他们之后仍旧流行杨亿、刘筠等人的诗歌，他们承晚唐五代之风，在文学创作中回避社会矛盾，专写个人的娱乐和宴饮生活，互相唱和酬答，收集在《西昆酬唱集》中，号"西昆体"。杨亿、刘筠等人在酬唱方面虽有所贡献，但西昆体的仿效者则流于形式，仅仅是为宋真宗初年保守、腐败的政治唱赞歌，影响极坏。继柳开、王禹偁之后，反对西昆体、力图变革文风的则有穆修、尹洙、苏舜元、苏舜钦、石介、苏洵和欧阳修，其中欧阳修在变革学风文风中起到了先锋作用。

欧阳修幼年生活在汉东（襄州），家境贫寒。他从邻居李家藏书的一个破筐中找到了 6 卷的韩愈文，奠定了学习古文的根基。天圣九年（1031），欧阳修至西京留守钱惟演幕府中任推官，碰到尹洙、梅圣俞等才俊之士，开始了他的诗文生活。很快欧阳修的文学成就超过了同辈，成为杰出的散文家。

为了变革文风，欧阳修不仅自己努力写作，而且还大力奖勉、提掖后进。曾巩、王安石、苏洵、苏轼、苏辙等人，都受到欧阳修的鼓励和赞誉，苏轼、苏辙兄弟则是在欧阳修主考科举时中举。宋仁宗嘉祐二年（1057），欧阳修知贡举。他借着这个极其有利的时机，对一些文风不正的考生们大肆挞伐，落第的考生，群聚诋斥之，至街司逻吏不能止。变革文风是一个群众性的活动，如果场屋中的考生们也改变自己的文风，它的影响就带有某种程度的广泛性，对文风的变革是极其有利的。这对提倡经世致用且质朴醇厚的文风，推动北宋古文运动起到了关键性的作用。

唐朝时期韩愈等人发起的古文运动，与儒学复兴互为表里。宋以欧阳修为先锋的古文运动，延续了文体革新与儒学复兴紧密结合的特色，同时又有一些新的特色和面貌。一方面，受到理学的影响，宋朝古文学者对文与道的关系更加重视，"文以载道"即出自周敦颐《周子通书·文辞》。在此思想指导下，宋朝文章重议论，文章更强调政治教化的功效。另一方面，宋朝古文运动并未因道废文，既注意纠正唐朝古文运动艰涩之弊，又兼取骈文语言运用之长，议论、抒情、叙事有机统一，形成各具特色的文风。如宋八大家中，宋占其六，其中欧阳修行文平易自然，三苏父子纵横豪放，王安石简洁犀利。唐宋古文运动，确立了新的文学语言与散文范式，提出了文以载道的文学理念，服务于复兴儒学的现实需求，在中国文化史上具有划时代的重要意义。

欧阳修在经学上也有突出贡献。欧阳修对经学大胆怀疑，成为开风气之先的一代学者，对宋学建立起了重要作用。宋初依然因袭唐朝科举制度，考生们必须遵照官修《五经正义》等传统的传注答卷,不许逾矩。宋真宗景德二年(1005),一位考生考卷上因"与注疏异"而下第。传统的传注,从两汉经师们的解经到孔颖达《五经正义》,率多陈陈相因、支离破碎,早已无法适应时代的需要,至唐中叶还受到一些有识之士的批评,所具有的统治地位也开始动摇。欧阳修则对儒家经典持大胆怀疑的精神,如其认为《易经》中的《系辞》、《文言》、《说卦》等篇目,不是孔夫子的著作,而是学易者们好为新奇之说而鱼目混珠,将这些东西混杂到《易经》中。

在宋学形成的阶段,从欧阳修到宋初三先生,他们治经的路子是相同的,即摆脱传注的束缚,直至经学的堂奥,根据自己的认识能力,来阐发经学的宏旨大义,这就是人们所言宋的义理之学。这种研治经学的方法,如前编已经说明的,唐朝啖助、赵匡和陆淳就用来探索《春秋》。在宋学的形成阶段,欧阳修、胡瑗等三先生则将啖助等研治《春秋》的特殊方法,变为研治六经的普遍方法。而且,这个方法经过宋初学者的实际应用,对经学的探索起了重大推动作用,于是成为普遍的方法,为更多的学者所接受和使用。这样一来,对比之下,宋朝义理之学同汉朝章句之学形成两种不同的探索经学的方法,就日益明朗化了。宋朝以义理之学代替汉朝章句之学,在宋学形成时期即已非常明显了。

第二节　忧乐天下——宋朝士大夫的政治理想与实践

与宋朝儒学的复兴相应,经济发达、文化繁荣之下,通过科举制进入到官僚体系之中的士大夫群体迅速崛起。这一群体受儒家文化传统的熏陶,兼具崇高的道德追求和强烈的社会责任感,致力于通经致用,实现"内圣外王"的政治理想,甚至写下了"为天地立心,为生民立命,为往圣继绝学,为万世开太平"[①]的名言。

---

① (北宋)张载:《张子语录·语录中》。

　　在建构和巩固宋朝的政治实践中，士大夫们总结了晚唐五代以来的历史教训，表达对尧舜三代的仰慕，提出了"回向三代"的政治理想。如"宋初三先生"之一的石介，激烈排斥佛老，极力主张恢复"先王之法，三代之制"的儒家圣王之道。又如，李觏虽然只是一个处于社会下层的士大夫，一生在为衣食奔忙，但他从来"以康国济民"作为他的著书立说的目的，建构了一个以《周礼》所载模式为主的改革蓝图，更在庆历改革之际，写信给变法的领导者范仲淹，表达对改革的支持。

　　在宋朝士大夫的心目中，"天下之天下，非一人之私有"，"天下，非一人之天下也，天下之天下也"。① 庆历改革的代表人物范仲淹"先天下之忧而忧，后天下之乐而乐"的名言，正与这种天下观直接相关。以"天下"为胸怀的宋朝士大夫群体，坦荡地参与到治理国家的政务决策之中，发挥着制约君主权力的积极作用。北宋熙宁年间（1068—1077），宋神宗与宰辅大臣们就改革问题多次进行当面讨论，枢密使文彦博提出了"与士大夫治天下"的说法。这一说法可谓是最高当政者与士大夫们的共识。所谓"共治天下"而不"共天下"，就在于强调君臣对国家政务的共同治理而非天下利益及国家权力的分享。正是在"共治天下"的政治原则之下，士大夫群体得以高扬复兴儒学的旗帜，由经术文章转而投身政治实践，以期实现经世致用的儒家治国之道。

　　到北宋前中期，宋朝的政治统治已经稳定下来。然而随之因循保守之风日甚，"三冗"导致国内外矛盾异常尖锐。以范仲淹（989—1052）为首的一批出身中下层地主阶级的士大夫官僚在对宋朝弊政的共同认识和改革的主张下，结合在一起，形成一个政治集团。这一集团的许多人都出身于中下层地主阶级，如范仲淹、杜衍、欧阳修、石介、余靖、蔡襄、尹洙、韩琦等人。他们对政治积弊具有共同的认识，提出了共同的改革意见，且在政

---

　　① （南宋）朱熹：《孟子集注》卷9《万章上》。这一思想早见于《吕氏春秋·贵公》。

治上相互支持，相互应援。早在景祐二年(1035)，范仲淹因上《百官图》而被贬官时，欧阳修、余靖、尹洙就坚决站在范仲淹一边；到庆历三年(1043)，范仲淹在陕西对夏战争中获得了更高的声誉，宋仁宗也表示更弊事的时候，欧阳修等人又上言范仲淹有相才，请求任用范仲淹。

庆历三年(1043)八月，范仲淹任参知政事，富弼任枢密副使，宋仁宗"必以太平责之，数令条奏当世务"。九月初，宋仁宗特开天章阁，召见范仲淹和富弼，让他们当场条奏当前急务。召对结束后，范仲淹上《答手诏条陈十事》，亦称《十事疏》。这一纲领性文件基本上集中了改革派多年来最主要的改革意见，主要包括十项改革措施。庆历新政虽短暂，然而其余绪及影响却是深远的。庆历新政适应了当时求变的形势需要，打破了宋初以来保守因循的政治局面。新政虽昙花一现，却给后来者留下了宝贵的经验。新政对于科举制度和学校进行的改革，对当时及此后的学风产生了深远的影响。庆历改革者所提倡的名节、忠义、廉耻等，成为宋朝士风的转折点。

庆历新政中变古通今、经世致用的实学思想，为此后熙宁变法所继承和发展，成为宝贵的精神财富。范仲淹、李觏及"宋初三先生"等人于庆历时期建立了宋学，认为儒学的原则可以用来改革制度和改进社会，并引用《易经》中"穷则变，变则通，通则久"这句话作为改革的理论依据，庆历新政正是他们把儒学中的这种变革思想用于政治实践的伟大尝试。

宋神宗熙宁时期，王安石(1021—1086)以《周礼》为依据，打出了"法先王"的旗号，实施了以富国强兵为目标的变法运动，是北宋政治史上的重要事件。熙丰新法包括财政赋役、农田水利、军队编制、学校科举、人事吏治等诸多方面的改革措施。尽管同庆历新政一样，王安石变法没有取得最终的成功，但改革者忧乐天下的精神、通经致用的勇敢尝试和改革过程中丰富的经验教训，足以启迪后人。

第三节　理学奠基——宋初三先生在
经学和教育上的贡献

孙复(992—1057)，字明复，晋州平阳(今山西临汾)人，曾客居泰山讲学多年，学者称其为"泰山先生"。孙复在经学上的重要贡献，是他的《春秋尊王发微》。

孙复以"《春秋》以道名分"为宗旨，并在此基础上进行阐发，从对周王的尊崇以表示作者著书立说的意旨之所在，对"尊王"学说大加发挥。他开篇便说"孔子之作《春秋》也，以天下无王而作也，非为隐公而作也"①。宋继五代十国而立国，故初期加强中央集权与皇权成为巩固政权的重要举措，而孙复以"尊王"为著书之宗旨，这无疑暗合了宋朝统治者专制主义集权的需要。同时，孙复的春秋学也体现了宋学形成时期"不惑传注"、以己意解经的时代特色。如他认为，如果学者治《春秋》时，专守左氏、公羊、穀梁三家传说，或杜预、何休、范宁等人的解释，那么必然不能穷尽《春秋》的意旨。② 因此他在著作《春秋尊王发微》时，不惑传注，不为曲说，真切简易，被认为"得经之意为多"③。

庆历二年(1042)，范仲淹、富弼推荐孙复的道德经术宜在朝廷。孙复在太学任教，程颐曾描述孙复讲《春秋》时，"从者盛多，讲堂上容不下，立听户外者甚众，当时《春秋》之学为之一盛"④。除春秋学外，孙复也极力排斥佛、道，捍卫儒学的正统地位。孙复针对佛、老盛行的社会现实，极力倡导《道统》，意在复兴儒学。他在泰山讲学时的居所曰"信道堂"，表示尽

---

① （北宋)孙复：《春秋尊王发微》卷1。
② （北宋)孙复：《孙明复小集·寄范天章书二》。
③ （南宋)晁公武：《郡斋读书志》卷1下。
④ （南宋)程颢、（南宋)程颐：《二程集·河南程氏文集》卷7《回礼部取问状》。

自己最大的努力去捍卫孔子之道。面对佛、老对儒学的冲击，他奋起而作《儒辱》，号召人们对佛道鸣鼓而攻之，在当时产生了很大的影响。

石介(1005—1045)，字守道，兖州奉符(今山东泰安东南)人。尝讲学徂徕山下，学者称其为"徂徕先生"。仁宗天圣二年(1024)进士，历任郓州、南京推官，并代父石丙至嘉州军事判官。景祐二年(1035)，在京东路奉符创建泰山书院，并敦请孙复主持书院教学，对当时的学术产生重要影响。

石介努力改正文风，激烈反对时文，排斥佛老尤力。他认为要恢复儒学，必须要反对"淫文繁声"和"佛老妖怪"两个问题。他写了《怪说》、《中国论》、《辨惑》、《读原道》、《尊韩》等文章，一方面对以杨亿为代表的西昆体时文大加批判，而提倡韩愈、柳宗元"文以载道"；另一方面大力抨击佛道，捍卫儒家道统。

石介对经学也很有研究。他以《易》、《春秋》教授生徒，并特别重视《春秋》，以之为"特见圣人之作"。同时，他也十分注重《周礼》，认为"《周礼》明王制，《春秋》明王道，可谓尽矣"①。石介对经学的阐发，也是不惑传注，同样体现了宋学的时代风貌。庆历二年(1042)，石介入京任国子监直讲。庆历三年(1043)，新政开始后，他写下《庆历圣德颂》，赞颂范仲淹、韩琦等贤才被选拔进政府，夏竦等人被贬斥。其诗广为流传，遭到保守派官僚的忌恨。庆历五年(1045)八月，石介病故后，被夏竦诬告为"诈死"，为契丹奸细，要开棺鞭尸，后经群臣反对，才未能实行。

胡瑗(993—1059)，字翼之，泰州海陵(今江苏泰州)人，学者尊之为安定先生。景祐二年(1035)范仲淹知苏州时，奏请建立苏州州学，胡瑗任为苏州州学教授。景祐三年(1036)由范仲淹举荐任为秘书省校书郎。宝元二年(1039)被范仲淹好友滕宗谅邀请主持湖州州学，其后除曾随范仲淹去西北前线抗击西夏外，胡瑗就一直任职湖州州学。庆历四年(1044)，诏全国

---

① (北宋)石介：《徂徕石先生文集》卷7《二大典》。

各地兴建学校，太学扩建，湖州教学法在太学推广。皇祐四年(1052)开始，致仕起复后的胡瑗任职太学，直到嘉祐四年(1059)以太学博士致仕。同年六月病逝于杭州。

《周易口义》与《洪范口义》是流传下来的胡瑗论述经学的代表作。程颐在太学跟随胡瑗受业，对胡瑗《周易口义》极为推崇，认为治易者当读王弼、胡瑗和王安石三家。胡瑗治经，具有以下特点：第一，宣扬儒家伦理纲常思想和制度，如言"天地尊卑者，盖万事之理"，"夫天地卑高既定，则人事万物之情皆在其中。故 64 卦，384 爻皆有贵贱高卑之位。是以君臣父子夫妇长幼皆有其分位矣"。① 第二，易学为讲天人之道、讲万物变易法则的学问。胡瑗也注意了《周易》中的辩证法因素。第三，坚持儒家民本思想。胡瑗坚持以民为本，在迩英殿为宋仁宗讲解《周易》时，"专以损上益下、损下益上为说"②，借以教导统治者爱惜民力、体恤百姓。第四，大胆疑经，自立新解。胡瑗摆脱了章句之学的老路，《周易口义》集中体现了他大胆疑经，自立新解的治易特色。其中，他大量引用《论语》、《孟子》、《中庸》中的孔子之道来解释《周易》，使之进一步儒学化。在课堂讲授的过程中，胡瑗还引用历史事实来阐释一些卦例，生动明白，使人易于理解。据《宋元学案》记载，胡瑗"日升堂讲《易》，音韵高朗，旨意明白，众皆大服"。第五，胡瑗以孔孟之道诠释《周易》的同时，并不排斥诸子之说。为阐明《周易》中一些较抽象的道理，也援引其他学派如老子的说法。如胡瑗在解释《复卦》中"复其见天地之心"一句时，就引用了老子"天地不仁，以万物为刍狗"一句，来说明天地虽生育万物，"但任其自然而已"，并不是有意识的活动，对万物也不具有仁爱之心。第六，《洪范》是《尚书》中的一篇，主要讲天人关系。世人多以阴阳象数学解释《洪范》，胡瑗则注重以唯物主义自然观加以解释，同样是一部务实的著作。

---

① （北宋）倪天隐、（北宋）胡瑗编：《周易口义·系辞上》。
② （清）黄宗羲著，（清）全祖望补修：《宋元学案》卷1《安定学案》。

胡瑗在教育上的贡献卓著,影响深远:第一,重视对儒经的探索,讲求通经致用。设"经义斋",使儒生士大夫通过对儒经的学习探索,通经致用,走上他们向往的"内圣外王"之道。第二,把经学和专门知识相结合。除"经义斋",还设立"治事斋",治事又分为治民、讲武、堰水(水利)和历算等科。这种大胆尝试,既使学生能领悟圣人经典义理,又能学到实际应用的本领,胜任行政、军事、水利等专门性工作,培养了一批学有专长的人才。第三,胡瑗不仅把"治事斋"分成治民、讲武、水利等科,而且还因学生所好,类聚而别居之。这种分别科目的方法,开近代教育分系分科的先河。第四,制定教学方法(苏湖教法),注重言传身教。胡瑗在苏、湖执教的 20 年间,亲手制定了一系列教育规章制度。他对学生既严格要求,又注意言传身教,并规定师生之间的礼节,以严明师道。此外,胡瑗还注意体育、美术、音乐教育,重视全面提高学生素质。提倡社会实践,游历四方,让书本知识与客观实际相结合。胡瑗的教育思想、方法对后世教育产生深刻影响。

第四节　北宋五子与理学体系的建构完成

北宋五子是指北宋中期以前的五个著名理学思想家:周敦颐、张载、邵雍及程颢、程颐兄弟。他们既是著名的哲学家,又是著名的易学家。他们在宋初以来排击佛老、倡导儒学的风气影响之下,依据《周易》、"四书"等儒家经典,探索天道与人道的统一,发掘儒家心性理论,重视"内圣"的修养方法。二程更是"五经"、"四书"并重,建构了完整的理学学说体系。

周敦颐(1017—1073),字茂叔,号濂溪先生。道州营道县(今湖南道县)人。以母舅龙图阁学士郑向任分宁(修水)主簿,调南安军司理参军,移桂阳令,徙知南昌,历合州判官、虔州通判。熙宁初知郴州,擢广东转运判官,提点刑狱。所到之处,都很有实绩。晚年知南康军,治所在今星子县城。晚年定居庐山莲花峰下，以家乡营道之水名"濂溪"命名堂前的小溪和书堂，故人称"濂溪先生"。

周敦颐著作有《太极图说》、《通书》。《太极图说》由图和说两部分构成，图是以"易象"对易理的图解，说是以"文字"对易理的解说。《太极图》吸引道家《太极先天图》并加以改造，以之解说天地万生的发生。周敦颐认为，万物皆始于太极，而太极本身无声无息，故"无极而太极"。无极是宇宙的原始状态，就是什么都没有，连气都没有，处于真空状态；太极则指天地未判时的混沌之气。此气动而生阳，静而生阴，形成天地。气在运动中，生出了金木水火土五种物质，名曰五行。五行各含其性，由五行而成万物。总起来看，五行归因于阴阳，阴阳源自太极，太极生自虚无。因此周敦颐的思想明显受到道家"有生于无"的宇宙生成论的影响。在万物生成过程中，人类的产生以及天地人之间的关系最为重要。人是万物之灵，兼具形和神，人受天道变化的影响而发生精神活动，其中最重要的是区别善恶的伦理活动。中正仁义，是立人之道。通过主静的修养方法，才能达到天人合一的理想境界。

在《通书》中，周敦颐着重论述了"诚"的思想。《通书》开篇即以诚为圣人之本，为天地万物之本。周敦颐把《易传》所讲的阴阳仁义等天人之道与《中庸》的"诚"结合起来，以"诚"为仁、义、礼、智、信五常之本。诚既是天道，又是人道，人能达诚，则与天地万物的自然本性一致。他还提出了主静无欲的修养方法，认为"圣人定之以中正仁义而主静，立人极焉"。

周敦颐以极为简略的文字，提出了理学天道、人性和修养方法等概念和范畴，奠定了理学的基本格局，影响了此后理学的发展。因之南宋理学集大成者朱熹将周敦颐列入孔孟道统，推为理学开山。《宋元学案·濂溪学案》的黄百家案语说："孔、孟而后，汉儒止有传经之学，性道微言之绝久矣。元公崛起，二程嗣之，又复横渠诸大儒辈出，圣学大昌。故安定、徂徕卓乎有儒者之矩范，然仅可谓有开之必先。若论阐发心性义理之精微，端数元公之破暗也。"

邵雍(1011—1077),字尧夫,谥号康节,生于河北范阳(今河北涿州),后随父移居共城(今河南辉县),后隐居苏门山之百源山,人称"百源先生"。宋仁宗嘉祐及神宗熙宁初,曾两度被荐举,均称疾不赴。著作有《皇极经世书》、《伊川击壤集》等。邵雍称自己的学问为"先天学",基本内容包括易学、道生天地、观物说、天人关系及天命观、圣人论、历史观、人性修养之学等。

邵雍之学又被称为先天象数学,即用象数推演方法去解释《周易》关于宇宙万物生成演化的学说,是哲学史上一个独特的哲学派流。如果说周敦颐《太极图说》所建构的宇宙图式是从"象学"推演出来的,邵雍的宇宙图式则是兼用"象学"和"数学"推衍出来的,所以邵雍的图式较周敦颐的图式更为详细。关于宇宙的本原问题,邵雍认为天地万物是由一个总体的"道"产生出来的。他说:"道生一,一为太极;一生二,二为两仪;二生四,四为四象;四生八,八为八卦;八卦生六十四,六十四具而后天地之数备焉。天地万物莫不以一为本原,于一而演之以万,穷天下之数而复归于一。"①这里所说的一、二、四、八、六十四就是"数",与数相对应的是"象",即太极、两仪、四象、八卦、六十四卦。邵雍有《八卦次序图》和《六十四卦次序图》采用"加一倍法",即由太极、两仪、四象、八卦到六十四卦。《八卦方位图》以八经卦配四方及四隅,六十四卦圆图和方图中卦的排列皆根据阴阳消长顺逆。但其图说遭到清朝学者的反对。

邵雍的《皇极经世书》,是一部推演和解释自然变化、历史演进、人事兴衰、社会治理理念和方法的综合性著作。邵雍以元、会、运、世以纪宇宙之变化周期。一年十二月,一月三十日,一日十二时辰,一时辰三十分。故一元有十二会,一会有三十运,一运有十二世,一世有三十年。一元有

① (北宋)邵雍:《皇极经世书》卷上。

十二万九千六百年。他又以太阳、太阴、少阳、少阴、太刚、太柔、少刚、少柔之体数，推演出《皇极经世》体系之日月星辰、水火土石、动植物之数等一系列数理。邵雍的这种"数学"方法，主要是对宋朝图书象数派影响较大。所以《宋史·道学传》称："雍探赜索隐，妙悟神契，洞彻蕴奥，汪洋浩博，多其所自得者。及其学益老，德益邵，玩心高明，以观夫天地之运化，阴阳之消长，远而古屡中者。遂衍宓羲先天之旨，著书十余万言行于世，然世之知其道者鲜矣。"二程在评价邵雍之说时，虽然对其超然物外、不囿于名利的"无我"精神大为赞赏，但对其"高明"的象数之学却明确表示不愿学习。

历史观上，邵雍从古代三皇五帝等传说及某些历史现象出发，以为人类社会已盛极而衰，提出了"皇、帝、王、霸"四个时期的历史退化论。邵雍认为人的正邪是由君上之爱好来决定的，归根结底是由天之阴阳来决定的，此说明显不具科学性。他又把人分为普通人和圣人，认为圣人能以一心观万心，一身观万身，一世观万世，故圣人能以心代天意，口代天言，手代天工，身代天事。这种把圣人神秘化的说法，无疑也属唯心论调。

张载（1020—1077），字子厚，凤翔郿县（今陕西眉县）横渠镇人。因曾在横渠镇讲学，学者称其为"横渠先生"。宋仁宗嘉祐二年（1057）进士，曾任丹州云岩县令。英宗末，任签书渭州判官公事，协助当时渭州军帅蔡挺筹划边防事务。宋神宗初年，任崇文院校书，不久辞职，回家乡讲学。后又任同知太常礼院，不到一年即告退，在回家途中，病死于临潼。张载的著作包括《正蒙》、《文集》、《易说》、《礼乐说》、《论语说》、《孟子说》、《语录》等。

《宋史·张载传》概括其学说："尊礼贵德、乐天安命，以《易》为宗，以《中庸》为体，以《孔》、《孟》为法，黜怪妄，辨鬼神。"张载批判佛、道，以物质性的"气"为本原，太虚、道、神都统一于"气"。同时，张载又肯定"气"是运动变化的，运动变化的根源在于气本身所包含的内在矛盾。在张载看来，世上从空虚无物的太虚到有形有状的万物，都是一气的变化，都统一于气；气之中含有运动变化的本性，而气之所以运动变化，就是由于气本身包含着对立的两方面，这两方面相互作用是一切运动变化的源泉。张载关学宣扬"气"一元论，而二程洛学标榜"理"一元论，泾渭分明。

在人性论、天理人欲问题上，张载与二程亦有所区别。张载将人性区分为"天地之性"和"气质之性"：气质之性即普通人性；天地之性则是更根本的性，是天地万物的根本。人性即天性，天性永恒，人虽有生死，但人性永恒，借此以对抗佛教的生死轮回之说。二程也将人性区别为"天命"之性与"气禀"之性，但与张载不同的是，二程以天命之性为理，气禀之性出于气，天命、气禀的差别即理、气的区分。在天理人欲问题上，张载认为"上达反天理，下达徇人欲者兴"[1]。张岱年先生指出：张载从人心的共同趋向来讲天理，而不像二程那样从道心人心的区别来讲天理人欲，这是张载、二程天理学说的主要区别。二程讲道心，讲天理，是强调封建统治阶级的根本利益；张载讲"天下之志"是强调各阶层的大多数人的共同要求。到南宋以后，二程学说经过朱熹及其弟子的发挥鼓吹，所谓"天理人欲之辨"成为吃人礼教中的一个重要教条，距离张载的思想就更远了。[2]

宗族论、井田论是张载社会思想的重要组成部分。张载既重理又尊礼，一再强调建立宗族的重要意义和作用。他认为：管摄天下人心，收宗族，厚风俗，使人不忘本，须是明谱系世族与立宗子法。宗法不立，则人不知统系来处。[3] 亦即希望建立以公卿将相为核心的新宗族，使科举出身或仕宦乃至公卿将相等官僚豪族世代居于统治地位。与宗族论密切相关，张载也积极主张恢复井田，甚至打算买田试验一番。总体来看，张载关学与二

---

① （北宋）张载：《张载集·正蒙》。
② 张岱年：《张载——十一世纪中国唯物主义哲学家》，收入《张岱年全集》第3卷，石家庄：河北人民出版社，1996年版，第231~280页。
③ （北宋）张载：《张载集·经学理窟》。

程洛学虽共同组成为宋学兴盛时期的理学，但二者还是有明显差别的。张载死后，关学零落，弟子吕大钧等转师二程。到南宋朱熹编辑《伊洛渊源录》时，更是关洛并称，模糊了两者差别。

程颢（1032—1085），字伯淳，学者称其为"明道先生"。嘉祐二年（1057）举进士，历任京兆府鄠县主簿、江宁府上元县主簿、泽州晋城令。后自著作佐郎任权监察御史里行。熙宁二年（1069）作为八使臣之一，至各地考察农田利害等问题。熙宁三年（1070）离开汴京，历任镇宁军节度推官、监西京洛河竹木务、知扶沟县事、监汝州酒税。元丰八年（1085）疾卒。程颐（1033—1107），字正叔，学者称其为"伊川先生"。皇祐二年（1050），入太学，受到胡瑗赏识。嘉祐四年（1059），以处士身份退居洛阳。元丰八年（1085），程颐自布衣而为西京国子监教授，又跃而为崇政殿说书。因党争于元祐二年（1087）八月离开汴京，任管勾西京国子监。绍圣四年（1097）十一月于涪州编管，元符三年（1100）解除编管，返回洛阳乡里。宋徽宗大观元年（1107）逝世。二程因长期居于洛阳讲学，由他们建立的学派被称为"洛学"。兄弟二人的著作现编为《二程集》，其中大多数是程颐的著作。

二程哲学思想的核心是"理"，以之为天地万物的根据和法则。二程认为气化生万物，道生万物。所谓的"道"，亦即"理"。二程对"理"的论说尤多：理永恒存在，不为尧存，不为桀亡；理永恒不变，"几时道尧尽君道，添得些君道多；舜尽子道，添得些子道多"[1]。理没有任何神秘，充塞于天地之间，寓存于日常生活之中。此即程氏兄弟建立起来的"理"王国。程颐还强调"理一分殊"。天下只是一个理，但对每一具体事物而言，一物则有一理，"天下物皆可以理照，有物必有则，一物须有一理"[2]。此说之下，程颐还特别注重格物穷理："凡一物上有一理，须是穷致其理。穷理亦多

---

[1]　（南宋）程颢、（南宋）程颐：《二程集·河南程氏遗书》卷2上《元丰己未吕与叔东见二先生语》。

[2]　（南宋）程颢、（南宋）程颐：《二程集·河南程氏遗书》卷18《刘元承手编·伊川先生语四》。

端：或读书，讲明义理；或论古今人物，别其是非；或应接事物，而处其当，皆穷理也。"①此说被南宋朱熹大大加以发挥，作为《大学》格物一章的注释。

在对"理"的阐释中，程颢与程颐之间也发生了分歧。② 程颢的思想认识路线强调"心"的认识决定作用，注重发挥自己心中的仁义本性，修养方法在于定心；而程颐的思想认识路线则着重于客观存在的"理"的作用，强调形而上者是理，形而下者是气。程氏兄弟认识上分歧的结果是，自程颢一系而来形成陆九渊心学一派，自程颐一系而来的形成理学的一派。

二程的天理人欲论。程颢曾经说过："吾学虽有所受，天理二字却是自家体贴出来。"③在二程哲学中，道、性、理、天理诸概念的含义是一样的，道即性，即理、天理；天理亦即性，即理、道。"天理"、"理"都是事物的自然之理。而在人类社会中，"父子君臣，天下之定理，无所逃于天地之间"，"为君尽君道，为臣尽臣道，过此则无理".④ 天理既包括儒家五伦，又包括仁、义、礼、智、信，忠、孝、诚、敬、恕等。与天理对立、并为天理相排斥的，都属于欲或人欲、私欲。二程对天理、人欲之辨极为重视。程颐甚至说：人之所以为人者，是因为有天理。如果天理不存的话，那么人与禽兽又有什么差别呢？天理和人欲，这一对立的范畴是构成二程伦理道德哲学的基础。理学在此基础上形成了僵化的义利观，并以之观察历史，美化三代，贬抑汉唐，把这种形而上学的历史观推入历史倒退论。

二程虽然最终完成了理学体系的建构，但居于官学地位的是荆公新学。理学处于民间，影响有限。到南宋中期以后才得以兴盛，最终成为居于统治地位的官方学说。

---

① （南宋）程颢、（南宋）程颐：《二程集·河南程氏遗书》卷18《刘元承手编·伊川先生语四》。
② 冯友兰：《中国哲学史新编》（第5册），北京：人民出版社，1988年版，第88～124页。
③ （南宋）程颢、（南宋）程颐：《二程集·河南程外书》卷12《传闻杂记》。
④ （南宋）程颢、（南宋）程颐：《二程集·河南程氏遗书》卷5《二先生语五》。

第五节　理学集大成者朱熹与朱陆之争

朱熹（1130—1200），字元晦，一字仲晦，号晦庵。绍兴十八年（1148）中进士，历仕高宗、孝宗、光宗、宁宗四朝，庆元六年（1200）卒。《宋史·朱熹传》说他一生"仕于外者仅九考，立于朝者四十日"，大部分时间在地方上讲学布道、著书立说。朱熹著作广博宏富，对于经学、史学、文学、佛学、道教以及自然科学，都有所涉及或有著述。朱熹著作颇丰硕，最主要的著作有《朱文公文集》、《朱子语类》、《四书章句集注》、《周易本义》等。

图 17.1　朱熹像

朱熹的理气论。朱熹认为理是先于自然现象和社会现象的形而上者，理先气后。从本体论上阐发理气关系，集中体现在朱熹《太极解义》。书中朱熹以太极为理，以阴阳为气，但没有说明理、气的先后。后来在与陆九渊"无极太极"论辩过程中，才指出："周子所以谓之'无极'，正以其无方所，无形状，以为在无物之前，而未尝不立于物之后；以为在阴阳之外，而未尝不行乎阴阳之中；以为通贯全体，无乎不在，则又初无声臭影响之可言也。"[①]朱熹认为理生气并寓于气中，理为主，为先，是第一性的；气为客，为后，是第二性。

朱熹的动静观。朱熹主张理依气而生物，并从气展开了一分为二、动

---

① （南宋）朱熹：《朱熹集》卷 36《答陆子静》。

静不息的生物运动，这便是一气分作二气，动的是阳，静的是阴，又分作五气(金、木、水、火、土)，散为万物。朱熹认为对立统一使事物变化无穷。他探讨了事物的成因，把运动和静止看成是一个无限连续的过程。时空的无限性又说明了动静的无限性，动静又是不可分的。朱熹还论述了运动的相对稳定和显著变动这两种形态，他称之为"变"与"化"。他认为渐化中渗透着顿变，顿变中渗透着渐化。渐化积累，达到顿变。

朱熹强调理一分殊。朱熹又称理为太极，是天地万物之理的总体，即总万理的那个理一。"太极只是一个理字。"太极既包括万物之理，万物便可分别体现整个太极。这便是人人有一太极，物物有一太极。每一个人和物都以抽象的理作为存在的根据，每一个人和物都具有完整的理，即理一分殊。理一分殊主要具有道德原则的普遍与特殊、统一与差异的意义，朱熹还用它来论证宇宙本体与万物之性的关系，论述本源与派生、理则与事物的关系。

朱熹的心性论。朱熹继承张载、程颐，将性分为天地之性和气质之性："天地之性"或"天命之性"是专指理而言，是至善的、完美无缺的；"气质之性"则以理与气杂而言，有善有恶，两者统一在人身上。关于心与性、情的关系，朱熹经历了丙戌之悟(中和旧说)到己丑之悟(中和新说)的转变过程。朱熹中和旧说以心为已发，性为未发，割裂心与性的联系，似乎性在心外；新说则提了"心统性情"之说："性，其理；情，其用；心者，兼性情而言；兼性情而言者，包括乎性情也。"[1]未发时虽是性，但此性即心之体，故未发也指心。与"天命之性"、"气质之性"相关联的，是"道心"、"人心"的区别："道心"出于天理或性命之正，禀受得仁义礼智之心，发而为恻隐、羞恶、是非、辞让，是为善。"人心"出于形气之私，为饥食渴饮之类欲望，则为恶。朱熹从心性说出发，探讨了天理人欲问题。他以为人心有私欲，

---

① (南宋)朱熹:《朱子语类》卷20《论语二》。

所以危殆；道心是天理，所以精微。因此朱熹提出了"遏人欲而存天理"的主张。

朱熹的格物致知论。朱熹用《大学》"致知在格物"的命题，探讨认识领域中的理论问题。在认识来源问题上，朱熹既讲人生而有知的先验论，也不否认见闻之知。"格物"指努力穷究事物之理，当人们通晓事物之理后，人的知识就完备了。"致知"的"知"则既包括认识能力也包括认识的结果。"所谓致知在格物者，言欲致吾之知，在即物而穷其理也。盖人心之灵莫不有知，而天下之物莫不有理，惟于理有未穷，故其知有不尽也。"①朱熹强调穷理离不得格物，即物才能穷其理。关于致知和涵养的关系，朱熹结合心性论上的已发未发，来划分涵养功夫，并对程颐"涵养须用敬，进学则在致知"做了进一步发挥。其涵养既包括了未发的主敬，也包括已发时对已知义理的涵养。致知和涵养作为两种基本的修养方法，朱熹认为二者没有先后轻重，齐发并进。

陆九渊(1139—1193)，字子静，江西抚州金溪(今江西金溪)人，自号象山，人称"象山先生"。宋孝宗乾道八年(1172)中进士，历任靖安县主簿、崇安县主簿、台州崇道观主管、荆门军知军等职。陆九渊热心于讲学授徒，弟子遍布于江西、浙江两地。

陆九渊发展了程颢的心学，提出了"心即理"的命题。"盖心，一心也，理，一理也，至当归一，精义无二，此心此理，实不容有二。"②心与理是"精一无二"的，而朱熹的理学把"理"架设在人心之外，讲什么格物，这种烦琐的形式完全是多余的。因此，陆九渊提出天理、人理、物理只在吾心中，心是唯一实在。"(宇宙)便是吾心，吾心即是宇宙。"③陆九渊所讲的"心"，是属于客观的人心，还是属于主观的己心？从根本上来看，陆九渊

① （南宋)朱熹：《朱子全书·大学章句·补格物致知传》。
② （南宋)陆九渊：《陆九渊集》卷1《与曾宅之》。
③ （南宋)陆九渊：《陆九渊集》卷22《杂说》。

更强调自己主观的心,如他所说:"心只是一个心,某之心,吾友之心,上而千百载圣人之心,下而千百载复有一圣贤,其心亦只是如此。心之体甚大,若能尽我之心,便与天同。"①

在修养论上,陆九渊认为只有存心、养心、求放心,才能达到去蒙蔽、明天理的作用。因此,要求人们在"心"上做功夫,以发现人心中的良知良能,体认封建伦理纲常。什么是"本心"?陆九渊提出"本心"即"仁义之心"。仁义即人道。天、地、人并为三极,天道、地道、人道都是宇宙根本性法则。"仁义之心"是人之为人的根本,是天道、地道合一的社会伦理道德在人心中的反映。陆九渊还发挥孟子"万物皆备于我矣。反身而诚,乐莫大焉。此语之本心也"。既然人生来就具有"良知"、"良能",只要将这种先天的良知良能发挥出来,就能做到"尽我之心,便与天同"。陆九渊通过对"心即理"这一命题的阐发,把客观的"理"和主观的"心"统一起来,然后再把"心"扩大为宇宙的本原。这样,他就完成了从客观唯心论到主观唯心论的过渡。同样,"心"和"理"又同为封建伦理道德的本体,既然"充塞宇宙无非此理",那么,封建的伦理道德也应该充塞于天地之间,人们遵守这种伦理道德也是天经地义的事了。

陆九渊虽然也认为学者应当读《中庸》、《论语》、《大学》等书,但与朱熹理学派不同,其学习的主要目的在于时时发现本心。"如《中庸》、《大学》、《论语》诸书,不可不时读之,以听其发扬告教。戕贼陷溺之余,此心之存者,时时发现,若火之始然,泉之始达。"②针对朱熹理学派依据《尚书》"人心惟危,道心惟微。惟精惟一,允执厥中"十六字心诀,区分人心、道心,提出"存天理,灭人欲",陆九渊则予以反对,认为"心一也,人安有二心?"③金华吕祖谦为了调和朱熹与陆九龄、陆九渊兄弟的思想分歧,于

---

① (南宋)陆九渊:《陆九渊集》卷35《语录下》。
② (南宋)陆九渊:《陆九渊集》卷5《与戴少望》。
③ (南宋)陆九渊:《陆九渊集》卷35《语录上》。

淳熙二年(1175)邀朱陆双方到信州铅山鹅湖寺相会,讨论有关道德修养的问题。"鹅湖之会"的分歧主要表现在朱熹侧重于"道问学",通过格物来认识天理;陆九渊则主张"尊德性",发明本心,"先立乎其大"。陆九渊认为自己发明本心的做法为"易简工夫",而朱熹理学则流于"支离",并宣称"易简工夫终久大,支离事业竟浮沉"①。陆九渊在《敬斋记》中,进一步明确了他"道外无心"、不需外求的发明本心的道德修养论。明朝王阳明在《象山文集序》中对陆九渊的学说称赞有加,认为"圣人之学,心学也"。而朱熹闽学讲求格物致知,"不知既无其心矣,而尚何有所谓天理者乎?自是而后,析心与理而为二,而精一之学亡。世儒之支离,外索于形名器数之末,以求明其所谓物理者,而不知吾心即物理,初无假于外也"②。陆九渊与朱熹的争论,源自二程理学中程颢偏向主观唯心的"心"和程颐偏向客观唯心的"理",同属理学内部的分歧。

第六节 事功学派及其对理学的批评

叶适(1150—1223),字正则,原籍处州龙泉(今属浙江),后迁居温州瑞安,因居住于水心村,自号水心,学者尊之为"水心先生"。淳熙五年(1178)考中进士,历任州县官、太学正太学博士等。宋宁宗开禧二年(1206)任翰林学士之职,五月被任命为江东安抚使、知建康府,后又被任命为沿江制置使。北伐失败后,叶适罢职,直至老死。

关于宇宙生成问题,叶适认为宇宙之间天、地、山、泽、水、火、雷、风等,都是"气"而形成。从对宇宙生成顺序的解释来看,叶适认为宇宙第一,形成宇宙的"义理(卦)"次于宇宙生成。基于这一认识,叶适认为,天地之间无非是物,但物与物不同,因而形成各自的物理。性命道德之类所

---

① (南宋)陆九渊:《陆九渊集》卷 25《鹅湖和教授兄韵》。
② (南宋)王阳明:《王阳明全集》卷 7《象山文集序》。

谓抽象的理,都不能离开具体事物而单独存在,只有物实体,没有所谓的理实体。叶适对《周易》的解释还具有辩证法的思想认识。

叶适明显区别于程朱系理学家们的,在于他具有功利主义哲学思想。在性善恶的问题上,叶适认为性善、性恶两种说法不分轩轾。叶适根据《乐记》上的话,认为"人生而静",这是"天性",亦即本性;所谓"动"则是"性"有"感于物"而产生的,因而"欲"亦是"性"的本能,与"静"是相同的。[①] 基于这一认识,他批评"尊性贱欲"是不对的,认为"欲"是"性"之"动"的表现,是客观存在的。持有这样的见解,对理学家们所谓的"灭人欲"自然是不予赞同的。在义、利二者关系中,程朱派理学把义和利绝对对立起来,或者要义不要利,或者要利不要义。叶适则主张把道义和功利结合起来,同时叶适的功利主义重视目的、重视效果,无论做任何一件事情,都要看完成这件事情的目的,都要收到相应的效果。

叶适认为理学所建立的道统存在问题。他主张依据孔子所说"参也鲁",在孔子的高足"德行颜渊而下十人"当中,也没有曾子。曾子后来是否"德加尊,行加修",从而受到孔子的称赞,也没有确凿明白的证据,因而把曾子列为孔子的继承者、"传人",是不能令人信服的。[②]《中庸》的写作传授也有问题,"孔子传曾子,曾子传子思,必有谬误"[③]。叶适也反对二程"主敬",认为从孔子对颜渊、曾参的教导中可以看出,为学应自"复礼"开始,而不是二程所提倡的"主敬"。叶适还批评程颢《定性书》杂有佛老思想。其中不仅"明觉为自然"中的"明觉"是佛家语言,而且所谓"内外两忘","喜怒不系于心"云云,更是彻头彻尾的佛家语言和思想。叶适批评程氏兄弟是"自坐佛老病处",还夸耀自己批判佛老以维护孔夫子之道。

陈亮(1143—1194),字同甫,婺州永康(今浙江永康)人。乾道四年

---

① (南宋)叶适:《叶适集·习学记言序目》卷8《礼记》。

② (南宋)叶适:《叶适集·习学记言序目》卷49《皇朝文鉴三》。

③ (南宋)叶适:《叶适集·习学记言序目》卷49《皇朝文鉴三》。

(1168)通过婺州乡试，但在第二年的礼部考试中落第。乾道淳熙年间，陈亮数次上书孝宗，力主恢复，但命途多蹇，两遭狱事。陈亮强调事功，与朱熹书信往来，展开"王霸义利之辨"。

陈亮事功学与朱熹理学的分歧在于：第一，在对"道"的认识上，双方存在分歧。陈亮认为道外无事，事外无道，道和事（或物）是紧密结合着的；充满宇宙之间的是物，而日用之间无非是事，所以与事物紧密结合的道，"无本末，无内外"。这与程朱系道学将"道"（或理）看作为离开事物而单独存在的抽象本体，显然有着根本不同。同时，陈亮认为"道"与人们的喜、怒、哀、乐、爱、恶即六欲分不开；而所谓的"行道"，则是审查六欲的始末，因而"道""平施于日用之间"，没有任何神秘之处。由于陈亮认为"道"是解决日常生活中实际问题的，所以他对高谈"道德性命"的道学家之无补实际、空洞无物不满，并加以批判。第二，陈亮对程朱道学的王霸义利观提出了全面的批评。他在批驳朱熹等"暗合说"①的同时，公然申明汉唐同样是"以道治天下"，不过"其间有所渗漏"而已。陈亮批评朱熹说："诸儒自处者曰义曰王，汉唐做得成者曰利曰霸，一头自如此说，一头自如彼做；说得虽甚好，做得亦不恶；如此却是义利双行，王霸并用。如亮之说，却是直上直下，只有一个头颅做得成耳。"②朱熹的说法无疑会割裂历史的连续统一性，也否认了朝代变革中前后相因的承继关系。第三，王霸义利究竟如何分辨呢？朱熹在答陈亮信中不止一次地以天理人欲的方法辨析王霸义利，认为汉高祖、唐太宗，"无一念之不出于人欲"，只是"假仁借义"掩盖自己的私欲，从而得到成功。陈亮则一直坚持自己的认识方法，从考察汉高唐宗建功立业的实际效果而推尊汉唐。

宋理宗在位 40 年（1225—1264），以绍定六年（1233）史弥远之死为界，

---

① 程朱理学派认为，"遂谓三代专以天理行，汉唐专以人欲行，其间有与天理暗合者，是以亦能久长"。

② （南宋）陈亮：《陈亮集》卷 28《又甲辰秋书》。

可以分为前后两个时期，前期是史弥远专政时期，后期则是亲政时期。宋理宗亲政后，改元端平，尊崇理学。真德秀和魏了翁都被召回到中央任职，成为确立理学统治的重要人物。真德秀(1178—1235)是朱熹的再传弟子。他推崇理学，发扬《大学》之旨，然而在将程朱理学由哲学转化成政治理论的过程中，也明显带有理学过分强调内心反省、脱离实践的弊端。魏了翁(1178—1237)，学者称其为"鹤山先生"。他对于程朱理学的推崇，首先表现在对理学道统体系的提倡和维护。嘉定初年魏了翁上奏，请求不仅要推尊朱熹、张栻，更要推崇理学渊源的周敦颐、二程。嘉定十三年(1220)，宋廷始谥周敦颐为元公，谥程颢为纯公，谥程颐为正公，并于各州郡为周、程等理学家建立祠堂。总体来看，南宋经济的发展同北宋经济的发展已经有所不同，经过北宋末年宋徽宗统治期间和南宋初期土地兼并的猛烈发展，中下层地主阶级的经济力量削弱了。在这样的政治局面下，出身于中下层地主阶级的士大夫，要么依附权臣大地主阶级，要么屈居于地方州县。但南宋社会历史环境已经不能向朱陆理学和浙东事功学派提供政治实践条件，让他们实现其"内圣外王"这一最高理想。

第十八章　科举制度及其完善

作为中国古代最重要人才铨选机制，科举制度产生于隋，发展于唐，至宋朝趋于稳定与制度化，并延续千年。

第一节　科举制度的形成及发展

科举制是隋唐及后代选拔官吏的一种考试制度。"科"是指科目，"举"是指选拔，"科举"即分科取士的意思。国家按照不同的人才需要，设立不同的科目，考核不同的内容，选拔出各类人才。

科举制从两汉至南北朝时期的察举制发展而来，萌芽于南北朝后期，初创于隋，形成于唐，完善于宋，鼎盛于明清，共历经1300多年，于1905年被废。

隋朝之前选拔人才的制度是九品中正之制。九品中正制自魏文帝时始，由皇帝任命中正官员，按出身、品德等标准考核、选拔民间人才，因为选拔品级分为九等，故而称为九品中正制。九品中正是察举的改良，人才选拔制度由此趋于标准化和制度化，故而自两晋一直延续到南北朝。中正官员品评、选拔人才的标准主要有二：其一是家世，即家庭出身和背景；其二为行状，即综合当地民众对其人品性和才能的评价做出的批语。中正官员定品原则上首先依据行状，家世只是参考。但西晋之后世家大族把持政权，家世的参考意义逐渐超越了行状。出身寒门的高义博学人士往往定为下品，品行不端的高门子弟往往占据上品，这就是所谓"上品无寒门，下品无势族"①。

隋朝是科举制的草创时期。隋朝统一全国后,隋文帝为了加强中央集权,开始逐步削弱士族势力,废除九品中正制,把选拔官吏的权力收归中央。隋开皇七年(587)正月,隋文帝杨坚诏令"诸州岁贡三人"②参加考试,合格者可以做官,正式设立常举,当时常举的科目主要有秀才和明经两科。隋开皇十八年(598)七月,他又诏令五品以上京官、总管、刺史,以"志行修谨,清平干济"二科举人。至隋大业三年(607)四月,隋炀帝杨广又诏令"文武有执事者,五品以上"以"孝悌有闻"、"德行敦厚"、"结义可称"、"操履清洁"、"强毅正直"、"执宪不饶"、"学业优敏"、"文才秀美"、"膂力骄壮"等十科举士,考察的范围兼有文武,以文为主,德才并重,"选无清浊"。隋炀帝又设"进士"之科,以"试策"取士,这标志着科举制正式成立。自此,魏晋南北朝以来士族依靠九品中正制把持朝政的局面受到了限制,庶族人士及平民入仕成为可能。入唐后,"大唐贡士之法,多循隋制。上郡岁三人,中郡二人,下郡一人,有才能者无常数。其常贡之科,有秀才,有明经,有进士,有明法,有书,有算"③,不仅科举取士的人数更加规范,考试范围比之隋朝也有所扩大。但终唐一代,甚至算数也可作为科举内容。这一方面反映了科举取士范围扩大,另一方面在某种程度上也表明科举此时的许多科目都是临时增减,唯有进士、明经二科常设。至唐贞观八年(634),此两科成为定制。

第二节　科举考试科目

唐朝科举分为常举和制举两种。常举是每年按时举行的考试,制举是皇帝临时下诏举行的考试。

---

① (唐)房玄龄:《晋书》卷45《刘毅传》。
② (唐)魏徵:《隋书》卷15《选举三》。
③ (唐)杜佑:《通典》卷15《选举三》。

一、常举

常举的科目较多，根据考试的内容不同可划分为十几个科目，其中较主要的有秀才、明经、进士、明法、明书和明算。

秀才科。唐初的考试科目，目的是选拔顶尖人才。但其难度太大，要求过高，应试者寥寥无几，永徽二年(651)被废弃，开元二十四年(736)曾恢复，但天宝初年(742)再次被废。该科设置时间短暂，仅三四十年，录取人数不多，影响不大。

明经科。重点考核儒家经义，考试内容为《礼记》、《左传》、《诗》、《周礼》、《仪礼》、《周易》、《尚书》、《公羊传》、《穀梁传》，再加上《孝经》和《论语》。明经科考试主要测验考生对经典知识的熟悉程度。考生需要认真记忆儒家经典，下苦功夫进行背诵。一般而言，只要考生肯下功夫背书，相对容易被录取。考试共分三场：第一场，贴经十条，正确回答出六条为及格。贴经就是把考试指定的某部经书任意翻出一页，页面前后两边都被遮盖上，只留出中间一行，再用纸将该行中的三个字贴住，命考生把被贴住的三个字读出来。这种考试形式有些类似现代考试中的填空题。贴经通过后，才有资格进入第二场考试。第二场，口试经义十条，答对六条为及格。口试就是考官提问，考生当场口头作答，目的是检测考生的临场应变能力。第三场，策问，考题三道，答对两道者为及格。策问要求考生针对当时社会的政治、经济、军事等相关问题发表见解，提出自己的看法，与其他考试形式相比，策问与现实联系更加紧密，更能考查考生的能力。三场均及格者，明经及第。

进士科。唐朝初年仅考策问五道，唐高宗以后共考三场：杂文（诗赋）、贴经和策问，三场考试顺序在不同时期略有变化。考试每天一场，每场考试定去留，就是说考生只有通过第一场考试才可以参加第二场，通过第二场才可以继续参加第三场，三场考试都通过就是进士及第，获得了做官的资格。

　　三场考试中杂文(诗赋)越来越受到重视。杂文要求当场作杂文两篇,目的是考查考生的写作水平和思维能力。起初,主要考箴、铭论、表等实用文体,后来则发展为专考诗、赋,因为国家录取进士,是为了吸纳社会精英,补充官僚队伍,让他们治理国家,为政一方。处理国家和社会的具体问题是官员们的基本职责,需要他们理论联系实际,而儒家经典是施政的基本理论,官员们必须掌握。深入了解社会,才谈得上避免闭门造车、纸上谈兵,而社会问题千丝万缕,纷繁复杂,官员们要有开拓创新精神,要有气魄胆略,要有远见卓识,才能应付自如,个人的文化素养便显得十分重要。诗赋的创作,是培养这些能力和精神的一条有效途径。但是专以诗赋取士,造成了诸多弊端。随着诗赋成为取士的主要依据,也渐渐成为人们获取功名的工具,思想内容越来越贫乏,流于形式,反而不利于国家选拔真正有能力的人才。

　　但相比其他科目,进士科考试内容相对灵活,对考生的能力要求较高,不是死记硬背就可以通过的,且录取名额相对明经等科人数更少,所以渐渐发展成为常举考试中最受人重视和推崇的科目,"进士为士林华选,四方观听,希其风采"①。

　　明法、明书和明算三科是为国家选拔专门的人才,除明法出身者有可能做到高官外,明书、明算出身者都很难获得升迁高级官员的机会,所以读书人一般都不愿意参加这几个科目的考试。

　　明法,主要考律、令等法律知识,选拔法律人才。

　　明书,主要考文字训诂和书法,考试内容为《说文解字》和《字林》等。

　　明算,考察数学计算等专门知识,主要考《九章算术》和《周髀算经》等内容。

　　常科之中进士和明经两科最重要,参加这两科考试的考生也最多。唐

――――――――――

① (唐)杜佑:《通典》卷15《选举三》。

初，明经科高于进士科。唐朝中期开始，明经地位明显下降，人们更加推崇进士。首先，进士科的录取名额相对明经科少。进士科每届录取率只有1％或2％，而明经科每届录取率约在10％，明经科的录取率是进士科的10倍。唐朝参加进士科的考生，最多时可达2000人，少的时候也不低于1000人。按进士科的录取率，每年考中进士的举子最多不过30～40人，少的时候仅10～20人。有唐一代，平均每年录取进士不过30人左右，确实是优中选优，录取者可谓是全国的顶尖人才。其次，明经考试内容较为死板，考试仅以儒家经典知识的记忆为主，难度并不大；相对而言，进士科考试内容比较灵活，要求考生具有很好的应变能力，难度较大，不是一般人就可以考上的。"三十老明经，五十少进士。"此说法虽有些夸张，但可见进士科难度之大。人往往重难而轻易，所以人们更尊崇进士科，称之为"白衣公卿"、"一品白衫"，认为"缙绅虽位及人臣，不由进士者，终不为美"。[①] 唐高宗朝中书令薛元超将"始不以进士擢第，不得娶五姓女，不得修国史"引为终生憾事。[②] 皇帝对进士也是礼遇有加，欣赏备至。如唐德宗曾亲自评阅考生试卷，看到符合心意的文章，必定反复吟诵，并拿给宰相欣赏，高兴地说："这都是朕的门生。"唐文宗也常常亲自拟定考试题目。唐宣宗则更甚，他爱羡进士，曾在大殿的柱子上亲笔题写："乡贡进士李某。"他和大臣谈话时，经常问大臣"是否进士及第出身？考题是什么？主考官是谁？"如果有优秀的臣子不是进士出身，唐宣宗就会为之惋惜，叹息良久。到唐朝后期，明经科更是远不及进士科，明经出身的人很少能做到高官。进士及第者在官场声誉好、升迁快、前途光明，高级官员多由进士出身，进士科成为人们进入仕途的首选途径，最受推崇。

考生来源主要有两个：一是生徒，指在京师国子监、弘文馆、崇文馆和各地方州县学馆学习的学生，通过学校的选拔考试合格后，由学校举荐

---

① （北宋）李昉等编：《太平广记》卷178《贡举一》。

② （唐）刘𫗧：《隋唐嘉话》卷中。

到尚书省参加各科考试,称作"生徒"。二是乡贡,凡不在学校学习而自学成才的读书人,怀牒自举,自己拿着身份证明等材料到相应州县报名参加选拔考试,考试合格后,给予"文解"(即州县推荐书),被地方政府举送到京城参加科举考试,因这些考生是每年十月随州县贡品一起送至京城的,所以称为"乡贡"。唐初,学校生徒处于优势地位,录取比例远高于乡贡;当至唐玄宗晚期,乡贡逐渐占据优势,成为考生的主要来源。

唐朝明文规定三类人不得参加科举考试:第一,触犯过法律的人;第二,工商子弟;第三,州县小吏。除此以外,没有任何门第和年龄限制,上至贵族子弟下到平民百姓,从垂髫少年到耄耋老人,唐朝所有男子均可自愿报名参加,考何种科目也全凭自己意愿。当然,唐朝女子是不被允许参加科举考试的,因为除了皇宫设女官外,政府机构中没有为女子设立的职位,生为女儿身,纵有满腹才情,也只能"自恨罗衣掩诗句,举头空羡榜中名"(鱼玄机《游崇真观南楼睹新及第题名处》),无缘科举。此外,唐朝特别规定工商人家之子弟不得参加科举考试,因为中国古代重农抑商,对工商业者较为轻视,认为工商业者重利轻义,只为个人谋私利,而参加科举做官是要为国家为民众谋福利,两者的根本目的相冲突,所以,唐政府明文规定工商子弟不许应试。凡是把不符合规定的人推荐到朝廷参加省试的,一经查出,必将严惩。

二、制举

制举是根据国家需要,由皇帝临时下诏举行的考试,目的是选拔国家急需的各类人才。考试的科目和时间均不固定,主考官原则上由皇帝本人担任,"天子下帘亲自问",但有时皇帝会委托大臣代为选拔。唐朝制举的科目根据朝廷的不同需要而设立,科名见于史书记载的就有近百种。因其名目繁多,且更换频繁,所以偶尔会发生一些有趣的故事。唐德宗时,有人曾在昭应县遇到一个匆忙赶往京城的读书人,于是就问为什么这个时候赶往京城。读书人答："参加'不求闻达科'的考试。"原来，不久前，唐德宗下诏要搜访那些德才兼备却不愿意做官的人，希望他们能为国家服务。这位书生却误以为这是新设的一个制举科目，便急奔京城应举，结果闹了笑话。当然，科目虽变换频繁，但有一些科目是相对固定的，较常见的科目有贤良方正直言极谏科、博学宏词科、才识兼茂明于体用科、详明政术可以理人科、军谋宏远堪任将帅科等。从科目名称上就可以看出制举考试更注重测试考生的实际能力，考试内容以策论为主，兼考经史和诗赋。

参加制举考试的考生来源广泛，无论是普通人还是官员都可以报名参加。如元载几次考进士不中，以平民身份直接应制举"明庄老文列四子之学"①高中。唐朝张鷟曾八次应制举，均登甲科，当时人称赞他的文辞如青铜钱，万选万中，称为"青钱学士"。后人以青钱万选比喻文才出众。② 唐朝著名诗人贺知章进士及第后，又考中制举超群拔类科。制举考试，考生一旦及第，便可以获得较高的地位和待遇，录取者马上会被授予官职或者得到提升，不像常科及第者还要过吏部铨选一关。所以，有些考生进士或明经及第后会继续参加制举的考试。

制举是朝廷招揽特殊人才的一种办法，虽然考生能获得较高的待遇，但在社会名望和认可度方面，仍不及进士科。据《封氏闻见记》记载，张瑰兄弟8人，其中7人进士出身，1人制举出身。家庭聚会时，大家开玩笑，故意让制举出身的那位兄弟一人独坐一旁，其他7人另坐一边，戏称他为"杂色"，拿他开心。

唐朝从武德五年(622)高祖下诏第一次举行制举开始，到哀帝天祐元年(904)最后一次结束，共举行制举约120次。其中，制举在开元时期特别兴盛，文宗太和年间以后举行的就比较少了。

---

① 　(后晋)刘昫:《旧唐书》卷118《元载传》。
② 　(北宋)欧阳修:《新唐书》卷161《张鷟传》。

三、武举

武则天长安二年(702)首创武举。武举由兵部主持,目的是选拔躯干雄伟、应对详明、骁勇善战的一流军事人才。武举的考生全部来源于各地乡贡,中央学校和地方各级学校不培养此类人才。各州习武者,每年按照明经科、进士科的做法举选,其报名、选拔、举送、报到等考试程序与常科的大体相同。武科考试项目主要有长垛、马射、步射、平射、筒射、马枪、翘关、负重等。

各地选送的武艺精良的举子聚集京城后,参加由兵部主持的考试。录取标准有三条:一是骁勇,二是材艺(武艺),三是可为统领之用。符合上述三条,考生才可以被录取。考生被录取后,并不会被直接授予官职,还要参加由兵部举行的复试,复试合格,方可被兵部授予官职,真正踏入仕途。

唐朝武举和常举、制举相比,不太受世人重视,参加考试的考生数量不多。唐朝武举取才虽不太多但也有一些良才,如平定安史之乱的中兴名将郭子仪,即出身武举。此外,武举对后世影响较大,中国自宋以后的朝代虽多重文轻武,但均设有武举。

第三节　科举考试程序

唐朝常科考试的情况,现在能见到的材料大部分是唐后期进士科的有关情况。明经和其他各科的情况,有待进一步研究。

一、初试

唐科举考试分为两级,初试是由州县主持,属于选拔性的资格考试,称为发解试；复试是国家一级的考试，由尚书省主持，称为省试。只有初试合格者，才能被举荐到京城参加省试。考生要参加初试，首先要向州府报名，递交报名材料。考生需要呈交的报名材料，唐朝称作"牒"或"家状"，即考生本人填写的家庭状况表，内容大致包括考生的姓名、生辰、籍贯、年龄、体貌特征和祖上三代的名讳、宦秩和存殁等情况。朝廷审阅考生的"牒"，主要目的是考察考生的家庭出身和职业状况。唐朝规定犯过法的人、工商业者和州县衙门的役吏不得参加科举考试。只要考生材料属实、品行端正、出身清白、非工商业子弟和州县役吏，一般就被准许报考。

此外，特别要说明的是关于初试的报考地点，唐朝初期曾要求考生在籍贯所在地报考，今天的高考也有类似规定，这和考试资源密切相关。因为国家给每个州的举送名额数量有限，根据各州的大小，上州每年举三人，中州两人，下州一人，如有特别优秀人才者除外。可见，如果允许考生随意报考，就有可能侵占其他州的举送名额。但唐中后期放宽限制，允许考生在别的州县报考。唐朝荆州，文风不振，每年选送到京城参加科举考试的考生没有一人考中，当时人戏称为"天荒"。至唐宣宗大中四年（850），刘蜕以荆州解送的举人登第，打破了该州多年无人中举的局面，时人称为"破天荒"。荆州刺史特别奖励刘蜕 70 万贯破天荒钱。刘蜕答谢说："五十年来，自是人废；一千里外，岂曰天荒。"①

报名通过后，参加州县举行的选拔考试，如顺利通过，被给予"文解"（即州县推荐书），由州府举送京城参加尚书省主持的省试。

入京之前，地方官府会为被举荐的乡贡举行较为隆重的欢送仪式，地方主要官员和本地德高望重的长者出席，为举子们送行，行乡饮酒礼，歌《鹿鸣》。

---

① （北宋）孙光宪：《北梦琐言》卷 4。

二、省试

每年十月，乡贡举子随地方进贡朝廷的贡品一起被送至京城，与来自各级学校的生徒举子会合，一起参加由尚书省礼部主持的省试(开元二十四年以前为吏部主持)。省试一般在京城长安举行，偶有例外。如肃宗朝，因安史之乱，国内战火频仍，交通断绝，往来不便，所以省试在几处举行。代宗时，因国内遭灾，有数年省试在京城长安和东都洛阳同时举行。

举子到京后，首先要履行规定的报到手续。第一，向尚书省签名报到。第二，缴纳文解和家状，接受资格审查。文解，即州府所给的推荐信。家状，即举子本人填写的家庭状况表。家状需按照政府规定的格式书写，如果家状中填写信息不全、格式错误或者文字有误，取消考试资格。第三，结款通保。要求举子们三人一组互做担保，并且登记他们在长安的临时住址，目的是保证应举者的人品德行。如果应举者德行有瑕疵，举子本人和担保人均要受到惩处，被取消当年的考试资格，且三年内不许再考。办理完手续，举子们即可离开，等候相关部门的审核意见。唐朝前期由户部负责审阅核实举子手续是否合格，唐朝中期以后归礼部掌管。审查结果，十一月出榜公布。榜单上会列出文状信息不全或品行有问题的考生姓名，这些考生丧失考试资格。其他通过审核的考生，就可以安心温习功课，等待来年春天的考试。

常科考试起初由吏部考功员外郎主持，后改由礼部侍郎主持。因为唐玄宗开元二十四年(736)进士科考试，考功员外郎李昂和应试举子发生冲突，唐玄宗考虑到考功员外郎(从六品上)品级较低，难以服众，所以改由礼部侍郎(正四品上)主持，此后定为常制。国家提高主考官的品级，说明对科举考试的进一步重视。礼部侍郎担任主考官主持省试，称作"知贡举"，如因意外由其他官员代为主持，则称作"权知贡举"。

省试通常在正月或二月举行，以正月居多，因为是春天举行的考试，所以也称为"春闱"（闱，指考场）。唐朝前期考试设在尚书省都堂，后期移至礼部贡院。唐前中期，考试多在白天进行，从早晨五六点（卯时）太阳初升时开始，到下午六七点（酉时）日落时结束；唐朝后期，如考卷白天未答完，考试时间可以延迟至夜晚，以三条木烛燃烧的时间为限，木烛燃尽考试结束。"唐制：举人试，日既暮，许烧烛三条。"①据记载，一次，主考官礼部侍郎权德舆见第三条木烛快要燃尽，意识到考试即将结束，看着燃尽的烛火，权侍郎戏言道："三条烛尽，烧残举子之心。"不料恰被一个举子听到，信心满满地应声答道："八韵赋成，惊破侍郎之胆。"举子的回答颇为狂妄。但有些举子可就没这么幸运了，眼看第三条木烛燃尽，"南宫（指尚书省）风月画难成"，试卷还未完成，看来今年跃龙门无望，只有明年再来了。

考试结束，考官在礼部的贡院集中阅卷，而后经过一些呈报手续，最终决定及第者的名次，出榜公布。唐朝进士科一般在二月放榜。进士放榜，是唐朝长安的一件大事，"礼闱新榜动长安，九陌人人走马看"（刘禹锡《和王侍郎酬宣上人诗》）。举国上下对此也十分关注，"二十八人初上牒，百千万里尽传名"（张籍《喜王起侍郎放榜》）。金榜题名的新进士自己更是开心，"十年辛苦一枝桂，二月艳阳千树花"（伊璠《及第后寄梁烛处士》）。

放榜之后，被录取的举子首先要一起去拜见主考官，感谢主考官的知遇之恩，称为"谢恩"。进士及第者尊称主考官为"座主"，自称"门生"，这样主考官和考生之间就结成了关系。学生对座主感激涕零，"今日无言春雨后，似含冷涕谢东风"（姚合《杏园宴上谢座主》）。其至白居易也不能免俗，他晚年自诩已看破生死、超然世外，却仍然遗憾没有机会回报自己的座主高郢的深恩，"还有一条遗恨事，高家门馆未酬恩"（白居易《重题》）。座主

---

①　（南宋）蔡正孙：《诗林广记》前集卷 9。

自己也十分得意自己门生满天下。唐朝崔群为官清正，唐宪宗元和十年（815）主持科举考试，录取进士 30 人。一次，他的夫人劝他为子孙今后的生计考虑，应该置办一些庄田。崔群笑答说："余有三十所美庄良田遍天下，夫人复何忧？"①崔群的意思是他当年录取了 30 名进士，这些门生怎么可能忘记他的深恩，日后必定厚报他的子孙，以示礼谢。

谢恩过后，新进士们由主考官领着到尚书省都堂拜见宰相，叫作"过堂"。

此后，进士们会在曲江举行各种庆祝活动。曲江是唐朝长安的著名风景区，花木茂盛，风景秀丽，"细草岸西东，酒旗摇水风。楼台在花杪，瓯鹭下烟中"（白居易《曲江》）。新科进士放榜后，会宴游于曲江池旁的杏园，称作"杏园宴"。"及第新春选胜游，杏园初宴曲江头。"（刘沧《及第后宴曲》）因其主要内容是探花，所以也称"探花宴"。选同榜进士中最年轻的两人做"探花使"，遍游长安名园，寻找名花，如果其他新进士先摘得名花，则两位探花使要受罚，罚银钱若干。唐朝翁承赞进士及第后曾为探花使，做《擢探花使三首》，其一曰："洪崖差遣探花来，检点芳丛饮数杯。深紫浓香三百朵，明朝为我一时开。"其三曰："探花时节日偏长，恬淡春风称意忙。每到黄昏醉归去，纻衣惹得牡丹香。"孟郊 50 多岁知天命之年及第，杏园宴游也是豪情不减少年，"春风得意马蹄疾，一日看尽长安花"。其屡试不第时，也曾灰心地"弃置复弃置，情如刀剑伤"，但此时"昔日龌龊不足嗟，今朝旷荡恩无涯"。往日的一切不如意都已经烟消云散，喜悦之情溢于言表。而白居易同样是"花下忘归因美景，樽前劝酒是春风"（白居易《酬哥舒大见赠》），陶醉于及第的幸福。

宴会以后，同榜进士一起到慈恩寺雁塔下，请同科进士中擅长书法者将全榜诸人姓名写于塔上，题名留念以显荣耀。"慈恩塔下题名处，十七人

---

① （唐）李冗：《独异志》卷下。

中最少年。"（白居易《慈恩寺题名游赏赋咏杂纪》）白居易时年 27 岁，初举就金榜题名，并且是同榜进士中最年轻的，心中十分得意和骄傲。而雁塔题名的荣耀即使多年后，仍使及第的进士念念不忘，"杏园北寺题名日，数到如今四十年"（朱庆馀《赠凤翔柳司录》）。

三、吏部铨选

常科及第，只是获得了出身，即做官的资格，要想正式获得官职，必须通过吏部举行的铨选。所以，唐朝有位新进士在亲朋好友向其道贺时，发出了"犹着褐衣何足羡"的感叹。吏部铨选合格者，方可脱去褐色的粗布衣服而换上官服，离开平民队伍而进入官员行列，这种考试被形象地称为"释褐试"。"关试，吏部试也。进士放榜敕下后，礼部始关吏部，吏部试判两节，授春关，谓之关试。始属吏部守选。"①

吏部的考试内容有四项：身、言、书、判。一是身，看其体貌是否端正丰伟；二是言，看其说话是否言辞辩正；三是书，看其楷书写得是否工整遒美；四是判，看其判词作得是否文理通达。四项考核全能通过，便可授予官职，所授官职级别，一般在八九品之间，职位虽不太高，毕竟是踏入仕途了。

如果不参加选试，或者选试未能通过，还有两种途径可取得官职。一是参加制举考试，及第后立即授官。二是去藩镇幕府做幕僚，而后再争取被举荐得官，这是中唐以后士人的一大选择。例如韩愈，四次应试进士科及第后，三次选试都未能通过，于是去地方藩镇幕府做幕僚，后经举荐，才得到正式官职。"大凡才能之士，名位未达，多在方镇。"②

---

① （明）胡震亨：《唐音癸签》卷 18。
② （后晋）刘昫：《旧唐书》卷 138《赵憬传》。

四、落第举子

新进士金榜题名、春风得意，是飞天的蛟龙，前程似锦；但更多的举子科场失意，沮丧万分，前途黯淡。新进士们杏园游宴，赏花赏美景；落第者"知有杏园无路入，马前惆怅满枝红"（温庭筠《春日将欲东归寄新及第苗绅先辈》）。

晚唐的著名词人温庭筠文思敏捷、才华横溢，擅长诗赋，文风清丽，为当时的文人雅士所推崇。温庭筠数次参加科举考试，但因其为人放荡不羁、不修边幅，不被主考官欣赏，所以屡试不第。一次，温庭筠再次落第，得知他的朋友及第后，真是百般滋味在心头，赋诗写道："几年辛苦与君同，得丧悲欢尽是空。犹喜故人先折桂，自怜羁客尚飘蓬。"（温庭筠《春日将欲东归寄新及第苗绅先辈》)他曾获得绰号"温八叉"。每次考试，温庭筠作诗赋时，双手来回叉上八次，诗赋便一气呵成，当时人赞其才思敏捷，异于常人，称之为"温八叉"。古有曹植七步作诗，唐有温庭筠八叉作赋。但这个书写"山月不知心里事，水风空落眼前花"（温庭筠《忆江南》）的才高八斗的温庭筠，却终身不第，只有"千万恨，恨极在天涯"（温庭筠《梦江南》）。温庭筠的厄运再次降临到他的儿子身上，其子温宪也是屡试不第，"十口沟隍待一身，半年千里绝音尘。鬓毛如雪心如死，犹作长安下第人"（温宪《题崇庆寺壁》）。

唐人杜羔落第，快要回到家的时候，其妻托人带信给他，信中写道："良人的的有奇才，何事年年被放回？如今妾面羞君面，君若来时近夜来。"（刘氏《夫下第》）杜羔读后，羞愧难当，自感无颜回家面对妻儿，当即返回长安。

魏人公乘亿科场屡试不第，滞留长安，十多年不曾回家，一日送客郊野，恰见一个形容憔悴的乡村妇人，与其妻貌似，但因多年未见，不敢贸然相认，打听之下，确是其妻。原来其妻误听谣言以为公乘亿已客死长安，所以赶来带其灵柩回乡。夫妻抱头痛哭。①

"春风得意马蹄疾，一日看尽长安花"的孟郊数次落第后，也曾写《再下第》抱怨说："一夕九起嗟，梦短不到家。两度长安陌，空将泪见花。"

当然也并非每个落第举子都那么沮丧，贞元年间的举子彭伉写给妻子的一首诗："莫讶相如献赋迟，锦书谁道泪沾衣？不须化作山头石，待我东堂折桂枝！"（彭伉《登科记考》）后来果然高中。

五、行卷

唐朝取士，不只看考试成绩，还要有名人的推荐。应试举子将自己平日的文章诗赋抄写装裱成卷轴，在考试以前呈送当时社会的显贵名流，请他们向主考官推荐，以便增加自己被录取的可能性，称为"行卷"。

行卷有利有弊。行卷曾使一批无权无势、饱读诗书、具有才学的读书人脱颖而出，在一定程度上弥补了"一考定终身"的制度缺陷，也促使考生在平日就注意提高个人的文化修养。如唐朝著名诗人杜牧参加科举考试时，曾向国子监行卷，献《阿房宫赋》，受到吴武陵的赞赏。吴武陵要求主考官崔郾录取杜牧为状元，但谁知状元名额早许他人，第二、三、四名也均已有人选，最后崔郾答应录杜牧为第五名。后来有大臣说杜牧"不拘细行"，企图加以阻止，但崔郾说："已经答应太学博士吴武陵了，就算杜牧是屠沽（宰牲和卖酒，泛指职业身份低微的人），也不能改了。"②试想，如果没有吴武陵的一再力荐，杜牧纵有名满天下的《阿房宫赋》，也可能名落孙山。

"洞房昨夜停红烛，待晓堂前拜舅姑。妆罢低声问夫婿，画眉深浅入时

---

① （五代）王定保：《唐摭言》卷8《忧中有喜》。
② （五代）王定保：《唐摭言》卷6《公荐》。

无?"唐人朱庆馀的《闺意》被广为传颂,后人可能会误以为这是一首闺阁诗,描写的是新婚宴尔的夫妻之间的对话。其实这是举子朱庆余宝历二年(826)应进士科时,向诗名满天下的水部员外郎张籍行卷,请求推荐,但不知自己的诗文能否被欣赏,心怀忐忑,故借新妇的口吻探问张籍。张籍回答道:"越女新妆出镜心,自知明艳更沉吟。齐纨未是人间贵,一曲菱歌敌万金!"(张籍《酬朱庆馀》)对朱庆余的才华大加赞赏。果然,经过张籍的推荐,朱庆余诗名日隆,当年一举及第。

唐德宗贞元八年(792)进士科考试,陆贽担任主考官,选韩愈、李观、李绛、崔群、王涯、冯宿、庚承宣、欧阳詹等23人同登进士第,得人才之盛,被当时人称为"龙虎榜"。

但是,这种行卷的社会风气,也有极坏的方面,行卷弄虚作假,有人剽窃他人诗作。据《唐摭言》记载,唐才子杨衡初隐庐山,有人剽窃他的文章行卷而及第。杨衡及第后见到剽窃者,颇愤怒既而问曰:"'一一鹤声飞上天?'在否?"剽窃者答道:"此句知兄最惜,不敢辄偷。"杨衡笑曰:"犹可恕。"[1]也有人卑躬屈膝结交权贵,"伺候于公卿之门,奔走于形势之途"(韩愈《送李愿归盘谷序》),从而得以及第。贵者托以势,富者托以财,亲故者托以情,只可怜贫寒苦学之士纵有满腹才华,却行卷无门,"蹇驴放饱骑将出,秋卷装成寄与谁?"(张籍《赠贾岛》)无人赏识。唐宪宗元和年间,考场内外流传着这样一句话:"欲入举场,先问苏张,苏张尤可,三杨杀我。"[2]"苏张"和"三杨"代指当时五位权倾朝野的大臣,他们推荐的考生,必定百荐百中,金榜题名,而贫寒子弟请托无门,多名落孙山。风气之坏,可见一斑。

行卷风气,由唐一直延至五代而不衰。到了北宋,科举考试实行糊名、誊卷、锁院的制度,行卷之风才停止。

---

[1] (五代)王定保:《唐摭言》卷2《争解元》。

[2] (五代)王定保:《唐摭言》卷7《升沈后进》。

第四节　科举制的影响

一、科举制度的进步意义

科举制度的第一个重要意义就是重新确定了选拔人才的机制与标准，使得当政者能够更好地网罗人才，为己所用。

中国古代社会的主要选官途径，经历了两汉的察举制、魏晋南北朝的九品中正制和隋唐以来的科举制三个发展阶段。其中科举制实行的时间最长，对中国古代社会的影响巨大。唐朝是科举制度的重要发展时期。在唐朝初年，官员比例，因科举而进入仕途的仅占很小一部分；至唐中后期，由科举而晋升仕途的人数逐渐增多，且位列高官者多是科举出身。科举成为士人入仕的正途。通过科举，唐朝确实获得不少杰出的人才。唐人说："国家取士，远法前代，进士之科，得人为盛。"①宋人说："某尝谓李唐设科举以网罗天下豪杰，三百年间，号为得人者，莫盛于进士。"②如名臣房玄龄、姚崇、宋璟、张九龄、裴度等。

史载唐太宗曾私访进士科的考试场所御史府，见到新科进士鱼贯而出，不禁洋洋自得道："天下英雄，入我彀中矣。"皇帝把科举比喻为网罗人才、控制人才的工具。经历了南北朝末年到唐初的动荡局面，人才对统治者而言，一旦为其所用，就是建设国家、稳定政权的重要力量，但若流离民间，则难免成为反叛的有生力量。科举考试是中国古代打破阶层界限、全方位网罗人才的重要尝试，它的发展给读书人树立了坚定的目标，"学成文武艺，货与帝王家"成为社会普遍认可的价值观，零散的社会力量被科举确立

---

① （北宋）王钦若编：《册府元龟》卷 641《条制三》。
② （北宋）华镇：《云溪居士集》。

的层层选拔机制集中起来，从地方到中央，围绕权力中枢形成了层层固定的壁垒，知识阶层与皇帝通过科举而结盟。

科举制度也在无形中扩大了知识的力量，充盈了士人的影响力。隋唐之前，士人阶层在政权中的力量是无规则和不稳定的，受限于人才选拔机制，社会中下层的读书人遇明主固然可以成为治世能臣，但多数还是处于"绕树三匝，无枝可依"的困窘局面。科举制度给了中下层知识分子进取的动力和可能性。唐朝名臣狄仁杰、宋璟等人都是家世一般的中下层士人，若非科举之功，很难想象他们的最终发展，也难以预料缺失了这些名臣的支持，是否还有开元盛世的全面繁荣。而在隋唐时期，因为科举考试内容的限定，尤其鼓励文学之士的创作，唐诗、唐文、唐传奇等文学类型名家纵横，佳作频出，科举在其中有重要意义。今人所熟知的陈子昂、白居易等文学名家，都是科举出身。

科举考试对读书人的激励力量是巨大的，中唐诗人孟郊有一首名诗《登科后》："昔日龌龊不足夸，今朝放荡思无涯。春风得意马蹄疾，一日看尽长安花。"孟郊是有名的孤寒诗人，诗作多写民间疾苦，有"诗囚"之称。他的名诗《游子吟》，以克制的情绪描摹母爱的伟大，既有真挚的感情，也可见早年生活的困顿。孟郊两考进士不第，46岁时才在母亲鼓励下再次参考并一举得中。与他的其他诗作相比，《登科后》的感情是极其外露和浮夸的，格调并不高级。孟郊中进士后的官途也并不平坦，只能充任一些地方小官。以此对照，《登科后》的洋洋自得甚至略显可笑。但这种毫不克制的奋发情绪的表达，又何尝不是一种积极进取的生活态度？儒家所追求的"达则兼济天下"的价值取向，在科举的鼓励机制下，有了更丰沛的发展。

总之，科举制度打破世家大族的特权垄断，提高了官员素质与行政效率，保证了政府行政人员的来源，扩大了统治基础，同时促进了社会稳定，有利于社会公平公正。对于中国社会的发展，自有其明确而重要的进步意义。

二、隋唐时期科举的局限性

科举制打通了平民知识分子的上升路径，营造了相对公平的官员晋升机制，无论从主政者的角度还是从士人角度，相比于前朝都是一项利大于弊的事情。但是，隋唐时期科举初创，无论从考试方式、考查内容还是从录取人数看，都依然存在诸多弊端。

科举在隋唐的第一个弊端就是考生信息公开，容易作弊。唐朝科举没有糊名之法，科考官员可以轻易掌握考生的信息，录取"关系户"也成了轻而易举之事，高门显贵向主考官软硬兼施、徇私舞弊经常见诸史籍。中唐时，段文昌曾为宰相，诗人杨凭的儿子杨浑之多次向他行贿，求他向主考官钱徽推举自己。但杨浑之才智平庸，钱徽秉公审卷，没有录取他。段文昌反咬一口，说钱徽科考舞弊，钱徽因而被贬。科考之混乱，可见一斑。马端临评价唐朝科举，认为公开考生姓名等信息可以让考官全面掌握考生情况，"采取誉望"，但他也认为，往往"权幸之嘱，亦可畏也"。①

此外，唐朝科举考查的内容也颇有不妥当之处。如前所述，至唐贞观年间，科举确定以明经、进士两科为常列，明经专注贴经，进士则考查诗词文赋等内容，两项难易有别，但都难说是为官所需的"实学"。唐朝文学大兴，但考中进士的诸多才子中，真正在政坛能够大显身手的却不多见。此外，进士科考查范围广阔而难于把握，如白居易一般的文学天才，从初次应试到终于及第都用了十余年时间，更多普通资质的士子只能死记硬背。唐朝类书大兴，其编纂的初衷就是"但见主司命题欲求实学，率皆采取传

---

① （元）马端临：《文献通考》卷29《选举二》。

注，编摭故实，或搜求陈腐之类书，以备场屋之用"①。唐朝类书的编纂形式与辑录内容也体现了其"以备场屋之用"的特点。以《初学记》为例，该书著于唐玄宗开元年间，其时科举之制已定，进士主试诗赋，而《初学记》的编纂目的在其"序言"中也说得很分明："以近世有摘六经诸子百家之言而记之，凡三十卷，开卷而上下千数百年之事皆在其目前。可用以骈四偶六，协律谐吕，为今人之文以载古人之道。"从编写体例看，《初学记》全书 23 部，分成 313 个子目，先列"叙事"，次为"事对"，最后是诗文，其中"叙事"汇集与子目相关的各种资料、典故；"事对"则专列对偶式的典故，下注出处，可为作骈文所参考；"诗文"则择取与子目相关的文学佳句，供作诗为文时的参考借鉴。《初学记》的作者在序中言明"愿学者摭此以成文，因文以贯道，祈至于文王、孔子之用心处而后止。毋为猎取其新奇壮丽之语，雕章缋句，以治聋俗之耳目。"这番劝诫虽然言辞恳切，但效果似乎并不明显。至北宋，欧阳修对此仍颇有微词："学者不根经术，不本道理，但能诵诗赋，节抄《六帖》、《初学记》之类者，便可剽盗偶俪，以应试格，而童年新学全不晓事之人，往往幸而中选。"②不但考试时所作诗文要依赖类书，唐人所作"行卷"之文许多也赖类书所提供的诗文典故。白居易作《白氏六帖》，被后人评论为"使学者不执业不占毕而有博闻之益"③之作，唐朝科举的漏洞与局限，于此亦可见一斑。

不仅考试内容有所偏差，实际整个唐朝通过科举为官的人数也是寥寥。有学者曾经统计过唐朝前期科举取士的数量，认为"有唐一代约计有五十万人次参加了进士考试，平均每年及第在二十三人到二十四人之间"④，唐朝

①　(清)徐松辑：《宋会要辑稿·选举五》。
②　(北宋)欧阳修：《欧阳文忠公集·奏议卷第八》。
③　(北宋)韩驹：《白孔六帖·序》。
④　杨荫楼：《唐代科举制度的意义及流弊》，载《齐鲁学刊》1986 年第 1 期，第 13 页。

立国近三百年，取士仅六千余人。科举确实使得一批庶族地主和平民得以参与政治活动，但是否算得上"大量"，似乎还可商榷。

第五节　宋朝科举制度的变革与进一步发展

入宋后，科举制度发生了很大变化。两宋科举之制在沿袭唐制的基础上多有改革，无论是考试方式还是科考内容，都较唐朝有所发展，变得更为完备。宋朝取士的科目依然是以进士为重，但考试内容有了很大变化，由重视诗文转变为以经义为主。考试规则上也与唐朝不同，宋朝科举自淳化年间（990—994）就实行了"糊名"之制，大中祥符八年（1015）又"置誊录院，令封印官封试卷付之"[①]。"糊名"是将考生姓名遮挡，以避免考生与考官间的裙带关系，"誊录"则是另派抄书手将试卷用正楷抄录，使考官无法辨认考生笔迹，这些都是保证公正阅卷的手段。以上种种制度，都促使考试方式更为标准化，舞弊行为也大大减少。

宋朝科举大兴与其文教之盛有密切关系，宋太祖以武力兴国，立国后即深以武官势力过重为患，"以文治国"成为宋朝的一朝家法。史载建隆元年（960），赵匡胤称帝之初，即"视学诏，增葺祠宇，塑绘先圣先贤像，自为赞书于孔、颜座端"，重新树立了儒学的正统地位，重文轻武，"尽令武臣读书，知为治之道"[②]，扭转了五代以来"干戈兴，学校废"的局面，在全社会制造了浓郁的读书之风，优待文人也成为宋朝"祖宗家法"。唐朝对参与科举之人的身份还多有限制，这种限制在宋朝也有了很大的改变。宋太宗曾亲下诏书，称："国家开贡举之门，广搜罗之路，采其乡曲之誉，登于俊造之科……应举人今后并须取本贯文解，不得伪书乡贯。发解州府，子

---

① （元）脱脱：《宋史》卷108《选举一》。
② （明）陈邦瞻：《宋史纪事本末》卷1《太祖建隆以来诸政》。

细辨认，如不是本贯及工商杂类，身有风疾、患眼目、曾遭刑责之人，并不在解送之限。如违，发解官当行朝典，本犯人连保人并当驳放。如工商杂类人内有奇才异行、卓然不群者，亦许解送。或举人内有乡里是声教未通之地，许于开封府、河南府寄应。"①工商杂类在唐朝是禁止参与科举的，宋朝沿袭了唐朝制度，但上有政策下有对策，颇有人"不于本贯取解，多是随处荐名，行止莫知，真虚罔辨"，针对这种情况，宋太宗并非一味禁止，而是在强调了法令仍存之后留下了一个变通——"如工商杂类人内有奇才异行、卓然不群者，亦许解送"，甚至允许一些出身偏僻地区不能由本乡发解的士人，可以直接至都城应考。通过这封诏书，宋太宗明确表达了他对人才的态度，以及对科举的重视。宋朝的取士数量也远超唐朝，宋朝开科取士以三年为限，两宋时期共开科118次，取士人数超过2万人，宋徽宗一朝取士最多，最多一次达600人，不仅远超唐朝，即使后代也难以企及。

宋朝科举考试的内容也在不断变化。宋初基本沿袭唐制，进士科依然以诗赋为主，王安石任参知政事后，对科举考试的内容进行改革，取消诗赋、贴经、墨义，专以经义、论、策取士，以《三经新义》为必修书目。王安石变法失败后，《三经新义》被取消，考试内容有时考诗赋，有时考经义，有时兼而有之，变换不定，但总的来说是提高了对经义策论的重视程度。

在这种重视文化整体氛围之下，宋朝以科举获益之人仍然不多，许多少年孤寒之人都因科举而成为举世皆知的肱股重臣。典型如欧阳修，他4岁丧父，家境一度非常贫寒，传说贫苦到连纸笔都买不起，他的母亲只能用芦苇秆在地上写字教他读书，"以荻画地"的故事就由此而来。欧阳修少读诗书，学有所成，17岁就参加科举考试，虽"以落官韵而不收"，但他文章立意新颖，落笔有神，"石言于宋，神降于莘。外蛇斗而内蛇伤，新鬼大而故鬼小"等句都被时人传颂。三年之后，欧阳修再次进入考场，并顺利通

---

① （清）徐松辑：《宋会要辑稿·选举十四》。

过了州试，虽然第二年会试又告失败，但他的诗文已然传遍京师。天圣八年(1030)，他终于以殿试二甲十四名及第，以此入仕，历任馆阁校勘、知谏院、翰林学士、枢密副使等职，在仁宗晚年官拜参知政事，后因反对王安石变法才请辞隐居。从寒门孤子到肱股重臣和文坛领袖，欧阳修是其中典型，但绝非唯一，如范仲淹、王禹偁等人都有类似故事传世。而南宋名臣王十朋，其早年经历更被改编为南戏剧本《荆钗记》，传诵至今。

第十九章 科学复兴的强大杠杆
——四大发明及其传播

关于中国古代四大发明的提法，有一个历史发展过程。最早只是提到三大发明。1550 年，意大利数学家杰罗姆·卡丹第一次提出中国对世界最具有影响的"三大发明"是磁罗盘、印刷术和火药，这一说法后来得到弗兰西斯·培根、麦都思、马克思等学者的认可。培根认为，印刷术、火药和指南针"这三种发明已经在世界范围内把事物的全面貌和情况都改变了：第一种是在学术方面，第二种是在战事方面，第三种是在航行方面；并由此又引起难以数计的变化来；竟至任何帝国、任何教派、任何星辰对人类事务的力量和影响都仿佛无过于这些机械发现了"①。马克思评价说："火药把骑士阶层炸得粉碎，指南针打开了世界市场并建立了殖民地，而印刷术却变成了新教的工具，总的来说变成科学复兴的手段，变成对精神发展创造必要前提的最强大的杠杆。"②而我们后来所说的四大发明，最早由著名科技史家李约瑟在 1943 年提出。

第一节　造纸术

1943 年，研究中国古代科技史的学者李约瑟将英国哲学家弗兰西斯·培根在文艺复兴时期提出的改变世界面貌的中国"三大发明"即印刷术、火

---

① ［英］培根：《新工具》，许宝骙译，北京：商务印书馆，1984 年版，第 103 页。
② 马克思：《机器、自然力和科学的应用》，北京：人民出版社，1978 年版，第 67 页。

药和指南针，修改为"四大发明"。被李约瑟博士新添加的这项发明就是造纸术。对于培根来说，纸或许已经不是什么新奇的发明，但他只需要向前回望100多年，就会发现直到15世纪晚期，英国还没有一家造纸厂[英国最早的造纸场是1494年在哈福德郡(Hortfordshire)建立的]。而对于东方的中国来说，当欧洲的先哲们还在羊皮卷上描画，尼罗河的法老们还在莎草片上书写，汉代的士人早已经可以用纸进行书法创作。在"四大发明"中，造纸术比其余三项发明时间更早，所以造纸术在世界范围内的传播相较于其他发明经历了更为漫长的岁月。

在造纸术发明之前，中国古代用于书写记事的材料主要有甲骨、金石、竹简和绢帛。其中甲骨、金石、竹简都比较笨重，并且携带不便，相比而言绢帛虽然轻便，却价格昂贵，所谓"贫不及素"。而轻巧便捷、价格便宜的书写工具纸的出现较好地解决了这些问题。在公元前2世纪"纸"已经作为一个新事物之名出现。许慎在《说文解字》中对纸的解释是："纸，絮——苫也。从系，氏声。"苫又作箈，表示席子，因此可以看出许慎认为纸是在席子上形成的一片絮。"絮"用现在的话来说就是纤维，而"苫"就是使纤维聚集成形的模具。这个定义把纸的原料及造纸工具、模具都包括进去了。① 但对于造纸术的起源，长期以来意见不一。② 一般学者认为，西汉时期已经出现造纸术，东汉时期的蔡伦是造纸术的重要改进者，其利用树皮、麻头、破布以及渔网所造"蔡侯纸"问世后，"自是莫不从用焉"③。造纸术迅速得到推广，到汉朝末年，已经出现了一批熟练的造纸工人。

魏晋南北朝时期，所造出的纸表面已经十分洁白光滑。南朝梁人萧绎

① 潘吉星：《中国造纸史话》，北京：商务印书馆，1998年版，第7～8页。

② 以潘吉星为代表的学者认为"西汉就有纸，蔡伦不是造纸术的发明者，而是技术革新家"，其观点主要反映在《中国造纸史》一书中。以王菊华、李玉华为代表的学者否认西汉有纸说，肯定蔡伦作为造纸术发明家的称号，其观点主要反映在《中国古代造纸技术工程史》一书中。笔者根据通行的中小学课本，取潘说。

③ （南朝宋）范晔：《后汉书》卷78《蔡伦传》。

 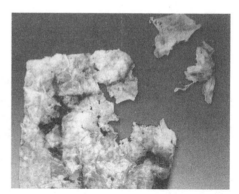

图 19.1　古纸残片

有《咏纸》诗云："皎白犹霜雪，方正若布棋。宣情且记事，宁同渔网时。"与此同时，纸的品种也大大增多，不仅有麻纸，还出现了侧理纸。纸不仅在书法领域使得文人如鱼得水，也使政府公文的书写获益良多，东晋末年有的统治者已经明令将纸作为朝廷奏议的正式书写材料。隋唐五代时期，造纸术在全国范围内进一步推广。这一时期，可以满足绘画需求的大尺幅的纸也被制作出来了，纸的品种也进一步增多，后世广泛使用的竹纸也开始出现。到了宋元时期，竹纸大盛，由于竹子纤维含量高，加之廉价易得，竹纸不仅被用作书画，还大量用于印书。尤其值得注意的是，纸在宋朝不再拘泥于传统的书写领域，而是有了新的突破。品目繁多的纸制品开始流行，举凡纸衣、纸伞、剪纸等，应有尽有。北宋时期出现了世界上最早的纸币，进一步扩大了纸的应用领域。明清两朝是传统造纸术集大成的时间，造纸原料、设备、技术和加工方面都大大进步，与之相应的是这时期纸的产量、质量、用途和产地也大大超越了前朝。中国的传统的造纸术可以说达到了它的历史最高峰。

造纸术的发明与改进，不仅彰显了中华文明的博大精深，而且还作为媒介传播了中华文化。在造纸术发明之后，这项技术就开始了向其他地区传播的历程。作为一种文化交流的载体，造纸术的传播史可以被视作中外文化交流史中的华美篇章。造纸术作为一项造福全人类的发明成果，首先受益的是与中国文化、经济交流密切的东亚国家。中国纸早在汉末至魏晋南北朝时就已经传入朝鲜半岛。[1] 百济和新罗也通过海上交流获得了中国的造纸术。唐朝时，新罗在唐朝的支持下在朝鲜半岛的势力壮大，之后新罗多次派人来大唐学习造纸术，其生产的楮皮纸"鸡林纸"因质地精良，受到中国文人的喜爱和推崇。同样与中国陆上相邻的越南地区，也一直深受历代中国的影响。汉末社会动乱，大批中国人到越南避难，带来了中国的文化和生产技术，至迟在 3 世纪越南北部已能够造纸。[2] 此后，越南常将其所产的优质纸张作为贡品，进贡给中国。而与中国一衣带水的日本，也较早就掌握了中国的造纸术。南北朝时期，中国和日本频繁交流，隋朝时期大批日本使臣、学问僧前来中国，中国人也东渡日本，有可能在这个过程中从中国引进造纸术。[3] 到宋朝时期，日本所造的纸还因其质地光滑平整流入中国，宋人罗濬《宝庆四明志》中记载："日本即倭国，地处极东，近日所出，俗善造五色笺，中国所不逮也。"[4]地处南亚的印度，在唐朝时期与中国的频繁交流过程中，一些纸和书卷流传到了印度。根据西北丝绸之路出土的梵文纸本写卷推测，造纸术传入印度的时间早于 11—12 世纪，但也不会早于 8—9 世纪。[5] 造纸术传入尼泊尔、孟加拉国、巴基斯坦等南亚其他国家的时间当与传入印度的时间大体相近。

从造纸术在东亚、南亚等地区的传播来看，深受中国汉字文化圈影响的朝鲜半岛、日本、越南由于地理及文化上的便利条件，在中国发明造纸术之后很快就掌握了这项技术，并且结合自身地理条件进行了一系列的创

---

① 王珊：《中国古代造纸术在"东亚文化圈"的传播与发展》，《华东纸业》2009 年第 6 期，第 19~23 页。

② 潘吉星：《中国造纸史话》，第 123 页。

③ 潘吉星：《中国造纸史话》，第 125 页。

④ （南宋）罗濬：《宝庆四明志》卷 6《郡志·市舶》。

⑤ 潘吉星：《中国造纸史话》，第 130 页。

新，创造出具有自己国家特色"本国品牌纸"。这些具有地方特色的优秀纸张回流到中国，满足了消费者对不同层次纸张的书写需求。可以说，中国造纸术的传播并不是单向的，而是在与周边国家密切互动中，实现了双向传播，共同推进技术的进步。但同时也必须承认的是，作为造纸术的发明国，中国的造纸技术自身也通过不断创新来保持较高的水平，特别是纸的应用领域之广、品种之多，在整个前工业时代是其他国家无法比拟的。

20世纪初，在新疆等地区发现的西汉麻纸，不仅将纸的发明时间大大提前，还大致勾勒出了中国造纸术向中亚和西亚以及北非地区传播的路径。751年，一场当时世界上最强大的东西方帝国间的战役最终促成了造纸术向西方的传播。唐天宝十载(751)，唐朝与大食(阿拉伯)在中亚的怛罗斯用兵。唐军大败，数万人被俘，其中有一部分是造纸工人。这些工人被带到中亚重镇撒马尔干(在今乌兹别克斯坦撒马尔罕)，也就在这一年，撒马尔罕的纸厂在中国工人的指导下开始生产麻纸。随后，随着阿拉伯势力的延伸，造纸术逐渐向西亚、北非传播；9世纪，阿拉伯半岛出现造纸厂；10世纪，开罗出现了非洲第一个造纸厂。这些新建的造纸厂，成为向欧洲输送纸张的重要基地，当时的欧洲虽然已开始使用纸，但并不会造纸，只得花费大量金钱从阿拉伯的造纸厂购买。9—10世纪，西班牙成为最早开始造纸的欧洲国家，之后造纸术向法国、意大利、德国、荷兰、俄国、英国等国家进一步传播。1568年，法兰克福出版的《百职书》记载了当时欧洲的造纸技术，其设备和工艺流程与中国传统造纸术基本一致。到17世纪时，欧洲各国基本上掌握了造纸术。然而当时欧洲的造纸技术还只能达到中国宋朝的水平，其所造的纸大多数质量低劣，使用范围十分有限。为了解决此问题，法国财政大臣杜尔阁还曾想利用当时驻北京的耶稣会教士刺探中国的造纸技术。乾隆年间，曾供职于清廷的法国画师、耶稣会教士蒋友仁将中国的造纸技术画成图寄回了巴黎，这才使得更为先进的中国造纸技术在欧洲广泛传播开来。这些新传入的造纸技术和原理弥补了欧洲传统造纸技术的重大缺陷，令欧洲的造纸技术理念、工艺、设备以及原材料采集实现了根本性转变，也拉开了欧洲近代机器造纸技术革命的序幕。

　　来自中国的纸取代北非、欧洲延续几百年的莎草片和羊皮卷，是因为相较于这些书写材料，纸的书写性能更为优越且更易于获得。这种显而易见的益处对于钟情书画的中国具有现实意义，也同样解释了其他地区更加青睐中国纸的原因。而对于处在中世纪的欧洲来说，纸所带来的意义更为深远。造纸术的出现，进一步推进了文化的传播，促进了文艺复兴的兴起与发展，从而为西方文明的书写创造了必要的物质条件。

第二节　印刷术

　　制造工艺成熟的造纸术发明之后，随着经济文化的发展，对书籍的需求量也逐渐增加。雕版印刷术应运而生。印刷术包括了雕版印刷和活字印刷，二者向外传播的时间和途径也各不相同。对于雕版印刷术的起源时间，大多数专家认为在590—640年，即隋朝至唐初。开皇十三年（593）十二月，隋文帝杨坚下令崇佛，"废像遗经，悉令雕撰"[1]，留下了雕版印刷的最早记载。在唐朝，印章与拓碑两种方法逐渐发展合流，从而出现了雕版印刷的印品。猜测可能开始只在民间流行，并有一个与手抄本并存的时期。在这一时期，雕版印刷主要应用于刊印佛经、历书等需要多次重复印刷的书籍。现存世界上有确定年代的最早的印刷品是日本神护景云四年（唐代宗大历五年，770）日本皇室雕印的《陀罗尼经》。清光绪二十六年（1900）在甘肃敦煌千佛洞发现一卷雕版印刷的《金刚经》，其末尾题着"咸通九年四月十五日王玠为二亲敬造"一行字，曾长期被认为是中国本土发现的有确切纪年的最早印刷品。清光绪三十三年（1907），英国人斯坦因第一次来到敦煌即将

---

　　[1]　（隋）费长房：《历代三宝纪》卷12《众经法式十卷》。

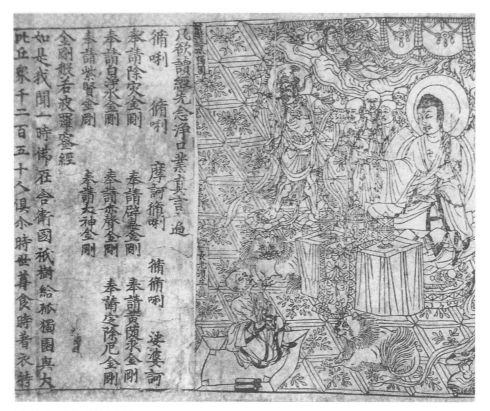

图 19.2 《金刚经》书影

其掠去，至今保存在英国伦敦大英博物馆。

结束五代十国割据而建立的北宋(960—1127)，是统一全国的新兴王朝，南北经济和科学文化此时又汇合在一起，获得一体化的发展。印刷术此时进入黄金时期，印本书已居于主导地位，木版印刷获得前所未有的大发展。宋初依然延续唐朝雕版印刷所印刷的内容，随着科举制度的完善，对书文化类籍的需求增大，印刷品内容扩及儒、释、道及诸子百家所有领域，甚至应用于经济领域，如纸币的发行。[①] 雕版印刷术的发展促进了图

---

① 潘吉星：《中国古代四大发明：源流、外传及世界影响》，合肥：中国科学技术大学出版社，2002 年版，第 129 页。

书的生产与传播，为文明的进步提供了条件。雕版印刷虽较人工书写进步，但仍然存在一定的缺陷，技术难以掌握不便于普及，书籍的生产耗时耗力，不便管理。1041—1048 年，毕昇在雕版印刷的基础上，用胶泥刻字，发明了活字印刷术。宋朝科学家沈括在《梦溪笔谈》一书中，对毕昇的发明做了详细的记载，尽管毕昇发明活字印刷术时，沈括只有十几岁，但其真实可靠性犹如亲眼所见一般，后人未曾有过异议。沈括记载的印刷顺序大致如下：先用胶泥刻字，用火烧硬后变成活字，活字排满版后用火烘热，使松香和蜡熔化，铁板冷却后活字就固定在板上，即可上墨印刷。两块铁板交替使用，一板印刷，一板布字，缩短时间，效率提高很多。①

图 19.3　活字版模型

胡应麟(1551—1602)在《少室山房笔丛·甲部·经籍会通四》中说"雕本肇自隋时，行于唐世，扩于五代，精于宋人"，简明而准确地概括了中国木

---

① 沈立新：《绵延千载的中外文化交流》，北京：中国青年出版社，1999 年版，第 62 页。

版印刷前 600 年发展史。[①]

印刷术的传播分为三个方向——东传、南进、西渐。

印刷术的东传主要在朝鲜半岛、日本等地区。这些地区与中国距离相近，成为中国印刷术的第一受益地区。

朝鲜半岛的印刷术是从高丽开始传播开来的。高丽成宗于 989 年向宋太宗表达想在高丽刻印藏经的愿望，请赠宋刊藏经一套。[②] 989 年和 991 年，宋太宗应高丽的请求，将两套佛经《开宝藏》赠送给高丽。993 年，宋太宗派掌管图书出版的官员秘书丞、直史陈靖和秘书丞刘式前往高丽，中国刻字工匠有可能也在此时进入了朝鲜半岛。后来，高丽又派人专门到中国学习雕版印刷术，培养了朝鲜第一批印刷工匠。此外，高丽还大量雕印儒家经典、文史、医学和科技著作。宋真宗大中祥符八年(1015)，宋朝赠书高丽，其中包括北宋国子监本《汉书》、《后汉书》、《三国志》、《晋书》等。宋真宗乾兴元年(1022)赐高丽使节韩祚《圣惠方》、《阴阳二宅书》、《大藏经》等。

11 世纪时，朝鲜不仅能刻印工程浩大的《大藏经》，而且还能刻印多种儒家经典和医书，这些印书的模本都是中国运去的。11—13 世纪木版印刷在朝鲜半岛已达到很高的水平。

日本是与中国一衣带水的邻邦，在历史上有许多中日交往的事实。根据史书记载印刷术早在唐朝时就传入了日本。645 年，日本开始"大化改新"，随后开始向唐朝派遣唐使和留学生，全面学习中国的儒家文化和先进技术，雕版印刷术也随之传到了日本。佛教是中日雕版印刷术传播的重要媒介。日本国民信佛，访唐的佛教使者在中国看到印本佛经，带回后觉得

---

① 潘吉星：《中国古代四大发明：源流、外传及世界影响》，第 126 页。

② [朝]郑麟趾：《高丽史》(第三册)卷 93《韩彦恭传》，平壤：朝鲜科学院出版社，1958年版，第 71～72 页。

是个新鲜事物，并且印本比手抄方便又准确，因此引进雕版印刷。① 宋朝，中日两国之间的贸易来往频繁，当时有一批专门从事对日贸易的商人，在进行贸易往来的同时也将中国的文化和技术传到日本。随着两国海上贸易的繁荣，两国在文化方面的交流和相互影响也不断密切。在这样的背景下，日本在造纸、印刷技术方面也直接或间接地受到了中国的影响。宋朝是中国印刷术大规模传入日本并广泛开始得到应用的时期。北宋初年，由政府主持刊刻第一部佛经总集《开宝藏》，此后不久，宋太宗将该佛经一部赐予日本僧人，由日本僧人带回日本。这部佛经传入日本后，对日本的印刷术的发展起了很大的促进作用。

日本虽然是发展雕版印刷较早的国家，但镰仓时代后日本统治实权旁落，与中国交流减少，使用活字印刷比较晚。直到 1590 年，意大利耶稣会教士范礼安从澳门到日本传教，把西洋印刷工和西文活字印刷设备带到长崎。耶稣会意大利籍传教士范礼安在日本刊印了一些西文和日文书籍，但由于日本政府禁教，没有对日本产生多少影响。1592 年，丰臣秀吉发动战争侵略朝鲜，被中朝联军击败。日军在朝鲜看到工匠用活字印刷书籍，遂将书籍和数以万计的铜活字，连同铸字工匠一同掠回了日本。当时的后阳成天皇(1586—1611 年在位)喜好文学，1593 年，在他的命令下，刊印出了铜活字本《古文孝经》，这是日本活字印刷的第一书。

南宋与高丽的海上贸易很频繁，宋朝商人向高丽运去各种货物，其中包括大量的印本书籍，很可能就包含了活字印本。南宋灭亡前后，大批宋人渡海到高丽避难谋生，其中有各种手艺人，包括江浙一带的印刷工匠。② 他们把中国的活字印刷术传到高丽。高丽人民在接受活字印刷术后，很快对制字材料做了革新，创造出铜活字、铁活字、木活字、陶活字、飘活字

---

① 潘吉星：《中国古代四大发明：源流、外传及世界影响》，第 403 页。
② 王介南：《中外文化交流史》，太原：山西人民出版社，2004 年版，第 216 页。

等。朝鲜的这一活字印刷术首先传回中国、后又传到日本，成为中朝文化交流的一段佳话。

元朝时期，中国和高丽的关系发生了阶段性的变化。元世祖依靠武力，使高丽成为属国，推行元朝的货币和经济政策。这样，印钞的铜版与铜活字的组合印刷技术就传入了朝鲜半岛。朝鲜半岛在宋元时期与中国在印刷和书籍交流方面来往频繁，中国的印刷技术也始终不断地流入朝鲜半岛。

印刷术的南进主要在中国南部的越南、菲律宾、泰国等国家。

越南与中国接壤，自古以来两国就保持着密切的交往。印刷术却在13世纪才从中国引入。在这以前，中国出版的佛经和历书等，早就在唐朝传入了越南。宋朝以后中国印刷术获得大的发展，各种书籍更是汹涌进入越南。早在前黎朝时期(980—1009)，黎龙铤就向宋真宗求得《大藏经》和《九经》。李朝太祖又向宋真宗求得《大藏经》及《造藏经》。后来，李乾德又向宋神宗请求《释藏》，神宗命人印造并送予。① 宋以后，中国印本书也不断传入。1075年起，越南开始推行科举制度，对书籍读物的需求量日益增加，这样，就促进了越南本土印刷术的发展。从文献记载来看，陈朝(1225—1400)初期，曾使用木版印刷户籍文书，印刷书籍也在这期间。②

从1593年到1608年，菲律宾的印刷业一直由华人垄断，他们既经营印刷厂，又经营书店，形成了较有实力的出版集团。龚容兄弟是其中杰出的代表，他们在马尼拉商业区开设的萨格莱书铺，是当地最大的书店，既出版木刻本，又出版铜活字本。龚容兄弟是福建人，福建从宋朝以来，历代都是印刷品的故乡。在华人的传授下，1608—1610年以后，才有菲律宾当地人参与印刷工作。③

---

① 李万健：《中国古代印刷术》，郑州：大象出版社，2009年版，第128～129页。
② 肖红英：《印刷术的发明：源流·外传·影响》，贵阳：贵州科技出版社，2008年版，第156页。
③ 肖红英：《印刷术的发明：源流·外传·影响》，第158页。

泰国是东南亚国家中凭借中国传统技术发展印刷术的另一个国家。泰国在大城王朝时期（1350—1767），和中国保持友好关系，双方频繁派遣使节达 113 次，平均两年一次。

中国的印刷术向西传播主要经中亚、西亚等阿拉伯国家传入欧洲、非洲。

印刷术向西方的传播比较缓慢。这主要有两个方面的原因：一是西去的交通较为困难；二是地处中国和欧洲之间的阿拉伯国家长期拒绝中国的印刷术，认为印刷用的刷帚是用猪鬃做的，用它来印刷神的名字是莫大的亵渎。[①]

在非洲，中国的印刷术首先是在埃及得到传播的。唐宋时期与埃及的海上贸易使得雕版印刷术在 8—10 世纪由海上经印度直接西传到埃及。[②]埃及曾发现过 14 世纪用木活字印刷的伊斯兰教《古兰经》。现在，已在埃及开罗南郊的福斯塔特遗址发现了上万片唐到宋初的碎瓷残片。

在 13 世纪以后，元朝的军事活动推动了雕版印刷术经陆路的西传。在伊朗、阿富汗、两河流域和中亚西南部建立的伊儿汗国（1258—1388），蒙古人将从吐鲁番和新疆各地回鹘人那里学到的印刷术带到这里，印制纸钞。从此雕版印刷术在阿拉伯各地传播开来。波斯人起初是印刷一些娱乐用的纸牌，该风气也波及阿拉伯其他地区。12—13 世纪，中国西部地区的西夏和回鹘在中原地区活字印刷术的影响下，相继使用活字印刷，并将泥活字印刷改进为木活字印刷，为中国印刷业的发展和西传做出了贡献。维吾尔族人民根据自己文字拼音特点，制成了世界上拼音文字中最早的活字。之后，活字印刷术从新疆传到高加索，再传到小亚细亚和埃及的亚历山大城。

---

① 沈立新：《绵延千载的中外文化交流》，第 67 页。

② 葛红：《中国四大发明的西传及其影响》，载《历史教学问题》1994 年第 5 期，第 58～61 页。

　　随后，中国与欧洲有了一个正面接触的时期，中国的印刷术也在这时开始传入欧洲。欧洲雕版印刷兴起后，意大利和德国是欧洲最先出现早期印刷品的国家，威尼斯在 15 世纪下半叶成了欧洲印刷业的中心。

　　由于元朝广泛推行纸钞，因而，作为纸钞的印刷方法，活字印刷术也顺着丝绸之路西传至西亚、北非一带，随后又进入了欧洲。除纸钞之外，宗教画和纸牌促成了欧洲人接受印刷技术。纸牌虽小，却综合了手绘、木版印刷等各种方法，成了欧洲人学习、掌握雕版印刷术最直接的途径。有意思的是，由于外国纸牌被大量倾销到意大利各地，威尼斯政府不得不在 1441 年颁布一条法令，禁止威尼斯以外地区的印刷品输入本城。①

　　元朝时，欧洲人沿丝绸之路来到中国，学会了使用木活字。由于欧洲人使用的拉丁字母结构简单，且只有 26 个字母，比汉字更适合活字印刷。但拉丁字母字形圆润，刻字时不易下刀，因而欧洲人研究改进活字印刷工艺的动力更为强劲。1450 年，德意志人古滕堡在美因茨城的工场中发明了哥特体拉丁文金属活字印刷技术，解决了长期困扰欧洲人的字形问题。1462 年，美因茨发生动乱，工场在战火中被毁，印刷工流落到德意志各地，将古滕堡改进的金属活字印刷术散播到欧洲各地。印刷术传到欧洲后，改变了原来只有僧侣才能读书和接受高等教育的状况，为欧洲科学的突飞猛进以及文艺复兴运动的出现提供了重要的物质条件。

　　中国雕版印刷术和活字印刷术的发明开创了人类文明的新纪元。美国科普作家阿西莫夫高度评价中国印刷术的巨大科学价值："印刷术虽然没有立即带来科学革命……但它必然导致这场革命。反过来看，如果没有印刷术，这场科学革命也许是不可能的。"②

---

① 沈立新：《绵延千载的中外文化交流》，第 68～69 页。
② 郑延惠：《传播文明的使者》，石家庄：河北少年儿童出版社，1994 年版，扉页。

第三节　火药

　　鲁迅先生在《电的利弊》一文中指出："外国用火药制造子弹御敌，中国却用它做爆竹敬神；外国用罗盘针航海，中国却用它看风水；外国用鸦片医病，中国却拿来当饭吃。"①鲁迅先生的本意大概是在讽刺封建社会中国人的愚昧无知，然而，这段文字被广泛引用，却成了抨击国人对祖先发明和科技利用边缘化的证据。就中国对火药的利用程度来讲，确实存在偏重民用娱乐的倾向，而较少被用作杀戮的武器，这或者与中华文化崇尚和平的传统有千丝万缕的联系，外国之所以能够在军事领域后来居上，就火药的来源来讲，西方国家能够充分利用其后发优势，从而实现后来居上也是重要的原因之一。欧洲人是从战争中直接接触到火药和火器的，也就决定了欧洲人最开始将火药应用的地方就是战场。而对于中国人来说，火药的发明与传播的历程则充满了艰辛。

　　1200 多年前，唐朝宫廷的炼丹房里一声巨响，炼丹士一次失败的试验在无意间发明了火药，这样的描述看似颇具传奇色彩。然而，历史的规律告诉我们，在充满传奇色彩的背后，新事物的发明产生无一不是科技认知水平的进步与现实需求激烈碰撞所产生的绚丽火花。火药的发明同样经历了漫长岁月。木炭、硝石、硫黄被认为是黑火药的主要成分。在新石器时期，木炭已经被作为燃料使用。硝石主要成分是硝酸钾，古人认识到它有化石之性，炼丹家认为它"能使七十二石化而为水，柔润五金，制炼八石"，所以硝石也称"消石"。硫黄不仅能化蚀各种金属，还可猛烈燃烧，因此被炼丹家们视为火石的精气。正是炼丹家们对木炭、硝石、硫黄三种物质特性的掌握，这才为火药的发明创造了条件。由于用于炼丹的硫黄、砒霜都

---

　　①　鲁迅：《电的利弊》，见《鲁迅著作初版精选集　伪自由书》，北京：中央编译出版社，2012 年版，第 11 页。

是具有猛毒的金石药，炼丹家们在使用时，常用烧灼的办法"伏"一下，

图19.4　孙思邈像

"伏"是降伏的意思，通过"伏"使其毒性失去或降低，这个过程称为"伏火"。隋末唐初炼丹家孙思邈，在他所著的《诸家神品丹方》一书中，记载了"内伏硫磺法"①。孙思邈已经认识到将硝、硫、炭混合，点火能发生剧烈反应。故许多学者将孙思邈视为火药的发明者。② 学术界一般将其书的编著时间，即682年，视为火药的问世时间。唐朝中期，郑思远所撰《真元妙道要略》一书中有这样的记载："有以硫磺、雄黄合硝石，并蜜烧之。焰起，烧手、面及屋宇者。"炼丹家们用伏火法不慎，不但伤及手面，火冲上屋顶，把屋舍也烧了！唐朝中晚期，炼丹家清虚子撰写的《太上圣祖金丹秘诀》有"伏火矾法"的记载。所谓"伏火之法"，是炼丹家为了使硫黄改性，避免燃烧爆炸，以达到炼丹的目的。这反映出炼丹家已经认识到硝石、硫黄和木炭等混合物具有爆炸性能。然而，对于炼丹家来说，威力甚大的燃烧、爆炸不仅伤及其身体，也同时意味着炼丹的失败。火药只有突破炼丹房走向战场，才有其用武之地。

　　在火药用于军事之前，中国古代战场上已经出现了远距离进攻的燃烧性武器。三国时期，诸葛亮围攻陈仓，守将郝昭"以火箭逆射其梯，梯然，梯上人皆烧死"③。此处，所提到的火箭可以视为火药武器的原型，是一种引燃性火箭。火箭可分为一般引燃物火箭和火药火箭两种。相较于出现较

①　又名"三品颐神保命神丹方"，可见于《道藏》卷5《丹经内伏硫磺法》。
②　冯家昇：《火药的发明和西传》，上海：华东人民出版社，1954年版，第9页。
③　(西晋)陈寿：《三国志》卷3《明帝纪》。

早的一般引燃物火箭，火药火箭运用于战场的最早记载是郑璠进攻豫章（江西南昌）时的"发机飞火"。宋朝路振所撰《九国志》记载，唐哀帝天祐元年（904），郑璠"从攻豫章。璠以所部，发机飞火，烧龙沙门，率壮士突火先登入城，焦灼被体，以功授检校司徒"[①]。这也是战争中人们使用火药攻城的最早记载。

因火药在战场上的巨大威力，促使火药技术在宋朝迅速发展起来。北宋政府因为要面对辽与西夏等强敌，所以对兵器的发明创造都极为重视。据《宋史》记载，970年，"兵部令史冯继升等进火箭法，命试验"[②]。宋真宗时期，神卫水军队长唐福和冀州团练使石

图 19.5　陶　弹

普，曾先后分别在皇宫里做了火箭、火球等新式火药武器。宋敏求《东京记》记载，北宋政府在开封的军工生产机构——"广备攻城作"中即有"火药窑子作"专门制作火药、火器。成书于宋仁宗时期的《武经总要》，就明确记载了三种火药配方。火药已经突破了"一硫二硝三木炭"的原始火药成分，而加入了桐油、狼毒、巴豆、砒霜等物质用于制作蒺藜火药和毒药烟球火药。之后，经过南宋和辽金等朝的不断改进，到南宋末年，爆炸性的火器已经十分发达。不只有像今日的小型炸弹，还有像今日的大型地雷。元世祖至元十四年（1277），蒙古军进攻静江，静江守将马墍部将娄钤辖以250人守城，后"娄乃令所部人拥一火炮然之，声如雷霆，震城土皆崩，烟气涨

---

① （北宋）路振：《九国志》卷2《郑璠传》。
② （元）脱脱：《宋史》卷197《兵志十一》。

天，外兵多惊死者"①。仅一炮就使得城墙崩塌，而且竟然将城外士兵震死，可以想见当时火器的威力之大。蒙古在灭亡金朝和南宋的战争中，深刻认识到火炮的巨大威力(有学者认为蒙古大汗蒙哥在钓鱼城之战中即中爆炸性火器而死)，也逐步掌握了火器技术。并在随后的战争过程中，使火药武器得到进一步发展，其破坏性也更大。冯家昇评价说："拿13世纪古书中所记载的火药武器与11世纪《武经总要》所记载的火药武器作比，那么，11世纪的火药武器专在燃烧，13、14世纪的火药武器的爆炸力则特别明显而有力。"②

蒙古掌握火器之后，伴随着蒙古铁骑对亚欧大陆的征服，火药也开始在世界范围内传播。在东亚地区，宋绍定四年(1231)，蒙古出动大军，携带火炮杀入高丽境内，以武力迫使高丽成为蒙古附属国。之后蒙古于至元十一年(1274)和至元十八年(1281)两次东征日本。在高丽设征东行省，从当地抽调兵士，并以火器装备高丽军队，在此过程中高丽士兵逐步掌握了使用火器的技术。朝鲜自高丽末期开始制造和使用火药、火器以来，火器在对日本的战争中发挥了很大的作用。③ 可以说，来自中国的火药武器对朝鲜、日本等地军事科技的进步和国防事业的发展产生了不可磨灭的影响。

在西亚的阿拉伯地区，11世纪初，伊本·贝塔尔(1197—1248)在其著作《医方汇编》中对硝的注释为："这是埃及老医生所称的'中国雪'(Talga-s-sin)，西方普通人和医生都称其为'巴鲁得'(Baroud)。"硝石在8世纪左右已经随着医学和炼丹术传入阿拉伯地区，被其称作"中国雪"、"中国盐"。而11世纪开始，硝石由"中国雪"这样的医药名词，转变成"巴鲁得"这样带有军事意义的名词(巴鲁得是军用硝的意思)。火药史专家冯家昇据此得出火

---

① (元)脱脱：《宋史》卷451《马墍传》。

② 冯家昇：《火药的发明、发展及西传》，载《化学通报》1954年第11期，第542页。

③ 朱晶：《古朝鲜引入与改进火药和火器的历史研究》，载《东疆学刊》2008年第1期，第41页。

药由中国传入阿拉伯地区必然是在 1225 年和 1248 年之交（宋理宗宝庆元年至淳祐八年）。[①] 当时的西亚，征服阿拉伯人的蒙古军队，配备火药武器长期驻扎在当地，给了阿拉伯人进一步窥视火药秘密的机会。阿拉伯世界也成为较早使用中国的火箭和火枪的地区。在一本名叫《马术和军械》的阿拉伯文的兵书中记载有一种契丹火枪，枪头叫作"契丹火箭"，采用中国金朝飞火枪的方法，而用火箭作为燃烧体。元朝时期，阿拉伯人与元朝政府商贸关系密切，加之元朝并不禁止火器出口，使得阿拉伯人往往能够很快获得火器的最新技术。据史料记载，世界上最早的管型火器大概在 13 世纪中期的中国出现，到 13 世纪的晚期，阿拉伯人就已经开始使用小型的管形火器火枪了。

随着蒙古铁骑对欧洲的征服，火药也开始被运用于欧洲战场，但处于蒙昧的中世纪的欧洲人并没有仿制这些武器的能力。相比于大亚力卑尔特（1193—1280）和罗吉尔·培根（1214—1293）这些出于好奇心而将火药记录下来的知识分子，更多的普通民众把这些喷火并且发出巨响的火器当作魔法。在领略到蒙古人的火药和火器巨大威力 100 年之后，欧洲人才从阿拉伯人那里得到了制造火药和火器的技术。所以，中国的火药在欧洲的传播，不是从中国直接传到欧洲，也不是蒙古西征把火药传到欧洲，而是由中国先传入阿拉伯地区，再从阿拉伯地区传入欧洲。[②]

1379—1380 年，意大利两大强国威尼斯和热那亚为争夺海上贸易垄断权发生战争，双方在这场战役中都使用了火器，这是欧洲人制造使用火器的最早记录。之后，火炮的爆炸声在欧洲大陆的上空此起彼伏。欧洲大陆并不生产天然硝石，然而对战争的狂热，却使得火药火器在欧洲大受欢迎。无论是从国外进口，还是通过化学方法提炼加工，欧洲人的热情不仅解决了硝石的来源问题，而且在这个过程中，欧洲的火药生产与火器制造工艺

---

① 冯家昇：《火药的发明、发展及西传》，载《化学通报》1954 年第 11 期，第 544 页。
② 冯家昇：《火药的发明、发展及西传》，载《化学通报》1954 年第 11 期，第 543 页。

也得到突飞猛进的发展。到 14 世纪 20 年代，欧洲大陆上火药武器已经相当广泛的使用。

传入欧洲的火药极大地改变了战场态势，即使未受过严格训练的普通人也能够轻松地使用火器。欧洲新兴的市民阶层不仅用火枪来保卫自己的贸易，而且用火药把欧洲的"骑士阶层炸得粉碎"。对军事颇有研究的恩格斯认为："火器一开始就是城市和以城市为依靠的新兴君主政体反对封建贵族的武器。以前一直攻不破的贵族城堡的石墙抵挡不住市民的大炮；市民的枪弹射穿了骑士的盔甲。贵族的统治跟身穿铠甲的贵族骑兵队同归于尽了。"[1]正是来自中国的火药将封建领主们送入坟墓，结束了黑暗的中世纪。

第四节　指南针

大约在 3 世纪前后，中国人发现了磁石能够吸铁的特性，同时还发现了磁石的指向性，并依此特性制造了"司南"。从"司南"到"指南针"的发展，唐宋时期繁荣的经济、文化、科技在其中起了重要的作用。指南针又称罗盘针或磁罗盘，主要由可转动的磁针和刻度盘构成。指南针的发明与风水术的发展息息相关。最迟在 9 世纪，指南针已应用于古代中国的陆上测量，还被阴阳家广泛用来看风水。

宋朝对于指南针的记载，首推北宋曾公亮《武经总要》和沈括的《梦溪笔谈》。此时指南针指的是水罗盘，在南宋时期才出现旱罗盘。

指南针应用于航海，是宋朝科技发展的一大成就。大约在 10 世纪的北宋时期，中国人已将指南针用于海上导航。这对于海上交通的发展和中外经济文化交流，起到了极大的促进作用。宋宣和元年(1119)，宋朝朱彧在《萍洲可谈》中记载，当时，广州的一些海船出海，遇有阴雨，就用指南针

---

① 　恩格斯：《反杜林论》，北京：人民出版社，1970 年版，第 164～165 页。

指示方向。这是世界航海史上使用指南针最早的记载。宋宣和五年（1123），宋朝徐兢从宁波乘海船出使朝鲜。他在《宣和奉使高丽图经》中记载，舟师在航行中，夜观星，昼观日；遇阴晦天，白天黑夜都看指南针。[①]

图 19.6　水罗盘

　　指南针的西传是随着中西海上交通的发展，经阿拉伯人之手进行的，经由阿拉伯人传到欧洲。关于指南针西传的具体过程，迄今还未找到确切的文献记载。一般认为，大约于 12 世纪，阿拉伯人从海路最先学会中国指南针制作技术，而后再由他们传入欧洲，促进世界航海事业的发展和人类文化的进步。[②]

　　12 世纪初，中国发明的指南针已在航海中得到广泛应用。中国宋朝航海业已相当发达，泉州、广州都是世界一等大商港，这些大商港的造船技术相当高。所造的海船，可载几百人甚至千人。中国船只不但船身大，结构坚，航速快，而且又有指南针指航，阿拉伯商人都乐于乘坐中国船只。而且有很多阿拉伯人旅居在泉州、广州等地。宋朝与阿拉伯的海上贸易十分频繁，中国开往阿拉伯的大型船队有指南针导航，阿拉伯人是很容易从中国商船上学到指南针的用法的。

　　在这种情况下，就有两种可能性：第一种可能性，是阿拉伯人在印度临换大船，乘坐安全可靠的中国船只过程中，逐渐了解中国船的设备、性能及指南针在航海中的应用情况，从而把指南针传播到阿拉伯去。第二种可能性，是居住在泉州、广州等地的阿拉伯人，把指南针带回到阿拉伯去。

---

①　王介南：《中外文化交流史》，第 224 页。
②　沈立新：《绵延千载的中外文化交流》，第 78 页。

图 19.7　宋代客船(模型)

这样，我国指南针大约在 13 世纪初由海路传入阿拉伯，然后再由阿拉伯传入欧洲。①

　　据迄今掌握的材料，最早提到指南针的阿拉伯作者是穆罕默德·奥菲。他在 1232 年用波斯文写的《奇闻录》中指出，他乘船在海上旅行时，亲眼看到船长用一块凹形的鱼状铁片放在水盆中，此浮鱼头部便指向南方。阿拉伯航海用指南针基本上用的是水浮式磁针。②

　　从中国四大发明西传的历史历程来看，阿拉伯人学会造纸、印刷和火药技术都早于欧洲，指南针恐怕也不会例外。因为宋朝以指南针导航的大型帆船经常活动于波斯湾、红海和东北非附近海域的阿拉伯沿海口岸，中

---

　　① 李晋江：《指南针、印刷术从海路向外西传初探》，载《福建论坛(文史哲版)》1992 年第 6 期，第 64 页。
　　② 潘吉星：《中国古代四大发明：源流、外传及世界影响》，第 490 页。

国货物通过阿拉伯人经地中海运往欧洲，因此阿拉伯人有引进指南针知识的优先条件。

历史表明，虽然古希腊、古罗马学者在公元前知道磁石吸铁的特性，但欧洲人却长期不知道磁石的指极性。欧洲最初的指南针是 12 世纪按中国的技术制造出来的。

约 1180 年，指南针由阿拉伯传入欧洲。先是传入地中海，被意大利商船所采用，不久英、法水手也利用罗盘导航。1195 年，英国人亚历山大·内卡姆在《论物质的本性》一书中，在欧洲首次提到使用指南针的导航技术。他提到的航海指南针最初也是用在阴云密布的白天或黑暗的夜间，分辨航向，方法是使用磁化的铁针或钢针，穿进麦管，浮在水面，用来指明北方。这与中国传统的用水罗盘导航的方法基本相同。可见指南针最初传到欧洲时，其使用方法也源于中国。[①] 12—13 世纪的欧洲早期航海罗盘是中国早就用过的水罗盘，其制造方法与中国一样。

在 13 世纪前半叶之前，欧洲人还停留在对中国宋朝指南针的仿制阶段。此时的欧洲人无论是在理论还是在实践方面，都没有什么太大的建树，没有超过中国宋朝的罗盘应用水平。13 世纪后半期，通过法国实验物理学家皮埃尔的研究，欧洲的指南针开始了本土化的过程。[②] 到 16 世纪时，欧洲航海罗盘开始出现了一种旱罗盘，现在称为"万向支架"的常平架。它避免了水罗盘和其他旱罗盘的一些弱点，不论船体怎么摆动，它都能使指针始终保持水平状态，更适用于远洋航行。

中国人从发现磁石指极性到以人造磁针做成罗盘，经历了 1000 多年的酝酿，中间经历以天然磁石制成勺状在铜盘上旋转的司南仪和铁针人工磁化放在水面上浮动等阶段，表明这种技术原创过程的艰辛。而欧洲从对磁

---

① 葛红：《中国四大发明的西传及其影响》，载《历史教学问题》1994 年第 5 期，第 60 页。

② 张伟：《四大发明外传之谜》，载《国学》2010 年第 7 期，第 37 页。

石指极性一无所知到 12 世纪末短时间内掌握利用水罗盘进行海上导航，显然是接受外来的现成经验后制造出来的。这外来的经验只能来自中国或阿拉伯水手，后一种可能性更大。[①]

指南针西传的最直接影响是促进了世界航海业的发展和地区间的交流。阿拉伯人在历史上以航海著称。有了指南针后，他们可以改变传统的傍岸航行，取直径过印度洋至印度和远东，或南下到东非乃至马达加斯加岛，航行的范围更加广泛。欧洲人学会了指南针在航海上的沿用，为哥伦布发现美洲大陆和麦哲伦的环球航行创造了便利条件。

一些亚洲国家虽然有船队，但主要在周边海域活动，沿着早已熟悉的航道凭借天文导航技术就可以航行，因而使用指南针的时间较晚。以东亚的日本和朝鲜而言，中世纪时期这两个国主要在日本海、东海、黄海海域相互间或与中国之间进行海域往来。朝鲜半岛北部与中国陆上相连，陆路交通更为方便，朝鲜半岛又与日本只有海峡相隔，开船后很容易到达。唐及唐以前，虽然中、朝、日三国有频繁的海上往来，但主要靠天文导航手段。[②]

宋朝与辽、金战争不断，影响到了高丽与中国的朝贡贸易，加之日本藤原氏幕府的闭关锁国政策，导致中国的指南针和火药传入这两个近邻国家的时间大大落后于欧洲，这与造纸和印刷术的发展形成了鲜明的对比。由于这两个国家都是中国的近邻，海上交通虽然受到上述限制，但仍是不间断的，特别是中国商船运去的货物，其中包括各种书籍，仍受到欢迎，同时也向中国运去了当地的特产。但在 15 世纪以前这些交往中没见有中国指南针技术东传的迹象。

直到 15 世纪前后，罗盘才作为看风水的工具，在朝鲜半岛广泛流传。

---

① 潘吉星：《中国古代四大发明：源流、外传及世界影响》，第 496 页。

② 潘吉星：《中国古代四大发明：源流、外传及世界影响》，第 499 页。

而指南针传入日本，则是 17 世纪的事情了。[1]

早在 1944 年朝鲜半岛原乐浪遗址墓葬就出土了汉代占卜用的式盘，但这时出现的式盘与后来出现的指南针之间还存在较大的技术差距。在高丽王朝后期(1240—1392)，蒙古统治者在朝鲜半岛统治期间，火药技术已经传入，指南针有可能尾随其后，但《高丽史》(1454)中很少有相应记载。不过在朝鲜王朝(1392—1910)初期，15 世纪时中国式的堪舆罗盘已经成为朝鲜风水家的专用物，这种罗盘显然是从中国引进的。中国除水罗盘外，在宋朝还出现了旱罗盘，以枢轴将磁针支承在方位盘中间。这种旱罗盘在清初也传到了朝鲜半岛。

日本江户时代(1603—1868)以前，有关磁学和指南针的知识已出现在一些从中国传入的科技、军事和本草医学的著作中，如《梦溪笔谈》、《武经总要》、《武备志》、《本草衍义》、《政和本草》、《本草纲目》等。这些著作传到日本后，成为日本学者了解磁学和指南针知识的重要来源。在江户时代之前的日本占书中很少有这方面的记载，因此可以推断出日本利用指南针的时间很晚。而在江户时代以后，荷兰商船航入日本，带去了欧洲旱罗盘技术，同时中国商船上用的指南针也引起日本人的注意。因而形成中国技术和欧洲技术同时在日本传播的局面，最后实现了东西方技术融合。江户时代的《大和本草》(1729)和《本草纲目六蒙》(1806)等本草学著作中的磁石、指南针知识引自中国本草学书中所载。但《吉密开宗》(1837)中的这类知识则来自荷兰文著作。寺岛良安的《和汉三才图会》(1713)虽按明朝人王沂的《三才图会》(1609)体例编成，但有关磁石方面的记载则源自中国和欧洲两方面的内容。[2]

日本掌握指南针制造技术以后，在江户时代既用于航海，也用于陆上

---

[1] 张伟：《四大发明外传之谜》，载《国学》2010 年第 7 期，第 37 页。

[2] 潘吉星：《中国古代四大发明：源流、外传及世界影响》，第 502 页。

定位测量。但前者似乎不及后者受到更大重视，因为这时很少有远洋航行活动。

指南针的传播使得远洋航行成为可能，其在西方国家得到重用，使东西方的发展逐渐拉开距离，东方落后于西方。

四大发明在世界范围内的传播，不仅促进各国经济的发展，而且传播了中国的文化。源远流长、博大精深的中华文明对各国文化都产生了重要影响，尤其是东亚国家，至今仍留有中华文化的印记。

第二十章　美丽与哀愁
——两宋时期的文学与艺术

907年，曾繁盛一时的唐朝大厦终倾，朱温取代唐朝称梁，开启了中国历史又一个新的纪元。此后的53年间，大抵以长江为界，北方前后相继出现了"梁、唐、晋、汉、周"五个王朝，合称"五代"；南方则或前后相继，或同时并存着"吴、吴越、南唐、南平、南汉、闽、楚、前蜀、后蜀"九个割据政权。加之位于今山西的北汉，合称"十国"。

五代十国是中国历史上文学艺术最为暗淡的时期之一。唐中叶以来愈演愈烈的武人政治，不仅在国家层面上造成了藩镇割据、政权频繁更迭、武将专权的局面，更直接导致了社会文化的衰落。直至960年，后周禁军大将赵匡胤在陈桥驿兵变中黄袍加身，改国号为"宋"，中国历史才在离乱之后又迎来了新的发展。此后的三百年间，中华大地政权林立，战争与和平交替上演，民族交往频繁，对外贸易昌盛，社会充满前所未有的活力。

时代的变化鲜明地映照在文学艺术领域。自北宋建立，不独中国政治由武治为主向文治为主转变，传统文化与艺术也获得了新生。在统治者"重文轻武"政策的引导下，中国的传统文人迎来了大发展的时代。自宋太祖立下"不杀士大夫"的祖训，"与士大夫共治天下"的"祖宗之法"贯穿两宋。在此基础上，科举制迅速发展。文人通过科举考试进入仕途，进而成为宋朝官僚阶层的主要组成部分。在"文官治国"的大环境下，士大夫们的社会责任感与参政热情空前高涨。"他们以国家的栋梁自居，意气风发地发表政见。'开口揽时事，议论争煌煌'，是宋朝士大夫特有的精神风貌。"①由北宋而至南宋，纵使山河破碎，难复当初，文人们依旧以一己之力坚持承担家国重任。政治地位崇高的他们，作品中亦洋溢着鲜明的个人情感与强烈自信。

"文官治国"带来了科举制的发展，更促进了两宋社会文化教育水平的空前提高，带动了民间文化的勃兴，进而使得中国传统文化中阳春白雪与下里巴人的界限愈加模糊。文人广泛分布于社会各阶层，通过创作传递不同境遇中人们的喜怒哀乐。文学、诗歌、词令、话本小说、戏曲、绘画百花齐放，灿若星辰。平民化与市井化，为两宋的文学与艺术在国家民族、个人追求之外，增添了新的维度，演绎出更加丰富、立体的宋朝中国。

第一节　文学

一、古文运动

自西汉末年，佛教传入中国，又东汉末年，道教产生，中国传统社会主流文化逐渐形成了"儒、释、道"并行的局面。由魏晋南北朝而至隋唐，佛教与道教的兴盛使得自汉朝以来儒家的正统地位不断受到侵蚀，乃至岌岌可危。至唐朝中后期，著名文学家、思想家韩愈开展"古文运动"，主张以古文(即散文)写作。他在进行文学革新，提出"文以明道"的同时，倡导"儒学道统说"，即"以孟子上承孔子、而自承孟子，并将传统中上承孔子的颜渊排除在道统的主线之外，以与佛教的法统相抗衡"②。

历经五代战乱，及至北宋建立与统一，宋朝初年数十年相对和平的环境，不仅使社会经济逐步得到恢复与发展，思想文化领域也渐渐活跃。最为显著的变化，是儒、释、道思想的相互渗透。到北宋中叶，随着陈抟、

---

① 袁行霈主编：《中国文学史》第 3 卷，北京：高等教育出版社，2003 年版，第 4 页。
② 陈振：《宋史》，上海：上海人民出版社，2003 年版，第 386 页。

周敦颐、张伯端的活跃，吸收佛、道学说以阐述儒学的新学派——宋学产生。在"宋学先驱"胡瑗、孙复和石介对儒学经典义理进行探索的基础上，"古文运动"领袖欧阳修为宋学注入了全新的活力，使宋朝思想与文化焕发新生。

北宋的"古文运动"继承唐朝韩愈而来，并伴随着宋学的产生而不断壮大。在此之前，文坛上骈体文盛行，讲究声律，称为"时文"。为保证对仗工整，骈体文常以文害意，导致辞藻堆砌，不得其要领，不切于实用。宋初，梁周翰、柳开等人最早开始尝试以古文写作。"其中柳开明确他写作古文的目的，是要继承韩愈的文统和道统。"①然而，直至欧阳修，五代以来"文体卑弱"的局面并未得到大的改变。

明道二年(1033)，宋仁宗亲政，开始倡导科举制度改革，言曰："近岁进士所试诗赋多浮华，而学古者或不可以自进，宜令有司兼以策论取之。"②此次改革后，科举考试确立起来的追求实质内容胜于文体辞藻的评判标准，为古文运动打开了突破口。以古文进行写作的文人在逐渐取得政治地位后，又积极倡导古文。嘉祐二年(1057)正月，时任翰林学士的欧阳修主持科举考试，对以骈体文应试者"痛加裁抑"。此后，士子由原先习"时文"应举，改为习"古文"应举，"古文运动"取得了决定性的胜利。这一年的科举中，涌现出了后来跻身"宋八大家"之列的苏轼、苏辙、曾巩。他们与欧阳修、王安石、苏洵一起，成为继唐朝韩愈、柳宗元之后，北宋中叶的古文作家群体。

由唐至宋的"古文运动"，不仅是对文学创作体裁的一次变革，更是对创作思想的革新。在这方面，欧阳修可谓居功至伟。他不仅创作勤奋，擅长各种文体，且一丝不苟，精益求精。"写情文形象生动，情景并茂；政论

---

① 陈振：《宋史》，上海：上海人民出版社，2003年版，第395页。

② （南宋）李焘：《续资治通鉴长编》卷113。

文剖析时弊，析理透彻，是散文的典范。"①在思想内容方面，他继承由孔子、孟子而至韩愈的儒学，使儒学借助古文创作在宋朝延续并不断发展。在他的推动下，宋朝文学逐渐摒弃了五代以来的华而不实之风，追求"以通经学古为高，以救时行道为贤，以犯颜纳说为忠"②。开始讲求"通经学古"，追求"救时行道""犯颜纳说"。在欧阳修这里，宋朝新儒学——宋学与古文创作相得益彰，共同促进了宋朝文学的蓬勃发展。

与欧阳修相似，王安石在文学创作方面亦主张"所谓文者，务为有补于世而已矣"③。他的散文以政论文为主，多为变法服务，有很强的现实性与针对性，理论透彻，条分缕析，重点突出，简洁明快。

图 20.1　苏轼

苏洵、苏轼、苏辙父子三人合称"三苏"，在"古文运动"中占有特殊地位。其中，苏轼是继欧阳修之后的文坛领袖，是宋朝文坛少有的天才、全才，诗、文、词、赋无一不精，还是文人画的开创者之一，又身居"尚意派"四大书法家之首。他的散文气势宏大，与雄浑的韩愈并称"韩潮苏海"，达到了中古散文的最高境界。其父苏洵，厚积薄发，晚学成才，长于政论文，纵横辨析，特色鲜明；其弟苏辙，长于散文，风格平实流畅。此外，曾巩的记叙文情景生动，婉转悠扬，为"古文运动"也做出了重要贡献。

文学思想方面，受讲求"义理"的宋学的影响，从欧阳修开始，王安石、

---

① 陈振：《宋史》，第 396～397 页。

② (宋)苏轼：《欧阳修集》附录五《居士集序》。

③ (北宋)王安石：《临川先生文集》卷 77《上人书》。

苏轼、杨万里等文士均热衷于讲道论学，并怀有较为自觉的卫道意识，积极著书立说，驳斥异己。在此基础上，宋朝的士大夫在政治上和学术上都具有强烈的使命感，拥有鲜明的忧患意识与爱国意志，十分注重诗文的政治教化功能，坚持贯彻韩愈"文以明道"的价值观念。这一方面为宋朝文学注入了强烈的现实意义与家国情怀，另一方面也增添了文学创作的说教意味。

在古文运动之下，宋朝思想与文学的革新，伴随着印刷业与教育事业的发展传播到社会各个阶层与角落，实现了宋朝文治教化的目的。范仲淹的"先天下之忧而忧，后天下之乐而乐"不仅成为宋朝士大夫彰显国家主人公意识、以家国天下为己任、密切关注国家的集中体现，也成为后世文人士大夫的崇高追求。在军事实力屡弱、对外交往始终偏于弱势、由士大夫支撑起来的宋朝，文人们的精神追求代表了一个时代的理想与风貌。他们的忧患意识，不独引领着时代的发展，也铸造了中国文人不屈的风骨。

靖康之变是两宋历史的重要分水岭。在此之前，宋朝地跨黄河两岸，沃野千里，民生不息。在"澶渊之盟"与宋夏议和的保障下，边疆虽偶有战事，总体上仍旧家国安宁。然而，随着汴梁（今河南开封）城破，金兵长驱直入，俘虏宋徽宗、宋钦宗北去，宋朝不仅失去了国家的象征，失去了大批治国人才，更失去了淮河以北大片领土以及万千民众，偏居一隅。从积极抵抗到杀将求和，开启南宋的宋高宗，在长年的逃亡与变局中逐渐丧失了抗击敌人的英武之气，苟和取代抗争，不惜以岳飞换取南面称臣，偏安江南。从此，防御成为南宋一代的主要议题，也成为这一时期文学创作的主旨。

南宋初立时，天下未定，大批爱国人士积极抗击金兵，在国势危急之际或誓师传檄，或伏阙上书，留下了许多慷慨激昂、彪炳史册的政论文。如宗泽的《乞勿割地与金人疏》、李纲的《论天下强弱之势》、张浚的《论恢复事宜疏》等。其中，岳飞的《五岳盟誓记》与胡铨《戊午上高宗封事》最为有名。前者作于戎马倥偬之际，感慨"虽未能远入荒夷，洗荡巢穴，亦且快国仇之万一。今又提一旅孤军，振起宜兴。建康之城，一鼓败虏，恨未能使马匹不回耳"！慷慨激昂，豪气干云。《戊午上高宗封事》作于宋高宗绍兴八年(1138)，怒斥秦桧等主和派的求和卖国行径。其"区区之心，愿斩三人头，竿之藁街。然后羁留虏使，责以无礼，徐兴问罪之师，则三军之师不战而气自倍"的呼喊，气势凌厉，锋芒毕露，引起强烈反响。

及至中叶，南宋政论文以替朝廷出谋划策为主，辛弃疾与陈亮是为个中代表。前者的《美芹十论》和《九议》，全面而精辟地分析了当时的敌我形势，提出了诸多有效的进取方略，文笔酣畅，生气勃勃。后者在《上孝宗皇帝第一书》中力主恢复中原，痛斥空谈性命的道学家，见解深刻，笔锋犀利。这些政论文使得散文的政治功能和社会意义得到了大幅提升，其气势雄伟，逻辑严密，较北宋有过之而无不及。

此外，笔记散文也在南宋得到了很好的发展。作家们多利用笔记长短不拘、形式灵活的特点，撰写笔记专集。如陆游写有记载入蜀途中见闻的《入蜀记》6卷，范成大则将出蜀东归途中的见闻写成《吴船录》2卷。另有洪迈《容斋随笔》、罗大经《鹤林玉露》、周密《武林旧事》等，或写读书心得，或记日常趣事，读来兴味盎然。

除政论、笔记之外，南宋理学家们所创作的散文也颇具影响，原本相互对立的文学家与理学家逐渐呈现出相互融合的趋势。南宋时期，理学形成了朱熹学派、陆九渊学派、叶适学派等几个学派相互对峙的局面。由于各派在哲学、史学与文学方面所持的主张皆各不相同，文学创作亦差异明显。其中，叶适强调事功，吕祖谦重视文学辞章，朱熹强调道的重要性。最终，朱熹的学说在其卒后成为占统治地位的官方思想，其文学观对宋以后的文学也有深远的影响。

二、四六

在古文运动的影响下，宋朝散文发展迅速且成就高超。然而，与以奇句、单笔为主的散文相对立的以偶句、复笔为主的传统骈文并未走向落魄和消失，反而与散文相互渗透，形成了颇有特色的四六。"四六"一词，出自唐朝柳宗元《乞巧文》："骈四俪六，锦心绣口。"后人因骈文的组成以四字句和六字句的并列或错综为主，所以摘取"四六"二字，代称骈文。

自中唐以来，在古文运动的影响下，散文获得了巨大发展。然而，宋朝在实际政治社会生活中大量文本仍旧采用骈文书写，这使得骈文在散文蓬勃发展的环境下仍旧保持了相当的地位与活力。两宋文士，无不工于四六。而四六在宋朝文化空前繁荣的环境下，也形成了自己独特的面目，获得了"宋四六"的称号。受散文的影响，宋四六在文体工整对仗的基础上，被注入了抒情议论的内涵与纵横捭阖的气势。

宋朝初年骈文多遵守唐朝时的规范，少有开拓与创造。至欧阳修时，他在吸收和运用骈文的长处大力发展散文后，又以散文积极反哺骈文。他一方面保留了骈文对偶声律的优点，另一方面则摒除了五代以来卑弱艳丽的风格，语言自然流畅，清新脱俗，开启了宋四六的滥觞，奠定了其散文化骈文的基调。此后，王安石、苏轼等人群起而效法之，形成了宋四六独特的风格。

宋四六拥有骈文讲究对偶的基本形制，剪裁工整，内里却有着散文长于议论、少用故事而多用成语的气质，且喜用长句，用词朴实，多用虚字以行气，气势充足且生出跌宕起伏之效。如苏轼的《乞常州居住表》云："臣闻圣人之行法也，如雷霆之震草木，威怒虽盛，而归于欲其生；人主之罪人也，如父母之谴子孙，鞭挞虽严，而不忍置之死。"不独对仗工整，且内容充实，议论有序，气势磅礴，开篇即流露出震慑之意。

四六在宋朝的广泛运用，不仅使这一时期涌现出诸如陶谷、徐铉、王珪、宋庠、宋祁、欧阳修、王安石、苏轼、汪藻、陆游、杨万里、真德秀、文天祥等名家，更催生了一批理论批评专著。宋徽宗宣和四年(1122)，王铚撰写《四六话》一书，提出了不少关于四六文写作的重要见解；宋高宗绍兴十一年(1141),谢伋撰《四六谈麈》,多从命意遣词着眼,对四六提出了许多独到的识见;此外,晚宋王应麟所著的《辞学指南》,针对士子应试博学宏词科的需要,给出了创作四六的具体指导,并选录了代表性范文,是了解宋四六在科举考试中作用的重要书籍。此外,《冷斋夜话》、《容斋随笔》等书中亦多评论四六的条文。至清朝乾隆、嘉庆年间,彭元瑞辑成《宋四六话》12 卷,孙梅辑成《四六丛话》34 卷,皆是宋朝四六文的集录之作。

第二节 诗歌

诗歌作为一种古老的文学体裁,在唐朝达到了前所未有的高峰,同时也抵达了它生命中的顶点。盛唐之后,诗歌逐渐失去了昔日的光辉,开始沉湎于颓唐、萎靡之中。及至唐末五代,战乱频繁,社会动荡,诗人们对现实充满失望与愤懑。精神上的痛苦,迫使他们将目光转向山水风光,恣意任情。这一时期的诗歌,风格趋于唯美,内容多涉及游冶、艳情。

宋朝和平统一局面的到来,为诗歌的发展开启了新的篇章。然而,宋初诗坛却为中晚唐诗风所笼罩。宋太祖、宋太宗时期(960—997),在徐铉、李昉等人的引导下,源于唐朝白居易与元稹、刘禹锡以诗会友以小碎篇章互相唱和为主要特色的"白体诗风"大行其道;宋太宗后期至宋真宗时,又出现了晚唐派;宋真宗景德年间(1004—1007),讲究艺术形式甚于反映现实生活的西昆体兴起,并于宋仁宗朝达到顶峰。面对这一局面,古文名家王禹偁首先发出了反对的声音,并主张诗歌应以李白、杜甫为宗,开启了对宋朝诗歌的变革。王禹偁关心人民疾苦,拥有积极用世的进取精神。这使他突破了元和体的范围,进而学习白居易讽喻诗的诗风,创作了一批深刻反映和揭露北宋初期社会矛盾、富于时代色彩的作品。他的诗歌风格古朴,语言朴实无华,感情畅快淋漓,平易自然,开启了宋朝诗歌艺术形式上显著的散文化特征。

经过一系列对晚唐体、西昆体等五代文弊的矫正，北宋诗文革新运动到宋仁宗朝时趋于成熟，并于宋神宗朝达到高峰。而宋朝诗歌的这种变化，同样裹挟在对中国文学发展史有重要意义的"古文运动"中。这次运动不仅确立了散文体的正宗地位，使骈体文从六朝以来 600 年间的优势走向终结，在诗歌方面也促使宋诗形成了自身独特的风格，在唐诗巅峰之后又创造了诗歌生命中新的高峰。

与散文一样，欧阳修主张诗或应言之有物，情真意切，真实反映内在的精神世界；或应经世致用，针砭时弊，积极发挥为国为民的社会作用。他十分推崇韩愈，重视其"'资谈笑，助谐谑，叙人情，状物态，一寓于诗而曲尽其妙（《六一诗话》）'的特点，并提出了'诗穷而后工'的理论"①，既言穷苦，亦不避欢愉，关注生活中的真情切意，重视精神内核的表达。在这种思想的指导下，欧阳修以议论入诗，集叙事、抒情于一体，并融入散文化手法，形成了流丽婉转的风格，不仅创作出了《食糟民》、《边户》等反映社会现实的作品，还吟咏历史兴衰，感慨人生无常，表现生活经历，抒发个人情怀。

此外，欧阳修的诗友梅尧臣也是这一时期诗风革新的重要人物之一。梅尧臣一生仕途多舛，却十分关心时政。其所创作的 2800 多首诗歌，或以寓言的形式抨击邪恶势力，或直书其事，表达个人观点，或积极反映民生疾苦，揭露贫民的悲惨现实。更重要的是，他的创作开始走向日常琐事，开拓现实题材，创作出充满烟火趣味的诗歌。他对诗歌创作领域的探索，拓宽了宋诗的范围，使得"平淡"成为诗歌艺术的创作风格之一。

与欧阳修、梅尧臣一同为诗歌风格革新做出贡献的，还有著名诗人苏舜钦。与梅尧臣不同，苏舜钦生性豪迈洒脱，反映到他的诗作上，就是强烈的豪放恣肆之气。他的诗歌情感奔放，无所顾忌，有痛快淋漓地反映时

---

① 　袁行霈主编：《中国文学史》第 3 卷，第 57 页。

政、抨击北宋军队的陈腐怯懦，也有直斥统治阶层漠视民生，空发议论，还有直抒胸中愤懑，揭示黑暗势力，批判现实。此外，他的写景诗雄奇阔大，充满对大自然宏伟力量的赞美。在他的诗作中，我们不仅能看到"长空无瑕露表里，拂拂渐上寒光流。江平万顷正碧色，上下清澈双璧浮"（苏舜钦《中秋夜吴江亭上对月怀前宰张子野及寄君谟蔡大》）这样辽阔邈远的景色，也能从"晚泊孤舟古祠下，满川风雨看潮生"（苏舜钦《淮中晚泊犊头》）里读出诗人的开阔胸襟，看到一个直率自然、雄豪奔放的灵魂。

在欧阳修、苏舜钦、梅尧臣等人的努力下，长期以来流行的西昆派脱离现实的不良倾向得到矫正，王禹偁的诗歌创作风格得到继承与发扬。诗人们更多地注重思想内容，创作出了许多反映社会现实的诗篇。同时，他们还特别注意韩愈诗歌在内容上的广阔性特色，发扬了韩愈以文为诗的传统，将古文的某些艺术特征应用于诗歌创作中，使宋诗趋向于平易、流畅，散文化与议论化。

继宋朝初年之后，王安石扛起了宋诗大旗。王安石的诗歌在基本特征上同散文一致，长于议论，重视实际功用。但他对诗歌的运用广于散文，将其作为抒情述志的工具，所书写的范围不仅囊括社会现实，更与左思、杜甫一般，在对历史抒发议论的同时传递个人的理念与抱负。作为北宋历史上最著名的改革家，王安石敢于挑战传统，开一朝之先例，有其常人所不能及的勇气、胸襟与气魄。这种情怀亦鲜明地反映在他的诗作《明妃曲二首》中：

其 一

明妃初出汉宫时，泪湿春风鬓脚垂。

低徊顾影无颜色，尚得君王不自持。

归来却怪丹青手，入眼平生几曾有。

意态由来画不成，当时枉杀毛延寿。

一去心知更不归，可怜着尽汉宫衣。

寄声欲问塞南事，只有年年鸿雁飞。

家人万里传消息，好在毡城莫相忆。

君不见咫尺长门闭阿娇，人生失意无南北。

其　二

明妃初嫁与胡儿，毡车百两皆胡姬。

含情欲语独无处，传与琵琶心自知。

黄金捍拨春风手，弹看飞鸿劝胡酒。

汉宫侍女暗垂泪，沙上行人却回首。

汉恩自浅胡自深，人生乐在相知心。

可怜青冢已芜没，尚有哀弦留至今。

　　昭君出塞，和亲匈奴，成就汉匈数十年之和平。然其背后与汉元帝之间错失的情缘，却令历代文人墨客感怀不已，只斥画师毛延寿下笔误人，徒留遗憾。然而，王安石大胆指出："意态由来画不成，当时枉杀毛延寿。"昭君的美态，本非画像所能传达。昭君错失汉元帝，流落异域，未必比终老汉宫更不幸，画师毛延寿不过枉死而已。倘若停留宫中，纵使一朝得汉元帝青睐，"三千宠爱在一身"，岁月蹉跎，终究逃不过"咫尺长门闭阿娇"的命运。君王情义从来淡薄如水，深居宫中与远赴塞外，结局同样孤单凄凉，可谓是"人生失意无南北"。但远赴塞外的昭君，至少比深居汉宫多了一种可能，即遇到惺惺相惜之人，避免了孤独终老的命运，能有"家人万里传消息，好在毡城莫相忆"，更有可能发出"汉恩自浅胡自深，人生乐在相知心"的感慨。相较于前者，这或许是更加美好的结局。

　　在这首诗里，王安石一反前人观念，明确指出王昭君命运悲剧的来源。在他看来，昭君出塞和亲的悲剧并不在于使她错失了与汉元帝的情缘，而在于她必须以区区弱女子之力承担起一个国家的安宁与和平，必须从最美好的年纪开始，便在漫长的岁月中品尝"独在异乡为异客"的苦痛，忍受前途未卜的惊慌与无措。造成这种悲剧的，是无能的国家与软弱的君王。以一人之力肩负家国，可敬可叹亦可悲，故"可怜青冢已芜没，尚有哀弦留至今"。

相较于过去的文人骚客，王安石看待历史的眼光是豁达而冷静的。他并不困顿于君恩如天的思想，未曾从帝王的角度去审视昭君出塞所带来的后宫的损失，也没有站在后人的角度，事不关己地歌颂昭君的伟大。他将目光集中到这一事件的核心人物——王昭君身上，带领我们看到了昭君出塞真正的悲哀之处，让我们切身体会昭君的悲情。但在丝丝悲情中，我们又读出了诗人对于帝王情爱、人生境遇的另一重观点，即看到了一个拥有摆脱悲剧命运、收获幸福的可能的、积极勇敢的王昭君。这种勇敢，同样属于王安石，敢于冲破既有囚笼，探索未知。

晚年的王安石退居江宁，流连山水，一心修佛。平静的生活使得他的心境发生了巨大变化，早期的意气风发逐渐隐去，大量写景诗与禅理诗取代政治诗，艺术技巧更加婉转流畅，语言运用更加精湛成熟。这些绝句使其在当时诗坛上享有盛誉。如其《书湖阴先生壁二首》(其一)："茅檐长扫净无苔，花木成畦手自栽。一水护田将绿绕，两山排闼送青来。"由近及远，勾勒了一幅散卧于青山绿水间、宁静致远的田园生活画卷，近景精巧，远景宏阔。跟随王荆公文字流转视线，胸中也不禁豁然开朗，同时收获赏心悦目与宁静祥和两种情绪。

然而，王安石的一生，终究怀有强烈的抱负。这使得他纵使身处逆境，处江湖之远，仍不忘家国大事与心中志向。在他晚年的诗歌中，即使有优美的景色，有对生活强烈的热爱，仍少不了不甘失败的、略显悲壮的呐喊。在《楚天》一诗中，美丽的景色也因诗人内心的孤寂而染上了凄凉绝艳之气，尽管"楚天如梦水悠悠"，却是"花底残红漫不收"，暮春时节伤人心魄，以致"独绕去年挥泪处，还将牢落对沧州"。

王安石的诗歌有着鲜明的艺术特色，"造硬句、险押韵，喜欢篡改古人诗句以为己有，好用典故，讲究对仗"，"通过议论来揭示自己的精神面貌，并在抒情诗中将精警的议论和生动的形象巧妙地融合为有机体"①。是故，南宋诗论家严羽在其《沧浪诗话·诗体》中将王安石诗歌列为王荆公体，在两宋诗歌领域独受尊崇。

与王安石同时代的王令英年早逝，但在诗歌创作上也取得了一定成就。他出身底层，终身以聚徒讲学为生，关注底层民众，敢于为贫民发声，抨击时弊、书写抱负，意境开阔，情感奔放，风格雄伟。如其《暑旱苦热》一诗：

暑旱苦热

清风无力屠得热，落日着翅飞上山。

人固已惧江海竭，天岂不惜河汉干？

昆仑之高有积雪，蓬莱之远常遗寒。

不能手提天下往，何忍身去游其间？

诗人笔下的无力清风、飞山落日，构成了一幅盛夏酷暑图。字里行间，热气恍若弥漫而出，令人不经意间便深感其难耐。然而，面对酷暑造成的干旱以及炎热带给人们的痛苦，诗人表现出来的是对上天酣畅淋漓的嘲讽。人固然惧怕江海枯竭，但纵使至高无上如天，若河流干涸，也会因之惋惜。酷暑之下，诗人也不禁畅想昆仑积雪、蓬莱寒烟。然而思绪回转，若是不能以只手带天下人一同前往避暑，自己又如何忍心一人享乐？这种时刻心怀百姓的胸襟，跳脱开合的笔力，肆意奔放的情感，使得王令诗歌在北宋诗坛独树一帜。

北宋中期诗歌创作的代表人物还有苏轼。苏轼一生宦海沉浮，生活经

---

① 程千帆、吴新雷：《两宋文学史》，见《程千帆全集》第 13 卷，石家庄：河北教育出版社，1988 年版，第 87 页。

历十分丰富。在他所创作的 2700 多首诗歌中，存在大量批判社会现实与思考人生的佳作，饱含诗人对现实的观照、嘲讽与批判。在他的笔下，有饱受蝗旱之灾的北方农民，"三年东方旱，逃户连敧栋。老农释耒叹，泪入饥肠痛"（苏轼《除夜大雪留潍州元日早晴遂行中途雪复作》）。也有水灾侵袭下的南方百姓，"哀哉吴越人，久为江湖吞。官自倒帑廪，饱不及黎元"（苏轼《送黄师是赴两浙宪》）。还有承担沉重赋税与岁币压力的普通民众，"官今要钱不要米，西北万里招羌儿。龚黄满朝人更苦，不如却作河伯妇！"（苏轼《吴中田妇叹》）在中国古代历史上，宋朝被普遍认为是经济水平发展较高、民众负担相对较轻的时代。但苏轼的诗歌，撕开了富裕的表象，带领我们看到那个时代底层深处的社会情境。他以批判的目光，为我们展现了中国古代君主专制中央集权制度下积久不化的痼疾。

荔支叹

十里一置飞尘灰，五里一堠兵火催。

颠坑仆谷相枕藉，知是荔支龙眼来。

飞车跨山鹘横海，风枝露叶如新采。

宫中美人一破颜，惊尘溅血流千载。

永元荔支来交州，天宝岁贡取之涪。

至今欲食林甫肉，无人举觞酹伯游。

我愿天公怜赤子，莫生尤物为疮痏。

雨顺风调百谷登，民不饥寒为上瑞。

君不见，武夷溪边粟粒芽，前丁后蔡相笼加。

争新买宠各出意，今年斗品充官茶。

吾君所乏岂此物，致养口体何陋耶？

洛阳相君忠孝家，可怜亦进姚黄花。

皇皇大唐，立国百余载而兴，开元盛世名垂千古。然而，再华美的外表也挡不住内里的腐朽与隐忧。风流多情的唐玄宗为一杨贵妃而劳民伤财，上有所好下必奉之，举国为之倾覆，昔日繁华不再。然而，纵使光阴流转，历史总是惊人的相似。善于遗忘的人们，再度上演起曾经的放浪与荒唐。"争新买宠"之下，受苦的始终是最底层的民众。身在其中的苏轼所能做的，不过是"我愿天公怜赤子，莫生尤物为疮痏。雨顺风调百谷登，民不饥寒为上瑞"。苏轼对现实的辛辣讽刺，不仅让我们看到了一个危机正在酝酿的宋朝，而且让我们领略了诗人心怀天下、忧国忧民的情怀。

现实于苏轼而言是充满挫折与苦闷的。但在苏轼身上，我们总能触摸到一个善于思考、不愿屈服的高尚灵魂。他善于从人生遭遇中总结经验，也善于从客观事物中总结规律。这令他的诗歌即使描写普通景物与日常琐事，也时常能读出别具一格的深意。"横看成岭侧成峰，远近高低各不同。不识庐山真面目，只缘身在此山中。"（苏轼《题西林壁》）"人生到处知何似？应似飞鸿踏雪泥。泥上偶然留指爪，飞鸿那复计东西？老僧已死成新塔，坏壁无由见旧题。往日崎岖还记否？路长人困蹇驴嘶。"（苏轼《和子由渑池怀旧》）这些诗歌中，自然现象上升为人生哲理，人生的感受也已转化为理性的反思。尤为难能可贵的是，诗中的哲理不是生硬的逻辑推导或议论分析陈述而出，而是通过生动鲜明的艺术意象自然而然地表达出来，既优美动人，又饶有趣味。所谓理趣诗，即当如此。

尽管人生的大起大落也曾使得苏轼一度悲痛、沉郁，对现实充满愤恨与不满，在他的诗歌中，我们也能读到"君门深九重，坟墓在万里"（苏轼《寒食雨二首》）这样充满绝望的作品。但很快地，他总能从低谷中走出，在被贬黄州后将这座山环水绕的荒城变成"长江绕郭知鱼美，好竹连山觉笋香"（苏轼《初到黄州》）的世外桃源；在被贬惠州后过上了"日啖荔枝三百颗，不辞长作岭南人"（苏轼《食荔枝二首》之二）这样充满趣味的生活。究其因缘，苏轼有着一颗宠辱不惊、豁达开朗的心，一个胸怀天下、抱负深远的灵魂。

在苏轼的时代，诗歌达到了巅峰。之后，作诗极其讲究法度，题材偏重书斋生活，与苏轼齐名的黄庭坚及其追随者逐渐形成了一个横跨两宋，声同气应的诗歌流派——江西诗派。

黄庭坚与苏轼为生平好友，其人生境遇亦与苏轼十分相似，一生在新旧两党的得势与失势之间载沉载浮。在他流传下来的1900多首诗歌中，约有三分之二为思亲怀友、感事抒怀、描摹山水、题咏书画之作，表现出与王安石、苏轼类似的郁郁不得志的人生轨迹。但相较于王安石与苏轼，黄庭坚的诗歌拥有浓厚的文人气与书卷气，人文意向格外密集。他喜爱吟咏书画作品、亭台楼阁以及笔、墨、纸、砚、香、扇等与文人密切相关的物品，就连自然界的花鸟虫鱼，在他的笔下也充满了文人雅趣与书卷墨香。在其《双井茶送子瞻》中，我们可以清晰地看到这份趣味：

双井茶送子瞻

人间风日不到处，天上玉堂森宝书。

想见东坡旧居士，挥毫百斛泻明珠。

我家江南摘云腴，落硙霏霏雪不如。

为公唤起黄州梦，独载扁舟向五湖。

这首诗所写不过送茶小事，但在黄庭坚笔下，不仅有典故，隐约还有劝诫之意。送给苏轼的虽然是茶，却巧妙地藏着警醒其虽身为清贵，但不可忘却被贬黄州的深意。书卷气与生活气并存，是为黄庭坚诗歌的重要特色之一。

除此之外，黄庭坚诗歌还追求鲜明的艺术个性，追求"生新"。他坚持，"文章最忌随人后"（黄庭坚《赠谢敞王博喻》），"随人作计终后人，自成一家始逼真"（黄庭坚《以右军书数种赠丘十四》）。在他的诗歌创作中，始终贯彻这种求新求变，自成一家的精神。这使得他的诗歌往往包含多层含义，章法回旋曲折，绝不平铺直叙；又运用修辞，出奇制胜。在他的笔下，即使最常见的字词意象，也会经排列组合后勾勒出新奇的意境。如《寄黄几复》：

寄黄几复

我居北海君南海，寄雁传书谢不能。

桃李春风一杯酒，江湖夜雨十年灯。

持家但有四立壁，治病不蕲三折肱。

想得读书头已白，隔溪猿哭瘴溪藤。

"我居北海君南海，寄雁传书谢不能"一句，与"我住长江头，君住长江尾。日日思君不见君，共饮长江水"颇有异曲同工之妙。后面对二人生平的回顾与感慨，令人唏嘘。除此之外，黄庭坚诗歌声律奇峭，律诗中多用拗句，以避免平仄和谐以致圆熟的声调，达到奇崛劲挺的效果。

黄庭坚诗歌以其鲜明的艺术风格自成一体，被时人称为"黄庭坚体"或"山谷体"。晚年的黄庭坚平淡质朴，精光内敛，达到了老成的境界，不断走向平淡之美，引领宋朝诗歌的终极追求。

与黄庭坚同时代的陈师道，是苏轼门下的重要诗人。他视苏轼为师长，敬重有加，在诗歌方面却以黄庭坚为师。他一生苦寒，生活圈子狭窄，所写诗歌主要记录个人生活经历与人生感慨。但他作诗真挚诚恳，追求"宁拙毋巧，宁朴勿华"，形成朴拙诗风，切实地映照了那个时代寒士们的生活。[①] 世人将其与黄庭坚并称为"黄陈"。从两宋之际到南宋，宋朝的诗人多有学习黄庭坚、陈师道者，形成了一个诗歌流派——江西诗派。

黄庭坚、陈师道去世后，诗坛的空气趋于凝固。经过王安石、苏轼、黄庭坚、陈师道等人的努力，宋朝诗歌已基本定型。此后，吟咏书斋生活，

---

① 郭绍虞：《宋诗话考》，北京：中华书局，1979 年版，第 19 页。

推敲文字技巧，成为江西诗派的创作倾向。这种倾向在靖康之变时被一举打破，代表诗坛风气的江西诗派发生了深刻变化。

金兵攻陷东京时，江西诗派诗人吕本中正在城中。他用诗歌记录了那场事变，不仅描写了将士们的奋勇抵抗，也刻画了民众流离失所，遭受战火蹂躏的惨状，还控诉了战争中烧杀掳掠的罪行。"晚逢戎马际，处处聚兵时。后死翻为累，偷生未有期。积忧全少睡，经劫抱长饥。欲逐范仔辈，同盟起义师。"（吕本中《兵乱后自嬉杂诗》）其对遭受战火的悲愤，对生灵涂炭的愤慨，对杀敌报国的热情，力透纸背。他写出了爱国士大夫的共同心声，感染时人。经历靖康之变的江西诗派，逐渐走出书斋，放眼天下，开始发出收复失地的呼声。

到南宋初，陈与义、曾幾等人在吕本中成功转移诗风的基础上，创作了大量感怀时事的诗歌。前者曾避乱南奔，目睹了山河破碎，感受身世飘零，诗风雄浑深沉。后者虽几经离乱，但诗歌仍旧清新活泼，语言明快畅达，开杨万里先声。

陈与义、吕本中去世后，陆游、杨万里、范成大、尤袤等南宋"中兴四大诗人"为代表的诗人群体登上诗坛。他们成长于烽火连天的时代，对家国天下的局势有更敏感的认识，同时也更具备独创精神与昂扬抱负，最终以全新的艺术风貌取代了江西诗派在诗坛上的主流地位，开创时代新潮流。

陆游是我国南宋时期的著名诗人。他生于社会动荡之际，自小耳濡目染，立下"上马击狂胡，下马草军书"（陆游《观大散关图有感》）的志向。陆游一生仕途不畅，有志难伸。然而，从始至终，他的报国热情未曾消散。即使在弥留之际，仍不忘写下《示儿》一诗："死去元知万事空，但悲不见九州同。王师北定中原日，家祭无忘告乃翁。"他一生创作的诗歌不仅数量庞大，且内容丰富，几乎涵盖了当时社会生活的各个方面。在至今仍流传着的9400多首中，有感怀时事的呐喊，也有日常生活趣事的吟咏，更多的是

自身报国壮志和忧国深思的抒发。《书愤》中，作者字字珠玑，用心诠释了
"愤"字。"早岁那知世事艰，中原北望气如山"，虽是对年轻时意气风发，
不识愁滋味的自己的嘲讽，却仍旧隐隐泄露出内心难以抑制的收复河山的
野望；"楼船夜雪瓜洲渡，铁马秋风大散关"，从东至西，宋金对峙局面跃
然纸上，气势磅礴。远处已隐约传来隆隆鼓声，收复河山在望。然而，"塞
上长城空自许，镜中衰鬓已先斑"，一切不过是自己的空想，岁月流逝，英
雄已白头。"出师一表真名世，千载谁堪伯仲间"，诸葛亮六出祁山，志在
中原。然《出师表》名垂千古，定鼎中原却已是传说。陆游胸中有万千丘壑，
所作诗歌亦意蕴邈远，气势雄浑，纵横捭阖，读来令人思绪不断，咏叹
连绵。

　　杨万里善写自然风物，喜爱发掘日常生活的情趣。理学功底深厚的他
善于从日常小事中发现哲理，这使得他的诗歌往往于平凡中见真知，形成
了独具面目的诚斋体。其最朗朗上口的是《小池》："泉眼无声惜细流，树阴
照水爱晴柔。小荷才露尖尖角，早有蜻蜓立上头。"所写虽是初夏荷塘情境，
泉水细流无声，树荫照水，一片静谧。然小荷初立，蜻蜓展翅，静谧中便
突然显出些许动来，画面也霎时间充满勃勃生机，很好地凸显了初夏时节
风光。

　　范成大一生曾出仕多地，视野开阔，诗歌内容也十分丰富。其中，价
值最大的是使金纪行诗和田园诗。1170 年，范成大奉命出使金朝。途中，
他记录了中原山河破碎的景象。中原人民盼望收复河山的呼声，自己誓死
报国的决心皆一一记录于诗中。如《宜春苑》：

宜春苑

狐冢獾蹊满路隅，行人犹作御园呼。

连昌尚有花临砌，肠断宜春寸草无。

又如《州桥》：

州　桥

州桥南北是天街，父老年年等驾回。

忍泪失声询使者，几时真有六军来？

隐退后，范成大又创作了大量田园诗，"蝴蝶双双入菜花，日长无客到田家。鸡飞过篱犬吠窦，知有行商来买茶。"（范成大《四时田园杂兴》第十五首）全面、真切地描绘了农村生活的各个细节。三家之外，尤袤诗歌作品多已散佚。其风格细润圆转，名重于当世。

中兴四大家后，宋朝诗歌逐渐平复下来。总体来看，宋诗成就虽然仍旧丰硕，但相较于唐朝，毕竟难以及其高峰。在中国古代繁华灿烂的文学艺术领域，宋朝欲实现异军突起，留下为后世所称道者，须得另辟蹊径，开前世未开之途，创后无来者之高峰。

第三节　宋词

两宋散文丰神俊朗，长于思辨；诗歌任情率真，回味悠长。然而，这一时代文学艺术真正的瑰宝，还当推词。

在词的历史上，宋词占有无与伦比的巅峰地位，是堪与唐诗相媲美的艺术成就。宋词流派众多，名家辈出。柳永、张先、苏轼、晏几道、秦观、贺铸、周邦彦、李清照、朱敦儒、张元幹、张孝祥、辛弃疾、刘过、姜夔、吴文英、王沂孙、蒋捷、张炎等人，在宋朝词坛上取得了独树一帜的成就，自成一家。总体上，宋词不仅完成了词体的建设，艺术手段日益成熟，在题材内容与风格倾向上也开拓了广阔的领域。

作为一种晚近出现的文学体裁，词萌芽于唐，成长于五代。及至两宋，则巍巍然已成一大观，绽放出美丽耀眼的光芒。宋词多配合音乐演奏，句式长短不一，故又称长短句。唐末著名词人温庭筠善写女子闺情，浓艳精巧，清新明快。其名作《菩萨蛮》，"小山重叠金明灭，鬓云欲度香腮雪。懒起画蛾眉，弄妆梳洗迟。照花前后镜，花面交相映。新帖绣罗襦，双双金鹧鸪"，以极简的笔画勾勒出深闺女子无人能识的美丽与哀伤，渲染出花间月下的闺情绮怨，进而开创出了以绮艳香软为特征的花间词风，被誉为"花间派"鼻祖。

到五代时期，花间派名家辈出，尤以较为安定的西蜀、南唐两地为最。后蜀主孟昶广政三年（940），出身书香门第的赵崇祚编订中国现存最早的词选集《花间集》10卷，收录韦庄、欧阳迥、温庭筠等或在西蜀为官，或出身蜀地的18位词人的作品497首，囊括菩萨蛮、浣溪沙、清平乐、虞美人等77调。而同时期的南唐也涌现出诸如冯延巳、李璟、李煜等作词大家，词风清新俊逸。其中，后主李煜经历了亡国变故，在词作上也以此分为前后两个阶段。前期主要记录宫廷生活与男女情爱，绮丽柔靡。如其作《浣溪沙》："红日已高三丈透，金炉次第添香兽。红锦地衣随步皱。佳人舞点金钗溜，酒恶时拈花蕊嗅。别殿遥闻箫鼓奏。"以"红锦"、"佳人"描摹出奢华的宫廷生活。南唐灭亡后，迁居汴梁（今河南开封）的李煜创作了大量忧伤凄苦，哀婉感人的词，以"梦里不知身是客，一晌贪欢"的心境，抒发"天上人间"之感，令人唏嘘。

花间词与南唐词，奠定了宋词清丽柔美的风格基础。宋初，词坛继承五代遗风，多作小令，尚未形成独特的时代风貌，缺乏开拓性与独创性。然而，进入11世纪上半叶，随着柳永、范仲淹、张先、晏殊与欧阳修等词人登上词坛，宋词开始步入迅速发展的轨道。

较早时期的晏殊与欧阳修，在继承五代柔软婉丽词风的基础上，逐渐开始革新求变。晏殊少年得志，一生仕途顺利，作为太平宰相尽享富贵。然而，多愁善感的性格使他即使身处优裕闲逸的生活之中，仍旧不忘记对人生进行体悟与反思。认识到生命局限与人生短暂的他，时常发出诸如"无可奈何花落去，似曾相识燕归来"(晏殊《浣溪沙》)，"可奈光阴似水声，迢迢去未停"(晏殊《破阵子》)的感慨。

与晏殊相比，欧阳修一生仕途多舛，几度浮沉，故而对人生命运的变幻与官场的波谲云诡有更深的体会。加之他在政治生活中刚劲正直，日常生活则颇风流放任，使得他的词作既有抒发人生体验与心态的"雅词"，又有贴近生活、带有浓厚"世俗之气"的"俗词"；另一方面，欧阳修借鉴和吸收了民歌的"定格联章"等表现手法，首先主动向民歌学习，进而造就了其词作清新明畅的艺术风格。如此，欧阳修扩大了词的抒情功能，改变了词的审美趣味，推动词朝着通俗化的方向发展。

此后，范仲淹以其在军旅生活中拓宽视野的词作为宋词的发展注入了新鲜的力量。"塞下秋来风景异，衡阳雁去无留意。四面边声连角起，千嶂里，长烟落日孤城闭。浊酒一杯家万里，燕然未勒归无计。羌管悠悠霜满地。人不寐，将军白发征夫泪。"(范仲淹《渔家傲》)词作中已全然不见花间词的旖旎，亦无晏殊、欧阳修的睹物伤情，感怀生世。取而代之的，是边塞世界的萧瑟与肃杀，流露出的是满目苍凉以及对战争的焦虑。范仲淹的词开辟了崭新的审美境界，苍凉沉郁的风格开启了后来豪放词的滥觞。

与范仲淹同时期的张先一生顺遂，所作词章多以听歌看舞、悠游花丛为主。他打破了词被视为难登大雅之堂的"小道"、只用正统诗歌唱和赠答的惯例，创作了大量赠别酬唱的词章。这扩大了词的日常交际功能，在观念上提高了词的文学地位。此外，他率先在词中使用题序，记录作词的初衷。此后，苏轼等人纷纷效仿，在词作中大量使用题序，表明创作的缘起、背景，使词有了更加坚实的现实基础。

王安石所作之词仅存29首，却和范仲淹一样，注重抒发自我的性情怀抱，反思历史与社会现实。其著名的怀古词《桂枝香·金陵怀古》，"念往

昔，繁华竞逐。叹门外楼头，悲恨相续。千古凭高，对此谩嗟荣辱。六
朝旧事随流水，但寒烟，芳草凝绿。至今商女，时时犹唱，后庭遗曲"，
在感叹金陵城繁华景象的同时，不由心生感慨。这个六朝古都，经历了
多少战火洗礼，见证了几多盛衰浮沉。可叹的是，历史之所以常常似曾
相识，只因人们的善加遗忘。其对历史的凭吊，对现实的思考，令人深
受启发。这些词作，引导宋词风格逐渐由狭隘的女子闺怨、宴饮唱和向
抒发自我、伸展志向转变。待到柳永登上词坛，宋词的转变更加鲜明，
取得了累累硕果。

唐至五代，词的创作体式以小令为主。小令体制短小，多则五六十字，
少则二三十字，容量有限。与之相对的，是篇幅较大的慢词，少则八九十
字，多至一二百字。柳永大力创作慢词，从根本上改变了小令一统天下的
格局，使小令与慢词两种体式平分秋色，同时扩大了词的容量，提高了词
的表现力。

柳永对宋词的贡献是难以言喻的。一方面，他首创了 100 多种词调，
使得词的体制渐趋完备。令、引、近、慢、单调、双调、三叠、四叠等长
短调令，不断丰富和拓宽着宋词的创作空间；另一方面，他在创作方向上
将词变雅为俗，用通俗化的语言表述市民生活，展现普通大众的喜怒哀乐，
所用语言亦多市井俚语和俗语，读来朗朗上口，通俗易懂。他的词作中，
不仅有大胆泼辣，敢爱敢恨的世俗女性，以"恨薄情一去，音书无个"（柳
永《定风波》）冲击终日愁眉紧锁，自怨自艾，"明月不谙离恨苦，斜光到
晓穿朱户"（晏殊《鹊踏枝》）的深闺女性；还有情场失意女子的哭声，强烈
的苦闷幽怨从字里行间喷涌而出，充满生活气息。"可惜许枕前多少意，
到如今两总无终始。独自个，赢得不成眠，成憔悴。"（柳永《满江红》）柳
永笔下的女性，虽为情所困所伤，却未曾压抑自我，反而释放出耀眼的
生命光彩。这份光亮，不仅来自市井女子，还包括下层不幸的歌妓。

由于仕途不顺，柳永长期流连坊间，与歌妓交往频繁。因而在他的词

中,有相当部分描写歌妓的佳作,或称赞其"心性温柔,品流详雅,不称在风尘"(柳永《少年游》)的品性,或赞美其"丰肌清骨,神态竟天真"(柳永《少年游》)的姿态,以及"自小能歌舞","唱出新声群艳伏"(柳永《木兰花》)的卓越技艺,更同情其"一生赢得是凄凉。追往事,暗心伤"的不幸遭遇,传达其"万里丹霄,何妨携手同归去。永弃却,烟花伴侣。免教人见妾,朝云暮雨"(柳永《迷仙引》)的心愿。柳永身为文人墨客,真诚地关心着这些烟花女子的命运,着力表现她们的美丽,尊重她们的人格。

在柳永的笔下,我们能看到一个飘荡着烟火气息,充满活力的宋朝中国。那里有"列华灯,千门万户。遍九陌,罗绮香风微度。十里然绛树。鳌山耸,喧天箫鼓"(柳永《迎新春》)的东京,有"万井千闾富庶,雄压十三州。触处青娥画舸,红粉朱楼"(柳永《瑞鹧鸪》)的苏州,还有"东南形胜,三吴都会,钱塘自古繁华。烟柳画桥,风帘翠幕,参差十万人家"(柳永《望海潮》)的杭州。此外,还有洛阳、益州、会稽、金陵……一首词,一座城,一幅画,一个世界,一代风华。

作为第一位全面革新的词人,柳永惠及后人无数。其在词调的创用、章法的铺叙、景物的描写、意向的组合和题材的开拓上都给后人以启示。苏轼、黄庭坚、秦观、周邦彦等在宋朝词坛上熠熠生辉的大家,无不深受柳永的影响,共同开创了宋词的高峰。其中,苏轼对词的改革使其最终突破了"艳科"的传统格局,提高了词的地位,使词从音乐的附属品转变为独立的文学体裁,从根本上改变了词的发展方向。

首先,苏轼打破了诗尊词卑的传统观念,认为诗词同源,本属一体。在此基础上,他主张词章创作应"自成一家"。这种主张,使得他在创作时更加注重个人的表达与探索,虽受惠于柳永却不囿于柳永,最终开创了展现男性豪迈气概的豪放派词风。

在苏轼所创作的词章中,我们能看到一个志怀高远、心胸远大的生命。"有笔头千字,胸中万卷,致君尧舜,此事何难。用舍由时,行藏在我。袖手何妨闲处看。身长健，但优游卒岁，且斗尊前。"（苏轼《沁园春·密州早行马上寄子由》）纵使读文章千百，却不被前人所惑，而是按照自我心性，追求属于个人的理想世界。这份豁达，令其历经挫折后的哀愁大为减弱，更凸显出宁静致远的宽阔胸襟。其后的《江城子·密州出猎》中，"老夫聊发少年狂。左牵黄，右擎苍；锦帽貂裘，千骑卷平冈"更是寥寥数语便刻画出一个意气风发的苏轼形象。一句"会挽雕弓如满月，西北望，射天狼"，其一腔报国之志好似喷涌而出，令人激动。苏轼一生创作了大量抒发个人豪情，彰显进取精神，突出男子气魄的词章，继范仲淹之后正式开创了豪放派词风，更开启了南宋辛派词人的先河。

此外，苏轼对人生的深邃思考，咏史怀古在词中亦有展现。他在感叹"人生如梦，一樽还酹江月"（苏轼《念奴娇·赤壁怀古》）的同时力求自我超脱，保持坚强乐观的信念与超然的人生态度。个人求索之外，他对亲情的描写同样令人动容。如中秋佳节之际，怀念弟弟的他写下了"但愿人长久，千里共婵娟"（苏轼《水调歌头》）的千古名句。又如其著名悼亡词《江城子·乙卯正月二十日夜记梦》：

> 十年生死两茫茫。不思量。自难忘。千里孤坟，无处话凄凉。
> 纵使相逢应不识，尘满面，鬓如霜。
> 夜来幽梦忽还乡。小轩窗。正梳妆。相顾无言，惟有泪千行。
> 料得年年肠断处，明月夜，短松冈。

这首悼亡词意境凄美，情感浓烈而真切。苏轼对亡妻的思念，字字泣血，读来荡气回肠，心中哀伤与艳羡交替。这是一位多情的文人，一个不忘至亲爱人的血性男儿。苏轼的词，在抒发个人意气的同时，带领我们走过他蜿蜒曲折的人生轨迹，跟随着他的悲喜哀愁领略时代潮流的汹涌变迁。

作为北宋文坛的领军人物之一，苏轼在散文、诗歌、词章方面都取得了令人瞩目的成就。他的艺术风格为后人争相效仿，而其作品中所流露出来的宠辱不惊、淡泊从容的人生态度，俯仰寰宇、包容天地的广阔胸襟，更是为后来的文人树立了典范，在历代影响深远。其后，11世纪中叶的北宋词坛，出现了两大创作群体，群星璀璨，光耀千古。其一便是以苏轼为核心，由黄庭坚、秦观、晁补之、李之仪、赵令畤、陈师道、毛滂等人组成的苏门词人以及晏几道、贺铸等相关词人群。其二则是以周邦彦为主帅，曾供职于大晟乐府的曹组、万俟咏、田为、徐伸、江汉等人构成的大晟词人群。前者注重抒情言志，遵守词的音律规范而不囿于音律规范，可读性强；后者则重视词的协律可歌，抒情节制，力避豪迈，追求词艺。两大群体开创了词章发展的两条道路，奠定了南宋词章发展的方向。

苏门词人群中，黄庭坚的词作追求雅俗并重，致力于自我刚直倔强个性和乐观人生态度的表达，内容更贴近日常生活；秦观追随苏轼脚步，一生亦饱受宦海波谲云诡之苦，空有报国之志而难以施展，脆弱的心性下精神饱受打击，早早离世。然而，他的词作在宋朝词坛上仍旧独树一帜。敏感纤细的性格，使得他虽为男子，却真正写出了男女情爱至纯无瑕的境界，予人至高的情感享受。"纤云弄巧，飞星传恨。银汉迢迢暗度。金风玉露一相逢，便胜却人间无数。"(秦观《鹊桥仙》)在他笔下，爱情变得无限美好，令人向往。而其"两情若是久长时，又岂在朝朝暮暮"(秦观《鹊桥仙》)的慨叹，升华了爱情的高度，引导人们见识更加豁达、从容，意蕴悠长的爱情。

柳永、苏轼等人的努力，使慢词大行其道。然而，同时代的晏几道却反其道而行之，仍旧遵循父亲晏殊的"花间"传统，以小令书写荡气回肠的男女情爱，对象明确，情感真挚。"记得小蘋初见，两重心字罗衣。琵琶弦上说相思。当时明月在，曾照彩云归。"(晏几道《临江仙》)在他的词作中，爱情成为一种纯精神性的追求，更成为一张特色鲜明的名片。

大晟词人群的代表人物周邦彦，一生支持变法新党，故而也在新旧党争的交替中浮浮沉沉。他的词作长于铺叙，顺叙、倒叙、插叙错综结合，时空结构回环往复，交错叠印。他在怀古咏史中抒发人生起落无常的感慨，宣泄漂泊人生的倦怠与无奈，情景交融，交错往复，跳脱无踪迹。且善于用典，能将前任诗句融入词中而浑然天成，有如己出。如《西河·金陵怀古》中"夜深月过女墙来，伤心东望淮水。酒旗戏鼓甚处市。想依稀，王、谢邻里。燕子不知何世。入寻常，巷陌人家，相对如说兴亡，斜阳里"，皆由化用唐朝刘禹锡《石头城》、《乌衣巷》等诗歌而来，似曾相识，却又自成一体，意蕴更丰。此外，他所创作的词调不仅数量众多，且用字高雅，较之柳永等人更符合南宋文人的趣味，因而在南宋受到广泛尊崇与效法。

两宋之际，在靖康之变的冲击下，李清照、朱敦儒、张元幹、叶梦得、李纲以及陈与义等一批"南渡词人"登上词坛。由于时代巨变，他们的创作也往往被鲜明地割裂为前后两个时期。前期生活安逸，所作多为闺中情爱，且好吟风弄月，创作光芒往往为周邦彦、贺铸等人所掩盖。靖康之变后，山河破碎，他们开始追随苏轼等人的词风，发出救亡图存的呐喊。具体到现实，他们的目光从闺房、书斋中走出，走进芸芸众生，有意识地关注普通民众在战火纷飞中的苦难，心中的家国责任感进一步唤醒。然而，对天下兴亡抱有强烈抱负心的他们，在现实面前却往往深受挫折，进而为其词作增添了难以消除的沉郁苦闷之气。在北宋词的基础上，南渡词进一步扩展了词体抒情言志的功能，强化了其时代感与现实感。

这一时期，女词人李清照以其清雅婉约之姿，在宋朝词坛上书写了难以磨灭的佳话。她的一生深受时代洪流的影响，早期的幸福甜蜜随着战争而烟消云散，后期的颠沛流离亦拜战争所赐。故而她的词作中，既有"香冷金猊，被翻红浪，起来慵自梳头"（李清照《凤凰台上忆吹箫》），"花自飘零水自流，一种相思，两处闲愁。此情无计可消除，才下眉头，却上心头"（李清照《一剪梅》）的美好爱情与离愁别绪；又有南逃丧夫后"雁过也，正伤心，却是旧时相识"(李清照《声声慢》)的孤独凄凉、悲痛哀婉。女子情态下，还藏着一颗坚毅勇敢的心，以至在品评古人时发出了"生当作人杰，死亦为鬼雄。至今思项羽，不肯过江东"(李清照《夏日绝句》)的豪迈心声。李清照的词用字虽简却精妙清亮，风韵天然，语言清新素雅，巧夺天工。这使她成为中国文学史上创造力最强、艺术成就最高的女性作家之一。

与李清照同时经历了南渡之苦的朱敦儒，继承并发展了苏轼自我抒情的词风，有鲜明的自传性特点。他的青少年时代，"生长西都逢化日，行歌不记流年。花间相过酒家眠，乘风游二室，弄雪过三川"(朱敦儒《临江仙》)。放浪形骸的生活下，是一颗追求独立自由的心。朝廷征召时，他断然拒绝，并写下了"诗万首，酒千觞，几曾着眼看侯王。玉楼金阙慵归去，且插梅花醉洛阳"(朱敦儒《鹧鸪天·西都作》)的词章以明志。

靖康之变，洛阳城破。朱敦儒仓皇逃亡东南，辗转岭南避难。南奔途中，灾难不断，他的词风亦由飘逸洒脱变得凄苦忧愤。"放雁向南飞，风雨群初失。饥渴辛勤两翅垂，独下寒汀立。"(朱敦儒《卜算子》)被战火所迫，远离家乡之人，好似风雨中迷失的南飞之雁，前途未卜，生死难依。"中原乱，簪缨散，几时收。试倩悲风吹泪，过扬州"(朱敦儒《相见欢》)。其间的忧愤与伤感，溢于言表。

面对国家与民族所遭受的灾难，南渡词人们逐渐放弃曾经或闲适或放浪的生活，开始积极关心国家命运，甚至投身仕途，投笔从戎，以期报效国家。在他们的词作中，不仅有对战火肆虐的真实描写，有对普通民众苦难的切实陈述，也有誓死收复失地的一腔热血，以及对统治者不作为、一心苟和的愤慨。如曾协助李纲指挥汴梁保卫战的张元幹，目睹了汴梁城下哀鸿遍野的惨烈景象，体会过山河破碎的悲伤后，愤而写下"长庚光怒，群盗纵横，逆胡猖獗"(张元幹《石州慢·己酉秋吴兴舟中作》)的词句，更发出了"欲挽天河，一洗中原膏血"(张元幹《石州慢·己酉秋吴兴舟中作》)的呼声。然而，面对最高统治者不顾大局、一心南逃的现实，词人满腔无奈，只道"两宫何处，塞垣只隔长江，唾壶空击悲歌缺。万里想龙沙，泣孤臣吴越"（张元幹《石州慢·己酉秋吴兴舟中作》）。又如早年"睡起流莺语"（叶梦得《贺新郎》）的叶梦得，在熊熊战火中，亦唱起了"坐看骄兵南渡，沸浪骇奔鲸。转盼东流水，一顾功成"（叶梦得《八声甘州·寿阳楼八公山作》）。他们焦急于国家的灾难，渴望大展身手，收复失地。其中的豪情壮志，令人胸中激越。而站在前线，率领大军以血肉之躯抵抗金兵的李纲、岳飞等人，也将其奋不顾身、收复失地的精神彰显于词作中，成为这个时代抗金的最强呼声。

靖康之变中主持东京保卫战的李纲，在其《苏武令》中表达了坚定的救国救民信念："调鼎为霖，登坛作将，燕然即须平扫。拥精兵十万，横行沙漠，奉迎天表。"强烈的节奏感，恰似词人勃勃跳动的心脏，是扫平寇贼，迎回徽、钦二帝的一颗赤子之心。纵使被罢职，李纲仍旧以慷慨激昂之势盛赞历史上征战沙场的圣君勇将，期待"六军万姓呼舞，箭发狄酋难保。虏情詟，誓书来，从此年年修好"（李纲《喜迁莺·真宗幸澶渊》）的实现。

当李纲等人请命呐喊时，血战沙场的岳飞则在戎马倥偬中留下了响彻天际的雄壮呼声。"靖康耻，犹未雪。臣子恨，何时灭。驾车长踏破，贺兰山缺。壮志饥餐胡虏肉，笑谈渴饮匈奴血。待从头，收拾旧山河，朝天阙。"（岳飞《满江红·怒发冲冠》）身为军人，保卫山河本是天职所在。然靖康一役，汴梁梦碎，君王被掳，生灵涂炭。这一切，于军人而言，是莫大的耻辱。激荡于胸中的愤怒，酝酿出了词人胸中直上九霄的朗朗气魄，令人气血翻涌。

历经绍兴和议，宋金对峙局面逐渐形成。安定下来的局面，为词的创作重新提供了良好的环境。12世纪下半叶，南宋词坛上再次出现大家辈出、名作纷呈的局面。以辛弃疾、陆游、张孝祥、陈亮、刘过和姜夔等为代表的"中兴"词人将词的创作推向高峰。

"中兴"词人，首推辛弃疾。辛弃疾对收复故土的强烈渴望与李纲、岳飞等人一脉相承。他一生希求征战沙场，抗击金人，以"了却君王天下事，赢得生前身后名"(辛弃疾《破阵子》)。然而，这种昂扬向上的进取精神却与偏安东南的南宋朝廷背道而驰。历史的错位注定了辛弃疾的悲剧命运，加之南宋对南归的"归正人"的态度，使得他壮志难酬，只得作为小吏在地方上辗转迁徙，抑郁而终。

现实的不如意，促使辛弃疾将胸中剑化为手中笔，用词来表现自我的精神世界。与虎啸生风、豪气纵横的英雄气概相得益彰，辛弃疾的词"有心雄泰华，无意巧玲珑"(辛弃疾《临江仙》)，情怀胸中激烈，意象雄奇飞动，境界雄伟壮阔，语言雄健刚劲，使得辛弃疾词成为宋词史上的一座丰碑。

宋朝词坛中，苏轼和辛弃疾都曾凭吊过赤壁。然而，苏轼在感叹赤壁的雄壮开阔，赞美赤壁之战中周瑜的运筹帷幄之后，仍不免发出"人生如梦"(苏轼《念奴娇·赤壁怀古》)的感慨，流露出典型的文人心态，不免有英雄气短之感。然而，辛弃疾凭吊赤壁，却是"半夜一声长啸，悲天地，为予窄"(辛弃疾《霜天晓角·赤壁》)。面对赤壁的"惊涛拍岸"，辛弃疾表现出了直上云霄的昂扬斗志，是天地唯我一人的雄阔意境。这种英雄本色，贯穿于他的词作中。纵使英雄失意，落魄江湖，仍不忘壮志报国。平生所愿，唯有"气吞万里如虎"(辛弃疾《永遇乐·京口碑古亭怀古》)，"横空直把，曹吞刘攫"(辛弃疾《贺新郎·韩仲止判院山中见访席上用前韵》)。

从少年时代的横戈马上，到中年的壮志难酬，再到暮年的隐居田园，错误的时代令英雄的人生每况愈下。尽管辛弃疾在大多数时候都保持着积极乐观的心态，甚至留下了"稻花香里说丰年，听取蛙声一片"(辛弃疾《西江月·夜行黄沙道中》)的优美乡村画卷。然而，一系列不如意终究将他身上的英雄气概消磨殆尽，取而代之的，是"不知筋力衰多少，但觉新来懒上楼"(辛弃疾《鹧鸪天·鹅湖归病起作》)的落寞与悲哀。这是一个被时代亏欠，被怯懦、自私的庸人集体拖垮的人。身处时代洪流中，我们总在不知不觉间便充当了恶的帮凶，抑或被滚滚潮水淹没，成为无可名状的悲情传说。辛弃疾的词，值得我们反复品味，铭刻心头。

与辛弃疾同时的姜夔，终身布衣，游历过淮楚、荆湘、合肥、湖州和杭州等地，以其清高耿介的个性安贫自守，为传统婉约词输入了清冷雅俊的气质。他所描写的爱情，较之于北宋有了不同的色彩。"别后书辞，别时针线。离魂暗逐郎行远。淮南皓月冷千山，冥冥归去无人管。"（姜夔《踏莎行·自沔东来丁未元日至金陵江上感梦而作》）他不仅着重表现离别后的相思之苦，还以冷色调将情爱高雅化，使其拥有了超尘脱俗的韵味。

与此同时，他的咏史怀古词亦别有一番沉静悠远之风。他在白描之外，加入侧面描写，勾勒广袤邈远的意境，令人生出言有尽而意无穷之感。如其《声声慢》："过春风十里，尽荠麦青青。自胡马窥江去后，废池乔木，犹厌言兵。渐黄昏，清角吹寒，都在空城。"这一番描写，犹如以字为画。一步一景，清晰可见、可闻、可感。又"杜郎俊赏，算而今，重到须惊"，以古人喻于己，更深一步地传达出对山河破碎的忧伤。后一句"二十四桥明月夜，波心荡，冷月无声"，以一桥、一月、一清流，勾勒出一幅静中有动的画面，清俊空灵，韵味无穷。

姜夔之后，南宋词坛仍旧涌现出不少优秀的词人。但其创作思路与艺术风格，大抵已不超出自北宋以来开辟的道路。待到南宋灭亡，词坛亦是一片哀声。唯有坚持抗元的文天祥，以视死如归的气魄唱出了 13 世纪最后的高歌："为子死孝，为臣死忠，死又何妨？""人生翕炊云亡，好烈烈轰轰做一场。"（文天祥《沁园春·题潮阳张许二公庙》）这是两宋词坛最后的辉煌。此后，随着一个大时代的终结，词终究走向没落，再难崛起东山。

第四节　话本小说与戏曲

除文学、诗词之外，小说在宋朝亦出现了不同于前代的新气象。宋朝以前，先秦神话寓言、六朝志怪、唐传奇，多出自文人之手，附会神迹奇闻，且尽用文言书写，供风雅之人欣赏。及至宋朝，城市经济的繁荣与市民阶层的崛起，促进了由民间艺人口头创作、语句通俗活泼、反映市民生活的话本的蓬勃兴起，开辟了中国传统文学的新局面。

"话"即故事，讲故事名为"说话"，以"说话"为生的艺人叫"说话人"，"说话"的底本即为"话本"。说话的内容，有灵怪、传奇类，公案、战争类小说；有讲述佛教故事、参禅悟道类经变；有讲说前代史书文传、兴废争战的讲史以及浑话等。其中，小说和讲史最受欢迎。说话人各有所专，各展所长。如北宋末年的汴梁，就有专说三国故事的霍四究，说五代故事的尹常；南宋临安城内，则有小说名家蔡和、孙奇等52人，讲史名家乔万卷、周八官等23人，说经名家长啸和尚等17人；金朝西京大同，又有五代史名家刘敏，小说家张仲轲、贾耐儿等人。他们不仅驻扎于城市中热闹喧嚣的勾栏、瓦舍内，还经常游历至郊野乡村中，为人们带去喜闻乐见的故事，丰富人们的精神生活。对此，南宋诗人陆游曾撰诗云："斜阳古柳赵家庄，负鼓盲翁正作场。死后是非谁管得，满村听说蔡中郎。"(陆游《小舟游近村舍舟步归》)生动鲜活地刻画了乡间民众为听蔡中郎"说话"而聚集的热闹场面，散溢出浓厚的生活气息。

"说话"艺术的流行，首先归因于宋朝经济的发展以及市民阶层的壮大。唐末至宋朝以来，中国商品经济不断发展，陆续出现了扬州、益州、汴梁、临安等大型商业城市。在这些城市里，从事工商业的人口众多。社会安定、经济繁荣为市民们带来了相对富足的生活，使得他们在基本生存之外还对精神娱乐生出了极大的需求。瓦舍、勾栏里，终日有市民流连于此，享乐消费。在市场的旺盛需求下，为满足市民精神生活而创作的"说话"即诞生了。其次，宋朝"重文轻武"的基本政策培养了一大批有较高文化修养的读书人以及有一定文化水平与欣赏能力的普通市民。前者在参加科举考试落第后，往往成为"话"的创作主体，进而推动了一批优秀"话本"的诞生；后者则以消费者的姿态迫使前者不断努力改进，进一步推动"说话"艺术与话本小说的发展。

然而，话本作为说话人所用的底本，只起到帮助说话人编织故事与组织语言的功效。说话时，创作者必须脱本发挥，并当场接受听众的考验。因此，优秀的说话人必须善于掌握故事的相对完整性，对情节发展、人物相貌、服饰、举止行为、来去踪迹同样有着清晰的把握。此外，他们还要在一定程度上探析听众心理，根据听众喜好编织出跌宕起伏、完整精彩的故事，达到引人入胜的效果。为此，说话人在正式上场前，都会在话本方面做足功课，而这也为话本艺术建构了一套独特的程式。话本一般包括入话序诗、头回（开篇）、正文、片尾结诗等几个部分，长篇话本还有分回与目录。每到悬念叠生处便以下场诗结束，留给听众一个谜团，极为吸引人。

两宋的"说话"艺术，为我们留下了众多优秀的话本，《大唐三藏取经诗话》、《三国志平话》、《五代史平话》、《大宋宣和遗事》以及《京本通俗小说》等甚至流传至今。"说话"与话本小说，出生于市井之间，为市井小民服务，或讲述普通市民的日常生活，或以大众化的语言演绎神话传说，形成了以通俗易懂、充满趣味为主要特征的市民文学，代表了宋朝另一社会群体的印象，更奠定了后世章回体小说创作的基础，对中国文学产生了重要影响。

两宋时期的勾栏、瓦舍内，除了侃侃而谈的"说话"艺术外，集诗歌、音乐、舞蹈、杂技、说唱、表演、美术为一体的综合性艺术——戏曲也在悄悄生长。戏曲是先秦歌舞、汉魏百戏、隋唐戏弄发展到宋朝诸色伎艺不断融合的结果，其产生同样得益于宋朝城市经济的繁荣以及民间娱乐的商业化。民间艺人们出于盈利的目的，不仅在勾栏、瓦舍内进行演出，还在寺庙中设露台、舞亭、舞楼，甚至在空旷处临时搭建场地进行表演，足迹涉及偏远的乡间。他们演出的伎艺，主要包括歌舞伎艺、扮演伎艺与说唱伎艺。这些伎艺构成后来戏曲的渊薮。

其中，歌舞伎艺有源自汉魏六朝乐府相和歌的大规模舞曲——大曲，有起源于唐玄宗开元年间梨园法部所奏大曲的"法曲"，有截取大曲后半部分形成的"曲破"，以及配合大曲演出的"队舞"，小型歌舞"转踏"等；扮演伎艺则由继承唐朝参军戏发展而来，以谐谑讽谏为主题的滑稽戏，包含牵丝傀儡、杖头傀儡和布袋戏在内的傀儡戏，用纸、驴皮或羊皮制作成皮影进行演出的皮影戏等；说唱伎艺则有基于话本的说话，始于文人宴会，以鼓节拍的鼓子词，联用同一宫调内不同牌的乐曲构成的赚词，以及联用诸多宫调许多套乐曲来讲故事，在唱词之间夹杂说白叙述的大型说唱伎艺——诸宫调等。其中，诸宫调与戏曲的形成关系最为密切。它将不同宫调、套曲编缀在一起，讲述一个长篇故事。不仅乐谱的音节多有变化，文字亦散文与韵文相间使用，营造出变化多端，意蕴悠长之感。宋室南渡后，诸宫调的踪迹逐渐在南宋境内消失，却在北方金朝境内蓬勃发展。由无名氏创作的讲述刘知远与李三娘悲欢离合的《刘知远诸宫调》，董解元根据唐人元稹《会真记》改编创作的讲述崔莺莺与张生爱情故事的《西厢记诸宫调》都是这一时期的优秀作品，流传至今。

三种伎艺的相互融合，形成了宋朝戏曲的具体面目——杂剧。宋朝杂剧内容丰富，形式多样，体制结构上则一般分为三节四段。第一节次为序幕性质的艳段，第二节次为正杂剧，分为两段，第三节次为散段。这种四段通例，奠定了元朝杂剧一本四折形式的基础。此外，完整的结构，还对杂剧的演出人员提出了较高的要求，推动着演员的专业化以及演员管理的专门化。演员中，属于教坊乐部、教乐所或钧容直(军乐班)的演员被称为"杂剧色"，来自民间者则称为"露台弟子"。同时，末、旦、净、丑等角色也有了专门的分工。随着时代的变迁，杂剧朝着系统化、规范化方向不断发展。

南宋时期，杂剧在中国的南北方呈现出不同的发展状态。在北方金朝的统治地区，杂剧变名为"院本"，进而发展为金元杂剧；而在宋朝统治区域内，杂剧则发展为宋元南戏。南戏由顺口可歌的乡间小曲发展而来，随性而歌，没有严密宫调的规范与束缚，具有鲜明的地方特色。众多南戏中，以浙江温州、海盐等地的最为著名，重要作品则有《赵贞女蔡二郎》、《王魁负桂英》、《风流王焕贺怜怜》、《乐昌公主破镜重圆》、《韫玉传奇》以及《张协状元》等。这些作品多已散佚，仅《张协状元》留存至今。

第五节　绘画

相较于上述文学与艺术成就，宋朝绘画作品成就不甚突出。但在政府的有意扶持下，宋朝亦留下了许多令人印象深刻的作品。

北宋初年，宫廷中建立了翰林图画院，征召著名画家供职于此。进入画院者，需经过绘画考试，而考试题目又往往是"深山藏古寺"、"踏花归去马蹄香"等前人山水诗句。现实的规范，无意中引导画家向山水、花鸟方向发展，进而培养出了一批优秀的山水、花鸟画家。

宋朝山水画家名望出众者甚多，如北宋李成、范宽、郭熙、米芾与米友仁父子，南宋李唐、马远、夏珪等。其中以李唐最负盛名。李唐好以长图作名山大川，风格雄伟，气势森然；先以墨色下笔，再添青绿等色，画面立体，视野奇特。花鸟画方面，爱好艺术，工于书画的宋徽宗可堪代表。其《柳鸦芦雁图》与《芙蓉锦鸡图》，色彩艳丽多变，笔触细腻，纤毫毕现，又氤氲灵动，富有生气，形神俱妙。

图20.2 《清明上河图》局部

人物画方面，南宋李嵩、刘松年等人成就颇高。李嵩根据民间传说，画出宋江等36人的形象，相貌生动传神，英姿勃发，虎虎有生气；刘松年则留下了可供后世一睹抗金名将岳飞、韩世忠等人风采的《中兴四将像》，以及讲述唐太宗于渭水便桥斥退突厥颉利可汗这一颇具英雄气概的历史故事的《便桥见虏图》。画家以画寓情，或歌颂英雄好汉的抗争精神，或表达对护国志士的无限敬仰，或讽刺不作为的统治者，宣泄忧国忧民的高尚心绪。

山水、花鸟、人物画之外，最令我们印象深刻的，还属以北宋末张择端《清明上河图》为代表的风俗画。在这幅长达5.28米、宽0.25米的画卷中，画家以极其细致传神的笔触，勾勒了一幅汴梁城由郊外至城内的生活画卷。其中有婀娜多姿的各色草木，缓缓流动的长河；有虽静犹动的猪、牛、骡、驴等动物，有衣着、职业、社会地位大相径庭的人们；还有鳞次栉比的房屋，热闹非凡的勾栏、瓦舍、酒肆、小摊，来来往往的船只，巍峨高耸的城墙。画中的人、事、物，相聚一起，构成了一个满目繁华、充满烟火气息的汴梁，勾勒了一个热闹非凡，生机勃勃的时代。

第六节 其他

两宋文学与艺术灿烂繁荣。但与此同时，它还是我国历史上又一个漫长的大分裂时代。10—12世纪，中华大地上主要并存着北宋、辽、西夏三个政权；到1227年之前，南宋、金、西夏又延续着并立局面。政权并立在带来战争与和平交替往复的同时，也促进了民族的交融。建立辽政权的契丹族、建立金政权的女真族以及建立西夏政权的党项族，都有机会接触到灿烂的两宋文化，并在两宋文化的影响下，创作出优秀的文学艺术作品。

辽代诗人中，较为有名的有耶律倍、女诗人萧观音与萧瑟瑟。耶律倍身为辽太宗耶律阿保机长子，却在皇位继承上败给弟弟耶律德光，被迫南奔。途中，他写下了《海上诗》，"小山压大山，大山全无力。羞见故乡人，从此投外国"，利用汉字"山"的意象与契丹文"可汗"之意的巧合，使全诗不仅意象鲜明，还隐隐道出诗人内心的苦楚。萧观音虽为女子，却有着雄豪俊爽的气概与开阔长远的胸襟。"宫中只数赵家妆，败雨残云误汉王。唯有知情一片月，曾窥飞燕入昭阳"(萧观音《怀古》)，是对历史的拷问与思索，堪比有着深厚文化修养的文人学士。萧瑟瑟的诗歌多含政治见解，善用骚体，"勿嗟塞上兮暗红尘，勿伤多难兮畏夷人。不如塞奸邪之路兮选取贤臣，只需卧薪尝胆兮激壮士之捐身"(萧瑟瑟《讽喻歌》)，直指国家所面临的危机，劝谏君王选用贤臣，远离小人。另有一位僧人所作的《醉义歌》，从重阳节饮酒入手，书写对人生的感慨，表达对隐逸生活的向往，"我爱南村农丈人，山溪幽隐潜修真。老病尤耽黑甜味，古风清远途犹远"。潇洒自在，不拘一格。全诗虽用契丹文写成，但多用汉文化典故，是民族交融的见证。

金政权由于治下生活着大量汉人，文化发展迅速，出现了众多优秀的诗人。其一为以金朝初年出使金朝而被羁留的宇文虚中为代表的"借才异代"诗人。宇文虚中虽滞留金朝多年，但始终以宋人自居。他在名篇《在金日作三首》中写道："遥夜沉沉满幕霜，有时归梦到家乡。传闻已筑西河馆，自许能肥北海羊。"表露出虽身在异域，终不忘故国的心迹。其二为金朝中后期的蔡珪、王庭筠、党怀英、周昂等"国朝文派"诗人。他们多为文学侍从之臣，不排斥金政权，艺术上仍带有宋诗的影响，但也形成了粗犷奔放的北方文学气质。其三为以元好问为代表的金末元初诗人。他们在国势日渐衰微中看到了民生凋敝、大难将至，进而涌现了一批关心国家大计的优秀作品。其中，元好问生逢金朝后期的动乱，更亲身经历了亡国之痛。个人经历与国家兴亡紧密相连的他用诗歌生动地展示了金元易朝的历史画卷，于苍莽雄阔的意境中宣泄悲壮慷慨的情感。"高原水出山河改，战地风来草木腥。精卫有冤填瀚海，包胥无泪哭秦庭。"(元好问《壬辰十二月车驾东狩后即事》其二)风格沉郁，情感雄浑敦厚，元好问对山河变色的记录力透纸背，令人动容。

从 960 年北宋建立至 1276 年南宋灭亡，两宋历时 3 个世纪有余。尽管这一时期，不同政权之间的此消彼长、兴亡更替为其增添了浓烈的硝烟之气。然而，这仍旧是一个令人神往的时代。这是因为，在中国古代历史上，唯有两宋，文人能够得到最高的尊重，获得最大的施展空间。这激发了他们强烈的社会抱负与治国情怀，塑造了他们激扬自信的精神风貌。灿若星辰、熠熠生辉的文人墨客们，以一己之身塑造时代、感受时代并记录时代。经过他们的纸笔，文气渗透到宋朝社会的各个角落，推动民间的觉醒与崛起，进而创造了中国历史上文学与艺术多方面、全方位的繁荣；透过他们的双眸，我们看到一个立体多彩的两宋，一个美丽而哀愁的时代。

余论（元明清时期）

中国古代国家的形成虽然晚于尼罗河流域、两河流域、印度河流域以及中东地区的古代国家，但那些古代国家并没有延续下来，民族和文明也都因种种原因中断了。后来形成的横跨洲际的大国，如波斯、马其顿、罗马、拜占庭、阿拉伯等，核心区都比较小，没有广阔的经济与文化核心区的支持，这些曾显赫一时的大国都没有逃脱分崩离析的命运。世界上延续时间最久、始终保持文明传承的大国只有中国。中国处于东亚核心地区，经济文化长期处于世界先进水平，与其他大国和文明地区都有文化贸易往来。中国的隋唐堪称世界性大国，疆域辽阔，国力强盛，文明程度高，经济繁荣，人口增长幅度大，大城市人口可达上百万，成为东亚地区最具影响力、最具有典范意义的国家，并由此形成东亚文明（文化）圈。幅员辽阔，民族众多，历史悠久，使中国古代文明的发展演变既有深厚的积淀，又有较大的回旋余地和相互辉映的多种形式。中国传统农业精耕细作的水平，手工业、商业、城市的发展是同时代其他国家不能比拟的，中国古代四大发明对世界历史的发展进程产生了深远影响。中国古代历朝的典章制度也堪称当时世界上最完备的制度。中国在与世界其他国家和民族的经济文化交往中，融汇吸收。中国古代文明的发展演变虽然也有曲折，也有波澜，但在不断吸收外来文明的过程中，不断更新，保持持续发展活力。

中华文明史的发展进程，如果简单分期的话，可分为古代文明和近现代文明，古代文明到宋朝达到顶峰，已如本书所述。学界公认，鸦片战争之后中国文明开启了近现代化的航程，元、明、清时期文明既是古代文明发展的延续，同时已出现了重大的转变，中西文化交流的地域不断扩大，交流与交融的程度不断加深，部分发生了质的变化，近代文明的曙光初现。

第一节　元朝开辟了新时代

宋朝以后的百年，中国进入元朝统治时期，作为世界性大国以其强大的影响力一度左右了欧亚文明的进程。对元朝时期中国历史地位的评价，海内外学术界有很大的分歧，但也存在若干基本的共识。

1206 年之后，蒙古军组织了三次大规模的西征。第一次是在 1219 年，由成吉思汗统领，以攻打花剌子模为目标，蒙古军在 1222 年占领整个中亚，兵锋所及，达俄罗斯、乌克兰境。第二次是在窝阔台时期，蒙古军由拔都统领。从 1236 年到 1241 年，蒙古军横扫今保加利亚、波兰、匈牙利等欧洲国家。第三次是蒙哥派旭烈兀西征，到 1257 年，征服了今伊拉克、伊朗、叙利亚等地。三次西征，蒙古国建立了钦察汗国、察合台汗国、窝阔台汗国和伊利汗国四大汗国。最强盛时期的蒙古国，东迄日本海、东海，西至黑海、幼发拉底河、波斯湾，包括东亚、东北亚、北亚、东南亚、西亚和东欧等几乎整个欧亚大陆。

关于元朝对世界文明发展进程的影响，有的学者评价甚高，如日本学者冈田英弘就认为蒙古国的出现打通了东西藩篱。蒙古的军事活动让中华文明与地中海文明得以连接，两大历史文化首度接触。覆盖整个欧亚大陆的世界史从此变得可能，至此，人类文明方才真正进入世界史的时代。而这也正是蒙古史的文明意义。①

虽然四大汗国与元朝之间并没有再形成强有力的统一政权组织，而且分离的倾向逐渐呈现，但元朝的构建给传统中国带来了巨大的变化。元朝

---

① ［日］冈田英弘：《世界史的诞生　蒙古帝国的文明意义》，陈心慧译，北京：北京出版社，2016 年版，第 213 页。

政权统一了传统的中国版图，结束了自唐末以来国内分裂割据和几个政权并立的局面，奠定了元、明、清 600 多年国家的长期统一的基础。它促进了国内各族人民之间经济、文化的交流和边疆地区的开发，进一步促进了中国统一多民族国家的巩固和发展。再者，它为中国的科学技术发展创造了良好的条件。没有国家的统一，元朝的天文、地理等科学，就不可能达到新的高度水平。最后，它加强了中外文化交流，促进了中西交通的发展。元朝的出现，打开了中西文化交流的通道。元朝时期大量阿拉伯地区的人入华，带来了阿拉伯地区先进的科技文化，包括天文历算、医学、数学、地理学、化学等方面的科学技术，极大地丰富和发展了中华文化宝库。与此同时，中国先进的管理经验、火药武器、印刷术也传入阿拉伯地区。

元朝的海上航行盛极一时，开创了国际交流的新时代。元朝著名的旅行家汪大渊于 1329—1334 年和 1337—1340 年两次从泉州出发，远航至阿拉伯海、波斯湾、亚丁湾、红海，他也是第一个有史可查的到过摩洛哥和坦桑尼亚的中国人。他依亲身的见闻经历撰写的《岛夷志略》，涉及东西两洋周边 200 多个国家和地区，尤其是对 14 世纪阿拉伯地区的政治、经济、宗教做了详细的记录，在中国对外关系史上有举足轻重的地位。周达观(约 1266—1346)曾奉旨出使真腊(今柬埔寨)。元贞二年(1296)二月，他从明州港出发，七月到达真腊首都吴哥，在此旅居近一年，亲身感受了吴哥城的风土人情、文化艺术和社会经济的发展，并著成《真腊风土记》一书。他们的游记，成为研究这些国家和地区历史文化的宝贵资料。

与此同时，意大利旅行家鄂多立克所、意大利旅行家马可·波罗、摩洛哥旅行家伊本·白图泰和威尼斯旅行家尼可罗·达·孔蒂四大旅行家也来到中国，成为中西文化交流的使者。马可·波罗(1254—1324)于至元十二年(1275)来到中国，遍游各地，至元二十八年(1291)年初离华。他的《马可·波罗行纪》详细记录了元朝中国的政治事件、物产风俗，该书在西方的版本、译文和研究论著层出不穷，对西方世界产生了持续而重大影响。[①]
马可·波罗在中国达 17 年之久，他突出的历史贡献，是把中国成功地介绍
给了欧洲。他在中国期间，主要是以色目人经商者的身份行走于基层社会，
《马可·波罗行纪》展示了中国的物产丰富、经济繁荣。该书在欧洲各地广
为传播，尤其是书中对当时中国基层社会的描述，让欧洲世界对东方人的
生活方式有了更真实的感受。他以自己的亲身经历告诉那些对东方向往的
欧洲人，中国人是多么友爱与善良。元朝百年，续写着中西交流的新篇幅，
为此后欧洲大航海时代的开启奠定了坚实的基础。

对 12 世纪之前发展到 13、14 世纪中西交流的变化及其特点，张国刚
先生认为："12 世纪以前的中西交往主要是中国与西亚、中亚、南亚的交
往，而中国与欧洲人的直接往来极其罕见，这就不用说了。13、14 世纪，
欧洲的旅行家、使节、传教士开始设法进入中国，但他们都是通过西亚的
陆路前来，进入西亚之后，或者北上俄罗斯大草原抵达中国边境，或者南
下波斯湾经过一段海路在中国东南沿海登陆。"[②]可以说，在元朝的中西文
化交流中，中国古代文明既有重大突破，也有一定的局限性，而对这一局
限性的重大突破，是明前期的郑和大航海时代。

第二节　明初郑和下西洋引发了"大航海时代"

元亡明兴，此时的中国文明继续在世界范围内发挥着重要的影响，以
元曲为代表的民间文化的繁盛则是传统文化下移和平民化，这些良好的发
展趋势，并没有因为元明易朝而中止。

[①]　蔡美彪：《试论马可波罗在中国》，载《中国社会科学》1992 年第 2 期，第 177～
188 页。

[②]　张国刚：《从中西初识到礼仪之争——明清传教士与中西文化交流》引言，北京：人
民出版社，2003 年版，第 17 页。

明朝建立时，14世纪后半期的欧洲依然处在"黑暗"的中世纪，那一时期，黑死病肆虐下的欧洲大陆，充满了饥荒、瘟疫和暴力，经济混乱。英法之间的战争持续百年之久(1337—1453)，政治和社会动荡加剧。欧洲的宗教与经院哲学依然统治着人们的思想，只不过，教会走向衰落的步伐越来越快。也恰恰在明朝立国之初，欧洲教会出现了"教会大分裂"，欧洲的政治、宗教和社会均处在混乱之中。纵然有罗吉尔·培根(约1214—约1293)这样的天才思想家出现，也还没有给当时的欧洲社会带来实质性的影响。反观此时的明朝，郑和七次下西洋不仅展示了航海规模和造船技术，展现了当时中国所拥有的强大经济实力，还有更大的意义即"世界一体化的序幕"的开启。

明初的朱元璋致力于社会经济的恢复与发展，在国际关系方面，他坚守和平的外交政策，列出15个"不征诸夷"，包括朝鲜、日本、大小琉球、安南、真腊、暹罗、占城、苏门答剌、西洋、爪哇、湓亨、白花、三弗齐、渤泥等。他还特别告诫子孙，不要倚中国富强，贪一时战功；不要无故兴兵，劳民伤财。明成祖朱棣更是把目光投向世界，促成郑和下西洋的伟大壮举。

郑和，原姓马，洪武四年(1371)出生在云南昆阳，后为宦官入宫，是朱棣身边的近臣。从1405年至1433年，郑和奉命七下西洋。郑和第一次下西洋的船队有大小船只208艘，装载27800余人，其中有大中型宝船63艘。大型宝船长44丈4尺(合140.75米)、阔18丈(合57米)，有9桅12帆，"体势巍然，巨无与敌，篷帆锚舵"，随行的巩珍在《西洋番国志序》中说它"非二三百人莫能举动"，是当时世界上规模最大、设备最先进的船只。郑和每到一地，首先向当地国王或首领宣读大明皇帝的敕谕，劝说他们"不可欺寡，不可凌弱，庶几共享太平之福"。此后郑和五次下西洋，都在永乐朝(五年、七年、十一年、十五年、十九年)，最后一次在宣德朝，前后历时近30年。郑和前三次出海的终点在印度半岛南端，第四次之后继续西行至更远的地方。郑和船队游历南洋群岛诸国，到达中南半岛、印度半岛、阿拉伯半岛等亚非的 30 多个国家，最远到达非洲东海岸，越过赤道，这是中国人有史以来最大规模的出海活动。

郑和下西洋对当时及此后的中国社会带来了多方面的影响，包括国内外商品的供应、生产和加工等，如瓷器和钱币的生产、生活用品及高档奢侈品的需求等物质层面，也包括文学、艺术、歌舞、戏曲的创作等精神文化层面。郑和下西洋最大的影响在政治方面，下西洋扩大了明朝与海外各国的交流，在此后很长的时间里，亚非许多国家纷纷遣使来华访问、进行经贸交流。据不完全统计，永乐年间共有 60 多个国家的国王或使臣 245 次访问中国，其中淳泥（今北加里曼丹岛文莱）、满刺加（今马来西亚马六甲）、尼八刺（今尼泊尔）、苏禄（今菲律宾苏禄群岛）、锡兰（今斯里兰卡）等 6 个国家的 8 位国王 9 次入明访问，甚至有 3 个国家的国王死在中国。

郑和下西洋对中国与东南亚、整个亚洲，乃至全球范围内的地缘政治经济、亚洲国际贸易网络的建立和东西方文明交融与世界一体化进程均有重大意义。郑和航海远早于世界性的大航海时代，他开辟了海路交通的新时代。就此意义而言，郑和远航是古代传统的历史性总结，也是一个新时代的开始。对此，万明认为，从农耕大国向海洋大国崛起的走势和郑和七下印度洋形成的国际秩序，是明朝中国对元朝崩溃后快速变化的印度洋世界的应对。15 世纪初印度洋国际关系的演变过程，是明朝中国不断推行和实施其国际秩序思想的过程，集中体现在郑和七下印度洋全面贯通了古代陆海丝绸之路，建立了新的国际秩序，形成了区域合作机制的过程，为区域史走向世界史做出了重要铺垫。重新审视明初拓展至印度洋的国家航海外交行为，中国人以前所未有的规模走向海洋，全面贯通了古代陆海丝绸之路，史无前例地将中华秩序的理想在印度洋付诸实践，作为平衡区域国际政治经济势力的大国角色，作为负责任的海上强国形象，维护和保证了东亚乃至印度洋区域的和平与秩序，为世界从海上连成一个整体、从区域史走向世界史做出了重要铺垫。[①]

纵向地比较，郑和下西洋是中国历史乃至世界历史上最早的、最大规模的海上活动，是人类征服海洋的壮举，他比近代欧洲大航海时代著名航海家哥伦布、达·伽马和麦哲伦要早100年左右的时间，在世界海洋发展史上占有举足轻重的地位。郑和以和平的方式下西洋，为世界各国的和平交流树立了典范，对中国与东南亚、整个亚洲，乃至全球范围内的地缘政治经济、亚洲国际贸易网络的建立和东西方文明交融与世界一体化进程有重大意义。以此意义言，郑和下西洋已超越了宋朝之前的中国和世界航海事业。

第三节　明朝中后期的中西文化交流

郑和下西洋活动中止之后，明朝从主动展开对外交流，转向内敛守成，与周边国家维持着传统的朝贡关系。到中期之后，在国内商业发展和社会经济繁荣的催生之下，伴随国际新航路的开辟和西方殖民化进程的推进，中西交流进入了崭新的时代。

一、近代西方国家的东来

16世纪之初，受《马可·波罗行纪》一书的影响，一批西方人尝试以全新的方式叩开古老中国的大门。葡萄牙、西班牙、荷兰和英国等国在明朝中后期陆续来到东方，并以社会团体组织或国家的名义，尝试与中国交往，中西间的政治、经济、宗教和科学技术活动交流日益密切。由西方传教士输入的欧洲近代科学知识，也为中国一些有识之士所接纳，包括皇帝和皇

---

① 万明：《明代中国国际秩序的演绎》，载《新疆师范大学学报(哲学社会科学版)》2016年第5期，第51～59页。

后在内的最高统治者都表现出浓厚的兴趣。与此同时，中国的商品市场因为许多国家的参与而被纳入世界体系之中。16—17 世纪世界经济的中心仍然在亚洲，中国是那个时代世界白银资本市场的中心，在亚洲和世界经济体制中继续占据支配地位。

葡萄牙是近代欧洲最早兴起的海外扩张国家。正德五年(1510)，葡萄牙占据印度果阿，翌年又攻占满剌加(今马来西亚的马六甲)。正德八年(1513)，葡萄牙人若热·阿尔瓦雷斯在中国商人的指引下，到达广东珠江口的屯门，成为第一个到达中国的葡萄牙人。由于没有被允许入境，他只在中国海岸短期停留后便离开了。

此后，葡萄牙国王派使团来华，但直到明武宗去世，使团也没有得以觐见中国高层官员。明武宗去世后，葡萄牙国王再派梅洛率船队前来中国，嘉靖元年(1522)，他们从马六甲到达屯门，试图强行驶入内河，进入广州。舰队在新会西草湾与明军水军相遇，双方展开激战。葡萄牙舰队战败被迫离去，暂时放弃与明朝的官方接触。此后的二三十年，葡萄牙人在中国东南沿海与倭寇、中国海盗勾结，参与走私或劫掠。葡萄牙人早期出使中国的失败和西草湾事件在中西交流史上产生很大的消极影响，其中之一就是加重了明朝中央对西方人的防范心理，促使嘉靖下决心实行严厉的海禁政策。

嘉靖三十二年(1553)至三十三年(1554)，葡萄牙人深感参与"走私"或"劫掠"终究不是对华交流的长久之策，遂积极寻求与广东地方贸易商谈，并通过贿赂地方官员、答应交纳关税等渠道，到广州等地贸易。嘉靖三十六年(1557)，葡萄牙人借口需要停泊、晾晒货物等，并许诺交纳租金，"求于近处泊船"，经澳门守澳官王绰代为申请，海道副使汪柏同意，葡萄牙人正式入居澳门。此后，葡萄牙人修造炮台，设官置署，筑室建房，非法移民，澳门逐步受西方殖民统治。

西班牙人继葡萄牙人之后来到东方，他们在嘉靖四十四年(1565)占领吕宋(今属菲律宾),并以此为据点走私、劫掠,迫害在吕宋的华人。万历三年(1575),西班牙人以吕宋的名义来华通商,未能得逞。万历二十六年(1598),在菲律宾的西班牙总督又派船队侵犯广东,企图仿葡萄牙人"结屋群居",被驱逐出境。天启六年(1626),西班牙殖民者乘虚攻入我国台湾北部的鸡笼(今基隆港),占夺淡水,侵占台湾。

"海上马车夫"荷兰在西班牙之后迅速崛起,他们在万历二十三年(1595)到达爪哇,万历三十年(1602),建立荷兰东印度公司,与葡萄牙人和西班牙人争霸海上。万历三十二年(1604),荷兰人韦麻郎率舰船欲强行登陆澳门,受阻后转向澎湖列岛,他们还试图通过行贿等手段进入中国,均未得逞。天启二年(1622),荷兰人再次向澳门和澎湖发动进攻,仍以失败告终。随后,他们转向明廷防御较弱的台湾,直到南明时郑成功收复台湾,才把他们驱逐出去。

明末,在世界殖民活动中后起的英国也把目光投向中国,受明朝官军的抵抗和葡萄牙的阻击,英国人的入侵野心并没有得逞。由此,我们不难看出,明朝末年,中国已经成为西方殖民者的觊觎对象。

二、传教士来华

明中后期,"西学东渐"和"中学西传"是中外关系史上的两件大事。大批耶稣会士、商人和使者来到中国,把西方早期近代科技文化介绍到中国,又将古老的中华文化介绍到欧洲,助力于正在进行中的欧洲近代化进程。中西文化交流向人们展示了中华优秀文化的生命力、融和力。

最早一位踏上中国领土、在明清之际传教史上留下光辉篇章的是西班牙人方济各·沙勿略,但他并没有如愿以偿,嘉靖三十一年(1552),他最终抱憾病逝于珠江口岸的上川岛。自第二年始,葡萄牙人获准在澳门通商贸易,这为传教士入华传教创造了极为有利的条件。葡萄牙耶稣会士伯来笃是被允准在中国登陆的第一个西方传教士,他和公匝勒最早在澳门招收华人入教。他们于万历二十二年（1594）开办圣保禄学院，对传教士进行培训，让他们学习汉语和中国的风俗习惯，了解中国文化。

罗明坚是最早进入中国内地的传教士，他在万历初年先以商人的身份到广州了解情况，后应两广总督的邀请到广州传教。与他一起去的意大利耶稣会士利玛窦，在肇庆创办了中国内地第一所天主教堂——仙花寺。他们在接受中国传统风俗与生活方式的前提下，传播西方近代的地理、天文、历算和医药等科技知识，逐渐为一些中国人所接受。而此时，明廷面临着复杂的社会矛盾和民族矛盾，急切需要一剂"救世良药"，"一些正直和大度的人，关心对一种没落和腐朽的政权进行改革"。于是，西方传教士和中国的一批开明的士人走到了一起。万历二十六年，利玛窦在南京吏部尚书王忠铭的陪同下抵达北京。他沿途结交了当时政坛和学界的达官贤人。两年后，他第二次赴京，将自己携带的西洋器物、书籍献给明神宗，获准在北京居住，由官府供应一切生活之需。至此，耶稣会士在中国的传教打开了新局面。

与利玛窦同时活跃于中国内地的耶稣会士为数不少，比较著名的有庞迪我、熊三拔、艾儒略、邓玉函、金尼阁等。这些传教士无论是在京城还是在地方，都受到官员和学者们的欢迎，"声振京华，名扬全国"。"自是四方人士，无不知有利先生者，诸博雅名流，亦无不延颈愿望见焉"[1]，一身儒装的利玛窦忙于接待诸色人等的拜见，包括一二品的高官、大批皇室成员和宦官内侍等。耶稣会士在明朝许多地方社会都有频繁的活动。例如，在河南，最晚在万历四十一年（1613）就有意大利籍的神父艾儒略、郭居静和法国籍神父金尼阁等天主教徒在开封做短期的传教活动。这一时期，"从欧洲所动员的传教士的数量（有二三千人之众），国籍（来自东西欧十余个国

---

① （明）徐光启：《徐光启集》卷2。

家)及其在中国活动的地域(不仅包括京城,也涵盖边疆地区)来看,具有相当的规模和一定的代表性"①。

明末,传教士遵循"知识传教"的方针,以"学术思想"为媒介,力求扩大对中国社会各阶层尤其是上流社会的影响。他们向中国介绍的科学知识,几乎包括了当时西方科技领域的方方面面,如数学、天文学、地理学、测绘学、机械制造学,以及音乐、绘画和文字拼音等。可以说,在这一时期,近代西方主要的自然科学知识大都传到了中国。就其知识水平而言,这些知识基本上能代表当时欧洲知识界的平均或较高水平。这些传教士在科学文化和精神世界里影响甚至改变着中国的知识界。例如,徐光启越来越深切地体会到西方科技对富国强兵的积极意义。他放弃了自己非常喜欢也颇为擅长的诗词、歌赋、书法等,拜利玛窦为师,向他学习西方的天文、数学、测量、武器制造等近代科学知识和技术。西学东渐,有力地推动了中国科学技术的发展。英国著名的中国科学技术史专家李约瑟指出:"到明朝末年的 1644 年,中国和欧洲的数学、天文学和物理学已经没有显著差别,他们已完全融合,浑然一体了。"②

三、中学西传

明中期以后,来华的西方传教士在传入西方近代知识和理念的同时,也把博大精深的中华传统文化介绍到西方。中国的哲学、文学、历史等社会科学知识,以及造纸、印刷、农艺、饲养、医学、药物、数学、天文、造船、建筑,乃至诸工百艺都引起了西方传教士浓厚的兴趣,他们不遗余力地翻译、评介这些体现了中华几千年文明的精华,以滋补处于起步阶段的西方近代社会。

---

① 沈定平:《明清之际中西文化交流史——明季:趋同与辨异》导言,北京:商务印书馆,2012 年版,第 1 页。

② 潘吉星编:《李约瑟文集》,沈阳:辽宁科学技术出版社,1986 年版,第 196 页。

万历二十六年，利玛窦把中国儒家经典"四书"译成拉丁文，寄回意大利。天启六年(1626)，比利时耶稣会士金尼阁又将儒家经典"五经"译成拉丁文，在杭州刊行。翻译儒家经典的热潮，一直持续到清朝初年。以法国人狄德罗为代表的百科全书派学者，大都热心研究中国的历史和文化，将中国儒家的自然观、道德观和政治理想作为无神论或自然神论的有力武器，用以批判欧洲基督教的神权统治和君主专制，并通过对中国思想和政治的赞美，表达他们追求具有崇高理性、合乎道德、宽容而有节度的政治制度的理想目标。

中国的瓷器、丝绸、刺绣、壁纸、折扇和绘画、园林艺术传入欧洲以后，产生巨大影响。在17、18世纪的法国，"中国风格"、"中国趣味"曾盛行一时。近现代以来，在中国到欧洲的海上船只上，又发现了多批这类青花瓷器。青花瓷对近代以来欧洲人的审美观和艺术品位产生了极大的影响。

在明清之际中西文化交流中，中西两大文化体系之间蕴含的某些共性及其相互交流的互补，是这一时期显著的特点。就实际效果来看，欧洲从中受益的程度远在中国之上，在欧洲近代化过程中，启蒙思想家以耶稣会士为媒介，"在东方发现了一个新的精神和物质的世界"。18世纪中叶以后，深受中国思想文化影响的重农学派魁奈等人，仍然活跃于法国的政治舞台。1789年，从法国资产阶级大革命中著名的《人权宣言》中，我们还可以看到中国孔子思想的影响。中国的"四大发明"在14世纪传入欧洲后，为欧洲从中世纪向近代社会过渡的历史变革提供了建立新文明的物质条件，对现代世界的形成起着重大的促进作用。

可以说，中国古代文明的发展进程进入15世纪之后，仍然在按照自己的轨迹行进，可喜的是出现了新的发展机遇，萌生了近代化的因素。与此同时，世界也发生了翻天覆地的变化。15世纪开始的地理航海大发现加强了世界范围的联系，为世界市场的形成准备了条件。资本主义的迅猛发展，对世界原处于相对分割和各自具有较强独立性的文明与文化区产生了强大的冲击波。由此，一些西方学者认为，世界文明的重心和中心都已经从东方转移到了欧洲。

第四节　前近代化时期的中国传统文化

明朝后期到鸦片战争爆发之前的中国，与大航海时代到来的欧洲相比，与文艺复兴时代和资本主义工业文明普照的世界其他地区相比，明清社会发展的驱动力已大不相同。尤其是在明清易代之后，清王朝重建传统统治秩序，新的专制主义中央集权重新建立，晚明闪现的变革曙光随即消失，正在起步的中国近代化进程被打破，中国重新回到传统统治体系中，古老的中国仍然未能冲破传统帝制的藩篱，最终沦为新老殖民者觊觎、瓜分的对象。

与文艺复兴以后的欧洲不同，科学和技术尚未纳入明清社会的主要知识体系，而是游离于科举制之外，传统科技只是适应于小农经济的延续。人们满足于自己的文化传统，只有很少的工匠有机会了解传教士所传播的技术。外来的仪器技术很难走出钦天监和皇宫。

我们认为，晚明时朝，中西方交流的渠道不仅有传教士来华一途，还有西方商队持续东来，明朝也通过隆庆开关主动开放了国门，中西方的交流渠道是比较畅通的。这一时期的中西交流是中国传统社会向近代化转型的重要前提。西方科技敞开了交流的大门，对西方科技的研制与推广，不仅有徐兴启、王徵等一批士大夫，还有工匠阶层。近代西方科技传入需要阶段性，不能把传教士作为近代西方科技唯一的传入者。

明清易代，以徐光启为代表的一批科学家开创的科技创新之路随着明朝的灭亡也走到了它的尽头。当年，徐光启在编译《几何原本》时，曾深情地说，这部光辉的数学著作在此后的 100 年里，必将成为天下学子必读之书，但到那时候已经太晚了。然而，随着清朝的建立，这部被寄予厚望的数学著作的后半部分迟迟没有译出，就是译出的前半部分也被打入冷宫，淡出了人们的视野。晚明时期，中西文化交流的平台已初步构建。但是，清军入关不过 50 余年后，大批西方科技著作就被列为禁书。西方传教士带来的科技著作，成为康熙、雍正或乾隆皇帝独享的业余爱好。直到晚清废科举、兴新式学堂时，几何学才成为学生的必修课目，这与徐光启发出的"百年"之叹，又晚了近 200 年！天朝大国的"康乾盛世"的美梦还没有做完，就被西方的坚船利炮打得晕头转向，中国近代化进程就是在这不经意的 300 年间长期处于停滞甚至是倒退的水平。

就大的历史发展背景来看，不可否认的是，13—14 世纪的元朝在陆路和海疆上扩展了前所未有的活动区域，15 世纪前半期的郑和下西洋引领了此后的"大航海时代"，世界越来密切地联系在一起。哥伦布发现了美洲大陆，也使世界开始进入从分散走向整体的时代。新的工业文明时代喷薄欲出，包括中国在内的各个国家、各个民族、各个区域、各种文明在急速地发展变化，彼此间都发生了或早或迟、或远或近、或直接或间接的联系，世界市场逐渐形成。中国面临着新的转型问题和如何应对工业文明时代到来的新挑战，中国延绵几千年的文明也进入了新的发展阶段。

大事年表

时间（公元）	事　件
前 139 年	张骞第一次出使西域。
79 年	东汉政府召开白虎观会议，讨论经义，班固作《白虎通德论》。
97 年	班超派遣甘英出使大秦，中国人首次抵达地中海岸。
102 年	班超回洛阳。
123 年	东汉政府以班超之子班勇为西域长史，重新经营西域。
132 年	张衡发明地动仪，中国开始有准确的地震记录。
166 年	士大夫清议之风起。 司隶校尉李膺杀术士张成，引发党锢之祸。
175 年	政府立"熹平石经"于太学门外。
184 年	张角领导的黄巾起义爆发。
189 年	汉灵帝刘宏病逝。 袁绍率军诛杀宦官二千余人。外戚宦官专权局面结束。 董卓进京。
196 年	正月，改元建安。曹操迎汉献帝迁都许，在许都附近进行屯田。 曹操"奉天子以令不臣"。
200 年	官渡之战：曹操与袁绍决战于官渡，曹操歼灭袁绍主力，取得了统一北方的决定性胜利。 曹操实行租调制。
208 年	赤壁之战：曹操与孙权刘备联军在赤壁大战，孙刘联军大败曹军，三国鼎立局面开始形成。 曹操改革官制。
213 年	曹操称魏公。
214 年	刘备占领巴蜀地区。

时间（公元）	事　件
219 年	刘备取汉中。
220 年	曹丕在洛阳称帝，国号魏，正式将九品中正制作为拔选人才的制度。
221 年	刘备在成都称帝，国号汉。
222 年	孙权接受曹丕的封号，称吴王。
225 年	诸葛亮出兵南中。
228 年	诸葛亮开始北伐。
229 年	孙权在建业称帝，国号吴。
249 年	司马懿发动政变，族灭曹爽，掌握魏政权。
263 年	司马昭派兵灭蜀。
265 年	司马炎废魏元帝曹奂，代魏称帝，是为晋武帝，都洛阳，国号晋。
279 年	晋武帝分六路出兵伐吴。
280 年	西晋灭吴，取得短暂统一。
285 年	江南缝衣工匠到达日本。 《论语》传入日本。
286 年	月氏僧人竺法护翻译佛经二百一十部。
291 年	西晋爆发"八王之乱"。
301 年	李特率领流民起义。
304 年	匈奴贵族刘渊称汉王，后称帝。 北方地区逐渐进入了十六国时期。 李雄在成都自称成都王，后建国号汉，史称成汉。
311 年	匈奴杀晋太子及王公百官三万余人，制造永嘉之乱。
312 年	郭象卒。
316 年	晋愍帝降刘汉，西晋灭亡。
317 年	西晋琅琊王司马睿在王导辅佐下在建康称晋王。 凉州刺史张轨建立割据政权，史称前凉。
318 年	司马睿称帝，都南京，建立东晋。 刘聪族弟刘曜改汉国号为赵，史称前赵。
319 年	羯族石勒建国号赵，史称后赵。
321 年	东晋名将祖逖死。

时间(公元)	事件
326—334 年	东晋第一次土断。
337 年	慕容皝建立燕国，史称前燕。
341 年	东晋第二次土断。
352 年	符健在长安建国号秦，史称前秦。
353 年	王羲之作"天下第一行书"《兰亭序》。
354 年	桓温北伐，攻入关中。
356 年	桓温再次北伐，收复洛阳。
364 年	东晋第三次土断。
366 年	前秦开始开凿敦煌莫高窟。
381 年	笈多王朝遣使到长安访问，赠送火浣布。
383 年	符坚率领前秦军队进攻东晋，战于淝水，前秦大败。 前秦土崩瓦解。
384 年	羌族姚苌建立后秦。 鲜卑族慕容垂建立后燕。
385 年	鲜卑乞伏氏在陇西建立西秦。
386 年	拓跋珪建立北魏。
389 年	鲜卑族拓跋部酋长拓跋珪恢复代国。
396 年	吕光建立后凉。
397 年	鲜卑秃发氏建立南凉。
398 年	拓跋珪迁都平城(今山西大同)，将平城改称代都。
399 年	东晋孙恩、卢循起义。 高僧法显西行求法。
400 年	汉人李暠建立西凉。
401 年	匈奴沮渠氏建立北凉。
407 年	匈奴族赫连氏在朔方建立夏国。
409 年	冯跋在辽西建立北燕。
410 年	东晋灭南燕。
413 年	东晋第四次土断。
416 年	刘裕北伐，攻占洛阳。

时间（公元）	事　　件
417 年	晋军攻占长安，东晋灭后秦。
420 年	刘裕废晋帝自立为帝，都南京，建国号宋，史称刘宋。
424 年	宋文帝刘义隆元嘉元年。
429 年	祖冲之出生。
433 年	著名山水诗人谢灵运以谋反罪被杀。
439 年	拓跋焘灭北凉，统一北方地区。
445 年	卢水胡人在盖吴领导下起义，汉、氐、羌、匈奴人民纷纷响应。
460 年	北魏开始修建云冈石窟。
471 年	北魏孝文帝即位，是年四岁，其祖母太皇太后冯氏临朝称制。 北魏孝文帝改革。
479 年	萧道成废宋自立，建立齐朝，史称南齐。
485 年	北魏颁布均田令。
486 年	北魏实行三长制、新租调制。
487 年	范缜作《神灭论》。
490 年	北魏太皇太后冯氏死，孝文帝亲政。
493 年	北魏迁都洛阳。
494 年	北魏开始修建洛阳龙门石窟。
496 年	北魏下令改鲜卑姓为汉姓。
501 年	雍州刺史萧衍攻入建康。
502 年	萧衍代齐称帝，建立梁朝。
510 年	梁颁行祖冲之制定的《大明历》。
523 年	北魏沃野镇破六韩拔陵起义。
526 年	葛荣自称天子，建国号齐。
527 年	郦道元被北魏叛将萧宝寅杀害。
528 年	尔朱荣发动"河阴之变"攫取北魏大权。
534 年	元修被迫到西安投奔宇文泰，高欢立元善见，是为孝静帝。 北魏分裂为东魏和西魏。
548 年	"侯景之乱"爆发。

续表

时间(公元)	事　件
550 年	西魏建立府兵制。 高欢之子高洋废东魏，建立北齐。
551 年	侯景自立为帝，国号汉。 梁武帝第七子萧绎派将军王僧辩、陈霸先征讨侯景。
552 年	萧绎在江陵称帝，是为梁元帝。
557 年	陈霸先建立陈朝。 宇文泰之子宇文觉废西魏，建立北周。
574 年	北周武帝禁佛、道二教。
577 年	北周灭北齐，统一北方地区。
581 年	杨坚取代北周，建立隋朝。
583 年	突厥分裂为东、西两部。
584 年	隋文帝下诏开凿广通渠。
589 年	隋灭陈，结束了长期的分裂割据局面，实现了全国统一。
599 年	东突厥突利可汗降隋，隋封突利为启民可汗。
605 年	隋炀帝下令营建东都洛阳，始建进士科，开通济渠。
608 年	隋炀帝下诏开凿永济渠。
611 年	隋末农民大起义爆发。
612 年	隋炀帝征伐高句丽，此后两年又两次征伐高句丽。
615 年	突厥始毕可汗率兵围炀帝于雁门。
617 年	瓦岗军攻取兴洛仓，开仓赈济贫民。 太原留守李渊起兵，攻下长安。
618 年	隋炀帝在江都被杀，隋朝灭亡。 李渊建立唐朝，定都长安。
624 年	唐军击破辅公祏，平定江南。
626 年	玄武门之变，李世民继位，是为太宗，开启贞观之治。
630 年	唐破东突厥，四夷君长尊太宗为"天可汗"。
635 年	基督教教士阿罗本由波斯来长安传教。
641 年	文成公主嫁于吐蕃赞普松赞干布。
645 年	玄奘返回长安。

时间（公元）	事　　件
655 年	高宗废王皇后，立武昭仪为后。
659 年	颁《新修本草》，此为世界上第一部官修药典。
683 年	高宗卒，中宗继位，政事悉决于武太后。
684 年	徐敬业在扬州起兵反叛，兵败身死。
690 年	武则天改唐为周，称圣神皇帝。
694 年	波斯人拂多诞持摩尼经典《二宗经》来朝，摩尼教始传入中土。
705 年	中宗复位，改周为唐。
707 年	金城公主嫁于吐蕃赞普尺带珠丹。
710 年	李隆基与太平公主发动政变，杀死韦后、安乐公主及其党羽，睿宗复位。
712 年	睿宗传位太子，李隆基继位，是为玄宗。
724 年	唐代僧人一行第一次测量出地球子午线的长度。
737 年	边镇戍兵实行招募制，长期服役，号称"长征健儿"。
745 年	东突厥汗国为回纥所灭，自此回纥强大，尽有东突厥故地。
751 年	唐兵与大食交战，败于怛罗斯城。 中国造纸术西传。
755 年	安禄山范阳起兵，安史之乱爆发。
756 年	马嵬驿兵变，杨国忠与杨贵妃相继身死。 肃宗即位。
763 年	史朝义兵败自杀，安史之乱结束，河朔三镇形成。
780 年	颁行两税法：每户按照实有田亩和资产征税，分夏、秋两次缴纳。
781 年	成德、魏博、淄青、山南东道四镇联合起兵反唐，史称"四镇之乱"。
783 年	泾原军兵变，拥立朱泚为帅，德宗逃往奉天。
804 年	日本佛教真言宗创始人空海随遣唐使入唐求佛法。
805 年	顺宗即位，推行"永贞革新"，旋即失败，被迫禅位嫡长子李纯，是为宪宗，开启"元和中兴"。
808 年	牛李党争开始。
823 年	吐蕃立《唐蕃会盟碑》。约定双方各守本境，互不侵犯。
835 年	文宗谋除宦官，事败反为宦官劫持，大臣前后死者数千人，史称"甘露之变"。

续表

时间(公元)	事 件
840 年	回纥为黠戛斯所破,残众向西迁徙。
845 年	武宗敕毁天下佛寺,勒令僧尼还俗 26 万余人。
851 年	宣宗持封张议潮为归义军节度使。
868 年	王阶刻印《金刚经》。
875 年	黄巢聚众数千人起义。
880 年	黄巢攻下长安,国号大齐,僖宗逃往成都。
884 年	黄巢兵败,退至狼虎谷自杀,起义失败。
901 年	宦官劫持昭宗奔至凤翔,朱温进兵围攻。
902 年	南诏权臣郑买嗣建大长和国,蒙氏南诏王朝灭亡。
903 年	朱温拥昭宗还京,诛杀宦官八百人,宦官典兵专政的局面结束。
904 年	朱温劫持昭宗迁都洛阳。
905 年	朱温诛杀被贬朝官三十余人于白马驿,投尸于河,史称"白马驿之祸"。
907 年	哀帝颁《禅位册文》,唐朝灭亡。 朱温即帝位,建立后梁,都开封。
916 年	耶律阿保机称皇帝,建元神册。
917 年	刘岩称帝,国号越。明年,改国号为汉,史称南汉。
923 年	后梁为李存勖所灭,后唐建立,并迁都洛阳。
925 年	后唐攻克成都,前蜀亡。
934 年	孟知祥称帝,后蜀建立。
936 年	石敬瑭灭后唐,建立后晋,割幽云十六州与契丹,并许岁输帛 30 万匹。
937 年	徐知诰建立南唐,吴国亡。
938 年	后晋高祖定开封为东京,洛阳为西京。
945 年	闽国为南唐所灭。
946 年	后晋为契丹所灭。
947 年	契丹改国号为辽。 刘知远建立后汉。
950 年	天平军节度使郭威攻入开封,后汉灭亡。
951 年	郭威建立后周,刘崇建立北汉,楚国马氏政权为南唐所灭。

时间(公元)	事　件
955 年	周世宗敕令废佛，敕额外僧尼一律还俗，悉毁天下铜佛像用以铸钱。
959 年	后周世宗柴荣病死，子宗训即皇帝位，是为恭帝。
960 年	赵匡胤发动陈桥兵变，建立宋朝，后周灭亡。
961 年	宋太祖杯酒释兵权。
963 年	宋灭荆南，收湖南。
965 年	宋灭后蜀。
969 年	辽穆宗被弑，耶律贤继位，是为景宗。
971 年	宋灭南汉。
975 年	宋灭南唐。
976 年	宋太祖暴卒，弟赵光义(赵炅)继位，是为太宗。
978 年	吴越亡。
979 年	宋灭北汉。 辽宋高梁河之战，宋败。
982 年	辽景宗崩。其子耶律隆绪继位，是为圣宗，其母承天太后摄政。
983 年	辽改国号为大契丹。
986 年	雍熙北伐，失败。
993 年	四川王小波起义。
994 年	契丹定均税法。
997 年	宋太宗崩，其子赵恒继位，是为真宗。
1004 年	宋辽"澶渊之盟"。
1022 年	宋真宗崩，其子赵祯即位，是为仁宗。
1031 年	辽圣宗崩，长子耶律真继位，是为兴宗。
1038 年	党项首领元昊称帝，史称西夏。
1040 年	西夏败宋于三川口。
1041 年	西夏败宋于好水川。
1042 年	李元昊攻宋镇戎军，大败其于定川寨。
1043 年	宋仁宗实行庆历新政。
1044 年	宋与西夏签订和约。 西夏击败契丹的进攻，双方议和。

时间(公元)	事　　件
1055 年	辽兴宗崩,长子洪基继位,是为道宗。
1063 年	宋仁宗崩,赵曙继位,是为英宗。
1066 年	契丹复改国号大辽。
1067 年	宋英宗崩,子赵顼继位,是为神宗。 西夏毅宗死,子李秉常继位,是为惠宗,其母梁太后摄政。
1069 年	王安石变法。
1085 年	宋神宗崩,哲宗继位。 元祐更化。
1093 年	宋哲宗亲政,四月改元绍圣,重新召用变法派贬逐守旧派。
1100 年	宋哲宗崩,赵佶继位,是为徽宗。
1101 年	辽道宗崩,孙耶律延禧继位,是为天祚帝。
1102 年	蔡京为相。 元祐党禁。
1114 年	完颜阿骨打起兵反辽。
1115 年	阿骨打称帝,国号大金。
1118 年	北宋遣马政自登州渡海赴金,策划联合攻辽事。
1120 年	方腊起义。 宋、金"海上之盟"。 金太祖取辽上京,辽天祚帝逃至辽西京。
1121 年	方腊兵败身死。 金大举攻辽。
1122 年	金军取辽中京、西京、燕京。
1123 年	金太祖崩,弟完颜晟继位,是为太宗。
1124 年	耶律大石建立西辽。
1125 年	金兵俘辽天祚帝,辽亡。 宋徽宗传位其子赵桓,是为钦宗。
1126 年	金军攻下开封。
1127 年	靖康之变。 北宋灭亡。 赵构于应天府即位,建立南宋。

时间（公元）	事　　件
1128 年	金大举攻宋。 宗泽联合各地义军，击退金军进攻。
1129 年	南宋宋苗傅、刘正彦发动政变。
1130 年	黄天荡之战。 钟相、杨幺起义。
1131 年	宋吴玠军于和尚原大败金完颜宗弼军。
1135 年	金太宗崩，完颜亶即位，是为熙宗。 杨幺起义失败。
1140 年	岳飞郾城之战大败金军。
1141 年	宋金"绍兴和议"。
1149 年	金海陵王完颜亮刺杀金熙宗，即帝位。
1153 年	金海陵王迁都燕京。
1162 年	宋高宗传位于赵昚，是为孝宗。
1163 年	宋淳熙北伐惨败。
1164 年	宋金"隆兴和议"。
1189 年	金世宗崩，完颜璟继位，是为章宗。 宋孝宗传位于其子惇，是为光宗。
1193 年	西夏仁宗崩，子李纯祐继位，是为桓宗。
1195 年	宋宁宗继位。 韩侂胄掌权，"庆元党禁"。
1201 年	金《泰和律》成。
1202 年	宋弛庆元党禁。
1206 年	宋"开禧北伐"失败。 蒙古铁木真即蒙古国大汗位，号成吉思汗，是为元太祖。
1208 年	宋金"嘉定和议"。 宋史弥远杀韩侂胄，开始专权。 金章宗崩，卫绍王永济继位。
1209 年	成吉思汗攻西夏。

续表

时间(公元)	事　件
1213 年	金卫绍王被弑，宣宗即位。 蒙古三路攻金。
1214 年	金宣宗向蒙古求和，迁都汴京。
1215 年	蒙古军取金北京、中都。
1217 年	成吉思汗攻西夏中兴府，西夏神宗留太子守城，逃往西京。
1219 年	蒙古西征花剌子模。
1224 年	宋宁宗崩，史弥远废皇子，另立赵昀为帝，是为理宗。 金宣宗崩，子完颜守绪继位，是为哀宗。
1227 年	蒙古成吉思汗病死于军中，蒙古灭西夏。
1229 年	蒙古窝阔台即蒙古大汗位，是为元太宗。
1231 年	蒙古军侵入高丽。
1232 年	汴京被围，金哀宗逃离。
1233 年	宋理宗始亲政。
1234 年	金亡，端平入洛。
1236 年	拔都灭不里阿耳、钦察诸国。 阔端取成都。 蒙古第二次西征。
1239 年	蒙古征服阿速国。
1240 年	拔都攻陷乞瓦等城，征服斡罗思诸国。
1241 年	窝阔台崩，乃马真皇后称制。
1246 年	贵由即蒙古大汗位，是为元定宗。
1247 年	阔端与萨班议定藏地归附蒙古条款。
1248 年	贵由崩，海迷失后称制。
1251 年	宋收复襄阳与樊城。 蒙古蒙哥即大汗位，是为元宪宗。
1253 年	蒙古征大理。 旭烈兀出兵西征。
1257 年	蒙哥亲征南宋。
1258 年	旭烈兀攻陷报达，灭哈里发。

时间（公元）	事　　件
1259 年	蒙哥死于军中。
1260 年	蒙古忽必烈继大汗位，是为元世祖。
1262 年	蒙古益都李璮反；七月，败死。
1264 年	忽必烈改燕京为中都，改元至元。 宋理宗崩，赵禥继位，是为宋度宗。
1269 年	蒙古颁行八思巴字。
1271 年	蒙古建国号大元。
1272 年	元改中都为大都。
1273 年	元军破樊城。 宋襄阳降。
1274 年	元伯颜统兵征南宋。 宋度宗崩，子赵㬎继位，是为恭帝。
1275 年	元军进逼临安。 马可·波罗来华。
1276 年	宋端宗请降。
1281 年	元军征日本，遇台风，全军覆没。 郭守敬等人制定《授时历》，颁行天下。
1282 年	元发兵讨安南。
1283 年	元再次发军侵缅国。
1284 年	忽必烈遣子脱欢侵安南。
1286 年	以《农桑辑要》颁诸路。 元军再次由云南侵缅国。
1287 年	发行至元通行宝钞。
1289 年	海都军进攻漠北，忽必烈亲征。 江南各族人民起义，凡四百余处。
1291 年	颁行《至元新格》。
1292 年	元朝西藏地区设立乌思、藏、纳里速·古鲁·孙三路宣慰使司都元帅府。 元军发兵远征爪哇。

时间(公元)	事　件
1368 年	朱元璋在应天府称帝,国号明。 明军占领元大都,元亡。
1399 年	靖难之役。
1431 年	郑和第七次下西洋。
1457 年	夺门之变,英宗复辟。
1550 年	"庚戌之变"。
1553 年	葡萄牙人入居澳门。
1565 年	戚继光、俞大猷抗倭。
1572 年	张居正改革。
1593 年	利玛窦把中国儒家经典《四书》译成拉丁文,寄回意大利。
1601 年	利玛窦抵达北京。 努尔哈赤建八旗制度。
1626 年	比利时耶稣会士金尼阁又将儒家经典《五经》译成拉丁文,在杭州刊行。
1616 年	努尔哈赤即汗位,改元天命,国号大金。
1618 年	努尔哈赤以"七大恨"对明廷开战。
1636 年	皇太极改国号为清,改元崇德。
1644 年	李自成建国号大顺,年号永昌。 崇祯在煤山吊死,明朝灭亡。 清军入关,定都北京。
1661 年	康熙帝登基。 郑成功收复台湾。
1669 年	清廷实行更名田。
1684 年	清朝设置台湾府,隶属福建省。
1771 年	清廷开始编修《四库全书》,至 1782 年编成。
1816 年	英国阿美士德使华。
1840 年	鸦片战争爆发,中国步入近代社会。

参考书目

一、古籍

(西周)姬昌撰，(唐)李鼎祚辑：《周易集解》，北京：中华书局，1985 年版。

(战国)庄子撰，(清)王先谦注：《庄子集解》，北京：商务印书馆，1954 年版。

(西汉)司马迁撰：《史记》，北京：中华书局，2013 年版。

(东汉)班固撰，(唐)颜师古注：《汉书》，北京：中华书局，1997 年版。

(东汉)许慎撰，(清)段玉裁注：《说文解字注》，上海：上海古籍出版社，1981 年版。

(东汉)荀悦撰：《申鉴》，北京：中华书局，1985 年版。

(东汉)郑玄注，(唐)孔颖达疏，十三经注疏整理委员会整理：《礼记正义》（十三经注疏），北京：北京大学出版社，2000 年版。

(三国魏)刘邵撰：《人物志》，上海：上海古籍出版社，1990 年版。

(三国魏)王弼注，楼宇烈校释：《老子道德经注校释》，北京：中华书局，2008 年版。

(西晋)陈寿撰：《三国志》，北京：中华书局，1959 年版。

(西晋)常璩撰，刘琳校注：《华阳国志校注》，成都：巴蜀书社，1984 年版。

(东晋)干宝撰：《晋纪总论》，四库全书本。

(东晋)葛洪撰，王明校释：《抱朴子内篇校释》，北京：中华书局，1980

年版。

(东晋)陆翙撰：《邺中记》，北京：中华书局，1985 年版。

(东晋)陶渊明撰，逯钦立校注：《陶渊明集》，北京：中华书局，1979 年版。

(北魏)郦道元撰，陈桥驿校证：《水经注校证》，北京：中华书局，2007 年版。

(北魏)杨衒之撰，周祖谟校释：《洛阳伽蓝记校释》，北京：中华书局，1963 年版。

(北凉)昙无谶译：《大般涅槃经》，上海：上海古籍出版社，1991 年版。

(后秦)鸠摩罗什译，李海波注译：《妙法莲华经》，郑州：中州古籍出版社，2017 年版。

(北齐)魏收撰：《魏书》，北京：中华书局，1974 年版。

(南朝梁)宝唱撰：《名僧传抄》，见《周叔迦佛学论著全集》第 5 册，北京：中华书局，2006 年版。

(南朝梁)刘勰撰，(清)黄叔琳注，(清)纪昀评：《文心雕龙辑注》，北京：中华书局，1957 年版。

(南朝梁)僧祐编撰，刘立夫、胡勇译注：《弘明集》，北京：中华书局，2011 年版。

(南朝梁)僧祐撰，苏晋仁、萧炼子点校：《出三藏记集》，北京：中华书局，1995 年版。

(南朝梁)沈约撰：《宋书》，北京：中华书局，1974 年版。

(南朝梁)释慧皎撰，汤用彤校注，汤一玄整理：《高僧传》，北京：中华书局，1992 年版。

(南朝梁)陶弘景撰：《真诰》，北京：中华书局，1985 年版。

(南朝梁)萧统编，(唐)李善注：《文选》，北京：中华书局，1977 年版。

(南朝梁)萧子显撰：《南齐书》，北京：中华书局，1972 年版。

（南朝梁）宗懔撰，姜彦稚辑校：《荆楚岁时记》，长沙：岳麓书社，1986
　　年版。

（南朝宋）范晔撰，（唐）李贤等注：《后汉书》，北京：中华书局，1965 年版。

（南朝宋）刘敬叔撰：《异苑》，北京：中华书局，1991 年版。

（南朝宋）刘义庆撰，徐震堮校笺：《世说新语校笺》，北京：中华书局，
　　1984 年版。

（隋）杜台卿撰：《玉烛宝典》，北京：中华书局，1985 年版。

（唐）白居易、（宋）孔传撰：《白孔六帖》，见《衢州文献集成》，北京：国家
　　图书馆出版社，2015 年版。

（唐）白居易撰，朱金城笺校：《白居易集笺校》，上海：上海古籍出版社，
　　1988 年版。

（唐）杜甫著，（清）仇兆鳌：《杜诗详注》，北京：中华书局，2015 年版。

（唐）杜环著，张一纯笺注：《经行记笺注》，北京：中华书局，1963 年版。

（唐）杜佑撰：《通典》，北京：中华书局，1984 年版。

（唐）段成式撰：《酉阳杂俎》，北京：中华书局，1984 年版。

（唐）房玄龄等撰：《晋书》，北京：中华书局，1974 年版。

（唐）封演撰：《封氏闻见记》，北京：中华书局，1985 年版。

（唐）冯贽注：《云仙杂记》，北京：中华书局，1985 年版。

（唐）李百药撰：《北齐书》，北京：中华书局，1972 年版。

（唐）李吉甫撰，贺次君点校：《元和郡县图志》，北京：中华书局，1983
　　年版。

（唐）李林甫等撰，陈仲夫点校：《唐六典》，北京：中华书局，1992 年版。

（唐）李冗撰：《独异志》，北京：中华书局，1985 年版。

（唐）李延寿撰：《北史》，北京：中华书局，1974 年版。

（唐）李延寿撰：《南史》，北京：中华书局，1975 年版。

（唐）刘肃撰，许德楠、李鼎霞点校：《大唐新语》，北京：中华书局，1984
　　年版。

（唐）刘𫗧撰，程毅中点校：《隋唐嘉话》，北京：中华书局，1979 年版。

（唐）柳宗元撰：《柳宗元集》，北京：中华书局，1979 年版。

（唐）陆贽撰，王素点校：《陆贽集》，北京：中华书局，2006 年版。

（唐）孟安排撰：《道教义枢》，上海：上海古籍出版社，1996 年版。

（唐）欧阳询撰，汪绍楹校：《艺文类聚》，上海：上海古籍出版社，1982
　　年版。

（唐）皮日休撰，萧涤非整理：《皮子文薮》，北京：中华书局，1959 年版。

（唐）苏敬等撰：《新修本草》，上海：上海科学技术出版社，1959 年版。

（唐）唐太宗撰：《帝范》，北京：中华书局，1985 年版。

（唐）魏徵、（唐）令狐德棻撰：《隋书》，北京：中华书局，1973 年版。

（唐）吴兢撰，谢保成集校：《贞观政要集校》，北京：中华书局，2009 年版。

（唐）徐坚等：《初学记》，北京：中华书局，1982 年版。

（唐）玄奘、（唐）辩机著，季羡林等校注：《大唐西域记校注》，北京：中华
　　书局，2000 年版。

（唐）元结：《元次山集》，北京：中华书局，1960 年版。

（唐）张彦远撰：《历代名画记》，北京：中华书局，1985 年版。

（唐）长孙无忌等撰：《唐律疏议》，北京：中华书局，1985 年版。

（唐）释道世编撰：《法苑珠林》，上海：上海古籍出版社，1991 年版。

（唐）释道宣撰：《广弘明集》，上海：上海古籍出版社，1991 年版。

（唐）释道宣著，范祥雍点校：《释迦方志》，北京：中华书局，2000 年版。

（唐）释道宣撰，郭邵林点校：《续高僧传》，北京：中华书局，2014 年版。

（辽）释希麟、（唐）释慧琳编撰：《一切经音义》，台北：台湾大通书局，
　　1985 年版。

(五代)刘昫等撰：《旧唐书》，北京：中华书局，1975 年版。

(五代)王定保撰：《唐摭言》，北京：中华书局，1985 年版。

(五代)王仁裕撰：《开元天宝遗事》，北京：中华书局，1985 年版。

(宋)蔡襄著，(明)徐㷂等编，吴以宁点校：《蔡襄集》，上海：上海古籍出版社，1996 年版。

(宋)蔡正孙撰，常振国、降云点校：《诗林广记》，北京：中华书局，1982 年版。

(宋)曾巩撰，陈杏珍、晁继周点校：《曾巩集》，北京：中华书局，1984 年版。

(宋)晁公武撰，孙猛校证：《郡斋读书志校证》，上海：上海古籍出版社，1990 年版。

(宋)晁说之撰：《嵩山文集》，上海：上海书店出版社，1985 年版。

(宋)陈公亮修，(宋)刘文富纂：《淳熙严州图经》，见《宋元方志丛刊》第 5 册，北京：中华书局，1990 年版。

(宋)陈亮著，邓广铭点校：《陈亮集》，北京：中华书局，1987 年版。

(宋)陈元靓撰：《事林广记》，北京：中华书局，1963 年版。

(宋)程颢、(宋)程颐撰：《二程集》，北京：中华书局，1981 年版。

(宋)杜范撰：《清献集》，四库全书本。

(宋)范成大撰，陆振岳校点：《吴郡志》，南京：江苏古籍出版社，1999 年版。

(宋)范祖禹撰：《范太史集》，四库全书本。

(宋)方勺撰，许沛藻、杨立扬点校：《泊宅编》，北京：中华书局，1983 年版。

(宋)高承撰，李果订：《事物纪原》，北京：中华书局，1985 年版。

(宋)桂万荣撰：《棠阴比事》，上海：商务印书馆，1934 年版。

(宋)洪皓撰，翟立伟等标注：《松漠纪闻》，长春：吉林文史出版社，1986年版。

(宋)洪迈撰，孔凡礼点校：《容斋随笔》，北京：中华书局，2005年版。

(宋)洪迈撰，何卓点校：《夷坚志》，北京：中华书局，1981年版。

(宋)洪适撰：《盘洲文集》，四库全书本。

(宋)胡宏撰：《五峰集》，四库全书本。

(宋)胡榘修，(宋)方万里、(宋)罗濬纂：《宝庆四明志》，见《宋元方志丛刊》第5册，北京：中华书局，1990年版。

(宋)胡仔纂集：《苕溪渔隐丛话前后集》，北京：中华书局，1985年版。

(宋)华镇撰：《云溪居士集》，四库全书本。

(宋)黄震撰：《黄氏日抄古今纪要逸编》，北京：中华书局，1985年版。

(宋)江少虞撰：《宋朝事实类苑》，上海：上海古籍出版社，1981年版。

(宋)黎靖德编，王星贤点校：《朱子语类》，北京：中华书局，1986年版。

(宋)李昉等编：《太平广记》，北京：中华书局，1961年版。

(宋)李昉等撰：《太平御览》，北京：中华书局，1960年版。

(宋)李焘撰：《续资治通鉴长编》，北京：中华书局，2004年版。

(宋)李心传撰，徐规点校：《建炎以来朝野杂记》，北京：中华书局，2000年版。

(宋)李心传撰，胡坤点校：《建炎以来系年要录》，北京：中华书局，2013年版。

(宋)李新撰：《跨鳌集》，四库全书本。

(宋)李攸撰：《宋朝事实》，北京：中华书局，1985年版。

(宋)李之仪撰：《姑溪居士集》，四库全书本。

(宋)林駉撰：《古今源流至论》，上海：上海古籍出版社，1992年版。

(宋)刘跂撰：《学易集》，北京：中华书局，1985年版。

（宋）刘挚撰，裴汝诚、陈晓平点校：《忠肃集》，北京：中华书局，2002年版。

（宋）刘于羣著，杨国学校注：《屏山集校注与研究》，北京：中国书籍出版社，2012年版。

（宋）柳开撰，李可风点校：《柳开集》，北京：中华书局，2015年版。

（宋）卢襄撰：《西征记》，济南：齐鲁书社，1996年版。

（宋）陆九渊著，钟哲点校：《陆九渊集》，北京：中华书局，1980年版。

（宋）陆游撰：《老学庵笔记》，北京：中华书局，1985年版。

（宋）陆游撰：《入蜀记》，北京：中华书局，1985年版。

（宋）路振撰：《九国志》，北京：中华书局，1985年版。

（宋）罗璧撰，王建、田吉校点：《识遗》，长沙：岳麓书社，2010年版。

（宋）罗大经：《鹤林玉露》，北京：中华书局，2008年版。

（宋）罗愿撰：《鄂州小集》，北京：中华书局，1985年版。

（宋）吕陶撰：《净德集》，北京：中华书局，1985年版。

（宋）吕中撰，张其凡、白晓霞整理：《类编皇朝大事记讲义》，上海：上海人民出版社，2014年版。

（宋）马端临著，上海师范大学古籍研究所、华东师范大学古籍研究所点校：《文献通考》，北京：中华书局，2011年版。

（宋）马光祖修，（宋）周应合纂：《景定建康志》，见《宋元方志丛刊》第2册，北京：中华书局，1990年版。

（宋）孟元老等：《东京梦华录》，上海：中华书局上海编辑所，1962年版。

（宋）倪天隐、（宋）胡瑗之编：《钦定四库全书荟要·周易口义》，长春：吉林出版集团有限责任公司，2005年版。

（宋）欧阳修撰，李伟国点校：《归田录》，北京：中华书局，1981年版。

（宋）欧阳修著，李逸安点校：《欧阳修全集》，北京：中华书局，2001年版。

（宋）欧阳修、（宋）宋祁撰：《新唐书》，北京：中华书局，1975 年版。

（宋）欧阳修撰，（宋）徐无党注：《新五代史》，北京：中华书局，2015 年版。

（宋）蒲积中编：《岁时杂咏》，上海：上海古籍出版社，1993 年版。

（宋）齐硕修，（宋）陈耆卿纂：《嘉定赤城志》，见《宋元方志丛刊》第 7 册，
　　北京：中华书局，1990 年版。

（宋）钱易撰：《南部新书》，北京：中华书局，1985 年版。

（宋）潜说友纂修：《咸淳临安志》，见《宋元方志丛刊》第 4 册，北京：中华
　　书局，1990 年版。

（宋）邵伯温撰，李建雄、刘德权点校：《邵氏闻见录》，北京：中华书局，
　　1983 年版。

（宋）邵雍撰，郭彧、于天宝点校：《皇极经世书》，上海：上海古籍出版社，
　　2017 年版。

（宋）沈括著，侯真平校点：《梦溪笔谈》，长沙：岳麓书社，2002 年版。

（宋）沈括原著，杨渭生新编：《沈括全集》，杭州：浙江大学出版社，2011
　　年版。

（宋）沈作宾修，（宋）施宿等纂：《嘉泰会稽志》，见《宋元方志丛刊》第 7 册，
　　北京：中华书局，1990 年版。

（宋）石介著，陈植锷点校：《徂徕石先生文集》，北京：中华书局，1984
　　年版。

（宋）史能之撰修：《咸淳毗陵志》，见《宋元方志丛刊》第 3 册，北京：中华
　　书局，1990 年版。

（宋）司马光：《涑水纪闻》，上海：上海书店出版社，1990 年版。

（宋）司马光著，薛瑞泽、薛伟泽注译：《资治通鉴》，郑州：中州古籍出版
　　社，2010 年版。

（宋）宋敏求编：《唐大诏令集》，北京：中华书局，2008 年版。

（宋）宋敏求撰，辛德勇点校：《长安志》，西安：三秦出版社，2013年版。

（宋）苏轼：《苏东坡全集》，北京：中国书店出版社，1986年版。

（宋）苏颂著，王同策、管成学、颜中其点校：《苏魏公文集》，北京：中华书局，1988年版。

（宋）苏洵：《嘉祐集》，上海：商务印书馆，1924年版。

（宋）孙复撰：《春秋尊王发微》，上海：上海古籍出版社，1987年版。

（宋）孙复撰：《孙明复小集》，上海：上海古籍出版社，1987年版。

（宋）孙光宪撰，中华书局上海编辑所编辑：《北梦琐言》，北京：中华书局，1960年版。

（宋）陶谷撰：《清异录》，北京：中华书局，1991年版。

（宋）田况撰，张其凡点校：《儒林公议》，北京：中华书局，2017年版。

（宋）汪应辰撰：《文定集》，北京：中华书局，1985年版。

（宋）佚名：《靖康要录》，北京：中华书局，1985年版。

（宋）王安石撰，中华书局上海编辑所编辑：《临川先生文集》，北京：中华书局，1959年版。

（宋）王柏撰：《鲁斋集》，北京：中华书局，1985年版。

（宋）王禹偁：《东都事略》，台北：文海出版社，1979年版。

（宋）王明清撰：《挥麈录》，上海：上海书店出版社，2001年版。

（宋）王明清撰：《玉照新志》，北京：中华书局，1985年版。

（宋）王溥撰：《唐会要》，北京：中华书局，1955年版。

（宋）王溥撰：《五代会要》，北京：中华书局，1985年版。

（宋）王钦若等编：《册府元龟》，北京：中华书局，1960年版。

（宋）王应麟辑：《玉海》，扬州：广陵书社影印本，2003年版。

（宋）王林：《宋朝燕翼诒谋录》，北京：中华书局，1985年版。

（宋）王禹偁撰：《钦定四库全书荟要·小畜集》，长春：吉林出版集团有限责任公司，2005 年版。

（宋）魏泰撰，李裕民点校：《东轩笔录》，北京：中华书局，1983 年版。

（宋）文同撰：《丹渊集》，北京：商务印书馆，2006 年版。

（宋）文莹撰，郑世刚、杨立扬点校：《湘山野录续录》，北京：中华书局，
　　1984 年版。

（宋）吴自牧著，张杜国、符均校注：《梦粱录》，西安：三秦出版社，2004
　　年版。

（宋）谢深甫纂修：《庆元条法事类》，北京：国家图书馆出版社，2014 年版。

（宋）徐兢撰：《宣和奉使高丽图经》，北京：中华书局，1985 年版。

（宋）杨时撰：《龟山集》，四库全书本。

（宋）叶梦得撰：《石林诗话》，北京：中华书局，1991 年版。

（宋）叶适著，刘公纯等点校：《叶适集》，北京：中华书局，1961 年版。

（宋）佚名：《都城纪胜》，上海：上海古籍出版社，1993 年版。

（宋）佚名，中国社会科学院历史研究所、宋金辽元史研究室点校：《名公书
　　判清明集》，北京：中华书局，1987 年版。

（宋）佚名：《寿昌乘》，见《宋元方志丛刊》第 8 册，北京：中华书局，1990
　　年版。

（宋）佚名：《宋大诏令集》，北京：中华书局，1962 年版。

（宋）佚名：《宋季三朝政要》，北京：中华书局，1985 年版。

（宋）佚名著，李之亮校点：《宋史全文》，哈尔滨：黑龙江人民出版社，
　　2005 年版。

（宋）佚名：《宣和遗事》，北京：中华书局，1985 年版。

（宋）袁采著，贺桓桢、杨柳注释：《袁氏世范》，天津：天津古籍出版社，
　　1995 年版。

（宋）岳飞撰：《岳忠武王集》，北京：中华书局，1985 年版。

（宋）岳珂撰：《愧郯录》，北京：中华书局，1985年版。

（宋）岳珂撰：《桯史》，北京：中华书局，1981年版。

（宋）张端义：《贵耳集》，北京：中华书局，1985年版。

（宋）张君房编：《云笈七签》，北京：中央编译出版社，2017年版。

（宋）张咏著，张其凡整理：《张乖崖集》，北京：中华书局，2000年版。

（宋）张载著，张锡琛点校：《张载集》，北京：中华书局，1978年版。

（宋）张载撰：《张子语录》，北京：北京图书馆出版社，2002年版。

（宋）赵抃撰：《清献集》，四库全书本。

（宋）赵彦卫撰，傅根清点校：《云麓漫钞》，北京：中华书局，1996年版。

（宋）真德秀撰：《真西山先生集》，北京：中华书局，1985年版。

（宋）郑克撰：《折狱龟鉴》，北京：中华书局，1985年版。

（宋）郑樵撰：《通志》，北京：中华书局，1987年版。

（宋）周淙纂修：《乾道临安志》，见《宋元方志丛刊》第4册，北京：中华书局，1990年版。

（宋）周辉撰，刘永翔校注：《清波杂志校注》，北京：中华书局，1994年版。

（宋）周密撰，吴启明点校：《癸辛杂识》，北京：中华书局，1988年版。

（宋）周密撰，张茂鹏点校：《齐东野语》，北京：中华书局，1983年版。

（宋）朱熹注：《孟子》，上海：上海古籍出版社，1987年版。

（宋）朱熹著，郭齐、尹波点校：《朱熹集》，成都：四川教育出版社，1996年版。

（宋）朱熹撰：《朱子全书》，上海：上海古籍出版社，合肥：安徽教育出版社，2002年版。

（宋）朱彧撰：《萍洲可谈》，北京：中华书局，1985年版。

（宋）庄绰撰，萧鲁阳点校：《鸡肋编》，北京：中华书局，1983年版。

（金）刘祁撰，崔文印点校：《归潜志》，北京：中华书局，1983年版。

(金)宇文懋昭撰：《大金国志》，上海：商务印书馆，1936年版。

(元)郝经著，秦雪清整理：《郝文忠公陵川文集》，太原：山西人民出版社，2006年版。

(元)脱脱等撰：《宋史》，北京：中华书局，1977年版。

(元)脱脱等撰：《辽史》，北京：中华书局，1974年版。

(元)脱脱等撰：《金史》，北京：中华书局，1975年版。

(元)吴澄撰：《吴文正公集》，四库全书影印本。

(元)辛文房撰，周绍良笺证：《唐才子传笺证》，北京：中华书局，2010年版。

(元)佚名，陈高华、张帆、刘晓点校：《元典章》，北京：中华书局，2011年版。

(明)陈邦瞻撰：《宋史纪事本末》，北京：中华书局，2015年版。

(明)高濂著，王大淳点校：《遵生八笺》，杭州：浙江古籍出版社，2017年版。

(明)胡应麟撰：《诗薮》，北京：中华书局，1962年版。

(明)黄淮、(明)杨士奇编：《历代名臣奏议》，上海：上海古籍出版社，1989年版。

(明)李时珍撰，马美校点：《本草纲目》，武汉：崇文书局，2015年版。

(明)宋濂撰：《元史》，北京：中华书局，1976年版。

(明)孙瑴编：《古微书》，北京：中华书局，1985年版。

(明)陶宗仪编：《说郛三种》，上海：上海古籍出版社，2012年版。

(明)王夫之著，李中华、李利民校点：《古诗评选》，上海：上海古籍出版社，2011年版。

(明)王守仁撰，吴光、钱明、董平等编校：《王阳明全集》，上海：上海古籍出版社，2011年版。

（明）徐光启撰，王重民辑校：《徐光启集》，上海：上海古籍出版社，1984年版。

（明）徐琏修：《（正德）袁州府志》，上海：上海古籍书店，1963年版。

（明）杨慎撰，王仲镛笺证：《升庵诗话笺证》，上海：上海古籍出版社，1987年版。

（明）叶子奇撰：《草木子》，北京：中华书局，1991年版。

（清）董诰等编：《全唐文》，北京：中华书局影印本，1983年版。

（清）杜文澜辑，吴顺东、谭属春、陈爱平点校：《古谣谚》，长沙：岳麓书社，1992年版。

（清）顾炎武著，（清）黄汝成集释，栾保群、吕宗力校点：《日知录集释》，上海：上海古籍出版社，2014年版。

（清）郭良翰辑：《问奇类林》，北京：北京出版社，2000年版。

（清）黄以周等辑注：《续资治通鉴长编拾补》，北京：中华书局，2004年版。

（清）黄宗羲原著，（清）全祖望补修，陈金生、梁运华点校：《宋元学案》，北京：中华书局，1986年版。

（清）蒋湘南著，李叔毅、龚佩琏、张大新点校：《七经楼文钞》，郑州：中州古籍出版社，1991年版。

（清）李汝珍撰，张友鹤校注：《镜花缘》，北京：人民文学出版社，1955年版。

（清）纳兰性德：《渌水亭杂识》，扬州：江苏广陵古籍刻印社，1995年版。

（清）皮锡瑞著，周予同注释：《经学历史》，北京：中华书局，2008年版。

（清）沈德潜编：《唐诗别裁集》，北京：中华书局，1975年版。

（清）王夫之著，王嘉川译注：《宋论》，北京：中华书局，2008年版。

（清）王仁俊辑：《辽文萃》，见《国学文库》第7编，北京：全国图书馆文献缩微中心，2009年版。

(清)魏源撰：《元史新编》，扬州：江苏广陵古籍刻印社，1990年版。

(清)吴广成撰，龚世俊等校证：《西夏书事校证》，兰州：甘肃文化出版社，1995年版。

(清)徐松辑：《宋会要辑稿》，北京：中华书局，1957年版。

(清)严可均辑，马志伟审订：《全三国文》，北京：商务印书馆，1999年版。

(清)姚鼐编选，曹光甫校点：《今体诗抄》，上海：上海古籍出版社，1986年版。

(清)张鉴撰，龚世俊、陈广恩、朱巧云校点：《西夏纪事本末》，兰州：甘肃文化出版社，1998年版。

(清)张廷玉等撰：《明史》，北京：中华书局，2000年版。

(清)赵翼撰，曹光甫校点：《廿二史札记》，上海：上海古籍出版社，2011年版。

(清)志刚：《初使泰西记》，长沙：湖南人民出版社，1981年版。

中国社会科学院历史研究所等编：《英藏敦煌文献》，成都：四川人民出版社，1992年版。

[朝]郑麟趾撰：《高丽史》，平壤：朝鲜科学院出版社，1957年版。

[日]圆仁撰，顾承甫、李泉达点校：《入唐求法巡礼行记》，上海：上海古籍出版社，1986年版。

二、今人论著

1. 专著

包伟民：《宋代城市研究》，北京：中华书局，2014年版。

岑仲勉：《隋唐史》，石家庄：河北教育出版社，2000年版。

陈高华、史卫民：《中国政治制度通史》元代卷，北京：人民出版社，1996

年版。

陈振：《宋史》，上海：上海人民出版社，2003 年版。

程千帆、吴新雷撰：《程千帆全集　第十三卷　两宋文学史》，石家庄：河
　　北教育出版社，2000 年版。

程千帆：《唐代进士行卷与文学古诗考索》，北京：商务印书馆，2014 年版。

丁锡根编：《中国历代小说序跋集》，北京：人民文学出版社，1996 年版。

冯家昇：《火药的发明和西传》，上海：华东人民出版社，1954 年版。

冯友兰：《中国哲学史新编》第 5 册，北京：人民出版社，1988 年版。

傅璇琮：《唐代科举与文学》，西安：陕西人民出版社，2007 年版。

葛兆光：《中国思想史》卷 1，上海：复旦大学出版社，2013 年版。

郭绍虞：《宋诗话考》，北京：中华书局，1979 年版。

黄怀信主撰，孔德立、周海生参撰：《大戴礼记汇校集注》，西安：三秦出
　　版社，2005 年版。

李范文主编：《西夏通史》，银川：宁夏人民出版社，2005 年版。

李华瑞主编：《"唐宋变革"论的由来与发展》，天津：天津古籍出版社，
　　2010 年版。

李庆新：《海上丝绸之路》，合肥：黄山书社，2016 年版。

李万健：《中国古代印刷术》，郑州：大象出版社，2009 年版。

梁启超：《饮冰室合集》，北京：中华书局，1989 年版。

林梅村：《丝绸之路考古十五讲》，北京：北京大学出版社，2006 年版。

刘俊文主编：《日本学者研究中国史论著选译》，北京：中华书局，1992
　　年版。

刘学锴、余恕诚：《李商隐文编年校注》，北京：中华书局，2002 年版。

鲁迅：《鲁迅著作初版精选集·伪自由书》，北京：中央编译出版社，2012
　　年版。

鲁迅:《中国小说史略》,上海:上海古籍出版社,2006年版。

潘吉星:《中国古代四大发明:源流、外传及世界影响》,合肥:中国科学技术大学出版社,2002年版。

潘吉星:《中国造纸史话》,北京:商务印书馆,1998年版。

潘吉星主编:《李约瑟文集》,沈阳:辽宁科学技术出版社,1986年版。

漆侠:《中国经济通史·宋代经济卷》,北京:经济日报出版社,1999年版。

丘光明、丘隆、杨平:《中国科学技术史(度量衡卷)》,北京:科学出版社,2017年版。

任继愈:《中国佛教史》第3卷,北京:中国社会科学出版社,1988年版。

沈定平:《明清之际中西文化交流史——明季:趋同与辨异》,北京:商务印书馆,2012年版。

沈福伟:《中西文化交流史》,上海:上海人民出版社,1985年版。

沈立新:《绵延千载的中外文化交流》,北京:中国青年出版社,1999年版。

汤用彤:《汉魏两晋南北朝佛教史》,武汉:武汉大学出版社,2008年版。

汤用彤:《魏晋玄学论稿(增订版)》,北京:生活·读书·新知三联书店,2009年版。

唐耕耦、陆宏基编:《敦煌社会经济文献真迹释录》,北京:书目文献出版社,1986年版。

田余庆:《东晋门阀政治》,北京:北京大学出版社,1991年版。

王克让:《河岳英灵集注》,成都:巴蜀书社,2006年版。

王曾瑜:《宋朝阶级结构》,石家庄:河北教育出版社,1996年版。

王介南:《中外文化交流史》,北京:人民出版社,2011年版。

王仲荦:《魏晋南北朝史》,上海:上海人民出版社,2016年版。

吴昌顺、梁捷:《让思想插上翅膀——吴老师谈语言运用》,济南:山东教育出版社,1998年版。

吴天墀：《西夏史稿》，成都：四川人民出版社，1983年版。

肖红英编：《印刷术的发明：源流·外传·影响》，贵阳：贵州科技出版社，
　　2008年版。

伊沛霞、姚平、单国钺主编：《当代西方汉学研究集萃》中古史卷，上海：
　　上海古籍出版社，2016年版。

余敦康：《魏晋玄学史》，北京：北京大学出版社，2016年版。

俞陛云：《诗境浅说》，北京：北京出版社，2014年版。

袁行霈主编：《中国文学史》，北京：高等教育出版社，2003年版。

张大可：《中国小通史·三国》，北京：中国青年出版社，1995年版。

张国刚：《文明的对话：中西关系史论》，北京：北京师范大学出版社，
　　2013年版。

张星烺编注，朱杰勤校订：《中西交通史料汇编》，北京：中华书局，2003
　　年版。

崔金泰：《传播文明的使者》，石家庄：河北少年儿童出版社，1994年版。

中国大百科全书总编辑委员会、《中国历史》编辑委员会、中国大百科全书
　　出版社编辑部编：《中国大百科全书·中国历史》2，北京：中国大百科全
　　书出版社，1992年版。

周良霄、顾菊英：《元代史》，上海：上海人民出版社，1993年版。

恩格斯：《反杜林论》，吴黎平译，北京：人民出版社，1956年版。

马克思：《机器、自然力和科学的应用》，北京：人民出版社，1978年版。

[日]冈田英弘：《世界史的诞生　蒙古帝国的文明意义》，陈心慧译，北京：
　　北京出版社，2016年版。

[日]宫泽知之：《宋代中国の国家と经济：财政·市场·货币》，东京：创
　　文社，1998年版。

[英]李约瑟：《中国科学技术史 第一卷 导论》，王铃协助，袁翰青、王冰、

于佳译，上海：上海古籍出版社，1990年版。

[英]培根：《新工具》，许宝骙译，北京：商务印书馆，1984年版。

[英]威尔斯：《世界简史》（修订本），卜仙元译，北京：新世界出版社，2016年版。

[美]伊佩霞：《剑桥插图中国史》，赵世瑜、赵世玲、张宏艳译，济南：山东画报出版社，2001年版。

[日]真人元开：《唐大和上东征传》，汪向荣校注，北京：中华书局，2000年版。

2. 论文

蔡美彪：《试论马可波罗在中国》，载《中国社会科学》1992年第2期。

陈寅恪：《邓广铭宋史职官志考证序》，见《金明馆丛稿二编》，北京：生活·读书·新知三联书店，2015年版。

陈寅恪：《论韩愈》，载《历史研究》1954年第2期。

程妮娜：《论猛安谋克官制中的汉制影响》，载《北方文物》1993年第2期。

存理：《元代回回商人的活动及其特点》，载《宁夏社会科学》1988年第1期。

杜洪涛：《明代的国号出典与正统意涵》，载《史林》2014年第2期。

冯家昇：《火药的发明、发展及西传》，载《化学通报》1954年第11期。

高敏：《长沙走马楼三国吴简中所见孙吴的屯田制度》，载《中国史研究》2007年第2期。

葛红：《中国四大发明的西传及其影响》，载《历史教学问题》1994年第5期。

贾大泉：《宋代赋税结构初探》，载《社会科学研究》1981年第3期。

姜维公、姜维东：《"辽"国号新解》，载《吉林大学社会科学学报》2014年第1期。

李东：《从吉林境内的金代窖藏铜钱谈当时的货币经济》，载《北方文物》

1997 年第 3 期。

李干：《元代的商品经济》，载《中南民族学院学报（哲学社会科学版）》1985
　　年第 2 期。

李桂芝：《契丹贵族大会钩沉》，载《历史研究》1999 年第 6 期。

李浩：《唐代"诗赋取士"说平议》，载《文史哲》2003 年第 3 期。

李晋江：《指南针、印刷术从海路向外西传初探》，载《福建论坛（文史哲
　　版）》1992 年第 6 期。

李学江：《从〈天盛律令〉看仁孝时期的西夏货币》，载《固原师专学报》1998
　　年第 4 期。

李治安：《元和明前期南北差异的博弈与整合发展》，载《历史研究》2011 年
　　第 5 期。

梁淑琴：《试论金代的货币经济》，载《社会科学辑刊》1988 年第 1 期。

刘光临：《市场、战争和财政国家——对南宋赋税问题的再思考》，载《台大
　　历史学报》2008 年第 42 期。

刘浦江：《关于金朝开国史的真实性质疑》，载《历史研究》1998 年第 6 期。

刘浦江：《金朝初叶的国都问题——从部族体制向帝制王朝转型中的特殊政
　　治生态》，载《中国社会科学》2013 年第 3 期。

刘浦江：《辽朝的头下制度与头下军州》，载《中国史研究》2000 年第 3 期。

刘浦江：《辽朝国号考释》，载《历史研究》2001 年第 6 期。

刘智文：《清代东北封禁政策刍议》，载《学习与探索》2003 年第 6 期。

马越山：《清代东北的封禁政策》，载《社会科学辑刊》1986 年第 2 期。

牛达生：《从出土西夏窖藏钱币看西夏货币经济》，载《宁夏社会科学》1986
　　年第 2 期。

秦佩珩：《金代货币史论略》，载《郑州大学学报（哲学社会科学版）》1982 年
　　第 2 期。

秦佩珩：《契丹货币问题探源》，载《郑州大学学报(哲学社会科学版)》1978年第 1 期。

宋德金：《评"征服王朝论"》，载《社会科学战线》2010 年第 11 期。

田广林：《再论契丹社会货币经济的确立》，载《昭乌达蒙族师专学报(汉文哲学社会科学版)》1998 年第 3 期。

万明：《明代中国国际秩序的演绎》，载《新疆师范大学学报(哲学社会科学版)》2016 年第 5 期。

王景泽：《对清代封禁东北政策的再认识》，载《东北师大学报(哲学社会科学版)》1997 年第 2 期。

王瑞来：《从近世走向近代——宋元变革论述要》，载《史学集刊》2015 年第4 期。

王珊：《中国古代造纸术在"东亚文化圈"的传播与发展》，载《华东纸业》2009 年第 6 期。

王振科：《清代东北封禁政策初探》，载《四平师院学报(哲学社会科学版)》1982 年第 3 期。

熊鸣琴：《谁之征服？如何认同？》，载《中国图书评论》2012 年第 10 期。

杨继贤：《略论西夏的货币形态货币制度及货币经济》，载《内蒙古金融研究》2003 年第 S3 期。

杨军：《"变家为国"：耶律阿保机对契丹部族结构的改造》，载《历史研究》2012 年第 3 期。

杨君：《金朝铜钱货币流通贮藏形态管窥——以出土金朝钱币实物为中心》，载《中国钱币》2015 年第 6 期。

杨荫楼：《唐代科举制度的意义及流弊》，载《齐鲁学刊》1986 年第 1 期。

叶红、胡阿祥：《大清国号述论》，载《中国历史地理论丛》2000 年第 4 期。

张岱年：《张载——十一世纪中国唯物主义哲学家》，见《张岱年全集》第 3

卷，石家庄：河北人民出版社，1996年版。

张其凡、熊鸣琴：《辽道宗"愿后世生中国"诸说考辨》，载《文史哲》2010年第5期。

张伟：《四大发明外传之谜》，载《国学》2010年第7期。

赵永春、李玉君：《辽人自称"中国"考论》，载《社会科学辑刊》2010年第5期。

赵永春：《试论金人的"中国观"》，载《中国边疆史地研究》2009年第4期。

赵永春：《中国多元一体与辽金史研究》，载《中央民族大学学报（哲学社会科学版）》2011年第3期。

朱晶：《古朝鲜引入与改进火药和火器的历史研究》，载《东疆学刊》2008年第1期。

朱瑞熙：《宋代商人的社会地位及其历史作用》，载《历史研究》1986年第2期。

［日］村上正二：《征服王朝论》，方广昌译，载《民族译丛》1982年第4期。

［日］宫崎市定：《东洋的近世》，见刘俊文主编：《日本学者研究中国史论著选译》第1卷，北京：中华书局，1992年版。

［日］谷川道雄：《中国史的时代划分问题》，张邻译，载《史林》1987年第2期。

［日］内藤湖南：《概括的唐宋时代观》，见刘俊文主编：《日本学者研究中国史论著选译》第1卷，北京：中华书局，1992年版。

［美］魏特夫、冯家升：《辽朝的货币与信贷》，田广林译，王波然校，载《昭乌达蒙族师专学报（汉文哲学社会科学版）》1999年第6期。

索　引

后　记

本书是关于中国古代文明进一步发展和繁荣时期的历史著作。我们希望将中国古代文明的表象、内涵及与其他文明的互动同时呈现给读者。

本书编委：宁　欣　张春兰　陈　涛　孙　俊　张跃飞　张天虹

本书作者分工：

第一编

　　张志强：第一章

　　周晓楠：第二章

　　蔡晓燕：第三章

　　欧　燕：第四章

第二编

　　武　强：第五章

　　李　永：第六章

　　武　强：第七章

　　孙　俊：第八章

　　张跃飞　王　莹：第九章

　　史少卿　胡　平　宋佳霖：第十章

　　万　晋：第十一章

　　孙靖国　李　永　万　晋：第十二章

第三编

　　廖　寅：第十三章

贾文龙：第十四章

申慧青：第十五章

王晓龙：第十六章

王晓薇：第十七章

申慧青：第十八章

李　涛：第十九章

许鸿梅：第二十章

彭　勇：余论(元明清时期)

牛来颖　陈　涛　张跃飞：审读

李刻羽　宋佳霖　王　博　刘夏欣　吴宇翔　黄图川　李瑞华

刘晓月　南　芳　洪　英：图片搜集、大事年表、参考文献、索引

编写、整理及校对

宁欣负责全书策划、章节确定及通稿工作。

感谢所有参与撰稿的作者，感谢彭勇教授专门撰写"余论(元明清时期)"，感谢牛来颖教授等的悉心审读，感谢李刻羽等为本书所做的具体工作，感谢北京师范大学出版社的编辑们为本书的顺利出版所付出的心血。

本书还存在很多不足之处，敬请读者不吝指正。

宁欣谨识

2018 年 6 月

图书在版编目(CIP)数据

古代中国文明:全 2 册/蒋重跃等著.—北京:北京师范大学出版社,2018.11(2022.3 重印)

("一带一路"古文明书系)

ISBN 978-7-303-24069-2

Ⅰ.①古…　Ⅱ.①蒋…　Ⅲ.①文化史-研究-中国-古代

Ⅳ.①K220.3

中国版本图书馆 CIP 数据核字(2018)第 183654 号

营　销　中　心　电　话　　010-58807651

北师大出版社高等教育分社微信公众号　　新外大街拾玖号

GUDAI ZHONGGUO WENMING

出版发行:北京师范大学出版社　www.bnup.com
　　　　　北京市西城区新街口外大街 12-3 号
　　　　　邮政编码:100088

印　　刷:鸿博昊天科技有限公司
经　　销:全国新华书店
开　　本:710 mm×1000 mm　1/16
印　　张:81.25
插　　页:16
字　　数:1184 千字
版　　次:2018 年 11 月第 1 版
印　　次:2022 年 3 月第 3 次印刷
定　　价:360.00 元

策划编辑:刘东明　　　　责任编辑:李云虎　曹　雪　姚安峰
美术编辑:王齐云　　　　装帧设计:王齐云
责任校对:韩兆涛　　　　责任印制:马　洁